新譯史記（八）列傳㈢

韓兆琦 注譯
王子今 原文總校勘

三民書局

國家圖書館出版品預行編目資料

新譯史記／韓兆琦注譯;王子今原文總校勘.－－增訂二版三刷.－－臺北市：三民，2024
　面；　公分.－－(古籍今注新譯叢書)
參考書目：面
ISBN 978-957-14-6378-0（第八冊：平裝）
1.史記 2.注釋

610.11　　106023517

古籍今注新譯叢書

新譯史記（八）列傳㊂

注譯者｜韓兆琦
原文總校勘｜王子今

創辦人｜劉振強
發行人｜劉仲傑
出版者｜三民書局股份有限公司（成立於 1953 年）

三民網路書店
https://www.sanmin.com.tw

地址｜臺北市復興北路 386 號　（復北門市）　(02)2500-6600
臺北市重慶南路一段 61 號（重南門市）　(02)2361-7511

出版日期｜初版一刷 2008 年 2 月
⋮
初版三刷 2013 年 11 月
增訂二版一刷 2018 年 1 月
增訂二版三刷 2024 年 9 月
書籍編號｜S032590
ISBN｜978-957-14-6378-0

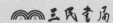

新譯史記　目次

第八冊

附錄

卷一百一十二

平津侯主父列傳第五十二

【題解】本文刻劃了公孫弘「曲學阿世」，及其以詐偽手段博得武帝信任，以致拜相封侯，和主父偃、徐樂、嚴安三人以文辭進用的過程。公孫弘是以學《公羊春秋》進身官場，是武帝尊儒過程中第一個獲得實利的人物，通過認識公孫弘可以使人們清楚地認識漢代尊儒的實質，和這些被尊儒生的可鄙嘴臉。公孫弘與主父偃被司馬遷肯定的地方，是他們的反對伐匈奴、打朝鮮，以及通西南夷等，徐樂、嚴安也都有這方面的言論，這是司馬遷所贊成的。公孫弘、主父偃都是很陰險、很狡猾的人物，結果主父偃竟死在公孫弘手下，這裡一方面有其造孽自取，另一方面也是為了突出公孫弘的惡劣，從這個意義上說本文的確有些像〈袁盎鼂錯列傳〉。主父偃未得志時嘗盡了人間冷暖，得志後倒行暴施，其瘋狂報復有些像是當年的伍子胥，司馬遷在描述這個人物的始末過程中加雜了不少個人的身世之感。

1 丞相公孫弘者，齊❶菑川❷國薛縣❸人也，字季❹。少時為薛獄吏，有辠，免。家貧，牧豕海上❺。年四十餘，乃學春秋雜說❻。養後母孝謹。

2 建元元年❼，天子初即位❽，招賢良文學之士。是時，弘年六十，徵以賢良，為博士❾。使匈奴，還報，不合上意❿。上怒，以為不能，弘迺病免歸⓫。

3 元光五年，有詔徵文學⑫，菑川國復推上公孫弘⑬。弘讓，謝國人曰：「臣已嘗西應命⑭，以不能罷歸，願更推選⑮。」國人固推弘，弘至太常⑯。太常令所徵儒士各對策⑰，百餘人，弘第居下⑱。策奏⑲，天子擢弘對為第一⑳。召入見，狀貌甚麗，拜為博士㉑。是時通西南夷道㉒，置郡㉓，巴、蜀民苦之㉔，詔使弘視之。還奏事，盛毀㉕西南夷無所用㉖，上不聽。

4 弘為人恢奇㉗多聞，常稱以為人主病不廣大㉘，人臣病不儉節㉙。弘為布被㉚，食不重肉㉛。後母死，服喪三年㉜。每朝會議，開陳其端㉝，令人主自擇，不肯面折庭爭㉞。於是天子察其行敦厚，辯論有餘㉟，習文法吏事㊱，而又緣飾以儒術㊲，上大說之。二歲中㊳，至左內史㊴。

5 弘奏事，有不可㊵，不庭辯㊶之。嘗㊷與主爵都尉㊸汲黯㊹請間㊺，汲黯先發之，弘推其後㊻，天子常說㊼，所言皆聽，以此日益親貴。嘗與公卿約議㊽，至上前，皆倍其約㊾以順上旨㊿。汲黯庭詰(51)弘曰：「齊人多詐而無情實(52)，始與臣等建此議(53)，今皆倍之，不忠。」上問弘，弘謝(54)曰：「夫知臣者以臣為忠，不知臣者以臣為不忠(55)。」上然(56)弘言。左右幸臣每毀弘，上益厚遇之。

6 元朔三年(57)，張歐免(58)，以弘為御史大夫(59)。是時通西南夷(60)，東置滄海(61)，北築朔方之郡[62]。弘數諫[63]，以為罷敝[64]中國[65]以奉[66]無用之地，願罷之。於是天子乃使朱買臣[67]等難弘置朔方之便[68]。發十策，弘不得一[69]。弘迺謝曰：「山東[70]鄙人，不知其便[71]若是，願罷西南夷、滄海而專奉朔方[72]。」上乃許之[73]。

7 汲黯曰：「弘位在三公，奉祿[74]甚多，然為布被，此詐也[75]。」上問弘，弘謝曰：「有之。夫九卿[76]與臣善者無過黯，然今日庭詰弘，誠中弘之病。夫以三公為布被，誠飾詐，欲以釣名。且臣聞管仲[77]相齊，有三歸[78]，侈擬於君[79]，桓公[80]以霸[81]，亦上僭於君[82]。晏嬰[83]相景公[84]，食不重肉，妾不衣絲[85]，齊國亦治，此下比於民[86]。今臣弘位為御史大夫，而為布被，自九卿以下至於小吏，無差[87]，誠如汲黯言[88]。且無汲黯忠，陛下安得聞此言？」天子以為謙讓，愈益厚之。卒以弘為丞相[89]，封平津侯[90]。

8 弘為人意忌[91]，外寬內深[92]。諸嘗與弘有郤[93]者，雖詳與善[94]，陰報其禍[95]。殺主父偃[96]，徙董仲舒於膠西[97]，皆弘之力也。食一肉、脫粟之飯[98]，故人所善賓客，仰衣食，弘奉祿皆以給之[99]，家無所餘，士亦以此賢之[100]。

9 淮南、衡山謀反[101]，治黨與[102]方急。弘病甚，自以為無功而封，位至丞相，宜佐明主填撫[103]國家，使人由臣子之道[104]。今諸侯有畔逆[105]之計，此皆宰相奉職不稱(106)。恐竊病死(107)，無以塞責(108)，乃上書曰：「臣聞天下之通道(109)五，所以行之者三。曰君臣、父子、兄弟、夫婦、長幼之序(110)，此五者天下之通道也。智、仁、勇，此三者天下之通德(111)，所以行之者也。故曰『力行(112)近乎仁，好問近乎智(113)，知恥近乎勇(114)』。知此三者，則知所以自治；知所以自治，然後知所以治人。天下未有不能自治而能治人者也，此百世不易之道也(115)。今陛下躬行大孝，鑒三王(116)，建周道(117)，兼文、武(118)，厲賢予祿(119)，量能授官。今臣弘罷駑(120)之質，無汗馬(121)之勞，陛下過意(122)，擢臣弘卒伍(123)之中，封為列侯，致位三公。臣弘行能不足以稱(124)，素有負薪之病(125)，恐先狗馬填溝壑(126)，終無以報德塞責(127)。願歸侯印(128)，乞骸骨(129)，避賢者路(130)。」天子報曰：「古者賞有功，褒(131)有德，守成(132)尚文(133)，遭遇右武(134)，未有易此者也。朕宿昔(135)庶幾獲承尊位(136)，懼不能寧(137)，惟所與共為治者(138)，君宜知之(139)。蓋君子善善惡惡(140)，君若謹行(141)，常在朕躬(142)。君不幸罹霜露之病(143)，何恙不已(144)？迺上書歸侯，乞骸骨，是章朕之不德也(145)。今事少閒(146)，君其省思慮(147)，一精神(148)，輔以醫藥。」因賜告，牛酒雜帛(149)。居數月，病有瘳(150)，視事。

10 元狩二年(151)，弘病，竟以丞相終(152)。子度嗣為平津侯。度為山陽(153)太守十餘歲，坐法失侯(154)。

【章旨】以上為第一段，寫公孫弘以讀《公羊春秋》躋身丞相的過程及其事跡。

【注釋】❶齊　此處是地區名，指今山東省中部、東部地區，春秋、戰國時代是齊國，漢代初期也是齊國。至文帝時，在這個地區除了原有的齊國還保留一小塊地盤外，其他地區則分別建立了膠東、膠西、濟南、濟北、城陽、菑川等國。❷菑川　諸侯國名，國都劇縣（今山東昌樂西北），武帝前期的菑川王是齊悼惠王劉肥之子劉志。❸薛縣　漢縣名，縣治在今山東滕縣南。按：薛縣與菑川相距甚遠，乃屬於魯國，似不可能屬菑川。錢大昕《二十二史考異》曰：「《漢志》菑川國只三縣，無薛縣，然〈高五王傳〉『青州刺史奏菑川王終古禽獸行，詔削四縣』，安知薛縣不在所削之內？《漢志》郡國領縣若干，皆元成以後之制，未可據以駁傳也。」此說亦勉強。王先謙曰：「蓋弘本菑川人，因少在薛久，故或亦稱為薛人耳。」❹字季　據《西京雜記》鄒長倩遺公孫弘書，公孫弘字次卿，則「季」者，疑是排行，正如稱劉邦為「劉季」，稱劉邦之兄為「劉仲」也。❺牧豕海上　在海邊放豬，當時的劇縣北距海邊不遠。❻春秋雜說　指《公羊春秋》與諸子雜家之學。王先謙引何焯曰：「雜說，雜家之說，兼儒、墨，合名、法者也。〈藝文志〉亦有《公羊雜記》八十三篇，以弘所對『智者，術之原也』一條味之，其學蓋出於雜家，非《春秋》經師之『雜說』也。」楊樹達曰：「何說《春秋》與『雜說』為二事，是也。〈韓安國傳〉云『受《韓子》雜說』，謂《韓子》與雜說也；〈燕刺王傳〉云『博學經書雜說』，謂經書與雜說也。與此並同，足以為證。」❼建元元年　西元前一四〇年。「建元」是武帝的第一個年號（西元前一四〇—前一三五年）。❽天子初即位　武帝劉徹於景帝後元三年（西元前一四一年）即位，依通例於次年改稱建元元年。賢良文學，武帝時選拔人才的科目名。「賢良」指品德，「文學」指知識、學問，這裡特別是指儒家的知識學問。早在文帝時就開始以「賢良方正」為名向各郡國招選人才。武帝即位後，發動尊儒，故於建元元年向各郡國招選「賢良方正文學之士」，實際就是要招選儒家的讀書人。從此，不論單稱「賢良」、單稱「文學」，或全稱「賢良方正文學之士」，意思都一樣，總之是從儒生中選取。❾徵以賢良二句　以「賢良文學」的身分被詔至朝廷，任以為博士。博士，此時尚是朝官名，上屬太常，在皇帝身邊以備顧問。楊樹達曰：「時弘側目視轅固生，生諷弘以『無曲學以阿世』，見〈儒林傳〉。」❿不合上意　師古曰：「奏事不合天子之意。」⓫病免歸　自稱有病而辭職還家。⓬元光五年二句　梁玉繩曰：「『五年』是『元年』之誤。《野客叢書》辨之極是。其言曰『武帝兩開賢良科，一在建元元年，一在元光元年，而元光五年但詔徵吏民明當世務者，不聞有賢良之舉。況元光元年賢良制，正係弘所對者。』」元光元年，西元前一三四年。《西京雜記》云：「公孫弘為國士所推為賢良，國人鄒長倩以其家貧，乃解衣裳以衣之，釋所著冠履以與之，又贈以芻一束，絲一緵，撲滿一枚，書題遺之。」⑬復推上公孫弘　還是推薦公孫弘進京。上，進京；進朝。⑭已嘗西應命　已經應詔命西行過一回。⑮願更推選　希望大家另推選別人。⑯太常　九卿之一，掌管宗廟禮儀、朝廷禮儀等事。⑰對策　回答皇帝所問的問題。皇帝考問諸生的題目，叫「策問」；考生回答「策問」的文章叫「對策」。據《漢書‧公孫弘傳》，此次武帝的「策問」是：「蓋聞上古至治，畫衣冠，異章服，而民不犯。陰陽和，五穀登，六畜蕃，甘露降，風雨時，嘉禾興，朱草生，山不童，澤不涸，麟鳳在郊藪，龜龍游於沼，河洛出圖書，父不喪子，兄不哭弟，北發渠搜，南撫交趾，舟車所至，人迹所及，跂等喙息，咸得其宜。朕甚嘉之，今何道而臻乎此？子大夫修先聖之術，明君臣之義，講論洽聞，有聲乎當世。問子大夫，天人之道，何所本始？吉凶之效，安所期焉？禹湯水旱，厥咎何由？仁義禮智，四者之宜，當安設施？屬統垂業，物鬼變化，天命之符，廢興何如？天文地理，人事之紀，子大夫習焉，其悉意正議，詳具其對，著之於篇，朕將親覽焉，靡有所隱。」⑱弘第居下　公孫弘的答卷被主持考試者置於下等。第，等級。按：公孫弘的對策原文，亦見於《漢書‧公孫弘傳》，文多不錄。⑲策奏　主持人將諸生的「對策」以及他們的初評意見送交皇帝裁奪。⑳擢弘對為第一　將公孫弘的對策拔到了第一名。㉑拜為博士　重又任以為博士。拜，任命。㉒通西南夷道　打通由巴、蜀進入雲南、貴州，並經過雲南通往身毒（今印度）的道路。漢武帝第一次通西南夷在建元六年（西元前一三五年），詳情見〈西南夷列傳〉。㉓置郡　在新開闢的地區設置郡縣。當時第一個設立的是犍為郡，郡治在今四川宜賓西南。㉔巴蜀民苦之　首先倡導通西南夷的是唐蒙與司馬相如，而通西南夷所花費的巨大人力物力，最受其害的是巴郡、蜀郡，故巴、蜀之民對此怨聲載道，詳情見〈西南夷列傳〉、〈司馬相如列傳〉。〈西南夷列傳〉云：「當是時，巴蜀四郡通西南夷道，戍轉相饟。數歲，道不通，士罷餓離溼死者甚眾；西南夷又數反，發兵興擊，耗費無功。」㉕盛毀　大說有關此事的壞話。㉖無所用　謂通西南夷之舉，除勞民傷財外，對國家無任何好處。按：公孫弘能與武帝持不同態度，並公開堅持反對意見，前後蓋僅此通西南夷一事。㉗恢奇　氣度恢弘，不同凡響。㉘人主病不廣大　做帝王的怕就怕其心胸氣度不開闊。淩稚隆引康海曰：「君子之事君，彌縫其闕而濟其所不逮，武帝好大喜功，而公孫弘乃以『人主病不廣大』為言，《孟子》所謂『逢君之惡』者與！」㉙人臣病不儉節　做臣子的怕就怕其奢侈驕縱。㉚布被　不用絲綢，極言其儉省。㉛食不重肉　一頓飯只吃一種帶肉的菜。㉜後母死二句　謂視之如生母也。服喪三年是子女對父母最重的禮節。㉝開陳其端　把解決該問題的幾種方案都列出來。㉞不肯面折庭爭　從不當面對皇帝的意見表示不同意，或當眾向皇帝諫諍。㉟辯論有餘　指有理論、有口才，長於辯論。㊱習文法吏事　熟悉法令規章，善於處理行政事務。何焯曰：「弘號以儒進，然所以當上意者，習文法吏事，乃少為獄吏力也。」㊲緣飾以儒術　不論辦什麼事情，都要從儒家的經典中找出說法，以文飾之。《索隱》曰：「以儒術飾文法，如衣服之有領緣以為飾也。」楊樹達曰：「〈食貨志〉云：『公孫弘以《春秋》之義繩臣下，取漢相』，所謂『緣飾儒術』者也。」按：此處「緣飾」二字，可見漢代尊儒的實質，亦可見史公對漢儒的反感。㊳二歲中　兩年之內。《集解》引徐廣曰：「一云『一歲』。」按：《漢書》作「一歲」。㊴左內史　也稱左馮翊，當時首都及其郊區的東部的行政長官，與右扶風、京兆尹合稱「三輔」。梁玉繩曰：「弘以元光元年對策為博士，中更母服三年，蓋元光五年仍為博士，即於是年為左內史，故〈公卿表〉云元光五年為左內史也。」按：元光五年為西元前一三〇年。㊵有不可　凡遇自己與某人的意見不同。㊶不庭辯　不當眾與之爭辯。㊷嘗　通「常」。時常。㊸主爵都尉　朝官名，掌管有關列侯的事務，秩二千石，列於九卿。㊹汲黯　武帝時期的直臣，事跡見〈汲鄭列傳〉。㊺請間　請求皇帝避開眾人單獨接見他們。間，縫隙。㊻汲黯先發之二句　每次總是讓汲黯先說，而後公孫弘再接著加以申說。按：此有其用心，倘武帝聽汲黯言時意有不悅，則公孫弘可以立即轉舵，視下文可知。何焯曰：「他人先發而推其後，則先以他人試上之喜怒也。」㊼說　通「悅」。㊽嘗與公卿約議　有一次，與其他朝臣事先約定好大家都提某種相同的建議。㊾倍其約　違背事先的約定。倍，通「背」。違背。㊿以順上旨　以迎合皇帝的想法。黃震曰：「〈轅固傳〉：『弘與固同徵，弘反目視固。固曰：公孫子，無曲學以阿世！』然則弘之阿諛，雖未委質，固已知之矣。」(51)庭詰　當眾質問。詰，問。(52)齊人多詐而無情實　公孫弘這個傢伙狡詐且沒有真情實意。(53)始與臣等建此議　本來是他在下面與我們商量好共同提這個建議的。(54)謝　道歉；請罪。(55)知臣者以臣為忠二句　按：〈魏其武安侯列傳〉寫田蚡與竇嬰當廷爭辯曲直，韓安國勸田蚡曰：「君何不自喜？夫魏其毀君，君當免冠解印綬歸，曰：『臣以肺腑幸得待罪，固非其任，魏其言皆是。』如此，上必多君有讓，不廢君。魏其必內愧，杜門齰舌自殺。今人毀君，君亦毀人，譬如賈豎女子爭言，何其無大體也！」公孫弘可謂深諳其術。(56)然　肯定，以之為正確。(57)元朔三年　西元前一二六年。「元朔」是武帝的第三個年號（西元前一二八—前一二三年）。(58)張歐免　指張歐免去御史大夫職。張歐是一個近於佞幸的庸俗官僚，但在武帝時官至三公，事跡見〈萬石張叔列傳〉。(59)御史大夫　與丞相、太尉合稱「三公」，主管監察、彈劾，位同副丞相。丞相有缺，例由御史大夫遞補。楊樹達曰：「弘為御史大夫，止武帝勿以甯成為郡守，見〈酷吏〉『義縱』傳；議殺郭解，見〈游俠傳〉。」(60)通西南夷　事從建元六年開始，至此已近十年，仍無結果。(61)東置滄海　指在今朝鮮的江原道一帶設置滄海郡，事在元朔元年（西元前一二八年）。據《漢書・武帝紀》，這一年「穢君南閭等口二十八萬人降」，因而為之置郡。滄海，也作「蒼海」。(62)北築朔方之郡　指在朔方郡築城，主管此事者為蘇武之父蘇建，事在元朔三年。朔方郡的郡治在今內蒙烏拉前旗東南。按：漢對匈奴的戰爭，自元光二年（西元前一三三年）開始。

元朔二年（西元前一二七年），漢將衛青等大破匈奴，收復了今內蒙的河套一帶地區，在這一帶新設置了朔方郡與五原郡。元朔三年，命蘇建在朔方郡修築郡城。(63)弘數諫　公孫弘認為這些通西南夷、置蒼海郡，以及驅逐匈奴，設置朔方郡、五原郡的事情通通是多餘，都應該停止。(64)罷敝　通「疲敝」，勞民傷財，耗損人力物力。(65)中國　指中原地區，以與下文所謂四周的「無用之地」相對而言。(66)奉　供應；用於。(67)朱買臣　武帝時的辯士，以讀儒書進身，後曾為會稽太守、丞相長史，〈酷吏列傳〉中夾帶敘及了他的一些事情，《漢書》中有傳。(68)難弘置朔方之便　稱說在朔方置郡築城的好處，以駁斥公孫弘「罷敝中國以奉無用之地」的說法。難，責問。(69)發十策二句　朱買臣一連提了十個問題，公孫弘一個也回答不上來。師古曰：「言其利害十條，弘無以應之。」《集解》引韋昭曰：「以弘之才，非不能得一也，以為不可，不敢逆上耳。」(70)山東　崤山以東，泛指來自東方郡國，以與皇帝腳下的關中地區相對而言。崤山在今河南靈寶縣東南，戰國、秦漢時代通常以此為關中與東方的分界線。(71)其便　指朱買臣所盛誇的設立朔方郡、五原郡的巨大好處。(72)專奉朔方　意即集中力量，專門對付匈奴。中井曰：「弘不敢置對，似阿世者，然因此罷西南夷、滄海，則大有裨益，立朝統職者不能無是臭味，宜算其損益多少而褒貶之。」(73)上乃許之　據《漢書・武帝紀》，元朔三年，「罷蒼海郡。」〈西南夷列傳〉云：「上罷西夷，獨置南夷夜郎兩縣一都尉，稍令犍為自葆就。」按：公孫弘此議保證了全國的集中力量對付匈奴，大大有裨於時政，不能因其人品而並廢其謀略。(74)奉祿　同「俸祿」。(75)然為布被二句　按：汲黯此議，可以說是雞蛋裡面挑骨頭。〈酷吏列傳〉說周陽由「與汲黯俱為忮」，人常責史公用詞欠妥，今見汲黯以公孫弘之「布被」為說，似亦「惡則洗垢索瘢」之類也。(76)九卿　指太常、郎中令、衛尉、太僕、廷尉、典客、宗正、大司農、少府。汲黯當時為主爵都尉，原不屬正九卿，因其大體上也屬於九卿一級，故公孫弘寬泛言之。(77)管仲　名夷吾，字仲，春秋時齊桓公的宰相，事跡見〈齊太公世家〉、〈管晏列傳〉。(78)三歸　講法不一，有說指娶三房妻室，有三處住宅；有說指全國稅收的十分之三歸於他家，其餘參看〈管晏列傳〉與《禮書》。(79)侈擬於君　其奢侈的程度和齊桓公一樣。擬，相等。按：早從孔子開始，管仲就被看做是一個對歷史有巨大貢獻，但生活上又的確是奢華的人了，《論語》中就有所謂「管仲者，小器也」這種帶有批評性質的話。(80)桓公　名小白，春秋前期的齊國國君，西元前六八五—前六四三年在位。(81)以霸　在管仲的輔佐下成為霸主。(82)亦上僭於君　意謂管仲的功勞雖大，但其生活表現畢竟是一種越分行為。僭，越分，生活排場超越了自己的等級。(83)晏嬰　字平仲，春秋時齊景公的宰相，事跡見〈齊太公世家〉、〈管晏列傳〉與《晏子春秋》等。(84)景公　春秋後期的齊國國君，西元前五四七—前四九〇年在位。(85)食不重肉二句　按：〈管晏列傳〉稱晏嬰「食不重肉，妾不衣帛」。(86)下比於民　言晏嬰的生活標準和普通國民差不多。(87)自九卿以下至於小吏二句　語欠明暢，大致是說，如果全像我一樣，那就使得三公、九卿，以至普通小吏的生活狀況全都沒有區別了。按：〈平準書〉云：「公孫弘以宰相『布被、食不重味』為天下先，然而無益於治。」史公非惡其事，乃深惡其人也。88誠如汲黯言　凌稚隆引余有丁曰：「實自美也，而言似遜，韓大夫教武安不當與魏其爭，即此智。」89以弘為丞相　事在元朔五年（西元前一二四年），乃接替薛澤為丞相也。楊樹達曰：「弘為相，請禁民勿得挾弓弩，見《漢書・吾丘壽王傳》；數稱張湯之美，見〈湯傳〉。」90平津侯　封地平津，《集解》曰：「高成（今河北鹽山東南）之平津鄉也。」《漢書・公孫弘傳》曰：「先是漢常皆以列侯為丞相，唯弘無爵，上於是下詔，以高成之平津鄉六百五十戶封弘為平津侯。其後以為故事，丞相封侯，自弘始也。」楊樹達曰：「文帝時申屠嘉為相曾封侯，但不為故事；為故事實自弘始。」凌稚隆曰：「曰『大說之』，曰『益親貴』，曰『益厚遇之』，曰『益賢之』，段段關鍵，總見弘逢時阿世，故卒至宰相云。」91意忌　多疑且又忌恨人。王念孫曰：「意忌二字平列，意者，疑也。〈陳丞相世家〉曰『項王為人意忌信讒』；〈酷吏傳〉曰『張湯文深意忌』，意並與此同。」92外寬內深　表面上寬和厚道，而內心裡陰狠刻毒。93有郤　有怨恨；有過節。郤，通「隙」。舊怨。94詳與善　表面上裝作與其關係良好。詳，通「佯」。假裝。95陰報其禍　暗中尋機報仇。96殺主父偃　事見後文。97徙董仲舒於膠西　董仲舒是武帝時期的著名儒生，以治《公羊春秋》聞名於世。董仲舒討厭公孫弘的希世從諛，公孫弘惱恨在心。當時的膠西王（國都在今山東高密西南）劉端是武帝的異母兄，為人強暴兇悍，許多派往膠西的朝廷官吏都死在他手裡。公孫弘為了借刀殺人，便建議武帝派董仲舒去任膠西王相。事見〈儒林列傳〉。98一肉脫粟之飯　即前文之「食不重肉」，飯桌上沒有第二種肉菜。脫粟之飯，粗米飯。《索隱》曰：「才脫穀而已，言不精鑿也。」按：〈平準書〉曰：「公孫弘以漢相布被、食不重味為天下先，然無益於俗，稍騖於功利矣。」99奉祿皆以給之　所得的俸祿全部用在了靠公孫弘以為生的窮親戚、窮朋友。100士亦以此賢之　沈欽韓引《西京雜記》云：「公孫弘起家，徒步為丞相，故人高賀從之。弘食以脫粟飯，覆以布被。賀怨曰：『何用故人富貴為！脫粟布被，我自有之。』賀嘗語人曰：『公孫弘內服貂蟬，外衣麻枲；內廚五鼎，外膳一肴，豈可以示天下？』於是朝廷疑其矯焉。弘歎曰：『寧逢惡賓，不逢故人。』」按：此事乃言「故人」之刁，與史公之討厭公孫弘，然亦不全面否定公孫弘者異旨。101淮南衡山謀反　淮南王（國都即安徽壽縣）劉安、衡山王（國都邾縣在今湖北黃岡西北）劉賜，都是劉邦的兒子淮南王劉長之子，文帝十六年被封為王，武帝元狩元年（西元前一二二年），因謀反被查訊，自殺，事見〈淮南衡山列傳〉。102治黨與　追查其同黨之人，因劉安曾用大量錢財收買、賄賂過各郡國的諸侯、守相與各地區的「遊士奇材」。黨與，今多寫作「黨羽」。楊樹達曰：「〈淮南王傳〉：『弘以審卿之言，深探淮南之獄』，則治黨與之急亦弘為之。」103填撫　同「鎮撫」，鎮壓與撫慰，即今所謂「統治」。104使人由臣子之道　使每個人都謹遵為臣、為子之道，意即恭恭敬敬地接受朝廷統治。105畔逆　通「叛逆」。106奉職不稱　沒有盡到做官的職責。107恐竊病死　王念孫曰：「恐竊，當為『竊恐』，寫者誤倒耳。」病死，突然患病而死。108無以塞責　無法搪塞自己的失職之罪。按：據〈淮南衡山列傳〉，劉安以為他要造反時，他所畏懼的朝廷大臣只有衛青與汲黯，對衛青，只有暗殺；至於公孫弘，「說丞相下之，如發蒙耳！」根本不把公孫弘看在眼裡。109通道　人人都要遵行的大道。通，普；普遍。110曰君臣句　瀧川曰：「『兄弟』與『長幼之序』復，《漢書》作『君臣、父子、夫婦、長幼、朋友之交』，與《中庸》合，當依改。《呂覽．一行篇》云：『先王所惡，無過於不可知，不可知則君臣、父子、兄弟、朋友、夫妻之際敗矣。』次第雖異，『五倫』之目亦與《中庸》合。」111通德　人人都要遵行的道德規範。按：《漢書》於此無「天下之通德」五字，直作「仁、智、勇三者，所以行之者也」，與上文扣得更緊。112力行　努力實行。師古曰：「屈己濟物，故為仁也。」113好問近乎智　師古曰：「疑則問之，故成其智。」114知恥近乎勇　師古曰：「不求苟免，故為勇也。」115百世不易之道也　百世，百代，三十年稱一世。不易，不能改變。按：以上「天下之通道五」與「力行近乎仁」云云，以及「未有不能自治而能治人」云云，皆見《禮記．中庸》。116鑒三王　以三王的政治為借鑒。三王指夏禹、商湯、周文王與周武王。117建周道　撥去秦朝的亂政，使周初的美好政治在漢代重新建立起來。118兼文武　既有周文王的德治，又有周武王的武功。119厲賢予祿　意即只有真正的賢者，才讓其食祿。厲，激勵。師古曰：「勸勉之也。」120罷駑　疲憊的劣馬。罷，疲勞；困倦。121汗馬　使自己乘坐的馬奔跑出汗，指從軍作戰。122過意　周壽昌曰：「過垂恩意。」即過分厚愛；也可以解釋為「錯愛」，師古曰：「過，猶誤也。」這裡都是謙辭，似以後者義長。楊樹達曰：「《漢書．貢禹傳》『陛下過意徵臣』，亦用『過意』字。」123卒伍　古代軍隊中的基層編制，《周禮．地官．小司徒》：「五人為伍，五伍為兩，四兩為卒。」疏：「百人為卒，五人為伍也。」又是古代居民的基層編制，《國語．齊語》：「三十家為邑，十邑為卒。」《漢書．尹翁歸傳》：「盜發其比伍中」，師古注：「五家為伍，若今伍保也。」引申為指一般的平民百姓。〈項羽本紀〉中范增被項羽疏斥後自請「歸卒伍」，與此用法相同。124不足以稱　師古曰：「不副其任也。」稱，相稱。125負薪之病　背柴累出來的毛病，背柴是「賤者」的勞動，這裡即謙稱自己之病。《禮記．曲禮上》：「君使士射，不能，則辭以疾，言曰『某有負薪之憂』。」126先狗馬填溝壑　在沒有受到朝廷的治罪之前就因病而死。填溝壑，謙稱自己的死。古人稱帝王之死曰「山陵崩」，稱官僚之死曰「捐館舍」，稱自己之死曰「填溝壑」。127報德塞責　報皇帝寵愛之恩，補自己失職之責。128歸侯印　將平津侯與丞相的印歸還朝廷。129乞骸骨　謙言辭官告老。130避賢者路　為賢者讓位。131褒　獎勵。132守成　猶言守業，謹守先人打下的現成基業。133尚文　以文治為上。134遭遇

右武　師古曰：「禍亂時則上武耳。右，亦上也。」王先謙曰：「遇，官本作『禍』，據顏注亦當是『禍』字。」(135)宿昔　前者；前些時候。(136)庶幾獲承尊位　有幸繼承了皇位。這裡是謙詞。(137)懼不能寧　害怕天下不能安寧。(138)惟所與共為治者　這一切全都仰仗你們這些輔佐之臣好好幫助我。惟，只；全部。(139)君宜知之　你應該明白我的想法。王先謙曰：「謂知朕意也。」(140)善善惡惡　喜歡好人好事，討厭壞人壞事。此句下原有「君宜知之」四字。張文虎《札記》卷五曰：「『君宜知之』四字複衍上文，《漢書》無。蓋因篇後續錄元后詔誤倒在下，刊者從彼增入也。」今據刪。(141)謹行　謹慎自己的一切行事。(142)常在朕躬　把一切心思都用在為我效力上。按：此數句意思欠明暢，也與《漢書》出入較大。(143)罹霜露之病　猶言偶感風寒一類的小病。罹，遭；遇。(144)何恙不已　有什麼病不能痊癒？已，止；痊癒。(145)是章朕之不德也　這是故意顯示我對群臣的無情無義。章，顯；暴露。(146)今事少閒　現在國家的事情剛好不多。少，通「稍」。(147)省思慮　少動思慮；少勞神。(148)一精神　意即專心靜養。(149)賜告二句　賜給假期，並賞賜牛酒絹帛。告，假期。〈汲鄭列傳〉有「上所賜告者數」，與此相同。(150)有瘳　有所好轉。瘳，痊癒。(151)元狩二年　西元前一二一年。(152)竟以丞相終　《漢書》作「年八十，終丞相位。」按：公孫弘自元朔五年為丞相，至元狩二年終，在相位前後四年。楊樹達曰：「弘以元狩二年卒，年八十，則當生於漢高七年辛丑。徵博士罷歸事在建元元年，其年弘年當為六十一也。」史珥曰：「『竟』字冷刺。」(153)山陽　漢郡名，郡治昌邑（今山東金鄉縣西北）。(154)坐法失侯　據《漢書‧公孫弘傳》：「詔徵鉅野令史成詣公車，度留不遣，坐論為城旦。」

【語　譯】丞相公孫弘，是古代齊國地方的薛縣人，漢代屬於菑川國，他的表字叫做季。他年輕時在薛縣做過獄吏，後來因為犯罪被免了職。他家裡很窮，只好在海邊放豬。四十多歲的時候，才開始學習《春秋》和各家學說。他奉養繼母十分謹慎孝順。

2 漢武帝建元元年，皇上剛剛即位，下詔以「賢良」、「文學」兩種名目招納讀書人。這時，公孫弘已經六十歲了，他以「賢良」的身分被徵入朝廷，做了博士。後來朝廷派他出使匈奴，回來報告工作，不合武帝的心意。武帝很生氣，認為他無能，而公孫弘自己也藉口有病而免官回家了。

3 漢武帝元光五年，武帝再次下詔招納「賢良」、「文學」，菑川國又推舉了公孫弘。公孫弘推辭，向推舉他的人們說：「前些年我已經應命去過一次長安了，由於辦事無能，所以被放了回來，這回還是請你們另推別人吧。」但菑川國的人們還是堅決推舉公孫弘。公孫弘到了太常後，太常讓應徵的儒士們獻上自己回答皇帝策問的文章，在應徵的一百多人中，公孫弘的對策被排在了下等。待至文章交上去之後，武帝把公孫弘的文章提到了第一。於是公孫弘被宣召進宮了，武帝一見他相貌堂堂，於是就讓他做了博士。當時國家正在忙著開拓西南夷，準備在那裡設置郡縣，巴、蜀地區的百姓們對此感到苦不堪言。為了弄清情況，武帝派了公孫弘前去探視。公孫弘回來後，上書極力抨擊開拓西南夷，認為沒必要，但武帝不聽。

4 公孫弘性情豁達，博聞廣見，他常說，當皇帝的就怕氣魄小，而做臣子的就怕太奢侈。因此他始終蓋著一條布做的被子，吃飯時從不吃兩樣的肉菜。他的繼母死後，他為她守孝三年。每次朝廷討論問題的時候，他總是把幾種解決方案都列出來，讓皇上自己選擇，從來不當面批評皇上或當眾向皇上諫諍。武帝經過觀察，認為他誠樸寬厚，能言善辯，熟悉各種規章條文以及種種官場事務，尤其是他能夠千方百計地用儒家的學說把這些裝點起來，因此武帝非常喜歡他。使他兩年之內就做到了左內史的高官。

5 公孫弘向武帝稟奏事情，凡遇到武帝不同意的，他絕不當眾爭辯。他曾有一次和主爵都尉汲黯一起去向武帝單獨奏事，汲黯先說，公孫弘隨後跟著，武帝聽了很高興，所奏的事情都批准了，而公孫弘也從此越來越受到信任，地位越來越高。有一次，他和公卿大臣們預先商量好了提某種相同的建議，可是等他到了武帝跟前時，竟完全違背了預先約定，而專門順著武帝的意思去說了。於是汲黯當眾指責公孫弘說：「齊國人詭詐多端沒有一點誠意，當初他和我們一起商量好提這個建議，現在完全倒過來了，這簡直是不忠。」武帝問公孫弘有無此事，公孫弘說：「了解我的就說我忠，不了解我的就說我不忠。」武帝一聽，立刻又相信了。武帝左右的寵幸們也有人說公孫弘的壞話，但武帝對公孫弘卻越來越好。

6 武帝元朔三年，御史大夫張歐被免官，公孫弘做了御史大夫。當時朝廷正忙於經營西南夷，在東方準備新設滄海郡，在北方正修築朔方城。公孫弘對此多方勸諫，他認為這些活動都是拿著國家的人力物力去往那些沒有用的地方扔，他請求迅速停止。於是武帝就讓朱買臣等駁斥公孫弘，力陳設置朔方郡的好處。結果朱買臣等說出十條，公孫弘也答不上一條。最後公孫弘請求說：「我是一個山東來的野人，當初實在不知道修築朔方還有這麼多好處。既然如此，那麼我請求暫時停下通西南夷和置滄海郡這兩件，而集中力量從事朔方郡這一項。」武帝同意了。

7 汲黯說：「公孫弘身居三公的高位，拿著非常豐厚的俸祿，卻蓋布被子，這是故意騙人。」武帝問公孫弘，公孫弘說：「是這樣的。在九卿當中與我交情深的莫過於汲黯，今天他當眾責備我，這的確是說中了我的毛病。我身為三公而蓋布被子，實在是有些虛假，想以此來沽名釣譽。我聽說當年管仲做齊國丞相的時候，全國稅收的十分之三歸於他家，奢侈的程度可以與國君相比，齊桓公是靠著管仲才做了霸主的，齊桓公的排場也和周天子差不多了。後來晏嬰給齊景公做丞相的時候，飯桌上從來沒有兩個肉菜，婢妾們都不許穿絲織的衣服，齊國也治理得很好，晏嬰是以下等百姓的生活標準來要求自己的。今天我身為御史大夫，而蓋布被子，都照我這樣，那就使三公九卿與基層的小吏們沒有差別了，汲黯說的的確不錯。再說如果沒有汲黯這麼忠心耿耿，陛下怎麼能夠聽到這樣的話呢？」武帝覺得公孫弘真夠謙虛退讓的，於是就對他越來越好了。最後竟任命他做了丞相，封他為平津侯。

8 公孫弘多疑善忌，表面寬容而內心深峻刻薄。對那些曾經和他有過宿怨的人，他都表面上親善友好，而暗中尋機報復他們。主父偃的被殺，董仲舒的被調任膠西王相，都是公孫弘所為。他自己食不重肉、不吃精米，但他的許多老朋友和一些相好的門客，卻都是仰仗著他過日子，公孫弘把自己的俸祿都用來供養他們，自己家裡一點剩餘也沒有，因此他也深得許多士大夫的稱讚。

9 當淮南王、衡山王謀反的罪行揭出後，朝廷大肆逮捕他們的黨羽。這時公孫弘正病得厲害，他覺得自己本來沒有什麼功勞而被封侯，做了丞相，理應輔佐皇帝治理好國家，使人們盡忠盡孝，可是現在諸侯中卻居然有人策劃造反，這都是由於做宰相的不稱職。他擔心這樣下去日後病死在任上，無法交代，於是就給武帝上書說：「古人說天下共守的大道有五項，而用以指導這些行動的共三條。君臣關係、父子關係、兄弟關係、夫婦關係、長幼關係這五項是人人都必須遵守的。而智、仁、勇三條是人人都必須具備的道德，是指導人們行動的準則。所以《中庸》裡說過『能夠努力按學的去做就接近仁，能夠好學善問就接近智，能知道什麼是恥辱就接近勇』。能夠知道這三條，也就知道該怎樣約束自己了；只有先知道了怎樣約束自己，然後才能知道怎樣去管理別人。普天下從來沒有一個不會約束自己卻能管理別人的人，這是一百輩子也不會變的道理。如今陛下親自帶頭實行孝道，上鑒三王的美德，汲取周朝的典章，兼備文王、武王的才幹，廣招賢才，量能使用，授予他們俸祿官職。作為一個素質低下的我，又沒有立過什麼戰功，陛下過當地，把我從一個普通人裡選拔出來，封為列侯，授予三公的高官。我的品行才能都與這種重任極不相稱，而且我又一向多病，說不定哪一天忽然死去，到底也無法報答您的聖德，盡到我的義務。現在我請求歸還列侯的印信，讓我辭職還鄉，為那些有才能的人讓出相位。」武帝批示說：「有功的人要獎賞，有德的人要表揚。太平、守成的時候重用文的，亂世、打天下的時候重用武的，自古以來都是這麼做的。我當年有幸繼承了皇位，經常擔心不能安定天下，我非常需要一批有才幹的人幫著我治理天下，這一點你應該是很清楚的。作為一個君子應該是褒揚好的，懲辦壞的，謹慎自己的一切行事，把心思都用在為我效力上。你現在偶爾得了點小病，有什麼好不了的呢？你卻上書想歸還侯印，要求辭職還鄉，這是故意暴露我的無德了。如今國家的事情不多，你可以少費點心思，多養養精神，再注意一些用藥。」於是又給了他一段假期，還賞給了他一些牛肉美酒和各種絲綢。過了幾個月，公孫弘的病體轉好，就又起來處理政務了。

10 武帝元狩二年，公孫弘患病，最後死在了丞相任上。他的兒子公孫度繼承了平津侯的爵位。公孫度做了十幾年的山陽太守，後來因犯法被廢去了侯爵。

1 主父偃❶者，齊臨菑❷人也。學長短縱橫❸之術，晚乃學易❹、春秋❺、百家言。游齊諸生間❻，莫能厚遇❼也。齊諸儒生相與排擯❽，不容於齊。家貧，假貸❾無所得，迺北游燕❿、趙⓫、中山⓬，皆莫能厚遇，為客甚困。孝武元光元年⓭中，以為諸侯莫足游者，乃西入關[14]見衛將軍[15]。衛將軍數言上[16]，上不召[17]。資用乏，留久，諸公賓客[18]多厭之，乃上書闕下[19]。朝奏，暮召入見。所言九事，其八事為律令[20]，一事諫伐匈奴。其辭曰：

2 「臣聞明主不惡切諫[21]以博觀[22]，忠臣不敢避重誅以直諫，是故事無遺策[23]，而功流萬世。今臣不敢隱忠避死以效[24]愚計，願陛下幸赦[25]而少察[26]之。

3 「司馬法[27]曰：『國雖大，好戰必亡；天下雖平，忘戰必危[28]。』天下既平[29]，天子大凱[30]，春蒐秋獮[31]，諸侯春振旅[32]，秋治兵，所以不忘戰也。且夫怒者逆德[33]也，兵者凶器[34]也，爭者末節[35]也。古之人君，一怒必伏尸流血，故聖王重行之[36]。

4 「夫務戰勝[37]、窮武事[38]者，未有不悔者也。昔秦皇帝[39]任戰勝之威[40]，蠶食天下，并吞戰國，海內為一，功齊三代[41]。務勝不休，欲攻匈奴[42]。李斯[43]諫曰：『不可。夫匈奴無城郭之居，委積[44]之守，遷徙鳥舉[45]，難得而制也。輕兵深入，糧食必絕[46]；踵糧[47]以行，重不及事[48]。得其地不足以為利也，遇其民不可役而守也[49]。勝必殺之[50]，非民父母也。靡獘[51]中國，快心匈奴[52]，非長策也[53]。』秦皇帝不聽，遂使蒙恬[54]將兵攻胡[55]，辟[56]地千里，以河[57]為境。地固澤鹵，不生五穀[58]。然後發天下丁男[59]以守北河[60]，暴兵露師[61]十有餘年，死者不可勝數，終不能踰河而北[62]。是豈人眾不足，兵革不備哉？其勢不可也。又使天下蜚芻輓粟[63]，起於黃、腄[64]、琅邪[65]負海[66]之郡，轉輸[67]北河，率[68]三十鍾而致一石[69]。男子疾耕不足於糧饟，女子紡績不足於帷幕[70]。百姓靡敝，孤寡老弱不能相養，道路死者相望，蓋[71]天下始畔秦[72]也。

5 「及至高皇帝定天下[73]，略地於邊[74]，聞匈奴聚於代谷[75]之外而欲擊之。御史成進諫曰[76]：『不可。夫匈奴之性，獸聚而鳥散[77]，從之如搏影[78]。今以陛下盛德，攻匈奴[79]，臣竊危之。』高帝不聽，遂北至於代谷，果有平城之圍[80]。高皇帝蓋悔之甚，乃使劉敬[81]往結和親之約，然後天下忘干戈之事[82]。

6 「故兵法曰『興師十萬，日費千金[83]』。夫秦常積眾暴兵[84]數十萬人，雖有覆軍[85]殺將，係虜單于[86]之功，亦適足以結怨深讎，不足以償天下之費。夫上虛府庫，下敝百姓，甘心於外國[87]，非完事[88]也。夫匈奴難得而制，非一世也。行盜[89]侵驅[90]，所以為業也，天性固然。上及虞、夏、殷、周，固弗程督[91]，禽獸畜之，不屬為人[92]。夫上不觀虞、夏、殷、周之統[93]，而下循[94]近世之失[95]，此臣之所大憂，百姓之所疾苦也。且夫兵久則變生，事苦則慮易[96]。乃使邊境之民靡敝愁苦而有離心，將吏[97]相疑而外市[98]，故尉佗[99]、章邯[100]得以成其私[101]也。夫秦政之所以不行[102]者，權分乎二子[103]，此得失之效也[104]。故周書曰『安危在出令，存亡在所用[105]』。願陛下詳察之，少加意而熟慮焉。」

7 是時趙人徐樂[106]、齊人嚴安[107]俱上書言世務，各一事。徐樂曰：

8 「臣聞天下之患，在於『土崩』，不在於『瓦解』，古今一也。

9 「何謂『土崩』？秦之末世是也。陳涉無千乘之尊[108]，尺土之地[109]，身非王公大人名族之後，無鄉曲之譽[110]，非有孔[111]、墨[112]、曾子[113]之賢，陶朱[114]、猗頓[115]之富也。然起窮巷，奮棘矜[116]，偏袒[117]大呼而天下從風，此其故何也？由民困而主不恤[118]，下怨而上不知[119]，俗已亂而政不脩[120]，此三者陳涉之所以為資也。是之謂『土崩』。故曰天下之患在於『土崩』。

10 「何謂『瓦解』？吳、楚、齊、趙之兵[121]是也。七國謀為大逆，號皆稱萬乘之君[122]，帶甲數十萬，威足以嚴[123]其境內，財足以勸[124]其士民，然不能西攘[125]尺寸之地，而身為禽於中原[126]者，此其故何也？非權輕於匹夫[127]而兵弱於陳涉也。當是之時，先帝之德澤未衰，而安土樂俗之民眾[128]，故諸侯無境外之助[129]。此之謂『瓦解』。故曰天下之患不在『瓦解』。

11 「由是觀之，天下誠有土崩之勢，雖布衣窮處[130]之士，或首惡[131]而危海內[132]，陳涉是也，況三晉之君[133]或存乎！天下雖未有大治也，誠能無土崩之勢，雖有彊國勁兵，不得旋踵[134]而身為禽矣，吳、楚、齊、趙是也，況羣臣百姓能為亂乎哉！此二體[135]者，安危之明要[136]也，賢主所留意而深察也。

12 「間者[137]關東[138]五穀不登，年歲未復[139]，民多窮困，重之[140]以邊境之事[141]，推數循理[142]而觀之，則民且有不安其處[143]者矣。不安，故易動[144]。易動者，『土崩』之勢也。故賢主獨觀萬化之原[145]，明於安危之機[146]，脩之廟堂之上[147]，而銷未形之患[148]。其要，期使天下無『土崩』之勢而已矣。故雖有彊國勁兵[149]，陛下逐走獸，射蜚鳥，弘[150]游燕之囿[151]，淫[152]縱恣之觀[153]，極馳騁之樂，自若[154]也。金石絲竹之聲不絕於耳，帷帳之私[155]俳優侏儒之笑不乏於前，而天下無宿憂[156]。名何必湯、武[157]，俗何必成、康[158]！雖然，臣竊以為陛下天然之聖，寬仁之資，而誠以天下為務[159]，則湯、武之名不難侔[160]，而成、康之俗可復興也。此二體者立[161]，然後處尊安之實，揚名廣譽於當世，親天下[162]而服四夷，餘恩遺德為數世隆[163]，南面負扆[164]攝袂[165]而揖王公[166]，此陛下之所服也[167]。臣聞圖王[168]不成，其敝足以安[169]。安則陛下何求而不得；何為而不成，何征而不服乎哉[170]？」

13 嚴安上書曰：

14 「臣聞周有天下[171]，其治三百餘歲[172]，成、康其隆[173]也，刑錯[174]四十餘年而不用。及其衰也，亦三百餘歲[175]，故五伯[176]更起。五伯者，常佐天子，興利除害，誅暴禁邪，匡正海內，以尊天子[177]。五伯既沒，賢聖莫續[178]，天子孤弱，號令不行。諸侯恣行，彊陵弱，眾暴寡[179]，田常篡齊[180]，六卿分晉[181]，並為戰國，此民之始苦也。於是彊國務攻，弱國備守，合從連橫[182]，馳車擊轂[183]，介冑[184]生蟣蝨，民無所告愬[185]。

15 「及至秦王[186]，蠶食天下，并吞戰國[187]，稱號曰『皇帝』[188]。主海內之政，壞諸侯之城[189]。銷其兵[190]，鑄以為鍾虡[191]，示不復用[192]。元元[193]黎民，得免於戰國，逢明天子，人人自以為更生[194]。鄉使秦緩其刑罰，薄賦斂，省繇役，貴仁義，賤權利[195]，上篤厚，下智巧[196]，變風易俗，化於海內[197]，則世世必安矣。秦不行是風而循其故俗[198]，為智巧權利者進，篤厚忠信者退；法嚴政峻，諂諛者眾，日聞其美[199]，意廣心軼[200]。欲肆威海外，乃使蒙恬將兵以北攻胡，辟地進境[201]，戍於北河，蜚芻輓粟以隨其後。又使尉佗、屠睢[202]將樓船之士南攻百越[203]，使監祿[204]鑿渠[205]運糧，深入越，越人遁逃。曠日持久，糧食絕乏，越人擊之，秦兵大敗[206]。秦乃使尉佗將卒以戍越[207]。當是時，秦禍北構[208]於胡，南挂[209]於越，宿兵[210]無用之地，進而不得退。行十餘年[211]，丁男被甲，丁女轉輸[212]，苦不聊生[213]，自經[214]於道樹，死者相望。及秦皇帝崩[215]，天下大叛。陳勝、吳廣舉陳[216]，武臣、張耳舉趙[217]，項梁舉吳[218]，田儋[219]舉齊，景駒[220]舉郢，周市[221]舉魏，韓廣[222]舉燕，窮山通谷豪士並起，不可勝載也。然皆非公侯之後[223]，非長官之吏[224]也。無尺寸之勢[225]，起閭巷，杖棘矜，應時而皆動，不謀而俱起，不約而同會，壤長地進[226]，至于霸王[227]，時教使然也[228]。秦貴為天子，富有天下，滅世絕祀[229]者，窮兵之禍[230]也。故周失之弱，秦失之彊[231]，不變[232]之患也。

16 「今欲招南夷[233]，朝夜郎[234]，降羌、僰[235]，略濊州，建城邑[236]，深入匈奴，燔其蘢城[237]，議者美之。此人臣之利也[238]，非天下之長策也。今中國無狗吠之驚，而外累於遠方之備[239]，靡敝國家，非所以子民也[240]。行無窮之欲，甘心快意，結怨於匈奴，非所以安邊也。禍結而不解，兵休而復起，近者愁苦，遠者驚駭，非所以持久也。今天下鍛甲[241]砥[242]劍，橋[243]箭累弦[244]，轉輸運糧，未見休時，此天下之所共憂也。夫兵久而變起，事煩而慮生[245]。今外郡[246]之地或幾千里[247]，列城數十，形束壤制，旁脅諸侯[248]，非公室[249]之利也。上觀齊、晉之所以亡者，公室卑削，六卿大盛也[250]；下觀秦之所以滅者，嚴法刻深，欲大無窮[251]也。今郡守之權，非特六卿之重也；地幾千里，非特閭巷之資[252]也；甲兵器械，非特棘矜之用也：以遭萬世之變[253]，則不可稱諱[254]也。」

17 書奏天子，天子召見三人[255]，謂曰：「公等皆安在？何相見之晚也！」於是上乃拜主父偃、徐樂、嚴安為郎中[256]。偃數見[257]，上疏言事。詔拜偃為謁者[258]，遷為中大夫[259]。一歲中四遷偃。

18 偃說上曰：「古者諸侯不過百里，彊弱之形易制。今諸侯或連城數十，地方千里，緩則驕奢易為淫亂，急則阻其彊[260]而合從[261]以逆[262]京師。今以法割削之[263]，則逆節萌起[264]，前日鼂錯[265]是也。今諸侯子弟或十數[266]，而適嗣代立[267]，餘雖骨肉，無尺寸地封，則仁孝之道不宣[268]。願陛下令諸侯得推恩分子弟，以地侯之[269]。彼人人喜得所願，上以德施[270]，實分其國，不削而稍弱矣[271]。」於是上從其計[272]。又說上曰：「茂陵[273]初立，天下[274]豪桀并兼之家，亂眾之民，皆可徙[275]茂陵，內實京師[276]，外銷姦猾[277]，此所謂不誅而害除。」上又從其計[278]。

19 尊立衛皇后[279]，及發燕王定國陰事[280]，蓋偃有功焉。大臣皆畏其口，賂遺累千金[281]。人或說偃曰：「太橫矣。」主父曰：「臣結髮[282]游學[283]四十餘年，身不得遂[284]，親[285]不以為子，昆弟[286]不收，賓客弃我，我阸[287]日久矣。且丈夫生不五鼎食[288]，死即五鼎烹耳。吾日暮途遠，故倒行暴施之[289]。」

20 偃盛言朔方[290]地肥饒[291]，外阻河[292]，蒙恬城之[293]以逐匈奴，內省轉輸戍漕[294]，廣中國，滅胡之本也。上覽其說，下公卿議，皆言不便。公孫弘曰：「秦時常[295]發三十萬眾築北河[296]，終不可就，已而弃之[297]。」主父偃盛言其便，上竟用主父計，立朔方郡[298]。

21 元朔二年，主父言齊王內淫佚行僻[299]，上拜主父為齊相[300]。至齊，遍召昆弟、賓客，散五百金予之，數[301]之曰：「始吾貧時，昆弟不我衣食[302]，賓客不我內門[303]；今吾相齊，諸君迎我或[304]千里。吾與諸君絕矣，毋復入偃之門[305]！」乃使人以王與姊姦事動王[306]，王以為終不得脫罪，恐效燕王論死[307]，乃自殺。有司以聞[308]。

22 主父始為布衣時，嘗游燕、趙，及其貴，發燕事[309]。趙王[310]恐其為國患[311]，欲上書言其陰事，為偃居中[312]，不敢發。及為齊相，出關[313]，即使人上書[314]，告言主父偃受諸侯金，以故諸侯子弟多以得封者[315]。及齊王自殺，上聞大怒，以為主父劫其王令自殺[316]，乃徵下吏治[317]。主父服受諸侯金，實不劫王令自殺，上欲勿誅。是時公孫弘為御史大夫[318]，乃言曰：「齊王自殺，無後，國除為郡，入漢，主父偃本首惡[319]。陛下不誅主父偃，無以謝天下[320]。」乃遂族主父偃[321]。

23 主父方貴幸時，賓客以千數。及其族死，無一人收者[322]，唯獨洨孔車收葬之[323]。天子後聞之，以為孔車長者也。

【章　旨】以上為第二段，寫主父偃的生平事歷，並連帶寫了徐樂、嚴安的上書。

【注　釋】❶主父偃　姓主父，名偃。❷臨菑　也寫作「臨淄」，歷來為齊國都城，在今山東淄博。❸長短縱橫　「長短」與「縱橫」的意思相同，即所謂縱橫家的學問。劉向〈上戰國策〉疏云：「舊號或曰『短長』。」張晏曰：「蘇秦、張儀之謀，趣彼為短，歸此為長，《戰國策》名『長短術』也。」師古曰：「興於六國時，長短其語，隱謬用相激怒也。」❹易　古代的占卜書，後被儒家奉為經典之一。❺春秋　以魯國為本位的一部春秋時期的歷史大事紀，舊說為孔子所作，被後代儒家奉為經典之一。❻游齊諸生間　在齊國與諸位學者、先生交往。生，也可單稱「先」，都相當於今之所謂「先生」。❼厚遇　優待；尊重。❽相與排擯　勾結起來排擠主父偃。❾假貸　借債。假，借。❿燕　漢代諸侯國名，國都即今北京市。景帝時期、武帝前期的燕王為劉邦功臣劉澤之孫劉定國，西元前一五一—前一二八年在位。⓫趙　漢代諸侯國名，國都即今河北邯鄲市。景帝時期、武帝前期的趙王為劉彭祖，景帝之子，武帝之同父異母兄，西元前一五二—前九三年為趙王。⓬中山　漢代諸侯國名，國都盧奴（即今河北定縣）。景帝時期、武帝前期的中山王為景帝之子劉勝，武帝的同父異母兄，西元前一五四—前一一三年在位。⓭孝武元光元年　西元前一三四年。「元光」是武帝的第二個年號。梁玉繩曰：「孝武，當作『今上』。」⓮西入關　指入函谷關。⓯衛將軍　衛青。武帝時名將，時為大將軍之職，事跡見〈衛將軍驃騎列傳〉。梁玉繩、洪頤煊等皆以衛青為將軍在元光六年，而懷疑此「元光元年」稱衛青為「將軍」者誤，其說過於拘泥。瀧川曰：「此追記之詞。」⓰數言上　多次向武帝推薦主父偃。⓱上不召　楊樹達曰：「偃侯董仲舒，竊其說陰陽災異書奏之，見〈仲舒傳〉。」⓲諸公賓客　指主父偃曾多次求見過的這些長安城的公卿權貴與其門下的賓客們。⓳上書闕下　到宮門前給皇帝上書。帝王的宮門左右立有雙闕，故稱宮門之前曰「闕下」。按：主父偃上書的時間，梁玉繩以為應在元朔元年（西元前一二八年），其《史記志疑》曰：「主父偃、徐樂、莊安三人同上書，拜郎中，應在元朔初，《通鑑》載於元朔元年，《考異》謂『光』乃『朔』字之誤，其說自不可易。」王先謙以為主父偃上書應在元光六年（西元前一二九年），其《漢書補注》曰：「傳明言元光元年偃西入關，留久，乃上書，未嘗以上書為元光二年也。竊意三人上書皆在元光六年。《漢紀》列三人上書於元光二年固未當，《通鑑》載之元朔元年亦非也。」⑳八事為律令　上書共提及九件事，其中八件是有關規章制度的。㉑不惡切諫　不討厭臣下的嚴厲勸阻。㉒博觀　開擴視野。㉓事無遺策　使付諸實行的謀略、計畫，沒有任何漏洞，無懈可擊。㉔效　貢獻出來。㉕幸赦　望能寬恕我的冒昧與粗直。㉖少察　請予以留意。少，通「稍」。㉗司馬法　古代的一部兵書名，作者不詳。司馬是古代的主兵之官。也有說即指《司馬穰苴兵法》。〈司馬穰苴列傳〉云：「齊威王使大夫追論古者《司馬兵法》而附穰苴於其中，因號曰《司馬穰苴兵法》。」㉘國雖大四句　沈欽韓曰：「見今本《司馬法・仁本篇》。」凌稚隆曰：「此書雖以『好戰』、『忘戰』並起，然偃意專為諫伐匈奴，故所重卻在『好戰必亡』上。」㉙天下既平　天下一旦太平。㉚天子大凱　帝王立刻就要收兵止戰。應劭曰：「大凱，《周禮》還師振旅之樂也。」㉛春蒐秋獮　古代春秋兩季所舉行的練兵活動，春曰「蒐」，秋曰「獮」。㉜振旅　與下文「治兵」同義，即操練、檢閱部隊。㉝逆德　與仁德對立的東西。㉞凶器　不吉利的東西。凶，不祥。㉟末節　小節。按：以上三句見《國語・越語》：「范蠡曰：『勇者，逆德也；兵者，凶器也；爭者，事之末也。』」《尉繚子・兵議》：「兵者，凶器也；爭者，逆德也。」文字略有出入，意思相同。㊱重行之　不輕易使用。重，慎，不輕易。㊲務戰勝　追求一定打敗對手。㊳窮武事　極端講究武力。㊴秦皇帝　即秦始皇，西元前二四六―前二一〇年在位。事跡見〈秦始皇本紀〉。㊵任戰勝之威　任，憑藉。㊶功齊三代　功勳之高，可與夏、商、周三代的開國之主相比美。㊷匈奴　戰國以來活動於今內蒙及蒙古共和國一帶的游牧民族，事跡詳見〈匈奴列傳〉。㊸李斯　協助秦始皇統一六國的重要人物之一，事跡詳見〈李斯列傳〉。㊹委積　王先謙引胡三省注曰：「倉廩之藏也。鄭氏云：『少曰委，多曰積。』」㊺遷徙鳥舉　要想搬家，像鳥似的一張翅膀就飛走了。舉，飛起。㊻糧食必絕　必然要斷絕糧食供應，因為運送糧草的隊伍不可能像突襲部隊那樣快速前進。㊼踵糧　後面跟著運糧大隊。踵，接續。《漢書》於此作「運糧」。㊽重不及事　指行動遲緩，不可能抓住敵人。㊾遇其民不可役而守也　「遇」字不順，《漢書》作「得其民，不可調而使也」，較此為順。役，奴役。《漢書》的「調」，意即調教。㊿勝必殺之　為恐敵人重新集聚，故將所降敵兵盡數殺掉，亦戰國時之常事，如白起坑趙卒四十萬於長平是也。《漢書》作「勝必棄之」，李慈銘曰：「謂勝其國而棄其民，非為民父母之道。」王先謙曰：「《史記》『棄』作『殺』，似誤。」按：王說似多此一舉，《史記》所言似更合實際。(51)靡獘　同下文「靡敝」，也作「糜敝」，耗費；損耗。(52)快心匈奴　為獲得打敗匈奴的一時痛快。(53)非長策也　瀧川引呂祖謙曰：「李斯方助始皇為虐，必無此諫。」徐孚遠曰：「李斯諫伐胡，本傳不載，非實事也。意者為欲沮蒙恬之功，故為正言耶？」(54)蒙恬　秦朝名將，曾打敗匈奴，奪回被匈奴所占的今內蒙河套一帶地區，並為秦朝修築長城，事跡見〈蒙恬列傳〉。(55)胡　古代用以稱北部地區的少數民族，這裡即指匈奴。(56)辟　開闢；拓展。(57)河　這裡指今內蒙河套一帶的那段黃河。(58)地固澤鹵二句　澤鹵，地多鹽鹼。原作「澤鹹鹵」，意不可通。王念孫《讀書雜志・史記第六》曰：「『鹹』字後人所加。《漢書》作『澤鹵』。」今據刪。按：匈奴地區多沙漠，亦多戈壁、鹽鹼，但謂河套地區「地固澤鹵，不生五穀」則非，古語有所謂「黃河百害，唯富一套」，即指此也。(59)丁男　成年的男人。(60)北河　即上述內蒙河套一帶的黃河，因其在關中地區的北方，故稱「北河」。(61)暴兵露師　使軍隊被太陽曬著，被風雨吹著淋著。暴，日曬。(62)不能踰河而北　梁玉繩曰：「〈始皇紀〉、〈蒙恬〉、〈匈奴傳〉皆云：『逐戎築長城，起臨洮至遼東萬餘里，渡河至陽山。』乃偃書言『恬攻胡，辟地千里，終不能踰河而北』，未詳其故。《通典》以〈恬傳〉為實，則偃未考耳。」按：主父偃為反對伐匈奴，故極力貶低秦對匈奴之勝，一則稱所得之河套地區「地固澤鹵，不生五穀」；再則曰「終不能踰河而北」，當初趙國的長城，以及蒙恬後來所築的長城都在黃河北側，主父偃根本不明白河套地區的地形。(63)蜚芻輓粟　即運輸糧草。蜚，通「飛」。師古曰：「運載芻草，令其疾至，故云『蜚芻』也。挽，謂引車船也。」(64)黃腄　二縣名，黃縣縣治在今山東黃縣城東，腄縣縣治即今煙台市西南的福山縣，二縣都在山東半島的東北沿海，當時屬東萊郡。(65)琅邪　漢郡名，地處山東半島的東南部海邊，郡治即今山東諸城。(66)負海　靠近海邊。負，背靠。(67)轉輸　輾轉運送。(68)率　大概；大體上。(69)三十鍾而致一石　從始發點運送一石糧食到前線，運輸者在路上的吃用要達到三十鍾。一石等於十斗，一鍾等於六石四斗。按：此話過於誇張，危言聳聽，不著邊際。(70)男子疾耕不足於糧饟二句　糧饟，供應前線的糧食。帷幕，此指軍隊使用的帳篷。按：〈淮南衡山列傳〉云：「男子疾耕不足於糟糠；女子紡績不足以蓋形」；〈平準書〉云：「海內之士力耕不足糧饟；女子紡績不足衣服」；《史記》中之屢用語。(71)蓋　因；於是。(72)始畔秦　陳勝起義反秦，在秦二世元年（西元前二〇九年）。畔，通「叛」。(73)高皇帝定天下　劉邦稱漢王，在西元前二〇六年；滅掉項羽做皇帝在西元前二〇二年。(74)略地於邊　高祖六年（西元前二〇一年），韓王信投降匈奴，七年（西元前二〇〇年），劉邦北征韓王信，大破之，遂欲北擊屯駐於今山西北部的匈奴軍。事見〈韓信盧綰列傳〉。(75)代谷　具體方位不詳，有說在今河北蔚縣附近，有說在今山西代縣附近，有說在今山西大同附近。(76)御史成進諫曰　舊注皆曰為御史者，姓成名進。御史，御史大夫的屬官，主管監察。成進，事跡不詳，徐孚遠曰：「成進之諫，與奉春君（即婁敬）同，而其說不顯，僅見於此。」陳直則曰：「御史名成，進諫者，進納諫言也。」其說亦通。(77)獸聚而鳥散　互文見義，蓋言如鳥獸之聚散也。聚也快，散也快。(78)從之如搏影　與這樣的敵人作戰簡直就如同與影子作戰一樣，根本抓不住人。從，進擊。沈欽韓曰：「《管子・兵法篇》：『善者之為兵，使敵若據虛，若搏影。』」師古曰：「搏，擊也。搏人之陰影，言不可得也。」王先謙引胡三省注：「影，隨物而生者也，存滅不常，難得而搏之。」(79)以陛下盛德二句　憑著您如此淳美的道德威望，居然想去進攻匈奴人。(80)平城之圍　事在高祖七年（西元前二〇〇年）冬。劉邦率軍進至平城（今山西大同東北）東北之白登，被匈奴所包圍，七日不得出。後通過陳平施反間計，始脫困境，詳情參見〈高祖本紀〉、〈陳丞相世家〉。(81)劉敬　原名婁敬，因勸劉邦由洛陽改都關中，而受劉邦喜愛被賜姓劉，是最早提倡與匈奴實行和親政策的人，事跡見〈劉敬叔孫通列傳〉。(82)忘干戈之事　指與匈奴之間長時間沒有爆發大規模的戰爭。(83)興師十萬二句　《孫子・用間篇》云：「凡興師十萬，出征千里，百姓之費，公家之奉，日費千金。」千金，漢稱黃金一斤曰「一金」，「一金」可抵銅錢一萬枚，千金相當銅錢一千萬。(84)積眾暴兵　指蒙恬等之駐軍北河，以抗匈奴。(85)覆軍　指在一個戰役中全部消滅敵人。(86)係虜單于　按：蒙恬等曾驅逐匈奴，奪回河套一帶的大片地盤，但從「係虜單于」事，此又主父偃誇大其詞。單于，匈奴的最高君長，相當於漢朝的皇帝。秦末以至劉邦、呂后時的匈奴單于名冒頓，西元前二〇九—前一七五年在位。(87)甘心於外國　在對外戰爭中求得一時高興，即前文所謂「快心匈奴」。(88)完事　完美之事；盛德之事。(89)行盜　往來不定，侵盜於我邊疆。(90)侵驅　師古曰：「來侵邊境，驅掠人畜也。」(91)固弗程督　從來沒對這些北方敵人採取嚴厲的措施。程，規範管理。督，嚴厲懲治。師古曰：「程，課也；督，責也。」(92)不屬為人　不把他們與中原人同等要求。王叔岷曰：「為，猶『於』也。」(93)統　傳統，這裡指傳統的做法。(94)循　仿效；奉行。原作「脩」。王念孫《讀書雜志・史記第六》曰：「當依《漢書》作『循』，謂因循近世之失而不改也。」今據改。下文「而循其故俗」同。(95)近世之失　指秦時與劉邦時對匈奴問題的錯誤處置。(96)慮易　想要改變，隱指圖謀造反。(97)將吏　武將與文臣。(98)外市　與外敵相通，以求賣主利己。(99)尉佗　原名趙佗，因後為南海尉，故亦稱尉佗。趙佗在秦時為龍川（今廣東龍川縣西南）令，秦末大亂後，趙佗繼任為南海郡（郡治即今廣州市）尉，接著又收服了桂林、象郡，自立為南越王。事見〈南越列傳〉。(100)章邯　秦朝名將，曾打敗陳勝，破殺項梁，後在河北鉅鹿被項羽打敗，因朝內趙高正欲藉機陷害章邯，故章邯遂率軍投降項羽。事見〈項羽本紀〉。(101)成其私　實現了其私人目的。按：主父偃以章邯、趙佗作為「兵久則變生，事苦則慮易」的典型，與事實不相合。(102)秦政之所以不行　意即秦朝之所以滅亡。不行，不能推行；不能行使。(103)權分乎二子　秦王朝的權力，被章邯、趙佗所分散。按：主父偃又進一步將秦朝瓦解崩潰的責任加於章邯、趙佗，此論尤其荒謬。但賈誼〈過秦論〉中亦有所謂「秦使章邯將而東征，章邯因以三軍之眾要市於外，以謀其上」云云，皆與〈項羽本紀〉所寫的章邯行跡不同。(104)此得失之效也　這就是秦朝失敗的最有力的證明。得失，這裡其實就是講「失」。效，證驗；證明。(105)安危在出令二句　意思是帝王下什麼命令與用什麼人，這可都是關係國家安危存亡的大事啊。按：

〈楚元王世家〉作「安危在出令，存亡在所任」；而《逸周書・王佩》作「存亡在所用，離合在出令」，與此文字稍異。淩約言曰：「言伐匈奴利害如指掌，秦皇、漢高二事足以鑒矣。文字溫醇，厚重質實，愈嚼而愈有味，是漢初元氣復還之作。」106趙人徐樂　梁玉繩曰：「《漢書》謂樂『燕郡無終人』，則史言『趙人』誤也。」郭嵩燾曰：「《漢書・徐樂傳》：『燕郡無終（今天津薊縣）人也。』無終在燕境東北，固不得為趙人，此史公誤也。」107嚴安　本姓莊，因避明帝諱，故東漢人稱之為「嚴安」。此處所謂「嚴安」，乃後人追改。108千乘之尊　具有千輛兵車的大國諸侯。109尺土之地　極言為王為侯者所享有封地之少。110鄉曲之譽　在故鄉有好評，有名望。〈報任安書〉有云：「少負不羈之行，長無鄉曲之譽」，與此意思相同。鄉曲，猶言鄉里，平民百姓居住的基層單位。111孔　孔丘，字仲尼，春秋末期人，儒家學派的祖師，事跡見〈孔子世家〉。112墨　墨翟，墨家學派的祖師，戰國初期人，事跡略見於〈孟子荀卿列傳〉。113曾子　名參，孔子的弟子，以孝聞名，事跡見〈仲尼弟子列傳〉。114陶朱　即范蠡，協助句踐滅吳後，辭官做商人，發了大財，人稱陶朱公。事見〈越王句踐世家〉。115猗頓　戰國時期的大鹽商，事見〈貨殖列傳〉。116棘矜　師古曰：「棘，戟也。矜，戟之把也。時秦銷兵器，故但有戟之把耳。」賈誼〈過秦論〉有所謂「鉏櫌棘矜」，王念孫以為「棘矜」即「伐棘以為杖」。117偏袒　袒露出一隻胳膊，古人宣誓或表決心時常做這種姿態，如〈廉頗藺相如列傳〉有所謂「肉袒」，〈呂太后本紀〉有所謂「左袒」，意思皆同。瀧川曰：「此一節，分明襲賈生〈過秦論〉。」118不恤　不關心；不體憐。119不知　知下原有「也」字。梁玉繩《史記志疑》卷三十四曰：「『也字衍』。《漢書》引此字亦無也字。今據刪。120俗已亂而政不脩　俗，社會風氣。政，國家法令。這裡是二者對文，意即社會風氣、國家章程全都壞透了，統治者還不知道痛加治理。121吳楚齊趙之兵　即指吳楚七國之亂。事在景帝三年（西元前一五四年），以吳王劉濞為首，其餘六國為楚、趙、膠東、膠西、菑川、濟南（因後面的四國都在故齊地，故統而稱齊），後被周亞夫武力討平。詳見〈吳王濞列傳〉、〈絳侯周勃世家〉、〈袁盎鼂錯列傳〉等篇。122萬乘之君　具有萬輛兵車的一國之君。123嚴　威脅；控制。124勸　鼓勵，收買之以為其效力。按：〈吳王濞列傳〉中載有吳王告諸反國書，其中開有鼓勵叛軍攻漢城殺漢將，及號召漢臣漢將率眾投誠的賞格。125西攘　指向西奪取漢王朝中央所轄的地盤。攘，奪。126身為禽於中原　吳王濞在當時的梁國（今河南商丘一帶）被朝廷軍打敗後，逃至江南之丹徒（今鎮江市城東），投奔駐紮在那裡的東越人，結果被東越人所殺，獻其頭於朝廷。127權輕於匹夫　匹夫，古時指平民百姓，這裡即指陳涉。陳涉原為居於「閭左」的平民，後又被調發謫戍漁陽，中途因遇雨失期而發動起義。128安土樂俗之民眾　願做老實百姓以安樂享福的人多。129無境外之助　沒有其他國家對他們的響應與援助。按：當時東越曾隨從吳王劉濞，匈奴也與趙王劉遂有所串通，但後來七國很快失敗，東越與匈奴遂未再捲入。(130)窮處　處於窮困之地者。(131)首惡　首先帶頭造反。(132)危海內　指動搖國家政權。(133)三晉之君　這裡指隨陳涉而起的戰國諸侯的後代，如魏咎、魏豹、韓成、趙歇等。三晉，指韓、趙、魏，因此三國皆由春秋時代的晉國分出，故統稱之為「三晉」。(134)旋踵　轉身，極言其時間之短。踵，腳跟。(135)二體　指「土崩」與「瓦解」兩種不同的形勢。(136)安危之明要　是安定與危急的重要標誌。(137)間者　前者；前些時候。(138)關東　函谷關以東，指今河南、以及河北省南部、江蘇、安徽北部、山東西部等大片地區。(139)年歲未復　至今尚未獲得好的收成。年歲，指農業收成而言。(140)重之　再加上。(141)邊境之事　指與匈奴的戰爭。(142)推數循理　按照道理、規律推斷。(143)不安其處　指無法再在原地生活下去。(144)易動　容易受波動、被推動。(145)獨觀萬化之原　注意觀察社會上各種事物變化的苗頭。原，根源；苗頭。(146)明於安危之機　看清楚哪些是屬於「土崩」性質的，哪些是屬於「瓦解」性質的。(147)脩之廟堂之上　指及早制訂好的方針政策。廟堂，宗廟與朝堂，都是決定國家方針大計的地方。(148)銷未形之患　在禍患尚未形成之前就將其消解。(149)雖有彊國勁兵　意謂即使有「瓦解」性質的諸侯王作亂。(150)弘　擴大；廣建。(151)游燕之囿　遊玩享樂的園林。燕，安樂。(152)淫　放任，肆意而為。(153)縱恣之觀　一切賞心悅目的東西。(154)自若　照常，和往常一樣。(155)帷帳之私　指寵狎姬妾。(156)無宿憂　不會有潛藏的禍患。師古曰：「宿，久也。」王先謙曰：「宿，留也。」王叔岷曰：「『宿憂』猶『預憂』。」凌約言曰：「以『瓦解』之勢為不必慮，而欲其自恣於遊畋聲色之間，非引君當道之意矣。」凌稚隆引王維楨曰：「若淫樂如此，便有土崩之勢，雖諷之，實勸也。」楊樹達曰：「〈齊策〉蘇秦說齊閔王云：『故鐘鼓竽瑟之音不絕，地可廣而欲可成；和樂侏儒倡優之笑不乏，諸侯可同日而致也。諸侯無成謀，則其國無宿憂矣。』此樂語所本。」(157)湯武　商湯、周武王，都是儒家心目中的大聖人。(158)成康　周成王、周康王，他們的統治被儒家說成是最太平、最美好的，即所謂「成康之治」。(159)誠以天下為務　如果真的把一切心思都放在治理國家上。(160)侔　並立；並稱。(161)此二體者立　指「名侔湯武」、「俗復成康」的兩種局面出現後。(162)親天下　使天下人親近、靠攏。(163)餘恩遺德為數世隆　意謂靠您恩德奠定的根基，足以使子孫後代幾輩子安享太平。(164)負扆　背靠屏風。扆，天子御座後面的畫著斧形圖案的屏風。(165)攝袂　猶言「斂袂」，清閒無事的樣子。(166)揖王公　使王公大臣前來拜見。(167)此陛下之所服也　這是您現在應做的事情。師古曰：「服，事也。」(168)圖王　希求創立三王一樣的功業。(169)其敝足以安　連上句意謂即使達不到「三王」的局面，最不好也能使國家獲得安定。古有所謂「圖王不成，其敝猶可以霸」之語，此與其意相同。(170)何征而不服乎哉　凌稚隆引鄧以瓚曰：「此文大率本〈過秦論〉來。」(171)臣聞周有天下　梁玉繩曰：「莊安書此句上尚有二百七十餘字，皆切中時弊，深識治體之言，史公何以刪之？」(172)其治三百餘歲　指西周前、中期的穩定時代。治，天下太平。(173)成康其隆　成王、康王時期的太平與隆。

成王，名誦，武王之子，西元前一〇四二—前一〇二一年在位。康王，名釗，成王之子，西元前一〇二〇—前九九六年在位。174刑錯　刑法擱置不用，指社會治安良好，無人犯罪。錯，也寫作「措」，停，閒置不用。175及其衰也二句　指西周末及春秋時代的三百多年間。176五伯　同「五霸」，指齊桓公（西元前六八五—前六四三年在位）、晉文公（西元前六三六—前六二八年在位）、楚莊王（西元前六一三—前五九一年在位）、吳王闔閭（西元前五一五—前四九六年在位）、越王句踐（西元前四九七—前四六五年在位）。更起，迭起。彼伏此起。177匡正海內二句　諸侯國有大逆不道及不朝周天子者，霸主率兵伐之；有外族入侵中原國家，霸主率兵救之，如此等等。匡，扶之使正。178五伯既沒二句　此指春秋末期，戰國初期，像齊桓公、管仲、孔子這些提倡「尊王」的賢人、聖人再也沒有了。179眾暴寡　兵多的欺侮兵少的。暴，侵凌。180田常篡齊　田常本作「田恆」，也稱「陳恆」，漢人為避文帝諱而改稱「田常」，春秋末期的齊國大貴族，於西元前四八一年，弒其君齊簡公，另立傀儡齊平公，把持齊國政權，為其後人正式篡齊稱王奠定了基礎。事見〈田敬仲完世家〉。181六卿分晉　六卿指春秋末期控制晉國政權的六家大臣范氏、中行氏、智氏、韓氏、趙氏、魏氏，晉國諸侯已形同傀儡。西元前四九〇年，智氏、趙氏、韓氏、魏氏四家聯合滅掉了范氏、中行氏；至西元前四五三年，趙氏、韓氏、魏氏三家又聯合滅掉了智氏，而後又滅掉晉國公室，各自獨立稱王。詳情見〈晉世家〉、〈趙世家〉。182合從連橫　有人講合從，有人講連橫。合從，通「合縱」，是東方國家聯合抗秦的一種策略。連橫，也作「連衡」，是秦與東方某國聯合，聯甲攻乙，聯乙攻丙，逐個擊破的一種策略。183擊轂　車軸相互碰撞，極言路上車輛之多。轂，車輪正中之孔，以安車軸的部位。184介冑　甲冑。介，甲。185告愬　求告，訴說，以求援救與保護。愬，同「訴」。186秦王　即秦始皇，統一六國前稱秦王，名政，西元前二四六—前二一〇年在位。187并吞戰國　秦王政十七年（西元前二三〇年），滅韓；二十二年（西元前二二五年），滅魏；二十四年（西元前二二三年），滅楚；二十五年（西元前二二二年），滅趙，滅燕；二十六年（西元前二二一年），滅齊。188稱號曰皇帝　秦王政在其二十六年統一天下後，採取古代聲望最高的所謂「三皇」之「皇」，與「五帝」之「帝」，而並稱之曰「皇帝」，事見〈秦始皇本紀〉。189壞諸侯之城　夷其城，使其無法再據以反秦。190銷其兵　銷毀從六國繳獲的武器，使東方之人再無武器用以反秦。191鑄以為鍾虡　將東方的兵器熔化後，鑄成了鍾虡與十二個大銅人。鍾，是古代的樂器。虡，是懸掛鐘的架子。192示不復用　按：此所謂「不復用」是指令東方六國之人無法再行反秦，而不是連秦國的兵器也一同銷毀，從此不再打仗，秦國的兵器是一點也沒有銷毀的。193元元　善良的樣子。194更生　獲得了新生。王先謙曰：「言秦併六國，示不復用兵，人人以為逢明天子，有更生之慶。」195貴仁義二句　意即實行儒家的一套，罷黜法家的那一套。權，指用刑法、武力鎮壓。利，指以「首功」之法引誘人們殺敵與墾荒。

[196]上篤厚二句　引導人以篤厚為上，而鄙棄那些鬥心眼、耍手段的人。[197]化於海內　以儒家倡導的倫理道德，教化全國。[198]循其故俗　依舊實行商鞅在秦國所推行的法家統治。循，沿襲，照舊實行。[199]日聞其美　整天聽的是歌功頌德，事見〈李斯列傳〉。[200]意廣心軼　意即越來越沒收斂，越來越好大喜功。軼，放縱。[201]辟地進境　開闢敵方所占之地，進入敵方所占之境。[202]尉佗屠睢　梁玉繩曰：「〈南越傳〉無尉佗攻越事，乃『尉屠睢』也。尉，秦官；屠睢，人姓名。《漢書》嚴助、嚴安傳皆無『佗』字，此因下文『尉佗戍越』而誤。『尉屠睢』事，見《淮南子・人間訓》。」按：今之研究秦史者，多認定秦朝開始攻嶺南即有尉佗，見張榮芳、黃淼章《南越國史》，則刪「佗」字未必然也，並請參見〈南越列傳〉。[203]百越　統稱今廣東、廣西一帶的少數民族，因其種類繁多，故稱「百越」。[204]監祿　《集解》引韋昭曰：「監，御史，名祿也。」按：秦代各郡的長官除郡守、郡尉外，尚有由朝廷派出的御史一人，名曰「監郡」。名祿者，即任此職。[205]鑿渠　指今廣西興安境內的靈渠。[206]秦兵大敗　按：秦始皇之統一東方六國，《史記》諸篇記敘詳細；對北方匈奴之進擊，亦頗清楚；唯對百越之攻取過程，《史記》中記載甚少。屠睢伐越與秦兵大敗事，〈秦始皇本紀〉與〈南越列傳〉皆不載，唯《淮南子・人間》云：「秦皇發卒五十萬，使蒙公、楊翁子將，以與越人戰。越人皆入叢薄中與禽獸處，莫肯為秦虜。相置桀駿以為將，而夜攻秦人，大破之，殺尉屠睢，伏屍流血數十萬。」可與此參證。[207]使尉佗將卒以戍越　王先謙引沈欽韓曰：「『尉佗』，『任囂』之誤，使囂戍越，因為南海尉，趙佗應以偏裨與行耳。」王先謙曰：「因後尉佗擅越，特舉之，非誤也。」[208]構　連，即今所謂兵連禍結。[209]挂與「構」的意思相同。王念孫曰：「讀為『絓』，結也，言禍結於越也。」[210]宿兵　駐兵。師古曰：「宿，留也。」[211]行十餘年　就這樣一連過了十來年。按：自秦始皇統一天下，到秦始皇死，首尾共十二年。[212]丁男被甲二句　全部成年男子都被徵去當兵，全部成年女子都被徵去運糧。轉輸，拉著車子運送糧草。[213]苦不聊生　痛苦得無法賴以為生。[214]自經　自縊；上吊。[215]秦皇帝崩　事在秦始皇三十七年（西元前二一〇年）七月。[216]陳勝吳廣舉陳　陳勝等本舉事於蘄縣大澤鄉，事在二世元年（西元前二〇九年）七月，至攻克陳郡（今河南淮陽）後，乃稱王，此大概言之。事見〈陳涉世家〉。[217]武臣張耳舉趙　武臣等原是陳涉的部將，奉命略地河北，至邯鄲，武臣自稱趙王，事見〈張耳陳餘列傳〉。[218]項梁舉吳　事在二世元年（西元前二〇九年）九月。吳，即今蘇州市。項梁叔姪在吳地起兵的詳情，見〈項羽本紀〉。[219]田儋　被秦所滅的齊國的後代，陳涉起義後，田儋、田榮、田橫等起兵占有齊地，事見〈田儋列傳〉。[220]景駒　被秦所滅的楚王的後代，陳涉被章邯破殺後，曾一度被秦嘉擁立為王，事見〈陳涉世家〉。但景駒被擁立為王與楚國的舊都郢（今湖北江陵）無關，此嚴安以意言之。[221]周市　原魏人，陳涉的部將，奉命略定魏地後，乃擁立魏王的後代魏咎為王，事見〈魏豹彭越列傳〉。[222]韓廣　原是陳涉的部將，隨武臣

略定趙地後，奉武臣命往略燕地，占領燕地後，遂自立為燕王，事見〈張耳陳餘列傳〉。[223]皆非公侯之後　按：陳涉、吳廣、武臣、張耳等非公侯之後，至田儋、魏咎、項梁等，則不可謂「非公侯之後」。[224]非長官之吏　都不是掌大權的官吏，若蕭何、曹參、夏侯嬰等皆小吏；縣令、郡守亦有欲起兵反秦者，然皆被劉邦、項梁等所殺。[225]無尺寸之勢　與前文「無尺土之地」意思相同，即指以一個平頭百姓崛起，無任何爵祿、封地做基礎。〈項羽本紀〉中有所謂「羽非有尺寸，乘勢起隴畝之中」，與此處意思相同。[226]壤長地進　指不斷擴大地盤。《集解》引張晏曰：「長、進，益也。」師古曰：「言其稍稍攻伐，進益土境，以至強大也。」[227]至于霸王　各自發展成後來的稱霸稱王。此處的「霸王」是指這些人各自形成一股勢力，並不單指項羽一人而言。[228]時教使然也　這是由秦國的殘暴統治造成的。瀧川引岡白駒曰：「所謂法嚴政峻是也。」[229]滅世絕祀　滅掉了帝位的傳承與宗廟的祭祀。[230]窮兵之禍　窮兵，無休止的黷武好戰。凌約言曰：「此言窮兵之禍極為詳悉，於治道有關。其言華采中有質實，質實中有華采。」[231]周失之弱二句　周因弱而亡，秦因強而亡。[232]不變　不知形勢變化了就必須採取變通的政策。凌稚隆引鄧以讚曰：「蘇明允（洵）〈審勢〉本此。」[233]招南夷　招南夷地區的諸小君長前來歸附。南夷，指今貴州、雲南境內的諸少數民族部落，如夜郎、牂柯、滇、昆明等。[234]朝夜郎　使夜郎王進京朝見。夜郎，當時南夷中一個較大的小國名，其地約當今貴州之西部地區。[235]降羌僰　當時蜀郡以西與其西北部一帶地區的少數民族名，即當時所說的西夷。羌族約在今川、陝、甘三省交界地帶；僰族約在今四川宜賓西南。按：以上三句即通常所說的「通西南夷」。王先謙曰：「〈西南夷傳〉，唐蒙通夜郎，開犍為郡，乃建元六年事。〈武紀〉，元光五年，發巴蜀治南夷道，元朔三年罷。自建元六年凡十年始罷，詳見公孫弘、西南夷諸傳。元狩中又因張騫之言重開，至元鼎六年始定。安所謂『徇南夷，朝夜郎』者，指前役而言。」[236]略濊州二句　即欲在濊州設郡。濊州，古穢貊，在今朝鮮東北部。《漢書‧武帝紀》：「元朔元年秋，東夷濊君南閭等口二十八萬人降，為蒼海郡。」[237]燔其蘢城　元光六年（西元前一二九年），衛青等伐匈奴至蘢城事，見〈衛將軍驃騎列傳〉。蘢城，也作龍城，匈奴單于的大本營，在今蒙古國鄂爾渾河西側的和碩柴達木湖附近。[238]此人臣之利也　楊慎曰：「此論極盡事情，宋富弼與契丹議意祖此。然安之論本出韓非，《韓非‧備內篇》曰：『苦民以富貴人，起勢以藉人臣，非天下之長利也。』」陳仁子曰：「嚴安上書與主父偃不同，主父偃皆隨其末而救之，嚴安則探其本而救之，本正則末自正矣。至於『用兵乃人臣之利，非天下之長策』二語，可以關要功生事者之口，噫！『一將功成萬骨枯』，其言概本諸安。」[239]外累於遠方之備　讓防備遠方之敵成為國家的累贅。[240]非所以子民也　這不是養育黎民的好章程。師古曰：「子民，謂養之如子也。」[241]鍛甲　冶煉金屬，製造鎧甲。[242]砥　磨。[243]橋　此處通「矯」，師古曰：「正曲使直也。」[244]累弦　中井曰：「造弦也。」王叔岷曰：

「累，繫也。」也有人解釋「累」字為「集聚」。[245]事煩而慮生　事情多了就容易出亂子。煩，通「繁」。慮，憂也，憂患。[246]外郡　謂東方有些大郡。[247]或幾千里　有的達千里之廣。幾，近；將達。[248]形束壤制二句　謂各郡的地形與鄰近的諸侯國犬牙交錯，控制威脅著其鄰近的諸侯國。[249]公室　春秋時以稱諸侯之宗室，今以「公室」稱皇帝的家族，似乎欠妥。《漢書》作「宗室」，較「公室」明晰。[250]六卿大盛也　按：上句既同時提出「齊晉」，則此句應曰「田氏與六卿大盛也」，不宜只說「六卿」。[251]欲大無窮　欲望太大，沒有窮盡。[252]非特閭巷之資　已遠遠不是普通平民的憑藉。閭巷，指一般平民的造反者，如陳涉等。[253]以遭萬世之變　如果一旦碰上萬世難逢的變故，隱指造反。[254]不可稱諱　其災難將大得無法言說，隱指國家必亡。按：自賈誼以來，例皆勸皇帝打擊、削弱諸侯王，唯嚴安提出要防備中央直屬的郡守，此頗與眾不同。中井曰：「論郡守之強大，比以晉之六卿，是安之過慮，比擬之失倫者。且此在推恩分封之前，諸侯王尚強大，非郡守所能脅制也，敘事亦失實。」關於嚴安上書的時間，王先謙以為與主父偃同時，亦在元光六年，《通鑑》繫之元朔元年。瀧川曰：「《漢書・武紀》：元光五年，發巴蜀治南夷道，元朔二年罷；元朔元年，東夷穢君南閭等口二十八萬人降，為蒼海郡，三年罷。蓋安上書時，方有此事也。」則以為在元朔三年。王叔岷取元光六年說。陳仁錫曰：「太史公於《左》、《國》，多所刪潤，此三篇盡載，以其深中當時之病故也。」[255]召見三人　就此文而論，似三人乃同時被召見，則時間只能在元光末或元朔初，但與嚴安上書所提及的內容不合。如理解為不一定同時召見，則矛盾容易說通。[256]郎中　皇帝身邊的侍從官員，官秩比三百石，上屬郎中令。淩稚隆引劉子翬曰：「主父偃等諫甚切，帝嘆相見之晚，悉拜為郎，然征伐竟不已；又為上林苑，東方朔陳三不可，帝拜朔為太中大夫，賜以黃金，然遂起苑。蓋武帝知受諫為人君之美，故不吝爵祿以旌寵之也。」[257]偃數見　主父偃連續多次地進見武帝。「偃」字原無。梁玉繩《史記志疑》卷三十四曰：「『數』字上當依《漢書》增『偃』字。」今據補。[258]謁者　皇帝身邊的侍從官員，掌收發傳達與贊禮等，秩比六百石，上屬郎中令。[259]遷為中大夫　「遷」下原有「樂」字，梁玉繩曰：「『樂』字當衍。遷中大夫者，主父偃也，故《漢書》曰：『偃遷謁者、中郎、中大夫，所謂一歲四遷。』」中郎，皇帝的侍從官員，上屬郎中令。中大夫，皇帝身邊的顧問人員，掌議論。[260]阻其彊　仗恃著其國力強大。阻，憑藉；仗恃。[261]合從　指諸侯王的相互聯合，如吳、楚七國之作為是也。[262]逆　迎，對抗。[263]今以法割削之　如果依照法律對其領土加以削減。今，若；如果。[264]逆節萌起　那他們立刻就萌生造反的念頭。[265]鼂錯　景帝時為御史大夫，因力主削弱諸侯王，引發了吳楚七國之亂，被景帝當作替罪羊殺害。事在景帝三年（西元前一五四年），見〈袁盎鼂錯列傳〉。[266]諸侯子弟或十數　每個諸侯都會有兄弟、兒子十來個以至幾十個。[267]適嗣代立　只有嫡長子代其父為王。適，通「嫡」。[268]仁孝之道不宣　不能體現國家倡導的仁愛與孝友。不宣，不顯；不彰。[269]以地侯之　將本國之地分成若干份，除嫡長子繼任為王外，其他所有子弟一律都封為列侯。[270]上以德施　從皇帝來說，這是對所有諸侯的子弟普施了恩典。[271]實分其國二句　實際上是將這些諸侯國化整為零，不用再像鼂錯那樣由朝廷削減他們的領土，其結果就是越分越小越分越弱了。王先謙引錢大昭曰：「〈中山王勝傳〉云：『其後更用主父偃謀，令諸侯以私恩自裂地分其子弟，而漢為定制封號，輒別屬漢郡。』此偃削弱之計也。」按：賈誼雖早在其〈陳政事疏〉中就向文帝提出過「眾建諸侯而少其力」，亦即「化整為零」的主張，但具體做法與主父偃不同。主父偃這一著爭得了大量諸侯王子弟的擁護，使諸侯王明知結局如此，但無法反對這一主張。[272]上從其計　《集解》引徐廣曰：「元朔二年（西元前一二七年），始令諸侯王分封子弟也。」[273]茂陵　武帝的陵墓，在今陝西興平縣城東十五公里。漢代皇帝的慣例是，自其繼位為帝的第二年起，便著手為自己預建陵墓。並在其陵墓所在地置縣，名曰「陵邑」，強制各地區的富戶、豪紳向這些地區搬遷，以圖使其很快繁榮起來。[274]天下　此指散布在天下各地。[275]徙　勒令搬遷。茅坤曰：「此即劉敬故智。」按：劉敬建議劉邦將各地大姓遷往關中事，見〈劉敬叔孫通列傳〉。[276]內實京師　可使長安地區的經濟狀況好起來，人口多起來。[277]外銷姦猾　使東方各郡、各諸侯國減少鼓動是非、影響社會安定的危險分子。[278]上又從其計　按：武帝下令各郡國向茂陵移民，前後共兩次。一次在建元二年（西元前一三九年），《漢書・武帝紀》但云「初置茂陵邑」，未明言移民，其實開始移民是必然的。另一次在元朔二年（西元前一二七年），《漢書・武帝紀》云：「徙郡國豪傑及訾三百萬以上於茂陵。」蓋即用主父偃之建議也，〈游俠列傳〉所寫之郭解被強制搬遷即在此第二次。[279]尊立衛皇后　主父偃在衛子夫被立為皇后的過程中究竟起了什麼作用，本文及〈外戚世家〉皆不載，前代學者亦無所考證。衛皇后，名子夫，原為平陽公主家歌女，因被武帝寵幸而入宮。陳皇后被廢，衛子夫被立為皇后。詳情見〈外戚世家〉。[280]發燕王定國陰事　事在元朔元年。燕王定國，劉邦功臣劉澤之孫，景帝六年（西元前一五一年）繼其父位為燕王。元朔元年（西元前一二八年），因通其父姬，奪其弟妻，姦其親女，又殺人滅口，被人告發，自殺國除，事見〈荊燕世家〉，但未言主父偃與此有何關係。[281]累千金　意即數千金。漢代稱黃金一斤曰「一金」，「一金」可抵銅錢一萬枚。[282]結髮　指二十歲，古時男人二十歲開始束髮戴冠，從此為成人。[283]游學　四方奔走訪學、講學，實即尋求知者，找官做。[284]遂　趁心；如意。師古曰：「遂，達也。」[285]親　父母。[286]昆弟　兄弟。[287]阨　困頓。[288]五鼎食　極言生活的排場，古代貴族之家有所謂「列鼎而食」。張晏曰：「五鼎食，牛、羊、豕、魚、麋也。諸侯五，卿大夫三。」沈欽韓曰：「《聘禮》注：『少牢鼎五，羊、豕、膚、魚、腊。』」《通鑑》胡注引孔穎達曰：「少牢陳五鼎，羊一、豕二、膚三、魚四、腊五，亦不言牛。」瀧川曰：「五鼎，猶言盛饌，不必論其品目。」按：「生不五鼎食，死即五鼎烹」，蓋猶今之所謂

「拼它一場，拼不上個『流芳百世』，也要拼它個『遺臭萬年』。」

(289) 吾日暮途遠二句　師古曰：「日暮，言年老也。倒行暴施，謂不遵常理。此語本出伍子胥，偃述而稱之。」《索隱》曰：「暴，猝也，急也。」按：〈伍子胥列傳〉作「吾日暮途遠，吾故倒行逆施之」。吳見思曰：「主父為人，即借主父口中寫出。」

(290) 朔方　古地區名，約當今之內蒙古的巴盟、伊盟一帶，即通常之所謂「河套」。

(291) 地肥饒　意即可以在這一帶駐兵移民，發展農業。

(292) 外阻河　北依黃河。

(293) 蒙恬城之　蒙恬當時曾在今巴盟的後套以北建築長城。

(294) 內省轉輸戍漕　意謂如果在河套一帶發展農業，那就用不著再從內地向那一帶運送糧食了。何焯曰：「偃前諫伐匈奴，此何以復議置朔方郡？前言『地澤鹵，不生五穀，轉輸率三十鍾致一石』，此何以復云『地肥饒，省轉漕』？豈非進由衛氏，衛將軍始取其地，故偃變前說，以建此計乎？」凌稚隆曰：「孔子謂『鄙夫不可以事君』，此之謂也。」王叔岷曰：「偃本學『長短縱橫之術』者，其言圖一時之利，前後抵牾，何足怪乎！」

(295) 常　通「嘗」。曾經。

(296) 築北河　在河套北築城駐守。

(297) 終不可就二句　按：秦時蒙恬築城，已經完成，並非「終不可就」，事見〈蒙恬列傳〉；秦朝在今河套地區設立了九原郡，並未「已而棄之」。至於匈奴人重新占領河套一帶，那是秦朝被推翻以後的楚漢戰爭期間的事，公孫弘分明也是睜著眼說瞎話。

(298) 立朔方郡　事在元朔二年（西元前一二七年）。朔方郡的郡治在今內蒙古烏拉特前旗東南。

(299) 言齊王內淫佚行僻　齊王，齊厲王，名次昌（也作次景），劉邦庶子齊悼惠王劉肥的曾孫。劉次景不愛其王后，其母紀太后令其女入齊宮硬為之撮合，齊王遂與其姐通姦。而主父偃之所以向武帝告發此事，則是因為他曾託人關說，想送其女入齊宮，齊太后不要，故而藉機報復。事見〈齊悼惠王世家〉。

(300) 拜主父為齊相　武帝之目的則是欲借主父偃之手打擊齊王，以削弱地方割據勢力。

(301) 數　譴責。

(302) 不我衣食　即「不衣食我」，不給我吃的穿的。衣、食，皆用如動詞。

(303) 不我內門　即不許我進其家門。內，通「納」。

(304) 或　有的；甚至。

(305) 毋復入偃之門　按：《史記》寫到人情冷暖、世態炎涼，以及有恩報恩、有怨報怨的時候，往往不厭其煩，蓋史公內心有戚戚者焉。如〈蘇秦列傳〉寫蘇秦「佩六國相印」後對其嫂「前倨後恭」之概歎；〈范睢蔡澤列傳〉寫范睢為秦相後之汙辱須賈，以及「散家財物，盡以報所嘗困戹者。一飯之德必償，睚眦之怨必報」云云；〈淮陰侯列傳〉寫韓信為楚王後，「召所從食漂母，賜千金。及下鄉南昌亭長，賜百錢」，以及「召辱己之少年令出胯下者以為楚中尉」云云，皆此類也。

(306) 動王　意即向齊王吹風、示警。

(307) 恐效燕王論死　怕像燕王劉定國那樣被判處死罪。論，判處。

(308) 以聞　將其事上報皇帝。

(309) 及其貴二句　發，揭發；告發。按：〈荊燕世家〉未載劉定國事為主父偃所告發。

(310) 趙王　名彭祖，景帝之子，為人陰險狡猾，朝廷派往趙國的官吏，許多被其所害，事見〈五宗世家〉。唯彭祖告發主父偃事，〈五宗世家〉不載。

(311) 恐其為國患　因當年主父偃窮困遊趙時，趙國君臣亦待之無禮。楊樹達曰：「彭祖太子與女弟及同產姊姦，後為江充所告，此正與燕王事同，彭祖之恐蓋以此。」[312]居中　在朝中，尤其是在宮內為官，蓋謂其為郎中、為謁者、為中大夫時也。[313]出關　東出函谷關，遠離了皇帝身邊。[314]即使人上書　句首應增「趙王」二字讀。[315]主父偃受諸侯金二句　按：一項對削弱諸侯王、對鞏固中央集權有重大意義的政策竟被說成這種樣子，讀史者不由為之浩歎。欲加之罪，何患無辭！[316]劫其王令自殺　意即逼著齊王自殺。劫，劫持。[317]乃徵下吏治　將其調到京城交有司懲治。[318]公孫弘為御史大夫　據《漢書·百官表》，事在元朔三年（西元前一二六年）。[319]首惡　猶言「元兇」，是造成齊王身死，又因齊王無後因而齊國建制被撤消的「罪魁禍首」。[320]不誅主父偃二句　按：齊王自殺，國除為郡，這不是正符合武帝打擊諸侯王的意圖嗎？但當輿論譁然，諸國紛紛不滿時，朝廷也就只有拿主父偃當替罪羊了。文帝流放淮南王劉長，劉長途中憤而自殺，天下譁然，於是袁盎提出「殺丞相以謝天下」，主父偃離丞相還遠得很呢，殺之何足惜！楊樹達曰：「誅首惡乃《春秋》義，見僖公二年虞師、晉師滅夏陽《公羊傳》。弘本學《春秋》，此〈弘傳〉所謂『緣飾儒術』者也。」[321]遂族主父偃　按：主父偃被族在元朔三年（西元前一二六年），《通鑑》繫之於元朔二年者誤。楊樹達曰：「偃之獄咸宣所治，見〈宣傳〉。」[322]主父方貴幸時四句　此即所謂「世態炎涼」，《史記》中對此感慨甚多。如〈孟嘗君列傳〉有所謂「自齊王毀廢孟嘗君，諸客皆去」，以及馮諼更唱言曰「富貴多士，貧賤寡友，事之固然也」云云；〈廉頗藺相如列傳〉有所謂「廉頗之免長平歸也，失勢之時，故客盡去；及復用為將，客又復至」，以及客之唱言曰「天下以市道交，君有勢，我則從君；君無勢則去，此固其理也」云云；〈魏其武安侯列傳〉有所謂「武安侯雖不任職，以王太后故，親幸，天下吏士趨勢利者，皆去魏其歸武安」；〈汲鄭列傳〉有所謂「始翟公為廷尉，賓客闐門；及廢，門外可設雀羅。翟公復為廷尉，賓客欲往，翟公乃大署其門曰：『一死一生，乃知交情；一貧一富，乃知交態；一貴一賤，交情乃見。』」皆此類也。錢鍾書曰：「馬遷於世態炎涼，如言之不足，故重言之者。殆別有懷抱而陳古刺今，借澆塊壘與。」[323]唯獨洨孔車收葬之　洨孔車，洨縣人，姓孔名車。洨縣在今安徽固鎮縣東，當時屬沛郡。按：《史記》感歎世態炎涼，於慷慨重義之人亦必讚而書之，如〈季布欒布列傳〉有所謂「（欒布受彭越之命）使於齊，未還，漢召彭越，責以謀反，夷三族。已而梟彭越頭於雒陽下，詔曰：『有敢收視者，輒捕之。』布從齊還，奏事彭越頭下，祠而哭之」；〈魏其武安侯列傳〉有所謂「魏其失竇太后，益疏不用，無勢，諸客稍稍自引而怠傲，唯灌將軍獨不失故」，皆此類也。〈報任安書〉有所謂「夫人臣出萬死不顧一生之計，赴公家之難，斯已奇矣。今舉事一不當，而全軀保妻子之臣，隨而媒櫱其短，僕誠私心痛之」，「僕懷欲陳之而未有路，適會召問，即以此指推言陵之功，欲以廣主上之意，塞睚眦之辭」，史公之感慨深矣。

【語譯】主父偃是齊國臨淄人。早年學戰國縱橫之術，晚年才學了《易經》、《春秋》以及諸子百家之言。他與齊國的一些學者交遊，沒有一個人重視他。後來齊國的一些儒生合起伙來排擠他，使得他在齊國無法容身。主父偃家裡很窮，向人家借貸時，誰家也不肯借與他，於是他只好北遊燕、趙、中山，結果也都找不到一個賞識者，因而處境很困難。武帝元光元年，主父偃覺得在諸侯國裡實在沒有地方可去了，於是便西入函谷關到長安來求見大將軍衛青。衛青多次向武帝推薦，武帝都沒有召見。眼看著主父偃的盤費又用光了，又由於他在長安逗留的時間不短了，許多公卿賓客都討厭他，主父偃事出無奈只好自己冒險到宮前給皇帝上書。沒想到早晨送上奏章，傍晚就被武帝召見了。他的奏章中講了九件事，八件是有關律令的，另一件是勸阻武帝討伐匈奴的。他說：

2 「我聽說賢明的君主不會討厭臣子嚴厲的勸諫，以此來開擴自己的視野；忠臣不畏懼被誅殺而敢於直陳自己的見解，因而使施政沒有疏漏，功業得以流傳萬世。如今我不敢為了逃避被誅殺而隱瞞忠心，將我的主意奉獻出來，望皇上能寬恕我的冒昧與粗直，對所言稍加留意。

3 「《司馬法》上說：『國家雖然強大，如果好戰，必致滅亡；天下雖然太平，忘記戰事，也將導致危險。』天下一旦太平，天子收兵止戰，春秋兩季依然要操練軍隊。諸侯在春季練兵，秋季整治軍備，也是為了不忘戰事。況且發怒是與仁德相背的行為，兵器是不祥之物，相爭是微末的小節。古代人君，每每因為發怒動武，導致傷亡流血，所以聖明的君主是不輕易這樣做的。

4 「那些好戰而又務求必勝，甚至極端講究武力的人，最終沒有不後悔的。從前秦始皇憑著戰勝的聲威，蠶食天下，併吞諸國，統一海內，其功勳可與三代開國之君相比美。但他一心取勝，不肯罷休，又想討伐匈奴。李斯勸諫說：『不可。匈奴居住的地方沒有城郭，沒有固定的倉廩，遷徙就如鳥之張翅即飛，是很難捕獲與制服的。如果輕兵深入，糧食供應就會斷絕；如果運糧隊伍隨行，就會行動遲緩，追不上敵人。即使占領了他們的土地也沒有多大用處，俘虜了他們的百姓也無法讓您役使。如果俘虜後殺掉他們，這又不是為民父母的君王所應做的事。使中原大國遭受損耗，只為了獲得打敗匈奴的一時快感，這絕不是治國安邦的好主意。』秦始皇不聽，派蒙恬率兵攻打匈奴，向北拓展了上千里的土地，以河套地區的黃河為北界。這些土地都是鹽鹼地，不生五穀。從此卻須徵調全國的成年男子去戍守這道北方的前線，讓軍隊在風吹日曬中駐紮了十多年，死的人不計其數，然而卻始終未能越過黃河向北再有拓展。難道是因為兵力不足，武器裝備不充裕嗎？是形勢不允許啊！秦始皇又令全國向邊地運送糧草，從東方的黃縣、腄縣以及琅邪郡等靠海地區，輾轉運往北河前線，大體上運送一石在途中須吃用三十鍾。全國的男子拚死耕種也滿足不了糧餉的需求，全國女子日夜織布也供應不了軍隊所使用的帳篷。百姓疲憊，孤兒寡母及老弱之人都得不到供養，路上死者一個挨著一個，於是天下人開始背叛秦朝。

5 「及至高祖平定天下，也向北部邊境擴張，當他聽說匈奴軍隊聚集在代谷之外，就想去攻擊他們。御史成進諫說：『不可。匈奴人的習性，就像野獸飛鳥一樣，聚得快，散得也快，追擊他們就像和影子作戰一樣。如今憑著您美好的德威，要去和匈奴作戰，我看是絕對划不來的。』高皇帝不聽，於是向北進軍到代谷，果然遭到了在平城被圍的災難。高皇帝對此非常後悔，就派劉敬去與匈奴締結了和親之約，此後很長一段時間沒有爆發大規模的戰爭。

6 「所以兵書上說：『發兵十萬，每日耗費的錢財就要千金。』秦朝經常屯兵數十萬在北河地區，雖然也有消滅敵軍，斬殺敵將，擄獲單于的戰功，但也恰與匈奴結下了深仇大恨，戰勝之功不足以抵償全國所耗費的資財。這種上使國庫空虛，下使百姓疲憊，以求揚威國外的一時快樂，實在不是完美之事。匈奴難於制服，這不是一個朝代的事。他們往來不定，偷盜掠奪，侵擾邊境，以此為業，這是他們的天性。上自虞、夏、商、周，從來沒有對這些人採取過嚴厲的措施，只把他們視作畜養的禽獸，不把他們與中原人同等對待。如果向上不借鑑虞、夏、商、周的傳統做法，向下卻想仿效近世的錯誤做法，這是我最大的憂慮，也是百姓們最感痛苦的事情。況且長期用兵，易生變故，受太多苦難，有些人就想要改變。於是使邊境百姓疲勞愁苦而生叛逆之心，文臣武將互相猜疑而勾結外敵，故而尉佗、章邯的私心能夠實現。秦朝的政治之所以不能推行，就是因為權力被這二個人所分散，這就是秦朝失敗最有力的證明。所以《周書》上說：『君主下什麼樣的命令、用什麼樣的人，都關係到國家的安危。」望皇上對此要認真考察，稍加留意並深思熟慮。」

7 與此同時，趙國的徐樂、齊國的嚴安也都給皇帝上書論述當前治理國家該做的事，他們每人講了一件事。

徐樂說：

8 「我聽說天下的憂患，在於『土崩』，而不在『瓦解』，從古到今都是一樣的。

9 「什麼叫『土崩』呢？秦朝末年就是這樣。陳涉沒有諸侯的尊貴地位，沒有尺寸的封地，也不是王公大人名門望族的後代，在家鄉也沒有什麼名望，沒有孔丘、墨翟、曾參的賢能，沒有陶朱公、猗頓的富有。但是他從貧窮的民間起兵，揮舞著棍棒，赤膊高呼而天下響應，這是什麼道理呢？是由於百姓處於窮困而君主不加體恤，下民生怨而在上者漠不知情，世風敗壞而政治不修，這三點是陳涉舉事的憑藉。這就叫做『土崩』。所以說天下的憂患在於『土崩』。

10 「什麼叫做『瓦解』呢？吳、楚、齊、趙的叛亂便是。七國陰謀叛亂，他們都自稱為萬乘之君，兵甲數十萬，威嚴足以控制領土，財力足以收買軍民，但結果他們卻不能向西奪得尺寸之地，反而在中原被朝廷擒獲，原因是什麼呢？不是他們的權勢比陳涉輕，軍事力量比陳涉小。當時，先皇的德望與恩澤沒有減退，願做老實百姓過安樂享福生活的人數眾多，所以叛亂的諸侯得不到其他國家的援助，這就叫做『瓦解』。所以說天下的憂患不在『瓦解』。

11 「由此看來，天下一旦有了土崩的形勢，即使處在窮鄉僻壤的平民百姓，只要有人帶頭發難，就可以危害全國，陳涉就是這樣，何況或許還有三晉之君那樣的人物在其中呢！天下雖然不是大治，但只要沒有土崩的形勢，那麼即使有強大的諸侯軍隊叛亂，也會很快地失敗被擒，吳、楚、齊、趙的情形就是如此，更何況這時的群臣與百姓誰能跟著他們作亂呢！這兩種情況，是考察國家安危的重要標誌，是賢明君主所應當關注和認真審視的。

12 「前些時候關東地區五穀歉收，至今尚未有好的收成，百姓多半窮困，再加以邊境上的戰爭，按常理推斷看來，百姓是無法在原地生存下去了。不安於本土，就容易受波動。容易受波動，就是『土崩』的形勢。

所以賢明的君主應能觀察到事物變化的苗頭，善於辨識導致國家安危的因素，及早制訂治理國家的方針大計，在禍患尚未形成之前就將其化解。其主要是務求天下不要形成『土崩』的形勢。即使有強大的諸侯軍隊作亂，您依然可以追逐走獸，射獵飛鳥，擴建遊玩享樂的園林，放任一切賞心悅目的東西，盡情享受策馬奔馳的樂趣，一切都和往常一樣。可以讓各種樂聲不絕於耳，姬妾的情愛、藝人侏儒帶來的歡笑不絕於前，天下依然沒有潛藏的禍患。名望何必一定要像商湯、周武王那樣，風俗何必一定要像周成王、周康王那樣！話雖這麼說，但我認為皇上是天生的聖人，具有寬厚仁愛的資質，如果真能把心思都用在治理國家的事情上，那麼名望與湯、武並立就不會是難事，成、康時代的美好風俗也可以復興。這兩種局面一旦出現，您就可以處在尊貴安定的環境之中，揚名聲、顯信譽於當世，使天下之人都前來親近，四夷之國都來臣服，憑藉您的恩德所奠定的根基，足以使子孫後代幾輩子享受太平，您就可以坐北朝南，背靠屏風，悠閒無事地讓王公大臣前來拜見，這就是您現在應做的事情。我聽說希求創立三王功業的願望即使沒能達成，至少也能使國家獲得安定。只要國家安定，您還有什麼想要而得不到；想做而辦不成，想征討而不能降伏的呢？」

13 嚴安上書說：

14 「我聽說周朝建國以後，天下太平長達三百多年，在成王、康王的鼎盛時代，刑法竟擱置四十多年而不用。等到後世走向衰敗的時期，也持續了三百多年，這時諸侯中的五霸接連興起。這五霸常輔佐天子，興利除弊，誅伐暴虐，禁止奸邪，匡正天下的秩序，尊崇天子的地位。五霸時代過去之後，提倡尊王的賢人聖人沒有了，天子勢單力弱，所發出的號令無法施行。諸侯恣意行事，強欺弱，眾凌寡，田常篡奪了齊國的政權，六卿瓜分了晉國的土地，共同形成了戰國紛爭的局面，這是百姓苦難的開始。這時強國致力於攻伐，弱國致力於守備，有講合縱，有講連橫，使者的車子疾馳飛奔，互相碰擊，戰士的鎧甲長滿了蝨子，百姓的苦難無處申訴。

15 「待到秦王嬴政即位，他蠶食天下，併吞諸國，自稱為『皇帝』。他執掌天下政權，拆除諸侯的城垣。銷毀各國的武器，熔鑄成鍾虡與十二個大銅人，目的是想讓天下之人再也不能興兵造反。善良的百姓，從此免於戰爭災難，遇到了聖明君主，人人以為獲得了新生。當時假使秦皇帝能放寬刑罰，少徵賦稅，減輕徭役，推行仁義，輕賤權勢利益，崇尚忠厚，鄙視巧智，改變風俗，使百姓得到教化，那就世世代代安定無疑了。可是秦皇帝不推行仁義政治，依然沿襲原來的做法，使那些投機取巧謀取權利的人得以進用，而誠實忠厚的人卻被斥退；法治嚴厲，政令慘酷，諂媚阿諛的人越來越多，皇帝整天聽著他們歌功頌德，心氣變得驕縱好大喜功。一心要揚威國外，於是派蒙恬率兵攻打北方的匈奴，擴張土地，占領敵境，大量派兵戍守北河，而讓百姓急運糧草以隨其後。又派尉佗、屠睢率領水軍向南進攻百越，讓御史祿鑿通渠道運送糧草。秦兵深入越地，越人都躲藏逃走。待至過了一段時間，秦兵糧草斷絕，越人遂群起而反擊，結果秦軍大敗。秦皇帝於是派尉佗率兵戍守越地。當時，秦皇帝既在北方與匈奴結怨，又在南方與越人結仇，都是把軍隊投放在毫無用處的地方，而且又都陷入了無法退兵的境地。就這樣過了十多年，使得全國成年的男子個個當兵，成年的女子個個運糧，苦不堪言，民不聊生，路旁樹上上吊自殺的人一個接著一個。等到秦始皇一死，天下立刻大亂。陳涉、吳廣在陳縣造反，武臣、張耳在趙地造反，項梁在吳郡造反，田儋在齊國造反，景駒在郢地造反，周市在魏國造反，韓廣在燕國造反，窮山深谷的豪傑之士一下子全都起來了，數量多得無法記載。而這些人都不是公侯貴族的後代，不是掌握大權的官吏。他們都沒有任何根基，起於里巷，握著棍棒，隨著形勢一哄而起，他們沒有事先的策劃而一同起事，沒有事先的約定而同時會聚。他們不斷擴大自己的地盤，直至發展到稱王稱霸，這都是由於秦朝的殘酷統治造成的啊！秦皇帝是高貴的天子，是擁有整個天下的無上權威，卻使帝位的傳承和宗廟的祭祀斷絕了，這是無休止的窮兵好戰所造成的。所以說周朝是因弱而亡，秦朝是因強而亡，都是因為不懂得隨著形勢的變化而採取不同政策的緣故。

16 「國家如今想要招降南夷，讓夜郎前來朝拜，降服羌、僰，攻占濊州，並且在那裡設立郡縣，深入進擊匈奴，焚毀他們的龍城。持這種論調的人對這些做法大加讚賞。但這只符合臣子們的利益，不是治理天下的良策。如今國內太平連一點狗吠的驚擾都沒有，卻讓防備遠方之敵成為國家的累贅，使國家陷於疲憊，這絕不是養育黎民的好方法。為了滿足沒有休止的欲望，為了圖得戰爭勝利的愉快，而與匈奴結下仇怨，這不是使國境安寧的做法。結下了仇怨而不能消除，戰爭本已停息而又重新發動，從而使內地的黎民愁苦，邊地的黎民驚駭，這不是長治久安的做法。如今天下到處都在製造鎧甲、打磨刀劍，製造箭矢、繫綁弓弦，輾轉運送糧食，沒有休止，這是天下百姓共同的憂苦。戰爭持續長久，變故就會發生，事務過於頻繁，憂患就會產生。現在有些大郡地廣幾近千里，城邑數十，地形與鄰近的諸侯國犬牙交錯，對諸侯國構成威脅，這對劉氏宗室是不利的。上看齊國、晉國之所以滅亡，就是宗室力量衰微，六卿勢力太大；下看秦國之所以滅亡，就是因為刑法嚴酷，欲望無窮的緣故。如今郡守的權力，已超過六卿的重大，上千里的地盤，也超過普通平民的憑藉，鎧甲武器和各種軍械，也超過了棍棒的功效。一旦遇到萬世難逢的變故，其災難將大得無法言說。」

17 他們的奏書呈交武帝後，武帝召見了他們三個人，並對他們遺憾地說：「你們過去都在哪裡，為什麼到現在才讓我見到你們！」於是武帝就讓他們三個人一齊做了郎中。後來主父偃又多次地面見武帝，上書議論政事，於是武帝又讓他做了謁者，很快地又升為中大夫，一年之內竟連續四次提升。

18 主父偃對武帝說：「古代的諸侯封地不能超過縱橫百里，天子和諸侯的強弱懸殊，所以對下容易控制。現在有的諸侯竟占有幾十座城池，地盤縱橫上千里，這樣一來，沒事的時候他們驕奢淫逸；一有點緊急情況，他們就倚仗著自己的強大，聯合起來對抗朝廷；如果按制度削弱他們，他們就會陰謀造反，當年鼂錯的悲劇就是這麼造成的。現今的諸侯們往往都有子弟十幾個，而只有其中的嫡長子可以代立為王侯，其餘的雖然同樣是親骨肉，但卻得不到尺寸土地的封賜，這不能體現陛下的仁義孝悌之道。我建議陛下讓諸侯們廣泛地推恩於他們的子弟，讓他們給每個子弟都分一塊土地，據以為侯，這樣一來，他們每個子弟都滿足了自己的心願，您也像是給每個人都施行了恩德，實際上是把他們的國家化整為零，不用我們再動手，他們的勢力自然就削弱下去了。」武帝一聽，立刻就同意了他的主張。主父偃又勸武帝說：「現在茂陵的工程剛剛開始，應該下令，讓全國各地的豪強巨富，以及那些容易聚眾生事的人，一律搬遷到茂陵。這樣一方面可以充實京師的戶口，同時也可以消除外地的禍根，這就是俗話所說的不用討伐而禍害自消。」武帝一聽，又同意了。

19 後來武帝立衛子夫為皇后，以及揭發燕王劉定國的陰私，其中都有主父偃的功勞。漸漸地朝裡的大臣們都越來越怕他那張嘴，給他送的錢財累計不下千金。有人勸主父偃說：「你已經太專橫了。」主父偃說：「我從年輕時開始遊學，一直闖蕩了四十多年，未能如願，以至於雙親不把我當兒子看，兄弟們沒人收留我，賓客們一個個都拋棄了我，我受的罪太多了。大丈夫活在世上，如果不能身登顯貴列鼎而食，那就寧可讓鼎鑊把我煮了。我是個日暮途遠的人，只有倒行逆施了。」

20 主父偃又竭力誇說朔方地區土地肥沃，那裡外有黃河之險，又有蒙恬所築的長城，可以不怕匈奴侵擾，如果在那裡墾荒種植，就可以用不著再從內地向邊防上運糧食。這樣既可以擴大中國的地盤，又可以為日後消滅匈奴打下基礎。武帝把他的奏章交給公卿們討論，人們都不贊成。公孫弘說：「秦朝的時候曾經派了三十萬人到那裡築城守河，但始終沒有成功，後來還是把它放棄了。」主父偃不聽，仍極力稱說這項活動的好處，武帝最後又採納了主父偃的主張，設立了朔方郡。

21 漢武帝元朔二年，主父偃向武帝告發了齊王劉次景淫亂驕佚，行為邪僻的事情，武帝任命主父偃為齊相，前往勘察。主父偃一到齊國，就把他的兄弟和賓客們全部召集起來，拿出五百金分給了他們，而後數落他們說：「當初我窮困的時候，兄弟們沒人幫我解決吃穿，賓客們不放我進門；如今我做了齊國宰相，你們居然也有的跑到千里之外來迎接我。我今天要和你們一刀兩斷，你們誰也不要再進我主父偃的門！」而後他就派人把齊王和他姐姐通姦的事情向齊王作了暗示，齊王估計這條罪狀無法擺脫，他不願像燕王那樣被定為死罪，於是就自殺了。主管此事的官吏把事情始末向武帝做了報告。

22 在主父偃還是平民的時候，曾經到過燕國和趙國。等他做了貴官之後，就揭發了燕國的陰私。趙王害怕主父偃再禍及趙國，於是就準備上書揭發主父偃的罪行，但因為當時主父偃正在朝中，所以一時未敢動手。等到主父偃當了齊相，離開關中，趙王就立即派人給武帝上書，告發主父偃是因為接受了諸侯們的賄賂，所以他才倡議把那麼多的諸侯子弟都封為列侯。待至齊王自殺的消息傳來，武帝大怒，他認為這一定是主父偃逼著齊王自殺的，於是就把他叫回來下了獄。主父偃承認他接受過諸侯的賄賂，但並沒有逼著齊王自殺，武帝並沒有打算殺他。當時擔任御史大夫的是公孫弘，他說：「齊王自殺了，連個後代都沒有，封地也被取消變成了郡縣，歸朝廷管轄，這件事情的罪魁禍首是主父偃。陛下不殺主父偃，沒法向天下人交代。」於是武帝就把主父偃全家族滅了。

23 當主父偃富貴受寵的時候，門下的賓客多到上千。可是等到他滿門被斬的時候，竟然沒有人來給他收屍，這時只有洨縣的孔車出來收葬了他。武帝後來聽說了這件事，認為孔車是厚道人。

太史公曰：公孫弘行義雖脩❶，然亦遇時❷。漢興八十餘年❸矣，上方鄉文學❹，招俊乂❺，以廣儒墨❻，弘為舉首❼。主父偃當路❽，諸公皆譽之，及名敗身誅，士爭言其惡❾。悲夫！

【章旨】以上為第三段，是作者的論贊，作者對漢代的尊儒與其「舉首」的公孫弘都表現了隱約的嘲諷。

【注釋】❶行義雖脩　品行舉止雖好。行義，合於時宜的行為舉動。義，宜也。❷遇時　趕上了合適的機會，指武帝尊儒。按：史公此處是在隱約地嘲弄公孫弘對漢武帝的善於討好迎合。而《漢書・公孫弘卜式兒寬傳》則推而廣之，大言武帝時代的人才之盛，雖然也表明了一種重要事實，是真理，但旨趣與史公原意不合。❸漢興八十餘年　《集解》引徐廣曰：「漢初至元朔二年，八十年也。」❹鄉文學　喜愛儒術。鄉，通「嚮」。嚮往；喜愛。文學，指學術，這裡指儒家的學術。❺俊乂　猶言「俊傑」，此指精通儒術者。❻以廣儒墨　按：此處說法可疑，武帝於建元元年令各郡國舉薦賢良方正之士，就因為各郡國所舉「或治申、商、韓非、蘇秦、張儀之言」，而被通通罷掉。且墨家跡近游俠，而武帝、公孫弘等又堅決打擊游俠，故武帝所「廣」者似不包含「墨」學，此處之「以廣儒墨」應作「以廣儒術」。❼舉首　猶今之所謂「首選」。漢武帝尊儒，為其提出理論的是董仲舒，但董仲舒並不特別顯達，而且險些送命。漢代儒生第一個飛黃騰達起來的是公孫弘，而公孫弘上繼叔孫通，在司馬遷眼裡，公孫弘除具有叔孫通的善於「希世」逢迎外，而且是包藏禍心、殺人不用刀的奸險之徒。❽當路　當道，指當權、走紅。❾及名敗身誅二句　趙恆曰：「贊一則以其通顯為『遇時』，幸之也；一則以其立乎惡俗，達則交譽之，敗則爭惡之，毀譽因乎時。而悲之者，悲其不幸也，非以弘之資質能過於偃也。公孫弘本不得於漢時之士論，子長之於書法亦嚴矣。」

【語譯】太史公說：公孫弘雖說是以仁義見長，然而也是他機遇好。漢朝建國八十多年了，皇上正喜愛儒學，招賢納士，以發揚儒家墨家的學說，而公孫弘恰恰就在這個當口獲得了對策第一。主父偃在當權的時候，人們都讚美他，等到他身敗名裂被抄斬的時候，人們又反過來爭著說他的壞話。真可歎！

1 太皇太后❶詔大司徒❷、大司空❸：「蓋聞治國之道，富民為始；富民之要，在於節儉。孝經❹曰：『安上治民，莫善於禮❺。』『禮，與奢也，寧儉❻。』昔者管仲相齊桓，霸諸侯，有九合一匡之功❼，而仲尼謂之不知禮❽，以其奢泰侈擬於君❾故也。夏禹卑宮室，惡衣服❿，後聖不循⓫。由此言之，治之盛也，德優矣，莫高於儉。儉化俗民，則尊卑之序得，而骨肉之恩親，爭訟之原息⓬。斯乃家給人足，刑錯⓭之本也歟？可不務哉！夫三公⓮者，百寮之率⓯，萬民之表⓰也。未有樹直表而得曲影者也。孔子不云乎，『子率而正，孰敢不正⓱』；『舉善而教不能則勸⓲』。維⓳漢興以來，股肱宰臣⓴身行儉約，輕財重義，較然㉑著明，未有若故丞相平津侯公孫弘者也。位在丞相而為布被，脫粟之飯，不過一肉。故人所善賓客皆分奉祿以給之，無有所餘。誠內自克約[22]而外從制[23]。汲黯詰之，乃聞于朝[24]，此可謂減於制度[25]而可施行者也。德優則行，否則止[26]，與內奢泰而外為詭服[27]以釣虛譽者殊科[28]。以病乞骸骨，孝武皇帝即制曰：『賞有功，褒有德，善善惡惡，君宜知之。其省思慮，存精神，輔以醫藥。』賜告治病，牛酒雜帛。居數月，有瘳，視事。至元狩二年，竟以善終于相位。夫知臣莫若君，此其效也[29]。弘子度嗣爵，後為山陽太守，坐法失侯。夫表德章義[30]，所以率俗[31]厲化[32]，聖王之制，不易之道[33]也。其賜弘後子孫之次當為後[34]者，爵關內侯[35]，食邑三百戶[36]，徵詣公車[37]，上名尚書[38]，朕親臨拜[39]焉。」

2 班固[40]稱曰：「公孫弘、卜式[41]、兒寬[42]皆以鴻漸之翼[43]困於燕雀，遠迹羊豕之間[44]，非遇其時[45]，焉能致此位乎？是時漢興六十餘載[46]，海內乂安[47]，府庫充實，而四夷[48]未賓[49]，制度多闕[50]，上方欲用文武[51]，求之如弗及[52]。始以蒲輪迎枚生[53]，見主父而歎息[54]。群臣慕嚮[55]，異人並出。卜式試於芻牧[56]，弘羊擢於賈豎[57]，衛青奮於奴僕[58]，日磾出於降虜[59]，斯亦曩時[60]版築[61]飯牛[62]之朋[63]矣。漢之得人，於茲為盛。儒雅[64]則公孫弘、董仲舒、兒寬，篤行[65]則石建、石慶[66]，質直[67]則汲黯、卜式，推賢[68]則韓安國[69]、鄭當時[70]，定令[71]則趙禹、張湯[72]，文章[73]則司馬遷[74]、相如[75]，滑稽[76]則東方朔[77]、枚皋[78]，應對[79]則嚴助[80]、朱買臣[81]，曆數[82]則唐都、落下閎[83]，協律[84]則李延年[85]，運籌[86]則桑弘羊，奉使[87]則張騫[88]、蘇武[89]，將帥則衛青、霍去病[90]，受遺[91]則霍光[92]、金日磾。其餘不可勝紀。是以興造功業，制度遺文[93]，後世莫及。孝宣[94]承統[95]，纂脩洪業[96]，亦講論六藝[97]，招選茂異[98]，而蕭望之[99]、梁丘賀[100]、夏侯勝[101]、韋玄成[102]、嚴彭祖[103]、尹更始[104]以儒術進，劉向[105]、王褒[106]以文章顯；將相則張安世[107]、趙充國[108]、魏相[109]、邴吉[110]、于定國[111]、杜延年[112]，治民[113]則黃霸[114]、王成[115]、龔遂[116]、鄭弘[117]、邵信臣[118]、韓延壽[119]、尹翁歸[120]、趙廣漢[121]之屬，皆有功迹見述於後。累其名臣，亦其次也[122]。」

【章　旨】以上為第四段，是東漢以後竄入的有關公孫弘的兩段文字。

【注　釋】❶太皇太后　指漢元帝的王皇后，名政君，事跡見《漢書·元后傳》。所以稱之為「太皇太后」，是因為現時在位的漢平帝（西元一—五年在位）是元帝（西元前四八—前三三年在位）的庶孫。❷大司徒　古官名，西漢末王莽執政後，恢復古制，改稱丞相為大司徒，此時任大司徒者為馬宮。❸大司空　王莽執政後，稱御史大夫為大司空，此時任大司空者為甄豐。❹孝經　後世儒生所尊的「十三經」之一。❺安上治民二句　二句見《孝經》第十二章。安上，使統治者的統治得以安穩。❻禮三句　語見《論語·八佾》，原文為：「禮，與其奢也，寧儉。」意思是在不好掌握分寸的時候，寧可講究得不夠，不能講究得過分，因為過分就是僭越。❼有九合一匡之功　《論語·憲問》曰：「桓公九合諸侯，不以兵車，管仲之力也。」又曰：「管仲相桓公，霸諸侯，一匡天下，民到於今受其賜。」九合，即九合諸侯，謂多次召集諸侯會盟，以解決「尊王攘夷」等事。九，泛指次數之多。一匡，即一匡天下，講法自古不一，有人指穩定周天子的統治地位；楊伯峻則說是「使天下一切得到匡正。」其餘參見〈齊太公世家〉與〈管晏列傳〉。❽仲尼謂之不知禮　《論語・八佾》：「『然則管仲知禮乎？』曰：『邦君樹塞門，管氏亦樹塞門；邦君為兩君之好，有反坫，管氏亦有反坫。管氏而知禮，孰不知禮？』」蓋譏管仲之僭越也。❾奢泰侈擬於君　其奢侈排場的程度已經和齊國的諸侯差不多了。泰，通「太」。享樂過分。擬，相等；相當。❿夏禹卑宮室二句　《論語・泰伯》云：「子曰：『禹，吾無間然矣，惡衣服，而致美乎黻冕，卑宮室，而盡力乎溝洫』」；〈夏本紀〉對《論語》略有所改曰：「薄衣食，致孝于鬼神；卑宮室，致費於溝淢」。卑，低矮。惡，壞舊，這裡都用如動詞。⓫後聖不循　後代帝王都沒有遵循大禹的做法。凌稚隆引董份曰：「『後聖』之『聖』字，恐當作『世』。言禹聖德，後世不能循也。」⓬爭訟之原息　如果大家都講節儉，那爭財產、打官司的根源也就不存在了。訟，打官司。⓭刑錯　刑法擱置不用，因為無人犯法。錯，通「措」。擱置。⓮三公　指王莽時的司徒、司馬、司空，亦即秦與西漢前期的丞相、太尉、御史大夫。⓯百寮之率　百官的領頭者。百寮，猶言百官。寮，通「僚」。⓰表　標竿，引申為表率。⓱子率而正二句　語見《論語・顏淵》。原文是：「季康子問政於孔子，孔子對曰：『政者，正也。子帥以正，孰敢不正！』」意即你這當大臣的如果首先做好了，那下面的人誰敢不做好。⓲舉善而教不能則勸　語見《論語・為政》。原文作：「季康子問使民敬忠以勸如之何。子曰：『臨之以莊則敬，孝慈則忠，舉善而教不能則勸。』」勸，鼓勵。意思是表揚好的，教導不好的，那本來不好的就可以因受鼓勵而逐漸變好。⓳維　發語詞。⓴股肱宰臣　即指三公。股，大腿。肱，胳膊。㉑較然　鮮明、顯明的樣子。㉒克約　克制，嚴格要求自己。㉓從制　遵守制度。㉔汲黯詰之二句　汲黯在朝堂上對公孫弘提出責問，公孫弘這才將自己的實情對皇帝講明。詰，問；責問。㉕減於制度　比制度所規定的還要低，還要少。《集解》引應劭曰：「禮貴有常尊，衣服有常品。」㉖德優則行二句　只有道德高尚的人才能做到，道德低的人是做不來的。㉗內奢泰而外為詭服　實際生活驕奢，而表面上做出一種儉樸的樣子。㉘殊科　不是一類。㉙此其效也　這就是最好的證據。效，驗，證據。㉚表德章義　即表彰德義。章，通「彰」。㉛率俗　為世俗作表率。㉜厲化　獎勵改善現今的風俗。㉝不易之道　永遠不能改變的章程。㉞次當為後　按次序應該作為繼承人。㉟爵關內侯　即封之為關內侯。關內侯，有侯爵而無封地，以其只有住在京城，故稱關內侯。比有封地的列侯低一等。㊱食邑三百戶　享受三百家的賦稅。㊲徵詣公車　召其進京，在公車門候旨。詣，到。公車，公車門，宮殿前面的一個門，其地設公車署，皇帝召見某人，常令其在公車門候旨。〈滑稽列傳〉寫東方朔有所謂「朔初入長安，至公車上書」，蓋即此也。㊳上名尚書　將合法繼承人的名字上報尚書丞。尚書，官名，在殿廷中掌管文書，成帝時有四丞，上屬少府。㊴親臨拜　親自來予以加封。拜，封。《集解》引徐廣曰：「此詔是平帝元始（西元一—五年）中王元后詔，後人寫此及班固所稱，以續卷後。」《索隱》曰：「徐廣云『此是平帝元始中詔，以續卷後』，則又非褚先生所錄也。」[40]班固　字孟堅，東漢初期人，《漢書》的作者。事跡見《漢書．敘傳》。「班固稱曰」以下的文字見《漢書．公孫弘卜式兒寬傳贊》。[41]卜式　出身田家，以牧羊致富，為助武帝伐匈奴而捐產於國，官至御史大夫。〈平準書〉中帶敘其事，《漢書》中與公孫弘、兒寬同傳。[42]兒寬　武帝時的柔媚儒生，出身貧寒，任小吏時，曾為公家管過畜牧，最後官至御史大夫。[43]鴻漸之翼　有鴻鵠的翅膀，以喻其資質卓犖。鴻漸，《易．漸卦》上九爻辭曰：「鴻漸於陸，其羽可以為儀。」這裡即指鴻鵠。師古曰：「喻弘等皆有鴻之羽，未進之時燕雀所輕也。」[44]遠迹羊豕之間　言公孫弘、卜式、兒寬三人皆出身卑微，放牧過豬羊。遠迹，猶言遠處、遠居。[45]非遇其時　班固意謂若非趕上武帝大有作為的時期，與史公嘲諷公孫弘之阿諛巧佞主旨不同。[46]漢興六十餘載　自劉邦建國（西元前二〇六年）至武帝元年（西元前一四〇年），中間六十六年。[47]乂安　安定；太平。[48]四夷　四方的少數民族，如匈奴、東越、南越、西南夷、朝鮮、大宛等是也。[49]未賓　未歸服。賓，服也。[50]制度多闕　如改正朔、易服色、封禪、定禮樂等大多尚未實行。[51]文武　指有文韜、有武略的人才。[52]求之如弗及　極言其招納之急切，唯恐稍縱即逝。按：武帝於元光元年詔賢良對策曾有所謂「朕獲奉承宗廟，夙興以求，夜寐以思，若涉淵水，未知所濟。猗與偉與，何行而可以章先帝之洪業休德，上參堯舜，下配三王？」其元朔元年詔曰：「十室之邑必有忠信，三人並行厥有我師，今或至闔郡而不薦一人，是化不下究，而積行君子雍於上聞也。進賢受上賞，蔽賢蒙顯戮，古之道也，其與中二千石、禮官、博士議不舉者罪。」皆可見汲汲求賢之意。至元封元年之最有名的求賢詔，有所謂「蓋有非常之功，必待非常之人，故馬或奔踶而致千里，士或有負俗之累而立功名。夫泛駕之馬，跅弛之士，亦在御之而已，其令州郡察吏民有茂才異等可為將相及使絕國者！」更是令人聞而興起。[53]以蒲輪迎枚生　枚生即枚乘，當時著名的學者，先曾為吳王劉濞、梁孝王劉武的賓客，著有〈上吳王書〉與辭賦〈七發〉。武帝時，年已九十，武帝以蒲輪徵之，死於途中，見《漢書．枚乘傳》。蒲輪，師古曰：「以蒲裹輪，取其安也。」徐孚遠曰：「封泰山用蒲輪，恐傷草木也；迎賢人用蒲輪，欲令車安也。」[54]見主父而歎息　即前文所謂「公等皆安在？何相見之晚」云云是也。歎息，讚歎。[55]慕嚮　仰慕、嚮往，即受感動而願為之效力的意思。[56]卜式試於芻牧　把卜式從一個放牧者提拔起來，試用為官，詳情見〈平準書〉與《漢書》本傳。芻牧，割草、放牧。[57]弘羊擢於賈豎　把桑弘羊從一個商人提拔起來，任以為官。賈豎，經商的奴隸。商人出身的桑弘羊，在武帝時曾官至御史大夫，事見〈平準書〉。[58]衛青奮於奴僕　衛青出身於平陽侯家的奴僕，後來成為名將，封長平侯，事見〈衛將軍驃騎列傳〉。[59]日磾出於降虜　金日磾原是匈奴人，降漢後受武帝寵信，後與霍光一起受遺詔輔佐昭帝為政。事見《漢書》本傳。[60]曩時　昔日。[61]版築　指商代的賢臣傅說。據

〈殷本紀〉說，傳說在被殷帝武丁發現前，曾「為胥靡，築於傅險」。(62)飯牛　指齊桓公的賢臣甯戚，相傳齊桓公夜出，正值甯戚飯牛而歌，桓公知其賢，遂用以為輔。事見王逸〈離騷〉注。(63)朋　倫；類。(64)儒雅　以儒術為根基，知識淵博文雅。(65)篤行　行徑淳厚。(66)石建石慶　都是萬石君石奮的兒子，以謹慎馴良著稱，前者位至郎中令，後者位至丞相。事見〈萬石張叔列傳〉。(67)質直　樸實、正直。(68)推賢　舉薦賢才。(69)韓安國　字長孺，性格比較複雜，但以推賢聞名，官至御史大夫，事見〈韓長孺列傳〉。(70)鄭當時　名莊，以結交賢豪著稱，武帝時為大農令，事見〈汲鄭列傳〉。(71)定令　制訂法令。(72)趙禹張湯　都是當時有名的酷吏，官至廷尉，以曲法迎合皇帝為事，張湯又官至御史大夫。事見〈酷吏列傳〉。(73)文章　文章寫作，偏近於今之所謂文學。(74)司馬遷　最主要的是著有《史記》，此外還有〈報任安書〉、〈悲士不遇賦〉等。班固將司馬遷列入「文章」一類，可以窺測班固對《史記》的認識。(75)相如　司馬相如，大辭賦家，作有〈子虛賦〉、〈上林賦〉等，事見〈司馬相如列傳〉。(76)滑稽　以稱伶牙俐齒，應變無窮。師古曰：「滑稽，轉利之謂也。言其變亂無留礙也。」〈滑稽列傳〉之《索隱》曰：「滑稽，流酒器也，轉注吐酒，終日不已，言出口成章，詞不窮竭。」(77)東方朔　以滑稽著稱的文學家，事見〈滑稽列傳〉，《漢書》有專傳。(78)枚皋　枚乘之子，當時的文學家，被武帝視同俳優，附見《漢書・枚乘傳》。(79)應對　回答皇帝的發問。(80)嚴助　原姓莊，東漢人避明帝諱，稱其為嚴助。以應對著稱的詞臣，曾官會稽太守，後被張湯所殺。事跡參見於〈東越列傳〉，《漢書》有傳。(81)朱買臣　出身貧苦，以應對獲武帝寵信，官至會稽太守、丞相長史。因構陷誣殺張湯，被武帝所殺。事跡參見於〈酷吏列傳〉，《漢書》有傳。(82)曆數　指天文、曆法。(83)唐都落下閎　都是當時的天文學家，曾制訂太初曆。落下閎，隱居落下，一說洛下或落亭，因稱落下閎。(84)協律　協調音律，指作曲、為歌詞譜曲等。(85)李延年　當時著名的音樂家，被封為協律都尉。事見〈佞幸列傳〉。(86)運籌　運用籌碼進行計算，指管理財政，為國家制訂經濟政策而言。(87)奉使　奉命出使外國。(88)張騫　當時的大探險家，兩次出使大宛，兩度被匈奴人所扣留，對發展西域交通有突出貢獻，事見〈大宛列傳〉。(89)蘇武　以氣節著稱，出使匈奴，曾被扣留十九年，一直堅持到勝利而回。事見《漢書・李廣蘇建傳》。(90)霍去病　與其舅衛青同為與匈奴作戰的名將，官至驃騎將軍，事見〈衛將軍驃騎列傳〉。(91)受遺　指接受武帝遺命，以輔佐幼主昭帝。(92)霍光　霍去病之弟，先受遺命輔佐昭帝；昭帝死後，立昌邑王，又廢昌邑王而立宣帝，權傾一時，《漢書》有傳。(93)制度遺文　指創建的各種制度與流傳下來的有關國家制度的資料文獻。(94)孝宣　即漢宣帝，名詢，武帝太子劉據之孫。劉據死於巫蠱之禍，妻、子全被抄斬。劉詢當時年僅數月，被人救出。昌邑王被廢後，霍光等將劉詢從民間找來，立以為帝。西元前七三—前四九年在位。(95)承統　繼承皇位。(96)纂脩洪業　繼續推行武帝所開創的各種事業。(97)六蓺　指《詩》、《書》、《易》、

《禮》、《樂》、《春秋》六部儒家經典。98茂異　即「茂才異等」，漢代選拔人才的科目名，有時與「賢良」、「方正」等名目並稱，其實就是指有道德操行的儒學生員。茂才，即「秀才」，東漢人為避光武帝諱而稱「茂才」。99蕭望之　字長倩，以通經術官至御史大夫、前將軍，《漢書》有傳。100梁丘賀　字長翁，以學《周易》官至少府，事見《漢書・儒林傳》。101夏侯勝　字長公，以學《尚書》官至太子太傅。《漢書》有傳。102韋玄成　字少翁，與其父韋賢，兩代俱以念儒書而官至丞相，《漢書》有傳。103嚴彭祖　字公子，以學《公羊春秋》官至太子太傅，事見《漢書・儒林傳》。104尹更始　字翁君，以念儒書官至諫大夫。105劉向　劉邦之弟劉交的後代，西漢後期的經學家與文學家，事見《漢書・楚元王傳》。106王褒　字子淵，西漢後期的文學家。107張安世　張湯之子，昭、宣時代曾為車騎將軍、衛將軍，封富平侯，事見《漢書・張湯傳》。108趙充國　昭、宣時代與西羌作戰的名將，官至後將軍，《漢書》有傳。109魏相　字弱翁，以經術進，宣帝時為丞相，《漢書》有傳。110邴吉　也作「丙吉」，初為小吏，曾護持過危難中的劉詢，劉詢即位後，邴吉官至丞相，《漢書》有傳。111于定國　字曼倩，宣、元時代官至丞相，《漢書》有傳。112杜延年　酷吏杜周之子，宣帝時官至御史大夫。事見《漢書・張湯傳》。113治民　指任地方官。114黃霸　字次公，宣帝時為潁川太守，是地方官中的傑出者，後為丞相，政績平平，事見《漢書・循吏傳》。115王成　宣帝時為膠東相，政績突出，事見《漢書・循吏傳》。116龔遂　字少卿，宣帝時為渤海太守，政績突出，事見《漢書・循吏傳》。117鄭弘　《漢書・循吏傳》提到了他的名字，說他是「所居民富，所去見思」的那一種地方官，但未為其立傳。118邵信臣　「邵」字也寫作「召」。字翁卿，宣帝時為南陽太守，注重為民興利，被吏民稱為「召父」，事見《漢書・循吏傳》。119韓延壽　字長公，昭、宣時代先後為潁川、東郡太守，左馮翊，所到之處皆能使之大治，《漢書》有傳。120尹翁歸　字子兄，宣帝時先後為東海太守、右扶風，所到之處，皆獲稱「大治」。《漢書》有傳。121趙廣漢　字子都，宣帝時先後為潁川太守、京兆尹，所在有能名。《漢書》有傳。122累其名臣二句　按：二句莫知所云，疑有訛誤。《漢書》作「參其名臣，亦其次也」，郭嵩燾曰：「『參其名臣』，疑當作『參諸名臣』。」參，參詳，觀察思考。意即看看宣帝、元帝時代的這些名臣，也大體可以和武帝時代的名臣相比。

【語譯】太皇太后下詔書給大司徒、大司空說：「我聽說治理國家的道理是首先要使百姓們富起來，而使百姓富起來的重要一條是政府部門的節儉。《孝經》上說：『使在上者能安，使百姓得以穩定的辦法，沒有比倡導禮更重要的了。』『至於說到禮，那就是與其過於奢侈，不如儉樸一點。』想當初管仲為齊桓公當宰相，曾使齊桓公成為諸侯霸主，立有多次召集諸侯會盟和一度穩定周天子王位的功勳，但孔子卻說管仲不懂得禮，這就是由於管仲的鋪張排場太過分，已經和他的君主差不多了。當年大禹住的房子很矮，穿的衣服也很壞，後來的帝王沒有遵循他的傳統。由此看來，一個國家治理得好不好，首先在於帝王的道德，而道德之高又莫過於儉樸。如果全國的吏民都儉樸起來，那麼上下的等級秩序就清楚了，骨肉之間的關係也就親密了，打官司告狀的爭端也就不存在了。這不就是讓百姓富裕，讓國家的刑法不再使用的根本所在嗎？怎麼能夠不著重解決這個問題呢？國家的三公，是百官的表率，是黎民百姓的楷模，只要樹起的標竿筆直，就不會有彎曲的影子。孔子不是說過嗎：『你這個大貴族帶頭做事公正，那下面的人誰敢不公正！』又說：『表揚好的，批評不好的，人們就會都努力學好了。』自從我們漢朝建國以來，國家的肱股大臣能自身節儉，輕財重義，堪稱楷模，沒有比宰相公孫弘做得更好的了。他身為一國丞相，居然蓋一條布製的被子，每天吃的是粗米飯，桌上只有一盤有肉的菜。他把領得的那份俸祿都分給他的親戚朋友，自己一點剩餘都沒有，他是嚴格要求自己、嚴格遵守了國家制度。這些事情是由於汲黯上朝時向他提出質問，人們才得以知道的，這可真是低於規定標準而值得表彰推廣的事情。好的道德表現就要發揚，壞的表現就要制止，公孫弘與那種實際奢侈而外裝儉樸以沽名釣譽的人不是一回事。後來他因病向武帝請求退休，武帝當即下詔說：『有功者當賞，有德者當獎，表彰好的批評差的，這些原則您都知道。請您多保養、少勞神，輔之以醫藥。』於是賜給假期讓他養病，並不斷送來牛肉、美酒以及其他穿的用的。過了幾個月，病情好轉，公孫弘又起來處理政事。到元狩二年，老死在丞相的職位上。俗話說『知臣者莫如君』，武帝這種對待公孫弘就是一個很好的證明。公孫弘的兒子公孫度繼承了其父的侯爵，後來出任山陽太守，因為犯法丟掉了侯爵。國家之所以要表彰好的品質、好的事例，目的就是為了移風易俗，古代聖王的這種做法是永世不能改變的。請你們給我找到公孫弘的合法繼承人，封他為關內侯，令其食邑三百戶。你們將他找來，讓他在公車門候旨，把他的名字報給尚書丞，到時候我要對他親自進行封賞。」

2 班固評論說：「公孫弘、卜式、兒寬，都是具有鴻鵠一樣的飛行才能，而早年困厄於燕雀之間，有的甚至被斥逐到遠方去放牧牛羊，倘若不是趕上大有作為的時代，怎能升任到這種地位呢？當時漢朝建國已六十多年，天下太平，國庫充實，但四方的蠻夷尚未服從，國家的制度尚多缺失。皇上希望得到更多的文武之才，因而努力搜求。開始以安車蒲輪迎來了枚乘，見到主父偃的上書又衷心讚歎。在這樣的感召下，在朝的群臣都眾心歸依，在野的奇才異士也紛紛出現。卜式是以一個放牧者的身分前來應試的，桑弘羊是從商人中間被提拔起來的，衛青是從一群奴僕之間脫穎而出，金日磾是從俘虜營裡被解放出來，這些不就相當於古代盛傳的傳說、甯戚那種人嗎！西漢的人才之多，應推武帝時最為興盛。以講論儒學著稱的，有公孫弘、董仲舒、兒寬；以行徑淳厚聞名的，有石建、石慶；以正直敢言著稱的，有汲黯、卜式；以推賢進士著稱的，有韓安國、鄭當時；以制訂法令聞名的，有趙禹、張湯；以文章寫作聞名的，有司馬遷、司馬相如；以詼諧滑稽著稱的，有東方朔、枚皋；以上書應對著稱的，有嚴助、朱買臣；以天文曆法著稱的，有唐都、落下閎；擅長音律譜曲的有李延年；擅長經濟運算的有桑弘羊；以奉命出使聞名的，有張騫、蘇武；以出兵作戰聞名的，有衛青、霍去病；受遺詔以輔佐幼主的，有霍光、金日磾。其他種種，就多得沒法再說啦。因此這個時代所創建的奇功偉業，所制訂的各種制度章程，也遠為後代所無法企及。宣帝即位後，繼續弘揚先輩的偉業，也大力講論儒家的六經，選拔士人中的茂才異等，於是蕭望之、梁丘賀、夏侯勝、韋玄成、嚴彭祖、尹更始以儒術被選；劉向、王褒以文章寫作聞名；當時的將相有張安世、趙充國、魏相、邴吉、于定國、杜延年；當時的地方官黃霸、王成、龔遂、鄭弘、邵信臣、韓延壽、尹翁歸、趙廣漢等等，都以各自的功績傳稱於後世。這種名臣輩出的盛況，也足可以追步於武帝時代之後了。」

【研　析】本篇是諷刺漢武帝尊儒問題的重要篇章之一，應該與〈儒林列傳〉、〈劉敬叔孫通列傳〉、〈游俠列傳〉同看。本篇的思想意義有如下幾點：

作品對公孫弘的為人行事進行了諷刺與抨擊。公孫弘是憑著讀《公羊春秋》而進入官場並平步青雲的，他為人圓滑，專門看著武帝的臉色行事。對於解決任何問題，他總是「開陳其端，令人主自擇，不肯面折庭爭」。他曾與諸臣約好建言某事，「至上前，皆倍其約以順上旨」。由於他「辯論有餘，習文法吏事，而又緣飾以儒術，上大說之。」請注意這「緣飾以儒術」五字，它最準確的表明了漢武帝「尊儒」的目的，與其如何使用儒術的問題。司馬遷通過公孫弘這個形象極其生動的表現了當時儒生如何成為統治者御用工具的本質，儒生與儒學到漢代成為這種樣子，這應該是孔丘、孟軻等所意想不到的。有人說「漢代尊儒而儒亡」，就是指這種事實。

由於漢代尊儒，因而遂使漢代的官場成為一群唯唯諾諾的尸位素餐者的麕集之地，如西漢後期的孔光、韋賢、張禹等都是這種人。但公孫弘可不只是唯唯諾諾，他是內心極其狠毒，手段又極其隱蔽狡猾，殺主父偃、徙董仲舒、遷汲黯、族郭解翁伯，皆其所為。景帝的兒子劉端為膠西王，此人陰狠暴戾，朝廷派去的官員許多為其所殺。董仲舒說過公孫弘為人諂媚，公孫弘為了借刀殺人，乃言上曰：「獨董仲舒可相膠西王」，於是將董仲舒推到了火坑；游俠郭解仗義疏財，朝廷非要勒令其搬遷到關中，有人替郭解鳴不平，殺了基層主辦此事的人，郭解根本不知道。公孫弘堅持要殺郭解，其罪名是「解雖弗知，此罪甚於解殺之」，於是定了個「大逆無道」，將郭解滿門誅滅。

如果說司馬遷對公孫弘也有某些肯定的話，那就是他反對漢武帝的北伐匈奴、東置滄海郡、南通西南夷。後來由於實在不能三項並罷，於是他提出「願罷西南夷、滄海而專奉朔方」，從而保證了北伐匈奴的勝利，而不致同時朝著三面開火，把問題搞得一團糟。這一項的確表現了公孫弘的宰相作為，應該引起討厭公孫弘的人們的重視，而司馬遷的敘事是全面的。

主父偃是個野心極大而又內心陰毒的人，與公孫弘有些相似，他的生活信條是「生不五鼎食，死即五鼎烹」。主父偃受司馬遷肯定的地方是他的上書反對伐匈奴，文章極好，深受後代好評。徐樂、嚴安的上書也表現了類似思想，故司馬遷連類將他們寫入一傳。由於主父偃在統治集團內部搬弄是非，引起劉姓諸侯王的嫉恨，上書告發，被公孫弘所殺。

作品最後不知何人錄入了後人評論公孫弘的兩段文字，前段純為歌頌公孫弘，意義不大；後段節之於《漢書・公孫弘卜式兒寬傳》之論贊，乃論武帝時代之宏闊與其人才之盛，以及其功業輝煌之所由，高屋建瓴，是班固的得意手筆。

卷一百一十三

南越列傳第五十三

【題解】作品記述了趙佗由一個秦朝官吏自秦時入駐並經營嶺南，至秦末天下大亂時受任囂囑託，遂擊併三郡，建立南越國，獨立稱帝；及漢朝定鼎中原後，派陸賈兩次往說趙佗尊漢，相安共處；至武帝即位，意欲使南越內服如郡縣，結果引發戰爭，遂將南越滅掉的過程。司馬遷對趙佗趁秦末天下大亂遂擊併三郡，獨立稱帝的英雄氣概是讚賞的，這不僅是趙佗的人生觀與其事業受司馬遷讚頌，而趙佗能維持嶺南地區九十年的和平局面，這對嶺南歷史、嶺南社會都是一種極大的貢獻。司馬遷對漢王朝在建國初期奉行的與南越和平共處的政策是滿意的；而對漢武帝的擴張欲望與為此進行的戰爭，則是否定與批判的。作品讚揚了呂嘉為維護趙氏政權而做出的努力，對漢朝為滅南越所派出的官吏與諸將，則寫出了他們的種種卑怯、狂妄與自私。

1 南越王尉佗❶者，真定❷人也，姓趙氏❸。秦時已并天下❹，略定楊越❺，置桂林❻、南海❼、象郡❽，以謫徙民❾，與越雜處十三歲❿。佗，秦時用為南海龍川令⓫。至二世時⓬，南海尉任囂⓭病且死，召龍川令趙佗語曰：「聞陳勝等作亂⓮，秦為無道，天下苦之，項羽、劉季⓯、陳勝、吳廣等州郡各共興軍聚眾，虎爭天下，中國擾亂⑯，未知所安。豪傑畔秦相立⑰，南海僻遠，吾恐盜兵侵地至此。吾欲興兵絕新道⑱，自備，待諸侯變⑲，會病甚⑳。且番禺負㉑山險，阻南海㉒，東西數千里，頗有中國人相輔㉓，此亦一州之主也，可以立國。郡中長吏無足與言者，故召公告之。」即被佗書㉔，行南海尉事㉕。囂死，佗即移檄㉖告橫浦㉗、陽山㉘、湟谿關㉙曰：「盜兵且至，急絕道，聚兵自守㉚。」因稍以法誅㉛秦所置長吏，以其黨為假守㉜。秦已破滅㉝，佗即擊并桂林、象郡，自立為南越武王㉞。

2 高帝已定天下㉟，為中國勞苦，故釋佗弗誅㊱。漢十一年㊲，遣陸賈㊳因立佗為南越王，與剖符㊴通使，和集百越㊵，毋為南邊患害，與長沙接境㊶。

3 高后時㊷，有司㊸請禁南越關市鐵器㊹。佗曰：「高帝立我㊺，通使物㊻，今高后聽讒臣，別異蠻夷㊼，隔絕器物，此必長沙王計也㊽。欲倚中國，擊滅南越而并王之，自為功也。」於是佗乃自尊號為南越武帝㊾，發兵攻長沙邊邑，敗數縣而去焉。高后遣將軍隆慮侯竈㊿往擊之。會暑溼，士卒大疫，兵不能踰嶺(51)。歲餘，高后崩(52)，即罷兵。佗因此以兵威邊，財物賂遺(53)閩越(54)、西甌(55)、駱(56)，役屬(57)焉，東西萬餘里。迺乘黃屋左纛(58)，稱制(59)，與中國侔(60)。

4 及孝文帝元年(61)，初鎮撫天下，使告諸侯四夷從代來即位意，喻盛德(62)焉。

乃為佗親冢在真定(63)置守邑(64)，歲時奉祀(65)。召其從昆弟(66)，尊官(67)厚賜寵之。詔丞相陳平(68)等舉可使南越者，平言好時陸賈(69)，先帝時習使南越(70)。迺召賈以為太中大夫(71)，往使。因讓(72)佗自立為帝，曾無一介之使報者(73)。

陸賈至南越，王甚恐，為書謝(74)，稱曰：「蠻夷大長(75)老夫臣佗，前日高后隔異(76)南越，竊疑長沙王讒臣(77)；又遙聞高后盡誅佗宗族，掘燒先人冢，以故自弃(78)，犯長沙邊境。且南方卑溼(79)，蠻夷中間，其東閩越千人眾(80)號稱王，其西甌、駱裸國(81)亦稱王。老臣妄竊帝號，聊以自娛，豈敢以聞天王哉(82)！」乃頓首謝，願長為藩臣(83)，奉貢職(84)。於是乃下令國中曰：「吾聞兩雄不俱立(85)，兩賢不並世。皇帝，賢天子也。自今以後，去帝制黃屋左纛。」

陸賈還報，孝文帝大說。遂至孝景(86)時，稱臣，使人朝請(87)。然南越其居國，竊如故號名(88)；其使天子，稱王朝命(89)如諸侯。至建元四年，卒(90)。

【章　旨】以上為第一段，寫尉佗崛起在南越稱王，與西漢初期漢越之間的和平相處。

【注　釋】❶尉佗　姓趙名佗，因其曾為南海郡尉，故亦稱之為尉佗。❷真定　漢縣名，縣治在今河北石家莊東北。❸姓趙氏　「姓」、「氏」本來是有區別的，同出於一個祖先為一「姓」，同一「姓」裡再用居住之地，或是官名等分成若干支派，就叫做「氏」，一「姓」是包含著許多「氏」的。到漢朝時將二者相混，故在《史記》中常將「姓」「氏」並稱，或替換使用。❹秦時已并天下　秦併吞六國，最後滅齊，統一天下，在始皇二十六年（西元前二二一年）。❺略定楊越　略定，平定。略，攻取；拓展。楊越，指今廣東、福建、以及廣西東部、湖南南部、越南北部等廣大地區，因其在古九州中屬於揚州，故稱「楊越」。❻桂林　秦郡名，郡治在今廣西桂平西南。❼南海　秦郡名，郡治番禺（今廣州市）。❽象郡　秦郡名，郡治臨塵（今廣西崇左）。❾以謫徙民　強制罪犯與其家族向這些新設郡搬遷。按：向邊地、向新拓展地區移民是秦始皇統一全國後所實行的重要政策之一，向南方移民即移至此新設數郡，向北方移民即移向今內蒙古的河套一帶。❿與越雜處十三歲　《集解》引徐廣曰：「秦併天下至二世元年為十三年，併天下八歲乃平越地，至二世元年，六年耳。」按：據〈秦始皇本紀〉，秦取楊越設三郡在始皇三十三年（西元前二一四年），下至二世元年（西元前二〇九年）天下大亂，中間只相隔四年，此云「十三年」，相差不少。⓫南海龍川令　南海郡的龍川縣縣令。按：秦時的龍川縣縣治，在今廣東龍川縣西。⓬二世時　「二世」是秦始皇之第十八子，名胡亥，西元前二〇九—前二〇七年在位。⓭南海尉任囂　南海郡的郡尉姓任名囂。郡尉，郡守的副職，掌管該郡的軍事。徐孚遠曰：「南海只有『尉』者，應是『尉』攝『守』耳。」意即代理郡守職務。⓮陳勝等作亂　事在秦二世元年七月，過程詳見〈陳涉世家〉。⓯項羽劉季　劉季即劉邦，項羽、劉邦的相繼起事都在二世元年九月，過程詳見〈項羽本紀〉、〈高祖本紀〉。⓰中國擾亂　中國，中原地區。擾亂，動亂；紛亂。⓱豪傑畔秦相立　除陳涉、項羽、劉邦外，其他如田儋、魏咎、武臣等是也。畔，通「叛」。⓲絕新道　斷絕秦時所開的中原與越地相通的道路，即下文趙佗「移檄」所告之橫浦、陽山、湟谿三關。⓳待諸侯變　等候中原地區形勢的變化，再確定自己的主意。⓴會病甚　會，恰值。任囂因自己病甚，故託事於尉佗，否則任囂將不知做出何等事業，任囂之雄心膽略，蓋不低於陳勝與劉、項者。㉑負　背靠。㉒阻南海　以南海為屏障。㉓頗有中國人相輔　有某些中原地區來的人可為我們做幫手。這些中原地區來的人有的是官吏，有的是遷謫的「犯人」。頗有，略有；有某些。㉔被佗書　發給趙佗委任狀。被，加；給予。㉕行南海尉事　代行任囂的職權。鍾惺曰：「任囂何人，識時、識地、又識人，俊傑哉！」行，代理。㉖移檄　發布文告。檄，檄文，古時用於曉喻、告誡、聲討的一種文體。㉗橫浦　關塞名，在今廣東南雄西北、江西大餘西南的大庾嶺上，約當今之小梅關。㉘陽山　關塞名，在今廣東陽山西北。㉙湟谿關　在今廣東英德西南。㉚急絕道二句　王先謙引沈欽韓曰：「粵東要害，首在西北，故秦所置三關，皆在連州之境。而趙佗分兵絕秦新道，亦在焉。佗既絕新道，於任化北築城，以壯橫浦；於樂昌西南築城以壯湟溪。當時東嶺未開，入粵者多由此二道，此佗設險之意也。」絕道，斷絕與中原地區的交通。㉛稍以法誅　稍，逐漸。以法誅，找藉口將其殺掉。㉜以其黨為假守　隨即以自己之黨羽代理其職。「假」、「守」都是代理的意思，〈淮陰侯列傳〉韓信破齊後請求為「假齊王」，〈陳涉世家〉有「以吳叔為假王」，又有「獨守丞與戰譙門中」，皆是也。「守」某職與「行」某職意思略同。其黨，指趙佗自己的黨羽。假守，意即「代理」。㉝秦已破滅　秦二世於西元前二〇七年八月被趙高所殺，改立子嬰為秦王，劉邦於十月入關，子嬰向劉邦投降，秦朝遂滅。㉞自立為南越武王　生時自號「武王」，與中原帝王之謚不同。楚漢時英布之稱「武王」蓋亦類此。按：據〈淮南衡山列傳〉，伍被有所謂趙佗使人上書秦皇帝，「求女無夫家者三萬人，以為士卒衣補」事，所敘之時間不合，他處亦不載，不知確否。㉟高帝已定天下　劉邦於西元前二〇六年十月入關滅秦，同年被項羽封為漢王；不久，楚漢戰爭起，歷三年多，破殺項羽，劉邦於西元前二〇二年正月稱皇帝，連同以前之稱漢王計算，歷史遂稱此年為高祖五年。㊱釋佗弗誅　淩稚隆引陳仁子曰：「圖天下者貴識天下之大勢，高帝有天下，蓋識其勢者也。當時吏民新附，叛者九起，故北不刷白登之恥，南不貪百越之臣，直以一身為天下之勢，虜臧荼、執淮陰，繼而貫高反洛陽（原文如此，疑有誤），陳豨反代，黥布又反淮南，所幸兵力不分，旋起旋定。若窮征遠伐，變不旋踵，恐鞭長不及馬腹，天下匈匈非我有也。」誅，討；討伐。㊲漢十一年　西元前一九六年。㊳陸賈　劉邦的辯士、謀臣。陸賈的生平事跡與劉邦派陸賈出使南越，封趙佗為南越王事，詳見〈酈生陸賈列傳〉。那裡寫趙佗的形象、語言都極其生動，不可不讀。㊴剖符　帝王分封諸侯時，將金屬或竹木製成的符節中分為二，各執其一以表示永遠相互忠誠。㊵和集百越　和集，安撫、團聚。百越，泛稱今廣東、廣西以及越南北部的各個少數民族部落，因其種類繁多，故稱「百越」。㊶與長沙接境　長沙，漢初諸侯國名，初封之君為吳芮，國都臨湘（即今長沙市）。吳芮原為番縣（今江西波陽）縣令，陳勝起義後，吳芮曾派將領梅鋗率軍隨諸侯滅秦，後來又幫助劉邦打敗了項羽，故劉邦感謝吳芮，封之為長沙王。㊷高后時　高后，即呂后，名雉，劉邦之妻。其子惠帝去世後，呂后自己執政，西元前一八七—前一八〇年在位，事跡詳見〈呂太后本紀〉。㊸有司　主管該項事務的官員。㊹禁南越關市鐵器　即不准向南越出售鐵工具。關市，邊境貿易，這裡用如動詞。陳仁錫曰：「佗所憚獨高帝，帝崩而絕關市，是挑之釁也。」㊺立我　指封之為南越王。㊻通使物　互通使節，相互貿易。㊼別異蠻夷　對我們少數民族另眼相看。㊽此必長沙王計也　這一定是長沙王的主意。按：此時的長沙王已經不是吳芮，而是吳芮的曾孫吳右，見〈漢興以來諸侯王年表〉。㊾南越武帝　意即不再受漢帝國的羈縻、制約。「帝」之被看得比「王」高一等，這是戰國以來的見識，夏、商與西周皆無此意。劉邦建國後封其子為齊王、楚王，趙佗為南越王，乃與齊、楚等列，皆為劉氏王朝治下的諸侯。㊿隆慮侯竈　周竈，劉邦的開國功臣，封地隆慮縣（即今河南林縣）。(51)踰嶺　踰，越；翻越。嶺，《索隱》曰：「即陽山嶺。」按：陽山嶺即今「五嶺」中的騎田嶺。(52)高后崩　事在高后八年（西元前一八〇年）七月。(53)賂遺　饋贈；收買。(54)閩越　越王句踐的後人「無諸」因率越人佐劉邦建國有功，被劉邦封為閩越王，都城東冶（即今福建福州），詳情見〈東越列傳〉。(55)西甌　小國名，據蒙文通《越史叢考》，其全盛時占地約當「漢之鬱林、蒼梧、合浦三郡」，亦即秦之桂林、象郡，今之廣西省大部地區。後被秦朝攻破，在其地設桂林、象郡，西甌之餘部始退縮至今廣西玉林、貴港一帶。見譚其驤《歷史地圖集》之所標。後趙佗攻滅桂林、象郡，西甌尚猶殘存。56駱 「駱越」的簡稱，據蒙文通《越史叢考》，其地略當「漢交趾、九真二郡」，即今之越南國之北部一帶地區。《索隱》引《廣州記》有所謂「交趾有駱田，仰潮水上下，人食其田，名為駱侯，諸縣自名為駱將。後蜀王子將兵討駱侯，自稱為安陽王，治封溪縣」云云，蓋即此也。有人將「西甌」與「駱」解釋為一國者，定非。視後文史公有「甌駱相攻」語，知史公明言其為兩國也。57役屬 使其歸屬，為己效力。58黃屋左纛 帝王的車駕。黃屋，用黃繒為頂的篷車，帝者所乘。左纛，左側邊馬的頭上插有犛牛尾製的飾物，也是帝者車駕的特有裝飾。據《後漢書・輿服志》云：「左纛以犛牛尾為之，在左騑馬軛上，大如斗，是謂德車。」李賢注引蔡邕曰：「在最後左騑馬頭上。」按：今西安兵馬俑陳列館有出土之秦始皇銅車馬，其所謂「纛」者，在右騑馬頭上，蓋漢高故意與秦示別；然亦未見其「大如斗」者，乃僅一撮而已，或漢代亦與秦代不同耶？漢陵尚未出土此物，容待後考。59稱制 發布命令使用皇帝的口氣。制，皇帝的命令，或稱「制」，或稱「詔」。60與中國侔 與中原地區的皇帝一樣。侔，相當；相等。吳見思曰：「極為尉佗出色，應『負山險阻，東西數千里，可以立國』。」61孝文帝元年 西元前一七九年。孝文帝，名恆，劉邦之子，原被封為代王（都晉陽），呂后死，大臣誅滅諸呂，乃迎立劉恆為帝，過程詳見〈呂太后本紀〉。62喻盛德 向南越王稱說漢代帝王的道德之高。63在真定 按：「在真定」三字為夾注句，誤入正文。64置守邑 圍繞墳墓劃出一塊領地，派官員予以護理。65歲時奉祀 逢年過節，按時祭祀。時，四時。66從昆弟 堂兄弟。67尊官 以高官尊寵之。淩稚隆引錢福曰：「此孝文得黃老之旨處。」68丞相陳平 劉邦的開國謀士，惠帝六年（西元前一八九年）被呂后任以為丞相，不久遂遭冷落，有名無實。大臣誅滅諸呂中陳平投機立功，文帝即位後，陳平尊寵任職，復為丞相，至文帝二年死，事跡見〈陳丞相世家〉。69好時陸賈 居住在好時的陸賈。陸賈的原籍在楚地，呂后執政時，陸賈為了避時韜晦，在好時縣（今陝西乾縣東北）買了些田地，過起了清閒日子，詳情見〈酈生陸賈列傳〉。70習使南越 曾出使南越，熟悉南越的情況。71太中大夫 帝王身邊的侍從官員，秩比千石，掌議論，上屬郎中令。72讓 責備。73一介之使報者 一介之使，派一個人作為使者，退言其禮節之簡略。報，報告；請示。按：《漢書》於此處載有文帝詔書，辭令甚美，惜乎此處不載。74為書謝 向文帝致書，表示認錯。謝，請罪；道歉。75大長 大君長；大頭領。76隔異 猶上文之所謂「別異」。77讒臣 在皇帝面前說我的壞話。78自弃 斷絕了與漢王朝的關係。弃，絕。79南方卑溼 言容易生病，難活長久，故欲及時行樂。〈屈原賈生列傳〉亦有「聞長沙卑溼，自以為壽不得長」云云。80千人眾 只有千把人的小國。81其西甌駱裸國 我們西側的西甌、駱越兩個野蠻的不穿衣服的國家。瀧川曰：「『西』字當重，『其東』『其西』對文；『西甌』國名，見上。」(82)老臣妄竊帝號三句　按：趙佗既樸厚，又狡獪的性格口吻，活靈活現。鍾惺曰：「佗上書有倔強處，然蠻夷酋長面目畢露。臣主夷夏之分自不可強。梁武帝老矣，侯景一見氣奪，況英雄全盛之主乎？」吳見思曰：「妙在自占地步，想趙佗是一極聰明人。」(83)藩臣　諸侯對天子的自稱。古稱天子之所以封建諸侯，就是讓這些諸侯國為中央王朝起屏障藩籬的護衛作用。(84)奉貢職　即指給中央朝廷進貢。職，貢也。按：《漢書・兩粵傳》於此載文帝致趙佗書，與趙佗報文帝書，可以彼此參看。淩稚隆曰：「《漢書》載文帝與南粵書，妙甚。」陳仁錫曰：「賜書誠，答書亦誠。非孝文莫服其心，非陸賈莫通其意。」吳見思曰：「寫老佗遜處極遜，豪處極豪，讀之如見其人，是史公筆力。」(85)不俱立　與下文「不並世」，都是「不願相互對抗」的意思。(86)孝景　漢景帝，名啟，文帝之子，西元前一五六—前一四一年在位。事跡詳見〈孝景本紀〉。(87)使人朝請　按時的派使者進京朝拜皇帝，古有所謂「春曰朝，秋曰請」之分。(88)竊如故號名　即竊稱帝號如故。楊樹達曰：「疑當作『竊號名如故』。」(89)稱王朝命　語略不順，意即自己稱王，並接受漢王朝的詔令。(90)至建元四年二句　建元，武帝的第一個年號，建元四年為西元前一三七年。王鳴盛曰：「趙佗於文帝元年已自稱『老夫處粵四十九年』，歷文帝二十三年，景帝十六年，至武帝建元四年，凡四十三年。即以二十餘歲為龍川令，亦一百十餘歲矣。」梁玉繩曰：「《漢傳》無『卒』字，以建元四年為佗孫嗣位之歲，似佗非卒於建元四年。」按：若依梁說，則「至建元四年」五字應移至下段開頭，如此比較合乎情理。

【語　譯】南越人尉佗是河北真定人，姓趙。在秦朝統一天下後，接著又平定了楊越，設置了桂林、南海和象郡三個郡，把那些犯了罪的吏民發配到那裡去和當地的越人一起居住，就這樣一直過了十三年。尉佗在秦始皇時被任命為南海郡的龍川縣令。到秦二世的時候，南海郡的郡尉任囂病重，他把龍川縣令趙佗叫到面前說：「聽說陳勝等人已經造反了。由於秦王朝的暴虐無道，招得天下人痛恨，現在項羽、劉邦、陳勝、吳廣等人都在各自的州郡招兵買馬，爭奪天下，中原地區正陷於一片混亂，不知何時才能安定下來。現在一些有本事的人都已經脫離秦朝，宣告獨立了，儘管南海郡離中原遙遠，我擔心有些盜匪會鬧到這裡來。所以我想派兵斷絕與中原的交通，加強自我防衛，以等待中原戰局的變化，不巧正趕上我病得厲害。我們這番禺郡靠山面海，東、西長達幾千里，這裡頭還有不少中原地區來的人可以幫助我們，因此要是弄得好我們也可以成為一方之主，可以建立一個國家。只是這個郡裡的大吏們沒有一個可以和他們商量，所以我才把你叫了來。」於是他就給尉佗寫了一張委任狀，讓他代理南海郡尉的職權。等到任囂死後，尉佗隨即向橫浦、陽山、湟谿三處關口發出文告說：「盜匪很快就要來到，你們要趕緊斷絕交通，集中兵力加強守備。」接著他又尋找藉口，依「法」處置了一些不服指揮的舊有的秦朝官吏，委派自己的親信代理他們的職位。秦朝滅亡以後，尉佗又發兵吞併了桂林郡和象郡，而後就自立為南越武王。

2 待至劉邦平定了中原地區，由於考慮到不給人們再增加戰亂之苦，所以就沒有派兵來討伐尉佗。漢高祖十一年，劉邦派陸賈出使南越，封尉佗為南越王，並和他剖符立信，互通使者，讓他繼續保持南越地區各族間的友好和平，不要製造亂子，要與北鄰長沙國搞好關係。

3 呂太后當政時，有關官員提出要禁止把鐵器賣給南越人，尉佗一聽，說：「當年高帝立我做南越王，與我們互通使者，互相貿易，如今高后聽信小人的挑撥，歧視我們南方人，不賣給我們東西，這一定是長沙王出的主意，他是想仗著中國的勢力，吞併我們，他好一個人稱王，並到漢朝人那裡去請功。」於是尉佗立即又宣告獨立，自己當了南越武帝，並發兵進攻長沙國的邊境城鎮，一連攻破了幾個縣才撤去。呂后聞訊派隆慮侯周竈統兵前往迎擊。剛好遇上炎熱潮溼，士兵中鬧瘟疫，結果連南嶺也沒有過去。又過了一年多，呂后病故。於是對南越的討伐也就不了了之了。而尉佗趁此一方面加強他邊境的武力，同時又用財物收買閩越、西甌、駱越等部族，讓他們歸服自己，從而使南越的疆土東西長達萬餘里。而他個人就用起了帝王的車馬儀仗，自稱皇帝，和中國皇帝的排場一樣了。

4 孝文帝元年，由於文帝當時才剛剛即位，正在派使者到周圍的各個小國去向他們說明自己從代國來到京城即位的意思，去宣傳大漢王朝的盛德。因為尉佗父母的墳墓都在真定，於是文帝在墓地周圍劃出了一塊地，並專門派人予以守護，逢年過節都按時地進行祭祀。還把尉佗在老家的堂兄弟找來封以高官，賞以厚禮，以表示對尉佗的特殊尊寵。接著文帝又讓丞相陳平等人推薦可以出使南越的人，於是陳平就又推薦了好時縣的陸賈，說他早在高帝時代就曾出使過南越，他熟悉那裡的情況。文帝一聽立即任命陸賈為太中大夫，派他前往出使，讓他去責備尉佗連個招呼都不打就敢擅自稱帝。

5 陸賈到達南越後，尉佗很害怕，於是他給文帝上了一封奏章表示認錯，其中說：「南方蠻夷的大首領尉佗，向您稟告，因為當初高后歧視、斷絕和我們的往來，我懷疑這是長沙王說了我們的壞話，又聽說高后已經把我們合族都殺光了，還挖了我們的祖墳，所以我才被迫斷絕與漢王朝的關係，進攻了長沙國的邊境。至於稱帝的問題，那是因為我覺得在我們這荒蕪卑溼的蠻夷中間也沒有什麼了不起的，我們東方的閩越，只有一千多人，他們的頭領也稱王，我們西方的西甌和駱越兩國，原始得連衣服都不穿，他們的頭領也稱王。正是和他們相比，所以我才大膽地稱了帝，只不過是讓自己高興高興罷了，哪敢正式地去向天王說呢！」於是就叩頭認錯，表示願意永遠做漢朝的附屬國，向漢朝進貢。接著又正式地向全國下令說：「俗話說兩個雄豪的賢主不會同時並立、互相對抗。真正的皇帝，還應該是漢朝的天子，從今以後，我不再稱帝，也不用皇帝的那套儀仗了。」

6 陸賈回長安報告後，孝文帝非常高興。此後一直到孝景帝，南越都對漢朝稱臣，按時派使者進京朝見。實際上尉佗在南越國內的稱呼做法仍和過去一樣；只有在他派人到漢朝來的時候，才自己稱王，對天子的禮數才和漢朝國內的諸侯一樣。尉佗死於漢武帝建元四年。

1 佗孫胡為南越王❶。此時閩越王郢❷興兵擊南越邊邑❸，胡使人上書曰：「兩越俱為藩臣，毋得擅興兵相攻擊。今閩越興兵侵臣，臣不敢興兵，唯天子詔之❹。」於是天子多南越義❺，守職約❻，為興師，遣兩將軍❼往討閩越❽。兵未踰嶺❾，閩越王弟餘善殺郢以降❿，於是罷兵。

2 天子使莊助⑪往諭意南越王，胡頓首曰：「天子乃為臣興兵討閩越，死無以報德。」遣太子嬰齊入宿衛⑫。謂助曰：「國新被寇，使者行矣⑬，胡方日夜裝入見天子⑭。」助去後，其大臣諫胡曰：「漢興兵誅郢，亦行以驚動南越⑮。且先王昔言，事天子期無失禮⑯，要之⑰不可以說好語⑱入見。入見則不得復歸，亡國之勢也。」於是胡稱病，竟不入見。後十餘歲，胡實病甚，太子嬰齊請歸。胡薨，諡為文王⑲。

3 嬰齊代立，即藏其先武帝璽⑳。嬰齊其入宿衛㉑在長安時，取邯鄲樛氏女㉒，生子興。及即位，上書請立樛氏女為后，興為嗣㉓。漢數使使者風諭嬰齊㉔，嬰齊尚樂擅殺生自恣㉕，懼入見要用漢法㉖，比內諸侯㉗，固稱病，遂不入見。遣子次公入宿衛。嬰齊薨，諡為明王㉘。

4 太子興代立，其母為太后。太后自未為嬰齊姬時，嘗與霸陵㉙人安國少季㉚通。及嬰齊薨後，元鼎四年㉛，漢使安國少季往諭王、王太后以入朝，比內諸侯；令辯士諫大夫終軍㉜等宣其辭㉝，勇士魏臣等輔其缺㉞，衛尉路博德㉟將兵屯桂陽㊱，待使者。王年少，太后，中國人也，嘗與安國少季通，其使，復私焉㊲。國人頗知之，多不附太后。太后恐亂起，亦欲倚漢威，數勸王及羣臣求內屬㊳。

即因使者上書[39]，請比內諸侯，三歲一朝，除邊關[40]。於是天子許之，賜其丞相呂嘉銀印[41]，及內史[42]、中尉[43]、大傅[44]印，餘得自置[45]。除其故黥、劓刑，用漢法[46]，比內諸侯。使者皆留填撫[47]之，王、王太后飭治行裝重齎，為入朝具[48]。

5 其相呂嘉年長矣，相三王[49]，宗族官仕為長吏者七十餘人[50]，男盡尚王女，女盡嫁王子兄弟宗室[51]，及蒼梧秦王[52]有連[53]。其居國中甚重，越人信之，多為耳目者，得眾心愈於王[54]。王之上書，數諫止王[55]，王弗聽。有畔心，數稱病不見漢使者。使者皆注意嘉，勢未能誅。王、王太后亦恐嘉等先事發[56]，乃置酒，介漢使者權[57]，謀誅嘉等。使者皆東鄉[58]，太后南鄉，王北鄉，相嘉、大臣皆西鄉，侍坐飲[59]。嘉弟為將，將卒居宮外。酒行，太后謂嘉曰：「南越內屬，國之利也，而相君苦不便[60]者，何也？」以激怒使者。使者狐疑相杖[61]，遂莫敢發。嘉見耳目非是[62]，即起而出。太后怒，欲鏦[63]嘉以矛，王止太后。嘉遂出，分其弟兵就舍[64]，稱病，不肯見王及使者，乃陰與大臣作亂。王素無意誅嘉，嘉知之，以故數月不發。太后有淫行，國人不附，欲獨誅嘉等，力又不能。

6 天子聞嘉不聽王，王、王太后弱孤不能制，使者怯無決[65]。又以為王、王太后已附漢，獨呂嘉為亂，不足以興兵，欲使莊參[66]以二千人往使。參曰：「以好往[67]，數人足矣[68]；以武往，二千人無足以為也[69]。」辭不可，天子罷參也。郟[70]壯士故濟北相[71]韓千秋[72]奮曰：「以區區之越，又有王、太后應[73]，獨相呂嘉為害，願得勇士二百人，必斬嘉以報。」於是天子遣千秋與王太后弟樛樂將二千人往。入越境，呂嘉等乃遂反，下令國中曰：「王年少。太后，中國人也，又與使者亂，專欲內屬，盡持先王寶器入獻天子以自媚，多從人，行至長安，虜賣以為僮僕[74]。取自脫一時之利[75]，無顧趙氏社稷為萬世慮計之意[76]。」乃與其弟將卒攻殺王、太后及漢使者。遣人告蒼梧秦王及其諸郡縣，立明王長男越妻子術陽侯建德為王[77]。而韓千秋兵入，破數小邑。其後越直開道給食[78]，未至番禺四十里[79]，越以兵擊千秋等，遂滅之。使人函封漢使者節[80]置塞上[81]，好為謾辭[82]謝罪，發兵守要害[83]處。於是天子曰：「韓千秋雖無成功，亦軍鋒之冠[84]，封其子延年[85]為成安侯[86]。樛樂，其姊為王太后，首願屬漢，封其子廣德為龍亢侯[87]。」乃下赦曰[88]：「天子微，諸侯力政[89]，譏臣不討賊[90]。今呂嘉、建德等反，自立晏如[91]，令罪人[92]及江、淮以南樓船十萬師[93]往討之。」

7 元鼎五年[94]，秋，衛尉路博德為伏波將軍[95]，出桂陽，下匯水[96]；主爵都尉[97]楊僕[98]為樓船將軍，出豫章[99]，下橫浦；故歸義越侯[100]二人為戈船、下厲[101]將軍，出零陵[102]，或下離水，或抵蒼梧[103]；使馳義侯[104]因巴、蜀罪人[105]，發夜郎兵[106]，下牂柯江[107]：咸會番禺。

8 元鼎六年[108]，冬，樓船將軍將精卒先陷尋陝[109]，破石門[110]，得越船粟，因推而前，挫越鋒，以數萬人待伏波。伏波將軍將罪人，道遠，會期後[111]，與樓船會乃有千餘人[112]，遂俱進。樓船居前，至番禺。建德、嘉皆城守。樓船自擇便處，居東南面；伏波居西北面。會暮，樓船攻敗越人，縱火燒城。越素聞伏波名，日暮，不知其兵多少。伏波乃為營[113]，遣使者招降者[114]，賜印，復縱令相招[115]。樓船力攻燒敵，反驅而入伏波營中。犂旦[116]，城中皆降伏波。呂嘉、建德已夜與其屬數百人亡入海，以船西去。伏波又因問所得降者貴人，以知呂嘉所之，遣人追之。以其故校尉司馬[117]蘇弘得建德，封為海常侯[118]；越郎都稽[119]得嘉，封為臨蔡侯[120]。

9 蒼梧王趙光者，越王同姓，聞漢兵至，及越揭陽令定[121]自定屬漢[122]；越桂林監居翁[123]諭甌、駱屬漢[124]，皆得為侯[125]。戈船、下厲將軍兵及馳義侯所發夜郎兵未下，南越已平矣。遂為九郡[126]。伏波將軍益封[127]，樓船將軍兵以陷堅為將梁侯[128]。

10 自尉佗初王，後五世九十三歲[129]而國亡焉[130]。

【章　旨】以上為第二段，寫武帝時漢滅南越。

【注　釋】❶佗孫胡為南越王　梁玉繩曰：「《史》《漢》皆不書佗子，可知其子前死，趙胡以孫繼祖也。」❷閩越王名郢，無諸的後代。❸興兵擊南越邊邑　據《漢書‧武帝紀》，事在建元六年（西元前一三五年）。❹唯天子詔之　唯，表示祈請的發語詞。詔之，命令它；制止它。❺多南越義　欣賞南越王的守義。多，肯定；欣賞。❻守職約　守職分；守條約。❼遣兩將軍　指大行王恢與大司農韓安國。❽往討閩越　韓安國率軍出會稽，王恢率軍出豫章也。❾嶺　此嶺應指今江西省東部與福建省西北部之間相隔的大山，即武夷山。❿餘善殺郢以降　餘善是閩越王郢之弟，率宗人殺其兄郢以降漢，詳情見〈東越列傳〉。⓫莊助　後世為避明帝（劉莊）諱，亦稱「嚴助」，以文章辭賦與議論政事聞名於世，頗得武帝欣賞。《漢書》中有傳，與朱買臣、主父偃等並稱。⓬入宿衛　入朝為皇帝充當警衛，實則有令其作為人質的意思。⓭使者行矣　意即請使者先回去。⓮方日夜裝入見天子　方日夜裝，將日夜不停地收拾行裝，極言其不久即可成行。裝，用如動詞，即收拾行裝。按：據《漢書》本傳，莊助之諭南越王胡，與南越王胡之告莊助語都很長，此僅取數語以見其意。⓯亦行以驚動南越　也是為了向南越發出警告。王叔岷曰：「『行』猶『因』也。」驚動，警告；示威。⓰期無失禮　只求大面上過得去就行了。⓱要之　重要的是。⓲說好語　聽信他們的幾句好話。說，通「悅」。⓳胡薨二句　按：南越王胡之墓在廣州象崗山。據〈西漢南越王墓發掘報告〉（《考古》一九八四年第三期）稱：墓內有隨葬物數千件，並有「文帝行璽」龍紐金印一枚，說明南越王的確是對漢王朝稱「王」，在國內則稱「帝」如故。從出土文物證明，「文帝」也的確是南越的第二代君主，唯此人叫做「趙眜」，不叫「趙胡」，是否係史公記載有誤，至今尚無結論。⑳藏其先武帝璽　將趙佗所用的竊稱皇帝的印信收了起來，即真的取消了帝號。梁玉繩曰：「《漢書》作『武帝、文帝璽』，蓋其居國中，兩世竊如故號耳，此缺『文帝』二字。」凌稚隆引王維楨曰：「藏璽乃知先王之僭，豈嬰齊先宿衛久，真見天王之不可犯哉？」㉑嬰齊其入宿衛　王叔岷曰：「『其』猶『之』也。」嬰齊入宿衛在建元六年（西元前一三五年）。㉒取邯鄲樛氏女　意謂娶樛氏女為姬妾。取，通「娶」。邯鄲，即今河北邯鄲，當時趙國諸侯的都城。㉓請立樛氏女為后二句　按：嬰齊之王后為越人，越之諸臣意欲立越女生子為太子；今嬰齊為愛樛氏女而欲立以為后，並立其子興為太子，怕遭群臣反對，故借漢朝權勢以行之。嗣，繼承人，即太子。㉔風諭嬰齊　指風諭其進京朝見。師古曰：「風讀曰諷，諷喻令入朝。」風，吹風；示意。㉕尚樂擅殺生自恣　喜歡自己單獨握有生殺隨意之權。尚樂，動詞連用，都是「喜愛」的意思。擅，專有。㉖要用漢法　被強制使用漢朝法令。要，要脅。㉗比內諸侯　一切行為排場都得和漢朝內部的諸侯王一樣。㉘嬰齊冢二句　據麥英豪〈象崗南越王墓反映的諸問題〉（《嶺南文史》一九八七年第十輯）稱，趙嬰齊墓在今廣州市西村。其墓先曾被盜，據現存之玉飾諸物可推定為趙嬰齊之墓也。㉙霸陵　漢縣名，縣治在今陝西西安東北，因文帝之墓「霸陵」在此縣境，故以之名縣。㉚安國少季　《索隱》曰：「安國，姓也；少季，名也。」師古曰：「姓安國，字少季。」㉛元鼎四年　西元前一一三年。元鼎，武帝的第五個年號（西元前一一六—前一一一年）。㉜諫大夫終軍　諫大夫，帝王身邊的侍人官員，秩比八百石，掌議論，上屬郎中令。終軍，姓終名軍，字子雲，以文辭見稱，《漢書》有傳。㉝宣其辭　逞其辭令。終軍出使前即揚言「願受長纓，必羈南越王而致闕下」。㉞輔其缺　瀧川曰：「補其不足也。」缺，王叔岷曰：「《通鑑》從《漢傳》作『決』。『決』、『缺』正、假字，下文『使者無決』，與此相應，用本字。」按：師古注：「助令決策也。」㉟衛尉路博德　衛尉，武官名，「九卿」之一，主管防衛宮廷，當時有「未央宮衛尉」、「長樂宮衛尉」。路博德，原為霍去病的部將，從霍去病伐匈奴有功，封侯。元鼎五年（西元前一一二年）任衛尉之職。㊱將兵屯桂陽　桂陽，即今廣東連縣，在當時南越北境的南嶺上。按：漢朝此舉，前有說客以辭令恫嚇，輔之「勇士」以顏色威脅，繼以師旅，震之以兵威，武帝君臣之無理欺弱，可謂甚矣，史公據實描寫，愛惡之情自見。㊲其使二句　使，謂安國少季來至南越。私，私通。㊳求內屬　請求歸附，成為漢朝的國內之國。㊴因使者上書　通過使者安國少季給皇帝上書。因，憑藉；通過。㊵除邊關　拆掉國境線上的防禦工事。㊶賜其丞相呂嘉銀印　賜印者，等於令其接受漢朝的委任。㊷內史　在諸侯國負責民政的官員。㊸中尉　諸侯國的武官，相當於郡尉，執掌武事。㊹大傅　諸侯王的訓導官。按漢朝規定，各諸侯國的以上數職亦皆由朝廷委任。㊺餘得自置　其他級別較低的官吏，由各國諸侯自行委任。㊻除其故黥劓刑二句　黥是在犯人臉上刺字，劓是削去犯人的鼻子。這些刑法先秦時期曾有，從文帝時中原地區就已經廢除，現在亦讓南越取消，改用漢朝的法律。㊼填撫　通「鎮撫」，維持秩序。㊽飭治行裝重齎二句　收拾行裝以及要帶的各種東西，為進京朝見天子做準備。飭治，整理；收拾。齎，攜帶。或曰，齎，通「資」。「重資」指值錢的東西；「重齎」即多多攜帶。㊾相三王　言其先為文王趙胡之相，又為明王嬰齊之相，現又相今王趙興。㊿宗族官仕為長吏者七十餘人　官仕，應作「宦仕」，動詞連用，即指做官。瀧川曰：「楓、三本，『官』作『宦』。」王叔岷曰：「《通鑑》作『仕宦』。」長吏，猶言「大吏」，高級官吏，與「小吏」、「少吏」相對文。(51)男盡尚王女二句　按：〈李斯列傳〉稱李斯之富貴受寵時，亦有「諸男皆尚秦公主，女悉嫁秦諸公子」之語。尚王女，娶王女為妻。尚，通「上」。上配。(52)蒼梧秦王　趙光，南越王的親屬，在蒼梧（今廣西梧州）一帶，自稱「秦王」。王先謙引周壽昌曰：「光自據蒼梧地，稱秦王。」(53)有連　指有婚姻關係。《集解》引《漢書音義》曰：「連，親婚也。」(54)得眾心愈

於王　其受眾人擁護的程度比南越王趙興還要強。(55)王之上書二句　對趙興的給漢朝的上書求內附，屢加勸阻。(56)先事發　在自己尚未動手之前他先動手。發，動；動手。(57)介漢使者權　仗恃漢使的權勢。介，借助；倚仗。師古曰：「介，恃也。」(58)使者皆東鄉　謂皆東向而坐。鄉，通「向」。秦、漢時代，除升殿、升堂外，其他場合皆以東向為尊位，其次南向，其次北向，最次西向，與〈項羽本紀〉鴻門宴之座次相同。(59)侍坐飲　陪侍漢使、太后、國王之宴飲。凌稚隆引敖英曰：「敘宴飲位次甚悉，如目擊然。」(60)苦不便　堅持認為不好。苦，猶今所謂「苦苦地」。(61)狐疑相杖　猶豫，一時不知如何是好。相杖，郭嵩燾曰：「猶言『相持』也。」王叔岷曰：「《漢紀》作『相倚伏』。」按：即「你看我，我看你」。鍾惺曰：「若班超、陳湯輩為使，了此易易耳。」有井範平曰：「鴻門敘事，鬧雜而妙者；此段，簡淨而妙者。」(62)耳目非是　人們的臉色異於尋常。(63)鏦　撞；投刺。(64)分其弟兵就舍　向其弟要了一部分士兵帶回家去作為護衛。《索隱》曰：「謂分取其兵也。《漢書》作『介』。介，被也，恃也。」李笠曰：「『分』字與『介』字草書形近，疑『分』即『介』字之誤也。」意即靠其弟兵之保護始得脫險。(65)怯無決　怯懦，無決斷。即上注鍾惺所謂「無班超、陳湯之才」也。(66)莊參　其人僅此一見，事跡不詳。(67)以好往　以和平友好的姿態前往。(68)數人足矣　即班超、陳湯等出使西域的採取突發手段。(69)以武往二句　陳子龍曰：「越雖有衅可乘，然口語既泄，去漢又遠，往必有變，參可謂知兵矣。」(70)郟　漢縣名，縣治即今河南郟縣。(71)濟北相　濟北國之相。濟北國的國都盧縣，在今山東長清縣西南。武帝時期的濟北王是劉邦之曾孫，劉長之孫劉胡，西元前一五一—前九八年在位。(72)韓千秋　以前事跡不詳，此次乃以「校尉」的身分率二千人前往。(73)應　作內應。(74)多從人三句　按：呂嘉前所云「王年少。太后，中國人也，又與使者亂，專欲內屬」云云，可謂義正辭嚴；至所謂「多從人，行至長安，虜賣以為僮僕」云云，則編織誣陷矣。(75)取自脫一時之利　謂求得自己免禍，換取一時之利。(76)無顧趙氏社稷句　按：此句亦語重情長，自賣其國者實太后與趙興也，呂嘉實趙氏之忠臣。(77)立明王長男句　越妻子，趙嬰齊所娶南越女人生的兒子趙建德，此蓋其本來應立為太子者。梁玉繩曰：「『術陽』乃『高昌』之誤，建德降後始封『術陽』也。」按：據〈建元以來侯者年表〉，趙建德原為南越之「高昌侯」，國滅被俘後始被漢王朝封為「術陽侯」，事見下文。據《漢書・武帝紀》，呂嘉之攻殺使者、王、王太后，並立建德為王事，在元鼎五年四月。(78)越直開道給食　直，竟然。開道給食，讓開道路，向其提供吃的東西。師古曰：「縱之令深入，然後誅滅之。」(79)未至番禺四十里　距離番禺還有四十里的時候。(80)漢使者節　安國少季等到越國來所持的旌節。節，帝王使者出使時所持的信物。(81)置塞上　此處的塞指南越北境的邊塞，《索隱》以為即大庾嶺。(82)好為謾辭　故意把話說得很好聽。謾，謊言。(83)要害　師古《漢書・西南夷傳》注曰：「於我為要，於敵為害。」瀧川引顧炎武曰：「謂攻守必爭之地，我可以害彼，彼可以害我。」84軍鋒之冠　軍隊前鋒之最勇敢者。85其子延年　後來官至太常，隨李陵出擊匈奴戰死，見《漢書．李廣蘇建傳》。86成安侯　封地成安，在今河南郟縣西北。87龍亢侯　封地龍亢，在今安徽蒙城縣東南。88乃下赦曰　郭嵩燾曰：「方發兵討南越，不得言『赦』，『赦』乃『詔』之訛。」瀧川曰：「楓、三本『赦』作『詔』。」按：「下赦」亦非不可通，中央王朝當討伐某一地區的「叛亂」時，往往發布大赦令，以徹底孤立「作亂」的首罪分子，如高祖討伐陳豨、景帝討伐七國之亂，皆有出兵前頒布赦令事；此處因文中未言大赦，故疑「赦」應作「詔」也，郭氏謂「方發兵討南越，不得言赦」者，非。《漢書》於此作「乃赦天下」。89天子微二句　周天子勢力微弱，各國諸侯恃強肆行征伐。政，通「征」。90譏臣不討賊　身居霸主之位，如果見賊不討，那就要受到孔子《春秋》的批評。以上二句是武帝「引經據典」，變換角度，為自己伐南越找理論根據。91自立晏如　師古曰：「言自相置立，而心安泰無恐懼。」晏，安；安然。楊樹達曰：「『晏如』謂爵位安然無恙。『立』非謂置立，『晏然』亦不謂心也。」92令罪人　即調動罪人從軍。秦漢時期有所謂「七科謫」，國家徵兵，首先徵調罪人，其次則是工商業者，其次則是贅婿。93樓船十萬師　即水軍十萬人。樓船，大戰船。94元鼎五年　西元前一一二年。95伏波將軍　雜號將軍名，以行軍狀態命名。伏波，降伏驚濤惡浪。96匯水　應作「洭水」，也稱「湟水」，即今連江，由當時的桂陽（今連縣）東南流，匯入北江，再南流，入珠江。97主爵都尉　朝官名，主管列侯事務，秩二千石。98楊僕　以為官酷苛聞名，事見〈酷吏列傳〉。楊樹達曰：「副僕者有『來漢』，見《後書．來歙傳》。」99豫章　漢郡名，郡治即今江西南昌市。100歸義越侯　越人降漢而被封為侯者，史失其姓名。101戈船下厲　皆將軍之名號。戈船，《集解》曰：「越人於水中負人船，又有蛟龍之害，故置戈於船下。」下厲，《集解》曰：「『厲』，一作『瀨』。」瀨，水流沙上也。郭嵩燾曰：「由水道前進，故以『下瀨』為名。」102出零陵　謂二人皆從零陵出發。零陵，漢縣名，縣治在今湖南全州西南。103或下離水二句　郭嵩燾曰：「分水陸二道前進。」離水，源於當時零陵附近之靈渠，流經今桂林、梧州，東南匯入西江，流向今廣州市。據《漢書．武帝紀》：「歸義侯嚴為戈船將軍出零陵，下漓水；甲為下瀨將軍下蒼梧。」下蒼梧者，蓋往攻蒼梧秦王趙光也。按：所謂「甲」者非人之真名，乃不知其名姑以「甲」「乙」為稱也。王先謙引錢大昭曰：「不知其名，謂之『甲』也。《漢紀》作『祖廣明』。」按：〈韓長孺列傳〉有「蒙獄吏田甲」，蓋猶言「田姓之某人」也。104馳義侯　《集解》引徐廣曰：「越人也，名遺。」也是降漢的南越人。105因巴蜀罪人　就近調發巴、蜀兩郡的罪犯。巴蜀，二郡名，巴郡的郡治為江州（今重慶市北）；蜀郡的郡治即今成都市。106發夜郎兵　發，徵調。夜郎，少數民族小國名，在今貴州西部，都城大約在關嶺一帶，前此已被漢王朝征服。107牂柯江　即今北盤江，東南流入廣西，經今桂林、梧州，匯入西江，流向今廣州市。吳見思曰：「四路進兵，極寫聲勢赫奕。」(108)元鼎六年　西元前一一一年。(109)尋陝　《索隱》引姚氏以為「尋陝在始興西三百里，近連口」。「連口」即廣東之連江匯入北江處。瀧川引丁謙曰：「即湞陽峽，在韶州英德縣南。」陝，通「峽」。(110)石門　《索隱》引《廣州記》云：「在番禺縣（今廣州市）北三十里，昔呂嘉抗漢，積石鎮江，名曰石門。又俗云，石門水名曰『貪泉』，飲之則令人變。」(111)會期後　句略不順，《漢書》作「後期」，即遲到，誤了約定的時間。(112)與樓船將軍會師時，伏波將軍只有千把人。楊樹達曰：「乃，裁也，僅也。」(113)伏波乃為營　師古曰：「設營壘以待降者。」按：多為營壘以虛張聲勢也。(114)遣使者招降者　繁蕪詞費，前「者」字應削，《漢書》無。(115)賜印二句　授以官爵，放之使去，令更招他人來降。(116)犂旦　待至天亮。犂，比及。〈呂太后本紀〉有所謂「犂明，孝惠還」，「犂」字之用法同此。(117)以其故校尉司馬　以，因。故校尉，南越王建德舊日的校尉。瀧川引朱一新曰：「以故校尉而今為軍司馬也。」(118)封為海常侯　謂蘇弘因功被封為海常侯。海常，封地名，《集解》引徐廣曰：「在東萊。」東萊郡的郡治即今山東掖縣。而〈建元以來侯者年表〉之《索隱》則曰「在琅邪」，琅邪郡治東武，即今山東諸城。按：南越王建德被俘後，被武帝釋放，封以為術陽侯。(119)越郎都稽　南越王身邊的郎官名曰都稽。郎，帝王身邊的侍衛人員，有中郎、侍郎、郎中等，上屬郎中令。據〈建元以來侯者年表〉，此人名叫「孫都」。(120)臨蔡侯　封地臨蔡，《索隱》曰：「在河內。」河內郡的郡治懷縣，在今河南武陟西南。(121)揭陽令定　南越國的揭陽縣令，名定。據《漢書》此人姓史。揭陽，在今廣東汕頭市西北。(122)自定屬漢　控制了自己管轄地區的秩序，率部歸順漢朝。(123)越桂林監居翁　南越國桂林郡的監郡，姓居名翁。(124)諭甌駱屬漢　勸諭西甌、駱越一齊歸順漢朝。(125)皆得為侯　據《漢書》，趙光被封為隨桃侯，史定被封為安道侯，居翁封為湘城侯。(126)遂為九郡　此九郡為：儋耳（郡治在今海南儋縣西北）、珠崖（郡治瞫都，在今海南海口東南）、南海（郡治番禺，即今廣州市）、鬱林（郡治布山，在今廣西桂平）、蒼梧（郡治廣信，即今梧州市）、九真（郡治胥浦，在今越南境內）、日南（郡治西捲，在今越南境內）、合浦（郡治在今廣西合浦東北）、交趾（郡治在今越南河內西北）。(127)益封　增加了封地。(128)樓船將軍兵以陷堅為將梁侯　按：「兵」字宜削，蓋受封為「將梁侯」者乃「樓船將軍」，非「樓船將軍兵」也。《漢書》作「樓船將軍以推鋒陷堅為將梁侯」，無「兵」字，是也。瀧川曰：「『兵以』當作『以兵』。」按：依瀧川說亦可。陷堅，攻克敵人重兵防守的軍陣或城堡。將梁侯，封地將梁，在今河北清苑西南。又，楊僕在討伐南越的過程中毛病甚多，武帝在日後令其討伐閩越，下書飭其勿驕時曾追述其討南越事所犯諸過，文載《漢書・酷吏傳》。據此，則楊僕之罪大矣，而史公竟不一及，似全無其事者，或因路博德老奸巨猾，偷機取巧，楊僕在圍番禺中已受其病，史公遂不欲「已下井而更落石」也。路博德奸猾成性，此役施小巧以傾楊僕，日後又違詔不救李陵，致使李陵窮困降敵，滿門抄斬，史公蓋熟知其事者也。[129]五世九十三歲　五世，趙佗、趙胡、趙嬰齊、趙興、趙建德。九十三歲，趙佗建立南越國，自稱南越武王，史只言其在「秦已破滅」，未詳言在何年。有人據漢滅趙建德在武帝元鼎六年（西元前一一一年），上推九十三年，遂以為趙佗稱王在高祖三年（西元前二〇四年）。[130]而國亡焉　梁玉繩曰：「南武侯織，高帝十二年封南海王，見《漢書・高紀》及〈淮南王傳〉，亦越之世也。當附于傳，史失之。」

【語譯】當尉佗的孫子趙胡為南越王的時候，閩越王郢舉兵進攻南越的邊境城鎮，趙胡就派人給武帝上書說：「閩越和南越都是漢朝的屬國，不應該擅自興兵互相攻擊。現在閩越發兵侵犯我們，我們不敢起兵還擊，請您下令制止他們。」武帝一聽很讚賞南越的講仁義和信守條約，於是就為他們派了王恢和韓安國率兵往討閩越。部隊還沒有越過南嶺，閩越王的弟弟餘善就殺了閩越王郢向漢朝投降了，於是漢兵也就撤了回來。

2 武帝派莊助去向南越王說明了情況，趙胡叩頭感謝說：「天子為我們發兵討伐了閩越，這是我們到死也報答不了的。」於是就派了他的太子嬰齊進京為皇帝充當警衛。還對莊助說：「我們的國家剛遭過破壞，請您先走一步，我很快地準備一下行裝也要進京去朝見天子。」莊助走後，趙胡的大臣們勸阻趙胡說：「漢朝發兵誅討閩越王郢，其目的也是為了警告我們。先王過去曾說，對待漢朝皇帝只要大面上不失禮就行了，萬不能因為聽了他們的幾句好聽的話就去進京朝拜他們。一旦入朝就不可能再出來，那我們的國家就要滅亡了。」於是趙胡就推說有病，不再進京了。十幾年後，趙胡真的病了，而且病得相當厲害，於是太子嬰齊就請求回了國。趙胡死後，被諡為文王。

3 嬰齊即位後，就把尉佗過去僭號武帝時用的玉璽收了起來，不稱帝了。而且嬰齊在長安給皇帝做侍衛時，還娶了一個邯鄲姓樛的女子為妻，生了個兒子叫趙興。嬰齊即位後，就給武帝上書，請求立樛氏為皇后，立趙興做太子。這時漢朝又多次派使者來向嬰齊示意要他進京朝見皇帝，嬰齊喜歡自己掌握生殺大權，為所欲為，他怕一旦進京就得接受漢朝的法令，真的變成和漢朝國內的諸侯一樣，所以他也推說有病，不肯進京，只是派了他的兒子趙次公入朝給皇帝充任了警衛。趙嬰齊死後，被諡為明王。

4 太子趙興即位做了南越王，他的母親樛氏也就做了太后。這位太后在她還沒有嫁給趙嬰齊時，就曾經和霸陵人安國少季通姦。等到趙嬰齊死後，漢朝在武帝元鼎四年派了安國少季出使南越，還是叫南越王和王太后進京朝見，要求他們和一個漢朝國內的諸侯相同。這次派來的使團中有能言善辯的諫大夫終軍，負責用言辭勸說；有勇士魏臣等人時刻準備著動用武力，另外漢朝還派了衛尉路博德率兵屯守桂陽，聽候使者的消息，為使團做後盾。當時南越王趙興年紀幼小，太后是中原人，過去就曾經與安國少季私通，因而這次安國少季到了南越後，兩個人很快地又搭上了關係。這些事在南越已經有些人知道了，多數人都不擁護太后。太后擔心發生政變，同時也是想依靠漢朝的勢力以鞏固自己在南越的地位，因此她多次勸著國王和群臣們要求歸屬漢朝。後來事情就這麼定了，他們通過使者給武帝上書，請求改成和漢朝國內的諸侯國一樣，三年朝見一次皇帝，拆除邊境上的防禦工事。武帝隨即答應了他們的要求，賜給南越的丞相呂嘉一枚銀印，同時也給他們的內史、中尉、大傅都賜了印綬，其餘官吏都由他們自己委任。撤去了他們過去使用的黥刑和劓刑，讓他們採用漢朝的法律，像漢朝的各諸侯國一樣。朝廷派來的使者都留下來鎮撫這個國家。與此同時，國王、王太后則開始置辦行裝禮物，為入朝做準備。

5 南越的丞相呂嘉是個上年紀的人，他已經連續做了三代國王的丞相，在他的家族中充任南越各級官職的有七十多人，他們家族的男人娶的都是王室的女子，他們家族的女子都是嫁給王族的男人，而且他們還和蒼梧國的秦王有姻親關係。所以呂嘉在這個國家裡的地位十分重要，南越人也都信任他，許多人都是他的耳目，他比國王還得人心。當國王給武帝上書要求內附時，呂嘉就曾多次勸阻，但國王不聽。於是呂嘉開始產生了叛亂思想，他多次推說有病不與漢朝的使者見面。漢朝的使者也都注意到這個人，只不過是沒有辦法除掉他。國王和王太后也怕呂嘉等人先動手，舉行叛亂，於是就設宴置酒，想靠著漢朝使者的權威殺掉呂嘉等人。待至宴會開始時漢朝的使者都面朝東坐，太后面朝南坐，國王面朝北坐，而丞相呂嘉和南越其他大臣們都面朝西坐，陪著一起喝酒。呂嘉的弟弟是南越的一位將軍，這時正率領士兵把守在宮外。等到喝過了幾杯酒後，太后對呂嘉說：「南越歸附中國，是對我們全國都有利的，您為什麼總是說不好呢？」她這麼說的目的是想以此來激怒漢朝的使者讓使者殺呂嘉。但使者猶疑不決，你看我，我看你，沒敢立即下手。呂嘉一看人們的臉色不對，就趕緊起身出去了。太后很生氣，想派人用矛刺他，結果被國王攔住了。呂嘉出來之後，讓他的弟弟派了一部分士兵，保護他回了相府，從此更加推說有病連國王和使者都不見了，而暗中則與大臣們一起策劃叛亂。因為南越王趙興是從來不想殺呂嘉的，呂嘉深知這一點，所以他一連好幾個月沒有動手。而太后由於自己有淫亂行為，南越人不喜歡她，所以她是特別想殺呂嘉的，可是她的力量又達不到。

6 漢武帝聽說呂嘉不聽從南越王的話，南越王和太后沒有辦法制服他，同時也知道漢朝的使者怯懦不敢動手。但是他又想南越王、太后都是主張歸附漢朝的，只有一個丞相呂嘉作亂，似乎用不著發大兵征討，於是就打算派莊參帶著兩千人出使南越。莊參說：「如果以一個友好使團的名義去，那只要幾個人就夠了；如果要是想用武力去征服，那麼兩千人是解決不了問題的。」他推辭自己不能勝任，於是武帝也就不讓他去了。這時郟縣的一個勇士，曾經當過濟北國丞相的韓千秋自告奮勇說：「這麼一個小小的南越，裡頭又有國王和太后做內應，光是一個丞相呂嘉搗亂，我看只要給我二百人，我就一定能提著呂嘉的人頭回來。」武帝一聽，隨即決定派韓千秋和南越王太后的弟弟樛樂帶領兩千人前往。待至韓千秋等進入南越國境後，呂嘉等人這才正式起兵反叛。他向全國下令說：「國王年輕。太后是中原人，又和漢朝的使者私通，所以她一心想哄南越王歸附漢朝，她要把先王的寶器全部拿去獻給漢朝天子以獻媚討好；她還要帶著大量的隨從人員，到長安後把他們當奴隸賣掉。她只是為了她自己的一點小利，而根本不顧趙家的大業，根本沒有給趙家的後代作長遠考慮。」接著呂嘉就和他的弟弟率兵發動進攻，殺死了南越王、太后和漢朝使者。接著派人告訴蒼梧的秦王和南越的各個郡縣，另立明王嬰齊的南越妻子所生的大兒子術陽侯趙建德為南越王。這時韓千秋已經帶領著兩千人打進了南越，攻破了幾座小城。奇怪的是，從此以後南越人竟然給他們敞開了道路，而且還給他們提供糧食，於是他們就長驅直入，一直推進到離番禺僅有四十里的地方。這時南越人突然派兵出擊，一下子把韓千秋等人全部消滅了。接著他們派人把漢朝使者所持的旌節用盒子裝著送到了國境線上，假裝著說了一些表示歉意的話，而實際上則派兵把守好了各個邊關要塞。漢武帝聞訊說：「韓千秋雖然沒有成功，但作為一支隊伍來講，他們的勇敢還是少有的，因此封他的兒子韓延年為成安侯。樛樂自己戰死了，他的姐姐是南越王太后，又是她首先提出願意歸屬漢朝的，因此封繆樂的兒子繆廣德為龍亢侯。」並同時宣布赦令說：「當周天子衰微，各國諸侯憑武力專權的時候，孔子就寫了《春秋》來諷刺那些不討伐亂黨的臣子。如今呂嘉、趙建德等人謀反，竟安然地在那裡獨立稱了王。現在我下令派一部分罪人，配合江淮以南的樓船水軍，要組織十萬人前往征討。」

7 元鼎五年，秋天，武帝任命衛尉路博德為伏波將軍，從桂陽出發，順匯水而下；任命主爵都尉楊僕為樓船將軍，從豫章出發，直下橫浦關；任命原先投降漢朝的兩個南越人分別為戈船將軍和下厲將軍，讓他們從零陵出發，一個順離水而下，一個直奔蒼梧；派馳義侯率領巴蜀地區被釋放的罪人，並讓他們就近調發夜郎部落的士兵，順牂柯江而下：各路大軍的矛頭都指向番禺。

8 武帝元鼎六年，冬天，樓船將軍楊僕率領精銳部隊率先攻克了尋陝，占領了石門，他們在這裡繳獲了南越人的不少糧食和船隻。接著順勢前進，又連續挫敗了南越人的鋒芒。在此以後他就讓他部下的幾萬人停止前進，等待著伏波將軍路博德的到來。伏波將軍所率領的是一批被赦免的罪人，路途遙遠，主要力量沒能按期到達，按期趕到與樓船將軍會師的總共不過一千多人，於是他們就一起前進。樓船將軍先行，直抵番禺城下。這時趙建德、呂嘉等退入城內，堅守城池。樓船將軍到得早，自己先占據了一片有利的形勢，在城的東南面，伏波將軍在城的西北面。這時天色已經傍晚，樓船將軍在南面首先攻破了城門，隨即放火燒城。南越人不熟悉樓船將軍楊僕，而素聞伏波將軍路博德的大名。因為天黑，也不知道路博德究竟帶著多少人馬。伏波將軍紮下營後，就派人進城去招納越人投降，凡有投降的就立即賜給他們印信，讓他們回去再去招降別人。這樣一來，樓船將軍在南面奮力作戰，放火燒城，正好把想投降的南越人都趕到伏波將軍的營裡去了。待至天亮，全城的人都投降了伏波將軍。呂嘉和趙建德帶著他們屬下的幾百人連夜逃到了海上，乘船向西逃去。伏波將軍又通過審問投降過來的南越貴人，弄清了呂嘉的去向，隨即派人前往追趕。結果校尉司馬蘇弘追獲了趙建德，因此被封為海常侯；南越的郎官都稽俘獲得了呂嘉，被封為臨蔡侯。

9 蒼梧王趙光，與南越王同姓，他一聽說漢兵來了，就立即和南越的揭陽縣令定一起決定歸屬了漢朝；這時南越的桂林監居翁，也說服西甌、駱越歸屬了漢朝：這幾個人都被朝廷封為侯爵。戈船將軍、下厲將軍的部隊以及馳義侯調發的夜郎士兵這時都還沒有到達，南越就已經平定了。於是漢朝就把南越分成了九個郡。伏波將軍因為功大又得到了朝廷的增封，樓船將軍因為攻堅有功，被封為將梁侯。

南越從尉佗自立為王開始，到現在亡國，其間經歷了五代，共九十三年。

太史公曰：尉佗之王，本由任囂。遭漢初定，列為諸侯。隆慮離溼疫❶，佗得以益驕。甌、駱相攻❷，南越動搖。漢兵臨境，嬰齊入朝❸。其後亡國，徵自樛女❹；呂嘉小忠，令佗無後。樓船從欲，怠傲失惑❺；伏波困窮❻，智慮愈殖❼，因禍為福。成敗之轉，譬若糾墨❽。

【章　旨】以上為第三段，是作者的論贊，對南越趙氏的亡國表現了深深感慨；對漢朝的使者、將軍表現了某種含蓄的諷刺。

【注　釋】❶隆慮離溼疫　由於隆慮侯周竈遭逢暑溼瘟疫，故未能實現對南越的討伐。離，通「罹」。陷入；遭受。❷甌駱相攻　梁玉繩引《古今黈》曰：「此誤也，當云『東閩興兵，南越動搖』。」梁氏曰：「按傳，相攻者，閩越與南越，非甌、駱也，甌、駱未嘗與諸國相攻也。又，閩越未攻南越時嘗圍東甌，則是『甌閩相攻』，亦不得為『甌、駱』也。」王叔岷曰：「當作『閩越相攻，南越動搖』。」❸漢兵臨境二句　按：照理應說「漢誅閩越，嬰齊入朝」，漢誅閩越時，未臨南越之境也。嬰齊乃因其父感激漢德而遣以「入朝」，非在大兵壓境之下而遣質求和也。❹其後亡國二句　亡國之徵兆，由樛氏開始表現。中井曰：「『女』疑當作『后』。」徵，徵兆。❺樓船從欲二句　按：即武帝詔書中之所指也，但從本文中卻看不出楊僕有何「縱欲」與「怠傲」之處，蓋史公於筆下留情。從，通「縱」。放縱。❻伏波困窮　指道遠失期事。❼智慮愈殖　絕招越來越多，指優待俘虜，廣招降人事。殖，繁多。按：「伏波」二句，語中含諷。❽成敗之轉二句　糾墨，同「糾纆」，指繩索的糾結，撕扯不開，以比喻禍福成敗的彼此倚伏。賈誼〈鵩鳥賦〉：「夫禍之與福兮，何異糾纆。」與此意思相同。

【語　譯】太史公說：尉佗得以稱王，是由於任囂的識拔。當時正趕上漢朝初建，所以尉佗也就成了一方諸侯。後來隆慮侯周竈討伐南越，由於趕上暑溼瘟疫而遭到失敗，尉佗也就變得越發驕恣了。待到閩越進犯，南越發生動盪的時候，漢兵討伐了閩越，臨近了南越邊境，這時南越太子嬰齊也就進京入朝了。以後的亡國，是由於嬰齊的王后樛氏引起的；丞相呂嘉只知道忠於南越，卻反而使尉佗絕了後。樓船將軍驕縱不法，傲慢胡為；而伏波將軍處於不利的形勢下，智謀倒反而越來越高了，結果因禍得福。看來成功和失敗的相互轉化，就像繩子一樣，是永遠絞在一起的。

【研　析】本篇記載了秦末至武帝時期中原與嶺南地區的關係史，是研究嶺南問題最早、最基本的文獻資料，所以非常珍貴。早從先秦時期，人們就將今之廣東、廣西、浙江、福建一帶統稱之為「揚越」、「百越」，意思就是民族種類繁多。蒙文通《越史叢考》說：「自句踐強大而『越』名始著，後遂用為南方民族之泛稱，亦猶『胡』之用為北方民族之泛稱也。自『越』而『南越』、『西甌』、『駱越』，亦猶『東胡』、『林胡』而『羯胡』、『西胡』也。古人用『胡』、『越』為泛稱，本無不可；而今人必持此泛稱以為具體民族，則余未知其可也。」蒙文通認為，百越地區的民族比較重要的有四個派系：其一是早期的吳、越與秦漢時期的「東甌」與「閩越」，這一支裡的吳國儘管自稱是「吳太伯」之後，越國儘管自稱是「大禹」的後代，其實不過是「巧立名目」，以圖提高其身價而已。這一支當時居住在今之江蘇、浙江、福建一帶。其二是南越，當時居住在今廣東省；其三是西甌，當時居住在今廣西境內。其四是駱越，當時居住在今越南國的北部一帶地區。這些民族之間，不僅生活習慣不同，所使用的語言也不同。關於句踐「越國」的問題見〈越王句踐世家〉，關於「東甌」與「閩越」的問題見〈東越列傳〉，本文則是主要寫了趙佗建立「南越國」，以及趙氏在經營南越九十多年之間與周邊民族，特別是與漢王朝之間的關係，與最後被漢朝所滅的情形。

作者對趙佗趁秦末中原大亂之機，乘勢建立南越國的英雄氣概非常欣賞，對趙佗開發與經營嶺南的歷史作用充分肯定，對趙佗那種既雄豪樸實又詼諧狡獪的性格非常喜愛。作者對劉邦與文帝所實行的對嶺南地區的和睦政策，給予了熱情的讚頌；而對武帝後來所表現的必欲使之「比內諸侯」的擴張欲望，以及與之相應的直至大張撻伐的一系列手段，給予了含蓄的批評。這和司馬遷各民族一家，大家都是黃帝子孫，應該友好相處，不應該彼此仇視、相互攻殺掠奪的思想是一致的。這一層應該與匈奴、大宛、朝鮮、西南夷諸傳以及〈平準書〉等相互參看。作品對趙佗其人的描寫非常生動，如果我們能和〈酈生陸賈列傳〉參照閱讀，就會對趙佗這個人物理解得更充分、更完整了。此外作品對南越君臣之間、對南越與漢王朝之間，以及南越王、樛太后與漢使之間的種種複雜關係，也都展示得極為明晰、極為生動；對於呂嘉這個略具英雄色彩但又少才無謀的人物，也表現得相當動人；相反對於武帝為滅南越所派出的官吏與諸將，作品則是多方面的寫出了他們的種種卑汙與自私。

卷一百一十四

東越列傳第五十四

【題解】本篇記述了「句踐苗裔」的無諸與搖二人在秦末大亂之際，跟從鄱陽令吳芮起兵反秦；後又跟從劉邦一道反楚，於是遂在漢初相繼被封為閩越王與東甌王；至武帝時，因東甌與閩越互攻，武帝遂將東甌人遷到江淮之間；又隨著通西南夷與滅南越活動的開展與完成，武帝終將閩越滅掉，亦將其民遷於江淮之間的全過程。

閩越❶王無諸及越東海❷王搖者，其先皆越王句踐之後也❸，姓騶氏❹。秦已并天下❺，皆廢為君長❻，以其地為閩中郡❼。及諸侯畔秦❽，無諸、搖率越歸鄱陽令❾吳芮，所謂鄱君❿者也，從諸侯滅秦⓫。當是之時，項籍主命⓬，弗王⓭，以故不附楚。漢擊項籍⓮，無諸、搖率越人佐漢。漢五年⓯，復立無諸為閩越王，王閩中故地⓰，都東冶⓱。孝惠三年⓲，舉高帝時越功⓳，曰閩君搖功多，其民便附⓴，乃立搖為東海王，都東甌㉑，世俗號為東甌王㉒。

【章　旨】以上為第一段，寫東甌、閩越兩個小國的來歷。

【注　釋】❶閩越　小國名，都城東冶，舊說即今福建福州，但亦有異議，參注❺。❷東海　小國名，都城東甌，即今浙江溫州。❸其先皆越王句踐之後也　句踐是春秋末期越國的國君，西元前四九六—前四六五年在位，都會稽（今浙江紹興），事跡詳見〈越王句踐世家〉。❹姓騶氏　《集解》曰：「騶，一作『駱』。」❺秦已并天下　秦滅楚在始皇二十四年（西元前二二三年），秦滅齊統一天下在始皇二十六年（西元前二二一年）。❻皆廢為君長　王駿圖曰：「秦併天下，改其地為閩中郡，廢去無諸、搖兩人王號，而降為君長之爵，使之治一鄉一邑之地，如官吏然，非必封予之也。蓋亦以蠻治蠻，因地制宜之道。」❼閩中郡　秦郡名，郡治東冶。王鳴盛曰：「〈地理志〉載秦三十六郡，無閩中郡，蓋置在始皇晚年。且雖屬秦，而無諸與搖君其地如故。屬秦未久，旋率兵從諸侯滅秦，故不入三十六郡之數。」按：今譚其驤《歷史地圖集》有明確標識。❽諸侯畔秦　陳涉舉事在秦二世元年（西元前二〇九年）七月，項羽、劉邦舉事在秦二世元年九月。❾鄱陽令　鄱陽縣（今江西波陽東北）的縣令。❿鄱君　也寫作「番君」，時人對吳芮的敬稱，秦漢時期多稱某縣縣令為「某公」或「某君」，如稱劉邦為「沛公」，稱劉邦部將夏侯嬰為「滕公」，〈陳涉世家〉又有「房君蔡賜」，《集解》引臣瓚曰：「房邑君也。」⓫從諸侯滅秦　按：劉邦率兵入咸陽，秦王子嬰投降劉邦，秦朝滅亡，在西元前二〇六年十月，見〈高祖本紀〉。⓬主命　主管發號施令，亦即主管分封天下之大權。⓭弗王　指沒有分封無諸與搖為王，而他們所跟從的吳芮，則被封了衡山王，都邾（今湖北黃岡北）。⓮漢擊項籍　自高祖二年（西元前二〇五年）四月劉邦進攻項羽國都彭城起，至高祖五年（西元前二〇二年）十二月項羽被滅，前後共兩年零九個月。⓯漢五年　西元前二〇二年。這年的十二月（當時以十月為歲首）破殺項羽。⓰閩中故地　閩中郡的舊有地盤。⓱東冶　舊注都說即今福州市，但據近年來的考古發掘，人們認為武夷山（崇安）市的城村故城才是閩越的國都。「這主要是因為迄今還沒有充足的考古資料能證明福州是西漢閩越國都，現在的出土文物資料只能證明福州有閩越國的宮室別館遺址，但未見確切的西漢城址，也未見規模超過城村故城宮殿的遺址。」（楊琮《閩越國文化》）⓲孝惠三年　西元前一九二年。孝惠，孝惠帝，名盈，劉邦之子，呂后所生，西元前一九四—前一八八年在位。⓳舉高帝時越功　複察當初幫著劉邦開國，應該加封而未曾加封的越族人。⓴便附　以其統治為便，而歸附之。㉑東甌　即今浙江溫州。㉒世俗號為東甌王　梁玉繩引《史記考異》曰：「〈封禪書〉越人勇之言『東甌王敬鬼，壽至百六十歲』者，即東海王搖也。」

【語　譯】閩越王無諸和越東海王搖，他們祖先都是越王句踐的後裔，姓騶。秦統一天下後，廢除了他們的王號，把他們降為君長，居住在閩中郡。諸侯群起反秦時，無諸、搖率越人歸附於鄱陽令吳芮，隨諸侯滅掉了秦國。當時，項羽號令諸侯，不封無諸、搖為王，所以無諸與搖都沒有歸附楚。待至劉邦攻打項羽時，無諸與搖率越人幫助了漢王。漢五年，劉邦立無諸為閩越王，統治閩中故地，建都東冶。孝惠三年，列舉高祖時越人之功，認為閩君長搖功勞最多，其民眾也樂意歸附他，於是立搖為東海王，建都東甌，因而俗稱東甌王。

1 後數世❶，至孝景三年❷，吳王濞反❸，欲從閩越❹，閩越未肯行，獨東甌從吳。及吳破❺，東甌受漢購❻，殺吳王丹徒❼，以故皆得不誅❽，歸國。

2 吳王子子駒亡走閩越，怨東甌殺其父，常勸閩越擊東甌。至建元三年❾，閩越發兵圍東甌。東甌食盡，困，且降，乃使人告急天子。天子問太尉田蚡❿，蚡對曰：「越人相攻擊，固其常，又數反覆，不足以煩中國⓫往救也。自秦時弃弗屬⓬。」於是⓭中大夫莊助⓮詰⓯蚡曰：「特⓰患力弗能救，德弗能覆⓱；誠能⓲，何故弃之？且秦舉咸陽而弃之⓳，何乃越也⓴？今小國以窮困來告急天子，天子弗振㉑，彼當安所告愬㉒？又何以子萬國㉓乎？」上曰：「太尉未足與計㉔。吾初即位，不欲出虎符發兵郡國㉕。」乃遣莊助以節發兵會稽㉖。會稽太守欲距，不為發兵㉗。助乃斬一司馬㉘，諭意指㉙，遂發兵浮海㉚救東甌。未至，閩越引兵而去。東甌請舉國徙中國㉛，乃悉舉眾來㉜，處江、淮之間㉝。

【章旨】以上為第二段，寫東甌遷往內地，小國之名義取消。

【注釋】❶後數世　謂東海王下傳數世，具體情況不可得而知也。❷孝景三年　西元前一五四年。孝景，孝景帝，名啟，文帝之子，西元前一五六─前一四一年在位。❸吳王濞反　即吳楚七國之亂。劉濞，劉邦之姪，高祖十二年（西元前一九五年）封為吳王，都廣陵（今揚州市）。景帝三年（西元前一五四年）正月因不滿削地而串連七國造反，事見〈吳王濞列傳〉。❹欲從閩越　想讓閩越跟同七國一起造反。從，使之跟從。❺吳破　吳楚七國之亂被太尉周亞夫等所平定，事在同年二月中旬。❻受漢購　接受漢王朝的懸賞。❼殺吳王丹徒　丹徒，漢縣名，縣治在今江蘇鎮江東南。當時東甌的軍隊駐紮丹徒，吳王兵敗往投，東甌王接受漢朝的指令，將吳王濞騙殺。過程詳見〈吳王濞列傳〉。❽以故皆得不誅　謂東甌人皆以此而得倖免。❾建元三年　西元前一三八年。「建元」是武帝的第一個年號（西元前一四〇─前一三五年）。❿太尉田蚡　太尉，全國的最高軍事長官，與丞相、御史大夫合稱為「三公」。田蚡，武帝之舅，武帝生母王太后的同母異父弟，因佐助武帝即位有功被任以為太尉，事見〈魏其武安侯列傳〉。⓫中國　此指中原地區的政府、軍隊等。⓬弃弗屬　即放棄不要。屬，連；統領。按：秦時在今江蘇、浙江一帶設會稽郡，在今福建一帶設閩中郡，對其地域非「弃弗屬」也，只是對退居山區林海的少數民族未進行更嚴厲的清剿而已。⓭於是　此時。⓮中大夫莊助　中大夫，皇帝身邊的侍從官員，掌議論，上屬郎中令。莊助，東漢人因避明帝（劉莊）諱，也稱之為「嚴助」，以文章、辭令著名，《漢書》有傳。⓯詰　問；責問。⓰特　唯；只。⓱德弗能覆　仁德不能覆蓋，此處即指化育、統治。⓲誠能　如果真有這種仁德與武力。⓳舉咸陽而弃之　連其都城都保不住，指亡國降敵。咸陽，秦國的都城，在今陝西咸陽東北。⓴何乃越也　更何況遠在萬里的越族呢？㉑振　拯救。㉒彼當安所告愬　他們還能去哭告誰呢？王叔岷曰：「『當』、『尚』古通。」〈魏公子列傳〉有「公子當何面目立天下乎」，「當」亦通「尚」。愬，同「訴」。求告。㉓子萬國　視萬國如子。子，在這裡即「統治」、「享有」的意思。凌稚隆引羅洪先曰：「莊助言詞剴切，天子竟遣助發兵，得御夷之體。」㉔太尉未足與計　太尉不配幫我們出主意。梁玉繩曰：「兩稱『太尉』，《通鑑考異》以為誤。考蚡以建元元年為太尉，二年免，并省太尉官。是時乃建元三年，蚡以列侯家居，莫非問丞相許昌否？或謂蚡曾為太尉，以故官呼之，亦未確。」㉕不欲出虎符發兵郡國　出虎符，動用虎符。虎符，古代天子派人調兵所持的信物。《漢書補注・嚴助傳》王先謙引沈欽韓曰：「以銅為符，鑄虎為飾，中分之，頒其右而藏其左，起軍旅時，則出以合中外之契。」關於「虎符」的使用情況參見〈魏公子列傳〉。全句意謂不想向其他郡縣與諸侯國調集兵員，只就近向會稽郡徵調一些兵力就行了。㉖以節

發兵會稽　節，旌節，皇帝使者出行時所持的信物。陳直曰：「漢節分銅、竹兩種，見於袁盎、蘇武傳者則為竹節，出土者只有銅節，兩種性質現不易區別。」會稽，漢郡名，西漢時的郡治即今江蘇蘇州，東甌（今溫州市）在其轄區內。㉗欲距二句　胡三省曰：「欲距者，以其無虎符也。」距，通「拒」。拒絕。㉘司馬　指會稽軍中的執法官。㉙諭意指　向地方官講清了所以要這麼做的原因。㉚浮海　由海上乘船前往。㉛請舉國徙中國　舉國，全國。中國，中原地區；華夏地區。㉜乃悉舉眾來　《集解》引徐廣曰：「年表云『東甌王廣武侯望，率其眾四萬餘人來降。』」㉝處江淮之間　《集解》引徐廣曰：「家廬江郡。」按：廬江郡的郡治舒縣，在今安徽廬江西南。瀧川引丁謙曰：「江淮間，蓋揚州、淮安等地。」依丁謙說，則在今江蘇省境內的長江以北，淮河以南。

【語譯】幾代之後，到孝景三年，吳王劉濞造反，想讓閩越隨他鬧事，閩越王不幹；只有東甌王願隨吳王背叛漢朝。吳王失敗後，東甌王被漢收買在丹徒殺死了劉濞，所以東甌王沒有被論罪，又回到東海國。

2 吳王濞的兒子劉子駒逃到閩越，怨恨東甌騙殺他的父親，常勸閩越攻打東甌。建元三年，閩越發兵包圍東甌。東甌城糧食吃光了，將要被迫投降，便派人向天子告急。武帝問太尉田蚡，田蚡回答：「越人互相攻打是經常的事，又反覆無常，不值得去救。再說，從秦時起他們就不是中國的屬國。」這時中大夫莊助反駁說：「只能擔心力量不足，救不了他們，無德覆育他們。既然有德也有力，為什麼放棄不管呢？況且秦時連咸陽都放棄了，更何況越地呢？今天一個小國向天子求救，天子不去救他們，他們還能到哪裡去訴苦求救呢？又怎能把眾多小國當作自己的兒女來保護呢？」武帝說：「太尉的話不足取，不能和我們討論天下大事。但我剛剛即位，不想以虎符調動郡國的軍隊前往。」於是就派莊助持旌節到會稽郡就近調兵援救。會稽太守想拒絕發兵。莊助立刻斬了會稽郡的一個司馬官，向他們傳達了武帝的口諭，於是發兵由海上解救東甌。漢軍尚未到達，閩越軍就聞訊撤走了。東甌請求舉國遷徙中原，因而朝廷就將東甌人遷到了江淮一帶。

1 至建元六年❶，閩越擊南越。南越守天子約，不敢擅發兵擊而以聞❷。上遣大行王恢❸出豫章❹，大農韓安國❺出會稽，皆為將軍。兵未踰領❻，閩越王郢❼發兵距險。其弟餘善乃與相❽、宗族謀曰：「王以擅發兵擊南越，不請，故天子兵來誅。今漢兵眾彊，今即幸勝之，後來益多，終滅國而止。今殺王以謝天子，天子聽，罷兵，固一國完；不聽，乃力戰，不勝即亡入海❾。」皆曰：「善。」即鏦❿殺王，使使奉⓫其頭致⓬大行。大行曰：「所為來者，誅王。今王頭至，謝罪，不戰而耘⓭，利莫大焉。」乃以便宜案兵⓮告大農軍，而使使奉王頭馳報天子。詔罷兩將兵，曰：「郢等首惡，獨無諸孫繇君丑⓯不與謀焉。」乃使郎中將⓰立丑為越繇王⓱，奉閩越先祭祀⓲。

2 餘善已殺郢，威行於國，國民多屬，竊自立為王，繇王不能矯其眾持正⓳。天子聞之，為餘善不足復興師，曰：「餘善數與郢謀亂，而後首誅郢⓴，師得不勞。」因立餘善為東越王㉑，與繇王並處。

3 至元鼎五年㉒，南越反㉓，東越王餘善上書，請以卒八千人從樓船將軍㉔擊呂嘉等。兵至揭揚㉕，以海風波為解㉖，不行，持兩端㉗，陰使南越㉘。及漢破番禺㉙，不至㉚。是時樓船將軍楊僕使使上書，願便引兵擊東越。上曰士卒勞倦，不許。罷兵，令諸校㉛屯豫章梅領㉜待命。

4 元鼎六年[33]，秋，餘善聞樓船請誅之，漢兵臨境[34]，且往[35]，乃遂反，發兵距漢道[36]。號將軍騶力等為「吞漢將軍」，入白沙[37]、武林[38]、梅嶺，殺漢三校尉。是時，漢使大農張成[39]、故山州侯齒[40]將屯[41]，弗敢擊，卻就便處[42]，皆坐[43]畏懦誅。

5 餘善刻「武帝」璽[44]，自立，詐其民，為妄言[45]。天子遣橫海將軍韓說[46]出句章[47]，浮海從東方往；樓船將軍楊僕出武林；中尉王溫舒出梅嶺[48]；越侯[49]為戈船、下瀨將軍[50]，出若邪、白沙[51]。元封元年冬[52]，咸入東越[53]。東越素[54]發兵距[55]險，使徇北將軍守武林[56]，敗樓船軍數校尉，殺長吏[57]。樓船將軍率錢唐轅終古[58]斬徇北將軍，為禦兒侯[59]。

6 自兵未往[60]，故越衍侯吳陽前在漢[61]，漢使歸諭[62]餘善，餘善弗聽。及橫海將軍先至，越衍侯吳陽以其邑七百人反[63]，攻越軍於漢陽[64]。從建成侯敖[65]，與其率從繇王居股謀[66]曰：「餘善首惡，劫守吾屬[67]。今漢兵至，眾彊，計殺餘善，自歸諸將[68]，儻幸得脫[69]。」乃遂俱殺餘善，以其眾降橫海將軍。故封繇王居股為東成侯[70]，萬戶；封建成侯敖為開陵侯[71]；封越衍侯吳陽為北石侯[72]；封橫海將軍說為案道侯[73]；封橫海校尉福[74]為繚嫈侯[75]。福者，成陽共王[76]子，故為海常侯[77]，坐法失侯[78]。舊從軍無功[79]，以宗室故侯[80]。諸將皆無成功，莫封[81]。東越將多軍[82]，漢兵至，弃其軍降，封為無錫侯[83]。

7 於是天子曰：「東越狹，多阻[84]，閩越悍，數反覆[85]。」詔軍吏皆將其民徙處江、淮間[86]，東越地遂虛[87]。

【章　旨】以上為第三段，寫閩越因反漢被漢朝消滅的過程。

【注　釋】❶建元六年　西元前一三五年。❷南越守天子約二句　過程參見〈南越列傳〉，此時的南越王為趙佗之孫趙胡。❸大行王恢　大行，官名，即大行令，也稱典客，「九卿」之一，主管少數民族事務。王恢，武帝時的著名武將，後因設謀馬邑以襲匈奴未成被殺，參見〈匈奴列傳〉、〈韓長孺列傳〉。❹豫章　漢郡名，郡治即今江西南昌。❺大農韓安國　大農，大農令，也稱大司農，「九卿」之一。韓安國，字長孺，景帝與武帝前期的名臣，後來官至御史大夫，事跡見〈韓長孺列傳〉。❻兵未踰嶺　此嶺應指今江西省東部與福建西北部之間相隔的大山，即武夷山。❼閩越王郢　視下文，此「閩越王郢」或即「無諸」之子也，然史文無明確交代。❽相　謂閩越王郢之相。❾亡入海　逃亡到海上去。亡，逃。❿鏦　撞；以兵器投刺。⓫奉　捧。⓬致　送交。⓭不戰而耘　不戰而禍除。《索隱》曰：「耘，除也。」按：《漢書》作「不戰而隕」。隕，落，謂其王之頭已落。惠棟、段玉裁皆謂「耘」當作「抎」，亡失；隕落。⓮以便宜案兵　根據現有情況遂按兵不再前進。「以便宜」即按照具體情況而臨時改變朝廷成命。案，通「按」。⓯無諸孫繇君丑　繇君丑，繇地的封君，名丑。繇，地名，方位不詳。又，此處但言繇君丑為無諸之孫，其父何人，史文亦無明確交代。⓰郎中將　據《漢書・百官公卿表》「郎中有車、戶、騎三將，秩皆比千石。」蓋即統領皇帝之侍從「郎中」者，上屬郎中令。有曰「郎中將」應作「中郎將」者，似無須多事。⓱立丑為越繇王　徐孚遠曰：「是時不立餘善而更立丑者，欲其內相鬥，因亂而取之也。」⓲奉閩越先祭祀　意即承認他是閩越王的真正繼承人，因為只有繼承人才有資格主持祭祀。⓳不能矯其眾持正　文字較生澀，《漢書》將其簡化為「不能治」三字。矯其眾，指使國人改向歸己。矯，改變。持正，控制國內局面。⓴首誅郢　帶頭殺掉了閩越王郢。首，首事；首發。㉑因立餘

善為東越王　因，於是。東越王，其都城在何處，史文無明確交代。㉒元鼎五年　西元前一一二年。㉓南越反　南越丞相呂嘉反對南越王降漢，「比內諸侯」，漢朝出兵討伐，呂嘉等遂起兵反漢。事在元鼎五年四月，見〈南越列傳〉。㉔樓船將軍　指楊僕，當時楊僕受命從東路「出豫章，下橫浦（在今廣東南雄西北，約當今之小梅關）」，靠近閩越之地，故餘善可率軍從行。㉕兵至揭揚　揭揚，漢縣名，縣治在今廣東揭陽西北，離汕頭不遠。按：閩越之兵蓋自海上沿海岸西南行也。㉖為解　為推辭的藉口。㉗持兩端　謂觀望成敗。㉘陰使南越　暗中派人與南越相勾結。㉙番禺　今廣州市，當時南越的都城。㉚不至　謂餘善所率領的閩越軍隊未到番禺，意即中途變卦了。㉛諸校　猶言諸部。當時一個將軍統領幾個「部」的人馬，而該部的長官即為「校尉」。㉜豫章梅領　領，通「嶺」。今譚其驤《歷史地圖集》標之於江西廣昌西，在武夷山側，與閩越隔山相對。也有人稱即今之大庾嶺，在今江西大餘西南，其地也稱「小梅關」。按：就地理形勢而論，漢之駐軍待命者應是廣昌之梅嶺，不應是大庾嶺，因大庾嶺所對的是南越，而不是閩越也。王駿圖曰：「豫章梅嶺在今江西寧都州正北百里梅江發源之處，層巒疊嶂，為中國赴閩之險要，故屯兵於此也。」王氏正指廣昌縣西之梅嶺。㉝元鼎六年　西元前一一一年。㉞漢兵臨境　即指駐兵梅嶺。㉟且往　即將往攻其東越之都城。㊱距漢道　堵塞漢兵東下之道；在漢兵東行的通道上設防。㊲白沙　漢邑名，在今江西南昌東北，波陽縣西南，其地有白沙水。㊳武林　漢邑名，在今江西餘干北。㊴大農張成　據《漢書・百官公卿表》張成於元鼎六年任大農令，其人僅此一見，其他事跡不詳。㊵故山州侯齒　劉齒，城陽王劉章之孫。因其前已因酎金失侯，故稱「故山州侯」，見〈建元已來王子侯者年表〉，劉齒於元鼎五年坐酎金失侯。㊶將屯　統領在梅嶺一帶駐紮的諸校兵馬。㊷卻就便處　退卻到了安全之處。㊸坐　因；由於。㊹刻武帝璽　即自稱「武帝」，與南越王趙佗的自稱「武帝」相同。㊺為妄言　妄言內容不詳。㊻韓說　劉邦功臣韓王信的曾孫，與武帝的男寵韓嫣是親兄弟，其家世詳見〈韓信盧綰列傳〉，韓嫣見〈佞幸列傳〉。㊼句章　漢縣名，縣治在今浙江寧波西北。㊽中尉王溫舒出梅嶺　中尉，朝官名，主管維護首都治安。王溫舒，當時有名的酷吏，事跡見〈酷吏列傳〉。梁玉繩曰：「〈將相年表〉與《漢書・武紀》韓說、王溫舒皆出會稽，楊僕出豫章。此說（王溫舒）出梅嶺，必有誤。」㊾越侯　越人被封為侯者，〈南越列傳〉稱「故歸義越侯二人」。㊿戈船下瀨將軍　據《漢書・武帝紀》，為戈船將軍者名嚴，為下瀨將軍者名甲。戈船，〈南越列傳〉《集解》引徐廣曰：「越人於水中負人船，又有蛟龍之害，故置戈於船下。」(51)出若邪白沙　「若邪」、「白沙」皆溪水名。若邪溪在今浙江紹興南，白沙溪在今南昌市東北，蓋戈船、下瀨二將分別率水軍由不同方向進入閩越也。王駿圖曰：「白沙為入閩之水道也。」(52)元封元年冬　西元前一一〇年的年初，當時以「十月」為歲首。(53)咸入東越　陳仁錫曰：「太史公敘武帝北伐胡，南討越，每書某將軍出某地者，蓋見當時用兵制勝之方在於分道並進，使敵人備多而力分也。」(54)素　通「夙」。預先。(55)距　通「據」。占據。(56)使徇北將軍守武林　徇北將軍，越軍官名，史失其姓名。按：此所謂「守武林」者，蓋抵禦由武林方向所來之兵。若樓船將軍楊僕出武林，東越安得遠守武林乎？(57)長吏　指漢軍中的一些中下層軍官。(58)樓船將軍率錢唐轅終古　《漢書》「率」字作「卒」。中井曰：「『率』當作『卒』。」意謂錢唐人轅終古是楊僕帳下的士卒。按：率，軍率，小頭領。作「率」固通。又，此處「軍」似應重出，作「樓船將軍軍率」。錢唐，漢縣名，縣治在今杭州市西。轅終古，姓轅名終古。(59)禦兒侯　封地禦兒，《正義》曰：「『禦』字今作『語』。語兒鄉在蘇州嘉興縣南七十里。」(60)自兵未往　在諸路漢軍未向東越進兵之前。(61)故越衍侯吳陽前在漢　曾在閩越為「衍侯」的吳陽身在漢朝。(62)諭　告；勸其投降。(63)以其邑七百人反　率領本村鎮的七百人起而反越。(64)漢陽　古城名，在今福建浦城北。(65)從建成侯敖　謂吳陽往從建成侯敖，與之共謀反東越。建成侯敖，《漢書》作「故粵建成侯敖」，也是越人在越曾經被封為侯者。師古曰：「〈功臣表〉云：『開陵侯建成』，而此傳云名『敖』，疑表誤。」(66)與其率從繇王居股謀　與建成侯敖的部下頭領一同去找東越王的對立面繇王居股謀劃。繇王居股，中井曰：「蓋丑之子。」(67)劫守吾屬　劫持我等。劫守，劫持；看管。(68)自歸諸將　及早歸附漢朝之諸將。(69)儻幸得脫　或者還能僥倖免罪。儻，同「倘」。或者。(70)封繇王居股為東成侯　封地東成，《索隱》曰：「在九江。」(71)開陵侯　封地開陵，《索隱》曰：「屬臨淮。」(72)北石侯　封地北石，《索隱》曰：「在濟南。」按：《漢書》「北石」作「卯石」。(73)案道侯　封地案道，具體方位不詳，《漢書．高惠高后文功臣表》王先謙補注以為是「齊郡之縣，今地無考」；梁玉繩以為是封號名。(74)橫海校尉福　橫海將軍部下的校尉劉福，城陽景王劉章之孫。劉章的事跡見〈呂后本紀〉。(75)繚嫈侯　封地繚嫈，錢穆以為「在琅邪、東萊之間」。(76)成陽共王　劉喜，城陽景王劉章之子。成陽，應依〈齊悼惠王世家〉統一作「城陽」，漢代諸侯國名，國都即今山東莒縣。(77)故為海常侯　封地海常，《索隱》曰：「表在琅邪。」劉福以城陽共王之子，於元朔四年被封為海常侯。(78)坐法失侯　據〈建元已來王子侯者年表〉，劉福於元鼎五年「坐酎金國除」。(79)舊從軍無功　按：「舊」字不成文理，瀧川曰：「楓、三本、毛本『舊』作『奮』。」張文虎曰：「作『奮』似勝。」奮，起；挺身而出。(80)以宗室故侯　看在「宗室」的情分上被封為繚嫈侯。(81)諸將皆無成功二句　按：樓船將軍楊僕在討伐南越的過程中毛病甚多，武帝在此次令其討伐閩越前曾追述前事以飭其勿驕，文載《漢書．酷吏傳》，此則隻字不見，史公於楊僕蓋已筆下留情。其中細情，可參看〈南越列傳〉、〈朝鮮列傳〉。(82)多軍　姓多名軍。(83)無錫侯　封地無錫，即今江蘇無錫。(84)東越狹二句　東越，此指東甌，已於二十七年前遷往「江淮間」。狹多阻，地勢偏狹，交通阻塞。阻，地形險厄。(85)閩越悍二句　悍，驃勇；兇悍。反覆，出爾反爾，叛降不定。(86)皆將其民徙處江淮

間　謂將東越王餘善之遺民，與繇王居股等起義歸順之民，通通遷於江淮間。[87]東越地遂虛　此「東越」乃統「東甌」、「閩越」兩部而言，其地即今浙江省南部與福建全省，至此，東越民族遂被全部強制搬遷。又，舊本標點此數句為：「天子曰東越狹多阻，閩越悍，數反覆，詔軍吏皆將其民徙處江淮間。東越地遂虛。」我以為這是典型的「對話不完整，由敘述補足例」，應標點為：「天子曰：『東越狹，多阻，閩越悍，數反覆。』詔軍吏皆將其民徙處江、淮間，東越地遂虛。」

【語　譯】 建元六年，閩越進攻南越，南越遵守與漢天子的條約，上奏不敢擅自發兵與閩越打仗。於是武帝遣大行王恢從豫章出兵，大農韓安國從會稽出兵，並任命他們兩人為將軍。軍隊未過南嶺，閩越王郢已經發兵守好了險要之地。閩越王郢的弟弟餘善同相國、宗族商量說：「大王擅自發兵攻打南越，不請示朝廷，所以天子發兵來討伐。現在漢兵眾多，今天我們即使僥倖勝了，而朝廷兵越來越多，會直到消滅我國為止。如果我們能殺死大王向天子謝罪，天子如果接受，我們也就可以罷兵了，這樣就能夠保全我們的國家；如果漢朝皇帝不聽我們的，我們就和他拚一死戰，打不勝就人海逃生。」大家都說：「好主意！」於是他們發動政變，將閩越王郢刺死，派使臣提著王的人頭獻給大行王恢。王恢說：「我軍此行的目的，就是要討伐閩越王。今天你們帶來他的人頭請罪，不戰而去了禍根，這是極好的了。」便停止軍隊前進，並通知大農將軍，而遣使臣攜帶閩越王頭飛報天子。武帝見此遂詔兩將軍罷兵，說：「郢是作惡首犯，只有無諸孫繇君丑不參與謀反。」於是便派了郎中將立丑為越繇王，繼承閩越國王位。

2　餘善殺死郢以後，威振全國，國民都歸附他，他在暗地裡要自立為王。繇王丑無力使國民回到他這邊。天子得知後，認為這不值得興師動眾，說：「餘善多次與郢陰謀作亂，而後來又首先提議殺郢，使漢軍免除許多勞苦。」因而立餘善為東越王，與繇王共處。

3　元鼎五年，南越謀反，東越王餘善上書，請以八千士卒隨樓船將軍攻打呂嘉等。但在兵到揭揚時，又以海上風大浪高為藉口，首鼠兩端而不前，暗中派使者與南越聯繫。漢軍攻克番禺後，東越王還未到。這時，樓船將軍楊僕遣使者上書，要求帶兵攻打東越。皇上說士卒勞累疲倦，不能再打東越。於是罷兵，命令各軍駐紮在豫章、梅嶺待命。

4 元鼎六年，秋天，餘善聽說樓船曾請求出兵打東越，現在又大兵壓境，因而非常恐慌。於是他起兵造反，派兵據守漢軍必經之路。餘善加封將軍騶力等為「吞漢將軍」，入侵白沙、武林、梅嶺，殺死漢軍三個校尉。這時，漢派大農張成、原山州侯齒率兵反擊，但他們怕死不敢出擊，退到了安全地帶，結果都因懦弱畏敵被殺。

5 這時餘善更刻「武帝」璽，自立為皇帝，欺詐人民大眾，口出狂言，不可一世。於是武帝派橫海將軍韓說由句章出發，從東邊的海上進攻；樓船將軍楊僕從武林出兵；中尉王溫舒從梅嶺出兵；以越侯鄭嚴為戈船將軍、田甲為下瀨將軍沿若邪、白沙出兵。元封元年冬天，四路兵馬圍剿東越。東越已發兵據守險要，又派徇北將軍抵禦由武林的漢軍，打敗了樓船將軍的數名校尉，殺死了一些長吏。樓船將軍部下的錢唐人轅終古破殺了徇北將軍，被封為禦兒侯。

6 早在大軍出動之前，朝廷就派了前已投降漢朝、留居漢地的原越衍侯吳陽回閩越勸說餘善罷兵，餘善不聽從。待至橫海將軍首先攻入東越時，越衍侯吳陽率封地七百人起義，在漢陽進攻越軍，並隨建成侯及下屬找繇王居股商量說：「餘善首先作惡，脅迫我們造反。今漢兵壓境，人多勢眾，我們不可敵。不如設計殺死餘善，各率部下投降橫海將軍，或者還能僥倖免罪。」於是他們一起殺掉餘善，率領他們的部眾投降了橫海將軍。為此，朝廷封繇王居股為東成侯，封地萬戶；封建成侯敖為開陵侯；封越衍侯吳陽為北石侯；封橫海將軍韓說為案道侯；封橫海校尉福為繚嫈侯。福是成陽共王的兒子，原為海常侯，因犯法失掉侯位。幾次隨軍出征無功，以宗室的緣故被封侯。其餘諸將無戰功，無人受封賞。東越的將領多軍，漢兵一到，拋棄所率軍隊，向漢軍投降，封為無錫侯。

7 武帝說：「東越的地勢狹窄，交通阻塞，閩越人強悍，反覆無常。」於是下令將東越人全部遷到江、淮間居住。於是東越一帶就空無人煙了。

太史公曰：越雖蠻夷，其先豈嘗有大功德於民哉，何其久也！歷數代常為君王❶，句踐一稱伯❷。然餘善至大逆，滅國遷眾，其先苗裔繇王居股等猶尚封為萬戶侯❸。由此知越世世為公侯矣，蓋禹之餘烈也❹。

【章　旨】以上為第四段，是作者的論贊，稱頌了「越族祖先」大禹功德的深遠影響。

【注　釋】❶歷數代常為君王　春秋、戰國時期，越人曾為越國君主數百年；漢代建國以來，又為東甌、閩越之君主近百年。❷句踐一稱伯　句踐還一度成為霸主。句踐滅吳稱霸事，詳見〈越王句踐世家〉、〈吳太伯世家〉。❸然餘善至大逆三句　按現在語法，句首「然」字應移至「其」字之上讀。其先苗裔，其先祖的嫡系子孫，因「繇王居股」乃「繇君丑」之子，「繇君丑」乃「閩越王無諸」之孫也。❹蓋禹之餘烈也　這大概是由於其先祖大禹所積的德吧。也，此處通「耶」，反問句。瀧川曰：「史公以『越世世為公侯』為『禹之餘烈』，與〈項羽紀〉、〈陳杞世家〉、〈越世家〉、〈黥布傳〉論贊，其義相貫。」按：史公極重古帝王之德，蓋亦有所寄託之言也，似不應把「福善禍淫」的迷信觀念過多地加到史公頭上。

【語　譯】太史公說：越雖然是蠻夷，它的祖先莫非對黎民有過大功德，所以它才會傳世這麼久遠罷！經歷數代，常為君王，到句踐時竟然一度成為諸侯霸主。由於餘善的大逆不道，導致國家滅亡，百姓遷徙；但是它祖先的子孫繇王居股等還被封為萬戶侯。由此可知越人世世代代都有為公為侯的，這大概是大禹豐功偉業的餘蔭吧。

【研　析】東甌、閩越屬同一種民族，就如同春秋末期的吳國、越國是同一種民族一樣，東甌、閩越是當年吳國、越國的後代，這一點現代歷史家們都沒有分歧。至於司馬遷還要向上追溯，說當年的吳國是吳太伯的後代，說句踐是大禹的後代，這恐怕就是人云亦云，子虛烏有的事了。退一步講，即使真有一個「吳太伯」逃到了吳國，或者真有一個大禹的後代逃到了越國，那也只能說是他歸依了少數民族，被少數民族所吸收、同化，難道他還能改變那個舊有民族的性質嗎？這就正如李陵投降了匈奴，匈奴還是匈奴；文成公主嫁到西藏，西藏還是西藏一樣。類似〈吳太伯世家〉、〈越王句踐世家〉、〈東越列傳〉等這種追溯其祖先出自何人的寫法，還見於〈匈奴列傳〉、〈朝鮮列傳〉、〈南越列傳〉、〈西南夷列傳〉等，只不過是由於南越接受華夏君長的時間較晚，故而還不能一下子也說成是什麼「舜」或「禹」的「苗裔」罷了。

但司馬遷這種將各民族都列為黃帝子孫的寫法是應該受到稱讚的，其一，這絕不是出於司馬遷個人的杜撰，而是表現了戰國以來各民族日趨融合、日趨統一的一種趨勢。當時社會上、文獻上（如《山海經》、《世本》等）的確有大量類似的說法，司馬遷只不過是對其進行了一些歸納，或更對其進行了一些發展而已；其二，這種說法突出表現了司馬遷各民族一家，大家都是黃帝子孫的思想，這對我國多民族友好大家庭的形成是有積極作用的。作品對閩越的反覆、好戰給予了批評，而對莊助慫恿武帝出兵的行為也進行了含蓄的譏諷，〈平準書〉中有所謂「嚴助、朱買臣等招來東甌、事兩越，江淮之間蕭然煩費矣」，就是指此而言。

卷一百一十五

朝鮮列傳第五十五

【題解】本篇記述了燕人衛滿於漢初燕地動亂時在朝鮮自立為王，傳國三代，到漢武帝時被消滅，朝鮮被設為四郡的過程，諷刺了漢武帝的擴張野心，揭露了漢朝將領們的陰私腐朽，以及給朝、漢人民帶來的深重災難，為研究古代中國與朝鮮的交往史提供了原始材料。

1 朝鮮王滿❶者，故燕❷人也。自始全燕時❸，嘗略屬❹真番❺、朝鮮❻，為置吏，築鄣塞❼。秦滅燕❽，屬遼東外徼❾。漢興❿，為其遠難守，復修遼東故塞⓫，至浿水⓬為界，屬燕⓭。燕王盧綰反，入匈奴⓮，滿亡命⓯，聚黨千餘人，魋結蠻夷服⓰而東走出塞，渡浿水，居秦故空地上下鄣⓱。稍役屬⓲真番、朝鮮蠻夷及故燕、齊亡命者王之，都王險⓳。

2 會孝惠、高后時⓴，天下初定，遼東太守即約滿為外臣，保㉑塞外蠻夷，無使盜邊；諸蠻夷君長㉒欲入見天子，勿得禁止。以聞㉓，上許之。以故滿得兵威財物㉔侵降㉕其旁小邑，真番、臨屯㉖皆來服屬，方數千里。

【章 旨】以上為第一段，寫朝鮮國的前代歷史，與漢代初期的朝漢關係。

【注 釋】❶朝鮮王滿 姓衛，名滿。《後漢書・東夷傳》曰：「昔武王封箕子於朝鮮，其後四十餘世，至朝鮮侯準，自稱王。漢初大亂，燕、齊、趙人往避地者數萬口，而燕人衛滿擊破準而自王朝鮮。」正補此傳之缺。❷燕 西周以來的諸侯國名，始封之君為武王之弟召公姬奭，國都薊縣（今北京市）。❸始全燕時 指戰國時燕國最強盛的時期，如燕昭王（西元前三一一—前二七九年在位）時代是也。按：《漢書》之〈鄒陽傳〉有「全趙」，〈枚乘傳〉有「全秦」，與此「全燕」用字相同。❹略屬 攻擊之使其臣屬。略，拓地；擴展地盤。❺真番 古代小國名，約當今朝鮮國之黃海北道與黃海南道的部分地區。❻朝鮮 古國名，國都王險，在今朝鮮平壤西南。❼築鄣塞 指在真番、朝鮮周圍構築防衛工事。鄣塞，城堡。❽秦滅燕 事在秦王政二十五年，燕王喜三十三年，西元前二二二年。❾遼東外徼 遼東郡的界外管區。秦朝的遼東郡治襄平，即今遼陽市。徼，邊界上的柵欄，這裡即指燕國所築長城的最東南端。❿漢興 劉邦於西元前二〇六年被項羽封為漢王，西元前二〇二年破殺項羽，統一全國，稱皇帝。⓫遼東故塞 遼東郡東部的舊國境。按：秦時遼東郡的東境北起今遼寧鐵嶺，東南行，經今本溪、丹東市東，過鴨綠江至今清川江入海處。⓬浿水 即今朝鮮國之清川江。也有說即今鴨綠江者，疑非。陳直曰：「《鹽鐵論・誅秦》篇云：『東絕沛水。』《說文》云：『沛水，出遼東番汗塞外，西南入海。』是沛水即浿水，『沛』為『浿』之本字，然兩漢在典章制度上皆寫作『浿』字。」⓭屬燕 意謂遼東郡的邊界以內屬燕，而真番、朝鮮在浿水以南，此時已不屬燕國。燕，此指漢初的諸侯國，國都薊縣（即今北京市）。⓮燕王盧綰反二句 事在高祖十二年（西元前一九五年）。盧綰原是劉邦的親信，高祖五年被封為燕王，後與陳豨通連謀反，失敗後，逃入匈奴，事見〈韓信盧綰列傳〉。匈奴，戰國後期在今內蒙古與蒙古國一帶興起的少數民族名，秦亂與楚漢戰爭期間，正值其強大之頂點，匈奴南侵占據了今內蒙古的河套一帶，並對今遼寧省西部與河北、山西、陝西之北部地區屢屢發動進攻。⓯亡命 〈張耳陳餘列傳〉之《索隱》引晉灼曰：「命，名也，謂脫名籍而逃。」又引崔浩曰：「亡，無也；命，名也。逃匿則削除名籍，故以逃為亡命。」有如今之拋棄戶口，匿名外逃。王駿圖曰：「亡命者，逃亡其身命，所謂『亡命之徒』是也。」⓰魋結蠻夷服 改換成一種少數民族的梳妝打扮。魋結，將頭髮盤在頭頂，上尖如錐，當時少數民族男人的一種髮式。魋，此處同「錐」。結，頭髻。通「髻」。⓱秦故空地上

下鄣　即上文所說最初「全燕時」在真番、朝鮮周圍所築，漢代建國後嫌其太遠而將其放棄的那些「鄣塞」。秦故空地，即秦時已將其劃在徼外，漢代更棄而不要的真番、朝鮮等地區。「空」指無人管轄，並非指空無人居。上下鄣，《索隱》引《漢書・地理志》曰：「樂浪郡有雲鄣。」樂浪郡在今平壤市之東南部。⑱稍役屬　稍，逐漸。役屬，使之歸屬，受己役使。⑲王險即今平壤市。⑳孝惠高后時　孝惠帝劉盈，劉邦之子，西元前一九四－前一八八年在位。高后，即呂后，劉邦之妻，西元前一八七－前一八〇年在位。㉑保　團聚；統領。㉒諸蠻夷君長　當時居住在今朝鮮境內的各部族首領。㉓以聞　遼東太守上報漢朝皇帝。㉔兵威財物　《漢書》作「以兵威財物」，較此順暢。意謂以「兵威」震懾，以「財物」利誘，二者兼施。㉕侵降　郭嵩燾曰：「『侵』字承『兵威』言，『降』字承『財物』言。」㉖臨屯　部落名，當時居住在今朝鮮咸鏡南道及江原北道一帶。

【語譯】朝鮮王衛滿原是燕國人。燕國全盛時，曾占領真番、朝鮮，設置官吏，修築邊防。秦國滅燕，朝鮮屬於遼東郡的界外管區。漢朝建立後，因為地處邊遠，又難防守，所以重修遼東邊防，直到浿水，屬燕國領土。燕王盧綰造反，逃入匈奴，衛滿就聚集同黨千餘人，盤髮於頂，身穿蠻夷衣服，東逃出塞，渡過浿水，定居在秦朝時即無人管轄的上下鄣。他役使真番、朝鮮這些蠻夷以及從燕國、齊國逃到這裡的人，他自己稱王，建都王險。

2 當孝惠、呂后時，天下剛剛安定，遼東太守就約定衛滿作漢朝的外臣，讓他鎮撫塞外的蠻夷，不許他騷擾漢朝邊境；如有哪個蠻夷君長想入京朝見天子，不得阻止。遼東太守的奏章得到天子的允許，因此衛滿便仗著兵威震懾和以財物利誘周邊城邑，使之歸降自己，進而真番、臨屯諸部也歸附於他，使他的地盤方圓達到幾千里。

1 傳子至孫右渠❶，所誘漢亡人滋多❷，又未嘗入見❸。真番旁眾國❹欲上書見天子，又擁閼❺不通。元封二年❻，漢使涉何❼譙諭❽右渠，終不肯奉詔。何去至界上⑨，臨浿水，使御刺殺送何者⑩朝鮮裨王長⑪，即渡，馳入塞⑫，遂歸報天子曰「殺朝鮮將」。上為其名美，即不詰⑬，拜何為遼東東部都尉⑭。朝鮮怨何，發兵襲攻殺何⑮。

2 天子募罪人擊朝鮮⑯。其秋，遣樓船將軍⑰楊僕⑱從齊浮渤海⑲，兵五萬人；左將軍⑳荀彘㉑出遼東㉒，討右渠。右渠發兵距險㉓。左將軍卒正多㉔率遼東兵先縱㉕，敗散，多還走，坐法斬㉖。樓船將軍將齊兵七千人先至王險，右渠城守，窺知樓船軍少，即出城擊樓船，樓船軍敗散走。將軍楊僕失其眾，遁山中十餘日，稍求收散卒，復聚㉗。左將軍擊朝鮮浿水西軍㉘，未能破自前㉙。

3 天子為兩將未有利，乃使衛山㉚因兵威㉛往諭右渠。右渠見使者，頓首謝：「願降，恐兩將詐殺臣。今見信節㉜，請服降。」遣太子入謝，獻馬五千匹，及饋軍糧㉝。人眾萬餘，持兵，方渡浿水，使者及左將軍疑其為變，謂太子已服降，宜命人毋持兵。太子亦疑使者、左將軍詐殺之，遂不渡浿水，復引歸。山還報天子，天子誅山㉞。

4 左將軍破浿水上軍㉟，乃前，至城下，圍其西北㊱。樓船亦往會，居城南。右渠遂堅守城，數月未能下。

5 左將軍素侍中[37]，幸[38]，將燕、代卒[39]，悍，乘勝，軍多驕[40]。樓船將齊卒[41]入海，固已多敗亡[42]；其先與右渠戰，困辱亡卒[43]，卒皆恐，將心慙，其圍右渠，常持和節[44]。左將軍急擊之，朝鮮大臣乃陰閒[45]使人私約降樓船，往來言，尚未肯決。左將軍數與樓船期戰[40]，樓船欲急就其約[47]，不會[48]；左將軍亦使人求閒郤降下朝鮮[49]，朝鮮不肯，心附樓船[50]：以故兩將不相能[51]。左將軍心意[52]樓船前有失軍罪，今與朝鮮私善而又不降[53]，疑其有反計，未敢發[54]。天子曰：「將率不能前[55]，及使衞山諭降右渠[56]，右渠遣太子：山使不能剸決[57]，與左將軍計相誤[58]，卒沮約[59]。今兩將圍城又乖異[60]，以故久不決[61]。」使濟南太守公孫遂[62]往正之[63]，有便宜得以從事[64]。遂至，左將軍曰：「朝鮮當下久矣，不下者有狀[65]。」言樓船數期不會[66]，具以素所意[67]告遂，曰：「今如此，不取恐為大害，非獨樓船[68]，又且[69]與朝鮮共滅吾軍。」遂亦以為然，而以節召樓船將軍入左將軍營計事，即命左將軍麾下[70]執捕[71]樓船將軍，并其軍[72]。以報天子[73]，天子誅遂[74]。

6 左將軍已并兩軍，即急擊朝鮮。朝鮮相路人[75]、相韓陰、尼谿相參[76]、將軍王唊相與謀曰：「始欲降樓船，樓船今執，獨左將軍并將，戰益急，恐不能與[77]。」王又不肯降[78]。陰、唊、路人皆亡降漢，路人道死。

7 元封三年[79]，夏，尼谿相參乃使人殺朝鮮王右渠來降。王險城未下，故右渠之大臣成巳又反，復攻吏[80]。左將軍使右渠子長降[81]、相路人之子最[82]告諭其民，誅成巳，以故遂定朝鮮，為四郡[83]。封參為澅清侯[84]，陰為荻苴侯[85]，唊為平州侯[86]，長降為幾侯[87]。最以父死頗有功，為溫陽侯[88]。

8 左將軍徵至[89]，坐爭功相嫉，乖計[90]，弃市[91]。樓船將軍亦坐兵至洌口[92]，當待左將軍，擅先縱，失亡多[93]，當誅，贖為庶人[94]。

【章旨】以上為第二段，寫朝鮮王右渠自立，被漢朝所滅的經過。

【注釋】❶傳子至孫右渠　師古曰：「滿死傳子，子死傳孫，右渠者，其孫名也。」❷滋多　越來越多。師古曰：「滋，益也。」❸入見　指入漢朝拜見皇帝。❹真番旁眾國　真番以及真番旁邊的其他小國。❺擁閼　通「壅厄」。阻塞；壓制。閼，通「遏」。阻隔。❻元封二年　西元前一〇九年。元封是武帝的第六個年號。❼涉何　姓涉名何。❽譙諭　責備；警告。譙，通「誚」。責備。❾何去至界上　涉何離開王險回國，回至國境線上。❿使御刺殺送何者　御，車夫，也可泛指僕從。中井曰：「涉何之從者。」⓫朝鮮裨王長　師古曰：「長者，裨王名也。」裨王，小王；偏裨之王。⓬即渡二句　渡過浿水，進了長城。按：當時浿水以北就是漢代長城，也就是遼東郡的邊境。《正義》於此有所謂「入平州榆林關也」，竟指今之山海關，相距太遠，定非。⓭上為其名美二句　《索隱》曰：「有殺將之名。」不詰，不問；不責怪。⓮遼東東部都尉　遼東郡東部駐軍的長官。東部都尉的駐地武次，在今遼寧鳳城東北。鍾惺曰：「邊吏朦朧免罪，要功開釁生事，從來如此。且以『誘諭』往，而以『殺將』報，已失使指；況所殺非其將，罪可勝誅乎？」按：於涉何事，史公秉筆直書，以見朝鮮戰爭右渠固有其咎，而武帝之縱容臣下生事，亦有目共見。⓯發兵襲攻殺何　「襲」、「攻」、「殺」三動詞連用，以見朝鮮反應之強烈、迅速。吳見思曰：「寫使者生事，天子好名，朝鮮倔強報怨，三事合併寫。」⓰募罪人擊朝鮮　願去者可免其罪。募，招募。

⑰樓船將軍　雜號將軍名，蓋以行軍與作戰之方式、手段命名之也。⑱楊僕　先以督盜嚴酷聞名，升任主爵都尉；又以樓船將軍參加討南越得封為將梁侯；又曾參加討閩越，事跡見〈酷吏列傳〉、〈南越列傳〉、〈東越列傳〉。⑲從齊浮渤海　按：時作為諸侯國的齊國已於元封元年被撤除，改設為齊郡。此處的所謂「齊」乃泛指齊地，而漢軍之從水路出發則實際從今山東省之威海、煙台一帶。渤海，實即今之黃海，因從齊浮海至朝鮮，不必經由今之渤海也。⑳左將軍　武官名。漢代武官最貴者為大將軍，其次為驃騎將軍，再次為衛將軍，再次為前、後、左、右四將軍，再次為諸雜號將軍。㉑荀彘　以善車技先在武帝身邊任侍中，又以校尉隨衛青討匈奴，事跡略見於〈衛將軍驃騎列傳〉。㉒出遼東　謂荀彘率陸軍由遼東郡出發。㉓距險　憑險塞以抗漢軍。距，通「據」。㉔左將軍卒正多　荀彘部下的「卒正」名多，史失其姓。「卒正」是中級軍官名，古時五百人為一「卒」，「卒正」即「卒長」。㉕先縱　先自率兵出擊。㉖坐法斬　因違犯軍令而被處決。坐，因，因某事犯罪。㉗稍求收散卒二句　漸漸地尋找失散的部隊，又重新集合起來。稍，漸。求，尋找。㉘浿水西軍　駐守於浿水之西，亦即抗拒漢朝陸軍的最前沿的軍隊。㉙未能破自前　文字較生澀，《漢書》削「自前」二字。㉚衛山　其人事跡不詳。梁玉繩曰：「此非義陽侯也，乃別一人。」按：「義陽侯」事見〈衛將軍驃騎列傳〉。㉛因兵威　趁有兩將的軍隊臨朝鮮之境。因，憑藉；仗恃。㉜信節　即指節，皇帝使者的信物。㉝饋軍糧　給荀彘、楊僕兩軍供應糧餉。饋，贈；供應。㉞天子誅山　以其辦事無能也，因伐匈奴不成誅王恢，因對閩越失利誅張成、劉齒，今又因接待朝鮮投降不成誅衛山，武帝可謂法嚴令具。㉟浿水上軍　浿水邊上的守軍。水上，水邊；沿岸。㊱圍其西北　圍王險城之西北。㊲素侍中　一向在宮廷服務，即以車技取悅於武帝，為武帝侍從官。「侍中」後來也成為帝王身邊人員的官名。㊳幸　受皇帝的寵愛。㊴將燕代卒　所統領的是從燕國、代郡徵調來的士兵。因為這兩個地區臨近匈奴，故比較勇敢善戰。代，漢朝的郡國名，建國以來有時為諸侯國，有時為郡。此時為郡，郡治在今河北蔚縣東北。㊵軍多驕　荀彘有五萬人，楊僕僅七千人，故荀彘一方的將軍與士兵皆驕。㊶齊卒　齊卒早在戰國時就被他國視為「怯懦」，見〈孫子吳起列傳〉。㊷入海二句　自從一上船，在海上就有了不少損失。敗亡，此未必指戰鬥中之傷亡。㊸困辱亡卒　遭到挫敗，損失了士兵。㊹持和節　希望通過談判解決問題。按：楊僕吸收了在南越作戰時由於自己猛攻，而將欲降者都趕入了伏波帳下的教訓，也想學當時伏波之所為。舉動完全相同，可參看〈南越列傳〉。㊺陰間　按：「陰」「間」二字應削其一，意即「暗中」、「私下」，兩字重疊使用者少見。㊻期戰　約定時間與右渠開戰。㊼急就其約　想趕緊實現讓朝鮮向自己投降的約定。㊽不會　不願與荀彘約定、並力。㊾求間郤降下朝鮮　找機會使朝鮮投降。間郤，通「間隙」。空隙；機會。㊿朝鮮不肯二句　謂朝鮮人不肯歸附荀彘，乃欲歸附樓船也。《漢書》刪「樓船」二字，亦似未解《史記》原意。

楊僕是想效法伏波南越之戰的以和巽取勝，而朝鮮為挑起兩將之間的矛盾，也故意更加「心附」楊僕，事實甚明，史文之交代原亦甚明，不料竟使某些讀者誤會。[51]不相能　不相得；相互不買帳。下文「不能」，與此義同。[52]心意　心中猜疑。意，疑。[53]今與朝鮮私善而又不降　謂楊僕與朝鮮人私下交往，而朝鮮人又不肯答應荀彘的約降。[54]未敢發　還不敢公開動手解決楊僕。[55]將率不能前　將領不能前進。指前次進攻不順。[56]及使衛山諭降右渠　等派衛山勸說右渠投降漢朝時。[57]山使不能剸決　衛山作為朝廷的使者，沒有當機立斷的能力。剸，通「專」。[58]與左將軍計相誤　與荀彘共同謀事錯誤。[59]卒沮約　終致敗壞了讓朝鮮人投降的事情。沮，瓦解；毀壞。[60]乖異　兩人的意見不合。乖，背；相悖離。[61]久不決　謂一座小城而長時間不能攻下。[62]濟南太守公孫遂　姓公孫，名遂。濟南，漢郡名，郡治東平陵（今山東章丘西北）。[63]往正之　即前往調停、解決。正，裁決；分辨其是非曲直。「正」原作「征」，梁玉繩《志疑》：「《漢》傳作『正之』，《通鑑考異》曰：『《史記》「征」字誤。』」據改。[64]有便宜得以從事　看著怎麼辦好就怎麼辦，即授予其臨時處置之權。[65]不下者有狀　下，攻下，或使之投降。有狀，有現象；有事實。[66]數期不會　多次與之約定，他都不來。[67]素所意　平時對楊僕的種種懷疑。[68]非獨樓船　意謂其禍害將不只是楊僕一個人造反而已。[69]且　將。[70]麾下　部下。麾，大將的指揮旗。[71]執捕　拘捕。[72]并其軍　謂公孫遂乃使荀彘併楊僕之軍。[73]以報天子　主語為公孫遂。[74]天子誅遂　武帝可謂有識見、有決斷，絕無姑息。《漢書》作「天子許遂」，蓋大誤也。王先謙曰：「《史主》贊『荀彘爭勞，與遂皆誅』，作『誅』無疑。」[75]路人　姓路名人。[76]尼谿相參　尼谿相名參。「尼谿」的意思不詳，有人說是地名。[77]恐不能與　「與」下原有「戰」字。王念孫曰：「與，猶『敵』也，古者謂『相敵』曰『與』。」「戰」字為後人妄加。據刪。[78]王又不肯降　按：此亦「對話未完，由敘述補足」例。[79]元封三年　西元前一〇八年。[80]復攻吏　復攻漢朝之吏荀彘等。[81]右渠子長降　右渠的兒子，名曰「長降」。據〈建元以來侯者年表〉，此人叫「張咯」。[82]路人之子最　路人的兒子，其名曰「最」。[83]為四郡　即真番郡（約當今三八線兩側的西部地區）、臨屯郡（約當今三八線兩側的東部地區）、玄菟郡（約當今朝鮮的東北部地區）、樂浪郡（約當今朝鮮的西北部地區）。[84]澅清侯　封地澅清，《集解》引韋昭曰：「屬齊。」[85]荻苴侯　封地荻苴，《集解》引韋昭曰：「屬勃海。」[86]平州侯　封地平州，《集解》引韋昭曰：「屬梁父。」[87]長降為幾侯　長降的封地幾邑，《集解》引韋昭曰：「屬河東。」「降」字原缺，依上文補。[88]溫陽侯　〈建元以來侯者年表〉作「涅陽侯」。涅陽，《集解》引韋昭曰：「屬齊。」[89]徵至　被召到朝廷。[90]乖計　出荒謬的主意。乖，悖謬。[91]弃市　即腰斬或殺頭。古者刑人於市，以示與國人共棄之，故云。[92]洌口　即今朝鮮殷栗縣，在平壤西南臨海。[93]擅先縱二句　郭嵩燾曰：「前敘左將軍卒正先縱，而此復云樓船將軍先縱，蓋樓船兵至洌口當籌會圍之策，不應遽至王險邀功也。兩將軍所以相囓，其源正在坐此，於此見武帝之明。」94當誅二句　梁玉繩曰：「此與《漢表》云『坐為將軍擊朝鮮，畏懦，入竹二萬箇贖，完為城旦』。罪狀與此不同，入竹贖罪亦奇。」史珥曰：「爭功相嫉，荀彘固不能無罪，然力戰克敵，功亦足以相方，卒坐棄市而敗亡；失期之楊僕反得以贖論，何哉？」吳見思曰：「左將軍誅死，樓船贖為庶人，誤國妒功，卒致兩敗，可為為將不和之戒。」

【語　譯】待至王位傳到衛滿的孫子右渠時，這時誘騙逃來的漢人已經越來越多。衛滿和他的兒子、孫子都未曾到中國朝見過漢朝天子。真番附近的許多小國想上書請求朝見天子，右渠又阻撓不准上報。元封二年，涉何出使朝鮮，斥責右渠，右渠不肯聽命。涉何回到邊境臨近浿水時，讓車夫殺了為他送行的朝鮮小王長，而後渡河飛馳入塞。回朝後，向皇帝謊報說是殺了朝鮮的將領。武帝覺得殺死他國將軍的說法好聽，就沒有責備他，封他為遼東東部都尉。朝鮮怨恨涉何，發兵襲擊遼東，將涉何殺掉了。

2 武帝招募罪人攻打朝鮮。當年秋天，遣樓船將軍楊僕從齊國出發，渡渤海，率兵五萬人；派左將軍荀彘從遼東出兵，兩路討伐右渠。右渠發兵占據險要地帶，抵抗漢兵。左將軍的卒正多帶領遼東籍士兵，首先發動攻勢，被朝鮮打敗衝散，卒正多也逃了，後來被依法處死。樓船將軍率齊兵七千人先到王險，右渠據城而守。右渠偵察到楊僕的兵少，立即出城攻打楊僕軍，楊僕的軍隊也被打散。楊僕同部隊失去聯繫，逃進山裡十多天，以後才逐漸將逃散士兵又集合起來。左將軍進攻朝鮮浿水以西的駐軍，未能取勝。

3 武帝見兩個將軍都作戰不利，便遣使臣衛山以軍威作後盾前往勸說右渠。右渠接見衛山，頓首謝罪，說：「我們是願意投降的，只是怕兩位將軍使詐殺我們。今天看到了皇帝的信物，請接受我們的投降。」於是便派太子入朝謝罪，獻給朝廷五千匹馬，並給駐在朝鮮的漢軍提供糧草若干。朝鮮派萬餘人持兵器送太子，剛要渡浿水，使臣衛山和左將軍懷疑朝鮮有陰謀，認為太子已經降服，不應派人持兵器護送。而右渠的太子也懷疑衛山和左將軍要設計殺他，於是不渡浿水，率領部眾回去了。衛山回京奏報天子，天子將衛山殺了。

4 這時，左將軍已經擊敗浿水上的守軍，繼續向前推進，兵臨王險城下，在城的西北側將軍隊展開。樓船將軍也率軍前來與左將軍會師，駐紮在王險城南。右渠堅守王險，漢軍幾月攻城不下。

5 左將軍一向在宮內侍奉皇上，很受寵幸，他所率領的燕國和代郡士兵也很強悍，在浿水勝敵後更加驕橫。樓船所率的齊兵是渡海前來，在路上已經死傷很多；前次與右渠打仗，又兵敗受辱，士兵心有餘悸，將軍也深懷愧疚，因此他們在包圍右渠時，常常表現出一種願意談判、和好的樣子。這樣一來，當左將軍加急攻城時，朝鮮大臣就祕密派人私下與樓船談判，往來商談多次，只是沒有最後達成協議。左將軍與樓船將軍幾次約定時間與朝鮮決戰，但樓船想趕緊實現讓朝鮮投降的約定，因此按兵不動；左將軍也派使者要求朝鮮歸降，朝鮮不肯，朝鮮只想歸降樓船，所以兩將軍不能協調作戰。左將軍猜測樓船前有失軍之罪，現在又與朝鮮私下往來，而朝鮮又不投降，於是懷疑樓船要謀反，但左將軍也還未敢輕舉妄動。武帝見此情形說：「前次進展不順，將領不能前進，等到派衛山曉諭右渠投降，於是右渠才派遣太子入朝；衛山不能果斷處理，與左將軍的主張又不一致，終於毀壞了上次的協定。現在兩個將軍攻城，步調不統一，所以久攻不下。」於是派濟南太守公孫遂前往朝鮮，讓他去裁決兩個將軍的糾紛，並授予他臨事處置之權。公孫遂到達朝鮮後，左將軍說：「朝鮮早就該攻下了，久攻不下是有原因的。」他還說，他多次與樓船約定時間會戰，樓船不參加。於是他把他對樓船將軍的疑慮向公孫遂講了，說：「今天如不趕快將他逮捕問罪，恐怕要釀成大禍。非但樓船要造反，而且他會同朝鮮消滅我軍。」公孫遂同意他的看法，於是以信節召樓船進入左將軍軍營議事。樓船將軍一到，他們便命令屬下逮捕了樓船，合併了樓船軍。公孫遂回朝後，把處理情況上奏武帝，武帝立即又將公孫遂處死。

6 左將軍合併兩軍，加緊攻城。朝鮮的丞相路人、韓陰，尼谿相參、將軍王唊共同商議說：「開始時想投降樓船，樓船現在已被捕。現在左將軍率兩路軍馬，加緊攻城，我們堅持不了幾天了。」朝鮮王又不肯投降。於是韓陰、王唊、路人都逃跑降漢，路人死在途中。

7 元封三年，夏天，尼谿相參派人殺了右渠，投降漢朝。王險城還沒有被攻占，右渠大臣成巳又反，繼續負隅頑抗。左將軍派右渠兒子長降、相路人兒子最通告百姓，殺死成巳，最終平定了朝鮮，建立四郡。封參為澅清侯，韓陰為荻苴侯，王唊為平州侯，長降為幾侯。路人有功先死，封其子最為溫陽侯。

8 左將軍被召回朝廷，因戰時爭功，嫉妒同僚，計謀失當，被處死。樓船將軍也因犯兵至洌口時，應等左將軍卻擅自縱兵先攻，導致傷亡過多而判死罪，後以金錢贖為庶人。

太史公曰：右渠負固❶，國以絕祀❷；涉何誣功❸，為兵發首❹；樓船將狹❺，及難離咎❻，悔失番禺❼，乃反見疑；荀彘爭勞❽，與遂皆誅❾。兩軍俱辱，將率莫侯❿矣。

【章旨】以上為第三段，是作者的論贊，作者對朝鮮王右渠的負固反漢與漢朝的討滅朝鮮，都進行了批評，但主要方面是批評漢王朝，表現了司馬遷的正義感。

【注釋】❶負固　謂據險以抗漢軍。負，依託；憑藉。❷絕祀　指國家滅亡，斷絕香煙。❸誣功　謊報「殺將」之功。❹為兵發首　為討伐朝鮮戰爭的始作俑者。❺將狹　《集解》引徐廣曰：「言其所將卒狹少。」王駿圖曰：「言樓船之將，度量狹小。」❻及難離咎　指初戰被朝鮮打敗。及難，遭受災難。離咎，陷入禍患。離，通「罹」。陷入。❼悔失番禺　汲取自己在番禺之戰的教訓，此次遂一心想招誘朝鮮投降。凌稚隆引余有丁曰：「樓船前力攻番禺，反驅降者入伏波營，故此欲獨降之為己功也。」❽爭勞　爭功。❾與遂皆誅　與公孫遂都被誅殺。❿將率莫侯　在討伐朝鮮之役中，沒有一個漢將被封侯。王駿圖曰：「史公此贊與南越尉佗傳贊皆四字用韵，蓋已開范氏之先聲，愈覺《索隱・述贊》之無謂矣。」

【語譯】太史公曰：右渠仗恃山河險固，而招致國滅身死；涉何謊報功勞，引發兩國戰端；樓船肚量狹小而作戰不利，遭受災難，因記取伐南越的冒進教訓，反而以按兵不動而被懷疑有反心；荀彘爭功而計謀不當，與公孫遂同被處死。兩支軍隊都曾潰敗受辱，從征的將軍沒有一個得以封侯。

【研析】作品對燕人衛滿趁漢初燕地動亂之際，渡江稱王於朝鮮的英雄作為持讚賞態度。現今朝鮮的領土，從周初開始就有一部分不同程度地歸屬於當時中國的中央王朝，相傳紂王之兄箕子歸周後，就被武王分封在朝鮮。至西漢初期，燕人衛滿為躲避漢與匈奴的侵擾，乃「亡命，聚黨千餘人，魋結蠻夷服而東走出塞」。他們「渡浿水（今之清川江）」「都王險（今平壤市）」。至惠帝、呂后時，「遼東太守即約滿為外臣，保塞外蠻夷，無使盜邊；諸蠻夷君長欲入見天子，勿得禁止。以聞，上許之。以故滿得兵威財物侵降其旁小邑，真番、臨屯皆來服屬，方數千里」。司馬遷對這種關係是很滿意的，他在〈太史公自序〉中所說的「收其亡民，厥聚海東，以集真番，葆塞為外臣」，就是指此而言。至於衛滿本人，他能放下大民族主義的架子，「魋結蠻夷服」地把自己融為少數民族中的一員，與當地民族友好相處，這也符合司馬遷的民族思想。

作品詳細地交代了漢武帝討伐朝鮮的前因後果，表現了司馬遷對漢武帝發動這場不義戰爭的不滿。朝鮮傳國到武帝時，已是衛滿的孫子右渠為王。右渠對漢朝「失禮」的地方有二，一是「所誘漢亡人滋多，又未嘗入見」；二是「真番旁眾國欲上書見天子，又擁閼不通」。元封二年（西元前一〇九年），漢武帝派使者涉何到朝鮮責備、勸說右渠，沒有結果。涉何離朝鮮回國，回到兩國交界處時，把陪送他的「朝鮮裨王長」殺了，並向武帝謊報說殺了朝鮮將軍。涉何的這種嚴重破壞兩國關係的罪行，不僅未受到漢武帝的懲處，反而被認為「美名」，讓他當了遼東東部的都尉。朝鮮王右渠大怒，發兵攻殺了涉何，兩國從此進入了戰爭狀態。統觀前後，兩國關係的惡化升級以至發展到後來的戰爭，主要責任在漢王朝。而其後果自然是既破壞了漢民族與朝鮮民族的友好關係，又耗費了雙方大量的人力物力。

作品對漢代征朝諸將的陰私腐朽進行了尖銳的批判。漢武帝讓楊僕與荀彘率軍分水陸兩路進攻朝鮮，初戰時，水路的楊僕孤軍深入，被右渠打敗；陸路的荀彘見狀畏懼不前。這時漢武帝又派了使臣衛山前往朝鮮勸降。開始右渠已經同意和解，並已派出太子攜帶貢品前來「入謝」了，但由於衛山與荀彘的處理失當，雙方互不信任，遂又一次使和好的機會化為泡影。為此，漢武帝處決了衛山是理所當然的。接著，戰爭重又開始。荀彘與楊僕勾心鬥爭，相互拆臺，戰事進展不利，漢武帝派了公孫遂前來調停。荀彘誣告楊僕勾結右渠，意圖謀反，公孫遂偏聽偏信，並幫著荀彘襲捕了楊僕，奪了他的軍權。漢武帝震怒之下又殺了昏聵的公孫遂。

荀彘合併兩軍後，猛烈攻擊右渠，朝鮮內部發生政變，右渠被殺，朝鮮滅亡，被分割設立為四個郡。事情結束後，漢武帝又算舊帳，以「爭功相嫉」的罪名，斬了荀彘；以「兵至洌口，當待左將軍，擅先縱，失亡多」的罪名，判楊僕以死刑，准其贖為平民。雙方死傷了不少百姓之外，單就漢王朝參與此事的主要人物來說，沒有一個得到好的下場。由此表明司馬遷的批判態度是相當嚴厲的。

卷一百一十六

西南夷列傳第五十六

【題解】作品記述了今四川西部、南部，以及雲南、貴州一帶的少數民族的地理分布、社會風俗、與中原地區的關係的淵源，以及漢武帝開拓這一地區的過程。由於司馬遷專程到過這一帶地區，所以文章記載的資料翔實，態度也比較公正。漢武帝開拓西南夷，從歷史的發展上看，對促進我國多民族的統一，對這一地區的經濟發展，是起了進步作用的。在設郡置吏的過程中，漢武帝還「將建立地區政府正規機構的直接統治，和確認本土統治者的地位及其權力兩者結合在一起」（《劍橋中國秦漢史》），這也極有眼光。但司馬遷認為漢武帝的通西南夷，從主觀上是出於擴張欲望；從客觀上是勞民傷財，基本態度是批判、否定的。

南夷君長以什數，夜郎最大❶；其西靡莫❷之屬以什數，滇❸最大；自滇以北，君長以什數，邛都❹最大：此皆魋結❺，耕田，有邑聚❻。其外❼西自同師❽以東，北至楪榆❾，名為嶲❿、昆明⓫，皆編髮⓬，隨畜遷徙⓭，毋常處⓮，毋君長，地方可數千里。自嶲以東北，君長以什數，徙⓯、筰都⓰最大；自筰⓱以東北，君長以什數，冉駹⓲最大：其俗或土箸⓳，或移徙⓴，在蜀之西㉑。自冉駹以東北，君長以什數，白馬㉒最大，皆氐類也㉓。此皆巴、蜀西、南外蠻夷也㉔。

【章　旨】以上為第一段，總述巴、蜀二郡以西、以南境外的各少數民族的分布形勢。

【注　釋】❶南夷君長以什數二句　「南夷」原作「西南夷」，李笠曰：「『南』上本無『西』字，此以南、西、北分寫，故云『南夷長以夜郎為最大，其西靡莫之屬滇最大，自滇以北邛都最大』。若總言『西南』，安得以夜郎屬之？下文云『獨置南夷夜郎』，亦可證夜郎屬南夷。《漢書》正作『南夷君長以十數，夜郎最大。』」日人中井積德亦有此說，可從，今據改。夜郎，少數民族區域名，其地約當今之貴州省西部以及與之鄰近的雲南省東南部、廣西省西北部一帶地區，首府即今貴州關嶺。江應梁《中國民族史》以為夜郎人應屬越族，又稱「濮人」或「僚人」，「亦即今日自稱為布依、布傣、布儂、布雄、布饒、布越、仡老等壯侗語族的先民」。❷靡莫　少數民族區域名，其地約當今之雲南的昆明市以北，東川市以南。❸滇　少數民族區域名，其地約在今雲南昆明東南、滇池以東地區。祁慶富《西南夷》曰：「滇池地區的主體民族屬濮越族群。」凌稚隆曰：「韓昌黎〈送繆道士序〉、柳柳州〈遊黃溪記〉二文發端，多效此法。」❹邛都　少數民族區域名，屬氐羌族群。其地約在今四川西南部的西昌、攀枝花一帶。❺魋結　頭髮盤在頭頂，其狀如錐，古人通常用以指少數民族男人的髮式。❻有邑聚　有村落，住房子。以與游牧民族相區分。❼其外　指滇與邛都之外。❽同師　地名，丁謙以為即今雲南西部的龍陵縣，尤中以為即今雲南西部的保山縣，錢穆以為在今雲南西界的高黎貢山一帶。諸說不一，總之應以靠近雲南西部邊境者為是，而說在「曲靖府沾益州」者不可從。❾楪榆　地名，也作「葉榆」，即今雲南大理西北的喜州。❿巂　少數民族區域名，其地約在今雲南保山市北。⓫昆明　少數民族區域名，其地約在今雲南楚雄以西，保山以東，洱海以南。祁慶富《西南夷》以為巂、昆明一帶是濮越與氐羌兩大族群的雜居區，「山地以氐羌族為主，平壩以濮越族為主」，「主體民族屬氐羌，受西夷文化影響更深」。⓬編髮　梳著髮辮，此指男人髮式。⓭隨畜遷徙　沒有固定的屋舍。⓮毋常處　沒有固定居住場所。毋，通「無」。⓯徙　也作「斯」、「斯榆」、「徙榆」，少數民族區域名，其地約當今之四川漢源縣一帶。按：徙與筰都的主體少數民族都屬氐羌族群。⓰筰都　少數民族區域名，其地約當今之四川天全一帶。⓱筰　即上文之「筰都」。⓲冄駹　少數民族區域名，其地約當今四川之松潘以南，茂縣以北。冄駹區域的主體民族屬於氐羌族群。⓳土箸　也作「土著」。固定於土地，指居住房屋，有固定處所的居民。⓴移徙　即上文之所謂「隨畜遷徙」，居無常處。㉑在蜀之西　在蜀郡以西。蜀，漢郡名，郡治即今四川成都。

㉒白馬　少數民族區域名，其地約在今甘肅東南部的成縣、武都一帶。《正義》引《括地志》曰：「隴右成州、武州，皆白馬氐，其豪族楊氏居成州仇池山上。」陳直曰：「北魏時仇池楊氏仍為豪族，龍門山有仇池楊大眼造像可證。」㉓皆氐類也　謂白馬一帶地區的居民，大體上都是氐羌一類。氐，氐羌族群的一支，主要活動在今甘肅省之東南部一帶地區。凌約言曰：「以上不滿百四十字，而西、南諸夷，其方隅風俗，大小俱見，敘事明整，簡盡可法。」㉔此皆巴蜀西南外蠻夷也　以上所講都是巴、蜀二郡以西、以南兩方境外所分布的少數民族部落。巴，漢郡名，郡治江州，在今重慶市西北。按：以「巴、蜀」為立腳點，按方位劃分「南夷」「西夷」，這是司馬遷當時使用的標準之一，但此外也與不同民族的分布情況有關。王大猷、肖秋《銅鼓起源試探》曰：「我們把語言學、考古學和文獻資料結合起來分析，不難看出我國西南地區古代存在著兩個大的民族群體，即氐羌系統民族與百越系統民族，或曰「西夷」和「南夷」兩個族屬集團。」（《雲南文物》第九期）祁慶富進一步補充說：「簡單地把「西夷」說成「氐羌」，把「南夷」說成「濮越」是不準確的，但「氐羌」與「濮越」族群在西南夷地區的分布又都有各自的中心地帶，這與「西夷」和「南夷」的劃分又有著密不可分的聯繫。大體上說，南夷地區以濮越族群民族為主體，「西夷」地區以氐羌族群民族為主體。根據〈西南夷列傳〉，可以明確劃為「南夷」者，有夜郎、且蘭；按地區說，有犍為郡和牂柯郡。可以明確劃歸「西夷」者，有邛、筰、冉駹、斯榆（徙）。」至於「滇」、「巂」、「昆明」是屬「南夷」還是屬「西夷」呢？司馬遷未作明確劃分。

【語　譯】南夷的少數民族部落有幾十個，其中以夜郎為最大；他們的西邊是靡莫的幾十個部落，其中以滇為最大；滇的北邊又有幾十個部落，其中以邛都為最大：這些部落都梳著錐形的髮髻，耕種田地，有城鎮村落。這些部落以外，從西邊的同師往東，北至楪榆，名叫巂、昆明，這些部族都梳髮辮，以放牧為業，沒有固定的住處，也沒有君長，這片地方約有幾千里。在巂的東北方，也有幾十個部落，其中以徙和筰都為最大；在筰的東北，又有幾十個部落，其中以冉駹為最大：他們的風俗，有的是定居在一個地方，有的是在蜀郡以西的地區裡不斷遷徙。在冉駹東北，還有幾十個部落，其中以白馬為最大，他們都屬於氐族。這些都是巴、蜀二郡西南上的少數民族部落。

始楚威王❶時，使將軍莊蹻❷將兵循江上❸，略巴、黔中以西❹。莊蹻者，故楚莊王苗裔❺也。蹻至滇池❻，地方三百里❼，旁平地，肥饒數千里，以兵威定屬楚❽。欲歸報，會秦擊奪楚巴、黔中郡❾，道塞不通，因還，以其眾王滇❿，變服，從其俗，以長之⓫。秦時⓬常頞⓭略通⓮五尺道⓯，諸此國⓰頗置吏焉⓱。十餘歲，秦滅⓲。及漢興，皆弃此國而開蜀故徼⓳。巴、蜀民或竊出商賈⓴，取其筰馬㉑、僰僮㉒、髦牛㉓，以此巴、蜀殷富。

【章旨】以上為第二段，寫楚將莊蹻率軍入滇，以及秦朝一度置吏西南夷的情形。

【注釋】❶楚威王　戰國中期的楚國諸侯，名商，西元前三三九—前三二九年在位。❷莊蹻　其人始末眾說不一，《呂氏春秋》高誘注以為是「楚成王（西元前六七一—前六二六年在位）時大盜」；《韓非子·喻老》有所謂楚莊王時「莊蹻盜於境內」之語；《史記》《漢書》皆以為是「楚莊王之苗裔」，生當楚威王時；《後漢書》則以為生當楚頃襄王（西元前二九八—前二六三年在位）時。錢穆、楊寬等皆以為此處所謂「楚莊王」即頃襄王，非春秋時之楚莊王。王應麟《困學紀聞》以為有兩個莊蹻。❸循江上　沿長江逆流而上。按：《華陽國志》說此事的當事人為「莊豪」，並以為是溯「沅江」而上。❹略巴黔中以西　「巴」下原有「蜀」字。張文虎《札記》卷五：「《雜志》云『蜀』字衍，《漢書》無。」今據刪。略，攻取。巴，原為古代小國名，都城在今重慶市北，西元前三一六年被秦所滅，改設巴郡。黔中，古地區名，相當於今之湖南省西部、貴州省東北部，和與之鄰近的重慶市東南部一帶地區。該地區原來屬楚，西元前二七七年被秦國所占，設黔中郡，郡治即今湖南常德。按：蒙文通《古族甄微》以為若莊蹻為楚頃襄王時人，則巴國當時早已被秦國所占，莊蹻「循江」入川，不可能越過秦地到達滇池。❺楚莊王苗裔　楚莊王的後代。苗裔，後代子孫。❻滇池　湖泊名，在今昆明市南。❼地方三百里　指滇池的面積。❽以兵威定屬楚　蒙文通以為就楚國當時被秦國所破擊的情勢而言，不可能有莊蹻率兵入滇之事。但今時的多數歷史家尚多承認有莊蹻入滇之舉，楊寬〈戰國史表〉將其繫於楚頃襄王二十年（西元前二七九年），書曰「黔中楚將莊蹻越過黔中郡，一直攻到滇池」。❾秦擊奪楚巴黔中郡　事在楚頃襄王二十二年（西元前二七七年）。按：楚國本無巴郡，僅楚之黔中郡中有部分地區與秦之巴郡相連。❿以其眾王滇　蒙文通以為秦國占領巴、蜀、黔中後，其勢正盛，不可能允許在其南側出現楚將莊蹻王滇事。所謂「莊蹻王滇」，蒙文通以為可能是前代少數民族的滇王其名曰「毫」，自號「莊王」，其家族王滇已數百歲。司馬遷將此滇王與眾人傳說的楚國「莊蹻」混而為一，於是生出了「莊蹻入滇」、「莊蹻王滇」的故事，其實是子虛烏有。但多數歷史家至今仍依《史記》姑妄言之。⓫變服三句　茅坤曰：「莊蹻之王滇，與尉佗之王南越略相似。」⓬秦時　此指秦滅六國，天下統一的時期（西元前二二一—前二〇七年）。⓭常頞　人名，事跡不詳。祁慶富《西南夷》以為常頞是秦國的地方官吏，當時可能任蜀郡郡守。⓮略通　開拓地盤，修路以通之。⓯五尺道　師古曰：「其處險阨，故道才廣五尺。」按：五尺道自今四川宜賓，經雲南昭通，南達曲靖市。祁慶富以為「五尺道」即「僰道」，秦孝文王時蜀守李冰即修築此道，自成都經樂山至宜賓。至常頞，又以僰道（今四川宜賓）為起點，把道路繼續向南延伸。⓰諸此國　指前述的夜郎、滇、靡莫諸部落。⓱頗置吏焉　祁慶富以為當時秦在這些地區已設「縣」或設「道」，但未設郡。⓲秦滅　事在秦王子嬰元年，亦即劉邦之漢元年，西元前二〇六年。⓳開蜀故徼　王念孫曰：「開，應依《漢書》作『關』。」意即關閉巴、蜀南側的舊國境，而將莊蹻所拓展、秦時已「設吏」的夜郎、滇池一帶都拋棄不要了。徼，邊境上柵欄，也指邊境線。⓴竊出商賈　偷偷地越過國境，到雲南、貴州一帶做買賣。㉑筰馬　筰都一帶出產的馬。㉒僰僮　從僰道（今四川宜賓一帶）販賣來的小奴隸。㉓髦牛　同「旄牛」。〈貨殖列傳〉云：「（巴蜀）南御滇僰，僰僮；西近邛筰，筰馬、旄牛。」

【語　譯】當初楚威王在世的時候，曾派莊蹻領兵沿長江西上，占領了巴郡、黔中以西的地方。莊蹻本是楚莊王的後代。他到了滇池，一看池水浩瀚，縱橫三百餘里，周圍又都是肥沃廣闊幾千里的大平原，於是就以武力把它們占領了下來，讓它們歸屬了楚國。他正打算回國向楚王報告，正好這時秦國奪取了楚國巴郡和黔中郡，道路被阻塞，莊蹻無法只好返回去，帶領著他的部下在滇稱王了。他們改換了自己的服裝，隨著當地的習俗，做了君長。後來到了秦朝，又派常頞開闢過通往這些地區的道路，在這些部落裡設置過一些官吏。又過了十幾年，秦朝就被推翻了。到漢朝興起之後，把這些部落都放棄了，而以蜀郡的邊境作為國境。由於巴、蜀二郡的百姓們常常偷著出去到這些地區做買賣，從那裡換回一些筰地的馬，僰地的奴隸，和髦牛，因此巴蜀一帶很富足。

1 建元六年❶，大行❷王恢擊東越❸，東越殺王郢以報❹，恢因兵威使番陽令❺唐蒙風指❻曉南越❼。南越食蒙蜀枸醬❽，蒙問所從來，曰：「道❾西北牂柯❿。牂柯江⓫廣數里，出⓬番禺⓭城下。」蒙歸至長安，問蜀賈人。賈人曰：「獨蜀出枸醬，多持竊出市夜郎。夜郎者，臨牂柯江，江廣百餘步，足以行船。南越以財物役屬夜郎⓮，西至同師⓯，然亦不能臣使⓰也。」蒙乃上書說上曰：「南越王黃屋⓱左纛⓲，地東西萬餘里，名為外臣，實一州主也。今以長沙、豫章往⓳，水道多絕，難行。竊聞夜郎所有精兵，可得十餘萬，浮船牂柯江⓴，出其不意，此制越一奇也。誠以漢之彊，巴、蜀之饒，通夜郎道㉑，為置吏㉒，易甚。」上許之。乃拜蒙為郎中將㉓，將千人，食重萬餘人㉔，從巴、蜀筰關㉕入，遂見夜郎侯多同㉖。蒙厚賜，喻以威德，約為置吏，使其子為令㉗。夜郎旁小邑皆貪漢繒帛㉘，以為漢道險，終不能有㉙也，乃且聽蒙約。還報，乃以為犍為郡㉚。發巴、蜀卒治道㉛，自僰道指牂柯江㉜。蜀人司馬相如㉝亦言西夷邛、筰㉞可置郡。使相如以郎中將㉟往喻，皆如南夷㊱，為置一都尉，十餘縣，屬蜀㊲。

2 當是時，巴、蜀四郡通西南夷道[38]，戍轉相饟[39]。數歲，道不通，士罷餓[40]離溼[41]死者甚眾；西南夷又數反[42]，發兵興擊[43]，秏[44]費無功。上患之，使公孫弘[45]往視問焉。還對，言其不便[46]。及弘為御史大夫[47]，是時方築朔方[48]以據河逐胡[49]，弘因數言西南夷害[50]，可且罷，專力事匈奴[51]。上罷西夷[52]，獨置南夷、夜郎兩縣一都尉[53]，稍令犍為自葆就[54]。

【章　旨】以上為第三段，寫漢王朝第一次通西南夷，因客觀條件不利而中途停止。

【注　釋】❶建元六年　西元前一三五年。「建元」是武帝的第一個年號（西元前一四〇—前一三五年）。❷大行　即大行令，也稱典客，朝官名，主管少數民族事務。❸東越　此「東越」實指「閩越」，當時建立在今福建福州一帶的少數民族政權，漢代建國以來為漢王朝的屬國，現時的閩越王名郢。❹東越殺王郢以報　當時閩越王進攻南越（都番禺，即今廣州市），南越也是漢王朝的屬國。南越向漢王朝請救，朝廷派王恢、韓安國率兵擊閩越。閩越王郢之弟餘善殺其兄降漢，朝廷於是罷兵，過程見〈東越列傳〉。❺番陽令　番陽縣縣令。番陽，漢縣名，縣治在今江西波陽東北。❻風指　委婉暗示。❼曉南越　意謂使南越知道漢王朝的厲害。按：據〈南越列傳〉，有朝廷派莊助「往諭」南越王，無王恢派唐蒙風曉南越事。❽南越食蒙蜀枸醬　南越王招待唐蒙吃枸醬。按：此時的南越王為趙佗之孫趙胡，事跡見〈南越列傳〉。枸，果樹名，果實味酸，可以為醬。❾道　由。❿牂柯　地區名，約當今貴州省之中北部，即夜郎國之所在也，因其地有牂柯江而得名。⓫牂柯江　即今之北盤江，流經貴州西南部，入廣西為紅水河，入廣東為西江，至廣州為珠江。⓬出　流經。⓭番禺　即今廣州市，當時南越國的都城。⓮以財物役屬夜郎　用財物利誘收買，使之聽使喚。⓯西至同師　謂南越王的勢力、影響，向西一直達到同師（今雲南保山、龍陵一帶）。⓰臣使　像臣民一樣地聽使喚。⓱黃屋　以黃綾做車的篷頂。⓲左纛　在車駕左驂馬的頭上插有犛牛尾製的飾物。按：「黃屋左纛」指皇帝的車駕，其制度參見〈高祖本紀〉注。⓳今以長沙豫章往　以，從；自。長沙，漢代諸侯國名，首封之君為協助劉邦開國有功的原番陽令吳芮。長沙國的都城臨湘，即今湖南長沙。豫章，漢郡名，郡治即今江西南昌。⑳浮船牂柯江　意即沿牂柯江乘船順流而下。㉑夜郎道　由蜀郡經由夜郎，前往番禺的通道。㉒為置吏　在夜郎一帶設郡縣，置官吏。㉓郎中將　梁玉繩曰：「《華陽國志》作『中郎將』。」劉攽曰：「當作『中郎將』，後『使相如以郎中將往諭』，同。」中郎將，皇帝的侍隊長，統領諸郎，上屬郎中令。按：據《漢書・百官公卿表》：「郎中有車、戶、騎三將，秩比千石；中郎有五官、左、右三將，秩皆比二千石。」則唐蒙為「郎中將」原自可通；且唐蒙原為「番陽令」，亦未必即能超任為「二千石」也。㉔食重萬餘人　意謂運送食物及各種物資的有上萬人。《索隱》曰：「食重，食貨輜重車也。」按：物多人眾，物用以收買，人用以示威。㉕巴蜀筰關　王念孫《讀書雜志・西南夷兩粵朝鮮傳》以為「蜀」字衍文。「巴筰關」應作「巴符關」，且引《水經注》「符縣」「符關」為證曰：「縣故巴夷之地，漢武帝建元六年『以唐蒙為中郎將，從萬人出巴符關』者也。是符關即在符縣，而縣為故巴夷之地，故曰『巴符關』也。漢之符縣，在今瀘州合江縣西。今合江縣南有符關，仍漢舊名也。若『筰』地，則在蜀之西，不與『巴』相接，不得言『巴筰關』矣。《史記》作『巴蜀筰關』，於義尤不可通，蓋因上文『巴蜀』而衍。舊本《北堂書鈔・政術部十四》引《漢書》，正作『巴符關』。」㉖夜郎侯多同　夜郎侯名多同。㉗使其子為令　任多同的兒子為夜郎縣的縣令。㉘繒帛　皆絲織品。繒，絲織品的總稱。㉙不能有　不可能實際占有。㉚乃以為犍為郡　在夜郎及其鄰近的北部地區設犍為郡，事在建元六年（西元前一三五年），犍為郡初治鱉縣（今四川合江），其後改治僰道（在今四川宜賓西南）。陳直曰：「兩漢銅器、石刻、印章、封泥、虎符（西安段氏藏有犍為太守虎符），『犍為』皆作『楗為』，其字從『木』不從『牛』。」㉛治道　修築道路。㉜自僰道指牂柯江　意即從今宜賓市直通夜郎。按：《水經・道水注》云：「唐蒙鑿石開閣，以通南中，迄於建寧，二千餘里，山道廣丈許，深二三丈，其塹鑿之迹猶存。」㉝蜀人司馬相如　漢代大辭賦家，成都人，事跡詳見〈司馬相如列傳〉。㉞西夷邛筰　屬於「西夷」的邛都、筰都一帶地區。邛，也稱邛都，少數民族地區名，在今四川樂山西。筰，也稱筰都，少數民族地區名，在今四川樂山西南。㉟郎中將　王念孫等認為亦應同前唐蒙作「中郎將」，參見前注，其實未必然。㊱皆如南夷　意謂令司馬相如行事的方法、步驟，以及對於邛、筰少數民族的章程、待遇，皆與唐蒙對待夜郎等「南夷」的章程相同。㊲為置一都尉三句　意即在邛都、筰都一帶設立了十多個縣，派一個都尉對這新設立的十多個縣進行管理，該都尉與其所管的十多個縣都上屬蜀郡。都尉，軍官名，也是軍官兼行政長官名，其爵秩相當於郡尉。漢代常在邊境地區設立都尉，類似郡守的特派官員。郭嵩燾曰：「置都尉於定筰。」定筰，漢縣名，即今四川鹽源。按：司馬相如為使者在西夷地區設縣、設都尉事，在武帝元光六年（西元前一二九年），過程見〈司馬相如列傳〉。㊳巴蜀四郡通西南夷道　漢王朝經營西南夷，巴、蜀地區是其前沿陣地，徵徭役、籌糧款，巴、蜀皆首當其衝。巴蜀四郡，巴郡（郡治江州，今重慶市西北）、蜀郡（郡治即今成都市）、廣漢郡（郡治在今四川金堂東南）、漢中郡（郡治西城，今陝西安康西北）。㊴戍轉相饟　派兵駐守與運送糧食供應前方所需。饟，供應糧食。㊵罷餓　疲憊飢餓。罷，通「疲」。㊶離溼　受溼氣的薰蒸。離，通「罹」。遭受。㊷數反　屢屢發生叛亂。㊸發兵興擊　實行緊急軍事動員，派兵征討。興，也稱「軍興」，緊急軍事動員。㊹秏　通「耗」。㊺公孫弘　武帝時以讀《春秋》而進身於仕途，後官至宰相，是司馬遷最討厭的儒家人物，事見〈平津侯主父列傳〉。㊻還對二句　言通西南夷之舉無意義，於國事不利。據〈平津侯主父列傳〉，公孫弘受命視察通西南夷事，在武帝元光五年（西元前一三〇年）。㊼御史大夫　「三公」之一，主管監察，是丞相的候補者。公孫弘為御史大夫在元朔三年（西元前一二六年）。㊽築朔方　在朔方郡（郡治在今內蒙烏拉特前旗東南）築城，以抗匈奴。據《漢書‧武帝紀》，元朔二年（西元前一二七年）將軍衛青等收復河南（今內蒙古河套一帶），置朔方、五原郡；元朔三年，修築朔方城，主管其事者為將軍蘇建。㊾據河逐胡　以黃河為依託，進一步驅逐匈奴。㊿言西南夷害　稱說通西南夷事為勞民傷財。(51)專力事匈奴　據〈平津侯主父列傳〉，當時漢王朝既在北方與匈奴作戰，又要在朝鮮設置滄海郡，又要在西南方築路通西南夷，朝廷舉行辯論，御史大夫公孫弘主張暫時「罷西南夷、滄海，而專奉朔方」，武帝許之。(52)上罷西夷　即停止司馬相如所建議的對「西夷」邛、筰地區的經營活動，撤消已經設立的「一都尉，十餘縣」。(53)獨置南夷夜郎兩縣一都尉　單在南夷地區設立了兩個縣，令一個都尉統領之。兩縣，一為夜郎縣，另一失考。郭嵩燾認為「南夷」是縣名，即「且蘭」，恐非。夜郎都尉的駐地即今貴州關嶺。(54)稍令犍為自葆就　讓犍為郡自立更生地逐步謀求生存與發展。稍，逐漸。王念孫曰：「葆就，猶保聚也。」

【語　譯】漢武帝建元六年，閩越進攻南越，南越向朝廷告急，朝廷派了大行王恢率兵前往征討，結果閩越人自己殺死了他們的國王郢向朝廷請罪了。這時王恢就趁著兵威，派了番陽縣令唐蒙暗示南越王，要他們好好地服從漢朝。南越王招待唐蒙吃蜀郡出產的枸杞醬，唐蒙問這種東西是從哪裡來的，南越人說：「是從西北的牂柯而來。從牂柯到這裡有一條大江，江面寬好幾里，一直通到我們這國都番禺城下。」唐蒙回到長安後，再問蜀郡的商人。蜀郡的商人們也說：「只有蜀郡出產枸杞醬，而蜀郡有很多人偷著把它們運到夜郎去賣。夜郎挨著牂柯江，江水寬一百多步，完全可以行船。南越人常拿財物收買夜郎人，讓夜郎人聽他們的調遣，他們曾經向西到過同師，但他們也絕不能使夜郎人向他們稱臣。」於是唐蒙就上書漢武帝說：「南越王現在已經盜用了天子的車旗儀仗，管轄的地盤東西長達一萬多里，名義上他是漢朝的外臣，實際上是一方之主。

現在我們如果從長沙、豫章南下攻越，那裡水道縱橫，很不好走。我聽說夜郎小國有精兵十多萬，如果他們能夠乘船順牂柯江而下，出其不意，這倒是制服南越的一個好辦法。憑著我們漢朝這麼強大，巴、蜀二郡又那麼富饒，如果我們打通了往夜郎的道路，給那裡派去一些國家的官吏，我想這不會很難。」漢武帝一聽同意了。於是就拜唐蒙為郎中將，帶著士兵一千多人，還有專門運送各種物資的一萬多人，從巴符關進入了夜郎，見到了夜郎的頭領多同。唐蒙賞給了他很多東西，向他宣傳了漢朝天子的威嚴和盛德，說好漢朝要給他們派遣官吏，答應讓多同的兒子做夜郎的縣令。夜郎周圍的那些小部落都貪圖漢朝的絲棉織品，他們估計著漢朝離這裡山高路遠，怎麼著也管不了他們，於是就接受了唐蒙的約定。唐蒙回來報告後，武帝就決定在這一帶設立犍為郡。並調發巴、蜀二郡的士兵開山修路，從僰道直通牂柯江。當時蜀郡的司馬相如也說可以在西部少數民族地區的邛、筰一帶設立郡縣。於是朝廷就又派司馬相如為郎中將，前去告諭那裡的人，讓他們和南方的少數民族一樣，為他們設置一個都尉，劃分成十幾個縣，歸蜀郡統管。

2 這個時候，巴、蜀地區的四個郡為了開山修路通西南夷，鬧得又要出兵，又得運糧，一連折騰了好幾年，道路還沒有修通，而士兵們則因為勞累飢餓，暑溼疾病，已經死的很多了。這時西方南方的少數民族又多次造反，漢朝發兵鎮壓，結果耗費巨大，而看不到一點成績。武帝也很為之憂慮，於是就派公孫弘前去視察。公孫弘回來後，說做這種事情沒好處。後來公孫弘做了御史大夫，當時朝廷正準備在朔方郡據黃河築城作為抵抗匈奴的前哨陣地，於是公孫弘幾次向武帝陳說通西南夷為勞民傷財，應立即停止，而集中力量專一對付匈奴。武帝因此停止了對西方少數民族地區的活動，只在南部地區的夜郎一帶設立了兩個縣，一個都尉，至於已經宣告成立的犍為郡，則仍保留它的建制，讓它自己慢慢發展。

1 及元狩元年❶，博望侯張騫❷使大夏❸來，言居大夏時見蜀布❹、邛竹杖❺，使問所從來，曰「從東南身毒國❻，可數千里，得蜀賈人市❼」。或聞邛西可二千里⑧有身毒國。騫因盛言大夏在漢西南，慕中國⑨，患匈奴隔其道⑩，誠通蜀，身毒國道便近⑪，有利無害。於是天子乃令王然于、柏始昌、呂越人⑫等，使間出⑬西夷西，指求⑭身毒國。至滇，滇王嘗羌⑮乃留⑯，為求道西十餘輩⑰。歲餘，皆閉昆明⑱，莫能通身毒國。

2 滇王與漢使者言曰：「漢孰與我大？」及夜郎侯亦然⑲。以道不通故，各自以為一州主，不知漢廣大。使者還，因盛言滇大國，足事親附⑳。天子注意焉㉑。

3 及至南越反㉒，上使馳義侯㉓因犍為發南夷兵㉔。且蘭君㉕恐遠行，旁國虜其老弱㉖，乃與其眾反，殺使者及犍為太守㉗。漢乃發巴、蜀罪人當擊南越者八校尉擊破之㉘。會越已破，漢八校尉不下㉙，即引兵還，行誅頭蘭㉚。頭蘭，常隔滇道者也。已平頭蘭，遂平南夷為牂柯郡㉛。夜郎侯始倚南越，南越已滅，會還誅反者㉜，夜郎遂入朝㉝。上以為夜郎王㉞。

4 南越破後㉟，及漢誅且蘭、邛君㊱，并殺筰侯㊲，冄駹皆振恐，請臣置吏㊳。乃以邛都為越嶲郡㊴，筰都為沈犁郡㊵，冄駹為汶山郡㊶，廣漢西白馬為武都郡㊷。

5 上使王然于以越破及誅南夷兵威風喻滇王入朝㊸。滇王者，其眾數萬人，其旁東北有勞浸㊹、靡莫㊺，皆同姓相扶㊻，未肯聽。勞浸、靡莫數㊼侵犯使者㊽吏卒。元封二年㊾，天子發巴、蜀兵擊滅勞浸、靡莫㊿，以兵臨滇。滇王始首善(51)，以故弗誅。滇王離難西南夷，舉國降(52)，請置吏入朝。於是以為益州郡(53)，賜滇王王印(54)，復長其民(55)。

6 西南夷君長以百數，獨夜郎、滇受王印。滇小邑，最寵焉。

【章　旨】以上為第四段，寫漢王朝平定西南夷，在西南夷設郡置吏的經過。

【注　釋】❶元狩元年　西元前一二二年。「元狩」是武帝的第四個年號。❷博望侯張騫　武帝時代的大探險家與軍事將領，陝西城固人，因通使西域，被封為博望侯，事跡詳見〈大宛列傳〉與〈衛將軍驃騎列傳〉。❸大夏　當時的西域國名，其地約當今阿富汗之北部地區。按：張騫第一次通大夏在建元二年（西元前一三九年）至元朔二年（西元前一二六年），前後歷時十三年。其所以歷時如此之久，是因為往來經過匈奴時兩次被匈奴人所扣留，去時被扣留達十年之久，返時又被扣留一年餘。詳情見〈大宛列傳〉。❹蜀布　蜀郡所產之布。❺邛竹杖　邛都（今四川西昌東南）所產的竹製手杖。〈大宛列傳〉之《正義》曰：「邛都邛山出此竹，因名『邛竹』。節高實中，或寄生，可為杖。」❻身毒國　也稱「天竺」，即今印度。❼得蜀賈人市　從到身毒國做買賣的蜀地商人的手中買來。❽邛西可二千里　邛都以西大約二千里。按：自今四川西昌到印度的直線距離，大約有三千三百多華里。❾慕中國　嚮往中國，願意與中國相往來。❿患匈奴隔其道　如果大夏經由北路（即通過河西走廊的所謂「絲綢之路」）與中國相通，則須經由當時被匈奴占領的地區，其間有匈奴人作梗。⓫誠通蜀二句　如果大夏能與蜀郡相通，則經由身毒國的道路很近便。⓬王然于柏始昌呂越人　皆武帝時期的使者，其中王然于、呂越人前曾於元光六年（西元前一二九年）作為司馬相如的副使出使西夷，在西夷的邛都、筰都一帶設縣、設都尉，見〈司馬相如列傳〉。陳直曰：「《古鏡圖錄》有〈辟雍明堂鏡銘〉云：『新興辟雍建明堂，然于舉土比侯王，子孫復具治中央。』『然于』即『單于』之轉音。本文之『王然于』當作『王單于』解。」⓭間出　悄悄地尋小路而出。⓮指求　目標明確地尋求。指，指名；指向，前文有所謂「自僰道指牂柯江」，「指」字同此。或曰「指」通「旨」，恐非。據〈大宛列傳〉，此行乃武帝令張騫「因蜀、犍為發間使，四道並出」，而〈西南夷列傳〉但云王然于、柏始昌、呂越人，未云張騫；〈大宛列傳〉則但云張騫，而未云王然于、柏始昌、呂越人。若兩處相合，恰是四人，「四道」各有所主。⑮滇王嘗羌　滇王名曰嘗羌。《集解》引徐廣曰：「『嘗』一作『賞』。」按：《漢書》作「當羌」。⑯乃留　指安排王然于等在滇國住下來。⑰為求道西十餘輩　派出了十多批人代漢使西出向昆明請求借路。⑱歲餘二句　用了一年的時間，都被昆明所攔阻、所拒絕。⑲滇王與漢使者言曰三句　按：滇王與夜郎侯都曾問漢使「漢孰與我大」，且滇王之語尚在前，而後世成為典故者卻是「夜郎自大」，而不是「滇王自大」，其故何哉？⑳足事親附　值得花點力氣招納之，令其歸附。足，值；值得。㉑天子注意焉　此句的意思在於說明漢代之所以有第二次通西南夷之舉，是張騫的進言與王然于等的使還報告在裡邊起了作用。注意，留心。㉒南越反　指南越丞相呂嘉殺南越王與漢使反漢，事在元鼎五年（西元前一一二年），詳情見〈南越列傳〉。㉓馳義侯　原南越人，名遺，因歸漢，被封為馳義侯。㉔因犍為發南夷兵　借助於犍為郡（郡治宜賓）的行政勢力，向南夷諸國、諸部落徵調兵員。㉕且蘭君　「南夷」地區且蘭部落的頭領。且蘭，其地說法不一，大體在今貴州中部，有說即今貴陽，有說在遵義南，有說在都勻，有說在黃平西南，有說在福泉附近。譚其驤《歷史地圖集》標且蘭於今黃平縣西南。㉖恐遠行二句　師古曰：「恐發兵與漢行後，其國空虛，而旁國來寇抄，取其老弱也。」㉗殺使者及犍為太守　梁玉繩曰：「所殺漢使者，即馳義侯。」按：且蘭君不僅殺漢使者，而且殺了犍為太守，此重大事件，故戰爭遂不可避免。㉘發巴蜀罪人當擊南越者八校尉擊破之　按：「當」字原作「嘗」，於義不通，《漢書》作「當」，楓、三本亦作「當」，今據改。此句意謂，漢代本來有八個校尉率領著巴蜀諸郡的罪人經過「南夷」地區東下，這股武裝勢力本來是讓他們會合其他諸路一道去南越平叛的，現在給他們改變任務，轉頭去打且蘭。秦漢時代凡有征伐徭役，總是首先徵調罪人，其次是徵調工商業者，再次是徵調贅婿。此所謂「發巴蜀罪人」，即其例也。八校尉，陳直曰：「漢稱城門、中壘、屯騎、步兵、越騎、長水、射聲、虎賁為八校尉，名為保衛京師，亦可遣派兵士遠征。」㉙會越已破二句　南越丞相呂嘉舉兵反漢，當時受命往討南越的將領有伏波將軍路博德、樓船將軍楊僕，與率領巴蜀罪人的八校尉。結果沒等八校尉的部眾東下，路博德與楊僕的兩路水軍就已經把南越平定了，於是八校尉的部眾就無須再沿牂柯江東下。㉚行誅頭蘭　在回師西上的途中順勢滅掉了頭蘭。行，因；順勢。頭蘭，《索隱》曰：「即且蘭也。」按：此處史公行文似有訛誤。抗命不肯出兵，並殺漢使與犍為太守者，「且蘭」也，理應首先致討；且蘭屬於「南夷」，八校尉回師亦離其地不遠，故可曰「行誅且蘭」，《索隱》的理解是正確的。至於「頭蘭」，乃「常隔滇道者也」，其地應在「南夷」之西側，似應在夜郎與滇國之間。此地非八校尉回師之所經，不可能被其「行誅」。《漢書》於此作「行誅隔滇道者且蘭」，說誅「且蘭」是對的，給且蘭戴上一個「隔滇道」

的罪名，又係沿用《史記》之誤。㉛已平頭蘭二句　梁玉繩曰：「三稱『頭蘭』，即上文『且蘭』小國名也。後為縣，《漢書》皆作『且蘭』，疑『頭』字非。」按：梁說是，三「頭蘭」皆應作「且蘭」。牂柯郡，郡治在今貴州黃平西南，舊時且蘭之首府。按：漢之在南夷地區設牂柯郡，在武帝元鼎六年（西元前一一一年）。㉜會還誅反者　即誅滅且蘭。㉝夜郎遂入朝　入朝拜見天子，正式確定隸屬關係。㉞上以為夜郎王　即通常所謂「因其俗以治之」者也，夜郎國有如一縣，上屬漢之犍為郡。㉟南越破後　南越丞相呂嘉反漢被滅，在南越地區設南海、蒼梧、鬱林、合浦等九郡，在武帝元鼎六年（西元前一一一年）。㊱邛君　邛都（今四川西昌東南）一帶的氐羌族系君長。㊲筰侯　筰都（今四川漢源東北）一帶的氐羌族系君長。㊳請臣置吏　請求歸漢為臣，請朝廷在其地設郡縣，置官吏。㊴以邛都為越巂郡　越巂郡的郡治邛都，在今四川西昌東南。㊵筰都為沉犛郡　沉犛郡的郡治筰都，在今四川漢源東北。㊶冉駹為汶山郡　在冉駹部落的居住區域設立汶山郡，郡治汶江（今四川茂縣城北）。㊷廣漢西白馬為武都郡　在廣漢郡西（實應稱「北」）的白馬部落設立武都郡，郡治武都（今甘肅成縣西北）。按：漢代設越巂、沉犛、汶山、武都四郡在武帝元鼎六年（西元前一一一年）。其中沉犛、汶山二郡後來分別於武帝天漢四年（西元前九七年）、宣帝地節三年（西元前六七年）先後撤銷，將其地歸入蜀郡。陳直曰：「胡焜《封泥印古錄》有『沉犁太守章』封泥，此郡旋罷廢，封泥為武帝時物。」㊸風喻滇王入朝　風喻，委婉勸說，告以道理。滇王，其都城在今雲南滇池之東南側，今昆明市之大東南。㊹勞浸　少數民族部落名，有說其地在今雲南宜良東。㊺靡莫　少數民族部落名，有說其地在今雲南昆明以北，東川以南。㊻同姓相扶　同一族姓，相互扶持。勞浸、靡莫都與滇國同族，且親緣關係較近。㊼數　屢屢。㊽使者　指王然于。㊾元封二年　西元前一〇九年。「元封」是武帝的第六個年號。㊿天子發巴蜀兵擊滅勞浸靡莫　《漢書・武帝紀》：「遣將軍郭昌、中郎將衛廣發巴蜀兵平西南夷未服者，以為益州郡。」是此次率巴蜀兵擊滅勞浸、靡莫者為郭昌、衛廣也。(51)始首善　最早地帶頭心向朝廷，如前之協助王然于、柏始昌等尋求通身毒道等是也。首善，帶頭為善。(52)滇王離難西南夷二句　「離難」二字莫知所云。《漢書》於此作「滇王離西夷，滇舉國降」，亦繁蕪詞費。中井曰：「『西南夷』三字涉下文衍，『離難』，滇王名。」按：依中井說，文字自然順暢，但「西南夷」三字是否衍文，頗可懷疑。司馬遷稱夜郎與其周邊的濮越族群部落為「南夷」，稱邛、筰等氐羌族群部落為「西夷」，至於再往西南的「滇」、「巂」、「昆明」應稱什麼呢？司馬遷沒有明說，歷代的研究者們也沒有明確的說法。「西南夷」一詞的大概念可以包括「西夷」與「南夷」，也可以兼包更加西南的「滇」「巂」與「昆明」。若就「西南夷」的小概念而論，有沒有單指「滇」「巂」「昆明」的意思呢？如果有，那麼這句話就可以大致理解為「滇王於是脫離了與漢王朝作對的且蘭、巂、昆明諸部，而舉國歸順了漢朝」。(53)益州郡　約當今雲南省之滇池、洱海等一帶地區，郡治在今晉寧縣東北，地處滇池之東南側。[54]賜滇王王印　據雲南晉寧石寨山滇王墓之發掘報告稱，在石寨山六號墓發現金印一方，刻有篆書「滇王之印」四字，與此記載相合。[55]復長其民　使其仍為滇國臣民之君長，位同一縣，上屬漢之益州郡。按：此與前之平定夜郎，仍使其君為「夜郎王」者相同，皆「因其故俗而治之」也。

【語　譯】到了元狩元年，博望侯張騫從大夏出使回來，又說起他在大夏見到過蜀郡出產的布和邛縣出產的竹杖。他說當時曾派人問他們這些東西是從哪裡來的，他們說「是來自東南方的身毒國，離大夏大約有幾千里，是從蜀郡商人的手中買來的」。當時也從別處聽說邛縣以西大約二千里的地方有個身毒國。根據這些情況，張騫便慫恿武帝說大夏在漢朝的西南，他們敬慕中國願意跟中國通好，但他們總怕匈奴人隔斷了我們之間的交通，如果我們從蜀郡出發，經過身毒國往大夏，那路程就又近又平安了，只有好處而沒有壞處。於是武帝就讓王然于、柏始昌、呂越人等通過蜀郡以西的少數民族地區去尋找身毒國。當他們走到滇池時，滇王嘗羌就讓他們先留下來，而自己派了十多批人替他們去向西探路。結果用了一年多的時間也沒見什麼眉目，出去的人都被攔在了昆明，根本沒能找到身毒國。

2 滇王曾向漢朝的使者說：「漢朝和我們相比，誰的國家大？」連夜郎那個部族的首領也這樣問過。因為道路不通，各自稱霸一方，所以他們都根本不知道漢朝是一個多麼大的國家。漢朝的使者回京後，極力稱說滇是個大國，值得花點力氣招納，使其歸附，於是漢武帝也開始注意滇國了。

3 等到後來南越造反的時候，漢武帝曾派馳義侯到犍為郡，讓犍為郡就近調發南夷的部隊，順江而下，前往鎮壓。這時且蘭部落的頭領擔心自己的部隊遠出後，周圍的部落會乘虛而入虜掠他們的老弱，於是就和他的部下一起造反，殺死了漢朝的使者和犍為太守。漢朝一看，便另行調動巴、蜀兩郡的罪人、本來要去南越作戰的八個校尉前往討伐。剛好這時南越已被攻破，於是漢朝的這八個校尉就不必南下，便立即引兵回來，他們順路先滅掉了頭蘭。頭蘭就是經常隔斷漢朝與滇國之間道路的那個小國。頭蘭被滅以後，接著就平定了整個南夷地區，在那裡建立了牂柯郡。夜郎的頭領原來是倚靠南越的，待至南越被滅，接著漢軍又打垮了反叛的且蘭，於是夜郎的頭領就去長安朝見了漢武帝，表示歸順。而武帝也就讓他做了夜郎王。

4 當南越被滅，接著漢朝又誅滅了且蘭、邛君，並且殺了筰侯的時候，冄駹等地的頭領們都大為震驚，他們紛紛表示願意做漢朝的臣民，並請求朝廷給他們那裡派遣官吏。於是漢朝就在邛都一帶建立了越巂郡，在筰都一帶建立了沉犂郡，在冄駹一帶建立了汶山郡，在廣漢以西的白馬一帶建立了武都郡。

5 接著武帝又派王然于趁著漢朝擊破南越和誅滅了南夷的兵威去勸導滇王進京朝貢。當時滇王的部眾有好幾萬，他們的東北方有勞浸、靡莫等部落，這些部落都與滇王同一個血統，他們相倚為援，都不願意滇王去長安。而且勞浸、靡莫等部落還多次派人去襲擊漢朝派來的吏卒。於是在元封二年，武帝又調發巴、蜀的部隊打垮了勞浸和靡莫，接著讓大軍逼近了滇國的國境。因為滇王是首先與漢朝交好的，所以不打算以武力消滅他。滇王見勢如此，便舉國投降了漢朝，請求漢朝給那裡派遣官吏，自己情願進京朝見。於是漢朝就在滇國一帶建立了益州郡，並賜給滇王王印，仍然讓他做那裡的長官。

6 西南地區的少數民族有一百多個，只有夜郎和滇國的首領被授給了王印。滇雖然是個小地區，但卻和漢朝的關係最好。

太史公曰：楚之先豈有天祿❶哉？在周為文王師，封楚❷。及周之衰❸，地稱五千里❹。秦滅諸侯，唯楚苗裔尚有滇王❺。漢誅西南夷，國多滅矣，唯滇復為寵王❻。然南夷之端❼，見枸醬番禺❽，大夏杖邛竹❾；西夷後揃❿，剽分二方⓫，卒為七郡⓬。

【章旨】以上為第五段，是作者的論贊，寫了楚國對西南夷的影響與西南夷被漢平定為郡縣。

【注釋】❶天祿　老天爺賜給的福祿。❷在周為文王師二句　岡白駒曰：「〈楚世家〉熊通云『吾先鬻熊為文王師，成王舉我先公，乃以子男田令居楚』，是也。」❸及周之衰　指春秋、戰國時代。❹地稱五千里　按：〈蘇秦列傳〉蘇秦謂楚威王有所謂「地方五千里，帶甲百萬」；〈平原君虞卿列傳〉毛遂謂楚王有所謂「今楚地方五千里，持戟百萬」，皆此類也。❺唯楚苗裔尚有滇王　即前文所謂莊蹻王滇者是也。❻唯滇復為寵王　即前文所謂「滇王始首善，以故弗誅」；「滇王離難西南夷，舉國降」，漢「賜滇王王印，復長其民」云云。瀧川曰：「以滇復為寵王為祖先餘烈，其義與〈東越傳〉贊相貫。」❼南夷之端　南夷與漢王朝發生矛盾，以致最後被滅的戰端。❽見枸醬番禺　指唐蒙在番禺吃到蜀郡枸醬，歸而慫恿武帝通西南夷事。❾大夏杖邛竹　指張騫在大夏見到了蜀郡出產的蜀布、邛竹杖，因而慫恿漢王朝再度通西南夷事。三句諷刺唐蒙、張騫之造端生事與武帝之貪婪擴張。❿西夷後揃　西夷之所以被削平。揃，通「翦」。翦滅；削平。⓫剽分二方　西夷的被分設為四郡，是由於邛都、筰都的不服漢管而被誅滅。按：前文有「漢誅且蘭、邛君，并殺筰侯」一語，誅且蘭是因為且蘭殺漢使及犍為太守；至於漢誅邛君與筰侯則原因不明。細尋邛、筰一帶早在元光六年（西元前一二九年）就已經在那裡設立了十餘縣、一都尉，後來由於漢廷無力管轄才只好將其放棄，這其中邛、筰二君定有不良表現，故而後來漢廷方對其公然致討，而這些正是造成西夷不得不接受漢朝設立四郡的重要原因。有些學者不向這方面尋求答案，而將此句講成「西夷被分割，與南夷分為二方」，這是本文開篇即講的既定事實，怎麼會成為西夷被滅的原因呢？⓬七郡　指越巂、牂柯、汶山、武都、益州、沈犂、犍為。

【語　譯】太史公說：楚國的祖先難道有老天爺的保佑嗎？在周朝初年曾有人做過文王的老師，被封在楚地。隨著周朝的衰落，楚國的地盤越來越大，號稱有五千里。秦朝消滅了東方各國後，只有楚國的後代還在當著滇王。漢朝討伐西南夷，西南夷的部落多數都被消滅了，只有滇國仍然受寵，還在繼續稱王。南夷戰亂的開端，是因為唐蒙在番禺見到了蜀地產的枸杞醬，和張騫在大夏見到了邛縣產的竹杖。西夷之所以被平定，則是起因於邛都和筰都兩個少數民族的不服管理，最終漢朝在這些地區一共建立了七個郡。

【研　析】我國西南地區與中原相距遙遠，所居住的少數民族又極其複雜，但司馬遷這篇〈西南夷列傳〉則對西南地區的地理形勢、各民族的分布情況，以及他們各自的生活習俗、發展歷史都交代得異常清晰，「他把它們分為三大部，用土著、游牧及頭髮的裝束等等作識別，每一大部中復分為若干小部，每小部舉出一個或兩個部落為代表，代表之特殊地位固然見出，其他散部落也不罣漏。到下文雖然專記幾個代表國，如滇、夜郎等的事情，然已顯出這些事情與西南夷全體的關係，這是詳略繁簡的最好標準。」（梁啟超《作文教學法》）

作品表現的思想有以下兩點：

一，司馬遷憎惡唐蒙、張騫、司馬相如等一批「興利」之臣，是他們為迎合漢武帝的好大喜功，而慫恿漢武帝興師動眾，鑿山通道，開路西南夷的。他們的活動給西南地區以及鄰近的巴蜀一帶造成巨大災難，致使西南的大片地區人心驚擾、人力疲敝、怨聲載道。正如在〈大宛列傳〉中司馬遷將張騫與李廣利放在一起進行批判一樣，在本篇又將張騫與唐蒙放在一起進行了批判。作品說：「當是時，巴、蜀四郡通西南夷道，戍轉相饟。數歲，道不通，士罷餓離溼死者甚眾；西南夷又數反，發兵興擊，秏費無功。」〈平準書〉說：「嚴助、朱買臣招來東甌、事兩越，江淮之間蕭然煩費矣；唐蒙、司馬相如開路西南夷，鑿山通道千餘里，以廣巴蜀，巴蜀之民罷焉。」又說：「漢通西南夷道，作者數萬人，千里負擔饋糧，率十餘鍾致一石，散幣於邛僰以集之，數歲道不通，蠻夷因以數攻，吏發兵誅之。悉巴蜀租賦不足以更之。」反感之強烈，批判之尖銳，在整部《史記》中都是比較突出的。

二，司馬遷筆下的莊蹻，和〈南越列傳〉中的尉佗、〈朝鮮列傳〉中的衛滿情況相似，他們都是入鄉隨俗地把自己變成了少數民族的一員，而不是以救世主的姿態去改造人家的傳統風習，這些都和司馬遷的進步民族觀有直接聯繫。司馬遷嚮往、歌頌的是各民族間平等友好，相安無事；而不是恃強欺弱，硬把大國統治者的個人意志強加於周邊民族。

卷一百一十七

司馬相如列傳第五十七

【題解】作品記述了漢代大文學家司馬相如的婚姻家庭生活、文學創作活動，以及其官場上的進退升沉，與其最後窮愁潦倒的淒涼下場，表現了司馬遷對一代才人司馬相如的惋惜與同情。這是我國古代第一篇針對近乎於專業文學家的人物傳記，而在記述歷史人物的同時也流露著司馬遷個人的身世之感。傳中載入了司馬相如的代表作品多篇，致使本傳的篇幅甚大，以至於和〈項羽本紀〉、〈高祖本紀〉不相上下，這也是由司馬遷的個人喜好所決定的。

1 司馬相如者，蜀郡❶成都人也，字長❷卿。少時好讀書，學擊劍❸，故其親名之曰犬子❹。相如既學❺，慕藺相如❻之為人，更名相如。以貲為郎❼，事孝景帝❽，為武騎常侍❾，非其好也。會景帝不好辭賦，是時梁孝王❿來朝，從游說之士齊人鄒陽⓫、淮陰枚乘⓬、吳莊忌夫子⓭之徒，相如見而說⓮之，因病免⓯，客游梁。梁孝王令與諸生⓰同舍⓱，相如得與諸生游士居，數歲，乃著子虛之賦⓲。

2 會梁孝王卒⓳，相如歸，而家貧，無以自業⓴。素與臨邛令㉑王吉相善，吉曰：

「長卿久宦遊[22]不遂[23]，而來過我[24]。」於是相如往，舍都亭[25]。臨邛令繆為恭敬[26]，日往朝相如[27]。相如初尚見之，後稱病，使從者謝[28]吉，吉愈益謹肅[29]。

3 臨邛中多富人，而卓王孫[30]家僮[31]八百人，程鄭[32]亦數百人，二人乃相謂曰：「令[33]有貴客，為具召之[34]，並召令[35]。」令既至，卓氏客以百數。至日中，謁司馬長卿[36]，長卿謝病不能往[37]。臨邛令不敢嘗食，自往迎相如。相如不得已，彊往[38]，一坐盡傾[39]。酒酣，臨邛令前奏琴[40]曰：「竊聞長卿好之，願以自娛[41]。」相如辭謝[42]，為鼓一再行[43]。是時，卓王孫有女文君，新寡，好音[44]。故相如繆與令相重[45]，而以琴心挑之[46]。相如之臨邛，從車騎[47]，雍容閒雅[48]，甚都[49]。及飲卓氏，弄琴，文君竊從戶窺之，心悅而好[50]之，恐不得當[51]也。既罷，相如乃使人重賜文君侍者通殷勤[52]。文君夜亡奔相如[53]，相如乃與馳歸成都。家居徒四壁立[54]。卓王孫大怒，曰：「女至不材[55]，我不忍殺，不分一錢也。」人或謂王孫[56]，王孫終不聽。

4 文君久之不樂，曰：「長卿，第俱如臨邛[57]，從昆弟假貸猶足為生[58]，何至自苦如此！」相如與俱之臨邛，盡賣其車騎，買一酒舍酤酒[59]，而令文君當鑪[60]。相如身自著犢鼻褌[61]，與保庸雜作[62]，滌器[63]於市中。卓王孫聞而恥之，為杜門[64]，不出。昆弟諸公65更66謂王孫曰：「有一男兩女67，所不足者非財也。今文君已失身於司馬長卿，長卿故倦游68，雖貧，其人材足依也，且又令客69，獨柰何相辱70如此！」卓王孫不得已，分予文君僮百人，錢百萬，及其嫁時衣被財物。文君乃與相如歸成都，買田宅，為富人71。

【章　旨】以上為第一段，寫司馬相如娶卓文君的故事，是整篇文章的開場。

【注　釋】❶蜀郡　漢郡名，郡治即今四川成都。❷長　指排行老大。❸擊劍　《索隱》曰：「《呂氏春秋．劍伎》云『持短入長，倏忽縱橫之術也』、魏文《典論》云『余好擊劍，善以短乘長』是也。」師古曰：「擊劍者，以劍遙擊而中之，非斬劍也。」王先謙引沈欽韓曰：「學擊劍，學擊刺之法也，《莊子．說劍》：『日夜相擊於前。』《吳越春秋》越處女曰：『竊好擊之。』顏說謬。」❹名之曰犬子　《索隱》引孟康曰：「愛而字之也。」按：蓋猶今農村之號其子曰「阿貓」「阿狗」，據說稱名賤則易活。瀧川有所謂「『劍』『犬』音相近」故以為名；金國永謂因其「少時好讀書，學擊劍，頗有天下志」，故其親名以勉之，似過於穿鑿。❺相如既學　既學，學業完成。梁玉繩曰：「《蜀志》：秦宓云：『文翁遣相如東受七經，還教吏民。』宓此語與《漢．地理志》所謂『文翁倡其教，相如為之師』者正合。史公但采辭賦，而遺其明經化俗之大端何也？《史通．載文篇》譏《史》、《漢》載〈上林〉、〈甘泉〉等賦『無裨勸獎，有長奸詐』。」❻藺相如　戰國時趙國的名臣，事跡見〈廉頗藺相如列傳〉。❼以貲為郎　憑著家資富厚而得為郎官。貲，通「資」。郎，帝王的侍從人員，上屬郎中令。《漢書．景紀》師古引應劭曰：「古者疾吏之貪，衣食足知榮辱，限貲十算乃得為吏。十算，十萬也。」按：家資富厚始得為郎，又見於〈張釋之馮唐列傳〉。❽孝景帝　文帝之子，名啟，西元前一五六—前一四一年在位。❾武騎常侍　皇帝的騎兵侍衛。❿梁孝王　文帝之子，景帝之弟，名武，封為梁王。「孝」字是諡。事跡詳見〈梁孝王世家〉。梁國的國都睢陽（今河南商丘城東南）。⓫齊人鄒陽　當時的縱橫之士，事跡詳見〈魯仲連鄒陽列傳〉。齊，漢初的諸侯國名，國都臨淄（今山東淄博之臨淄區）。⓬淮陰枚乘　當時著名的縱橫之士與辭賦家，著有〈七發〉及〈說吳王〉、〈再說吳王〉等文。事跡參見〈吳王濞列傳〉。淮陰，漢縣名，縣治在今江蘇淮陰西南。⑬吳莊忌夫子　姓莊名忌，當時的縱橫之士與辭賦家，作品有〈哀時命〉。東漢時為避明帝諱，而改稱之曰「嚴忌」。吳，西漢時的諸侯國名，國都廣陵（今江蘇揚州）。夫子，對學者的尊稱，猶今所謂「先生」。⑭說　同「悅」。⑮因病免　因而推說有病而辭去郎官之職。⑯諸生　指鄒陽、枚乘、莊忌等人。⑰同舍　住宿在一起。這裡即指享受同等待遇。⑱子虛之賦　即〈子虛賦〉，司馬相如的代表作，與〈上林賦〉實際是一篇，詳見後文。⑲梁孝王卒　事在景帝中元六年（西元前一四四年）。⑳家貧二句　按：司馬相如原以「家資富厚」始得為郎，下文稱其赴臨邛亦「從車騎，雍容閒雅甚都」，今乃云其「家貧，無以自業」，又稱其「家居徒四壁立」，似貧窮之極甚者，史公行文殊欠統一，恐不足為訓。無以自業，沒有自謀生計的手段。㉑臨邛令　臨邛縣的縣令。臨邛，漢縣名，縣治即今四川邛崍，上屬蜀郡。㉒宦遊　周遊各地找官做。㉓不遂　未成；不順心。師古曰：「遂，達也。」㉔而來過我　意即可以到我這裡來。過，前來。㉕舍都亭　住在縣城中的客館裡。都亭，城裡的客館，也稱「傳舍」。按：秦、漢時期十里一亭，亭有招待過往吏員住宿之職。而都城之內亦有「亭」，稱為「都亭」，義即「傳舍」或「客館」。《後漢書・皇后紀》李賢注：「凡言『都亭』者，並城內亭也。」㉖繆為恭敬　故意做出一種恭敬的樣子。繆，通「謬」。假裝。㉗日往朝相如　每天都去拜見司馬相如。朝，恭敬地進見。漢代以前「朝」字可用於拜見帝王，也可以用於拜見官僚、長者。用法可參看〈廉頗藺相如列傳〉。㉘謝　謝絕。㉙謹肅　謹慎恭敬。㉚卓王孫　以冶鐵起家的富商。〈貨殖列傳〉曰：「蜀卓氏之先，趙人也，用鐵冶富。秦破趙，遷卓氏。致之臨邛，大喜。即鐵山鼓鑄，運籌策，富至僮千人。田池射獵之樂，擬於人君。」㉛家僮　家中蓄養的奴僕。僮，僕隸。㉜程鄭　也是以冶鑄起家的富商。〈貨殖列傳〉曰：「程鄭，山東遷虜也，亦冶鑄，賈椎髻之民，富埒卓氏，俱居臨邛。」㉝令　指臨邛縣令王吉。㉞為具召之　意即我們應該設筵請他。為具，設筵；備辦酒食。具，原指盛放酒肴之具，後即用以指酒食。按：「為具」也稱「治具」、「置具」、「供具」，《禮記・內則》鄭玄注：「具，饌也。」用法參見〈魏其武安侯列傳〉、〈刺客列傳〉。㉟並召令　同時請縣令王吉也來赴宴。㊱至日中二句　意謂等其他所有賓客全部到齊，而後才去請司馬相如。按：如此之禮數，可參看〈魏公子列傳〉之請侯嬴。㊲謝病不能往　託說有病，不能前往。㊳相如不得已二句　按：此處史公用詞欠周密，《漢書》於此作「相如為不欲往」。「為」者，「偽」也，假裝。其實是早就等得不可忍耐了。「為」字用得妙絕，與下文「為鼓一再行」緊密呼應。㊴一坐盡傾　所有來客皆為司馬相如的品貌人才所傾倒。傾，傾倒；歎服。㊵奏琴　捧上一張琴。奏，進；奉上。㊶願以自娛　「請為大家演奏一曲」的客氣說法。王先謙引周壽昌曰：「不敢云『娛客』，故以『自娛』為言。」㊷相如辭謝　還得先拿捏一回。㊸為鼓一再行　便彈奏了一兩支曲子。鼓，彈奏。一再行，《索隱》曰：「謂一兩曲。」師古曰：「『行』

調「曲」、「引」也，古樂府〈長歌行〉〈短歌行〉，此其義也。」(44)好音　愛好音樂；精通音樂。(45)繆與令相重　意謂表面上是應縣令王吉之邀去彈琴，實際是想以琴聲挑動卓文君的心。(46)以琴心挑之　師古曰：「寄心於琴聲，以挑動之也。」《索隱》曰：「其詩曰：『鳳兮鳳兮歸故鄉，遊遨四海求其皇。有一豔女在此堂，室邇人遐毒我腸，何由交接為鴛鴦？』又曰：『鳳兮鳳兮從皇棲，得託子尾永為妃。交情通體必和諧，中夜相從別有誰？』」瀧川引中井曰：「『繆與令相重』謂琴歌寓悅慕之意陽若指令者，而陰挑文君也。其歌今不傳，《索隱》所引是後人之偽作。」(47)從車騎　跟從著許多車馬。(48)雍容閒雅　從容大方，舉止文雅。閒，通「嫻」。(49)甚都　很漂亮。師古曰：「都，閑美之稱也。《詩・鄭風・有女同車》之篇曰『洵美且都』；〈山有扶蘇〉之篇又云『不見子都』。則知『都』者，美也。」(50)好　愛慕。(51)恐不得當　擔心配不上。當，對；相配。(52)通殷勤　表達深厚、真摯的情意。(53)亡奔相如　偷偷離家跑到了相如的客館。王先謙引錢大昭曰：「《西京雜記》『文君姣好，眉色如望遠山，臉際常若芙蓉，肌膚柔滑如脂。十七而寡，為人放誕風流，故悅長卿之才而越禮焉。』」(54)家居徒四壁立　極言司馬相如家境之貧窮，屋裡除了四面的牆壁，其他一無所有。徒，空；只有。按：此與上文「從車騎，雍容閒雅甚都」云云，似過於懸殊。(55)至不材　沒出息到了家。至，極。(56)或謂王孫　意即勸卓王孫不要如此絕情。(57)第俱如臨邛　儘管大膽地回到臨邛去。第，但；儘管。(58)從昆弟假貸猶足為生　向卓家的兄弟們借錢，至少還能維持生活。從，向。昆弟，兄弟。假貸，都是「借」的意思。(59)酤酒　賣酒。「酤」字有買、賣二義，這裡指賣。(60)當鑪　猶今之所謂「站櫃臺」。即給顧客打酒。師古曰：「賣酒之處，累土為鑪，以居酒甕，四邊隆起，其一面高，形如鍛鑪，故名鑪耳。」按：《漢書・趙廣漢傳》注有所謂「盧所以居罌」，〈食貨志下〉注有所謂「盧者，賣酒之區也」云云，可以與此相參證。(61)犢鼻褌　猶今之所謂圍裙。因其形如犢鼻，故名。王先謙曰：「但以蔽前，反繫於後，而無褲襠，即吾楚所謂『圍裙』是也。」(62)與保庸雜作　和雇來的伙計們一道跑堂打雜。保庸，也稱「庸保」，也可以單稱「庸」或「保」，指酒館、飯店裡的侍應人員。此詞又見於〈刺客列傳〉、〈季布欒布列傳〉。(63)滌器　洗涮酒器。(64)杜門　閉門。(65)諸公　《集解》引郭璞曰：「父行也。」謂指卓王孫的長輩。一說：指臨邛縣裡的頭面人物。(66)更　交替；輪番。(67)有一男兩女　意謂就只有這麼一個兒子、兩個女兒。(68)倦游　《集解》引郭璞曰：「厭游宦也。」王先謙曰：「謂游宦病免而歸耳，言其曾為官也。」按：此處之意乃謂相如今日之貧居無聊，乃因其厭倦遊宦，故不為官耳，非無為官之才也。(69)令客　縣令大人的貴客。(70)相辱　意即見其受辱如此而不垂救。(71)買田宅二句　錢大昭引《西京雜記》曰：「司馬相如初與文君還成都，居貧愁懣，以所著鷫鸘裘就市人陽昌貰酒，與文君為歡。既而文君抱頸而泣曰：『我生平富足，今乃以衣裘貰酒！』遂相與謀於臨邛賣酒，相如親著犢鼻褌滌器，以恥王孫。王孫果以為病，乃厚給文君，文君遂為富人。」劉辰翁曰：「本是一段小說，子長以奇著之，如聞如見，乃並與其精神意氣，隱微畫就，益至俚褻，而尤可觀。」有井範平曰：「敘得敷腴溫潤之極，有情有態，然已開後世小說家之派。」按：作品描寫司馬相如娶卓文君一節，細緻生動。司馬相如與卓文君的行為在當時是屬於「越禮」的，但司馬遷對之表現了充分的理解與欣賞。這段文字是我國後代浩如煙海的才子佳人小說之濫觴。

【語　譯】司馬相如是蜀郡成都人，字長卿。少年時喜歡讀書，並學過劍術，他的父母給他起了個小名叫犬子。司馬相如完成學業以後，因為敬慕藺相如的為人，所以自己改名叫相如。後來他靠著家中有錢，入朝做了郎官，給孝景帝做武騎常侍，然而他並不喜歡這個官職。剛好孝景帝不喜歡辭賦，這時梁孝王進京朝見，他身邊帶著齊人鄒陽、淮陰人枚乘、吳人莊忌等一些縱橫家。司馬相如一見，很喜歡這一伙人，於是他就推說有病辭去了官職，去到梁孝王那裡做了門客。梁孝王讓他和那些各色的文人們享受同等待遇，司馬相如和他們同住幾年，這期間寫了〈子虛賦〉。

2 後來梁孝王死了，司馬相如只好回到了家鄉成都，這時他的家裡已經很窮，幾乎無法謀生了。司馬相如和臨邛縣的縣令王吉素有交情，王吉派人對司馬相如說：「你在外面遊蕩了這些年也沒混上個一官半職，如有什麼難處，就到我這裡來吧。」於是司馬相如就去了臨邛，住在城裡的客館。王吉故意作出了一種對他十分恭敬的樣子，每天去看他。司馬相如開始幾天還出來會見王吉，後來便推說有病，打發隨從來向王吉擋駕了，但王吉卻對司馬相如越來越恭敬。

3 臨邛縣裡富人很多，有一位卓王孫，家裡光奴僕就有八百多人，此外程鄭家的奴僕也有幾百個，這兩個人商量說：「我們的縣令來了貴賓，我們應該設宴招待他一回，一併把縣令也請來。」到了那一天，王吉到了卓家，見卓家請的各方面的客人有一百多位。快到中午時，卓王孫派人去請司馬相如，司馬相如推說有病不來。臨邛縣令一看司馬相如不來，他自己是絕不能動筷子的，於是就起身去請司馬相如。司馬相如沒辦法，只好勉強來了；來到卓家一入座，滿屋的人都為他的品貌人才所傾倒。等到大家喝了一陣子，正高興的時候，臨邛縣令給司馬相如遞過來一張琴，說：「早就聽說您精於此道，請演奏一曲來助興。」司馬相如推辭了一番，然後彈了一兩支曲子。當時，卓王孫的女兒卓文君剛死了丈夫，守寡在家，她喜愛音樂。司馬相如表面上是應縣令王吉之邀去彈琴，實際是想以琴聲去挑動卓文君的心。當初司馬相如到臨邛來的時候，帶著不少車馬，表現得雍容華貴，氣度不凡。及至到卓家來赴宴、彈琴，卓文君偷偷地從門縫裡一看，立即心生愛慕，只怕自己配不上他。待至宴會已畢，司馬相如就派人厚厚地賞賜了卓文君的奴婢，讓她們代為傳達自己的意思。結果卓文君當晚就跑到了司馬相如那裡，司馬相如立刻帶著她一齊回了成都。回成都後，司馬相如家裡除了四面牆壁之外，什麼都沒有。卓王孫很生氣，說：「這個丫頭竟然這麼沒出息，我雖然不忍心殺了她，但我絕不分給她一文錢。」有人勸卓王孫不要這麼無情，但卓王孫不聽從。

4 就這樣維持了一陣子，卓文君心裡不大痛快，她對司馬相如說：「長卿，我們儘管大膽地回到臨邛去，向兄弟們借點錢也能維持生活，何必在這裡受苦呢？」於是司馬相如就和卓文君一起回到了臨邛，他們把車馬賣掉，在市場上買下了一個小酒店，讓卓文君站在櫃臺旁邊賣酒，司馬相如則繫著圍裙，和那些伙計們一起幹活，洗涮酒器。卓王孫聽說如此，羞得關上大門不敢出屋。這時他那些弟兄輩和長輩們就都輪流來勸他說：「你就只有這麼一個兒子兩個女兒，你所缺少的不是錢財。現在文君反正是已經跟了司馬相如了，司馬相如所以沒做官，那是因為他厭煩官場。他眼下雖然窮，但他的人品，是靠得住的，而且他又是咱們縣令的朋友，你怎麼能夠讓他們受這樣的委屈呢！」卓王孫沒辦法了，只好分給了文君一百個奴僕，一百萬錢，以及她第一次出嫁時的衣服被褥等財物。文君於是就帶著這些人丁財物和司馬相如回了成都，在成都買了一些房屋土地，做起財主來了。

1 居久之，蜀人楊得意為狗監❶，侍上❷。上讀子虛賦而善之，曰：「朕獨不得與此人同時哉❸！」得意曰：「臣邑人❹司馬相如自言為此賦❺。」上驚，乃召問相如[6]。相如曰：「有是。然此乃諸侯之事[7]，未足觀也。請為天子游獵賦[8]，賦成奏之。」上許，令尚書[9]給筆札[10]。相如以「子虛」，虛言也，為楚稱[11]；「烏有[12]先生」者，烏有此事也，為齊難[13]；「無是公」者，無是人[14]也，明天子之義[15]。故空藉此三人為辭[16]，以推天子、諸侯之苑囿[17]。其卒章[18]，歸之於節儉，因以風諫[19]。奏之天子，天子大說[20]。其辭曰：

2 楚使子虛使於齊，齊王悉發境內之士，備車騎之眾，與使者出田[21]。田罷，子虛過詫烏有先生[22]，而無是公在焉。坐定，烏有先生問曰：「今日田樂乎？」子虛曰：「樂。」「獲多乎[23]？」曰：「少。」「然則何樂？」曰：「僕樂齊王之欲夸僕[24]以車騎之眾，而僕對以雲夢之事[25]也。」曰：「可得聞乎[26]？」

3 子虛曰：「可。王駕車千乘[27]，選徒[28]萬騎，田於海濱。列卒滿澤，罘罔[29]彌山[30]。揜[31]兔轔[32]鹿，射麋腳麟[33]。鶩於鹽浦[34]，割鮮染輪[35]。射中獲多，矜而自功[36]。顧[37]謂僕曰：『楚亦有平原廣澤游獵之地饒樂[38]若此者乎？楚王之獵何與[39]寡人？』僕下車對曰：『臣，楚國之鄙人[40]也。幸得宿衛[41]，十有餘年，時從出游，游於後園[42]，覽於有無[43]，然猶未能偏覩[44]

也，又惡足[45]以言其外澤[46]者乎？』齊王曰：『雖然[47]，略以子之所聞見而言之。』

「僕對曰：『唯唯[48]。臣聞楚有七澤[49]，嘗見其一，未覩其餘也。臣之所見，蓋特[50]其小小者耳，名曰雲夢。雲夢者，方九百里，其中有山焉。其山則盤紆[51]岪鬱[52]，隆崇嵂崒[53]；岑巖[54]參差[55]，日月蔽虧[56]；交錯糾紛[57]，上干青雲[58]；罷池陂陁[59]，下屬江河[60]。其土則丹青赭堊[61]，雌黃[62]白坿[63]，錫碧[64]金銀，眾色炫燿，照爛龍鱗[65]。其石則赤玉[66]玫瑰[67]，琳瑉[68]琨珸[69]，瑊玏[70]玄厲[71]，瑌石武夫[72]。其東則有蕙圃[73]衡蘭[74]，芷若射干[75]，穹窮[76]昌蒲[77]，江離麋蕪[78]，諸蔗[79]猼且[80]。其南則有平原廣澤，登降陁靡[81]，案衍壇曼[82]，緣以大江[83]，限以巫山[84]。其高燥則生葴菥苞荔[85]，薛莎[86]青薠[87]。其卑溼則生藏莨[88]蒹葭[89]，東蘠[90]雕胡[91]，蓮藕觚盧[92]，菴閭[93]軒芋[94]，眾物居之，不可勝圖[95]。其西則有涌泉清池，激水[96]推移[97]；外發芙蓉蔆華[98]，內[99]隱鉅石白沙。其中則有神龜蛟鼉[100]，瑇瑁[101]鼈黿[102]。其北則有陰林[103]巨樹，楩柟[104]豫章[105]，桂椒[106]木蘭[107]，蘗離[108]朱楊[109]，樝梨梬栗[110]，橘柚芬芳。其上[111]則有赤猨蠷蝚[112]，鵷雛[113]孔鸞[114]，騰遠[115]射干[116]。其下[117]則有白虎玄豹(118)，蟃蜒(119)貙犴(120)。兕象野犀，窮奇獌狿(121)。

5 『於是乃使專諸之倫(122)，手格此獸(123)。楚王乃駕馴駮之駟(124)，乘雕玉之輿(125)，靡(126)魚須之橈旃(127)，曳(128)明月之珠旗(129)，建(130)干將之雄戟(131)，左(132)烏嘷(133)之雕弓，右(134)夏服之勁箭(135)；陽子(136)驂乘(137)，纖阿(138)為御；案節未舒(139)，即陵狡獸(140)。轔(141)邛邛(142)，蹵(143)距虛(144)，軼(145)野馬而轊(146)騊駼(147)，乘遺風(148)而射游騏(149)；儵眒淒浰(150)，靁動熛至(151)，星流霆擊(152)。弓不虛發，中必決眥(153)，洞胸達腋(154)，絕乎心繫(155)。獲若雨獸(156)，揜(157)草蔽地。於是楚王乃弭節(158)裴回(159)，翱翔(160)容與(161)，覽乎陰林，觀壯士之暴怒(162)，與猛獸之恐懼。徼谻受詘(163)，殫睹(164)眾物之變態(165)。

6 『於是鄭女(166)曼姬(167)，被阿錫(168)，揄紵縞(169)，襍纖羅(170)，垂霧縠(171)；襞積褰縐(172)，紆徐委曲(173)，鬱橈谿谷(174)；衯衯裶裶(175)，揚袘卹削(176)，蜚纖(177)垂髾(178)；扶與猗靡(179)，翕呷萃蔡(180)，下摩蘭蕙(181)，上拂羽蓋(182)。錯翡翠之威蕤(183)，繆繞玉綏(184)；縹乎忽忽(185)，若神仙之仿佛(186)。

7 『於是乃相與獠於蕙圃(187)，媻珊勃窣(188)上金隄(189)，揜(190)翡翠，射鵕鸃(191)，微矰(192)出，纖繳(193)施(194)。弋白鵠(195)，連駕鵝(196)，雙鶬下(197)，玄鶴加(198)。怠而後發，游於清池[199]，浮文鷁[200]，揚桂枻[201]，張翠帷[202]，建羽蓋，罔[203]瑇瑁，釣紫貝[204]；摐金鼓[205]，吹鳴籟[206]，榜人[207]歌，聲流喝[208]，水蟲[209]駭，波鴻沸[210]，涌泉起，奔揚會[211]，礧石相擊[212]，硠硠礚礚[213]，若靁霆之聲，聞乎數百里之外。

8 『將息[214]獠者，擊靈鼓[215]，起烽燧[216]，車案行[217]，騎就隊[218]，纚乎淫淫，班乎裔裔[219]。於是楚王乃登陽雲之臺[220]，泊乎無為，澹乎自持[221]，勺藥之和具，而後御之[222]。不若大王終日馳騁而不下輿，脟割[223]輪淬[224]，自以為娛[225]。臣竊觀之，齊殆[226]不如。』於是王默然無以應僕也。」

9 烏有先生曰：「是何言之過也！足下不遠千里，來況[227]齊國，王悉發境內之士，而備車騎之眾以出田，乃欲勠力致獲[228]，以娛左右[229]也，何名為夸哉！問楚地之有無者，願聞大國之風烈[230]，先生之餘論[231]也。今足下不稱楚王之德厚，而盛推雲夢[232]以為高，奢言淫樂而顯侈靡[233]，竊為足下不取也。必若所言[234]，固非楚國之美也。有而言之[235]，是章君之惡[236]；無而言之，是害足下之信[237]。章君之惡而[238]傷私義，二者無一可，而先生行之，必且輕於齊[239]而累於楚[240]矣。且齊東陼巨海[241]，南有琅邪[242]，觀乎成山[243]，射乎之罘[244]，浮勃澥[245]，游孟諸[246]，邪[247]與肅慎[248]為鄰，右以湯谷為界[249]。秋田[250]乎青丘[251]，傍偟[252]乎海外，吞若雲夢者八九[253]，其於胸中曾不蔕芥[254]。若乃俶儻瑰偉[255]，異方殊類[256]，珍怪鳥獸，萬端鱗萃[257]，充仞[258]其中者，不可勝記，禹不能名[259]，契不能計[260]。然在諸侯之位，不敢言游戲之樂、苑囿之大[261]；先生又見客[262]，是以王辭而不復[263]，何為無用應哉[264]！」

10 無是公听然[265]而笑曰：「楚則失矣，齊亦未為得也[266]。夫使諸侯納貢[267]者，非為財幣[268]，所以述職[269]也；封疆畫界[270]者，非為守禦[271]，所以禁淫[272]也。今齊列為東藩[273]，而外私肅慎[274]，捐國踰限[275]，越海而田[276]，其於義故未可也。且二君之論，不務明君臣之義[277]而正諸侯之禮[278]，徒事爭[279]游獵之樂，苑囿之大，欲以奢侈相勝[280]，荒淫相越[281]，此不可以揚名發譽[282]，而適足以貶君自損[283]也。且夫齊楚之事[284]又焉足道邪！君未睹夫巨麗[285]也，獨不聞天子之上林[286]乎？

11 「左蒼梧，右西極[287]，丹水更其南[288]，紫淵徑其北[289]；終始霸、滻[290]，出入涇、渭[291]；酆、鄗、潦、潏[292]，紆餘委蛇[293]，經營乎其內[294]。蕩蕩兮八川分流[295]，相背而異態[296]。東西南北，馳騖往來[297]，出乎椒丘之闕[298]，行乎洲淤之浦[299]，徑乎桂林[300]之中，過乎泱莽之野[301]。汩乎渾流[302]，順阿[303]而下，赴隘陝之口[304]。觸穹石[305]，激堆埼[306]，沸乎暴怒，洶涌滂潰[307]，滭浡[308]滵汩[309]，湢測[310]泌瀄[311]。橫流逆折[312]，轉騰[313]潎洌[314]，澎濞[315]沆瀣[316]，穹隆雲撓[317]，蜿灗[318]膠戾[319]，踰波[320]趨浥[321]，莅莅[322]下瀨[323]，批巖[324]衝擁[325]，奔揚[326]滯沛[327]，臨坻注壑[328]，瀺灂[329]霣墜[330]，湛湛[331]隱隱[332]，砰磅訇磕[333]，潏潏淈淈[334]，湁潗[335]鼎沸[336]，馳波跳沫[337]，汩急漂疾[338]，悠遠長懷[339]，寂漻無聲，肆乎永歸[340]。然後灝溔潢漾[341]，安翔徐徊[342]，翯乎滈滈[343]，東注大湖[344]，衍溢陂池[345]。於是乎蛟龍赤螭[346]，䱭䲛[347]螹離[348]，鰅鰫鰬魠[349]，禺禺[350]鱋鰨[351]，揵鰭掉尾[352]，振鱗奮翼，潛處于深巖[353]；魚鼈讙聲[354]，萬物眾夥[355]，明月[356]珠子[357]，玓瓅[358]江靡[359]，蜀石[360]黃碝[361]，水玉[362]磊砢[363]，磷磷爛爛[364]，采色澔汗[365]，叢積乎其中[366]。鴻鷫鵠鴇[367]，鴐鵝[368]鸀鳿[369]，鵁鶄[370]鷃目[371]，煩鶩[372]鷛𪇆[373]，𪈉鴜[374]鵁鸕[375]，羣浮乎其上。汎淫泛濫，隨風澹淡[376]，與波搖蕩，奄薄草渚[377]。唼喋[378]菁藻[379]，咀嚼菱藕。

12

「於是乎崇山[380]巃嵸[381]，崔巍嵯峨[382]，深林鉅木，嶄巖[383]㠋嵳[384]，九嵏[385]巀嶭[386]，南山[387]峨峨[388]，巖陁[389]甗錡[390]，摧崣[391]崛崎。振谿通谷[392]，蹇產溝瀆[393]。

谽呀豁閜[394]，阜陵別島[395]，崴磈嵔瘣[396]，丘虛堀礨[397]，隱轔鬱壘[398]，登降施靡[399]，陂池[400]貏豸[401]。沇溶淫鬻[402]，散渙夷陸[403]。亭皐千里[404]，靡不被築[405]。掩[406]以綠蕙，被以江離，糅[407]以蘪蕪，雜以流夷[408]。尃[409]結縷[410]，欑[411]戾莎[412]，揭車[413]衡蘭，槀本[414]射干[415]。茈薑[416]蘘荷[417]，葴橙若蓀[418]。鮮枝[419]黃礫[420]，蔣芧青薠[421]。布濩閎澤[422]，延曼太原[423]。麗靡[424]廣衍[425]，應風披靡[426]。吐芳揚烈[427]，郁郁斐斐[428]。眾香發越[429]，肸蠁[430]布寫[431]，晻薆苾勃[432]。

13 「於是乎周覽泛觀，瞋盼軋沕[433]，芒芒恍忽[434]。視之無端，察之無崖。日出東沼，入於西陂[435]。其南則隆冬生長，踊水躍波[436]；獸則㺎旄貘犛[437]，沉牛麈麋[438]，赤首[439]圜題[440]，窮奇[441]象犀[442]。其北則盛夏含凍裂地，涉冰揭河[443]；獸則麒麟角端[444]，騊駼槖駝[445]，蛩蛩驒騱[446]，駃騠[447]驢騾[448]。

14 「於是乎離宮別館，彌山跨谷[449]。高廊四注[450]，重坐曲閣[451]。華榱[452]璧璫[453]，輦道[454]纚屬[455]，步櫩[456]周流[457]，長途中宿[458]。夷嵕築堂[459]，纍臺增成[460]。巖突洞房[461]，俛杳眇而無見[462]，仰攀橑而捫天[463]。奔星更於閨闥[464]，宛虹[465]拖於楯軒[466]。青虯[467]蚴蟉[468]於東箱[469]，象輿[470]婉蟬[471]於西清[472]。靈圉[473]燕[474]於閒觀[475]，偓佺[476]之倫暴於南榮[477]。醴泉[478]涌於清室[479]，通川過乎中庭[480]。槃石振崖[481]，嶔巖[482]倚傾[483]，嵯峨磼碟[484]，刻削崢嶸[485]。玫瑰碧琳[486]，珊瑚[487]叢生。瑉玉[488]旁唐[489]，玢豳[490]文鱗[491]。赤瑕[492]駁犖[493]，雜臿[494]其間，垂綏[495]琬琰[496]，和氏[497]出焉。

「於是乎盧橘[498]夏孰[499]，黃甘[500]橙楱[501]，枇杷橪[502]柿，楟柰厚朴[503]，梬棗[504]楊梅，櫻桃蒲陶[505]，隱夫鬱棣[506]，榙欏[507]荔枝，羅乎後宮，列乎北園。貤丘陵[508]，下平原，揚翠葉，扤紫莖[509]，發紅華，秀朱榮[510]，煌煌扈扈[511]，照曜鉅野[512]。沙棠櫟櫧[513]，華氾檘櫨[514]，留落胥餘[515]，仁頻并閭[516]，欃檀木蘭[517]，豫章女貞[518]，長千仞[519]，大連抱[520]，夸條直暢[521]，實葉葰茂[522]，攢立叢倚[523]，連卷累佹[524]，崔錯[525]癹骫[526]，阬衡閜砢[527]，垂條扶於[528]，落英幡纚[529]，紛容[530]蕭蔘[531]，旖旎[532]從風，瀏莅芔吸[533]，蓋象金石[534]之聲，管籥[535]之音。柴池茈虒[536]，旋環[537]後宮，雜遝累輯[538]，被山緣谷[539]，循阪下隰[540]，視之無端，究之無窮。

「於是玄猨素雌[541]，蜼玃飛鸓[542]，蛭蜩蠷蝚[543]，螹胡縠蛫[544]，棲息乎其間；長嘯哀鳴，翩幡[545]互經[546]，夭蟜枝格，偃蹇杪顛[547]。於是乎隃絕梁[548]，騰殊榛[549]，捷垂條[550]，踔稀間[551]，牢落陸離，爛曼遠遷[552]。

17 「若此輩者[553]，數千百處[554]。嬉游往來[555]，宮宿館舍[556]，庖廚不徙[557]，後宮不移[558]，百官[559]備具。

18 「於是乎背秋涉冬，天子校獵[560]。乘鏤象[561]，六玉虬[562]，拖蜺旌[563]，靡雲旗[564]，前皮軒[565]，後道游[566]；孫叔奉轡[567]，衛公驂乘[568]，扈從橫行，出乎四校之中[569]。鼓嚴簿[570]，縱獠者[571]，江河為阹[572]，泰山為櫓[573]，車騎靁起[574]，隱天[575]動地，先後陸離[576]，離散別追[577]，淫淫裔裔[578]，緣陵流澤，雲布雨施[579]。

19 「生[580]貔豹[581]，搏[582]豺狼[583]，手[584]熊羆[585]，足[586]野羊，蒙鶡蘇[587]，絝白虎[588]，被豳文[589]，跨野馬[590]。陵三嵕之危[591]，下磧歷之坻[592]；徑陵赴險[593]，越壑厲水[594]。推蜚廉，弄解豸[595]，格瑕蛤[596]，鋋猛氏[597]，罥騕褭[598]，射封豕[599]。箭不苟害[600]，解脰陷腦[601]；弓不虛發，應聲而倒。於是乎乘輿[602]彌節[603]裴回[604]，翱翔往來[605]，睨[606]部曲[607]之進退，覽將率之變態[608]。然後浸潭[609]促節[610]，儵敻[611]遠去。流離輕禽[612]，蹴履[613]狡獸，轊[614]白鹿，捷[615]狡兔，軼赤電，遺光燿[616]，追怪物[617]，出宇宙[618]。彎繁弱[619]，滿白羽[620]，射游梟[621]，櫟蜚虡[622]。擇肉後發[623]，先中命處[624]，弦矢分，藝殪仆[625]。

20 「然後揚節[626]而上浮[627]，陵驚風[628]，歷駭飆[629]，乘虛無[630]，與神俱[631]。轔[632]

21

玄鶴，亂昆雞[633]，遒孔鸞，促鵔鸃[634]，拂翳鳥，捎鳳皇[635]，捷鴛雛，掩焦明[636]。

「道盡塗殫，迴車而還。招搖[637]乎襄羊[638]，降集[639]乎北紘[640]，率乎[641]直指[642]，闇[643]乎反鄉[644]。蹷石闕，歷封巒，過鳷鵲，望露寒[645]。下棠梨[646]，息宜春[647]，西馳宣曲[648]，濯[649]鷁[650]牛首[651]。登龍臺[652]，掩[653]細柳[654]，觀士大夫之勤[655]略[656]，鈞[657]獠者之所得獲[658]。徒[659]車之所轔轢[660]，乘騎[661]之所蹂若[662]，人民[663]之所蹈躤[664]，與其窮極[665]倦谻[666]，驚憚讋伏[667]，不被[668]創刃[669]而死者，佗佗籍籍[670]，填阬[671]滿谷，掩平[672]彌澤。

22

「於是乎游戲懈怠，置酒乎昊天之臺[673]，張樂[674]乎膠葛[675]之宇；撞千石[676]之鐘，立萬石之鉅[677]；建翠華之旗[678]，樹靈鼉之鼓[679]。奏陶唐氏之舞[680]，聽葛天氏之歌[681]。千人唱，萬人和，山陵為之震動，川谷為之蕩波。巴俞[682]宋、蔡[683]，淮南[684]于遮[685]，文成[686]顛[687]歌，族舉[688]遞奏[689]，金鼓迭起，鏗鎗[690]鏜鞈[691]，洞心[692]駭耳。荊、吳、鄭、衛[693]之聲，韶[694]、濩[695]、武[696]、象[697]之樂，陰淫案衍[698]之音，鄢、郢繽紛[699]，激楚[700]結風[701]，俳優[702]侏儒[703]，狄鞮[704]之倡[705]，所以娛耳目而樂心意者，麗靡[706]爛漫於前，靡曼[707]美色[708]於後。

23

「若夫青琴[709]宓妃[710]之徒，絕殊離俗[711]，姣冶嫻都[712]。靚莊[713]刻飭[714]，便

24

嬛[715]綽約[716]，柔橈[717]嬛嬛[718]，嫵媚[719]姌嫋[720]；抴[721]獨繭[722]之褕[723]袘[724]，眇[725]閻易以戌削[726]，媥姺[727]徶𢕟[728]，與世殊服[729]；芬香漚鬱[730]，酷烈[731]淑郁[732]；皓齒粲爛[733]，宜笑[734]的皪[735]；長眉連娟[736]，微睇[737]緜藐[738]；色授魂與[739]，心愉於側[740]。

「於是酒中[741]樂酣[742]，天子芒然[743]而思，似若有亡[744]。曰：『嗟乎，此泰[745]奢侈！朕以覽聽[746]餘閒，無事弃日[747]，順天道以殺伐[748]，時休息於此，恐後世靡麗[749]，遂往而不反[750]，非所以為繼嗣[751]創業垂統[752]也。』於是乃解酒罷獵，而命有司曰：『地可以墾辟[753]，悉為農郊，以贍[754]萌隸[755]；隤[756]牆填塹[757]，使山澤之民[758]得至焉。實陂池而勿禁[759]，虛宮觀而勿仞[760]。發倉廩以振貧窮，補不足，恤鰥寡，存孤獨。出德號[761]，省刑罰，改制度[762]，易服色[763]，更正朔[764]，與天下為始[765]。』

25

「於是歷[766]吉日以齊[767]戒，襲[768]朝衣，乘法駕[769]，建華旗，鳴玉鸞[770]，游乎六藝[771]之囿，騖乎仁義之塗，覽觀春秋之林[772]，射貍首，兼騶虞[773]，弋玄鶴，建干戚[774]，載雲罕[775]，揜羣雅[776]，悲伐檀[777]，樂樂胥[778]，修容乎禮園，翶翔乎書圃[779]，述易道[780]，放怪獸[781]，登明堂[782]，坐清廟[783]，恣羣臣[784]，奏得失，四海之內，靡不受獲[785]。於斯之時，天下大說，鄉風而聽，隨流而化[786]，喟然[787]興道[788]而遷義[789]，刑錯[790]而不用，德隆乎三皇，功羨[791]於五帝。若此，故獵乃可喜也。

26 「若夫終日暴露馳騁，勞神苦形，罷[792]車馬之用[793]，抏[794]士卒之精[795]，費府庫之財，而無德厚之恩，務在獨樂，不顧眾庶，忘國家之政，而貪雉兔之獲，則仁者不由[796]也。從此觀之，齊、楚之事，豈不哀哉！地方不過千里，而囿居九百，是草木不得墾辟，而民無所食也。夫以諸侯之細[797]，而樂萬乘[798]之所侈，僕恐百姓之被其尤[799]也。」

27 於是二子愀然[800]改容，超若[801]自失，逡巡避席[802]曰：「鄙人固陋，不知忌諱，乃今日見教，謹聞命矣。」

28 賦奏[803]，天子以為郎。無是公言天子上林廣大，山谷水泉萬物，及子虛言楚雲夢所有甚眾，侈靡過其實，且非義理所尚[804]，故刪取其要[805]，歸正道而論之。

【章旨】以上為第二段，錄司馬相如〈子虛上林賦〉，寫他因辭賦而受漢武帝賞識。

【注釋】❶狗監　官名，為皇家掌管獵犬。❷侍上　侍奉皇上。按：此所謂「上」者乃指漢武帝，名徹，景帝之子，西元前一四〇—前八七年在位。❸朕獨不得與此人同時哉　按：武帝起初誤以〈子虛賦〉為古人所作，故發此語。❹邑人　同邑之人，猶今所謂「同鄉」。楊得意與司馬相如同為蜀郡人，故言之如此。❺司馬相如自言為此賦　楊得意「侍上」時武帝始讀此賦，而楊得意又聞相如之「自言」，可知此賦大抵乃相如託楊得意以進呈於武帝者也。❻上驚二句　按：武帝之所以有此表現，乃因為其本人亦愛好辭賦，今《漢書・藝文志》載有「上所自造賦二篇」。❼此乃諸侯之事　意謂〈子虛賦〉所描寫的是楚國諸侯與齊國諸侯打獵的事情。❽請為天子游獵賦　意即接著寫〈上林賦〉。〈上林賦〉所描寫的是天子在上林苑打獵的情景。❾尚書　官名，始置於戰國，或稱掌書。秦代是少府的屬官，掌殿內文書，地位很低。漢武帝時，設尚書五人，開始分曹治事，因在皇帝左右辦事，掌管文書奏章，地位逐漸重要。❿給筆札　給，提供。筆札，當時的書寫工具。師古曰：「札，木簡之薄小者也，時未多用紙，故給札以書。」⓫為楚稱　代表楚國一方，以誇張楚國的富饒強大與楚國諸侯狩獵之排場。⓬烏有　同「無有」。烏，此處通「無」。⓭為齊難　代表齊國立場，為齊國責難楚國的代表「子虛」，以矜誇齊國的富饒強大與齊國諸侯狩獵之排場。⓮無是人　無此人。⓯明天子之義　站在天子之立場，以闡發天子至高無上，諸侯無法相比之意義。⓰藉此三人為辭　借著三個虛擬人物的相互辯難稱說。⓱以推天子諸侯之苑囿　以描寫天子與諸侯狩獵的事情。苑囿，畜養動物以供帝王貴族狩獵的場所。⓲卒章　作品的最後部分。⓳因以風諫　古人以詩賦含有諷諫意義為至高原則，史公亦主於此。〈上林賦〉結尾處有所謂「於是酒中樂酣，天子芒然而思，似若有亡」云云之「曲終奏雅」，蓋即所謂「風諫」也。王觀國曰：「司馬相如〈子虛賦〉中雖言上林之事，然首尾貫通一意，皆〈子虛賦〉也，未嘗有〈上林賦〉。而昭明太子編《文選》乃析其半，自『亡是公听然而笑』為始，以為〈上林賦〉，誤矣。」王若虛曰：「相如〈上林賦〉設子虛使者、烏有先生以相難，至亡是公而意終，蓋一賦耳，而蕭統別之為二。統不足怪也，至遷、固為傳，亦曰『上覽〈子虛賦〉而善之，相如以為此乃諸侯之事，故別賦〈上林〉』何哉？」高步瀛曰：「諸家謂兩篇為一篇，是也。非獨〈子虛〉、〈上林〉，即〈兩都〉、〈二京〉、〈三都〉皆然。吳摯甫先生曰：『〈子虛〉、〈上林〉一篇耳。下言「故空藉此三人為詞」，則亦以為一篇矣。而前文〈子虛賦〉乃遊梁時作，及見天子，乃為〈天子遊獵賦〉。疑皆相如自為賦序，設此寓言，非實事也。楊得意為狗監，及天子讀賦，恨不同時，皆假設之詞也。』先生此說，可以解諸家之惑。」（《文選李注義疏》）瀧川曰：「〈子虛〉〈上林〉原是一時作，合則一，分則二。相如使鄉人奏其上篇以求召見耳，正是才子狡獪手段。」⓴奏之天子二句　王先謙引王念孫曰：「『奏』下正文、注文皆後人加之，賦奏在下文，則此不得先言「奏」；且下「其辭曰」三字乃總承上文言之，忽插此二句則語意中斷矣。」㉑田　同「畋」。打獵。㉒過詫烏有先生　到烏有先生處吹誇楚國的田獵之盛大。詫，誇耀。㉓獲多乎　捕獲的禽獸多嗎。㉔夸僕　向我誇耀。僕，用以自稱的謙詞。㉕雲夢之事　指楚王在雲夢澤的狩獵。雲夢，楚國的澤藪名，約當今湖北省之荊州以東、武漢以西、監利以北、潛江以南的大片地區。㉖可得聞乎　可以讓我聽聽嗎。㉗千乘　千輛兵車。古稱四馬一車曰「乘」，車上有甲士三人，後跟步兵七十二人。㉘選徒　經過選拔的士兵。〈魏公子列傳〉、〈廉頗藺相如列傳〉中有「選兵」、

「選騎」、「選車」，可以參考。㉙罘罔　這裡即泛指捕捉禽獸的羅網。罘，捕獸的網。罔，通「網」。㉚彌山　滿山。彌，滿；遍布。㉛揜　覆蓋；捕取。㉜轔　車輪。這裡用如動詞，指用車輪碾軋。㉝腳麟　捕捉大母鹿。腳，用如動詞，謂掎其腳而獲之。《索隱》引韋昭曰：「謂持其一腳也。」師古引《說文》云：「麟，大牝鹿也。」㉞鶩於鹽浦　鶩，奔馳。鹽浦，鹽灘。此指齊國的海邊。㉟割鮮染輪　有謂指因割生肉而血染車輪。鮮，生肉；活的禽獸。也有謂承上句「轔鹿」而言，言因軋斷禽獸的軀體而染紅車輪。㊱矜而自功　驕盈而自以為功成。㊲顧　回望。㊳饒樂　富饒而可以為樂。㊴何與　何如；哪個更好。㊵鄙人　淺陋無知之人。鄙，邊野之地。㊶宿衛　在宮廷中為帝王守夜值勤。㊷後園　宮廷後面的花園，以與外部的獵場相對而言。㊸覽於有無　看到楚王的後園中到底有些什麼。于光華《文選集評》：「謂觀園中何者為有，何者為無。」㊹徧覩　全都看到。㊺惡足　焉能；豈可。惡，也寫作「烏」。如何。㊻外澤　宮禁外面的藪澤、獵場，以與上述「後園」相對而言。㊼雖然　儘管如此；但還是。㊽唯唯　恭應之辭。㊾楚有七澤　按：此但誇而言之，不必如實推求。㊿特　只；只不過。(51)盤紆　盤迴紆曲。(52)岪鬱　山勢曲折不通貌。(53)隆崇嵂崒　山峰聳起貌。(54)岑巖　高聳的山峰。(55)參差　高低不齊的樣子。(56)日月蔽虧　日月被山峰遮蔽。極言山勢之高。蔽，全遮。虧，半掩。(57)交錯糾紛　指山勢縱橫錯雜，使人無法分辨。(58)上干青雲　即今所謂上干雲霄。上插霄漢之中。干，犯；插入。(59)罷池陂陀　山形傾斜而下的樣子。李善注引郭璞曰：「『罷池陂陀』，言旁穨也。」(60)下屬江河　言山形自極高而下，山腳乃與江河相連。屬，連。(61)丹青赭堊　可以作染料的四種土。丹，朱砂，可作紅染料。青，石青，可作青顏料。赭，一種紅黃色的土。堊，一種白色土。(62)雌黃　又名石黃，可製黃顏料。(63)白坿　即石灰。(64)碧　青白色的玉石。(65)照爛龍鱗　師古曰：「言采色相耀若龍鱗之間雜也。」以上五句極言山石土壤中所含的珍貴礦物質之多。(66)赤玉　赤色的玉，一名赤瑾。(67)玫瑰　一種紫色的玉石。(68)琳瑉　琳，玉名。瑉，一種似玉之石名。(69)琨珸　也作「昆吾」。原為山名，出美石，因以為美石名。(70)瑊玏　石之次玉者。(71)玄厲　一種黑色的石頭，可用以磨刀。(72)瑌石武夫　師古引張揖曰：「皆石之次玉者。『瑌石』白者如冰，半有赤色；『武夫』白地赤采。」按：《山海經．中山經》有所謂「扶豬之山，其上多瑌石」，〈海內經〉有所謂「鹽長國有武夫之丘」。(73)蕙圃　蕙草叢生之園圃。蕙，香草，亦名薰草。(74)衡蘭　杜蘅叢生之欄杆。衡，杜蘅，香草名。蘭，通「欄」。與上句「圃」字相對。(75)芷若射干　白芷、杜若、射干，皆香草名。射干，一名烏扇，根可入藥。(76)穹窮　一種狀似芹菜的香草，生在山谷間。(77)昌蒲　香草名，其味辛，根可入藥。(78)江離蘼蕪　皆水生香草名。(79)諸蔗　即甘蔗。(80)猼且　《漢書》作「巴且」。有謂指蘘荷，也有謂即芭蕉。(81)登降陁靡　指地勢的遼闊與高低不平。登降，升降，指地勢的高低。陁靡，指地勢的寬廣綿延。(82)案衍壇曼　《索隱》引司馬彪曰：「案衍，窳下；壇曼，平博也。」(83)緣以大江　謂雲夢澤南以長江為邊沿。(84)限以巫山　謂雲夢澤東以巫山為界限。巫山，一名陽臺山，在今湖北漢陽境內，不是指四川的巫山。(85)葴菥苞荔　皆草名。葴，即馬藍。菥，《索隱》引孟康云：「似燕麥。」苞，即席草，莖堅韌，可編織器物。荔，似蒲而小，根可以製刷子。(86)薜莎　二草名。薜，艾蒿。莎，又名香附子，根可入藥。(87)青薠　似莎而大者。(88)藏莨　即狼尾草，俗名狗尾巴草。(89)蒹葭　即蘆葦。(90)東蘠　《索隱》引《續漢書》云：「似蓬草，實如葵子，十一月熟。」(91)雕胡　即菰米，今稱茭白。(92)菰蘆　王先謙以為即今之葫蘆。(93)菴藺　艾蒿一類的草。(94)軒芋　一名蔓于。師古引張揖曰：「蕕草也，生水中。」(95)不可勝圖　無法描繪淨盡。師古曰：「勝，舉也。不可盡舉而圖寫之，言其多也。」瀧川引曾國藩曰：「此段『南有平原廣澤』似最宜畋獵之地，而下文敘獵但在東、西、北三處，而不及南之廣澤，蓋虛實相備也。」(96)激水　翻動著的池水。(97)推移　指水的流動。(98)外發芙蓉蔆華　外，指水面上。發，開放。芙蓉，蓮花。蔆華，菱花。(99)內　指水面之下。(100)鼉　俗名豬婆龍，又名揚子鱷。(101)瑇瑁　龜屬動物，甲上有花紋，可作裝飾品。(102)黿　俗名癩頭黿，似鱉而大。(103)陰林　茂密幽深的大森林。(104)梗柟　二樹名。梗，即黃梗木。柟，同「楠」。即楠木。(105)豫章　二樹名。豫，即枕木。章，乃樟木。二樹相似，故常並稱。(106)桂椒　指桂花樹和花椒樹。(107)木蘭　樹名，又名杜蘭、松蘭，皮香似桂，皮、花均可入藥。(108)蘗離　二樹名。蘗，俗稱黃蘗，幹高數丈，終冬不凋。離，即山梨。(109)朱楊　師古曰：「赤莖柳也，生水邊。」(110)樝梸梬栗　四種樹名。樝，郝懿行曰：「即今之鐵梨，黃赤而圓，肉堅，酸澀，而入湯煮熟，則更甜滑。」也有謂即今之山楂。梸，通「梨」。梬，羊棗，也稱黑棗。栗，即今之栗樹。也有謂「梬栗」指一種樹，高步瀛《文選李注義疏》引羅願《爾雅翼》曰：「梬栗，結實似柿而極小，其蒂四出，枝葉皮核皆似柿，秋晚而紅，乾之則紫黑如葡萄，其大小亦然。今人謂之丁香柿，又謂之朱乳柿。」(111)其上　指樹上。(112)赤猨蠷蝚　兩種猿類動物。猨，通「猿」。蠷蝚，即獼猴。(113)鵷雛　傳說中的與鸞鳳同類的鳥。(114)孔鸞　孔雀與翠鸞。(115)騰遠　指一種善於跳躍超騰的猿類。一說謂蛇名。《索隱》引司馬彪云：「騰遠，蛇也。」又引郭璞曰：「騰蛇，龍屬，能興雲霧。」(116)射干　又名野干，似狐而小，能緣木，形色青黃如狗，喜群行，夜鳴如狼。(117)其下　謂活動於樹下者。(118)玄豹　黑豹。(119)蟃蜒　獸名，狼屬而似狸。(120)貙豻　獸名，似狸而大。也有謂貙為大虎。(121)兕象野犀二句　按：《漢書》、《文選》皆無此八字。梁玉繩曰：「上句『蟃蜒』即『獌狿』，而下又有『窮奇象犀』之語也。」(122)專諸之倫　專諸之類的人。專諸，春秋末期的著名刺客，曾為公子光刺殺吳王僚，詳見〈刺客列傳〉，今用以泛稱勇士。倫，類；輩。(123)手格此獸　空手與前述的諸種猛獸格鬥。格，搏擊。(124)馴駁之駟　訓練有素的四匹毛色斑駁的拉車之馬。馴，馴服。駁，毛色斑駁的馬。駟，四馬共拉一車。這裡即指四馬。按：也有謂「駁」是獸名，師古引張揖曰：「駮如馬，白身黑尾，一角鋸牙，食虎豹，擾（馴）而駕之，以當駟馬。」[125]雕玉之輿　用雕鏤的玉石裝飾的車子。[126]靡　胡紹瑛曰：「『靡』與『摩』同，今寫作『麾』。」麾，揮動。[127]魚須之橈旃　以大魚之鬚為旒的大旗。橈旃，曲柄旗。[128]曳　拖；飄拂著。[129]明月之珠旗　綴有明月珠的旗幟。明月，珠名，能夜明如月。[130]建　豎立；插著。[131]干將之雄戟　像干將一樣鋒利的長戟。干將，春秋時吳國的鑄劍師，其所鑄之劍名「干將」「莫邪」，皆以鋒利著稱。王念孫《爾雅疏證》：「干將連語以狀其鋒刃之利，非人名也。」戟，長矛鋒刃之帶鉤岔者。[132]左　謂楚王左邊佩帶。[133]烏嗥　同「烏號」。良弓名，此弓之起源見於〈封禪書〉。[134]右　謂楚王右邊佩帶。[135]夏服之勁箭　夏服，夏朝善射者后羿佩帶過的箭袋。服，箭袋。[136]陽子　古之善御者。一說指善相馬之孫陽，字伯樂；一說指仙人陽陵子。[137]驂乘　陪侍在楚王的右側，兼充警衛之職。[138]纖阿　師古引郭璞以為古之善御者；《集解》引《漢書音義》以為月神的車夫。高步瀛《文選李注義疏》曰：「陽子為仙人陽陵子，則纖阿為月御；陽子為孫陽，則纖阿當如郭說。此等處實難定其孰是，但必其人相配耳。」[139]案節未舒　即案轡徐行。節，本指音樂的節奏，此指行步的節拍。按：案節，一作「弭節」，蓋即「垂鞭」「停鞭」之意。並未揮鞭驅馬，即有如下文之效果，則楚王之勇力威武可以想見。[140]陵狡獸　陵，衝擊；蹂踐。狡獸，輕捷矯健之獸。[141]轔　用車輪輾壓。[142]邛　野獸名，又作「蛩蛩」。《集解》引郭璞曰：「似馬而色青。」[143]蹵　踐踏。[144]距虛　野獸名。師古引張揖曰：「似騾而小。」[145]軼　超越。[146]轊　通「轉」。車軸頭。這裡用如動詞，以車軸頭撞擊。[147]騊駼　北方的一種良種野馬。[148]遺風　千里馬名，言其速度比風速快。[149]游騏　似馬的一種迅猛之獸。[150]儵眒淒浰　形容車馬之快。儵眒、淒浰，皆迅疾貌。眒，通「瞬」。[151]靁動熛至　喻車馬之疾至，如雷聲火光之傳。熛，迸飛的火焰。[152]星流霆擊　亦喻車馬之迅疾，如流星、如閃電。[153]中必決眥　射禽獸必中其眼。極寫射箭之準，使禽獸目眶綻裂。眥，目眶。[154]洞胸達腋　穿胸而過，自腋而出。極言射技之中要害。[155]絕乎心繫　斷其心臟的要害之處。心繫，連接心臟的血脈經絡。[156]獲若雨獸　射獲禽獸如天之降雨。極言其多而不費力。雨，用如動詞，降雨。[157]揜　通「掩」。掩蓋；遮蔽。[158]弭節　猶曰「案節」、「低節」。意即「放慢速度」。節，節奏。或謂「弭節」即「停鞭」。節，策；馬鞭。[159]裴回　同「徘徊」。車馬迴旋而不前貌。[160]翺翔　意同「徘徊」。[161]容與　安逸自得貌。[162]暴怒　指勇士與禽獸格鬥時的振奮情態。[163]徼郤受詘　師古曰：「言獸有倦極者，徼而取之；力盡者，受而有之。」郤，倦。詘，疲。[164]殫睹　盡觀。殫，盡。[165]眾物之變態　指勇士之豪邁喧呼與禽獸之驚懼畏懾。[166]鄭女　美女的代稱。師古引文穎曰：「鄭國出好女。」[167]曼姬　美女。曼，美也。[168]被阿錫　被，同「披」。阿，細繒。錫，細布。此處皆謂細而薄的織品。[169]揄紵縞　揄，曳；披。紵，麻。縞，白絹。此處亦皆謂細而薄的織品。[170]襍纖羅　襍，諸色相間。這裡用如動詞，也是「身披」的意思。纖羅，細而薄的綺羅，一種名貴的絲織品。171垂霧縠　垂，這裡也指「身披」。霧縠，像煙霧一樣輕而薄的絲織品。172襞積褰縐　極言衣衫皺褶之紆曲繁多。襞積，衣褶。褰縐，蹙縮。173紆徐委曲　言衣衫的線條柔和優美。174鬱橈谿谷　衣衫線條之美有如紆曲之溪谷。鬱橈，深曲貌。175衯衯裶裶　皆衣衫長大美好的樣子。176揚衪卹削　師古曰：「揚，舉也；衪，曳也。或舉或曳，則卹削然見其降殺之美也。」卹削，裁製整齊的樣子。177蜚纖　指飄飛的上衣飾物。蜚，同「飛」。纖，古代婦女的一種衣飾。《集解》引郭璞曰：「纖，袿衣飾。」178髾　古時婦女衣上的裝飾，形如燕尾。高步瀛《文選李注義疏》引郭嵩燾曰：「蓋綴雙帶於衣之前，飾其下為垂絲。」179扶與猗靡　衣裙隨風擺動之貌。扶與，猶「扶搖」。形容鄭女曼姬之衣帶飄拂。180噏呷萃蔡　皆象聲詞。形容鄭女曼姬行走時衣服發出的摩擦聲。181下摩蘭蕙　謂鄭女曼姬的衣裙下拂地上的香草。摩，此處即指拂。182上拂羽蓋　謂眾女飄揚的巾飾上與楚王的車蓋相交連。羽蓋，用羽毛綴飾的車蓋。183錯翡翠之威蕤　意謂這些女人身上都裝飾著許多翡翠鳥的羽毛。錯，雜錯。極言其多。翡翠，鳥名，其羽毛美麗可觀，可作裝飾用。威蕤，色彩絢麗的樣子。184繆繞玉綏　謂這些女子頸上披戴著許多美麗的纓絡。繆繞，纏繞；披戴。玉綏，用玉綴飾的纓絡。也有說玉綏是用玉裝飾的繩索，人挽以登車。185縹乎忽忽　謂眾女子的柔媚輕捷之態。186若神仙之仿佛　彷彿就和神仙一樣。187獠於蕙圃　按：前文曰「其東則有蕙圃衡蘭」，此蓋獵於雲夢之東部也。《索隱》引《爾雅》曰：「宵獵曰獠。」這裡即指狩獵。188嫈珊勃窣　王先謙引韋昭注：「匍匐上下也。」189金隄　堅固的隄堰。190揜　捕取。191鵕鸃　雉類之鳥，羽毛五彩斑斕，有花紋。192微矰　射鳥的小箭。193纖繳　繫在箭尾的細絲繩。194施　發；射出。195弋白鵠　弋，用帶絲繩的箭射鳥。白鵠，水鳥名。196連駕鵝　連，這裡即指「射」。駕鵝，郭璞曰：「野鵝也。」197雙鶬下　雙鶬，鳥名，似雁而黑。下，被射下。198玄鶴加　玄鶴，黑色的鶴。加，指被箭射中。199怠而後發二句　意即倦於宵獵後，又到清池盪舟。清池，指上文所說的「其西則有湧泉清池」，此蓋即到雲夢之西部水獵也。梁玉繩曰：「《漢傳》無『發』字，作一句讀，甚是。」200浮文鷁　意即乘坐著繪有彩色水鳥的船。文鷁，色彩斑爛的水鳥。《集解》引《淮南子》：「龍舟鷁首，天子之乘也。」201揚桂枻　搖著桂木製成的槳。枻，船槳。202張翠帷　與下文「建羽蓋」互文同義，皆謂船上搭著用羽毛裝飾的帷幕。203罔　捕捉。204紫貝　水中的介類動物，貝殼紫色而帶有黑色花紋。205摐金鼓　摐，撞擊。金鼓，古代樂器名，即鉦。王先謙曰：「鉦，鐃也。其形似鼓，故名金鼓。」206鳴籟　古代樂器名，即簫。207榜人　船夫。208聲流喝　因連續高唱而變得嘶啞。李善引郭璞曰：「言悲嘶也。」王先謙以為「喝」字應讀「ㄞ」，即所謂「欸乃」也。欸乃，船歌。柳宗元詩：「欸乃一聲山水綠。」209水蟲　水生的各種動物。210波鴻沸　即波濤大作。鴻，通「洪」。大也。沸，波濤翻滾。211奔揚會　即波濤相互撞擊。中井曰：「奔揚，濤也。」212磻石相擊 波濤捲動的石塊相互碰撞。213硠硠磕磕 水中石塊的相互撞擊聲。蓋猶李白詩所謂「砯崖轉石萬壑雷」也。214息 停止。215擊靈鼓 謂擊鼓以集合隊伍。靈鼓，六面鼓。師古曰：「擊之所以警眾也。」216起烽燧 燃起火把。王先謙引郭嵩燾曰：「此獵罷飭歸之事，猶始田也言車騎鼓行之整肅。」217案行 依次而徐行。218就隊 各按部伍。219纚乎淫淫二句 言隊伍罷歸途中之行進有序。王先謙曰：「纚，若絲織相連屬也；淫淫，漸進也；班，依次而行；裔裔，流行貌。」220陽雲之臺 即宋玉〈高唐賦〉之所謂「陽臺」，在雲夢澤南部的巫山之下。221泊乎無為二句 皆恬淡、逸樂之狀。泊，淡泊。寧靜無欲的樣子。無為，無欲無求之狀。自持，自得；自足。222勺藥之和具二句 膳夫送上五味調和之肴饌，而後楚王用之。勺藥，藥草名。師古曰：「其根主安和五臟，又辟毒氣，故合之於蘭桂五味以助調食，因呼五味和為勺藥耳。」具，備辦；齊全。御，用。指楚王進食。223脟割 將鮮肉切成碎塊。脟，同「臠」。將肉切成小塊。224輪淬 師古曰：「『淬』亦搵染之義耳，言臠割其肉，搵車輪，鹽而食之。此蓋以譏上『割鮮染輪』之言也。」郭嵩燾訓「淬」為「烤炙」，即「割取一臠，就輪間炙而食之。正與『終日馳騁而不下輿』句相應。」225自以為娛 自己以此為樂事。226殆 近；似乎。227來況 謙詞，猶今所謂「光臨」。況，通「貺」。給人好處。228勠力致獲 努力多捕一些禽獸。勠力，合力；努力。229以娛左右 讓你高興高興。左右，謙稱對方，猶言「閣下」、「執事」。230願聞大國之風烈 想知道一些楚國的事情。風烈，高風德業。謙指對方的政事。231先生之餘論 意即也想由此聽聽你的一些高論。餘論，隻言片語的一些非正式談論。謙指對方的高論。232盛推雲夢 肆意誇大楚王在雲夢澤狩獵的事情。233奢言淫樂而顯侈靡 奢言，吹誇。淫樂，不加節制的吃喝玩樂。顯，炫耀。侈靡，肆意揮霍。234必若所言 楚王如果真像你說的那樣。235有而言之 楚王果有那些事，你把它說了出來。236章君之惡 暴露你們國君的罪惡。章，顯；暴露。237害足下之信 有損於你個人的信義。238而 及；與。239輕於齊 被齊國所輕。240累於楚 將被楚王所加罪。累，罪。241東陼巨海 東臨大海。陼，通「渚」。水中的小洲，這裡用為「濱臨」之義。242琅邪 山名，在今山東諸城東南。秦始皇二十八年（西元前二一九年）曾登此山作臺刻石。243觀乎成山 觀，遊覽。成山，在今山東榮城東北，秦始皇二十八年曾東巡至此。244之罘 山島名，在今山東煙台北，三面環海，一徑南通，秦始皇、漢武帝均曾登臨此山。245勃澥 即「渤海」。澥，伸入陸地的海灣。246孟諸 古藪澤名，約在今河南商丘東北，當時為齊國的西南邊境，自宋以後漸漸淤塞，故跡已不可復考。247邪 通「斜」。旁；側。248肅慎 古國名，漢代的肅慎約當今之黑龍江與吉林北部地區。249右以湯谷為界 右，王先謙引劉奉世曰：「『右』當作『左』。」「左」指齊國東側。湯谷，即「暘谷」，舊說為日出之地。250田 通「畋」。狩獵。251青丘 《正義》引服虔曰：「青丘國在海東三百里。」《集解》引郭璞曰：「青丘，山名，亦有田，出九尾狐，在海外。」王先謙引郭嵩燾說，以為「蓋今蓬萊諸島在海中者」。[252]徬徨　意同「逍遙」。肆意周遊。[253]吞若雲夢者八九　意謂齊國的遊獵場所之廣大，可以將八九個雲夢澤包含於其中。[254]其於胸中曾不蔕芥　胸中毫無梗塞之感。蔕芥，指細小的卡在咽喉的梗塞物。[255]俶儻瑰偉　指齊國出產的種種珍奇之物。俶儻，卓異非凡。瑰偉，奇特出眾。[256]異方殊類　不同地區出產的不同的稀有物品。[257]萬端鱗萃　意謂齊國的奇珍異寶之多有如魚鱗般聚集在一起。萃，集。[258]充仞　充滿。[259]禹不能名　連大禹也叫不出這些奇珍異寶的名字。相傳禹曾會天下諸侯於會稽，令各方諸侯把各自地區所產的東西鑄在鼎上，因此禹被視為認識奇特事物最多的人。[260]契不能計　契曾為舜的司徒，主天下之會計，故在這裡被視為最善計算的人。關於禹、契的上述記載見〈五帝本紀〉。[261]不敢言游戲之樂句　意即不敢對子虛吹誇。[262]先生又見客　先生您現在又是齊國的客人。見，通「現」。《索隱》引李善曰：「言見先生是客也。」按：「見客」也可以理解為被看作客人，故齊王不與之爭競。[263]辭而不復　讓著您，不和你一般見識。辭，讓。復，回答。[264]何為無用應哉　怎麼能說是沒有辦法回答您哪。無用應，無以應；無法回答。按：以上即通常之所謂〈子虛賦〉，前文所謂相如作於梁國，為武帝所先讀之者。孫月峰曰：「規模亦自〈高唐〉、〈七發〉來，然彼乃造端，此則極思。馳騁錘煉，窮狀物之妙，盡擒詞之致，既宏富，又精刻，卓為千古絕技。」俞犀月曰：「〈子虛〉一賦，遒勁絕倫，妙在齊楚之問答，工力悉敵，針鋒相對，不作相下之勢，便隱然為〈上林〉留地步。」[265]听然　笑貌。[266]楚則失矣二句　子虛的說法固然是錯的，烏有的說法也不對。[267]納貢　入貢；進貢。[268]財幣　財物禮品。幣，禮品。[269]述職　向天子陳述自己管理方國的情形。《孟子·梁惠王下》：「諸侯朝於天子曰述職。述職者，述所職也。」職，主管。[270]封疆畫界　為諸侯國劃分各自的疆界。崔豹《古今注》：「封土為臺，以表疆境也。於二封之間又為壝埒，以畫分界域也。」[271]守禦　防止他國入侵。[272]禁淫　禁止諸侯國肆意侵占他國疆土。淫，放縱。[273]東藩　東部的藩國。古稱諸侯國為天子的藩籬，其責任即拱衛天子。[274]私肅慎　與肅慎國私相勾結。[275]捐國踰限　離開本土，越過邊境。限，指國界。[276]越海而田　跨過大海，到海上諸島去遊獵。師古曰：「謂田於青丘也。」[277]明君臣之義　闡明「君君臣臣」的道理。[278]正諸侯之禮　端正作為一個諸侯所應遵行的禮數。[279]爭　競；相互誇耀。[280]相勝　壓倒對方。[281]相越　超過對方。[282]揚名發譽　意即提高自己國家的聲譽、名望。[283]貶君自損　貶低自己的國君，損害自己的國家。[284]齊楚之事　指前面子虛、烏有所盛誇的楚、齊兩國諸侯狩獵的「壯舉」。[285]巨麗　更宏偉、更壯麗的場面。[286]天子之上林　謂天子在上林苑狩獵的情景。上林，秦漢時代的皇家宮苑名，其地約當今西安市西南之長安、戶縣等大片地區，周圍至三百里，中有離宮七十餘處。[287]左蒼梧二句　左，指東側。右，指西側。蒼梧，漢郡名，郡治即今廣西梧州。西極，《集解》引郭璞曰：「邠國也。」

即今陝西彬縣。按：「蒼梧」、「邠國」皆不在上林苑的區域內，故高步瀛《文選李注義疏》引吳汝綸曰：「此皆上林中所為以象蒼梧、西極者，猶昆明也。」288丹水更其南　丹水在上林苑的南側流過。更，經過。按：此「丹水」應指上林苑內之河，似不應指源於今陝西商縣西北之冢嶺山，東流入河南省境內以入均水者。289紫淵徑其北　紫淵水在上林苑的北部穿流而過。徑，直穿。《正義》引文穎曰：「西河穀羅縣有紫澤，在縣北，於長安為北。」290終始霸滻　謂霸水、滻水的源頭與歸宿都在上林苑內。霸水，源於陝西藍田南，北流至今西安市東與滻水合，復北流入渭水。滻水亦源於藍田縣南，北流與霸水相匯，此二水當時皆流經上林苑之東部地帶。291出入涇渭　謂涇水、渭水皆從外部流入上林苑，又出苑中流出。涇水，源於今寧夏六盤山，東流入陝西，在咸陽東北入渭水。渭水，源於今甘肅渭源，東流經今西安市北，復東流入黃河。292酆鄗潦潏　四水名。酆水，源於陝西秦嶺，北流經今西安市西，匯入渭水。鄗水，源於今西安城西之鎬池，北入渭水。潦水，亦作「澇水」，源於陝西戶縣南，北流入渭水。潏水，源於秦嶺，西北流歧為兩支，一支北流為皁水，注於渭水；一支西南流，合鄗水注於渭水。293紆餘委蛇　水流曲折的樣子。294經營乎其內　經營，猶言「周旋」。謂以上諸水皆曲折穿流於上林苑中。295蕩蕩兮八川分流　蕩蕩，水勢浩大的樣子。八川，即上文提到的「霸、滻、涇、渭、酆、鄗、潦、潏」，通稱「關中八川」。296相背而異態　相背，指水的流向相反，如涇水由西北向東南流，而霸水則由東南向西北流。異態，指水流的情態不同，如有的湍急，有的平緩。297東西南北二句　進一步描寫上述八條河水的流淌情狀。298出乎椒丘之闕　出，經由；穿過。椒丘，長有椒樹的丘陵。闕，缺口。師古引服虔語解為「兩山對起如雙闕者」，似過於穿鑿。299洲淤之浦　水中陸地的旁邊。王先謙引《文選》注：「水中可居者曰洲，三輔謂之淤也。」浦，水涯。300徑乎桂林　徑，徑直穿過。桂林，桂樹林。301泱莽之野　寬廣平曠的大地。泱莽，廣大貌。302汩乎渾流　渾水疾流的樣子。汩，水疾流貌。渾流，舊注解為水流盛大的樣子，然陝西處黃土地帶，且又水從高處流下，疑應解為渾濁的流水才比較合適。303阿　高丘。304赴隘陝之口　向一個狹窄的出口流去。隘陝，「狹隘」的倒文。305穹石　猶言「大石」。306堆埼　泥沙堆積構成的曲岸。王先謙曰：「沙壅之而成曲岸，水遇之則激起，正與『穹石』對文。」307滂濞　同「澎湃」，象聲詞。波濤撞擊發出的聲音。308滭浡　水盛大的樣子。309滵汩　水流迅疾的樣子。310湢測　水流迫蹙貌。311泌瀄　水勢相擊貌。312橫流逆折　指疾流受阻橫出，形成漩渦。313轉騰　波濤翻騰貌。314潎洌　波濤翻騰之聲。315澎濞　同「澎湃」。316沆瀣　波濤撞擊聲。梁玉繩曰：「『瀣』乃『溉』之譌。」317穹隆雲撓　形容水勢一會兒像天一樣高起，一會兒如雲一般彎曲。穹，天。隆，高。撓，曲。318蜿澶　水流曲折延伸貌。319膠戾　水流迂曲縈繞貌。320踰波　指後浪凌越前浪。321趨浥　指水流往低處。浥，低下之處。322苙苙　有說指水流聲，也有謂水疾流貌。323下瀨　水流於沙石之上。❸324批壛　拍擊岩岸。批，王先謙以為意為「反手擊」。按：〈項羽本紀〉「披帷西嚮立」之「批」，意即「反手擊」。❸325衝壅　沖決堵塞之處。中井曰：「壅，水道壅閼之處。」❸326犇揚　指水流奔流沸揚。❸327滭沸　《索隱》引郭璞曰：「水洒散貌。」王先謙曰：「水觸壛衝壅，奔而忽揚，滭而仍沸也。」❸328臨坻注壑　謂河水流經小洲，注入山谷。坻，小沙洲。❸329瀺灂　王先謙曰：「小水聲。」❸330霣墜　水流下注貌。❸331湛湛　水深貌。❸332隱隱　王先謙曰：「言水聲殷然也。」❸333砰磅訇磕　指水流激壛所發出的宏大聲響。❸334潏潏淈淈　皆水湧出貌。❸335湁潗　水騰湧貌。❸336鼎沸　波濤洶湧，狀如開鍋。❸337馳波跳沫　水波急馳，白沫飛濺。❸338汩急漂疾　汩急，水流湍急貌。漂疾，水流猛烈迅疾貌。漂，通「剽」。❸339悠遠長懷　謂八川之水皆從遠地而來。王先謙曰：「懷，來也。」❸340寂漻無聲二句　指河水流入平原之後的樣子。肆乎永歸，王先謙曰：「安然而長往也。」❸341灝溔潢漾　師古引郭璞曰：「皆水無涯際貌。」❸342安翔徐徊　皆謂河水緩緩流淌的樣子。徊，同「回」。迴旋。❸343翯乎滈滈　水勢浩大而泛著白光的樣子。翯，師古引郭璞曰：「水白光貌。」❸344大湖　王先謙引齊召南曰：「此『大湖』自指關中巨澤，非吳地震澤也，凡巨澤瀦水俱可稱『大湖』。」❸345衍溢陂池　謂河水流入大湖，湖面漲滿溢出，又旁入於其他小池。衍溢，漲滿溢出。陂池，指大湖四周的小塘、小池。按：以上集中描寫上林苑中之水。瀧川引曾國藩曰：「〈子虛賦〉言水始終，不外有力、自然兩義。『觸穹石』四句極言水之盛怒有力，『滭浡』五句極言其有力，『穹隆』四句言其自然，『批壛』二句言其有力，『臨坻』二句言其自然，『湛湛』二句言其有力，『潏潏』二句言其自然，『馳波』十句皆言其自然，脈絡極分明也。」又曰：「『潰』『盭』『瀨』『沛』『墜』『磕』『沸』為韻，『懷』『歸』『徊』『池』為韻。一韻之中上有數句，又各私自為韻，如『漸』『折』『洌』私自為韻，『戾』『浥』私自為韻。」❸346螭　傳說中沒有角的龍。❸347魱鰽　魚名，似鱔，犬鼻、軟骨、口在頷下。❸348螹離　魚名，形狀不詳。❸349鰅鰫鰬魠　皆魚名。鰅，亦稱班魚，皮有文采。鰫，亦稱花鰱、黑鰱，亦稱胖頭魚。鰬，《集解》引《漢書音義》：「似鯉而大也。」魠，一名黃頰魚，頰黃口大，能食小魚。❸350禺禺　魚名，皮有毛，黃地黑文。❸351鱋魶　皆魚名。鱋，比目魚。魶，娃娃魚，似鯰，有四足，聲如嬰兒啼哭。❸352揵鰭擢尾　有時露出背鰭，有時露出尾巴。揵、擢，揚起。這裡指露出水面。❸353振鱗奮翼二句　意謂以上眾魚諸獸有時浮出水面，振動鰭尾，隨後又潛入水底，藏入深穴。❸354讙聲　發出喧鬧之聲。讙，同「喧」。❸355萬物眾夥　謂以下所言之水中的產物眾多。夥，多。❸356明月　指明月珠，亦即夜明珠。❸357珠子　指生於蚌胎內的小球。❸358玓瓅　光亮鮮明貌。❸359江靡　江邊。師古引應劭曰：「明月珠子生於江中，其光耀乃照于江邊也。」❸360蜀石　次於玉的石頭。❸361黃碝　一種次於玉的黃色美石。❸362水玉　即水晶石。❸363磊砢　眾多貌。❸364磷磷爛爛　謂玉石在水中光彩輝映的樣子。❸365澔旰　玉石光彩四照的樣子。❸366叢積乎其中　謂珍石奇玉不可指數，集積於諸水之中也。(367)鴻鵠鷫鴇　皆鳥名。鴻，大雁。鵠，天鵝。鷫，即鷫鷞，長頸羽綠。鴇，似雁而大，無後趾，虎文。(368)鴐鵝　即野鵝。(369)鸀鳿　水鳥名。《正義》引郭璞曰：「似鴨而大，長頸赤目，紫紺色。辟水毒，生子在深谷澗中。」(370)鵁鶄　水鳥名。師古引郭璞曰：「似鳧而腳高，有毛冠，辟火災。」(371)鬟目　《漢書》、《文選》作「旋目」。師古曰：「荊郢間有水鳥，大如鷺而短尾，其色紅白，深目，目旁毛長而旋，此其『旋目』乎?」(372)煩鶩　鴨的一種。(373)鷛⿰鳥渠　水鳥名，似鴨而雞足，毛呈灰色，俗名水雞。(374)⿰鳥箴鴜　水鳥名，《漢書》、《文選》作「箴疵」。師古引張揖曰：「似魚虎而蒼黑色。」(375)鵁鸕　皆水鳥名。鵁，即魚鵁。《集解》引郭璞曰：「鵁，魚鵁也，腳近尾。」鸕，即鸕鷀，俗稱魚鷹、水老鴉，善潛水捕魚。(376)汎淫泛濫二句　《索隱》引郭璞曰：「皆鳥任風波自縱漂貌。」(377)掩薄草渚　覆蓋了汀洲。掩，遮蓋。薄，集聚。草渚，長滿綠草的汀洲。(378)唼喋　水鳥吮咂食物聲。(379)菁藻　皆水草名。(380)崇山　高山。(381)巃嵸　高峻貌。(382)崔巍嵯峨　皆高峻貌。(383)嶄巖　險峻不齊貌。(384)嵾嵯　同「參差」。高下不齊貌。(385)九嵕　山名，在今陝西醴泉北，處於當時上林苑的北側。(386)巀嶭　一說為山名。《集解》引《漢書音義》曰：「在池陽縣北。」然按下句曰「南山峨峨」，則此句「九嵕巀嶭」之「巀嶭」二字照理應解釋作險峻貌。(387)南山　即終南山，在今陝西西安南，處於當時上林苑的東南側。(388)峨峨　高聳貌。(389)巖陁　險峻傾斜。巖，險峻。陁，傾斜。(390)甗錡　師古引郭璞曰：「崇屈甗折貌。」王先謙曰：「甗，甑也；錡，三腳釜也。謂山形或如甗而巀嶭，或如錡而嵌空也。」(391)摧崣　同「崔巍」。高峻貌。(392)振谿通谷　指蓄水的山坳與流水的山谷。振谿，李善《文選注》謂：「山石收斂溪水而不分泄。」振，收；匯聚。(393)蹇產溝瀆　指渠道彎曲縱橫。蹇產，曲折貌。瀆，小溝渠。(394)谽呀豁閜　《集解》引郭璞曰：「皆澗谷之形容也。」《索隱》引司馬彪曰：「谽呀，大貌；豁閜，空虛也。」蓋皆謂山谷之空闊廣大也。(395)自陵別島　《正義》曰：「高平曰陸，大陸曰阜，水中山曰島。」別島，師古曰：「言阜陵居在水中，各別為島也。」(396)崴磈㟪瘣　《正義》曰：「皆高峻貌。」(397)丘虛崛㟮　《正義》曰：「皆堆壟不平貌。」(398)隱轔鬱㠥　皆山高低不齊之貌。(399)登降施靡　山形起伏蜿蜒的樣子。施靡，意同「迤邐」，山勢連綿不斷的樣子。(400)陂池　同「陂陀」。山勢傾斜貌。(401)豍豸　山勢漸平貌。(402)沇溶淫鬻　水緩流於溪谷之間的樣子。沇溶、淫鬻，皆緩流貌。(403)散渙夷陸　指水散流於廣闊的平野之上。散渙，水流分散貌。夷陸，平坦的陸地。(404)亭皋千里　王先謙曰：「『亭』當訓『平』。猶言『平皋千里』。皋，水旁地。」按：「亭」字訓「平」，又見於〈秦始皇本紀〉、〈酷吏列傳〉。(405)靡不被築　言岸邊土沙被水沖積得既平且硬，如同夯實。(406)掩　覆蓋；長滿。(407)糅　混雜。(408)流夷　同「留夷」。香草名，有說即芍藥。(409)尃　同「敷」。散布，這裡指遍地生長。(410)結縷　草名。《集解》引《漢書音義》曰：「結縷似白茅，蔓聯而生，布種之者。」(411)欑　聚集；叢生。(412)戾莎綠色的莎草。戾，同「莀」。深綠色。莎，草名，根可染紫色。413揭車　香草名，高達數尺，黃葉白花。414稾本　香草名，莖葉有細毛，葉呈羽狀，夏開白花。415射干　一名烏扇，多年生草本，葉劍形，夏季開花，花呈橘紅色，有深紅斑點，根可入藥。416茈薑　即紫薑。茈，通「紫」。417蘘荷　多年生草本，根狀莖淡黃色具辛辣味，可入藥。418葴橙若蓀　皆香草名。葴橙，《漢書》、《文選》皆作「葴持」。若，即杜若。蓀，亦稱「荃」。419鮮枝　即「燕支」，也作「焉氏」。香草名，可染紅色。按：此即〈匈奴列傳〉所謂「失我焉氏山，使我婦女無顏色」者也。420黃礫　草名，可染黃色。421蔣芧青薠　三種草名。蔣，也稱「菰」，即茭白。芧，三棱草。青薠，似莎而大者。422布濩閎澤　意即長滿大澤。布濩，遍布。閎，大。423延曼太原　意即遍布平原。延曼，猶言「蔓延」，亦遍布之意。太原，廣原。424麗靡　相連不絕的樣子。425廣衍　廣布。衍，分布。426應風披靡　意即隨風起伏。427吐芳揚烈　散發著濃烈的香氣。烈，指濃烈的香氣。428郁郁斐斐　皆形容香氣四溢。429發越　散發。430肸蠁　此處即指香氣。按：舊注皆謂「蠁」是一種知聲蟲，但用以解釋此句比較牽強。431布寫　猶言「四溢」。寫，同「瀉」。洋溢。432晻曖苾勃　皆謂香氣馥郁的樣子。433瞋盼軋沕　《漢書》、《文選》作「縝紛軋芴」。《集解》引郭璞曰：「皆不可分貌。」434芒芒怳忽　意即眼花撩亂。師古引郭璞曰：「言眼亂也。」435日出東沼二句　東沼，上林苑東邊的池沼。西陂，上林苑西邊的山坡。按：二句極言上林苑之廣大，曹操詩所謂「日月之行，若出其中；星漢燦爛，若出其裡」，即此意也。436隆冬生長二句　嚴冬而草木生長，水不結冰，以見地勢之因靠南而氣候溫暖。踊水躍波，意即波浪翻滾。437犝旄獏犛　四種獸名。犝，一名封牛，是一種頸上有肉堆，有力而善走的牛。旄，即旄牛。獏，似指大熊貓。《說文》：「似熊而黃黑色，出蜀中。」犛，犛牛之一種，體小，毛長而色黑。438沈牛麈麋　兩種獸名。沈牛，即水牛，因可沉沒於水中，故名。麈麋，鹿屬，角似鹿，蹄似牛，尾似驢，頸背似駱駝，故俗稱「四不像」。魏晉清談之士常以其尾為拂塵。439赤首　傳說中的獸名。王先謙稱《山海經．東山經》有所謂「北號之山有獸焉，其狀如狼，赤首鼠目，其音如豚」，又稱〈中山經〉有所謂「即公之山有獸焉，其狀如龜，而白身赤首」，不知此「赤首」係指何獸。440圜題　王先謙認為此處「題」字應作「蹄」，即指麟，因為麟的特徵是「麕身，牛尾，馬足，黃色，圓蹄，一角」，司馬相如在這裡是以麟的部分特徵稱呼之。441窮奇　傳說中的獸名。《集解》引《漢書音義》曰：「狀如牛而蝟毛，其音如嘷狗，食人也。」又〈海內北經〉云：「窮奇狀如虎，有翼，食人從首始。」442象犀　大象與犀牛。443盛夏含凍裂地二句　盛夏猶嚴寒裂地，踐冰渡河。形容其地勢偏北，與上林苑南側的溫差之大。揭河，原指提起衣襟涉水過河，這裡即指踏著堅冰走過河去。444麒麟角腨　傳說中的兩種獸名。《索隱》引郭璞曰：「麒似麟而無角。」角腨，《集解》引郭璞曰：「似豬，角在鼻上，堪作弓。」445橐駝　即駱駝。446蛩蛩驒騱　蛩蛩，同前文之「邛邛」，一種似馬的野獸。驒騱，野馬之屬。王先謙引《說文》云：「一名青驪，白鱗，文如鼉魚也。」(447)駃騠　良馬名，奔走極快。郭璞謂：「生三日而超其母。」(448)驢騾　今農畜中皆有之。騾，驢父馬母。(449)彌山跨谷　彌，滿；遍。跨谷，謂中間以棧道、閣道相連通也。凌稚隆曰：「《長安志》：『上林，秦舊苑也，武帝始廣開之。』《漢舊儀》謂：『廣長三百里，離宮七十所，容千乘萬騎。』《關中記》謂：『苑門十二，中有苑三十六，宮十二，觀二十五。』則規制之宏侈可知矣。」(450)高廊四注　高廊，高的遊廊。四注，四通八達，相互通連。注，連屬。(451)重坐曲閣　師古曰：「重坐，謂增室也；曲閣，閣之屈曲相連者也。」按：「重坐」指上下兩層的遊廊、閣道，與上句「高廊」相對為文；「曲閣」主要謂迤邐蜿蜒之狀，與上句之「四注」相對為文。(452)華榱　雕繪有花紋的屋椽。華，通「花」。花紋。榱，屋椽。(453)璧璫　師古曰：「以玉為椽頭，當即所謂『琁題』『玉題』者也。一曰『玉飾瓦之當』也。」按：古代蒙屋頂以瓦，列於屋簷的瓦頭稱為「瓦當」。(454)輦道　可乘輦往來的空中閣道。輦，帝王乘坐的車子。(455)纚屬　以喻閣道之多如織絲般回環連屬。(456)步櫩　供人步行的遊廊。(457)周流　四周回環的樣子。(458)長途中宿　極言廊道之長，一天也難走遍。師古曰：「雖經日行之，尚不能達，故中道而宿也。」(459)夷嵏築堂　鏟平高山，修築殿堂。師古曰：「夷，平也。山之高聚者曰嵏。」(460)纍臺增成　沿著山勢修造的亭臺樓閣看上去重重疊疊。纍臺，重重疊疊的樓臺。增成，《索隱》引張揖曰：「重累而成之，故曰『增成』。」師古曰：「增，重也。」(461)巖突洞房　《索隱》引郭璞曰：「言在巖突底為室，潛通臺上。」按：蓋謂山下有一條黝黑的孔道，可以直通山頂的宮殿，蓋猶今華山之千尺幢然也。巖突，意同「黝窅」。深邃黝黑的樣子。洞房，洞穴一樣的通道。(462)俛杳眇而無見　謂從上述通道的頂端向下看，黝黑一片，什麼也看不見。杳眇，深邃貌。(463)仰攀橑而捫天　攀著峰頂亭臺的簷椽向上看，就高得幾乎可以摸到蒼天了。師古曰：「橑，椽也。」(464)奔星更於閨闥　奔星，流星。更於閨闥，從峰頂殿閣的門戶中穿過。更，經；穿過。閨、闥，這裡皆泛指門。(465)宛虹　彎曲的彩虹。(466)拖於楯軒　就像掛在空中遊廊的欄干邊、窗戶上。拖，牽引。楯，指欄干。軒，指窗戶。(467)青虬　傳說中的龍之無角者，此指神仙騎乘的馬。(468)蚴蟉　此處意同「盤桓」。屈折行進的樣子。(469)東箱　正殿的東廂房。(470)象輿　大象拉的車子，此處指仙人乘坐的車。或謂表示祥瑞的一種車，蓋古有「德流則山出象車」云云。(471)婉蟬　猶言「婉轉」。車行安詳的樣子。(472)西清　正殿西側的清靜之房。(473)靈圉　《集解》引郭璞曰：「仙人名也。」(474)燕安。此處指休息。(475)閒觀　幽靜的樓臺。觀，樓臺。(476)偓佺　郭璞以為是仙人名，《索隱》引《列仙傳》云：「槐里采藥父也，食松，形體生毛數寸，方眼，能行追走馬也。」(477)暴於南榮　暴，同「曝」。曬太陽。南榮，南簷下。榮，屋簷。(478)醴泉　帶有酒香的泉水。(479)涌於清室　涌，冒出。清室，猶言「淨室」。宮殿中的閒靜之室。(480)通川過乎中庭　師古曰：「言於室中涌出，而通流為川，從中庭而過也。」481磐石裖崖　用大石塊壘起池塘的崖岸。裖，師古曰：「重密而累積。」482嶔巖　險峻的山岩。483倚傾　欹側傾斜的樣子。484嵯峨磼嶫　山石高危貌。485刻削崢嶸　謂岩石之稜角分明，有如人工斧削。486碧琳　青綠色的玉。487珊瑚　本是海洋動物，這裡借指山石的形狀如珊瑚礁。488瑉玉　似玉的一種美石。489旁唐　巨大貌。490璸斒　美石名。491文鱗　光彩斑斕的樣子。492赤瑕　赤色玉石。493駁犖　原指雜色的馬和牛，此處是說山石的色彩斑駁。494雜臿　錯綜交雜。495垂綏　美玉名。《集解》引徐廣曰：「垂綏，一作『朝采』。」師古曰：「朝采者，美玉，每旦有白虹之氣，光采上出，故名『朝采』，猶言夜光之璧矣。」496琬琰　美玉名。《集解》引郭璞曰：「桀伐岷山，得女二人，曰『琬』曰『琰』。桀愛二女，斲其名于苕華之玉。苕是琬，華是琰也。」497和氏　即和氏璧，春秋時楚人和氏所得的美玉。其故事見《韓非子·和氏》。498盧橘　橘之一種，夏天熟後，核呈黑色，故名。盧，黑色。499夏孰　夏天成熟。孰，同「熟」。500黃甘　即黃柑，橘屬，實似橘而圓大，霜後始熟，味甘美。甘，同「柑」。501橙榛　皆橘屬果名。502橪　酸棗。503楟柰厚朴　三種果名。楟，即棠梨，俗名海棠果。柰，李時珍曰：「柰同林檎，一類二種也。樹、實皆似林檎而大，西土最多，可栽可壓，有白、赤、青三色。」厚朴，木名，以其皮厚而得名。花有濃香，皮、花均可入藥。504梬棗　果木名，即黑棗。505蒲陶　即葡萄。506隱夫薁棣　二木名。隱夫，高步瀛《文選李注義疏》謂：「隱夫乃夫移，夫移為棠棣。」朱一清、孫以昭《司馬相如集校注》曰：「夫移即扶移。據《中國植物圖鑒》引《本草拾遺》：『扶移莖高三、四米，葉橢有鋸齒，嫩葉有白毛。春暮夏初，展放新葉時同時生花於枝梢，花瓣五片，形細長，色白。果實大似豌豆，葉黑色。』」薁棣，即薁李，果實味酸，呈紫赤色。507榙欏　果名，似李。508貤丘陵　謂諸種果木從「後宮」「北園」一直向丘陵、平原延伸生長開去。貤，通「迤」。延伸。509揚翠葉二句　皆謂蓬勃生長的樣子。杌，隨風搖動。510發紅華二句　紅華，紅花。華，同「花」。秀，原指秀穗，這裡也指「開放」的意思。朱榮，紅花。榮，花。511煌煌扈扈　師古曰：「言其光彩之盛也。」512鉅野　廣野。513沙棠櫟櫧　三木名。沙棠，形似棠，黃花紅果，形似李而無核。櫟，即麻櫟，落葉喬木，葉長橢圓形，幼葉可飼蠶，樹皮可作染料。櫧，常綠喬木，葉長橢圓形，花黃綠色，果實球形，褐色，有光澤。514華氾檘櫨　四種樹名。華，即樺樹。氾，《集解》引徐廣曰：「氾，一作『楓』。」按：《漢書》、《文選》皆作「楓」，即今之楓樹。檘，同「枰」。木名，一名平仲樹，即今之銀杏，俗名白果。櫨，即黃櫨，落葉灌木，木葉卵形或倒卵形，初夏開花，可作黃色染料。515留落胥餘　二樹名。留落，高步瀛以為即今之石榴。胥餘，王先謙引沈欽韓說以為即今之椰子樹。516仁頻并閭　二樹名。仁頻，即檳榔樹。并閭，即棕櫚樹。517欃檀木蘭　二樹名。欃檀，即今之檀樹。518豫章女貞　三樹名。豫，枕樹。章，樟樹。女貞，即冬青樹，冬夏常青不凋，若女子堅守貞操，故名。(519)長千仞　極言其高。古稱八尺為一仞。(520)大連抱　指樹幹粗大，須數人才能合抱。(521)夸條直暢　乃「夸暢條直」之倒裝。意即花朵暢開而枝條直伸。夸，王先謙引王文彬曰：「夸即『荂』之省文。」荂，「花」的古字。(522)實葉葰茂　乃「實葰葉茂」之倒裝。意即果實碩大而枝葉繁茂。葰，同「俊」。碩大的意思。(523)攢立叢倚　指各種樹木或聚集而直立，或叢聚而相倚。攢，聚集。(524)連卷累佹　皆謂眾樹枝幹蜷曲盤結的樣子。連卷，即「連蜷」。樹枝蜷曲貌。累佹，枝幹聚集支撐貌。累，聚集。佹，相互支拄。(525)崔錯　眾多而交錯的樣子。(526)癹骫　師古曰：「蟠戾也。」意即屈曲盤結的樣子。骫，「委」的古字。(527)阬衡閜砢　《索隱》引郭璞曰：「揭孽傾欹貌。」王先謙謂「阬衡」意即「抗衡」，謂幹條支拄，相傾相敵；「閜砢」亦開廣累積之意，總言其高耳。(528)扶於　同「扶疏」。枝葉繁茂分披的樣子。(529)幡纚　飛舞飄落的樣子。(530)紛容　繁盛貌。(531)蕭蔘　同「蕭森」。草木茂盛貌。(532)旖旎　輕盈柔順的樣子。(533)瀏莅卉吸　皆謂風吹草木之聲。瀏莅，也作「寥栗」。卉吸，猶言「呼吸」。(534)金石　銅質樂器與石質樂器，如鐘、磬。(535)管籥　泛指竹製管樂器，如笙、簫等。管，指笛、簫。籥，或曰即簫；或曰「若笛，短而有三孔」。(536)柴池茈虒　皆謂眾木之高低不齊。「柴池」、「茈虒」之音義與「差池」、「參差」相同，皆謂長短、高低不齊。(537)旋環　環繞。(538)雜遝累輯　皆謂眾木之繁多茂盛。雜遝，同「雜沓」。累輯，猶「累積」。(539)被山緣谷　意即長滿山坡，長滿溪谷。(540)循阪下隰　順著山坡一直向下生長到低凹之處。隰，低溼地。(541)玄猨素雌　黑色的雄猿，白色的雌猿。(542)蜼玃飛鸓　三種善攀緣的動物。蜼，通「狖」。長尾猴。玃，大獮猴。飛鸓，即鼯鼠，形似鼠，毛紫赤色，能飛，故又名飛生。(543)蛭蜩蠷蝚　四種善攀緣的異獸。蛭，《山海經・大荒北經》：「大荒之中有山，名不咸，有蜚蛭，四翼。」蜩，一作「綢」。《神異經・中荒經》：「西方有獸名綢，大如驢，狀如猴，善緣木。」(544)螹胡豰蛫　三種善攀緣的異獸。《索隱》引張揖曰：「螹胡似獮猴，頭上有髦，腰以後黑。」錢大昭以為「豰」乃「㲉」之形誤。《說文》：「㲉，犬屬，腰以上黃，腰以下黑，食母猴。」蛫，《索隱》引《山海經・中山經》：「即山有獸，狀如龜，白身赤首，其名曰蛫。」(545)翩幡　即「翩翻」，原指鳥飛之輕疾，此處指猿屬騰躍之矯捷。(546)互經　指猿屬在樹上來回竄跳。(547)夭蟜枝格二句　此二句之意思相似，郭璞曰：「皆獮猴在樹共戲姿態也。」《文選》李善注引張銑曰：「『夭蟜』、『偃蹇』，蹲掛之狀。」枝格，猶言「枝柯」。大大小小的枝杈。偃蹇，以言猿屬相互周旋嬉戲之靈活。杪顛，梢頭。(548)隃絕梁　隃，越過。絕梁，斷橋。此指無橋梁可渡的山澗。(549)騰殊榛　從這棵樹跳到那棵樹。殊，異；別株。榛，叢生之林。(550)捷垂條　猿屬扯著下垂的枝條嬉戲。捷，扯。(551)踔稀閒　在叢林的枝條稀疏處跳來跳去。踔，騰起；跳躍。閒，空隙。(552)牢落陸離二句　顏師古曰：「言其聚散不常，雜亂移徙也。」牢落，猶言「遼落」。零星散亂貌。陸離，參差不齊貌。爛曼遠遷，形容獸群任意奔走的樣子。(553)若此輩者　類似以上所描寫的四周具有繁多植物、動物的離宮別館。[554]數千百處　謂只在上林苑中即有千百處之多也。[555]嬉游往來　主語指「天子」。[556]宮宿館舍　即「宿宮舍館」之倒裝。宿、舍，皆為「住宿」的意思。[557]庖廚不徙　意謂各個離宮別館中均經常備有廚師及一應飲食之物，不須臨時調集。中井曰：「庖，宰處；廚，烹處。」[558]後宮不移　意謂各個離宮別館中均經常住有嬪妃、寺宦，以備天子臨幸，無須讓京城皇宮裡的妃嬪們出來跟著。[559]百官　此指各種值勤、辦事的接待、應承官員。[560]背秋涉冬二句　古代統治者例以秋末冬初為狩獵季節，故此處云然。涉，進入。校獵，周圍設立障蔽，將禽獸驅趕入內，以供獵者之射獲。校，柵欄。師古曰：「以木相貫穿，總為欄校，遮止禽獸而獵取之。」[561]乘鏤象　主語指「天子」。鏤象，師古引張揖曰：「以象牙疏鏤其車略。」極言其華貴。也有說即前文所言之「象輿」，即所謂「瑞應車」也。[562]六玉虯　以六匹蛟龍一般的馬拉著車子。《集解》引郭璞謂《韓子》有「黃帝駕象車、六蛟龍」之語。六，這裡用如動詞。虯，同「虬」。一種龍屬動物，此處指以玉裝飾轡絡的駿馬。[563]拖蜺旌　拖，曳。蜺旌，繪有虹霓的彩旗。蜺，同「霓」。彩虹。[564]靡雲旗　靡，這裡用如動物，飄拂的樣子。雲旗，《正義》引張揖曰：「畫熊虎於旌，似雲氣也。」[565]前皮軒　前有蒙以虎皮的車子為天子的車駕作前驅。王先謙引《宋史・輿服志》：「皮軒車，漢前驅車也，冒以虎皮為軒。」[566]後道游　緊跟在「皮軒」之後的是「導車」和「游車」。道，同「導」。師古曰：「皮軒最居前，而道游次皮軒之後耳。」《集解》引郭璞曰：「道，導車；游，游車。皆見《周禮》也。」導車，為天子的車駕作前導。游車，為天子的車駕維持秩序、充當警衛。[567]孫叔奉轡　孫叔，一說指古代之著名御手孫陽，即所謂「伯樂」也；一說指現實中人，即武帝的太僕公孫賀，後官至丞相，《漢書》有傳。奉轡，執轡。意即趕車。[568]衛公驂乘　衛公，一說指衛莊公，據說於春秋末期黃池之會時曾為吳王參乘；一說指現實中人，即武帝時之大將軍衛青。驂乘，同「參乘」。立於帝王之右，一者陪乘，同時也兼充警衛之職。王先謙引吳仁傑曰：「此兩人蓋指古之善御者耳，下云『青琴虙妃之徒，色授神予，心愉于側』，又豈當時真有此耶？案：『孫叔』即楚辭所謂『驥躊躇于弊輦，遇孫陽而得代』者是也，『衛公』即《國語》所謂『衛莊公為右，吾九上九下，擊人盡殪』者是也。」按：吳說義長。[569]扈從橫行二句　意即天子的車駕在獵場上任意縱橫，穿行於按部就班的其他各陪獵的警衛部隊之中。扈從，即「護從」。天子的侍衛，這裡實指天子本人。四校，王先謙曰：「當即屯騎、步兵、射聲、虎賁四校尉，皆天子行獵必當隨從者。」[570]鼓嚴簿　王先謙曰：「言鼓於嚴簿之中而縱獵者也。蔡邕《獨斷》：『天子出，儀衛次第謂之鹵簿。』蓋天子儀衛森嚴，故曰嚴簿。」鼓，擊鼓。簿，即鹵簿。[571]縱獠者　即下令讓陪獵官兵一齊出動。[572]江河為阹　以苑裡的現有大河作為圈攔禽獸的柵欄。江河，原指長江、黃河，這裡即指上林苑裡的河流。阹，師古引蘇林曰：「阹，獵者圜陣遮禽獸也。」《集解》引郭璞曰：「因山谷遮禽獸曰阹。」[573]泰山為櫓　讓苑中的現成高山作為觀察禽獸、指揮狩獵的望臺。泰山，這裡即指上林苑中的高山。櫓，戰場上用以瞭望敵方動靜的望樓。[574]車騎靁起　極言狩獵車馬的行動聲音之大，有如雷霆。[575]隱天　意即震天。隱，震動。按：《漢書》於此作「殷天」，義同。[576]先後陸離　形容陪獵將士踴躍進取的樣子。陸離，人員散開，進度不齊的樣子。[577]離散別追　師古曰：「言各有所追逐也。」[578]淫淫裔裔　形容參加狩獵的人員之多，漫山遍野，無邊無際。[579]緣陵流澤二句　意謂參加狩獵的將士上滿丘陵，下遍沼澤，多如雲之布滿天空、雨之普降大地。[580]生　活捉。[581]貔豹　兩種猛獸名。貔，《集解》引郭璞曰：「虎屬也。」[582]搏　空手打鬥。[583]豺狼　兩種相似的獸名。[584]手　空手捕捉。[585]熊羆　兩種熊類猛獸。[586]足　用腳踢。[587]蒙鶡蘇　師古引郭璞曰：「蒙其尾為帽也。」謂獵者多頭戴鶡尾之冠。鶡蘇，鶡鳥之尾。鶡鳥似雉，生性猛悍，鬥死不卻，故勇士常取其尾以飾冠，或將冠製成鶡形。《後漢書・輿服志下》：「五官、左右虎賁、羽林、五中郎將、羽林左右監皆冠鶡冠。」[588]絝白虎　《索隱》引張揖曰：「著白虎文褌。」絝，同「褌」。此處用作動詞。[589]被豳文　被，通「披」。豳文，通「斑文」。指畫有各種猛獸圖案的衣服。《後漢書・輿服志下》：「虎賁武騎皆鶡冠，虎文單衣。」[590]跨野馬　跨，騎乘。野馬，生性驃悍，未經馴服之馬。[591]陵三嵕之危　向上登到了峰巒的頂處。陵，升；登。三嵕，猶言「三重」、「三疊」。極言獵者攀登之高。危，高。[592]下磧歷之坻　向下達到了坎坷不平的山坡。磧歷，不平貌。坻，山坡。[593]徑陵赴險　抄近直過險峻處。徑陵，通「徑峻」，《漢書》、《文選》直作「徑峻」。徑，直過；不繞彎。陵，險難之處。[594]越壑厲水　壑，山溝。厲，涉水渡河。[595]推蜚廉二句　推、弄，皆耍弄、戲耍之義。師古曰：「『推』亦謂『弄之』也。」《集解》引《漢書音義》曰：「可得而弄也。」于省吾《雙劍誃諸子新證・晏子春秋二》謂：「自內向外刺之曰推。」錄以備考。按：《會注考證》本作「椎」，意即擊。蜚廉，異禽名。《集解》引郭璞曰：「龍雀也，鳥身鹿頭者。」解豸，神獸名。《集解》引《漢書音義》曰：「似鹿而一角，人君刑罰得中則生於朝廷，主觸不直者。」[596]格瑕蛤　格，空手搏鬥。瑕蛤，猛獸名，形性不詳。[597]鋋猛氏　鋋，鐵柄短矛。這裡用如動詞，意即刺殺。猛氏，獸名。《索隱》引郭璞口：「今蜀中有獸，狀如熊而小，毛淺有光澤，名猛氏。」[598]罥騕褭　罥，用繩索絆取。騕褭，《集解》引郭璞曰：「神馬，日行萬里。」[599]封豕　大豬。[600]箭不苟害　意即不隨意射擊禽獸的非關鍵部位。苟，隨意。害，傷。[601]解脰陷腦　斬斷脖子，刺入腦殼。脰，脖子。陷，刺入。[602]乘輿　天子的車駕。這裡即指天子。[603]彌節　猶曰「按節」、「低節」，意即「放慢速度」。節，節奏。或謂「彌節」即「停鞭」，「節」指馬鞭。[604]裴回　同「徘徊」。迴旋不進的樣子。[605]翱翔往來　謂天子車駕在眾軍之中周旋視察的樣子。翱翔，極言車駕行動之輕捷。[606]睨　斜視。此處泛指觀覽。[607]部曲　古代軍隊的編制單位名，將軍下領若干「部」，「部」的長官曰校尉；「部」

下有「曲」，「曲」的長官曰「軍候」。此處即指陪同打獵的隊伍。608將率之變態　率，通「帥」。變態，隨機應變，指揮狩獵的情態。609浸潭　逐漸。610促節　加快速度。與上文之「彌節」相對成文。611儵敻　疾速遠去貌。612流離輕禽　捕捉輕疾的飛鳥。流離，指用網捕捉飛禽。師古曰：「流離，困苦之也。」613蹴履　踢；踏。614轊　車軸頭。這裡用如動詞，即用車衝擊。615捷　疾取；輕取。616軼赤電二句　王先謙曰：「此言行疾可以軼過赤電，而遺其光耀反在後也。與下二句連讀，總謂迅捷耳。」軼，超過。赤電，赤色的電光。遺，拋之於後。光耀，指閃電的光亮。617怪物　指各種異禽猛獸。618出宇宙　謂獵車因追逐禽獸而彷彿跑出了天地之外。宇宙，意即天地。《淮南子．原道》高誘注：「四方上下曰宇，古往今來曰宙，以喻天地。」619彎蕃弱　意即拉開良弓。彎，拉開。蕃弱，傳說中的良弓名。620滿白羽　意即搭上良箭。滿，指把弓拉圓。《正義》引文穎曰：「引弓盡箭鏑為滿。」白羽，指箭。因箭桿的尾端插有羽毛，故常稱箭曰「白羽」、「雕翎」等。621游梟　四處奔竄的梟羊。《集解》引郭璞曰：「梟，梟羊也。似人，長脣，反踵，被髮，食人。」王先謙以為即「狒狒」。梟，為「梟」的異體。622櫟蜚虡　櫟，「擊」的假借字，旁擊。蜚虡，神獸名。《集解》引郭璞曰：「鹿頭龍身。」623擇肉後發　看準肥美的禽獸，而後才放箭。624先中命處　意即先指明將射之處，然後放箭，果然中之。師古引郭璞曰：「言必如所志也。」王先謙曰：「先命其射處，乃從而中之，言矢不苟發，發必奇中也。」625弦矢分二句　意即箭一離弦，禽獸就應聲而倒死。分，離開。指箭離弦。藝，箭靶。《集解》引徐廣曰：「射準的曰『藝』。」殪，一箭射死。師古引文穎曰：「一發矢為殪。」仆，向前倒地。626揚節　揮動馬鞭。節，策；馬鞭。627上浮　對空中飛的禽類發起攻擊，獵者的心氣蓋隨之上浮也。瀧川曰：「矢飛揚空中也。」628陵驚風　陵，同「淩」。超越。驚風，暴風。629歷駭飆　歷，越；衝過。駭飆，與「驚風」對文，意思相同。630乘虛無　乘，升；登上。虛無，指天空、雲氣。631與神俱　和天神到了一起。《正義》引張揖曰：「虛無寥廓，與天通靈，言其所乘氣之高，故能出飛鳥之上而與神俱也。」632轔　用車輪碾軋，以見獵者諸車之高。633亂昆雞　亂，擾亂昆雞的行列。師古引郭璞曰：「亂者，言亂其行伍也。」昆雞，形似鶴，黃白色。634遒孔鸞二句　遒、促，都是「逼近」的意思，這裡即指捕捉。孔鸞，孔雀與翠鸞。鵔鸃，雉類之鳥。635拂翳鳥二句　拂、捎，在這裡都是「捕捉」的意思。捎，前文已出現作「梢」。翳鳥，傳說中的鳳凰之屬。〈離騷〉：「駟玉虬以乘翳兮，溘埃風余上征。」王逸注：「翳，鳳凰別名也。《山海經》云：『翳身有五采，而文如鳳。鳳類也，以為車飾。』」636捷鴛雛二句　捷、掩，這裡也都是「捕捉」的意思。鴛雛，同「鵷雛」。傳說中的一種生性高潔的鳳類之鳥，見《莊子》。焦明，亦鳳類鳥名。《索隱》引張揖曰：「焦明似鳳，西方鳥。」《正義》曰：「長喙，疏翼，圓尾，非幽閑不集，非珍物不食。」637招搖　逍遙貌。638襄羊　同「徜徉」。639降集　猶言「停留」。640北紘指上林苑最北的地方。紘，猶「維」。《淮南子・墬形》：「八澤之外，乃有紘，北方之紘曰委羽。」高誘注：「維落天地而為之表，故曰紘。」641 率乎　疾速貌。642 直指　徑直向前。643 闇　通「奄」。忽然。644 反鄉　同「反向」。掉轉方向。鄉，通「向」。方向；方位。645 蹷石關四句　蹷，踏；登覽。石關，原作「石闕」。梁玉繩《史記志疑》卷三十四：「當作『石關』。」《漢書・揚雄傳上》：「封巒石關施靡虖延屬」顏師古注：「封巒、石關，皆宮名也。」今據改。石關、封巒、雄鵲、露寒，皆觀名，建於武帝建元六年（西元前一三五年）間，位於甘泉宮（故址在今陝西淳化西北甘泉山上）外。646 棠梨　宮名，位於甘泉宮東南。647 宜春　宮名，在長安南，靠近曲江池。648 宣曲　宮名，在長安昆明池西。649 濯　通「櫂」。槳也，此處作「划船」講。650 鷁　指船首繪有彩色水鳥的龍舟。651 牛首　池名，在上林苑西頭。652 龍臺　觀名，在陝西豐水西北，近於渭水。653 掩　休息。654 細柳　觀名，在昆明池南。655 勤　辛勤。656 略　《淮南子・兵略》：「貪金玉之略。」許慎注：「略，獲得也。」657 鈞　通「均」。作「平均分配」講。658 得獲　猶言「獲得」。659 徒　卒徒。660 轢　碾壓。661 乘騎　指騎兵。662 蹂若　踐踏。663 人民　《漢書》無「民」字，《文選》作「人臣」。664 蹈躪　踐踏。躪，原作「躙」，字書無此字。《漢語大字典》躪字例，引此書證，據改。665 窮極　困厄至極，走投無路。666 倦谻　猶言「疲憊」。667 慴伏　同「慴服」。因畏懼而屈服。668 被遭受。669 創刃　指被刀劍之類的兵器所傷。670 佗佗籍籍　形容禽獸的屍體縱橫交錯地堆積在地上的樣子。671 阬　同「坑」。壑；山谷。672 平　指廣闊的平原。《爾雅・釋地》：「大野曰平。」673 昊天之臺　喻臺極高，似乎與天空相接。昊天，天空。674 張樂　陳設音樂。675 轇輵　廣闊深遠貌。676 石　古代重量單位。677 鉅　通「虡」。懸掛編鐘編磬的座架。678 翠華之旗　以翠羽為飾的旗幟，用以為天子儀仗。679 靈鼉之鼓　用鼉龍皮蒙的鼓。靈鼉，即鼉龍，俗名豬婆龍，又名揚子鱷，皮可蒙鼓。680 陶唐氏之舞　即唐堯的舞樂，名〈咸池〉。陶唐氏，即唐堯，堯初居於陶，後為唐侯，故云。681 葛天氏之歌　《呂氏春秋・仲夏紀・古樂》：「昔葛天氏之樂，三人操牛尾，投足以歌八闋。」葛天氏，傳說中的遠古帝名。682 巴俞　舞名。《集解》引郭璞曰：「巴西閬中有俞水，獠人居其上，皆剛勇好舞，漢高募取以平三秦。後使樂府習之因名〈巴俞舞〉也。」683 宋蔡　先秦時二國名，此處指其地的音樂。684 淮南　漢代王國名，此處指其地的音樂。685 于遮　樂曲名。686 文成　漢時遼西縣名。《索隱》引文穎曰：「其縣人善歌。」687 顛　即「滇」。古國名，始建於楚將莊蹻，在今雲南省東部滇池附近地。漢武帝開西南夷，以其地置益州郡。688 族舉　具舉。眾樂齊奏的意思。689 遞奏　更奏。眾樂順次而奏。690 鏗鎗　即「鏗鏘」。鐘聲。691 鐺鼛　鼓聲。692 洞心　響徹內心。洞，徹。693 荊吳鄭衛　皆先秦時古國名，此處指這些諸侯國的音樂。694 韶　虞舜的音樂。695 濩　商湯的音樂。696 武　即大武樂，周武王的音樂。697 象　周公的音樂。698 陰淫案衍　淫靡放縱的意思。699 繽紛　舞姿錯綜複雜貌。[700]激楚　楚地歌曲名。[701]結風　歌曲結尾的餘聲。一說，歌曲名。[702]俳優　古代表演雜戲的藝人。[703]侏儒　身材短小的人。此指參加雜技表演，逗人發笑的矮子。[704]狄鞮　古地名。《集解》引徐廣曰：「韋昭云：『狄鞮，地名，在河內，出善倡者。』」[705]倡　同「娼」。從事歌舞的女藝人。[706]麗靡　華麗。[707]靡曼　肌膚柔膩。[708]美色　指美女。[709]青琴　古神女名。[710]宓妃　洛水女神。《索隱》引如淳曰：「宓妃，伏羲女，溺死洛水，遂為洛水之神。」[711]絕殊離俗　意即容貌與眾不同，舉世無雙。殊，異。[712]姣冶嫺都　姣冶，美好。嫺都，雅麗。[713]靚莊　打扮；妝飾。靚，妝扮；修飾。莊，同「妝」。[714]刻飭　以膠刷鬢髮，使亦整如刻畫一般。[715]便嬛　輕盈美麗貌。[716]綽約　柔美貌。[717]柔橈　指女人身材柔曲而姿態動人。橈，曲。[718]嫚嫚　柔美貌。[719]嫵媚　同「撫媚」。姿容美好而使人愉悅。[720]姌嫋　柔弱細長貌。[721]抴　同「曳」。拉；牽引。[722]獨繭　《索隱》引郭璞曰：「獨繭，一繭絲也。」指綢衣顏色純正，如同出於一繭。[723]褕　即襜褕，罩在外面的直襟單衣。[724]袘　裳裾下端的邊緣。[725]眇　美好。[726]閻易以戌削　《集解》引徐廣曰：「閻易，衣長貌。戌削，言如刻畫作之。」[727]媥姺　衣服輕盈飄舞貌。[728]徽循　衣服飄動貌。循，原作「衜」，字書無此字。《康熙字典》循字例，引此書證，據改。[729]與世殊服　意即服裝與常人不同。[730]漚鬱　香氣濃烈。[731]酷烈　香氣極盛。[732]淑郁　香氣清醇濃厚。[733]粲爛　鮮明貌。[734]宜笑　義同「皓齒」。指潔白的牙齒。[735]的皪　同「玓瓅」。光澤貌。[736]連娟　細長貌。[737]微睇　瞇著眼睛看東西。[738]緜藐　遠視貌。一說，目光美好貌。[739]色授魂與　意即美女以姿色、神魂勾引人。[740]心愉於側　意即她們高興地佇立君側。愉，悅。一說，通「逾」。往也。[741]酒中　指飲酒到半酣之時。[742]樂酣　音樂正奏得酣暢。[743]芒然　同「茫然」。[744]似若有亡　猶言「若有所失」。亡，喪失。[745]泰　同「太」。[746]覽聽　指天子聽政。[747]無事弃日　王先謙《漢書補注》引蘇輿曰：「言閑居無事，是虛棄此日。」[748]順天道以殺伐　意即遵循秋天的時令，到上林苑捕獵野獸。順天道，指古人根據自然季節的變化以行事。秋天是象徵肅殺氣象的季節，主殺伐之事。[749]靡麗　奢靡華麗。[750]往而不反　指一味貪圖享受而不知回頭。反，同「返」。[751]繼嗣　指嗣君。[752]創業垂統　開創事業、建立傳統以傳後代。[753]墾辟　開墾。[754]贍　贍養。[755]萌隸　平民。[756]隤　倒塌。[757]塹　同「塹」。溝壕。[758]山澤之民　指住在郊野的百姓。[759]實陂池而勿禁　意即多養魚鱉於池塘，不禁止百姓捕取。實，充滿。[760]虛宮觀而勿仞　意即廢置離宮別館，不讓人居住。虛，空出；空著。仞，滿。[761]出德號　發布有恩於百姓的政令。[762]制度　指古代貴族按不同等級各自應遵守的禮節法令。[763]易服色　改變舊王朝使用的服色。易，更換。服色，各朝代所規定的禮服、車馬、祭牲的顏色。[764]更正朔　改用新的曆法。正朔，指歲首。正，指每年的正月。朔，指每個月的初一。[765]始　《文選》作「更始」。重新開始，除舊布新。[766]歷　選擇。[767]齊　同「齋」。[768]襲　穿著。[769]法駕　天子的車駕之一。《集解》引蔡邕曰：「天子有大駕、小駕、法駕。法駕上所乘，曰金根車，駕六馬，……屬車三十六乘。」[770]玉鸞　車鈴的美稱。[771]六藝　即「六經」。指《詩》、《書》、《禮》、《樂》、《易》、《春秋》。[772]春秋之林　《文選》李善注引如淳曰：「《春秋》義理繁茂，故比之於林藪也。」[773]射貍首二句　語義雙關，表面指射獵之事，實則指講求射禮之事。〈貍首〉，古逸詩篇名。古代諸侯行射禮時奏〈貍首〉樂章。貍，貓屬動物。騶虞，《詩經・召南》篇名。古代天子行射禮時奏〈騶虞〉篇名。騶虞，動物名，白質黑文，尾長於軀。相傳其性仁慈，不食生物，不踐生草。[774]弋玄鶴二句　亦雙關語，表面指射取禽鳥，揮動兵器，實則指奏古樂，演古舞。玄鶴，李善曰：「言古者舞玄鶴以為瑞。」又引《尚書大傳》：「舜樂歌曰〈和伯〉之樂，舞玄鶴。」干戚，本指兩種兵器，干為盾，戚為斧，此處指一種古代舞蹈。《韓非子・五蠹》曰：「(舜)乃修教三年，執干戚舞，有苗乃服。」[775]載雲罕　指天子出巡。載，舉；懸。雲罕，原指捕捉禽鳥的羅網，此處指天子出行時前驅者所舉的旌旗。[776]揜羣雅　喻天子搜羅人才。揜，掩捕。雅，通「鴉」。烏鴉。喻賢俊雅士。[777]悲伐檀　意即天子愛惜人才，故讀〈伐檀〉詩而生悲。伐檀，《詩經・魏風》篇名，舊注以為此乃「刺賢者不遇明王」之詩。[778]樂樂胥　意即天子讀到「樂胥」詩句，為朝廷多才智之士而感到高興。樂胥，出於《詩經・小雅・桑扈》：「君子樂胥，受天之祜。」胥，指才智之士。[779]修容乎禮園二句　意即漢天子遵循古代禮制反覆研讀《尚書》。修容，原指修飾儀容，此指在思想上嚴格約束自己。園，喻指禮制的領域。翺翔，此處是反覆鑽研的意思。圃，喻指《尚書》的內容。[780]述易道　研習《易經》的精微之道。述，修。指鑽研；學習。[781]放怪獸　高步瀛說：「以上言游獵六藝之中，故苑中怪獸，不復獵而放之。以此句總結上意。」(《文選李注義疏》)[782]明堂　古代天子宣明政教的地方。[783]清廟　太廟；天子祭祖先之廟。一說指明堂的正室。[784]恣羣臣　讓群臣恣意進奏。[785]受獲　以獲得獵物喻天下百姓均得到天子的恩澤。[786]嚮風而聽二句　意即天下人民響應天子的措施而聽從政令，隨順時代的潮流而接受教化。嚮風，喻天下人順從天子的意旨。[787]喟然　《漢書》作「芔然」，猶「勃然」。興起貌。[788]興道　提倡仁義之道。[789]遷義　歸向仁義。[790]刑錯　刑罰廢置。錯，同「措」。作「廢置」講。[791]羨　富饒。此處作「超過」講。[792]罷　同「疲」。作「耗盡」講。[793]用　功能。[794]抏　損耗。[795]精　指精力、銳氣。[796]由　猶言「做」。[797]細　指地位卑微。[798]萬乘　指天子。[799]被其尤　猶言「受其禍」。高步瀛說：「以上設言罷獵改制，興道遷義，以為諷諫。」[800]愀然　變色貌。[801]超若　猶言「悵然」。超，通「怊」。即「惆」之假借字。若，同「然」。[802]逡巡避席　逡巡，向後退步。避席，猶言「離開座位」。[803]賦奏　《文心雕龍・詮賦》曰：「自宋玉景差，誇飾始盛。相如凭風，詭濫愈甚。故上林之館，奔星與宛虹入軒；從禽之盛，飛廉與焦明俱獲。」劉熙載曰：「相如一切文，皆善于架虛行危。其賦既會造出奇怪，又會撇入窅冥，所謂『似不從人間來者』此也。至模山範水，猶其末事。」《藝概・賦詮》游國恩等《中國文學史》云：「〈子虛〉、〈上林〉賦在漢賦發展史上有極重要的地位。它們確立了一個『勸百諷一』的賦頌傳統。漢賦自司馬相如始以歌頌王朝聲威和氣魄為其主要內容，後世賦家相沿不改，遂形成一個賦頌傳統。如果說這種歌頌在司馬相如時代還不是全無意義的話，那麼隨著時代的變化，它往往流為粉飾太平，對封建帝王貢諛獻媚，全然失去意義。它們也奠定了一種鋪張揚厲的大賦體制。後世賦家大都按照這一體制創作，愈來愈失去了創造性。」

804尚　推崇；提倡。805刪取其要　顏師古曰：「言不尚其侈靡之論，但取終篇歸于正道耳，非謂削除其辭也。」

【語譯】過了好久，蜀郡的楊得意在京城裏給皇帝養狗，服侍漢武帝。有一天，漢武帝正在讀〈子虛賦〉，讀完之後大為讚賞，他說：「我偏偏不能和寫這篇賦的人生活在同一個時代啊！」楊得意說：「我有一個老鄉叫司馬相如，他說這篇賦是他寫的。」武帝大吃一驚，立即把司馬相如找來問。司馬相如說：「確實如此。但這一篇寫的只是諸侯的事情，不值得您看。我可以給您寫一篇關於天子打獵的賦。等我寫完了獻給您。」武帝答應了，馬上派尚書給他送去了書寫工具。司馬相如在賦裡安排了「子虛」這麼個人物，意思就是虛設的，讓他來誇說楚國的排場；又安排了「烏有先生」這麼個人物，意思就是沒有這回事，讓他來誇耀齊國貶斥楚國；還安排了「無是公」這麼個人物，意思就是沒有這個人，讓他來代表天子的立場，對子虛、烏有二人的言論加以裁決。全文藉著這三人的對話，來誇耀天子和諸侯們的遊獵活動。在文章的最後是歸結到節儉上來，以達到勸諫皇帝不要奢侈的目的。這篇作品獻給武帝後，武帝非常高興。文章說：

2 楚國派子虛出使到齊國，齊王調遣其國內所有的士兵，準備了眾多的車馬，和使者一同出外打獵。打獵結束後，子虛過訪烏有先生，向他誇耀一番，無是公當時也在那裡。三人坐定後，烏有先生問道：「今天打獵快樂嗎？」子虛說：「快樂。」又問：「獵物多嗎？」回答：「不多。」烏有先生詰問道：「既然這樣，那麼打獵還有什麼快樂呢？」子虛答道：「我感到高興的是齊王想向我誇耀其車馬之眾，而我卻用楚王獵遊雲夢澤的盛況來回答他。」烏有先生問：「能說給我聽聽嗎？」

3 子虛回答：「可以。齊王動用了上千輛車子，選拔了上萬名騎兵，在海濱打獵。士卒布滿草澤，捕獸的網羅遍布山上。羅網罩住野兔，車輪碾死大鹿，箭射麋鹿，手捉母鹿的小腿。車騎馳騁在海濱鹽灘，被宰殺的禽獸的鮮血染紅了車輪。弓箭射中禽獸，獲得很多獵物，齊王驕傲地向人炫耀他的成績。他回頭問我：『楚國是否也有這樣富饒而供人打獵為樂的平原廣澤之地？楚王的打獵和我相比，哪一個更壯觀？』我忙下車回答：『微臣是楚國的鄙陋之人。十多年來，有幸能在楚國的宮禁中宿衛執勤，時常隨楚王出獵，在王宮的後苑遊獵，看到許多景觀，但是後苑的景致還談不上全部看遍，又怎能談論後苑之外的大澤勝景呢？』齊王說：『雖然是這樣說，還是把你的所見所聞簡略地跟我說說吧。』

4 「我回答說：『遵命。我聽說楚國有七個大澤，曾經見過的只有一個，其餘的還沒見過。我所見到的這個，只是其中最小的一個罷了，名叫雲夢。雲夢澤縱橫九百里，其中有山。山勢盤旋，曲折陰幽，高峻險絕；山峰峭拔，高低不齊，日月被山遮蔽；群山交錯紛列，直上雲霄；山坡傾斜而下，連接江河。雲夢之土有朱砂、石青、赤土、白堊、雌黃、石灰、錫礦、碧玉、黃金、白銀，眾多色彩光彩耀目，燦爛如同龍鱗。雲夢之石有赤玉、玫瑰寶石、琳、瑉、琨珸、瑊石、玏石、玄厲、瑌石、武夫石。雲夢之東有香草叢生的花圃，其中有蕙草、杜衡、白芷、杜若、射干、穹窮、昌蒲、江離、蘼蕪、甘蔗、芭蕉。雲夢之南有平原大澤，地勢起伏不平，寬廣連綿，有的低窪，有的平坦，沿著長江，直到巫山為界。在那高峻乾燥的地方生長有馬藍、蘄草、苞草、荔草、艾蒿、莎草和青薠。在那低溼的地方生長有狼尾草、蘆葦、東薔、菰米、蓮花、荷藕、葫蘆、蕳草、蕕草，各種各樣的東西生長於此，難以完全描繪。雲夢之西有奔湧的泉水和清澈的水池，泉水沖擊，水波蕩漾。芙蓉、菱花在水面上競相開放，巨石、白沙在水面下隱伏。水中有神龜、蛟蛇、鼉龍、瑇瑁、鱉和黿。雲夢之北有森林大樹，生長著黃楩樹、楠木、枕木、樟木、桂樹、花椒樹、木蘭、黃蘗樹、山梨樹、赤莖柳、鐵梨樹、梨樹、羊棗樹、栗樹，橘樹、柚樹發出香氣。樹的上面有赤猿、獼猴、鵷雛、孔雀、鸞鳥、善跳的猴子和野干。樹下有白虎、黑豹、蟃蜒、貙豻、雌犀牛、大象、野犀牛、窮奇、獌狿。

5 「『因此，楚王就派專諸一類的勇士，徒手格殺這些猛獸。楚王就駕著被馴服的雜毛馬，乘坐雕玉所飾的車子，揮動以魚鬚為旒的曲旃，舞動用明珠裝點的旗幟，立起像干將一樣鋒利的長戟，左佩雕飾精美的烏嘷良弓，右邊挎著后羿佩帶過的箭袋；善於相馬的陽子作陪乘，擅長駕車的纖阿作御者；按轡徐行，尚未馳騁，就已經踏倒矯健的野獸。碾壓邛邛，踐踏距虛，突擊野馬，用車軸頭撞擊騊駼，乘坐千里馬，射獵游騏；車馬神速，猶如雷聲火光，又似星流電射。弓不虛發，都射中禽獸的眼眶，穿透胸膛直達腋部，斷絕血管，心臟停息。所獲獵物多如雨下，布滿大地。於是，楚王就放慢速度，流連徘徊，安逸自得，在森林中遊覽，觀賞勇士與禽獸格鬥時的振奮情態，目睹野獸臨危時的恐懼。對精疲力竭的野獸加以攔截、捕捉，盡情地欣賞勇士和猛獸的各種情態。

6 「『於是，美女身披細而薄的絲織品，拖著麻布和白絹做的裙子，穿著細軟綾羅以及如薄霧一般的輕紗；衣服皺褶紆曲繁多，線條柔和優美有如紆曲之溪谷；長長的衣服，迎風飄舞，整齊美觀，長帶飄飛，燕尾垂懸；衣裙隨風擺動，發出摩擦之聲，下摩蘭蕙香草，上拂羽飾車蓋。身上都裝飾著許多色彩絢麗的翡翠鳥羽毛，頸上披戴著許多美麗的纓絡；姿態柔媚輕捷，彷彿就和神仙一樣。

7 「『於是，楚王就偕同眾美女，狩獵於雲夢東部的蘭圃。緩緩而行，登上堅固的水堤。網捕翡翠鳥，箭射五彩鵕鸃，射出短箭及繫著細絲繩的箭。擊中白鵠和野鵝、雙鶬、玄鶴。打獵疲倦之後，乃發舟船，遊於西部的清池。划著繪有鷁鳥的彩船，搖起桂木的船槳，張起翠羽的船帷，架起羽蓋似的船篷。捕捉瑇瑁，鉤釣紫貝。敲打金鼓，吹起排簫，船夫唱歌，因連續高唱而變得嘶啞。水蟲驚駭，洪波泛起，泉水湧出，奔浪激盪，波濤捲動的石塊相互碰撞，發出硠硠磕磕的響聲，好像雷霆轟鳴，數百里之外便能聽見響聲。

8 「『打獵將要停止時，敲起靈鼓，點燃火把，車駕依次而行，騎兵各按部伍，行進井然有序。於是楚王就登上陽雲之臺，心境淡泊，恬淡逸樂。膳夫調和五味之肴饌，而後獻給楚王品嘗。不像大王您終日馳騁而不下車，將鮮肉切成碎塊，在車輪行進當中烤炙而食之，自以為樂。我私下認為，齊國大概不如楚國。』於是，齊王默不作聲，無以應對。」

9 烏有先生說：「您的話為何如此過分？您不遠千里來到齊國，齊王調遣全國的士卒，準備眾多的車馬，和您一同打獵，是想共同努力獵取禽獸，其目的是想讓您高興高興，而您為什麼說是向您誇耀呢？齊王問楚國有無這樣壯觀的狩獵場面，是想聽聽泱泱大國的高風德業，也想由此聽聽您的一些高論。如今您不稱美楚王的厚德高義，卻肆意誇大楚王在雲夢澤狩獵的事情，且自以為高明。吹誇其淫樂，張揚其奢侈。我認為您的行為實在不足取。如果真像您說的那樣，這本來就不是楚國的美事。楚王果有那些事，您把它說了出來，那就暴露你們國君的罪惡；沒有這樣的事而說出來，定將有損於您個人的信義。上彰君王的過失，下損個人的德義，兩者無一可取，但您都做了，勢必受到齊人的輕蔑，而被楚國加罪。況且齊國東臨大海，南有琅邪山，往成山遊覽，去之罘狩獵，泛舟於渤海，遊獵於孟諸澤，側面與肅慎國為鄰，右邊以湯谷為界限。秋天打獵於青丘，肆意周遊於大海之外，齊國的遊獵場所之廣大，可以將八九個雲夢澤包含於其中，那廣闊得使胸中毫無梗塞之感。至於那些在齊國出產的種種珍奇之物，不同地區出產的不同的稀有物品，珍奇怪異的鳥獸，如魚鱗般聚集在一起，充滿齊國境內，真是不可勝記。即使聰明博識的大禹也叫不出這些奇珍異寶的名字，就是擅長會計的商契也算不清數目。可是由於齊王身處諸侯之位，不便暢談遊獵的快樂以及園林的廣大。況且先生您現在又是齊國的客人，所以讓著您，不和您一般見識，怎麼能說是沒有辦法回答您哪！」

10 無是公笑著說：「子虛的說法固然是錯的，烏有的說法也不對。天子要諸侯交納貢物，並非為了財幣，而是為了讓他們按時來朝，陳述其履行職務的情況；為諸侯國劃分各自的疆界，不是為了防止他國入侵，而是為了禁止諸侯國肆意侵占他國疆土。現在齊國已經是天子的東方屏障，卻與國外的肅慎國私下來往，離開本土，越過邊境，跨過大海，到海上諸島去遊獵，這在禮義上是不被允許的。況且子虛與烏有兩位先生的言論，都不是致力於闡明君臣之間的道義而端正諸侯對待天子的禮儀，只就遊獵之樂、園林之大相互誇耀，雙方都想以奢侈相勝，以荒淫相爭。如此爭論不但不能使自己的國家顯名揚聲，而恰恰只能用來貶損自己國君的形象。況且齊楚的遊獵之事又有什麼值得誇耀的呢！你們

11 雖不曾見過更宏大壯麗的場面，難道就沒有聽說過天子的上林苑嗎？

「東至蒼梧，西到西極，丹水從其南面流過，紫淵從其北部穿過；霸水、滻水的頭尾都在苑中；涇水、渭水皆從外部流入苑中，又從苑中流出；酆、鄗、潦、潏四水，曲折宛轉，周旋於苑中。八川競流，浩浩蕩蕩，流向不同，水勢各異。東西南北，往來奔流，從椒丘的山谷缺口沖出，從水中陸地的旁邊流過，徑直穿過桂樹叢生的茂林，淌過無邊無際的原野。渾水疾流，順著高丘瀉下，奔赴到狹窄的峽口。觸撞巨石，濺激著泥沙堆積構成的曲岸，沸騰暴怒，洶湧澎湃，水勢盛大，流速湍急，洪濤蹙迫，前後相擊。疾流受阻橫出，形成漩渦，波濤翻騰，發出聲響，水勢一會兒像天一樣高起，一會兒如雲一般彎曲，曲折延伸，盤旋縈繞。後浪淩越前浪，流向窪處，越過河底的沙石，拍岸激岩，沖決淤塞，急水奔騰，不可阻擋，流過小洲，注入山谷。水聲漸小，隕潭墜谷。潭深水大，水流激盪，聲響再起，翻騰湧出，如鼎中熱水沸騰。流水急馳，白沫飛濺，水勢急轉，猛烈迅疾。源遠流長，寂寥無聲，安然長往。然後水無邊際，緩緩流淌，水勢浩大而泛著白光，向東注入大湖，湖面漲滿溢出，又旁入於其他小池。於是，蛟龍、赤螭、鮔鰽、螹離、鰅、鱅、鰬、魠、禺禺、鱋、魶，都豎鰭搖尾，張鱗奮翼，潛處於深淵巖谷之中。魚鱉喧鬧，萬物眾多。夜明珠和珍珠，光耀江濱。蜀石、黃色的礝石、水晶石，種類繁多，燦爛奪目，光彩四照，聚集於諸水之中。鴻、鷫、鵠、鴇、鴐鵝、鸀鳿、鵁鶄、鸛目、煩鶩、鷛鶏、鱵鴜、鵁、鸕，一群群地漂浮在水面上，憑水勢而漂泊，隨輕風而遊蕩，與湧波齊搖蕩，聚汀洲共嬉戲。啄菁、藻而吮咂有聲，食菱藕而咀嚼不停。

12 「在這裡，高山聳立，山勢峻峭。深林巨木，山峰險峻，高低不齊。九嵕山高峻，終南山巍峨。山斜陡峭，或似甑之上大下小，或如釜之嵌空玲瓏，險絕崎嶇。眾溪流經山谷，渠道彎曲縱橫。溪谷空曠廣闊，其中坐落著土山和小島。山嶺高峻，錯落不平，高低不齊，起伏蜿蜒。山勢傾斜而漸平，水緩流於溪谷，又散流於廣闊的平野。水旁溼地有千里之廣，岸邊土沙被水沖積得既平且硬，如同夯實。長滿綠色的蕙草，覆蓋芳香的江離，中間雜生著蘼蕪和流夷。結縷遍地生長，莎草成片叢生。揭車、杜衡、蘭草、稾本、射干、茈薑、蘘荷、葴橙、若、蓀、鮮枝、黃礫、蔣、苧、青薠，長滿大澤，遍布平原，連綿不絕，隨風起伏，吐放清芳，香氣四溢。眾多花草發散出香氣，芬芳洋溢，氣味濃郁。

13 「於是，周詳廣泛地觀覽，景物眾多，難以分辨，令人眼花撩亂。看不到開端，望不到邊際。清晨，太陽從上林苑東邊的池沼升起；傍晚，則從西邊的山坡落下。上林苑的南面氣候溫和，隆冬草木猶長，水波蕩漾而不凍；那裡生活的野獸有：犝、旄、貘、犛、沈牛、麈麋、赤首、圜題、窮奇、象、犀。北面氣候寒冷，盛夏猶嚴寒裂地，踐冰渡河；那裡的野獸有：麒麟、角端、騊駼、橐駝、蛩蛩、驒騱、駃騠、驢、騾。

14 「在這裡，離宮別館，滿山跨谷。高高的遊廊，四通八達，相互連接；雙層的閣道，逶迤蜿蜒。屋椽雕繪有花紋，瓦當裝飾有美玉。空中閣道，多如織絲般回環連屬；供人步行的遊廊，四周回環。廊道很長，一天也難走遍。鏟平高山來修築殿堂，沿著山勢修造的亭臺樓閣看上去重重疊疊，山下有一條黝黑的孔道，可以直通山頂的宮殿。從通道的頂端向下看，深邃黝黑，什麼也看不見；攀著峰頂亭臺的簷椽向上看，就高得幾乎可以摸到蒼天了。流星從峰頂殿閣的門戶中穿過，彎曲的彩虹就像掛在空中遊廊的欄干邊、窗戶上。神仙騎乘的馬屈折行進於正殿的東廂房，仙人乘坐的車安詳行駛在正殿西側的清靜之房，靈圉在幽靜的樓臺裡休息，偓佺等仙人在南簷下曬太陽。帶有酒香的泉水從宮殿的閒靜之室冒出，匯聚為河，從中庭流過。用大石塊壘起池塘的崖岸，險峻陡斜，高大聳立，稜角分明，有如人工斧削。玫瑰、碧琳、奇石蘊藏豐富，瑻玉巨大，瑸斒燦爛，赤色玉石色彩斑駁，互相錯雜。垂綏、琬琰、和氏璧都產於此處。

15 「在這裡，盧橘在夏季成熟，還有黃柑、橙、楱、枇杷、酸棗、柿、棠梨、柰、厚朴、黑棗、楊梅、櫻桃、葡萄、隱夫、鬱李、榙樑、荔枝，遍布於後宮和北園，並一直向丘陵、平原延伸生長開去。果木的綠葉、紫莖蓬勃生長，隨風擺動；紅花開放，色彩豔麗，照耀著廣闊的原野。沙棠、櫟木、櫧樹、樺樹、楓樹、銀杏、黃櫨，石榴樹、椰子樹、檳榔樹、棕櫚樹、檀木、木蘭、枕樹、樟樹、冬青樹，都長得高大粗壯，花朵暢開而枝條直伸，果實碩大而枝葉繁茂。各種樹木或聚集而直立，或叢聚而相倚；枝幹蜷曲盤結，屈曲交錯；枝木高大，相傾相扶。枝條繁茂分披，落花飛舞飄落。草木茂盛，輕盈柔順，隨風擺動。風吹草木，發出各種聲響，如鐘如磬，如笛如簫。眾木高低不齊，環繞後宮；繁多茂盛，長滿山坡與溪谷，並順著山坡一直向下生長到低溼之處。極目遠望，看不到開端，也望不見邊際。

16

「在這裡，黑色的雄猿、白色的雌猿、長尾猴、大獮猴、鼯鼠、蛭、蜩、蠷、蝚、螹胡、豰、蛫，皆在林間棲息。牠們在林間呼嘯，音調哀淒；在樹上騰躍矯捷，來回竄跳；在枝杈、樹梢上嬉戲玩樂，動作靈活。於是，牠們越過無橋之澗，騰跳於叢林之間，扯著下垂的枝條嬉戲，在枝條稀疏處跳來跳去。獸群的聚散不定，任意遷移。

17

「類似以上所述四周具有繁多植物、動物的離宮別館，在上林苑中有千百處之多。天子往來嬉戲遊樂，住宿在離宮別館裡，這裡的廚師及飲食之物不需臨時調集，嬪妃不需從京城隨身帶著，各種官員更都一應具備。

18

「於是，秋去冬來，天子在苑中校獵。乘坐象牙鏤飾的車子，駕著六匹蛟龍一般的好馬，牽引著繪有虹霓的彩旗，揮舞著以熊虎為圖飾、狀似雲氣的旗幟。前有蒙以虎皮的車子為天子的車駕作前驅，緊隨其後的是導車和游車。由公孫賀、衛青那樣的善御者為御相伴；天子的車駕在獵場上任意縱橫，在陪獵的警衛部隊中穿行。擊鼓於森嚴的儀仗侍衛隊，下令讓陪獵官兵一齊出動，以苑裡的大河作為圈攔禽獸的柵欄，讓苑中的高山作為觀察禽獸、指揮狩獵的望臺。車馬的行動聲音大如雷霆，震天動地；陪獵將士踴躍進取，四散開來，分別追逐禽獸。狩獵人數極多，漫山遍野，無邊無際，上滿丘陵，下遍沼澤，多如雲之布滿天空、雨之普降大地。

19

「獵者們活捉貔豹，空手搏擊豺狼，用手捕捉熊羆，以腳踢野羊。頭戴鶡尾之冠，下穿有白虎圖案的褲子，身披畫有各種猛獸圖案的衣衫，騎著生性驃悍，未經馴服的馬匹。他們向上攀登高峻的山峰，向下達到了坎坷不平的山坡。徑赴險峻，越過深溝，渡過河水。耍弄蜚廉，戲弄解豸，格殺瑕蛤，矛刺猛氏，網捕騕褭，箭射大豬。箭不射則已，射則裂頸穿腦；弓不隨便拉動，拉則必使野獸應聲倒斃。於是，天子讓車駕放慢速度，徘徊迴旋，在眾軍之中往來視察，觀看隊伍的進退及將帥的各種英姿。然後車速加快，疾速遠去。捕捉輕疾的飛鳥，腳踢狡猾的野獸，用車衝擊白鹿，輕取善跑的兔子。車馬奔馳迅疾，超越電光；追逐各種禽獸，彷彿跑出了天地之外。拉開繁弱之弓，引滿白羽之箭，射中梟羊，旁擊蜚虡。看準肥美的禽獸，而後才放箭；指明將射之處，果然中之。箭一離弦，禽獸就應聲而倒斃。

20 「然後揮動馬鞭，心氣也隨之而上浮。超越暴風，升臨太空，和天神在一起。用車輪碾軋玄鶴，擾亂昆雞的行列，捕捉孔雀、鸞鳥、鵔鸃、鷖鳥、鳳凰、鵷雛與焦明。

21 「道盡途窮，轉車返回。逍遙徜徉，停留在上林苑最北的地方。疾速地徑直向前，忽然掉轉方向。登覽石闕觀，經過封巒觀，過訪鳷鵲觀，瞭望露寒觀，下至棠梨宮，止息於宜春宮，向西馳至宣曲宮，在牛首池划著繪有彩色水鳥的龍舟，登臨龍臺觀，休息於細柳觀。觀看士大夫辛勤獲得的獵物，將其平均分配。所獲獵物有卒徒、車輛踩壓的，騎兵踐踏的，人民蹂踐的；許多野獸困厄至極，疲憊不堪，因畏懼而屈服，不遭刀劍砍殺便驚懼而死。禽獸的屍體縱橫交錯地堆積，填滿了坑谷、平原與湖澤。

22 「於是，在遊獵倦怠之後，在摩天高臺上擺酒設宴，在寥廓空曠的地方演奏音樂。敲撞千石洪鐘，豎立萬石巨虡。豎起以翠羽為飾的旗幟，架起用鼉龍皮蒙的鼓。演奏陶唐時的舞樂，聆聽葛天氏的歌曲。千人唱歌，萬人應和，山陵因此而震動，川谷因此而蕩波。〈巴俞〉之舞，宋、蔡、淮南之樂，〈于遮〉之曲，文成、滇地之歌，眾樂並奏，鐘鼓之聲迭起，鏗鏘作響，徹心震耳；楚、吳、鄭、衛的音樂，〈韶〉、〈濩〉、〈武〉、〈象〉的樂曲，淫靡放縱的音聲，錯綜複雜的鄢、郢舞蹈，還有〈激楚〉的餘聲，俳優侏儒的雜戲，狄鞮女藝人的歌舞，均是娛人耳目、快人心意的表演，前有華麗曼妙的歌舞，而後有肌膚柔膩的美女。

23 「至於青琴、宓妃那類人，容貌與眾不同，舉世無雙，美好雅麗。粉黛豔抹，髮式齊整，體態輕盈柔美，嫵媚多姿。身披顏色純正的單衣，衣服長大，邊緣整齊，輕盈飄舞，與世俗不同。她們身上散發出香氣，清醇濃厚；牙齒潔白，光澤鮮明；眉毛修長，微微斜視，目光美好；以姿色、神魂相勾引，高興地佇立君側。

24 「於是，在酒至中半、樂舞酣暢之時，天子悵惘而思，若有所失，說：『唉，這太奢侈了。我在處理政事之餘，閒居無事，虛棄時日，遵循秋天的時令捕獵野獸，經常在此休息。我恐怕後世子孫奢靡華麗，一味貪圖享受而不知回頭。這不能用來作為開創事業、建立傳統以傳後嗣啊。』因此就中止酒宴，停止遊獵，命令官吏道：『上林苑可以開墾的土地，全部作為農耕郊區，來贍養平民；推倒苑牆，填平壕溝，使住在郊野的百姓能夠進入上林苑。多養魚鱉於池塘，不禁止百姓捕取；廢置離宮別館，不讓人居住。打開糧倉來賑濟貧窮之民，補貼匱乏的人，救濟鰥寡，照顧孤獨。發布有恩於百姓的號令，減輕刑罰，改革禮節法令，變易衣服車輿之色，改變曆法。全國重新開始，除舊布新。』

25 「於是，選擇吉日來舉行齋戒，穿上朝服，乘上天子的法駕，豎起彩旗，搖響車鈴。遊覽於六藝的苑囿，奔走於仁義的路途，觀賞於《春秋》的園林。行射禮時，演奏〈貍首〉及〈騶虞〉樂章。跳著去鶴、干戚的舞蹈。天子出行訪問，搜羅人才。讀〈伐檀〉詩而生悲，讀『君子樂胥』的詩句而感到高興。天子遵循古代禮制，反覆研讀《尚書》。闡釋《周易》的道理，放走苑中的珍禽怪獸。登上明堂，坐在祖廟之中，讓群臣恣意進言，陳奏政事得失。天下的百姓無不得到天子的恩澤。在此之時，天下之人皆大歡喜，響應天子的措施而聽從政令，隨順時代的潮流而接受教化。聖明之道勃然而興，人民歸向仁義，刑罰棄而不用，恩德高於三皇，功業超越五帝。如果這樣，遊獵才是可喜之事。

26 「如果整天在外遊獵馳騁，精神勞累，身體疲乏，車馬疲憊不堪，耗盡士卒精力，浪費國庫錢財，卻對百姓沒有厚德大恩，只是追求個人的享樂，不考慮百姓的疾苦，忘記國家政事，貪圖野雞、兔子的獵獲，仁德之君是不會做這種事情的。由此看來，齊國、楚國的遊獵豈不是很可悲嗎？兩國的土地方圓不超過一千里，但苑囿就占了九百里，於是草木之野得不到開墾種植，人民無糧可食。以諸侯的微弱地位，卻享受天子奢侈的遊獵，我恐怕百姓會因此遭受禍患。」

27 於是子虛、烏有兩位先生，臉色改變，悵然若失，向後離開座位，說：「小人鄙陋，不懂得避忌。今日才獲得教誨，願意接受指導。」

28 由於獻了這篇賦，漢武帝就任命司馬相如做了郎官。〈上林賦〉中無是公所說的天子的上林苑是那麼廣大，其中有什麼高山、深谷、流水、湧泉、萬物，以及子虛所說的楚國的雲夢澤有很多東西，這些都是鋪排誇張，言過其實，而且從道理上講也不應該提倡。我之所以收錄這兩篇作品，是因為它的主旨是歸於正道的。

1 相如為郎數歲，會唐蒙❶使略通❷夜郎❸、西僰❹中，發巴、蜀吏卒千人，郡又多為發轉漕❺萬餘人，用興法❻誅其渠帥❼，巴、蜀民大驚恐。上聞之，乃使相如責唐蒙，因喻告巴、蜀民以非上意。檄曰：

2 「告巴、蜀太守：蠻夷自擅❽不討之日久矣，時侵犯邊境，勞士大夫。陛下即位，存撫天下，輯安中國。然後興師出兵，北征匈奴，單于怖駭，交臂受事，詘膝請和❾。康居❿西域，重譯⓫請朝，稽首來享⓬。移師東指，閩、越相誅⓭；右弔番禺，太子入朝⓮。南夷⓯之君，西僰之長，常效⓰貢職⓱，不敢怠墮，延頸舉踵⓲，喁喁⓳然皆爭歸義，欲為臣妾，道里遼遠，山川阻深，不能自致⓴。夫不順者已誅，而為善者未賞，故遣中郎將㉑往賓㉒之，發巴、蜀士民各五百人，以奉幣帛，衛使者不然㉓，靡有兵革之事，戰鬥之患。今聞其乃發軍興制㉔，驚懼子弟，憂患長老㉕，郡又擅為轉粟運輸，皆非陛下之意也。當行者㉖或亡逃自賊殺，亦非人臣之節也。

3 「夫邊郡之士，聞烽舉燧燔㉗，皆攝弓㉘而馳，荷兵而走，流汗相屬，唯恐居後，觸白刃，冒流矢，義不反顧，計不旋踵，人懷怒心，如報私讎。彼豈樂死惡生，非編列㉙之民，而與巴、蜀異主哉？計深慮遠，急國家之難，而樂盡人臣之道也。故有剖符㉚之封，析珪而爵，位為通侯㉛，居列東第㉜，終則遺顯號於後世，傳土地於子孫，行事甚忠敬，居位甚安佚㉝，名聲施於無窮，功烈著而不滅。是以賢人君子，肝腦塗中原，膏液潤野草而不辭也。今奉幣役至南夷，即自賊殺，或亡逃抵誅㉞，身死無名，謚為至愚，恥及父母，為天下笑。人之度量相越㉟，豈不遠哉！然此非獨行者之罪也，父兄之教不先，子弟之率㊱不謹也；寡廉鮮恥，而俗不長厚㊲也。其被刑戮，不亦宜乎！

4 「陛下患使者有司㊳之若彼，悼不肖愚民之如此，故遣信使曉喻百姓以發卒之事，因數之以不忠死亡之罪，讓㊴三老孝弟㊵以不教誨之過。方今田時，重煩[41]百姓，已親見近縣，恐遠所谿谷山澤之民不徧聞，檄到，亟下縣道[42]，使咸知陛下之意，唯毋忽也[43]。」

5 相如還報[44]。唐蒙已略通夜郎，因通西南夷道，發巴、蜀、廣漢[45]卒，作者數萬人。治道二歲，道不成，士卒多物故[46]，費以巨萬計。蜀民及漢用事[47]者多言其不便。是時，邛、筰[48]之君長聞南夷與漢通，得賞賜多，多欲願為內臣妾[49]，請吏[50]，比[51]南夷。天子問相如，相如曰：「邛、筰、冄、駹[52]者近蜀，道亦易通，秦時嘗通為郡縣，至漢興而罷。今誠復通，為置郡縣，愈於南夷。」天子以為然，乃拜相如為中郎將，建節[53]往使。副使王然于、壺充國、呂越人馳四乘之傳[54]，因巴、蜀吏幣物以賂西夷。至蜀，蜀太守以下郊迎[55]，縣令負弩矢先驅[56]，蜀人以為寵。於是卓王孫、臨邛諸公皆因門下獻牛酒以交驩。卓王孫喟然而歎，自以得使女[57]尚[58]司馬長卿晚，而厚分與其女財，與男[59]等同。司馬長卿便略定西夷，邛、筰、冄、駹、斯榆[60]之君皆請為內臣。除邊關，關益斥[61]，西至沬、若水[62]，南至牂柯[63]為徼[64]，通零關道[65]，橋[66]孫水[67]以通邛都[68]。還報天子，天子大說。

6 相如使時，蜀長老多言通西南夷不為用[69]，唯大臣亦以為然。相如欲諫，業已建[70]之，不敢。乃著書，籍以蜀父老為辭，而己詰難之，以風天子，且因宣[71]

其使指[72]，今百姓知天子之意。其辭曰：

7 漢興七十有八載，德茂存乎六世[73]，威武[74]紛紜[75]，湛恩[76]汪濊[77]，羣生澍濡[78]，洋溢乎方外[79]。於是乃命使[80]西征，隨流[81]而攘[82]，風之所被，罔不披靡。因朝冄從駹[83]，定筰存邛，略[84]斯榆，舉[85]苞滿[86]，結軼還轅[87]，東鄉將報[88]，至于蜀都。

8 耆老[89]大夫薦紳[90]先生之徒二十有七人，儼然[91]造[92]焉。辭[93]畢，因進曰：「蓋聞天子之於夷狄也，其義羈縻[94]勿絕而已。今罷[95]三郡[96]之士，通夜郎之塗，三年於茲，而功不竟，士卒勞倦，萬民不贍[97]，今又接以西夷，百姓力屈，恐不能卒業，此亦使者[98]之累也，竊為左右患之。且夫邛、筰、西僰之與中國竝也，歷年茲多，不可記已。仁者不以德來，彊者不以力并，意者其殆不可乎！今割齊民[99]以附夷狄，弊所恃[100]以事無用[101]，鄙人固陋，不識所謂。」

9 使者曰：「烏謂此邪？必若所云，則是蜀不變服而巴不化俗[102]也。余尚惡[103]聞若說。然斯事體大，固非觀者之所覯[104]也。余之行急，其詳不可得聞已，請為大夫粗陳其略。

10 「蓋世必有非常之人，然後有非常之事；有非常之事，然後有非常之功。非常者，固常人之所異也。故曰非常之原[105]，黎民懼焉；及臻厥成，天下晏如[106]也。

11 「昔者鴻水浡出，氾濫衍溢[107]，民人登降移徙，陭嶇而不安。夏后氏[108]戚[109]之，乃堙鴻水，決江疏河，灑沉[110]贍菑[111]，東歸之於海，而天下永寧。當斯之勤，豈唯民哉。心煩於慮而身親其勞，躬胝[112]無胈[113]，膚不生毛。故休烈[114]顯乎無窮，聲稱浹[115]乎于茲。

12 「且夫賢君之踐位也，豈特委瑣[116]握齪[117]，拘文牽俗[118]，循誦[119]習傳[120]，當世取說[121]云爾哉！必將崇論閎議，創業垂統，為萬世規。故馳騖乎兼容并包，而勤思乎參天貳地[122]。且詩[123]不云乎：『普天之下，莫非王土；率土之濱，莫非王臣。』是以六合[124]之內，八方之外，浸潯[125]衍溢，懷生[126]之物有不浸潤於澤者，賢君恥之。今封疆之內，冠帶[127]之倫，咸獲嘉祉[128]，靡有闕遺矣。而夷狄殊俗之國，遼絕異黨[129]之地，舟輿不通，人迹罕至，政教未加，流風猶微。內[130]之則犯義侵禮於邊境，外[131]之則邪行橫作，放弒其上。君臣易位，尊卑失序，父兄不辜，幼孤為奴，係纍[132]號泣，內嚮而怨，曰『蓋聞中國有至仁焉，德洋[133]而恩普[134]，物靡不得其所，今獨曷為[135]遺己[136]』。舉踵思慕，若枯旱之望雨。盭夫[137]為之垂涕，況乎上聖，又惡[138]能已？故北出師以討彊胡，南馳使以誚[139]勁越。四面風[140]德，二方[141]之君鱗集仰流[142]，願得受號[143]者以億計。故乃關沬、若[144]，徼牂柯[145]，鏤[146]零山[147]，梁[148]孫原[149]。創道德之塗，垂仁義之統。將博恩廣施，遠撫長駕[150]，使疏逖不閉，阻深闇昧得耀乎光明[151]，以偃甲兵於此，而息誅伐於彼。遐邇一體[152]，中外提[153]福，不亦康乎？夫拯民於沉溺，奉至尊之休德，反衰世之陵遲[154]，繼周氏之絕業[155]，斯乃天子之急務也。百姓雖勞，又惡可以已哉？

13 「且夫王事固未有不始於憂勤，而終於佚樂[156]者也。然則受命之符，合在於此矣。方將增泰山之封，加梁父之事[157]，鳴和鸞，揚樂頌，上咸五[158]，下登三[159]。觀者未睹指，聽者未聞音，猶鷦明[160]已翔乎寥廓[161]，而羅者[162]猶視乎藪澤[163]。悲夫！」

14 於是諸大夫芒然[164]喪其所懷來[165]而失厥所以進，喟然並稱曰：「允[166]哉漢德，此鄙人之所願聞也。百姓雖怠，請以身先之。」敞罔靡徙[167]，因遷延而辭避(168)。

【章　旨】以上為第三段，寫司馬相如奉命出使巴蜀，安撫百姓事。

【注　釋】❶唐蒙　原為鄱陽令。他上書請通夜郎道以制南越，武帝許之，拜其為中郎將使夜郎。《索隱》引張揖曰：「蒙，故鄱陽令，今為郎中，使行略取之。」❷略通　開拓；打通。❸夜郎　古代小國名，國都在今貴州關嶺。❹西僰　即僰族，分布在今雲南滇池周圍等地，因其居西部，故稱。❺轉漕　指運輸糧草。用車曰轉，用船曰漕。❻興法　《集解》曰：「《漢書》曰：『用軍興法也。』」即緊急軍事動員的法令。❼渠帥　大首領。❽自擅　自作主張。指不服從中原地區皇帝的約束而言。❾興師出兵五句　指元光二年（西元前一三三年）王恢等北擊匈奴事。所謂「受事」、「請和」云云，是司馬相如的誇飾之辭，這次舉動實則空勞無功。詘，同「屈」。❿康居　古代小國名，在今哈薩克斯坦境內，國都卑闐，或說即今塔什干。⓫重譯　經過幾道翻譯。⓬享　獻。指獻其珍寶。⓭移師東指二句　指建元三年（西元前一三八年）閩越（都福州）圍攻東甌（都溫州）事。漢發兵救東甌，閩越亦撤軍而去。⓮右弔番禺二句　指建元六年（西元前一三五年）閩越攻南越事。漢派兵攻閩越以救南越，南越王感漢恩，派太子入朝宿衛。弔，慰問。番禺，今廣州市，當時是南越的國都。⓯南夷　指夜郎等小國。⓰效　進；交納。⓱貢職　即貢獻。職，也是貢的意思。⓲舉踵　踮起腳跟。⓳喁喁　群魚張口浮出水面的樣子。比喻仰望期待貌。⓴自致　自己前來。㉑中郎將　指唐蒙。㉒賓　以禮安撫；招納。㉓不然　指意外之事。㉔今聞其乃發軍興制　《索隱》曰：「張揖曰：『發三軍之眾也。興制，謂起軍法制也。』案：唐蒙為使，而用軍興法制也。」㉕長老　老年人。㉖行者　指被徵調戍邊的士民。㉗燔　燒。㉘攝弓　持弓。攝，持。㉙編列　指名在戶籍。㉚剖符　與下文之「析珪」，都是分封王侯時給受封者的信物，以表示永遠互相信賴的意思。符以金屬或竹木為之，珪是玉板。㉛通侯　又名「徹侯」、「列侯」，是侯爵中的最高等，有世襲領地。㉜東第　皇帝為王侯們所修的府宅，因其在帝城之東，故曰東第。㉝安佚　同「安逸」。㉞抵誅　當其罪而誅之。㉟相越　相差；相距。㊱率　遵循。㊲長厚　忠厚；淳樸。㊳使者有司　指唐蒙與巴蜀太守等人。㊴讓　責。㊵三老孝弟　都是當時縣、鄉兩級主管教化的官吏。㊶重煩　不好煩擾。意即不全部接見。㊷縣道　漢制，中原地區設縣，邊疆之縣有少數民族者稱「道」。㊸唯毋忽也　凌稚隆曰：「此諭以非上意為主，故歸咎於使者有司；卻不專責之，而咎及百姓；又不直責之，而咎其父兄。轉展委曲。深得諭體。」（《史記評林》）林雲銘曰：「細玩檄文，其中責百姓逃亡賊殺之罪居多，且以邊郡之士聞警樂戰為詞，則非上意之說，不問可知。」（《古文析義》）㊹還報　司馬相如返回長安向武帝報告出使經過。還，返回。(45)廣漢　指廣漢郡，高帝置，在蜀郡之北。(46)物故　即指死。物，通「歾」。死亡。(47)用事　執政；當權。(48)邛筰　均當時少數民族部落。邛，在今四川樂山西。筰，在今樂山西南。(49)內臣妾　即內臣，中原地區的臣僚。(50)請吏　請朝廷委派郡縣官吏。(51)比　等同。(52)冄駹　均當時少數民族部落。在今四川松潘以南。(53)建節　手持旌節。旌節是符節的一種，皇帝派人出使所持的信物，也用以表示權力與尊貴。(54)四乘之傳　四匹馬拉的傳車。傳，驛車。(55)郊迎　到城外迎接。(56)負弩矢先驅　古時大臣出行的一種儀仗，四人持矢前行，道引傳坐，行者止，坐者起，違者射之。這裡縣令為表示恭敬而自己為司馬相如負弩前驅。(57)女　指卓文君。(58)尚　匹配；婚嫁。(59)男　指卓文君的弟兄。(60)斯榆　當時少數民族部落名，在今四川西昌一帶。(61)斥　擴大；外移。(62)沫若水　沫水即今之大金川，若水即今之雅礱江。(63)牂柯　水名，即今貴州境內之北盤江。(64)徼　邊界。(65)零關道　古道路名，漢武帝時開。自今四川峨邊縣境大渡河南岸通向西昌平原的交通道路。(66)橋　架橋。(67)孫水　即今安寧河，源於今四川涼山州之冕寧縣，至末易境注入雅礱江。(68)邛都　在今四川西昌東南。(69)不為用　沒有用處。(70)建　倡議；提出。(71)宣　宣明；說明。(72)使指　出使的意旨。指，同「旨」。意旨；意圖。(73)六世　指高祖、惠帝、呂后、文帝、景帝、武帝。(74)威武　指武功。(75)紛紜　盛多。(76)湛恩　即深恩。(77)汪濊　深廣貌。(78)澍濡　雨水滋潤。此處喻朝廷恩澤。(79)方外　中國以外四方之地。(80)使　即指唐蒙等人。(81)流　行；走。(82)攘　開拓。(83)朝冄從駹　意即使冄、駹等小國歸附漢朝。(84)略　開闢；略定。(85)舉　攻克。(86)苞滿　又作「苞蒲」，即靡莫。漢時少數民族部落，在今雲南昆明以北。(87)結軼還轅　「結軼」「還轅」同義詞疊用，猶言「迴車」。(88)東鄉將報　意即將東返長安以報武帝。鄉，通「向」。(89)耆老　指受人敬重的長者。(90)薦紳　同「縉紳」。指士大夫有官位者。(91)儼然　莊嚴的樣子。(92)造　來到。(93)辭　這裡指剛見面時的寒暄客套。(94)羈縻　用繩稍微攏著一點。指不切實嚴管，但也不使離去。羈、縻的本義都是指拴牲口的韁繩、絡頭。(95)罷　同「疲」。(96)三郡　指巴郡、蜀郡、廣漢郡，都在今四川境內。(97)贍　充足；豐富。(98)使者　指司馬相如。(99)齊民　平民。(100)所恃　即指上文所說的「齊民」。(101)無用　指應當「羈縻勿絕」的夷狄。(102)蜀不變服而巴不化俗　變服、化俗，讓巴蜀民改用中原地區的服飾與習俗，即徹底漢化。(103)惡　厭惡；憎惡。(104)覯　見。(105)原　開始。(106)晏如　安然。(107)衍溢　滿布。(108)夏后氏　即大禹。(109)戚　憂慮；同情。(110)漉沉　分導洪水。漉，分。沉，深水。(111)贍菑　消除災害，使之安定。贍，安定。菑，同「災」。(112)胝　因摩擦而形成的厚皮。(113)胈　汗毛。(114)休烈　美好的功業。(115)浹　浸潤；透徹。(116)委瑣　拘小節，務瑣碎。(117)握齱　《索隱》引孔文祥云：「握齱，局促也。」齱，同「齪」。(118)拘文牽俗　拘泥於成法、習俗。(119)循誦　循序誦讀，泥古守舊。(120)習傳　習於傳聞，不求創新。(121)說　通「悅」。(122)參天貳地　指其功德可與天地並列。參天，與地與天並列為三。貳地，與地並列為二。(123)詩　此句所引為《詩・小雅・北山》的詩句。(124)六合　指上下和東西南北四方。(125)浸潯　逐漸。(126)懷生　有生命之物。(127)冠帶　指士族、官吏。(128)嘉祉　猶言「洪福」。(129)異黨　猶言「異類」，是對少數民族的蔑稱。(130)內　指與漢朝的關係。(131)外　指其國家、地區自身的情況。(132)係纍　捆綁；拘囚。(133)洋　多。(134)普　遍。(135)曷為　為何。(136)遺己　拋棄我們不管。(137)盭夫　狠戾之人。盭，同「戾」。(138)惡　如何；怎能。(139)誚　責備；問罪。(140)風　這裡是被吹拂，亦即蒙受的意思。(141)二方　指西夷和南夷各國。(142)鱗集仰流　群魚仰向承受水流。喻人心歸向。(143)受號　接受爵號。(144)關沫若　以沫、若二水為邊關。(145)徼牂柯　以牂柯江為邊界。(146)鏤　鑿山通道。(147)零山　可能是指零關道。(148)梁　架橋。(149)孫原　孫水的源頭。(150)遠撫長駕　安撫、控制邊遠地區的人民。駕，駕馭；控制。(151)使疏逖不閉二句　李善曰：「言疏遠之國不被壅閉，曶爽闇昧後得乎光明，言化之所被者遠也。」（《文選注》）曶爽，同「昧爽」，天將明而未明之時。疏逖，邊遠的地方。逖，遠也。闇昧，昏暗。(152)遐邇一體　意即遠近一體，關係和諧。(153)提　《集解》引徐廣曰：「提，一作『禔』。」禔，安寧。(154)陵遲　衰落。(155)繼周氏之絕業　漢朝有些人不承認秦朝是一個朝代，說漢朝是直接繼承周朝。(156)佚樂　同「逸樂」。恬逸安樂。(157)增泰山之封二句　古代皇帝在泰山上面加土祭天叫做封，在梁父拓地祭地叫做禪。梁父，泰山下面的小山名。(158)咸五　與五帝之德相同。咸，同。五，五帝。指黃帝、顓頊、帝嚳、唐堯、虞舜。(159)登三　超過三王。三，三王。指夏禹、商湯和周代的文王武王。(160)鶡明　一作「焦明」。類似鳳凰的一種鳥。(161)寥廓　指蒼空。(162)羅者　指捕鳥人。(163)藪澤　草澤。(164)芒然　同「茫然」。(165)所懷來　來時所懷有的思想、觀點。(166)允　誠然；實在。(167)敞罔靡徙　失神落魄的樣子。敞罔，同「悵罔」。靡徙，《索隱》曰：「靡徙，失正也。」(168)因遷延而辭避　遷延，進退失據，不知如何是好的樣子。劉勰曰：「相如之〈難蜀老〉，文曉而喻博，有移檄之骨焉。」（《文心雕龍・檄移》）林雲銘曰：「是文（指〈難蜀父老〉）謂宣其使指，令百姓知天子之意則可。若謂以風天子，其事已成，不使中絕，且詞中勸百諷一，又不知其已矣。總長卿以詞賦得幸，多迎合上意。如上好游，則為〈上林賦〉；上好神仙，則為〈大人賦〉，至死猶言封禪，遺札以奏。則此篇未必非迎合。」（《古文析義》）

【語　譯】司馬相如做了幾年郎官，適逢唐蒙奉命去開闢通往夜郎、西僰等少數民族地區的道路，當時朝廷只想從巴郡蜀郡抽調官吏士兵一千人，可是唐蒙為了轉運糧草又徵調了一萬多人，而且還用了緊急動員法，誅殺了帶頭反對的首領，這樣一來，巴、蜀兩郡的百姓們驚恐萬分。武帝聽說後，就派了司馬相如前去責備唐蒙，並趁便告諭巴蜀的百姓們，說這不是皇帝的意思。於是司馬相如就寫了一篇〈喻巴蜀檄〉，文章說：

2 「巴、蜀二郡的太守知悉：塞外的蠻夷們專橫自恣，朝廷好久沒有討伐他們了，而他們反倒屢屢地侵犯漢朝邊境，給邊境上的士大夫們添麻煩。當今的皇帝即位以來，安定了時局，團結了內部，而後調撥大軍，北征匈奴，匈奴單于驚恐萬分，現已拱手稱臣，屈膝求和。康居和西域諸國，也通過幾道翻譯，向我們叩頭進貢了。我們的大軍又曾奉命東下援救東甌，進攻東甌的閩越國立即撤軍而去；接著我們的軍隊又到達了南越，南越的太子立即進朝。現在南夷各地的君主，和西僰諸部的頭領們，都已經按時地向朝廷進貢，不敢有絲毫怠慢。他們都伸著脖子、踮起腳跟、張著嘴地爭著歸順朝廷，想做漢朝的臣僕，只不過是由於路途遙遠，山高水深，無法前去罷了。凡是不肯歸順朝廷的現在都已經被消滅了，有些一貫做好事的朝廷還沒有來得及獎賞，所以朝廷派中郎將唐蒙前去安撫他們。所以要從巴、蜀二郡各調五百人，用以幫著運送禮品，和保衛使者的安全，並沒有什麼調兵打仗的事情。如今聽說唐蒙使用了緊急動員法，嚇著了年輕的後生們，也給老人們添了麻煩，郡裡又擅自調人為他們轉運糧草，這些都不是皇上的本意。至於有人聽說要被徵調於是逃亡，或者自傷，那也不是一個臣民的本分。

3 「作為一個邊境上的士兵，一見到烽煙燒起，立刻就要抄起弓箭、拿起刀槍地奔上戰場，跑得汗流不止，還唯恐落後。他們迎著敵人的白刃，頂著敵人的箭矢，只有向前，絕不後退，對敵人充滿仇恨，就如同給自己報仇。這些人難道是喜歡死而討厭活著，難道他們不是一般的平民百姓，和巴、蜀不是同屬於一個國君嗎？這是由於他們對問題想得深看得遠，能把國家的危難放在前頭，願意盡一個臣子應盡的義務。所以他們才能夠得到剖符、析珪的封賞，才能夠位列侯爵，宅居東第，死後也能將顯赫的名聲流傳於後代，把領地傳給自己的子孫。他們辦事時，忠心耿耿，做官時太太平平，他們的名聲傳之無窮，他們的勳業永世不滅。所以那些賢人君子，即使肝腦塗地，以血肉滋養野草，也在所不辭。現在國家只是差遣你們去南夷送一次禮物，你們就有的弄殘肢體，有的私自逃亡，要是被抓回來，判以死罪，不光死得沒個名堂，還得來個『愚蠢』的惡號，連父母都會跟著蒙受恥辱，受天下人的譏笑。這前後兩種人的器度比起來不是相差太遠了嗎！但是這不光是那些被徵調的人們的罪過，也是由於他們的父兄事先對他們缺乏教育，而他們也對他們父兄的教導沒有好好遵循的緣故。這表明這個地區缺乏廉恥，風俗太壞。這樣的人遭到國家的懲罰，難道還不應該嗎？

4 「皇上傷心唐蒙等人的那些作為，也很可憐你們這些群氓的愚蠢表現，所以才特別又派我來向你們說清國家所以要調兵的原因，同時也要譴責那些對朝廷不忠而私自逃亡流竄的人，也要譴責三老、孝弟這些專管教化工作的官吏平時沒有盡到教誨的職責。現在正好農忙，不便太煩擾百姓，附近幾個縣的百姓我都已經親自見過了，我擔心那些偏遠地區、那些深山大澤中的百姓們聽不到這消息，所以檄文一到，要趕快分送到你們下屬的各縣各道，讓大家都知道陛下的意思，切不可懈怠疏忽！」

5 司馬相如回京向皇帝作了報告。這時，唐蒙等已經打通了夜郎，接著他們又企圖打通西南夷地區的其他各小部落的道路，為此，他們調發了巴、蜀、廣漢三郡的士兵和築路的勞工幾萬人。結果修了兩年也沒有修成，而人死得很多，財力的耗費也數以萬計，蜀郡的百姓和漢朝當權的人們多數都說這件事情勞民傷財沒好處。當時邛、筰一帶的部落酋長們聽說南方各部落與漢朝溝通後，得到了不少賞賜，所以他們也想附屬漢朝，請朝廷派官吏到他們那裡去，就像南夷的一些部落一樣。武帝問司馬相如，司馬相如說：「邛、筰、冄、駹等部落都離蜀郡不遠，道路也容易修通，當時秦朝就曾設過郡縣，只是到了漢初才放棄的。現在如果能夠再溝通那裡，在那裡設立郡縣，我看比南夷的情況還要好。」武帝覺得有理，就派司馬相如為中郎將，讓他手持天子特發的旌節前往出使。此外還派了王然于、壺充國、呂越人等作為副使，讓他們乘著四匹馬拉的驛車，就近從巴、蜀二郡選擇隨員，籌備禮品，去收買那些蜀郡以西部落的蠻夷。司馬相如到達蜀郡後，上至郡守所有的各級官吏都出城到郊外恭迎，那裡的縣令更是接過司馬相如的弓箭，親自替他背著在前面引路，整個蜀郡都因為出了這麼個司馬相如而感到光榮。這時卓王孫和臨邛縣的那些顯要人物們也都通過司馬相如的門下給他送上了禮品，和他交好。卓王孫這時才深為感歎，覺得讓女兒太晚嫁給司馬相如了，於是他就又分給了文君一部分財物，讓她和她的弟兄們所得的一樣多。司馬相如於是去訪問安撫了西南的各部落，那些邛、筰、冄、駹、斯榆等地的君長們都請求歸附漢朝，他們拆去了和漢朝交界上的關塞，從此漢朝的疆界更擴大了，它西到沬水、若水，南到牂柯江為界，還修好了零關道，在孫水上架起了橋梁，聯繫起邛都。事情辦好後，司馬相如回長安向武帝作了報告，武帝非常高興。

6 司馬相如出使西南夷時候，蜀郡的許多老人們都說通西南夷沒好處，朝廷裡的大臣們也這樣認為。司馬相如也想勸阻，但由於是他向漢武帝提出來的，所以他不敢改嘴，於是就寫了一篇文章，假作蜀郡父老提出問題，而自己去駁難他們，想借著這種方式來暗示天子，同時也向人們說明自己這次出使的目的，讓百姓們明白天子的意思。文章說：

7 漢朝建國已經七十八年了，一連六代皇帝道德崇高，武功強盛，恩澤深廣，澤被萬物，並一直洋溢到四方的國境之外。於是國家派使者出使西夷，順勢開拓，結果如同風行草上，無不順服。於是冄、駹二部，歸順了朝廷；筰、邛二地，獲得了安定，接著又招撫了斯榆，攻克了苞滿，就要迴車掉頭，東歸去向天子彙報了，中途路過蜀郡的首府成都。

8 當地的二十七個老鄉紳很嚴肅走過來了。他們和使者寒暄過後，就說：「我們聽說自古以來天子對夷狄的政策，其原則是稍加約束，不使斷了聯繫就行了。但如今卻發動了巴、蜀、廣漢三郡的士民，勞民傷財地去修築通往夜郎的道路，結果花了三年的時間，工程尚未完成，把士兵累得要死，把千家萬戶弄得缺衣少食，現在又要通西夷，百姓們已經沒有氣力了，這件事恐怕將來無法完成，這對你個人也是不利的，所以我們很為你擔心。再說邛、筰、西僰這些地方自古以來就與中國並存，究竟已經過了多少年誰也說不清。這完全是一些仁者不想用道德懷柔，霸者也不想用武力征服的地方，你們現在忽然興心要經營它，我看恐怕不行吧！你們現在犧牲國內的百姓去招附那些夷狄，疲憊自己的黎民去事奉那些無用的夷狄，恕我們這些邊鄙之人見識短淺，我們實在想不明白你們為什麼要這麼做。」

9 使者說：「怎麼能這麼說呢？如果真像你們說的那樣，那蜀郡、巴郡當初就不會改變原有的服飾，改行中原的習俗了。我實在是討厭聽到你們這樣的說法。但是這件事情關係重大，本來就不是你們一般人所能認清的。只是我這次得急著走，不可能詳細地給你們講其中的道理，只能粗粗地給你們講個大概。

10 「在一個時代必先出了非凡的人，然後才可能做出非凡的事；只有做了非凡的事，然後才可能立非凡的功。所謂『非凡』，當然就是一般人認為奇怪的。所以俗話說凡是非凡的事情一開始，總是讓百姓們感到害怕；只有等到大功告成了，那時天下人才會心悅誠服。

11 「古時候洪水暴發，泛濫成災，百姓們往高處遷徙，動盪不安。大禹可憐人們的疾苦，於是幫助人們堵塞洪水，疏通江河，分流救災，讓洪水東入大海，才使天下永久安定。當他開始治水時，付出艱苦勞動的難道只是百姓嗎？大禹自己不光要考慮各種問題，而且還要親身帶頭去做，以至於手腳都磨出了繭，皮膚上連汗毛都長不起來。正因為如此，所以他的偉大功績萬古不滅，聲名一直流傳到今天。

12 「再說一位賢明的帝王即位後，怎麼能夠總是猥猥瑣瑣，拘拘束束，一味因循守舊，去討好那些當時的世俗呢！他們一定要高舉新學說，宣講大道理，要開創事業，建立傳統，使之成為後代的榜樣。所以他們追求的是無所不容，無所不包，甚至積極想要達到與天地並列。《詩經》上不是說過：『普天下的土地，沒有一點不是周天子的；生活在這片土地的人，沒有一個不是周天子的臣民。』所以從天地之間，四海之內，逐漸遍及各處，凡是有生命之物，如果沒有沾潤到天子的恩澤的，賢明的天子就會感到於心有愧。如今中國境內，乃至士族官宦，都已經享受到了幸福，沒有遺漏了。而那些夷狄異俗的小國，那些路途遙遠的地方，車船不通，人跡罕至，還沒有蒙受天子的教化，還沒有受到多少中原風俗的影響。如果接納他們，他們就會不講禮義地侵犯我們的邊境；如果排斥不要他們，他們就會無惡不作，甚至弒君犯上。在這些地區上下顛倒，尊卑不分，父兄無辜被害，孩子被掠為奴，於是那些被捆綁的人們哭號著，眼巴巴地望著中原埋怨道：『聽說中國的天子是至高無上的聖人，仁德像大海一樣深廣，恩澤可以普施萬物，萬物沒有不得其所的，可是為什麼單單把我們給遺漏了呢！』他們踮著腳跟仰望中原，就像大旱天盼著下雨一樣。即使是鐵石心腸的人看了也為他們掉淚，何況是聖明的天子，他又怎麼能撒手不管呢？所以才向北出兵討伐了匈奴，向南派遣使者責問了南越。四面八方都蒙受漢家天子的恩德，西夷和南夷的君長們，也都一齊仰慕聖朝，願意歸化接受封號的數也數不清。因此天子才把邊關設到了沫水、若水，把邊界設在牂柯江上，在零山鑿開了通道，在孫水架起了橋梁，在這些地區開展了道德教化，建立了仁義傳統。接著還將要廣施恩義，宣撫懷柔，使任何偏遠的地方不再閉塞，使任何黑暗的角落得見光明，使這些地方不再動用刀兵，免於殺伐之苦。使遠近連為一體，中外共同安享幸福，這不是很好的事嗎？把百姓們從水深火熱中拯救出來，讓他們奉行天子的美好制度，改變那種亂世的衰敗景象，振興起周朝一度斷絕了的那種事業，這是漢朝天子當前急於要辦的。你們即使有些勞苦，又怎麼能夠不去做呢？

13 「再說，聖王要辦的事情沒有一件不是開始於痛苦辛勞，而最後歸於恬逸安樂的。而漢天子接受天命的徵兆，也就表現在這種辛勞之中了。天子馬上就要去泰山祭天，去梁父祭地，馬上就要興辦禮樂，歌頌聖德，當今天子上可以與五帝並稱，下肯定超越三王的地位。而你們這些人眼睛看不出個門道，耳朵也聽不出個聲響，就如同鷦明鳥早已飛上了長空，而那些捕鳥人還在瞪著眼睛往草澤下頭看，這是多麼可悲啊！」

14 於是那些鄉紳們一個個茫然若失，完全忘掉了他們是為什麼而來，以及來了之後應該向使者說些什麼了。他們一同感慨地說：「大漢的道德實在太高了，您講的這些，正是我們這群鄙陋的人們所希望聽到的。百姓們儘管勞苦，我們情願親自領著他們去做。」於是一個個失魂落魄，六神無主，不知所措地賠著小心退了出去。

1 其後人有上書言相如使時受金，失官。居歲餘，復召為郎。

2 相如口吃而善著書。常有消渴疾❶。與卓氏婚，饒於財。其進仕宦，未嘗肯與❷公卿國家之事，稱病閒居，不慕官爵。常從上至長楊❸獵，是時天子方好自擊熊彘，馳逐野獸，相如上疏諫之。其辭曰：

3 臣聞物有同類而殊能❹者，故力稱烏獲❺，捷言慶忌❻，勇期賁、育❼。臣之愚，竊以為人誠有之，獸亦宜然。今陛下好陵❽阻險，射猛獸，卒❾然遇軼材❿之獸，駭⓫不存⓬之地，犯屬車⓭之清塵，輿不及還轅⓮，人不暇施巧⓯，雖有烏獲、逄蒙⓰之伎，力不得用，枯木朽株盡為害矣。是胡越⓱起於轂下⓲，而羌夷接軫⓳也，豈不殆哉！雖萬全無患，然本非天子之所宜近也。

4 且夫清道⓴而後行，中路而後馳㉑，猶時有銜橛之變㉒，而況涉乎蓬蒿，馳乎丘墳，前有利獸之樂而內無存變之意，其為禍也不亦難矣！夫輕萬乘之重不以為安，而樂出於萬有一危之塗以為娛，臣竊為陛下不取也。

5 蓋明者遠見於未萌而智者避危於無形，禍固多藏於隱微而發於人之所忽者也。故鄙諺曰「家累千金，坐不垂堂㉓」。此言雖小，可以喻大。

臣願陛下之留意幸察㉔。

6 上善之。還過宜春宮㉕，相如奏賦以哀二世行失也。其辭曰：

7 登陂陁㉖之長阪㉗兮，坌㉘入曾㉙宮之嵯峨㉚。臨曲江㉛之隑州㉜兮，望南山㉝之參差㉞。巖巖㉟深山之谾谾㊱兮，通谷豁㊲兮谽谺㊳。汩淢㊴噏習㊵以永逝兮，注平皋之廣衍。觀眾樹之塕薆㊶兮，覽竹林之榛榛㊷。東馳土山兮，北揭㊸石瀨㊹。彌節容與兮，歷㊺弔二世。持身不謹兮，亡國失埶㊻。信讒不寤㊼兮，宗廟滅絕。嗚呼哀哉！操行之不得兮，墳墓蕪穢而不脩兮，魂無歸而不食㊽。敻㊾邈絕㊿而不齊(51)兮，彌久遠而愈佅(52)。精(53)罔閬(54)而飛揚兮，拾(55)九天而永逝。嗚呼哀哉(56)！

8 相如拜為孝文園令(57)。天子既美子虛之事，相如見上好僊道，因曰：「上林之事未足美也，尚有靡(58)者。臣嘗為大人賦，未就，請具(59)而奏之。」相如以為列僊之傳(60)居山澤間，形容甚臞(61)，此非帝王之僊意也，乃遂就大人賦。其辭曰：

9 世有大人(62)兮，在于中州(63)。宅彌萬里兮，曾不足以少留(64)。悲世俗之迫隘兮，朅輕舉而遠遊(65)。垂絳幡(66)之素蜺(67)兮，載雲氣而上浮(68)。建格澤之長竿兮，總光耀之采旄(69)。垂旬始以為幓兮，抴彗星而為髾(70)。掉指橋以偃蹇兮，又旖旎以招搖(71)。攬欃槍(72)以為旌兮，靡(73)屈虹(74)而為綢(75)。紅(76)杳渺以眩湣(77)兮，猋風涌而雲浮。駕應龍(78)象輿之蠖略(79)逶麗(80)兮，驂赤螭青虬之蚴蟉(81)蜿蜒。低卬夭蟜据以驕驁兮，詘折隆窮蠼以連卷(82)。沛艾(83)赳螑(84)仡(85)以佁儗(86)兮，放散畔岸(87)驤(88)以孱顏(89)。跮踱(90)輵轄(91)容(92)以委麗(93)兮，綢繆(94)偃蹇怵㚟(95)以梁倚(96)。糾蓼(97)叫奡(98)蹋以艐(99)路兮，蔑蒙(100)踊躍騰而狂趡。莅颯卉翕(101)熛至電過(102)兮，煥然霧除，霍然(103)雲消。

10 邪絕(104)少陽(105)而登太陰(106)兮，與真人(107)乎相求。互折窈窕(108)以右轉兮，橫厲(109)飛泉(110)以正東。悉徵(111)靈圉(112)而選之兮，部乘(113)眾神於瑤光(114)。使五帝(115)先導兮，反太一(116)而從陵陽(117)。左玄冥(118)而右含靁(119)兮，前陸離而後潏湟(120)。廝(121)征伯僑(122)而役羨門(123)兮，屬岐伯(124)使尚方(125)。祝融驚而蹕御兮(126)，清雰氣(127)而後行。屯(128)余車其萬乘兮，綷雲蓋(129)而樹華旗。使句芒(130)其將行兮，吾欲往乎南嬉。

11 歷唐堯於崇山兮，過虞舜於九疑(131)。紛湛湛(132)其差錯(133)兮，雜遝(134)膠葛以方馳(135)。騷擾衝蓯(136)其相紛挐(137)兮，滂濞(138)泱軋(139)灑以林離(140)。鑽羅(141)列聚叢(142)以蘢茸(143)兮，衍曼(144)流爛(145)壇(146)以陸離(147)。徑入靁室(148)之砰磷鬱律(149)兮，洞[150]出鬼谷[151]之崛礨嵬磈[152]。偏覽八紘[153]而觀四荒[154]兮，朅渡九江[155]而越五河[156]。經營炎火[157]而浮弱水[158]兮，杭[159]絕[160]浮渚[161]而涉流沙[162]。奄息[163]總極[164]氾濫[165]水嬉兮，使靈媧[166]鼓瑟而舞馮夷[167]。時若薆薆[168]將混濁兮，召屏翳[169]誅風伯而刑雨師。西望崑崙之軋沕洸忽[170]兮，直徑馳乎三危[171]。排閶闔[172]而入帝宮兮，載玉女[173]而與之歸。舒[174]閬風[175]而搖集[176]兮，亢烏騰[177]而一止。低回[178]陰山[179]翔以紆曲[180]兮，吾乃今日睹西王母[181]。皬然[182]白首。載勝[183]而穴處兮，亦幸有三足烏[184]為之使。必長生若此而不死兮，雖濟萬世不足以喜。

12 回車朅來兮，絕道不周[185]，會食幽都[186]。呼吸沆瀣兮餐朝霞[187]，噍咀[188]芝英[189]兮嘰[190]瓊華[191]。嬐[192]侵潯[193]而高縱兮，紛[194]鴻涌[195]而上厲[196]。貫[197]列缺[198]之倒景[199]兮，涉豐隆[200]之滂沛[201]。馳游道[202]而脩降[203]兮，騖[204]遺霧而遠逝。迫區中[205]之隘陜[206]兮，舒節出乎北垠[207]。遺屯騎[208]於玄闕[209]兮，軼[210]先驅於寒門[211]。下崢嶸而無地兮，上寥廓而無天[212]。視眩眠而無見兮，聽惝恍而無聞[213]。乘虛無而上假兮，超無友而獨存[214]。

13 相如既奏大人之頌，天子大說，飄飄有淩雲之氣，似游天地之閒意。

14 相如既病免，家居茂陵。天子曰：「司馬相如病甚，可往從悉取其書；若不然，後失之矣。」使所忠[215]往，而相如已死，家無書。問其妻，對曰：「長卿固未嘗有書也。時時著書，人又取去，即空居。長卿未死時，為一卷書，曰有使者來求書，奏之。無他書。」其遺札書言封禪事，奏所忠。忠奏其書，天子異之。其書曰：

15

伊上古之初肇[216]，自昊穹[217]兮生民，歷撰[218]列辟[219]，以迄于秦。率邇[220]者踵武[221]，逖聽[222]者風聲[223]。紛綸葳蕤[224]，堙滅[225]而不稱者，不可勝數也。續昭、夏[226]，崇號謚，略可道者七十有二君[227]。罔若淑而不昌[228]，疇[229]逆失[230]而能存？

16

軒轅之前，遐哉邈乎，其詳不可得聞也。五三[231]六經載籍之傳，維見可觀也。書曰：「元首[232]明哉，股肱[233]良哉。」因斯以談，君莫盛於唐堯，臣莫賢於后稷。后稷創業於唐，公劉發迹於西戎，文王改制，爰[234]周郅隆[235]，大行越成[236]，而後陵夷衰微，千載無聲[237]，豈不善始善終[238]哉。然無異端[239]，慎所由於前，謹遺教於後耳[240]。故軌迹夷易[241]，易遵也；湛恩[242]濛涌[243]，易豐也；憲[244]度著明[245]，易則[246]也；垂統[247]理順[248]，易繼也。是以業隆於繈褓[249]，而崇冠于二后[250]。揆[251]厥所元[252]，終都[253]攸卒[254]，未有殊尤[255]絕迹[256]可考于今

17

者也。然猶躡[257]梁父，登泰山，建顯號，施尊名[258]。大漢之德，逢涌原泉[259]，沕潏[260]漫衍[261]，旁魄[262]四塞[263]，雲尃[264]霧散，上暢[265]九垓[266]，下泝[267]八埏[268]。懷生[269]之類霑濡浸潤，協氣[270]橫流[271]，武節[272]飄逝[273]，邇陜游原，迥闊泳沫[274]，首惡[275]湮沒，闇昧[276]昭晢[277]，昆蟲[278]凱澤[279]，回首面內[280]。然後囿[281]騶虞[282]之珍羣，徼麋鹿之怪獸[283]，導[284]一莖六穗[285]於庖[286]，犧雙觡共抵之獸[287]，獲周餘珍收龜于岐[288]，招翠黃乘龍於沼[289]。鬼神接靈圉[290]，賓於閒館。奇物譎詭，俶儻[291]窮變[292]。欽哉，符瑞臻茲，猶以為薄[293]，不敢道封禪。蓋周躍魚隕杭[294]，休[295]之以燎[296]，微[297]夫斯之為符也，以登介丘[298]，不亦恧[299]乎！進讓之道，其何爽與[300]？

於是大司馬進曰[301]：「陛下仁育羣生[302]，義征[303]不憓[304]，諸夏[305]樂貢，百蠻執贄[306]，德侔[307]往初[308]，功無與二[309]，休烈[310]浹洽[311]，符瑞眾變[312]，期應紹至[313]，不特[314]創見[315]。意[316]者泰山、梁父設壇場[317]望幸[318]，蓋號[319]以況[320]榮，上帝[321]垂恩儲祉[322]，將以薦成[323]，陛下謙讓而弗發[324]也。挈[325]三神[326]之驩，缺王道之儀，羣臣恧焉。或謂且天為質闇，珍符固不可辭[327]；若然辭之，是泰山靡記[328]而梁父靡幾[329]也。亦各竝時而榮，咸濟世而屈[330]，說者尚何稱[331]

於後，而云七十二君332乎？夫修德以錫符333，奉符以行事334，不為進越335。故聖王弗替336，而修禮地祇337，謁338款339天神，勒功340中嶽341，以彰至尊，舒342盛德，發號榮343，受厚福，以浸344黎民也。皇皇345哉斯事！天下之壯觀，王者之丕業346，不可貶347也。願陛下全之。而後因雜348薦紳先生之略術349，使獲燿日月之末光350絕炎351，以展采352錯事353，猶兼正列其義354，校飭厥文，作春秋一藝355，將襲舊六為七356，攄357之無窮，俾萬世得激清流，揚微波，蜚英聲，騰茂實358。前聖之所以永保鴻名而常為稱首359者用此，宜命掌故360悉奏其義361而覽焉。」

18 於是天子沛然362改容，曰：「愉363乎，朕其試364哉！」乃遷思回慮365，總366公卿之議，詢封禪之事，詩大澤之博367，廣368符瑞之富。乃作頌曰：

19 自我天覆369，雲之油油370。甘露時雨，厥壤可游371。滋液滲漉372，何生不育；嘉穀六穗，我穡373曷蓄。

20 非唯雨之374，又潤澤之；非唯濡之，氾375尃濩376之。萬物熙熙，懷377而慕思378。名山379顯位380，望君之來。君乎君乎，侯不381邁382哉！

21 般般383之獸，樂我君囿；白質黑章，其儀可喜384；旼旼385睦睦386，君子之能[387]。蓋聞其[388]聲[389]，今觀其來。厥塗靡蹤[390]，天瑞之徵[391]。茲亦於舜，虞氏以興[392]。

22 濯濯[393]之麟，游彼靈時[394]。孟冬十月，君徂[395]郊祀。馳我君輿，帝以享祉[396]。三代之前，蓋未嘗有。

23 宛宛[397]黃龍，興德而升[398]；采色炫燿[399]，熿炳[400]煇煌[401]。正陽[402]顯見[403]，覺寤[404]黎烝[405]。於傳[406]載之，云受命所乘[407]。

24 厥[408]之有章[409]，不必諄諄[410]。依類託寓[411]，諭以封巒[412]。

25 披[413]藝[414]觀之，天人之際已交[415]，上下[416]相發允答[417]。聖王之德，兢兢翼翼[418]也。故曰：「興必慮衰，安必思危。」是以湯武至尊嚴，不失肅祗[419]；舜在假典[420]，顧[421]省[422]厥遺：此之謂也。

26 司馬相如既卒五歲，天子始祭后土。八年而遂先禮中嶽，封于太山，至梁父禪肅然[423]。

27 相如他所著，若遺平陵侯書、與五公子相難、草木書篇不采，采其尤著公卿者云[424]。

【章旨】以上為第四段，錄司馬相如的〈諫獵疏〉、〈哀秦二世賦〉、〈大人賦〉、〈封禪文〉，並介紹了這些作品的寫作背景。

【注釋】❶消渴疾　病症名，包括糖尿病、尿崩症等。❷與　參與。❸長楊　秦漢宮名，故址在今陝西周至東南。《正義》引《括地志》曰：「秦長楊宮在雍州盩厔縣東南三里。上起以宮，內有長楊樹，以為名。」❹殊能　不同的才能。❺烏獲　戰國時秦國的勇士。❻慶忌　春秋末吳王僚之子，以勇力聞名。❼賁育　指孟賁、夏育，都是戰國時期的著名勇士。❽陵　迫近；逾越。❾卒　同「猝」。❿軼材　出眾之材。⓫駭　驚嚇。⓬存　察看。⓭屬車　皇帝的副車。此處即指皇帝。⓮還轅　迴車逃避。轅，車前駕牲畜之直木。此處代指車輿。⓯巧　《文選》作「功」。⓰逢蒙　古代的善射者，后羿的弟子。⓱胡越　泛指各種敵人。下文「羌夷」同此。⓲轂下　天子車乘之下。轂，車輪中間的承軸之處。這裡即指車。⓳接軫　緊挨著天子的車乘。軫，車後橫木。此處即指車。⓴清道　天子出，必先清掃道路，禁止行人往來。㉑中路而後馳　天子行馳道之正中以保安全。㉒銜橛之變　指馬的轡繩嚼子出問題，以致造成突然的災禍。銜、橛，都是嚼子，形狀不同。㉓坐不垂堂　意謂不坐在屋簷下，以防被簷瓦的偶然脫落打傷。垂堂，這裡指屋簷下。《史記・袁盎鼂錯列傳》中袁盎曰：「臣聞千金之子坐不垂堂，百金之子不騎衡，聖主不乘危而徼幸。」㉔臣願陛下之留意幸察　林雲銘曰：「此（指〈諫獵疏〉）全為陵阻險、射猛獸而發，說得悚然可畏，絕不提出縱獸荒禽、廢事失德等語。對英主言，自當如此。」（《古文析義》）㉕宜春宮　秦朝宮殿名。《正義》引《括地志》曰：「秦宜春宮在雍州萬年縣西南三十里。宜春苑在宮之東、杜之南。〈始皇本紀〉云：『葬二世杜南宜春苑中。』」㉖陂陁　傾斜貌。㉗長阪　長坡。㉘坌　並。㉙曾　同「增」。層疊。㉚嵯峨　高貌。㉛曲江　即曲江池，在宜春苑中。《集解》引《漢書音義》曰：「隑，長也。苑中有曲江之象，泉中有長洲也。」《索隱》曰：「案：隑音祈。隑即碕，謂曲岸頭也。張揖曰：『苑中有曲江之象，中有長州（洲），又有宮閣路，謂之曲江，在杜陵西北五里。』又《三輔舊事》云『樂游原在北』是也。」㉜隑州　即指江中之長洲。隑，長也。㉝南山　指南面的山，並非專名。㉞參差　高低不齊貌。㉟巖巖　高峻貌。㊱谾谾　空深貌。㊲䜲　深邃、開朗貌。㊳谽谺　山谷空大貌。㊴汩淢　水疾流貌。㊵噏習　飄忽飛揚貌。㊶蓊薆　茂密多蔭貌。㊷榛榛　草林叢生貌。㊸揭　撩起衣服以涉淺水。㊹石瀨　水為石激所形成的急流。㊺歷相隨，指跟隨漢武帝憑弔二世。㊻埶　同「勢」。㊼寤　通「悟」。醒悟；覺悟。㊽食　祭饗。㊾敻　遠。㊿邈絕　遠不可至貌。51齊　通「齋」。齋戒。52休　通「眛」。隱匿。53精　精氣；遊魂。54罔閬　心神恍惚，無所依據。55拾　拾級；躡足而上。56嗚呼哀哉　劉勰曰：「及相如之〈弔二世〉，全為賦體，桓譚以為其言惻愴，讀者歎息；及平章要切，斷而能悲也。」《文心雕龍・哀弔》57孝文園令　漢文帝陵邑的行政長官，與縣令同級。孝文園，漢文帝的陵園。《索隱》引〈百官志〉曰：「陵園令，六百石，掌案行掃除。」58靡　美好。59具　完備；完成。60傳　傳說。61臞　瘦。62大人　喻指天子。63中州　指中國。64少留　稍稍停留。65悲世俗之迫隘兮二句　〈遠遊〉曰：「悲時俗之迫厄兮，願輕舉而遠遊。」迫隘，局促；狹窄。朅，離去。輕舉，輕身飛舉。66絳幡　赤色旗幟。67素蜺　即白虹。68載雲氣而上浮　〈遠遊〉曰：「焉託乘而上浮。」又曰：「掩浮雲而上征。」載，處；置身。69建格澤之長竿兮二句　意謂將格澤星當作旗杆豎起來，繫上光芒閃耀的彩色旌旗。建，豎起。格澤，星象名。《史記・天官書》曰：「格澤星者，如炎火之狀，黃白，起地而上，下大，上兌。」總，繫。〈遠遊〉曰：「建雄虹之采旄兮，五色采而炫耀。」70垂旬始以為幓兮二句　意謂懸掛起用旬始星做成的飄帶，拖曳著用彗星做成的旗幟垂羽。旬始，星象名。《史記・天官書》：「旬始，出於北斗旁，狀如雄雞。其怒，青黑，象伏鼈。」幓，旌旗的飄帶。抴，拖曳。髾，旌旗上所垂的羽毛。71掉指橋以偃蹇兮二句　狀旌旗隨風飄動之態。掉，搖擺。指橋，輕柔貌。偃蹇，曲折輾轉貌。旖旎，輕盈柔順貌。招搖，搖動貌。72欃槍　指天欃、天槍兩星。《史記・天官書》：「天欃長四丈，末銳；天槍長數丈，兩頭銳，其形似彗也。」73靡　纏繞。74屈虹　斷虹。75綢　通「韜」。指旗杆的護套。76紅　指紅色雲。77眩湣　有兩解：一作「闇冥無光」講（見《集解》引《漢書音義》）；一作「混合」講（見《索隱》引晉灼語）。78應龍　傳說中有翼的龍。79蠖略　行步進止貌。80逶麗　曲折蜿蜒貌。81蚴蟉　屈曲行動貌。82低卬夭蟜据以驕驁兮二句　狀赤螭、青虯的各種姿態。卬，同「仰」。高；昂。夭蟜，屈伸自如貌。据，《索隱》引張揖曰：「据，直項也。」伸直脖子。驕驁，《索隱》引張揖曰：「驕驁，縱恣也。」隆窮，隆起貌。蠼，通「躩」。捲曲貌。連卷，屈曲貌。83沛艾　猶「駊騀」。意即馬搖頭。84赳螑　伸頭低昂。85仡　勇壯。86佁儗　凝滯不動貌。87畔岸　放縱任性貌。88驤　昂首。89孱顏　馬齒參差不齊貌。90跮踱　忽進忽退。91輵螛　《集韻》曰：「搖頭也。」顏師古《漢書注》引張揖曰：「搖目吐舌也。」92容　急步趨行。93委麗　同「逶麗」。94綢繆　同「蜩蟉」。《漢書注》引張揖曰：「掉頭也。」95怵臭　奔走貌。96梁倚　如屋梁之倒倚。97糾蓼　即「糾繚」，糾集繚繞。98叫奡　呼叫。99艐　至；到。100蔑蒙　飛揚。101莅颯卉翕　《漢書》「卉」作「芔」。《正義》曰：「莅颯，飛相及也。卉翕，走相追也。」102熛至電過　奔跑疾速，如火焰飛至，雷電閃過。103霍然　忽然，驀地。104邪絕　斜渡。邪，通「斜」。105少陽　指東極。106太陰　指北極。107真人　指長生的仙人。108窈窕　深遠貌。109厲　渡。110飛泉　《正義》引張揖曰：「飛泉，谷也，在崑崙山西南。」111悉徵　全部徵召。112靈圉　仙人名。113部乘　《漢書》作

「部署」。(114)瑤光　同「搖光」，星名。《集解》引《漢書音義》曰：「搖光，北斗杓頭第一星。」(115)五帝　古代所謂五方天帝。《周禮・春官・小宗伯》：「兆五帝于四郊。」鄭玄注：「蒼曰靈威仰，太昊食焉；赤曰赤熛怒，炎帝食焉；黃曰含樞紐，黃帝食焉；白曰白招拒，少昊食焉；黑曰汁光紀，顓頊食焉。」(116)太一　天神名。《史記・天官書》：「中宮天極星，其一明者，太一常居也。」(117)陵陽　指仙人陵陽子明。(118)玄冥　一名雨師，水神；又說為北方天帝顓頊之佐神。(119)含靁　《集解》引《漢書音義》曰：「含靁，黔嬴也，天上造化神名也。或曰水神。」(120)前陸離而後潏湟　陸離、潏湟，皆神名，或曰皆靈鳥名。(121)廝　僕役。(122)征伯僑　仙人名。(123)羨門　仙人，名高。(124)岐伯　古名醫，相傳為黃帝之臣。(125)尚方　主管方藥。(126)祝融驚而蹕御兮　〈遠遊〉：「祝融戒而蹕御兮。」祝融，相傳為南方炎帝之佐。驚，《漢書》作「警」。警戒。蹕，古帝王出行時，禁止行人以清道。(127)雰氣　濁惡之氣。(128)屯　聚集。(129)綷雲蓋　雜合五彩雲以為車蓋。綷，合。(130)句芒　相傳為東方青帝之佐。(131)歷唐堯於崇山兮二句　《正義》引張揖曰：「崇山，狄山也。〈海外經〉云：『狄山，帝堯葬其陽。』」九疑山，零陵營道縣，舜所葬處。」(132)湛湛　積厚貌。(133)差錯　交錯。(134)雜遝　即「雜沓」。眾多雜亂貌。(135)方馳　並駕而驅。(136)衝蓯　糾結貌。(137)紛挐　紛亂。(138)滂濞　眾盛貌。(139)泱軋　無邊無際。(140)林離　《漢書注》引張揖曰：「槮欐也。」即木長而繁多貌。(141)鑽羅　列聚。鑽，同「攢」。聚集。(142)叢　聚集。(143)蘢茸　聚集貌。(144)衍曼　蔓延不絕。(145)流爛　遍布。(146)壇聚集。(147)陸離　參差散亂貌。(148)靁室　即雷淵，神話傳說中的水名。(149)砰磷鬱律　深峻貌。(150)洞　通。(151)鬼谷　《集解》引《漢書音義》曰：「鬼谷在北辰下，眾鬼之所聚也。」(152)崫礨嵬磈　錯落不平貌。(153)八紘　猶「八極」。(154)四荒　四方荒遠之地。(155)九江　《漢書注》引張揖曰：「九江在廬江尋陽縣南。皆東合為大江者。」(156)五河　顏師古曰：「五河，五色之河也。《仙經》云紫、碧、絳、青、黃之河。」(157)炎火　傳說中的火焰山。(158)弱水　傳說中的水名或西方地名。(159)杭　通「航」。渡船。(160)絕　渡過。(161)浮渚　露出水面的小塊陸地。(162)流沙　傳說中的水名或西方地名。(163)奄息　休息。(164)總極　山名，即葱嶺，為帕米爾高原、崑崙山及天山之總稱。(165)氾濫　浮沉。(166)靈媧　即女媧。(167)馮夷　即河伯。(168)薆薆　昏暗不明貌。(169)屏翳　有雷師、雨師、風伯諸說，但在此處似均不合文意。《正義》引應劭曰：「屏翳，天神使也。」近是。(170)軋沕洸忽　隱約不明貌。(171)三危　神話中的山名。《山海經・西山經》：「又西二百二十里，曰三危之山，三青鳥居之。」(172)閶闔　傳說中天宮的南門。(173)玉女　神女。(174)舒　從容；安詳。(175)閬風　山峰名，在崑崙山之顛，相傳為仙人所居。(176)集　棲止。(177)亢烏騰《集解》引《漢書音義》曰：「亢然高飛，如烏之騰也。」(178)低回　徘徊。(179)陰山　今河套以北、大漠以南諸山之總稱。(180)紵曲　迴旋。(181)西王母　傳說中的西方女仙。《正義》引張揖曰：「西王母，其狀如人，豹尾、虎齒、蓬髮，皬然白首。石城金穴，居其中。」[182]皬然　潔白貌。[183]載勝　佩戴首飾。勝，指婦女的首飾。[184]三足烏　王先謙以為乃「三青鳥」之誤。（見《漢書補注》）三青鳥，傳說中為西王母取食者。[185]不周　神話傳說中的山名。《漢書注》引張揖曰：「不周山在昆侖東南二千三百里也。」[186]幽都　北方的地名。《書·堯典》曰：「申命和叔宅朔方，曰幽都。」[187]呼吸沆瀣兮餐朝霞　沆瀣，夜間的水氣、露水。按：「兮」字原在「霞」下，據《漢書》改。[188]噍咀　咀嚼。[189]芝英　靈芝之花。相傳食之可祛百病而延年益壽。一說瑞草。[190]嘰　稍微吃一點。《說文》曰：「小食也。」[191]瓊華　玉樹之花，即玉英。相傳崑崙西流沙濱有此樹，食其花可長生。[192]嬐　通「僸」。仰望。[193]侵潯　即浸淫；逐漸。侵，通「浸」。[194]紛　盛貌。[195]鴻涌　《漢書》作「鴻溶」。《漢書注》引張揖曰：「鴻溶，竦踊也。」竦踊即引領駐足的意思。[196]厲　飛揚。[197]貫　穿。[198]列缺　閃電。[199]倒景　《漢書注》引服虔曰：「人在天上，下向視日月，故景倒在下也。」王先謙則曰：「雷光倒在下耳，非日月景也。」（《漢書補注》）[200]豐隆　傳說中的雲師。一說為雷師。[201]滂沛　雨水盛多貌。[202]游道　游車和道車。此處泛指天子出遊之車乘。[203]脩降　指從高處向低下處奔馳。脩，長。降，下。[204]騖　奔馳。[205]區中　人世間；塵世。[206]陜　同「狹」。狹窄。[207]垠　邊際。[208]屯騎　指天子的隨從諸騎。[209]玄闕　《淮南子·道應》曰：「盧敖遊乎北海，經乎太陰，入乎玄闕，至於蒙轂之上。」高誘注：「玄闕，北極之山也。」[210]軼　超越。[211]寒門　北極之門。《淮南子·地形》：「北方曰北極之山，曰寒門。」高誘注：「積雪所在，故曰寒門。」〈遠遊〉：「舒并節以馳騖兮，逴絕垠乎寒門。」[212]下峥嶸而無地兮二句　〈遠遊〉有此兩句。峥嶸，深遠貌。寥廓，曠遠廣闊。[213]視眩眠而無見兮二句　〈遠遊〉作「視倏忽而無見兮，聽惝怳而無聞」。眩眠，目不安貌。惝怳，模糊。[214]乘虛無而上假兮二句　虛無，指天空，亦指道家虛空的境界。上假，指道家的遐舉飛升。假，通「遐」。上升。超，超然。離世脫俗貌。無友，指無塵世俗友。〈遠遊〉作「超無為以至清兮，與泰初而為鄰」。洪興祖曰：「司馬相如作〈大人賦〉，宏放高妙，讀者有凌雲之意，然其語多出於此（指〈遠遊〉），至其妙處，相如莫能識也。」（《楚辭補注》）朱熹曰：「司馬相如作〈大人賦〉多襲其語，然屈子所到，非相如所能窺其萬一也。」（《楚辭集注》）汪瑗曰：「〈大人賦〉非獨不能窺屈子之所到，而文章之妙亦未能闖其門也，況升堂入室乎？其所述遠遊，雜亂靡統，而又剽襲太多，此相如所作之陋者也。讀者有凌雲之意，蓋未嘗讀楚辭之故也。使武帝曾讀楚辭，則讀相如賦如嚼蠟耳。吾見其昏昏然惟恐其臥之不暇也，安得有飄飄凌雲之意乎？」（《楚辭集解》）[215]所忠　使者名。《索隱》引張揖曰：「使者姓名，見〈食貨志〉。」《正義》曰：「姓所，名忠也。《風俗通·姓氏》云：『《漢書》有諫大夫所忠氏。』」[216]肇　始。[217]昊穹　泛指天。[218]歷撰　歷數。撰，數也。[219]列辟　歷朝君主。辟，天子諸侯的通稱。[220]率邇　依循近世。率，依循。邇，近也。[221]踵武　指繼承前人遺業。踵，追隨。武，足跡。此處指前人遺業。(222)逖聽　遠聽。逖，遠。(223)風聲　指前人的遺風嘉聲。(224)紛綸葳蕤　皆眾多雜亂貌。(225)堙滅　堙沒。堙，通「湮」。(226)續昭夏　王先謙曰：「〈昭〉，舜樂；〈夏〉，禹樂。續〈昭〉、〈夏〉謂繼舜、禹而起。」（《漢書補注》）(227)七十有二君　《史記・封禪書》引管仲曰：「古者封泰山、禪梁父者七十二家，而夷吾所記者十有二焉。」(228)罔若淑而不昌　未有遵循善道而不昌盛的。罔，無；沒有。若，順。淑，善。昌，昌大。(229)疇　誰。(230)逆失　猶言「倒行逆施」。(231)五三　五帝三王的簡稱。(232)元首　頭。喻指帝堯。(233)股肱　大腿和臂膊。喻指輔佐堯的大臣，如禹、益、稷等人。(234)爰　及。(235)郅隆　大盛。(236)大行越成　王念孫曰：「大行越成者，大道於是始成也。」（《讀書雜志》）(237)無聲　無惡聲。(238)善始善終　言周德自始至終都完美無缺。(239)無異端　瀧川曰：「猶言無他故。」(240)慎所由於前二句　李善曰：「言周之先王創業垂統，既慎其規模，又謹其遺教也。」（《文選注》）遺教，給後人遺留下來的教訓、主張等。(241)軌迹夷易　言周先王所定之制度平易。軌迹，指法則；制度。夷、易，皆平也。(242)湛恩　深恩。(243)濛涌　廣大貌。(244)憲　典章。(245)著明　昭著顯明。(246)則　效法。(247)垂統　世代相繼之皇統。(248)理順　順暢和諧。理、順，同義詞連用，皆順也。(249)繦褓　同「襁褓」。此指周成王，因其即位時年幼而言。(250)崇冠于二后　《集解》引《漢書音義》曰：「二后謂文、武也。周公負成王致太平，功德冠於文、武者，道成法易故也。」后，帝也。(251)揆　度量。(252)元　始。(253)終都　猶言「終於」。都，於也。(254)卒　終。指周之滅亡。(255)殊尤特異。(256)絕迹　無人達到的境地。(257)躡　登。(258)施尊名　給予顯貴的名稱。(259)逢涌原泉　《索隱》引張揖曰：「逢，遇也。喻其德盛若遇泉源之流也。」原，同「源」。(260)沕潏　泉流貌。(261)漫衍　漫延衍溢。(262)旁魄　亦作「旁薄」、「磅礴」。廣被普及的意思。(263)四塞　充塞四方。(264)尃　同「敷」。散布。(265)暢　達。(266)九垓　猶言「九重天」。垓，重；層；級。(267)泝　流也。(268)八埏　八方的邊際。埏，大地的邊界。(269)懷生　有生命之物。(270)協氣　和氣。(271)橫流　充溢；遍布。(272)武節　猶言「兵符」。此處喻軍威。節，符節。(273)飄逝　飛逝。(274)邇陜游原二句　《集解》引《漢書音義》曰：「恩德比之於水，近者游其原，遠者浮其沫。」邇陜，近狹之地。陜，通「狹」。原，同「源」。迥闊，廣遠之地。泳，浮。(275)首惡　罪魁。(276)闇昧　愚昧；愚蠢。(277)昭哲　光顯。喻使夷狄受到教化。(278)昆蟲　喻有生萬物。(279)凱澤　光明。(280)面内　向内。(281)囿　指在苑囿中畜養禽獸。(282)騶虞　傳說中的一種瑞獸，白虎黑文，不食生物。(283)徼麋鹿之怪獸　指武帝元狩元年（西元前一二二年）獲騶虞事。《史記・滑稽列傳》：「建章宮後閣重櫟中有物出焉，其狀似麋。……於是朔乃肯言，曰：『所謂騶牙（虞）者也。』」徼，遮；攔截。麋鹿之怪獸，王先謙曰：「所謂『麋鹿之怪獸』，即其狀若麋之騶虞也。非麋似麋，故曰『麋鹿之怪獸』。一事而對舉成文，古人多用此法。」（《漢書補注》）(284)䆃　選擇。(285)一莖六穗　指嘉禾。(286)庖　廚房。(287)犧雙觡共抵之獸　指元狩元年獲麟事。

《史記・封禪書》曰：「其明年，郊雍，獲一角獸，若麃然。有司曰：『陛下肅祗郊祀，上帝報享，錫一角獸，蓋麟云。』於是以薦五畤，畤加一牛以燎。」犧，本指古代祭祀時所用的純色牲畜，此處用作動詞，意即屠宰犧牲。雙觡共抵，雙角之根併而為一，如獨角一般。觡，角。抵，根。288獲周餘珍收龜于岐　瀧川曰：「『收』當作『放』，『珍』字涉上下衍。《文選》注云：『文穎曰：「周放畜餘龜於沼池之中，至漢得之於岐山之旁，龜能吐故納新，千載不死。」』愚案，《文》說近是。《集解》、《索隱》以『餘珍』為得周鼎，九鼎夏禹所鑄，遷在洛邑，與岐何涉。上下所言，亦惟動植之物。」289招翠黃乘龍於沼　指元狩三年（西元前一二〇年）水中出神馬事。招，來。翠黃，神馬。《集解》引《漢書音義》曰：「翠黃，乘黃也。龍翼馬身，黃帝乘之而登仙。」乘龍，四條龍。古車輿一般以四馬為一乘，因以乘為四之代稱，故乘龍即四龍。290靈圉　仙人名。291俶儻　卓異不凡。292窮變　窮盡萬物的變化。293欽哉三句　意謂漢天子始終謙虛敬慎，雖符瑞迭出，但仍以為德薄。欽，敬慎。臻，到。294蓋周躍魚隕杭　《索隱》引胡廣曰：「武王渡河，白魚入于王舟，俯取以燎。」隕，墜落船中。杭，通「航」。渡船。295休　美。296燎　古祭名，焚柴祭天。297微　渺小。298介丘　大山。指泰山。介，大。299恧　慚愧。300進讓之道二句　《索隱》曰：「言周未可封而封，漢可封而不封，為進讓之道，皆差之也。」進，苟進；勉強行事。指周武王不當封禪卻勉強封禪。讓，謙讓。指漢武帝當封禪卻不封禪。爽，相差。301於是大司馬進曰　此句以下一段乃司馬相如假借一個受恩寵的官員大司馬向漢武帝建議封禪。大司馬，官職名，武帝元狩四年（西元前一一九年）置加於將軍之號上。302羣生　所有生物。303義征　興義師以征討。304憓　順從。305諸夏　原指周代分封的各諸侯國，此處指漢時的各諸侯國。306執贄　指少數民族持禮物以享天子。贄，聘享的禮物。307侔　相等。308往初　指往古的五帝三王。309功無與二　意謂功德至高，無與倫比。與，類也。310休烈　美好的事業。311浹洽　和諧融洽。312眾變　指符瑞眾多且種類不斷變化。313期應紹至　顏師古曰：「言符瑞眾多，應期相續而至。」期應，即「應期」。紹，承繼。314不特　不獨。315創見　初次出現。316意　料想。317壇場　舉行祭祀等大典的場所。318幸　指天子臨幸。319蓋號　加尊號。320況　比。321上帝　上天。322儲祉　積福。323薦成　向上天進獻禮品以告成功。薦，進獻。324發　致禮以往。此指登泰山封禪事。325挈　通「契」。絕也。326三神　指地祇、天帝、山嶽。327或謂且天為質闇二句　顏師古曰：「言天道質昧，以符瑞見意，不可辭讓也。」質闇，質直幽微。328靡記　沒有表記，即無刻石。329幾　隱微；神妙。330亦各竝時而榮二句　《集解》引《漢書音義》曰：「言古帝王但作一時之榮，畢代而絕也。」濟世，畢世。屈，絕；盡。331稱　稱頌；留名。332七十二君　指前文所說的在泰山封禪的七十二君。333錫符　天賜符瑞。錫，同「賜」。334行事　指行封禪之事。335進越　苟進逾禮。336弗替　指不廢封禪之事。替，廢。337地祇　地神。338謁　稟告；

陳說。(339)款　真誠；誠摯。(340)勒功　勒石記功。勒，刻。(341)中嶽　即嵩山，在今河南登封北。(342)舒　宣揚。(343)發號榮　顯示榮耀的稱號。(344)浸　沾潤。(345)皇皇　美盛貌。(346)丕業　大事業。丕，大。(347)貶　減損。(348)因雜　王先謙曰：「猶言重積，謂總萃之也。」(349)略術　謀算術數。(350)末光　餘光。(351)絕炎　遠焰。炎，通「焰」。(352)展采　施展官員的才能。采，官。(353)錯事　盡心於政事。錯，通「措」。措置。(354)正列其義　正天時、列人事以闡述封禪大義。(355)校飭厥文二句　意謂修飾封禪大典的文辭，寫成像《春秋》一樣的經書。校飭，修飾；潤飾。(356)襲舊六為七　已有之「六經」加新修漢之「春秋」，合而為七。《文選》李善注引服虔曰：「舊為《六經》，漢欲七經。」(357)攄　散布；抒發。(358)蜚英聲二句　《索隱》引胡廣曰：「飛揚英華之聲，騰馳茂盛之實也。」蜚，古「飛」字。(359)稱首　名聲最著。(360)掌故　漢代官名，為太常屬官，掌管禮樂制度等故實。(361)義　通「儀」。指封禪之儀式。(362)沛然　感動貌。(363)愉　通「俞」。然；可以。(364)試　用。(365)遷思回慮　猶言「回心轉意」。(366)總　彙總。(367)詩大澤之博　意謂作詩以歌頌漢朝巨大的恩澤。澤，恩澤。(368)廣　宣揚。(369)天覆　猶言「普天之下」。(370)油油　雲行貌。(371)厥壤可游　李善曰：「言祥瑞屢臻，故可遊遨也。」(372)滲漉　水下流貌。(373)穡　收穫。(374)雨　降雨。(375)氾普遍；廣泛。(376)專濩　散布。(377)懷　懷念。(378)慕思　即「思慕」。(379)名山　指泰山。(380)顯位　指封禪之事。(381)侯不　猶言「何不」。(382)邁　行。(383)般般　同「斑斑」。文采貌。(384)其儀可喜　喜，原作「嘉」。梁玉繩《史記志疑》卷三十四：「『嘉』乃『喜』之譌。」張文虎《札記》卷五：「《漢書》作『喜』，與上下文韻並合。」今據改。(385)旼旼　和樂貌。(386)睦睦　同「穆穆」。恭謹貌。(387)能　通「態」。容態；儀表。(388)其　指騶虞。(389)聲　名。(390)靡蹤　沒有蹤跡。(391)徵　徵驗。(392)茲亦於舜二句　意即騶虞在舜時也出現過，舜的子孫因此而興旺。虞氏，虞本為舜的兒子商均的封地，後世遂以虞為其姓氏。(393)濯濯　肥澤貌。(394)游彼靈畤　《集解》引《漢書音義》曰：「武帝祠五畤，獲白麟，故言游靈畤也。」靈畤，即畤，古代祭祀天地五帝之處。(395)徂　往；到。(396)享祉　天帝享用祭品而答以福祉。(397)宛宛　同「蜿蜿」。迴旋屈曲貌。(398)興德而升　意即黃龍遇至德天子才出現而升天。(399)炫燿　光采奪目貌。(400)熿炳　熿，通「晃」。明亮。炳，明亮。(401)煇煌　光貌。(402)正陽　指夏曆四月。《漢書・五行志》：「正月謂周六月，夏四月，正陽純乾之月也。」(403)顯見　指黃龍出現。(404)覺寤　同「覺悟」。醒悟；意識到。(405)黎烝　黎民。(406)傳　書傳；著作。(407)受命所乘　《索隱》引如淳曰：「書傳所載，撰其比類，以為漢土德，黃龍為之應，見之於成紀，故云『受命所乘』也。」命，天命。乘，加。(408)厥　此也。指天命符瑞。(409)章　彰明。(410)諄諄　教誨不倦貌。(411)託寓　猶言「寄託」。(412)封巒　指在泰山封禪。巒，山巒，指泰山。(413)披　翻閱。(414)藝　典籍。(415)天人之際已交　意謂天道和人事已經貫通。(416)上下　指天和人。(417)允答　完滿回報。(418)兢兢翼翼　戒慎恭敬貌。(419)肅祗　恭敬。(420)假典　高位；重位。[421]顧　回首；回視。[422]省　反省；檢查。[423]肅然　山名，在泰山東麓。[424]采其尤著公卿者云　梁玉繩曰：「《漢・藝文志》有相如作〈凡將〉一篇，賦二十九篇。又《漢書・佞幸傳》云：「上方興天地諸祠，欲造樂，令司馬相如等作詩頌。」此何以不及？」瀧川曰：「《漢書・藝文志・詩賦略》云：「司馬相如賦二十九篇。」其存者《史》、《漢》本傳〈子虛賦〉、〈上林賦〉、〈哀秦二世賦〉、〈大人賦〉四篇，《文選・長門賦》一篇，《古文苑・美人賦》一篇，凡六篇。又有〈梨賦〉、〈魚葅賦〉，並殘。〈梓桐山賦〉，亡。其雜文，本傳〈諫獵上書〉、〈喻巴蜀檄〉、〈難蜀父老〉、〈封禪文〉四篇。〈報卓文君書〉、〈答盛覽問作賦〉，並殘。〈遺平陵侯〉、〈與五公子〉二書，佚。〈藝文志・小學略〉又云：『武帝時司馬相如作〈凡將篇〉。』〈佞幸傳〉云：『上方興天地諸祠，欲造樂，使司馬相如等作詩頌。』本傳亦不及。」

【語譯】後來有人上書，告發司馬相如出使時接受賄賂，司馬相如因而被免職。過了一年多，又被召回去做了郎官。

2 司馬相如說話口吃，但卻善於寫文章。他患有糖尿病。他和卓文君結婚後，家裡很有錢。在他做官的時候，從來沒有參與過公卿大夫們有關國家大事的討論，他常常推說有病在家閒居，從不羨慕高官貴爵。他曾經跟隨漢武帝到長楊宮打過獵，當時漢武帝喜歡親自去和野熊、野豬搏鬥，喜歡騎馬追逐野獸，為此，司馬相如上書勸諫，文章說：

3 俗話說，一樣是人，但彼此的能力卻相差很大，因此，要講力氣，人們就推烏獲；要講動作敏捷，人們就推慶忌；要講勇猛無畏，人們就推孟賁、夏育。我智能愚昧，認為人有這種差別，野獸也是一樣的。如今您喜歡翻山越嶺地去追殺猛獸，假如突然遇到一隻本事特別大的野獸，在您意想不到的地方，突然向您的車子撲來，使您的車子來不及躲閃，人也來不及還手，那時您即使有烏獲的氣力、逢蒙的功夫，也來不及防衛，這時就連一截枯木、爛樹樁都會造成危害了。這就如同匈奴人、南越人突然從您的車下跳出，就如同羌人、夷人突然來到了您的車旁，這不是很危險嗎？縱然能保證安全沒有危險，但這種事情本來就不是適合您去做的。

4 況且先清道戒嚴而後您才出門，車子也總是到了馳道的正中才開始快跑。但即使這樣有時還免不了出些轡繩嚼子上的意外，何況打獵時要鑽進草地，衝上山頭，前頭被野獸吸引，內心絲毫沒有應變的準備，到那時要是遇到個意外可就麻煩了。這種輕易地出動大駕而不考慮安全，冒著有萬分之一的危險去尋求快樂，我認為您是萬萬不應該這麼做的。

5 所謂英明，就在於他能預見那些尚未發生的事情；所謂有智，就在於他能預先避免尚未發生的危險。災禍本來就是大多隱藏在那種不引人注目、讓人們容易大意的地方。所以俗話說：「家有千金的富人，絕不坐在屋簷下，以免被脫落的瓦片砸傷了。」這話雖然說的是小事，但卻可以比喻一種大道理。我希望您多留心注意。

6 漢武帝覺得他說的不錯。回程經過宜春宮的時候，司馬相如又獻上一篇感慨秦二世過失的辭賦，文章說：

7 登上那傾斜的長坡，走進那層疊高聳的宮殿。面對著曲江池裡的長洲，遙望著南面高高低低的山。高峻的深山，通暢的空谷空闊深邃。疾逝的流水一去不返，注入那廣闊無垠的平原。一眼望去林木鬱鬱蔥蔥，竹林多麼茂盛。我向東跑上土山，向北涉過淺灘。我停下來徘徊不進，憑弔那秦二世的陵園。你放縱自己，招致了國破家亡。你聽信讒言而不醒悟，斷絕了嬴氏的香煙。嗚呼哀哉！你這個品行不好的人啊，現在你的墳墓一片荒蕪，無人整理；你的靈魂沒個歸宿，也沒人祭祀。你的道路還遠得很哪，愈往前走愈黑暗。你的精氣已經四散飛揚，直上九天而永不回還。嗚呼哀哉！

8 司馬相如後來當了孝文帝陵園邑的行政長官，他知道漢武帝曾稱讚過他的〈子虛賦〉，他又見武帝喜歡神仙方術，於是就說：「〈上林賦〉所講的事情還不能算好，還有比那個更好的。我正在寫一篇〈大人賦〉，尚未完成，等寫完後我呈給您看。」司馬相如認為世人傳說中的那些神仙都是住在深山大澤裡，一個個面容清瘦，他覺得這樣的神仙不是帝王們所希望當的。於是他就寫成了一篇〈大人賦〉。文章說：

9 世上有大人啊，在於中國。居處長達萬里啊，竟然不值得他停留。悲傷塵世的狹窄啊，輕身飛舉離開，向遠方漫遊。垂掛以白虹為裝飾的赤色旗幟啊，乘雲氣而上行。將格澤星當作旗杆豎起來啊，繫上光芒閃耀的彩色旌旗。懸掛起用旬始星做成的飄帶啊，拖曳著用彗星做成的旗幟垂羽。旌旗隨風飄動，搖曳翻飛，輕盈柔順。攬取天欃、天槍作為旗幟啊，纏繞斷虹作旗杆的護套。紅色雲霓幽深渺遠、闇冥無光啊，狂風奔湧，雲氣飄浮。乘上應龍、象車曲折前行啊，駕著赤螭、青虯蜿蜒行進。赤螭、青虯有時俯仰屈伸、恣意奔馳啊，有時又曲折隆起、盤繞屈曲。時而搖頭、時而低頭、時而仰首、時而凝滯不動啊，放縱任性而牙齒不齊。忽進忽退、搖目吐舌、急步趨行、曲折蜿蜒啊，有時調轉頭來、屈曲奔走、相互倚靠。纏繞、呼叫、踏到路上啊，飛揚、騰跳而狂進。相互追趕、奔跑疾速如火焰飛至、雷電閃過啊，霎那間雲消霧散。

10 斜渡東極而登上北極啊，與仙人們一起交遊。走在曲折深遠的地方又向右轉啊，橫渡飛泉後朝正東奔去。徵召全部仙人而後加以挑選啊，在瑤光星上部署眾神。使五方天帝在前面引路啊，遣返太一而讓陵陽跟從。左邊有玄冥而右邊有含靁啊，前面有陸離而後面有潏湟。讓征伯僑、羨門當僕人啊，囑託岐伯讓他主管方藥。祝融負責警戒，禁止行人以清道啊，清除濁惡之氣而後前行。聚集我的萬輛車啊，車上有雲彩雜合而成的車蓋，並豎起了華麗的旗幟。派句芒為前鋒啊，我打算到南方嬉戲。

11 到崇山訪察唐堯啊，又到九疑山訪問了虞舜。車騎紛繁而交錯行進啊，雜亂地一同向前驅馳。車駕相互碰撞而一片混亂啊，場面盛大，無邊無際，如同林木繁多。植物聚集羅列、叢集茂盛啊，蔓延遍布、參差不齊。直接進入深幽的靁室啊，通過突兀不平的鬼谷。遍看八極而遠望四荒啊，渡過九江而越過五河。往來於炎火山而泛舟弱水啊，涉過小洲而渡過流沙河。在葱嶺休息、在水中嬉戲啊，令靈媧彈琴而讓馮夷舞蹈。天色昏暗不明啊，召來屏翳譴責風伯而懲罰雨師。西望隱約不明的崑崙山啊，徑直奔往三危山。推開天宮的南門而進入帝宮啊，車載神女而與之同歸。安詳地在閬風山歇息啊，就像烏鴉飛翔天宇而後停止不飛。在陰山徘徊、回環飛翔啊，我到今天才親眼看到滿頭白髮的西王母。她佩戴首飾而住在洞穴啊，幸虧有三足烏替她取食。如果一定要像她那樣長生不死啊，縱然萬壽無疆也不值得高興。

12 回轉車駕歸來啊，至不周山而路絕不通，於是轉而會餐於幽都。吸啜露水而以朝霞為食啊，咀嚼靈芝之花而稍稍吃一點玉樹之花。抬頭仰望而逐漸高升啊，紛紛引領駐足而後向上騰飛。穿過雷電的倒影啊，涉過雲師豐隆興起的滂沱大雨。天子的車駕從高處向低處奔馳，快速地把雲霧留在車後而遠遠離去。人世間十分狹窄啊，放慢車速馳出北邊的天際。把隨從車騎留在北極山啊，在寒門超越先行的車騎。下界深遠渺茫而看不見地，上界空曠無垠而望不見天。視線模糊而不見物體，聽覺含混而不聞聲響。乘虛空而遐舉上升啊，超越塵世俗友而獨自長存。

13 司馬相如把〈大人賦〉呈上去給漢武帝之後，漢武帝看了非常高興，以至於飄飄然彷彿駕著雲在天地之間遨遊了一番似的。

14 後來司馬相如因為生病而辭職，住在長安城外的茂陵。漢武帝說：「司馬相如已經病重，應該趕緊到他家裡把他寫的書都拿來，不然，恐怕以後就要散失了。」於是就派了所忠前去。所忠到時司馬相如已經死了，也沒見他家裡有什麼書。問他的妻子，他的妻子回答說：「長卿本來就沒有存下什麼書。他雖然經常書寫，但一寫完就被人拿走了，所以家裡始終是什麼也存不下。長卿臨死前最後寫好了一卷，說如果有使者來要書，就把這個給他。此外再也沒有別的什麼了。」司馬相如這一篇遺作是講封禪大典的，他的妻子把它交給了所忠。所忠帶回交給了漢武帝，漢武帝看了感到很驚奇。作品寫道：

15 上古初始，天生下民，經歷各朝君主，一直到秦朝。近承近世君王的遺業，遠承遠古君王的遺風嘉聲。眾多雜亂、堙沒已久而不為人述說的君王事跡，是數也數不清的。繼承虞舜、夏禹，崇尚尊號美謚，略可稱道的有七十二君。未有遵循善道而不昌盛的，又有誰倒行逆施卻能長存呢？

16 軒轅以前，距今久遠，無法了解其中的詳情。五帝三王的事跡有《六經》典籍的記載，可以看到大致的情況。《尚書》說：「帝堯英明啊，輔佐他的大臣賢良啊。」據此來說，君王沒有誰比唐堯偉大，大臣沒有誰比后稷賢良。后稷在唐堯時創立功業，公劉在西戎立功揚名，文王改革制度，使周大盛，大道始成，之後雖衰頹微弱，但是世世代代未蒙惡名，這難道不是周德自始至終都完美無缺嗎？沒有別的原因，只是由於周人先王創業垂統，既謹慎地建立規模，又慎重地給後人留下教訓、主張罷了。

17

所以周先王制定的制度平易，就容易遵守；恩德深廣，就容易興盛；憲章制度顯明，就容易效法；世代相繼之皇統順暢和諧，就容易繼承。所以周朝的功業是在周成王時期興盛的，但功德最高的卻是文王、武王。考察其開始及滅亡，並無卓絕的業跡可與當今相比擬。然而周人仍然登上梁父山和泰山，建立顯赫的名號，給予尊貴的名稱。大漢的恩德，就像泉水流淌，漫延衍溢，至於四方；又像雲霧散布，上達九天，下流八荒。生物受到漢朝的恩澤滋潤，和氣遍布九州，武威遠播四夷，距其近者就像游於源頭，距其遠者就像浮在末端。罪魁禍首被剿滅，夷狄受到教化。萬物見到光明，轉頭面向中土。這樣之後，畜養騶虞這樣的珍禽，捕獲狀似麋鹿的怪獸，在廚房選擇嘉禾，以麟作祭品，在岐山獲得周人畜養的神龜，從沼澤裡招來神馬。鬼神接來仙人靈圉，在閒館以賓客之禮待之。珍奇物品怪誕特異，卓絕不凡，窮盡萬物的變化。漢天子始終謙虛敬慎啊！雖符瑞迭出，但仍以為德薄，不敢談封禪的問題。周武王渡河，白魚躍到船上，認為這是美好的祥瑞，為慶其事而焚柴祭天。作為符兆，這是很微小的，周武王卻因此登上泰山封禪，難道不慚愧嗎？苟進與謙讓的情況，兩者相差太大了啊！

於是大司馬進諫道：「陛下仁慈地撫育天下萬物，興義師以征討逆賊，華夏各諸侯國都樂於進貢，蠻夷諸國持禮品來朝見。您的德行與五帝三王等同，功德無與倫比。美好的事業協調發展，符瑞眾多且種類不斷變化，應期相續而至，不只是初次顯現。預計在泰山、梁父山設壇場，盼望陛下臨幸，加封尊號以與前代比榮耀。上天降恩積福，將向上天進獻禮品以告成功，然而陛下卻謙恭禮讓，不登泰山。斷絕了地祇、天帝、山嶽的歡樂，損害了王道禮儀，群臣為此而慚愧啊！有人說天道質直幽微，以符瑞顯明意圖，對此不可拒絕。如果拒絕它，這就使泰山沒有表記而梁父山不再神妙。如果古帝王的榮耀都是一時的，時間一過就滅絕，那麼述說者拿什麼向後人稱頌，說在泰山封禪的有七十二君呢？修養品德而天賜符瑞，尊奉符瑞以行封禪之事，不算苟進逾禮。所以聖王不廢封禪，研習禮儀恭奉地神，真誠稟告天神，在中嶽嵩山刻石記功，以此彰明至尊的地位，宣揚隆盛的德行，顯示榮耀的稱號，承受豐厚的福祿，來使百姓受到浸潤。這種事偉大啊！這是天下壯觀的景象，帝王的大事業，不可減少呀。希望陛下完成它。然後綜合儒士們的道術，使他們得到日月餘光遠焰的照耀，來施展其才能，盡心於政事；同時還要正天時、列人事以闡述封禪大義，修飾封禪大典的文辭，寫成像《春秋》一樣的經書。將此書與以前的《六經》相合，變成七經，傳布到無窮，使萬世以後能夠激盪清流，揚起微波，飛揚英花般的聲名，流傳豐盛的遺產。以前的聖君能夠永保美名而使聲望最著的原因就在於此。應該命令掌故將封禪的禮儀全部呈奏，以備陛下觀看。」

18 天子一聽被打動了，他改變面色，說：「好的，那我就採行吧！」於是改變主意，彙總公卿的奏議，詢問封禪的事情，歌頌漢朝的恩澤，宣揚符瑞之眾多。於是親自作頌說：

19 在我的天空之下，雲彩悠然而行。降下甘美及時的雨露，其地可以遨遊。雨水下流，什麼生物不能哺育？嘉禾生出六穗，我的莊稼什麼收穫不了？

20 不僅降下雨水，還把大地滋潤；不僅浸溼大地，還廣泛散布。萬物和樂，懷念而又思慕。泰山封禪，盼望君王前來。君王啊，君王啊，為什麼不採取行動？

21 文采斑斕的騶虞，在我君的苑囿玩樂；白底黑紋，牠的長相值得欣賞；和和睦睦，就像君子的儀表。聽說過牠的名聲，如今看到牠的來臨。牠的行程沒有蹤跡，這是天降祥瑞的徵驗。騶虞在舜時也出現過，舜的子孫因此而興旺。

22 肥美的白麟，在那祭祀天地、五帝之處嬉戲。孟冬十月之時，君王前往祭祀。白麟跑到我君的車駕前，是天帝享用祭品而答以福祉。這樣的事情在三代以前，大概不曾聽說過。

23 迴旋屈曲的黃龍，遇至德天子才出現而升天。光彩奪目，明耀閃亮。夏曆四月黃龍出現，提醒黎民百姓。在書傳上有記述，說是給接受天命的天子駕車的。

24 此天命符瑞是明顯的，沒有必要不倦教誨。應當依照事類寄託，向君王說明在泰山封禪的事情。

25 翻閱典籍來看，天道和人事已經貫通，天和人相互啟發回報。聖王的德行就是戒慎恭敬。所以說：「興盛的時候一定要考慮衰敗，太平的時候一定要考慮危險。」因此商湯和周武王處於最為尊貴、令人仰慕的地位，仍不放棄恭敬；舜身處高位時，反省自己的過失：說明的就是這個道理。

26 司馬相如去世後的第五年，漢武帝開始祭祀后土。第八年祭祀了中嶽嵩山，接著就到泰山頂上增土祭了天，到梁父的肅然山下拓土祭了地。

27 司馬相如的其他作品還有〈遺平陵侯書〉、〈與五公子相難〉、〈草木書〉等，這裡都沒有收，只收了那些在公卿士大夫中特別著名、特別流行的篇章。

太史公曰：春秋推見至隱❶，易本隱之以顯❷，大雅言王公大人而德逮黎庶❸，小雅譏小己之得失，其流及上❹。所以言雖外殊，其合德一也。相如雖多虛辭濫說，然其要歸引之節儉，此與詩之風諫何異❺。余采其語可論者著于篇。

【章旨】以上為第五段，寫司馬遷對司馬相如作品的肯定，認為其文雖多虛詞濫說，但總的說來還是合於諷諫之義的。

【注釋】❶春秋推見至隱　意謂《春秋》是從具體的事實中推究出抽象深奧的道理。瀧川引何焯曰：「言由人事之見著者，推而至於天道之隱微也。」隱，精微深奧。一說隱諱。《集解》引韋昭曰：「推見事至於隱諱，謂若晉文召天子，經言『狩河陽』之屬。」❷易本隱之以顯　意謂《易經》是通過探討精微深實的道理來把握明顯具體的事情。《索隱》引虞喜《志林》曰：「《春秋》以人事通天道，是推見以至隱也。《易》以天道接人事，是本隱以之明顯也。」瀧川曰：「《漢書》『之以』作『以之』。中井積德曰『之以』當作『以之』。愚按，『以』字疑衍。」王叔岷曰：「案『之以』乃『以之』之誤倒，『以』字非衍。殿本作『以之』，《長短經・是非篇》引同，與《漢傳》合。」本，推究；探源。❸大雅言王公大人句　意謂〈大雅〉頌揚王公大人，從而使他們的德行普及於黎民百姓。《集解》引韋昭曰：「先言王公大人之德，而後及眾庶也。」❹小雅譏小己之得失二句　意謂〈小雅〉是從個人得失講起以達到對上諷諫的目的。《索隱》引文穎曰：「〈小雅〉之人，材志狹小，先道己之憂苦，其末流及上政之得失也。故《禮緯》云〈小雅〉譏己得失，及之於上也。」❺此與詩之風諫何異　此句下原有「揚雄以為靡麗之賦，勸百風一，猶馳騁鄭衛之聲，曲終而奏雅，不已虧乎」五句。按：此五句為後人所加。王應麟曰：「雄後於遷甚久，遷得引雄辭，何哉？蓋後人以《漢書》贊附益之。」（《困學紀聞》）梁玉繩曰：「揚雄以下二十八字，當削。」今據刪。

【語　譯】太史公說：《春秋》是從具體的史實中推究抽象的道理，《易經》是通過抽象的道理告訴人們明顯的事情，〈大雅〉是頌揚王公大人的恩德普及於黎民百姓，〈小雅〉是從個人的憂思得失講起，以達到對上諷諫的目的。這四種所講的話雖然不同，但其根本性質都是一樣的。司馬相如的文章儘管有虛浮誇張的毛病，但他的最終目的還是勸武帝節儉的，這與《詩經》的諷諭勸諫沒有什麼不同。所以我把他的一些有價值的作品收在了這篇列傳中。

【研　析】〈司馬相如列傳〉是我國第一篇近乎純文學家的傳記，是《史記》中篇幅最長的作品之一，其中表現的思想觀點有以下幾方面：

其一，作品表現了司馬遷對文學的愛好與對文學家的高度重視。司馬遷在該作品中載入了司馬相如的〈子虛賦〉、〈上林賦〉、〈哀秦二世賦〉、〈大人賦〉，以及其〈喻巴蜀檄〉、〈難蜀父老〉、〈諫獵疏〉、〈封禪文〉等，表現了司馬遷對司馬相如這種「合綦組以成文，列錦繡而為質」以追求形式美為宗旨的唯美創作的重視。現代人談我國文學意識的自覺，往往從曹丕說起，因為曹丕曾把文學說成「經國之大業，不朽之盛事」，並在《典論‧論文》中說「優遊案衍，屈原之尚也；窮侈極妙，相如之長也」云云。其實曹丕這種思想觀點的來源，不就是來自於《史記》的〈屈原賈生列傳〉與〈司馬相如列傳〉，不就是因為司馬遷首先把這兩位才人拔舉了出來，把他們寫入了「列傳」，從而使他們成為家喻戶曉的人物嗎？首先為文學、為文學家大力進行鼓吹的是司馬遷，而不是三百年之後的曹丕。

其二，司馬相如慫恿漢武帝用事於西南夷，當西南地區的人民由此對漢王朝提出抗議時，司馬相如又寫了為統治者文過飾非的〈喻巴蜀檄〉與〈難蜀父老〉，照理說司馬相如這些御用文人的表現都是應該批判的，但司馬遷對司馬相如還是留了情。按魯迅的說法，這是因為司馬相如「畢竟有文采」。

其三，司馬遷以讚頌的口吻將司馬相如與卓文君的戀愛故事寫入「正史」，突出地表現了他對這種男女私情的理解與寬容，這是對傳統禮教的一種蔑視。本篇司馬相如與卓文君的故事和〈田單列傳〉中王子法章與太史嬓女的故事，是我國後代浩如煙海的才子佳人小說、才子佳人戲劇的濫觴。

卷一百一十八

淮南衡山列傳第五十八

【題解】作品記述了淮南王劉長、劉安與衡山王劉賜父子三人相繼謀為叛亂，終致喪身失國的過程，暴露了漢代統治集團內部為爭權奪利而相互殘殺的事實。本文應與〈呂太后本紀〉、〈吳王濞列傳〉、〈梁孝王世家〉等一併思考，司馬遷之所以喜歡堯、舜、吳太伯、伯夷、季札，正與現實中的這類問題有關。作品寫伍被，前後欠統一；贊語歸罪於風俗，又似乎漏掉了禍根，歷代讀者都曾對此提出問題。「孔子寫《春秋》，隱桓之間則彰，定哀之間則微」，也許這是司馬遷的一種特殊筆法吧。從後代流傳的材料看，當時社會上有不少人是同情劉安的。

1 淮南厲王長❶者，高祖少子也，其母故趙王張敖❷美人❸。高祖八年❹，從東垣過趙❺，趙王獻之美人❻。厲王母得幸焉，有身❼。趙王敖弗敢內宮❽，為築外宮而舍之❾。及貫高等謀反柏人❿事發覺，并逮治王⓫，盡收捕王母兄弟美人，繫之河內⓬。厲王母亦繫，告吏曰：「得幸上，有身。」吏以聞上⓭，上方怒趙王，未理厲王母⓮。厲王母弟⓯趙兼因辟陽侯⓰言呂后，呂后妒，弗肯白⓱，辟陽侯不彊爭[18]。及厲王母已生厲王，恚[19]，即自殺。吏奉[20]厲王詣上，上悔，令呂后母之[21]，而葬厲王母真定[22]。真定，厲王母之家在焉，父世縣也[23]。

2 高祖十一年[24]七月[25]，淮南王黥布反[26]，立子長為淮南王[27]，王黥布故地，凡四郡[28]。上自將兵擊滅布[29]，厲王遂即位。厲王蚤[30]失母，常附[31]呂后，孝惠、呂后時[32]以故得幸，無患害[33]，而常心怨辟陽侯，弗敢發[34]。及孝文帝[35]初即位，淮南王自以為最親[36]，驕蹇[37]，數不奉法[38]。上以親故[39]，常寬赦之。三年[40]，入朝[41]，甚橫。從上入苑囿[42]獵，與上同車，常謂上「大兄」[43]。厲王有材力[44]，力能扛鼎[45]，乃往請[46]辟陽侯。辟陽侯出見之，即自袖鐵椎[47]椎辟陽侯[48]，令從者魏敬剄之[49]。厲王乃馳走闕下[50]，肉袒[51]謝[52]曰：「臣母不當坐趙事[53]，其時辟陽侯力能得之呂后[54]，弗爭[55]，罪一也；趙王如意子母[56]無罪，呂后殺之[57]，辟陽侯弗爭，罪二也；呂后王諸呂[58]，欲以危劉氏[59]，辟陽侯弗爭，罪三也。臣謹為天下誅賊臣辟陽侯，報母之仇，謹伏闕下請罪[60]。」孝文傷其志[61]，為親故，弗治，赦厲王[62]。當是時，薄太后[63]及太子[64]、諸大臣皆憚[65]厲王，厲王以此歸國益驕恣，不用漢法[66]，出入稱警蹕[67]，稱制[68]，自為法令，擬於天子[69]。

3 六年[70]，令男子但[71]等七十人與棘蒲侯柴武[72]太子奇[73]謀，以輂車[74]四十乘[75]反谷口[76]，令人使閩越[77]、匈奴[78]。事覺，治[79]之，使使召淮南王。淮南王至長安。

4 「丞相臣張倉[80]、典客[81]臣馮敬、行御史大夫事[82]宗正[83]臣逸[84]、廷尉臣賀[85]、備盜賊中尉臣福[86]昧死言[87]：淮南王長廢先帝法，不聽天子詔，居處[88]無度，為黃屋蓋乘輿[89]，出入擬於天子，擅為法令，不用漢法。及所置吏，以其郎中春為丞相[90]，聚收漢諸侯人[91]及有罪亡者[92]，匿與居[93]，為治家室[94]，賜其財物、爵祿、田宅[95]，爵或至關內侯[96]，奉以二千石[97]，所不當得[98]，欲以有為[99]。大夫但[100]、士五開章[101]等七十人與棘蒲侯太子奇謀反，欲以危宗廟社稷。使開章陰告長[102]，與謀[103]使閩越及匈奴發其兵。開章之淮南見長，長數與坐語飲食，為家室娶婦，以二千石俸奉之。開章使人告但，已言之王。春使使報但等。吏覺知[104]，使長安尉奇[105]等往捕開章。長匿不予，與故中尉蕑忌[106]謀，殺以閉口。為棺槨[107]衣衾，葬之肥陵邑[108]，謾吏[109]曰『不知安在』。又詳[110]聚土，樹表[111]其上，曰『開章死，埋此下』。及長身自賊殺[112]無罪者一人；令吏論殺[113]無罪者六人；為亡命弃市罪詐捕命者以除罪[114]；擅罪人[115]，罪人無告劾，繫治城旦、舂以上十四人[116]；赦免罪人[117]，死罪十八人，城旦、舂以下五十八人；賜人爵關內侯以下九十四人。前日長病，陛下憂苦[118]之，使使者賜書、棗脯。長不欲受賜，不肯見拜使者[119]。南海[120]民處廬江界中者反，淮南吏卒擊之[121]。陛下以淮南民貧苦，遣使者賜長帛五千匹，以賜吏卒勞苦者。長不欲受賜，謾言曰『無勞苦者』。南海民王織[122]上書獻璧皇帝，忌[123]擅燔其書，不以聞[124]。吏請召治忌[125]，長不遣，謾言曰『忌病』。春又請長[126]，願入見[127]，長怒曰『女欲離我自附漢』。長當弃市[128]，臣請論如法[129]。」

5 制曰：「朕不忍致法於王[130]，其與列侯、二千石議。」

6 「臣倉、臣敬、臣逸、臣福、臣賀昧死言：臣謹與列侯、吏二千石臣嬰[131]等四十三人議，皆曰『長不奉法度，不聽天子詔，乃陰聚徒黨及謀反者，厚養亡命，欲以有為』。臣等議論如法[132]。」

7 制曰：「朕不忍致法於王，其赦長死罪，廢勿王[133]。」

8 「臣倉等昧死言：長有大死罪，陛下不忍致法，幸赦，廢勿王。臣請處蜀郡[134]嚴道[135]邛郵[136]，遣其子母從居[137]，縣為築蓋家室[138]，皆廩食[139]給薪菜鹽豉炊食器席蓐[140]。臣等昧死請，請布告天下。」

9 制曰：「計食長[141]給肉日五斤，酒二斗。令故美人、才人得幸者十人從居[142]。他可[143]。」

10 盡誅所與謀者。於是乃遣淮南王，載以輜車[144]，令縣以次傳[145]。是時袁盎[146]諫上曰：「上素驕淮南王，弗為置嚴傅、相[147]，以故至此。且淮南王為人剛，今暴摧折之[148]，臣恐卒[149]逢霧露[150]病死，陛下為有[151]殺弟之名，柰何？」上曰：「吾特苦之[152]耳，今復之[153]。」縣傳淮南王者，皆不敢發車封[154]。淮南王乃謂侍者曰：「誰謂乃公勇者[155]？吾安能勇[156]！吾以驕，故不聞吾過至此。人生一世間，安能邑邑如此[157]！」乃不食死[158]。至雍[159]，雍令發封[160]，以死聞。上哭甚悲，謂袁盎曰：「吾不聽公言，卒亡[161]淮南王。」盎曰：「不可柰何[162]，願陛下自寬。」上曰：「為之柰何？」盎曰：「獨斬丞相、御史以謝天下[163]，乃可。」上即令丞相、御史逮考[164]諸縣傳送淮南王不發封餽侍[165]者，皆弃市[166]。乃以列侯葬淮南王於雍，守冢三十戶[167]。

【章　旨】以上為第一段，寫淮南王劉長因驕縱不法被流放自殺。

【注　釋】❶淮南厲王長　名長。王先謙引盧文弨曰：「今《淮南子》凡『長』字皆作『修』。」厲字是謚。〈謚法解〉：「戮殺無辜曰厲。」淮南國的都城壽春，即今安徽壽縣。❷趙王張敖　張敖是劉邦的功臣張耳之子，張耳於高祖四年（西元前二〇三年）被封為趙王，當年死，次年其子張敖繼位。趙國的都城邯鄲，即今河北邯鄲。張敖娶劉邦之女魯元公主為后。❸美人　帝王嬪妃的封號名。《漢書．外戚傳》：「嫡稱皇后，妾皆稱夫人，又有美人、良人、八子、七子、長使、少使之號焉。」美人享受的待遇相當於二千石。❹高祖八年　西元前一九九年。❺從東垣過趙　高祖六年（西元前二〇一年），都於馬邑（今山西朔縣）的韓王信投降匈奴，次年劉邦率兵往討；高祖八年，劉邦又率兵到東垣（今河北石家莊東北）討伐韓王信的餘寇，回京時路過趙國的都城邯鄲。❻獻之美人　將自己的一些姬妾送去侍候劉邦。❼有身　懷了身孕。❽弗敢內宮　意即不敢再收為自己的嬪妃。內，通「納」。收。❾為築外宮而舍之　另在外面蓋了一所房子讓她住。❿貫高等謀反柏人　貫高是趙國的丞相，看不慣劉邦過趙時對趙王張敖的傲慢無禮，和趙午等圖謀在柏人縣（今河北隆堯西）襲殺劉邦，結果劉邦沒有住宿，事變遂未發動。一年後，事情被人告發。詳見〈張耳陳餘列傳〉。⓫并逮治王　不僅貫高等被逮捕審訊，張敖也一同被捕受審。⓬繫之河內　關押在河內郡。河內，漢郡名，郡治懷縣（今河南武陟西南）。⓭吏以聞上　該吏將此事上報劉邦。⓮未理厲王母　未將厲王母開釋出來。理，處理；安置。⓯厲王母弟　厲王母親之弟，即厲王之舅。⓰因辟陽侯　因，通過；借助。辟陽侯，審食其，呂后的相好，楚漢戰爭時期曾與呂后一起被項羽所捕獲關押二年多。高祖六年被封為辟陽侯。事詳見〈呂太后本紀〉與〈酈生陸賈列傳〉。⓱弗肯白　不願為厲王母向劉邦說情。⓲不彊爭　不努力勸呂后向劉邦說情。⓳恚　惱怒。⓴奉　捧；抱著。㉑令呂后母之　讓呂后養育這個孩子。㉒真定　即東垣，後改稱「真定」。㉓真定三句　此三句意在交代所以將厲王母葬於真定的原因。父世縣，父祖世代所居的縣分。㉔高祖十一年　西元前一九六年。㉕七月　原作「十月」，〈高祖本紀〉作「七月」，今據改。㉖淮南王黥布反　黥布是劉邦的開國功臣，高祖四年被封為淮南王。高祖十一年，劉邦正月殺韓信，三月殺彭越，且將彭越煮成肉粥分給諸將喝，於是黥布因恐懼而於七月「造反」，事見〈黥布列傳〉。㉗立子長為淮南王　按：時劉長兩歲。㉘凡四郡　即九江郡（郡治壽春，今安徽壽縣）、廬江郡（郡治舒縣，今安徽廬江西南）、衡山郡（郡治邾縣，今湖北黃岡西北）、豫章郡（郡治即今江西南昌）。㉙上自將兵擊滅布　事在高祖十二年（西元前一九五年）十二月（時以十月為歲首），黥布叛亂前後共歷時六個月。㉚蚤　通「早」。㉛附　依附；親附。㉜孝惠呂后時　指劉邦死後呂后當權的那段時間。孝惠，名盈，劉邦之子，呂后所生，西元前一九四—前一八八年在位。孝惠死後，呂后繼其子執政，西元前一八七—前一八〇年在位。㉝得幸二句　指劉邦的其他兒子多被呂后所殺（如劉如意、劉友、劉恢），而劉長獨得以幸免而言。其他諸子被害事見〈呂太后本紀〉。㉞弗敢發　因審食其受呂后寵幸故也。㉟孝文帝　名恆，劉邦之子，薄氏所生，先被封為代王。呂后死後，周勃、陳平等滅諸呂，迎立劉恆為帝，事在呂后八年（西元前一八〇年）。孝文帝元年為西元前一七九年。㊱自以為最親　師古曰：「時高帝子唯二人在。」㊲驕蹇　縱恣不馴服。師古曰：「蹇謂不順也。」㊳數不奉法　屢屢地違法亂紀。奉，守；遵行。㊴以親故　文帝與劉長是手足兄弟。㊵三年　西元前一七七年。㊶入朝　時劉長年二十一歲。按：漢朝的諸侯王何時進京朝見皇帝，隔多少年進京一回，與在京停留多長時間都有明確規定，詳情參見〈梁孝王世家〉注。㊷苑囿　指上林苑，秦漢時代的皇家獵場，舊址在今西安市西南，廣達數縣。㊸謂上大兄　梁玉繩曰：「文帝行非第一，而稱『大』者，蓋『大』乃天子之謂也。」㊹有材力　指身高力大。㊺扛鼎　舉鼎。扛，舉。「扛鼎」字又見於〈項羽本紀〉。㊻請　求見。(47)自袖鐵椎　自己的袖子裡藏著鐵椎。(48)椎辟陽侯　擊殺審食其。〈魏公子列傳〉有「朱亥袖四十斤鐵椎，椎殺晉鄙」，與此相同。(49)剄之　割斷了他的脖子。《正義》曰：「剄謂刺頸。」(50)闕下　指宮門。因帝王的宮門前有雙闕，故云。(51)肉袒　裸露上身，古人在請罪時常做出這種姿態。(52)謝　請罪。(53)不當坐趙事　不應該受貫高等趙國謀殺案的牽連。坐，株連。(54)力能得之呂后　他完全有能力說動呂后讓呂后為我母親講情。(55)弗爭　不努力向呂后說。(56)趙王如意子母　指劉如意與其母戚夫人。戚夫人是劉邦晚年的寵妃，曾勸說劉邦廢呂后子劉盈，立己子如意，故呂后恨之。(57)呂后殺之　劉邦死後，呂后先將戚夫人殘酷殺害，又將被劉邦立為趙王的劉如意調進京城用毒藥毒死，事見〈呂太后本紀〉。(58)王諸呂　立呂氏諸人為王，如立呂產為梁王、呂祿為趙王等，事見〈呂太后本紀〉。(59)欲以危劉氏　想奪取劉氏的江山。(60)謹伏闕下請罪　凌稚隆引董份曰：「厲王雖以母仇殺人，而指數其罪皆當。辟陽本有死罪，故赦弗治也。」吳見思曰：「殺得勇，轉得捷，人是快人，文是快文。」劉辰翁曰：「厲王生不知母，長而不忘仇恨，身危犯法以抒其憤，使無驕恣自禍，此志豈不與天壤相磨，可稱諷誦哉！文帝傷其志是矣。」(61)傷其志　同情他的主觀動機。(62)赦厲王　按：審食其為呂后寵臣，周勃等滅諸呂，不知緣何使審食其得以幸免。今劉長殺之，文帝所以不罪，或亦劉長所為正順應當時之人心也。(63)薄太后　文帝之母，其曲折經歷見〈外戚世家〉。(64)太子　名啟，即日後的漢景帝。(65)憚　畏懼。(66)不用漢法　在淮南國內不使用漢王朝的法令，與後句「自為法令」相對成文。(67)警蹕　清道戒嚴。蹕，清道。(68)稱制　把自己下的命令稱作「制」。按當時的規定，只有皇帝的命令才能稱作「制」。(69)擬於天子　與皇帝的排場相同。擬，等同。(70)六年　西元前一七四年。(71)男子但　名但，史失其姓。陳直曰：「無爵者稱為『男子』。」(72)棘蒲侯柴武　〈高祖功臣侯者年表〉作「陳武」，〈韓信盧綰列傳〉作「柴武」，劉邦的開國功臣。(73)太子奇　柴奇。漢初時各王、侯的嫡長子都稱作「太子」。(74)輂車　馬拉的大車。(75)四十乘　即四十輛。一車四馬曰「乘」。(76)谷口　漢縣名，縣治在今陝西禮泉東北。陳子龍曰：「七十人何能反，或遣刺漢陰事及焚積聚，驚動眾也，如李師道、王承宗所為耳。」(77)閩越　當時東南沿海的小國名，都城東冶（今福州市），詳見〈東越列傳〉。(78)匈奴　戰國後期以來活動在今內蒙與蒙古國一帶的游牧民族名，漢朝初期成為北部的嚴重邊患，詳見〈匈奴列傳〉。(79)治　辦；查辦。(80)丞相臣張倉　張倉，應作「張蒼」，於文帝四年（西元前一七六年）開始為丞相，事見〈張丞相列傳〉。(81)典客　也叫大行令，主管少數民族事務。(82)行御史大夫事　代理御史大夫。行，代理。御史大夫，三公之一，主管監察，位同副丞相。(83)宗正　九卿之一，主管皇族事務。(84)逸　即劉逸。(85)廷尉臣賀　廷尉是全國最高的司法長官，九卿之一，其人名賀，史失其姓。(86)中尉臣福　中尉是主管京城治安的長官，其人名福，史失其姓。錢大昕曰：「〈公卿表〉無逸、賀、福三人。」(87)昧死言　漢代群臣給皇帝上書常用的開頭語。昧死，謙詞，意即冒著死的危險，猶今之所謂「大膽」。[88]居處　指行為作派。[89]為黃屋蓋乘輿　詞語不順，大意謂其車駕以黃綾做頂蓋。蓋，車蓋。車上的大傘。《漢書》改此連下句作「為黃屋蓋擬天子」。[90]以其郎中春為丞相　瀧川曰：「楓、三本『郎中』下有『令』字。」郎中春，即郎中令名春，史失其姓。郎中令是為帝王主管宮廷內部事務的長官。據漢初法令規定，各諸侯國的丞相、太傅等主要長官都由朝廷派遣，現在劉長擅自任命其郎中令為丞相，是膽大妄為。[91]漢諸侯人　王先謙曰：「漢郡縣及諸侯國之人。」[92]有罪亡者　在各郡縣或各諸侯國犯罪後潛逃到淮南國的人。[93]匿與居　給其提供住處，讓其躲藏起來。[94]為治家室　為其娶妻，組成家庭。[95]賜其財物爵祿田宅　不僅賜與其財物田宅，還賜之爵祿。漢初仍行秦法，平民亦有爵級，其來源可以由朝廷獎勵，也可由朝廷賜與，還可由花錢買得、交糧食換得等等。有爵級就有特權，到一定級別可以免除傜役，也可以用爵級贖罪、賣錢，見鼂錯〈論貴粟疏〉與〈商君列傳〉。[96]關內侯　秦爵共二十級，其最高者第二十級為「列侯」，其第十九級即關內侯。「列侯」有封號，有封地；「關內侯」只有封號，沒有封地。以其住在京城，故稱「關內侯」。[97]奉以二千石　給予其二千石的俸祿。「二千石」是官階名，當時地方官的郡守與諸侯相，朝廷官的內史、太子太傅等皆為二千石。[98]所不當得　《索隱》曰：「謂有罪之人不得關內侯與二千石。」瀧川曰：「言諸侯王不當有此事也。」[99]欲以有為　當達到其不可告人的目的。瀧川曰：「言欲危宗廟社稷也。」[100]大夫但　前云「男子但」，此又云「大夫但」，殊失統一。大夫，爵位名，秦漢時期二十級爵位中由下而上的第五級。參見〈商君列傳〉注。[101]士五開章　士五名開章。士五，同「士伍」。士兵五人為伍，這裡即指普通士兵。《集解》引如淳曰：「律『有罪失官爵稱士伍』者也。」陳直亦曰：「有官爵而黜革者稱為士伍。」按：其義仍由普通士兵演化而來。[102]使開章陰告長　主語為太子奇。[103]與謀　與淮南王劉長商量。[104]吏覺知　朝廷的官吏發覺此事。[105]長安尉奇　長安縣尉名奇，史失其姓。縣尉是主管緝捕盜賊等事的武官。[106]中尉蕑忌　淮南國的中尉，名蕑忌。諸侯國的中尉相當於郡尉，是其國內的最高武官。[107]棺椁　內棺與外槨。[108]肥陵邑　漢縣名，即今安徽六安北。[109]謾吏　欺騙前往逮捕的官吏。謾，哄騙。[110]詳　通「佯」。假裝。[111]樹表　樹立碑碣以示其所在。按：此數句關係不清。王先謙曰：「初言『不知安在』，謂告往捕之吏不知開章所往，非謂不知葬處也。繼乃誑稱已死，陽表其墓，實未死也。迨吏窮知其詐，長知不可掩，乃令蕑忌殺之肥陵，即葬其地。情事如此，文特倒敘，遂令讀者難明耳。」王說可供參考。[112]身自賊殺　親手殺害。賊，害。[113]論殺　判「罪」殺害。[114]為亡命弃市罪句　詞語晦澀，《集解》引晉灼曰：「亡命者當棄市，而王藏之，詐捕不命者而言命，以脫命者之罪。」詞語亦生澀，但大概意思已可判斷：即為了掩藏真正的亡命徒，而殺害不是亡命者而汙之曰「亡命徒」。[115]擅罪人　隨隨便便地判人為罪犯。[116]罪人無告劾二句　判人為罪時又無原告，未經審劾，就將十四人判了城旦、舂以上的罪名。城旦、舂，刑罰名，當時五年徒刑的犯人，都要做三年苦工，男人的任務是白天監視敵人，夜間築城，此稱「城旦」；女人則是舂米。117赦免罪人　仕意赦免罪犯。所赦者即下列死罪十八人，與城旦、舂以下五十八人也。118憂苦　為之擔心；為之傷心。119不肯見拜使者　王先謙引沈欽韓曰：「《新書・淮難》篇云：『皇太后之餽賜，逆拒而不受；天子使者，奉詔而弗得見，僵臥以發書。』即此事也。」120南海　漢郡名，郡治即今廣州市。121淮南吏卒擊之　因廬江郡屬淮南國，其地面有叛亂，故淮南吏卒往擊平之。122南海民王織　陳仁錫、梁玉繩等都認為「民」字衍，《漢書》作「南海王織」，而「織」是「南海王」之名。王先謙引周壽昌曰：「『織』，南海王名，見〈高紀〉，《史記》多一『民』字。若是民，何以能『上書獻璧』乎？」按：《史記》全書無「南海王」其人，而《漢書》則確有之。除本文有「南海王織」外，《漢書・嚴助傳》所載淮南王安之上書中尚有「前時南海王反，陛下先臣（指劉長）使將軍間忌將兵擊之，以其軍降，處之上淦（約當今之江西清江，當時屬豫章郡）。後復反，會天暑多雨，樓船卒水居擊櫂，未戰而疾死者過半。親老涕泣，孤子謕號，破家散業，迎尸千里之外，裹骸骨而歸。悲哀之氣數年不息，長老至今以為記。」有人以為此段所述即上文「淮南吏卒」討廬江郡內之「南海民」反者事，或史公誤將「豫章」書為「廬江」也。此「南海王」蓋為南海郡北部叢山中所屯聚之少數民族部落，為南越王趙佗所未能削翦者，因其鄰近淮南國內的豫章郡，故被劉長派兵擊降，遷之於豫章郡之上淦。後又反，故劉長二次派兵討之，犧牲甚大；今則欲上書獻璧於皇帝。123忌　即上文之「故中尉蕑忌」。124不以聞　不向朝廷報告。125召治忌　將蕑忌召至京城審問。126請長　向劉長請求。127入見　指入朝拜見皇帝。128弃市　斬首於市，以示與國人共棄之。129請論如法　請依法予以論處。論，判處。130致法於王　對淮南王依法論處。按：此處之「法」即指「棄市」。131臣嬰　王先謙引齊召南曰：「即汝陰侯夏侯嬰也，嬰時尚為太僕，至八年薨。」132議論如法　評議的結果以為應依法論處。133廢勿王　廢之，不令其再為王。意即不置之死地。134蜀郡　漢郡名，郡治即今成都市。135嚴道　縣名，縣治即今四川滎經。136邛郵　地名，在今滎經縣城西南。137遣其子母從居　謂令其子與其子之母皆隨之前往。《漢書》於此作「遣其子、子母從居」。師古曰：「子母者，所生子之姬妾。」138縣為築蓋家室　嚴道縣負責為其蓋一所房子。139廩食　公家供給糧食。140給薪菜鹽豉炊食器席蓐　供給其一切生活用品。薪，燒柴。豉，豆豉，一種豆製食品。席蓐，床席與褥墊。蓐，通「褥」。141食長　對劉長的伙食供應。142令故美人才人得幸者十人從居　師古曰：「上言『子母』，則有子者令從之。今此云『美人、才人』，則無子者亦令從之。」143他可　其他都按你們所議的辦。凌稚隆曰：「讀淮南王罪案，則漢臣執法，漢主友愛，藹然可見，胡謂其『不相容』耶？」瀧川曰：「文帝殺弟，固非美事，史公錄丞相劾奏特詳，蓋不欲使帝專負殺弟之名也。」(144)輜車　有廂篷的大車。(145)縣以次傳　沿途各縣依次傳遞著向下押送。(146)袁盎　文帝、景帝時期一個圓滑、陰險的官僚，當時任中郎將。事跡見〈袁盎鼂錯列傳〉。(147)嚴傳相　嚴厲的太傅與丞相。(148)今暴摧折之　如果突然對他打擊得過於厲害。今，如果。暴，突然。〈項羽本紀〉「何興之暴也」，用法與此相同。摧折，打擊折辱。(149)卒　通「猝」。突然。(150)逢霧露　婉指各種突然事故。(151)為有　將有；將被蒙上。凌約言曰：「當上驕淮南王時，盎何不言？群臣論淮南王時，盎何不言？據盎說，將何以處長？而又不言其所以處，盎不過逢君者耳，非真有納諫之忠也。」按：袁盎如此之表演，生平中多多，見〈袁盎鼂錯列傳〉。(152)特苦之　只不過是暫時讓他嘗點苦頭。特，只；只不過。(153)今復之　很快就將讓他回來。今，將；即。(154)車封　輜車上的封條。王先謙曰：「不敢發者，畏其勇也。」按：似乎更應理解為畏懼朝廷，不敢略有寬鬆，不敢使其出來活動。(155)誰謂乃公勇者　誰說你老子是好漢。乃公，你老子。乃，你；你的。按：劉長用此語，蓋與其父劉邦同。(156)吾安能勇　我要是好漢能像今天這個樣子嗎。(157)安能邑邑如此　怎能受這種窩囊氣。邑邑，通「悒悒」。痛苦抑鬱的樣子。周壽昌曰：「《宋書》，文帝弟彭城王義康為孔熙先、范蔚宗所誘，謀逆被廢後讀此書歎曰：『自古如此，我乃不知，得罪為宜！』蓋有感於斯語也。」(158)乃不食死　《漢書》將上文「縣傳淮南王者皆不敢發車封」，移置於此句下。中井曰：「諸避事，略知其死，漫為不知者而過之也。」意即明知人已死了，還在假裝不知似地向下押送。按：史公置此於前，認為這是構成劉長氣憤而死的原因，是譴責地方官吏的無情、怕事，是寫世態炎涼；班固將此移置於後，則只是寫地方官吏的避事，與史公異旨，且不合情理。(159)雍　漢縣名，縣治在今陝西鳳翔城南。(160)雍令發封　雍縣縣令打開了封條。(161)卒亡　卒，終於；到底。亡，失去。(162)不可奈何　猶今所謂「這已經是無可挽回的事情了」。據〈袁盎鼂錯列傳〉，袁盎此時為安慰文帝尚當面奉承文帝有「高世之行者三」，極盡諂媚之態，後代楊慎稱之為「俳優解慍」。(163)斬丞相御史以謝天下　御史，實即御史大夫。凌約言曰：「丞相、御史執法，而盎欲斬之，幸而文帝不用。盎之刻惡憸邪大抵如此，不獨私仇一鼂錯已也。」(164)逮考　逮捕拷問。(165)餽侍　進獻飲食，侍候起居。(166)皆弃市　史珥曰：「斬丞相、御史者，盎或欲借以去所逼耳，已非情理；至諸縣不敢發封，只是不能法外行事，烏得以守法棄市？」(167)守冢三十戶　這些人家的職守即看護並祭祀陵墓，而不再向政府交納賦稅。

【語譯】淮南厲王劉長，是漢高祖劉邦的小兒子，他的母親本是趙王張敖後宮的美人。漢高祖八年，劉邦從東垣討伐韓王信回來經過趙國，趙王派自己的一些美人侍候劉邦。劉長的母親在這時候受到了劉邦的寵愛，懷了身孕。趙王張敖一看就不敢再把她收回去了，於是為她在王宮外面蓋了一所房子讓她住。等到貫高等人在柏人謀刺劉邦的事被發覺後，趙王也受到牽連而被逮捕了。與此同時趙王的母親、兄弟、美人也全被抓了起來，關押在河內郡，劉長的母親也在其中。這時劉長的母親就對看守他們的官吏們說：「我曾被皇上親幸過，現在正懷著皇上的孩子。」官吏們一聽趕緊把這件事報告了劉邦，劉邦當時正恨趙王，所以沒有理會劉長的母親。劉長母親的兄弟趙兼就通過辟陽侯審食其轉告了呂后，而呂后出於嫉妒，不肯幫忙說情，審食其也沒有為此積極活動。因而使得劉長的母親在生下劉長之後，就惱怒地自殺了。看守的官吏們抱著劉長去見劉邦，劉邦這時也很後悔，於是就讓呂后撫養他，而把他的母親葬在了真定。真定是劉長母親的老家，她的父祖世代住在那裡。

2 高祖十一年七月，淮南王黥布謀反了，於是劉邦就立即宣布改立他的小兒子劉長為淮南王，把原先封給黥布的一共四個郡的地盤都封給了他。接著劉邦就親自率領部隊前往消滅了黥布，而劉長也就隨之即位當了淮南王。劉長因為從小沒有母親，是跟著呂后長大的，也正因此他在孝惠帝、呂太后當政的時候得以幸免，沒有像劉邦的其他兒子一樣遭到禍害，但是他的心裡一直怨恨著辟陽侯審食其，只是沒敢發作而已。等到孝文帝一即位，劉長自以為他是皇帝的親弟弟，於是就開始驕縱起來，經常不遵守法紀。文帝看在親兄弟的分上也總是寬饒他。文帝三年，劉長進京朝見，態度非常驕橫。他常常跟著文帝到上林苑一道打獵，和文帝同坐一輛車，向文帝叫「大哥」。劉長身高力大，能把大鼎舉起來。有一天他去拜見辟陽侯審食其。審食其出來迎接他，一見面劉長就掄起藏在衣袖裡的鐵錘把審食其打死了，接著又讓隨從魏敬割下了他的腦袋。而後劉長自己騎馬跑到皇宮前，脫去上衣向文帝請罪說：「當初我的母親不應當受趙國逆謀的牽連，當時審食其是有能力說服呂后救我母親的，可是他不盡力，這是他的頭一條罪狀；趙王如意和他的母親也都沒有罪，結果都被呂后殺了，審食其當時也沒勸阻，這是他的第二條罪狀；呂后大封呂姓的子姪為王，目的是想危害劉家的江山，而審食其也不勸阻，這是他的第三條罪狀。我現在既為國家除了害，又為母親報了仇，現在我在這裡敬請皇帝的處分。」孝文帝一方面覺得他的用心可憐，同時又因為是親骨肉，所以就沒有懲罰他，把他赦免了。這時候，上自薄太后、皇太子，下至朝廷諸臣都害怕劉長，而從此劉長回國後也就變得越來越驕傲自大、越不服從朝廷的法令了。他出入宮廷也像皇帝一樣地宣布清道戒嚴，他把下的命令像皇帝一樣地稱為「制」，他在淮南國自己制訂了一套法令，他的一切行為都和皇帝一模一樣。

3 文帝六年，劉長讓一個名字叫但的人會同了七十多人，和棘蒲侯柴武的太子柴奇一起策劃，準備帶著四十輛馬車，到谷口去造反，同時又派人到閩越和匈奴中去進行聯絡。結果消息洩露，被朝廷立案審查了。文帝派使者叫劉長進京，劉長到了長安。

4 大臣們上書道：「丞相張蒼、典客馮敬、代理御史大夫職責的宗正劉逸、廷尉賀、防備盜賊的中尉福冒死上奏：淮南王劉長不遵守先帝制訂的法度，不聽從天子的命令，在起居住行方面超出了應有的限度，他竟敢乘皇帝的黃蓋車，出遊時的排場像皇帝一樣，他在淮南實行他自己制訂的法令，不使用朝廷規定的王法。他自己隨意安置官吏，讓他的郎中春做了丞相，他大肆招納朝廷直轄地區和各個諸侯的人等以及各種逃亡的罪犯，窩藏他們，並給這些人治產業、娶妻室，賞賜給他們財物、官爵以及田地房屋，有的竟至於達到了關內侯，享受了二千石的俸祿，這些都不是他應該做的，他的這些行為都是別有用心。他的大夫但、士兵開章等七十人跟棘蒲侯的太子柴奇互相勾結陰謀造反，企圖顛覆漢朝江山。他們派開章把這些陰謀暗中通知劉長，他們計劃請閩越和匈奴發兵援助。開章到淮南後，拜見劉長，劉長多次與他一道談話吃飯，為他安家娶妻，讓他享受著二千石的俸祿。而後開章派人告訴但，說他已經同淮南王聯繫好了。這時劉長的郎中春也派密使通知了但等人。可是他們的陰謀活動這時被朝廷的人覺察了，於是朝廷派長安尉奇等人前往淮南捉拿開章。這時劉長先是把開章藏了起來拒不交出。接著劉長又和原中尉蕑忌一起密謀，把開章殺掉滅口。他們為他置備了棺槨衣衾，把他的屍體埋在肥陵邑。他們欺騙奉命往捕開章的官吏，說他們『不知道開章在什麼地方』。後來他們又堆了一個假墳頭樹起一塊牌子，寫著『開章死，埋在這下面』。除此之外劉長還親手殺死過一個無罪的人；他還命令他的官吏們強加罪名殺死過六個無罪的人；更有甚者他們為了包庇畏罪逃亡的人而捉拿了一些無罪的人來冒名充數；他隨便給人定罪，而且還不許人家告狀。被他逮捕判了築城舂米等苦役以上罪刑的有十四人；相反被他憑空赦免的死刑犯有十八人，築城舂米等苦役犯以下的有五十八人；受他賞賜當了關內侯以下的總計九十四人。前些時候劉長生病，陛下為他擔心，派人給他送去慰問信、賜給他棗脯，可是劉長居然不想接受皇帝的賞賜，不想接見使者。當住在廬江郡的一些南海人鬧暴亂，劉長派人前去鎮壓時，陛下考慮到淮南地區人民的苦難，派人送給劉長布帛五千匹，讓他把這些東西發給那些在平定暴亂中出過力的人。可是劉長居然不肯接受，並說『沒有什麼出過力的人』。南海王織給皇帝上書獻璧，而劉長的中尉蕑忌居然敢擅自中途焚毀了南海王織的奏章，不向皇帝上交。當時朝廷有人請求召蕑忌進京審問，但劉長抗命不派，撒謊說『蕑忌病了』。當時他的郎中春向他請求，說他願意進京朝見，劉長發怒說『你想背離我去歸附朝廷嗎』？總之，憑著劉長的這些罪行，理應斬首示眾，我們請求依法處置。」

5 皇帝批示說：「我不忍心依法懲治他，請你們同列侯、二千石們再重新議論一下。」

6 「臣蒼、敬、逸、福、賀冒死進言：我們同列侯、二千石官吏嬰等四十三人又慎重地議論了劉長的罪行，大家都說『劉長不遵守國家法度，不聽從天子的命令，竟然暗中聚集黨徒和陰謀造反的人，他們優厚地對待那些亡命徒，想要藉著他們起事謀反。』因此我們堅決要求對他依法處置。」

7 皇帝又批示說：「我實在不忍心把法律施行到他的頭上，現在既然你們這樣堅持，那就赦免了他的死罪，只廢除他的王位吧。」

8 「臣張蒼等冒死向皇帝進言：劉長犯了死罪，皇帝既然不忍心將他處死，準備赦免他，只是廢去他的王爵。我們請求把他流放到蜀郡嚴道縣的邛郵去，讓他的妻子兒女們也都跟著他一道去，由當地的政府給他們蓋房子，並供給他們一應的糧食、柴禾、蔬菜、油鹽、炊具、食器、床席等生活用品。這是我們的請求，請皇上布告天下，一體周知。」

9 文帝批示說：「可以每天供給劉長五斤肉，兩斗酒，並讓他所親幸的十個美人、才人跟著他一道去。其他事情都依然照你們說的辦。」

10 朝廷下令把其他那些參與謀反的人全都處決了。而後打發劉長上路去蜀郡，他們讓劉長坐進一輛上有廂篷的車子，讓沿途各縣依次負責向蜀郡傳遞。這時袁盎勸阻文帝說：「您一向寵愛淮南王，沒有給他任命嚴厲的太傅和丞相來加以管教，所以才鬧成了今天這個樣子。淮南王為人剛強，如今驟然這樣地打擊他，我怕他萬一要是得個病死了，那您將落一個殺害弟弟的惡名，那將怎麼好呢？」文帝說：「我不過是讓他一時吃點苦罷了，我馬上要讓他回來的。」誰料想沿途傳送淮南王的那些縣官們，誰也不敢打開淮南王車子上的封條叫淮南王出來見天日。劉長氣憤地對他周圍的人們說：「誰說你老子是英雄？我怎麼能稱得上是英雄！我就是因為過去太驕傲了，聽不到自己的過錯，所以才落得如此下場。人活在世界上，怎麼能夠總是這麼憋憋悶悶地過日子！」於是就絕食餓死了。待至到了雍縣，雍縣縣令一打開封條才發現劉長已死，於是他們趕緊向文帝報告。文帝哭得很傷心，他對袁盎說：「我當初沒聽取您的話，果然把淮南王給弄死了。」袁盎說：「現在反正也沒有辦法了，只有請您想開些。」文帝說：「還有什麼補救沒有呢？」袁盎說：「只有殺掉丞相、御史，用他們的人頭來向天下人謝罪這才可以。」文帝不同意，他只是讓丞相、御史去調查發送淮南王的各縣縣官，把那些不給淮南王開封、進食，不好好侍候淮南王的人全都殺掉了。然後又以列侯的身分把劉長安葬在雍縣，並安置了三十戶人家給他守墳。

1 孝文八年❶，上憐淮南王。淮南王有子四人，皆七八歲，乃封子安為阜陵侯❷，子勃為安陽侯❸，子賜為陽周侯❹，子良為東成侯❺。

2 孝文十二年❻，民有作歌歌淮南厲王曰：「一尺布，尚可縫；一斗粟，尚可舂。兄弟二人不能相容❼。」上聞之，乃歎曰：「堯、舜放逐骨肉❽，周公殺管、蔡❾，天下稱聖❿。何者？不以私害公。天下豈以我為貪淮南王地⓫邪？」乃徙城陽王⓬王淮南故地，而追尊謚淮南王為厲王⓭，置園復如諸侯儀⓮。

3 孝文十六年⑮，徙淮南王喜復故城陽⑯。上憐淮南厲王廢法不軌，自使失國蚤死，乃立其三子：阜陵侯安為淮南王，安陽侯勃為衡山王⑰，陽周侯賜為廬江王⑱，皆復得厲王時地，參分之⑲。東城侯良前薨，無後也。

4 孝景三年⑳，吳、楚七國反㉑。吳使者至淮南，淮南王欲發兵應之。其相曰：「大王必欲發兵應吳，臣願為將。」王乃屬相兵㉒。淮南相已將兵，因城守㉓，不聽王而為漢㉔；漢亦使曲城侯㉕將兵救淮南，淮南以故得完。吳使者至廬江，廬江王弗應，而往來使越㉖。吳使者至衡山，衡山王堅守無二心。孝景四年㉗，吳、楚已破㉘，衡山王朝，上以為貞信，乃勞苦㉙之曰：「南方卑溼㉚。」徙衡山王王濟北㉛，所以褒之。及薨㉜，遂賜謚為貞王㉝。廬江王邊越，數使使相交，故徙為衡山王，王江北㉞。淮南王如故。

【章　旨】以上為第二段，寫文帝復立劉長之諸子為王，與此數子在景帝時期的表現。

【注　釋】❶孝文八年　西元前一七二年。❷阜陵侯　封地阜陵，在今安徽和縣西。❸安陽侯　封地安陽，約在今河南正陽西南。❹陽周侯　封地陽周，梁玉繩以為是鄉名，在今山東莒縣。❺東成侯　封地東城，在今安徽定遠東南。❻孝文十二年　西元前一六八年。❼兄弟二人不能相容　《集解》引《漢書音義》曰：「尺布斗粟猶尚不棄，況於兄弟而更相逐乎？」又引臣瓚曰：「一尺布尚可縫而共衣，一斗粟尚可舂而共食也，況以天下之廣而不能相容。」梁玉繩引《解舂集》曰：「長反在文六年，至八年封其四子為侯，又十二年民間始有是歌。十六年立其子安復為淮南王。安陰結賓客，養士數千，則是歌安知非八公之徒偽為之，流播民間，以感天子者。史稱安就國之後，與諸辯士妄作妖言，則歌之偽知矣。」凌稚隆引田汝成曰：「謂帝驕其弟則可，謂帝不容其弟則不可。」❽堯舜放逐骨肉　指堯放其子丹朱，舜放其弟象。王先謙曰：「《書·大禹謨》『皆丹朱用殄其世』，蓋堯時實已逐之他方，舜在位乃封之。《孟子》言『舜封象有庳』，或曰『放焉』。《史記·鄒陽傳》云：『不合則骨肉出逐不收，朱、象、管、蔡是矣。』是古有此語，特書文闕略，難可推究耳。」❾周公殺管蔡　〈管蔡世家〉：「管叔、蔡叔疑周公之為不利於成王，乃挾武庚以作亂。周公旦承成王命伐誅武庚，殺管叔，而放蔡叔。」中井曰：「『放逐骨肉』指舜放象而言，堯是帶說耳。周公不殺蔡，是蔡亦帶說。」瀧川曰：「皆取例於兄弟。」❿天下稱聖　天下仍稱堯、舜、周公為聖人。⓫貪淮南王地　指滅其國，將其地改為郡縣而言。⓬城陽王　名喜，其父劉章因除諸呂有功，被封為城陽王，國都即山東莒縣。劉章死後，其子喜繼位為城陽王，今則將其改封為淮南王，以承繼對淮南王的祭祀。⓭諡淮南王為厲王　據〈諡法解〉：「暴慢無親曰『厲』。」⓮置園復如諸侯儀　設置園邑，與其他正常諸侯王的陵墓制度相同。即劃出一定數量的人家，職責為守護並祭祀陵墓，蓋與皇帝之陵邑相當於縣級行政單位者僅大小之別而已。徐孚遠曰：「淮南死未置後，故移城陽王王其故地為之後，因得置園如諸侯也。」⓯孝文十六年　西元前一六四年。⓰復故城陽　還回到原地去做城陽王。⓱衡山王　國都邾縣（今湖北黃岡西北）。⓲廬江王　國都舒縣（今安徽廬江西南）。⓳參分之　將原來淮南王劉長的舊地（共四個郡）分成了三份，以封其三子。⓴孝景三年　西元前一五四年。㉑吳楚七國反　事在景帝三年正月。七國指吳、楚、趙、膠東、膠西、菑川、濟南，諸國因被朝廷削地，遂以請誅鼂錯為名而串連造反。事見〈吳王濞列傳〉、〈袁盎鼂錯列傳〉諸篇。㉒王乃屬相兵　將淮南國的兵權交與丞相執掌。屬，託；交給。王先謙引周壽昌曰：「〈張釋之傳〉云：『事景帝歲餘，為淮南相。』此景帝三年事，則將兵之相，疑是釋之。」㉓城守　築城而守。指準備抗擊吳楚。㉔不聽王而為漢　張之象曰：「名不違君，實則為漢，可謂善用權者也。」邵寶曰：「扶危持顛，相之道也，是故淮南以完。」按：當時諸侯國的丞相都由朝廷委派，故丞相站在朝廷立場。㉕曲城侯　《集解》引徐廣曰：「姓蟲名捷，其父名逢，高祖功臣。」按：事見〈高祖功臣侯者年表〉，唯年表謂其姓「蟲」。㉖往來使越　謂與閩越、南越暗相勾通。㉗孝景四年　西元前一五三年。㉘吳楚已破　按：吳楚為亂三個月，早在景帝三年三月即被討平，今乃言之於「孝景四年」之下者，因四年衡山王入朝，而景帝褒獎其在吳楚亂時之表現故也。㉙勞苦　慰問。㉚南方卑溼　衡山國的都城邾縣在今湖北黃岡西北，其地湖泊眾多，至今猶然，故曰「卑溼」。㉛王濟北　濟北國的國都盧縣（今山東長清西南），原為齊王劉肥的兒子劉志的封國。七國之亂中，原菑川王劉賢因謀反被滅，景帝將濟北王劉志移封菑川，故此時濟北國正空著，遂移劉勃為濟北王。㉜及薨　劉勃於景帝四年被移封為濟北王，五年（西元前一五二年）卒。㉝賜謚為貞王　〈謚法解〉：「清白守節曰貞。」㉞王江北　廬江王的領地原包括今南昌一帶的豫章郡，故東與東越、閩越相連，南與南越相接。現將劉賜移封至江北的衡山，豫章地區設為郡縣，遂斬斷其與諸越的勾連。

【語　譯】 孝文帝八年，皇上忽然又可憐起淮南王來。當時淮南王有四個兒子，都是七八歲。於是文帝就封劉安為阜陵侯，劉勃為安陽侯，劉賜為陽周侯，劉良為東成侯。

2　孝文帝十二年，民間流傳起了一首有關淮南王的民謠，說：「一尺布，尚可縫；一斗粟，尚可舂。兄弟二人不能相容。」文帝聽說後，歎息道：「堯舜放逐了骨肉之親的共工、三苗，周公殺掉了自己的弟弟管叔、蔡叔，天下人仍稱他們是聖人賢君。為什麼呢？就因為他們能夠不以私情妨害公利。現在人們給我編歌唱，莫非他們以為我是貪圖淮南王的地盤嗎？」於是他就下令調城陽王劉喜去到淮南的故地稱王，同時追謚劉長為淮南厲王，並按照諸侯王的禮儀給他修建了陵墓。

3　孝文帝十六年，皇上又下令讓劉喜重新回到了城陽。文帝可憐劉長因為不守法紀、行為不軌，以致國破身亡，於是又封了他的三個兒子：封阜陵侯劉安為淮南王，封安陽侯劉勃為衡山王，封陽周侯劉賜為廬江王，都是在劉長舊時的地盤上，把一個國家分成了三份。這時東城侯劉良已經死了，而且沒有後代，所以就沒有封。

4　孝景帝三年，吳楚七國造反了。當吳國的使者來到淮南時，淮南王劉安也打算起兵響應。這時淮南國的丞相說：「如果您一定想要起兵，我願意給您當將軍。」淮南王一聽就把兵權交給了丞相。淮南丞相一旦取得兵權後，就立刻下令固守城池，不再聽劉安的指揮而聽從朝廷的命令；這時朝廷也派了曲城侯蟲捷率領部隊來救助淮南，因此淮南得以完好無損。吳國的使者到了廬江後，廬江王不答應，而與越國保持著緊密聯繫。吳國的使者到了衡山，衡山王更是堅守城池毫無二心。孝景帝四年，吳、楚之亂平定後，衡山王進京朝見時，景帝表揚了他的忠貞守信，對他慰勞說：「你那裡的地面太低窪潮溼了。」為了獎勵他，便把他的封地換到了濟北。到劉勃死時，朝廷又特別給他賜謚為「貞王」。廬江和越國接壤，兩國的使者不斷往來，朝廷對此不高興，於是把廬江王劉賜改封為衡山王，把他遷到了長江以北。而淮南王劉安則還是和從前一樣。

1 淮南王安，為人好讀書、鼓琴❶，不喜弋獵狗馬馳騁，亦欲以行陰德拊循❷百姓，流譽天下。時時怨望❸厲王死，時欲畔❹逆，未有因也。及建元二年❺，淮南王入朝。素善武安侯❻，武安侯時為太尉❼，乃逆王霸上❽，與王語曰：「方今上無太子，大王親高皇帝孫，行仁義，天下莫不聞。即❾宮車一日晏駕❿，非大王當誰立者⓫？」淮南王大喜，厚遺⓬武安侯金、財物。陰結賓客⓭，拊循百姓⓮，為畔逆事。建元六年⓯，彗星見⓰，淮南王心怪之。或說王曰：「先吳軍起時⓱，彗星出長數尺，然尚流血千里。今彗星長竟天⓲，天下兵當大起。」王心以為上無太子，天下有變，諸侯竝爭，愈益治器械攻戰具，積金錢賂遺郡國諸侯游士奇材⓳。諸辨士為方略者⓴，妄作妖言，諂諛王㉑。王喜，多賜金錢，而謀反滋甚㉒。

2 淮南王有女陵㉓，慧，有口辯㉔。王愛陵，常多予金錢，為中詗長安㉕，約結上左右㉖。元朔二年㉗，上賜淮南王几杖㉘，不朝㉙。淮南王王后荼㉚，王愛幸之。王后生太子遷，遷取王皇太后㉛外孫修成君㉜女為妃。王謀為反具㉝，畏太子妃知而內泄事㉞，乃與太子謀，令詐弗愛㉟，三月不同席㊱。王乃詳㊲為怒太子，閉太子使與妃同內(38)三月，太子終不近妃。妃求去，王乃上書謝(39)歸去之(40)。王后荼、太子遷及女陵得愛幸王(41)，擅國權，侵奪民田宅，妄致繫人(42)。

3 元朔五年(43)，太子學用劍，自以為人莫及，聞郎中(44)雷被巧(45)，乃召與戲。被一再辭讓，誤中太子(46)。太子怒，被恐。此時有欲從軍(47)者輒詣京師(48)，被即願奮擊匈奴(49)。太子遷數惡被於王(50)，王使郎中令斥免(51)，欲以禁後(52)。被遂亡(53)至長安，上書自明。詔下其事廷尉、河南(54)。河南治(55)，逮淮南太子(56)。王、王后計欲無遣太子，遂發兵反，計猶豫，十餘日未定。會有詔，即訊(57)太子。當是時，淮南相(58)怒壽春丞(59)留太子逮不遣(60)，劾不敬(61)。王以請相(62)，相弗聽。王使人上書告相。事下廷尉治(63)，蹤跡連王(64)。王使人候伺漢公卿(65)，公卿請逮捕治王。王恐事發，太子遷謀曰：「漢使即(66)逮王，王令人(67)衣衛士衣，持戟居庭中。王旁有非是(68)，則刺殺之；臣亦使人刺殺淮南中尉(69)，乃舉兵，未晚。」是時，上不許公卿請，而遣漢中尉宏(70)即訊驗王(71)。王聞漢使來，即如太子謀計。漢中尉至，王視其顏色和，訊王以斥雷被事耳，王自度無何(72)，不發(73)。中尉還，以聞。公卿治者(74)曰：「淮南王安擁閼(75)奮擊匈奴者雷被等，廢格明詔(76)，當棄市。」詔弗許。公卿請廢勿王，詔弗許。公卿請削五縣，詔削二縣。使中尉宏赦淮南王罪，罰以削地。中尉入淮南界，宣言赦王。王初聞漢公卿請誅之，未知得削地，聞漢使來，恐其捕之，乃與太子謀刺之如前計。及中尉至，即賀王，王以故不發。其後自傷曰：「吾行仁義見削，甚恥之。」然淮南王削地之後，其為反謀益甚。諸使道從長安來[77]，為妄妖言，言上無男，漢不治，即喜[78]；即言漢廷治，有男，王怒，以為妄言，非也[79]。

4 王日夜與伍被、左吳等案輿地圖[80]，部署兵所從入[81]。王曰：「上無太子[82]，宮車即晏駕，廷臣必徵膠東王[83]，不即常山王[84]。諸侯並爭，吾可以無備乎？且吾高祖孫，親行仁義[85]，陛下遇我厚，吾能忍之；萬世之後[86]，吾寧能北面臣事豎子[87]乎？」

5 王坐東宮[88]，召伍被與謀，曰：「將軍上[89]。」被悵然[90]曰：「上寬赦大王，王復安得此亡國之語[91]乎？臣聞子胥諫吳王[92]，吳王不用，乃曰：『臣今見麋鹿游姑蘇之臺[93]也。』今臣亦見宮中生荊棘，露霑衣也。」王怒，繫伍被父母[94]，囚之三月。復召曰：「將軍許寡人乎？」被曰：「不，直[95]來為大王畫[96]耳。臣聞聰者[97]聽於無聲[98]，明者[99]見於未形[100]，故聖人萬舉萬全。昔文王一動[101]而功顯于千世，列為三代[102]，此所謂因天心[103]以動作者也，故海內不期而隨[104]。此千歲之可見者[105]。夫百年之秦，近世之吳、楚[106]，亦足以喻國家之存亡矣。臣不敢避子胥之誅[107]，願大王毋為吳王之聽[108]。昔秦絕聖人之道，殺術士[109]，燔詩、書，弃禮義，尚詐力，任刑罰，轉負海之粟[110]致之西河[111]。當是之時，男子疾耕不足於糟糠[112]，女子紡績不足於蓋形[113]。遣蒙恬[114]築長城，東西數千里，暴兵露師常數十萬，死者不可勝數，僵尸[115]千里，流血頃畝[116]。百姓力竭，欲為亂者十家而五。又使徐福[117]入海求神異物，還為偽辭曰：『臣見海中大神，言曰：「汝西皇之使邪？」臣答曰：「然。」「汝何求？」曰：「願請延年益壽藥。」神曰：「汝秦王之禮薄，得觀而不得取。」即從臣[118]東南至蓬萊山[119]，見芝成宮闕[120]，有使者銅色而龍形，光上照天。於是臣再拜問曰：「宜何資以獻[121]？」海神曰：「以令名男子[122]若[123]振女[124]與百工[125]之事，即得之矣。」』秦皇帝大說，遣振男女[126]三千人，資[127]之五穀種種[128]百工而行。徐福得平原廣澤，止王不來[129]。於是百姓悲痛相思，欲為亂者十家而六。又使尉佗[130]踰五嶺[131]攻百越[132]。尉佗知中國勞極，止王不來。使人上書，求女無夫家者三萬人，以為士卒衣補，秦皇帝可其萬五千人[133]。於是百姓離心瓦解，欲為亂者十家而七。客謂高皇帝曰：『時可矣[134]。』高皇帝曰：『待之，聖人當起東南間[135]。』不一年，陳勝、吳廣發矣[136]。高皇始於豐沛[137]，一倡天下不期而響應者不可勝數也。此所謂蹈瑕候間[138]，因秦之亡而動者也。百姓願之，若旱之望雨，故起於行陳[139]之中而立為天子，功高三王[140]，德傳無窮。今大王見高皇帝得天下之易也，獨不觀近世之吳、楚乎？夫吳王[141]賜號為劉氏祭酒[142]，復不朝[143]，王四郡之眾[144]，地方數千里。內鑄消銅以為錢[145]，東煮海水以為鹽，上取江陵[146]木以為船，一船之載當中國[147]數十兩[148]車，國富民眾。行珠玉金帛賂諸侯宗室大臣，獨竇氏[149]不與[150]。計定謀成，舉兵而西。破於大梁[151]，敗於狐父[152]，奔走而東，至於丹徒[153]。越人禽之[154]，身死絕祀[155]，為天下笑。夫以吳、越之眾[156]不能成功者何？誠逆天道而不知時也。方今大王之兵眾不能十分吳、楚之一，天下安寧有萬倍於秦之時，願大王從臣之計。大王不從臣之計，今見大王事必不成，而語先泄也。臣聞微子[157]過故國而悲，於是作麥秀之歌[158]，是痛紂之不用王子比干[159]也。故孟子曰『紂貴為天子，死曾不若匹夫[160]』。是紂先自絕於天下久矣，非死之日而天下去之。今臣亦竊悲大王弃千乘之君[161]，必且賜絕命之書[162]，為羣臣先，死於東宮也。」於是王氣怨結而不揚，涕滿匡而橫流，即起，歷階而去[163]。

6 王有孽子不害[164]，最長，王弗愛，王、王后、太子皆不以為子兄數[165]。不害有子建，材高有氣[166]，常怨望太子不省其父[167]；又怨時諸侯皆得分子弟為侯[168]，而淮南獨二子，一為太子，建父獨不得為侯。建陰結交[169]，欲告敗[170]太子，以其父代之。太子知之，數捕繫而榜笞[171]建。建具知太子之謀欲殺漢中尉，即使所善壽春莊芷[172]以元朔六年[173]上書於天子曰：「毒藥苦於口利於病，忠言逆於耳利於行[174]。今淮南王孫建，材能高[175]，淮南王王后荼、荼子太子遷常疾害[176]建。建父不害無罪，擅數捕繫，欲殺之。今建在，可徵問[177]，具知淮南陰事[178]。」書聞，上以其事下廷尉，廷尉下河南治。是時，故辟陽侯孫審卿[179]善丞相公孫弘[180]，怨淮南厲王殺其大父[181]，乃深購[182]淮南事於弘。弘乃疑淮南有畔逆計謀，深窮治其獄。河南治建，辭引淮南太子及黨與。淮南王患之，欲發[183]，問伍被曰：「漢廷治亂[184]？」伍被曰：「天下治。」王意不說[185]，謂伍被曰：「公何以言天下治也？」被曰：「被竊觀朝廷之政，君臣之義，父子之親，夫婦之別，長幼之序[186]，皆得其理[187]。上之舉錯[188]遵古之道，風俗紀綱未有所缺也。重裝富賈[189]，周流天下，道無不通，故交易[190]之道行。南越賓服[191]，羌僰入獻[192]，東甌入降[193]，廣長榆，開朔方[194]，匈奴折翅傷翼，失援不振。雖未及古太平之時，然猶為治也[195]。」王怒，被謝死罪。王又謂被曰：「山東[196]即有兵[197]，漢必使大將軍[198]將而制山東，公以為大將軍何如人也？」被曰：「被所善者黃義，從大將軍擊匈奴，還，告被曰：『大將軍遇士大夫有禮，於士卒有恩，眾皆樂為之用。騎上下山若蜚[199]，材幹[200]絕人。』被以為材能如此，數將[201]習兵，未易當[202]也。及謁者[203]曹梁使長安來[204]，言大將軍號令明，當敵勇敢，常為士卒先；休舍[205]，穿井未通，須士卒盡得水，乃敢飲[206]；軍罷[207]，卒盡已度[208]河，乃度；皇太后所賜金帛，盡以賜軍吏[209]，雖古名將弗過也[210]。」王默然。

7 淮南王見建已徵治[211]，恐國陰事且覺，欲發，被又以為難，乃復問被曰：「公以為吳興兵[212]是邪非也？」被曰：「以為非也。吳王至富貴也，舉事不當，身死丹徒，頭足異處，子孫無遺類[213]。臣聞吳王悔之甚。願王孰[214]慮之，無為吳王之所悔。」王曰：「男子之所死者，一言耳[215]！且吳何知反[216]，漢將一日過成皋者四十餘人[217]。今我令樓緩[218]先要[219]成皋之口，周被[220]下潁川兵[221]塞轘轅[222]、伊闕[223]之道，陳定[224]發南陽[225]兵守武關[226]，河南太守獨有雒陽耳[227]，何足憂！然此北尚有臨晉關[228]、河東[229]、上黨[230]與河內[231]、趙國[232]，人言曰：『絕成皋之口，天下不通。』據三川之險[233]，招山東之兵[234]，舉事如此，公以為何如？」被曰：「臣見其禍，未見其福也。」王曰：「左吳、趙賢、朱驕如皆以為有福，什事九成，公獨以為有禍無福，何也？」被曰：「大王之羣臣近幸素能使眾者，皆前繫詔獄[235]，餘無可用者。」王曰：「陳勝、吳廣無立錐之地，千人之聚[236]，起於大澤[237]，奮臂大呼[238]而天下響應，西至於戲[239]而兵百二十萬。今吾國雖小，然而勝兵[240]者可得十餘萬，非直適戍[241]之眾，鐖鑿棘矜[242]也，公何以言有禍無福？」被曰：「往者秦為無道，殘賊[243]天下。興萬乘之駕[244]，作阿房之宮[245]，收太半之賦[246]，發閭左之戍[247]，父不寧子[248]，兄不便弟[249]，政苛刑峻，天下熬然若焦[250]，民皆引領[251]而望，傾耳而聽[252]，悲號仰天，叩心而怨上，故陳勝大呼，天下響應。當今陛下臨制[253]天下，一齊[254]海內，汎愛蒸庶[255]，布德施惠。口雖未言，聲疾雷霆[256]，令雖未出，化馳如神[257]。心有所懷[258]，威動萬里；下之應上，猶影響也[259]。而大將軍[260]材能不特[261]章邯、楊熊[262]也。大王以陳勝、吳廣諭之[263]，被以為過矣。」王曰：「苟如公言，不可徼幸[264]邪？」被曰：「被有愚計。」王曰：「柰何？」被曰：「當今諸侯無異心，百姓無怨氣。朔方之郡田地廣，水草美，民徙者[265]不足以實其地[266]。臣之愚計，可偽為丞相、御史請書[267]，徙郡國[268]豪桀任俠及有耐[269]罪以上，赦令除其罪[270]，產五十萬以上[271]者，皆徙其家屬朔方之郡。益發甲卒[272]，急其會日[273]。又偽為左右都司空[274]、上林中都官[275]詔獄書[276]，逮諸侯太子幸臣。如此則民怨，諸侯懼，即使辯武[277]隨而說之，儻可徼幸什得一乎[278]！」王曰：「此可也。雖然，吾以為不至若此[279]。」於是王乃令官奴入宮[280]，作皇帝璽，丞相、御史、大將軍、軍吏、中二千石[281]、都官令、丞[282]印，及旁近郡[283]太守、都尉印，漢使節法冠[284]，欲如伍被計。使人偽得罪而西[285]，事大將軍、丞相[286]。一日[287]發兵，使人即刺殺大將軍青，而說丞相下之[288]，「如發蒙耳[289]。」

8 王欲發國中兵，恐其相、二千石不聽[290]。王乃與伍被謀，先殺相、二千石。偽失火宮中，相、二千石救火至，即殺之。計未決。又欲令人衣求盜[291]衣，持羽檄[292]，從東方來，呼曰「南越兵入界」，欲因以發兵[293]。乃使人至廬江[294]、會稽[295]為求盜[296]，未發。王問伍被曰：「吾舉兵西鄉，諸侯必有應我者；即無應，柰何？」被曰：「南收衡山[297]以擊廬江，有尋陽[298]之船，守下雉[299]之城，結九江之浦[300]，絕[301]豫章之口[302]，彊弩臨江而守，以禁南郡[303]之下；東收江都[304]、會稽，南通勁越[305]，屈彊[306]江淮間，猶可得延歲月之壽[307]。」王曰：「善，無以易此。急則走越耳。」

9 於是[308]廷尉以王孫建辭連淮南王太子遷聞[309]，上遣廷尉監[310]因拜[311]淮南中尉逮捕太子。至淮南，淮南王聞，與太子謀召相、二千石，欲殺而發兵。召相，相至；內史以出為解[312]。中尉曰：「臣受詔使[313]，不得見王。」王念獨殺相而內史、中尉不來，無益也，即罷相[314]。王猶豫，計未決。太子念所坐者謀刺漢中尉[315]，所與謀者已死，以為口絕，乃謂王曰：「羣臣可用者皆前繫，今無足與舉事者。王以非時發[316]，恐無功，臣願會逮[317]。」王亦偷欲休[318]，即許太子。太子即自剄，不殊[319]。伍被自詣吏[320]，因告與淮南王謀反，反蹤跡具如此[321]。

吏因捕太子、王后，圍王宮[322]，盡求捕王所與謀反賓客在國中者，索得[323]反具[324]以聞。上下公卿治[325]，所連引與淮南王謀反列侯、二千石、豪傑數千人，皆以罪輕重受誅[326]。衡山王賜，淮南王弟也，當坐收[327]，有司請逮捕衡山王。天子曰：「諸侯各以其國為本，不當相坐[328]。與諸侯王列侯會肄丞相諸侯議[329]。」趙王彭祖[330]、列侯臣讓[331]等四十三人議，皆曰：「淮南王安甚大逆無道，謀反明白，當伏誅。」膠西王臣端[332]議曰：「淮南王安廢法行邪，懷詐偽心，以亂天下，熒惑[333]百姓，倍畔[334]宗廟，妄作妖言。春秋曰：『臣無將，將而誅[335]。』安罪重於將[336]，謀反形已定。臣端所見其書節印圖及他逆無道事驗明白，甚大逆無道[337]，當伏其法。而論國吏二百石以上及比者[338]，宗室近幸臣不在法中者[339]，不能相教[340]，當皆免官削爵為士伍[341]，毋得宦為吏；其非吏他[342]，贖死[343]金二斤八兩，以章[344]臣安之罪，使天下明知臣子之道，毋敢復有邪僻倍畔之意。」丞相弘、廷尉湯[345]等以聞[346]，天子使宗正[347]以符節治王[348]。未至，淮南王安自剄殺，王后荼、太子遷諸所與謀反者皆族。天子以伍被雅辭[349]多引漢之美，欲勿誅。廷尉湯曰：「被首為王畫反謀[350]，被罪無赦。」遂誅被。國除為九江郡[351]。

【章旨】以上為第三段，寫淮南王劉安因謀反自殺國滅。

【注釋】❶好讀書鼓琴　《漢書》本傳云：「招致賓客方術之士數千人，作為《內書》二十一篇，《外書》甚眾（即所謂《淮南子》）。又有《中篇》八卷，言神仙黃白之術，亦二十餘萬言。時武帝方好藝文，以安屬為諸父，辯博，善為文辭，甚尊重之。每為報書及賜，常召司馬相如等視草乃遣。初，安入朝，獻所作《內篇》新出，上愛祕之。使為〈離騷傳〉，旦受詔，日食時上。又獻〈頌德〉及〈長安都國頌〉。每宴見，談說得失及方伎賦頌，昏暮然後罷。」❷拊循　順其願望而安撫之。拊，通「撫」。❸怨望　怨恨。望，怨。❹畔　通「叛」。❺建元二年　西元前一三九年。建元，武帝的第一個年號（西元前一四〇—前一三五年）。❻武安侯　田蚡，武帝之舅，武帝母王太后的同母異父弟。❼時為太尉　田蚡以武帝之舅，佐助武帝即位，並對穩定當時形勢有功，武帝即位後，任之為太尉。詳情見〈魏其武安侯列傳〉。太尉，三公之一，掌管全國軍事。❽逆王霸上　到霸上迎接淮南王劉安。逆，迎；迎接。霸上，地名，即霸水之西的白鹿原，在當時的長安東南，今西安市的東南部。❾即　假若。❿宮車一日晏駕　婉指帝王的死。晏駕，車子遲遲地不出來。晏，晚。⓫非大王當誰立者　何焯曰：「安之入朝，在建元二年武帝即位之初，雖未有太子，尚春秋鼎盛（年僅十八歲），康強無疾；蚡又外戚，『非王誰立』之語，狂惑所不應有，疑惡蚡者從而加之。」按：此事又見於〈魏其武安侯列傳〉，史公厭惡田蚡，故屢屢說之如此。⓬厚遺　厚贈。遺，給。按：〈魏其武安侯列傳〉亦多次言及此事。⓭陰結賓客　《索隱》引《淮南．要略》云：「安養士數千，高才者八人：蘇非、李尚、左吳、陳由、伍被、毛周、雷被、晉昌，號曰『八公』也。」瀧川曰：「《索隱》引《淮南．要略》，今本無此文。高誘《淮南．敘》云：『安為辨達，善屬文，天下方術之士多往歸焉。於是遂與蘇飛、李尚、左吳、田由、雷被、毛被、伍被、晉昌等八人，及諸儒大山、小山之徒，共講論道德，總統仁義，而著此書。』八人姓名，與《索隱》所引亦有異同。」⓮拊循百姓　李笠曰：「上已云『拊循百姓，流譽天下』，此『拊循百姓』四字疑誤衍。」⓯建元六年　西元前一三五年。⓰彗星見　古人以為彗星出現預示國家將有大的變亂，是兇險的徵兆，故歷史家將其書之於史。見，通「現」。⓱吳軍起時　即前述吳楚七國之亂。⑱竟天　從天空的這頭到那頭。⑲賂遺郡國諸侯游士奇材　意即在普天下的範圍內大肆收買、招攬人才。郡國諸侯，中央直屬的各郡郡守與各封國的諸侯王。⑳為方略者　指研究政治、軍事的人。㉑諂諛王　向淮南王說好聽的話。㉒謀反滋甚　張文虎曰：「『謀反』，疑倒。」㉓女陵　女兒名陵。㉔有口辯　有口才，善說。㉕為中詗長安　住在長安以刺探朝中的動態。中，指朝中；宮中。詗，刺探；偵察。徐孚遠曰：「陵必嫁列侯在長安，故使詗伺。《史》不記其嫁處，缺文也。」㉖約結上左右　收買、拉攏武帝身邊的人。王先謙引周壽昌曰：「〈功臣表〉：安平侯鄂千秋玄孫但，坐與淮南王女陵通，又遺淮南王書，稱『臣盡力』，故棄市；岸頭侯張次公，元狩元年坐與淮南王女陵姦，受財物，免。」㉗元朔二年　「二年」原作「三年」。梁玉繩曰：「『三年』乃『二年』之誤，《漢書》紀、傳皆言元朔二年賜几杖。」今據改。元朔二年，西元前一二七年。㉘賜淮南王几杖　帝王對老臣的一種關照、褒獎。几，坐時可憑以休息。杖，手杖。按：文帝八年（西元前一七二年）時劉安等七、八歲，至元朔二年，劉安年僅五十二、三。㉙不朝　不必進京朝見，以示對長輩的尊敬。㉚王后荼　淮南王的王后，名荼。㉛王皇太后　武帝的生母。㉜修成君　王太后進宮前與其前夫金氏所生之女，武帝的同母異父姐，武帝將其自民間找來後，封之為修成君，事跡詳見〈外戚世家〉。㉝謀為反具　為造反準備各種物資器材。㉞內泄事　從內部走露消息。㉟詐弗愛　假裝不喜歡這個妃子。㊱不同席　即不同牀。㊲詳　通「佯」。假裝。㊳同內　同在一間內室裡。㊴上書謝　上書向王太后表示歉意。㊵歸去之　將其送歸修成君家。按：淮南王太子遷與修成君女離婚事，亦見於〈齊悼惠王世家〉。王先謙曰：「〈高五王傳〉修成君女娥欲嫁齊王，蓋在淮南謝歸後也。」倪思曰：「謀情委曲難知，太史公摹寫得盡。」吳見思曰：「寫家室中瑣事，文雅曲盡。」㊶得愛幸王　受淮南王的寵幸。㊷妄致繫人　詞語不順，意即隨便地拘捕人。致繫，《集解》引徐廣曰：「一作『毆擊』。」作「毆擊」較通暢。㊸元朔五年　西元前一二四年。㊹郎中　淮南王的侍從官員，上屬郎中令。㊺靁被巧　謂靁被精於劍術。㊻一再辭讓二句　靁被一再推辭，不與太子比劍；太子非比不可，比試中靁被乃誤中太子也。㊼欲從軍　想應募當兵。㊽輒詣京師　可以自行到長安報名。詣，到。在元朔（西元前一二八—前一二三年）、元狩（西元前一二二—前一一七年）的十多年間，正是衛青、霍去病大舉北伐匈奴的時候，詳情見〈衛將軍驃騎列傳〉、〈匈奴列傳〉。㊾被即願奮擊匈奴　靁被遂提出願應募從軍。㊿數惡被於王　多次向淮南王說靁被的壞話。(51)使郎中令斥免　讓郎中令罷免了靁被的職務。郎中令，統領帝王的侍從及主管帝王宮廷的門戶等事務。(52)欲以禁後　想通過罷斥靁被以禁止人們隨意離開淮南到長安應募從軍。(53)亡　潛逃。(54)下其事廷尉河南　將靁被的訴狀交由廷尉與河南郡守共同處理。廷尉，九卿之一，國家的最高司法長官。河南，漢郡名，郡治洛陽（今洛陽市之城東北）。(55)河南治　河南郡守著手查辦此案。(56)逮淮

南太子　拘捕劉遷到洛陽聽候審問。這是一種表示客氣、優待的做法。(58)淮南相　此時的淮南相不知是何人，總之為朝廷所派，是站在朝廷立場的。(59)壽春丞　壽春縣的縣丞，縣令的助手。壽春是淮南國的都城，其縣丞乃淮南王自己所任，故而站在淮南王立場。(60)留太子逮不遣　意即聽任太子逗留，不立即逮送洛陽。《集解》引如淳曰：「丞主刑獄囚徒，承順王意，不遣太子應逮書。」(61)劾不敬　彈劾壽春丞對皇帝的意旨不恭敬，因為河南郡守是秉承皇帝之命辦案的。(62)請相　請求淮南相不要舉劾壽春丞。(63)事下廷尉治　將淮南王舉告淮南相的案子交由廷尉審理。(64)蹤跡連王　逐步追查，遂牽連到了淮南王。蹤跡，用如動詞，即追查。(65)候伺漢公卿　打聽文武群臣對此事的看法。候，刺探。公卿，三公九卿。指群臣。(66)即　若。(67)令人　令自己的親信。(68)有非是　有緊急情況。(69)淮南中尉　七國之亂後，諸侯國的中尉也已由朝廷派任，對朝廷負責，是諸侯國裡的最高武官。吳見思曰：「許多事一齊猝發，數行中無不曲盡。勢且猝發矣，忽而潛消；既潛消矣，忽而又起，凡作數番寫，章法結構之妙。」(70)漢中尉宏　漢王朝的中尉，是九卿之一，主管首都的治安。梁玉繩曰：「〈公卿表〉是殷容，則『宏』當作『容』。」(71)即訊驗王　到壽春來對劉安進行盤問、調查。(72)自度無何　自己估計沒有什麼大問題。(73)不發　沒有動手襲殺漢中尉。(74)公卿治者　參與審理淮南案件的公卿們。(75)擁閼　同「壅遏」。壓制；攔阻。(76)廢格明詔　意即對抗皇帝的詔令。廢格，擱置；不執行。《索隱》引崔浩曰：「詔書募擊匈奴，而壅遏應募者，漢律所謂『廢格』。」(77)諸使道從長安來　從長安來的使者。「道」、「從」二字，當削其一。(78)為妄妖言四句　凡是編造謠言，說皇上不可能有兒子，以及朝廷政治局勢不穩的，劉安聽了就高興。(79)即言漢廷治五句　誰要是說朝廷的政治穩定，武帝有了兒子，劉安就生氣，就說這是瞎說，是沒有的事。(80)王日夜與伍被句　按：《漢書》無「伍被」二字，只作「與左吳等」，疑是。下文劉安呼伍被為「將軍」，被尚反對，可以證明。《漢書．伍被傳》曰：「伍被，楚人也，或言其先伍子胥後也。被以材能稱，為淮南中郎。是時淮南王好術學，折節下士，招致英俊以百數，被為冠首。」案，觀覽；巡視。輿地圖，即今所謂地圖。〈三王世家〉《索隱》曰：「天地有覆載之德，故謂天為『蓋』，謂地為『輿』。」故地圖亦稱「輿圖」、「輿地圖」。(81)兵所從入　軍隊可以攻入關中、攻入長安的突破口。(82)上無太子　張大可說：「元朔元年，武帝衛皇后已生太子劉據，劉安謀反在元朔五年之後，而云『上無太子』，其事可疑。」(83)必徵膠東王　指召膠東王入朝繼任為帝。當時的膠東王為劉寄，景帝子。事跡見〈五宗世家〉。膠東國的國都即墨，在今山東平度東南。(84)不即常山王　否則就是常山王。當時的常山王是劉舜，景帝子。事跡見〈五宗世家〉。常山國的國都元氏，在今河北元氏西北。劉寄、劉舜都是武帝母王太后的妹妹王兒姁所生，與武帝的關係最近，故劉安做如此分析。(85)吾高祖孫二句　王先謙曰：「『行仁義』上無須加『親』字。此『親』字當在『高祖孫』上，後人傳寫誤倒耳。上文『王親高皇帝孫，行仁義』是其證。」(86)萬世之後　婉指武帝死。(87)豎子　指一切可能乘亂為帝的諸侯王。他們都比劉安的輩分低，而且劉安也看不起他們。古代稱年輕的奴僕曰「豎子」，也單稱「豎」。(88)東宮　《集解》引如淳曰：「王時所居也。」(89)將軍上　猶言「將軍請過來」。(90)悵然　不高興的樣子。(91)亡國之語　王先謙引周壽昌曰：「漢制，諸侯王國止有中尉掌武職，無將軍。將軍，天子之官也。淮南王僭呼伍被，故被以『亡國』為言。」按：周說大約是景帝平定七國之亂後的新規定，前七國之亂時，梁國尚有將軍多人，梁王且能賜李廣以將軍印。(92)子胥諫吳王　伍子胥諫吳王夫差，勸其不要醉心於北伐齊國，應警惕心腹之患的越王句踐，事見〈伍子胥列傳〉、〈吳太伯世家〉。(93)麋鹿游姑蘇之臺　此語甚形象，然《左傳》《國語》〈吳太伯世家〉〈越王句踐世家〉〈伍子胥列傳〉皆不見，與之較近者為《左傳》之「二十年之後，吳其為沼乎」。姑蘇（今蘇州市）是吳王夫差的國都，姑蘇臺舊址在今蘇州靈岩山上。(94)繫伍被父母　實乃「繫伍被與其父母」，《史記》中常有類似句法，如〈魏其武安侯列傳〉「蚡弟田勝，皆以太后弟」云云，實乃「蚡與其弟田勝，皆以太后弟」云云也。(95)直　只；只不過。(96)畫　謀劃；出主意。(97)聰者　耳朵好的人。(98)聽於無聲　在其未發出聲響以前就已經預料到了。(99)明者　眼睛好的人。(100)見於未形　在事物沒有出現以前就預見到了。(101)文王一動　指起兵滅商。實際上起兵滅商的乃是周武王，而不是周文王。但周武王伐紂，是載著周文王的木主，所以說周文王也行。(102)列為三代　被後人推崇為美好的「三代」之一。三代，指夏、商、周三朝，實際又是指夏、商、周三朝的開國之君。(103)因天心　順著上天的心意。(104)海內不期而隨　據說武王的伐紂大軍東進至盟津（今河南孟津東北）時，「不期而會者八百諸侯」。(105)千歲之可見者　這是一千年前的歷史經驗。按：武王伐紂在西元前一〇四六年，下距元朔五年為九百一十多年。(106)百年之秦二句　百年之前的秦朝滅亡，與幾十年前吳、楚七國失敗的歷史教訓。按：實際說來，秦朝的滅亡距伍被說話時只有八十多年。凌稚隆曰：「『百年之秦』、『近世之吳、楚』作兩柱，下分段照應。」(107)子胥之誅　伍子胥因堅決反對吳王夫差放鬆越王句踐，而用兵於北方，被吳王夫差所殺。(108)毋為吳王之聽　不要像吳王那樣聽不進忠言。(109)術士　王先謙曰：「有道術之士，謂儒生也。」按：此處所謂「殺術士」，乃指「坑儒」。然據〈秦始皇本紀〉所寫，被坑者多是方術之士。而且秦朝時的所謂「儒」，也與後世之專指孔孟之徒者有異。(110)負海之粟　東部沿海地區生產的糧食。(111)西河　指今寧夏一帶由南向北流的那段黃河，是秦朝的西部前線。按：主父偃〈諫伐匈奴〉有所謂「又使天下飛芻輓粟，起於黃、腄、琅邪負海之郡，轉輸北河」，與此處意思相同。(112)不足於糟糠　指挨餓。(113)不足於蓋形　指沒衣服穿。(114)蒙恬　秦始皇時代的名將，其伐匈奴、築長城事，詳見〈蒙恬列傳〉。(115)僵尸　猶言伏屍。(116)流血頃畝　語略生澀。頃畝，這裡指大片土地。百畝曰頃。《漢書・伍被傳》作「流血千里」。(117)徐福　齊人，也寫作「徐市」，讀音相同，以長生不死之術騙人的方士。徐福為始皇求仙事，見〈秦始皇本紀〉、〈封禪書〉。[118]從臣讓我跟著。[119]蓬萊山　方士們編造的海中仙山名，大約從「海市蜃樓」的現象發展而來。[120]芝成宮闕　由靈芝長成的城牆與宮闕。成，應作「城」。[121]何資以獻　帶什麼東西來獻給你。資，此處通「齎」。攜帶。秦漢時代「資」字常通「齎」，見李斯〈諫逐客書〉與鼂錯〈論貴粟疏〉。[122]令名男子　詞語生澀，岡白駒曰：「良家男子也。」依此說，「令名」即「好名聲」。[123]若與；及。[124]振女　童女。郭嵩燾曰：「振，謂精血初行時也。」即開始來月經，已經可以受孕的少女。[125]百工　各種工匠、手藝人。《漢書》改此作「多賫珍寶、童男女三千人、五種百工而行」。[126]振男女　《集解》引〈西京賦〉薛綜注：「振子，童男女。」[127]資　奉。[128]五穀種種　《漢書》作「五種」，與「百工」相對成文。師古曰：「五穀之種也。」[129]止王不來住在那裡稱王，不再回來。馬非百《秦集史》曰：「徐福東渡日本事，雖不免有輾轉抄襲，傳聞失實之處，而否定徐福之有力反證，則至今尚未之見。抑徐福之入海，其意初不在求仙，而實利用始皇求仙之私心，而藉其力以自殖民於海外。觀其首則請振男女三千人及五穀種種百工而行，次則請善射者攜連弩與俱，人口、糧食、武器及一切生產之所資，無不具備，其得平原廣澤而止王不來，豈非預定之計劃邪？可不謂之豪傑與！」按：今山東人亦尊崇徐福，在成山角塑秦始皇像，遂塑李斯、徐福於始皇之左右，抬舉之高，古今少有。[130]尉佗　原姓趙，因曾任南海尉，人遂稱其為「尉佗」，後乘秦亂，自立為南越王，事見〈南越列傳〉。[131]五嶺　即大庾嶺、騎田嶺、萌渚嶺、越城嶺、都龐嶺，統稱南嶺。[132]百越　嶺南地區的少數民族種類繁多，故統稱之為「百越」。秦始皇平定百越，設立郡縣的統帥不知是誰，趙佗頂多是一個從行者。這裡以之為首領，取其意可也。[133]秦皇帝可其萬五千人　按：〈秦始皇本紀〉與〈南越列傳〉無上述諸事，且尉佗開始只任龍川令；至陳涉等起事後，始繼任囂為南海尉；至楚漢戰爭期間，始稱南越王。王先謙曰：「辯士之言，難可徵實也。」[134]時可矣　意即可以發動起義了。[135]聖人當起東南間　按：此處令劉邦稱陳涉為「聖人」，實屬少有，可與〈太史公自序〉所謂「桀、紂失其道而湯、武作，周失其道而《春秋》作。秦失其政，而陳涉發迹」者相提並論。然劉邦之語固是後人編造，與史公之自謂者不同。[136]陳勝吳廣發矣　事在秦二世元年（西元前二〇九年）七月。[137]高皇始於豐沛　事在秦二世元年九月。沛，秦縣名，即今江蘇沛縣。豐，當時為沛縣裡的一個鄉邑名，劉邦建國後乃升之為縣，即今江蘇豐縣。沛縣豐邑是劉邦的故鄉。[138]蹈瑕候間　即應機而動。瑕、間，都指縫隙、機遇。[139]行陳　同「行陣」，也稱「行伍」。即普通士兵。[140]三王　指夏禹、商湯、周文王周武王。[141]吳王　即吳、楚七國之亂的頭子吳王劉濞，劉邦之姪，高祖十二年（西元前一九五年）被立為吳王，國都廣陵（今江蘇揚州）。因與景帝有殺子之仇，又遭削地，故於景帝三年（西元前一五四年）串連其他六國同時造反。[142]為劉氏祭酒　意謂劉濞在劉氏皇族活著的人裡邊，輩分最高，年齡最大，並非真為祭酒官。祭酒，如淳曰：「祭祠時，唯尊長者以酒沃酹。」[143]復不朝　特別允許劉濞可以不進京朝拜皇帝。復，免除。〈吳王濞列傳〉有文帝「賜吳王几杖，老，不朝」。[144]王四郡之眾　〈吳王濞列傳〉作「王三郡五十三城」。梁玉繩曰：「實東陽、鄣、吳、會稽四郡。〈高紀〉〈濞傳〉言『三郡』者，以吳包會稽也。」[145]內鑄消銅以為錢　詞語生澀，陳仁錫曰：「『消』，當作『鄣』，謂鄣郡之銅也。」[146]江陵　漢縣名，縣治即今湖北江陵西北之紀南城，今屬荊州市。[147]中國　中原地區。[148]兩　通「輛」。[149]竇氏　指景帝母竇太后的兄弟子姪，如竇長君、竇廣國、竇嬰等，是皇帝最近的親戚。[150]不與　不在其賄賂之內。李笠曰：「魏其之寃，史公目擊，故尤耿耿不忘，既於本傳寓微言，更於各處互見，蓋其性情流露，不能自禁，所以恆令人唏噓不置也。」[151]破於大梁　此「大梁」指當時的梁國都城睢陽（今河南商丘南），而非通常所稱的今河南開封。據〈吳王濞列傳〉，吳軍攻下梁國的棘壁後，遂包圍梁都睢陽，梁孝王誓死抵抗，使吳軍消耗甚大，故曰「破」。[152]敗於狐父　即下邑之戰。當吳楚軍攻梁都睢陽時，周亞夫軍先堅壁於昌邑（今山東金鄉西北）。後移軍南下，破吳楚軍於下邑（今安徽碭山東），即伍被之所謂「敗於狐父」也。狐父，古邑名，在今安徽碭山。[153]丹徒　縣名，在今江蘇鎮江東南。[154]越人禽之　據〈東越列傳〉，吳王造反時，東甌人曾率兵從之。「及吳破，東甌受漢購，殺吳王丹徒。」[155]絕祀　猶言斷了香火。[156]吳越之眾　張文虎曰：「『越』，疑『楚』之訛，上下文並作『吳、楚』。」[157]微子　殷紂王的庶兄。紂王無道，微子屢諫不聽，遂離紂而去，後來歸順了周武王。成王時，紂子武庚作亂，被周公削平，遂封微子於宋，以管理殷朝遺民。事見〈宋微子世家〉。[158]作麥秀之歌　據〈宋微子世家〉，作〈麥秀之歌〉的不是微子，而是箕子。箕子是殷紂王的親戚，屢諫紂王不聽，遂披髮佯狂。周朝建國後，封箕子於朝鮮。箕子朝周，路經殷國故都（今河南淇縣），感宮室毀壞，叢生禾黍，遂作〈麥秀之歌〉，其詞曰：「麥秀漸漸兮，禾黍油油。彼狡童兮，不與我好兮。」[159]不用王子比干　據〈宋微子世家〉，王子比干是紂王的親戚，以屢諫紂王，被紂王剖心而死。[160]紂貴為天子二句　按：今本《孟子》中無此二句。瀧川曰：「《孟子・梁惠王》篇：『聞誅一夫紂矣，未聞弒君也。』伍被約言之。」可供參考。[161]千乘之君　指大國諸侯。千乘，千輛兵車。古稱一車四馬曰「乘」。[162]賜絕命之書　指被勒令自殺。[163]於是王氣怨結而不揚四句　王念孫曰：「『氣怨結』二句指伍被而言，『王』字衍文。」瀧川曰：「二句屬王。『即起，歷階而去』屬被。」按：四句皆寫淮南王聽伍被言罷之表情，故「王」字絕對不能削。匡，通「眶」。歷階，指快步入後宮而去。歷，一步一磴。「歷階」又見於〈孔子世家〉、〈平原君虞卿列傳〉等篇。以上伍被與淮南王對語，乃辭賦體，疑為淮南諸客之所造作，未必即兩人對話之實際。其結尾尤為多數辭賦體文章所共用，如《莊子・盜跖》、司馬相如〈難蜀父老〉、東方朔〈答客難〉，以及後人補入《史記》之〈日者列傳〉

皆是也。[164]孽子不害　王之庶子，名不害。孽子，庶子；非正妻所生的兒子。[165]不以為子兄數　謂王、王后不視之為子，太子不視之為兄也。數，論。[166]材高有氣　資質好，有血性。[167]不省其父　眼裡沒有劉建的父親。省，視；理睬。[168]諸侯皆得分子弟為侯　武帝用主父偃建議下「推恩令」，令諸王分封所有兒子為侯，以將諸國化整為零，事在元朔二年，見〈平津侯主父列傳〉。[169]建陰結交　句子欠完整，意即劉建暗中結交不逞之徒。[170]告敗　告倒。蓋欲向朝廷提出控告也。[171]榜笞　用皮鞭、棍子打。[172]壽春莊芷　壽春人姓莊名芷。[173]元朔六年　西元前一二三年。[174]毒藥苦於口利於病二句　《孔子家語・六本》：「良藥苦於口而利於病，忠言逆於耳而利於行。」〈留侯世家〉：「忠言逆耳利於行，毒藥苦口利於病。」蓋古人俗語。毒藥，烈性的藥物。[175]材能高　資質好，能力強。[176]疾害　嫉妒痛恨。[177]徵問　召至京城詢問。[178]具知淮南陰事　通過他可以了解淮南國的陰謀勾當。[179]故辟陽侯孫審卿　被老淮南王劉長所殺的辟陽侯審食其的孫子審卿。[180]公孫弘　以讀《公羊春秋》、善諂媚而從元朔三年任御史大夫；又自元朔五年至元狩二年（西元前一二一年）任丞相，是司馬遷最討厭的人物之一，事見〈平津侯主父列傳〉。[181]大父　祖父。[182]深購　極力構成其罪。購，通「構」。羅織罪名。[183]欲發　欲發兵造反。[184]漢廷治亂　朝廷的政局是穩定呢？還是不穩定呢。[185]不說　不高興。說，通「悅」。[186]君臣之義四句　四項為古所謂「五倫」中的四條。《孟子・滕文公》云：「父子有親，君臣有義，夫婦有別，長幼有序，朋友有信。」[187]皆得其理　都有條不紊。[188]舉錯　同「舉措」。舉動安排。[189]重裝富賈　滿載貨物的大商人。[190]交易　貿易。[191]南越賓服　南越王趙佗，自文帝時歸附漢朝；武帝時的南越王先是趙佗之孫趙胡（據廣州象岡山南越王墓出土之金印，此人叫「趙眛」），後是趙胡之子趙嬰齊，對漢朝更為馴順。見〈南越列傳〉。[192]羌僰入獻　羌人僰人入朝進貢。當時的羌人住在今川、陝、甘交界地帶，僰人住在今四川宜賓西南，漢王朝於建元六年在宜賓設立了犍為郡，宜賓在當時稱作僰道，見〈西南夷列傳〉。而川、陝、甘交界的武都郡，則為元鼎六年（西元前一一一年）設，在此之後。[193]東甌入降　東甌是東越的一支，原來住在今浙江溫州一帶，後來與住在今福州一帶的閩越互相攻擊，建元三年（西元前一三八年），內遷到了江淮之間。見〈東越列傳〉。[194]廣長榆二句　事在元朔二年。廣長榆，將北部邊界擴展到了長榆。《正義佚文》曰：「長榆，今榆木塞也，在勝州北。」勝州，即今內蒙之東勝。開朔方，開拓今內蒙河套一帶，並在那裡設立朔方郡（郡治在今烏拉特前旗東南），以上二事見〈匈奴列傳〉。[195]猶為治也　仍可稱為政局穩定。[196]山東　崤山以東。戰國與秦漢時期常用以指今之陝西以外的東方整個地區。[197]即有兵　假如出現動亂。[198]大將軍　指衛青，以伐匈奴功封長平侯，官為大將軍，見〈衛將軍驃騎列傳〉。大將軍到武帝時已成為固定官名，是國家最高的軍事長官，其次是驃騎將軍。[199]蜚　通「飛」。[200]材幹　同「材能」。即今之所謂「才幹」。[201]數將　多次統領軍隊。[202]未易當　不好對付。

當，敵。[203]謁者　此指淮南國的謁者。謁者是帝王的侍從官員，主管收發、傳達、贊禮等。[204]使長安來　出使長安回來。[205]休舍　紮營住宿。[206]須士卒盡得水二句　須，待；等候。按：史公在〈李將軍列傳〉中說李廣「廣之將兵，乏絕之處，見水，士卒不盡飲，廣不近水；士卒不盡食，廣不嘗食」，今又用類似的話說衛青。[207]軍罷　軍隊從前方撤回。[208]度　通「渡」。[209]皇太后所賜金帛二句　〈廉頗藺相如列傳〉說趙奢「大王及宗室所賞賜者盡以予軍吏士大夫」；〈魏其武安侯列傳〉說竇嬰「所賜金，陳之廊廡下，軍吏過，輒令財取為用，金無入家者」，蓋名將類多如此。[210]雖古名將弗過也　按：司馬遷寫〈衛將軍驃騎列傳〉、〈李將軍列傳〉，對衛青頗有貶詞，唯此處則藉伍被對之讚不絕口，其用詞又頗與讚美李廣者同，極可令人注意。[211]已徵治　已被召至京城審問。[212]吳興兵　吳王劉濞的興兵叛亂。[213]無遺類　意即「絕種」。斷了後代。[214]孰　通「熟」。[215]男子之所死者二句　蓋猶江湖之所謂「人活一口氣」、「大丈夫說到做到」云云。《正義佚文》曰：「言男子出一言，至死不改，言反也。」[216]吳何知反　吳王哪裡懂得造反。按：吳王的確不懂戰略戰術，其部下田祿伯、桓將軍、周丘等都給他提過許多好的建議，劉濞不聽，結果很快失敗。詳見〈吳王濞列傳〉。[217]漢將一日過成皋者四十餘人　成皋，控制東西方往來的軍事要地，在今河南滎陽東北，當年劉邦與項羽長期相持於此。《集解》曰：「言吳不塞成皋口，令漢將得出之。」按：桓將軍就曾勸吳王火速西進，以占領敖倉（離成皋不遠）、洛陽一帶；漢軍統帥周亞夫東出時，也深怕吳人在這一帶的路上設伏。又曰：「吾據滎陽，以東無足憂者！」而吳王偏不重視，任漢將自由通行，此其失敗的重要原因之一。[218]樓緩　劉安的部將。《集解》曰：「《漢書》直云『緩』，無『樓』字。樓緩乃六國時人，疑此後人所益也。」徐孚遠曰：「周被、陳定，皆著姓名，緩不得獨去姓，樓緩當是與古人姓名同也。」[219]要　攔截。[220]周被　劉安的部將。[221]下潁川兵　意即率兵經潁川西下。潁川，漢郡名，郡治即今河南禹縣。[222]轘轅　關隘名，在今河南登封西北，偃師東南。[223]伊闕　關隘名，在今洛陽市南伊闕山上。[224]陳定　劉安的部將。[225]南陽　漢郡名，郡治宛縣（即今河南南陽）。[226]武關　在今陝西丹鳳東南，河南南陽之西，是河南南部進入陝西的交通要道。[227]河南太守獨有雒陽耳　意謂經過上述一番運作，那朝廷的河南太守所能管轄的也就只剩下雒陽一座孤城了。雒陽，也寫作「洛陽」，在今洛陽市東北部，是當時河南郡的郡治。[228]臨晉關　在今陝西大荔東，靠近黃河，是陝西通往山西的重要渡口。[229]河東　郡名，郡治安邑（今山西夏縣西北）。[230]上黨　漢郡名，郡治長子（今山西長子西南）。[231]河內　漢郡名，郡治懷縣（今河南武陟西南）。[232]趙國　當時為景帝子，武帝異母弟劉彭祖的封國，國都即今河北邯鄲。[233]三川之險　三川郡的險要之處。《正義》曰：「即成皋關也。」漢時的河南郡，在秦時稱為「三川郡」，以其地有黃河、伊水、洛水三水而言。[234]招山東之兵　號召東方地區各郡、各諸侯國的軍隊。山東，崤山以東。泛稱今河南、河北南部、安徽北部、山東西部一帶的廣大地區。《漢書》於此作「天下」，意思相同。[235]前繫詔獄　上次已被朝廷逮捕下獄。胡三省曰：「漢時，左右都司空、上林中都官，皆有詔獄。蓋奉詔而鞫囚，因以為名。」按：上文未交代淮南何人被繫詔獄，讀史者多以伍被的這一整段言辭不足信。[236]千人之聚　當時陳涉等被謫戍漁陽者共九百人。[237]大澤　指大澤鄉，在今安徽宿縣境內。〈陳涉世家〉曰：「發閭左適戍漁陽，九百人屯大澤鄉。」[238]奮臂大呼　即「亡亦死，舉大計亦死，等死，死國可乎」云云。[239]戲　戲亭，在今陝西臨潼城東，當時咸陽城之東南，因有戲水流其下，故名。據〈陳涉世家〉，率起義軍攻秦至戲下者為陳涉的部將周文。[240]勝兵　可以拿起武器從軍。[241]適戍　指陳涉等被發配戍守邊城的人。適，通「謫」。[242]鑯鑿棘矜　指陳勝等初起時使用的武器。《集解》《索隱》皆以鑯為大鎌，則鑿應即錘斧之類。棘矜，王念孫曰：「伐棘以為杖。」賈誼〈過秦論〉稱此作「鉏耰棘矜」，即鋤柄荊棍。[243]殘賊　殘害。賊，害。[244]興萬乘之駕　極言調動車輛之多。指伐匈奴而言。[245]阿房之宮　舊址在今西安市西郊七公里多的阿房村一帶，當時的咸陽城西南，其規模排場見〈秦始皇本紀〉。[246]收太半之賦　指將人民收入的絕大部分都作為賦稅收走。太半，〈項羽本紀〉注引韋昭曰：「三分有二為太半。」[247]發閭左之戍　調發大量的役夫去防守邊關。發閭左，師古曰：「居里門之左者，一切發之。」參見〈陳涉世家〉。[248]不寧子　不能使兒子得到安寧。[249]不便弟　不能給弟弟提供方便。[250]熬然若焦　被煎熬得像是要糊了。也有說熬同「嗷」，嚎叫的聲音。[251]引領　伸長脖子。盼望有人前來救助的樣子。[252]傾耳而聽　希望能聽到風吹草動的消息。[253]臨制　君臨統治。[254]一齊　統一。[255]汎愛蒸庶　普遍的愛護黎民百姓。蒸，眾。[256]聲疾雷霆　聲音比雷霆傳得還要快、還要響。[257]化馳如神　極言百姓們受感化，改心向善的速度之快。馳，此處用作「快」的意思。[258]心有所懷　主語是皇帝。[259]猶影響也　猶影之隨形、回響之應聲。極言其效果之馬上可見。[260]大將軍　指衛青，當時國家的最高軍事長官。[261]不特　不止。意即還要更強得多。[262]章邯楊熊　都是秦朝的將軍。陳涉、項梁等就都是死在章邯手下，事見〈陳涉世家〉、〈項羽本紀〉。[263]諭之　比喻自己。[264]徼幸　同「僥倖」。求取意外的幸運。徼，求取。[265]民徙者　指國家向朔方地區發動的移民。據《漢書・武帝紀》，元朔二年武帝曾下令向朔方移民十萬口。[266]不足以實其地　意即還遠遠沒有填滿那個地區。[267]偽為丞相御史請書　王先謙曰：「請，奏請也。詐為丞相、御史奏請徙人之書。」[268]郡國　中央直轄各郡與各諸侯王國。[269]耐　比「髡」輕一等的刑罰，即剃其鬢鬚。《集解》引應劭曰：「輕罪不至于髡，完（剃）其耐鬢，故曰『耐』。」[270]赦令除其罪　意即凡耐刑以上之人而遷往朔方者即除其罪。[271]產五十萬以上　家產值五十萬錢以上的富人。按：伍被等造言所強制搬往朔方的共三種人，即「豪桀任俠」、「耐罪以上」，與「產五十萬以上」者。[272]益發甲卒　增派兵丁以督促、押解。[273]急其會日　將搬遷的期限規定得很急。會日，期限。[274]左右都司空　王先謙曰：「左右司空、都司空也。」左右司空屬少府，都司空屬宗正，都是查辦犯罪與管理犯人的官員。而宗正更是專門管理劉氏皇族事務的長官。(275)上林中都官 設在上林苑裡的主管查辦犯罪與管理犯人的官府。(276)詔獄書 皇帝下令查辦的重大案件的文書。(277)辯武 《集解》以為是淮南之辯者名「武」；《正義佚文》以為是「辯口而武，所說必行」者。按：疑後說近之，不當指某一人，《漢書》作「辯士」。(278)儻可徼幸什得一乎 或者也許能有十分之一獲勝的可能。儻，通「倘」。或許。按：伍被前皆堅決反對劉安謀反，此次則主動為其籌謀劃策，前後判若兩人，此令人生疑處。凌稚隆引王維楨曰：「前多美詞，末乃為畫逆計，何其智愚相背哉？」(279)不至若此 沒有像你所說的那麼艱難。(280)令官奴入宮 令淮南國的官奴入淮南王宮。(281)中二千石 官階名，即實足的二千石，指九卿一級，其下是「二千石」、「比二千石」。(282)都官令丞 首都長安各官府的正副長官。都官，即中都官，師古曰：「京師諸官府。」令是諸官府的首長，丞是諸官府長官的助手。(283)旁近郡 淮南國周圍的諸郡。(284)漢使節法冠 漢朝使者所持之節，與漢御史所戴之冠。師古曰：「法冠，御史冠也，本楚王冠，秦滅楚，以其君冠賜御史。」(285)偽得罪而西 假裝得罪了淮南王，而西逃長安。(286)事大將軍丞相 意即混到大將軍、丞相的身邊潛伏待命。此時的丞相仍為公孫弘。(287)一日 猶言「一旦」。連下句意謂淮南王一旦發兵造反，派進長安的人則立刻暗殺衛青。(288)說丞相下之 勸說公孫弘投降淮南王。(289)如發蒙耳 發蒙，揭去物上所蒙之布。喻不用費力。或曰，蒙，通「萌」。發萌是以種子萌芽的突然張開，以喻事物發展之自然。按：「如發蒙耳」是說話的口氣，不宜雜入敘述語中。瀧川曰：「『使人』以下是淮南意中事，『使人』上宜加『王以為』字。」大意調公孫弘可通過威脅、利誘，輕而易舉的使其為我所用，不必刺殺。(290)恐其相二千石不聽 王鳴盛曰：「諸侯王國中兵權，相與內史、中尉兼掌之，互相牽制，三者有一不肯，即不能發兵。」二千石，諸侯國的中尉、內史、郎中令等都屬這一級。(291)求盜 亭長手下的小吏名，主緝捕盜賊。此職又見於〈高祖本紀〉。(292)羽檄 師古曰：「徵兵之書也。」插羽毛以示事態緊急。(293)因以發兵 以此作為調兵的藉口。(294)廬江 前廬江國此時已成為朝廷的郡。(295)會稽 漢郡名，郡治即今蘇州市。(296)為求盜 假裝為「求盜」小吏，到會稽郡、廬江郡去驚擾當地官民。(297)收衡山 與其弟衡山王劉賜的兵力相合。收，收合；吞併。(298)尋陽 漢縣名，縣治在今湖北黃梅西南。(299)下雉 漢縣名，縣治在今湖北陽新東。(300)結九江之浦 集結兵力於九江一帶的江邊。九江，即指上面所說的尋陽一帶。(301)絕 掐斷。(302)豫章之口 由豫章（郡治即今南昌市）北入長江的口岸，即今九江市的湖口。(303)南郡 漢郡名，郡治即今湖北江陵城西北之紀南城。(304)江都 諸侯國名，現任的江都王為武帝之姪劉建，國都廣陵（今江蘇揚州西北）。(305)勁越 強大的南越，當時的南越王為文王趙昧。(306)屈彊 同「倔強」。(307)猶可得延歲月之壽 意調即使在西北戰場被朝廷打敗，仍可以在江淮之間堅守一陣子。(308)於是 此時。(309)廷尉以王孫建辭連淮南王太子遷聞 廷尉將王孫建交代出淮南王太子遷的事情報告給皇帝。[310]廷尉監　廷尉的屬官，秩千石。[311]因拜　此二字略生，意即「會同」。《漢書》改「因拜」為「與」，意思醒豁。[312]以出為解　令人代說「不在家」，以推託不來。師古曰：「不應召，而云『已出』也。解者，解說也。」[313]受詔使　接受了皇帝的使命。[314]罷相　自己罷手，放淮南相走了。[315]所坐者謀刺漢中尉　所坐，真正的罪名。郭嵩燾曰：「當時『謀反』實據，只此一事，餘皆無左證。其與伍被謀者，由伍被自詣吏言之；其偽做皇帝璽及丞相以下印、使節法冠，由傅會證成其獄，並無證驗也。」[316]以非時發　在不合宜的時機發動叛亂。[317]會逮　接受逮捕。師古曰：「會，應逮書而往也。」[318]偷欲休　欲草草地結束此事。偷，苟；能罷就罷。凌稚隆引鄧以瓚曰：「初『未定』，兩『不發』，三『欲發』，兩『未決』，一『未發』，終之『欲休』，敘述有次第，可玩，精神備，耳目具。」[319]不殊　師古曰：「殊，絕也。雖自刑殺，而身首不絕。」按：實際的意思是指傷勢甚重，而尚未及死。此語又見〈蘇秦列傳〉。[320]自詣吏　即今所謂「自首」。詣，到。[321]反蹤跡具如此　其謀反的詳細情形即如前文所敘。[322]圍王宮　只圍而未捕，還給劉安本人留著餘地。[323]索得　搜查到。[324]反具　準備造反的物資器材。[325]上下公卿治　皇上將此案交給公卿們討論裁決。[326]皆以罪輕重受誅　都按著罪行大小受到了懲處。誅，討；懲治。未必都是殺死。[327]當坐收　受牽連應該逮捕。按：劉賜是劉安之弟，據當時苛法，應該株連從坐。[328]不當相坐　當時武帝尚不知劉賜也正準備造反，他是不想僅因為親緣關係將其「株連」進來。王先謙曰：「衡山反謀發覺稍後，故上特原之。」[329]與諸侯王列侯會肄丞相諸侯議　按：句子繁複不順，《漢書》將其簡化作「與諸侯王列侯議」，主語是「有司」。據此，若將句首「與」字讀為「令」，刪去「丞相」下之「諸侯」二字，其意思即大致可通。會肄，這裡猶言「會同」。肄，習。[330]趙王彭祖　劉彭祖，景帝之子，武帝的異母兄弟，景帝五年（西元前一五二年），由廣川王移封為趙王，至今已在位三十多年。事跡見〈五宗世家〉。[331]列侯臣讓　王先慎曰：「按〈功臣〉、〈恩澤侯表〉，元朔間列侯無以「讓」名者，「讓」疑當作「襄」。襄，平陽侯曹參玄孫，元光五年嗣，十六年薨，元朔六年正當嗣侯時。故此時列侯與議，襄宜居首也。」[332]膠西王臣端　劉端，景帝子，武帝之異母兄，於景帝三年（西元前一五四年）被封為膠西王，現已在位三十三年。事跡見〈五宗世家〉。膠西國的國都高密，在今山東高密西南。[333]熒惑　迷惑。[334]倍畔　通「背叛」。[335]臣無將二句　二語見《春秋公羊傳》莊公三十二年與昭公元年。原文作「君親無將，將而誅焉」。〈劉敬叔孫通列傳〉也有「人臣無將，將即反，罪死無赦」之語。將，《正義佚文》曰：「將帶群眾也。」即指私自聚眾、統兵。[336]罪重於將　其罪更不止「聚眾」、「統兵」而已。[337]甚大逆無道　李笠曰：「五字復出，而又無當，疑誤衍。《漢書》亦無。」[338]論國吏二百石以上及比者　意謂凡淮南國秩比二百石以上的各級官吏均應給予各種不同程度的懲罰。二百石以上及比，師古曰：「謂真二百石及秩比二百石以上。」[339]宗室近幸臣不在法中者　與劉安有關係的「宗室近幸」，但沒有捲入這次謀反的人。[340]不能相教　由於平時不能對劉安盡規勸教導之責。[341]削爵為士伍　削去爵祿，貶為平民。士伍，義同「卒伍」，士兵編制的最基層是五人為一「伍」。這裡即指普通士兵、普通百姓。[342]其非吏他　《集解》引蘇林曰：「非吏，故曰『他』。」師古曰：「為近幸之人，非吏人者。」按：即今所謂「其他非吏」者，因其無爵祿可削，故而罰款。[343]贖死　指交錢贖其平時「不能相教」之罪。[344]章　明；曝光。[345]廷尉湯　張湯，當時有名的酷吏，自元朔三年為廷尉，至此已在職五年。事跡見〈酷吏列傳〉。廷尉，九卿之一，國家的最高司法官。[346]以聞　郭嵩燾曰：「諸侯王各以意議淮南王罪，而丞相、廷尉會集其語上之。」[347]宗正　九卿之一，主管皇族事務。據《漢書・百官表》，這時任宗正的是劉棄，也作「劉棄疾」，其人與汲黯友善，又見於〈汲鄭列傳〉。[348]以符節治王　手執符節，即奉皇帝的欽命到淮南訊問劉安。[349]雅辭　口供的文辭華美。[350]被首為王畫反謀　據史公本文，首欲謀反者乃劉安，伍被開始一再反對，最後才一反常態；而讀史者則多以為罪魁禍首乃在伍被。中井曰：「天子受被之欺，太史公亦受被之欺，唯張湯不受焉，酷吏亦有識哉！」[351]國除為九江郡　淮南國的建制撤銷，在其地設立九江郡，郡治仍為壽春。按：事在武帝元狩元年（西元前一二二年）十一月。

【語　譯】淮南王劉安，他喜歡讀書、彈琴，不喜歡養狗射獵騎馬，同時也想在底下做些好事以討好百姓，給自己造點名聲。他對父親劉長被朝廷所害耿耿於懷，總是想著造反，只是沒有找到機會。武帝建元二年，劉安進京朝見。劉安一向與武安侯田蚡交好，田蚡當時正做太尉，他到霸上迎接劉安的時候，對劉安說：「現在皇上還沒有太子，您是高祖皇帝的親孫子，又能施行仁義，天下的人沒有不知道的。如果有朝一日當今的皇上駕崩，那時除了立您還能立誰呢？」劉安聽了很高興，送給了田蚡很多金錢和財物。自己回去後也暗中結交賓客，並進一步地收買拉攏人心，為陰謀叛亂作準備。武帝建元六年，天上出現了彗星，劉安心裡感到奇怪。這時有人對劉安說：「當年吳、楚起兵時，天空出現彗星，才不過幾尺長，結果就發生了戰爭，以致流血尚且千里。今天的彗星橫過整個天空，只怕整個天下都要發生戰亂了。」劉安心想皇上現在還沒有太子，一旦天下出現了變亂，各國諸侯都會出來爭奪天下的，於是就更加積極地準備兵甲器械等進攻作戰的物資，並積蓄錢財廣為招納收買各郡國的遊說之士和奇特人才。而那些有智略有口才的人們也就趁著機會，編造妖言，向他討好。而劉安聽著高興，就多賞賜他們金錢，從而謀反的心思也就越來越厲害了。

2 劉安有個女兒叫劉陵，天資聰明，口才又好。劉安很喜愛她，經常給她許多錢，派她到長安去偵探情況，收買了一些武帝身邊的人。武帝元朔三年，武帝賜給劉安一個小几、一根手杖，以表示對這位長輩的尊敬，允許他可以不必進京朝見皇上。劉安的王后叫做荼，劉安很喜歡她。這位王后生了一個太子叫劉遷，劉遷娶王太后的外孫修成君的女兒為妃。劉安害怕自己策劃謀反的事情被他兒子的這個妃子知道洩露出去，於是就和劉遷商量，讓劉遷假裝不喜愛他的妃子，三個月都不與她同房。而劉安又假裝對劉遷的這種做法很生氣，把劉遷和他的妃子推到一間屋子裡關了三個月，而劉遷始終還是不靠近她。妃子無法只好自己請求回娘家了，這時劉安也假惺惺地上書向王太后和修成君表示歉意，把這個妃子送了回去。劉安的王后荼、以及劉安的兒子劉遷和女兒劉陵由於都受到劉安的特別寵愛，所以他們就在淮南專權跋扈，隨意霸占老百姓的房屋，隨便抓人。

3 武帝元朔五年，太子劉遷學習劍術，自以為沒人比得了，他聽說郎中靁被劍法高明，就召來與他比試。靁被一再推辭，太子不答應，最後在比試時靁被誤傷了太子。太子大為惱怒，靁被也恐懼萬分。當時國家有種規定，凡是願意當兵的就可以自行到長安去。靁被說他願意去當兵打匈奴。而這時太子劉遷已經多次在劉安面前說了靁被的壞話，於是劉安就讓郎中令免了靁被的職，想要藉此以禁止人們跟著效法去應募從軍。結果靁被逃到了長安，向武帝上書講了自己的遭遇。於是武帝就把這件事交給了廷尉與河南郡守去共同調查處理。河南郡守要拘捕劉遷前去聽審，劉安和他的王后不願讓劉遷去，準備發兵謀反。但他們又猶豫不決，十幾天仍下不了決心。這時朝廷又下了詔書，派了官員到淮南國來就地訊問太子。在此以前，淮南的丞相就對壽春縣丞不及時強制太子上路不滿，已經向皇帝彈劾壽春縣丞的不遵詔命、對皇帝不敬。劉安為此向自己的丞相說情，丞相不答應。於是劉安就又派人給皇帝上書告發自己的丞相。皇帝又把此案交給了廷尉處理。結果在審問調查中漸漸地就牽連到了劉安頭上。劉安派人到長安去探聽大臣們的態度，而朝廷裡的公卿大臣們已經提出要求逮捕劉安。劉安害怕謀反的事情敗露，這時太子劉遷給劉安獻計說：「朝廷如果派人來逮您，您就派親信穿著衛士的衣服，拿著長戟站在院子裡。如果您身邊一有什麼緊急情況，就先把使者殺死，而我也立刻派人去殺死淮南國的中尉，那時我們再發兵造反，也不算晚。」其實，當時在朝廷裡武帝並沒同意公卿們的請求，而只是派了中尉殷宏到淮南國來向劉安當面盤查。劉安聽說朝廷派人來了，立刻就按照劉遷的計畫做了部署。中尉殷宏來到後，劉安見他和顏悅色，只是問了他為什麼斥逐靁被的事情，劉安估計不會有什麼大問題，於是就沒有動手。殷宏回朝後，把情況向武帝作了報告，參與辦理此事的公卿們都說：「淮南王阻撓了自願去抗擊匈奴的靁被等人，這是公然對抗朝廷的詔令，罪當處死。」武帝不同意。公卿們又請求廢除劉安的王爵，武帝也不答應。公卿們又請求削去淮南國五個縣，最後武帝只是同意削了兩個。而後又派中尉殷宏去宣布赦免劉安的罪過，只是給他個削地的處分。殷宏一進入淮南地界，就把赦免劉安的消息傳了出去。劉安那裡開始聽說朝裡的公卿們請求殺他，還不知道最後只是定了個削地，所以他們一聽說漢朝的使者到來，就害怕要被逮捕，就和劉遷一道準備著要按上次計劃的那個辦法辦。等到殷宏一到，一看原來是向劉安祝賀的，因此劉安也就不動手了。但事後他又傷心地說：「我是施行仁義的，不想被削奪了領地，真是莫大的恥辱。」因此被削地之後他又積極地準備謀反了。凡是出使長安回來的人，如果誰編造謠言，說皇上沒有兒子，朝廷政治一片混亂，他就高興；如果誰要說朝廷的政治不錯，皇上有了兒子，他就非常生氣，認為這是瞎說，是不真實的。

4　劉安日日夜夜地與左吳等人對著地圖策劃，部署軍隊從什麼地方進攻。劉安說：「皇上沒有太子，一旦駕崩之後，朝廷大臣們一定會讓膠東王或者常山王入朝即位，那時諸侯會起來互相爭奪，我能夠不預先作好準備嗎？況且我是高皇帝的親孫子，又能施行仁義，是因為當今的皇上待我不錯，所以我才暫時忍著。等到當今的皇上死後，我還能夠向那些別的小子們北面稱臣嗎？」

5　有一天劉安坐在東宮，派人把伍被叫來商量事情，他用皇帝的口氣對伍被說：「將軍到跟前來。」伍被一聽不高興地說：「皇上剛剛寬赦您，您怎麼又說這種自我亡國的話呢？我聽說當年伍子胥就曾規勸過吳王夫差，夫差不聽忠告，伍子胥就說：『我彷彿已經看到鹿群在變成廢墟的姑蘇臺上奔跑了。』現在我也彷彿看到淮南的宮殿中長滿了荊棘，而荒草上的露水足以沾溼衣服了。」劉安大怒，立刻把伍被連同他的父母都關押了起來，關了三個月。後來，他又把伍被叫來問他說：「你答應我了嗎？」伍被說：「不，我只是想來替您出出主意。俗話說耳朵好的人能聽到還沒有發出的聲音，眼睛好的人能看到還沒有成形的事物，所以大聖人做事總是做一萬件成一萬件。當初周文王一舉事，他的功勳就被萬古流傳了，他建立的周王朝被列為三代之一，這就是通常所說的順著天意採取行動，所以天下人事先並沒有約定，而到時候就自然地跟隨他了。這是千年以前有目共睹的事情。再說百年以前的秦朝，和幾十年以前的吳、楚七國，這些國家的教訓也足以使人從中看到我們日後的興盛或衰亡。我不敢逃避像伍子胥那樣被夫差所殺，但我希望您不要像夫差那樣拒絕伍子胥的忠告。當初秦始皇滅絕了聖人的仁義之道，坑殺儒生，焚燒《詩》、《書》，廢棄禮義，崇尚暴力詭詐，任用嚴刑峻法，把東部沿海的糧食都搜刮轉運到關中去。在那時候，男人拚命地耕種仍填不飽肚子，女人拚命地織布仍衣不蔽體。還派蒙恬去修築長城，長城從東到西幾千里，害得幾十萬軍民，不分寒暑，頂風冒雨地修築，死的人屍橫千里，血流遍地，無法計算。百姓們精疲力盡，想要造反的十家裡頭就有五家。秦始皇還派了徐福去海上尋找神仙，訪求靈藥。徐福回來編造說：『我見到了海中的大神，海神問我：「你是西方皇帝派來的使者嗎？」我說：「是的。」海神說：「你來幹什麼？」我說：「想尋找延年益壽的靈藥。」海神說：「你們秦王讓你帶來的禮物太少了，只能讓你看看，不能讓你拿走。」於是他就領著我往東南走，來到了蓬萊山。我在那裡看到了靈芝長成的城牆與宮殿，那裡有一個銅的顏色、龍的樣子的使者，他的身上放著光芒，上徹霄漢。於是我就向海神叩問說：「應該帶什麼禮物來敬獻呢？」海神說：「帶一批良家出身的童男、童女和一些擅長各種手藝的工匠來就行了。」』秦始皇一聽非常高興，隨即選出了童男童女三千人，並讓他們帶上五穀雜糧種子和各種工匠而後出發了。結果徐福出去後領著這些人找了一個土地平坦水草豐茂的地方，就在那裡自己稱王，不再回來了。這件事又害得百姓們萬分痛苦，思念親人，以至於想要造反的十家裡頭就有六家了。後來秦始皇又派尉佗翻越五嶺去進攻百越，尉佗知道當時的國家已經疲憊到了極點，於是也就領著人馬留在那裡稱王，不再回來了。而且還事先派人上書，要求秦朝給他派遣沒有出嫁的女子三萬人，名義上是去幫助他們的士兵們縫補衣服，而秦始皇居然答應給他派去了一萬五千人。這一來百姓們更加離心離德，想造反的十家裡頭就有七家了。當時就有人已經對高祖說：『時機到了。』高祖說：『再等一等，聖人應當從東南方起事。』不到一年，陳勝、吳廣果然發難了。接著高祖也從豐沛起兵。結果振臂一呼不用事先約定，光是立刻響應的就數也數不清了。這就叫做善於尋找機會，順著秦即將滅亡的趨勢來採取行動，百姓們個個擁護，就像大旱的歲月裡盼望大雨那麼急切，於是高祖從一個普通士兵，就這麼當了皇帝了。他的功業蓋過了三王，他的仁德將永遠傳於後世。今天您只看到了高祖取得天下的容易，為什麼不再看看吳、楚七國叛亂的下場呢？吳王劉濞被稱為劉氏的祭酒，還特別准許他不用進京朝拜，他管轄著四個郡的民眾，地盤縱橫幾千里。他在國內開採銅礦鑄造錢幣，又在東海邊上煮水為鹽，他採伐江陵的樹木建造船隻，一條船裝載的東西可以抵得上北方的幾十輛車子，因而他的國又富人又多。他拿出大量珠寶金帛來賄賂收買各國的諸侯和朝廷裡的宗室大臣，最後以至於只剩了竇氏一族沒有進入他們的網絡。這時劉濞認為一切策劃都已妥貼，於是就出兵西進。誰想很快地一敗於大梁，再敗於狐父，劉濞奔走東逃，在他跑到丹徒的時候被越人活捉。最後身死國滅，落得讓天下人恥笑。劉濞有這麼多的人馬而不能成功，這是為什麼呢？就因為他們背逆天道而不識時務。現在大王您的兵力民眾還趕不上吳、楚七國的十分之一，而現時國家的穩定又遠遠超過秦朝一萬倍，所以我希望您還是依著我的主意。如果您不依著我的主意，我怕您等不到大事成功，您的計畫就先洩露出去了。過去微子在經過自己昔日的國都時曾作過〈麥秀之歌〉，表現了他對殷紂王不重用王子比干的痛恨。孟子所說的『殷紂王活著雖貴為天子，而到死的時候卻連個普通人也不如』，這是因為殷紂王早就自絕於天下人了，而不是到他死的時候人們才離棄他。今天我也暗自為您捨棄千乘之君的地位圖謀造反而悲哀。我擔心有朝一日您必將接到朝廷賜您自盡的命令，讓您比所有淮南大臣更早地自盡於東宮。」劉安一聽心裡十分生氣卻又無話可反駁，他激動得眼淚奪眶而出，站起身來，快步上殿回宮而去。

6 劉安有個庶出的兒子叫劉不害，在他的兒子裡頭年齡最大，但是劉安不喜歡他。劉安、劉安的王后，以及劉安的太子都不把他當作兒子、哥哥看。劉不害有個兒子叫劉建，這個人有才幹有志氣，經常怨恨太子瞧不起他父親。又怨恨當時別的諸侯王都已經分割土地封自己所有的兒子為侯，而淮南王只有兩個兒子，除了其中的太子可以繼承父業外，自己的父親劉不害竟沒有被封為侯。於是劉建就暗中結交了一幫人，想要告發搞垮太子，讓他的父親劉不害取而代之。太子知道了這件事，多次把劉建抓起來審問拷打。劉建知道太子打算謀殺漢朝中尉的陰謀，於是就派了他的親信壽春人莊芷於武帝元朔六年給武帝上書說：「良藥苦口利於病，忠言逆耳利於行。如今淮南王的孫子劉建很有才幹，而淮南王的王后荼和她的兒子太子劉遷卻總是忌恨他。劉建的父親劉不害本來無罪，卻被他們多次擅自逮捕關押，想殺害他。現在劉建就在那裡，朝廷可以找他來問，他對淮南國那些見不得人的事情全都知道。」武帝看了奏書，就讓廷尉處理這事。廷尉又把這件事轉給了河南郡守。這時，老辟陽侯審食其的孫子審卿和丞相公孫弘關係好，審卿怨恨老淮南王劉長當年殺了他的祖父，於是就在公孫弘面前大說淮南王的壞話，公孫弘於是開始懷疑劉安有反叛朝廷的陰謀，決心徹底地把這個案子搞清楚。河南郡守一審問劉建，劉建就把淮南太子和他的黨羽們牽連了出來。劉安這時也怕了，於是想要起兵造反。他問伍被說：「現在國家的局勢怎麼樣？」伍被說：「天下很安定。」劉安聽著不高興，又問伍被說：「你根據什麼說天下很安定呢？」伍被說：「我是看朝廷現時的政治，整個國家裡的君臣、父子、夫婦、長幼各方面的關係都有條不紊。現在皇上的一舉一動都遵循古來的道德，社會上的風俗法紀都沒有什麼缺憾。那些財貨雄厚的富商大賈，可以周遊天下，條條道路無不暢通，各地的貨物可以貿易交流。南越已經歸順了朝廷，羌人僰人也都前來進貢了，東甌已經投降，國家的領土擴展到了長榆，新的朔方郡已經設立，匈奴人就像一隻大鳥折斷了翅膀，孤立無援，再也飛不起來了。現在的國家雖然還達不到上古的太平盛世，但說它安定那還是完全可以的。」劉安很生氣，伍被只好連忙謝罪。劉安又對伍被說：「崤山以東如果有人造反，朝廷必定會派大將軍衛青率兵前去彈壓，你認為衛青是個什麼樣的人呢？」伍被說：「我有個朋友叫黃義，曾跟隨衛青去打過匈奴。他回來後對我說：『大將軍對待軍中的將士很有禮貌，對待士兵很有恩德，大家都樂於為他效力。他騎著馬上山下山就像飛一樣，才幹實在是超群出眾。』我認為憑著這樣的才幹，又曾經多次統兵出征，熟習軍事，這樣的人不是容易對付的。後來謁者曹梁出使長安歸來，說大將軍號令嚴明，遇到敵人十分勇猛，經常身先士卒。駐紮下來的時候，水井沒有打好，他總是等著士兵們都喝到水後，他才喝水。軍隊回來的時候，等士兵們都過了黃河，他才過河。皇太后賞給他的金銀綢緞，他都拿出來賞給軍中的吏卒。即使古代的名將也不能超過他。」劉安聽了，默默無言。

7 劉安見孫子劉建被傳去審訊了，他害怕自己陰謀造反的事被發覺，於是想馬上起兵。這時伍被又出來勸阻，劉安又問伍被說：「你認為當年吳國起兵是對呢還是錯呢？」伍被說：「我認為是錯的。吳王當時已經富貴到極點，還要起兵造反，結果事情不成在丹徒被殺，自己頭足分家，子孫全部滅絕。我聽說吳王臨死時非常悔恨。希望您好好考慮，不要將來也像吳王那樣後悔。」劉安說：「男子漢有時就是為了一句話而不顧死活。再說吳王根本不懂得怎麼造反，當時朝廷出兵，光是通過成皋的一天就有四十多位將領。現在我命令樓緩先奪取成皋要塞，讓周被率領潁川的軍隊控制轘轅、伊闕的通道，讓陳定調發南陽的隊伍奪取武關。這樣一來朝廷的河南太守就只剩下一個孤立無援的雒陽了，那還有什麼可憂慮的呢？儘管北面還有臨晉關、河東、上黨以及河內、趙國等地區，但正如人們所說的：『只要堵住了成皋，整個天下就無法通連。』到那時我們再憑藉著三川的險要形勢，以招納東都地區的兵馬，我們照著這樣的方略辦事，你認為怎麼樣？」伍被說：「我光看到了災難，看不出有什麼吉祥。」劉安說：「左吳、趙賢、朱驕如都認為這麼做不錯，事情會十拿九穩，唯獨你認為只有災難沒有吉祥，這是為什麼？」伍被說：「您那些親近大臣中平素得人心的，在此之前已經都被逮捕起來了，剩下來的沒有什麼可用的人。」劉安說：「當初陳勝、吳廣連個立錐之地都沒有，結果領著千數人在大澤鄉振臂一呼，天下人都紛紛響應，等到西進打到戲亭時，隊伍就達到了一百二十萬人。現在我的淮南雖小，但是國內能夠拿起武器的就有十多萬，而我這些人又絕不像當初陳涉的人那樣，只是一些囚徒，手裡也只是拿著鐮刀斧子鋤柄木棍而已，你怎麼說我有禍無福呢？」伍被說：「當初是因為秦朝暴虐無道，殘害天下的人民。調動大批人馬北伐匈奴，修築阿房宮，把百姓們每年收穫糧食的一大半都搜刮起來，還調發大量的役夫去防守邊關，弄得人們父親照顧不了兒子，哥哥不能幫助弟弟，法令酷苛刑罰嚴峻，整個國家的百姓們都像被熱鍋烤焦了，百姓們伸著脖子四處張望，豎起耳朵仔細諦聽，他們哭天號地，捶胸頓足地罵秦王朝，所以當陳勝振臂一呼時，天下人立刻就都紛紛起來響應了。而今天的形勢是，皇上統治著天下，而整個國家是團結統一的，普遍愛護著他的黎民百姓，普施仁德恩惠到了每一個人。因此皇帝即使不講話，他的聲音也會比雷霆還快而傳布四方，他即使不下令，百姓們接受他的感化也會像神明一樣的迅速。他的心裡一有什麼想法，他的威嚴立刻就會震動到萬里之外；百姓們對待皇上的號召，就像影子隨形、回響應聲一樣的麻利。而當今大將軍衛青的才能又遠遠不是秦朝的將領章邯、楊熊一等所可比擬的。因此您拿陳勝、吳廣的事情比喻自己，我認為是不合適的。」劉安說：「如果照你這麼說，那我們就不可能取得勝利了？」伍被說：「我倒是還有個主意。」劉安說：「什麼主意？」伍被說：「現在其他各國的諸侯們對朝廷都沒有二心，百姓們對國家也沒有什麼怨氣。不過我想國家新設置了朔方郡，那裡土地廣闊，水草豐茂，雖然移去了一些士民，但還遠遠不夠填滿那個地區。我想我們可以假造一份丞相、御史給皇帝的奏書，這份奏書請求徵調全國各郡、各諸侯國的豪傑俠客，和犯有剃毛髮以上罪行的人，這些人可以赦免他們的罪行，以及家有產業價值五十萬錢以上的人，都令他們全家遷到朔方去住。再多調一些軍隊負責押送，而且把期限弄得急一點。我們再假造一些左右都司空、上林中都官和詔獄的逮捕令，聲言要大肆逮捕諸侯太子們的寵臣。這樣一來就會招起百姓們的怨恨和諸侯們的恐懼，而後我們再派出一些伶牙俐齒的說客去鼓動他們，這樣也許還僥倖有個十分之一成功的希望吧！」劉安說：「這個主意很好，但是我覺得用不著像你說得這麼複雜。」於是劉安便把一些官奴叫到宮中，叫他們在那裡製造皇帝的玉璽，和丞相、御史、大將軍、軍吏、中二千石、都官令、丞等各種職務的印章。同時也模仿著刻製了一些淮南臨近的各郡太守、都尉的印章，私造了一些朝廷使者執持的旌節、御史佩戴的帽冠，準備按伍被的主意辦。又派人假裝得罪了劉安而逃到京城的大將軍和丞相的府中去做事，目的是等到淮南一發兵，他們就刺殺大將軍衛青，而勸說丞相投降劉安。「這樣一來一切就會像揭去物品上所蓋的布一樣的容易了。」

8 劉安想發動國內的軍隊起事，又害怕他的丞相、二千石們不聽他的指揮。於是他和伍被商量，準備先把丞相、二千石們殺死。他們計劃假借宮中失火，等丞相、二千石們前來救火，就把他們殺掉。這個計畫還沒有最後決定，他又想派人穿著「求盜」小吏的衣服，拿著告急的文書，從東方跑來，大呼「南越兵攻入國界了」，以便讓他們趁這個機會發兵造反。於是派人到廬江、會稽去假裝「求盜」，只是還沒有回來。劉安問伍被說：「我一旦出兵西進，諸侯們一定會有人響應我；但是如果沒有人響應我，那可怎麼辦呢？」伍被說：「先往南收編衡山國的軍隊，而後攻擊廬江，奪取尋陽的戰船，控制住下雉縣城；再占據九江口，切斷豫章北來的通路；再派強弓硬弩把住長江，截住南郡一帶的軍隊不讓他們沿江而下；而後我們往東奪取江都、會稽，往南與越國聯合，這樣我們就可以在江淮之間稱霸一方，就算西北戰場被朝廷打敗，仍可以在江淮之間堅持一陣子。」劉安說：「對，沒有比這個主意更好的了。如果再有什麼危險我們就逃到南邊的越國去。」

9 這時廷尉已經把淮南王的孫子劉建的供辭中，牽扯出淮南王太子劉遷的事情向武帝作了報告。武帝一聽立即派了廷尉監去聯合淮南中尉共同逮捕劉遷。他們到了淮南，劉安聽說後，立即和太子商量，準備把朝廷委派到淮南來的丞相、二千石們叫來，殺掉他們而後起兵。他們叫丞相，丞相來了，而內史則以有事需要外出為由，沒有前來；中尉則說：「我聽從朝廷的命令，不能去見您。」劉安心想只殺了丞相殺不了內史和中尉，也沒有用處，便把丞相也放了。劉安這時很猶豫，拿不定主意。太子心想自己的罪名只不過是想要謀害朝廷派來的中尉，而和自己一起設謀的人現在已經死了，絕了口供，無法對證，於是就對劉安說：「我們的大臣裡頭中用的都被抓起來了，已經沒有人能和我們一起舉事。如果您起事的時機不合適，也難以成功，現在我願意讓朝廷把我抓去。」劉安這時心裡也想能住手就住手，於是就答應了劉遷。劉遷隨即自殺了，但還沒有斷氣。這時伍被出去自首了，他把劉安謀反的事情，原原本本地都托了出來。

10 於是主管的官吏們立即逮捕了劉遷和劉安的王后，並把劉安的王宮包圍了起來。他們把尚在淮南的那些曾參與謀反的人們全部抓了起來，並搜出了謀反的確實證據，報告了武帝。武帝把問題交給公卿們進一步審理，結果又牽連出了與劉安謀反有關的各地列侯、二千石、豪傑多達幾千人，朝廷根據他們的罪行輕重都給予了相應的懲處。衡山王劉賜是劉安的弟弟，也應該連坐被捕，主管人員請求逮捕他。武帝說：「諸侯們各人管自己的國家，不應當互相連坐。這件事情你們和丞相、諸侯王們再議論一下。」隨後趙王劉彭祖、列侯臣讓等四十三人議論過都說：「淮南王劉安大逆不道，謀反的罪行清楚明白，應當將他處死。」膠西王劉端說：「淮南王劉安不遵循朝廷法令，專門做壞事，心懷欺詐，製造混亂，蠱惑人心，背叛祖宗，製造妖言。《春秋》上說：『做臣子不能招兵聚眾，誰招兵聚眾就殺了誰。』劉安的罪行超過招兵聚眾，他分明是想要造反。我看了他的那些書信、符節、印章以及其他種種大逆不道的證據，都很確鑿，實在是大逆無道，應當依法處死。淮南國中的那些二百石和相當二百石以上的官吏，以及宗室成員、親近幸臣等即使沒有參與謀反，也應該定一個平時不能教導勸諭的罪，都應當免官削爵為平民，今後不許再做官。對於那些不是官吏的，就罰他們每人出黃金二斤八兩以贖死罪。要藉著宣布劉安的罪行，讓整個國家的人都知道應該怎樣做臣子，叫他們今後不敢再生造反的念頭。」丞相公孫弘、廷尉張湯等人把討論的結果報告了武帝，武帝派了宗正手持符節去審問劉安。他們還沒有到達，劉安就自殺了。王后荼、太子劉遷和其他參與謀反的人都一律被滅族。武帝認為伍被在和劉安的反覆對答中說過許多朝廷的好話，辭令優雅，心裡想不殺他。廷尉張湯說：「伍被首先為淮南王出過謀反的主意，他的罪行絕不能寬饒。」於是伍被也被殺掉了。淮南國的建制被撤銷，在那裡設立了九江郡。

1 衡山王賜，王后乘舒❶生子三人❷，長男爽為太子，次男孝，次女無采。又姬徐來生子男女四人，美人厥姬生子二人。衡山王、淮南王兄弟相責望禮節❸，間不相能❹。衡山王聞淮南王作為❺畔逆反具，亦心結❻賓客以應之❼，恐為所并。

2 元光六年❽，衡山王入朝，其謁者❾衛慶有方術❿，欲上書事天子⓫。王怒，故劾⓬慶死罪，彊榜服之⓭。衡山內史⓮以為非是，卻其獄⓯。王使人上書告內史，內史治⑯，言王不直⑰。王又數侵奪人田，壞人冢以為田。有司請逮治衡山王。天子不許，為置吏二百石以上⑱。衡山王以此恚⑲，與奚慈、張廣昌謀，求能為兵法⑳、候星氣㉑者，日夜從容㉒王密謀反事。

3 王后乘舒死，立徐來為王后。厥姬俱幸，兩人相妒。厥姬乃惡㉓王后徐來於太子，曰徐來使婢蠱道㉔殺太子母。太子心怨徐來。徐來兄至衡山，太子與飲，以刃刺傷王后兄。王后怨怒，數毀惡太子於王。太子女弟無采，嫁弃歸㉕，與奴姦，又與客姦。太子數讓㉖無采，無采怒，不與太子通㉗。王后聞之，即善遇無采。無采及中兄孝少失母，附王后。王后以計愛之，與共毀㉘太子，王以故數擊笞太子。元朔四年㉙中，人有賊傷㉚王后假母㉛者，王疑太子使人傷之，笞太子。後王病，太子時稱病不侍。孝、王后、無采惡太子：「太子實不病，自言病，有喜色。」王大怒，欲廢太子，立其弟孝。王后知王決廢㉜太子，又欲并廢孝㉝。王后有侍者，善舞，王幸之，王后欲令侍者與孝亂㉞以汙之，欲并廢兄弟而立其子廣代太子。太子爽知之，念后數惡己無已時，欲與亂以止其口㉟。王后飲，太子前為壽㊱，因據㊲王后股，求與王后臥。王后怒，以告王。王乃召，欲縛而笞之。太子知王常欲廢己立其弟孝，乃謂王曰：「孝與王御者㊳姦，無采與奴姦，王彊食[39]，請上書[40]。」即倍[41]王去。王使人止之，莫能禁，乃自駕追捕太子。太子妄惡言[42]，王械繫太子宮中。孝日益親幸。王奇孝材能，乃佩之王印，號曰「將軍」[43]，令居外宅，多給金錢，招致賓客。賓客來者，微知淮南、衡山有逆計，日夜從容勸之。王乃使孝客江都人救赫[44]、陳喜作輣車[45]鏃矢，刻天子璽，將相軍吏印。王日夜求壯士如周丘等[46]，數稱引吳、楚反時計畫，以約束[47]。「衡山王非敢效淮南王求即天子位，畏淮南起并其國。以為淮南已西[48]，發兵定江、淮之間而有之，望如是[49]。」

4 元朔五年[50]，秋，衡山王當朝。六年，過淮南[51]。淮南王乃昆弟語[52]，除前郤[53]，約束反具[54]。衡山王即上書謝病[55]，上賜書不朝[56]。

5 元朔六年[57]中，衡山王使人上書請廢太子爽，立孝為太子。爽聞，即使所善白嬴[58]之長安上書，言孝作輣車鏃矢，與王御者姦，欲以敗孝[59]。白嬴至長安，未及上書，吏捕嬴，以淮南事繫[60]。王聞爽使白嬴上書，恐言國陰事，即上書反告太子爽所為不道弃市罪事[61]。事下沛郡治[62]。元朔七年，冬[63]，有司公卿下[64]沛郡求捕[65]所與淮南謀反者未得，得陳喜於衡山王子孝家[66]。吏劾孝首匿[67]喜。孝以為陳喜雅[68]數與王計謀反[69]，恐其發之[70]；聞律先自告除其罪[71]，又疑太子使白嬴上書發其事，即先自告，告所與謀反者救赫、陳喜等。廷尉治，驗[72]，公卿請逮捕衡山王治之。天子曰：「勿捕。」遣中尉安[73]、大行息[74]即問王[75]，王具以情實對[76]。吏皆圍王宮而守之。中尉、大行還，以聞，公卿請遣宗正、大行與沛郡雜治[77]王。王聞，即自剄殺。孝先自告反，除其罪[78]；坐與王御婢姦，弃市[79]。王后徐來亦坐蠱殺前王后乘舒，及太子爽坐王告不孝，皆弃市。諸與衡山王謀反者皆族。國除為衡山郡[80]。

【章旨】以上為第四段，寫衡山王劉賜的家庭矛盾與其謀反自殺的過程。

【注釋】❶王后乘舒　王后名乘舒。❷生子三人　生子女共三人。❸相責望禮節　彼此怪罪對方對自己失禮。❹間不相能　有隔閡，彼此合不來。間，隙；隔閡。不相能，即「不相得」。❺作為　二字同義連用，意即製造。❻心結　用心交結。❼以應之　指防備劉安的侵襲，而並非想與其合伙。應，對；對付。王先謙曰：「〈伍被傳〉載淮南王言：『我舉兵西鄉，必有應者；無應，即還略衡山。』王蓋具知淮南本謀矣。」❽元光六年　西元前一二九年。元光，武帝的第二個年號（西元前一三四—前一二九年）。❾謁者　帝王的侍從官員，主管收發、傳達與贊禮等。❿方術　大約指煉丹、合藥、求仙之類，當時武帝正尋求這一套。⓫事天子　脫離淮南王，去侍候漢武帝。⓬劾　彈劾；指控。衡山王懲治一個謁者原不必請示武帝，但因此人已給皇帝上書，故衡山王要懲治他就得經過這道手續了。⓭彊榜服之　痛打強逼其認罪。榜，用棍棒打人。師古曰：「榜，擊也。擊答之，令其自服死罪也。」⓮衡山內史　衡山國的內史，主管該國民事，秩二千石，由朝廷派來。⓯卻其獄　拒絕接受劉賜對衛慶的指控。⓰內史治　指衡山內史在被朝廷查辦時。⓱不直　無理。指劉賜誣陷衛慶事。⓲為置吏二百石以上　《集解》曰：「《漢儀注》：『吏四百石以下，自調除國中。』今王惡，天子皆為置之。」按：大體說來，漢初諸侯國的丞相、太傅由朝廷派任，二千石則由諸侯自己委任；吳、楚七國之亂後，諸侯國的二千石以上全部由朝廷委派；如《漢儀注》所謂，則不知行於何時。武帝此令只針對衡山國而發。⑲恚　惱怒。⑳為兵法　研究兵法。㉑候星氣　占測星辰、雲氣。候，占測。漢朝人迷信天人感應，以為社會人事的吉凶都可以從天象上表現出來。㉒從容　同「聳恿」。《正義》曰：「謂勸獎也。」按：此最後一句缺少主語。㉓惡　說人壞話。下數「惡」字同此。㉔蠱道　即巫蠱。以妖術使人患病致死。㉕嫁弃歸　嫁人後被夫家休棄而歸。㉖讓　責備。㉗通　往來。㉘共毀　共同詆毀。毀，誹謗。㉙元朔四年　西元前一二五年。元朔，武帝的第三個年號，西元前一二八—前一二三年。㉚賊傷　傷害。賊，害。㉛假母　師古曰：「繼母也。一曰父之旁妻。」《集解》以為是「傅母屬」，傅母即「保母」。㉜決廢　決心廢掉。㉝又欲并廢孝　又想一併廢掉劉孝，以圖使自己所生之子得立也。㉞亂　私通。㉟欲與亂以止其口　想通過與其發生關係，以使其不再開口。㊱為壽　敬酒。漢人之為人敬酒乃在致辭後自飲一杯。㊲據　坐。㊳御者　侍女。御，侍。㊴彊食　努力加餐。猶今所謂「請多保重」。㊵請上書　意謂我將給皇帝上書。㊶倍　通「背」。離開。吳見思曰：「曲曲寫家庭嫌釁，層疊詳盡，不嫌瑣褻。」㊷妄惡言　說了一些更惡毒的話，即衡山國中諸不法事也。㊸號曰將軍　據前文淮南王呼伍被為「將軍」，伍被稱之為「亡國之語」，知此時諸侯國不有「將軍」。㊹救赫　姓救，名赫。《漢書》作「枚赫」。㊺輣車　兵車。㊻求壯士如周丘等　尋求像周丘那樣的壯士。周丘，吳王劉濞的部下，在吳楚之亂中曾為劉濞奪取了下邳縣，打敗城陽國的軍隊，擁眾三萬人，事見〈吳王濞列傳〉。㊼以約束　以組織、部署自己的人馬。按：《漢書》無「以」字，與上句連讀作「數稱引吳、楚反時計畫約束」。㊽以為淮南已西　準備著等淮南王率兵殺向長安後。㊾望如是　所希望的就是如此。以上五句應為衡山王語，或是其親信轉述衡山王之意。㊿元朔五年　西元前一二四年。(51)六年二句　漢初以十月為歲首，衡山王秋天從衡山出發，至淮南或已十月，故書曰六年。過，過訪。(52)乃昆弟語　以親兄弟的身分進行了暢談。(53)除前郤　消除了以往的隔閡。郤，通「隙」。隔閡。(54)約束反具　約好共為反具。師古曰：「共契約為反具。」(55)謝病　道歉稱病。(56)賜書不朝　給予回信，允許其不必入朝。(57)元朔六年　西元前一二三年。(58)白嬴　姓白，名嬴。(59)敗孝　搞垮劉孝。(60)以淮南事繫　因當時正在審理淮南王謀反的事情，衡山王與淮南王是親兄弟，故因牽連將衡山的來人扣押。(61)所為不道弃市罪事　所做的一切大逆不道罪該棄市的事情。(62)事下沛郡治　朝廷將此事交由沛郡審理，蓋因沛郡與淮南國、衡山國相近故也。沛郡的郡治相縣，在今安徽濉溪西北。(63)元朔七年二句　應作「元狩元年，冬」，即西元前一二二年之年初，當時尚以十月為歲首。作「元朔七年，冬」，其實意思相同。蓋史公所依據之原始材料書作「元朔七年，冬」，因年初尚未改元故也。後數月遂改此年為「元狩元年」，史公未及統一，故出現「元朔七年」之語。元狩，武帝的第四個年號，西元前一二二—前一一七年。(64)下　下令。(65)求捕　搜捕。(66)得陳喜於衡山王子孝家　意外地從劉孝家裡搜出了陳喜。(67)首

匿 領頭窩藏。[68]雅 平素；一向。[69]計謀反 商量著謀反。[70]恐其發之 怕他坦白交代出來。[71]聞律先自告除其罪 聽說漢律規定，先告發別人就可以免除自己之罪。[72]廷尉治二句 廷尉查辦後，得知確有其事。《漢書》於此作「廷尉治，事驗」。[73]中尉安 據《漢書・百官表》，此人為司馬安，當時的酷吏之一，其人又見於〈酷吏列傳〉、〈汲鄭列傳〉。中尉，九卿之一，主管首都治安。[74]大行息 李息。大行，即大行令，也稱典客，主管少數民族事務。李息的事跡又見於〈衛將軍驃騎列傳〉、〈汲鄭列傳〉。[75]即問王 到衡山國來查問劉賜。即，湊近。[76]具以情實對 按實際情況做了回答。[77]雜治 協同查辦。郭嵩燾曰：「『王以情實對』，即上『聞淮南作為畔逆反具，畏淮南起，並其國』之情實也。衡山並無謀反蹤跡，是以公卿更請『雜治王』，必得其『情事』而已，此史公微旨。」[78]除其罪 免除其謀反之罪。[79]坐與王御婢姦二句 以與衡山王侍婢私通的罪名，將其棄市。[80]國除為衡山郡 其事與淮南國被滅同時，皆在元狩元年十一月。《漢書・武帝紀》曰：「元狩元年十一月，淮南王安、衡山王賜謀反誅，黨與死者數萬人。」

【語　譯】 衡山王劉賜，他的王后乘舒生了三個子女，大兒子劉爽，已被立為太子，二兒子劉孝，老三是個女兒叫劉無采。另一個姬妾徐來生了四個子女，另一個美人厥姬生了兩個兒子。劉賜與劉安兄弟彼此指責對方禮數不周，兩人有隔閡，合不來，劉賜聽說劉安正製造謀反的物質器材，就用心結交賓客以防備劉安的侵襲，擔心自己的國家被劉安吞併。

2 元光六年，輪到衡山王進京朝拜，這時他的一個謁者衛慶由於懂得方術，便想上書請求去侍奉天子。劉賜生氣，便誣告衛慶，給衛慶強加死罪，並嚴刑拷打逼迫他承認。衡山國的內史認為事不屬實，拒絕給衛慶定罪。於是劉賜便又指使人上書告發內史。內史被審訊時，堅持說是劉賜行為不當。還連帶說出了劉賜多次霸占民田，毀壞人家墳墓作為私田的事情。於是朝廷裡的有關官吏便請求皇帝逮捕審訊劉賜。皇帝沒有批准，只是取消了他自行設置二百石以上官吏的權力。劉賜因此很生氣，他和奚慈、張廣昌等密謀，讓他們去尋訪來一些能夠用兵布陣和會觀測天文星象的人，這些人便日夜不停地慫恿著劉賜造反。

3 不久，劉賜的王后乘舒死了，徐來被立為王后，而同時厥姬也很受寵幸，兩人相互妒嫉。於是厥姬就在太子面前誣陷徐來，說徐來指使人用巫蠱害死太子的母親。太子聽了心裡痛恨徐來。有一天，徐來的哥哥來到衡山，太子趁著與他一道飲酒的機會，用刀刺傷了他。徐來心恨太子，不斷地在劉賜面前說太子的壞話。無采太子的妹妹無采，嫁了人被人家休了回來，在家裡先是與奴僕通姦，又和門客通姦。太子多次責備她，無采很生氣，從此不再和太子相往來。王后知道了這件事，就特別厚待無采。無采和她的二哥劉孝從小就沒有母親，一向依附王后徐來。現在徐來再故意地表示對他們的親愛，於是他們就連成一氣地共同詆毀太子，以至於使太子多次地被他的父親劉賜痛打。元朔四年中，有人刺傷了徐來的繼母，劉賜懷疑是太子指使人幹的，於是把太子打了一頓。後來劉賜病了，太子有時裝病不去侍候。這時劉孝、徐來、無采三人聯合起來誣陷太子說：「太子根本沒有病，當他說自己有病時，他的臉上還很高興哪。」劉賜一聽大怒，於是想廢掉太子，改立他的弟弟劉孝。當徐來得知劉賜已經決心要廢劉爽時，心裡也想把劉孝一齊廢掉。她身邊有個侍女，擅長舞蹈，曾受過劉賜的寵幸，徐來想讓她去勾引劉孝，以詆毀他，讓他們兄弟二人一齊被廢，最後另立她所生的兒子劉廣為太子的目的。太子劉爽知道徐來的這種陰謀，但他想到徐來老是這麼沒完沒了地說自己的壞話也不是辦法，於是就想藉著和她通姦來堵住她的嘴。有一天徐來正在飲酒，劉爽就藉著上前給她敬酒的機會，趁勢坐在了徐來的大腿上，要求和徐來睡覺。徐來大怒，把情況報告了劉賜。劉賜一聽，立刻派人把劉爽叫來想要捆綁起來打他。劉爽知道劉賜早就想廢掉自己另立弟弟劉孝，於是就對劉賜說：「劉孝和您喜歡過的侍女通姦，無采同她的家奴通姦。您就好好地注意保養自己吧，我要給朝廷上書告發他們。」說罷掉頭揚長而去。劉賜叫人攔住他，但沒有攔住，於是劉賜就親自乘車追上去逮捕了他。而劉爽則破口大罵諸人，劉賜無奈只好給他戴上枷鎖關在了宮中。而劉孝則從此越來越受到寵幸。劉賜特別賞識劉孝的才能，讓他佩帶王印，號稱將軍，讓他居住在宮外，給了他大量錢財，讓他去招攬賓客。那些到衡山來的人們，也都暗中知道劉安、劉賜有造反的打算，於是也就跟著日夜不停地勸他們造反。劉賜打發劉孝招來的江都人救赫和陳喜去打造戰車和弓箭，去刻製天子用的玉璽，和將軍、丞相以及各種軍吏使用的印章。劉賜還不分白天黑夜地尋求像周丘那樣的壯士，給他們講一些吳、楚七國造反時的行動計畫，要他們遵照執行。「衡山王倒不是像淮南王那樣想做皇帝，只是擔心衡山國被淮南王所吞併。他準備在淮南王率兵西取長安後，出兵把江淮一帶據為己有，他所希望的就是這樣。」

4 元朔五年，秋天，劉賜應該進京朝拜。六年，他過訪淮南。劉安和他以親兄弟的身分進行了友好的談話，消除了以前的隔閡，約定一起製作謀反所需的物質器材。這樣一來，劉賜就給皇帝上書，推說有病，而皇帝也就回信批准了他不進京的請求。

5 元朔六年中，劉賜派人上書請求廢掉劉爽，另立劉孝為太子。劉爽得知這個消息後，立刻派了他的親信白嬴到長安上書，準備揭發劉孝製造戰車、弓箭以及他和劉賜的侍女通姦的事情，想藉此以搞垮劉孝。白嬴到了長安，還沒有來得及上書，就因為他與淮南王造反的事有牽連而被獄吏逮捕了。劉賜聽說劉爽已經派白嬴去長安上書，他害怕衡山國內的陰謀被揭發，於是就上書反告太子劉爽大逆不孝應該殺頭。皇帝把這件事情交給了沛郡太守審理。元朔七年，冬天，有關公卿下令沛郡太守到衡山國去搜捕參與淮南王劉安謀反的人而沒有抓獲，但卻在劉賜的兒子劉孝家中抓到了被劉爽告發的陳喜。於是主管官吏就起訴劉孝帶頭窩藏陳喜。劉孝這時也怕這個一向與劉賜密謀造反的陳喜，把他們都供出來，同時他也聽說按法律規定先自首的人可以免罪，又懷疑太子劉爽早已經派白嬴上書告發了他們的陰謀，於是劉孝就也自己去投案自首了，他揭發了和劉賜一起陰謀造反的救赫、陳喜等人。廷尉審查清楚後，公卿們請求逮捕劉賜依法治罪。皇帝批示說：「不要逮捕他。」於是就派了中尉司馬安、大行李息前往衡山找劉賜詢問，劉賜如實地作了交代。於是官吏們就把劉賜的王宮包圍把守了起來。司馬安、李息回到了長安，向皇帝作了報告，公卿們請求皇帝派宗正、大行與沛郡太守協同審理劉賜。劉賜聽到這個消息，立刻引頸自殺了。劉孝由於屬告發者，所以免除了他的謀反罪；但他還有與其父的侍女通姦的罪行，所以被斬首示眾了。劉賜的王后徐來因為有利用巫蠱謀害前王后乘舒的罪行，太子劉爽因為被其父告為不孝，也一起被斬首示眾。而其他參與劉賜謀反的人就都被族滅了。從此衡山國被廢除，另設為衡山郡。

太史公曰：詩之所謂「戎、狄是膺，荊、舒是懲❶」，信哉是言也。淮南、衡山親為骨肉，疆土千里，列為諸侯，不務遵蕃臣職以承輔天子，而專挾邪僻之計，謀為畔逆，仍❷父子再亡國❸，各不終其身，為天下笑。此非獨王過也，亦其俗薄，臣下漸靡❹使然也。夫荊楚僄勇輕悍，好作亂，乃自古記之矣。

【章旨】以上為第五段，是作者的論贊，分析淮南王父子連續造反的原因。

【注釋】❶戎狄是膺二句　見《詩經・魯頌・閟宮》。戎狄，指北方少數民族。膺，迎擊。荊舒，指南方少數民族。荊即楚，舒為楚的盟國。懲，懲創；打擊。二句的意思是，對於不同種姓的民族，只有狠狠打擊。❷仍　乃。❸再亡國　兩次招致國家滅亡。❹漸靡　意即逐漸感染。漸，浸染。靡，磨礪。梁玉繩引《史義拾遺》曰：「安親罹父難，而又躬自蹈之，其父子薦亡者，自取之也，何地俗之咎耶！」沈豫《讀史雜記》曰：「太史公以『戎狄』『荊舒』謂淮南、衡山『俗薄所致』，豈通論哉？二南、江漢，王化蒸蒸，使周、召處此，『輣車鏃矢』斷不作矣。」

【語譯】太史公說：《詩經》上所說的「對戎狄只有攻打，對荊舒只有進擊」，這話的確講得不錯呀。淮南、衡山兩個國家的君主都是天子的親骨肉，受封的疆土寬廣，位在諸侯之列，可是他們居然不遵守藩臣的職責，不輔佐朝廷，而是一心為非作歹，策劃叛亂，所以使得父子兩代兩次亡國，都不得善終，為天下人所恥笑。這件事情不光是為王者的錯誤，也是由於當地的風俗不好，臣子們逐漸地影響他們從而使他們變成這樣的。荊楚一帶的人勇猛驃悍，喜好鬧事，這些是自古以來就有記載的。

【研析】〈淮南衡山列傳〉是繼〈吳王濞列傳〉之後又一篇記述諸侯王反叛朝廷，被朝廷消滅的作品，其意義在於：

其一，司馬遷認為，淮南王劉長與其二子劉安、劉賜，都與朝廷有骨肉之親，自己身為諸侯，疆土千里，不僅不能為天子守土撫民，反而圖謀叛亂，這是理應受到批判的。於是作品具體描寫了劉長的剛猛暴戾，「自為法令」，「出入稱警蹕」；劉安的「狐疑多欲，時時怨望」；劉賜的家室淫亂，母子相鬥，兄妹反目等等，說明這些諸侯王的被消滅是理所應當的。

其二，司馬遷對諸侯王圖謀不軌是批判的，但細讀原文，會覺得作品所寫有許多破綻。特別是劉安的謀反，完全出於自首者伍被的一人之口。而伍被其人也前後不統一，開始他堅決反對劉安的謀反，後來一躍而成為謀反活動的積極分子；最後又一變為出首揭發劉安，前後種種，令人生疑。清代郭嵩燾說：「其與伍被謀者，由伍被自詣吏言之；其偽做皇帝璽及丞相以下印、使節法冠，由傳會證成其獄，並無證驗也。未嘗發一兵遣一將，故知兩淮南獄之終不免於誣也。」（《史記札記》）自古以來總是勝利者、掌權者有理，欲加之罪，何患無辭？武帝為打擊諸侯王與列侯，最甚者是說其「謀反」，其次是說其「侵堧垣」或「酎金」有問題，有時一次竟然處置幾十個。從現有材料看，當時社會上有不少人是同情劉長、劉安的。漢樂府有所謂：「一尺布，尚可縫；一斗粟，尚可舂。兄弟二人不相容。」說的就是劉長被殺事。至於劉安，民間傳說他沒有死，還有說「淮南王學道，舉家升天，畜產皆仙，犬吠於天上，雞鳴於雲中」（《論衡》）云云，晉人葛洪的《神仙傳》中也有類似說法。凡此都表現了對於漢代最高統治者的一種不滿情緒。

其三，作品通過伍被的嘴，對武帝時的政治與衛青的為人，頗有所肯定，如說武帝時的政治形勢是「君臣之義，父子之親，夫婦之別，長幼之序，皆得其理。上之舉錯遵古之道，風俗紀綱未有所缺也。重裝富賈，周流天下，道無不通，故交易之道行。南越賓服，羌僰入獻，東甌入降，廣長榆，開朔方，匈奴折翅傷翼，失援不振。雖未及古太平之時，然猶為治也」。又如說衛青「遇士大夫有禮，於士卒有恩，眾皆樂為之用。騎上下山若蜚，材幹絕人」、「號令明，當敵勇敢，常為士卒先」等等，這些對武帝與衛青的頌揚，是《史記》其他篇章中所難得見到的，應該值得讀者重視。

卷一百一十九

循吏列傳第五十九

【題解】本篇寫了孫叔敖、子產、公儀休、石奢、李離五位春秋時代的政治家的故事，由於他們都有「奉職循理」、「施教導民」、「堅直廉正」的品質，故而被司馬遷稱為「循吏」。本篇的敘事雖極簡略，但卻明白的表露著司馬遷理想的政治與理想的經濟局面。司馬遷表彰古代的這些官吏，目的就是借古諷今，故本文應與表現武帝政治的〈酷吏列傳〉比照閱讀。

太史公曰：法令所以導民❶也，刑罰所以禁姦也。文武❷不備❸，良民懼然❹身修❺者，官未曾亂❻也。奉職❼循理❽，亦可以為治，何必威嚴哉❾？

【章旨】以上為第一段，是作者的小序，表現了作者對理想法治的追求和對武帝時嚴刑峻法的反感。

【注釋】❶導民　指導百姓該做什麼或不該做什麼。❷文武　指統治者的「文治」與「武功」。❸不備　不齊全；有欠缺。❹懼然　小心謹慎的樣子。❺身修　指能約束自己的行為，不任意胡來。❻官未曾亂　各級政府的官吏們尚能謹守法度，不曾混亂。按：此應與〈平準書〉之所講武帝時的吏治比較觀看，〈平準書〉以為武帝時的「吏治」已經混亂了。❼奉職　奉行為官的職責。❽循理　遵循法律條文。理，法。趙恒曰：「『奉職循理』四字，乃太史公〈循吏〉之本旨。」❾何必威嚴哉　此應與〈酷吏列傳〉、〈張釋之馮唐列傳〉對看，〈酷吏列傳〉所寫的「酷吏」都是從嚴從重地執法，其更甚者竟是完全不顧法律，而專門看著皇帝的臉色行事，或者是憑個人的主觀感情作威作福的人；而張釋之則無疑是司馬遷心目中的一位「奉職循理」的理想執法官吏。

【語譯】太史公說：法令是用來引導人們走正路的，刑罰是用來禁止人們做壞事的。當國家的政令刑罰還沒有完備，而善良的人們就能自覺地注意學好，那是因為當長官的守法度、不亂來。實際上當長官的只要能奉公守法、照章辦事也就可以了，何必一定非要動用嚴刑峻法呢？

1 孫叔敖❶者，楚❷之處士❸也。虞丘相❹進之於楚莊王❺以自代❻也。三月為楚相❼，施教導民，上下和合❽，世俗盛美❾，政緩❿禁止⓫，吏無姦邪，盜賊不起。秋冬則勸民山採⓬，春夏以水⓭，各得其所便，民皆樂其生⓮。

2 莊王以為幣輕⓯，更以小為大⓰，百姓不便，皆去其業⓱。市令⓲言之相曰：「市亂，民莫安其處，次行不定⓳。」相曰：「如此幾何頃⓴乎？」市令曰：「三月頃。」相曰：「罷㉑，吾今令之復㉒矣。」後五日，朝，相言之王曰：「前日更幣，以為輕，今市令來言曰『市亂，民莫安其處，次行之不定』。臣請遂令復如故。」王許之，下令三日而市復如故㉓。

3 楚民俗好庳車㉔，王以為庳車不便馬㉕，欲下令使高之。相曰：「令數下㉖，民不知所從，不可。王必欲高車，臣請教閭里㉗使高其梱㉘。乘車者皆君子㉙，君子不能數下車。」王許之。居半歲，民悉自高其車。

4 此不教㉚而民從其化，近者視而效之，遠者四面望而法㉛之。故三得相㉜而不喜，知其材自得之也；三去相㉝而不悔，知非己之罪也。

【章　旨】以上為第二段，寫孫叔敖為楚相的善於誘導，不擾民。

【注　釋】❶孫叔敖　姓孫，字叔敖。陳直曰：「〈漢孫叔敖碑〉作『諱饒，字叔敖』。」❷楚　此指春秋時代的楚國，國都郢，在今湖北荊州之江陵西北。❸處士　隱士。❹虞丘相　虞丘地區的人為相，其人的姓氏不詳。梁玉繩曰：「《左傳》無所謂虞丘相，《墨子．所染》、《說苑．雜言》作『沈尹』，疑『沈尹』為近。」「沈尹」是一位姓沈的令尹，其名不詳。虞丘，有人說是今安徽臨泉一帶的丘陵名。❺楚莊王　名侶，春秋中期楚國的國君，西元前六一三—前五九一年在位，有名的五霸之一。事跡見《左傳》與〈楚世家〉。❻自代　接替自己為令尹。楚國的「令尹」相當於其他國家的宰相。❼三月為楚相　即為楚相三個月。❽和合　意即和睦相處。❾世俗盛美　意即風氣良好。❿政緩　法令寬緩。政，政令。這裡實指法令。⓫禁止　有禁則止，以見吏民的順從。⓬山採　採伐山中的竹木。⓭春夏以水　《集解》引徐廣曰：「乘多水時，而出材竹。」李笠曰：「『以水』對上文『山採』而言，蓋言田漁也。秋冬則勸民採於山，春夏則採於水，各以時也，故下文曰『各得其所便』。」二說皆可參考。⓮樂其生　生活得很愉快，享受到了人生的樂趣。⓯以為幣輕　嫌錢幣的個小量輕；也有說是嫌錢幣的面值小。陳直曰：「楚當戰國時，皆用『爰金』，有『郢』、『潁』、『陳』、『専』等四名稱。楚國春秋時之幣，輕重大小尚未發現。」⓰更以小為大　有說指廢除小型錢，改鑄大型錢；一說指錢的大小分量不變，而單提高其面值，似以後者為是。⓱去其業　放棄自己的事情不幹了。按：此主要指手工業、商業而言。郭嵩燾曰：「更幣則市所積幣皆廢，所以次行不定者，為幣數易，變更者多也。」⓲市令　管理市場的官員。⓳次行不定　意即市場上的秩序混亂。次行，瀧川曰：「市肆行列。」即攤位、鋪面的行列、次序。⓴幾何頃　多長時間了。頃，頃刻。原指時間不長，這裡用以表時間概數。㉑罷　意即「你先回去吧」。㉒吾今令之復　我很快令其恢復正常。今，將；很快。㉓市復如故　市場秩序又恢復得和從前一樣了。㉔好庳車　好乘底盤矮的車。庳，低矮。㉕不便馬　馬拉著不得勁。㉖令數下　連續不斷地下令改這改那。㉗閭里　「里」是古代居民的基層單位名，五家為一鄰，五鄰為一里。四周有圍牆，住戶出入必須經由里門，即所謂「閭」，一般不得對著大街開門口。㉘高其梱　升高里門的門檻。梱，同「閫」。門限；門檻。㉙君子　上等人。㉚不教　用不著下命令、講道理。㉛法　模仿；仿效。㉜三得相　三次被任為宰相。㉝三去相　三次被免去宰相。瀧川曰：「孫叔之三相三去，見《莊子‧田方》、《呂覽‧知分》、《荀子‧堯問》、《淮南子》的〈道應〉、〈氾論〉諸篇，史公據之，但其事則不足信。」按：據《論語》，「三為楚相」者乃令尹子文，非孫叔敖。又，《正義》引《說苑》一則故事云：「孫叔敖為令尹，一國吏民皆來賀。有一老父衣粗衣，冠白冠，後來，弔曰：『有身貴而驕人者，民亡之；位已高而擅權者，君惡之；祿已厚而不知足者，患處之。』叔敖再拜，敬受命，願聞餘教。父曰：『位已高而意益下，官益大而心益小，祿已厚而慎不取，君謹守此三者，足以治楚。』」此雖係道家之旨，但足供位高爵重者書諸紳。《集解》引《皇覽》曰：「孫叔敖家在南郡江陵故城中白土里。」

【語譯】 孫叔敖是楚國的隱士。虞丘的人為相時把他推薦給了楚莊王，想讓他代替自己的職位。孫叔敖做了三個月的楚國宰相，他對人民進行教育，加以引導，使得楚國上下和睦，風氣美好，法令雖然寬鬆，但卻說到做到。官吏中沒有為非作歹的，民間也沒有盜賊。一到秋天冬天，他就鼓勵人們上山採伐；到了春天夏天，就讓人們趁著水多時，把採伐的竹木從山上放流下來，他讓人們都按照自己的習慣方便來安排自己的生產生活，人們對此都很滿意。

2 當時楚莊王覺得楚國的錢幣面額太小了，於是就把小的改做成了大的，結果百姓們都感到不方便，很多人都放棄了自己的職業。管理市場的官員來對宰相孫叔敖說：「市場上已經混亂了，人們都不再安心於自己的職業，舊有的秩序已經無法維持。」孫叔敖說：「這種情況有多長時間了？」管理市場的官員說：「差不多有三個月了。」孫叔敖說：「回去吧，我很快就會使它們恢復原樣了。」過了五天，孫叔敖上朝時對楚王說：「前些日子因為嫌舊幣面額太小而更換了錢幣，現在管理市場的官員來說，『市場亂了，人們都不再安心於自己的職業，舊有的秩序已經無法維持』，所以我請求讓它們恢復原來的樣子。」楚王同意，立即下了命令，結果不出三天，市場秩序又恢復得像原先一樣了。

3 楚國的老百姓習慣於乘坐底盤低的車子，楚王認為底盤太低不便於馬拉，於是想下令讓人們把底盤升高。

孫叔敖說：「命令下得太多，百姓們就會覺得不知聽哪個好，這樣做不行。如果大王一定要讓大家升高底盤，我建議讓各個里巷把里門的門檻都升高一點就行了。因為坐車的人都是有身分的，他們不可能頻繁地下車。」楚王答應了。結果沒過半年，人們都自動地把底盤升高了。

4 這就叫做不用下命令，人們就自然而然地跟著變了。周圍的人親眼看著學習，遠處的人四面望著模仿。而孫叔敖自己則是三次被任為宰相時也沒有感到特別高興，因為他知道自己有能力，該獲得宰相的職位；當三次被免去宰相時他也沒有感到懊惱，因為他知道這不是他的過錯。

子產❶者，鄭之列大夫❷也。鄭昭君❸之時，以所愛徐摯為相❹，國亂，上下不親，父子不和。大宮子期言之君，以子產為相❺。為相一年，豎子❻不戲狎❼，斑白不提挈❽，僮子不犁畔❾。二年，市不豫賈❿。三年，門不夜關，道不拾遺。四年，田器不歸⓫。五年，士無尺籍⓬，喪期不令而治⓭。治鄭二十六年而死⓮，丁壯號哭，老人兒啼⓯，曰：「子產去我⓰死乎，民將安歸⓱？」

【章旨】以上為第三段，寫子產為鄭相的效果及受百姓擁戴的情形。

【注釋】❶子產　鄭成公（西元前五八四—前五七一年在位）之少子，名僑，春秋後期鄭國的名臣，《左傳》中載有其大量的言論與活動，其事跡亦略見於〈鄭世家〉。❷列大夫　諸大夫中的一員，與其日後為相當國相對而言。❸鄭昭君　春秋時代無「鄭昭君」，有「鄭昭公」，乃春秋初期人，西元前六九六—前六九五年在位，與本文時代不合，顯為史公誤記。❹徐摯為相　《索隱》曰：「子產不事昭君，亦無徐摯作相之事，蓋別有所出，太史記異耳。」❺大宮子期言之君二句　大宮子期，《左傳》無其人。據《左傳》襄公十年（西元前五六三年），鄭國內亂，執政者子駟、子國、子耳等被叛亂者所殺，子產在平定叛亂中有功，事後子孔執政。至襄公十九年（西元前五五四年），鄭國又發生政變，子展等殺掉子孔，掌握政權，子產被立為卿。至襄公三十年（西元前五四三年），子產始被子皮推任為鄭國宰相。當時鄭國的國君為鄭簡公（西元前五六五—前五三○年在位）。本文所敘與《左傳》皆不合。❻豎子　小孩子。❼不戲狎　不打鬧；不開玩笑。❽斑白不提挈　頭髮斑白的老人不再手提重物。意謂年輕的人們都幫著做了。❾僮子不犂畔　連未成年的孩子耕田時也懂得不犯地界。〈周本紀〉中有所謂「耕者皆讓畔」，與此意同。畔，地界。有說指未成年的孩子不用下田勞動，似不可取。❿市不豫賈　《索隱》曰：「臨時評其貴賤，不豫定也。」方苞曰：「言索價一定，無猶豫之虛詞也。」賈，通「價」。⓫田器不歸　農具不用帶回家，放在田裡也丟不了。⓬士無尺籍　言丁男用不著登錄兵役簿裡，因為國家不徵兵、徵役。《正義》曰：「言士民無一尺方板之籍書什伍，什伍相保也。」瀧川引岡白駒曰：「尺籍所以書軍令，言大國不兵討。」⓭喪期不令而治　誰家有了喪事，上頭不用管，人們都能自動地把該辦的事情辦好。喪期，一曰為親屬服喪的期限，《正義佚存訂補》：「言士民自遵五服之制也。」一曰指發喪期間應辦的事情。⓮治鄭二十六年而死　梁玉繩曰：「按《左傳》，子產以魯襄十九年為卿，三十年相鄭，至昭二十年卒，今以為卿之年計，是三十三年；以為相之年計，是二十二年，此文蓋誤。」《史記》之〈鄭世家〉及〈十二諸侯年表〉皆誤書子產卒於定公十四年（西元前四九六年），與《左傳》不同。⓯兒啼　像孩子似的哭得那麼傷心。據《左傳》及〈孔子世家〉云：「子產死，孔子泣曰：『子產，古之遺愛也。』」《韓詩外傳》云：「子產病，將死，國人皆吁嗟曰：『誰可使代子產死者乎！』及其不免死也，士大夫哭之於廟，商賈哭之於市，農夫哭之於野。哭子產者，皆如喪父母。」吳見思曰：「寫子產，只敘其年譜，序其功效，其為政處一字不實寫，而以歌謠結，得其全神，更勝一倍。」⓰去我　離我而去。⓱民將安歸　百姓們可去投奔誰、依靠誰呢。《集解》引《皇覽》曰：「子產冢在河南新鄭，城外大冢是也。」

【語譯】子產是鄭國的一位大夫。鄭昭君在位時，曾讓他所寵愛的徐摯做鄭國宰相，結果把國家弄得亂糟糟的，上下不團結，父子不和睦。這時大宮子期就把子產介紹給了鄭昭君，讓子產當了鄭國宰相。結果子產當宰相一年，鄭國裡粗野的小孩子已不再打鬧，有白頭髮的老人走在路上不用再提東西，連少年人耕地也知道禮讓不耕到地界上去。當了兩年後，集上賣東西就沒有說謊多向人要錢的了。到當了三年後，人們就晚上再也不用關門，掉在路上的東西也沒有人撿了。四年後，種田的農具就可以放在田裡，不用帶回家。五年後，國家就用不著為了徵兵役而對士民進行登記；家族裡死了人，也用不著上頭來管，大家都知道按著喪禮辦事了。子產治理鄭國一共二十六年，到他死時，成年人都大聲痛哭，甚至連老年人也哭得像小孩子一樣，他們都說：「子產離開我們走了，我們今後可依靠誰呀？」

1 公儀休❶者，魯❷博士❸也，以高弟❹為魯相❺。奉法循理❻，無所變更，百官自正。使食祿者不得與下民爭利，受大者❼不得取小❽。

2 客有遺❾相魚者，相不受。客曰：「聞君嗜魚❿，遺君魚，何故不受也？」相曰：「以嗜魚，故不受也⓫。今為相，能自給魚。今受魚而免，誰復給我魚者⓬？吾故不受也。」

3 食茹⓭而美，拔其園葵⓮而弃之。見其家織布好，而疾出其家婦⓯，燔其機⓰，云：「欲令農士工女⓱安所讎其貨⓲乎？」

【章旨】以上為第四段，寫公儀休為官清正並嚴格管好家屬的故事。

【注釋】❶公儀休　姓公儀，名休。❷魯　西周以至春秋戰國時代的諸侯國名，始封之君為周公之子伯禽，至戰國時淪為楚國附庸，國都即今山東曲阜。❸博士　官名，在帝王身邊以備顧問之用。❹高弟　高等。指顧問工作做得好。姚範曰：「古時即有博士高弟邪？」按：姚氏將此文之「博士高弟」與漢代尊儒後的「博士弟子高第者可以為郎」云云混為同一類事，故而懷疑先秦時無此說。❺為魯相　瀧川曰：「《孟子・告子下》篇，魯穆公之時，公儀休為政；《鹽鐵論・相刺》篇，魯穆公之時，公儀休為相。」魯穆公是戰國前期的魯國國君，西元前四〇八－前三七五年在位。❻奉法循理　堅持按舊有的章程辦事。理，事理；法理。❼受大者　指做官食國家俸祿。❽取小　指再爭俸祿以外的其他收入，如經營工、商等事。❾遺　給；

送。⑩嗜魚　喜歡吃魚。嗜，愛好。⑪以嗜魚二句　按：此語極其深刻，古今貪官汙吏應書諸紳。⑫今受魚而免二句　免，指因受賄被免官。按：公儀休拒絕受魚事，採自《韓詩外傳》，前半文字全同，後半略有不同。其文曰：「以嗜魚，故不受也。受魚而免於相，則不能自給魚；無受而不免於相，長自給於魚。此明於魚為己者也。故《老子》曰：『後其身而身先，外其身而身存，非以其無私乎，故能成其私。』」引用《老子》語，分外精彩。⑬茹　蔬菜。⑭園葵　自己園子種的蔬菜。此處之「葵」與上文「茹」互文見義，所指相同。按：其實這不是一種好的語法，容易使人誤解。⑮出其家婦　把自家的妻子休棄了。出，逐；休棄。⑯燔其機　燒掉了織機。⑰農士工女　務農的男人和從事手工勞動的女人。⑱安所讎其貨　意謂官吏的家屬把菜種得這樣好，把布織得這樣好，讓那些勞動者的產品還去賣給誰呢。讎，此處同「售」。按：看似小題大作，但若今天的軍政長官都讓他們的公子、太太下海經營工商，則其中的腐敗與違法亂紀，顯然就不是一個「與民爭利」所能概括的了。在引人發笑的事實後面有深刻的大道理。

【語譯】公儀休是魯國的博士，由於顧問工作傑出做了魯國的宰相。他遵守法令，按道理辦事，對舊有章程一律不隨便改動，結果朝裡官僚們不用說大家就全變好了。公儀休要求當官享受俸祿的人不得再去做別的事情和老百姓爭奪利益，得了大利的人不能貪心再去取小利。

2 有一次，一個客人給公儀休送來了一條魚，公儀休不要。客人說：「我是聽說您喜歡吃魚，所以才送一條魚給您，您為什麼不要呢？」公儀休說：「因為我喜歡吃魚，所以才不能要你的魚。現在我是魯國宰相，自己買得起魚。如果我因為要了人家的魚而被免了官，那麼以後誰還能夠再給我魚呢？所以我不能要。」

3 公儀休吃菜時覺得特別新鮮，當他知道是自己家種的時，就去把自己家園子裡的菜全拔了。當他看到自己家裡織的布質地良好時，他就立刻休掉了他的妻子，燒毀了她的織機，說：「如果做官的都像我這樣自己種菜織布，那些農民手工業者種出織出的東西還去賣給誰呢？」

石奢者，楚昭王相也❶。堅直廉正，無所阿避❷。行縣❸，道有殺人者，相追之，乃其父也。縱❹其父而還自繫❺焉，使人言之王曰：「殺人者，臣之父也。夫以父立政❻，不孝也；廢法縱罪❼，非忠也。臣罪當死。」王曰：「追而不及❽，不當伏罪，子其治事矣❾。」石奢曰：「不私其父❿，非孝子也；不奉⓫主法，非忠臣也。王赦其罪，上惠也；伏誅而死，臣職⓬也。」遂不受令，自刎而死。

【章旨】以上為第五段，寫石奢執法而縱父自盡的故事。

【注釋】❶石奢者二句　楚昭王，名珍，春秋後期的楚國國君，西元前五一五—前四八九年在位。事跡見《左傳》與〈楚世家〉。梁玉繩曰：「楚相即令尹，昭王時子西尸之，未聞相石奢。《呂覽・高義》篇言：『昭王使石渚為政。』『渚』乃『奢』之譌，《史》蓋本《呂》而誤改作『相』也。《韓詩外傳・二》、《新序・節士》並言：『昭王有士曰石奢，使為理。』」❷阿避　迴避；繞開矛盾而行。阿，曲。❸行縣　到各縣去檢查工作。行，視察。❹縱　放走。❺自繫　將自己囚禁起來。❻以父立政　懲辦父親以維護政令的尊嚴。❼廢法縱罪　不顧法律而放走罪人。❽追而不及　楚王故意將石奢放走父親說成是「追而不及」，是想將此事做罷。❾子其治事矣　你還是繼續做你的工作吧。治事，處理公務。❿不私其父　對父親的事情公事公辦。指依法懲處。⓫奉　執行。⓬職　本分；理當如此。

【語譯】石奢是楚昭王的宰相，為人耿直廉潔，辦事大公無私。有一次他到各縣去視察，在路上發現有人殺了人，於是他就馬上追了過去，等到捉住兇手後，才發現原來是他的父親。於是他就放走了他的父親，而把自己下了獄，並且派人去對楚王說：「殺人的兇手，是我的父親。如果以懲辦父親來維護國家的政令，這就是不孝了；如果破壞法律，放走罪犯，那就又成了不忠。所以我的罪過是非死不可。」楚王說：「追捕逃犯而沒有捉到，追的人不應該治罪，你還是應該照樣做你的宰相。」石奢說：「依法懲處自己的父親，不算是孝子；不執行國家的法令，不算是忠臣。您赦免我的罪，這是您的恩德；我伏法而死，這是我的本分。」於是沒有聽楚王的話，還是堅持自殺了。

李離者，晉文公❶之理❷也。過聽❸殺人，自拘當死❹。文公曰：「官有貴賤，罰有輕重。下吏有過，非子之罪也。」李離曰：「臣居官為長❺，不與吏讓位；受祿為多，不與下分利。今過聽殺人，傅其罪下吏❻，非所聞也。」辭不受令。文公曰：「子則❼自以為有罪，寡人亦有罪邪？」李離曰：「理有法❽，『失刑則刑❾，失死則死❿』。公以臣能聽微決疑⓫，故使為理。今過聽殺人，罪當死。」遂不受令，伏劍而死。

【章　旨】 以上為第六段，寫李離因過聽殺人而為之抵命的故事。

【注　釋】 ❶晉文公　名重耳，春秋前期晉國的國君，西元前六三六—前六二八年在位，有名的五霸之一。事跡見《左傳》與〈晉世家〉。❷理　法官。❸過聽　聽信了錯誤的口供或別人的錯誤意見。❹自拘當死　自己把自己逮捕起來，判處死罪。當，判處。❺居官為長　在諸吏之中自己是首長。❻傅其罪下吏　把罪過推脫給下屬。傅，加；推給。❼則　若。❽理有法　做法官的有條例規定。❾失刑則刑　對別人用刑不當，則自己要負相等的法律責任。❿失死則死　錯誤地把別人處死了，則執法者要為之抵命。王駿圖曰：「離之言即今所謂反坐耳。」⓫聽微決疑　《索隱》曰：「言能聽察微理，以決疑獄。」意即能審理不易察明的案子。微，深隱。

【語　譯】 李離是晉文公的法官。因為錯誤地聽信了某些話而殺了不該殺的人，後來發現後，他就把自己關起來，給自己判了死罪。晉文公說：「官職有高低，刑罰有輕重。錯殺人是下面的官吏們的錯誤，不是你的罪過。」李離說：「在我被任命為他們的長官的時候，我沒有向他們推讓；當我得俸祿比他們多的時候，我也沒有把俸祿分給他們。現在我判斷失誤而錯殺了人，卻把罪過推給下級，這樣的事沒聽說過。」他堅決推辭，不接受晉文公的寬免。晉文公說：「你若認為自己有罪，是不是我也應該算是有罪？」李離說：「法官有條例規定，『用錯了刑，自己就該受刑；殺錯了人，自己就該被殺』。您是因為我能夠仔細地偵察分析，判斷疑案，才讓我做法官的。現在我殺錯了人，按罪理應處死。」於是就沒聽晉文公的攔阻，而引劍自殺了。

太史公曰：孫叔敖出一言，郢市復❶。子產病死，鄭民號哭。公儀子見好布而家婦逐。石奢縱父而死，楚昭名立。李離過殺而伏劍，晉文以正國法❷。

【章　旨】以上為第七段，是作者的論贊，作者對他筆下的五個循吏都表現了深深的敬佩之情。

【注　釋】❶郢市復　郢都市場恢復了正常秩序。❷晉文以正國法　晉文公的國法得以維持其公正無私。

【語　譯】太史公說：孫叔敖說了一句話，郢都市場的秩序就恢復如初。子產生病死了，鄭國的百姓就齊聲號哭。公儀休看到自家的布織得好，就休棄了妻子。石奢放過犯罪的父親而自殺，楚昭王的威名得以建立。李離因為錯殺人而伏劍自殺，晉文公的國法從此得以維持其公正無私。

【研　析】本文的中心思想是歌頌一種寬緩不苛的政治局面，歌頌一批修身正己、奉法循理的愛民官員，言外之意就是不滿武帝時的酷吏政治，以及張湯、趙禹等一批為武帝效力的擾民官僚，這一點是極為明確的，前人之述備矣，可與〈酷吏列傳〉對看。

其次是本文通過公儀休的行為表現了一種反對「與民爭利」的思想，而這種思想在〈平準書〉與〈貨殖列傳〉中就成為一個非常重要的課題了。司馬遷對經濟問題的主張是「善者因之，其次利導之，其次教誨之，其次整齊之，最下者與之爭」。本文雖然主要的不是討論這個問題，但它無疑地是涉及到了這個領域，因此必須與〈平準書〉、〈貨殖列傳〉的有關思想一起考慮。

其三是本文通過孫叔敖制止楚王改鑄貨幣的問題，對武帝時期為掠奪人民而實行的一連串有關貨幣問題的朝令夕改，進行了尖銳的批評，這也是必須結合〈平準書〉一道思考的。

其四是本文表現了作者對黃老清靜無為思想的一種嚮往，這一點在孫叔敖、公儀休身上表現得極為突出，對此應該與〈曹相國世家〉、〈呂太后本紀〉贊、〈汲鄭列傳〉等一起思考。

子產、石奢、李離，都是法家人物，一般說來，司馬遷對法家人物是不喜歡的，但在本文中司馬遷讚揚了他們的執法嚴明，以身作則，也有對漢代官僚、酷吏們的警戒、教育意義。本文所用的材料，多不見於《左傳》，而是取自《韓詩外傳》與諸子傳說。作為人物傳記要求，不足以取信；但作為表達作者思想的一種載體、一種方式，自然也有其獨特的成功之處。於是有人說它像「諸子」，有人說它像「小品文」，這就仁者見仁、智者見智了。

卷一百二十

汲鄭列傳第六十

【題解】本篇是以汲黯為主，以鄭當時為陪襯的合傳，這兩個人都是漢武帝時的名臣，前者以「正直敢言」著稱，後者以善於交結賢士聞名。但本篇的重點則是在於表彰汲黯對皇帝的敢於犯顏直諫，和對執政大臣的敢於面折。而其思想實質則是表現了汲黯對武帝時期一系列方針政策如尊崇儒術、征伐四夷、鹽鐵官營、任用酷吏，和所任用的一系列當權人物如公孫弘、張湯等的反對。在這一點上，汲黯可以說是司馬遷的代言人，汲黯這個形象也是司馬遷所塑造的理想的人物形象之一。汲黯指斥漢武帝「多欲」，指斥公孫弘、張湯「阿諛人主」，這些有對的一面，他揭示了統治階級的「聖君賢相」到底都是些什麼面目；但是汲黯的思想又明顯地有其片面性與落後性，他對武帝時期的一系列方針政策缺乏應有的客觀分析，因而連及對公孫弘、張湯的評價也就不一定很公允。然即使如此，這還是司馬遷對武帝政治進行評價的一篇重要文字，應與〈平準書〉、〈酷吏列傳〉、〈儒林列傳〉、〈平津侯主父列傳〉等同看。

1 汲黯字長孺，濮陽❶人也。其先有寵於古之衛君❷，至黯七世❸，世為卿大夫❹。黯以父任❺，孝景❻時為太子洗馬❼，以莊見憚❽。

2 孝景帝崩❾，太子❿即位，黯為謁者⓫。東越相攻⓬，上使黯往視之。不至⓭，至吳[14]而還，報曰：「越人相攻，固其俗然[15]，不足以辱天子之使[16]。」河內[17]失火，延燒[18]千餘家，上使黯往視之。還報曰：「家人[19]失火，屋比[20]延燒，不足憂也。臣過河南[21]，河南貧人傷水旱萬餘家，或父子相食，臣謹以便宜[22]，持節[23]發[24]河南倉[25]粟以振[26]貧民。臣請歸節[27]，伏矯制之罪[28]。」上賢而釋之，遷為滎陽[29]令。黯恥為令，病歸田里[30]。上聞，乃召拜為中大夫[31]。以數切諫[32]，不得久留內[33]，遷為東海[34]太守。

3 黯學黃、老之言[35]，治官理民，好清靜，擇丞史而任之[36]。其治，責大指[37]而已，不苛小[38]。黯多病，臥閨閤[39]內不出。歲餘，東海大治，稱之。上聞，召以為主爵都尉[40]，列於九卿[41]。治務在無為而已，弘大體[42]，不拘文法[43]。

4 黯為人性倨[44]，少禮，面折[45]，不能容人之過。合己者，善待之；不合己者，不能忍見[46]，士亦以此不附焉。然好學，游俠[47]，任氣節[48]，內行脩絜[49]，好直諫，數犯主之顏色，常慕傅柏[50]、袁盎[51]之為人也。善灌夫[52]、鄭當時及宗正[53]劉弃[54]。亦以數直諫，不得久居位[55]。

5 當是時，太后弟武安侯蚡[56]為丞相，中二千石[57]來拜謁[58]，蚡不為禮[59]。然黯見蚡未嘗拜，常揖之。天子方招文學儒者[60]，上曰「吾欲」云云[61]，黯對曰：「陛下內多欲而外施仁義，柰何(62)欲效唐、虞之治(63)乎！」上默然，怒，變色而罷朝。公卿皆為黯懼。上退，謂左右曰：「甚矣，汲黯之戇(64)也！」羣臣或數(65)黯，黯曰：「天子置公卿輔弼(66)之臣，寧令從諛承意(67)，陷主於不義乎？且已在其位，縱愛身，柰辱朝廷何(68)？」

6 黯多病，病且滿三月，上常賜告者數(69)，終不愈。最後病，莊助為請告(70)。上曰：「汲黯何如人哉？」助曰：「使黯任職居官(71)，無以踰人。然至其輔少主，守城深堅(72)，招之不來，麾之不去(73)，雖自謂賁、育(74)亦不能奪(75)之矣。」上曰：「然。古有社稷之臣(76)，至如黯，近之矣。」

7 大將軍青(77)侍中(78)，上踞廁而視之(79)。丞相弘(80)燕見(81)，上或時不冠(82)。至如黯見，上不冠不見也。上嘗坐武帳(83)中，黯前奏事，上不冠，望見黯，避帳中，使人可其奏(84)。其見敬禮如此。

【章　旨】以上為第一段，寫汲黯因內行修潔，直言敢諫，而被漢廷君臣敬憚的情形。

【注　釋】❶濮陽　漢縣名，縣治在今河南濮陽西南，當時亦為東郡的郡治所在地。❷衛君　《集解》引文穎曰：「六國時，衛但稱君。」按：衛國到春秋中期已相當弱小，進入戰國後先貶號稱侯，又貶號稱君，至衛君角時，被秦所滅，過程見〈衛康叔世家〉。❸至黯七世　張文虎曰：「舊刻『七世』作『十世』，與《漢書》合。」❹世為卿大夫　高者至為卿，低者也至大夫。「卿」約當中央政府的部長一級。❺以父任　由於父親的擔保。任，保任。漢王朝使其官吏保任自己的兒子或兄弟為官的一種制度。❻孝景　漢景帝，名啟，西元前一五六—前一四一年在位。❼太子洗馬　官名，其員十六人，為太子出行時當先驅，上屬太子太傅。❽以莊見憚　由於態度過於嚴肅，被他人所敬畏。莊，莊重；嚴肅。憚，畏。這裡指敬畏。❾孝景帝崩　事在景帝後元三年（西元前一四一年）。❿太子　即漢武帝，名徹，西元前一四〇—前八七年在位。⓫謁者　官名，上屬郎中令，為皇帝掌管收發、傳達以及贊禮等事。⓬東越相攻　事在武帝建元三年（西元前一三八年）。東越，指當時建都在東甌（今浙江溫州）的東海王和建都在東冶（今福建福州）的閩越王。吳楚七國造反時，東海王（名搖）曾舉兵跟從吳王劉濞；吳楚軍敗，東海王接受漢王朝的指令誘殺了吳王濞，使自己獲免。劉濞之子逃入閩越，恨東海王襲殺其父，於建元三年，勸閩越出兵圍東甌。詳情見〈東越列傳〉。⓭不至　沒有到達東海地區。⓮吳　漢縣名，縣治即今江蘇蘇州，當時也是會稽郡的郡治所在地。⓯固其俗然　意謂打打殺殺，本來就是這些生番化外者的常有之事。⓰不足以辱天子之使　不值得讓天子的使臣去跑這一趟。辱，這裡指辛苦、煩勞。鍾惺曰：「『越人相攻，固其俗然，不足以辱天子之使』，數語暗暗斬斷武帝開邊之根。」姚苧田曰：「出使半道廢命而還，雖曰『持大體』，然亦見漢法寬厚，非後世所及。」⓱河內　漢郡名，郡治懷縣（今河南武陟西南），因其地處黃河以北，故稱「河內」。⓲延燒　接連被燒。延，連。⓳家人　指平民百姓。師古曰：「猶言庶人家也。」⓴比　並；挨近。㉑河南　漢郡名，郡治雒陽（今河南洛陽東北）。㉒以便宜　指事先未經請示及時採取措施。㉓持節　稟持著皇帝所授的旌節。即以皇帝欽差名義。㉔發　調出。㉕河南倉　河南郡內的國家糧庫。㉖振　通「賑」。救濟。㉗歸節　奉還此次出使所持之節。㉘伏矯制之罪　情願接受犯了假傳聖旨之罪的懲罰。矯制，假傳聖旨。制，皇帝的命令。王念孫曰：「蓋河內失火，武帝使黯往視，道經河南，見貧民傷水旱，因發倉粟振之。是黯未至河內，先過河南，故曰『臣過河南』。」鍾惺曰：「河內失火，奉使往視，不問；而以便宜發倉粟振貧民。民維邦本，易動則危，老成長慮，人知黯之守正，而不知其能達權也。所謂『社稷臣』，『招之不來，麾之不去』，武帝看黯正於此處得之。」㉙滎陽　漢縣名，縣治在今河南滎陽東北，現在尚有舊日的斷垣殘壁。㉚病歸田里　以養病為名，拒絕任命而回家了。㉛中大夫　官名，上屬郎中令，在皇帝的身邊掌議論，秩千石。㉜切諫　強烈、堅持的勸諫。㉝留內　留在朝廷。內，指京內；朝內。㉞東海　漢郡名，郡治郯縣（今山東郯城西北）。㉟黃老之言　以黃帝、老子相標榜的道家學派的一個分支，形成於戰國中後期，盛行於秦漢之際，其代表學說為《黃帝四經》、司馬談〈論六家要旨〉諸書，講順應環境、清靜無為、後發制人等。㊱擇丞史而任之　選好幾個下屬，把郡裡的事情都交給他們去辦，後文說鄭當時「推轂士及官屬丞史」，與此意同。丞史，指郡丞和郡中的其他曹吏。郡丞是太守的助理。史指掌管文書的吏員，這裡即指除郡丞以外的其他屬吏。鍾惺曰：「為治『擇丞史而任之』，不自用而用人，大臣作用已見一斑。」㊲大指　大體；大的方面。指，同「旨」。㊳不苛小　不管雞毛蒜皮的事情。㊴閨閤　指內室。閨，內室小門。閤，旁門。後世始用以專指青年女子的臥房。㊵主爵都尉　朝官名，掌管諸列侯的有關事務，秩二千石。㊶列於九卿　意即享受「九卿待遇」。胡三省《通鑑注》曰：「漢太常、郎中令、中大夫令（衛尉）、太僕、太理（廷尉）、大行（典客）、宗正、大司農、少府為正九卿，中尉、主爵都尉、內史列於九卿。」據《漢書‧百官公卿表》，汲黯於建元六年（西元前一三五年）為主爵都尉，任職十一年，元朔五年（西元前一二四年）徙為右內史。楊樹達曰：「時有竇嬰、田蚡之爭，黯是魏其。」按：此汲黯主持公道事，見〈魏其武安侯列傳〉。㊷弘大體　即上之所謂「責大指」。弘，大；開闊。㊸不拘文法　不拘泥於規章條文。㊹倨　高傲不屈禮於人。㊺面折　當面駁回人家的主張、見解，或當面指出人家的缺點、錯誤。折，斷；駁回。通常用於同級或下對上。㊻不能忍見　不能忍著自己的感情與那些人見面。按：〈酷吏列傳〉敘周陽由事，曾說周陽由「與汲黯俱為忮」，說汲黯應否用「忮」字，似應斟酌。㊼好學二句　胡平生《全注全譯史記》曰：「《漢書》作『好游俠』。汲黯無『好學』事跡，下文武帝又以『人不可以無學』評論之，是應從《漢書》解讀為『好游俠』。」按：胡氏說是，「學」字應削。㊽任氣節　任氣直節。意即不掩飾、直出直入。㊾內行脩絜　內在品質很高尚。絜，通「潔」。㊿傅柏　《集解》引應劭曰：「梁人，為孝王將，素伉直。」按：《漢書》作「傅伯」，具體事跡不詳。(51)袁盎　景帝時人，以直諫敢言聞名，《史記》有傳。按：傅柏事跡無聞，無從議論；至袁盎，讒殺鼂錯，惡之極者，縱有「伉直」虛名，又何足慕？此亦見汲黯之輕發。(52)灌夫　潁川人，一個講義氣的地方豪強，事見〈魏其武安侯列傳〉。(53)宗正　官名，掌皇帝宗族事務，為「九卿」之一。(54)劉弃　事跡不詳，應是劉氏皇族，《史記》中僅此一見，《漢書》作「劉棄疾」，亦無其他事跡。(55)不得久居位　謂其不得久居「主爵都尉」之位也。(56)武安侯蚡　田蚡，武帝母王太后的同母異父弟。事跡見〈魏其武安侯列傳〉。田蚡為丞相在西元前一三五—前一三一年。(57)中二千石　漢代官階名，月俸一百八十斛，當時的「九卿」都屬於這一級。(58)拜謁　拜見。(59)不為禮　不為之還禮。(60)方招文學儒者　即通常所說的「尊儒」。招，延納；進用。文學儒者，念儒學之書的書生。文學，當時指學術，這裡指儒家所講的那一套。(61)上曰吾欲云云　意謂武帝剛說「我想……」（想要興辦什麼儒家提倡的事業），下文尚未出口，就被汲黯迎頭打斷了。荀悅《漢紀》云：「帝問汲黯曰：『吾欲興政治，法堯舜，如何？』」(62)柰何　怎麼能夠。(63)唐虞之治　唐堯、虞舜治理下的盛世局面。(64)戇　愚直。(65)數　責；責備。(66)輔弼　輔佐。弼，佐助。(67)寧令從諛承意　猶言「難道是讓這些人順從阿諛，專門看著皇帝的臉色行事嗎」。承意，順承著皇帝的意旨。(68)縱愛身二句　意謂即使自己害怕犯罪，但如果由於自己未盡職責而給朝廷帶來了恥辱（指壞事公行），那又怎麼辦呢。陳仁錫曰：「忠臣心事，與沽名者不同。」(69)病且滿三月二句　且，將。賜告，賜給假期；延長其假期。瀧川引中井曰：「告，休暇也。漢法：病免三月當免官，賜告則不免官而養病。」數，一再；多次。(70)最後病二句　按：《漢書》無「病」字，二句作一句讀，疑《漢書》是。莊助，吳人，以賢良對策受賞識，後曾為中大夫、會稽太守等職。因交結淮南王，淮南王謀反時，受牽連被殺。事跡參見〈東越列傳〉。(71)任職居官　指一般情況下的居官任職，照章辦事。(72)守城深堅　李笠《史記訂補》曰：「城，當從《漢書》作『成』，此涉下『深堅』字而誤為『城』也。深堅者，即『招之不來，麾之不去』之謂，非謂城之深堅也。」守成，指堅守老皇帝的既定方針。(73)招之不來二句　指一心擁護少主，任何力量都不能動搖，如荀息之遵獻公命擁立卓子是也，見〈晉世家〉。(74)賁育　孟賁、夏育，戰國時的著名勇士。據說孟賁能生拔牛角，夏育能力舉千鈞，生拔牛尾。(75)奪　奪志；使之改變主意。(76)社稷之臣　能與國家共存亡的大臣。〈袁盎鼂錯列傳〉云：「社稷臣，主在與在，主亡與亡。」(77)大將軍青　衛青，武帝皇后衛子夫的同母異父弟，以伐匈奴功，官至大將軍。事跡詳見〈衛將軍驃騎列傳〉。大將軍，國家最高的武官名，位在丞相之上。(78)侍中　在皇帝身邊侍應。中，指宮廷之中。後來「侍中」遂成了官名。(79)上踞廁而視之　《集解》引如淳曰：「廁，音側，謂床邊，踞床視之。一云，溷廁也。」按：後說是，「廁」即指廁所。錢鍾書《管錐編》云：「踞廁接見大臣，亦西方帝皇舊習，蒙田所謂據廁牏寶座，處理機要；並有入廁面君特許狀，頒與重臣，俾於溷圊得便宜如宣室之覲。」(80)丞相弘　即公孫弘，姓公孫名弘，以儒生為丞相，封平津侯，是司馬遷最反感的人物之一。事跡見〈平津侯主父列傳〉。據〈漢興以來將相名臣年表〉，公孫弘為丞相在西元前一二四—前一二一年。(81)燕見　平常時候的入宮求見，與朝會相對而言。燕，通「晏」。安閒；安樂。(82)或時不冠　有時不戴帽子，以見其隨便之狀。(83)武帳　《集解》引應劭曰：「織成為武士像也。」又引孟康曰：「今御武帳，置兵闌五兵（矛、戟、鉞、楯、弓矢）於帳中。」《漢書補注》引沈欽韓曰：「帳置五兵，蓋以蘭錡圍四垂，天子御殿之制如此。有災變，避正殿，寢兵，則不坐武帳也。」(84)可其奏　同意他所請示的事情。楊慎曰：「將言望見黯避帳中，故先從衛青、弘常日見時說來，如此則前所謂尊重，後所謂封侯，皆有不足道矣。」

【語譯】汲黯，字長孺，濮陽縣人。他的祖先在戰國時曾是衛君的寵臣，從那時到汲黯共七世，世世都官至公卿大夫。在孝景帝時代，汲黯因為父親在朝中為官而得保任，做了太子洗馬。由於他素來莊重嚴肅，所以大家對他都很敬畏。

2　孝景帝死後，太子劉徹即位，這就是漢武帝，汲黯這時做了為皇帝掌管收發傳達的謁者。不久，東南沿海的閩越和東甌打了起來，武帝派汲黯前往視察。結果汲黯只走到吳國就半道上折返回來了，他向武帝報告說：「兩個東越小國互相攻擊，是常有的事，用不著煩勞天子的使者前去過問。」後來，河內郡發生了火災，火勢蔓延一連燒了一千多戶人家，武帝又派汲黯前去視察。汲黯回來報告說：「老百姓家裡失火，挨著燒了一些鄰居的房子，用不著朝廷憂慮。但是我在路過河南郡的時候，看到那裡因為鬧水旱使得一萬多戶人家受災，有的甚至餓得一家老小互相吃。面對這種情況，我就憑著您給我的節信，自作主張地下令讓河南郡打開了官倉，賑濟了那些受災的貧民。現在我把節信還給您，請求您懲罰我的假傳聖旨之罪。」武帝覺得他做得不錯，便沒有責怪他，並任命他去做滎陽縣令。而汲黯覺得當個縣令不光彩，於是便藉口有病，回家為民了。武帝聽說後，就又把他叫回來，讓他當了掌管議論的中大夫。但由於汲黯總是愛提意見，惹得武帝心煩，沒法在宮廷裡待下去了，因而被外派做了東海郡的太守。

3 汲黯是學習黃老學說的，他做官為政的原則是清靜無為，他挑選了幾個能幹的郡丞、掾史放手讓他們去做。他辦事只注意大的方面，不苛求細微末節。他體弱多病，經常躺在屋裡不出門。結果過了一年多，把整個東海郡治理得很好，深受當地人們的稱讚。武帝聽說後，又把他調回了朝廷，任命他當了主爵都尉，享受九卿待遇。汲黯在朝廷裡仍是清靜無為，辦事只著重大的方面，不拘泥繁文縟節。

4 汲黯性情高傲，不重禮節，常常當面駁回別人的意見而不留面子，且不能容忍別人的過失。合他口味的人，他就友好相待；不合他口味的人，他連面都不願見，也正因此使得有些人不愛靠攏他。但是汲黯喜好為人仗義，有氣節，時時不忘自身的修養，喜歡直言，敢提意見，曾多次冒犯過漢武帝。他敬慕以直言敢諫著稱的傅柏、袁盎等人；跟灌夫、鄭當時以及掌管皇室宗族事務的宗正劉弃是好朋友。他也因為好提意見，以致主爵都尉的官位做不長。

5 當時，太后的弟弟武安侯田蚡做丞相，那些中二千石一級的高官來拜見他時，田蚡都是不回禮的。只有汲黯來見田蚡時從來不給他下拜，只是作個揖就算了。當時漢武帝正在招納儒生，大興禮樂，他常說「我想做什麼……做什麼……」。這時，汲黯就接過去說：「您心裡貪婪得很，卻總是表面上實行仁義，這怎麼能學好唐堯、虞舜的治理國家呢！」頂得漢武帝無言以對，氣得臉色都變了，他憤怒地宣布罷朝。這時所有的大臣們都替汲黯感到害怕。武帝退朝後，對周圍的人說：「汲黯這個牛脾氣也太過分了！」有的人私下責備汲黯，勸他不要如此，汲黯說：「皇上設置三公九卿這些左膀右臂，難道是為了讓我們阿諛奉承，專門看著皇帝的臉色行事，讓皇上犯錯嗎？我們已經被放在這個位置上，縱然愛惜自己生命，但如果因為自己的未盡職而給朝廷帶來恥辱，那又怎麼辦呢？」

6 汲黯經常生病，每當他請病假快滿三個月，按照規定將被免官的時候，武帝總是一再給他延長假期，讓他好好休養，但他的病始終沒有痊癒。在他最後一次病重時，莊助來替他請假，武帝問莊助：「你看汲黯是個什麼樣的人？」莊助說：「如果讓汲黯做一個一般的官，他不見得有什麼地方超過別人。然而如果讓他輔佐一個年幼的君主，他一定能夠堅守老皇帝的方針，誰也休想讓他更動半步。我覺得在這種時刻，即使是古代的孟賁、夏育也動搖不了他的。」武帝說：「是的。古代有所謂能與國家共存亡的『社稷之臣』，我看汲黯就差不多。」

7 大將軍衛青在宮中侍應，漢武帝有時在廁所裡召見他。丞相公孫弘在平常的時候去見漢武帝，漢武帝有時連帽子都不戴。然而要是汲黯前來求見，武帝是不戴好帽子絕不出來的。有一次，武帝在武帳中坐著，遠遠地看到汲黯有事進來了，當時因為武帝沒戴帽子，於是他就急忙躲在帳後，打發別人出去告訴汲黯，說皇上同意他的意見。汲黯受武帝尊敬的程度竟達到了這種地步。

1 張湯❶方以更定律令❷為廷尉❸，黯數質責湯於上前，曰：「公為正卿，上不能褒❹先帝之功業，下不能抑天下之邪心。安國富民，使囹圄❺空虛，二者無一焉。非苦就行，放析就功❻，何乃取高皇帝約束❼紛更❽之為？公以此❾無種❿矣。」

黯時與湯論議，湯辯常在文深小苛[11]，黯伉厲守高[12]，不能屈[13]，忿發罵曰：「天下謂刀筆吏[14]不可以為公卿，果然。必湯也，令天下重足而立，側目而視矣[15]！」

2 是時，漢方征匈奴[16]，招懷四夷[17]。黯務少事，乘上間[18]，常言與胡和親[19]，無起兵。上方向儒術，尊公孫弘[20]。及事益多[21]，吏民巧弄[22]。上分別文法[23]，湯等數奏決讞[24]以幸。而黯常毀儒，面觸[25]弘等徒懷詐飾智[26]以阿人主[27]取容[28]，而刀筆吏專深文巧詆[29]，陷人於罪，使不得反其真[30]，以勝為功[31]。上愈益貴弘、湯，弘、湯深心疾黯[32]，唯[33]天子亦不說[34]也，欲誅之以事[35]。弘為丞相，乃言上曰：「右內史[36]界部中[37]多貴人、宗室，難治，非素重臣[38]不能任，請徙黯為右內史[39]。」為右內史數歲，官事不廢[40]。

3 大將軍青既益尊，姊為皇后[41]，然黯與亢禮[42]。人或說黯曰：「自天子欲羣臣下大將軍[43]，大將軍尊重益貴，君不可以不拜。」黯曰：「夫以大將軍有揖客，反不重邪？」大將軍聞，愈賢黯，數請問國家朝廷所疑，遇[44]黯過於平生[45]。

4 淮南王[46]謀反，憚黯[47]，曰：「好直諫，守節死義，難惑以非。至如說[48]丞相弘，如發蒙振落[49]耳。」

5 天子既數征匈奴有功[50]，黯之言益不用[51]。

6 始黯列為九卿[52]，而公孫弘、張湯為小吏[53]。及弘、湯稍益貴[54]，與黯同位，黯又非毀[55]弘、湯等。已而弘至丞相，封為侯[56]，湯至御史大夫[57]，故黯時[58]丞相史[59]皆與黯同列，或尊用過之。黯褊心，不能無少望[60]，見上，前言曰：「陛下用羣臣如積薪[61]耳，後來者居上[62]。」上默然。有間，黯罷[63]，上曰：「人果不可以無學，觀黯之言也，日益甚[64]。」

7 居無何[65]，匈奴渾邪王率眾來降[66]，漢發車二萬乘[67]。縣官[68]無錢，從民貰[69]馬。民或匿馬，馬不具[70]。上怒，欲斬長安令[71]。黯曰：「長安令無罪，獨斬黯，民乃肯出馬[72]。且匈奴畔[73]其主而降漢，漢徐以縣次傳之[74]，何至令天下騷動，罷弊[75]中國[76]而以事夷狄之人[77]乎！」上默然。及渾邪至，賈人與市[78]者，坐當死[79]者五百餘人。黯請間[80]，見高門[81]，曰：「夫匈奴攻當路塞[82]，絕和親[83]，中國興兵誅之，死傷者不可勝計，而費以巨萬百數[84]。臣愚以為陛下得胡人，皆以為奴婢，以賜從軍死事者家；所鹵獲，因予之[85]，以謝天下之苦，塞[86]百姓之心。今縱不能，渾邪率數萬之眾來降，虛府庫賞賜[87]，發良民侍養，譬若奉[88]驕子。愚民安知市買長安中物[89]，而文吏[90]繩[91]以為闌出財物于邊關[92]乎？陛下縱不能得匈奴之資以謝天下，又以微文[93]殺無知者五百餘人，是所謂『庇其葉而傷其枝[94]』

者也，臣竊為陛下不取也。」上默然，不許，曰：「吾久不聞汲黯之言，今又復妄發㊉矣。」後數月，黯坐小法，會赦，免官96。於是黯隱於田園。

【章　旨】以上為第二段，寫汲黯因反對武帝政策的推行者公孫弘、張湯，而遭傾陷、排擠的情形。

【注　釋】❶張湯　司馬遷厭惡的酷吏之一。事跡詳見〈酷吏列傳〉。❷更定律令　改制新的法律條文。❸廷尉　官名，掌刑獄，是全國最高的司法長官，為「九卿」之一。❹褒　發揚；光大。❺囹圄　牢獄。❻非苦就行二句　按：八字疑有訛誤，方苞評點《史記》曰：「明知所行之非，而為艱苦以成之，如湯為三公，而家產不過三百金，及造詣諸公，不避寒暑是也。析言破律，以就其功，如湯興皮幣、造白金、籠鹽鐵、出告緡令是也。」❼高皇帝約束　指約法三章：殺人者死，傷人及盜抵罪。❽紛更　亂改。❾以此　將要因此。❿無種　滅門；絕種。⓫湯辯常在文深小苛　張湯的雄辯之所在，常在一些瑣碎的具體條文上。⓬伉厲守高　意即常在一些大的問題上堅持原則。⓭不能屈　意即說不過張湯。有人解釋成「不肯為張湯的苛論所屈服」，似與上下文不合。因為汲黯說理說不過張湯，所以才有下面的「忿發」之罵詈。⓮刀筆吏　刀筆是古代的書寫工具，用筆寫在竹簡或木牘上，有錯誤則以刀刮去重寫。管文牘的小吏要隨身帶著刀筆以備應用，故人稱「刀筆吏」。但後人多以「刀筆吏」稱司法部門的小吏。⓯必湯也三句　瀧川引中井曰：「試取『必』字置『湯也』之下，意乃了了。」按：中井說不必，此與〈匈奴列傳〉之中行說云「必我行也，為漢患者」句式相同。「必」字提前，構成一種假定語氣。重足而立、側目而視　皆形容人們的畏懼之甚。師古曰：「重累其足，言懼甚也。」姚苧田曰：「黯一生與張湯抵牾，篇中凡三敘責湯之言，其意前後相足，不甚歧異，大概以刀筆吏深文周內、紛改舊意為根。」⓰方征匈奴　漢武帝征伐匈奴自元光二年（西元前一三三年）開始，見〈匈奴列傳〉、〈衛將軍驃騎列傳〉。⓱招懷四夷　指討伐東越、南越，滅朝鮮，通西南夷，伐大宛等。招懷，招納；懷來。其實都是武力征服。⓲乘上間　找武帝空閒的機會。⓳與胡和親　與匈奴實行和親政策，即不改變劉邦以及文帝、景帝對匈奴的舊章程。⓴上方向儒術二句　首先向漢武帝提出「罷黜百家，獨尊儒術」的是董仲舒，在漢武帝尊儒過程中獲利最大的是公孫弘。公孫弘就憑著讀《公羊春秋》，憑著一套看風使舵的本領，當了丞相，並被封為平津侯。公孫弘與張湯是漢武帝「外儒內法」統治漢王朝的哼哈二將。曾國藩曰：「處處以公孫弘、張湯相提並論，此史公平生好惡之所在。」㉑及事益多　指尊儒，征伐四夷，打擊、消滅諸侯王，實行鹽鐵、鑄錢官營，以及實行平準、均輸，算緡、告緡等。㉒吏民巧弄　指下層吏民使用各種辦法來與漢武帝的各種政策作合法與非法的頑強鬥爭，正如今之所謂「上有政策，下有對策」。㉓分別文法　指強調法治，嚴明法紀。分別，意即「分明」、「嚴明」的意思。據《漢書・刑法志》，當時有「見知故縱、監臨部主之法，緩深故之罪，急縱出之誅」等等，「轉相比況，禁網寖密」。㉔奏決讞　進呈重大的或是有疑難的案件請皇帝裁決。奏，進。讞，定案。按：張湯的這種做法並沒有給漢武帝出難題，因為他與公孫弘在向上報請任何需要裁決的事時，都順便附上若干種處理的意見，只要皇帝在其中圈定一種就行了。㉕面觸　猶言「面折」。㉖懷詐飾智　意即耍盡聰明為非作歹。㉗阿人主　討好皇帝。㉘取容　以求在皇帝跟前吃得開。㉙深文巧詆　穿鑿法律條文給人無限上綱，千方百計地陷人於罪。㉚不得反其真　無法表現其本來面目，弄不清事實真相。㉛以勝為功　方苞曰：「求勝於民，以為功也。」意即判刑越重越好，牽連的案犯越多越好，實際就是今天之所謂「越左越好」。按：這一段是汲黯對武帝時期的儒學和酷吏的看法，也是司馬遷本人的看法，值得注意。㉜深心疾黯　內心深處恨汲黯到了極點。疾，痛恨。㉝唯　即使。㉞不說　不喜歡。說，通「悅」。㉟欲誅之以事　想尋找藉口殺了他。㊱右內史　內史是治理京師的行政長官，景帝時期分為左內史、右內史，分治京師。㊲界部中　管轄區域內。㊳素重臣　向來有資歷、有威望的大臣。㊴請徙黯為右內史　王鳴盛曰：「公孫弘疾汲黯，則請徙為右內史；疾董仲舒，則請使相膠西王。〈五宗世家〉言膠西王端為人賊戾，所殺二千石甚眾，弘之請使為相，欲殺之也。」按：武帝前既已稱汲黯為「社稷臣」矣，而今以其毀儒等事，竟欲「誅之以事」，公孫弘為置之於死則欲假手於貴人宗室，為傾陷汲黯，漢室君相乃至於此！史公之感慨深矣。㊵官事不廢　各種公事都處理得很好。據《漢書・百官公卿表》，汲黯為右內史在西元前一二四—前一二〇年。㊶姊為皇后　衛青之姐曰衛子夫，元朔元年（西元前一二八年）為皇后。有關衛子夫的事跡見〈外戚世家〉。㊷亢禮　行對等之禮。亢，同「抗」。相等，相當。㊸下大將軍　意即尊崇大將軍，自己甘處其下。㊹遇　對待。這裡指對待人的禮數。㊺平生　平素；往日。有人解釋為「平常往來交遊的一切人」，恐非。《漢書》作「平日」，可供參證。鍾惺曰：「『長揖大將軍』，非難事也；獨其言曰『夫以大將軍有揖客，反不重耶』，此語殊帶婉轉，安置大將軍甚有地步，使人可思，不似戇者之言。而大將軍聞，愈賢黯，請問國家朝廷所疑，亦隱然以『社稷臣』待黯也。黯雖亢直，好面折人過，然皆有一段至誠，達於面目，故雖不甚合於主，不甚悅於時，亦未有以害之。無其誠而效其戇，未有不殆者也。」㊻淮南王　指劉安，劉長（高祖子）之子。劉長在文帝時因欲謀反被流放，途中自殺。文帝十六年（西元前一六四年）又立劉安為淮南王，都壽春（今安徽壽縣）。至武帝元狩元年（西元前一二二年），又因謀反事洩，自殺。詳情見〈淮南衡山列傳〉。㊼憚

黯　害怕有汲黯在朝。㊽說　遊說；說服。這裡指勸誘、收買。㊾發蒙振落　《正義》曰：「如發（揭開）蒙覆及振欲落之物，言其易也。」瀧川曰：『發蒙』又見〈吳王濞傳〉、〈淮南王傳〉。蒙，物之初生也，故草木之初萌，亦謂之蒙。發萌芽、振落木，皆言其易也。」二者皆通。按：史公於此又以公孫弘為汲黯作反襯，凡有可挖苦之機會絕不放過。㊿數征匈奴有功　如元朔五年（西元前一二四年），衛青率六將軍出朔方、高闕，獲首虜萬五千級；元朔六年（西元前一二三年），衛青復率六將軍絕漠，大克獲；元狩二年（西元前一二一年），霍去病率軍出北地，過居延，斬首虜三萬餘級；元狩四年（西元前一一九年），衛青圍匈奴單于於漠北，霍去病大破右賢王，封狼居胥山而還。幾次大戰後，匈奴遠遁，來自北部的威脅基本解除。〔51〕黯之言益不用　汲黯反對與匈奴開戰的議論越來越顯得不合時宜。〔52〕列為九卿　指任主爵都尉。〔53〕公孫弘張湯為小吏　時公孫弘剛入朝對策為博士，張湯為丞相史。〔54〕稍益貴　漸漸地地位越來越高。稍，逐漸。〔55〕非毀　指責；貶低。〔56〕弘至丞相二句　武帝元朔五年，公孫弘由御史大夫任丞相，封平津侯。〔57〕湯至御史大夫　事在武帝元狩二年（西元前一二一年）。〔58〕故黯時　指汲黯早在為主爵都尉「列於九卿」時。〔59〕丞相史　「相」字衍文，《漢書》無。此處所謂「丞史」即指汲黯舊日的僚屬。楊樹達《漢書窺管》曰：「此文承上文『始黯列九卿』為言，亦自謂九卿之丞史。」〔60〕黯褊心二句　褊心，心胸狹隘而性情急躁。褊，窄小。少望，不滿；埋怨。少，不滿。楊樹達以為此處應斷句作「黯褊，心不能無少望」，可供參考。〔61〕積薪　堆柴禾。〔62〕後來者居上　《漢書補注》引沈欽韓曰：「《文子．上德篇》：『虛無因循，常後而不先，譬若積薪燎，後者處上。』《淮南．繆稱訓》：『聖人不為物先而常制之，其類若積薪樵，後者在上。』」淩稚隆引董份曰：「黯以質直責大體，持朝廷議則可，以己官職而望君上，毀人之進，則粗矣，故史著其『褊心』，而漢武亦得譏其『不學』也。」〔63〕有間二句　過了一會兒，汲黯退了出去。〔64〕日益甚　《漢書補注》引周壽昌曰：「言其愚戇日更甚。下文帝云『吾久不聞汲黯之言，今又復妄發矣』，則明以此語為妄發可知。上文云『上方向儒術，尊公孫弘』，黯常毀儒而觸弘等，故帝以『無學』譏黯也。」〔65〕居無何　沒過多久。〔66〕渾邪王率眾來降　渾邪王是匈奴西部的一個王，因受漢將霍去病的攻擊，失亡甚眾，單于惱怒而欲誅之，武帝元狩二年，渾邪王殺休屠王，併其部，率眾四萬歸漢，過程詳見〈匈奴列傳〉、〈衛將軍驃騎列傳〉。「渾邪」也寫作「忽韓邪」。〔67〕漢發車二萬乘　調發車騎，令霍去病率以往迎之。古稱一車四馬曰「一乘」。〔68〕縣官　指國家；政府。〔69〕貰　借貸。這裡實指賒欠，買了百姓的馬而不給錢。〔70〕馬不具　湊不夠八萬匹。具，備；滿數。〔71〕長安令　長安縣的縣令。當時的長安城在長安縣境內，長安令管轄京城周圍的農村，上屬於右內史。〔72〕獨斬黯二句　時汲黯為右內史，長安令是其屬官，為替下級承擔責任，故汲黯如此說。〔73〕畔　通「叛」。〔74〕徐以縣次傳之　王先謙曰：「令所過諸縣以次給傳，徐徐而來也。」「給傳」即為其提供驛車。按：匈奴降者數萬人，「以縣次傳之」，將要拖延到何年何月？又受降如受敵，沒有相當數量的戰鬥部隊，如何接受匈奴數萬人之投降？汲黯反對「擾民」是也；謂「徐以縣次傳之」，能曰知兵乎？(75)罷弊　勞乏耗費。罷，通「疲」。(76)中國　華夏之國，即今之中原地區。(77)事夷狄之人　為夷狄之人服務。(78)賈人與市　長安城的商人與來降的匈奴人做買賣。(79)坐當死　因犯罪而被判死刑。當，判處。按：據〈衛將軍驃騎列傳〉，匈奴四萬人降漢後，開始住在長安，故有與長安商人作交易事。(80)請間　請求皇帝個別接見。(81)高門　殿名。《集解》引《三輔黃圖》云：「未央宮中有高門殿。」未央宮是皇帝之所居，舊址在當時長安城的西部，今其前殿的基礎尚巍然存在。(82)當路塞　胡三省《通鑑注》曰：「言塞障當匈奴所入之路也。」(83)絕和親　破壞了高祖以來長達幾十年的和親政策。(84)巨萬百數　猶今之所謂「幾百億」，單位指銅錢。巨萬，萬萬。即今之所謂「億」。(85)所鹵獲二句　把掠奪來的物資，都賞給戰死者的家庭。鹵，通「擄」、「虜」。抄掠。(86)塞　滿足；平撫。按：汲黯此議可謂荒謬之極。匈奴人投降了漢王朝，漢王朝若將其變為奴隸，以賞賜漢軍的士兵之家，豈不越發加深匈奴與漢王朝的仇恨乎？日後還有再降漢者乎？(87)虛府庫賞賜　把倉庫裡的所有東西都拿出來賞賜匈奴人。(88)奉　供養。(89)市買長安中物　按：這裡的意思實指長安百姓將貨物賣給匈奴人。(90)文吏　法官。文，法律條文。(91)繩　指以法懲治。(92)闌出財物于邊關　《集解》引應劭曰：「闌，妄也。律：胡市，吏民不得持兵器及鐵出關，雖於京師市買，其法一也。」臣瓚曰：「無符傳出入為闌也。」按：此句意謂長安的百姓把東西賣給了住在長安的匈奴人，而司法官吏就給他們定罪為犯法向國外走私，不懂法律的老百姓哪裡知道這其中的厲害呢？(93)微文　猶言「酷法」、「苛法」。微，細；繁密。(94)庇其葉而傷其枝　為保護樹葉而損傷枝條，分不出哪個更關鍵、更重要。(95)妄發　亂放炮；信口胡言。(96)黯坐小法三句　按：此武帝君臣有意構陷之也，前已云武帝「欲誅之以事」，欲加之罪，何患無辭？趕上了大赦，尚且被免官；倘不遇赦，汲黯的下場將如何？言外無限感慨。按：汲黯之免右內史，在元狩三年。

【語　譯】當時張湯做廷尉，正在重新制訂國家的法律，汲黯就多次當著武帝的面責備他，說他：「你作為一位正卿，上不能光大先帝的功業，下不能改造小人的邪心。作為一個聖世的標誌，一是國富民安，二是犯罪人少，這兩條你一條也沒有做到。有些事情你明知不對，可是你還非做不可，你把法律條文弄得非常繁瑣，只顧眼前的急功近利，高皇帝當初訂好的法令，你有什麼必要老是亂改呢？你日後為了這個恐怕要禍滅九族。」汲黯經常和張湯爭論，張湯常在一些瑣碎的具體條文上雄辯滔滔，而汲黯則主要是在一些大的問題上堅持原則，所以根本說不過張湯，於是就氣得罵起來：「誰都說千萬不能讓刀筆吏當大官，看來是一點不錯。如果一切事情都按著張湯的主意去辦，那就必然要使全國嚇得誰也不敢動，誰也不敢正眼看人了！」

2 當時，漢朝正在對匈奴大肆用兵，同時也在對其他各個少數民族小國開展軟硬兼施的各種攻勢。而汲黯是主張事情越少越好的，一有機會他總是勸武帝與匈奴和親，建議不要動武。而漢武帝當時正喜歡儒術，正在重用公孫弘這個「儒生」。於是便弄得事情越來越多，而下面的吏民們也想盡各種辦法來鑽國家政策的漏洞。為整治這種混亂局面，漢武帝就靠著強調法治、嚴明法紀來鎮壓，而張湯等人則又趁著幫助皇帝判斷疑案，向皇帝討好。與此相反，汲黯則是反儒的，他經常當面斥責公孫弘等人奸詐虛偽，專門以狡猾的手段對皇帝阿諛逢迎，同時斥責張湯等一班刀筆吏專會無限上綱，羅織罪名，使人陷入法網，從而使得整個社會都失去了本性，官吏都認為判刑越重越好，牽連的案犯越多越好。因此漢武帝越來越重用公孫弘和張湯，由於汲黯總是和他們作對，因此不僅公孫弘和張湯恨他，就連武帝也對他越來越不喜歡，總想找個機會殺了他。這時公孫弘正當丞相，他對漢武帝說：「首都右內史的轄區裡由於住著許多達官貴人和皇親國戚，所以不好管理，非派一位資格老的大臣去不行，是不是可以派汲黯去做右內史？」不料汲黯在那裡做了幾年，事情還做得不錯。

3 當時大將軍衛青的地位是很高的，而且他的姐姐還是皇后，然而汲黯見了衛青卻仍是和他平等地見禮。有人就勸汲黯說：「連皇上都希望群臣百官們尊重大將軍，大將軍的地位已經是越來越高了，您見了他不能光是作個揖不給他下拜。」汲黯說：「大將軍有個見了面只和他作揖的客人，就降低他的身分了嗎？」衛青聽說這話後，越發覺得汲黯為人不錯，從此凡國家遇到什麼重大疑難問題，總是去向汲黯請教，對待汲黯的態度比以往任何時候都要好。

4 後來當淮南王劉安陰謀造反時，他不怕別人，就怕汲黯。劉安說：「汲黯敢於提意見，能夠堅持節義，寧死不屈，誰也騙不了他。至於勸誘丞相公孫弘，那就像揭開一層蓋布和搖落幾片樹葉一樣地容易。」

5 後來漢武帝在幾次征討匈奴中又連續地獲得了一些勝利，因此汲黯的話他也就越來越聽不進去了。

6 在當年汲黯為主爵都尉享受「九卿」待遇的時候，公孫弘和張湯都還在當小吏。後來公孫弘和張湯的地位漸漸提高，和汲黯到了同一個等級，汲黯就常常地批評、斥責他們。又過了些時候，公孫弘當了丞相，而且封了侯，張湯也做了御史大夫，當年汲黯為主爵都尉時的舊僚屬今天都和汲黯到了同一個等級，有的比汲黯還高。汲黯心眼窄，因而很自然地產生了一些不滿情緒，他在見到漢武帝的時候就走過去說：「陛下您用人的辦法就像是堆柴禾，越後來的越是在上頭。」武帝聽了沒有作聲。過了一會兒，汲黯走了，武帝說：「人的確是不能沒有點修養，你們聽聽汲黯這些話，簡直是越來越不像樣了。」

7 過了不久，匈奴的渾邪王率領著他的部下投降了漢朝，漢朝為了去迎接，要準備兩萬輛車子。國家沒有這麼多馬，也沒有錢買，於是就向長安附近的老百姓借。有些人不願把自己的馬借給國家，就把馬藏了起來，因此這拉兩萬輛車的馬總是湊不齊。漢武帝大怒，想殺長安縣令。汲黯說：「長安縣令沒有罪，您只要殺了我這個右內史，老百姓就把馬拿出來了。再說一群匈奴人背叛了他們的主子來投降我們，我們就讓沿途各縣給他們提供驛車，讓他們慢慢前來不就行了嗎？為什麼要鬧得全國都雞犬不寧，耗費我們自己去侍候那些生番化外的人呢？」武帝聽了，無話可講。等到渾邪王到達長安後，長安有些商人因為和匈奴人做買賣，有五百多人被判了死刑。汲黯求見漢武帝，漢武帝抽空在未央宮的高門殿接見了汲黯。汲黯說：「匈奴人進攻我們迎面的關塞，撕毀了和親協議，我們被迫發兵征討，為此而死傷的人不計其數，耗費的資財多達幾百億。原來我想您如果俘虜了匈奴人，一定會把他當作奴隸賞給那些死在前線的將士之家；繳獲來的財物，也會分給他們，用來補償一點百姓們所付出的代價，安慰一點大家的心。退一步說，即使您做不到這一點，但也總不該拿出府庫裡所有的錢去賞賜那些被渾邪王帶來的幾萬降兵，讓我們的良民百姓去侍奉他們，把他們當成寶貝兒子。無知的百姓們只是在長安城裡和匈奴人做了些買賣，他們怎麼會想到酷吏們會拿向國外走私的罪名來懲辦他們呢？您現在是不僅不能把匈奴人的錢財拿來分給我們的人，還要借著苛碎的法律條文來殺害這五百多個無知的人，這就正是人們常說的那種『砍掉了枝幹而去保護那些葉子』了，我認為您這種做法是絕對不可取的。」武帝聽了，沒有作聲，但他的心裡根本就不同意，過後他對別人說：「我好久沒有聽到汲黯說話了，今天又聽他胡說了一通。」幾個月後，汲黯犯了一點小法，不過正好趕上大赦，於是就以免官完事。從此汲黯就回家鄉去隱居田園了。

1 居數年，會更五銖錢❶，民多盜鑄錢，楚地❷尤甚。上以為淮陽❸楚地之郊❹，乃召拜黯為淮陽太守。黯伏謝不受印，詔數彊予❺，然後奉詔。詔召見黯，黯為上泣曰：「臣自以為填溝壑❻，不復見陛下，不意陛下復收用之。臣常有狗馬病，力不能任郡事。臣願為中郎❼，出入禁闥❽，補過拾遺❾，臣之願也。」上曰：「君薄❿淮陽邪？吾今召君矣⓫。顧⓬淮陽吏民不相得⓭，吾徒得君之重⓮，臥而治之⓯。」

2 黯既辭行，過大行⓰李息⓱，曰：「黯棄居郡⓲，不得與⓳朝廷議也。然御史大夫張湯智足以拒諫，詐足以飾非⓴，務巧佞㉑之語、辯數㉒之辭，非肯正為天下言，專阿主意㉓。主意所不欲，因而毀之；主意所欲，因而譽之㉔。好興事㉕，舞文法㉖，內懷詐以御主心㉗，外挾賊吏㉘以為威重。公列九卿㉙，不早言之㉚，公與之俱受其僇㉛矣。」息畏湯，終不敢言。

3 黯居郡如故治，淮陽政清㉜。後張湯果敗㉝。上聞黯與息言，抵息罪㉞，令黯以諸侯相秩居淮陽㉟。七歲而卒㊱。

4 卒後，上以黯故，官其弟汲仁至九卿，子汲偃至諸侯相㊲。黯姑姊㊳子司馬安，亦少與黯為太子洗馬。安文深巧㊴，善宦，官四至九卿，以河南太守㊵卒。昆弟㊶以安故，同時至二千石㊷者十人。濮陽段宏㊸始事蓋侯信㊹，信任宏㊺，宏亦再至九卿㊻。然衛人仕者皆嚴憚汲黯㊼，出其下。

【章旨】以上為第三段，以汲黯守淮陽的政績與張湯為官的禍國害事相對比，讚揚了汲黯的原則及其遠見。

【注釋】❶更五銖錢 事在武帝元狩五年（西元前一一八年），廢原來流通的半兩錢，而更行五銖錢也。更，改鑄。銖，重量名稱，為二兩的二十四分之一。❷楚地 指今徐州一帶的江蘇西北部與河南省東部等一帶地區，西漢時這一帶為朝廷封建的楚國。❸淮陽 漢郡名，郡治陳縣（今河南淮陽）。❹楚地之郊 意謂其地乃梁、楚間的交通要衝。郊，師古曰：「謂交通衝要之處也。」❺詔數彊予 意即武帝堅持一定要讓他去。❻填溝壑 謙指自己死。❼中郎 帝王的侍從人員，秩比六百石，上屬郎中令。❽禁闥 宮門。❾補過拾遺 指在皇帝身邊以備參謀顧問之用。淩稚隆引王維楨曰：「帝正不欲黯在內，乃自請哉！」❿薄 看不起。⓫吾今召君矣 我很快就會把你調回來。今，即將。⓬顧 轉折語詞，猶今所謂「問題在於」、「關鍵在於」。⓭不相得 不和睦；鬧矛盾。⓮徒得君之重 就是要借用你的威名。徒，但；只。重，威信；威名。⓯臥而治之 意即不用過多勞神，可以把大量的事情交給手下人去辦，自己躺著養病。〈留侯世家〉有「臥而傅太子」，「臥」字的用法與此相同。⓰大行 官名，即「大行令」，也稱「典客」，後改稱「大鴻臚」，掌管少數民族事務，略當於現在的外交部長，為「九卿」之一。⓱李息 伐匈奴的將領之一。事跡見〈衛將軍驃騎列傳〉。自元狩元年（西元前一二二年）為大行令。⓲弃居郡 即棄居外郡。⓳與 參與。⓴智足以拒諫二句 《史記》中的套語，〈殷本紀〉中用以說紂王：「知足以拒諫，言足以飾非」，〈五宗世家〉又用以說膠西王劉端：「強足以拒諫，智足以飾非」。㉑巧佞 巧妙動聽。㉒辯數 雄辯而有條理。㉓專

阿主意　專門迎合皇帝的意旨。㉔主意所不欲四句　凌稚隆曰：「四句足盡古今奸臣之態。」按：〈酷吏列傳〉稱張湯云：「所治即上意所欲罪，予監史深禍者；即上意所欲釋，與監史輕平者。」與此意同。㉕興事　生事。沒事找事，借以逞能、立功，或從中漁利。㉖舞文法　即今所謂「舞文弄法」。編織羅網以陷害人。㉗御主心　揣摩迎合皇帝。方苞曰：「御，迎也。《詩》：『百兩御之。』〈曲禮〉：『大夫士自御之。』」㉘挾賊吏　駕御著一群陰險狠毒的酷吏。㉙公列九卿　你身為九卿之一。㉚不早言之　不及早地對張湯提出彈劾。㉛俱受其僇　將來要跟著他一道倒霉。僇，辱；受刑罰。㉜黯居郡如故治二句　楊樹達引《論衡・自然》：「淮陽鑄偽錢，吏不能禁。汲黯為太守，不壞一爐，不刑一人，高枕安臥而淮陽政清。」㉝後張湯果敗　事在武帝元鼎二年（西元前一一五年）。據〈酷吏列傳〉，張湯之遭罪被殺，乃被朱買臣等三長史所誣陷，後來武帝弄清事實，又殺了三長史。㉞抵息罪　將李息判罪。抵，當；判處。李息究竟抵何罪，史無明文。按：史公此處之感情是非，頗多矛盾。他厭惡張湯，故詳載汲黯之與李息語，且謂李息因不聽汲黯之勸而因張湯「事敗」而「抵罪」。但〈酷吏列傳〉又謂張湯之遭罪被殺乃因朱買臣等之誣陷，武帝為此又殺了三長史。如此說來，李息之「抵罪」，當還是不當？汲黯之預言張湯，該還是不該？㉟以諸侯相秩居淮陽　以諸侯相的級別任淮陽太守。秩，官階。《集解》引如淳曰：「諸侯王相在郡守上，秩真（中）二千石（郡守為二千石）。律：真二千石俸，月二萬（錢）；二千石，月萬六千（錢）。」《漢書補注》引如淳曰：「真二千石，月得百五十斛；二千石，月得百二十斛。」又引沈欽韓曰：「《新書・等齊篇》：『諸侯之相，尊無異等，秩加二千石之上。』」㊱七歲而卒　事在武帝元鼎五年（西元前一一二年）。按：《漢書》謂汲黯「居淮陽十年而卒」。㊲汲仁至九卿二句　按：汲仁、汲偃之事跡皆不見於史。㊳姑姊　瀧川曰：「父之姊為姑姊。」㊴文深巧　指善於玩弄法律條文，屬酷吏性質。〈酷吏列傳〉有「司馬安之文惡」一語，與此意同。㊵河南太守　河南郡的郡治洛陽，在今洛陽市東北。㊶昆弟　兄弟。昆，兄。㊷二千石　地方官的太守，朝官的主爵都尉、內史等秩皆二千石。㊸段宏　蓋無足輕重者，只因與汲黯同鄉，也拉來比較一番。㊹蓋侯信　即王信，武帝母王太后之兄，以外戚封侯，封地為蓋縣（今山東沂源東南）。其人雜見於〈魏其武安侯列傳〉、〈外戚世家〉。㊺信任宏　王信保任段宏為官。任，保任；保舉。㊻再至九卿　兩次做到了九卿一級。㊼衛人仕者皆嚴憚汲黯　嚴憚，敬畏。楊樹達曰：「據〈周陽由傳〉（見〈酷吏列傳〉）：『黯與陽由俱在二千石列，同車未嘗敢均茵憑。』黯雖性倨少禮，為人所憚，固亦別有所憚哉！」

【語　譯】又過了幾年，漢武帝改換貨幣，使用五銖錢，當時民間有些人偷鑄這種錢，在楚地一帶問題尤其嚴重。武帝以為淮陽郡是楚地的交通要道，於是就派人去找汲黯，任命他做淮陽太守。汲黯趴在地上推辭，不願接受印信，但漢武帝堅持非讓他去不可，汲黯不得已只好接受了。漢武帝召見汲黯，汲黯流著淚對武帝說：「我原以為到死也見不到您了，沒想到您又起用了我。但是我多年來一直有病，實在幹不了郡太守的差事。我願意做一個中郎，出入在您的周圍，隨時做點拾遺補缺的事，這是我的心願。」漢武帝說：「你是嫌淮陽太守的職位低嗎？我很快就會把你調回朝廷來的。關鍵是現在淮陽的官員和那裡的百姓們有些矛盾，所以我只好借用一下你的威名，你去了即使躺在牀上不動，那裡的局面也會變好的。」

2 汲黯辭別了漢武帝，來到了大行李息這裡，汲黯對李息說：「我被打發到了淮陽郡，不能參與朝廷裡的事了。不過請你注意御史大夫張湯這個人，他有的是智慧，足以駁回任何正當的批評；他有的是詭詐手段，足以為他自己文過飾非。這個人有的是伶牙俐齒，能說會道，但從來不說一句為國為民的話，而只是專門向皇上討好。凡是皇上不同意的事，他也就跟著竭力詆毀；凡是皇上願意辦的事，他就竭力稱讚。他總愛生事，舞文弄法。他內心狡猾專會迎合皇上，外面又有一群惡吏助長著他的威風。你享受著九卿待遇，如果不及早向皇上講明這些問題，那你將來要跟他一道倒霉。」但李息害怕張湯，始終沒敢說話。

3 汲黯到淮陽後還是用過去辦事的那套老方法，結果淮陽郡政治一片清明。後來張湯果然垮臺了，當武帝聽說汲黯曾對李息說過那番話，就判了李息的罪，並讓汲黯以諸侯國宰相的級別繼續做淮陽太守，直到七年後去世。

4 汲黯去世後，武帝為了褒揚他，任用汲黯的弟弟汲仁到了九卿之位，汲黯的兒子汲偃做諸侯國的宰相。汲黯有個姑表兄弟司馬安，年輕時也和汲黯一起做過太子洗馬。但司馬安為人酷苛，善於向上爬，曾四次做到九卿，後來死在了河南太守任上。司馬安的弟兄們由於司馬安的推薦，做官做到二千石的有十個人。汲黯的同鄉濮陽人段宏最初曾侍候過蓋侯王信，由於王信的保任，段宏也兩次做到了九卿。但總的說來，由衛國地區出來做官的人們還是更敬畏汲黯，誰都比不上他。

1 鄭當時者，字莊，陳❶人也。其先鄭君❷，嘗為項籍❸將。籍死❹，已而❺屬漢。高祖令諸故項籍臣名籍❻，鄭君獨不奉詔❼。詔盡拜名籍者為大夫，而逐鄭君❽。鄭君死孝文❾時。

2 鄭莊以任俠❿自喜，脫張羽於戹⓫，聲聞梁、楚⓬之間。孝景⓭時，為太子舍人⓮。每五日洗沐⓯，常置驛馬⓰長安諸郊⓱，存⓲諸故人，請謝⓳賓客，夜以繼日，至其明旦，常恐不偏。莊好黃、老之言，其慕長者⓴如恐不見㉑。年少官薄，然其游知交㉒皆其大父行㉓，天下有名之士也。

3 武帝立㉔，莊稍遷㉕為魯㉖中尉㉗、濟南㉘太守、江都相㉙，至九卿為右內史㉚。以武安侯、魏其時議㉛，貶秩㉜為詹事㉝。遷為大農令㉞。

4 莊為太史㉟，誡門下：「客至，無貴賤無留門㊱者。」執賓主之禮㊲，以其貴下人。莊廉，又不治其產業㊳，仰奉賜以給諸公㊴。然其餽遺人㊵，不過算器食㊶。每朝，候上之間㊷，說未嘗不言㊸天下之長者。其推轂㊹士及官屬丞史，誠有味其言之也，常引以為賢於己㊺。未嘗名吏㊻，與官屬㊼言，若恐傷之。聞人之善言，進之上㊽，唯恐後㊾。山東士㊿諸公以此翕然(51)稱鄭莊。

5 鄭莊使視決河(52)，自請治行(53)五日。上曰：「吾聞鄭莊行，千里不齎糧(54)，請治行者何也[55]？」然鄭莊在朝，常趨和承意[56]，不敢甚引當否[57]。及晚節[58]，漢征匈奴，招四夷，天下費多，財用益匱[59]。莊任人賓客為大農僦人，多逋負[60]。司馬安為淮陽太守，發其事[61]，莊以此陷罪，贖為庶人[62]。頃之，守長史[63]。上以為老，以莊為汝南[64]太守。數歲，以官卒[65]。

6 鄭莊、汲黯始列為九卿[66]，廉，內行脩絜。此兩人中廢[67]，家貧，賓客益落[68]。及居郡，卒後，家無餘貲[69]財。莊兄弟子孫以莊故，至二千石六七人焉[70]。

【章　旨】以上為第四段，敘述並讚揚了鄭當時的直正與敬賢下士。

【注　釋】❶陳　漢縣名，縣治即今河南淮陽，當時為淮陽郡的郡治所在地。淮陽郡有時改設為淮陽國，則以淮陽縣為其都城。❷鄭君　姓鄭，名君。《集解》引《漢書音義》曰：「當時父。」❸項籍　即項羽，名籍，字羽。事跡見〈項羽本紀〉。❹籍死　事在高祖五年（西元前二〇二年），見〈項羽本紀〉、〈高祖本紀〉。❺已而　不久。❻名籍　稱項羽直呼其名。名，用為動詞。顧炎武《日知錄》曰：「謂奏事有涉項王者，必斥（指）其名曰『項籍』也。」❼不奉詔　謂仍稱曰「項王」，或尊稱其字曰「項羽」，以見其不忘昔日的君臣之禮。李光縉曰：「余讀史至鄭君守楚節，獨不肯為漢王名籍，其事抑何偉烈也。其子當時在朝『趨和承意，不敢甚引當否』，又何磨也，弗子哉！」❽盡拜名籍者為大夫二句　按：此處見史公對劉邦心胸褊狹之不滿。❾孝文　即漢文帝，名恒，劉邦之子，薄后所生，西元前一七九－前一五七年在位。❿任俠　以俠義之行自任。即好行俠尚義。⓫脫張羽於戹　張羽，梁孝王將，在平定七國之亂中有大功。事見〈韓長孺列傳〉、〈梁孝王世家〉。戹，危困。按：張羽有何危困為鄭莊所救脫，不見於史文。⓬梁楚　約當今之河南省東部與江蘇、安徽之北部地區。梁國的都城在睢陽（今河南商丘西南），楚國的都城在彭城（今江蘇徐州）。按：以上三句之寫鄭莊，蓋亦文帝時事也。⓭孝景　即漢景帝，名啟，文帝之子，西元前一五六－前一四一年在位。⓮太子舍人　太子的侍從人員，上屬太子太傅。⓯洗沐　指休假。時為官吏者每五日休假一天，以供個人的洗沐之用，故云。⑯驛馬　自設私人驛站，置馬以備應用。⑰諸郊　《正義佚文》引姚承曰：「邑外謂之郊，言長安四面之郊也。此言當時任俠，與賓客游於邑野，每休下，或請謝去，故置馬於郊，以往來速也。」瀧川引中井曰：「置，猶設也。設驛馬，為莊身奔走候問也，非為招邀賓客。」⑱存　問；慰問。⑲請謝　候問；拜訪。王駿觀曰：「謂莊自於長安四郊通道置驛馬，以存問故人，通候賓客也。」⑳慕長者　希望結交有身分的大名人、厚道人。㉑如恐不見　瀧川引岡白駒曰：「恐長者不見我。」按：此說非。如恐不見者，言其積極奔謁之狀，好像只怕見不到似的。〈項羽本紀〉有「殺人如不能舉，刑人如恐不勝」，與此句式相同。㉒其游知交　他所交往、所結識的人。㉓大父行　祖父一輩的人。大父，祖父。㉔武帝立　事在西元前一四一年，是年景帝死，武帝立。武帝，名徹，景帝之子，王后所生，西元前一四〇－前八七年在位。㉕稍遷　逐漸升遷。㉖魯　當時的諸侯國名，建都於今山東曲阜。武帝初年的魯國國王為魯共王劉餘，景帝之子。事見〈五宗世家〉。㉗中尉　在諸侯國內執掌武事的長官，相當於郡裡的都尉。㉘濟南　濟南郡的郡治在東平陵（今山東章丘西北）。㉙江都相　江都國的相。江都國的都城在廣陵（今江蘇揚州西北），武帝初期的江都王為易王劉非，景帝之子。事跡見〈五宗世家〉。㉚為右內史　據《漢書・百官公卿表》，鄭當時為右內史在武帝建元四年（西元前一三七年）至元光四年（西元前一三一年）。㉛武安侯魏其時議　指丞相武安侯田蚡與魏其侯竇嬰相互攻擊於武帝與王太后前，武帝讓群臣評斷其是非，鄭莊先是肯定竇嬰，後來又不敢堅持，致使武帝罵道：「公平生數言魏其、武安長短，今日廷論，局趣效轅下駒，吾並斬若屬矣。」事在武帝元光四年，詳見〈魏其武安侯列傳〉。㉜貶秩　降級；貶官。㉝詹事　官名，掌皇后與太子之家。㉞大農令　主管全國糧食、貨物的官，後改稱大司農，為「九卿」之一。據《漢書・百官公卿表》，鄭當時任大農令在元光五年（西元前一三〇年）。楊樹達曰：「時當時為渭漕回遠，議引渭穿渠至河，見〈溝洫〉、〈食貨〉二志。」按：其議首見於〈河渠書〉。㉟莊為太史　張文虎曰：「『太史』疑『內史』之訛，《漢書》作『大吏』。」按：作「內史」、作「大吏」皆可，唯作「太史」不可。因鄭當時未嘗任「太史」，而太史亦非「大吏」也。㊱無留門　有來訪者立即請人，不使之在門口停留等候。㊲執賓主之禮　指對來訪者以客禮相待。㊳不治其產業　沒有其他的生財之道。㊴仰奉賜以給諸公　完全靠著為官的俸祿與所得的賞賜來招待所有賓客。奉，通「俸」。諸公，指賓客。㊵餽遺人　送給人東西。㊶算器食　《集解》引徐廣曰：「算，竹器。」《索隱》曰：「以言無銅、漆也。」陳直曰：「竹器調筐筥之屬，其時尚銅器、漆器，用竹器者稀，故傳文特紀之。」瀧川引中井曰：「算器食，如今盒子食品相饋者，謂其物之輕微也，非謂其器之貴賤。」㊷候上之間　乘皇帝有空閒之機以進言。㊸未嘗不言　總是稱道。言，稱道。㊹推轂　推車。此處即用為「推薦」、「推舉」之意。㊺誠有味其言之也二句　陳直《史記新證》於此斷句為「其推轂士及官屬丞史，誠有味，其言之也，常引以為賢於己」，並引〈張釋之馮唐列傳〉之「馮公之論將率，有味哉！有味哉」為參證，似較現通行本之斷句為長。楊樹達曰：「據〈食貨志〉，東郭咸陽、孔僅二人皆當時所進言也。」按：鄭當時「進言」東郭咸陽與孔僅事，最早見於〈平準書〉。㊻未嘗名吏　對自己的屬下，也從不直呼其名。㊼官屬　此處指其自己的下屬。㊽進之上　立刻將其轉告給皇帝。㊾唯恐後　只怕耽誤了時間。㊿山東士　指東方各郡、國的才能之士，以與京城所處的關中地區相對而言。山東，崤山以東。崤山在今河南靈寶東北。51翕然　眾口一辭且又誠心敬服的樣子。52使視決河　被派遣出朝視察黃河決口。據《漢書・武帝紀》：元光三年夏五月，「河水決濮陽，氾郡十六。」鄭當時任大司農，治洪水是其職內之事。53治行　收拾行裝。54鄭莊行二句　齎，攜帶。「行」、「糧」二字押韻。其意蓋謂鄭當時的人緣好、交遊廣，出門不必帶糧，到處有人招待。55請治行者何也　按：此下似有缺文，如此帶過，讀者亦不明其故，或又欲乘驛馬四郊奔謁耶？56趨和承意　意即順著皇帝的意思說話。57不敢甚引當否　不敢明確表示自己的態度，說明事情的對與不對。按：正與〈魏其武安侯列傳〉所寫的樣子相同。58及晚節　鄭當時到了晚年。59財用益匱　國家的用度越來越不足。匱，缺乏。由於武帝征伐四夷，導致國庫空虛，財用匱乏的情景，詳見〈平準書〉。60莊任人賓客二句　鄭莊所保任的賓客給大司農雇人做運輸，欠人的工錢不給。僦，運送。或曰，僦，賃也。意即雇人。逋負，虧欠。陳直曰：「為鄭莊所保舉之人，雇人為大農令任輸運而不予工值，逋欠甚多也。」《集解》引臣瓚曰：「任人，謂保任見舉者。」61發其事　將鄭當時的問題揭發出來。62贖為庶人　其罪原應判刑，因花錢贖買，故只是免官就算了。63守長史　在丞相屬下代行長史之職。守，代理，未實任其職者。長史，丞相與大將軍部下設長史，為諸史之長，秩千石。64汝南　漢郡名，郡治上蔡（今河南上蔡西南）。65以官卒　即死在汝南太守任上。66始列為九卿　指在朝任主爵都尉、右內史等，比較榮耀的時刻。67中廢　中途被罷官，在家為民。68賓客益落　門前的賓客越來越少。《索隱》曰：「落，猶零落，謂散也。」69貲　通「資」。70至二千石六七人焉　王先謙曰：「武帝於汲、鄭兩人，並以東宮舊恩加厚待也。」按：武帝既能待故吏如此，而前為汲黯疾毀公孫弘等，遂遽欲「誅之以事」何也？抑史公誇張之語，不足取信邪？

【語　譯】鄭當時，字莊，陳縣人。他的先人鄭君曾是項羽手下的將領。項羽死後，鄭君歸順了漢朝。當時劉邦曾下令讓項羽的那些老部下在說話說到項羽時都必須直呼其名。對於這個命令，唯獨鄭君一個人不肯接受。於是劉邦就把那些直呼項羽名字的人都封為大夫，而把鄭君趕走了。鄭君死於孝文帝在位的時候。

2 鄭莊喜好仗義行俠，曾幫助梁孝王的將領張羽脫困，在梁國和楚國一帶很有聲望。孝景帝在位時，曾任鄭莊為太子舍人。鄭莊每到五天該當放假休息的日子，總是在長安郊外預先準備好一些驛馬，到時候他就騎著到處去看望舊友，或者是邀請賓客前來，黑夜白天不停腳地一直忙到第二天早上，他總是擔心對朋友們看望不到。他喜好黃帝、老子的學說，又希望結交長者，惟恐錯過機會見不到。儘管他年輕職位低，但他所結交訪問的都是像他祖父年齡那麼大的天下名士。

3 武帝即位後，鄭莊逐漸升遷，先後做過魯國的中尉、濟南郡的太守和江都國的宰相，後來又做到了右內史，成為九卿一級。在武安侯田蚡與魏其侯竇嬰當朝爭辯時，由於鄭莊不敢大膽發表意見，被貶為詹事。後來又做了大農令。

4 鄭莊做內史時，經常告誡他的守門人：「凡有客人來訪，不論貴賤都要馬上通報，不能讓人家老在門口等著。」因此不論多麼低微的客人到門，他都恭恭敬敬地以禮相待，很能禮賢下士。他為人清廉，從不給自己置辦產業，他所領來的那點俸祿和所得到的一些賞賜全部用來供養了賓客。由於家裡不富裕，他所贈給人的禮物，也僅是一盒食品而已。每到上朝，他總是趁武帝空閒的時候，向他推薦一些知名的厚道賢人。當他推薦士大夫和各種下屬官吏的時候，他說的那些話都很能感動人，他說他們比自己還要能幹。他對自己屬下的官吏，從來不直呼他們的名字，他總是小心翼翼，唯恐傷害了自己的下屬。每逢聽到了一些好的建議，他就馬上報告給皇上，唯恐耽誤了時間。也正是由於這個原因，在崤山以東的廣大地區裡，人們都眾口一致地說他好。

5 有一次，鄭莊被派去視察黃河決口，他向武帝請了五天假準備行李。這時武帝就開玩笑說：「我常聽人說鄭莊出門，走一千里也用不著帶乾糧，那你現在還請什麼假收拾什麼行李呢？」但是鄭莊在朝中，也常常是順從附和皇帝的意見，不敢明確地表示自己的態度。到了晚年，漢朝屢屢出兵征討匈奴，以及招納四方的少數民族小國，國家耗費巨大，以至於鬧得財政越來越困難。這時鄭莊推薦的賓客有給大司農雇人做運輸，虧欠了民工許多錢不給。淮陽太守司馬安舉報了這件事，結果鄭莊被下了獄，他自己出錢贖成了平民。過了不久，武帝又讓他在丞相屬下做了一段時間的代理長史。後來武帝感到讓鄭莊做這個差事年紀太大了，於是就又派他去做了汝南郡的太守。幾年後，鄭莊死在了汝南太守任上。

6 鄭莊和汲黯都曾官至享受九卿待遇，為政清廉，注重自身的品行修養。後來他們中途被廢，家境貧寒，因而賓客們也就都走了。後來他們又都出任過外郡，死後家中沒有留下任何多餘的財產。但是鄭莊的弟兄和他的子孫們，由於鄭莊的緣故，卻有六七個人做官做到了二千石。

太史公曰：夫以汲、鄭之賢，有勢則賓客十倍，無勢則否，況眾人乎！下邽❶翟公❷有言：始翟公為廷尉❸，賓客闐門❹；及廢，門外可設雀羅❺。翟公復為廷尉，賓客欲往，翟公乃大署❻其門曰：「一死一生，乃知交情；一貧一富，乃知交態；一貴一賤，交情乃見❼。」汲、鄭亦云❽，悲夫！

【章　旨】以上為第五段，是作者的論贊，作者借汲黯、鄭當時的升沉遭遇抒發了對漢代世態炎涼的無限憤慨。

【注　釋】❶下邽　漢縣名，縣治在今陝西渭南東北。❷翟公　姓翟，史失其名。❸廷尉　國家的最高司法長官，為當時的「九卿」之一。❹闐門　門前擁擠不動。極言前來趨附的人員之多。闐，通「填」。充滿。❺可設雀羅　可以設網捕鳥。極言其僻靜、冷清之狀。師古曰：「言其寂靜無人行也。」雀羅，捕鳥的網。❻署　寫。❼見　通「現」。表現；呈現。❽汲鄭亦云　汲黯、鄭當時的結局也是這種樣子。淩稚隆引王鏊曰：「太史公感慨之言，其深情從朋友不救腐刑中來。」瀧川曰：「炎涼世態，自古而然，廉頗、孟嘗事，與此相似。」按：《史記》中言及世態炎涼者，除此文與〈孟嘗君列傳〉、〈廉頗藺相如列傳〉外，還見於〈蘇秦列傳〉、〈魏其武安侯列傳〉、〈衛將軍驃騎列傳〉、〈平津侯主父列傳〉等篇。

【語　譯】太史公說：像汲黯、鄭當時這樣的品德才幹，竟然也是在得勢時賓客盈門，失勢時賓客四散，那其他一般的人還用得著說嗎！下邽縣的翟公曾對我說過，當初他做廷尉的時候，賓客擠破了門；等到被罷官後，大門外幾乎可以架起網來捕鳥。後來他又被起用為廷尉，有些賓客就又想回來，於是他就在自己的門上寫道：「一死一生，乃知交情。一貧一富，乃知交態。一貴一賤，交情乃見。」看來汲黯和鄭莊當時也是如此，這個世道真是可悲啊！

【研　析】作品讚揚了汲黯的敢對皇帝犯顏直諫，敢對執政大臣面折庭爭，讚揚了鄭當時的敬賢下士，可以說，這是一曲讚揚正直之臣的頌歌。這篇作品表達的思想是：

一、它尖銳批評了漢武帝時的一系列方針政策。漢武帝在歷史上不愧是個雄才大略的帝王，在他執政的五十多年裡，漢王朝實現了真正的統一，成為當時世界上最強大的封建大帝國，這是好的一面。但從當時來說，由於對外連年征戰，對內多所興作，奢靡無已，結果使國力大傷，以致「海內蕭然，戶口減半」，帶來了許多嚴重的社會問題。傳中，司馬遷把汲黯當作自己的代言人，對武帝崇儒的虛偽性；對武帝的好大喜功，征伐不已；對武帝的任用酷吏，實行嚴刑峻法等等，進行了強烈的批判。

二、它揭露了當時深受武帝重用的那些執政大臣們的虛偽無恥，其中最尖銳的是針對著公孫弘與張湯。當汲黯被拜為淮陽太守離京赴任時，他對大行李息說：「御史大夫張湯智足以拒諫，詐足以飾非，務巧佞之語，辯數之辭，非肯正為天下言，專阿主意。主意所不欲，因而毀之；主意所欲，因而譽之。好興事，舞文法，內懷詐以御主心，外挾賊吏以為威重。公列九卿，不早言之，公與之俱受其僇矣。」汲黯忠心耿耿，連武帝也承認他是「社稷之臣」，但武帝與公孫弘、張湯卻始終不能容他，甚至「欲誅之以事」。為此目的，公孫弘玩弄了一個借刀殺人的把戲，他向武帝推薦說：「右內史界部中多貴人宗室，難治，非素重臣不能任，請徙黯為右內史。」名義上是重用，實際是想借貴族之手殺掉他。這就是武帝時帝王與其心腹大臣們的所作所為。

三、文章對武帝時代上流社會的世態炎涼，表現了極大的憎恨。司馬遷喜歡汲黯的剛直，喜歡鄭當時的敬賢下士，當這兩人位列九卿時，門下都賓客如雲；而後來一旦失勢，賓客便立即四散。司馬遷在文章最後引用下邽翟公的話憤慨地說：「一死一生，乃知交情；一貧一富，乃知交態；一貴一賤，交情乃見。」這種世態炎涼的描寫，無疑寄寓了其自身不幸遭遇的深沉感慨。

卷一百二十一

儒林列傳第六十一

【題解】《史記》中敘述先秦儒學的篇章有〈孔子世家〉、〈仲尼弟子列傳〉、〈孟子荀卿列傳〉，本篇則是概述了從孔子以來的儒學發展的歷史，敘述了漢初以來五經儒學大師的學問、師承，而重點則是描述了漢代儒學在武帝「罷黜百家，獨尊儒術」這種特定形勢下的發展「盛況」，以及儒生在漢代尊儒後受寵用的情形。司馬遷對漢武帝的「多欲」政治頗多諷刺，對於這種為「多欲」政治做「緣飾」、做妝點的「儒術」，也是極其厭惡的。司馬遷所尊敬、所喜愛的是先秦時期的那種原始的儒術，與先秦儒家學者那種有主見、有節操，且又積極入世的人格；而對於被漢武帝所尊起的那種已經變了質的「儒術」，和那些專門以阿諛逢迎為事，以追求功名利祿為宗旨的儒生如公孫弘、兒寬之流，則是深惡痛絕的。此文應與〈平津侯主父列傳〉、〈游俠列傳〉等參照閱讀。

1 太史公曰：余讀功令❶，至於廣厲學官❷之路，未嘗不廢書而歎❸也。曰：嗟乎！夫周室衰而關雎作❹，幽、厲❺微而禮樂壞❻，諸侯恣行，政由彊國❼。故孔子❽閔❾王路廢❿而邪道興，於是論次⓫詩、書⓬，修起禮樂⓭。適齊聞韶，三月不知肉味⓮。自衛返魯⓯，然後樂正，雅、頌各得其所⓰。世以混濁⓱莫能用⓲，是以仲尼干七十餘君⑲無所遇，曰：「苟有用我者，期月而已矣⑳。」西狩獲麟㉑，曰：「吾道窮矣㉒！」故因史記作春秋㉓，以當王法㉔。其辭微而指博㉕，後世學者多錄焉㉖。

2 自孔子卒後㉗，七十子㉘之徒散游諸侯，大者為師傅卿相㉙，小者友教士大夫，或隱而不見。故子路居衛㉚，子張居陳㉛，澹臺子羽居楚㉜，子夏居西河㉝，子貢終於齊㉞。如田子方、段干木㉟、吳起㊱、禽滑釐㊲之屬，皆受業於子夏之倫，為王者師㊳。是時，獨魏文侯好學㊴。後陵遲以至于始皇㊵，天下並爭於戰國，儒術既絀㊶焉，然齊、魯之間㊷學者獨不廢也。於威、宣㊸之際，孟子、荀卿㊹之列，咸遵夫子㊺之業而潤色㊻之，以學顯於當世。

3 及至秦之季世㊼，焚詩、書㊽，阬術士㊾，六藝㊿從此缺焉。陳涉之王也[51]，而魯諸儒持孔氏之禮器[52]往歸陳王。於是孔甲[53]為陳涉博士[54]，卒與涉俱死[55]。陳涉起匹夫[56]，驅瓦合適戍[57]，旬月以王楚[58]，不滿半歲竟滅亡，其事至微淺，然而縉紳[59]先生之徒負孔子禮器往委質[60]為臣者，何也？以秦焚其業[61]，積怨而發憤于陳王[62]也。

4 及高皇帝誅項籍[63]，舉兵圍魯[64]，魯中諸儒尚講誦，習禮樂，弦歌之音不絕，豈非聖人之遺化，好禮樂之國哉？故孔子在陳[65]，曰：「歸與，歸與[66]！吾黨之小子[67]狂簡[68]，斐然成章[69]，不知所以裁之[70]。」夫齊、魯之閒於文學[71]，自古以來，其天性也。故漢興，然後諸儒始得脩其經蓺[72]，講習大射、鄉飲[73]之禮。叔孫通[74]作漢禮儀，因為太常[75]；諸生弟子共定者，咸為選首[76]，於是喟然歎興於學[77]。然尚有干戈，平定四海[78]，亦未暇遑[79]庠序[80]之事也。孝惠[81]、呂后[82]時，公卿皆武力有功之臣[83]。孝文[84]時頗徵用[85]，然孝文帝本好刑名之言[86]。及至孝景[87]，不任儒者，而竇太后[88]又好黃、老之術[89]，故諸博士具官[90]待問，未有進者[91]。

5 及今上[92]即位，趙綰、王臧[93]之屬明儒學[94]，而上亦鄉之[95]，於是招方正賢良文學之士[96]。自是之後[97]，言詩於魯則申培公[98]，於齊則轅固生[99]，於燕[100]則韓太傅[101]；言尚書自濟南[102]伏生[103]；言禮自魯高堂生[104]；言易自菑川[105]田生[106]；言春秋於齊、魯自胡毋生[107]，於趙[108]自董仲舒[109]。及竇太后崩[110]，武安侯田蚡為丞相，絀黃、老、刑名百家之言[111]，延文學儒者數百人[112]。而公孫弘[113]以春秋，白衣[114]為天子三公[115]，封以平津侯[116]。天下之學士靡然鄉風[117]矣。

6 公孫弘為學官，悼道之鬱滯[118]，乃請曰[119]：「丞相御史言[120]：制曰[121]：『蓋聞導民以禮，風之以樂[122]。婚姻者，居室之大倫也[123]。今禮廢樂崩，朕甚愍[124]焉。故詳延[125]天下方正博聞之士[126]，咸登諸朝[127]。其令禮官[128]勸學講議，洽聞興禮[129]，以為天下先[130]。太常議[131]，與博士弟子[132]，崇鄉里之化[133]，以廣賢材焉[134]。』謹與太常臧[135]、博士平[136]等議曰：聞三代之道[137]，鄉里有教[138]，夏曰校[139]，殷曰序[140]，周曰庠[141]。其勸善[142]也，顯之朝廷[143]；其懲惡也，加之刑罰。故教化之行也，建首善自京師始[144]，由內及外。今陛下昭至德[145]，開大明，配天地[146]，本人倫[147]，勸學脩禮，崇化厲賢[148]，以風四方[149]，太平之原也。古者[150]政教未洽[151]，不備其禮，請因舊官而興[152]焉。為博士官置弟子五十人[153]，復其身[154]。太常擇民年十八已上，儀狀端正者，補博士弟子[155]。郡國縣、道、邑[156]有好文學，敬長上，肅政教[157]，順鄉里，出入不悖所聞[158]者，令、相、長、丞[159]上屬所二千石[160]；二千石謹察可者，當與計偕，詣太常[161]，得受業如弟子[162]。一歲皆輒試[163]，能通一藝[164]以上，補文學掌故[165]缺；其高弟[166]可以為郎中[167]者，太常籍奏[168]；即[169]有秀才異等[170]，輒以名聞[171]。其不事學[172]，若[173]下材[174]及不能通一藝，輒罷之[175]，而請諸不稱者罰[176]。臣謹案詔書律令下者[177]，明天人分際[178]，通古今之義[179]，文章爾雅[180]，訓辭深厚[181]，恩施[182]甚美。小吏淺聞，不能究宣[183]，無以明布諭下[184]。治禮次治掌故，以文學禮義為官，遷留滯[185]。請選擇其秩比二百石以上[186]，及吏百石通一藝以上[187]，補左右內史、大行卒史[188]；比百石已下[189]，補郡太守卒史，皆各二人[190]，邊郡一人。先用誦多者[191]，若不足，乃擇掌故[192]補中二千石屬[193]，文學掌故補郡屬[194]，備員[195]。請著功令[196]，佗如律令[197]。」制曰：「可。」[198]自此以來，則公卿大夫、士吏斌斌[199]多文學之士矣。

【章旨】以上為第一段，寫儒家學派自孔子創始至武帝尊儒的發展歷史。

【注釋】❶功令　《索隱》曰：「即今學令是也。」師古曰：「若今選舉令。」沈欽韓曰：「唐學令，選舉令中一門也。」這裡指國家政府所頒布的發展教育以及考核、選拔人才的法令。❷廣厲學官　擴大國學規模，提高教師素質。厲，通「勵」。學官，太學裡的教官，即當時的「博士」。❸廢書而歎　為儒學發展到漢代這種為官方政治作緣飾物的可悲模樣而慨歎。廢書，因感慨激動而中斷了讀書。郭嵩燾曰：「武帝廣厲學官，誘之於利祿之途，於是儒者之道以熄，三代聖王之留貽渙散遺亡，遂以永絕於天下。武帝之廣厲學官，其禍更烈於始皇，此史公所以廢書而歎也。」按：〈十二諸侯年表〉有所謂「太史公讀《春秋曆譜諜》至周厲王，未嘗不廢書而歎也」，〈樂毅列傳〉有所謂「始齊之蒯通及主父偃讀樂毅之〈報燕王書〉，未嘗不廢書而泣也」云云，皆與此口氣相同。❹周室衰而關雎作　周王朝後期的政治衰敗，因而詩人們便寫了〈關雎〉一類的作品來諷刺周朝政治。〈關雎〉是《詩經・周南》中的第一篇，《毛傳》稱其為是歌頌「后妃之德」，史公在這裡所表現出的對〈關雎〉的理解顯然與《毛傳》的解釋不同，〈十二諸侯年表〉有所謂「周道缺，詩人本之衽席，〈關雎〉作」，可與本文相參證。梁玉繩曰：「其用《魯詩》歟？《漢書・杜欽傳》曰：『佩玉晏鳴，〈關雎〉難之。』《法言・孝至篇》曰：『周康之時，〈關雎〉作乎上，傷始亂也。』」此外還見於《後漢書》的〈皇后紀〉、〈楊賜傳〉等，蓋漢初諸儒多用諷刺說。❺幽厲　周幽王、周厲王。周厲王名胡，西元前八七七—前八四一年在位，因殘暴被奴隸暴動所驅逐，事見《國語・周語》。周幽王名宮涅，西元前七八一—前七七一年在位，因荒淫無道，被犬戎所殺，並由此導致西周結束。事見〈周本紀〉。❻禮樂壞　禮樂制度不能實行。據以孔丘、孟軻為代表的儒家學派說，西周建國初期，治理國家全靠周公制訂的「禮」「樂」，根本不用「刑」「法」；後來世道越來越壞，「禮」「樂」制度也就不能實行了。❼政由彊國　政令由霸主發出，指春秋時代而言，當時由齊、晉等大國的霸主們「挾天子以令諸侯」，整部《左傳》所展現的就是這種世道。❽孔子　名丘，字仲尼，儒家學派的創始者。事跡見〈孔子世家〉。⑨閔 通「憫」。可憐；痛惜。⑩王路廢 指天下無道，禮樂征伐不能由天子出。王路，即所謂「王道」。⑪論次 論，闡發。次，編訂。⑫詩書 《詩三百》與《尚書》。前者是古代的歌謠集，後者是古代的歷史資料彙編。兩者在孔子之前都已成書，孔子用以作為教學使用的課本，可能在字句上又作過一些考訂、修補的工作。〈孔子世家〉有所謂「古者《詩》三千餘篇」，孔子「去其重」，以成後來的三百零五篇，今學術界皆不取其說。⑬修起禮樂 「禮」「樂」也是孔子開設的課程名稱，但其教材並未原封留傳下來，漢朝人整理的《儀禮》，據說與孔子有傳承關係，但寫定的時間較晚；至於「樂」，則更完全失傳了。⑭適齊聞韶二句 語出《論語・述而》。齊，西周初年以來的諸侯國名，始封之君為武王的開國功臣姜尚，國都臨淄，在今山東淄博之臨淄城北。韶，相傳為舜時的樂曲名。不知肉味，食肉無味。極言其學樂的用心之專。⑮自衛返魯 據〈魯周公世家〉，孔子於魯定公十二年（西元前四九八年）五十四歲被排擠出國，在外周遊十五年，於魯哀公十一年（西元前四八四年）六十八歲返回魯國。孔子外出時先到衛國（都城在今河南濮陽西南），而後又到過陳國、曹國、鄭國、宋國、蔡國、楚國，最後回到衛國，又由衛國回到魯國（都城即今山東曲阜）。⑯樂正二句 都指整理樂譜而言，不是指整理《詩經》的文字。按：以上三句見《論語・子罕》。⑰世以混濁 即「以世混濁」。以，因；由於。瀧川曰：「『以』、『已』通。」說法亦可。⑱莫能用 沒有哪一個國家肯用孔子。⑲干七十餘君 干，求見。《索隱》曰：「後之記者失辭，縱歷小國，亦無七十餘國也。」《莊子・天運》寫孔子對老聃有所謂「干七十二君，一君無所鉤用」，蓋極言其奔走碰壁之多。王駿圖曰：「春秋亡國五十二，大小列國何止百數。夫子於公山、佛肸之召尚且欲往，則附庸小國亦何獨不遊？況『七十餘君』並非『七十餘國』，如孟子見梁惠王，復見襄王之類，則傳言『七十餘君』，亦無所謂『失辭』也。」⑳苟有用我者二句 二語見《論語・子路》。意思是誰要是能用我，一年之內就能讓他們看到效果。期月，即一年。㉑西狩獲麟 事在魯哀公十四年（西元前四八一年）。據說魯哀公在城西打獵，捉到一隻大家都不認識的獸，派人去找孔子。孔子聽人一描述，便說這是麟，並為麟在這種亂世出現而表現了深深的悲哀。事見〈孔子世家〉。㉒吾道窮矣 傷感生不逢時，就如同這隻麟出現得不是時候一樣。㉓因史記作春秋 在魯國歷史的基礎上寫成了《春秋》。《正義佚文》：「因魯史記年月日而作《春秋》，兼見諸國史所記之事。」史記，當時用以稱各國的史書。㉔以當王法 以當王者的治國大法。這是漢代《公羊》家的說法，他們把孔子的寫《春秋》說成是為了給後來的漢王朝創立建國大綱，因而稱孔子為「素王」。㉕辭微而指博 辭語簡單、隱晦，而包含的意思非常深廣。按：〈太史公自序〉稱《春秋》有所謂「《春秋》文成數萬，其指數千，萬物之散聚皆在《春秋》」，又有所謂「《春秋》者，禮義之大宗也。夫禮禁未然之前，法施已然之後；法之所為用者易見，而禮之所為禁者難知」云云，皆可與此相發明。㉖後世學者多錄焉錄，記錄；傳抄。梁玉繩曰：「述《六藝》而獨缺孔子贊《易》，班氏補之。」按：《漢書》於述罷《春秋》後補之曰：「蓋晚而好《易》，讀之，韋編三絕，而為之傳。」㉗孔子卒後　孔子卒於魯哀公十六年（西元前四七九年）。㉘七十子　指孔子的學生。〈仲尼弟子列傳〉：「受業身通者七十有七人。」《索隱》曰：「文翁〈孔廟圖〉作七十二人。」㉙大者為師傅卿相　《索隱》曰：「子夏為魏文侯師；子貢為齊、魯聘吳、越，蓋亦卿也；而宰予亦仕齊為卿，餘未聞也。」子夏居西河教授，為魏文侯師事，見〈仲尼弟子列傳〉，亦見於〈魏世家〉；子貢為齊、魯出使吳、越事，見〈仲尼弟子列傳〉。㉚子路居衛　子路姓仲，名由，子路是字，曾在衛國任蒲邑大夫，最後死於蒯聵之亂。事跡見〈仲尼弟子列傳〉。《集解》曰：「子路死於衛，時孔子尚存也。」按：子路死於魯哀公十五年（西元前四八〇年），先於孔子二年死，故《漢書．儒林傳》刪此四字。㉛子張居陳　子張姓顓孫，名師，子張是字。陳國（國都即今河南淮陽）人，在陳並無任何活動。事見〈仲尼弟子列傳〉。㉜澹臺子羽居楚　澹臺子羽姓澹臺，名滅明，字子羽。據〈仲尼弟子列傳〉，子羽是山東武城人，曾「南游至江，從弟子三百人，設取予去就，名施乎諸侯」。㉝子夏居西河　子夏姓卜，名商，字子夏。孔子死後，子夏曾居西河教書。西河，相當於今陝西韓城至華陰一帶的黃河西岸地區，當時屬魏。㉞子貢終於齊　子貢姓端木，名賜，字子貢，也寫作「子贛」。子貢憑其口辯，在政治上展現了一番作為之後，遂以經商為業，終老於齊。事跡見〈仲尼弟子列傳〉。㉟田子方段干木　都是戰國初期魏國的名士，據《呂氏春秋》的〈重言〉與〈尊師〉注，田子方曾受學於子貢，段干木曾受學於子夏。㊱吳起　原衛人，曾受學於曾子，先為魯將，後至魏國，為魏鎮守西河。事跡見〈孫子吳起列傳〉。㊲禽滑釐　墨翟的弟子，事見《墨子》，未聞其曾受學於儒門。㊳為王者師　〈魏世家〉中李克有所謂「卜子夏、田子方、段干木。此三人者，君皆師之」之語。㊴獨魏文侯好學　魏文侯名斯，戰國初期的魏國國君，西元前四四五－前三九六年在位。〈魏世家〉曰：「文侯受子夏經藝，客段干木，過其閭，未嘗不軾也。秦嘗欲伐魏，或曰：『魏君賢人是禮，國人稱仁，上下和合，未可圖也。』文侯由此得譽於諸侯。」㊵後陵遲以至于始皇　陵遲，越來越低落。始皇，名政，西元前二四六－前二一〇年在位。凌稚隆引程一枝曰：「《漢書》削去此句（按：指「陵遲以至于始皇」七字），尤順。」錄以備參考。㊶儒術既絀　沒人重視儒術。絀，通「黜」。廢棄。㊷齊魯之間　在齊國（國都臨淄）、魯國（國都曲阜）一帶地方。㊸威宣　齊威王、齊宣王。齊威王名因齊，戰國中期齊國最有作為的國君，西元前三五六－前三二〇年在位。齊宣王名辟疆，威王之子，西元前三一九－前三〇一年在位。㊹孟子荀卿　都是戰國時期著名的儒學大師。孟子（約西元前三七〇－前二八九年）名軻，鄒人，受學於子思之門人。荀子（約西元前三二五－前二三八年）名況，趙人，所謂「卿」是當時對人的尊稱。孟子、荀卿的事跡見〈孟子荀卿列傳〉。㊺夫子　猶言「先生」。對學者、老師的敬稱。㊻潤色　發揮；發展。㊼秦之季世　季世，末年。秦朝統一天下而稱帝，連始皇及二世共十五年，焚書坑儒在始皇稱帝後的第九、十年，稱「季世」，詞義模糊，《漢書》改作「及至秦始皇」，較此為好。㊽焚詩書　事在始皇三十四年（西元前二一三年）。㊾阬術士　事在始皇三十五年（西元前二一二年）。術士，周壽昌曰：「經術之士稱『術士』，猶有道之人稱『道人』也。」師古曰：「今新豐縣溫湯之處號愍儒鄉，溫湯西南三里有馬谷，谷之西岸有坑，古相傳以為秦坑儒處也。」按：二事俱見〈秦始皇本紀〉。據〈秦始皇本紀〉，所坑者乃尋仙求藥的方士，當時所謂「術士」原非僅指儒學經藝之士，周說不可取。㊿六藝　指《詩》《書》《禮》《樂》《易》《春秋》。(51)陳涉之王也　陳涉起義後，稱王，號張楚，事在秦二世元年（西元前二〇九年），見〈陳涉世家〉。(52)禮器　祭祀用具，如鐘、鼎、彝等是也。(53)孔甲　《集解》引徐廣曰：「孔子八世孫，名鮒，字甲也。」楊樹達以為此人乃名「鮒」，字「子魚」；所謂「甲」者，乃史官偶失其名，姑以「甲」「乙」相記者也，如〈萬石張叔列傳〉之例。(54)博士　帝王身邊的顧問官員，與漢代尊儒後稱太學裡講授五經的教官為「博士」有所不同。(55)卒與涉俱死　陳涉稱王六個月，被秦將章邯打敗於陳郡（今河南淮陽）城西，陳涉逃至下城父，被車夫所殺，在秦二世二年（西元前二〇八年）十二月。〈孔子世家〉曰：「子慎生鮒，年五十七，為陳王涉博士，死於陳下。」按：《孔叢子．答問》詳載孔鮒往歸陳涉的過程，乃後人影附，此不錄。(56)起匹夫　由一個不起眼的平民起家。(57)驅瓦合適戍　率領著一群一哄而起的發配之徒。瓦合，猶言「烏合」。毫無關係地湊在一起。《正義佚文》曰：「如眾瓦全聚蓋屋，先無計謀也。」適戍，同「謫戍」。發往邊疆戍守。賈誼〈過秦論〉：「陳涉甕牖繩樞之子，甿隸之人，而遷徙之徒也。」(58)旬月以王楚　起義不到一個月就稱了張楚王。旬月，猶今所謂「半月二十天」，超過一旬，不到一月。(59)縉紳　同「搢紳」。搢，插。紳，帶。插笏於帶，即指官宦、士大夫。(60)委質　託身。意即投靠。也有說「委質」指立字據，寫保證書。(61)秦焚其業　秦人焚書，砸了他們的飯碗。(62)積怨而發憤于陳王　積怨於秦，想跟著陳涉出一口惡氣。《鹽鐵論．褒賢》云：「大夫曰：『戍卒陳涉，釋輓輅，首為叛逆，而齊、魯儒墨縉紳之徒，負孔氏之禮器《詩》《書》，委質為臣，孔甲為涉博士，卒俱死陳，為天下大笑，深藏高逝者，固若是也？』文學曰：『周室衰，禮樂壞，秦以虎狼之心，并吞戰國，棄仁義而尚刑罰，百姓愁苦。陳王赫然，奮爪牙為天下首，事道雖凶，而儒墨或干之者，以為道擁遏不得行，故發憤於陳王也。』」瀧川曰：「此蓋敷演《史》文也。〈毀學篇〉亦云：『天下穰穰為利往。』」此〈貨殖傳〉中語，則知《史記》之書，昭、宣間既行於世矣。」(63)高皇帝誅項籍　劉邦破項羽於垓下，項羽自刎烏江，事在高祖五年（西元前二〇二年）十二月。(64)舉兵圍魯　劉邦破殺項羽後，各地望風歸順，唯有魯都曲阜堅守不降，因項羽曾被懷王封為「魯公」故也。直到確知項羽已死，曲阜始降劉邦，事見〈項羽本紀〉。(65)孔子

在陳　當初孔子周遊列國，遊到陳國（今河南淮陽）的時候。66歸與二句　猶言「回去吧，回去吧」。67吾黨之小子　我這個門派的弟子們。68狂簡　狂放簡傲。這裡實際是稱讚他們志大才高。69斐然成章　才情絢麗的樣子。70不知所以裁之　我都不知道怎麼約束、調理他們。裁，剪裁。這裡指調教。以上數語見《論語．公治長》。71閒於文學　熟悉儒家經典。閒，通「嫻」。熟悉；熟練。文學，指儒術，儒家的經藝。與今天的「文學」涵義不同。72脩其經蓺　研習儒學著作。73大射鄉飲　都是儒家講習的一些禮節儀式，《儀禮》中有〈大射儀〉，舊注謂：「諸侯將有祭祀之事，與其群臣射，以觀其禮。數中者得與於祭，不數中者不得與於祭。」《儀禮》中又有〈鄉飲酒禮〉，指鄉官在鄉學舉行酒會，或為了向上推薦的賢士餞行，或為了表示「尊賢養老」等等。74叔孫通　原為秦朝博士，入漢後，為劉邦制訂了一套嚴格區分君臣等級的禮儀，使劉邦真正體會到了做皇帝的樂趣。事見〈劉敬叔孫通列傳〉。75因為太常　因此被劉邦任為太常。太常，也叫奉常，九卿之一，主管宗廟與朝廷的禮儀。76選首　首先被選拔為官。據〈劉敬叔孫通列傳〉，叔孫通的弟子參與訂禮者皆被劉邦任為郎。77喟然歎興於學　句意欠明晰。大意謂許多人見到別人由此得官，於是深受觸動，便也群起讚歎地興心學儒、學禮了。喟然，深動感情的樣子。78平定四海　師古曰：「言陳豨、盧綰、韓信、黥布之徒相次反叛，征討也。」79未暇遑　來不及；顧不上。按：「暇」「遑」二字同義，應削其一。《漢書》無「暇」字。80庠序　泛指學校。殷曰「序」，周曰「庠」。81孝惠　劉邦之子，名盈，呂后所生，西元前一九四—前一八八年在位。82呂后　名雉，劉邦之妻，孝惠之母，西元前一八七—前一八〇年繼其子臨朝執政。83公卿皆武力有功之臣　當時的三公九卿大都由以軍功為列侯者擔任。84孝文　劉邦之子，名恆，薄后所生，西元前一七九—前一五七年在位。85頗徵用　稍稍徵用一些儒生。頗，略；稍。86刑名之言　法家學派的一種，以申不害為首，主張循名責實，尊君卑臣。因其「本於黃老」，故為文帝所喜。楊樹達曰：「張歐治刑名，文帝使侍太子，是其證也。」87孝景　文帝之子，名啟，竇后所生，西元前一五六—前一四一年在位。88竇太后　文帝之妻，景帝之母，事跡見〈外戚世家〉、〈魏其武安侯列傳〉等。89黃老之術　道家學說的一個派別，以黃帝、老子相標榜，其實質是老子與法家學說的綜合運用，興起於戰國中期，是西漢前期統治者的指導思想，其代表著作是《黃帝四經》與司馬談的〈論六家要旨〉等。90具官　設其職而不用，即所謂「充數」。師古曰：「謂備員而已。」91未有進者　沒有一個儒家分子獲得重用。進，指受提拔，靠近皇帝。92今上　即武帝，名徹，景帝之子，王后所生，其建元元年為西元前一四〇年。93趙綰王臧　都是儒家一派的人物。94明儒學　即鼓吹尊儒。95上亦鄉之　鄉，通「向」。趨向；贊成。武帝即位後，朝廷大權尚多被以黃老相標榜的竇太后與其親信所把持，武帝母王太后欲向竇老太后奪權，故標榜尊儒，以趙綰為御史大夫，以王臧為郎中令，此建元元年事也。96方正賢良文學之士　具備「方正賢良」資格的儒生。「方正賢良」也稱「賢良方正」，也可簡稱曰「賢良」，是漢代選拔進用人才的科目名，以這種科目選拔人才從文帝開始。武帝尊儒後，以同樣方式選拔儒生，即所謂「文學士」，故稱其科曰「方正賢良文學士」，簡稱作「賢良文學」，也可更簡稱「賢良」或「文學」。建元元年，武帝曾下詔選拔「賢良文學」，但各地推舉來的很多不是儒生，於是中途作罷。[97]自是之後　四字使用不當，下述數家皆非自武帝下詔後始講習經藝，或應作「是時」。《漢書》作「漢興」。[98]申培公　姓申，名培，「公」是對人的敬稱。申培所傳授的《詩經》被後人稱作「魯詩」。[99]轅固生　姓轅，名固。生，也稱作「先」，都如同今之所謂「先生」，對人的敬稱。轅固所傳授的《詩經》被後人稱作「齊詩」。[100]燕　漢初諸侯國名，國都即今北京市。[101]韓太傅　燕王劉定國的太傅，名嬰，燕國人。韓嬰所傳授的《詩經》被後人稱作「韓詩」，今尚存《韓詩外傳》。[102]濟南　漢初諸侯國名，國都東平陵（今山東章丘西北）。[103]伏生　《索隱》曰：「張華云：『名勝。』」《漢紀》云：「字『子賤』。」[104]高堂生　《索隱》曰：「謝承云：『秦氏季代，有魯人高堂伯。』則『伯』是其字，云『生』者，自漢以來儒者皆號『生』，亦『先生』省字呼之耳。」[105]菑川　漢代諸侯國名，國都劇縣（今山東昌樂西北）。[106]田生　史失其名。[107]胡毋生　《索隱》曰：「胡毋姓，字子都。」[108]趙　漢代諸侯國名，國都即今河北邯鄲。[109]董仲舒　廣川國（今河北棗強東）人，事跡詳後文。[110]竇太后崩　事在建元六年（西元前一三五年）。[111]田蚡為丞相二句　絀，通「黜」。此即通常所說的「罷黜百家」。田蚡是武帝之舅，王太后的同母異父弟，建元元年為太尉，曾與丞相竇嬰、御史大夫趙綰等一道發動尊儒，建元二年（西元前一三九年），趙綰等欲徹底免除竇太后干政，竇太后大怒，於是對尊儒派大張撻伐，罷免了丞相竇嬰、太尉田蚡，處死了御史大夫趙綰、郎中令王臧等，於是王太后與漢武帝的第一次「尊儒」遂告吹燈。建元六年竇太后死，王太后與漢武帝立即任命田蚡為相，重新鼓吹「尊儒」，掃蕩竇太后勢力，從此才開始了王太后與漢武帝的統治時期。過程詳見〈魏其武安侯列傳〉，此文之所以不詳述者，為武帝之敗諱也。[112]延文學儒者數百人　事在元光元年（西元前一三四年）。此年五月，武帝又下詔書向各郡國徵詔儒學之士，詔書全文載於《漢書・武帝紀》，董仲舒、公孫弘等就是在這次對策時顯露頭角的。[113]公孫弘　齊國人，以讀《公羊春秋》，在元光元年的對策中獲得武帝寵信，從此平步青雲。元朔三年（西元前一二六年）為御史大夫，元朔五年（西元前一二四年）為丞相，封平津侯。事跡詳見〈平津侯主父列傳〉。[114]白衣　指平民百姓。[115]三公　指丞相、太尉、御史大夫。郭嵩燾曰：「武帝之興文學，主其議者田蚡，首膺經學之選為『三公』者公孫弘，即所興之文學可知矣。此史公微旨。」[116]封以平津侯　按：漢代建國以來凡為丞相者都是列侯，有些是因佐助劉邦開國被封為列侯的功臣，如蕭何、曹參、陳平等；有些是繼承其父祖的爵位而為列侯的，如劉舍、陶青等；有以平定內亂而被封侯的，如竇嬰；有以皇帝的親戚而被封侯的，如田蚡。總之都是先有侯爵，而後被任為丞相。唯有公孫弘，沒有侯爵就當了丞相，為解決這種尷尬局面，武帝遂特因其為丞相而將其封為平津侯，封地平津縣。從此開例，以後遂凡任丞相者一律封侯，公孫弘是開此例的第一個，史公感慨極深。(117)靡然鄉風　像草被風吹一邊倒似地都去讀儒書了。史公此語諒不是讚美、歌頌。(118)公孫弘為學官二句　公孫弘曾當過學官，他很痛心儒家思想長期以來遭受廢棄。學官，即博士。道，即儒家之道。按：公孫弘為博士在元光元年至元光五年（西元前一三〇年），這時的「博士」已經是指儒學經典的專門家，太學裡的教授。又按：詳此句文意，似應理解為「公孫弘為學官之不興，悼聖道之鬱滯」，因乃上書。(119)乃請曰　以下是公孫弘給武帝的上書，事在元朔五年，時公孫弘已任丞相。(120)丞相御史言　漢代群臣上書，開頭的格式皆如此。御史，指御史大夫，當時任此職者為番係。(121)制曰　以下是引用武帝的詔書，該詔書下於元朔五年六月。(122)導民以禮二句　風，師古曰：「教也。〈詩序〉曰：『上以風化下。』」按：此儒家之老生常談，《論語．為政》曰：「道之以德，齊之以禮，有恥且格。」(123)婚姻者二句　古人重視婚姻，《詩經．關雎》之《毛傳》有所謂「夫婦有別則父子親，父子親則君臣敬，君臣敬則朝廷正，朝廷正則王化成」。居室，家庭。大倫，重要的人際關係準則。按：此亦統治者的套話，讀者可以從〈外戚世家〉、〈五宗世家〉等篇看到漢代最高統治者的「婚姻」、「居室」是何種情景。(124)愍　通「憫」。痛心。(125)詳延　普遍地邀請。師古曰：「詳，悉也。」(126)方正博聞之士　即前所謂「方正賢良文學之士」。(127)咸登諸朝　都把他們請上朝廷。(128)禮官　指太常所主管的部門。(129)勸學講議二句　鼓勵人們學習、研討儒術，以求知識廣博，重視禮儀。洽，周密；周備。(130)以為天下先　作為天下百姓的表率。(131)太常議　太常可以找人議論一下。此武帝指令語。《漢書．武帝紀》於此作「太常其議」，語氣顯豁。(132)與博士弟子　給博士配備弟子。與，通「予」。(133)崇鄉里之化　提高社會基層的道德水準。(134)以廣賢材焉　更加廣泛地培養這方面的人才。按：《漢書》作「以厲賢材」，使賢材們能更好的得到磨練。(135)太常臧　孔臧，孔安國的堂兄。周壽昌引《文選．兩都賦》注引《孔臧集》曰：「臧，仲尼之後，少以才博知名，稍遷御史大夫，辭曰：『臣代以經學為家，請為太常，專修學業。』武帝遂用之。」(136)博士平　名平，史失其姓，事跡不詳。(137)三代之道　夏、商、周三代時的教育制度與教育方法。(138)鄉里有教　從社會基層就設有教育部門。鄉里，古代居民的編制單位名，地區不同，編法亦異。大意為若干戶為一「鄰」，若干「鄰」為一「里」，若干「里」為一「鄉」是也。通常即用以指社會基層。(139)夏曰校　《正義》曰：「校，教也，可教道藝也。」(140)殷曰序　《正義》曰：「序，舒也，言舒禮教。」(141)周曰庠　《正義》曰：「庠，詳也，言詳審經典。」按：《孟子．滕文公》云：「設為庠序學校以教之，庠者，養也；校者，教也；序者，射也。夏曰『校』，殷曰『序』，周曰『庠』；『學』則三代共之。」(142)勸善　表彰好的典型。(143)顯之朝廷　即給予官做。(144)首善自京師始　首都要在優化道德風氣方面起帶頭作用。首善，帶頭為善，為全國作表率。(145)昭至德　顯示了至高無上的道德。(146)配天地　言其本人的道德之高可與天地相比。(147)本人倫　依照人的本性推行各種禮儀規章。(148)崇化厲賢　提高教化，激勵賢才。(149)以風四方　以化育天下。(150)古者　猶言「前者」、「舊日」。(151)未洽　不周。(152)因舊官而興　在舊學官的基礎上加以擴大、完備。(153)為博士官置弟子五十人　給太學的教授配備五十個學生。張大可說：「每經十人，五經共五十人。其後博士弟子不斷增加，至西漢末達三千人，至東漢末更達三萬人。」(154)復其身　免除其自身所應給國家負擔的勞役、賦稅。(155)補博士弟子　此句是說這些博士弟子的來源。郭嵩燾曰：「博士弟子五十人，并由太常選置。」(156)郡國縣道邑　各朝廷直屬郡與各諸侯王國所屬的各縣、各道、各邑。齊召南曰：「縣有蠻夷曰『道』，列侯、公主所食曰『邑』。」張大可說：「西漢盛時，凡郡、國一百三，縣、邑千三百一十四，道三十二，侯國二百四十一。」(157)肅政教　嚴格遵守國家法令。(158)出入不悖所聞　即言行一致，一舉一動都按照所學的儒書做。(159)令相長丞　都是縣一級的行政長官。根據規定，當時凡萬戶以上的大縣，其長官稱「縣令」；萬戶以下的小縣，其長官稱「縣長」；縣令、縣長的副手稱縣丞；列侯的封邑相當於縣級，其行政長官稱為「相」。(160)上屬所二千石　王鳴盛曰：「當作『上所屬二千石』。」即把符合條件的人名單上報到自己所屬的郡太守與諸侯王相。當時的郡守與諸侯王相都屬於「二千石」一級。按：詳此句文意，句首的「令」字似不宜理解為「縣令」，而應該做「命令」、「讓」字理解。(161)與計偕二句　跟隨各郡國「上計」的官吏進京，到太常報到。計，計吏，代表郡國來向朝廷結算並交納錢糧的官吏。王駿圖曰：「漢之計吏得乘傳，故令與計偕來也。」(162)得受業如弟子　可以到太學跟著博士讀書，享受博士弟子的待遇。郭嵩燾曰：「『受業如弟子』，則郡國歲貢之太常者無員數也。」(163)一歲皆輒試　每年考試一回。輒，總是。(164)通一藝　精通「五經」中的任何一種。藝，指儒家經典。儒家的「六經」亦稱「六藝」。(165)文學掌故　太常屬下的小官名，以熟悉儒家經典中的老章程、老慣例，即所謂「故事」著稱。(166)高弟　成績優等。(167)郎中　帝王身邊的低級侍從官員，秩比三百石。(168)籍奏　造冊上報。(169)即　若；假如。(170)秀才異等　即成績特別突出者。(171)輒以名聞　隨時將其姓名上報朝廷。(172)不事學　不好好學；不以學習為事。(173)若　或者。(174)下材　材質低下。(175)罷之　取消其學習資格。(176)請諸不稱者罰　詞語生澀，大概意思是請求給予各個辦事不力的人員以懲罰。沈欽韓曰：「當是兼坐舉主也。《通考》四十云：『諸不稱者，謂太常之謬選，博士之失教，及郡國之濫以充賦也。』」〈功臣表〉：「『山陽侯張當居，坐為太常擇博士弟子故不以實，完為城旦。』則其罰可知。」(177)詔書律令下者　皇帝往日所下的各種詔令。師古曰：「下者，謂班行。」王先謙曰：「謂平時所班行者，不蒙上文。」(178)明天人分際　昭示天與人的感應關係。當時漢代統治者的文告以及群臣向皇帝的上書中都特別講究這一套。(179)通古今之義　指引經據典，說古道今，充滿學問。漢代上行下達的文件中也都特別講究這一套。(180)爾雅　原意是「近乎正」，通常即用為「醇厚、雅正」的意思。(181)訓辭深厚　語言的內含深刻廣博。(182)恩施　意即恩惠。李笠曰：「施，亦恩也。」(183)不能究宣　不能把國家和皇帝的各種詔書、律令的意思，透徹地向下面宣講出去。(184)無以明布諭下　無法對其下屬吏民解釋清楚。(185)治禮次治掌故三句　十六字文意晦澀，舊注亦艱澀難通。中井曰：「『次治』二字衍。」師古曰：「言治禮、掌故之官，本以有文學、習禮義而用之，又所以遷擢留滯之人。」劉敞曰：「言治禮、掌故，其遷常留滯，故請特選用以勸之。」瀧川曰：「治禮、掌故，二官名。言治禮、掌故二官以文學禮義為職，其遷徙常多留滯。若選擇其中以補左右內史、大行及郡太守之卒史，不獨開選用之路，亦得使郡國小吏究宣詔書律令。」張大可說：「『遷留滯』三字要貫通上下文，直至『備員』句止，方無阻礙。」(186)秩比二百石以上　指秩比二百石以上的「治禮」與「掌故」。秩，官階。比二百石，略等於二百石。漢代「二百石」月俸三十斛，「比二百石」月俸二十七斛。(187)吏百石通一藝以上　各職能部門的百石小吏而能通曉一門以上儒家經典者。劉攽曰：「吏乃以百石用者，為其曉事，優之也。」(188)補左右內史大行卒史　意謂讓他們去給左、右內史與大行令充當卒史。左右內史，當時首都長安及其郊區的行政長官，其東部長官稱左內史，後改稱左馮翊；其西部長官稱右內史，後改稱右扶風。大行，即大行令，也稱典客，主管少數民族事務。卒史，秩比百石的辦事小吏，如同今之科長。(189)比百石已下　指比百石以下的「治禮」與「掌故」。(190)各二人　師古曰：「內地之郡，郡各補太守卒史二人也。」(191)誦多者　指誦習儒書多者。(192)掌故　與下文「文學掌故」相對而言。前者指對一般「古事」知道得多，後者特別指對儒家「古事」「故實」知道得多。(193)中二千石屬　即指上文所說的「左右內史、大行卒史」。屬，僚屬；下屬。(194)郡屬　各郡國守相的下屬。按當時規定，二千石分中二千石、二千石、比二千石三等，左、右內史與大行令都是「中二千石」；郡國守相是「二千石」。「文學掌故」比一般「掌故」吃香，而公孫弘卻故意派他們到級別較低的郡國去，這是因為那些地方更加需要懂得儒術的人。(195)備員　滿員。即按照沿邊各郡一人，內地郡國二人的規定把人數配齊。錢大昕曰：「平津本意，以詔書爾雅深厚，非俗吏所解，故選文學掌故補卒史，所謂以儒術『緣飾』吏事也。」(196)請著功令　請求把這一項作為法律條文確定下來。功令，有關教育與選拔人才的法令。(197)佗如律令　其他事情仍按舊有的章程辦。佗，通「他」。(198)制曰可　皇帝在公孫弘請示的奏章上批覆曰「可」。(199)斌斌　溫文爾雅的樣子。《文心雕龍・時序》曰：「逮孝武崇儒，潤色鴻業，禮樂爭輝，辭藻競鶩：柏梁展朝讌之詩，金堤製恤民之詠；應對固無方，篇章亦不匱，遺風餘采，莫與比盛。」

【語　譯】太史公說：我閱讀考核和選拔學官的法令，每當讀到廣開獎勵學官進取的辦法時，總是要放下書來感歎一番。我在想：悲哀啊！周王室一開始沒落，〈關雎〉這樣的詩篇就產生了；幽王、厲王一開始衰微，國家的禮樂就全部崩壞了，從此諸侯們任意橫行，號令由強國發出。孔子就是因為傷心王道的廢毀和邪道的勃發，所以才編訂《詩》、《書》，修訂禮樂的。他到齊國聽到〈韶〉樂時，竟陶醉得三個月吃肉都吃不出香味。他從衛國返回魯國後，重新訂正了音樂，從此才使得〈雅〉樂、〈頌〉樂各自按部就班了。由於當時的政治混亂，所以孔子一生曾拜訪過七十多個國君，而沒有一個人欣賞他。孔子曾說：「如果有人任用我，一年之內可以讓他見到成效。」後來當魯哀公在魯國西邊捕獲一隻麒麟時，孔子歎息道：「我已經無路可走了！」於是他就根據魯國的歷史作了一部《春秋》，他要把它當作一代帝王的法典。因為《春秋》的文字隱微但含意深廣，後代的學者們都廣泛地傳抄誦讀它。

2　孔子死後，他的學生們分散到了各個國家，官大的做到王侯的師傅和國家的卿相，官小的也成了士大夫們的師友，當然也有的人喜歡隱遁不為人知。當時子路是在衛國，子張是在陳國，澹臺子羽是在楚國，子夏住在西河，子貢最後死在齊國。像田子方、段干木、吳起、禽滑釐這些人，都是在子夏等人的門下接受過教育，而後才當了王者之師的。那時，只有魏文侯愛好儒家思想。以後一直發展到了秦始皇，群雄並爭，天天打仗，所以儒家學說不受重視。然而在齊國、魯國這一帶地方，儒家學說卻被人傳習不斷。在齊威王、齊宣王的時代，孟子、荀卿等人，就都是遵循著孔子的學說而進一步發揚光大，從而使自己的學問著稱於當世的。

3　到了秦朝的晚期，焚毀《詩》、《書》，坑殺儒士，儒家的《六藝》從此就殘缺不全了。到陳涉稱王之後，魯國有些儒生就帶著孔氏保存的禮器去歸附了他。其中的孔甲還做了陳涉的博士，最後跟陳涉死在一起。陳涉出身於一介平民，領著被發配的烏合之眾，在不到一個月的時間裡就稱了張楚王，而後不到半年就被人家消滅了，這本來是一個很渺小的人，可是居然使得那些有身分的先生們背著孔子遺留下來的禮器去向他投靠稱臣，這是為什麼呢？就是因為秦朝毀滅了他們的事業，他們積怨於秦要去跟著陳涉發憤報仇。

4　當漢高祖殺掉項羽後，發兵包圍了曲阜，而曲阜的儒生們還在那裡讀儒書習禮樂，絃歌之聲不停，這不就是聖人教化出來的禮樂之邦嗎？所以早在當年孔子在陳國時就說過：「回去吧！回去吧！我這個門派的弟子們志大才高，才情絢麗，我都不知道怎樣調教他們了。」齊、魯一帶的人們自古以來就愛好詩書禮樂，看來也真是一種天性。所以漢朝一開始建立，那裡的儒生們立刻就重操舊業，講述和演習起大射、鄉飲酒等各種禮儀來了。叔孫通為漢朝制訂了一套禮儀，因此被封為太常，跟著他一道參加制訂禮儀的弟子們，也都被優先封官，於是人們都感慨儒學終於又要興旺起來了。但由於當時還有戰爭，忙著安定天下，還顧不上興建學校。孝惠帝、呂后時代，公卿們都是行伍出身的有功之臣，到了孝文帝時代才偶爾招用幾個儒學之士，但孝文帝從根本上說是喜好刑名之學的。到孝景帝執政時，也不任用儒生，而孝景帝的母親竇太后則是喜好黃帝、老子之術，因而那些儒學出身的博士官也不過是留著充數，等待詢問而已，沒有一個受到提拔。

5 等到當今的皇上即位後，趙綰、王臧等人都是鼓吹儒學的，而皇上也傾向於這一派，於是下令選拔「賢良」「方正」等各科的儒家學子。從這時開始，講《詩經》的在魯國有申培先生，在齊國有轅固先生，在燕國有韓嬰太傅。講《尚書》最早的是濟南的伏先生。講《儀禮》最早的是魯國的高堂先生。講《易經》最早的是菑川的田先生。講《春秋》的在齊國、魯國有胡毋先生，在趙國有董仲舒。當竇太后死後，武安侯田蚡做了丞相，於是他們罷斥黃老、刑名等各家學說，而專門聘用了儒家學子幾百人。而其中的公孫弘後來居然靠著讀過《春秋》，就從一個平民百姓爬到了國家三公的高位，被封為平津侯。從此天下的讀書人全像順風草似的去鑽營儒學了。

6 公孫弘曾經當過學官，他痛心於儒家之道長期被廢棄，於是上書向皇帝請求說：「丞相、御史啟奏皇上：皇上曾下過詔令說：『古人說引導人民應該用禮儀，教化人民應該用音樂。婚姻問題，是一個家庭中最重要的倫理關係。現在整個國家內禮崩樂壞，這使我非常痛心。因此必須廣泛地招納全國品行端正、學識淵博的人，把他們提拔到朝廷上來。要讓主管禮的官吏們勸導人們讀書上進，要讓他們研討掌握更多的知識，要為天下百姓作表率。太常也要好好商量一下給博士設置弟子的問題，要開展鄉里基層的教育工作，以培養更多的人才。』按照以上指示我已經跟太常孔臧、博士平等人商議過，我們的意見是根據夏商周三代的章程，每個鄉里都要有一個教育場所，夏朝叫校，殷朝叫序，周朝叫庠。那時為了表彰做好事的人，就把他們推薦到朝廷；為了懲治做壞事的人，就對他們處以刑罰。而教化的得以推行，是從首都帶頭作起的，由裡及外，逐步推廣到普天下。今天皇上為了弘揚崇高的道德，開發人們的智慧，根據天地之間自然之理以及人性的需要，獎勵求學，興修禮樂，開展教育，培養賢才，以此來教化天下，這的確是天下太平的根本。但由於以往的教育工作不甚完備，許多禮制也不完整，現在必須對舊有的學官進行一定的增補。要為博士官設置五十個弟子，凡是入選的免除他們的賦稅和勞役。由太常從民間選擇十八歲以上相貌端莊的人來充當。各郡國的縣、道、邑中有喜好儒學，尊敬長上，遵紀守禮，友好睦鄰，一言一行都能按照所學去做的，縣令、侯相、縣長、縣丞要把他們的名字上報給郡守或王相，郡守或王相認真考察認為合格的，讓他們跟著計吏進京，到太常報到，而後就比照博士弟子接受教育。每年進行一次考試，能夠通曉一門儒家功課的，就可以讓他們去充當文學掌故了；有成績優秀可以選做郎官的，由太常提出名單上奏；若有特別出類拔萃的人，太常應隨時將名單上報朝廷。對於那些不好好學習，或是天資低下和不能通曉一門儒家功課的，要立即把他們裁掉，原來推薦這種人的地方官也要跟著一道受罰。我覺得皇上所下的各種詔書律令，它們闡明了天人之間的關係，貫穿著古今變化的規律，文辭醇正，涵義深遠，澤恩於世的用心十分美好。但是下面的小吏們見識淺薄，無法深刻理解而透徹宣達，不能對下屬吏民解釋清楚。而且治禮與掌故兩種人員，都是負責管理儒學禮儀這類業務的，但他們的遷升卻屢屢受到阻礙。現在我請求選擇一些官階在『比二百石』以上，以及官階在一百石以上而又能通曉一門儒家功課的，讓他們來給左右內史和大行令充當卒史；選擇一些官階在『比一百石』以下的去給那些太守充當卒史：內地郡每郡兩個人，邊郡每郡一個人。先選用那些對儒學功課念得多的，如果人員不夠，才選派一些掌故去充當中二千石的屬下，選一些文學掌故去充當郡守的屬下，以湊齊建置。請求把這幾條寫在選拔官吏的法令上。其他都依照舊的條文辦。」皇上批示說：「可以。」從此以後，上自公卿大夫下至基層小吏，文質斌斌的禮法之士就愈來愈多了。

1 申公❶者，魯人也。高祖過魯❷，申公以弟子從師❸入見高祖于魯南宮。呂太后時，申公游學長安，與劉郢同師❹。已而郢為楚王，令申公傅其太子戊❺。戊不好學，疾❻申公。及王郢卒，戊立為楚王❼，胥靡❽申公。申公恥之，歸魯❾，退居家教，終身不出門，復謝絕賓客，獨王命❿召之乃往。弟子自遠方至受業者百餘人⓫。申公獨以詩經為訓以教⓬，無傳⓭，疑者則闕不傳⓮。

2 蘭陵⓯王臧既受詩，以事孝景帝為太子少傅⓰，免去。今上初即位⓱，臧迺上書宿衛上⓲，累遷⓳，一歲中為郎中令⓴。及代㉑趙綰亦嘗受詩申公，綰為御史大夫㉒。綰、臧請天子，欲立明堂㉓以朝諸侯㉔，不能就其事，乃言師申公。於是天子使使束帛加璧㉕、安車㉖駟馬迎申公，弟子二人乘軺傳㉗從。至，見天子。天子問治亂㉘之事。申公時已八十餘，老，對曰：「為治者不在多言，顧力行何如耳㉙。」是時，天子方好文詞㉚，見申公對，默然。然已招致，則以為太中大夫㉛，舍魯邸㉜，議明堂事。太皇竇太后㉝好老子言，不說㉞儒術，得趙綰、王臧之過㉟以讓㊱上，上因廢明堂事，盡下趙綰、王臧吏，後皆自殺㊲。申公亦疾免以歸㊳，數年卒。

3 弟子為博士者十餘人：孔安國㊴至臨淮㊵太守，周霸㊶至膠西㊷內史㊸，夏寬至城陽[44]內史，碭魯賜[45]至東海[46]太守，蘭陵繆生[47]至長沙[48]內史，徐偃[49]為膠西中尉[50]，鄒[51]人闕門慶忌[52]為膠東[53]內史。其治官民皆有廉節，稱其好學。學官弟子[54]行雖不備[55]，而至於大夫、郎中、掌故以百數。言詩雖殊[56]，多本於申公[57]。

4 清河王太傅[58]轅固生[59]者，齊人也。以治詩，孝景時為博士。與黃生爭論景帝前[60]。黃生曰：「湯、武非受命[61]，乃弒也[62]。」轅固生曰：「不然。夫桀、紂虐亂，天下之心皆歸湯、武，湯、武與天下之心[63]而誅桀、紂，桀、紂之民不為之使而歸湯、武，湯、武不得已而立，非受命為何？」黃生曰：「『冠雖敝，必加於首；履雖新，必關於足。』[64]何者？上下之分也。今桀、紂雖失道，然君上也；湯、武雖聖，臣下也。夫主有失行[65]，臣下不能正言匡過[66]以尊天子，反因過而誅之，代立踐南面[67]，非弒而何也？」轅固生曰：「必若所云，是高帝代秦即天子之位，非邪？」於是景帝曰：「食肉不食馬肝[68]，不為不知味[69]；言學者無言湯、武受命[70]，不為愚。」遂罷。是後學者莫敢明「受命」、「放殺」[71]者。

5 竇太后好老子書[72]，召轅固生問老子書。固曰：「此是家人言[73]耳。」太后怒曰：「安得司空城旦書[74]乎？」乃使固入圈刺豕。景帝知太后怒，而固直言無罪，乃假固利兵[75]，下圈刺豕，正中其心，一刺，豕應手而倒。太后默然，無以復罪，罷之。居頃之，景帝以固為廉直，拜為清河王太傅[76]。久之，病免。

6 今上初即位，復以賢良徵固[77]。諸諛儒多疾毀[78]固，曰固老，罷歸之。時固已九十餘矣。固之徵也，薛[79]人公孫弘亦徵，側目而視固[80]。固曰：「公孫子，務正學以言[81]，無曲學以阿世[82]！」自是之後，齊言詩皆本轅固生也。諸齊人以詩顯貴，皆固之弟子也。

7 韓生[83]者，燕人也。孝文帝時為博士，景帝時為常山王太傅[84]。韓生推詩之意而為內、外傳[85]數萬言，其語頗與齊、魯間殊[86]，然其歸一也[87]。淮南賁生[88]受之。自是之後，而燕、趙間言詩者由韓生。韓生孫商為今上博士。

8 伏生[89]者，濟南[90]人也，故為秦博士[91]。孝文帝時，欲求能治尚書者，天下無有，乃聞伏生能治，欲召之。是時，伏生年九十餘，老，不能行，於是乃詔太常使掌故朝錯[92]往受之[93]。秦時焚書，伏生壁藏之[94]。其後兵大起[95]，流亡[96]。漢定，伏生求其書，亡數十篇，獨得二十九篇[97]，即以教于齊、魯之間。學者由是頗能言尚書，諸山東大師無不涉尚書以教矣。

9 伏生教濟南張生及歐陽生[98]，歐陽生教千乘兒寬[99]。兒寬既通尚書，以文學應郡舉[100]，詣博士受業[101]，受業孔安國[102]。兒寬貧無資用，常為弟子都養[103]，及時時問行傭賃[104]，以給衣食[105]。行常帶經，止息則誦習之。以試第次[106]，補廷尉史[107]。是時，張湯[108]方鄉學[109]，以為奏讞掾[110]，以古法議決疑大獄[111]，而愛幸寬。寬為人溫良，有廉智，自持，而善著書、書奏[112]，敏於文，口不能發明也。湯以為長者[113]，數稱譽之[114]。及湯為御史大夫[115]，以兒寬為掾[116]。薦之天子，天子見問[117]，說[118]之。張湯死後六年[119]，兒寬位至御史大夫，九年而以官卒[120]。寬在三公位，以和良承意從容得久[121]，然無有所匡諫[122]；於官，官屬易之[123]，不為盡力。張生亦為博士。而伏生孫以治尚書徵，不能明[124]也。

10 自此之後，魯周霸、孔安國，雒陽[125]賈嘉[126]，頗能言尚書事[127]。孔氏有古文尚書[128]，而安國以今文讀之[129]，因以起其家[130]。逸書得十餘篇[131]，蓋尚書滋多於是[132]矣。

11 諸學者多言禮[133]，而魯高堂生[134]最本[135]。禮固自孔子時而其經不具[136]，及至秦焚書，書散亡益多。於今獨有士禮[137]，高堂生能言之。

12 而魯徐生善為容[138]。孝文帝時，徐生以容為禮官大夫[139]。傳子至孫徐延、徐襄。襄，其天姿善為容，不能通禮經；延頗能[140]，未善也。襄以容為漢[141]禮官大夫，至廣陵[142]內史。延及徐氏弟子公戶滿意[143]、桓生[144]、單次[145]，皆嘗[146]為漢禮官大夫，而瑕丘蕭奮[147]以禮為淮陽[148]太守。是後，能言禮為容者，由徐氏焉。

13 自魯商瞿[149]受易孔子，孔子卒，商瞿傳易，六世至齊人田何，字子莊，而漢興。田何傳東武[150]人王同子仲[151]，子仲傳菑川[152]人楊何[153]。何以易元光元年[154]徵，官至中大夫[155]。齊人即墨成[156]以易至城陽[157]相。廣川[158]人孟但以易為太子門大夫[159]。魯人周霸、莒人衡胡[160]、臨菑人主父偃[161]，皆以易至二千石。然要[162]言易者本於楊何之家[163]。

14 董仲舒，廣川人也。以治春秋，孝景時為博士。下帷講誦[164]，弟子傳以久次相受業[165]，或莫見其面。蓋三年董仲舒不觀於舍園[166]，其精如此。進退容止[167]，非禮不行，學士皆師尊之[168]。今上即位，為江都相[169]。以春秋災異之變[170]，推陰陽所以錯行[171]，故求雨閉諸陽，縱諸陰[172]，其止雨反是。行之一國，未嘗不得所欲[173]。中廢，為中大夫[174]，居舍[175]，著災異之記[176]。是時，遼東高廟災[177]，主父偃疾之[178]，取其書奏之天子[179]。天子召諸生示其書，有刺譏[180]。董仲舒弟子呂步舒不知其師書，以為「下愚」[181]。於是下董仲舒吏[182]，當死[183]，詔赦之。於是董仲舒竟不敢復言災異[184]。

15 董仲舒為人廉直。是時，方外攘四夷[185]，公孫弘治春秋[186]不如董仲舒，而弘希世用事，位至公卿[187]。董仲舒以弘為從諛[188]，弘疾之，乃言上曰：「獨董仲舒可使相膠西王[189]。」膠西王素聞董仲舒有行[190]，亦善待之。董仲舒恐久獲罪，疾免[191]，居家。至卒，終不治產業，以脩學著書為事[192]。故漢興至于五世之間[193]，唯董仲舒名為明於春秋，其傳公羊氏[194]也。

16 胡毋生[195]，齊人也。孝景時為博士，以老歸教授[196]。齊之言春秋者，多受胡毋生，公孫弘亦頗受焉[197]。

17 瑕丘江生[198]為穀梁春秋[199]。自公孫弘得用[200]，嘗集比其義[201]，卒用董仲舒[202]。

18 仲舒弟子遂[203]者：蘭陵褚大、廣川殷忠、溫[204]呂步舒。褚大至梁[205]相。步舒至長史[206]，持節使決淮南獄[207]，於諸侯擅專斷不報[208]，以春秋之義正之[209]，天子皆以為是。弟子通者[210]，至於命大夫[211]；為郎、謁者[212]、掌故者以百數。而董仲舒子及孫皆以學至大官[213]。

【章　旨】以上為第二段，是西漢前期各門經藝之著名儒生的小傳。

【注　釋】❶申公　即前文所說的申培。❷高祖過魯　大約指高祖五年（西元前二〇二年）之平定魯地時。❸從師　跟著他的老師浮丘伯。《漢書》云：「少與楚元王交俱事齊人浮丘伯，受《詩》。漢興，高祖過魯，申公以弟子從師入見於魯南宮。」❹與劉郢同師　《漢書》云：「呂太后時，浮丘伯在長安，楚元王遣子郢與申公俱卒學。」劉郢，也作「劉郢客」。劉交之子，劉邦之姪，西元前一七八－前一七五年繼其父為楚王，國都彭城（即今江蘇徐州）。❺傅其太子戊　為楚太子劉戊的太傅。

❻疾　忌恨，視其為己之病。❼王郢卒二句　事在文帝五年（西元前一七五年）劉戊之元年為西元前一七四年。❽胥靡　披繩帶鎖地服苦役。師古曰：「聯繫使相隨而服役之。」按：《集解》引徐廣有所謂「腐刑」者非。❾歸魯　回到曲阜。❿王命　指魯王的命令。當時魯國在位的是恭王劉餘，景帝之子，武帝之弟。事跡見〈五宗世家〉。⓫受業者百餘人　《漢書》於此作「千餘人」。齊召南曰：「下文言『申公弟子為博士者十餘人，大夫、郎、掌故以百數』，則作『千餘人』是也。」楊樹達曰：「下文言『學官弟子至大夫、郎官、掌故以百數』者，指申公弟子為博士者之『學官弟子』而言，非謂申公之弟子也。齊說殊誤。」按：楊說是。⓬為訓以教　即專門講解字意詞意，不做微言大意上的發揮。訓，訓詁；解釋詞意。按：此申公所傳者，即後代之所謂「魯詩」。⓭無傳　指不像《韓詩外傳》、《毛傳》等那樣講本事、講美刺。楊樹達曰：「〈藝文志〉《詩》家，《齊詩》有《后氏故》、又有《后氏傳》；《韓詩》有《韓故》，又有《內、外傳》；《魯詩》但有《魯故》，無傳。」也有人把「為訓以教，無傳」理解為光是口頭講，不寫書面講義。《索隱》云：「謂申公不作《詩》傳，但教授耳。」似不可取。原作「無傳疑」。張文虎《札記》卷五認為「疑」為衍字，《漢書・儒林傳》亦無「疑」字。今據刪。⓮疑者則闕不傳　凡是自己不明白的地方則空下來不講。⓯蘭陵　楚縣名，縣治即今山東蒼山西南的蘭陵鎮。⓰太子少傅　太子的輔導官，負責講解書本與日常生活、操行品德方面的訓導。⓱今上初即位　武帝建元元年為西元前一四〇年。⓲上書宿衛上　因給武帝上書，被錄用為宮廷的警衛官員，即郎中一類。⓳累遷　連續升遷。⓴郎中令　九卿之一，主管守衛宮廷門戶，及統領皇帝的侍衛人員。按：王臧為郎中令在建元元年。㉑代　代在漢初有時為郡，有時為諸侯國，郡治代縣（今河北蔚縣東北）。㉒綰為御史大夫　應在建元元年，事見〈魏其武安侯列傳〉，而〈漢興以來將相名臣年表〉與《漢書・百官公卿表》皆不書，不知何故。㉓明堂　儒家傳說的一種古代聖王講禮、議政的殿堂，至於建築體式與其確切功用，諸儒自始爭論不一。㉔朝諸侯　接受諸侯們的朝見。㉕束帛加璧　束帛之上再加一塊玉璧。古代的一種聘禮。《周禮・大宗伯》疏：「束者，十端，每端丈八尺，皆兩端合卷，總為五匹，故云『束帛』。」㉖安車　車輪裹以軟物，以減少顛簸，利於老者乘坐。㉗軺傳　驛站上使用的小馬車。㉘治亂　太平與不太平。實際是指治好國家，使之太平。㉙為治者不在多言二句　顧，轉折詞，猶如今之所謂「問題在於」、「關鍵在於」。力行，身體力行。即努力實踐，且有要求統治者以身作則的意思。其意蓋不滿朝廷諸儒的擾攘紛紜，有黃老意味。㉚好文詞　愛聽花言巧語，夸夸其談。這裡主要是指儒士的諂媚逢迎之說。㉛太中大夫　皇帝的侍從官員，上屬郎中令，秩千石，掌議論。㉜舍魯邸　讓他住在魯王在京的官邸。以上所述皆建元元年事。㉝太皇竇太后　梁玉繩引《史記考異》曰：「當云『竇太皇太后』。」按：皇帝之母稱「太后」，皇帝之祖母稱「太皇太后」。㉞說　同「悅」。㉟趙綰王臧之過　指建議

武帝有事自己作主，不必向竇太后請示，實際是向竇太后奪權事。㊱讓　譙責；責備。㊲盡下趙綰王臧吏二句　據〈魏其武安侯列傳〉，由於竇太后的憤怒反擊，趙綰、王臧下獄自殺，丞相竇嬰、太尉田蚡被罷職，於是武帝的第一次「尊儒」遂告失敗。事在建元二年（西元前一三九年）。㊳疾免以歸　因病被免職，令歸家。㊴孔安國　孔子的後代，當時著名的古文派經生，曾為多種經書作注，今《十三經注疏》中的《尚書》古注，即被依託為孔安國所作。㊵臨淮　漢郡名，郡治徐縣（今江蘇泗洪南）㊶周霸　其人又見於〈封禪書〉與〈衛將軍驃騎列傳〉。在〈封禪書〉中為武帝議論封泰山的禮儀，沒有結果，被武帝所罷；在〈衛將軍驃騎列傳〉中勸衛青殺蘇建以立威，為衛青所不取。㊷膠西　諸侯國名，國都高密（今山東高密西南）。㊸內史　諸侯國的內史，主管該國的民政。㊹城陽　諸侯國名，國都即今山東莒縣。㊺碭魯賜　碭縣人姓魯名賜。漢代碭縣的縣治在今安徽碭山南。㊻東海　漢郡名，郡治郯縣（今山東郯城西北）。㊼蘭陵繆生　蘭陵人姓繆，史失其名。㊽長沙　諸侯國名，國都臨湘（即今長沙市）。㊾徐偃　瀧川曰：「徐偃論封禪祠器，見〈封禪書〉。」㊿中尉　諸侯國的中尉，職同郡尉，主管該國武事。51鄒　漢縣名，縣治在今山東鄒縣東南。52闕門慶忌　姓闕門，名慶忌。53膠東　諸侯國名，國都即墨（今山東平度東南）。54學官弟子　申公的弟子在太學當博士教出來的弟子。55行雖不備　行為雖不能說都好得無可挑剔。顧炎武曰：「謂不必皆有行誼，而多顯官。」56言詩雖殊　對《詩經》的解釋不同，有許多家。57多本於申公　意謂在武帝時代，講《詩經》的以申公這一門派最為顯要。58清河王太傅　清河王劉乘的太傅。劉乘是景帝之子，武帝之弟。事跡見〈五宗世家〉。清河國的國都清陽，在今河北清河東南。59轅固生　姓轅，名固。60與黃生爭論景帝前　此追敘其早年之事也。黃生，姓黃，史失其名，黃老學派的學者。瀧川曰：「〈史公自序〉云：『太史公習道論於黃子。』黃生學黃老，黃老之學祖述黃帝，不憲章湯武。」61非受命　不是接受天命，順理成章地成為帝王。62乃弒也　乃是通過弒其君長而奪得的，指湯伐桀、武王滅紂而言。63與天下之心　順應著普天下的人心。與，因；順應。《漢書》作「因天下之心」。64冠雖敝四句　關，穿。瀧川曰：「《御覽》六百九十七引《六韜》云：『崇侯虎曰：冠雖弊，禮加於首；履雖新，法以踐地。』《韓非子・外儲說》：『費仲曰：冠雖穿弊，必戴之於頭；履雖五采，必踐之於足。』文殊意同。」按：《穀梁傳》僖公八年亦有所謂「朝服雖敝，必加於上；弁冕雖舊，必加於首」，蓋古之習俗語。65失行　行為有失誤。66匡過　糾正其過失。匡，糾正；扶正。67踐南面　登帝位面南而坐。68食肉不食馬肝　師古曰：「馬肝有毒。」劉敞曰：「知味者，不必須食馬肝；言學者，不必須論湯武，此欲令學者皆置之耳。」69不為不知味　不算你沒有吃過好東西。70無言湯武受命　不辯論湯武算不算「受命」而王。71莫敢明受命放殺　沒人敢再討論湯武之稱王是算「受命」呢，還是算「放殺其主」。72老子書　即今所謂《老子》，因其內容分

「道篇」與「德篇」，故又稱為《道德經》。[73]家人言　下等人愛講的玩藝兒。家人，平民百姓。〈季布欒布列傳〉之《索隱》曰：「謂家居之人，無官職也。」按：「家人」一詞屢見於《史記》之諸篇，如〈高祖本紀〉、〈呂太后本紀〉、〈魯周公世家〉等皆有。至於轅固之所以稱《老子》為「家人言」，王駿圖曰：「《老子》專講虛無清靜，祇知為己，無益於事，此特是家人女子重身惜命之言耳。」中井曰：「言庶人理身家之術耳，不可施之邦國也。」[74]司空城旦書　指被秦始皇下令所燒的儒家經典。司空是古代掌管刑法的官，秦始皇下令燒書時曾有所謂「令下三十日不燒，黥為城旦」之語。城旦，指被刺配「晝日伺寇虜，夜暮築長城」的囚徒。轅固蔑視《老子》為平民所讀之書，竇太后則進一步怒罵儒經為囚徒所讀之書。竇太后之所以如此發怒，俞正燮認為這與她自身的出身微賤有關。當初竇太后是以「良家子」入宮的，今轅固蔑視「家人」，於是便無意中刺傷了她。並舉例說：「明神宗，慈聖李太后生也；光宗，王妃生也。光宗未立時，李太后問故，神宗曰：『彼都人子也。』內廷呼宮人曰『都人』，太后亦由宮人進，遂大怒曰：『汝亦都人子！』神宗伏地不敢起。明李太后惡聞『都人』，漢竇太后惡聞『家人』，其事同也。」[75]假固利兵　給了轅固一把鋒利的兵器。假，給予；提供。利兵，銳利的兵器。[76]拜為清河王太傅　劉乘被封為清河王在景帝中元二年（西元前一四八年）。[77]復以賢良徵固　事在建元元年。[78]疾毀　忌恨誹謗。[79]薛　漢縣名，縣治在今山東滕縣南。[80]側目而視固　謂公孫弘畏懼轅固，不敢正眼相看。[81]務正學以言　要正確的理解儒家經典的意思，老老實實地說真心話。[82]無曲學以阿世　不要歪曲儒家學說，阿諛奉承統治者，以取媚於世俗。按：公孫弘是司馬遷最厭惡的人物之一，故於此借轅固以痛斥之。公孫弘之為人，詳見〈平津侯主父列傳〉。[83]韓生　名嬰。以傳《詩》顯，且通《易》。《漢書．儒林傳》稱韓嬰「嘗與董仲舒論於上前，其人精悍，處事分明，仲舒不能難也」。[84]常山王太傅　常山王劉舜的太傅。劉舜是景帝子，武帝之弟。事跡見〈五宗世家〉。常山國的都城元氏，在今河北元氏西北。劉舜被封為常山王在景帝中元五年（西元前一四五年）。[85]內外傳　《漢書．藝文志》載有《韓故》三十六卷，《韓內傳》四卷，《韓外傳》六卷，《韓詩說》四十一卷。今傳本有《韓詩外傳》十卷。[86]與齊魯間殊　與《齊詩》、《魯詩》的講法不同。[87]其歸一也　其基本思想是一樣的。歸，旨歸；基本意思。[88]淮南賁生　淮南國的賁先生，史失其名，事跡不詳。當時的淮南王為劉安，淮南國的都城壽春（今安徽壽縣）。[89]伏生　張晏曰：「名勝。」錢大昭引《後漢書．伏湛傳》曰：「九世祖勝，字子賤，所謂『濟南伏生』者也。」[90]濟南　漢代諸侯國名，國都東平陵（今山東章丘西）。[91]故為秦博士　由此可知秦時並未排斥儒士，叔孫通亦其一也，僅乃不重用而已。[92]朝錯　也作「鼂錯」，景帝時任御史大夫。事跡詳見〈袁盎鼂錯列傳〉。[93]往受之　往伏生家就而學之。[94]壁藏之　藏其《尚書》於夾壁。[95]兵大起　先是陳涉起兵，諸侯滅秦；後是劉、項的楚、漢戰爭，前後共八年。

(96)流亡　指伏生逃亡到外面。(97)亡數十篇二句　相傳孔子時的《尚書》共約百餘篇，經秦末戰亂，伏生藏之於夾壁而保存下來者共二十九篇。(98)歐陽生　字伯和，千乘郡（今山東千乘西北）人，史失其名。(99)兒寬　姓兒，名寬，後官至御史大夫，《漢書》有傳。(100)以文學應郡舉　以「賢良文學」的身分，被千乘郡推舉到朝廷。(101)詣博士受業　到太學跟著博士學習。(102)受業孔安國　跟著孔安國讀《尚書》。(103)都養　《漢書・兒寬傳》師古注曰：「都，凡眾也；養，主給烹炊者也。」即給許多同學做飯。(104)間行傭賃　暗中去給人做短工。(105)以給衣食　以貼補衣食之不足。(106)以試第次　按照考試成績的名次。(107)補廷尉史　被分配在廷尉屬下任文學卒史。《漢書》於此作「以射策為掌故，次補廷尉文學卒史」。廷尉，國家的最高司法長官，九卿之一，當時的廷尉即酷吏張湯。(108)張湯　武帝元朔三年（西元前一二六年）為廷尉。其事跡詳見〈酷吏列傳〉。(109)鄉學　愛好儒學。(110)以為奏讞掾　讓兒寬充當撰寫上報材料的小吏。奏讞，法官審判結案後，報請皇帝審批的案卷文書。(111)議決疑大獄　議，商議；議定。決疑大獄，判決有疑問的大案。(112)善著書書奏　善於寫作刑法方面的論著與給皇帝寫上報材料。(113)長者　厚道人。(114)數稱譽之　屢屢的誇獎他。(115)湯為御史大夫　事在武帝元狩二年（西元前一二一年）。(116)以兒寬為掾　又將兒寬調為御史大夫的僚屬。(117)天子見問　武帝見到兒寬，向他問起有關司法方面的事務。(118)說　通「悅」。(119)張湯死後六年　即武帝元封元年（西元前一一〇年）。張湯於元鼎二年（西元前一一五年）被朱買臣等三人誣陷而死，見〈酷吏列傳〉。(120)兒寬位至御史大夫二句　按：「九年」應作「八年」，即武帝太初二年（西元前一〇三年）。兒寬於元封元年被任為御史大夫，至太初二年死於御史大夫任，首尾共八年。《漢書・武帝紀》及〈年表〉皆作「八年」。(121)以和良承意從容得久　由於能馴順地專門看著皇帝的臉色行事，所以官能做的長久。承意，順承皇帝的意旨。從容，王念孫曰：「從諛也。」即給人當應聲蟲。(122)無有所匡諫　蓋與〈張丞相列傳〉、〈萬石張叔列傳〉所寫的人物相同，都是一批尸位素餐的人。(123)官屬易之　下屬們都瞧不起他。易，師古曰：「輕也。」(124)不能明　對《尚書》講不出個道理。(125)雒陽　同「洛陽」。在今河南洛陽的東北部。(126)賈嘉　師古曰：「賈誼之孫也。」(127)頗能言尚書事　閻若璩曰：「此指安國通今文，下別敘孔氏有古文，起自安國。班（固）於三人去孔安國，專歸古文，則安國非伏生一派而《史》及之為贅，甚失遷意。兒寬事歐陽生，又事孔安國，則安國先通今文明矣。古文不列學官，若安國不通今文，無由為博士教授也。」(128)古文尚書　用先秦使用的古體字（大篆）所寫的《尚書》文本。《漢書・藝文志》曰：「武帝末，魯共王壞孔子宅，欲以廣其宮，而得古文《尚書》及《禮記》、《論語》、《孝經》凡數十篇，皆古字也。」因「古文《尚書》」出現較晚，「今文」學派不承認它是真的，兩派鬥爭非常激烈。(129)以今文讀之　拿今文《尚書》來和它參照閱讀。(130)因以起其家　從而形成了一個新的門派。王引之曰：「起，興起也；家，家法也。漢世《尚書》多用今文，自孔氏治古文經，讀之說之，傳以教人，其後遂有古文家。是古文家法，自孔氏興起也。」按：楊樹達引孫楷第語將下文之「逸書」與此句連讀，作「起其家逸書」，謂「起」字是「發明」、「讀通」之意，義固可通，但頗繞，錄以備考。孔安國既授今文《尚書》，又開古文《尚書》一派，司馬遷曾向其問故，見〈太史公自序〉。[131]逸書得十餘篇 《漢書・藝文志》師古注：「壁中書多，以考見行世二十九篇之外，更得十六篇。」[132]滋多於是 比現行的今文《尚書》篇數更多。郭嵩燾曰：「孔氏古文《尚書》加增逸《書》十餘篇，史公於安國亦從問故，故其選《史記》多採用古文家說也。即放勳、重華並見於《史記》之文，亦《尚書》之晚出者也。」[133]多言禮 講《禮》的學者很多。[134]高堂生 姓高堂，史失其名。王先謙引謝承曰：「秦氏季代有魯人高堂伯，則『伯』是其字。」[135]最本 最早。[136]自孔子時而其經不具 早在孔子時，就沒有一個完整的本子。《漢書・藝文志》曰：「及周之衰，諸侯將踰法度，惡其害己，皆滅去其籍，自孔子時而不具。」[137]士禮 士人使用的禮節。今《儀禮》中有〈士冠禮〉、〈士昏禮〉、〈士相見禮〉、〈士喪禮〉諸篇。梁玉繩曰：「《漢書》志、傳皆言高堂生傳《士禮》十七篇，即《儀禮》也。而今書若〈燕禮〉〈大射〉〈聘禮〉〈公食大夫〉〈覲禮〉五篇，皆諸侯之禮；〈喪服〉一篇，總包天子已下之服制，則所云《士禮》者，十一篇耳。疑今《儀禮》非高堂原本，或所傳實不止於《士禮》耶？」[138]善為容 善於各種禮儀的實際表演、運作。茅坤曰：「以『容』為禮，禮之亡也，太史公獨挈而著之。」陳子龍曰：「叔孫通其亦『容』之類耶？」[139]禮官大夫 禮官的僚屬。禮官，指太常，也稱奉常，掌宗廟禮儀，九卿之一。[140]頗能 謂略通一點。頗，略；稍稍。[141]漢 指朝廷。此與各諸侯國相對而言，漢初諸侯國的官制與朝廷基本相同。[142]廣陵 諸侯國名，國都在今江蘇揚州西北。武帝於元狩六年（西元前一一七年）封其子劉胥為廣陵王，事見〈三王世家〉。[143]公戶滿意 姓公戶，名滿意。[144]桓生 其名不詳。[145]單次 《索隱》曰：「單，姓；次，名也。」[146]嘗 曾經。[147]瑕丘蕭奮 瑕丘人姓蕭名奮。瑕丘，漢縣名，縣治在今山東兗州東北。[148]淮陽 漢郡名，郡治即今河南淮陽。[149]商瞿 孔子的弟子，字子木，名字見於〈仲尼弟子列傳〉。[150]東武 漢縣名，縣治即今山東諸城，當時為琅邪郡的郡治。[151]王同子仲 名同，字子仲。[152]菑川 漢代諸侯國名，國都劇縣（今山東昌樂西北）。[153]楊何 字叔元，司馬談曾從之學《易》，見〈太史公自序〉。[154]元光元年 西元前一三四年。元光，武帝的第二個年號（西元前一三四—前一二九年）。[155]中大夫 皇帝的侍從官員，掌議論，上屬郎中令。[156]即墨成 姓即墨，名成。[157]城陽 諸侯國名，國都即今山東莒縣。[158]廣川 漢代諸侯國名，都城在今河北棗強東北，當時的廣川王為武帝之姪，景帝子劉越之子劉齊。[159]為太子門大夫 為廣川王太子掌管宮廷門戶。[160]衡胡 姓衡名胡，事跡不詳。[161]主父偃 姓主父，名偃，一個險惡的陰謀家，事跡見〈平津侯主父列傳〉。[162]要 總之；總而言之。[163]本於楊何之家 梁玉繩曰：「當依《漢書》作「田何」。」按：應作「田何」，「田何」為漢初之傳《易》者，「楊何」乃其後學。164下帷講誦　猶言「設帳授徒」。165傳以久次相受業　讓老弟子教新弟子。師古曰：「言新學者但就其舊弟子受業，不必親見仲舒。」166不觀於舍園　不到自家的後園觀看。167進退容止　日常生活中一舉一動的行為作風。168學士皆師尊之　當時的學者們都敬重他，視之為師表。169江都相　江都王劉非之相。劉非是景帝子，武帝之兄，景帝四年（西元前一五三年）被封為江都王。江都國的國都廣陵，在今江蘇揚州西北。170春秋災異之變　《春秋》上所記載的災異變化，如山崩、日蝕、星隕等等。董仲舒鼓吹天人感應，將風調雨順、河清海晏等稱作「祥瑞」；將日蝕、冰雹、地震等視為「災異」，說這都是上帝對人類社會的一種暗示。171推陰陽所以錯行　推算未來的災異變化。錯行，反常。172求雨閉諸陽二句　師古曰：「謂若『閉南門、禁舉火』及『開北門、水灑』之類是也。」按：有關求雨、止雨的辦法，見其所著《春秋繁露》，這是董仲舒學說中最荒唐的部分之一。173未嘗不得所欲　有個一回兩回碰巧是可能的；如說「未嘗不得所欲」，就不是科學的語言了。174中廢二句　中途被貶官，降成了中大夫。175居舍　在自己家裡。176災異之記　專門講災異變化，將自然現象與人類社會牽強比附的書。倉修良引金德建於〈司馬遷所見書考〉的見解，以為此即《春秋繁露》之初名。177遼東高廟災　遼東郡的高祖廟被火焚毀。遼東，漢郡名，郡治即今遼寧遼陽。高廟，高祖劉邦的廟。178疾之　恨董仲舒。179取其書奏之天子　《漢書．董仲舒傳》曰：「先是遼東高廟、長陵高園殿災，仲舒居家，推說其意，草稿未上，主父偃候仲舒，私見，嫉之，竊其書而奏焉。」蓋董仲舒用其固有的方法以推算現實中之「災異」也。180有刺譏　看了此書的諸生們認為書中有對現實政治的諷刺。181以為下愚　發表意見說這是「下愚」之人之所為。下愚，不可救藥的蠢才。《論語》：「唯上智下愚不移。」182下董仲舒吏　將董仲舒交由法吏審理。183當死　執法者判之以死刑。當，判處。184竟不敢復言災異　竟，終，到死。這個故事非常滑稽，它給那些專門造作迷信以愚弄世人者當頭一棒。185外攘四夷　指伐匈奴、伐朝鮮、伐大宛、伐南越等。攘，卻，斥逐。186公孫弘治春秋　何焯曰：「〈弘傳〉：『少為獄吏，年四十餘，乃學《春秋》雜說。』」187希世用事二句　因迎合皇帝、迎合世俗而得以掌權主事，先至九卿，後至三公。按：公孫弘因阿諛希世而位至丞相事，見〈平津侯主父列傳〉。郭嵩燾曰：「武帝廣厲學官，首膺賢良文學之舉以至公卿者，公孫弘也。史公〈儒林傳〉屢及公孫弘，所以深歎漢世儒術之不能昌也。」188從諛　看風使舵，阿諛奉承。189獨董仲舒可使相膠西王　蓋欲借刀殺人，令膠西王不忍董仲舒之約束，憤而殺之也。膠西王，劉端，景帝子，武帝之兄，為人殘暴，朝廷派到膠西的官吏多被劉端所殺。事見〈五宗世家〉。陳子龍曰：「弘之出仲舒於膠西，使汲黯為右內史，後之嫉賢者，多本此術。」190有行　品德高尚。191疾免　推說有病而自動辭職。192以脩學著書為事　據《漢書》本傳，董仲舒所寫的各種奏章、條教共一百二十三篇，解經著作有《春秋繁露》、《春秋斷獄》等。[193]漢興至于五世之間　指高祖、惠帝、文帝、景帝、武帝五代。[194]公羊氏　即《春秋公羊傳》，據說戰國時由公羊高開始講習，長期口耳相傳，至西漢景帝時始被公羊壽與胡毋子都著之於竹帛。與《穀梁傳》、《左傳》同被稱為「《春秋》三傳」。[195]胡毋生　姓胡毋，字子都，史失其名。[196]以老歸教授　因年老回到家鄉教書。[197]公孫弘亦頗受焉　公孫弘也跟著胡毋生學習過。按：〈平津侯主父列傳〉說公孫弘「年四十餘，乃學《春秋》雜說」，並未說出於誰之門；本篇說公孫弘對胡毋生「亦頗受焉」，而非登堂入室的弟子，公孫弘蓋主要靠自學而成材者。[198]瑕丘江生　瑕丘縣人姓江，史失其名。[199]穀梁春秋　即《春秋穀梁傳》，相傳為戰國時人穀梁赤所作。漢代亦被儒生講習，但不及《公羊傳》受重視。[200]得用　指因學《公羊春秋》而身居高位。[201]集比其義　歸納比較《穀梁傳》與《公羊傳》兩部著作的思想義理。[202]卒用董仲舒　最終還是採用了董仲舒所倡導的《公羊春秋》。《漢書・儒林傳》曰：「瑕丘江公與董仲舒並，上使與仲舒議，不如仲舒。丞相公孫弘本為公羊學，比輯其議，卒用董生。於是上因尊公羊家，詔太子受《公羊春秋》，由是公羊大興。」[203]遂　得意；功成名就。[204]溫　漢縣名，縣治在今河南溫縣西南。[205]梁　諸侯國名，始受封者為景帝之弟梁孝王劉武，國都睢陽，在今河南商丘東南。褚大為相時之梁王為劉武之孫梁平王劉襄。[206]長史　官名，當時的丞相、大將軍屬下皆設此職，為諸史之長，秩千石，地位很尊貴。呂步舒乃丞相公孫弘的長史。[207]持節使決淮南獄　奉皇帝之命往淮南處置劉安謀反的案件。淮南，諸侯國名，國都壽春（今安徽壽縣）。劉安是武帝之叔，其謀反被滅事在元狩元年（西元前一二二年），詳見〈淮南衡山列傳〉。[208]於諸侯擅專斷不報　對諸侯王那種獨斷專行，該向朝廷請示而不請示者。於，對。[209]以春秋之義正之　引用《公羊春秋》中的義理，來對其進行糾彈、裁定。正，糾；糾彈。有關淮南王的具體情節見〈淮南衡山列傳〉，所謂「《春秋》之義」如「人臣無將，將則必誅」云云是也，淮南王劉安的定罪正是引用了這一條。[210]弟子通者　此指呂步舒的弟子。通，通顯；通達。與上文「遂」字義同。[211]命大夫　即指「大夫」。所以稱為「命大夫」，因古語有所謂一命為士，再命為大夫，三命為卿之語。[212]謁者　帝王的侍從官員，主管收發、傳達及贊禮等等。[213]董仲舒子及孫皆以學至大官　按：《漢書・董仲舒傳》亦如此結束，此頗使人生疑。史公為某人立傳，往往寫至其子如何，其孫如何，唯此篇則名字不提一個，「大官」為何亦莫知所云，史公如此，班固亦然，全似董仲舒之後世一無可提及者。而班氏又對董仲舒吹捧極高，甚至說什麼「董仲舒有王佐之材，雖伊、呂無以加；管、晏之屬，伯者之佐，殆不及也」。而敘其後世如此，不亦相背乎！

【語　譯】申培是魯國人。當年漢高祖經過魯國時，申培以弟子的身分跟著他的老師在魯國的南宮見過漢高祖。

呂太后執政的時候，申培到長安遊學，與劉郢同師受業。後來劉郢做了楚王，他請申培教育他的兒子劉戊。劉戊不喜歡讀書，討厭他的老師。待至劉郢死後，劉戊做了楚王，就淩辱奴役申培。申培感到恥辱，辭職回了魯國，關上門在家裡教書，決心一輩子不再出門，也不跟一切賓客來往，只有魯王有什麼事情請他時，他才前去看看。當時不辭遙遠到他家裡求學受教的有一百多人。申培只是對《詩經》的文字做訓詁，不在思想上做更多的發揮，自己有不懂的地方就空下來，絕不隨便瞎說。

2 蘭陵的王臧跟著申培學《詩》以後，曾做景帝太子的少傅，後來被免官。現在的皇上剛即位，王臧因給皇上上書，而做了皇上的近衛人員，接著不斷升遷，一年之中就做到了郎中令。代郡的趙綰也曾跟著申培學過《詩》，後來做了御史大夫。於是他們二人就建議皇上按照古禮修建明堂以接受諸侯們的朝見，但是他們都不知道怎麼做，於是就向皇上推薦了他們的老師。皇上便派了人帶著束帛和玉璧、趕著一輛安穩舒適的車子，兩個徒弟自己也乘著驛站的馬車跟著一道去迎請申培。申培進京後，拜見了皇上，皇上向他詢問了一些有關治理國家的問題。這時申培已經八十多歲了，他說：「治理國家不在於多唱什麼高調，而是要看他具體地怎樣身體力行。」當時皇上正喜歡聽儒生們的一些花言巧語，現在聽到申培這麼說，便沒有再說話。但既已把他請來了，於是就封他做了太中大夫，讓他住在魯國的駐京辦事處裡，商量如何建立明堂的事情。當時皇上的祖母竇太后喜愛老子的學說，不喜歡儒家思想，於是她抓住了趙綰、王臧的一些過失來指責皇上。皇上只好暫時停止了修建明堂的事情，並把趙綰、王臧下了獄，後來趙綰、王臧都自殺了。申培也因病被免職回家，幾年後就死了。

3 申培的弟子做博士官的有十多個人：孔安國後來官至臨淮太守，周霸官至膠西內史，夏寬官至城陽內史，碭郡的魯賜官至東海太守，蘭陵的繆生官至長沙內史，徐偃官至膠西中尉，鄒人闕門慶忌官至膠東內史。他們為官治民都有清廉的名聲，被人稱為好學。學官所培養出來的弟子們，行為雖然不一定十全十美，但他們出來以後當上了大夫、郎中、掌故的有一百多人。後來講《詩》的人們雖然講法各不相同，但大多數都是來源於申培。

4 清河王的太傅轅固，是齊國人。因為研究《詩經》，在孝景帝時做博士。有一次他和黃生在景帝面前發生爭論。黃生說：「商湯和周武王都不是承受天命為王，而是殺王篡位的。」轅固說：「不對。夏桀和殷紂暴虐荒淫，天下的人心都已歸向了商湯和周武王，商湯和周武王順著人們的心願起兵討伐桀、紂，這時桀、紂的人民也都不願聽他們的使喚而去歸順湯、武，湯、武是不得已才稱王的，這不是承受天命又是什麼呢？」黃生說：「『帽子雖然破，但還是得戴在頭上；鞋子雖然新，也只能穿在腳底下。』為什麼呢？就因為這裡頭有上下之分。桀、紂雖然無道，但他們畢竟是君主；湯、武雖然聖明，但他們畢竟是臣下。君主有了過錯，當臣下的不是好好地勸他改過，而是趁著他犯錯誤殺了他，自己代替他做王，這不是弒君又是什麼？」轅固說：「照你這麼說，當年高皇帝推翻秦朝自己即位就是錯的了？」景帝一聽趕緊攔住說：「吃肉的人即使沒有吃過馬肝，也不能算沒有吃過好東西；討論學術的人即使不談論湯、武的稱王，也不能就說人家無知。」這樣兩個人才停止了爭論。這以後學者們誰也不敢再談「受命」或者「放殺」的事了。

5 竇太后喜歡老子的學說，有一次她把轅固找來問他《老子》書裡的問題。轅固說：「那些是平民百姓談話的資料。」竇太后生氣地反擊說：「往哪裡去找那些被秦始皇焚燒掉的儒家書呢？」於是就命令轅固下圈去刺野豬。景帝知道太后是一時動氣，而轅固是因為心直口快，是沒有什麼罪過的，於是就給了轅固一把尖利的刀子，結果轅固一下子就刺中了豬的心窩，野豬當場就斃命了。竇太后也就沒有別的話說，沒再處罰他了，事情遂就此罷休。過了不久，景帝認為轅固廉潔正直，因而封他做了清河王的太傅。又過了好久，轅固才因為有病被免職了。

6 到現在的皇上即位後，又以「賢良」的名義召轅固回朝。那些專會阿諛奉承的儒生們都嫉恨、毀謗轅固，說轅固太老了，皇上只好作罷，讓轅固回家。這時轅固已經九十多歲了。當轅固被召進京的時候，薛縣的公孫弘也在被召之列，他斜著眼睛看著轅固。轅固說：「公孫弘先生，你一定要根據儒家的宗旨來發表意見，不能歪曲儒學的原意去討好世俗！」從此以後，齊國講《詩》的都是採用轅固的說法，齊國那些以講《詩》而獲得顯貴的，都是轅固的學生。

7 韓嬰，是燕國人。孝文帝時曾為博士，景帝時為常山王太傅。韓嬰根據《詩》的原意加以考證發揮，寫了幾萬字的《內傳》、《外傳》；他的說法跟齊國、魯國的說法有不少差別，但其基本思想還是一致的。淮南國的賁生就是跟著韓嬰學《詩》的。從此以後，燕國、趙國一帶講《詩》的都是根據韓嬰。韓嬰的孫子韓商是當今皇上的博士。

8 伏勝，是濟南人。過去曾當過秦朝的博士。孝文帝即位後，想找一個能講《尚書》的人，找了半天沒找到，後來才聽說伏勝能講，就想請他來京。這時，伏勝已經九十多歲了，年老，行動不便，於是就讓太常派了掌故朝錯去到伏勝家裡跟他學。當初秦朝焚毀書籍時，伏勝把一部《尚書》藏在夾壁牆裡。後來天下大亂，伏勝也到處流亡。直到漢朝平定天下後，伏勝找出他藏的書，發現少了幾十篇，只剩下二十九篇，他就拿這二十九篇《尚書》在齊、魯一帶授徒。從此以後，才開始有人能講《尚書》了，以後東方的那些儒學大師們在教授學生時沒有人不講《尚書》的。

9 伏勝曾教過濟南的張先生和歐陽先生，歐陽先生教過千乘郡的兒寬。兒寬學通了《尚書》以後，以「文學」的名義被郡守推薦到了博士那裡跟著孔安國受學。兒寬家貧沒有錢用，於是他就常常幫同學們做飯，有時也去給人打點零工，以此來解決衣食的費用。他無論走到哪裡總是把《尚書》帶在身邊，一有空就拿出來讀。後來通過考試名次，被錄用為廷尉的文學卒史。這時，廷尉張湯正喜歡儒學，他讓兒寬幫他整理進呈皇帝的案卷，而兒寬由於能夠根據古代的章程來裁定有疑難的案例，因而特別受到張湯的寵愛。兒寬性情溫和聰明，能嚴格要求自己，而且善於寫作刑法方面的論著和起草奏章，文思非常敏捷，但卻不長於口頭說話。張湯認為他是厚道人，經常稱讚他。待至張湯做了御史大夫，便又把兒寬調來給自己作助手，並把他推薦給皇上。皇上問兒寬有關司法方面的事務，覺得很滿意。張湯死後的第六年，兒寬也當上了御史大夫。在職九年死在御史大夫任上。兒寬雖然官至三公，但他只是以溫和善良討好皇上，所以官能做得長久。他從來沒有堅持過什麼原則、提出過什麼意見，在他做官的時候，他的下屬也瞧不起他，不肯為他出力。張先生也做過博士。伏勝的孫子也曾因為研究《尚書》被朝廷徵召，但他對《尚書》實際上沒有什麼理解。

10 從此之後，魯國的周霸、孔安國，洛陽的賈嘉，也在《尚書》學上有一定的發言權。孔氏有一部家傳的古文《尚書》，而孔安國能夠用今文去比較對照著讀它，於是從此又興起了一家「古文《尚書》」之學。後來又得到了散失的《尚書》十多篇，這就比前此流行的《尚書》又有增加了。

11 在學者當中研究《禮》的不少，其中以魯國的高堂先生為最早。《禮》早在孔子那個時候就殘缺不全了，再經過了秦始皇的焚書，有關《禮》的篇章損失更多。到今天只剩下《士禮》，而高堂先生對此書講得最好。

12 魯國有一位徐先生善於表演禮儀動作。在孝文帝時，徐先生就曾因善於此道而被封為禮官大夫。後來他傳給了他的兒子，又傳到了他的孫子徐延、徐襄。徐襄有一種天生的善於表演禮的本領，但不會講《禮經》；而徐延懂得一些，但也不算太好。徐襄因為善於表演先是做了朝廷的禮官大夫，後來又官至廣陵內史。徐延以及徐氏的弟子公戶滿意、桓生、單次，都曾做過朝廷的禮官大夫，而瑕丘縣的蕭奮也憑著講《禮》做到了淮陽太守。這以後，不論是講《禮》的還是表演禮儀動作的，都是由徐氏那裡傳下來的。

13 魯國的商瞿是最早跟著孔子學《易》的，孔子死後，商瞿接著傳授《易經》，傳到了第六代的齊國人田何，字子莊，這時漢朝已經建國了。田何又傳給了東武縣的王同，字子仲，王同又傳給了菑川郡的楊何。楊何因為能講《易經》，在武帝元光元年被請到朝廷，官至中大夫。齊國的即墨成靠著講《易經》做了城陽國相。廣川國的孟但靠著講《易經》做了太子的守門官。魯國的周霸、莒縣的衡胡、臨淄的主父偃，都靠著講《易經》官至二千石。但所有講《易經》的人都是從楊何那裡傳下來的。

14 董仲舒，是廣川國人。靠著研究《春秋》，在漢景帝時做了博士。他設帳授徒，叫弟子們大帶小、舊教新地依次傳授，有人做了他幾年的學生，連他的面也沒有見過。董仲舒差不多有三年時間都沒有到自己家的後園裡看看，他的專心就到了這種程度。他要求自己的行為舉止，一切都要符合禮儀，當時的讀書人都尊重和效法他。當今的皇上即位後，任用他為江都國相。他根據《春秋》上有關災異的記載，來推測現實自然界陰陽變化不正常的原因，因此求雨是採用閉南門開北門禁上煙火用水潑人等讓一切「陽性」事物都潛藏起來，讓一切「陰性」事物都充分顯露的辦法，如果他想請求雨停就採用與上述相反的辦法。這樣用之於江都國，沒有一次不達到目的。後來被免官，降職為中大夫，於是他就在家裡關起門來寫了一部《災異之記》。這時，正好遼東郡的高祖廟發生了火災，主父偃平時嫉恨董仲舒，於是就把這部《災異之記》偷去送給了皇上。皇上召集朝廷的一些儒生來看這部書，結果發現其中有諷刺時政的意思。這時董仲舒的弟子呂步舒也在這群儒生中，他不知道這是他老師的著作，就說這完全是最愚蠢的人的胡說八道。於是皇上一氣就把董仲舒下了獄，判處了死刑，後來幸虧皇上又下令赦免了他。從此以後董仲舒到死也不敢再談什麼災異的變化了。

15 董仲舒為人清廉正直。當時，皇上正熱中於征討四方的蠻夷，公孫弘研究《春秋》是趕不上董仲舒的，但由於他能看風使舵、迎合皇上，因而竟位至公卿。董仲舒認為公孫弘是專會阿諛皇上的小人，而公孫弘也非常忌恨董仲舒。於是公孫弘就故意在皇上面前說：「只有董仲舒可以去給膠西王做丞相。」沒想到膠西王早就聽說董仲舒的品德好，心裡尊重他，待他不錯。董仲舒害怕時間長了會遭禍害，於是便稱病辭職，回家去了。一直到死，董仲舒從來不經營產業，只專心研究學問，著書立說。漢朝從建國開始到武帝在位的五朝天子期間，只有董仲舒可以說得上是研究《春秋》的專家，他所傳授的是公羊氏一派。

16 胡毋先生，是齊國人。漢景帝時做過博士，後來年老了便回家教授學生。齊國講《春秋》的人大都是胡毋先生的弟子，公孫弘也曾跟著胡毋先生學習過。

17 瑕丘縣的江先生研究的是《穀梁春秋》。自從公孫弘受到朝廷重用後，曾經把公羊和穀梁兩家的學說集中進行了比較，最後還是採納了董仲舒所講的公羊這一家。

18 董仲舒的弟子們官運亨通的有蘭陵縣的褚大、廣川的殷忠、溫縣的呂步舒。褚大曾官至梁國丞相。呂步舒曾官至長史，當他接受皇帝的命令持節去審理淮南王叛亂的案情時，他能夠該怎麼判就怎麼判，並不事事向皇上報告，而是根據《春秋》的義法來進行彈劾，皇上認為他做得正確。呂步舒的弟子，通顯的當上了大夫，至於那些當了郎官、謁者、掌故的人數有上百人。董仲舒的兒子和孫子也都因為精通儒學而做了大官。

【研　析】〈儒林列傳〉所涉及的問題有如下幾方面：

其一，作品開頭表現了司馬遷對儒家學派創始者孔子的無比崇敬。孔子在春秋末期「禮樂壞」「王路廢而邪道興」的背景下創立了儒學，他一生雖「干七十餘君無所遇」，但他「論次《詩》《書》，修起禮樂」，「因史記作《春秋》，以當王法」的工作卻給後世以極大的影響。司馬遷在〈太史公自序〉中論述了孔子作《春秋》的意義說：「孔子知言之不用，道之不行也，是非二百四十二年之中，以為天下儀表，貶天子，退諸侯，討大夫，以達王事而已矣。」這正是司馬遷作《史記》所要效法的。孔子死後，其弟子繼續「游諸侯」，有的人也曾「為王者師」。戰國以至秦代，儘管在上層有些冷落，但在民間仍傳承不休。對於孔子學說的這種生命力及其在文化上的貢獻，司馬遷在〈孔子世家〉的論贊中說：「天下君王至于賢人眾矣，當時則榮，沒則已焉。孔子布衣，傳十餘世，學者宗之。自天子王侯，中國言六藝者折中於夫子，可謂至聖矣！」在司馬遷心目中，孔子的形象及其業績是遠遠高出於歷代君王之上的。

其二，作品記載了西漢統治者由崇尚黃老到獨尊儒術的發展變化歷程。漢武帝的獨尊儒術，有其政治、經濟條件變化的社會發展之必然，同時也與他向竇氏集團奪取權力而政變有關，這一點在〈魏其武安侯列傳〉中表現得很清楚。漢武帝尊儒後，儒家的社會地位提高，儒生做官的路子暢通了，但先秦儒學的宗旨與儒生的人格卻發生了重大變化。漢代儒學隨著武帝專制主義的加強，已經變成為武帝政治做緣飾、做妝點的幌子；以公孫弘、兒寬為代表的高踞於朝廷的官僚，已經淪為為漢武帝做應聲蟲的唯唯諾諾的御用文人，這是讓司馬遷極其反感的。所以他在本篇作品的一開頭就說：「余讀功令，至於廣厲學官之路，未嘗不廢書而歎也。」

其三，司馬遷在厭惡漢儒「曲學阿世」的同時，對為數不多的尚能「正學以言」的儒者給予了熱情的肯定，如在竇太后面前剛正不屈的轅固生，以及罵公孫弘「從諛」，差點被公孫弘整死的董仲舒等等。清代湯諧說：「傳儒林自是並敘『六經』諸儒，然史公卻另有微意，則以貶公孫弘而尊董子，薄公孫之希世取容，而悲董子之直道見疾也。」（《史記半解》）本文應與〈魏其武安侯列傳〉、〈平津侯主父列傳〉、〈平準書〉、〈酷吏列傳〉、〈游俠列傳〉同看。

卷一百二十二

酷吏列傳第六十二

【題解】作品記述了郅都、寧成、周陽由、趙禹、張湯等十名大小酷吏居官任職的情形，可以說這是一篇專門反映漢武帝時代政法狀況的文章。漢武帝時一方面標榜「尊儒」，一方面實行嚴刑峻法。明明都是些韓非、李斯，卻硬讓他們穿上孔丘、孟軻的衣冠。更重要的是這些執法官員良莠不齊，許多人都只是看著漢武帝的臉色行事，歪曲法律條文以為漢武帝的現行政策服務。這是司馬遷所痛心疾首的，也正是他寫作〈酷吏列傳〉的緣由。〈循吏列傳〉寫了五個人，都是春秋時代的古人，當時人一個也沒有；〈酷吏列傳〉寫了十個人，除郅都一個是景帝時人外，其他九個都是武帝時人，這本身就是一種鮮明的對比與莫大的諷刺。

1 孔子曰：「導之以政❶，齊之以刑❷，民免而無恥❸；導之以德，齊之以禮，有恥且格❹。」老氏❺稱：「上德不德，是以有德❻；下德不失德，是以無德❼。」「法令滋章，盜賊多有❽。」太史公曰：信❾哉是言也！法令者，治之具❿，而非制治清濁之源⓫也。昔天下之網嘗密矣⓬，然姦偽萌起⓭，其極也，上下相遁⓮，至於不振⓯。當是之時，吏治⓰若救火揚沸⓱，非武健⓲嚴酷，惡能⓳勝其任而愉快[20]乎？言道德者，溺其職矣[21]。故曰：「聽訟，吾猶人也。必也使無訟乎[22]！」「下士聞道大笑之[23]。」非虛言也[24]。

2 漢興，破觚而為圜，斲雕而為朴[25]，網漏於吞舟之魚[26]，而吏治烝烝，不至於姦[27]，黎民艾安[28]。由是觀之，在彼不在此[29]。

3 高后[30]時，酷吏獨有侯封[31]，刻轢[32]宗室，侵辱功臣。呂氏已敗[33]，遂禽[34]侯封之家。孝景[35]時，鼂錯[36]以刻深[37]頗用術輔其資[38]，而七國之亂[39]發怒於錯，錯卒以被戮[40]。其後有郅都、寧成之屬。

【章旨】以上為第一段，是本篇的小序，表現了作者希望恢宏大體，治本清源，而反對繁刑峻法的正當態度。

【注釋】❶導之以政　以政策、規章教育引導民眾。❷齊之以刑　以法律條文約束統一民眾。❸免而無恥　只求苟且無禍，而不從思想上提高自己。免，苟免；只要不出事就行。無恥，不懂得什麼叫恥辱，亦即不能自覺地提高品格。❹有恥且格　既懂得廉恥，又行為端正。《論語》何晏注：「格，正也。」按：以上六句見《論語・為政》。楊伯峻引《禮記・緇衣》曰：「夫民，教之以德，齊之以禮，則民有格心；教之以政，齊之以刑，則民有遁心。」可供參考。❺老氏　即老子，名聃，道家學派的創始者，相傳今本《老子》（也稱《道德經》）即其所著，事跡詳見〈老子韓非列傳〉。❻上德不德二句　有高度道德的人，看起來就好像是沒有道德一樣，也正因此，他最有道德。河上公注：「因循自然，其德不見。」顏師古曰：「上德體合自然，是以有德。」❼下德不失德二句　道德層次低的人只能維持不喪失道德，所以這種人其實沒有道德。不失德，陳鼓應注：「執守著形式上的德。」按：以上四句見《老子》第三十八章。❽法令滋章二句　法律越嚴，條文越多，則匪盜也就越多，越沒法管。滋，越；越發。章，通「彰」。明顯。此處意即嚴密。按：以上二句見《老子》第五十七章。老子在本章正面講的道理是「我無為而民自化，我好靜而民自正，我無事而民自富，我無欲而民自樸」，而所謂「法令滋章，盜賊多有」，就是與他主張對立的反面現象。姚苧田曰：「西漢之初，多頌法黃老之言，其與孔、孟之書醇駁，固未暇辨也。起處所引《老子》『上德不德』云云，正所謂德其所德，而非吾所謂德者。今但約舉大旨，不必深解，即是解人。」❾信　誠然；確實是。❿法令者二句　法令只是治理國家的一種手段。具，工具；手段。⓫非制治清濁之源　不是治好國家、澄清社會的根本辦法。制治，實現太平。制，此處通「致」。清濁，使濁世變清。⓬昔天下之網嘗密矣　昔，指當年之秦王朝。網，指法網、法令。《索隱》引《鹽鐵論》云：「秦法密於凝脂。」⓭萌起　猶言「滋生」、「叢生」。萌，發芽。⓮上下相遁　上下之間互相蒙混欺騙。遁，逃避；掩蓋。按：後文敘王溫舒有所謂「小吏畏誅，雖有盜不敢發，恐不能得，坐課累府；府亦使其不言，故盜賊寖多，上下相為匿，以文辭避法焉」，即此類也。又，賈誼〈過秦論〉中篇有所謂「奸偽並起，而上下相遁」，史公蓋用其語。⓯不振　不可救治。振，拯救。師古曰：「言吏避於君，民避於吏，至乎喪敗，不可振救。」⓰吏治　官吏治理社會的情景。⓱揚沸　揚湯以止沸。沸，滾開的水。⓲武健　威猛迅捷。指善於追捕緝拿。⓳惡能　豈能；如何能夠。惡，也寫作「烏」。⓴愉快　《漢書》作「媮快」。「媮」通「偷」，意即「苟且」。「媮快」即「苟安」一時。㉑言道德者二句　讓道家學派的人來整治這種局面，也就沒法勝任了。《正義佚文》引師古注：「言敗亂之時，武健嚴酷才能薄快耳；若以道德治，則沒溺沉滯於政也。」溺，沉滯；淹沒。這裡即「不勝任」、「辦不了」的意思。㉒聽訟三句　語出《論語・顏淵》，是孔子說的話。大意為假使讓我去做法官，判斷訴訟，那我也只能和別的法官差不多；而我要做的是立政施德，以期達到讓人們不發生爭訟。訟，訴訟；打官司。㉓下士聞道大笑之　語出《老子》第四十一章。下士，見識淺薄的人。大道玄深，非其所及，故致笑也。㉔非虛言也　按：史公並引孔子與老子之說，其意在於強調實行仁政，治本清源，而反對捨本逐末的嚴刑酷法。讀者不應片面的看到這裡引了一句《老子》而遂結論說司馬遷是推重黃老。㉕破觚而為圜二句　郭嵩燾曰：「謂斫除雕鏤，以反質樸。」觚，方。這裡指稜角。雕，雕琢粉飾。朴，質樸無華。按：二句指漢代建國以來，廢除了秦朝的嚴刑苛法，實行以黃老為中心的「無為而治」。㉖網漏於吞舟之魚　極言其律令之簡，執法之寬。㉗吏治烝烝二句　秩序太平良好，社會無人犯罪。《正義佚文》：「烝烝，謂純一。」瀧川曰：「烝烝，謂美厚也。」按：《尚書・堯典》云：「烝烝乂，不格姦。」史公蓋用此語。㉘艾安　太平；安定。艾，通「乂」。治；安定。㉙在彼不在此　《集解》引韋昭曰：「在道德，不在嚴酷。」彼，謂彼時（漢初）之崇尚簡約。此，謂此時（武帝時期）之實行酷法。㉚高后　即劉邦之妻呂后，名雉。劉邦之子惠帝劉盈死後，呂后於西元前一八七—前一八〇年臨朝執政。事跡詳見〈呂太后本紀〉。㉛侯封　其人僅此一見，事跡不詳。㉜刻轢　侵凌踐軋。轢，車輪碾軋。㉝呂氏已敗　呂后去世，劉章與周勃、陳平等發動政變，誅滅呂氏家族，改立劉邦之子劉恆（即漢文帝）事，在呂后八年（西元前一八〇年）。過程見〈呂太后本紀〉。《漢書・酷吏傳》作「夷」。㉞禽　擒獲；誅滅。㉟孝景　名啟，文帝之子，竇皇后所生，西元前一五六—前一四一年在位。事跡見〈孝景本紀〉。㊱鼂錯　景帝時任御史大夫，為加強中央集權，削弱諸侯王，而引發吳、楚七國之亂。在七國起兵初期，景帝為向叛亂者討好，將鼂錯作為替罪羊殺害。過程詳見〈袁盎鼂錯列傳〉。㊲刻深　意即嚴酷。㊳頗用術輔其資　意即用法家的一套主張治理國家。術，法術；法家的治國謀略。資，材質。此指其為人行事。㊴七國之亂　事在景帝三年（西元前一五四年），以吳王（都廣陵，今江蘇揚州）劉濞、楚王（都彭城，今江蘇徐州）劉戊為首，夥同趙王（都邯鄲，在今河北省）劉遂、濟南王（都東平陵，今山東章丘）劉辟光、菑川王（都劇縣，今山東昌樂西北）劉賢、膠西王（都高密，今山東高密西北）劉卬、膠東王（都即墨，今山東平度東南）劉雄渠等以討誅鼂錯為名，向漢朝中央發動的叛亂，五個月內，被太尉周亞夫等討平。㊵發怒於錯二句　鼂錯為削弱諸侯王，建議朝廷削減各諸侯國的封地，於是叛亂者以請誅鼂錯為名，鼂錯遂以此被殺。凌稚隆引王慎中曰：「錯非酷吏比也，特借言刻者之不可為耳。」

【語譯】孔子說：「用政令來引導，用刑罰來約束，老百姓只求免於犯罪而不懂得恥辱。用道德來引導，用禮義來約束，不僅能使百姓懂得恥辱，而且能夠達到自覺地修身。」老子說：「最高級的道德看來像是不講什麼道德，這才是真正的道德。下等的道德要求處處不違背道德，其實這樣並沒有什麼道德。法令越是繁雜，盜賊也就越多。」太史公說：這話說得太對了！法令，是治理國家的手段，但不是解決社會問題的根本辦法。過去秦朝的法網可以說是很嚴密了，然而奸巧詐偽的事情卻層出不窮，發展到極點時，從上到下都互相欺騙，以至於發展到不可救藥。那時候，法官辦案就像揚湯止沸一樣，以為不採取強硬嚴酷的手段，怎麼能解決問題呢？主張以道德治國的人們，到這時也就毫無辦法了。孔子說：「如果叫我審理案件，我也和別人差不多。關鍵是我能夠叫社會上不發生案件！」老子說：「下愚的人一聽人家說到『道』，他就恥笑人家。」這都不是假話。

2 漢朝興起後，削去一切稜稜角角，免掉一切繁文縟節，當時法網寬鬆得可以漏掉吞舟的大魚，然而國家的秩序卻太平良好，誰也不敢為非作歹，百姓們平安無事。由此看來，關鍵在於講道德而不是用嚴刑。

3 呂后掌權時，酷吏只有一個侯封，他殘酷地凌踐劉氏宗室，欺辱元勳舊臣。呂氏失敗後，侯封遂被族滅。孝景帝在位時，鼂錯除了執法嚴苛外，還很講究統治術，因而導致七國叛亂時，景帝首先把怨氣發洩在鼂錯身上，結果鼂錯被殺了。在這之後，以嚴酷聞名又有郅都、寧成等人。

1 郅都者，楊❶人也，以郎❷事孝文帝❸。孝景時，都為中郎將❹，敢直諫，面折大臣於朝❺。嘗從入上林❻，賈姬❼如廁，野彘卒入廁❽。上目都❾，都不行。上欲自持兵救賈姬，都伏上前曰：「亡一姬，復一姬進，天下所少寧❿賈姬等乎？陛下縱自輕⓫，柰宗廟太后何⓬？」上還，彘亦去。太后聞之，賜都金百斤，由此重郅都。

2 濟南⓭瞯氏宗人⓮三百餘家，豪猾⓯，二千石莫能制⓰，於是景帝乃拜都為濟南太守。至則族滅瞯氏首惡，餘皆股栗⓱。居歲餘，郡中不拾遺⓲，旁十餘郡守畏都如大府⓳。

3 都為人勇，有氣力，公廉⓴，不發私書㉑，問遺㉒無所受，請寄㉓無所聽。常自稱曰：「已倍親㉔而仕，身固當奉職死節官下，終不顧妻子矣㉕。」

4 郅都遷為中尉㉖。丞相條侯㉗至貴倨㉘也，而都揖丞相㉙。是時，民朴，畏罪自重㉚，而都獨先嚴酷㉛，致行㉜法不避貴戚。列侯㉝、宗室見都，側目而視㉞，號曰「蒼鷹」。

5 臨江王㉟徵詣中尉府對簿㊱，臨江王欲得刀筆㊲為書謝上㊳，而都禁吏不予㊴。魏其侯㊵使人以間與臨江王㊶。臨江王既為書謝上，因自殺㊷。竇太后聞之，怒，以危法中都㊸，都免歸家。孝景帝乃使使持節㊹拜都為鴈門㊺太守，而便道之官㊻，得以便宜從事㊼。匈奴素聞郅都節㊽，居邊，為引兵去㊾，竟郅都死不近鴈門。匈奴至為偶人象郅都㊿，令騎馳射，莫能中，見憚如此51。匈奴患之。竇太后乃竟中都以漢法52。景帝曰：「都忠臣。」欲釋之。竇太后曰：「臨江王獨非忠臣邪？」於是遂斬郅都53。

【章　旨】以上為第二段，寫郅都為官任政的行實始末。

【注　釋】❶楊　漢縣名，縣治在今山西洪洞東南。❷郎　官名，帝王的侍從人員，有中郎、郎中等名目，官秩在比三百石至比六百石之間，上屬郎中令。❸孝文帝　名恆，劉邦之子，起初被封為代王，都晉陽（今山西太原西南）。呂后死，周勃、陳平等誅滅呂氏家族後，迎立為皇帝。西元前一七九－前一五七年在位，諡曰「文」。事跡詳見〈孝文本紀〉。❹中郎將　帝王的侍從武官，上屬郎中令。《漢書・百官公卿表》云：「中郎有五官、左、右三將，秩皆比二千石。」❺敢直諫二句　意謂敢直諫皇帝，敢面折大臣於朝。面折，當面指斥。❻上林　即上林苑，秦、漢時期的皇家獵場，舊址在今陝西西安西及周至、戶縣一帶，範圍廣達數縣。❼賈姬　景帝的寵妃，趙王彭祖與中山王劉勝之母。事跡參見〈五宗世家〉。❽野彘卒入廁　野彘，野豬。卒，同「猝」。突然。❾目都　給郅都使眼色，令其入救。❿寧　豈；難道。⓫自輕　不看重自己；不顧個人安危。

⑫柰宗廟太后何　意謂您本人倘有什麼閃失，那將如何向列祖列宗以及宮裡的竇太后交代呢。⑬濟南　漢郡名，郡治東平陵（今山東章丘西北），其地原為濟南國，七國之亂被平後，其地改設為郡。⑭瞯氏宗人　猶言「瞯氏家族」。瞯，姓。宗人，同一族姓的人。⑮豪猾　豪暴無法。猾，亂；目無法紀。⑯二千石莫能制　意即郡裡的長官管不了他。二千石，漢代的官階名，此處即指太守，郡的最高行政長官。漢代太守秩二千石。石，重量單位名，一石重一百二十斤。但所謂「二千石」，只表示其官階在「中二千石」之下，「比二千石」之上，相當於太守、諸侯國相一級，並不是說每月發給重二千石的糧食。⑰族滅瞯氏首惡二句　族滅，此處即誅滅其全家。股栗，雙腿顫慄。栗，通「慄」。顫抖。何焯曰：「僅誅首惡，法之正也。族滅，此都所以為酷耳。」⑱不拾遺　無人將別人丟在路上的東西撿為私有。⑲畏都如大府　畏懼郅都如同畏懼自己的上級。大府，指丞相、太尉、御史大夫的官府。下文有所謂「不可以居大府」者，即指丞相府。按：當時的諸郡與各諸侯國都直接受中央統轄，故丞相、太尉等是其直屬長官，至東漢後期郡上始正式設立了「刺史」（或稱「州牧」）的一級行政長官。⑳公廉　公正廉潔。㉑不發私書　不拆看私人請託的來信。發，啟；拆開。㉒問遺　這裡即指送禮、行賄。問，問候；慰勞。遺，給人東西。㉓請寄　請託。寄，託；代人辦事。㉔倍親　離開雙親。倍，通「背」。蓋即「忠孝不能兩全」之意也。㉕奉職死節官下二句　意即忠於職守，寧死不顧其他。㉖中尉　官名，後來改稱「執金吾」，相當於今之首都警察局長。掌巡察京師，維持首都治安。㉗條侯　周亞夫，文、景時期的名將，絳侯周勃之子。因平定七國之亂有功，先為太尉，後又升任丞相。事跡詳見〈絳侯周勃世家〉。㉘貴倨　高貴傲慢。㉙都揖丞相　謂郅都見了丞相周亞夫只是拱手作揖，而不行叩拜之禮。㉚畏罪自重　害怕犯罪，看重自己的名聲。㉛獨先嚴酷　按：既然「是時民朴，畏罪自重」，則無需嚴刑苛法矣，而郅都卻「獨先嚴酷」，見史公之不滿郅都處只在其故意多事，而未及其他也。㉜致行　瀧川曰：「致，猶極也。」按：「致」、「行」二字同義，疑有一字是衍文。㉝列侯　也稱「徹侯」、「通侯」，非皇室功臣所能獲得的最高勳階，如留侯、絳侯等是也。㉞側目而視　不敢正眼相看。㉟臨江王　名榮，原是漢景帝的太子，栗姬所生。因栗姬性妒，被王夫人（武帝之母）與長公主（武帝之姑）所譖毀，栗姬自殺，劉榮也受牽連被廢為臨江王。㊱徵詣中尉府對簿　叫到中尉衙門接受審問。對簿，按照簿籍所列，逐個回答問題。〈五宗世家〉云：劉榮被廢為臨江王後，又「坐侵廟壖垣為宮，上徵榮，詣中尉府（對）簿」。㊲刀筆　當時的書寫工具，以筆書寫於竹簡木片，欲修改則以刀刮削之。㊳謝上　向皇帝說明情況。謝，告也。㊴禁吏不予　禁止小吏們，不准他們提供。王先謙引沈欽韓曰：「恐其告言他事也。」㊵魏其侯　竇嬰，竇太后之姪，景帝之表兄弟，當時的朝廷重臣。事跡詳見〈魏其武安侯列傳〉。㊶以間與臨江王　私下偷偷的給劉榮提供了刀筆。間，私下；暗中。師古注：「間與，伺間隙

而私與也。」按：劉榮為太子時，竇嬰為太子傅；劉榮被廢時，竇嬰曾極力諫諍。今劉榮又遭誣陷，故竇嬰盡力以救之也。㊷臨江王既為書謝上二句　按：臨江王含冤自殺事，詳見〈五宗世家〉，史公極為同情，記有群鳥為之築冢事，與此處之譴責郅都恰相輔相成。㊸以危法中都　以險惡的罪名強加於郅都。中，陷；加害。師古曰：「謂構成其罪也。」即今所謂「羅織罪名」。㊹使使持節　派使者手執節信。節，帝王派使者外出傳令所持的信物。㊺鴈門　漢郡名，郡治善無（在今山西右玉東南）。㊻便道之官　由家裡抄近路直接去鴈門上任，不必到朝廷拜謝。㊼得以便宜從事　可以根據實際情況處理問題，事先不必向朝廷請示。這是當時帝王授予臣下的一種特別權力，以表示格外信任。㊽節　氣節。謂其正直，敢任事也。㊾居邊二句　按：「居邊」上應有「都」字；「為引兵去」上應有「匈奴」二字，兩處皆不可少。㊿為偶人象郅都　意即做一個郅都像，用以當箭靶。偶人，木偶、泥塑之類。(51)見憚如此　被郅都嚇成了這種樣子。憚，畏懼。(52)竟中都以漢法　最終還是用漢朝的法律條文陷害了郅都。(53)於是遂斬郅都　凌稚隆引權德輿曰：「〈洪範〉之『沉潛』，《大易》之『直方』，皆臣道也，都雖未蹈之，斯近之矣。所至之邦，必以稱職，其殆古之剛而無虐、怒而中節者歟！一坐臨江之嫌，當太后之怒，身死漢廷，手足異處，有以見漢氏之不綱矣。太史公以都首冠酷吏，豈善善惡惡之義哉？贊述雖云『引是非，爭大體』，又何補焉！」按：〈李將軍列傳〉稱李廣曰「廣居右北平，匈奴聞之，號曰『漢之飛將軍』，避之數歲，不敢入右北平」；本傳稱郅都則曰「匈奴素聞郅都節，居邊，為引兵去，竟郅都死不近鴈門」，然二人皆不得其死。聯繫日後史公批評武帝征伐匈奴之勞民傷財，「建功不深」，蓋皆有責漢之自毀長城意也。姚苧田曰：「古語云：『察見淵魚者不祥。』蓋天下之事每忌太盡，如郅都之為人，公廉強毅，直諫敢言，守節奉公，居邊禦侮，固屬能臣之最。即其族滅豪宗，臨江對簿，亦分所應為耳。只以一念酷烈，不近人情，遂致身膏刀鋸，而天下快之，君子是以有『仁可過，義不可過』之言，郅都蓋過於義者也。」

【語　譯】郅都是楊縣人，曾以郎官的身分服侍過孝文帝。孝景帝在位時，郅都做了中郎將，他敢於直言勸諫，敢在朝廷上當面駁斥一些大臣的意見。有一次他隨從景帝到上林苑，景帝的賈姬上廁所時，一隻野豬突然也竄了進去。景帝使眼色讓郅都去救賈姬，郅都不去。景帝抄起兵器想自己去救，郅都就跪在景帝面前攔阻說：「失去一個女人，可以再找一個，天下難道缺少像賈姬這種人嗎？您如果不顧安危，萬一有個閃失，那怎麼向列祖列宗和太后交代呢？」於是景帝便作罷了，而野豬後來也自己離去了。太后聽說這件事，賞給了郅都黃金一百斤，郅都從此受到重視。

2 濟南郡的瞯氏是個有三百餘家的大族，強橫奸猾，目無法紀，太守都對他們無法管制，於是景帝就任命郅都去做了濟南太守。郅都一到任就把瞯氏的一些首惡通通滅了族，其餘的人嚇得個個心驚肉跳。僅僅一年多，郡中就變得路不拾遺了，附近十幾個郡的太守都像敬畏上級長官一樣敬畏郅都。

3 郅都為人敢作敢為，有魄力，公正廉明，誰給他私下寫信他都不看，誰送東西他也不要，不接受任何人說情。他經常自勉說：「我既然離開父母出來做官，那就應該奉公守節以身殉職，無論如何不能再顧及妻子兒女。」

4 後來郅都做了掌管京城治安的中尉。那時朝廷裡地位最高、待人最傲慢的是丞相條侯周亞夫，可是郅都見了他僅僅是作個揖而已。當時，民風樸實，人人都害怕犯罪，看重自己的名聲，而郅都卻率先實行嚴刑酷法，他執法不避權貴。使得那些諸侯王公和皇家宗室都怕得不敢正眼看他，給他起了個綽號叫「蒼鷹」。

5 當景帝的兒子臨江王劉榮被叫到中尉府受審時，劉榮想要刀筆給皇上寫信說明情況，郅都不讓府吏給他。魏其侯竇嬰派人暗中給了臨江王。臨江王送出書信向皇上說明情況後就自殺了。竇太后聽說此事非常生氣，找了一個別的藉口說郅都犯了大法，將其罷職為民。而景帝則派了一個使者持著旌節去郅都家任以為雁門太守，讓他從家中直接赴任，並授予他遇事可以隨機處置的特權。匈奴人早就聽說過郅都的為人，郅都一到任，匈奴便自動地把軍隊撤走了，直到郅都死都沒有再靠近雁門。匈奴曾做了一個郅都像，叫騎兵們練習射箭，結果沒有一個人能射中，郅都居然能使人怕到這種地步。匈奴把他看作心腹之患。竇太后終究還是援引了法律陷害郅都。景帝說：「郅都是忠臣。」想寬釋他。竇太后說：「臨江王難道就不是忠臣嗎？」結果郅都就這樣被斬了。

1 寧成者，穰❶人也，以郎、謁者事景帝❷。好氣❸，為人小吏❹，必陵其長吏❺；為人上，操下❻如束溼薪❼。滑賊任威❽。稍遷❾至濟南都尉❿，而郅都為守。始前數都尉，皆步入府⑪，因吏謁守如縣令⑫，其畏郅都如此。及成往，直陵都，出其上⑬。都素聞其聲，於是善遇，與結驩⑭。久之，郅都死，後長安左右宗室多暴犯法，於是上召寧成為中尉。其治效郅都，其廉弗如，然宗室豪桀⑮皆人人惴恐⑯。

2 武帝即位⑰，徙為內史⑱。外戚多毀成之短⑲，抵罪，髡鉗⑳。是時，九卿㉑罪死即死㉒，少被刑，而成極刑㉓，自以為不復收㉔，於是解脫㉕，詐刻傳㉖出關㉗，歸家。稱曰：「仕不至二千石，賈不至千萬，安可比人乎！」乃貰貸㉘，買陂田㉙千餘頃，假貧民㉚，役使㉛數千家。數年，會赦㉜。致產數千金㉝，為任俠㉞，持吏長短㉟，出從數十騎。其使民，威重於郡守㊱。

3 周陽由㊲者，其父趙兼以淮南王㊳舅父侯周陽㊴，故因姓周陽氏㊵。由以宗家任為郎㊶，事孝文及景帝。景帝時，由為郡守。武帝即位，吏治尚循謹㊷甚。然由居二千石中，最為暴酷驕恣㊸。所愛者，撓法活之；所憎者，曲法誅滅之㊹。所居郡，必夷其豪㊺。為守，視都尉如令㊻；為都尉，必陵太守，奪之治㊼。與汲黯俱為忮，司馬安之文惡，俱在二千石列，同車未嘗敢均茵伏㊽。

4 由後為河東㊾都尉，時與其守勝屠公㊿爭權，相告言罪(51)。勝屠公當抵罪(52)，義不受刑，自殺，而由弃市53。

自寧成、周陽由之後，事益多54，民巧法55，大抵吏之治56類多成、由等57矣。

【章旨】以上為第三段，寫寧成、周陽由為官任政的行實始末。

【注釋】❶穰　漢縣名，縣治即今河南鄧縣。❷以郎謁者事景帝　言先為郎，後又為謁者也。謁者，帝王的侍從官名，掌管贊禮、引見賓客及收發傳達諸事。郎和謁者的官階大體相同，皆在三百石至六百石之間，上屬郎中令。❸好氣　好使氣，指好與人較勁，不屈人下。❹為人小吏　郭嵩燾曰：「應作『為少吏』。」❺陵其長吏　侵淩同事中的資歷級別較高者。長吏，大吏。郭嵩燾曰：「《漢書．百官公卿表》：『縣令、長秩千石至三百石，丞、尉秩四百石至二百石，是為「長吏」；百石以下有斗食、佐史之秩，是為「少吏」。』，則『長吏』『少吏』為漢時通稱。」❻操下　管制下屬。❼如束溼薪　以喻其順從、服貼之狀。《漢書》無「薪」字，作「操下急如束溼」。師古曰：「操，執持也。束溼，言其急之甚也，溼物則易束。」❽滑賊任威　狡猾狠毒，專用嚴刑。賊，陰狠。❾稍遷　逐步升遷。稍，漸；逐步地。❿都尉　太守的副職，佐太守掌管郡中武事。⓫步入府　步行進入太守的府門，不得乘車或騎馬。⓬因吏謁守如縣令　通過府吏們的稟報參見太守，謙卑得如同一個下屬的縣令。⓭陵都二句　陵駕郅都，派頭擺得比郅都還要足。⓮與結驩　與之交好。驩，通「歡」。友好。⓯豪桀　威震一方的豪紳、惡霸之流，其勢力非來自高官或貴戚者。⓰惴恐　驚恐；震恐。⓱武帝即位　事在西元前一四一年，次年改元，曰「建元元年」(西元前一四〇年)。按：此文若果係司馬遷所寫，則應稱「今上即位」。梁玉繩曰：「此及周陽由傳兩「武帝」當作『今上』。」⓲內史　官名，首都的行政長官，後來改稱京兆尹。⓳毀成之短　抓著寧成的缺點而進行誹謗。毀，說人壞話。⓴抵罪二句　謂使得寧成受到懲治，而被髡鉗。髡鉗，兩種刑罰名，髡是給犯人剃去頭髮，鉗是以鐵箍束頸，從事苦役勞動。㉑九卿　指太常、光祿勳(郎中令)、衛尉、太僕、廷尉、鴻臚、宗正、大司農、少府。以上諸官相當於今之中央各部部長。㉒罪死即死　犯了死罪就自行尋死，不等朝廷逮捕懲治。㉓成極刑　寧成則不自殺，接受了各種刑罰。錢大昭《漢書辨疑》曰：「文帝深納賈誼之言，養臣下有節，是後大臣有罪皆自殺。至武帝時，稍復入獄，自寧成始。」極，盡。按：寧成為「內史」，「內史」非「九卿」數，其所以連類而言者，以其官階相近也。㉔不復收　不會再被皇帝錄用。收，收錄；錄用。㉕解脫　謂解脫刑具以服役，尚未釋放為民也。㉖詐刻傳　假造通行證。傳，師古曰：「所以出關之符也。」陳直曰：「漢代過關津者所用之符信，計有『傳』、『符』、『過所』、『繻』四種名稱。」按：即今所謂「通行證」、「護照」之類。㉗出關　此關應指函谷關或武關。函谷關在今河南靈寶東北，武關在今陝西商南西南。㉘貰貸　向人借貸。貰，賒借。㉙陂田　帶有水塘可以灌溉的良田。陂，池塘。㉚假貧民　謂租給貧民耕種。㉛役使　像奴隸一樣的使喚他們。㉜會赦　趕上大赦，從此始為無罪之人。會，值；逢。㉝數千金　秦代稱黃金一鎰（二十四兩）為「一金」，漢代稱黃金一斤為「一金」。一金可以兌換銅錢一萬。㉞任俠　以俠義之行為己任。㉟持吏長短　意謂知曉當地官員的陰私之事，手中握有他們的把柄。長短，複詞偏義，即指短處。㊱其使民二句　按：寧成事暫止於此，其後事見下文「義縱」條下。姚苧田曰：「寧成一生只是『尚氣』，篇中『陵上』『操下』『豪傑惴恐』處，雖極寫豪暴，然尚無糜爛其民之事也。為吏者苟當驕奢之世，欲力矯狂瀾，如子產其人猶謂『政莫如猛』，成又何可厚非乎？故雖抵罪髡鉗，而猶得以『素封』威重於世，有以也夫！」㊲周陽由　姓周陽，名由，淮南王劉長的表兄弟。㊳淮南王　名長，劉邦之子，文帝之異母弟。事跡見〈淮南衡山列傳〉。㊴侯周陽　被封為周陽侯。趙兼憑著是劉邦之子劉長的舅父（劉長之母為趙兼之姐）被封為周陽侯，封地周陽縣。周陽，據〈惠景間侯者年表〉之《索隱》云：「縣名，屬上郡。」按：上郡有「陽周」，在今陝西子長西北，而無周陽。《正義》曰：「周陽故城在絳州聞喜縣東二十九里。」按：周陽故城在今山西之聞喜縣東北，絳縣之西南。㊵因姓周陽氏　「姓」與「氏」本來不同，同一祖先的後代為同「姓」；同姓之中由於種種原因再分成若干支系，這各種支系遂稱作「氏」。史公在《史記》中常將「姓」「氏」二者混同，有時混淆得極不合理，如稱秦始皇曰「趙政」是也。㊶以宗家任為郎　任，保任。中井曰：「由是周陽之支子，用周陽侯之保任為官也。」按：漢世為郎者，進身多門，有以父兄為官而得保進者，如蘇武是也；有以家資富厚而得保進者，如司馬相如是也；今周陽由又以宗家得進。宗家，《索隱》曰：「與國家有外戚姻屬、比於宗室，故曰宗家也。」㊷循謹　溫循謹慎。循，循循然；有次序的樣子。郭嵩燾曰：「『民朴，畏罪自重』，而郅都為嚴刑以繩之，是為下擾民壞亂及於風俗；「吏治尚循謹」，而周陽由為酷暴驕滋以亂之，是為上侵官而爭競達於朝廷。史公著明此二人之罪，嚴於斧鉞矣。」㊸由居二千石中二句　與前文說郅都「是時民朴，畏罪自重，而都獨先嚴酷」云云，語意相同。㊹所愛者四句　撓，曲；枉。隨意曲解法律條文，不該死者陷之死，不該活者使之活，此「惡吏」也，已非「酷吏」之本來意義。㊺夷其豪　將所管郡內的豪紳惡霸統統滅掉。夷，平；誅滅。㊻為守二句　當其為太守時，則把都尉看同縣令。㊼奪之治　將太守的治郡之權奪歸己管。按：以上五句與寧成之「為人小吏，必陵其長吏；為人上，操下如束溼薪」表現相同。㊽與汲黯俱為忮四句　意謂即使像汲黯那樣的忌刻，像司馬安那樣地善於以法害人，他們又都和周陽由是同一等級，但是他們與周陽由同車時，也不敢與之平起平坐。忮，忌恨；刻毒。文惡，玩弄法律條文以害人。《索隱》曰：「均，等也。茵，車蓐也。伏，車軾也。言二人與由同載一車，尚不敢與之均茵軾也，謂下之也。」梁玉繩引王應麟《困學紀聞》曰：「黯之正直，所謂仁者之勇也，謂之『忮』可乎？周陽由，蝮鷙之靡耳，其可與黯並言乎？汲、鄭同傳猶不可，而以由與黯俱，是鸞梟接翼也。」又引呂成公曰：「黯廷折公孫弘，質張湯，揖衛青，所謂眼高四海，空無人者也。彼周陽由孤豚腐鼠，何足以辱同車？而反謂黯不敢『均茵馮』，陋矣。」按：有關汲黯、司馬安的事跡見〈汲鄭列傳〉。㊾河東　漢郡名，郡治安邑（今山西夏縣西北）。㊿勝屠公　姓勝屠，史失其名，故泛稱「公」。勝屠，同「申徒」，亦即「司徒」。〈留侯世家〉謂項梁「以良為韓申徒」，《集解》引徐廣曰：「即司徒耳，語言訛轉，故字亦隨改。」51相告言罪　謂太守與都尉相互告發，指證其罪。52當抵罪　被判處有罪，應受刑罰。當，判處。53而由弃市　蓋仍如上次之接受刑罰，而被處死。弃市，即指處死。古代處決罪犯，常行刑於市頭，以示與人共棄之，故云。54事益多　指訴訟案件與懲辦犯人的事情越來越多。55民巧法　謂巧詐以逃避刑法。蓋即所謂「道高一尺，魔高一丈」，「上有政策，下有對策」也。56吏之治　官吏們治理政事的情景。57類多成由等　大體都像寧成、周陽由等人的樣子。

【語　譯】寧成是穰縣人，曾先後以郎官、謁者的身分服侍漢景帝。寧成為人氣盛，他在別人手下當小吏，必定要欺凌他的長官；如果他當別人的長官，則對待部下如同捆溼柴一樣把人家整得順順溜溜。他狡猾狠毒，好耍威風。當他逐步遷升到濟南郡的都尉時，恰好郅都是太守。寧成之前的幾任都尉，進太守府時都是步行，就像下屬的縣令一樣讓府吏領著去拜見郅都，他們對郅都怕成這個樣子。等到寧成去見郅都時，他氣勢凌駕在郅都之上。郅都早就對寧成有過耳聞，他友善地接待了他，和他結成了好友。後來郅都死後，長安一帶的宗室貴戚們橫行不法的又多起來了，於是景帝便把寧成調為中尉。寧成治理京城的辦法與郅都相同，只是不如郅都廉潔，但是那些宗室貴戚和豪強暴徒都怕他。

2 武帝即位後，寧成調任內史。由於一些外戚攻擊寧成的短處，寧成被判髡鉗，剃去了頭髮，脖子上扣了鐵箍。當時，位至九卿的大官們一般都是一被判刑就立即自殺，很少活著接受刑罰的，現在寧成被判了這樣的刑，自己覺得不可能再被起用了，於是一等期滿除去刑具，就立刻偽造了一份出關的證明，逃回了老家。他揚言說：「做官要是做不到二千石，做買賣要是賺不到一千萬，那還能在人前說長道短嗎！」於是就向人借錢，買了一千多頃土地，租給貧人們耕種，受他奴役的佃戶達到幾千家。過了幾年，又遇上了大赦。這時他的家產已經價值幾千金了。寧成好仗義行俠，手中抓著地方官吏們的許多把柄，一出門總跟著幾十個隨從。他對百姓們發號施令那股威風，比郡太守還厲害。

3 周陽由的父親趙兼因為是淮南王的舅舅而被封為周陽侯，於是便改姓周陽。周陽由靠著是劉氏宗室的親戚而被任為郎官，前後曾服侍過孝文帝和孝景帝。到景帝在位時，周陽由已經做到了郡守。武帝即位後，當時官吏們判案治民一般都還是謹慎寬鬆的。在二千石這一級的官吏中，周陽由最以殘酷驕暴聞名。對於他所喜歡的人，他總是千方百計地枉法讓他活命；對於他所憎惡的人，就曲解法律把他整死。他每到一個郡裡，必定要鏟平那裡的豪強。他要是做太守，對待與他共事的都尉就像對待下屬縣令那樣；如果他做都尉，他就必然要反過來欺侮太守，把太守的權都奪過來。他和汲黯一樣褊狹剛愎，和司馬安一樣專以玩弄法律條文害人，他們三人當時都是二千石，但在同坐一輛車子的時候，汲黯和司馬安都不敢和周陽由平起平坐。

4 周陽由後來做河東郡都尉時，常常與郡太守勝屠公爭權，互相攻擊告發。勝屠公被判刑後，不願受辱自殺了，周陽由不自殺遂被處死在街頭。

5 自寧成、周陽由以後，國家的各種案件越來越多，人們也學得越來越會鑽法律漏洞，而官吏們的判案則大多數都像寧成、周陽由那種樣子了。

1 趙禹者，斄❶人，以佐史❷補中都官❸。用廉為令史❹，事太尉亞夫❺。亞夫為丞相❻，禹為丞相史❼，府中皆稱其廉平❽。然亞夫弗任❾，曰：「極知禹無害❿，然文深⑪，不可以居大府⑫。」今上⑬時，禹以刀筆吏積勞，稍遷為御史⑭。上以為能，至太中大夫⑮。與張湯⑯論定⑰諸律令，作見知⑱，吏傳相監司⑲。用法益刻，蓋自此始。

2 張湯者，杜⑳人也。其父為長安丞㉑，出，湯為兒守舍㉒。還而鼠盜肉，其父怒，笞㉓湯。湯掘窟得盜鼠及餘肉，劾鼠掠治㉔，傳爰書㉕，訊鞫㉖論報㉗，并取鼠與肉，具獄㉘，磔堂下㉙。其父見之，視其文辭如老獄吏，大驚，遂使書獄㉚。父死後，湯為長安吏㉛，久之。

3 周陽侯㉜始為諸卿㉝時，嘗繫長安㉞，湯傾身為之㉟。及出為侯，大與湯交，徧見湯貴人㊱。湯給事內史㊲，為寧成掾㊳，以湯為無害，言大府，調為茂陵尉㊴，治方中㊵。

4 武安侯㊶為丞相，徵湯為史㊷，時薦言之天子，補御史，使案事㊸。治陳皇后蠱獄㊹，深竟黨與㊺，於是上以為能，稍遷至太中大夫。與趙禹共定諸律令，務在深文，拘守職之吏㊻。已而趙禹遷為中尉，徙為少府㊼，而張湯為廷尉㊽，兩人交驩，而兄事禹。禹為人廉倨㊾，為吏以來，舍毋食客㊿。公卿(51)相造請禹(52)，禹終不報謝(53)，務在絕知友賓客之請(54)，孤立行一意(55)而已。見文法輒取，亦不覆案，求官屬陰罪[56]。湯為人多詐，舞智以御人[57]。始為小吏，乾沒[58]，與長安富賈田甲、魚翁叔之屬[59]交私[60]。及列九卿，收接[61]天下名士大夫，己心內雖不合，然陽浮慕之[62]。

5 是時，上方鄉文學[63]，湯決大獄，欲傅古義[64]，乃請博士弟子[65]治尚書、春秋補廷尉史[66]，亭疑法[67]。奏讞疑事[68]，必豫先為上分別其原[69]。上所是，受而著讞決法廷尉絜令，揚主之明[70]。奏事即譴，湯應謝，鄉上意所便，必引正、監、掾史賢者[71]，曰：「固為臣議，如上責臣，臣弗用，愚抵[72]於此。」罪常釋[73]。間即奏事，上善之[74]，曰：「臣非知為此奏，乃正、監、掾史某為之[75]。」其欲薦吏[76]，揚人之善，蔽人之過如此。所治即上意所欲罪，予監史深禍者；即上意所欲釋，與監史輕平者[77]。所治即豪，必舞文巧詆[78]；即下戶羸弱，時口言，雖文致法，上財察[79]。於是往往釋湯所言[80]。湯至於大吏，內行脩也[81]。通[82]賓客飲食，於故人子弟為吏[83]及貧昆弟[84]，調護[85]之尤厚。其造請諸公[86]，不避寒暑。是以湯雖文深[87]意忌[88]不專平[89]，然得此聲譽[90]。而刻深吏多為爪牙用者，依於文學之士[91]。丞相弘[92]數稱其美。

6 及治淮南、衡山、江都反獄[93]，皆窮根本。嚴助[94]及伍被[95]，上欲釋之。湯爭曰：「伍被本畫反謀，而助親幸出入禁闥爪牙臣[96]，乃交私[97]諸侯如此，弗誅，後不可治。」於是上可論之[98]。其治獄所排大臣[99]自為功[100]，多此類。於是湯益尊任，遷為御史大夫[101]。

7 會渾邪等降漢[102]，大興兵伐匈奴[103]，山東水旱[104]，貧民流徙，皆仰給縣官[105]，縣官空虛。於是丞上指[106]，請造白金及五銖錢[107]，籠天下鹽鐵[108]，排富商大賈[109]，出告緡令[110]，鉏[111]豪彊并兼之家，舞文巧詆以輔法[112]。湯每朝奏事，語國家用[113]，日晏，天子忘食[114]。丞相取充位[115]，天下事皆決於湯。百姓不安其生，騷動，縣官所興[116]，未獲其利，姦吏並侵漁[117]，於是痛繩以罪[118]。則自公卿以下至於庶人，咸指湯[119]。湯嘗病，天子至自視病，其隆貴如此。

8 匈奴來請和親[120]，羣臣議上前。博士狄山曰：「和親便。」上問其便，山曰：「兵者，凶器，未易數動[121]。高帝欲伐匈奴，大困平城，乃遂結和親[122]。孝惠、高后時[123]，天下安樂[124]。及孝文帝欲事匈奴，北邊蕭然苦兵矣[125]。孝景時，吳、楚七國反，景帝往來兩宮間[126]，寒心者數月。吳、楚已破，竟景帝不言兵[127]，天下富實。今自陛下舉兵擊匈奴[128]，中國[129]以空虛，邊民大困貧。由此觀之，不如和親。」上問湯，湯曰：「此愚儒，無知。」狄山曰：「臣固愚忠[130]，若御史大夫湯，乃詐忠(131)。若湯之治淮南、江都，以深文痛詆諸侯，別疏(132)骨肉，使蕃臣(133)不自安。臣固知湯之為詐忠(134)。」於是上作色(135)，曰：「吾使生居一郡(136)，能無使虜入盜乎？」曰：「不能。」曰：「居一縣？」對曰：「不能。」復曰：「居一障(137)間？」山自度辯窮(138)且下吏(139)，曰：「能。」於是上遣山乘鄣(140)。至月餘，匈奴斬山頭而去。自是以後，羣臣震慴(141)。

9 湯之客田甲，雖賈人，有賢操。始湯為小吏時，與錢通(142)。及湯為大吏，甲所以責湯行義過失(143)，亦有烈士(144)風。

10 湯為御史大夫七歲(145)，敗。

11 河東(146)人李文嘗與湯有卻(147)，已而為御史中丞(148)，恚(149)，數從中(150)文書事有可以傷湯者，不能為地(151)。湯有所愛史(152)魯謁居，知湯不平(153)，使人上蜚變告文姦事(154)。事下湯(155)，湯治論殺文(156)，而湯心知謁居為之。上問曰：「言變事蹤跡安起(157)？」湯詳(158)驚曰：「此殆(159)文故人怨之。」謁居病臥閭里主人(160)，湯自往視疾，為謁居摩足。趙國(161)以冶鑄為業(162)，王數訟鐵官事(163)，湯常排趙王(164)。趙王求湯陰事。謁居嘗案趙王(165)，趙王怨之，并上書告：「湯，大臣也，史謁居有病，湯至為摩足，疑與為大姦(166)。」事下廷尉(167)。謁居病死，事連其弟，弟繫導官(168)。湯亦治他囚導官[169]，見謁居弟，欲陰為之[170]，而詳不省[171]。謁居弟弗知，怨湯，使人上書告湯與謁居謀，共變告李文[172]。事下減宣[173]。宣嘗與湯有卻，及得此事，窮竟其事[174]，未奏[175]也。會人有盜發[176]孝文園[177]瘞錢[178]，丞相青翟[179]朝，與湯約俱謝[180]。至前，湯念獨丞相以四時行園[181]，當謝，湯無與[182]也，不謝。丞相謝，上使御史案其事[183]。湯欲致其文丞相見知[184]，丞相患之。三長史[185]皆害[186]湯，欲陷之。

12 始，長史朱買臣[187]，會稽[188]人也，讀春秋[189]。莊助使人言買臣[190]，買臣以楚辭與助俱幸[191]，侍中[192]，為太中大夫，用事[193]。而湯乃為小吏，跪伏使[104]買臣等前。已而湯為廷尉，治淮南獄，排擠莊助[195]，買臣固心望[196]。及湯為御史大夫，買臣以會稽守為主爵都尉[197]，列於九卿[198]。數年，坐法廢[199]，守長史[200]，見湯。湯坐牀上[201]，丞史[202]遇買臣弗為禮。買臣楚士[203]，深怨，常欲死之[204]。王朝，齊[205]人也，以術至右內史[206]。邊通，學長短[207]，剛暴彊人也，官再至濟南相[208]。故皆居湯右[209]，已而失官，守長史，詘體於湯[210]。湯數行丞相事[211]，知此三長史素貴，常凌折[212]之。以故三長史合謀曰：「始湯約與君[213]謝，已而賣[214]君。今欲劾君以宗廟事[215]，此欲代君[216]耳。吾知湯陰事。」使吏捕案[217]湯左[218]田信等，曰：「湯且欲奏請，信輒先知之[219]，居物[220]致富，與湯分之。及他姦事。」事辭頗聞[221]。上問湯曰：「吾所為，賈人輒先知之，益居其物[222]，是類有以吾謀告之者[223]。」湯不謝[224]。湯又詳驚曰：「固宜有[225]。」減宣亦奏謁居等事[226]。天子果以湯懷詐面欺[227]，使使八輩[228]簿責[229]湯。湯具自道無此，不服。於是上使趙禹責湯[230]。禹至，讓[231]湯曰：「君何不知分[232]也！君所治夷滅者幾何人矣？今人言君皆有狀[233]，天子重致君獄[234]，欲令君自為計[235]，何多以對簿為[236]？」湯乃為書謝曰：「湯無尺寸功，起刀筆吏，陛下幸致為三公，無以塞責[237]。然謀陷湯罪者，三長史也。」遂自殺[238]。

13 湯死，家產直不過五百金[239]，皆所得奉賜[240]，無他業[241]。昆弟諸子欲厚葬湯，湯母曰：「湯為天子大臣，被汙惡言而死，何厚葬乎！」載以牛車，有棺無槨[242]。天子聞之，曰：「非此母不能生此子[243]！」乃盡案誅三長史。丞相青翟自殺[244]。出[245]田信。上惜[246]湯，稍遷其子安世[247]。

14 趙禹中廢，已而為廷尉[248]。始條侯以為禹賊深[249]，弗任。及禹為少府[250]，比九卿[251]。禹酷急，至晚節，事益多，吏務為嚴峻，而禹治加緩，而名為平。王溫舒等後起，治酷於禹。禹以老，徙為燕相[252]。數歲，亂悖[253]有罪，免歸。後湯十餘年，以壽卒于家[254]。

【章　旨】以上為第四段，寫趙禹、張湯的為官任事，以及張湯最後被害的經過。

【注　釋】❶犛　漢縣名，縣治在今陝西武功西南。❷佐史　最低級的小吏。《漢書・百官公卿表》云：「百石以下有斗食、佐史之秩，是為少吏。」❸中都官　《索隱》曰：「謂京師諸官府吏。」❹用廉為令史　用，因；以。令史，掌管文書的小吏，秩百石。❺太尉亞夫　即前文之所謂「條侯」。事跡詳見〈絳侯周勃世家〉。太尉，職掌全國兵事，「三公」之一。❻亞夫為丞相　事在景帝七年（西元前一五〇年）。❼丞相史　在丞相府中主管文書案牘的吏員。❽廉平　清廉公正。❾弗任　不賞識；不稱許。❿無害　也稱「文無害」。謂通習法令，處理諸事無凝滯也。有謂「既通習律令而又不深刻害人者」恐非，視後文可知。⓫文深　謂執法森嚴酷苛。⓬大府　即丞相府。⓭今上　指漢武帝，西元前一四〇年即位。⓮御史　御史大夫的屬官，秩六百石，掌檢舉糾彈。⓯太中大夫　皇帝的侍從官員，出入於皇帝周圍，掌議論，秩千石，上屬郎中令。⓰張湯　事見後文。⓱論定　斟酌編定。《集解》引徐廣曰：「『論』一作『編』。」⓲作見知　制訂了懲辦見知不告的條例。見知，知情而不舉報。⓳吏傳相監司　「傳」下原有「得」字，瀧川曰：「《漢書》『傳』下無『得』字，是也。『傳』，讀為『轉』；『司』，讀為『伺』。」何焯曰：「謂互相監察也。」按：《漢書》無「得」字是，有「得」字者語氣不順，今據刪。⓴杜　漢縣名，縣治在今陝西西安東南。後宣帝築陵墓於此，遂稱「杜陵」。㉑長安丞　長安縣丞。丞與尉是縣令下屬的兩個大吏，丞佐令處理政事，尉佐令處理武事。按：長安是漢代的都城，其行政長官曰「內史」，後改稱「京兆尹」。京兆尹除管轄都城長安外，尚管轄都城周圍的許多縣，而其最近的郊區即設有長安縣，故有「長安令」「長安丞」云云也。有的注本謂「長安丞」即「京兆尹」之丞，定非。㉒湯為兒守舍　張湯還是小孩子，在家裡看家。㉓笞　用棍子、板子打人。㉔劾鼠掠治　劾，舉發罪狀，即今之所謂「起訴」。掠治，拷問。掠，笞打。㉕傳爰書　把犯人的口供記錄於文簿。傳，錄寫。爰書，記錄口供的文簿。按：此處眾說紛紜，《集解》引張晏曰：「傳，考證驗也。爰書，自證不如此言，反受其罪，訊考三日，復問之，知與前辭同不也。」即指覆審。《索隱》引韋昭曰：「爰，換也。古者重（重視）刑，嫌有愛惡，故移換獄書，使他官考實之，故曰『傳爰書』也。」《漢書》師古注：「傳，謂傳逮，若今之追逮赴對也。爰，換也，以文書換其口辭也。」《漢書補注》引劉奉世曰：「傳者，傳因辭也。爰書者，趙高作《爰歷》，教學隸書，時獄吏書體蓋用此，故從俗呼為『爰書』也。」王先謙曰：「傳爰書者，傳因辭而著之文書也。」今略從劉奉世、王先謙說。又，錢大昕曰：「傳，應作『傅』，謂附於爰書也。」㉖訊鞫　推問；審問。鞫，審問。㉗論報　判處。《說文》：「報，當（判處）罪人也。」㉘具獄　成案；定案。㉙磔堂下在廳前將盜肉的老鼠剁成了碎塊。磔，碎屍。㉚書獄　學習獄律之事。瀧川曰：「使書獄辭，練習其事也。」㉛為長安吏　在長安縣為吏。㉜周陽侯　此指田勝。田勝是景帝王皇后的同母異父弟，因親緣關係於景帝後元三年（西元前一四一年）被封為周陽侯，見〈魏其武安侯列傳〉、〈惠景間侯者年表〉。《集解》引徐廣謂「武帝始立而封為周陽侯」云者蓋誤。《正義》曰：「周陽，前封趙兼，國除，今封田勝也。」㉝諸卿　指九卿等二千石一類的朝官。瀧川引王啟原曰：「田勝為卿，〈百官表〉缺，蓋在景帝後元之末。」㉞繫長安　謂因罪被繫於長安縣獄。㉟傾身為之　不顧一切地出力相救。傾身，猶言竭力。為之，《集解》引韋昭曰：「為之先後。」意即為之奔走打點。㊱偏見湯貴人　將張湯引見給所有的當朝權貴。見，引見；使之會見。㊲給事內史　轉到首都行政長官屬下任職。給事，任職；效力。㊳為寧成掾　做寧成的下屬。掾，屬吏的統稱。㊴茂陵尉　《集解》引如淳曰：「主作茂陵之尉也。」茂陵，漢武帝的陵墓，在今陝西興平東北。按：漢代皇帝即位一年後，即開始給自己預造陵墓，故湯有此任。又，漢代皇帝的陵墓所在地，都設立為縣，則張湯即任茂陵縣之縣尉。㊵治方中　主管土方工程。《集解》引《漢書音義》曰：「方中，陵上土作方也，湯主治之。」㊶武安侯　指田蚡，田勝之兄，因係王皇后之同母異父弟，景帝後元三年被封為武安侯。又因協助武帝即位有功，得任太尉；建元六年（西元前一三五年）清除竇太后之勢力後遂為丞相。事詳〈魏其武安侯列傳〉。㊷徵湯為史　調張湯為丞相府的文祕人員。丞相史有多人，其頭領曰「長史」。㊸案事　巡察、糾檢諸事。㊹陳皇后蠱獄　陳皇后，小字阿嬌，武帝姑母大長公主之女，為武帝皇后，擅寵十餘年。後來衛子夫進幸，陳皇后妒之。所謂「蠱獄」，據《漢書．外戚傳》：「后又挾婦人媚道，頗覺。元光五年（西元前一三〇年），上遂窮治之。女子楚服等坐為皇后巫蠱祠祭祝詛，大逆無道，相連及誅者三百餘人，楚服梟首於市。」陳皇后也因此被廢黜。參見〈外戚世家〉。蠱，這裡指巫蠱，使巫者祠禱鬼神以害人。㊺深竟黨與　窮根究底地追查黨羽。竟，徹底。㊻務在深文二句　意指一味地嚴格法律條文，束縛管制各個在職的官吏。瀧川引王闓運曰：「言以文法律令拘守職之吏，使不得出入。」又引李楨曰：「按〈刑法志〉：『湯、禹條定律令，作見知故縱、監臨部主之法，緩深故之罪，急縱出之誅。』所以『深文』『拘吏』者如此。」㊼少府　官名，九卿之一，主管山林湖澤以及為宮廷服務的手工業等，為皇帝的私家理財。㊽廷尉　官名，九卿之一，是全國最高的司法長官。㊾廉倨　有稜角，態度倨傲。㊿舍毋食客　門下不養食客，不招攬閒人，蓋深識時務者也。武帝時招養食客之危險見〈衛將軍驃騎列傳〉。(51)公卿　三公、九卿，指在朝居高位的權貴。(52)相造請禹　相造，相繼登門。造，到。請，謁；拜見。(53)報謝　回訪；答謝。(54)絕知友賓客之請　回絕一切親朋友好的請託。(55)孤立行一意　依照個人的想法該怎麼辦就怎麼辦。(56)見文法輒取三句　按：三句文意欠明，方苞曰：「言見獄辭與文法應，輒取之，而不覆按其事，以求官屬陰惡也。」輒取，謂「隨即應允」、「隨即據以定案」之意。取，採；聽用。覆案，復查。㊼舞智以御人　舞智，不正當地運用機智。御，駕御；控制。㊽乾沒　說法不一。《集解》引徐廣曰：「隨勢沉浮也。」錢鍾書曰：「黃生《義府》、呂種玉《言鯖》等早以『乾沒』作『陸沉』解，即《莊子・則陽》郭象注『譬無水而沉』，亦即俗語所謂『埋沒』也。顧炎武、翟顥、郝懿行皆謂是取利鑽營，與此傳不甚帖合。下文明曰：『湯至於大吏，內行脩也。』又曰：『湯死，家產直不過五百金，皆所得奉賜，無他業。』則湯固酷而尚不貪。『小吏乾沒』者，謂埋沒於小吏中，非謂小吏黷貨取利。」（《管錐編》）按：徐廣、錢鍾書等說是，今人解之為「白白取人之利」者與張湯實情不合。㊾田甲魚翁叔之屬　田甲，姓田，史失其名，故以「甲」「乙」稱之。之屬，之類；之流。㊿交私　私下交好。(61)收接　即今所謂「接待」、「接見」。(62)陽浮慕之　表面上裝出一副敬慕的樣子。陽，通「佯」。假裝。浮，表面；外表。(63)鄉文學　即指尊儒。鄉，通「向」。傾慕；推崇。文學，學術；學問。這裡指儒術。按：武帝即位後，旋即在田蚡等人的慫恿下大倡尊儒，結果被竇太后所鎮壓。建元五年（西元前一三六年）竇太后死，武帝第二次尊儒，事遂得行。過程詳見〈魏其武安侯列傳〉。(64)決大獄二句　意謂在審理、判處重大案件時，要引用古代經典的條文，以之作為緣飾。傅，附會；妝點。按：漢代編有《春秋決獄》，以之作為判案的準則，蓋即此類也。(65)博士弟子　博士，官名，分兩類人，一種是以熟悉典章舊事在皇帝周圍以備顧問之人；一種是在太學裡任教的教授。「博士弟子」即太學的學生。(66)廷尉史　廷尉手下的文祕人員。(67)亭疑法　平斷有疑難的案件。亭，平也。按：張湯選拔太學裡讀《尚書》《春秋》成績好的學生，到廷尉府任書吏，目的就是為其決獄「傅古義」，以及提高司法系統上行下發文件的儒學水平。(68)奏讞疑事　有疑難問題進呈皇帝裁斷。讞，平議；定罪。(69)為上分別其原　為皇帝分別寫明其原委。(70)上所是三句　王先謙曰：「言上所允行者，則受而書之於板，著其上請之事，為定法，復舉此令以宣布上美。杜周傳云『後主所是，疏為令』也。」讞決法，《漢書》無「決」字，「讞法」即指皇帝的平斷意見。絜，通「挈」。陳直曰：「《漢書》作『挈令』，謂刻於板書。」(71)奏事即譴四句　意謂上報的事情如果受到了皇帝的譴責，那麼張湯便立刻轉到皇帝的見解這邊來，將過錯完全攬歸自己，而稱說手下屬吏的先見之明。按：此處史公極寫張湯的「偽詐」。即，倘若。應謝，認錯；道歉。鄉上意所便，贊成皇帝所肯定的意見。引，具體稱說。正監，指廷尉正、廷尉監，皆廷尉手下的大吏，秩千石。掾史，廷尉手下的一般屬吏。(72)抵　至。(73)罪常釋　罪過常蒙皇帝寬赦，以其能謙卑自責也。(74)間即奏事二句　有時啟奏的事情，受到皇帝的稱讚。間，間或；有時。原作「聞」。王念孫《讀書雜志・史記第六》：「『聞』，當依《漢書》作『間』，字之誤也。『間即』，猶今人言『間或』也。」今據改。(75)臣非知為此奏二句　我本來不知道該這麼做，這都是我手下的某某人教給我的。(76)薦吏　推舉、表彰手下的屬吏。(77)所治即上意所欲罪四句　所審理的案子如果是皇帝想嚴辦的，張湯就派酷苛的僚屬去審理；如果是皇帝想要釋放的，張湯就派寬和的僚屬去審理。予，委派。深禍，指狠毒酷苛。與，通「予」。輕平，指寬厚慈和。(78)所治即豪二句　豪，豪門貴族。舞文巧詆，意即巧弄律文，將其嚴判重判。詆，陷害；中傷。(79)即下戶羸弱四句　師古曰：「言下戶羸弱，湯欲佐助，雖具文奏之，而又口奏言；雖律令之文，合致此罪，聽上裁察，蓋為此人希恩宥也。」時口言，有時口頭為之分解。上財察，謂自己不給其定罪，只是提出意見，讓皇帝量情裁定。財，同「裁」。(80)釋湯所言　師古曰：「謂上得湯此言，往往釋其人罪也。」淩約言曰：「自『上方鄉文學』至『往往釋湯所言』，皆湯『多詐，舞智以御人』處，所謂『知陰陽，人主與俱上下』者也。」(81)湯至於大吏二句　張湯之所以能升遷至「九卿」的廷尉，是由於他的品德修養好。內行，個人品行。(82)通　謂「供應」、「供給」。或疑「通」同「同」，謂自己之飲食與賓客相同。(83)為吏　指在張湯手下為吏。(84)貧昆弟　本族兄弟之貧困者。昆弟，兄弟。(85)調護　關照；愛護。(86)造請諸公　登門拜望朝野的名公宿望。(87)文深　指執法嚴格。(88)意忌　用意刻毒。(89)不專平　胡三省《通鑑注》曰：「不專於持平。」按：前文謂張湯「所治即上意所欲罪，予監史深禍者」、「所治即豪，必舞文巧詆」云云，皆「文深意忌不專平」之類也。(90)得此聲譽　即被人們稱為「內行脩」者。(91)刻深吏多為爪牙用者二句　意謂刻深之吏必與文學之士相配合，始得被張湯視為心腹，受張湯重用。按：漢代酷吏與儒術相結合的格局，首先形成於張湯。(92)丞相弘　即公孫弘，靠熟讀《公羊春秋》與諛佞得為丞相，封平津侯，是漢武帝尊儒以來各種政策的主要制訂者與推行者之一，是司馬遷最反感的人物。事跡詳見〈平津侯主父列傳〉。(93)淮南衡山江都反獄　淮南，指淮南王劉安，劉邦之孫，劉長之子。劉長被劉邦封為淮南王，都壽春（今安徽壽縣）。後於文帝時因謀反被遷流，中途絕食而死，劉安後來被繼立為淮南王。武帝元狩元年（西元前一二二年），劉安又因謀反被告發，朝廷派人逮治，劉安自殺，王后、太子及與謀者皆被誅滅。衡山，指衡山王劉賜，劉安之弟。其父自殺後，劉賜被文帝封為衡山王，都於邾縣（今湖北黃岡西北）。後與其兄劉安同謀造反，元狩元年被審治，劉賜自殺。以上二事事見〈淮南衡山列傳〉。江都，指江都王劉建，景帝之孫，劉非之子。劉非被景帝封為江都王，都廣陵（今江蘇揚州西北）。非死之後，建繼為王，後因受淮南、衡山謀反之牽連，又因與其姐妹通姦、信巫祝、使人禱祠妄言等，被訊治，劉建自殺。事見〈五宗世家〉。(94)嚴助　本來姓「莊」，後人因避明帝（劉莊）諱，故改稱之曰「嚴助」，辭賦家嚴忌之子。善辭令文章，武帝時以對策為中大夫，又曾任會稽守，後還朝留為皇帝侍從。「淮南王來朝，厚賂遺助，交私論議。及淮南王反，事與助相連」，被殺。事跡參見〈東越列傳〉、〈南越列傳〉與《漢書·嚴朱吾丘主父徐嚴終王賈傳》。(95)伍被　淮南王劉安的謀臣，先曾諫止劉安謀反，後又極力佐助其反，後又出首告發其反，反覆無常，後終被殺。事見〈淮南衡山列傳〉。96 出入禁闥爪牙臣　即指嚴助為武帝侍從事。禁闥，指宮門。闥，門。97 交私　與諸侯王私相交結。98 可論之　同意了張湯的意見，遂將伍被、嚴助處死。可，指帝王依允臣下的奏請。論，判決，這裡指論死。郭嵩燾曰：「史公敘張湯詐處，尤在探刺人主隱微，一取順意行之。其誅嚴助、伍被，犯顏以爭，方以忤意為慮，為所言尤深中人主之微隱也。一言而君臣之大分以明，宜可居之以為功，此其所以為詐也。」99 排大臣　排除其他大臣的不同意見。100 自為功　使自己的意見定要獲得實行。101 御史大夫　漢時為「三公」之一，職掌監察糾彈，位同副丞相，至丞相有缺，多由御史大夫升補。張湯任御史大夫在元狩二年（西元前一二一年），是時丞相公孫弘死，李蔡由御史大夫升任丞相，而張湯由廷尉升任御史大夫。見〈漢興以來將相名臣年表〉。102 渾邪等降漢　事在元狩二年秋。渾邪王是匈奴西部的一個王子，因被漢將霍去病等破殺數萬人，單于怒，欲殺之，渾邪王恐，遂殺其鄰近之休屠王，併其眾率以歸漢。事見〈匈奴列傳〉。〈衛將軍驃騎列傳〉云：「降者數萬，號稱十萬。既至長安，天子所以賞賜者數十巨萬。」103 大興兵伐匈奴　如元光六年（西元前一二九年）衛青等北伐匈奴；元朔二年（西元前一二七年）、五年（西元前一二四年）之衛青等北伐匈奴；元朔六年（西元前一二三年）衛青兩次北伐匈奴；元狩二年，霍去病兩次北伐匈奴；元狩四年（西元前一一九年）衛青、霍去病兩路北伐匈奴等是也。104 山東水旱　山東，崤山以東，泛指關中以外的東方大片地區。據《漢書．武帝紀》，與漢大伐匈奴同時東方地區之天災有：元光三年（西元前一三二年），河決濮陽，氾郡十六；元光五年，螟；元光六年，旱，大蝗；元朔五年，大旱等等。105 仰給縣官　謂靠國家救濟生活。給，供應。縣官，指國家、政府，有時也用以稱皇帝。106 丞上指　看準了皇帝的心思而帶頭倡言其事。丞，同「承」。迎合。107 請造白金及五銖錢　造「白金」在元狩四年。〈平準書〉云：「又造銀錫為白金。其一曰重八兩，圜之，其文龍，名曰『白選』，直三千；二曰以重差小，方之，其文馬，直五百；三曰復小，撱之，其文龜，直三百。」造五銖錢，武帝建元元年（西元前一四〇）行三銖錢；建元五年，罷三銖錢，行半兩錢；至元狩五年（西元前一一八年），又廢半兩錢，行五銖錢。銖，一兩的二十四分之一。108 籠天下鹽鐵　即以東郭咸陽、孔僅為大農丞，將所有私人的鹽、鐵企業收歸國有事，可參看〈平準書〉。109 排富商大賈　漢代建國以來，即明文摧抑工商業者，視之為二等罪犯；至武帝時，更巧立名目的打擊、消滅之，如下述之「算緡」「告緡」諸令是也。110 出告緡令　按：此處疑應作「出算緡令」。算緡令頒行於元狩四年；若告緡令，則頒行於元鼎三年（西元前一一四年），時張湯已死年餘，與之無涉矣。算緡，師古曰：「有儲積錢者，計其緡貫而稅之。」即向商人徵收資產稅。緡，穿錢用的絲繩，即俗所謂「錢串子」。「算緡」即根據錢數按比例向國家納稅。至於日後再頒之「告緡」，則是鼓勵人告發自報資產不實者。法令規定，凡告得者，官以其半與之。可參看〈平準書〉。111 鉏　同「鋤」。

誅滅。112舞文巧詆以輔法　法令本已很嚴，但張湯還嫌不夠，還要對條文巧做解釋以陷害人。輔法，彌補法令之不足。113語國家用　講述如何籌劃錢財，以供國家之開銷。114日晏二句　晏，晚。二句極言張湯的受寵任，及其對天子的蠱惑力量之大。115丞相取充位　充位，充數。徒居其位，而不管事。《集解》引徐廣曰：「時李蔡、莊青翟為丞相。」按：李蔡於元狩二年為丞相，五年因罪自殺，後遂由莊青翟繼任丞相。116縣官所興　謂國家當時所採取的種種舉措，如更換貨幣、鹽鐵官營以及算緡等。117姦吏並侵漁　謂貪官惡吏們藉著國家政策的變換之機從中大肆牟利。並，通「傍」。趁；藉著。侵漁，侵吞公款，撈取財利。118痛繩以罪　謂張湯也狠狠地對貪官惡吏繩之以法。119咸指湯　都指著名的恨張湯、罵張湯。咸，皆。指，指名。何焯曰：「鹽鐵出於弘羊，告緡出於楊可，然非倚湯不能取於天子。湯以酷虐助而成之，故惡皆歸之湯。」按：前文敘張湯引過歸己，有功歸之屬下，又能「造請諸公，不避寒暑」，人皆讚其「內行脩」；至任廷尉，銳於興功，數年之間，至「公卿以下，至於庶人，咸指湯」，讀之令人感慨。120匈奴來請和親　其事約在元狩五年。〈匈奴列傳〉云：「漢兩將軍大出圍單于，所殺虜八九萬，而漢士卒物故亦數萬，漢馬死者十餘萬。匈奴雖病，遠去，而漢亦馬少，無以復往。匈奴用趙信之計，遣使於漢，好辭請和親。」121兵者三句　數動，屢動；頻繁使用。按：二語乃儒、道兩家的常談之論。《老子》第三十一章謂：「兵者，不祥之器。」《六韜》謂：「聖人號兵為凶器，不得已而用之。」122大困平城二句　事在高祖七年（西元前二〇〇年），劉邦因往討與匈奴相勾結的韓王信，被匈奴圍困於平城，劉邦不得不求和結親事。詳見〈韓信盧綰列傳〉、〈匈奴列傳〉、〈陳丞相世家〉。平城，古邑名，在今山西大同東北。123孝惠高后時　孝惠，即漢惠帝，劉邦之子，名盈，西元前一九四—前一八八年在位。高后，即呂后，其子惠帝劉盈死後，呂后臨朝執政，西元前一八七—前一八〇年在位。124天下安樂　意謂因對外行和親政策，沒有戰爭，故天下安樂也。按：呂后執政期間，匈奴冒頓單于曾致書呂后，有所謂「陛下獨立，孤僨獨居，兩主不樂，無以自娛，願以所有，易其所無」云云，呂后見書大怒，樊噲等勸其討伐匈奴，呂后竟亦未動，從而避免了戰爭。事見《漢書・匈奴傳》。125孝文帝欲事匈奴二句　按：文帝時匈奴屢屢入侵，漢朝消極防禦，文帝從無主動進攻之事，此曰「欲事匈奴」，似與事實不合；如將「北邊蕭然苦兵」之原因歸過於文帝，尤其悖於情理。師古曰：「蕭然，猶騷然。擾動之貌也。」126往來兩宮間　兩宮，指未央宮與長樂宮。未央宮處於當時長安城的西側，為皇帝所居；長樂宮處於當時長安城的東側，為太后所居。吳楚等七國皆劉氏宗室，今乃謀反，景帝有許多事須稟問太后，故往來於兩宮之間。127竟景帝不言兵　謂景帝至死不再提兵戰之事。竟，終；盡。128陛下舉兵擊匈奴　漢與匈奴的戰爭始於武帝元光二年（西元前一三三年）之馬邑伏襲匈奴，此役雖因消息洩露無功，但雙方戰爭敵對由此開始，至元光六年，衛青等遂大舉北伐。129中國　國家中部，意即「內地」。

與下句之「邊民」相對而言。(130)臣固愚忠　意即「臣雖愚，但出於忠心」。(131)若御史大夫湯二句　意即「張湯看似忠，實乃奸詐」。(132)別疏　意即分離、離間。(133)蕃臣　指諸侯王。古代稱諸侯是天子的藩籬、屏障，其作用是拱衛中央王室的安全。蕃，通「藩」。(134)固知湯之為詐忠　郭嵩燾曰：「漢自文、景以來，疏忌骨肉多矣，武帝承之，益繩以法。湯之治反獄，窮極根本，所以承上意也。」按：從歷史發展角度看，此為功，非為過，參看賈誼之〈治安策〉可知。(135)作色　變了臉色。(136)使生居一郡　讓你去任一個郡的太守。生，猶言「先生」。師古曰：「博士之官，故呼為生也。」(137)障　邊境上的塞堡。《正義》曰：「謂塞上要險之處，別築城置吏士守之，以捍寇盜也。」(138)自度辯窮　估計著如果再說「不能」。辯窮，謂無話再說。(139)且下吏　將要被交由法官整治。且，將。(140)乘鄣　往守一個塞堡。乘，師古曰：「登也。登而守之。」鄣，與上文「障」字同。

(141)震慴　恐懼。誰也不敢再提反戰的意見。姚苧田曰：「武帝朝有三大敝政：貴治獄之吏，信興利之臣，啟興兵之禍也，唯張湯一傳兼有之。狄山所議固不中肯綮，湯特以『愚儒無知』駁之。段後獨綴『群臣震慴』一語，便見窮兵之禍皆湯養成，而箝結眾口之威，幾如指鹿為馬，皆文章辣手處。」(142)與錢通　師古曰：「為錢財之交。」意即有錢財上的交往。(143)責湯行義過失　謂以行義責湯，有過失則指正之。(144)烈士　慷慨行義的人。(145)湯為御史大夫七歲　據〈漢興以來將相名臣年表〉，張湯於元狩二年為御史大夫，元鼎二年（西元前一一五年）自殺，首尾正七年。(146)河東　漢郡名，郡治安邑（今山西夏縣西北）。

(147)郤　同「隙」。怨隙；矛盾。按：以下皆補敘張湯致敗的情由。(148)御史中丞　御史大夫的屬官，秩千石。(149)恚　惱怒；怨恨。言李文為張湯下屬而惱怒張湯。(150)數從中　多次從廷尉府內部。(151)不能為地　謂不寬貸，不含容，必欲乘機以害之。(152)所愛史　受張湯寵愛的小吏。史，書吏。據後文張湯為之「摩足」云云，則魯謁居像是張湯的男寵，漢代之君臣多此事。(153)不平　謂其忌恨李文也。(154)上蜚變告文姦事　給皇帝上書告發李文圖謀不軌。蜚變，憑空而至的告發文狀，猶今之所謂匿名信黑函。蜚，同「飛」。姦事，為非作歹之事。(155)事下湯　事情轉發與張湯審治。(156)湯治論殺文　治，審理。論殺，判罪誅殺。

(157)言變事蹤跡安起　意謂李文的這件事情，告發人是怎麼知道的。蹤跡，來龍去脈。(158)詳　同「佯」。假裝。(159)殆　大概。

(160)病臥閭里主人　謂臥病於自己所租住的房子裡。閭里主人，里巷中的房舍主。(161)趙國　景帝子劉彭祖的封國，都邯鄲（今河北邯鄲）。(162)以冶鑄為業　蓋謂趙王劉彭祖經營此業以謀利也。冶鑄，冶鐵鑄器。(163)王數訟鐵官事　元狩四年前，鹽鐵可私營，趙王以冶鑄為事，利歸於己。元狩四年後，鹽鐵皆歸國營，趙王失去冶鑄之利，故心懷不滿，常挑朝廷派往趙國經營治鑄的官員的毛病，尋釁以告發之。按：〈五宗世家〉云：「彭祖為人巧佞，卑諂足恭，而心刻深。好法律，持詭辯以中人。彭祖立五十餘年，相、二千石無能滿二歲，輒以罪去，大者死，小者刑，以故二千石莫敢治。」可供參照。(164)湯常排趙王謂當武帝將趙王所言交由群臣討論時，張湯常袒護鐵官而否定趙王之言也。165謁居嘗案趙王　魯謁居曾以朝廷派員的身分去趙國查究過趙王的事情。案，驗問；查究。166大姦　重大的不軌行為。167廷尉　據《漢書・百官公卿表》此時的廷尉名霸，史失其姓。168繫導官　被囚禁於導官署。導官，少府的屬官。師古曰：「導，擇也。以主擇米，故曰『導官』。時或以諸獄皆滿，故權寄在此署繫之，非本獄所也。」郭嵩燾曰：「漢時故有少府獄，凡上所治獄下御史大夫治之，皆屬少府，猶明世所謂『詔獄』也。屬官曰『若盧』，主獄。而凡隸少府者，皆可以繫治有罪。略可考者，曰寢室，曰振廷，亦謂之黃門獄。上林亦有獄，皆屬少府。導官屬少府，並可為治獄地，不必其有獄也。」169治他囚導官　到導官署去審問別的囚犯。170欲陰為之　想暗中救他。171詳不省　表面上假裝不認識。不省，不張眼相看。172共變告李文　共同商量著上書告發李文。變告，告發某人欲為變亂。《漢書補注》引郭嵩燾曰：「變告，疑漢人常語。〈韓信傳〉一云『變告』，一云『上書變告』；正言之，則『告變』也。〈黥布傳〉云『上變事』，《史記》作『言變事』。『上變』、『言變』與『告變』同。」173減宣　當時的著名酷吏，《漢書》作「咸宣」，《居延漢簡釋文》卷一記有「減宣」名字。減宣時任御史中丞，為張湯之下屬。174窮竟其事　將張湯與魯謁居配合陷害李文案徹底查清。175未奏　尚未向武帝稟告。176盜發　偷偷挖掘。發，挖掘。177孝文園　漢文帝的陵園，即霸陵，在當時的長安城東，今西安市之東北。其陵墓「依山為形」，詳情已不可考。178瘞錢　在陵區埋藏的陪葬銅錢。瘞，埋藏。王先謙引沈欽韓曰：「漢以來喪葬皆有瘞錢，埋墓四隅。傳稱盜發者，即是四隅所瘞，原不在冢藏中也。」陳直曰：「漢人殉葬用錢，貴族用真錢，一般用陶製，孝文園應為真錢，故有人盜之。」179丞相青翟　莊青翟，事跡見〈張丞相列傳〉。莊青翟於元狩五年李蔡自殺後，繼任為丞相，至此元鼎二年為其任丞相的第四年。180與湯約俱謝　約定好由丞相、御史大夫共同向皇帝道歉，承認未盡到責任。謝，道歉；請罪。181行園　巡察各皇帝的陵園。182湯無與　御史大夫與此事無關。無與，無涉；無關。183案其事　查究盜發霸陵瘞錢的案件。184欲致其文丞相見知　想把丞相弄成「見知故縱」之罪。文，法也。見知，即「見知故縱」。知情不報，故意將罪犯放走。姚苧田曰：「湯喜排陷大臣，總見一腔忮刻之念。然獨莊青翟一事，竊謂湯不必有陷人之志，直苟欲自免而已。蓋大臣有罪則見謝，所以明奉職無狀耳。湯以御史大夫無園陵關係，因不復謝。」185三長史　指莊青翟手下的三個長史朱買臣、王朝、邊通。長史，丞相的屬官，秩千石，以其為諸史之長，故稱「長史」。186害　忌恨。187朱買臣　其事跡除此簡述外，尚可詳見《漢書》本傳。188會稽　漢郡名，郡治吳縣（今江蘇蘇州）。189讀春秋　此指《春秋公羊傳》，當時最時髦的儒家「學問」。190莊助使人言買臣　郭嵩燾曰：「當云『莊助為上言買臣』。買臣之貴幸，由莊助之薦也。《史》文傳寫必有誤。」191買臣以楚辭與助俱幸　朱買臣是由於會誦讀《楚辭》，故與莊助同受武帝親幸。范文瀾《文心雕龍・詮賦》注曰：「竊疑『賦』自有一種聲調，細別之與『歌』不同，與『誦』亦不同。漢世朱買臣、九江被公能讀〈離騷〉，蓋不僅能讀楚國方音，兼能明『賦』之聲調耳。」[192]侍中　侍奉皇帝於宮中。[193]用事　管事；主事。[194]使　聽侯支使；聽侯差遣。[195]排擠莊助　謂致莊助於死也。[196]心望　內心怨恨。[197]以會稽守為主爵都尉　朱買臣始被詔為太中大夫，武帝欲伐東越，以買臣習東越地，拜以為會稽太守。後又因為伐東越有功，被任為主爵都尉。主爵都尉，秩二千石，主管列侯的事宜。[198]列於九卿　相當於「九卿」一級。[199]坐法廢　因罪被免主爵都尉之官。[200]守長史　暫任長史之職。守，猶今之所謂「代理」。[201]湯坐牀上　謂張湯坐在牀上不動。[202]丞史　謂御史大夫的屬官御史中丞及一般御史等。[203]買臣楚士　朱買臣是會稽人，會稽在春秋時屬吳，至戰國初，吳、越之地皆入於楚，故吳、越亦可稱「楚」。〈吳王濞列傳〉云：「吳、會稽輕悍。」又云：「吳太子師傅皆楚人輕悍。」吳楚、異名，其實一也。[204]死之　拚死以與之鬥。[205]齊　漢郡名，郡治臨淄（今山東淄博之臨淄西北）。[206]以術至右內史　術，學術。指通習儒術與其他諸子百家的學說。內史，首都地區的行政長官，景帝時分設左內史與右內史，至武帝太初元年（西元前一〇四年）乃合併之，並改稱為京兆尹。[207]長短　即戰國縱橫之術。《集解》引《漢書音義》曰：「長短術興於六國時，行長入短，其語隱謬，用相激怒。」《漢書》注引張晏曰：「蘇秦、張儀之謀，趣彼為短，歸此為長，《戰國策》名『長短術』也。」[208]再至濟南相　兩次任濟南國相。按：此處「南」字疑誤，武帝時有「濟北國」、「濟東國」，無濟南國。濟南國自景帝時因隨吳、楚叛亂而被廢，改設濟南郡，郡治東平陵（今山東章丘西北）。[209]皆居湯右　謂三人之官都曾居張湯之上。[210]詘體於湯　因職位變低，見湯須屈身行禮。詘，通「屈」。低身。[211]數行丞相事　多次代理丞相職務。行，代行；代理。[212]淩折　使人受屈辱。淩，通「淩」。[213]君　當時僚屬稱其本官曰「君」，此指丞相莊青翟。[214]賣欺騙；作弄。[215]欲劾君以宗廟事　想起訴莊青翟以不敬陵廟之罪，即上文所謂「欲致其文丞相見知」也。[216]欲代君　想取代莊青翟為丞相。[217]捕案　逮捕審問。[218]湯左　可以證實張湯有罪的人。《集解》引《漢書音義》曰：「左，證左也。」瀧川曰：「田信，賈人，蓋田甲之族，故下文云『賈人輒先知之』。《通鑑》改作『賈人田信』。」[219]湯且欲奏請二句　張湯將向皇帝啟奏某事、請行某令，田信往往都能事先知道。即今之所謂洩漏經濟情報。[220]居物　囤積貨物。這裡即指經商。居，囤；儲。[221]事辭頗聞　捕案田信的消息有一些傳到武帝耳朵裡。頗，略有；有一些。[222]益居其物　提前囤積了更多的貨物。[223]類有以吾謀告之者　類有，像是有。吾謀，我的打算。[224]不謝　不認錯；不道歉。[225]固宜有　意謂「看來是確實有」。[226]減宣亦奏謁居等事　正好減宣也將業已查清的魯謁居與張湯的關係奏明於武帝。[227]面欺　當面欺騙。[228]八輩　八批。[229]簿責　師古曰：「以文簿一一責之。」即按照文簿所記的罪狀逐條盤查。按：「簿責」「對簿」等語又見於〈李將軍列傳〉。[230]上使趙禹責湯時趙禹為太中大夫，皇帝的近侍之臣。231讓　責備。232不知分　不明白自己應如何做。即責備他不及早自殺。分，分內之事；自己應做的事。233皆有狀　都是有根據的。234重致君獄　不想將你逮捕下獄。重，師古曰：「猶難也。」即不願、不好意思。235自為計　即自殺。236何多以對簿為　何必如此的反覆申說。按：趙禹的一貫習性是一切「不覆案」，今又施之於張湯矣。237無以塞責　沒有完成皇上交付的責任。王先謙曰：「塞，答也。言無以答上責望。」責，要求；期望。238遂自殺　王鳴盛曰：「公孫弘以儒者致位宰相，封侯，乃與主父偃同傳；張湯、杜周皆三公也，乃入之〈酷吏傳〉，子長惡此三人特甚，故其位置如此。」姚苧田曰：「古人取人必視其所與，張湯之所與者皆非端士也。始因趙兼定交，繼為寧成掾屬，又為田蚡長史，終與趙禹交歡。天性既優於深刻，燕集俱極其傾邪，宜其為酷吏中之首惡也。」又曰：「湯立意亦要鋤豪強，振貧弱，收恤故舊，薦揚屬吏，及弘獎經術，敦尚廉恥，皆是美事。唯一以詐行之，遂覺無往不陰邪曖昧。史公盡力雕繪，所謂『雖百世可知』也。群酷吏非無暴過於湯者，然用事之專且久，得君之深且篤，則未有及湯者也。所以煩酷之氣溢於四海，上自公卿，下及黎庶，無不被其毒。湯即煦煦於故人昆弟，亦何益矣？宛轉寫來，不遺餘力也如此。」239直不過五百金　直，通「值」。五百金，約合五百萬銅錢。漢時以黃金一斤為「一金」，一金約值萬錢。240奉賜　俸祿與賞賜。241無他業　沒有其他收入。242載以牛車二句　言其殯葬之簡。椁，外棺。王先謙曰：「欲令湯貧狀上聞，冀冤得白也。」243非此母不能生此子　王先謙曰：「美湯母之智。」244丞相青翟自殺　前有人盜發文帝陵園瘞錢，今己之屬下又害張湯，罪無旁貸也。245出　釋放。246惜　惋惜；同情。247稍遷其子安世　稍遷，逐步升遷。安世，張安世。宣帝時為衛將軍，封富平侯，尊貴無比，《漢書》有傳。且正以為張安世為宣帝名臣，故班氏寫《漢書》遂將張湯由〈酷吏傳〉拔出，另立了〈張湯傳〉。248已而為廷尉　趙禹為廷尉先在元狩三年（西元前一二〇年）、四年，其後曾任少府；至元鼎四年（西元前一一三年），又由少府改任廷尉，至元封元年（西元前一一〇年）。249賊深　狠毒酷苛。250禹為少府　趙禹為「少府」的具體時間史無明載，大約在元狩五年至元鼎三年之間。251比九卿　按：「少府」本為「九卿」之一，今曰「比」，用字不當。故胡三省遂將「比九卿」與下文「禹酷急」連讀，曰：「言以當時九卿同列者比之，禹為酷急也。」比較之下，胡三省說略好。252禹以老二句　以，通「已」。燕相，燕刺王劉旦之相。劉旦為武帝子，元狩六年（西元前一一七年）被封為燕王，都薊（今北京市城區之西南部）。事跡見〈三王世家〉與《漢書．武五子傳》。趙禹任燕相在元封元年。253亂悖　猶言「昏聵」。老糊塗。悖，亂；謬。254後湯十餘年二句　大約在元封六年（西元前一〇五年）或太初元年。姚苧田曰：「趙禹能識田仁、任安於微賤之中，亦賢大夫也，徒以文深為酷吏，須看『與張湯定律』，『用法益刻由此始』數句，可見以三寸管釀禍，正與人以梃與刀者同科，史公垂戒之深意可見矣。」

【語　譯】趙禹是斄縣人。先是在外郡當小吏，後來調到京城長安做府吏。由於辦事廉潔而做了令史，跟著太尉周亞夫。後來周亞夫做了丞相，趙禹就成了丞相史，丞相府裡的人們都稱讚他廉潔公平，唯有周亞夫不欣賞他，說：「我當然也深知趙禹能幹，但是這個人執法過嚴，不能在丞相府管大事。」武帝即位後，趙禹由一個小吏日積月累，被升遷做了御史。武帝認為他能幹，讓他做了太中大夫。趙禹和張湯一起商量制訂了各種法令，有一種處置知情不報的所謂「見知」之法，讓官吏們互相監視，互相告發，就是趙禹、張湯制訂的。國家的法令酷刻差不多就從這時開始。

2 張湯是杜縣人。他的父親是長安縣丞。張湯小的時候，有一天他的父親出門，留下張湯看家。回來發現家裡的肉被老鼠偷吃了，他的父親很生氣，打了張湯一頓。於是張湯就挖開老鼠洞捉住了偷肉的老鼠和吃剩的肉，對老鼠進行起訴拷問，他寫了老鼠的「口供」，而後進行審問和宣判，並扣押老鼠和吃剩的肉，定案後，在廳前將老鼠剮成了碎塊。他的父親看到了這情景，再看他所寫的各項文書，簡直就像個老練的獄吏寫的一樣，不由大吃一驚，於是就讓他學習辦案。他的父親死後，張湯就在長安做了小吏，做了很長的一段時間。

3 當周陽侯田勝官居九卿一級的時候，曾因犯罪被關押在長安獄中，當時張湯曾全力為他奔走。等到田勝出來被封侯之後，便與張湯成了莫逆之交，他把張湯引見給了朝中的所有貴人。後來張湯在內史府任職，又跟著寧成當過屬吏，寧成覺得張湯精通律法，辦事幹練，又把他向丞相推薦，於是張湯被調為茂陵尉，主持為武帝預建陵墓的工程。

4 田勝的哥哥武安侯田蚡做了丞相，就把張湯徵調去做了長史，還時常向武帝推薦他，讓他補了御史的缺，派他辦理案件。他辦理陳皇后所謂使用「巫蠱」一案時，由於能徹底追查黨羽，被武帝認為有才能，後來漸漸升為太中大夫。他和趙禹一起制訂各種法令，專門地追求苛深嚴格，以拘制那些膽小守職的官吏。後來趙禹做了中尉，又調為九卿之一的少府，而張湯這時做了廷尉，兩人交情很深，張湯把趙禹當兄長對待。趙禹廉直倨傲，從做官以來，門下不養食客。公卿大夫多有來府上拜訪的，而趙禹始終沒有回訪過誰，他決心斷絕朋友賓客們的任何請託，而一切按著個人的意思辦。只要獄詞符合法律條文就定案，也不進行復查，專門打探手下屬吏們那些未被人知的罪行。張湯為人狡詐，常憑著一些小聰明整治人。他起初做小吏還不為人重視的時候，曾和長安的富商田甲、魚翁叔等人私下有交往。待至後來位到九卿時，便開始搜羅交結一些天下著名的士大夫，對於有些人雖然內心與他們不合，但表面上還裝得像是對他們很敬慕。

5 這時，漢武帝正倡行尊儒，張湯每判大案，也總想使它符合古代聖人的義理，於是就請了一些研究《尚書》、《春秋》的博士弟子們做了廷尉史，讓他們評斷疑難案件。張湯每當要向皇帝請示疑難案件的處理時，總是預先向皇上說明事情的本末，皇上傾向於怎麼處理，他就寫成案卷交由廷尉府宣判並作為案例記載下來，以顯示皇帝的英明。如果彙報的事情受到皇帝責備時，張湯便趕緊認錯，順著皇帝的意思，引用自己下屬的廷尉正、廷尉監，或是某個有賢名的屬吏說：「他們本來為我出過這個主意，就像皇上批評我的一樣，我當時沒有採納，以至於導致這種錯誤。」而事情也就往往因此過去了。有時他向皇帝彙報某事，受到皇帝的稱讚時，他就說：「我當初本不想這麼辦，這是我手下某個廷尉正、廷尉監、或某個屬吏堅持要我這麼辦的。」他就是這麼推薦人，這麼喜歡揚人之善，隱人之過。如果審理的是皇上想要加罪的人，他就有意地把他交給那些嚴酷的屬吏去辦；如果他審理的是皇上想要放過的人，他就把他交給那些寬厚慈和的屬吏去辦。如果審理的是豪強，那他肯定就要羅織罪名將他治罪；如果審理的是一些平民弱者，就偶爾在皇帝面前為之說情，即使有明確的條文不能不判，他也要交上去讓皇帝裁決。而皇上也就往往按著張湯所說的那樣使其獲釋了。張湯雖然已身居廷尉這樣的大員，但他要求自己很嚴。他自己的飲食和門下的食客一樣，對手下的一些老朋友的子弟以及他本家的那些貧窮的弟兄們，他照顧得尤其周到。他不管寒冬還是酷暑，都經常去拜訪朝野的各位公卿大臣。因此張湯雖然執法酷刻，陰狠不公平，但在上層卻有很好的名聲。他手下那些用法深刻的部屬們，有身邊的儒生給他們做粉飾。所以也總是得到丞相公孫弘的稱讚。

6 後來在審理淮南王劉安、衡山王劉賜以及江都王劉建謀反的案件時，張湯都窮追深挖；對於劉安的黨羽嚴助、伍被兩個人，武帝本來是想寬釋的，但張湯堅持說：「伍被是策劃謀反的主要人物，而嚴助身為出入宮廷禁地的陛下的親幸，居然敢與外面的諸侯相勾結，這種人如果不處死，其他的事情就沒法辦了。」於是武帝遂核准了張湯的意見。張湯在審判案件時經常有意地排擠其他大臣的意見以使自己的意見能夠獲得實行，他辦事大多如此。而張湯因此越發受到尊寵和信用，很快升任了御史大夫。

7 由於匈奴渾邪王等率兵來降而朝廷需加賞賜，再加上漢朝連年興兵討伐匈奴，崤山以東的各郡縣不是水災便是旱災，貧苦百姓到處流浪，這些都靠國家供給，弄得國庫十分空虛。於是張湯便根據武帝的意思，提出製造白金和五銖錢，並同時壟斷了全國的鹽鐵生產和銷售。為了排斥打擊大商人，他們頒布了「告緡令」，以獎勵告發申報資產不實的人，為了消滅各地的豪強大戶，他舞文弄法千方百計陷人於罪。張湯每次上朝奏事，講起國家該做些什麼，一直講到很晚，連皇帝也都聽得忘記了吃飯。丞相不過是虛有其位，天下大事都由張湯來決定。百姓們受不了這種嚴酷的統治，經常發生騷動，國家實行了那些新的經濟政策，也得不到什麼真正的效益，而許多貪官惡吏則趁機大肆侵吞公財，魚肉百姓，於是張湯只好又用嚴刑酷法來狠狠地懲辦他們。結果鬧得上至公卿下至平民百姓，都指斥張湯。張湯有一次生病了竟連皇帝都親自前往探看，可見張湯的受寵到了什麼程度。

8 匈奴派使者來請求與漢朝和親，百官群臣在武帝面前討論這個問題。博士狄山說：「和親有利。」武帝問他有什麼利，狄山說：「武器，是凶器，不能輕易地隨便使用。當年高皇帝去討伐匈奴，被圍困在平城，結果與人家締結了和親條約。孝惠帝和高皇后在位時沒有打仗，天下安寧。後來孝文帝想征討匈奴，從此北方邊境地區騷動不安，受盡了戰爭之苦。孝景帝在位的時候，發生了吳、楚七國的叛亂，景帝不斷往來於兩宮之間，與母后商議對策，一連幾個月都很痛苦。所以吳、楚叛軍被打敗後，景帝到死再也不提打仗的事，而國家也一天天富強起來了。自從陛下又發兵征討匈奴以來，鬧得國家內部空虛，邊境地區的人民都非常貧困。由此看來，打仗不如和親有利。」武帝問張湯的意見，張湯說：「這是個愚儒，無知得很。」狄山說：「我雖然『愚』，但卻真心忠誠於主上，不像張湯那樣，是假裝的忠誠。張湯當年審理淮南王、江都王的案件，就是千方百計舞文弄法，強加罪名，離間陛下骨肉至親間的關係，使得各諸侯王們恐慌不安。所以我說張湯的『忠』是假的。」武帝聽罷氣得變了臉色，他問狄山說：「我派你去做個郡太守，你能制止敵人的入侵嗎？」

狄山說：「不能。」武帝說：「讓你去守一個縣呢？」狄山回答說：「也不能。」武帝又說：「讓你去守一個要塞如何？」狄山暗想，如果再說不行就非被下獄不可了，就說：「能。」於是武帝就派狄山去據守一個要塞。結果只一個多月，狄山的頭就被匈奴削走了。從此以後，朝中百官群臣都深自恐懼，不敢再提反戰的意見。

9 張湯的老朋友田甲，雖然是個商人，但卻有很好的品德。當初張湯做小吏的時候，田甲同他有財務上的往來。等到張湯做了大官，田甲還能當面指責張湯的過失，是個很有氣節的人。

10 張湯做了七年御史大夫後，終於垮臺了。

11 河東人李文曾經和張湯有怨隙，後來李文做了張湯手下的御史中丞，他心懷舊恨，只要能從張湯與朝廷上下往來的文書中可以找出傷害張湯的地方，他就絕不放過。張湯有個心愛的小吏名叫魯謁居，他知道張湯對李文不滿，就指示人寫匿名信誣告李文企圖謀反。這個案件交給張湯審理，張湯就判李文死罪把他殺了。張湯心裡明白，告發信是魯謁居寫的。但當武帝問張湯說：「李文謀反的線索是怎麼揭出的？」張湯卻假做吃驚地說：「這大概是由於李文舊日的朋友同事恨他吧。」後來魯謁居生了病，住在他租來的一所平民的房子裡，張湯親自去探病，給魯謁居按摩腿腳。當時趙國的冶鐵業發達，趙王曾多次告過朝廷派去的鐵官的狀，而張湯在處理這種糾紛上常常壓抑趙王。於是趙王就注意尋找張湯的隱私。而魯謁居偏偏又正好審問過趙王的事情，趙王怨恨他，於是就一併上書告發說：「張湯是朝廷大臣，他手下的一個小吏魯謁居有了病，張湯居然親自去為他按摩腿腳，我懷疑他們之間有大問題。」案件交由廷尉審理，結果魯謁居病死獄中，魯謁居的弟弟也受牽連被關進少府的導官署。有一次張湯去導官署審理別的犯人，看到了魯謁居的弟弟，他想暗中營救他，但表面上卻假裝不認識的樣子。魯謁居的弟弟不理解他的用意，怨恨張湯不救他，於是就讓別人上書告發張湯曾與魯謁居合謀，說李文是被他們共同揭發誣告的。武帝把這事交給御史中丞減宣審理。減宣曾經和張湯有矛盾，他接手這個案子後，窮追不放，但還沒有向皇帝上奏，恰好這時有人盜挖了孝文帝陵園裡陪藏的錢。丞相莊青翟同張湯約好上朝時一起向武帝謝罪沒有盡到責任。待至到了武帝跟前，張湯心想按規定只有丞相負責每年四季巡視陵園，出了問題丞相應當認錯，而自己是與此無關的，所以又臨時變卦了。丞相認錯後，武帝讓御史大夫張湯審理此事。張湯想給丞相加上一個「見知故縱」的罪名，丞相很害怕。這時剛好丞相府的三位長史朱買臣、王朝、邊通都恨張湯，想設法陷害他。

12 早先，長史朱買臣是會稽人，是研習《春秋》的。他的同鄉莊助託人在武帝面前說朱買臣精通《楚辭》，於是朱買臣和莊助一併受到了武帝的寵幸，武帝把他們留在身邊，封他們為太中大夫，很有些權力。而那時張湯還是個小吏，見到朱買臣等人總要跪拜行禮，聽他們差遣。後來張湯做了廷尉，在審理淮南王謀反一案時，借機排擠殺害了莊助，為此朱買臣早已對張湯怨恨在心。後來張湯做了御史大夫位列三公，朱買臣才剛從會稽太守調為主爵都尉，享受九卿待遇。過了幾年，朱買臣又因觸犯法律免官，在丞相府權充長史，有事去見張湯。張湯坐在牀上不動，連手底下的丞史看到朱買臣都不以禮相待。朱買臣是楚地的名士，對張湯的無禮深為怨恨，常想置張湯於死地。長史王朝是齊國人，由於精通術數而做到了右內史。長史邊通，研習戰國縱橫之學，是一個剛強暴戾的人，曾兩次做過濟南相。他們三個人的舊有職位都曾比張湯高，後來因為都丟了官，所以才充當了丞相長史，都屈居於張湯之下。張湯曾幾次代理過丞相的職權，他深知這三位長史一向架子大，就故意地欺凌折侮他們。因此到了今天這三位長史就一起商量說：「當初張湯說好了要和我們丞相一起向皇上謝罪，結果卻背叛耍弄了我們丞相。現在他又想借孝文園被盜這件事來對我們丞相進行彈劾，這分明是想取而代之。我可是知道張湯幹的那些見不得人的事。」於是派人逮捕了能證明張湯有罪的田信，說：「張湯每向朝廷奏請什麼事情，田信都預先知道，並因此買進賣出發了財，而後與張湯平分。此外還有許多其他事情。」這些說法傳到了武帝的耳朵裡。武帝問張湯說：「我準備辦的事情，有的商人總是早早知道了，於是他們便大批地買入，很像是有人把我的打算預先告訴了他們。」張湯不認錯。他又假裝吃驚地說：「看來像是真有人洩密。」這時御史中丞減宣又向武帝報告了張湯和魯謁居合謀陷害李文等事情。於是武帝遂認為張湯心懷詐偽，當面欺君，一連派了八批使者手持文簿來責問張湯。張湯自己說沒有這些事，對於所加給的罪名不服氣。於是武帝又派趙禹去責問張湯。趙禹一來，就責備張湯說：「你也太不顧自己的身分了！被你宣判殺頭滅族的人有多少？現在別人對你的告發都是有根有據的，皇上不忍將你下獄，給你留點面子想讓你自殺了事，你搞什麼一項一項地自陳呢？」張湯這才寫了一封信向皇帝謝恩說：「我沒有任何功勞，只是由一個刀筆小吏，幸蒙陛下垂用而位列三公，我沒有完成皇上交給我的任務。但合謀陷害我的，是丞相府的三位長史。」寫完後就自殺了。

13 張湯死後，他的家產價值不過五百金，都是他所得到的俸祿和賞賜，沒有其他產業。他的兄弟和孩子們打算為他辦個隆重的葬禮，他的母親說：「張湯作為天子的大臣，遭受了別人的誣陷而冤死，還搞什麼隆重的葬禮！」於是就用牛車拉著張湯的棺材，棺材外面連一個套棺都沒有。武帝得悉後，感歎地說：「不是這樣了不起的母親，就不能生養這樣的兒子。」於是就把三位長史一齊下獄處死。丞相莊青翟也被迫自殺。田信也被放了出來。由於武帝惋惜張湯的死，便提拔了他的兒子張安世。

14 和張湯一起制訂法令的趙禹，中途一度曾被免了官，後來又做了廷尉。當初條侯周亞夫認為趙禹苛刻狠毒，不重用他。後來趙禹又做了少府，位同九卿。趙禹本來是嚴酷而又性急的，可是到了他的晚年，國家的案件越來越多，當時各級的官吏們都實行嚴刑峻法，而這時的趙禹反倒相對的寬和了，因此獲得判案公平的名聲。王溫舒等人都是後起的，辦案都比趙禹嚴酷。趙禹因為年老，被調任燕國相。過了幾年，因為昏瞶而犯罪，被免官回家。在張湯死後十幾年，趙禹壽終於家。

1 義縱者，河東人也。為少年時，嘗與張次公❶俱攻剽❷為羣盜。縱有姊姁❸，以醫幸王太后❹。王太后問：「有子兄弟❺為官者乎？」姊曰：「有弟無行❻，不可。」太后乃告上，拜義姁弟縱為中郎❼，補上黨郡中令❽。治敢行❾，少蘊藉❿，縣無逋事⓫，舉為第一⓬。遷為長陵及長安令⓭，直法行治，不避貴戚。以捕案太后外孫脩成君子仲⑭，上以為能，遷為河內都尉⑮。至則族滅其豪穰氏之屬，河內道不拾遺。而張次公亦為郎，以勇悍從軍，敢深入，有功，為岸頭侯⑯。

2 寧成家居⑰，上欲以為郡守。御史大夫弘⑱曰：「臣居山東為小吏⑲時，寧成為濟南都尉，其治如狼牧羊。成不可使治民⑳。」上乃拜成為關都尉㉑。歲餘，關東吏隸郡國㉒出入關㉓者，號曰：「寧見乳虎，無值寧成之怒㉔。」義縱自河內遷為南陽㉕太守，聞寧成家居南陽㉖，及縱至關㉗，寧成側行送迎㉘，然縱氣盛，弗為禮㉙。至郡，遂案㉚寧氏，盡破碎其家。成坐有罪，及孔、暴之屬皆犇亡㉛，南陽吏民重足一迹㉜。而平氏朱彊㉝、杜衍杜周㉞為縱牙爪之吏，任用，遷為廷史㉟。

3 軍數出定襄㊱，定襄吏民亂敗㊲，於是徙縱為定襄太守。縱至，掩㊳定襄獄中重罪輕繫㊴二百餘人，及賓客昆弟㊵私入相視㊶亦二百餘人。縱一捕鞠㊷，曰「為死罪解脫」㊸。是日，皆報殺四百餘人㊹。其後郡中不寒而栗，猾民佐吏為治㊺。

4 是時，趙禹、張湯以深刻為九卿矣，然其治尚寬，輔法㊻而行，而縱以鷹擊毛摯為治㊼。後會五銖錢、白金起㊽，民為姦㊾，京師尤甚，乃以縱為右內史，王溫舒為中尉。溫舒至惡，其所為不先言縱㊿，縱必以氣淩之，敗壞其功(51)。其治，所誅殺甚多，然取為小治(52)，姦益不勝，直指(53)始出矣。吏之治以斬殺縛束(54)為務，閻奉[55]以惡用矣。縱廉[56]，其治放[57]郅都。上幸鼎湖，病久[58]，已而卒起，幸甘泉[59]。道多不治[60]，上怒曰：「縱以我為不復行此道[61]乎？」嗛[62]之。至冬，楊可方受告緡[63]，縱以為此「亂民」[64]，部吏[65]捕其為可使者[66]。天子聞，使杜式治，以為廢格沮事[67]，弃縱市[68]。後一歲，張湯亦死[69]。

【章　旨】以上為第五段，寫義縱為官任政的行實始末。

【注　釋】❶張次公　後為衛青部將，以伐匈奴功，封岸頭侯。事跡見〈衛將軍驃騎列傳〉。❷攻剽　襲人劫物。剽，劫奪。❸姊姁　有姐名姁。姁，安樂溫和的樣子，此處用為人名。呂后名「娥姁」，蓋亦此字。❹王太后　武帝之母，事跡詳見〈外戚世家〉。❺有子兄弟　有沒有兒子或兄弟。❻無行　猶言「不肖」。沒出息。此處既是事實，也是說客氣話。❼中郎　官名，皇帝的侍從人員，秩六百石，上屬郎中令。❽補上黨郡中令　《索隱》曰：「謂補上黨郡中之令，史失其縣名。」上黨，漢郡名，郡治長子（今山西長子西南）。❾治敢行　敢用嚴法治理其所管之縣。❿少蘊藉　師古曰：「言無所含容也。」蘊藉，包容寬貸。⓫縣無逋事　縣裡頭沒有遺漏過應辦而未辦的事情。逋，逃失；脫漏。⓬舉為第一　在上黨郡所屬的各個縣被推為第一。⓭遷為長陵及長安令　先被遷為長陵令，又被遷為長安令。長陵，漢縣名，縣治在今陝西涇陽東南，因高祖劉邦的陵墓在此而得名。⓮脩成君子仲　脩成君之子曰仲。為人驕橫，「陵折吏民，皆患苦之。」事見〈外戚世家〉。脩成君，武帝的同母異父姐，王太后初嫁金王孫時所生的女兒，後被武帝接入宮中，號之曰「脩成君」。陳子龍曰：「義縱以太后故得官，而即捕按太后私屬，此示公以結於人主。」⓯河內都尉　河內，漢郡名，郡治懷縣（今河南武陟西南）。都尉，協助太守管理該郡武事的長官。⓰有功二句　事在元朔二年（西元前一二七年）。岸頭侯的封地在皮氏（今山西河津西）。⓱寧成家居　按：此下文字上接第三段寧成遭毀髡鉗，解脫回家，成為富豪，謂「其使民威重於郡守」句下。⓲御史大夫弘　即公孫弘。公孫弘在元朔三年（西元前一二六年）、四年（西元前一二五年）為御史大夫。⓳居山東為小吏　據〈平津侯主父列傳〉，公孫弘少時曾在薛縣（今山東滕縣東南）為獄吏。⓴不可使治民　意即不能使之任地方行政長官，如縣令、郡守、諸侯相等是也。

董份曰：「弘遏寧成，抑卜式，亦知大體者，但不能持諫，故《史》惡之耳。」㉑關都尉　把守內地關塞的武官。郭嵩燾曰：「賈誼《新書》謂秦建武關、函谷、臨晉關，以備山東諸侯。都尉典兵，以關為限。寧成為關都郡，近距南陽，當屬武關。」武關在今陝西丹鳳東南。㉒關東吏隸郡國　即隸屬於關東各郡、國的官吏。㉓出入關　指入京辦事，往來經過武關。㉔寧見乳虎二句　極言寧成的兇狠可怕。乳虎，哺育小虎的母虎。據說哺乳期中的母虎為養小虎而特別兇猛。世俗稱惡婦為「母老虎」，蓋以此也。值，遇；碰上。㉕南陽　漢郡名，郡治宛縣（今河南南陽）。㉖寧成家居南陽　寧成是穰縣（今鄧縣）人，穰縣屬南陽郡，故云。㉗至關　即到達武關。㉘寧成側行送迎　按：「側行」、「倒行」是古時極其虔敬的迎接之禮，又見於〈高祖本紀〉、〈孟子荀卿列傳〉等篇。寧成對他人兇不可言，而對義縱屈節如此，以見義縱的兇狠又超過寧成萬萬。㉙弗為禮　不作任何還禮的表示。㉚案　逮捕審判。㉛成坐有罪二句　謂寧成及孔、暴二家之豪長皆畏誅而亡逃。成坐有罪，即寧成被判為有罪。孔暴，二姓大族。方苞評點《史記》曰：「義縱守南陽，寧成奔亡，而其迹終焉，故敘列於此。」㉜重足一迹　謂並足而立，所立之處只有一個足跡。極言其謹畏，不敢活動之狀。或曰，指人們因畏懼犯罪而行動一致，如走路之足跡相重。㉝平氏朱彊　平氏人朱彊。平氏，漢縣名，縣治在今河南唐河東南，當時屬南陽郡。朱彊，事跡不詳，僅此一見。㉞杜衍杜周　杜衍人杜周。杜衍，漢縣名，縣治在今南陽市西南，當時屬南陽郡。杜周，當時的著名酷吏，事見下文。㉟廷史　即「廷尉史」。梁玉繩曰：「《漢書》作『廷尉史』。此與王溫舒傳『廷史』同缺『尉』字。」㊱數出定襄　定襄，漢郡名，郡治成樂（今內蒙古和林格爾西北土城子）。漢代征伐匈奴，軍隊曾有多次由此處出發，如元朔六年（西元前一二三年）、元狩四年（西元前一一九年）之衛青兩次由此北出是也，見〈衛將軍驃騎列傳〉。㊲亂敗　謂秩序混亂，不守法度。㊳掩　突然逮捕。㊴重罪輕繫　重囚按輕囚管押，蓋獄吏受賄賣法也。㊵賓客昆弟　謂在押犯人之賓客兄弟也。昆弟，兄弟。㊶私入相視　私自入獄探看。㊷一捕鞠　謂一概逮捕審問。鞠，通「鞫」。審問。《漢書》作「一切捕鞫」。「一切」意即「一概」，不分彼此。㊸曰為死罪解脫　定其罪名為「隨意給死刑犯摘脫刑具」。《集解》引《漢書音義》曰：「律，諸因徒私解脫桎梏鉗赭，加罪一等；為人解脫，與同罪。」㊹是日二句　意即連罪犯帶探監者一同判罪斬決。報殺，此處即判定死刑立即斬決。師古曰：「奏請得報而論殺。」蓋釋「報」為「批覆」。王先謙引劉敞曰：「云『是日報殺』，則非『奏請報可』之『報』矣。然則以『論決』為『報』。」按：《說文》：「報，當（判決）罪人也。」陳仁錫讀此句為「是日皆報，殺四百餘人」。㊺佐吏為治　幫著官府維持地方治安。師古曰：「百姓有素豪猾為罪惡者，今畏縱之嚴，反為吏耳目，助治公務以自效。」㊻輔法依法；按法。言趙禹、張湯等即使為非作歹，也還是通過法律條文行事，只是在解釋條文上下功夫，即所謂「深文」。㊼以鷹

擊毛摯為治　師古曰：「言如鷹隼之擊，奮毛羽執取飛鳥也。」中井曰：「毛，毛蟲也，指虎豹之類。摯，以摯殺他獸而言。」按：中井說是。摯，在這裡也是「搏擊」的意思。與張湯、趙禹相比，義縱之兇狠更是不顧法律，可以肆意殺人。㊽五銖錢白金起　武帝造五銖錢在元狩五年（西元前一一八年），以銀錫造白金在元狩四年，參看前注。㊾民為姦　指民間之盜鑄白金與銅錢。〈平準書〉曰：「赦吏民之坐盜鑄金錢死者數十萬人，其不發覺相殺者不可勝計；赦自出者百餘萬人，然不能半自出，天下大抵無慮皆鑄金錢矣。」㊿其所為不先言縱　王溫舒想辦什麼事不事先向義縱說。(51)敗壞其功　按：朝廷以義縱為右內史，主首都行政；以王溫舒為中尉，主首都治安，目的是讓二人協作以整治長安秩序，而義縱故意尋釁，兩個酷吏窩裡反。(52)取為小治　謂義縱僅得小治，而根本問題並未解決。按：「取」的本義是「獲得」、「達到」，這裡是「僅僅取得」的意思。(53)直指　也稱「繡衣直指」，官名，朝廷臨時派出的視察人員，上屬御史大夫，以討治奸猾，判決大獄為事。其人官級不高，但權力甚大。〈平準書〉曰：「御史大夫張湯方隆貴用事，減宣、杜周等為中丞，義縱、尹齊、王溫舒等用慘急刻深為九卿，而直指夏蘭之屬始出矣。」(54)斬殺縛束　斬殺，指將犯法者處死。縛束，指將犯法者下獄，置之累紲之中。(55)閻奉　曾為水衡都尉，後文有云：「水衡閻奉朴擊賣請。」其人之事跡不詳。(56)縱廉　謂義縱雖好誅殺，然為政清廉，非貪黷者所可比也。(57)放　同「仿」。仿效；與某某差不多。(58)上幸鼎湖二句　事在元狩五年。關於武帝此次患病詳情見〈封禪書〉。鼎湖，地名，在今河南靈寶西，據說黃帝曾於此處採銅鑄鼎，鼎成，有龍自天而降，黃帝乃乘龍而去。(59)已而卒起二句　已，謂病癒。卒，同「猝」。甘泉，山名，在今陝西旬邑南，上有秦漢時代帝王的離宮，故秦漢帝王屢往。(60)道多不治　許多路段沒有修好。(61)不復行此道　意即估計武帝會因病而死。(62)嗛　同「銜」。懷恨。時義縱為右內史，甘泉山在其所轄境內，道路不修，故武帝內心恨之。(63)楊可方受告緡　意謂當時正實行「告緡」制度，而楊可主管其事。楊可，武帝時的官吏，其他事跡不詳。受，主管。告緡，鼓勵吏民舉報工商業主申報資產不實。按：「告緡」事行於元鼎三年（西元前一一四年），乃後來事，此時應曰「算緡」，即令工商業者按資產交稅。(64)縱以為此亂民　謂其皆以「告緡」而謀求私利者也。(65)部吏　部署、派遣官吏。(66)捕其為可使者　淩稚隆引何焯曰：「捕其為楊可所使者，以氣淩之，敗壞其功，非能為民也。」梁玉繩曰：「此乃元狩五年之冬也，而《漢書．武紀》元鼎三年十一月『令民告緡』何哉？」按：疑史公此處記事有誤。(67)廢格沮事　抗拒天子的命令，破壞工作的進行。廢格，廢置抵拒。沮，破壞。(68)弃縱市　將義縱棄市。即將義縱問斬於街頭。按：武帝行「告緡」，使天下之工商業者「中產以上大抵皆破」，史公痛恨「告緡」之有害於國計民生，遠甚於義縱之酷苛，今寫義縱為不滿「告緡」而被誅，其中蓋有史公之無限痛惜云，何焯將義縱與楊可等量視之，恐非史公意。(69)後一歲二句　梁玉繩曰：「『一歲』當作『二歲』，

〈公卿表〉義縱以元狩五年棄市，張湯以元鼎二年（西元前一一五年）死也。」

【語　譯】義縱是河東郡人。年輕的時候，曾經和張次公等一起劫道殺人。義縱的姐姐義姁，因為擅長醫術受到王太后的寵信。王太后問她：「你有適合做官的兒子或兄弟嗎？」義姁說：「有個弟弟行為不端，不能做官。」王太后就告訴武帝，讓義姁的弟弟義縱當了中郎，後來又派到上黨郡做了個縣令。義縱敢用嚴法治理，從不寬容，縣裡一切該辦的事情沒有一件拖拉，因此被推舉為全郡第一。後來又先後調任長陵縣和長安縣的縣令，他嚴格依法辦事，對權貴外戚也從不通融。後來由於逮捕審判王太后的外孫、脩成君的兒子仲，被武帝認為能幹，派他做了河內郡的都尉。義縱一到任就把當地的豪強穰氏等全部滅族，把河內郡治理得路不拾遺。張次公後來也做了郎官，由於作戰勇敢，不怕深入敵後而立下戰功，被封為岸頭侯。

2 寧成於武帝初年逃出長安後一直閒居在家，武帝打算起用他做郡太守。御史大夫公孫弘說：「我在山東做小吏的時候，寧成是濟南郡的都尉，他治理百姓就像惡狼放羊一樣。這樣的人不能當地方官。」於是武帝就派寧成做了把守武關的都尉。過了一年多，在關東各郡各國任職而有事經常出入武關的官吏中便流傳出一種說法：「寧願碰見母老虎，也不願碰見寧成發怒。」這時義縱已經從河內郡調任南陽郡守，義縱早就聽說寧成家住南陽，等到義縱來到武關的時候，寧成恭恭敬敬地側著身子迎來送去，而義縱卻是趾高氣揚，根本不還禮。義縱一到南陽郡，立刻把寧氏一族抓起來審判，搞得他們家破人亡。寧成本人也因牽連受罪，和孔氏、暴氏等一起逃亡了。南陽郡的官民們都被嚇得動也不敢動。而平氏縣的朱彊和杜衍縣的杜周倒成了義縱的心腹爪牙，大受重用，都被提拔做了廷尉史。

3 由於漢軍多次從定襄郡出發北伐匈奴，所以定襄的吏民屢受攪擾而一片混亂，於是朝廷就又調義縱去做了定襄太守。義縱一到任，就突然把定襄獄中關著的二百多個犯重罪卻被輕判的犯人和私自到獄中探視他們的兄弟、門客也有二百多人一齊抓了起來。義縱把他們全抓來審問，說他們是「替死刑犯私開刑具」，於是在一天之內，把這四百多人通通判罪處決了。從此一郡上下都嚇得不寒而慄，昔日一貫豪猾為惡的人也都反過來幫著官府維持地方治安。

4 這時，趙禹、張湯都已經憑著執法嚴酷而官居九卿之列了，但相比之下他們的辦案還算寬緩，總還要找點法律依據，而義縱辦案卻像蒼鷹猛虎一樣窮凶極惡。後來趕上朝廷推行五銖錢和使用白金，有些人製造假錢，都城長安尤其嚴重，於是武帝便任命義縱為右內史，任命王溫舒為中尉。王溫舒極為兇惡，他想做什麼事情如果不事先向義縱說，義縱定會欺凌他，破壞他的計畫。義縱辦事，靠的是殺人多，結果只能取得一些暫時的安定，實際上作奸犯科的人越來越多，於是朝廷開始派出「繡衣直指」使者到各地去專門緝捕盜寇。這時整治社會秩序實際上就是靠著抓人殺人，於是閻奉就因為手段毒辣而受到了重用。義縱為人廉潔，整治社會的辦法是學習郅都。有一次武帝巡幸鼎湖，在那裡病了很久，病好後，突然想往赴甘泉宮。發現所經過的道路沒有修好，武帝生氣地說：「義縱以為我不會再走這條路了嗎？」從而懷恨在心。到了這年冬天，楊可負責實行告發申報資產不實的「告緡法」，義縱認為這些告緡的人都是亂民，因而派出獄吏抓捕了一些為楊可效力的人。武帝聽說這事，就派杜式來查問義縱，結果給義縱加了個違抗皇帝詔命、破壞政府施政的罪名，將其殺頭了。而一年後，張湯也死了。

1 王溫舒者，陽陵❶人也。少時椎埋❷為姦。已而試補縣亭長❸，數廢❹。為吏，以治獄至廷史❺。事張湯❻，遷為御史，督盜賊，殺傷甚多。稍遷至廣平❼都尉，擇郡中豪敢任吏❽十餘人，以為爪牙，皆把其陰重罪，而縱使督盜賊❾，快其意所欲得❿。此人雖有百罪，弗法⓫；即有避，因其事夷之⓬，亦滅宗。以其故齊、趙之郊⓭盜賊不敢近廣平，廣平聲為道不拾遺。上聞，遷為河內太守。

2 素居廣平時，皆知河內豪姦之家。及往，九月而至[14]。令郡具私馬五十匹，為驛自河內至長安[15]。部吏[16]如居廣平時方略，捕郡中豪猾，郡中豪猾相連坐[17]千餘家。上書請[18]，大者至族，小者乃死，家[19]盡沒入[20]償臧[21]。奏行不過二三日，得可事[22]，論報[23]，至流血十餘里。河內皆怪其奏，以為神速[24]。盡十二月[25]，郡中毋聲，毋敢夜行，野無犬吠之盜[26]。其頗不得，失之旁郡國[27]，黎來，會春[28]，溫舒頓足[29]歎曰：「嗟乎，令冬月益展一月，足吾事矣[30]！」其好殺伐行威不愛人如此。天子聞之，以為能，遷為中尉。其治復放河內，徙諸名禍猾吏與從事[31]，河內則楊皆、麻戊，關中楊贛、成信等。義縱為內史，憚未敢恣治[32]。及縱死，張湯敗後，徙為廷尉，而尹齊為中尉[33]。

3 尹齊者，東郡[34]茌平[35]人，以刀筆[36]稍遷至御史。事張湯，張湯數稱以為廉武。使督盜賊，所斬伐不避貴戚。遷為關內都尉[37]，聲[38]甚於寧成。上以為能[39]，遷為中尉，吏民益凋敝[40]。尹齊木彊少文[41]，豪惡吏伏匿[42]，而善吏不能為治[43]，以故事多廢，抵罪[44]。上復徙溫舒為中尉[45]，而楊僕以嚴酷為主爵都尉。

4 楊僕者，宜陽[46]人也，以千夫為吏[47]。河南[48]守案舉[49]以為能，遷為御史，使督盜賊關東[50]。治放尹齊，以為敢摯行[51]。稍遷至主爵都尉，列九卿[52]。天子以為能。南越反[53]，拜為樓船將軍，有功，封將梁侯[54]。為荀彘所縛[55]。居久之，病死[56]。

5 而溫舒復為中尉[57]。為人少文，居廷惛惛不辯[58]，至於中尉則心開[59]。督盜賊，素習關中俗，知豪惡吏，豪惡吏盡復為用，為方略[60]。吏苛察，盜賊惡少年投缿購告[61]言姦，置伯格長[62]以牧司[63]姦盜賊[64]。溫舒為人讇[65]，善事[66]有埶者；即[67]無埶者，視之如奴。有埶家，雖有姦如山，弗犯；無埶者，貴戚必侵辱[68]。舞文巧詆下戶之猾，以焄大豪[69]。其治中尉如此[70]。姦猾窮治，大抵盡靡爛獄中[71]，行論[72]無出者。其爪牙吏虎而冠[73]。於是中尉部中[74]中猾[75]以下皆伏，有勢者為游聲譽[76]，稱治。治數歲，其吏多以權富[77]。

6 溫舒擊東越[78]還，議有不中意[79]者，坐小法抵罪免[80]。是時，天子方欲作通天臺[81]而未有人。溫舒請覆中尉脫卒[82]，得數萬人作。上說，拜為少府。徙為右內史，治如其故，姦邪少禁[83]。坐法失官。復為右輔[84]，行中尉事[85]，如故操。

7 歲餘，會宛軍發[86]，詔徵豪吏[87]，溫舒匿其吏華成[88]。及人有變告[89]溫舒受員騎錢[90]，他姦利事[91]，罪至族[92]，自殺[93]。其時兩弟及兩婚家[94]亦各自坐他罪而族。光祿徐自為[95]曰：「悲夫，夫古有三族[96]，而王溫舒罪至同時而五族乎[97]！」

8 溫舒死，家直累千金[98]。後數歲，尹齊亦以淮陽[99]都尉病死，家直不滿五十金。所誅滅淮陽甚多，及死，仇家欲燒其尸，尸亡去歸葬[100]。

9 自溫舒等以惡為治，而郡守、都尉、諸侯二千石[101]欲為治者，其治大抵盡放溫舒，而吏民益輕犯法[102]，盜賊滋起。南陽有梅免、白政，楚[103]有殷中、杜少，齊[104]有徐勃，燕、趙之間[105]有堅盧、范生之屬。大羣至數千人，擅自號[106]，攻城邑，取庫兵[107]，釋死罪[108]，縛辱郡太守、都尉，殺二千石，為檄告縣[109]趣具食[110]。小羣以百數[111]，掠鹵鄉里者，不可勝數也。於是天子始使御史中丞、丞相長史督之[112]，猶弗能禁也。乃使光祿大夫[113]范昆、諸輔都尉[114]及故九卿張德等衣繡衣，持節[115]，虎符發兵以興擊[116]，斬首大部[117]或至萬餘級。及以法誅通飲食[118]，坐連諸郡[119]，甚者數千人。數歲，乃頗得其渠率[120]；散卒失亡，復聚黨阻山川[121]者，往往[122]而羣居。無可柰何。於是作「沈命法[123]」，曰羣盜起不發覺[124]，發覺而捕弗滿品[125]者，二千石以下至小吏主者[126]皆死。其後小吏畏誅，雖有盜不敢發[127]，恐不能得，坐課累府[128]，府亦使其不言。故盜賊寖多[129]，上下相為匿[130]，以文辭避法[131]焉。

【章旨】以上為第六段，寫王溫舒、尹齊為官任事的始末，以及其後以暴制暴的情形。

【注釋】❶陽陵　漢縣名，縣治在今西安市東北，蓋因景帝陵墓之所在而設縣也。❷椎埋　《集解》引徐廣曰：「椎殺人而埋之。或謂發冢。」按：師古同前說。❸縣亭長　縣中之亭長。時縣下有鄉，鄉下有亭，亭有長一人，昔日劉邦在秦時即任此職。❹數廢　多次被廢免。❺廷史　依前文朱彊、杜周例，此處亦應作「廷尉史」。❻事張湯　凌稚隆引余有丁曰：「自溫舒而下皆張湯故吏，故太史公每曰『事張湯』，意深至矣。」❼廣平　漢郡名，郡治在今河北雞澤東南。❽豪敢任吏　豪橫敢於任事之吏。「敢任」二字連讀。《漢書》作「豪敢往吏」，師古曰：「豪傑而性果敢，一往而無所顧者，以為吏也。」恐過於支離。「敢任」、「敢往」意同。瀧川將「豪敢」二字連讀，謂擇其「豪強勇敢」者任以為吏，亦通。❾把其陰重罪二句　手中握著這些人的把柄，派他們去捕捉別的盜賊。縱，撤出去。❿快其意所欲得　意謂只圖能使王溫舒快意，能抓到王溫舒想抓的人。⓫此人雖有百罪二句　此人，指被王溫舒用為爪牙的人。弗法，不繩之以法。姚苧田曰：「豪猾姦吏，持其陰罪而縱使督姦，固亦一法，然曰『快其意所欲得，則貰其罪勿問』，則彼必競為賊害以希上之旨，而冤抑羅禍有不可勝言者矣。」⓬即有避二句　意謂如果誰不盡心捕捉，而有所避忌的話，那就清算他的老帳，殺掉他。夷，平。這裡即殺死。⓭郊　師古曰：「謂交通衝要之處也。」按：廣平郡之西南，靠近趙國；其東，與齊地之諸郡國相鄰。〈汲鄭列傳〉有所謂「淮陽，楚之郊也」，亦謂通往楚國的衝要之地。⓮及往二句　按：六字意思不明，《漢書》作「及往，以九月至」，略較此明晰。⓯為驛自河內至長安　自己開設了一條自河內直通朝廷的驛路，為其請示迅捷也。驛，驛路。古代為官方人員往來開設的道路，沿途有驛站，以供應往來者的食宿及提供交通工具等。⓰部吏　部署、派遣捕捉盜賊的官吏。⓱連坐　因攀咬牽連而獲罪。⓲上書請　請求皇帝照准。⓳家　指家產。⓴沒入　沒收歸公。㉑償臧　償還掠奪霸占的財物。臧，通「贓」。㉒得可事　王先謙曰：「得奏可之事。」按：「得可事」三字不順，「事」字疑衍。得可，即上報的事情得到了皇帝的照准。㉓論報　二字同義，即處決犯人。㉔河內皆怪其奏二句　河內，指河內全郡的人。怪其奏二句，怪其所奏得批覆之快。因其備有驛路，故「神速」如此。㉕盡十二月　楊樹達曰：「溫舒以九月到郡，至十二月，不過四月，此言其效速。」㉖犬吠之盜　僅能引起犬吠的小盜。小盜尚無，大盜更不待言。㉗其頗不得二句　偶爾有個沒有捉到，逃到鄰近的郡縣或諸侯國去了。頗，略有。極言其少。㉘黎來二句　待至抓獲回來，如果已到春天。黎，比；等到。㉙頓足　遺憾時做出的動作。㉚令冬月益展一月二句　如果讓冬天再延長一個月，我的事情就能全部辦完了。指想殺的全部殺完。師古曰：「立春之後，不復行刑，故云然。」按：漢代講究尊儒，儒家唱說春天乃萬物生長的季節，故漢代處決死刑犯照例都在秋後。春天一到即告暫停，再處決又得等秋後了。此例一定，至清代尚猶如此。㉛徙諸名禍猾吏與從事　選調那些以奸猾害人出名的惡吏來與之共事。徙，移；選調。郭嵩燾曰：「楊皆、麻戊皆河內人，義縱遷中尉，猶徙之與俱行也。」按：「徙諸」二字略生澀，王念孫以為「徙諸名」應從《漢書》改為「徙請召」，意即「專門聘用」。梁玉繩曰：「《索隱》本作『徙請名禍猾吏』，《漢書》作『徙請召猜禍吏』，雖各不同，『徙諸』二字必譌。徙，但也。」㉜憚未敢恣治　按：「憚」上應增「溫舒」二字讀。師古曰：「言溫舒憚縱，不得恣其酷暴。」㉝徙為廷尉二句　按：王溫舒為廷尉，尹齊為中尉皆在元鼎三年（西元前一一四年）。㉞東郡　漢郡名，郡治濮陽（今河南濮陽西南）。㉟茌平　漢縣名，縣治在今山東茌平西南。㊱刀筆　指任小吏。㊲關內都尉　瀧川曰：「《漢書》無「內」字，此衍。」按：為函谷關或武關之都尉也。㊳聲　指酷暴之聲。㊴上以為能　淩約言曰：「諸酷吏之遷秩者，皆曰「上以為能」，詞婉而意深矣。」㊵益凋敝　指物質越來越窮困。㊶木彊少文　樸鈍而不善文飾。㊷伏匿　謂退避不為其用。㊸不能為治　幹不成事；管不了事。㊹事多廢二句　很多事情被耽擱，於是尹齊被查辦。㊺復徙溫舒為中尉　按：尹齊罷中尉，王溫舒復為中尉皆在元鼎四年（西元前一一三年）。㊻宜陽　漢縣名，縣治在今河南宜陽西北，上屬河南郡。㊼以千夫為吏　以「千夫」的爵位在宜陽縣裡為小吏。千夫，武功爵名，相當於秦爵的「五大夫」，自下而上的第九級，有此爵者可以免除從軍報役。武功爵是一種因當時軍用不足，可以出錢穀購買的爵位，故當時平民中的富人多有爵級。㊽河南　漢郡名，郡治雒陽（今河南洛陽東北）。㊾案舉　考察推薦。㊿督盜賊關東　督，監察。關東，函谷關以東。泛指東方各地。(51)以為敢摯行　「為」字疑衍。敢摯，果敢猛鷙。摯，同「鷙」。猛禽之搏擊。《漢書》作「以敢擊行」，師古曰：「果敢搏擊而行其治也。」二者意同。(52)列九卿　此指與「九卿」同列，非謂列於「九卿」之中。胡三省曰：「漢太常、郎中令、中大夫令（衛尉）、太僕、大理（廷尉）、大行（典客）、宗正、大司農、少府為正九卿；中尉、主爵都尉、內史列於九卿。」(53)南越反　事在武帝元鼎五年。南越是當時南部的小國名，都番禺（今廣州市）。漢朝建國後，南越接受漢封，位同諸侯。武帝元鼎四年，漢派使者往諭南越王，使入朝內附。其王願從，其相呂嘉不願。漢使欲謀殺呂嘉，呂嘉遂舉兵反。元鼎五年（西元一一二年），漢派伏波將軍路博德、樓船將軍楊僕等率軍往討。元鼎六年（西元前一一一年），平越地，設儋耳、珠崖等九郡。事詳〈南越列傳〉。(54)有功二句　楊僕破南越的具體戰功，與其被封將梁侯事，詳見〈南越列傳〉。(55)為荀彘所縛　此句上似有脫文。據〈朝鮮列傳〉，元封二年（西元前一〇九年），朝鮮攻殺漢之遼東（郡治襄平，即今遼陽市）都尉，漢派左將軍荀彘與樓船將軍楊僕分水旱兩路，南北夾擊朝鮮。因二將爭功，荀彘襲捕了楊僕。事後，武帝誅荀彘，楊僕贖為庶人。事詳〈朝鮮列傳〉。(56)居久之二句　《漢書》作：「還，免為庶人，病死。」具體情形史無明載。(57)溫舒復為中尉　即接前文之「上復徙溫舒為中尉」。(58)居廷惛惛不辯　謂任廷尉之職，神志不清，辦不好事情。惛，同「昏」。辯，通「辦」。按：「居廷」二字疑有誤，《漢書》作「居它」。師古曰：「言為餘官則心意蒙蔽，職事不舉。」張文虎曰：「疑《史》誤。」通觀前後，似應作「居它」。若「廷尉」者，職守與「中尉」相近，且位在「中尉」之上，則正其所欲為也，不能與「惛惛」連文。(59)心開　即俗所謂「心開目明」、「心明眼亮」也。60為方略　為王溫舒籌謀劃策。61投缿購告　投匿名舉報信以誣陷人。缿，《正義》曰：「受錢器也（即所謂撲滿），古以瓦，今以竹。按以此器受投書。」按：即今之「揭發檢舉箱」。購，同「構」。構陷；誣害。62伯格長　監督鄉民的小官吏。《索隱》曰：「『伯』音『阡陌』，『格』音『村落』。言阡陌村落皆置長也。」63牧司　監督；伺察。李笠曰：「《商君傳》云：『令民為什伍而相牧司連坐。』《索隱》曰：『牧司，謂相糾發也。』」64姦盜賊　李笠曰：「『姦』下似脫『宄』字。」65為人讇　善於討好權勢者。讇，獻媚；討好。66善事　善於關照侍候。67即　若。68貴戚必侵辱　「貴戚」應增「雖」字讀，謂即使是貴戚，因其無勢，亦必侵辱之也。69以焄大豪　焄，同「熏」。淩稚隆引董份曰：「言以火熏逼也。溫舒不能即禽有勢之家，故巧詆下戶，而熏逼大豪，使之知懼耳。」按：懲辦「下戶之猾，以焄大豪」，蓋即今俗稱「敲山震虎」，「殺雞儆猴」之類也。70治中尉如此　謂任中尉之職時的辦事狀況類如此也。71靡爛獄中　即指因被逮治而死於監獄。靡，通「糜」。72行論　給犯人判罪。73虎而冠　戴著帽子的猛虎。師古曰：「言其殘暴之甚也，非有人情。」按：〈項羽本紀〉有所謂「沐猴而冠」，句法相同。陳直曰：「《法言．淵騫篇》云：『或問酷吏，曰虎哉虎哉，角而翼者也。』揚雄之言，本於太史公。」74部中　猶言「治下」。管轄範圍之內。75中猾　中等量級的惡人。76有勢者為游聲譽　有勢者因不受王溫舒的打擊，心念其德，故稱揚之。游，遊說；稱揚。77以權富　因其掌權，遂「權錢交易」而致富也。即所謂「貪贓賣法」。78擊東越　事在元鼎六年。東越是當時建立在今浙江溫州的東甌及福建福州一帶的閩越兩個小國，漢代建國後，接受漢代封號，位同諸侯。東甌先歸順漢王朝。元鼎五年，漢擊南越，閩越持兩端。漢平南越後，欲移兵擊閩越，閩越遂反。漢遣橫海將軍韓說、樓船將軍楊僕、中尉王溫舒等討平之。事見〈東越列傳〉。79議有不中意　謂王溫舒發表了不合武帝心願的議論。80坐小法抵罪免　蓋言武帝挾他怨而借此「小法抵罪」以罷免之也，言下無限感慨。81通天臺　在甘泉山，作於元封三年（西元前一〇八年）。〈封禪書〉云：「乃作通天莖臺，置祠具其下，將招來僊神人之屬。」82覆中尉脫卒　覆，檢查；查對。中尉脫卒，中尉管轄範圍內的逃避勞役的人。中井曰：「脫卒，姦巧避役者。」83少禁　稍稍有所止息。少，意思同「稍」。84右輔　即右內史，也稱「右扶風」，其治區為首都郊區的西部。「右扶風」與「左馮翊」（治區為首都郊區之北部）、京兆尹（治區為首都城內與郊區之東部）合稱「三輔」。官署皆設於長安。85行中尉事　行，代理。謂以右內史之本官兼掌中尉之事。86宛軍發　即徵調軍隊以伐大宛。發，徵發；徵調。大宛是當時建立在今新疆西境外吉爾吉斯斯坦一帶的小國，漢伐大宛在武帝太初元年（西元前一〇四年），事見〈大宛列傳〉。87詔徵豪吏　謂徵調豪吏從軍。88匿其吏華成　謂掩護屬吏華成，不使從軍。89變告　寫匿名信向朝廷舉報。90受員騎錢　謂接受員騎的賄賂，使其免於從軍。員騎，在冊的騎兵。《正義佚文》曰：「置騎有員數。」(91)他姦利事　「他」上應增「及」字讀。姦利，非法謀利。(92)族　滅族。(93)自殺　王溫舒自殺在太初元年。(94)兩弟及兩婚家　共四家。兩婚家，兩個弟媳的娘家。「弟」原作「地」，據景祐本、紹興本等改。(95)光祿徐自為　光祿，即光祿勳，原名郎中令，統領皇帝侍從，主管宮殿門戶，九卿之一，武帝太初元年改稱光祿勳。徐自為，武帝時將領，曾參與對匈奴、對羌人的作戰，並受命在北方邊境築城。事跡參見〈衛將軍驃騎列傳〉。徐自為元狩六年（西元前一一七年）為郎中令，太初元年為光祿勳。(96)古有三族　意即古有滅三族之律。關於「三族」的說法歷來不一，有曰指父族、母族、妻族；有曰指父輩、平輩、子輩。(97)罪至同時而五族乎　師古曰：「溫舒與弟同三族，兩妻家各一，故為五也。」姚苧田曰：「假他人口中出之，咨嗟涕洟，快耶恨耶，寫得妙絕。」(98)家直累千金　家產值數千金。直，通「值」。累，累積。漢稱黃金一斤曰「一金」，一金可抵銅錢一萬。按：郅都、張湯等皆雖酷不貪，至王溫舒則既酷且貪矣。姚苧田曰：「十人中第一無品者，其才亦遠不逮寧成輩，只是一個任用猾吏而已。宜其咎連五族，而千金之產適為屠劊之場也。」凌稚隆引王慎中曰：「總敘酷吏之自禍，並禍家國，為戒深矣。」(99)淮陽　漢初為諸侯國，七國之亂後改為淮陽郡，郡治陳縣（今河南淮陽）。(100)尸亡去歸葬　《集解》引徐廣曰：「尹齊死，未及斂，恐怨家欲燒之，尸亦飛去。」《論衡・死偽篇》：「家人知仇家欲燒其尸，竊尸而逃耳。」《正義佚文》曰：「言妻將其尸亡逃而去，歸家葬。」按：史公文字訛誤，涵義不清，遂使後人推理為說。(101)諸侯二千石　指諸侯國的傅與相。諸侯王相主管政務，位同於郡守；諸侯王傅負責諸侯王的訓導，秩皆二千石。(102)輕犯法　不把犯法當作一回事。輕，不在意。(103)楚　漢代諸侯國名，國都彭城（今江蘇徐州）。(104)齊　漢代諸侯國名，國都臨淄（今山東淄博）。(105)燕趙之間　燕、趙皆漢代諸侯國名。燕國的都城薊縣（今北京市城區之西南部），趙國都城即今河北邯鄲。(106)擅自號　擅自私立名號。如當年陳勝之自立稱王是也。(107)取庫兵　劫取國家倉庫裡的武器。(108)釋死罪　把監獄裡的死刑犯釋放出來。(109)為檄告縣　發布檄文通告各縣官吏。檄，檄文。將某種事情宣告於天下的一種文體。(110)趣具食　迅即為其部眾準備糧食。趣，同「促」。迅即。具食，準備吃的。(111)小羣以百數　小股的起義者也有幾百人。(112)使御史中丞句　御史中丞是御史大夫的屬官，丞相長史是丞相手下的大吏，二府聯合派大員督促各地政府清剿，足見當時事態之急。(113)光祿大夫　光祿勳的屬官，掌議論，原名「中大夫」，太初元年改稱光祿大夫。(114)諸輔都尉　即三輔都尉，武帝元鼎四年置，蓋即左輔都尉、右輔都尉、京輔都尉也，皆上屬中尉統轄。(115)節　皇帝派使者外出下達命令所持的信物。(116)虎符發兵以興擊　虎符，皇帝派人調動軍隊所持的信物，以金屬或以竹木特製成。以興擊，以軍興之法調兵擊討之。師古曰：「以興擊，以軍興之法而討擊也。」按：「軍興」即今之所謂「軍事動員」，以戰爭需要為名徵調人力、物力。(117)大部　猶言「大郡」。部，治下；

管轄範圍。[118]通飲食　謂供給「強盜」飲食之需。郭嵩燾曰：「即上『為檄告縣趣具食』者。」按：《漢書・尹賞傳》寫尹賞守長安令，曾收捕「輕薄少年惡子」，「皆劾以通行飲食群盜」，蓋與此相同。[119]坐連諸郡　謂某處一經發案，即往往牽連到其他各郡的人。[120]得其渠率　捉到了某些首領。渠率，大頭目。渠，大。[121]阻山川　以險要的山川形勢為依託。阻，憑藉。[122]往往　到處都有。[123]沉命法　王先謙引應劭曰：「沉，沒也。敢蔽匿盜賊者，沒其命也。」又引沈欽韓曰：「與之相連俱死也。」[124]不發覺　指沒有發現，或雖已發現但不報告。[125]捕弗滿品　捕獲的人數達不到規定標準。師古曰：「品，率也。以人數為率也。」即所謂「概率」、「百分比」。[126]主者　主管此事的人。[127]發　張揚。[128]坐課累府　因自己受查究而連累郡府。課，審查；查究。師古曰：「府，郡府也。」[129]寖多　漸多；越來越多。寖，漸。[130]相為匿　彼此互為隱瞞。[131]以文辭避法　《集解》引徐廣曰：「詐為虛文，言無盜賊也。」梁玉繩曰：「『自溫舒等以惡為治』至『以文辭避法焉』一段，無端横入，不成章法，乃《漢書・減宣傳》尾之語，後人妄取入《史》，而又誤置於此也。蓋《漢傳》減宣已上，皆襲《史》原文，田廣明已下，孟堅自作，故以斯語結之。且徐勃等阻山攻城，天子遣使者繡衣治盜，事在天漢元年，「沈命法」更在後，則非史公所撰益明矣。」（《史記志疑》卷三十五）

【語　譯】王溫舒是陽陵縣人。年輕時曾做過殺人埋屍的壞事。後來在本縣當個亭長，中間曾幾次被罷免過。後來做了執法小吏，因善於斷案而升任廷史。曾在張湯手下任職，後又升為御史，負責緝捕盜賊這期間，殺死殺傷過許多人。於是逐步升遷到了廣平郡都尉，到任後他挑了郡裡十幾個膽大敢幹的衙役做自己的心腹爪牙，他掌握著這伙人犯罪的把柄，而派他們出去緝捕別的盜賊，於是他想抓誰總能稱心如意地把誰抓到。他用的這些爪牙即使有一百條罪狀，他也不辦他們；誰要是有所避忌不盡心做，王溫舒就立即找個理由把他和他的家族一齊滅掉。由於他使用了這套辦法，因而使得齊國、趙國交界的盜賊都不敢靠近廣平郡，於是廣平郡就以路不拾遺聞名了。武帝聽說後，提升王溫舒做了河內太守。

2 王溫舒早在廣平郡任職時，就知道河內有哪些豪強奸邪之家。王溫舒是九月到達河內的。王溫舒一到，立刻讓郡裡為他準備五十匹馬，在河內到長安的大路上建立了若干驛站。部署與在廣平郡時同樣使用衙役的辦法，捕捉郡中那些豪強奸猾之徒，並由此牽連而及罪的多達上千家。只要他向上面一呈報，那就必然是重者滅族，輕者本人處死，家產全部沒收抵償贓款。他每次呈報公文總是不過兩三天就能得到批示，而後一處決罪犯就是血流十幾里。全郡都奇怪他的上報下批為什麼這麼神速。直到十二月底，郡城裡鴉雀無聲，誰也不敢在夜裡出來行走，四野鄉村連個引起狗叫的小賊也沒有。個別一些人逃到臨近郡縣和諸侯國裡去，等到把他們抓回來時，已經到了停止行刑的春天了，氣得王溫舒跺著腳歎息說：「唉喲，要是能讓冬季再多上一個月，我的事就辦妥了！」他就是這樣嗜殺成性，為了顯示威風而不惜人命。但是武帝聽說後，認為他能幹，於是便提拔他做了中尉。到了京城王溫舒還是採取在河內曾用過的那套辦法，又找了一群奸詐刻毒的衙役來幫他辦事，從河內帶過來的有楊皆、麻戊，從關中新找的有楊贛、成信等人。義縱做內史的時候，王溫舒因為怕他，還不敢放手大幹。等到義縱被殺、張湯垮臺之後，王溫舒便升任了廷尉，而尹齊接替做了中尉。

3 尹齊是東郡茌平縣人，從一個刀筆小吏而逐步升遷成了御史。他曾在張湯手下做事，張湯曾多次稱讚他廉潔果敢。便派他緝捕盜賊，尹齊辦案即使碰到達官貴人也絕不放過。後來升為都尉，嚴酷的名聲比寧成還厲害。武帝認為他能幹，提拔他做中尉，從此關中的吏民越來越窮困萎靡。尹齊樸鈍不善文飾，一些兇狠狡猾的衙役都躲了起來，而那些老實的人又辦不成什麼事，因此許多事情被耽誤了，尹齊也因此而受了處置。武帝便調王溫舒來做中尉，而讓辦事嚴酷的楊僕做了主爵都尉。

4 楊僕是宜陽人，因為他有「千夫」的武功爵而被選進了官府。河南太守經過考察認為他能幹，於是楊僕被任為御史，朝廷派他到關東緝捕盜賊。楊僕的辦事方法是學習尹齊，以勇猛敢幹著稱。漸漸地升到了主爵都尉，享受到了九卿的待遇。武帝也認為他能幹，南越反漢時，楊僕被拜為樓船將軍，由於征討有功，被封為將梁侯。後來與左將軍荀彘征朝鮮時被左將軍襲捕。又過了些年頭，因病而死。

5 王溫舒二次做了中尉。這個人缺少文才，他作別的官就昏昏沉沉，辦不成事情，而當了中尉，立刻就心花怒放辦事精明了。他負責緝捕盜賊，由於他一向熟悉關中的風俗，知道哪些衙役兇殘狡詐，於是這些兇殘狡詐的傢伙們就都盡心為他效力，替他出謀劃策。這些人苛刻狠毒，他們設置了許多揭發檢舉箱，鼓勵人們揭發檢舉，又設置「伯格長」讓他們來監督那些作奸犯科的人。王溫舒為人逢迎諂媚，對有權勢的人極力巴結；如果是沒有權勢的人，就把他們看同奴僕。權勢大的人家，即使作惡如山，他也不去觸犯；沒有權勢的人家，即使是皇親國戚他也敢於欺侮。他通過舞文弄法地整治小戶人家來向那些豪強大奸提出警告。他做中尉時就是這麼做的。對那些奸猾之徒他是徹底懲治的，只要抓起來差不多就得全部死在獄中，沒有一個判過刑的能活著出來。他的那些爪牙們都像是戴著帽子的老虎。於是在他中尉府管轄的範圍內，中等程度以下的不軌分子都老老實實了，再加上一些有權有勢的人替他說好話，於是他的中尉治下很快就獲得了太平無事的美稱。一連幾年過去了，他手下的衙役們許多都靠著手中的權力而富有了起來。

6 王溫舒征討東越歸來後，因為發表了一些不合武帝心意的議論，被加了一些小罪名罷了官。這時，剛好武帝想修建通天臺而沒有人力。於是王溫舒建議清查中尉管轄範圍內的逃避勞役的人，結果一下子查出了幾萬人。武帝很高興，又拜王溫舒做了少府。後來又調任右內史，他還是使用他過去那套老辦法，為非作歹的人稍微有些收斂。此後他又因觸犯法律丟了官。不久又做了右內史，並代行中尉的職權，做法還是像過去一樣。

7 過了一年多，遇上漢朝發兵西征大宛，武帝下令徵召那些強悍有過失的衙役們入伍，王溫舒掩護留下了他手下的衙役華成。後來有人告發王溫舒接受在冊兵員的賄賂，還有其他作奸犯科的事，罪當滅族，王溫舒只好自殺了。與此同時，王溫舒的兩個弟弟和兩弟媳的娘家也分別因為別的罪而被滅族了。光祿勳徐自為說：「可悲啊，自古只有滅三族的罪，而王溫舒竟至同時被滅了五族！」

8 王溫舒死後，家產總值上千金。過了幾年，尹齊也病死在淮陽都尉任上，他的家產還不滿五十金。由於他在淮陽殺了許多人，所以當他一死，那些仇家們便想將他焚屍揚灰，他的家人宣稱屍體不翼而飛，實際上是偷偷地運回家鄉安葬了。

9 自從王溫舒等採用兇惡狠毒的手段維持治安以來，那些郡太守、都尉、以及諸侯國的二千石一級的官僚凡想搞出點政績來的，大體上都是仿效王溫舒的做法，其結果反而是官吏和百姓們犯法的越來越多，盜賊也越來越多了。南陽郡有梅免、白政，楚地有殷中、杜少，齊地有徐勃，燕、趙地區有堅盧、范生等人。他們勢力大的聚眾幾千人，稱王稱霸，進攻城鎮，奪取武庫裡的兵器，釋放監獄裡的犯人，捆綁侮辱郡太守、都尉，殺害二千石的大官，他們發布檄文，命令各縣官吏馬上為他們準備糧食。至於那些人數上百的小股土匪在各個鄉村流竄掠奪的就無法統計了。於是武帝開始派御史中丞、丞相長史等去督促緝捕，結果還是禁不住。於是武帝又派光祿大夫范昆和三輔的各個都尉以及曾經做過九卿的張德等人，讓他們穿著特製的繡衣，手持皇帝給的符節，並讓他們手執虎符可以「特別任務」為名調派軍隊，有的一個大郡在鎮壓盜賊時就殺上萬的人。在依法處置那些給盜賊供應過吃喝的人，往往牽連到不少郡縣，有的一起也有幾千人被殺。一連過了好幾年，才抓獲到一些頭目；至於那些被打散的嘍囉逃入深山險水又結幫成群嘯聚一起的，官府也沒有什麼辦法。於是又制訂了「沉命法」，規定凡是成群結伙的強賊出現而沒有及時發覺或報告，或是發覺、報告後沒有捕獲到一定限額的，負責此事的官員上至二千石下至小衙役都要處死。從此小衙役們由於怕死，便雖有盜賊也不敢報告了，又因為聽到報告也怕抓不住，這樣不但下頭受罰還要牽累到上頭，所以上頭也就讓下頭不要說。於是盜賊就越來越多，上司和下屬互相隱瞞，大家都作出一些官樣文章來逃避法律責任。

1

減宣者，楊人也。以佐史無害給事河東守府①。衛將軍青②使買馬河東③，見宣無害，言上，徵為大廄丞④。官事辨⑤，稍遷至御史及中丞⑥。使治主父偃⑦及治淮南反獄⑧，所以微文深詆⑨，殺者甚眾⑩，稱為敢決疑。數廢數起，為御史及中丞者幾二十歲⑪。王溫舒免中尉，而宣為左內史⑫。其治米鹽⑬，事大小⑭皆關其手。自部署縣名曹實物⑮，官吏令丞不得擅搖⑯，痛以重法繩之⑰。居官數年，一切⑱郡中為小治辨⑲，然獨宣以小致大⑳，能因力行之，難以為經㉑。中廢，為右扶風[22]，坐怨成信[23]，信亡藏上林中。宣使郿令[24]格殺信，吏卒格信時，射中上林苑門。宣下吏詆罪[25]，以為大逆[26]，當族，自殺[27]。而杜周任用。

2 杜周者，南陽杜衍人。義縱為南陽守，以為爪牙，舉為廷尉史，事張湯。湯數言其無害，至御史。使案邊失亡[28]，所論殺甚眾。奏事中上意，任用，與減宣相編[29]，更為中丞十餘歲[30]。

3 其治與宣相放，然重遲[31]，外寬，內深次骨[32]。宣為左內史，周為廷尉[33]，其治大放張湯而善候伺[34]。上所欲擠者，因而陷之；上所欲釋者，久繫待問[35]而微見其冤狀[36]。客有讓[37]周曰：「君為天子決平[38]，不循三尺法[39]，專以人主意指為獄[40]。獄者固如是乎？」周曰：「三尺安出哉？前主所是[41]著為律，後主所是疏[42]為令。當時為是，何古之法乎？」

4 至周為廷尉，詔獄[43]亦益多矣。二千石繫者，新故相因[44]，不減百餘人。郡吏大府舉之廷尉[45]，一歲至千餘章[46]。章大者連逮證案[47]數百，小者數十人；遠者數千，近者數百里。會獄[48]，吏因責如章告劾[49]，不服，以笞掠定之[50]。於是聞有逮，皆亡匿[51]。獄久者至更數赦十有餘歲[52]而相告言[53]，大抵盡詆以不道以上[54]。廷尉及中都官詔獄[55]逮至六七萬人[56]，吏所增加十萬餘人[57]。

周中廢，後為執金吾58，逐盜。捕治桑弘羊、衛皇后昆弟子59刻深，天子以為盡力無私，遷為御史大夫60。家兩子，夾河為守61。其治暴酷，皆甚於王溫舒等矣。杜周初徵為廷史，有一馬，且不全。及身久任事，至三公列，子孫尊官，家訾累數巨萬矣62。

【章　旨】以上為第七段，寫減宣、杜周為官任事的行實始末。

【注　釋】❶給事河東守府　在河東太守衙門當差。❷衛將軍青　衛青，武帝皇后衛子夫之同母異父弟，以伐匈奴功，官為大將軍，封長平侯。事跡見〈衛將軍驃騎列傳〉。❸使買馬河東　師古曰：「將軍衛青充使，而於河東買馬也。」使，出使；出差。❹大廄丞　太廄令的副官，上屬太僕，為皇帝管馬。大，通「太」。廄，馬棚。❺辦　完成任務，辦得好。❻稍遷至御史及中丞　先為御史，後為御史中丞。減宣為御史中丞應自元朔二年（西元前一二七年）之前起。❼治主父偃　查辦主父偃的案子，事在元朔二年。主父偃，姓主父，名偃，學縱橫之術，武帝時為中大夫，後為齊相。偃協助武帝打擊諸侯王，對強化中央集權，頗為有力。後因受許多諸侯王的攻擊告訐，而被族滅。事見〈平津侯主父列傳〉。❽治淮南反獄　事在元狩元年（西元前一二二年）。❾微文深詆　猶如今之「穿鑿附會，無限上綱」。微，細；密。❿殺者甚眾　楊樹達曰：「〈淮南王傳〉云：『所連引與王謀反列侯二千石豪傑數千人，皆以罪輕重受誅。』宣與湯有隙，窮竟湯事，見湯傳。」⓫為御史句　楊樹達曰：「〈杜周傳〉云：『與減宣更為中丞者十餘歲。』」幾，近；差不多。⓬王溫舒免中尉二句　王先謙曰：「據〈公卿表〉，溫舒免中尉在元鼎六年（應作五年），宣為左內史在元封元年。」按：元封六年（西元前一〇五年），王溫舒復任中尉，時減宣仍在左內史任，似兩個酷吏尚有一段時間共同整治長安城。⓭米鹽　以喻其苛深瑣碎也。⓮事大小　意即無論大事小事。⓯自部署縣名曹實物　意謂減宣管人、管物，不僅管他的內史府，而且管到他下屬的各個縣，越俎代庖。部署，安排；掌管。郭嵩燾曰：「縣，即左內史所屬之縣也。名曹，謂縣所屬諸曹吏。實物，謂山林、川澤，土地所入，倉儲之積也。減宣綜核之才，亦殊勝人。」⓰官吏令丞不得擅搖　減宣所部署的人事安排、錢物調動，任何人不能變動。官吏，此指內史府中的官吏。令丞，左內史所屬各縣的縣令、縣丞。⑰痛以重法繩之　按：句上應增「擅搖者」三字讀。⑱一切　猶言「其他的」、「一般的」。⑲小治辨　勉強辦到；低標準地完成任務。⑳以小致大　指在緝捕盜賊、維持治安方面，能用力小而成效大。㉑能因力行之二句　王念孫曰：「『因』當作『自』，言獨宣能行之，而他人則不能。」難以為經，《正義》曰：「不可為常法也。」經，常；常規。㉒為右扶風　減宣為右扶風在太初元年（西元前一〇四年）。㉓坐怨成信　因與成信結怨。成信，人名，前曾事王溫舒，為其作爪牙。㉔郿令　郿縣縣令。郿，漢縣名，縣治在今陝西眉縣東北。當時為右扶風的屬縣。㉕詆罪　犯罪。詆，此處通「抵」。㉖以為大逆　被認為是大逆無道。上林苑是皇帝的獵場，今減宣竟使屬吏射上林苑門，故被定罪為「大不敬」。㉗當族二句　減宣自殺在太初三年（西元前一〇二年）。姚苧田曰：「減宣大抵纖嗇苛察之人，其才亦有過人者，然無大臣之度，而又濟之以酷急，則其禍不可勝言矣。」㉘案邊失亡　《正義》曰：「調邊郡被寇，失亡人畜財物甲卒多，故使按之。」案邊，檢查沿邊的郡縣。蓋沿邊郡縣若守衛無方，遇匈奴攻擊時損失人員、財物多，則郡縣長官應受懲治。㉙相編　互相穿插交替。即下文之所謂「更」也。㉚更為中丞十餘歲　更，交互。按：杜周為御史中丞在元封元年之前。㉛重遲　《漢書》作「少言重遲」。師古曰：「遲，調性非敏速也。」意即話不多，為人也不夠機靈。㉜內深次骨　內心陰沉，殘刻至骨。《索隱》曰：「次，至也。」㉝周為廷尉　事在元封三年（西元前一〇八年）。㉞善候伺　善於窺測皇帝的心思。㉟久繫待問　故意不處理，以等待皇帝的開口。㊱微見其冤狀　蓋謂此人即使不冤，也要故意表現得像是冤枉，以順適皇帝要釋放他的心思。見，通「現」。按：以上四句寫杜周的表現，與前文寫張湯之所謂「所治即上意所欲罪，予監史深禍者；即上意所欲釋，與監史輕平者」，手段完全相同。㊲讓　責備。㊳決平　判斷是非曲直。㊴三尺法　即指律令。《集解》引《漢書音義》曰：「以三尺竹簡書法律也。」㊵專以人主意指為獄　即今所謂不靠法治，專尚人治，專看上級的意圖辦事。㊶所是　所肯定的東西。㊷疏　師古曰：「謂分條也。」意即「開列」、「羅列」，亦即「著錄」、「登錄」的意思。郭嵩燾曰：「秦漢以下，人主之勢日尊，漢初廷臣猶能有自舉其職者，天子弗能奪也。乃使人主一言皆垂為律令，由杜周此言階之厲也，悲夫！」㊸詔獄　由皇帝交下來的案件，也指關押皇帝要查辦的罪犯的監獄。㊹新故相因　舊的尚未離去，新的就又來了。因，接續。㊺郡吏大府舉之廷尉　指各郡及丞相府提交到廷尉衙門來的案件。郡吏，《集解》引如淳曰：「郡太守也。」師古曰：「言郡吏大府獄事，皆歸廷尉也。」按：師古釋「舉」為「皆」，疑非是，天下各郡國之獄事，一年何止千件，又何可不分輕重「皆」歸廷尉乎？歸廷尉者只能是有疑難的大獄。故今釋「舉」為「提交」、「上交」。㊻千餘章　即千餘件。㊼證案　與案件有關的人。有人注為「證人」，似乎偏窄，與文意不相合。㊽會獄　即指「過堂」、「開審」。㊾責如章告劾　師古曰：「皆令服罪，如所告劾之本章。」即要求犯人和與此案件有關的人，都得按照舉報人所說的樣子講。責，要求。(50)不服二句　誰不服氣就打誰，直到都按著法官的意思招供為止。(51)聞有逮二句　誰一聽說要被逮捕，就趕緊逃跑。(52)獄久者至更數赦十有餘歲　有些案子前後拖了十多年，這其間皇帝已經下過幾次大赦令了（杜周硬是堅持不放）。更，通「經」。經歷。(53)而相告言　有人解釋為「仍在受到控告」，意思大概如此，原文則似有語病。前文說周陽由與勝屠公有所謂「相告言罪」，語尚可通，此處則不可通。(54)盡詆以不道以上　全部被誣衊成「大逆不道」而定罪上報。不道，「大逆不道」之省語。上，上報朝廷。(55)中都官詔獄　京師諸官府內所設立的臨時詔獄。中都官，師古曰：「凡京師諸官府也。」(56)逮至六七萬人　經常被關押的多達六七萬人。(57)吏所增加十萬餘人　師古曰：「吏又於此外以文法更增加也。」(58)後為執金吾　據《漢書・百官公卿表》，杜周為執金吾在天漢二年（西元前九九年）。執金吾，官名，原稱「中尉」，太初元年改。掌巡徼京師，如今之首都警察局長。(59)捕治桑弘羊句　桑弘羊，武帝時的經濟名臣，曾佐武帝施行鹽鐵國營諸政，官御史大夫。事跡見〈平準書〉與桓寬《鹽鐵論》。衛皇后，名子夫，陳皇后被廢之後為皇后，曾擅寵一時，事見〈外戚世家〉。昆弟，兄弟。按：杜周捕治仗勢橫行的桑弘羊與衛皇后的「昆弟子」，事在天漢三年（西元前九八年）。不少名家誤讀《史》文，將此事與日後導致衛皇后、戾太子自殺的「誣蠱案」與桑弘羊「謀反案」相混淆，實大誤也。梁玉繩、顧炎武等皆有說，後人又糾其立說之謬，語長不引。(60)遷為御史大夫　杜周為御史大夫在天漢三年，見《漢書・百官公卿表》。姚苧田曰：「杜周非酷吏，直巧宦耳，張湯亦然。唯二人行徑相似，故湯之後有安世，周之後有延年，班史遂將此兩人別立傳，蓋亦不為無見；但史遷十人合傳只作一篇文字，其中結撰靈妙，固亦缺一不得。」(61)家兩子二句　謂杜周之二子延壽、延考，分別任河內郡與河南郡之太守。河內郡在今河南省西北部，處黃河之北；河南郡在今河南省西部，處黃河之南，兩郡夾河相對，故稱杜氏二子「夾河為守」。(62)子孫尊官二句　家訾，家產。訾，通「資」。累數巨萬，意即家產值數萬金。巨萬，即今所謂「億」。銅錢數億，即黃金數萬斤也。何焯曰：「褚先生書田仁事云：『仁刺舉三河時，河南河內太守皆杜周子弟，河東太守石丞相子孫，仁已刺三河，皆下吏誅死。』當史遷作〈酷吏傳〉時，未睹其終。」按：田仁事見〈田叔列傳〉。

【語　譯】減宣是楊縣人。因為在縣裡做佐史幹得好而被提拔到河東郡裡供職。有一次大將軍衛青到河東買馬，見減宣辦事利索，就向武帝作了推薦，於是減宣被上調做了太廄丞。又由於他把太廄丞分內的事辦得好，因而漸漸地升到了御史和御史中丞。武帝派他審理主父偃和淮南王謀反的兩個案子，他深摳條文，嚴加重判，殺了許多人，於是被稱讚為能斷疑案。此後曾幾次被罷又幾次再起，前後任御史及御史中丞長達二十年。王溫舒被免去中尉的時候，減宣任左內史。他處理政務非常瑣碎，無論大事小事，都要他親自決定。甚至他還親自部署下屬各縣官員的事務，府裡的官吏和下屬的縣令縣丞都不得擅自改變他規定的東西，不聽話的就從重懲處。在他任職的幾年，其他郡裡都只是小有成效，唯獨減宣用小力而成大功。但他的這種做法也難以普遍推行。後來減宣被廢，接著又起來做了右扶風。後來因為他與成信有怨隙，成信潛逃藏在上林苑，減宣便派郿縣的縣令擊殺成信，結果役吏們在射殺成信時，射中了上林苑的門。於是減宣被下獄，並被宣判為大逆不道，應當滅族，於是減宣自殺了。這以後杜周受到了重用。

2 杜周是南陽郡杜衍縣人。義縱做南陽太守的時候，把他當做心腹爪牙。後來被推薦做了廷尉史，在張湯手下效力，張湯多次向武帝稱讚他能幹，於是被提拔為御史。武帝派他去檢查邊境郡縣在敵人進攻下損失兵力與物資財產的問題，被他判罪殺掉的人很多。回報時符合武帝的心意，因而受到重用，他和減宣交互輪流著做了十幾年御史中丞。

3 杜周辦事與減宣相仿，但較不機靈，表面上寬厚，內心裡苛刻到了骨子裡。減宣做左內史的時候，杜周做廷尉，辦事手段大致學習張湯，而且善於猜測迎合武帝的心意。武帝想排擠誰，他就編造罪名陷害誰；武帝想寬釋誰，他就故意關著誰等候武帝問及，並尋機略微透露一些此人被冤的情況。有人責問杜周說：「你替天子斷案，不以法律為根據，而專門看著皇上的臉色行事，能夠這樣斷案嗎？」杜周說：「法律是怎麼訂出來的？前代皇帝訂出來的就是法律，當今皇帝點頭的就是命令。當時怎麼說就怎麼對，何必非得遵行古法呢？」

4 等到杜周做廷尉的時候，奉旨審理的案件就越發多了。二千石大官被下獄的，一個接著一個，人數上百。各郡國與宰相衙門送交廷尉審理的案件，一年多達一千多件。大的案件要牽連逮捕幾百人，小的也有幾十人；遠的從幾千里以外押解進京，近的也有幾百里。一到審判的時候，法官就逼著犯人按照被告發的罪名承認，如果不服，就嚴刑拷打直到承認為止。因此誰要是聽到要被逮捕，就立刻逃亡了。有的案子中間都經過幾次大赦，拖了十幾年還在揭發舉報，大多數最後都定成大逆不道而向上呈報。廷尉和中都官兩處的監獄裡關押的犯人多達六七萬，兩處的衙役竟增加了十萬多人。

杜周中途被罷官，後來又當了執金吾，負責追捕盜賊。在逮捕審理桑弘羊與衛皇后的兄弟子姪時執法嚴酷，被武帝認為是盡心盡職，沒有私心，因而提升為御史大夫。杜周有兩個兒子，分別任河南與河內兩郡的太守，其辦事的暴虐嚴酷，都比王溫舒還要厲害。杜周開始被調任廷史的時候，只有一匹馬，連鞍轡都不齊全。後來由於長期為官，位至三公，子孫也做了高官，家產累積到好幾億。

太史公曰：自郅都、杜周十人❶者，此皆以酷烈為聲。然郅都伉直❷，引是非，爭天下大體❸。張湯以知陰陽❹，人主與俱上下❺，時數辯當否，國家賴其便❻。趙禹時據法守正❼。杜周從諛❽，以少言為重。自張湯死後，網密，多詆嚴❾，官事寖以秏廢❿。九卿碌碌奉其官⓫，救過不贍⓬，何暇論繩墨之外乎⓭！然此十人中，其廉者足以為儀表，其污者足以為戒⓮，方略教導⓯，禁姦止邪，一切亦皆彬彬質有其文武焉。雖慘酷，斯稱其位⓰矣。至若蜀守馮當⓱暴挫⓲，廣漢李貞⓳擅磔⓴人，東郡彌僕㉑鋸項㉒，天水駱璧㉓推咸㉔，河東褚廣㉕妄殺㉖，京兆無忌㉗、馮翊殷周㉘蝮鷙㉙，水衡閻奉㉚朴擊賣請㉛，何足數哉㉜！何足數哉！

【章　旨】以上為第八段，是作者的論贊，作者對十個酷吏做了客觀的比較品評，對漢代吏治每況愈下的形勢表現了極大的感慨。

【注　釋】❶自郅都杜周十人　按：本傳實際寫了郅都、寧成、周陽由、趙禹、張湯、義縱、王溫舒、尹齊、楊僕、減宣、杜周，共十一人。淩稚隆引陳仁錫曰：「酷吏十人，不數楊僕也。」瀧川曰：「蓋舉其大數。」❷伉直　耿直。伉，通「抗」。❸引是非二句　言對於那些大是大非，關乎國家大體的事情，能據理以爭。❹知陰陽　《正義佚文》曰：「言知人主之意旨輕重。」❺人主與俱上下　淩稚隆引余有丁曰：「謂與人主俱上下也。」李笠曰：「陰陽，猶向背也。謂湯能伺人主之志趣忽陰忽陽，與之上下周旋也。」即今所謂看著皇帝的臉色行事。❻時數辯當否二句　時數辯當否，有時也能再三地申說一些國家所行政事的宜與不宜。按：傳中未言張湯有何優點，而於此處乃曰「時數辯當否，國家賴其便」，蓋厭惡而不掩其優長也。❼時據法守正　按：禹傳中亦未寫此種事例，僅於贊中分解之。❽從諛　順從阿諛。瀧川曰：「傳云：『上所欲擠者，因而陷之；上所欲釋者，久繫待問而微見其冤狀。』是從諛也。」❾詆嚴　意即「嚴詆」，即傳中所謂「深詆」、「巧詆」、「痛詆」云云是也。❿官事寖以秏廢　國家的各項工作越來越難以推行。寖，漸。秏廢，同「耗廢」。⓫碌碌奉其官　平平庸庸地只求保官保命。奉，行；維持。⓬救過不贍　全部力量都放在希求「不出事」上。⓭何暇論繩墨之外乎　哪裡還敢做點不合規矩、有創造性的事情呢。繩墨，木工取直畫線的工具，這裡代表法律、規章。⓮足以為戒　《集解》引徐廣曰：「一本無此四字。」按：依徐廣說，則此句應連下文作「其污者方略教導，禁姦止邪，一切亦皆彬彬質有其文武焉」，《漢書》即依「一本」改作「其污者方略教導，一切禁姦，亦質有文武焉」。⓯方略教導　指捕治奸盜的辦法和訓導士民的教條。⓰稱其位　與其職位相稱。按：諸吏皆任御史中丞、御史大夫、廷尉等職，其職守即緝捕盜賊，糾彈貪黷，自無任其放縱之理。⓱蜀守馮當　蜀郡的太守馮當。蜀郡的郡治即今四川成都。⓲暴挫　猛烈地打擊人。⓳廣漢李貞　廣漢郡的太守李貞。廣漢郡的郡治在今四川金堂東南。陳直曰：「蜀守馮當，以『守』字總括以下四太守姓名，非各人之籍貫。」⓴磔　將人體剁成碎塊。㉑東郡彌僕　東郡的太守姓彌名僕。東郡的郡治濮陽（今河南濮陽西南）。㉒鋸項　以鋸子鋸人脖子。㉓天水駱璧　天水郡的太守姓駱名璧。天水郡的郡治平襄（今甘肅通渭西北）。㉔推咸　應作「椎成」。《索隱》曰：「謂椎擊之以成獄也。」椎，笞擊。㉕河東褚廣　河東郡的太守褚廣。㉖妄殺　隨意殺人。㉗京兆無忌　京兆尹名無忌，史失其姓。㉘馮翊殷周　左馮翊姓殷名周。馮翊，即左馮翊，首都長安北部地區的行政長官，與京兆尹、右扶風合稱「三輔」。㉙蝮鷙　《索隱》曰：「言其酷比之蝮毒鷹攫。」王念孫曰：「蝮，讀為『愎』。『愎』、『鷙』皆狠也，言其愎戾不仁也。」按：二說皆通。㉚水衡閻奉　水衡都尉閻奉。水衡，水衡都尉的簡稱。水衡都尉是主管皇家獵場上林苑的長官，秩二千石。㉛朴擊賣請　凌稚隆曰：「以朴擊致人買免請求。」即使用酷刑以求「罪人」之家屬花錢。㉜何足數哉　姚苧田曰：「〈酷吏傳〉後引馮當、李貞等，猶〈游俠傳〉後引群盜之意也。酷不可無才，俠不可無守，如此取人，真堪當冰鑒之目。」

【語　譯】太史公說：從郅都到杜周這十個人，都以殘酷暴虐著名。然而郅都剛正廉直，他爭論的是非，都關係到國家大計。張湯善於窺察皇帝的心思，總是照皇帝的意思發表意見，但有時也能闡明一些問題的是非，使國家得到一些好處。趙禹有時能依法辦事，堅持公正。杜周則純粹是看風使舵，以少說話來表現自己的穩重。自從張湯死後，法網越來越密，詆毀誣告的事情越來越多，而國家的事情則越來越難以推行。九卿大臣保官保命地混日子，連自救都怕來不及，誰還顧得上去管那些層次更高的問題呢！在這十個人中，雖然有的廉潔能做人們的表率，有的貪贓枉法足以引為鑒戒，但他們在辦事治民、懲處壞人上，都還能做得禮法結合，頭頭是道。雖然執法嚴酷，但還都算得上是稱職的人。至於像蜀郡太守馮當那樣地摧殘百姓，像廣漢太守李貞那樣把人碎屍，像東郡太守彌僕那樣用鋸子鋸人的脖子，像天水太守駱璧那樣靠刑求逼供定案，像河東郡太守褚廣那樣的濫殺無辜，像京兆尹無忌、左馮翊殷周那樣如毒蛇蒼鷹一樣地狠毒，像水衡都尉閻奉那樣的嚴刑逼供、以求賄賂，就更不值得一提！不值得一提啦！

【研　析】從本文看，總體上說，司馬遷喜歡「德治」，希望有一種既寬鬆又有秩序的社會局面，而不喜歡使用嚴刑峻法。這種思想在文章開頭就表現得很清楚。他引述了孔子、老子的話，是想說明「法令者治之具，而非制治清濁之源也」。在〈循吏列傳〉中也曾說：「法令所以導民也，刑罰所以禁姦也。文武不備，良民懼然身修者，官未曾亂也。奉職循理，亦可以為治，何必威嚴哉？」當然，司馬遷也清醒地看到了武帝時代社會所存在的種種問題，諸如貴族們的驕橫跋扈，地方割據勢力的圖謀造反，土豪惡霸們的為非作歹，以及貧苦人民無法生活鋌而走險等等。司馬遷承認在這種情況下實行嚴酷法制也有其合理性與必然性，故其在〈太史公自序〉中說：「民倍本多巧，姦軌弄法，善人不能化，唯一切嚴削為能齊之，作〈酷吏列傳〉第六十二。」

事實上本傳所寫諸吏之所謂「酷」，相當大的程度上打擊的也正是這些地方豪強。他們在這方面的作用，司馬遷似乎並不否認。

「酷吏」的共同特點是執法嚴厲，至於他們個人的行為品質則有著千差萬別。司馬遷對於那些忠正廉明、克己奉公的「酷吏」是讚美的、肯定的。如郅都，他「敢直諫」，能「面折大臣於朝」；他為人「公廉，不發私書，問遺無所受，請寄無所聽」；他「行法不避貴戚」；他在任邊郡太守時，「匈奴素聞郅都節，居邊，為引兵去，竟郅都死不近鴈門」，這都是對郅都的歌頌與讚美。遺憾的是這樣的好官，最後竟死在最高統治者的內部矛盾中。義縱也是正直敢斷的那一種。他「直法行治，不避貴戚」，嚴厲打擊了地方上的強豪勢力，使他所治的地方「道不拾遺」。當時楊可為了搜刮民財，摧垮私人工商業，推行「告緡令」，這項「法令」推行的結果，使「中家以上大抵皆遇告」，這在我國工商業發展史上是一個慘重的浩劫。義縱對於楊可這種一味討好漢武帝，置百姓利益於不顧的行為，毫不客氣，他「以為此亂民，部吏捕其為可使者」。結果就因為這一項，義縱被漢武帝所殺。張湯是本傳的中心人物，是個矛盾的組合體，司馬遷對他的評價有褒有貶。張湯對漢武帝時代的整個法治建設是有貢獻的，司馬遷說他「以知陰陽，人主與俱上下，時數辯當否，國家賴其便」；他為官廉潔，死後的全部遺產「不過五百金，皆所得奉賜，無他業」；身為御史大夫的張湯出殯時，竟至「載以牛車，有棺無椁」，司馬遷對此也只能表示敬服。

「酷吏」的最大問題是執法不公，他們往往只憑個人的愛憎或只看著最高統治者的臉色辦事，這是司馬遷所最深惡痛絕的。例如周陽由，他的執法是「所愛者，撓法活之；所憎者，曲法誅滅之」。又如王溫舒，他的特長是「為人讇，善事有埶者」，「有埶家，雖有姦如山，弗犯；無埶者，貴戚必侵辱」。張湯的本質特徵就是一貫看著漢武帝的臉色行事，杜周的表現和張湯一模一樣，他「善候伺。上所欲擠者，因而陷之；上所欲釋者，久繫待問而微見其冤狀」。有人問他為何專以人主意指為獄而不循三尺法時，他竟毫不羞慚地說：「三尺安出哉？前主所是著為律，後主所是疏為令，當時為是，何古之法乎？」司馬遷為了對比漢武帝時政法問題的黑暗腐敗，特意在〈張釋之馮唐列傳〉中寫道：「法者天子所與天下公共也。廷尉，天下之平也。一傾而天下用法皆為輕重，民安所措其手足？」這是司馬遷在本篇中所要表達的中心思想，也是寫作本傳的用意所在。

卷一百二十三

大宛列傳第六十三

【題　解】本文的前半部分記述了張騫兩次出使西域的經過，後半部分著重記述了李廣利征伐大宛的過程。作品圍繞著記述這兩方面的問題，同時介紹了西域地區的二十多個國家，這是我國有史以來最早的關於西域問題的歷史文獻；又由於先有張騫的探險，接著又有李廣利的武力討伐，兩次行動的積極結果，是第一次打通了聯繫歐亞的東西方交通，也就是名著青史的「絲綢之路」；而本文則是一篇詳細記述打通絲綢之路全過程的最原始的珍貴資料。

1 大宛❶之跡，見自張騫。張騫，漢中人❷，建元中❸為郎❹。是時，天子問匈奴❺降者，皆言匈奴破月氏❻王，以其頭為飲器❼，月氏遁逃而常怨仇匈奴，無與共擊之❽。漢方欲事滅胡，聞此言，因欲通使。道必更匈奴中❾，乃募❿能使者。騫以郎應募，使月氏，與堂邑氏胡奴甘父⓫俱出隴西⓬。經匈奴，匈奴得之，傳詣單于⓭。單于留⓮之，曰：「月氏在吾北⓯，漢何以得往使？吾欲使越⓰，漢肯聽⓱我乎？」留騫十餘歲，與妻，有子，然騫持漢節不失⓲。

2 居匈奴中，益寬⑲，騫因與其屬亡鄉月氏⑳，西走數十日，至大宛。大宛聞漢之饒財㉑，欲通不得，見騫，喜。問曰：「若欲何之㉒？」騫曰：「為漢使月氏，而為匈奴所閉道㉓。今亡，唯王使人導送我㉔。誠得至，反漢㉕，漢之賂遺㉖王財物不可勝言㉗。」大宛以為然，遣騫，為發導繹㉘，抵康居㉙，康居傳致㉚大月氏。大月氏王已為胡所殺㉛，立其太子為王㉜。既臣大夏而居㉝，地肥饒，少寇，志安樂；又自以遠漢㉞，殊無報胡㉟之心。騫從月氏至大夏㊱，竟不能得月氏要領㊲。

3 留歲餘，還，並南山㊳，欲從羌中歸㊴，復為匈奴所得。留歲餘，單于死㊵，左谷蠡王㊶攻其太子自立㊷，國內亂，騫與胡妻㊸及堂邑父㊹俱亡歸漢㊺。漢拜騫為太中大夫㊻，堂邑父為奉使君㊼。

4 騫為人彊力㊽，寬大信人㊾，蠻夷愛之。堂邑父故胡人，善射，窮急射禽獸給食㊿。初，騫行時百餘人，去十三歲，唯二人得還(51)。

【章旨】以上為第一段，寫張騫第一次通西域的艱苦歷程。

【注釋】❶大宛　西域國名，其地在今新疆西部境外的哈薩克斯坦境內，首都貴山城（今卡賽散）。❷張騫二句　漢中，漢郡名，郡治西城（今陝西安康西北）。張騫是漢中郡的成固縣（今城固縣東北）人。❸建元中　西元前一四〇—前一三五年。

建元，武帝的第一個年號。❹郎　皇帝的侍從人員，有議郎、中郎、郎中、侍郎之別，官級在比三百石至比六百石之間，上屬郎中令。❺匈奴　戰國後期興起的北方少數民族名，秦漢時期其活動地區約在今內蒙與蒙古國境內。詳情見〈匈奴列傳〉。❻月氏　西域國名，最初活動在今甘肅的武威、張掖、敦煌一帶，南倚祁連山；後被匈奴擊敗，西遷至今新疆的伊犁河流域；後又被匈奴、烏孫所驅逐，遂西遷至今阿富汗北部的噴赤河流域，在當時的大宛西南。❼飲器　一說指飲酒、飲水之具；一說指「虎子」，即溺器。王先謙引沈欽韓曰：「〈趙策〉『以知伯頭為飲器』，《呂覽》云『斷其頭以為觴』，則云『虎子』者非也。元僧楊璉真伽截理宗頂骨為飲器，胡俗同然。」按：《正義》引《漢書．匈奴傳》曰：「元帝遣車騎都尉韓昌、光祿大夫張猛與匈奴盟，以老上單于所破月氏王頭為飲器者，共飲立盟。」顯然是指飲酒、飲水之具。❽無與共擊之　師古曰：「無人援助也。」無與，無同盟合力者。與，結交；聯合。❾道必更匈奴中　更，此處通「經」。經過；通過。按：武帝初，匈奴強大，占據河西走廊，自長安至西域，路所必經也。❿募　招募；招聘。⓫堂邑氏胡奴甘父　堂邑縣某家富人的一個匈奴族的奴隸，名叫甘父，後文即簡稱「堂邑父」。堂邑，漢縣名，縣治在今江蘇六合西北。按：「胡」上原有「故」字，張文虎曰：「《索隱》本無『故』字，《漢書》亦無，蓋此即『胡』字譌衍，或亦因下文『故胡人』語而增之。」據刪。⓬俱出隴西　王先謙曰：「據下文騫以軍臣單于死之歲還為元朔三年（西元前一二六年），去十三歲，則出使在建元三年（西元前一三八年）。」隴西，漢郡名，郡治狄道（今甘肅臨洮）。⓭傳詣單于　謂西部地區的匈奴人將張騫等用驛車押送到單于那裡。傳，驛車。這裡用如動詞。詣，至；到。或曰「傳詣」猶言「轉送」。傳，此處通「轉」，亦通。單于，匈奴的最高君長，有如漢族的皇帝。這時的匈奴單于名曰「軍臣」，老上單于之子，西元前一六一－前一二六年在位。⓮留　扣留；拘留。⓯月氏在吾北　按理應說「月氏在吾西」。或者「北」字通「背」，大意即指隔著。⓰越　指南越，漢初小國名，其地約當今之廣東、廣西及越南北部一帶，國都番禺（今廣州市）。詳情見〈南越列傳〉。⓱聽　聽任；不予干涉。⓲持漢節不失　漢節，漢王朝發與使者以為憑證的旌節。按：十多年張騫「持漢節不失」，以見其忠心。《漢書．蘇武傳》寫蘇武曰：「武既至海上，廩食不至，掘野鼠去草實而食之。杖漢節牧羊，臥起操持，節旄盡落。」蓋亦效《史記》之描寫也。⓳益寬　指匈奴人對張騫等的看管漸漸寬鬆起來。⓴亡鄉月氏　向著大月氏的方向逃去。亡，逃。鄉，通「向」。㉑饒財　廣有錢財。意即國家富足。㉒若欲何之　你要到哪裡去。若，你。㉓閉道　封鎖通道。閉，隔絕；堵塞。㉔今亡二句　現在我逃了出來，請求大王派人給我引路送我前去。唯，表示請求的發語詞。㉕反漢　一旦回到漢朝。㉖賂遺　指獎賞、饋贈。㉗不可勝言　沒法言說。極言其數量之多。㉘導繹　嚮導與翻譯人員。㉙康居　西域國名，其地約當今哈薩克南部，在當時的大宛西北，大月氏之北，國都卑闐（或說即今塔什干)。㉚傳致　轉送。意即將張騫等轉送到大月氏。㉛已為胡所殺　即前文所說匈奴人殺月氏王以其頭為飲器事。㉜立其太子為王　《集解》曰:「一云『夫人為王』。」按:《漢書・張騫傳》作「立其夫人為王」。王先謙引齊召南曰:「外國固時有女主,然以下文推之,似《史》是。」㉝既臣大夏而居　已經使大夏臣服於己,並在那裡住了下來。大夏,西域國名,在當時的月氏以南,今之阿富汗北部,國都藍氏城(今巴里黑)。㉞遠漢　離漢王朝過於遙遠。㉟報胡　找匈奴人報殺父之仇。㊱騫從月氏至大夏　意謂張騫從月氏到大夏,各處走了一遍。㊲不能得月氏要領　師古曰:「要,衣腰也;領,衣領也。凡持衣者,則執要與領。言騫不能得月氏意趣。」意即琢磨不透月氏人是怎麼想的。㊳竝南山　傍著南山東行。南山,指今新疆塔里木盆地南側的崑崙山,再東行即阿爾金山,再東行就是甘肅南側的祁連山了。㊴欲從羌中歸　羌中,羌人居住的地區。此處主要指今新疆東南部的阿爾金山與其西面「南山」北麓居住的羌族部落。白壽彝《中國通史》敘當時的西域交通說:「自玉門、陽關出西域有兩道:南道即敦煌出陽關向西,經羅布泊至樓蘭,再依阿爾金山、昆侖山北麓向西,沿塔克拉馬干沙漠南側西行,經且末、精絕、扜彌、渠勒、于闐、莎車、疏勒等地,越過葱嶺再向西南至罽賓、身毒(今印度),或向西到大月氏、安息(今伊朗)、條支(今伊拉克)至於犁軒(今土耳其境內);另一條自敦煌向西出玉門關至車師前王庭(今吐魯番),傍天山南麓,經塔克拉馬干沙漠北側向西,經危須、焉耆、尉犁、烏壘、龜茲(今新疆庫車)、姑墨、溫宿、尉頭、疏勒等,與南道相合。」張騫東歸即行此南道。㊵單于死　指軍臣單于死,事在元朔三年。㊶左谷蠡王　匈奴東部地區的頭領,位在左賢王之下,此人是軍臣單于之弟。名喚伊稚斜。㊷攻其太子自立　伊稚斜於西元前一二六—前一一三年在單于位。㊸胡妻　即前文所說張騫在匈奴被扣時所娶的匈奴妻子。㊹堂邑父　即前所稱「堂邑氏胡奴甘父」。㊺俱亡歸漢　一起逃回了漢朝,時元朔三年也。吳見思曰:「一人再逃奇矣,乃又挈婦逃,堂邑父亦逃,極寫張騫謀勇。」㊻太中大夫　皇帝身邊的侍從官員,掌議論,秩比千石,上屬郎中令。㊼奉使君　只有封號,享有一定俸祿,但不掌實事。㊽彊力　堅強勇武。㊾寬大信人　待人寬厚,能使人信服。㊿給食　提供食物。51騫行時百餘人三句　《漢書・蘇武傳》云:「單于召會武官屬,前已降及物故,凡隨武還者九人。武留匈奴凡十九歲,始以強壯出,及還,鬚髮皆白。」韻味與此相同。

【語譯】大宛的蹤跡,是張騫最先發現的。張騫是漢中郡人,在漢武帝建元年間為郎官。有一次,漢武帝向匈奴投降過來的人詢問事情,那些人說起匈奴曾經打敗過月氏王,把月氏王的人頭當做酒器,月氏人逃亡到了他鄉,對匈奴滿懷怨恨,但找不到和他們一起反擊匈奴的同盟者。而漢朝這時正準備消滅匈奴人,武帝一聽此言，就想派人去同月氏人聯絡。但是從漢朝的國土到月氏之間必須經過匈奴境內，於是武帝就公開招募能出使月氏的人。張騫就以郎官的身分應募，他和堂邑縣某家富人的一個名叫甘父的匈奴奴隸一起由隴西出發了。在他們中途經過匈奴時，被匈奴人俘獲押送到了單于那裡。單于把他們扣留了下來，說：「月氏國在我們的北方，漢朝怎麼能派人到那裡去呢？如果我們要派人去越國，漢朝會答應嗎？」就這樣把張騫一扣十多年。在這十來年裡，他們讓張騫娶了妻室，生了孩子，但是張騫卻一直保存著漢朝的符節沒有丟失。

2 後來在那裡待的時間一長，匈奴人對他們的看管也就逐漸放鬆了，於是張騫就乘機帶著他的部下一起向著月氏的方向逃去。他們向西走了幾十天，到達了大宛。大宛王早就聽說漢朝物產豐富，想要通使而無法做到，這回見到了張騫，喜出望外。他問張騫說：「你們是想去什麼地方呢？」張騫說：「我受漢朝派遣前往月氏，而中途被匈奴所攔阻。今天逃到了這裡，希望您能派人引路送我去。如果我能到達月氏，再回到漢朝，那麼漢朝肯定會送給您數不清的東西。」大宛王覺得有理，就讓張騫出發，並給了他嚮導和翻譯。他們先到了康居，康居人又轉送他們到了大月氏。當時大月氏的人們因為國王已經被匈奴所殺，他們就立了他的兒子為王。後來他們又征服了大夏而在那裡住了下來。那裡的土地肥沃，物產富饒，也不會受到侵擾，因而在那裡過得很愉快。再加上他們覺得離著漢朝又那麼遠，所以根本沒有什麼對匈奴報仇雪恨的意思。張騫又從月氏到大夏，但最後也沒有弄清月氏人的真正想法。

3 張騫在月氏住了一年多，準備回國了，這次他是沿著南面的大山往東走，想通過羌人住的地方回長安，不料半道上又被匈奴人捉住，被拘留了一年多。後來老單于死了，左谷蠡王打跑了單于的太子而自己做了單于，匈奴發生了混亂，於是張騫就帶著他在匈奴娶的妻子和那個堂邑縣的胡奴一同逃回漢朝。漢朝封張騫為太中大夫，封那個堂邑縣的胡奴為奉使君。

4 張騫為人堅毅勇武，待人寬厚，能使人信服，那些蠻夷們都很喜歡他。而那個堂邑縣的胡奴本來就是個匈奴人，很會射箭，路上當他們沒有吃的東西時就射鳥獸充飢。一開始，張騫出去的時候帶著一百多人，等到過了十三年，只有他和胡奴甘父兩個人活著回來。

1 騫身所至❶者，大宛、大月氏、大夏、康居，而傳聞❷其旁大國五六，具為天子言之❸。曰：

2 「大宛在匈奴西南，在漢正西，去漢可萬里❹。其俗土著❺，耕田，田❻稻麥。有蒲陶❼酒。多善馬❽，馬汗血❾，其先天馬子也❿。有城郭屋室。其屬邑大小七十餘城，眾可數十萬。其兵⓫弓矛騎射。其北則康居，西則大月氏⓬，西南則大夏，東北則烏孫⓭，東則扜罙⓮、于窴⓯。于窴之西，則水皆西流，注西海⓰；其東，水東流，注鹽澤⓱。鹽澤潛行地下，其南則河源出焉⓲。多玉石⓳，河注中國⓴。而樓蘭㉑、姑師㉒邑有城郭㉓，臨鹽澤㉔。鹽澤去長安可五千里。匈奴右方㉕居鹽澤以東㉖，至隴西長城㉗，南接羌㉘，鬲漢道㉙焉。

3 「烏孫在大宛東北，可二千里，行國㉚，隨畜，與匈奴同俗。控弦者㉛數萬，敢戰㉜。故服匈奴㉝，及盛，取其羈屬㉞，不肯往朝會㉟焉。

4 「康居在大宛西北，可二千里，行國，與月氏大同俗㊱。控弦者八九萬人。與大宛鄰國。國小，南羈事㊲月氏，東羈事匈奴。

5 「奄蔡㊳在康居西北，可二千里，行國，與康居大同俗。控弦者十餘萬。臨大澤，無崖，蓋乃北海㊴云。

6 「大月氏在大宛西，可二三千里，居媯水[40]北。其南則大夏，西則安息[41]，北則康居。行國也，隨畜移徙，與匈奴同俗。控弦者可一二十萬。故時彊，輕匈奴[42]。及冒頓立，攻破月氏[43]。至匈奴老上單于[44]，殺月氏王[45]，以其頭為飲器。始月氏居敦煌[46]、祁連[47]閒，及為匈奴所敗，乃遠去，過宛，西擊大夏而臣之，遂都媯水北，為王庭[48]。其餘小眾不能去者，保南山羌[49]，號小月氏。

7 「安息在大月氏西，可數千里。其俗土著，耕田，田稻麥，蒲陶酒。城邑如大宛。其屬小大數百城，地方數千里，最為大國。臨媯水[50]，有市，民商賈，用車及船行旁國[51]，或數千里。以銀為錢，錢如其王面[52]，王死輒更錢，效王面焉[53]。畫革旁行[54]以為書記。其西則條枝[55]，北有奄蔡、黎軒[56]。

8 「條枝在安息西數千里，臨西海[57]。暑溼。耕田，田稻。有大鳥，卵如甕[58]。人眾甚多，往往有小君長，而安息役屬之，以為外國[59]。國善眩[60]。安息長老傳聞條枝有弱水、西王母[61]，而未嘗見。

9 「大夏在大宛西南二千餘里，媯水南。其俗土著，有城屋，與大宛同俗。無大君長[62]，往往城邑置小長。其兵弱，畏戰。善賈市[63]。及大月氏西徙[64]，攻敗之，皆臣畜大夏[65]。大夏民多，可百餘萬。其都曰藍市城[66]，有市販賈諸物。其東南有身毒[67]國。」

10 騫曰：「臣在大夏時，見邛竹杖[68]、蜀布[69]。問曰：『安得此？』大夏國人曰：『吾賈人往市之身毒。身毒在大夏東南，可數千里。其俗土著，大與大夏同，而卑溼暑熱云。其人民乘象以戰。其國臨大水焉[70]。』以騫度之，大夏去漢萬二千里，居漢西南。今身毒國又居大夏東南數千里，有蜀物，此其去蜀不遠矣。今使大夏，從羌中[71]，險，羌人惡之[72]；少北[73]，則為匈奴所得；從蜀宜徑[74]，又無寇。」天子既聞大宛及大夏、安息之屬皆大國，多奇物，土著，頗與中國同業[75]，而兵弱，貴漢財物[76]；其北有大月氏、康居之屬，兵彊，可以賂遺設利朝[77]也。且誠得而以義屬之[78]，則廣地萬里，重九譯，致殊俗[79]，威德徧於四海。天子欣然，以騫言為然，乃令騫因蜀、犍為發間使，四道竝出[80]：出駹[81]，出冄[82]，出徙[83]，出邛、僰[84]，皆各行一二千里。其北方閉氐、筰[85]，南方閉嶲、昆明[86]。昆明之屬無君長，善寇盜，輒殺略漢使，終莫得通[87]。然聞其西可千餘里有乘象國，名曰滇越[88]，而蜀賈姦出物[89]者或至焉。於是漢以求大夏道，始通滇國[90]。初，漢欲通西南夷[91]，費多，道不通，罷之[92]。及張騫言可以通大夏，乃復事西南夷[93]。

【章　旨】以上為第二段，寫張騫向武帝陳述出使西域見聞，遂勾起武帝二次通西南夷事。

【注　釋】❶身所至　親身到過。❷傳聞　指從他人之傳說中得知。❸具為天子言之　具，逐一地。據〈西南夷列傳〉，張騫為武帝講說西域新聞，在元狩元年（西元前一二二年）。❹去漢可萬里　去漢，距離漢朝。可，大約；差不多。❺土著　生根於土地。指住房子，有村落。❻田　種植。❼蒲陶　通「葡萄」。❽多善馬　《索隱》引〈外國傳〉云：「外國稱天下有三眾：中國人眾，大秦寶眾，月氏馬眾。」❾馬汗血　通常即謂其馬出汗呈鮮紅色。沈欽韓曰：「《後書・東平王蒼傳》：『宛馬血從前髆小孔中出。』」王先謙曰：「今伊犁馬之強健者，前髆及脊往往有小瘡出血，名曰傷氣。必在前肩髆者，以用力多也。前賢未目驗，不知其審。」❿其先天馬子也　師古曰：「大宛國有高山，其上有馬，不可得，因取五色母馬置其下，與交生駒，皆汗血，因號曰『天馬子』云。」王先謙引沈欽韓曰：「《通典》：『吐火羅國城北有頗黎山，山南崖穴中有神馬，國人每牧馬於其側，時產名駒，皆汗血焉。其北側，漢時大宛之地。』」⓫兵　兵器。⓬西則大月氏　按：實際乃在大宛之西南。⓭烏孫　西域國名，其地約當今我國新疆之西北部、塔吉克共和國的東南部，與吉爾吉斯共和國的東部地區，首都赤谷城，在今吉爾吉斯斯坦境內的伊塞克湖之東南，距我國的新疆邊界不遠。蘇北海《西域歷史地理》引瓦利漢諾夫之報導說：「在伊塞克湖東南發現了古城遺址，並在古城遺址內發現了漢代建築、漢代遺物和漢文字題銘。瓦利漢諾夫認為即中國史書所稱的赤谷城。」⓮扜罙　也作「扜彌」。西域小國名，國都在今于田縣西北。⓯于窴　西域小國名，在今新疆南部的和田縣一帶，國都西城（今和田縣西南）。⓰于窴之西三句　西海，此指鹹海。郭嵩燾曰：「于闐西隔葱嶺，其水無從注入西海。《漢書》稱『其河北流，與葱嶺河合，東注昌海』，斯為得之，此史公誤也。」按：于闐以及其西之蒲犁，其西北之莎車、疏勒，河水都是向東北流；只有到了大月氏、大宛、康居一帶，河水才向西流。⓱鹽澤　即今新疆東部的羅布泊。⓲其南則河源出焉　河源，黃河的源頭。《漢書・西域傳》曰：「河有二源，一出葱嶺，一出于闐。」《山海經》云：「河出崑崙東北隅。」郭璞注：「河出崑崙，潛行地下，至葱嶺山于闐國，復分流歧出，合而東注泑澤（即今羅布泊），已而復行積石，為中國河。」按：以上皆古人稱說。今黃河乃發源於青海省之巴顏喀喇山北麓。⓳多玉石　史公之意乃謂鹽澤以南的山區（即今之阿爾金山）盛產玉石。⓴河注中國　當時人們認為黃河發源於崑崙山，時明時暗地流過來，連通羅布泊，再東行經積石山（今甘肅臨夏西北）流入中原地區。㉑樓蘭　西域小國名，故都舊址在今羅布泊西北；東漢時樓蘭改稱鄯善，都城遷至扜泥（今新疆若羌）。白壽彝《中國通史》謂：「現存的樓蘭古城址建於東漢，古樓蘭地區的居民種族以歐洲人種的地中海東支類型占優勢。」

㉒姑師　也叫「車師」，分前後兩國，車師前國的國都交河城（今新疆吐魯番城西），車師後國在吐魯番市北的天山北側。㉓邑有城郭　車師前國的交河城在今吐魯番市西約十公里，現存的遺址主要為唐代及其以後的建築。㉔臨鹽澤　按：就實際情況看，樓蘭的確臨近羅布泊，而車師則與羅布泊尚有相當距離。郭嵩燾曰：「姑師為車師前王庭，亦名吐魯番，南距羅布泊約八百里。」㉕匈奴右方　即匈奴之右賢王所部。㉖居鹽澤以東　武帝反擊匈奴以前的右賢王所部，東境占據著今內蒙古河套一帶，對著漢王朝的上郡（今陝西東北部）；後被衛青、霍去病等猛烈攻擊，始大幅度西移。郭嵩燾曰：「匈奴地不能南及鹽澤，蓋其時西域諸小國多臣屬匈奴者。」㉗隴西長城　秦代長城的西南部分，起自隴西郡的臨洮（今甘肅岷縣），沿黃河北上，至內蒙河套。武帝反擊匈奴前，此即漢王朝之西北邊界。㉘羌　此指當時居住在今甘肅河西走廊與青海東部地區的羌族部落。按：當時在今甘肅、青海、新疆之東南部、西藏之東北部、四川之西北部等都是羌族居住的地區。㉙鬲漢道　隔絕了漢與西域的相通之道。㉚行國　沒有定居，隨畜遷移之國。與「土著」之國相對而言。㉛控弦者　能挽弓騎射的戰鬥之士。㉜敢戰　善戰；好戰。㉝故服匈奴　舊曾臣服於匈奴。㉞取其羈屬　與匈奴保持一種大體上尚受其統屬，而內部實自由獨立的局面。羈屬，「羈縻」性質的歸屬，即只有一種鬆散的口頭上的臣服。「羈縻」的意思是用繩子鬆鬆地攏著。㉟朝會　朝拜；進見。附屬國對宗主國應有的禮節。㊱大同俗　風俗大致相同。㊲羈事　「羈縻性」的侍奉、服從。意同「羈屬」。㊳奄蔡也稱「闔蘇」，其地在今俄國境內的鹹海、裏海一帶。㊴北海　此處指哈薩克斯坦與烏茲別克斯坦交界的鹹海及哈薩克斯坦與俄羅斯、阿塞拜疆（亞塞拜然）、伊朗交界的裏海。與《漢書・蘇武傳》之稱「北海」指貝加爾湖者不同。㊵媯水　即今流經烏茲別克斯坦與土庫曼斯坦境上，最後流入鹹海的阿姆河。㊶安息　西域國名，即世界史上所說的「帕提亞王朝」，在今伊朗境內，國都番兜城（今德黑蘭東部之達姆甘）。㊷故時彊二句　據〈匈奴列傳〉，戰國末年及秦朝統一時，「東胡強而月氏盛」，當時匈奴的頭曼單于曾派其太子冒頓到其西鄰的月氏國為人質。當時的月支國居住在今甘肅河西走廊。㊸及冒頓立二句　冒頓（西元前二〇九—前一七五年在位）是使匈奴彪起的關鍵人物。殺其父自立為單于後，首先擊破東胡，其次又向西擊退月氏，向南占領河套一帶，使匈奴強大起來。至冒頓三十三年（西元前一七七年），又命右賢王西擊月氏，迫使月氏人大部分向西遷到了今新疆的伊犁河流域；少部分逃入祁連山，與羌族人融合。㊹老上單于　冒頓之子，西元前一七四—前一六二年在位。㊺殺月氏王　具體年月不詳，此役更使月氏人受到致命打擊，於是遂向西逃過葱嶺，到了今阿姆河流域。㊻敦煌　後來的漢郡名，郡治在今甘肅敦煌西。㊼祁連　山名，在今甘肅走廊西南側。㊽遂都媯水北二句　其地約在今烏茲別克斯坦的鐵爾梅茲一帶。王庭，以稱游牧民族君長的大本營，以其營前寬闊，可供集會，故云。㊾保南山羌　投靠並以南山中的羌族人

為倚託。南山，即祁連山。(50)臨媯水　其東北境達到今阿姆河一線。按：今之各歷史地圖未見繪其西漢時境界至阿姆河一線者。(51)行旁國　指商人到其他周邊國家做買賣。(52)錢如其王面　銀幣上鑄有其國王之相。據《漢書・西域傳》，其銀幣有文字的一面鑄有其王之相，沒有文字的一面鑄有其王后之相。陳直曰：「西北考察團曾在樓蘭得王面錢，銅質，面積甚小，僅大如今之一分幣。」(53)王死輒更錢二句　老國王一死，便要改鑄銀幣，鑄上其新國王之相。(54)畫革旁行　以皮革為紙，橫行書寫。郭嵩燾曰：「西洋古書皆皮為之，蓋安息遺俗也。」(55)條枝　也作「條支」，西域國名，其地在今伊拉克境內。(56)黎軒　說法不一，有說在今土耳其境內。此說與本文相合，黎軒在安息之西北方。也有說指古埃及，也有說指古羅馬帝國。此二者皆不在安息之北。(57)臨西海　若依前注所說條支在「伊拉克境內」，則伊拉克不臨「西海」，只有很小的一角臨近波斯灣，於是遂有人說「條枝」在敘利亞者。(58)有大鳥二句　郭嵩燾曰：「今阿拉伯產此鳥，名駝鳥，鳥形如駝，可以挽車，西人尤重其卵，以為供具。」(59)安息役屬之二句　據周一良《世界通史》載，在張騫到達西域前不久，帕提亞（即安息）的國王密特里達提將伊拉克境內的統治勢力驅逐到了幼發拉底河之西，自己成了出比倫的國王，帕提亞王朝接著又向東擴展，強盛一時。條枝之「役屬」於安息，即謂此也。以為外國，以之為境外的屬國。(60)國善眩　指條枝人善為魔術。眩，指魔術、雜技之類。師古曰：「今吞刀吐火，殖瓜種樹，屠人截馬之術皆是也。」(61)弱水西王母　神話中的河水與神仙。《索隱》引《玄中記》云：「天下之弱者，有崑崙之弱水，鴻毛不能載也。」引《山海經》云：「玉山，西王母所居。」按：「弱水」、「西王母」云云乃戰國時中原地區人對西方景物的一種想像、臆造，見於《山海經》、《穆天子傳》一類的書。隨著西域交通的發展，漢朝人乃又將這些說法加到了條枝人的頭上，恐皆出使者之所為也。郭嵩燾曰：「此因武帝求仙人長生之術而傅會及之。」(62)無大君長　沒有太大的頭領，也就是沒有太大的部落。君長，原作「王長」。王念孫《讀書雜志》曰：「王長，當依《漢書》《漢紀》作「君長」。上文曰『條枝往往有小君長』，即其證。《太平御覽・四夷部》引《史記》正作『大君長』。」據改。(63)善賈市　善於經商、做買賣。(64)大月氏西徙　指月氏人在伊犁河流域被匈奴打敗，其王被老上單于所殺，其餘部西越葱嶺遷來大夏之時也。(65)臣畜大夏　像對奴僕一樣地統治大夏人。畜，養。這裡即指對待。(66)藍市城　也作「藍氏城」。今阿富汗北部之巴里黑。(67)身毒　也寫作「天竺」。印度河流域的古國名，在今印度、巴基斯坦境內。(68)邛竹杖　邛都（今四川西昌一帶）出產的竹製手杖。(69)蜀布　蜀郡（今成都一帶）出產的一種細布。吳見思曰：「遙遙萬里，忽見故物，如游客歸鄉，恍然感目。」(70)其國臨大水焉　即臨近今之印度洋。(71)從羌中　經由今甘肅、青海邊界，以及新疆東南部、南部的羌族地區。即當時所說的「南路」。(72)羌人惡之　羌人憎惡我們從那裡通行。(73)少北　稍微一偏北。即指經由當時的所謂「北路」。(74)從蜀宜徑　從成都一帶尋路西出應該是近捷的。徑，直捷；近便。(75)同業　從事的作業相同。業，事業；勞動項目。(76)貴漢財物　看重漢朝的東西。(77)賂遺設利朝　通過物質的利誘、收買，使之來朝。(78)以義屬之　指通過收買、勸說使之歸附。(79)重九譯二句　通過多重翻譯，把不同風俗國家的使者或君主都招致到中國來。鍾惺《史懷》曰：「揣摩雄主妄想虛願如見。」(80)乃令騫因蜀犍為發間使二句　因，就近調派。蜀、犍為，漢代的二郡名，蜀郡的郡治即今成都市；犍為郡的郡治「僰道」在今四川宜賓西南。發間使，悄悄地派出祕密使節。據〈西南夷列傳〉，武帝聽張騫講說後，「乃令王然于、柏始昌、呂越人等，使間出西夷西，指求身毒國」，未言派張騫本人。倘如此文再加上張騫，恰是四路。(81)駹　成都西北部的少數民族部落名，其地約在今四川茂縣北。(82)冄　成都西北部的少數民族部落名，其地約在今四川松潘南。「冄」、「駹」兩個部落的居住區域鄰近，都屬於羌族系統，故有時以「冄駹」連稱。(83)徙　成都西南部的少數民族部落名，其地約在今四川天全一帶，屬羌族系統。(84)邛僰　這裡即指邛都（今四川西昌）。邛、僰是當時生活在這一帶地區的兩個少數民族部落名，邛族屬羌族系統，僰族屬越族系統。僰族的集中居住地區是在僰道（今四川宜賓），邛都一帶居住的多數是邛族人，但也有僰人，故這裡以「邛僰」稱之。邛都是「四道並出」的出發點之一，而不可能將邛都與僰道合稱為一路的出發點。(85)北方閉氐筰　由北路而出的使者被氐族、筰族部落所擋住。氐、筰，這裡即指筰都，在今四川漢源一帶。筰是少數民族部落名，屬羌族系統，其集中居住地即在筰都。氐，少數民族名，與羌族的關係較近，故常以「氐羌」連稱。氐族的集中居住地在今甘肅東南部、陝西西南部與四川西北部的三省交界處，這裡指與筰族雜居的氐族部落。(86)南方閉嶲昆明　由南路而出的使者被「嶲」與「昆明」兩個民族所擋住。嶲、昆明，都是羌族系統的兩個少數民族名，嶲族的住地在今雲南西部的保山縣以北，昆明族的住地在今雲南的洱海南面。關於氐、筰、嶲、昆明等族的活動，可參看〈西南夷列傳〉。(87)輒殺略漢使二句　據〈西南夷列傳〉，漢使「至滇，滇王嘗羌乃留，為求道西十餘輩。歲餘，皆閉昆明，莫能通身毒國」。(88)滇越　少數民族部落名，其地在今雲南西部的龍陵、騰衝一帶。(89)姦出物　即今所謂「走私」，私自攜帶違禁商品外出交易。(90)以求大夏道二句　為了探尋西通大夏的道路而首先發展與滇國的關係。滇國，少數民族政權名，其都城在今雲南滇池東南的晉寧縣東北，其民族屬越族系統。關於滇國國王的來歷，司馬遷說他是戰國時楚將莊蹻的後裔。詳見〈西南夷列傳〉。(91)初二句　建元六年（西元前一三五年），由唐蒙倡起，先收買、引誘今貴州省境內的夜郎國（即所謂「南夷」之一）歸附漢王朝，在其北設立犍為郡（郡治即今四川宜賓），於元光三年（西元前一三二年）由犍為築路，東南直通夜郎；元光六年（西元前一二九年），又由司馬相如倡議，在「西夷」的邛都、筰都一帶設立了十個縣，一個都尉。(92)費多三句　唐蒙築路通南夷，用了六七年的時間，勞民傷財，沒有完成；司馬相如建議並親自去西夷設立的十縣、一都尉，因有些民族不服，經常叛亂，於是元朔三年（西元前一二六年）「上罷西夷，獨置南夷夜郎兩縣一都尉，稍令犍為自葆就」，事見〈西南夷列傳〉。❾❸乃復事西南夷　即上文所說的元狩元年，武帝派張騫等「四道並出」事也。凌稚隆曰：「此傳屢言『終莫能通』、『竟莫能通』，而騫之欺妄、帝之愚陋可見矣。」

【語　譯】張騫親自到過的地方有大宛、大月氏、大夏、康居，他聽說那裡附近還有五六個大國，他把這些一一地向漢武帝作了彙報。他說：

2 「大宛在匈奴的西南方，在漢朝的正西方，離著漢朝大約有一萬里。那裡的人們都是定居在一個地方，靠耕田為業，種的莊稼有稻子麥子。他們還會釀造葡萄酒。那裡盛產駿馬，馬出的汗是紅色的，據說這些馬都是天馬的後代。那裡有城牆房屋一類的建築。他們的國裡管轄著大小七十餘座城池，人口約有幾十萬。他們使用的兵器有弓和矛，長於騎馬射箭。大宛的北邊是康居，西邊是大月氏，西南方是大夏，東北方是烏孫，東邊是扜罙、于窴。從于窴往西所有的河水都是從東往西流，注入西海；于窴以東的河水，都是從西往東流，注入鹽澤。鹽澤有一條地下河向南流，南面就是黃河發源的地方。那裡盛產玉石，河水流向中原地區。那裡有樓蘭、姑師兩個國家，他們的城鎮都有城牆圍著，離鹽澤很近。鹽澤離著長安約有五千里。匈奴右邊的部落居住在鹽澤的東面，向東一直到隴西的長城，南與羌族相連，隔斷了漢朝與西域諸國的通道。

3 「烏孫在大宛東北，約二千餘里，是個游牧國家，趕著牲畜逐水草而居，跟匈奴人的習俗相同。能拉弓射箭的有幾萬人，他們敢於戰鬥。過去受匈奴統轄，後來強盛起來，就只在名義上服從匈奴，而根本不去向匈奴朝拜了。

4 「康居在大宛的西北，約二千餘里，也是個游牧國家，與大月氏的生活習慣大體相同。能拉弓射箭的有八九萬人。與大宛是鄰國。它的國家較小，因此往南名義上歸附大月氏，往東名義上歸屬於匈奴。

5 「奄蔡在康居的西北，約二千餘里，也是個游牧國家，和康居的生活習慣大體相同。能拉弓射箭的有十多萬人。靠近一片無邊無際的大澤，據說那就是北海。

6 「大月氏在大宛以西，約二三千里，在嬀水的北面。它的南面是大夏，西面是安息，北面是康居。也是游牧國家，趕著牲畜逐水草而居，跟匈奴的生活習慣相同。能拉弓射箭的可以達到一二十萬人。過去強盛時，瞧不起匈奴。等到冒頓做了單于後，打敗了大月氏；後來到老上單于時，竟殺死了大月氏的國王，把他的人頭當做酒器。原先月氏人是住在敦煌與祁連山之間，等到被匈奴打敗後，便向西遠去，越過了大宛，向西打敗了大夏使之屈服於自己，而自己就在媯水北面建立了都城，作為國王的大本營。剩下的一些小部落不能跟著西去的，就跑到南部山區與羌人合併，號稱小月氏。

7 「安息在大月氏以西，大約幾千里。過的是定居生活，從事農田耕作，種植稻麥等作物，會釀製葡萄酒。城鎮的建設很像大宛。管轄的城池有大小幾百座，土地面積縱橫幾千里，是那一帶最大的國家。它靠近媯水，有集市貿易，百姓們從事買賣，用車船運載貨物到其他國家，一去就是幾千里。他們用銀子鑄造錢幣，錢幣的正面是他們國王的頭像。如果國王死了，錢幣就要更換，另鑄一種帶有新國王頭像的錢。他們在皮革上寫字，寫的都是橫行。安息的西面是條支，北邊是奄蔡和黎軒。

8 「條支在安息以西幾千里，靠近西海。氣候炎熱潮溼。以農耕為業，多種稻米。那裡有一種大鳥，鳥蛋像甕一樣大。人口很多，每個聚居的地方都有小君長，安息統轄著他們，作為自己的附屬國。那裡的人擅長變魔術耍雜技。據安息的老人們說在條支有一條弱水，還有什麼西王母，但是誰也沒有見過。

9 「大夏在大宛西南兩千多里，媯水以南。那裡人們過的是定居生活，有屋舍城池，跟大宛的生活習慣相同。沒有大的君長，每個城鎮都有自己的頭目。那裡的兵力軟弱，害怕打仗。他們善於做買賣。當大月氏西移時，把他們打敗了，從此大月氏就統治了他們。大夏的人口很多，大約一百多萬。他們的首都叫藍市城，城裡有販賣貨物的市場。大夏的東南方是身毒國。」

10 張騫說：「我在大夏時，曾見到過邛都產的竹杖和蜀郡織的布。我問他們：『是從哪裡弄來的這些東西？』大夏人回答說：『是我們這裡的商人從身毒國買來的。身毒國在大夏的東南，大約幾千里，那裡的人們也都是定居的，跟大夏大體相同，但地勢低窪潮溼，氣候炎熱。那裡的人們都騎著大象打仗。那個國家緊挨著一片大海。』根據我的推測，大夏離著漢朝一萬二千多里，在漢朝的西南面。身毒又在大夏國東南幾千里，那裡又有蜀地出產的物品，這說明身毒離著蜀地不遠。現在我們出使大夏，經過羌人居住的地方，路途艱險，羌人很討厭我們從那裡通過；要是稍微往北一偏，就會被匈奴人捉去。如果改從蜀地出發應該是近捷的，而且還沒有土匪。」漢武帝一聽大宛、大夏、安息這些都是大國，有許多稀奇的物產，又都習慣定居，跟中國的風俗相似，而且他們的兵力較弱，喜歡漢朝的東西；他們北面的大月氏、康居，兵力雖然強大，但是可以用東西去引誘他們來朝。而且假如能夠採用適當的手段使他們歸屬了漢朝，那麼漢朝就可以擴展上萬里的地盤，就可以讓那些遠方需要經過多重翻譯的，和那些不同生活習慣的人們都來朝拜，使漢朝的聲威德政傳播於四海。漢武帝非常高興，認為張騫說得很對，於是就命令張騫從蜀郡、犍為郡就近派出祕密使者，分四路同時出發：一路出駹族，一路出冄族，一路出徙族，一路出邛都。各條路線都走了一兩千里，結果走北路的中途被氐人、筰人堵住，走南路的被巂人、昆明人堵住。昆明那一帶的少數民族沒有君長，慣於殺掠搶劫，多次殺死和掠奪漢朝的使者，因此這條道路始終沒能打通。然而在這些活動中也聽說了昆明往西再走一千多里有個騎大象的國家，名叫滇越，蜀郡的商人曾偷偷地帶著貨物出去到那裡賣。漢朝為了尋找去大夏的通路，於是開始同滇國有了交往。本來，漢朝早就想打通到西南夷的道路，只是由於費用太多，道路不通，只好中途作罷。這次聽張騫說從這裡可以通到大夏，於是開闢西南夷的工作就又重新開始了。

1 騫以校尉從大將軍擊匈奴❶，知水草處❷，軍得以不乏，乃封騫為博望侯❸。是歲，元朔六年❹也。其明年❺，騫為衛尉❻，與李將軍❼俱出右北平❽，擊匈奴。匈奴圍李將軍，軍失亡多❾；而騫後期，當斬，贖為庶人❿。是歲，漢遣驃騎⓫破匈奴西域數萬人⓬，至祁連山⓭。其明年⓮，渾邪王率其民降漢⓯，而金城⓰、河西[17]。西竝南山[18]至臨澤空無匈奴[19]。匈奴時有候者到，而希矣[20]。其後二年[21]，漢擊走單于於幕北[22]。

2 是後，天子數問騫大夏之屬。騫既失侯，因言曰：「臣居匈奴中，聞烏孫王號昆莫[23]，昆莫之父，匈奴西邊小國[24]也。匈奴攻殺其父[25]，而昆莫生弃於野[26]。烏嗛肉蜚其上[27]，狼往乳[28]之。單于[29]怪以為神，而收長之[30]。及壯，使將兵[31]，數有功[32]。單于復以其父之民予昆莫，令長守於西域[33]。昆莫收養其民，攻旁小邑，控弦數萬，習攻戰。單于死[34]，昆莫乃率其眾遠徙，中立，不肯朝會匈奴[35]。匈奴遣奇兵[36]擊，不勝，以為神而遠之[37]，因羈屬之，不大攻。今單于[38]新困於漢[39]，而故渾邪地[40]空無人。蠻夷俗貪漢財物，今誠以此時而厚幣賂烏孫，招以益東[41]，居故渾邪之地，與漢結昆弟[42]，其勢宜聽，聽則是斷匈奴右臂[43]也。既連烏孫，自其西大夏之屬皆可招來[44]而為外臣。」天子以為然，拜騫為中郎將[45]，將三百人，馬各二匹[46]，牛羊以萬數，齎金幣帛直數千巨萬[47]，多持節副使[48]，道可使，使遺之他旁國[49]。

3 騫既至烏孫，烏孫王昆莫見漢使如單于禮[50]，騫大慚，知蠻夷貪，乃曰：「天子致賜[51]，王不拜，則還賜[52]。」昆莫起拜賜，其他如故[53]。騫諭使指[54]曰：「烏孫能東居渾邪地，則漢遣翁主[55]為昆莫夫人。」烏孫國分[56]，王老，而遠漢，未知其大小；素服屬匈奴日久矣，且又近之，其大臣皆畏胡，不欲移徙，王不能專制。騫不得其要領。昆莫有十餘子，其中子曰大祿，彊，善將眾，將眾別居[57]萬餘騎。大祿兄為太子，太子有子曰岑娶，而太子蚤死。臨死，謂其父昆莫曰：「必以岑娶為太子[58]，無[59]令他人代之。」昆莫哀而許之，卒以岑娶為太子。大祿怒其不得代太子也，乃收其諸昆弟[60]，將其眾畔[61]，謀攻岑娶及昆莫。昆莫老，常恐大祿殺岑娶，予岑娶萬餘騎別居，而昆莫有萬餘騎自備，國眾分為三，而其大總取羈屬昆莫[62]，昆莫亦以此不敢專約於騫[63]。

4 騫因分遣副使使大宛、康居、大月氏、大夏、安息、身毒、于窴、扜罙及諸旁國。烏孫發導譯送騫還。騫與烏孫遣使[64]數十人、馬數十匹報謝，因令窺漢，知其廣大[65]。

5 騫還到，拜為大行[66]，列於九卿[67]。歲餘，卒[68]。

6 烏孫使既見漢人眾富厚[69]，歸報其國，其國乃益重漢[70]。其後歲餘，騫所遣使通大夏之屬者，皆頗與其人[71]俱來，於是西北國始通於漢矣[72]。然張騫鑿空[73]，其後使往者皆稱博望侯[74]，以為質於外國[75]，外國由此信之。

【章 旨】以上為第三段，寫張騫的第二次出使西域。

【注 釋】❶以校尉從大將軍擊匈奴 校尉，軍官名，將軍屬下分若干部，部的長官稱「校尉」，略同今之師長。大將軍，武帝以後的最高軍事長官，名義雖在丞相下，實權乃在丞相之上。這時的「大將軍」指衛青，事跡見〈衛將軍驃騎列傳〉。衛青於元朔六年（西元前一二三年）曾兩次出定襄擊匈奴，兩次隨行的部屬有公孫敖、公孫賀、趙信、蘇建、李廣、李沮。前次殺匈奴數千級，後次斬首虜萬餘級，見〈衛將軍驃騎列傳〉。張騫之所以不列名者，爵秩太低故也。❷知水草處 以張騫在匈奴中生活過十多年故也。❸博望侯 《索隱》曰：「張騫封號耳，非地名。」師古曰：「取其能博廣瞻望也。」《正義》曰：「〈地理志〉：『南陽博望縣。』」按：《正義》說是。博望，漢縣名，縣治在今河南南陽東北。❹元朔六年 西元前一二三年。❺其明年 梁玉繩曰：「當依《漢書・騫傳》作『後二年』。」按：〈李將軍列傳〉亦作「後二年」，即元狩二年（西元前一二一年）。❻衛尉 九卿之一，主管統兵護衛宮廷。❼李將軍 即李廣，當時以郎中令率軍四千人，與張騫俱出右北平，分道北擊匈奴。可參見〈李將軍列傳〉、〈衛將軍驃騎列傳〉。❽右北平 漢郡名，郡治平剛（今遼寧凌源西南）。❾匈奴圍李將軍二句 這是《史記》描寫李廣最艱苦卓絕的場面之一，李廣以四千抗擊匈奴兵四萬，打得從容不迫。詳情見〈李將軍列傳〉。❿而騫後期三句 〈李將軍列傳〉云：「博望侯留遲後期，當死，贖為庶人。」⓫驃騎 指霍去病，衛青的外甥，時為驃騎將軍。驃騎將軍也是國家的高級軍事長官名，僅次於大將軍，實權也在丞相之上。⓬破匈奴西域數萬人 西域，即西部地帶，義同「西邊」。原作「西城」。王念孫《讀書雜志》認為「城」乃「域」之誤，《漢書》作「破匈奴西邊，殺數萬人」。據改。元狩二年霍去病曾率軍過焉支山千有餘里，殺樓蘭王，執渾邪王子，收休屠王祭天金人而歸。事見〈衛將軍驃騎列傳〉。⓭祁連山 在今甘肅走廊西南側與青海的交界線上。⓮其明年 元狩三年（西元前一二〇年）。⓯渾邪王率其民降漢 匈奴西部地區的部落頭領名，因去年被霍去病打敗，失亡多，單于欲誅之，故率部數萬人降漢，過程與詳情見〈衛將軍驃騎列傳〉與〈匈奴列傳〉。⓰金城 漢郡名，郡治允吾（今甘肅永靖西北）。⓱河西 地區名，指今寧夏一帶的黃河以西地區。⓲西竝南山 沿著南山一直西行。竝，傍；沿著。南山，此指甘肅境內的祁連山。⓳空無匈奴 自文帝三年（西元前一七七年）匈奴人驅逐月氏占領河西走廊後，一直斷絕著漢與西域的交通；自元狩二年霍去病大破匈奴於河西，渾邪王於次年降漢後，這一帶遂正式歸入漢王朝版圖，漢王朝在這裡設立了武威、酒泉二郡。⓴時有候者到二句 候者，偵察騎兵。希，通「稀」。㉑其後二年 元狩四年（西元前一一九年）。㉒漢擊走單于於幕北 元狩四年春，衛青、霍去病各率騎兵五萬，分別出定襄與代郡。

衛青大破匈奴於漠北，伊稚邪單于狼狽而逃，自漢擊匈奴以來，戰事描寫之壯闊無過於此者；霍去病則大破匈奴之右方兵，「封狼居胥山，登臨瀚海」而還，從此匈奴之患從根本上得以消除。以上皆詳見〈衛將軍驃騎列傳〉。單于，指伊稚邪單于，西元前一二六－前一一四年在位。幕，通「漠」。㉓烏孫王號昆莫　現任的烏孫國王，號曰昆莫。㉔匈奴西邊小國　是靠近匈奴西部邊境的小國。㉕匈奴攻殺其父　據《漢書・張騫傳》：「昆莫父難兜靡，本與大月氏俱在祁連、敦煌間，小國也。大月氏攻殺難兜靡，奪其地，人民亡走匈奴。」蘇北海《西域歷史地理》曰：「這裡所說的『匈奴攻殺其父』是寫錯了的，應該是『月氏攻殺其父』。」㉖昆莫生弃於野　意謂當時還是嬰兒的昆莫，被丟棄在原野上。㉗嗛肉蜚其上　嗛，此處通「銜」。蜚，通「飛」。㉘乳　哺乳；餵奶。其傳說與《詩經・生民》之說后稷同，蓋各族都有類似故事。㉙單于　此指匈奴之冒頓單于（西元前二〇九－前一七四年在位）。㉚收長之　收養使其長大。蓋昆莫之父被月氏人所殺，月氏人又被匈奴人驅逐，故昆莫被匈奴人所「收長」也。《漢書・張騫傳》接上文云：「子昆莫新生，傅父布就翎侯抱亡，置草中，為求食，還，見狼乳之，又烏銜肉翔其旁。以為神，遂持歸匈奴，單于愛養之。」㉛使將兵　使之為匈奴帶兵。㉜數有功　屢屢破敵立功。數，屢屢。㉝令長守於西域　令其長期駐守於匈奴人之西側境外。西域，原亦作「西城」。同注⑫改。㉞單于死　指冒頓單于死。事在文帝六年（西元前一七四年）。㉟不肯朝會匈奴　意即不願作匈奴的附庸。㊱遣奇兵　派輕便靈活的小股突襲部隊。㊲以為神而遠之　對其感到神奇遂與之保持一定距離。㊳今單于　指伊稚斜（西元前一二六－前一一四年在位）。㊴新困於漢　指元狩四年匈奴人被衛青、霍去病等所重創，被迫率部遠遁。㊵故渾邪地　渾邪王降漢前所居的匈奴西部地區。㊶招以益東　招引他率部東移一些。益，漸；稍稍。郭嵩燾曰：「烏孫之東，車師、蒲類諸國環列，何以能東及渾邪故地？此亦張騫『鑿空』之言也。」㊷結昆弟　結為兄弟之好。昆弟，兄弟。㊸斷匈奴右臂　斬斷匈奴的右翼勢力。㊹招來　招納。來，通「倈」。意思同「招」。㊺中郎將　皇帝的侍衛長官，統率諸中郎，有五官、左、右三將，秩比二千石，上屬郎中令。㊻馬各二匹　每人都帶兩匹馬，一是備中途替換，同時也是向烏孫炫耀漢朝的馬多。㊼齎金幣帛直數千巨萬　齎，攜帶。金幣帛，黃金與幣帛。幣帛，禮品。指玉璧、絹帛等。數千巨萬，指銅錢「數千億」。巨萬，也稱「大萬」，即「億」。㊽多持節副使　給張騫配備了許多副使，這些副使也都「持節」，以便臨時派往某個地區。持節，手持旌節，以表明皇帝特派的身分。㊾道可使二句　半道上如果張騫發現四周有新的可派往的地方，便當機立斷地派這些有身分的副使前去賂贈財物。凌稚隆曰：「『自騫失侯』至『遺之他旁國』一段，與上『天子既聞大宛』一段暗相應，前推武帝好大喜功之心，後原張騫失位怏怏遂致逢君之欲。君臣病根總來只一『貪』字為累，使貽國家無窮之戚如是。」㊿見漢使如單于禮　謂昆莫接見漢朝使者與匈奴單于接見漢朝使者的禮數相同。據〈匈奴列傳〉,「匈奴法,漢使非去節而以墨黥其面者不得入穹廬」。不知是否一貫如此。(51)天子致賜　意謂我這裡有天子送給你的東西。(52)王不拜二句　如果你不起來拜謝,我就將這些東西帶回去。(53)其他如故　其他表現還都像原來一樣的傲慢。(54)騫諭使指　張騫向昆莫講明此次出使的目的。指,通「旨」。(55)翁主　諸侯家的女兒。舊說皇帝的女兒出嫁,由公爵為之主婚,故謂之「公主」;諸侯的女兒出嫁,則由父親為之主婚,故謂之「翁主」。按:其實這裡應說「公主」,實際上後來漢王朝所派出的劉細君也正是以「公主」的身分前來的。(56)烏孫國分　烏孫國現正處於分裂狀態。詳情見下文。(57)將眾別居　帶著一伙部眾另駐在別處。(58)太子　此處的意思即「接班人」、「繼承人」,不能取其字的原義。〈梁孝王世家〉中有以弟為「太子」的說法,此處又以孫為「太子」。(59)無　不要。(60)收其諸昆弟　將其他兄弟都拘捕起來。收,拘捕。(61)將其眾畔　率其部眾謀反自立。畔,通「叛」。(62)大總取羈屬昆莫　大體上還是歸昆莫鬆散的統管著。(63)專約於騫　一個人做主與張騫結約。(64)烏孫遣使　烏孫派出的使者。(65)因令窺漢二句　順便叫他們看看漢朝,讓他們明白漢朝是如何的一個泱泱大國。(66)大行　即大行令,也稱「典客」,朝官名,主管少數民族事務,秩中二千石。(67)列於九卿　爵秩與「九卿」相同。(68)歲餘二句　據《漢書·百官公卿表》,張騫於元鼎二年(西元前一一五年)為大行令,三年(西元前一一四年)卒。按:今城固縣城西四公里之黎何村西有張騫墓,其墓為長二十公尺,寬十六公尺,高二·三公尺的大土丘。墓前有西漢時雕刻的石虎一對,墓地範圍東西寬八十公尺,南北長一百七十餘公尺。(69)人眾富厚　人口眾多,物產富足。(70)乃益重漢　才越來越重視漢王朝。益,漸;越來越。(71)頗與其人　頗,有點;有些。其人,那些國家的人。(72)於是西北國始通於漢矣　於是,從此。西北國始通於漢,濃筆重采,語重萬鈞。(73)鑿空　《集解》引蘇林曰:「鑿,開;空,通,騫開通西域道。」師古曰:「空,孔也。猶言始鑿其孔穴也。」《索隱》曰:「謂西域險阸,本無道路,今鑿空而通之也。」(74)皆稱博望侯　都標榜張騫。(75)以為質於外國　以取信於外國人。質,信;憑證。瀧川引中井曰:「後使漫自冒稱博望侯也,外國乃信之。」

【語　譯】後來張騫以校尉的身分跟隨大將軍衛青討伐匈奴,因為他熟悉哪裡有水草,所以軍隊的給養沒發生困難,於是被封為博望侯。這一年,是漢武帝元朔六年。第二年,張騫又以衛尉的身分,和李廣一道出右北平,討伐匈奴。結果李廣的軍隊被匈奴包圍了,損失慘重;而張騫則因為沒能按期到達,罪該殺頭,自己花錢贖罪成了平民。也是在這一年,漢朝派驃騎將軍霍去病大破匈奴西部的幾萬人,一直追擊到了祁連山。第二年,渾邪王帶著他的部下投降了漢朝,從此金城、河西往西沿著南山一直到鹽澤都沒有匈奴人的軍隊了。

只有匈奴的探馬偶爾出現，但也很少。又過了兩年，漢朝的軍隊追擊匈奴單于一直到了大沙漠以北。

2 後來，漢武帝又多次向張騫詢問大夏諸國的情況。這時張騫正失掉了侯爵，於是趁便說道：「我在匈奴的時候，聽說烏孫的國王名叫昆莫，而昆莫的父親，是匈奴西邊的這個小國的君主，匈奴人進攻烏孫把昆莫的父親殺了。昆莫一出生就被扔到荒郊野地裡，這時有許多烏鴉銜著肉在他的上空盤旋，有母狼去給他餵奶。匈奴單于感到很神奇，於是就收養了他。等到昆莫長大後，單于派他去領兵打仗，他又多次地立了功。於是單于就把昆莫父親的那些老部下還給了昆莫，讓他帶著去長期守衛匈奴的西部邊陲。昆莫把烏孫的民眾收集起來後，領著他們攻擊附近的小部落，漸漸地有了士兵幾萬人，昆莫又進一步訓練他們作戰的本領。等到匈奴單于一死，昆莫就率領著他的軍民遠遠地向西方遷移，並在各國之間保持中立，不再向匈奴朝拜。匈奴也曾派遣奇兵襲擊過他們，但未能取勝，於是匈奴也就覺得他們神奇而不再逼近他們了，只是名義上管轄著他們，而不再對他們大動干戈。到了現在，匈奴單于剛被漢朝打敗，而過去渾邪王的屬地又空無人煙。蠻夷們總是貪圖漢朝財物的，現在如果能趁著這個時機用厚禮去拉攏烏孫，招引他們向東移動，住到渾邪王過去居住的地方上來，讓他們與漢朝結為兄弟之好，從現在的形勢看來他們是會聽從我們的，如果他們聽從我們就等於斬斷了匈奴的右臂。而且我們一旦聯合了烏孫，那麼烏孫以西的大夏等國就都可以招引來做我們的外臣。」漢武帝認為說得有道理，於是就封張騫為中郎將，讓他率領著三百人，每人兩匹馬，以及牛羊幾萬隻，還帶著價值幾千億的金銀布帛，更派了好多手持旌節的副使準備著在半道上隨時可以派遣他們去別的國家。

3 張騫到達烏孫後，烏孫王昆莫接見漢朝使者同接見單于的使者禮節一樣，張騫覺得受到了莫大的恥辱。他知道蠻夷貪愛漢朝的財物，就說：「天子有禮物給你，你要不叩頭拜謝，我就把東西帶回去了。」於是昆莫王才起身叩頭接受了禮物，但其他的禮節還是照他們的原樣。這時張騫就向昆莫表達這次出使的意圖說：「烏孫如果能夠向東遷移到渾邪王的舊地上去住，那麼漢朝將遣送劉家諸侯王的女兒做昆莫王的夫人。」但是由於烏孫國家分裂，國王又老，再加上他們離著漢朝又遠，也不知道漢朝究竟有多大；相反地他們長期以來服屬於匈奴，離著匈奴又近，所以他們的大臣們都害怕匈奴，不想東遷，昆莫王自己不能獨斷專行，所以張騫也得不到一個明確的答覆。昆莫王有十幾個兒子，他的二兒子叫大祿，為人強悍，能領兵，他帶著一萬多騎兵單獨住在一個地方。大祿的哥哥是太子，太子有個兒子叫岑娶。太子死得早，臨死前，對他的父親昆莫說：「請您一定讓岑娶作接班人，不能讓別人代替。」昆莫因為可憐兒子就答應了他的請求，把岑娶立為太子。大祿生氣自己沒能當上太子，於是就把他的兄弟們拘捕起來，領著他的部下造反了，準備進攻岑娶和昆莫。昆莫已經年老，他怕大祿殺害岑娶，於是他就給了岑娶一萬多騎兵讓他住在另一個地方，而昆莫自己身邊也帶著一萬多人做警衛。這樣烏孫國的勢力就一分為三了。各部在名義上大致都歸昆莫統轄，而實際上昆莫也正是因為這種形勢而不敢對張騫自作主張。

4 張騫就派他的副使們分別出使大宛、康居、大月氏、大夏、安息、身毒、于窴、扜罙以及附近的其他國家，而烏孫就派嚮導和翻譯送張騫回漢朝了。張騫帶著烏孫所派的使者幾十個人、好馬幾十匹向朝廷報謝，烏孫派這麼多使者的目的是讓他們察看漢朝的虛實，看看漢帝國到底有多大。

5 張騫回到朝廷後，被封為大行，爵位同於九卿。又過了一年多，張騫去世了。

6 烏孫使者親眼看到了漢朝的人口眾多、物產豐富後，回去報告了國王，從此烏孫開始重視漢朝。在這以後的一年多裡，張騫派到大夏等國去的那些副使們，也都帶著所去國家的使臣相繼回到了漢朝，從此西北方的各個國家開始與漢朝互通往來了。因為這條路是張騫開通的，所以往後凡是到那些國家去的使者都自稱是博望侯，用他的名聲來取得外國的信任，而外國人也的確因此而相信這些漢朝的使者。

1 自博望侯騫死後，匈奴聞漢通烏孫，怒，欲擊之。及漢使烏孫❶，若出其南，抵大宛、大月氏相屬❷，烏孫乃恐，使使獻馬，願得尚漢女翁主❸，為昆弟❹。天子問羣臣議計，皆曰「必先納聘❺，然後乃遣女❻」。初，天子發書易❼，云「神馬當從西北來」⑧。得烏孫馬好，名曰「天馬」。及得大宛汗血馬，益壯，更名烏孫馬曰「西極」，名大宛馬曰「天馬」云。而漢始築令居以西⑨，初置酒泉郡⑩以通西北國。因益發使抵安息、奄蔡、黎軒、條枝、身毒國。而天子好宛馬，使者相望於道⑪。諸使外國一輩⑫大者數百，少者百餘人，人所齎操大放博望侯時⑬。其後益習⑭而衰少⑮焉。漢率⑯一歲中使多者十餘，少者五六輩，遠者⑰八九歲，近者數歲而反⑱。

2 是時，漢既滅越⑲，而蜀、西南夷皆震，請吏入朝⑳。於是置益州、越巂、牂柯、沈黎、汶山郡㉑，欲地接以前通大夏㉒。乃遣使柏始昌、呂越人等歲十餘輩，出此初郡抵大夏㉓，皆復閉昆明㉔，為所殺，奪幣財，終莫能通至大夏焉。於是漢發三輔罪人㉕，因㉖巴、蜀士數萬人，遣兩將軍郭昌、衛廣㉗等往擊昆明之遮㉘漢使者，斬首虜數萬人而去㉙。其後遣使，昆明復為寇，竟莫能得通。而北道酒泉抵大夏，使者既多，而外國益厭漢幣㉚，不貴其物。

3 自博望侯開外國道以尊貴，其後從吏卒㉛皆爭上書言外國奇怪利害，求使㉜。天子為其絕遠，非人所樂往，聽其言，予節㉝，募吏民毋問所從來，為具備人眾㉞遣之，以廣其道。來還㉟不能毋侵盜幣物㊱，及使失指㊲，天子為其習之㊳，輒覆案，致重罪[39]，以激怒令贖，復求使。使端[40]無窮，而輕犯法[41]。其吏卒亦輒復盛推外國所有，言大者予節[42]，言小者為副，故妄言無行之徒皆爭效之。其使皆貧人子，私縣官齎物[43]，欲賤市[44]以私其利[45]。外國亦厭漢使人人有言輕重[46]，度漢兵遠不能至，而禁其食物[47]以苦漢使。漢使乏絕積怨，至相攻擊[48]。而樓蘭、姑師小國耳，當空道[49]，攻劫漢使王恢[50]等尤甚。而匈奴奇兵時時遮擊[51]使西國者。使者爭徧言外國災害[52]，皆有城邑，兵弱易擊。於是天子以故遣從驃侯破奴[53]將屬國[54]騎及郡兵數萬，至匈河水[55]，欲以擊胡，胡皆去。其明年[56]，擊姑師，破奴與輕騎七百餘先至，虜樓蘭王[57]，遂破姑師。因舉兵威以困烏孫、大宛之屬。還，封破奴為浞野侯[58]。王恢數使，為樓蘭所苦，言天子。天子發兵令恢佐破奴擊破之[59]，封恢為浩侯[60]。於是酒泉列亭鄣至玉門[61]矣。

4 烏孫以千匹馬聘漢女，漢遣宗室女江都翁主[62]往妻烏孫，烏孫王昆莫以為右夫人。匈奴亦遣女妻昆莫，昆莫以為左夫人。昆莫曰：「我老。」[63]乃令其孫岑娶妻翁主。烏孫多馬，其富人至有四五千匹馬。

5 初，漢使至安息，安息王[64]令將二萬騎[65]迎於東界。東界去王都數千里，行比至[66]，過數十城，人民相屬[67]甚多。漢使還，而後發使隨漢使來觀漢廣大，以大鳥卵(68)及黎軒善眩人(69)獻于漢。及宛西小國驩潛(70)、大益(71)，宛東姑師、扜罙、蘇薤(72)之屬，皆隨漢使獻見(73)天子。天子大悅。

6 而漢使窮河源(74)，河源出于窴(75)，其山多玉石，采來(76)，天子案古圖書(77)，名河所出山曰「崑崙(78)」云。

7 是時，上方數巡狩海上(79)，乃悉從(80)外國客，大都多人則過之(81)，散財帛以賞賜，厚具(82)以饒給(83)之，以覽示(84)漢富厚焉。於是大觳抵(85)，出奇戲(86)諸怪物(87)，多聚觀者，行賞賜，酒池肉林，令外國客徧觀各倉庫府藏(88)之積，見漢之廣大，傾駭之(89)。及加其眩者之工(90)，而觳抵奇戲歲增變(91)，甚盛益興，自此始。

8 西北外國使，更來更去(92)。宛以西，皆自以遠，尚驕恣晏然(93)，未可詘以禮(94)，羈縻而使(95)也。自烏孫以西至安息，以近匈奴，匈奴困月氏(96)也，匈奴使持單于一信(97)，則國國傳送食(98)，不敢留苦(99)；及至漢使，非出幣帛不得食，不市(100)畜不得騎用。所以然者，遠漢，而漢多財物，故必市乃得所欲，然以畏匈奴於漢使焉(101)。宛左右(102)以蒲陶為酒，富人藏酒至萬餘石，久者數十歲不敗(103)。俗嗜酒，馬嗜苜蓿(104)。漢使取其實來，於是天子始種苜蓿、蒲陶肥饒地。及天馬多，外國使來眾，則離宮別觀(105)旁盡種蒲萄、苜蓿極望(106)。自大宛以西至安息，國雖頗異言(107)，然大同俗，相知言108。其人皆深眼，多鬚髯109，善市賈，爭分銖110。俗貴女子，女子所言而丈夫乃決正111。其地皆無絲漆，不知鑄錢器112。及漢使亡卒113降，教鑄作他兵器114。得漢黃、白金115，輒以為器，不用為幣116。

【章　旨】以上為第四段，寫張騫死後的十多年間，漢王朝與西域諸國相互來往的情景。

【注　釋】❶漢使烏孫　漢人出使烏孫。❷若出其南二句　像是經過它的南側到大宛、大月氏去的人絡繹不斷。若，像是。相屬，相連。即今所謂「絡繹不絕」。郭嵩燾曰：「『若』字有故作聲勢，以悚駭烏孫之意。漢使遮布其南，徑西至大宛、月氏，勢足以臨逼，烏孫乃恐。」❸尚漢女翁主　意即娶漢族女子翁主為妻。尚，上配；高攀。意思即「娶」。按：此處「翁主」仍應作「公主」。❹為昆弟　意即結為兄弟之國。❺納聘　烏孫向漢朝送交定親的聘禮。❻遣女　遣公主去烏孫。❼發書易　王先謙引宋祁曰：「古本《漢書》作『發《易》書』。」《集解》引《漢書音義》曰：「發《易》書以卜。」❽云神馬當從西北來　今《周易》中無此語，顯係當事人為迎合武帝而編造。郭嵩燾曰：「《五經》緯書起於周秦間，至東漢乃大顯，疑此之『書易』即緯書所由始也。」陳直以為此處應斷句作「天子發書，《易》云……」，按：陳說較好。❾築令居以西　在令居以西築城防守。令居，漢縣名，縣治在今甘肅永登西北。❿酒泉郡　郡治祿福（今甘肅酒泉）。漢設酒泉郡在元狩二年（西元前一二一年）秋，渾邪王率部降漢後。⓫使者相望於道　謂絡繹不絕地前往大宛求購「天馬」。⓬一輩　一批；一伙。⓭大放博望侯時　即「牛羊以萬數，齎金幣帛直數千巨萬」。大放，大致相仿。放，此處通「仿」。⓮益習　情況越來越熟悉。⓯衰少　使團的人數與所攜帶的東西越來越減少。⓰率　大概；大致。⓱遠者　指出使之路途遙遠者。⓲反　通「返」。⓳漢既滅越　指滅南越，事在元鼎六年（西元前一一一年），詳情見〈南越列傳〉。⓴請吏入朝　請朝廷在這些地區設郡縣，派官吏；而這些少數民族地區的頭領則請求入朝拜見皇帝。詳情見〈西南夷列傳〉。㉑置益州越巂牂柯沈黎汶山郡　益州，漢郡名，郡治在今雲南晉寧東北。越巂，漢郡名，郡治邛都（今四川西昌東南）。牂柯，漢郡名，郡治在今貴州黃平西南。沈黎，漢郡名，郡治在今四川漢源東北。汶山，漢郡名，郡治在今四川茂縣城北。按：漢之置越巂、牂柯、沈黎、汶山諸郡在元鼎六年，而置益州郡乃在元封二年（西元前一〇九年），不宜提前與越巂、牂柯諸郡並敘。㉒欲地接以前通大夏　意即不斷地擴大地盤，直到與大夏相接。㉓出此初郡抵大夏　由這些新設立的前沿郡縣出發，西通大夏。㉔閉昆明　被昆明部落所阻擋。閉，阻路。昆明，西南地區的少數民族部落名，其地在今雲南西部的洱海以南。㉕發三輔罪人　三輔，指京兆尹、左馮翊、右扶風，即首都及其郊區的三個郡級地區。按：秦漢時代凡徵兵、徵發傜役，皆首先徵調罪犯、苦役犯，其次則是徵調工商業者。㉖因就近調派。㉗郭昌衛廣　據《漢書·武帝紀》，郭昌時為將軍，衛廣時為中郎將。㉘遮　攔截。㉙斬首虜數萬人而去　斬首虜，即斬敵之首與俘獲生敵。關於「首虜」的種種用法，參見〈衛將軍驃騎列傳〉。據〈西南夷列傳〉：「上使王然于以越破及誅南夷兵威風喻滇王入朝。滇王者，其眾數萬人，其旁東北有勞浸、靡莫，皆同姓相扶，未肯聽。勞浸、靡莫數侵犯使者吏卒。元封二年，天子發巴蜀兵擊滅勞浸、靡莫。」《漢書·武帝紀》云：「遣將軍郭昌、中郎將衛廣發巴蜀兵平西南夷未服者，以為益州郡。」蓋皆謂此也。事在元封二年。㉚益厭漢幣　對漢使攜帶的禮品越來越感到厭煩。幣，禮品。㉛從吏卒　跟從張騫出使過的吏卒。㉜求使　請求充任使者。㉝予節　授與旌節。指任其為正使。㉞為具備人眾　為其安排一定數量的隨員。㉟來還　這些出使回來的人。㊱侵盜幣物　指這些出使者自己貪汙盜竊。㊲使失指　沒能正確地達到出使的宗旨。㊳習之　指熟悉通西域的事情。㊴輒覆案二句　往往追察、審問，處之以重罪。㊵使端　請求出使的人們所編出的理由、說法。㊶輕犯法　不把犯法當成一回事。㊷言大者予節　誰能誇海口、說大話就讓誰當正使。㊸私縣官齎物　將所攜帶的國家的東西據為私有。縣官，這裡即指國家、公家。㊹賤市　低價賣出。㊺以私其利　「利」下原有「外國」二字，應為衍字。按：《漢書》無「外國」二字，文義較通。以上三句，瀧川曰：「《漢書》無『貧人子』三字，又無『外國』二字。言所齎官物，視同私有，賤賣自利，不盡入官也。」㊻漢使人人有言輕重　《集解》引服虔曰：「漢使言於外國，人人輕重不實。」即許多事情的輕重利害一人一個說法。㊼禁其食物　不給他們提供吃的。㊽至相攻擊　謂漢朝使者與西域諸國發生糾紛，乃至相互攻擊也。㊾當空道　正對著東西方往來的通道。空，孔也。㊿王恢　此與建言伏兵馬邑以誘擊匈奴者為別一人。(51)遮擊　攔擊。(52)爭徧言外國災害　按：《漢書》作「爭言外國利害」，就上下文看，作「利害」稍順。(53)以故遣從驃侯破奴　《漢書》削「以故」二字。周壽昌曰：「時從驃既失侯，此應稱『故從驃侯』。」按：依周說，此處應削「遣」字。破奴，趙破奴，事跡詳見〈衛將軍驃騎列傳〉。(54)屬國　其他民族歸降漢朝，漢朝將其按原部落安置在沿邊郡縣者，稱之為「屬國」。師古曰：「存其國號而屬漢朝，故曰『屬國』。」元狩二年，匈奴渾邪王率四萬人降漢，漢置五屬國以處之。趙破奴所率的「屬國騎」，就是這些匈奴人。(55)匈河水　大約在今甘肅西北部。郭嵩燾曰：「疑此當為居延海之下流。」按：趙破奴此次出擊匈奴在元鼎六年。(56)其明年　元封元年（西元前一一〇年）。(57)虜樓蘭王　〈衛將軍驃騎列傳〉記此事於元封二年；而〈建元以來侯者年表〉乃云趙破奴虜樓蘭王在元封三年（西元前一〇八年），三處說法三樣。梁玉繩曰：「趙破奴為匈河將軍攻胡在元鼎六年，而〈大宛傳〉謂虜樓蘭為擊胡之明年，乃元封元年，與《漢傳》合。蓋破奴深入匈奴，不見一人，遂還師擊西域也。〈大事記〉載於元封元年，極確。」[58]封破奴為浞野侯　〈建元以來侯者年表〉繫此事在元封三年，蓋謂趙破奴之破樓蘭乃在元封三年也，與梁氏說不同。[59]令恢佐破奴擊破之　《集解》引徐廣曰：「為中郎將。」謂王恢以中郎將的身分佐趙破奴擊破樓蘭。[60]封恢為浩侯　據〈建元以來侯者年表〉，王恢「以故中郎將將兵捕得車師王功侯」，事在元封四年（西元前一〇七年）。此處《史》文乃云以佐破奴擊樓蘭封侯，蓋事件與時間皆誤。[61]酒泉列亭鄣至玉門　意謂漢王朝的西北前沿又向西推進了一大步。亭鄣，指瞭望臺以及碉堡之類。安金槐《中國考古》曰：「鄣塞是邊城派出鄣尉的駐地，其軍事性質形同後代的邊防哨所。」玉門，此指玉門關，即今敦煌市西北的小方盤城，因西域人由此向中原輸入玉石而得名。白壽彝《中國通史》曰：「敦煌西北，地廣人稀，鹽鹼特重，城鄣遺址保存最好，有的烽燧至今仍高十米以上。許多烽燧備用的積薪，依然整齊地在烽燧附近堆放著，甚至連攀登燧頂的繩索仍懸掛於燧旁，是研究漢代邊防鄣塞烽燧制度的最豐富、最直接的資料。」[62]江都翁主　江都王劉建的女兒。江都國的都城廣陵，在今江蘇揚州城西北。劉建是景帝子劉非之子，武帝之姪，於元狩二年有罪自殺。據《漢書・西域傳》劉非之女名細君，於元封年間（西元前一一〇—前一〇五年）遠嫁烏孫。細君在烏孫曾作歌曰：「吾家嫁我兮天一方，遠託異國兮烏孫王。穹廬為室兮氈為牆，以肉為食兮酪為漿。居常土思兮心內傷，願為黃鵠兮歸故鄉。」[63]昆莫曰二句　昆莫生於冒頓晚年，冒頓死於西元前一七四年，至武帝元封年間，則年六十餘。[64]安息王　即帕提亞國王密特里達提。[65]令將二萬騎　按：此處「將」字應重出，作「令將將二萬騎」，蓋令將軍率二萬騎迎之於東境也。[66]行比至　謂由東境行至國都。比，及。[67]人民相屬　謂國內居民彼此連續不絕。[68]大鳥卵　鴕鳥蛋。[69]善眩人　王念孫曰：「『眩』上本無『善』字，後人以上文云『條枝國善眩』，因加『善』字也。」眩人，魔術師。[70]驩潛　西域小國名，其地約在今阿姆河下游，接近鹹海一帶，今屬烏茲別克。[71]大益　西域小國名，丁謙以為即阿拉伯人。[72]蘇薤　西域小國名，岑仲勉以為在今烏茲別克的撒馬爾罕一帶。[73]獻見　獻禮朝見。[74]窮河源　追溯黃河的源頭。[75]河源出于窴　張騫通西域前，古人都說黃河發源於崑崙山。張騫通西域後，始說黃河發源在于窴（今新疆之和田縣一帶）。[76]采來　《集解》曰：「漢使采取，將持來至漢。」張文虎以為是一種玉石的名稱：「采當為采色之采，來乃『琜』之借字。」[77]案古圖書　根據古書所言。此「古圖書」指《山海經》、《穆天子傳》、〈禹貢〉之類。[78]名河所出山曰崑崙　瀧川曰：「以于寘河源為崑崙，蓋始于武帝。」按：稱于窴南側之山為崑崙山，至今猶然；但黃河之源頭實不在這裡，今乃稱黃河之源在青海省之巴顏喀喇山北麓。[79]數巡狩海上　屢屢外出沿海邊巡遊。巡狩，指皇帝的出遊，美其名曰「巡狩」，意思是巡行視察各地諸侯為國家守護疆土的情況。狩，通「守」。漢武帝的屢屢外出到東方海上巡遊是從元封元年開始。(80)悉從　全部地帶上。(81)大都多人則過之　專門找那種城市大、人口多的地方走。(82)厚具　多多地準備東西。(83)饒給　多給；出手大方。按：以上「散財帛以賞賜，厚具以饒給之」，指賞賜當地的臣民。(84)覽示　誇示。指擺闊給外國人看。(85)大觳抵　指大規模地舉行摔跤一類的表演。觳抵，即摔跤、相撲之類。(86)奇戲　指各種雜技表演。(87)諸怪物　各種稀奇百怪的動物。(88)各倉庫府藏　各地的倉庫、錢庫。府藏，義同「倉庫」。藏，儲物之所。各，原作「名」。張文虎《札記》卷五曰：「『名』字譌，當從《漢書》作『各』。」據改。(89)傾駭之　令其驚訝怪駭。(90)加其眩者之工　謂使中國的魔術技巧超過黎軒人。(91)觳抵奇戲歲增變　各種摔跤、雜技逐年變化翻新。(92)更來更去　來來往往。(93)驕恣晏然　驕縱傲慢，神態悠閒。晏然，安然；神態悠閒的樣子。(94)未可詘以禮　不能以禮節約束，使之變得謙卑。詘，通「屈」。謙卑。(95)羈縻而使　意即加以籠絡，予以控制。羈，給其戴上籠頭。縻，用繩子攏著。(96)匈奴困月氏　「困」上應增「嘗」字讀，即冒頓、老上兩次大破月氏事。《漢書‧西域傳》作「匈奴嘗困月氏」。(97)信　信物；憑證。(98)傳送食　輾轉供給飲食。即走到哪裡都有供應。傳，通「轉」。(99)不敢留苦　不敢扣留；不敢為難。(100)市　花錢買。(101)然以畏匈奴於漢使焉　這是因為他們怕匈奴人更甚於怕漢朝使者。以，因。郭嵩燾曰：「畏匈奴甚於漢使，是以待漢使加薄也。」方苞曰：「為貳師伐宛，當道小國不肯給食張本。」(102)宛左右　大宛以及其周邊國家。(103)數十歲不敗　瀧川轉引《後涼錄》曰：「呂光入龜茲城，胡人奢侈，富於生養，家有蒲陶酒，或至千斛，經十年不敗。」(104)嗜苜蓿　嗜，愛吃。苜蓿，一種蔓類植物，可做騾馬飼料。(105)離宮別觀　帝王正式宮廷外可供外出臨時住宿的宮館。觀，宮殿。(106)極望　也稱「彌望」。一眼望不到邊。(107)異言　使用的語言不同。(108)相知言　能明白彼此所說的話。(109)鬚髯　生於口下的毛曰鬚，生於兩頰的毛曰髯。(110)爭分銖　指討價還價，分毫必爭。分、銖，都是很小的重量單位，一兩的二十四分之一叫一銖，一兩的百分之一叫一分。(111)決正　決定。以妻子之言作為丈夫判斷事物的準則。(112)不知鑄錢器　不懂得鑄錢與鑄造工具。(113)漢使亡卒　漢朝使者從卒之逃亡者。(114)他兵器　西域所沒有的其他各種兵器。(115)黃白金　黃金及白銀。(116)不用為幣　不把金銀作為貨幣流通。

【語　譯】博望侯張騫死後，匈奴聽說了漢朝和烏孫通好的消息，他們非常憤怒，就想進攻烏孫。而漢朝在向烏孫派遣使者的同時，也派人往南到大宛、大月氏等國，一批批連續不斷。烏孫感到害怕了，於是派人到漢朝獻馬，要求娶漢朝諸侯王的女兒，與漢朝結為兄弟之國。漢武帝問大臣們有什麼主意，大臣們都說：「應該讓他們先來納聘，然後我們才能派人送親。」在此以前，漢武帝看《易經》，見裡邊有「神馬當從西北來」這句話。後來他得到了烏孫送來的好馬，取名叫「天馬」。等到後來又得到了大宛的汗血馬，這種馬更加高大雄壯，於是他便把烏孫馬改名為「西極」，而稱大宛馬為「天馬」。接著漢朝在令居以西拓地築城，設置了酒泉郡，作為通往西北國家的基地。從此派往安息、奄蔡、黎軒、條枝、身毒等國的使者就越來越多了。由於皇帝喜歡大宛馬，所以派往大宛的使者連續不斷。所派往外國的使團多的一批幾百人，少的也有一百多人，每批所帶的東西大致都和張騫那時差不多。後來情況越來越熟悉，帶的東西就漸漸少了。漢朝一年派出的使者大概是多者十來起，少者五六起，這些人出去遠的要八九年，近的也得要好幾年才能回來。

2 這時，漢朝已經滅了越國，因而蜀地和西南夷都很震恐，請求派官吏並進京朝貢。於是漢朝在那些地區設置了益州郡、越巂郡、牂柯郡、沈黎郡、汶山郡，想從這些地方向外延伸以便挨近大夏。就派了柏始昌、呂越人等一年十多批，由這些新設置的郡縣出發前往大夏，結果都在昆明地區受阻，有的使者被殺，有的財物被奪，沒有一個能到達大夏。於是漢朝就調動了三輔地區的罪人，加上巴、蜀地區的幾萬士兵，派郭昌、衛廣兩位將軍領著前往昆明去討伐那些攔截漢朝使者的人，直到殺虜了幾萬人才告一段落。但後來漢朝派出使者時，昆明人仍是加以攔截，始終無法順利通行。這時從北路經由酒泉通往大夏的使者越來越多，而外國對漢朝的禮物也漸漸感到厭煩，不再看重了。

3 自從張騫因為打通對外聯繫而獲得尊貴開始，此後那些曾經跟隨張騫出使的吏卒們也都爭著上書描述外國的奇聞異事、利害得失，要求出使。漢武帝覺得這都是一些非常遙遠的地方，不是什麼人都願意去的，就答應他們的請求，給他們符節，召募一些不管是從哪裡來的吏民，湊足了人數就出發，目的是為了把這條通往西域的道路開拓得更寬廣。這些使臣們在往來出使的過程中，當然也少不了貪汙盜竊，以及沒有完成出使任務的。天子考慮到他們熟悉西域的情況，於是就故意地按照法律判他們以重罪，以便刺激他們讓他們花錢贖罪，繼續要求出使。漸漸地這些出使的人們應付朝廷的手段越來越多，也不把犯法當成一回事了。他們的那些吏卒也一再誇說外國所有的東西請求出使，說得好的可以得到符節，說得差的也可以充當副使，因而使得一些專會胡說八道的無恥之徒全來仿效他們的行為。那些出使的都是貧苦人的子弟，他們把帶去的一部分國家財物占為私有，想賤價出賣牟取私利。外國也討厭漢朝派去的人每人說話都不一樣，他們也估量著兩國相距遙遠，漢朝軍隊是不可能前來的，因而就斷絕漢朝使者的食物供應使他們大吃苦頭。而漢朝的使者由於缺乏食物而痛恨他們，以至於發展到互相打起來。樓蘭、姑師雖然都是小國，但他們正處在東西方的通道上，他們攻擊劫奪漢朝的使者王恢等人尤其厲害。除此之外匈奴的小股騎兵也常常在半道上攔劫漢朝出使西域的人。這些出使回來的人都爭著說外國發生災害，說那裡都有城鎮而兵力弱小，不難打敗。於是漢武帝就派從驃侯趙破奴率領著歸屬漢朝的少數民族的騎兵和從各郡徵調來的步兵幾萬人，出擊匈奴，他們一直前進到匈河水，結果匈奴人早就撤走了。第二年，他們又進擊姑師，趙破奴領著騎兵七百多人提前趕到，俘虜了樓蘭王，大破姑師。接著又乘勝讓烏孫、大宛等國吃了一些苦頭。回來後，趙破奴被封為浞野侯。王恢是因為多次出使，半道上受過樓蘭的害，他把這些告訴了漢武帝。漢武帝遂命王恢帶兵幫助趙破奴擊破樓蘭，因此王恢被封為浩侯。從此漢朝的崗哨據點就由酒泉一直排列到玉門去了。

4 烏孫王為了要娶漢女用了一千匹馬來下聘禮，漢朝派了宗室江都王的女兒往嫁烏孫王為妻，烏孫王昆莫把她封做右夫人。後來匈奴人也送了一個匈奴女子去給昆莫為妻，昆莫封她為左夫人。昆莫說：「我老了。」於是就讓他的孫子岑娶娶了江都王的女兒。烏孫國以產馬著稱，有些富家養馬可以多達四五千匹。

5 一開始，漢朝使者到達安息時，安息王派人帶著兩萬騎兵到東邊的國界上迎接。東界離著安息國都有幾千里，從東界到國都，要經過幾十座城池，一路上人煙稠密。漢朝使者回國時，安息也派出了使者跟著來漢朝參觀，帶著他們那裡產的大鳥蛋和黎軒的魔術師來獻給漢朝。後來大宛西面的小國驩潛、大益，大宛東面的姑師、扜罙、蘇薤等，都跟著漢朝使者來貢獻物品，拜見皇帝。皇帝非常高興。

6 漢朝的使者曾去探尋過黃河的源頭，黃河的源頭在于窴，那裡的山上盛產玉石，漢朝使者順便採來了一些，天子根據古書上的記載，給黃河發源的那座山起名叫崑崙山。

7 這時，漢武帝正頻繁地到沿海一帶巡視，於是他就讓這些外國來的客人們全都跟著，凡是人多的都城都要從那裡經過，故意散發錢財布帛賞賜給那裡的臣民，讓各處都準備豐富的東西以供給這些過往的人，目的是以此來向外國人誇耀漢朝的富有。他們每走到一個地方都盛大舉行摔跤比賽，演出各種稀奇古怪的節目，招攬許多人來觀看，趁機大行賞賜，簡直像殷紂王的以酒為池以肉為林一樣，他還讓外國的客人們到處參觀各地的倉庫、錢庫，以顯示漢朝的廣大、富有，讓他們為之傾心驚歎。也正是從這時開始那些魔術技巧越來越高，那些摔跤以及各種雜耍的花樣也越來越新鮮，越來越發達了。

8 從此西北各國到漢朝來的使者，此去彼回接連不斷。大宛以西的國家，都覺得自己離著漢朝遙遠，態度上還都比較傲慢，表現出毫不在乎的樣子，對於這些國家還不能要求他們守什麼禮節，只要他們大體上尊重漢朝過得去就行了。由烏孫往西一直到安息，因為他們離著匈奴近，而匈奴又曾整治過月氏，所以匈奴的使者只要拿著單于的信物，那裡每個國家都會供應他們食物，根本不敢對他們有一點留難；可是漢朝使者就不同了，不拿出錢幣、布帛就得不到吃的，不自己買牲畜就沒有騎的。他們所以這樣做，就是因為離著漢朝遠，而且漢朝使者手裡的東西又多，所以就非得自己花錢才能有東西用，當然也可以看出他們是害怕匈奴人更甚於漢朝使者了。大宛附近諸國善於用葡萄造酒，富家的地窖裡有的藏酒多達上萬石，儲藏的時間有的可以長達幾十年而不變味。當地的人們都愛喝酒，那裡的馬愛吃苜蓿。漢朝的使者曾從那裡帶回了一些種子，漢武帝下令把這些苜蓿、葡萄種植在土質肥沃的地方。等到後來天馬越來越多，外國的使者也越來越多時，在皇帝各處的離宮別觀周圍所種的葡萄、苜蓿就一眼望不到邊了。從大宛往西一直到安息，各個國家的語言雖然不一樣，但他們的風俗習慣都大致相同，說話也可以相互明白意思。那裡的人都是眼睛窪下，絡腮鬍子，善於做生意，對錢財斤斤計較。那裡女子的地位高，女人一說男人就都照辦。那裡沒有絲織物和漆器，也不知道鑄造錢幣和工具。等到漢朝使者的隨從中有人逃亡投降了他們，才開始教他們鑄造兵器。他們得到了漢朝的黃金白銀，往往拿來製造器物，不用它來鑄造錢幣。

1 而漢使者往既多，其少從❶率多進熟❷於天子，言曰：「宛有善馬在貳師城❸，匿❹不肯與漢使。」天子既好宛馬，聞之甘心❺，使壯士車令❻等持千金及金馬以請宛王貳師城善馬。宛國饒漢物❼，相與謀曰：「漢去我遠，而鹽水❽中數敗❾，出其北❿有胡寇，出其南⓫乏水草。又且往往而絕邑⓬，乏食者多。漢使數百人為輩⓭來，而常⓮乏食，死者過半。是安能致大軍乎⓯？無柰我何。且貳師馬，宛寶馬也。」遂不肯予漢使。漢使怒，妄言⓰，椎金馬⓱而去。宛貴人怒曰：「漢使至輕我⓲。」遣漢使去，令其東邊郁成⓳遮⓴攻殺漢使，取其財物。於是天子大怒。諸嘗使宛姚定漢等言宛兵弱，誠以漢兵不過三千人，彊弩射之，即盡虜破宛矣。天子已嘗使浞野侯攻樓蘭，以七百騎先至，虜其王，以定漢等言為然，而欲侯寵姬李氏㉑，拜李廣利㉒為貳師將軍，發屬國六千騎及郡國惡少年㉓數萬人，以往伐宛。期㉔至貳師城取善馬，故號「貳師將軍㉕」。趙始成為軍正㉖，故浩侯㉗王恢使導軍，而李哆為校尉，制軍事㉘。是歲，太初元年也㉙。而關東蝗大起，蜚西至敦煌㉚。

2 貳師將軍軍既西，過鹽水，當道小國恐，各堅城守，不肯給食。攻之不能下，下者得食，不下者數日則去。比至郁成，士至者不過數千，皆飢罷㉛。攻郁成，郁成大破之，所殺傷甚眾。貳師將軍與哆、始成等計：「至郁成尚不能舉[32]，況至其王都乎？」引兵而還。往來二歲，還至敦煌，士不過什一二[33]。使使上書，言：「道遠多乏食；且士卒不患戰，患飢。人少，不足以拔宛[34]。願且罷兵，益發而復往[35]。」天子聞之，大怒，而使使遮玉門，曰：「軍有敢入者輒斬之！」貳師恐，因留敦煌。

3 其夏[36]，漢亡浞野之兵二萬餘於匈奴[37]。公卿及議者皆願罷擊宛軍，專力攻胡。天子已業誅宛[38]，宛小國而不能下，則大夏之屬輕漢，而宛善馬絕不來，烏孫、侖頭[39]易苦漢使[40]矣，為外國笑。乃案言伐宛尤不便者[41]鄧光等，赦囚徒、材官[42]，益發惡少年及邊騎[43]，歲餘而出敦煌者六萬人，負私從者[44]不與[45]。牛十萬，馬三萬餘匹，驢騾橐它[46]以萬數。多齎糧，兵弩甚設[47]，天下騷動，傳相奉伐宛[48]，凡五十餘校尉[49]。宛王城中無井，皆汲城外流水，於是乃遣水工徙其城下水空以空其城[50]。益發戍甲卒[51]十八萬，酒泉、張掖北，置居延、休屠[52]以衛酒泉[53]。而發天下七科適[54]，及載糒給貳師[55]，轉車人徒[56]相連屬至敦煌[57]。而拜習馬者二人為執驅校尉[58]，備破宛擇取其善馬云。

4 於是貳師後復行[59]，兵多，而所至小國莫不迎，出食給軍。至侖頭，侖頭不下[60]，攻數日，屠之[61]。自此而西，平行[62]至宛城[63]，漢兵到者三萬人。宛兵迎擊漢兵，漢兵射敗之，宛走入葆乘其城[64]。貳師兵欲行，攻郁成，恐留行而令宛益生詐[65]，乃先至宛，決其水源，移之[66]，則宛固已憂困。圍其城，攻之四十餘日，其外城壞，虜宛貴人勇將煎靡[67]。宛大恐，走入中城。宛貴人相與謀曰：「漢所為攻宛，以王毋寡[68]匿善馬而殺漢使。今殺王毋寡而出善馬，漢兵宜解；即不解[69]，乃力戰而死[70]，未晚也。」宛貴人皆以為然，共殺其王毋寡，持其頭遣貴人使貳師，約曰：「漢毋攻我。我盡出善馬，恣所取[71]，而給漢軍食[72]。即不聽，我盡殺善馬。而康居之救且至，至，我居內，康居居外，與漢軍戰。漢軍孰計之，何從[73]？」是時，康居候視[74]漢兵，漢兵尚盛，不敢進。貳師與趙始成、李哆等計：「聞宛城中新得秦人[75]，知穿井[76]，而其內食尚多。所為來，誅首惡者毋寡。毋寡頭已至，如此而不許解兵，則堅守，而康居候漢罷[77]而來救宛，破漢軍必矣。」軍吏皆以為然，許宛之約。宛乃出其善馬，令漢自擇之，而多出食，食給[78]漢軍。漢軍取其善馬數十匹，中馬以下牡牝[79]三千餘匹，而立宛貴人之故待遇漢使善者[80]名昧蔡，以為宛王，與盟而罷兵。終不得入中城，乃罷而引歸[81]。

初，貳師起敦煌西[82]，以為人多，道上國[83]不能食[84]，乃分為數軍，從南北道[85]。

校尉王申生、故鴻臚[86]壺充國等千餘人，別到郁成[87]。郁成城守，不肯給食其軍。王申生去[88]大軍二百里，偵而輕之[89]，責郁成。郁成食不肯出[90]，窺知申生軍日少[91]，晨用三千人攻，戮殺申生等，軍破，數人脫亡，走[92]貳師。貳師令搜粟都尉上官桀[93]往攻破郁成，郁成王[94]亡走康居，桀追至康居。康居聞漢已破宛，乃出郁成王予桀，桀令四騎士縛守詣大將軍[95]。四人相謂曰：「郁成王，漢國所毒[96]，今生將去[97]，卒失大事[98]。」欲殺，莫敢先擊。上邽騎士趙弟[99]最少，拔劍擊之，斬郁成王，齎頭[100]。弟、桀等逐及大將軍[101]。

6 初，貳師後行[102]，天子使使告烏孫，大發兵并力擊宛[103]。烏孫發二千騎往，持兩端，不肯前[104]。貳師將軍之東[105]，諸所過小國聞宛破，皆使其子弟從軍入獻[106]，見天子，因以為質[107]焉。貳師之伐宛也，而軍正趙始成力戰，功最多；及上官桀敢深入，李哆為謀計[108]。軍入玉門者萬餘人，軍馬千餘匹[109]。貳師後行，軍非乏食，戰死不能多，而將吏貪，多不愛士卒，侵牟[110]之，以此物故[111]眾。天子為萬里而伐宛，不錄過[112]，封廣利為海西侯[113]。又封身斬郁成王者騎士趙弟為新時侯[114]。軍正趙始成為光祿大夫[115]，上官桀為少府[116]，李哆為上黨[117]太守。軍官吏[118]為九卿者三人[119]，諸侯相、郡守、二千石[120]者百餘人，千石[121]以下千餘人。奮行者[122]官過其望(123)，以適過行者皆絀其勞(124)。士卒賜直四萬金(125)。伐宛再反(126)，凡四歲而得罷(127)焉。

7 漢已伐宛，立昧蔡為宛王而去。歲餘，宛貴人以為「昧蔡善諛(128)，使我國遇屠」，乃相與殺昧蔡，立毋寡昆弟曰蟬封為宛王，而遣其子入質於漢。漢因使使賂賜以鎮撫之(129)。

8 而漢發使十餘輩，至宛西諸外國，求奇物，因風覽(130)以伐宛之威德。而敦煌置酒泉都尉(131)，西至鹽水，往往有亭(132)。而侖頭有田卒(133)數百人，因置使者護田積粟(134)，以給使外國者。

【章　旨】以上為第五段，寫李廣利討平大宛的過程。

【注　釋】❶少從　師古曰：「漢時謂隨使而出外國者為『少從』，總言其少年而從使也。」❷進熟　進言說其所熟悉的有關西域的事情。也有說即進獻甜言蜜語。中井曰：「謂美語為熟者，取烹熟甘美之義也。」王先謙引王闓運曰：「進熟，謂進見熟習也。以習熟故無所不言，而言及馬矣。」❸貳師城　在大宛首都貴山城之東南，今吉爾吉斯斯坦安集延之正南。❹匿　藏。❺甘心　此處意即動心、興心。師古曰：「心懷美悅，專事求之。」❻壯士車令　壯士姓車名令。陳直曰：「《鹽鐵論・西域篇》云：『張騫言大宛之天馬汗血、安息之真玉大鳥，縣官既聞如甘心焉，乃大興師伐宛，歷數期而克之。』《鹽鐵論》此文多本於太史公〈大宛傳〉。」❼饒漢物　舊有的漢物已經很多。師古曰：「素有漢地財物，故不貪金馬之幣。」❽鹽水　即羅布泊。❾數敗　指凡欲通過羅布泊者，往往被惡劣的自然氣候所摧垮。❿出其北　向北繞開羅布泊。意即經由前文所述之「北道」西行。⓫出其南　意即沿前文所述之「南道」西行。⓬絕邑　沒有城鎮；沒有人煙。⓭數百人為輩　結伙數百人。

⑭常　此處通「尚」。尚且。⑮是安能致大軍乎　意謂幾百人一伙，路上都難以弄到吃的，死者過半，這樣的道路，大部隊怎麼能通過呢？是，此。致，使之前來。⑯妄言　指罵人。⑰椎金馬　砸碎了帶來的禮品。⑱至輕我　漢使輕視我們達到了極點。至，極。⑲東邊郁成　東部邊境的郁成。郁成，大宛的城鎮名，在大宛國都貴山城的東南，貳師城的東北，今安集延的正東。《漢書》於此作「郁成王」。徐孚遠曰：「欲諱殺使之跡，故縱之去，而令郁成遮要之。」⑳遮　堵；攔截。㉑欲侯寵姬李氏　欲使其寵姬李夫人之親屬為侯。有關李夫人的簡略事跡見〈外戚世家〉。㉒李廣利　李夫人之兄，事跡除見於本文外，尚見於〈匈奴列傳〉與《漢書・李廣利傳》。㉓惡少年　師古曰：「無行義者。」按：雖「無行義」，但亦尚非「罪人」。㉔期　期望；計劃。㉕貳師將軍　以行動之目的地為將軍之稱號，亦如趙破奴之為「匈河將軍」、「浚稽將軍」也。㉖軍正　軍中的司法官。㉗故浩侯　王恢於元封四年（西元前一〇七年）被封浩侯，不久因「出使酒泉，矯制」被廢，故此稱「故浩侯」。㉘制軍事　主管軍中事務。陳子龍曰：「貳師於將略，未必長也，故以李哆制軍事。」中井曰：「詳具三人職事，而校尉更稱『制軍事』，可見將軍無所掌也。唯與俱往還，取封侯而已矣。」㉙是歲二句　西元前一〇四年。史公鄭重標出李廣利伐大宛之年，以警悟此事之勞民傷財，令人歎息。㉚關東蝗大起二句　關東，函谷關以東，泛指今河南、河北、山西、山東等廣大地區。蜚，通「飛」。敦煌，漢郡名，郡治在今甘肅敦煌城西。元狩二年（西元前一二一年）霍去病破匈奴，取得河西走廊後，同年在河西置武威、酒泉二郡。至元鼎六年（西元前一一一年），漢又分武威、酒泉地，增設張掖、敦煌二郡。關東大範圍蝗災，且又西至敦煌，則全國之不遭災者無幾矣。而恰在這全國大災之年，發動了對大宛的這種勞民傷財的戰爭，史公同時寫下，無限感慨。㉛飢罷　飢餓疲勞。罷，通「疲」。㉜舉　攻拔其城。㉝士不過什一二　能夠回來的人不超過十分之一二。㉞不足以拔宛　不可能攻克大宛都城。㉟益發而復往　更多地調集好大兵之後再去。㊱其夏　太初二年（西元前一〇三年）夏。㊲漢亡浞野之兵句　據〈衛將軍驃騎列傳〉，太初二年，趙破奴「為浚稽將軍，將二萬騎擊匈奴左賢王，左賢王與戰，兵八萬騎圍破奴，破奴生為虜所得，遂沒其軍」。㊳已業誅宛　既然已經開始討伐大宛。已業，同今「業已」、「既已」。誅，討伐。㊴侖頭　西域小國名，其地在今新疆輪臺東南，當時的烏孫以東。㊵易苦漢使　輕視漢朝使者，使漢朝使者吃苦頭。易，瞧不起。按：此處似應作「益苦漢使」，因為漢使在此以前已經在吃他們的苦頭。㊶案言伐宛尤不便者　懲治了那些反對伐大宛特別激烈的人。案，懲辦。通常指處死。㊷赦囚徒材官　赦免監獄中的囚徒與材官中的犯罪者。材官，以多力善射為長的特種兵。中井曰：「『材官』上似脫一字。」㊸邊騎　在邊疆上駐守的騎兵。㊹負私從者　自己備辦鞍馬衣糧隨軍前去的志願者。〈匈奴列傳〉有「私負從馬凡十四萬匹」，意思與此相同。㊺不與　不計在內。㊻橐它　駱駝。㊼兵弩甚設　兵器弩弓都很

充足。設，齊備；盛多。按：〈范睢蔡澤列傳〉有所調「食飲甚設」；〈刺客列傳〉有所調「居處兵衛甚設」，可資參照。㊽傳相奉伐宛　指全國由遠及近地輾轉將物資運送到伐宛前線。㊾凡五十餘校尉　總共有五十多個校尉被編入李廣利部下。古代一個將軍統領若干「部」，「部」的長官稱作「校尉」，約當現在之師長。㊿宛王城中無井三句　汲，打水；從下往上提水。從其城下水空，使流向貴山城的河水改道。水空，水道。空，同「孔」。以空其城，使其城內無水喝。按：此處二十八字橫空闌入，沖斷上下文氣，似應移至下文，與「決其水源」云云一併敘述，不宜分做兩截。51戍甲卒　戍守邊疆的披甲士兵。52酒泉張掖北二句　在酒泉、張掖二郡的北面設置居延、休屠二都尉。居延都尉的駐地在今內蒙額濟納旗東，休屠都尉的駐地在今武威市北。都尉的級別相當於郡尉，在一些新開拓的地區統兵防守。53以衛酒泉　據《漢書・武帝紀》，太初三年（西元一〇二年）秋，匈奴曾侵襲張掖、酒泉，殺都尉，現在又設立兩個都尉並派如此之多的兵馬，一方面是為了防守張掖、酒泉，另一方面更是為了防止匈奴從側翼攻擊漢王朝的伐宛大軍。喬吉祥《中國歷史文物》：「居延遺址在內蒙古額濟納旗和甘肅省全塔縣，漢代張掖郡居延、肩水兩都尉所轄邊塞上的烽燧和塞牆等遺址，綿延二百五十多里，曾是河西走廊的屏障。在發掘的三處遺址中有一處是『甲渠候官治所』，這是一處構築堅固的小城，由相毗鄰的鄣、塢兩部分組成。遇有敵情，白天放煙，夜間舉火。」54七科適　七種罪犯。《正義》引張晏曰：「吏有罪，一；亡命，二；贅婿，三；賈人，四；有市籍，五；父母有市籍，六；大父母有市籍，七。」適，通「謫」。55及載糒給貳師　用車拉著乾糧以供應李廣利的伐宛大軍。糒，原指乾飯，這裡即指乾糧。按：此句「及」字疑衍。56轉車人徒　即指「載糒給貳師」者。57相連屬至敦煌　從大宛前線一直到敦煌的供應站沿路絡繹不絕。58執驅校尉　師古曰：「一人為執馬校尉，一人為驅馬校尉。」吳見思曰：「詳敘出師之事，見氣勢赫奕如此。」59於是貳師後復行　事在太初三年。60命頭不下　命頭人不投降。下，降服。61屠之　將其全城人殺光。62平行　順利通行。師古曰：「無寇難。」63宛城　即大宛國都貴山城。64宛走入葆乘其城　大宛人逃入城內，登其城而防守之。走、入、葆、乘四動詞並行連用。葆，通「保」。乘，登。65貳師兵欲行三句　欲行攻郁成，原想在行進中首先攻下郁成。留行，耽誤行程。按：此三句乃補敘貳師之所以圍大宛都城之迅疾。66決其水源二句　在水源處掘堤，令河水改道。67貴人勇將煎靡　既是親貴，又是猛將，名喚「煎靡」。68王毋寡　大宛國王名曰「毋寡」。69即不解　如果漢兵仍不停止攻擊。即，若；如果。70乃力戰而死　再與之拚個你死我活。71恣所取　任憑你們自己挑選。72給漢軍食　供給你們軍隊食糧。73熟計之二句　師古曰：「令貳師熟計之，而欲攻戰乎？欲不攻而取善馬乎？」74候視　觀望。候，探聽；探看。75新得秦人　新近得到了中國人。按：《漢書》作「漢人」。王先謙曰：「外夷稱中國，『秦』、『漢』一也。」76知穿井　懂得打井。77罷通「疲」。疲憊。[78]食給　猶言「供應」。食，通「飼」。[79]牡牝　以稱獸類之雄、雌。[80]故待遇漢使善者　過去就對待漢使友善的一個貴族。[81]乃罷而引歸　史珥曰：「以數萬民命，易少少之馬，真優孟之所謂『賤人貴馬』者矣。」按：優孟語見《滑稽列傳》。[82]起敦煌西　由敦煌出兵西進。[83]道上國　道上所經過的各小國。[84]不能食　無法供應軍隊食糧。[85]從南北道　從南北兩路齊頭並進。[86]鴻臚　即大鴻臚，官名，原稱典客，也稱大行令，主管少數民族事務。壺充國曾任大鴻臚，此時正免官，故稱「故鴻臚」。[87]別到郁成　另統一支部隊，離開大隊來到郁成。[88]去　距離。[89]偩而輕之　自恃強大輕視郁成人。偩，通「負」。仗恃。原作「偵」。王念孫《讀書雜志》認為「偵」乃「偩」之誤。《漢書》作「負而輕之」。據改。[90]不肯出　謂不肯出降。[91]軍日少　日少，逐日減員。按：《漢書》只作「軍少」，無「日」字。[92]走　逃奔。[93]搜粟都尉上官桀　搜粟都尉，主管籌集糧秣的軍官名。劉邦為漢王時有「治粟都尉」，蓋與此同。上官桀，姓上官名桀。齊召南曰：「〈外戚傳〉並不言左將軍桀從貳師伐宛有功，則此搜粟都尉後為少府者，另是一人。左將軍上官桀與霍光同輔政者在此人後，姓名偶同耳。」[94]郁成王　郭嵩燾曰：「郁成為大宛屬城，亦稱『王』者，《漢書・大宛傳》云『有副王、輔國王』，如匈奴之有『左、右賢王』也。」[95]詣大將軍　指押送到李廣利處。詣，到。此處指押解到。大將軍，《集解》引如淳曰：「時多別將，故謂貳師為『大將軍』。」按：《集解》的意思是，「大將軍」在當時是特定官名，前之衛青，後之霍光，皆曾為此職。而李廣利則未為此職，故這裡的「大將軍」意如「總指揮」、「都統制」等。[96]毒　痛恨。[97]生將去　活著押解而去。將，持。[98]卒失大事　如果讓他突然逃跑，那事情可就大啦。卒，通「猝」。王先謙曰：「恐其猝佚去，事重大也。」[99]上邽騎士趙弟　上邽縣籍的騎士姓趙名弟。上邽，漢縣名，在今甘肅天水西。[100]齎頭　提著郁成王的人頭。齎，持。[101]逐及大將軍　趕上了李廣利的大部隊。逐，追趕。[102]後行　同上文「後復行」。即第二次出征。[103]大發兵并力擊宛　調令烏孫大量發兵以助貳師擊宛也。[104]持兩端二句　兩頭觀望，不肯出擊。[105]東　東歸；東行。[106]從軍入獻　跟著李廣利的軍隊入漢朝向皇帝獻禮。[107]因以為質　就勢留在漢朝京城當人質。[108]趙始成力戰四句　史公書此，蓋謂李廣利僅守成而已，實皆三人力也，言外之褒貶甚明。[109]軍入玉門者萬餘人二句　茅坤曰：「漢武窮兵數年，所得不過如此。」按：史公載此與前寫出師之盛相比較，對武帝之伐大宛深致批判之意。[110]侵牟　侵吞剋扣。牟，取。「牟」是一種食苗蟲，故用為「牟取」意。[111]物故　指死。此謂犧牲、減員。[112]不錄過　不計較李廣利前次的過失。[113]海西侯　以其立「功」之地為封號。[114]新時侯　新時，地名，《漢書・功臣表》以為在齊地。按：趙弟之得以為侯，滑稽不可理解。[115]光祿大夫　光祿勳的屬官，原稱中大夫，侍從於皇帝身邊，掌議論，秩比二千石。[116]少府　九卿之一，秩中二千石，主管為皇帝的私家理財。[117]上黨　漢郡名，郡治在今山西長子西南。[118]軍官吏軍中的大小官吏。[119]為九卿者三人　依上文所述，僅有上官桀一人，餘趙始成、李哆皆未及，不知尚有何人。[120]諸侯相郡守二千石　漢代的諸侯王國例由朝廷所派的「相」主持政事，故諸侯國相的權力與中央各郡的太守相同，級別都是二千石。此外朝廷和軍隊裡還有一批二千石級的官員，如典屬國、內史、主爵都尉等。[121]千石　如丞相長史、太中大夫、御史中丞等皆秩千石。[122]奮行者　志願前往者。即前文之所謂「負私從者」。[123]官過其望　所獲官位之高超出其意料。[124]以適過行者皆絀其勞　適，通「謫」。師古曰：「以罪謫而行者，免其所犯，不敘功勞。」意即將功折罪，赦為庶人。郭嵩燾曰：「漢法，七科發謫，一曰『吏有罪者』。此云『絀其勞』，主軍官軍吏言之，蓋吏之有罪者也。但許其立功贖罪而不授官，故曰『絀其勞』，意在示人以重犯法也。」郭說錄以備考。[125]直四萬金　直，通「值」。漢代稱黃金一斤曰「一金」，「一金」值銅錢一萬。王先謙引郭嵩燾曰：「漢法，凡賞賜有帛、有金、有錢，各分數品。直曰『四萬金』者，通金、幣數者合計之。」凌稚隆引余有丁曰：「歷敘貳師出師，再及侵牟失亡，得馬之數，賞功之次，則貳師功罪，漢計失得，不待言而自見矣。」[126]再反　兩次往返。[127]凡四歲而得罷　據《漢書・武帝紀》，太初元年八月，李廣利首次伐大宛，太初二年春敗散而回。太初三年，李廣利二次伐大宛，至太初四年（西元前一〇一年）春，李廣利師回，前後共歷四個年頭。[128]善諛　稱其善於討好漢王朝。[129]賂賜以鎮撫之　賂賜，賞賜；收買。按：實際是無可奈何，只好認其所立之新王，無法更行干涉。所謂「鎮撫」，亦不過勉強求得其表面承認而已。凌稚隆引董份曰：「貳師唯立一昧蔡為功，而宛復誅之。漢又賂賜，美刺自見。」[130]風覽　諷喻炫耀。覽，展示。[131]敦煌置酒泉都尉　依《集解》引徐廣說此句應作「敦煌、酒泉置都尉」，梁玉繩從之。據《漢書・地理志》，當時的敦煌郡內設有中部都尉、宜禾都尉、陽關都尉、玉門關都尉；酒泉郡內設有東部都尉、北部都尉、西部都尉，駐軍林立，亦可謂戒備森嚴者矣。[132]亭　亭候；亭燧，負責觀測敵情；亦有亭驛，接待過往官員，可充驛站之用。[133]田卒　屯田的士兵。陳直曰：「《居延漢簡釋文》卷三有簡文云：『田卒大河郡平富西里公士昭遂，年三十九。』蓋漢代戍邊之人統稱為『戍卒』。至戍所後因職守不同，而卒之名稱亦異，以居延、敦煌全部木簡考查，有戍卒、田卒、河渠卒、鄣卒、守穀卒五種名稱。」

[134]因置使者護田積粟　後來在這裡設置了輪臺都尉。

【語　譯】漢朝的使者後來出去得多了，那些從小就跟著出使的人有的也多次見過漢武帝，彼此很熟悉了，就對武帝說：「大宛的貳師城裡有好馬，他們藏著不肯給漢人。」漢武帝喜歡大宛馬，一聽這話心裡就非常渴望得到，於是他派了壯士車令等人帶著千金和一匹用金子鑄成的馬送給大宛王，希望得到貳師城裡的好馬。

大宛已有了很多漢朝的東西，於是他們商議說：「漢朝離我們遙遠，而路途中的鹽澤一帶更容易死人，如果他們走北邊就會有匈奴人找他們的麻煩，走南邊又是沒有水草的死亡地帶。而且這一路上又有許多地方沒有人煙，沒有食物。漢朝的使者一批來幾百人，尚且都沒東西吃，死亡過半。這樣的道路，那龐大的軍團怎麼過得來呢？他們對我們是毫無辦法的。再說貳師城裡的馬，是我們大宛國的寶馬。」於是就決定不把馬給漢人。漢朝的使者非常生氣，大罵一通，把帶去的金馬也砸了，恨恨而去。大宛的貴族們也很生氣，說：「漢朝的使者輕視我們到了極點。」於是他們表面上打發漢朝的使者回國，卻暗中命令他們東部地區的郁成人半路上攔截攻殺了漢朝使者，搶去了他們的財物。漢武帝聞訊大怒。那些曾經到過大宛的姚定漢等人說大宛的兵力很弱，如果漢朝派兵不需超過三千人，帶著強弓硬弩去射他們，很快就能打敗他們。漢武帝以前曾派浞野侯趙破奴進攻過樓蘭，趙破奴帶領著七百騎兵最先到達，俘虜了樓蘭王，所以漢武帝相信姚定漢的話，而也想給他的寵姬李氏的家屬封侯，於是他就任命李廣利為貳師將軍，徵調歸附於漢朝的少數民族的六千騎兵和各郡國幾萬名為非作歹的惡少年，前去討伐大宛。因為目的是到貳師城去奪取好馬，所以稱李廣利為「貳師將軍」。派趙始成為軍正主管軍法，派原來的浩侯王恢給軍隊作嚮導，派李哆為校尉，主管軍中的各項事務。這一年，是漢武帝太初元年。也就在這一年裡，關東發生了嚴重的蝗災，這些蝗蟲居然向西一直飛到了敦煌一帶。

2 李廣利的軍隊向西，渡過了鹽澤，那些當道上的小國一個個嚇得各自堅守城池，不給漢朝軍隊供給一點飲食。進攻又不容易攻下來，只有在攻下來的地方才能得到食物，而攻不下來的地方攻幾天只好趕緊走。等到抵達郁成時，李廣利的兵士剩下來的已經不到幾千人了，而且全都又餓又累。他們進攻郁成，結果被郁成人打得大敗，死傷很多。李廣利與李哆、趙始成等人商量說：「我們連一個郁成都收拾不了，又怎麼能到得了他們的國都呢？」於是收兵回來了。他們連來帶去共用了兩年時間。等他們回到敦煌時，士兵們剩下的已經不過十分之一二了。李廣利派人向皇帝上書，說：「道路太遠，道上又沒有吃的。士兵們並不怕打仗，而是怕餓肚子。這次去的人太少，不可能攻克大宛。我們請求暫且罷兵，等增調好部隊之後再去。」漢武帝一看奏書，勃然大怒，立刻派使臣到玉門去攔著他們說：「你們誰要膽敢進關，就把誰立刻斬首！」李廣利害怕了，只好把軍隊駐在了敦煌。

3 這一年的夏天，漢朝又在與匈奴的戰爭裡損失了浞野侯趙破奴的兩萬多人。大臣和議事的官員都希望停止進攻大宛，而集中力量打擊匈奴。而漢武帝則覺得討伐大宛的戰爭已經開始了，大宛這麼個小國如果還攻不下來，那麼像大夏之類的其他國家就會輕視漢朝，今後也就斷絕了大宛馬的來源，烏孫、侖頭這些國家也就會輕視為難漢朝的使者了，那還不被外國所恥笑！於是他懲辦了強烈說討伐大宛不好的鄧光等人，接著他赦免了監獄的囚徒以及材官中的犯罪者，又進一步調集了各地區的流氓無賴和一部分邊關上的騎兵，在一年多的時間裡從敦煌出發西進的共有六萬多人，至於背著行裝自願前去的還不算在內。帶去的牲口有牛十萬頭，馬三萬多匹，驢、騾子、駱駝等幾萬頭。這次他們帶著大量的糧食，各種弓弩兵器都很齊全，為準備這些以至於使得整個天下都不太平，為了保證供給討伐大宛的人力物力，總共有五十多個校尉為李廣利輾轉服務。大宛首都的城中沒有水井，都是到城外的小河裡取水用，於是李廣利就派水工改變城外那條小河的水道，使城裡人沒有水喝。這時漢武帝又調集了戍守邊疆的軍隊十八萬人，在酒泉、張掖的北面設置了居延、休屠兩個都尉，以護衛酒泉郡。又下令徵調全國各地犯了七種罪的犯人組成龐大的裝運乾糧、熟食的車隊讓他們前往支援李廣利。這就使得車隊人流連續不斷，從敦煌一直到大宛。漢武帝又找了兩個善於養馬的人，讓他們做執驅校尉，準備攻破大宛時去那裡挑選好馬。

4 李廣利後來的這次出征，由於他帶領的軍隊多，所以沿途經過的小國沒有一個敢不出來歡迎，全都拿出東西供應軍隊。等到達侖頭，侖頭堅守不降，漢軍攻了幾天，攻下後全城都被殺光了。從此往西，一路暢通無阻到達大宛首都，到達時漢兵還有三萬人。大宛出兵迎戰漢兵，漢兵一陣亂箭就把他們射了回去。大宛人只好退入城內，登城固守。李廣利的軍隊本來是想順路攻取郁成，但因為怕耽擱時間讓大宛城再生別的意外，於是就率軍先撲大宛城，切斷了大宛城的水源，讓城下小河改了道，這就使大宛城裡人的生活成了問題。接著李廣利又包圍大宛城，攻打了四十多天，大宛的外城被攻破，俘虜了大宛的貴族猛將煎靡。大宛人驚恐地退進了中城。這時大宛的貴族們相互商量說：「漢人所以派兵來攻大宛，就是因為國王毋寡藏了好馬又殺了漢使。現在我們如果把毋寡殺掉又給漢人獻出好馬，那麼漢兵大概就會撤走的。如果他們到那時還不撤兵，我們再跟他們拚命也不晚。」大宛的貴族們都覺得不錯，於是就一齊殺死了國王毋寡，派一個貴族把毋寡的人頭送去給李廣利，向李廣利提出條件說：「如果漢兵不再攻打我們，我們就把好馬全都獻出來，讓你們任意挑選，而且還供應漢軍的軍糧。如果漢軍不答應，我們就把好馬全部殺光。而康居的救兵也很快就要到了，等到救兵一到，我們在城內，康居在外圍，我們將裡應外合地決一死戰。請你們好好考慮，看到底怎麼辦好？」那時，其實康居人正在觀望漢朝的軍隊，他們見漢兵人多氣盛，還不敢前來救大宛。李廣利和趙始成、李哆等人計議說：「聽說大宛城中新近找到一個漢人，他知道如何打井，而且城內的糧食還很多。我們來這裡的目的，是要消滅罪魁禍首毋寡。現在毋寡的人頭已經送來了，到了這種地步如果我們還不答應撤兵，那他們就一定堅守，而康居人等到我們疲困時就來救援大宛，到那時我們恐怕就要被他們打敗了。」大家都同意這個看法，於是答應了大宛的條件。大宛於是獻出了他們的好馬，讓漢人自己挑，也拿出許多食物，供給漢軍。漢軍挑了好馬幾十匹，中等以下的公馬、母馬三千多匹，而後把他們原來就對漢人好的一個名叫昧蔡的貴族立為國王，和他訂立了盟約而宣告戰爭結束。就這樣漢軍始終沒能進入大宛的內城，就宣告勝利撤軍回來了。

5 一開始，李廣利從敦煌向西出發時，他擔心人馬太多，沿途的國家無法供應食物，於是就把軍隊分成了幾路，從南、北兩路前進。派校尉王申生和前任的大鴻臚壺充國等一千多人，單獨直奔郁成。郁成人登城堅守，不給漢軍供應食物。這時王申生離著大部隊有二百多里，他依仗著漢軍的聲勢輕視敵人，向郁成人要東西，郁成人不給。郁成人已經探聽清楚了王申生的人馬逐日減少，於是就在一個早晨用三千人突襲，殺死王申生等人，軍隊全被消滅，只有少數人得以逃脫，跑到了李廣利那裡。李廣利派搜粟都尉上官桀率軍前往，攻破了郁成。郁成王逃到了康居，上官桀又跟著追到了康居。康居人聽說漢朝已經打敗了大宛，於是就把郁成王交給上官桀，上官桀派了四個騎士負責押送郁成王，想要把他活著送給李廣利。這四個人商量說：「郁成王，是漢朝最痛恨的，現在我們押送活的，萬一要是讓他半道上跑了，那就要壞大事。」於是他們想殺死他，可是誰也不敢先動手。這時他們之中有個來自上邽名叫趙弟的騎士年紀最小，他拔出劍來殺了郁成王，帶著他的人頭，和上官桀等一起追上了李廣利的大軍。

6 早在李廣利第二次出兵的一開始，漢武帝就派人前往通知烏孫，讓他們調重兵一同討伐大宛。結果烏孫只派去了兩千騎兵，而且到了大宛還左右觀望，不肯出擊。李廣利率軍東歸時，沿途經過的各個小國聽說大宛已被漢軍打敗，便都派了他們的子弟跟著漢軍一同入朝進貢，拜見皇帝，隨後就留下來給漢朝當人質了。在李廣利的這次征討大宛中，軍正趙始成奮力作戰，功勞最多；而上官桀則勇於深入敵境；李哆則以善於出謀獻計。李廣利的軍隊在返回玉門關時只剩了一萬多人，和一千多匹軍馬。這第二次的討伐大宛，軍中並不缺少糧食，在戰場上犧牲的人也不多，但是各級將官們貪汙，不愛惜士卒，剋扣士兵們的薪餉，這一來死的人就多了。皇帝看他們都是到萬里之外去作戰，於是就不再計較他們的過失，而封李廣利為海西侯，封親手殺死郁成王的騎士趙弟為新畤侯，任命軍正趙始成為光祿大夫，任命上官桀為少府，任命李哆為上黨太守。其餘軍官做了九卿的有三個人，做了諸侯相和郡守、二千石的有一百多人，做了千石以下各種官職的達一千多人。那些自告奮勇跟著去了的人們所得的封賞都超出了他們的預期，那些戴罪從軍的都得到了免罪而不再封賞。賞賜給士兵們的錢財總共價值四萬金。兩次討伐大宛，前後一共用了四年多時間才得以結束。

7 漢朝打敗了大宛後，臨撤走前立昧蔡做了大宛的國王。一年之後，大宛的貴族們認為「由於昧蔡向漢人討好，才使得大宛遭到屠殺」，於是他們串通起來殺了昧蔡，而擁立毋寡的弟弟蟬封做了國王，而後又派了蟬封的兒子到漢朝來當人質。漢朝只好派人送了他們些禮物加以安撫。

8 後來漢朝又派十多批使臣，到大宛以西的那些國家去尋求奇物，藉機向他們宣傳漢朝攻伐大宛的聲威與德政。同時又在敦煌設置了酒泉都尉，從敦煌一直向西到鹽澤，處處有漢軍的崗亭。因為漢朝在侖頭駐有屯田的士兵幾百人，於是就在那裡設置了一個使者負責看管田地和積蓄糧食，以供應來往過路的漢朝到西方去的使者。

太史公曰：禹本紀❶言：「河出崑崙❷。崑崙其高二千五百餘里，日月所相避隱為光明❸也。其上有醴泉、瑤池❹。」今自張騫使大夏之後也，窮河源❺，惡睹本紀所謂崑崙者乎❻？故言九州山川，尚書近之矣❼。至禹本紀、山海經❽所有怪物，余不敢言之也❾。

【章　旨】以上第六段，表現了司馬遷實事求是的精神。

【注　釋】❶禹本紀　王應麟、梁玉繩等以為即《三禮義宗》所引的《禹受地記》和王逸《離騷注》、郭璞《山海經注》所引的《禹大傳》，是古代的一本帶有神話性質的書。❷河出崑崙　《索隱》曰：「案《山海經》：『河出崑崙東北隅。』則河源本崑崙，而潛流至于闐，又東流至積石始入中國，則《山海經》及〈禹貢〉各互舉耳。」❸日月所相避隱為光明　意即此出彼入，交替發光。❹醴泉瑤池　醴泉，其泉水如酒。醴，甜酒。瑤池，傳說中的仙境，據說其池之邊底皆晶瑩如玉。《穆天子傳》云：「觴西王母于瑤池之上。」後起的《神仙傳》云：「崑崙閬風苑有玉樓十二層，左瑤池，右翠水。」張文虎引《讀書雜志》云：「《類聚．山部》、《御覽．地部》、《白帖．六類》、《文選．遊天台山賦》注、洪注〈離騷〉引並作『華池』。《論衡．談天篇》引《史》作『玉泉華池』。〈海內西經〉注引〈禹紀〉亦作『華池』，今本作『瑤池』，乃元以後人所改。」❺窮河源　尋找黃河的源頭。❻惡睹本紀句　何嘗見到《禹本紀》所謂的崑崙山呢。惡，也寫作「烏」。何；哪裡。按：據史公此語，似乎是否定「崑崙山」的存在。神話傳說中的「崑崙山」自然是不存在的，但後人依據古代神話遂將張騫等所發現的西部大山定名為「崑崙山」，於是這就又成為事實上的存在了，只是現在的崑崙山上沒有神話所說的那些「怪物」而已。王先謙曰：「不敢斥言武帝志窮荒遠之失，據崑崙之非，實以寓諷也。」❼言九州山川二句　關於全國山川的記載，只有《尚書》說得差不多。九州，古稱中國有冀州、幽州、青州、兗州、徐州、荊州、揚州、雍州、梁州九個州，後遂以「九州」代指中國。《尚書》，儒家的經典之一，此指《尚書》中專門講地理的〈禹貢〉。〈禹貢〉記載了大禹治水後將天下劃分為九州，以及這九州各自的山川形勢、土質物產等，是我國古代最早的地理書。❽山海經　戰國時期所出現的一本講述中國及其周邊遙遠地區的山川形勢風土物產，帶有神話想像色彩的地理書，其價值在於保存了許多古代的神話傳說。❾余不敢言之也　《禹本紀》、《山海經》等保存了古代的神話傳說，其主要價值是在文化史、藝術史上，司馬遷以歷史的科學性來要求它，這一方面表現了司馬遷的求實精神，另一方面則表現了司馬遷還不明白古代神話傳說的性質與價值。

【語　譯】太史公說：古書《禹本紀》裡有所謂「黃河發源於崑崙山。崑崙山高二千五百多里，是日月在那裡此出彼入交替發光的所在。山上有醴泉、瑤池」等一類的說法。在張騫出使大夏的過程中，他曾經到過黃河的源頭，哪裡有《禹本紀》中所說的崑崙山呢？所以有關九州山川的記載，還是《尚書》上說的比較接近實際。至於《禹本紀》、《山海經》裡所有的那些奇談怪論，我是不敢引用的。

【研　析】〈大宛列傳〉的思想意義有如下幾方面：

其一，作品通過對張騫西行見聞的生動轉述，第一次將幾千里之外的西域諸國的地理山川、風光景色、物產所有、人生情態、面容膚色、語言習俗等等，都活靈活現的展現在中原人面前，使人的眼界大開，讓人們知道世界竟是這麼大，原來還有這麼多從來沒有聽過見過的東西，其打破固有的封閉觀念，改變人們思維方式的力量是無法比擬的。作品還寫了隨著西域交通的打開，從而使中原的物產流入西域，西域的物產與西域的文化藝術傳入中原的情景：「宛左右以蒲陶為酒，富人藏酒至萬餘石，久者數十歲不敗。俗嗜酒，馬嗜苜蓿。漢使取其實來，……則離宮別觀旁盡種蒲萄、苜蓿極望。」又說自從西域的魔術傳入中原後，中原吸收、發展其技藝，「加其眩者之工，而觳抵奇戲歲增變，甚盛益興，自此始。」使中原舊有的魔術、雜技有了更大更新的發展，這些都是令人鼓舞的。

其二，作品譴責了漢武帝的擴張欲望，與其為得汗血馬所進行的不義戰爭。作品具體地寫出了李廣利在長達四年的戰爭中給中原人民造成的深重災難。第一次「發屬國六千騎，及郡國惡少年數萬人」，結果「往來二歲，還至敦煌，士不過什一二」。第二次，「赦囚徒材官，益發惡少年及邊騎，歲餘而出敦煌者六萬人，負私從者不與。牛十萬，馬三萬餘匹，驢騾橐它以萬數。多齎糧，兵弩甚設，天下騷動。傳相奉伐宛，凡五十餘校尉。」至漢軍「凱旋」時，「軍入玉門者萬餘人，軍馬千餘匹。」這是何等嚴重的勞民傷財啊！司馬遷站在同情人民的立場，揭露、批判這些問題自然是應該的。但實事求是的說，漢武帝通西域，想獲得軍馬是其一個目的，另外就是為了斬斷西域與匈奴的聯繫，這都是與徹底解決匈奴問題緊密相關的，事實上後來也的確見到了效果。但司馬遷對此都沒有給予應有的肯定，未免有些偏頗。

其三，作品對李廣利與張騫其人進行了嚴厲的批判。其中說李廣利：「貳師後行，軍非乏食，戰死不能多，而將吏貪，多不愛士卒，侵牟之，以此物故眾。」這種批判一點不錯。至於張騫，作為我國最早的大探險家，其勇敢堅毅，忠於國家、忠於探險事業的精神，是令人敬佩的，就其實際成果與其歷史貢獻而言，應該是遠遠地高出於單純以氣節著稱的蘇武之上，理應受到表彰。但由於司馬遷認為張騫的通西域與李廣利的伐大宛緊密相關，故而沒有從感情上肯定他。我們今天應將張騫與李廣利分別看待，不應把伐大宛的責任過多地算在張騫頭上。梁啟超曾盛讚張騫說：「讀張博望、班定遠事，吾歷史亦足以豪矣。張騫實世界史開幕一大偉人也。」（〈張博望班定遠合傳〉）

卷一百二十四

游俠列傳第六十四

【題解】作品以儒、俠對舉，以儒為俠作反襯，歌頌了游俠，特別是那些閭巷布衣之俠的言必信、行必果，急人之難，不愛其軀的高尚品質，對他們的行為活動，表現了無比的欽敬；對他們的不幸結局，表現了極大的憤慨。漢代自武帝尊儒以來，以公孫弘為代表的儒生們皆以獵取功名為目標，以阿諛人主、粉飾酷法為能事；也有少數「拘於咫尺之義」、「不苟合於世」的人，這些人雖有高名，但對於國家社會卻一無所補。以上兩種人布於朝野，都是被社會輿論所稱道的。而那些敢怒敢為，敢觸法網以濟人之困的豪俠之士，卻生受迫害打擊，死蒙奸盜之名。而殺俠者，又儒者也。司馬遷對於這種是非顛倒的極大不公，表現了無比的憤慨。此文應與〈儒林列傳〉、〈酷吏列傳〉、〈平津侯主父列傳〉並看，其義始明。這是關涉到漢代政治法律、道德風尚等許多問題的作品，有人單從司馬遷受宮刑無人營救，因而嚮往游俠的角度著眼，這當然也不算錯，但恐失之過狹。

1 韓子❶曰：「儒以文亂法，而俠以武犯禁❷。」二者皆譏❸，而學士❹多稱於世❺云。至如以術取宰相、卿大夫❻，輔翼❼其世主，功名俱著於春秋❽，固無可言者❾。及若季次、原憲❿，閭巷人⓫也，讀書懷獨行君子⓬之德，義不苟合當世⓭，當世亦笑之⑭。故季次、原憲終身空室⑮蓬戶⑯，褐衣疏食不厭⑰。死而已四百餘年，而弟子志之不倦⑱。今游俠，其行雖不軌⑲於正義，然其言必信⑳，其行必果㉑，已諾必誠㉒，不愛其軀，赴士之阨困㉓。既已存亡死生㉔矣，而不矜㉕其能，羞伐㉖其德，蓋亦有足多者㉗焉。

2 且緩急㉘，人之所時有㉙也。太史公曰㉚：昔者虞舜窘於井廩㉛，伊尹負於鼎俎㉜，傅說匿於傅險㉝，呂尚困於棘津㉞，夷吾桎梏㉟，百里飯牛㊱，仲尼畏匡，菜色陳、蔡㊲。此皆學士所謂有道仁人也，猶然㊳遭此菑㊴，況以中材而涉亂世之末流乎㊵？其遇害何可勝道哉！

3 鄙人㊶有言曰：「何知仁義，已饗其利者為有德㊷。」故伯夷㊸醜周㊹，餓死首陽山㊺，而文、武㊻不以其故貶王㊼；跖、蹻㊽暴戾㊾，其徒誦義無窮㊿。由此觀之，「竊鉤者誅，竊國者侯，侯之門仁義存(51)」，非虛言也。

4 今拘學(52)或抱咫尺之義(53)，久孤於世(54)，豈若卑論儕俗(55)，與世沉浮而取榮名哉！而布衣之徒，設取予然諾(56)，千里誦義，為死不顧世(57)，此亦有所長，非苟(58)而已也。故士窮窘而得委命(59)，此豈非人之所謂賢豪間者(60)邪？誠使鄉曲之俠(61)，予季次、原憲比權量力(62)，效功於當世(63)，不同日而論(64)矣。要(65)以功見言信(66)，俠客之義，又曷可少哉(67)！

古(68)布衣之俠，靡得(69)而聞已。近世(70)孟嘗(71)、春申(72)、平原(73)、信陵(74)之徒，皆因王者親屬(75)，藉(76)於有土(77)卿相之富厚招天下賢者，顯名諸侯，不可謂不賢者矣。比如(78)順風而呼，聲非加疾(79)，其埶激也(80)。至如閭巷之俠(81)，脩行砥名(82)，聲施(83)於天下，莫不稱賢，是為難耳。然儒、墨皆排擯不載(84)。自秦以前，匹夫之俠(85)，湮滅不見，余甚恨(86)之。以余所聞，漢興有朱家、田仲、王公、劇孟、郭解之徒，雖時扞(87)當世之文罔(88)，然其私義廉絜退讓，有足稱者(89)。名不虛立，士不虛附。至如朋黨(90)宗彊(91)比周(92)，設財役貧(93)，豪暴侵淩孤弱，恣欲自快，游俠亦醜之。余悲世俗不察其意，而猥(94)以朱家、郭解等令與暴豪之徒同類而共笑之也。

【章　旨】以上為第一段，是本篇的總論，作者以儒、俠對舉，以儒為俠作反襯，歌頌了游俠的言必信、行必果，不愛其軀，以急人之困的可貴精神。

【注　釋】❶韓子　韓非，戰國末期韓國人，曾與李斯俱受學於荀況，為法家學派中集大成的人物。著有《韓非子》。事跡見〈老子韓非列傳〉。❷儒以文亂法二句　二語見《韓非子・五蠹》。以文亂法，即〈秦始皇本紀〉中李斯所謂「今諸生不師今而學古，以非當世；人善其所私學，以非上之所建立」之類。以武犯禁，逞個人的勇力，不顧法制約束。❸二者皆譏　韓非對儒家與游俠都是否定的，在〈五蠹〉中都稱他們為社會的「蠹蟲」之一。❹學士　指儒家學者。❺稱於世　受稱道於漢世。❻以術取宰相卿大夫　指公孫弘、張湯等人。公孫弘以儒術為武帝丞相，張湯先為廷尉，後又為御史大夫，皆以阿諛人主，取名當世，深為司馬遷所不滿。公孫弘、張湯事見〈平津侯主父列傳〉、〈酷吏列傳〉、〈儒林列傳〉。❼輔翼　輔佐；扶持。❽春秋　泛指國史。❾無可言者　猶言「不必說」、「用不著說」。反語嘲諷，意實鄙之。❿季次原憲　都是孔子的學生，事跡見〈仲尼弟子列傳〉。季次，名公皙哀，字季次，生平未曾出仕。原憲，字子思，曾居於亂草蓬蒿的窮巷，而不以貧為恥。⓫閭巷人　指一般平民出身。⓬獨行君子　獨守個人的節操，而不隨波逐流、與世浮沉的人。⓭義不苟合當世　絕不為了官爵俸祿而改變個人的品格、操行。「義」即「義不帝秦」、「義無反顧」之「義」字。當世，現實社會。實指現實社會的官場。⓮當世亦笑之　〈仲尼弟子列傳〉云：「孔子卒，原憲遂亡在草澤中。子貢相衛，而結駟連騎，排藜藿，入窮閻，過謝原憲。憲攝敝衣冠見子貢。子貢恥之，曰：『夫子豈病乎？』」此即一例。⓯空室　空無一物的屋子，即成語之所謂「家徒四壁」。極言其貧。⓰蓬戶　猶言「柴門」。用蓬荊編成的門戶。⓱褐衣疏食不厭　意即連最低的生活條件都得不到滿足。褐衣，粗布短衣，古代賤者所服。疏食，猶言「粗飯」。疏，粗也。厭，通「饜」。足。《正義》曰：「《莊子》云原憲處居『環堵之室，蓬戶不完，以桑為樞而甕牖，上漏下溼，獨坐而弦歌』也。」⓲弟子志之不倦　意謂這種窮書生在漢代也頗受人稱道。志，記；懷念。倦，停止。⓳不軌　不遵軌轍。意即與傳統的禮法、道德相對抗。⓴言必信　說話一定算數。㉑行必果　辦事一定辦成。果，堅定；不改變。㉒已諾必誠　已經答應人家的事情一定要兌現。㉓不愛其軀二句　為了幫別人解脫困境，而不惜犧牲自己。阸困，災難；困境。阸，險也。㉔存亡死生　指打抱不平，使遇害將亡者得存，使仗勢害人者身死。按：李笠《史記訂補》曰：「『存亡死生』，當作『存亡生死』，謂亡者存之，死者生之也。《左傳》襄公二十二年所謂『生死而肉骨』也，與此語同。」錢鍾書曰：「李說多事，觀本傳記郭解『身所殺甚眾』，即『死生』也，殺生人使之死也；又記解『既振人之命』即『存亡』也，拯垂亡者俾得存也。二事相反相成，而游俠鋤強助弱之道不外乎此。」㉕矜　誇耀；自我欣賞。㉖伐　炫耀。與上句「矜」字同義。㉗有足多者　有值得稱讚的地方。多，讚美；稱道。㉘緩急　偏義複詞，這裡指緊急。㉙人之所時有　說不定什麼時候讓人碰上。㉚太史公曰　按：四字疑衍，或應移至他處。㉛虞舜窘於井廩　據〈五帝本紀〉云，虞舜未為帝時，曾被其父與其弟多次陷害，舜修廩，其父等自下縱火；舜治井，其父等自上填塞，舜皆得幸逃去。窘，困。廩，倉庫。㉜伊尹負於鼎俎　伊尹，名摯，商湯時的賢臣，曾佐湯滅夏建商。據〈殷本紀〉云，伊尹最初為了尋機會接近湯，曾經為湯妻有莘氏家做奴隸。後以「媵臣」身分，背著做飯用的鍋子板子見湯，以做菜的道理暗示其對於政事的見解，結果被湯重用。鼎，古代用以為煮鍋。俎，切東西的案板。按：史公為求整齊，數句中皆用「於」字為介詞，他句可，此句不順。

㉝傳說匿於傳險　傳說，商代武丁時的名臣。據說傳說在未遇武丁時，是一個苦役犯，在傳險（地名，在今山西平陸東）做苦工，後被武丁發現，任以政事。詳見〈殷本紀〉。匿，隱。這裡是「埋沒」、「不得志」的意思。㉞呂尚困於棘津　呂尚，即姜尚，周朝的開國名臣，曾輔佐周武王滅商建周，因有大功，被封於齊。據說呂尚原來的命運非常不好，年已七十，尚賣食於棘津，見《正義》引《尉繚子》。棘津，古水名，在今河南延津東北，久堙。㉟夷吾桎梏　夷吾，姓管，字仲，春秋時齊桓公的名臣，曾輔佐齊桓公稱霸於諸侯。管仲未遇齊桓公時，曾為公子糾臣。公子糾與桓公爭位被桓公打敗，逃於魯國，桓公令魯國殺死公子糾，而將管仲解回齊國。管仲回齊後，桓公遂用以為相。事見〈管晏列傳〉。桎梏，指其兵敗被囚事。桎，足械。梏，手械。㊱百里飯牛　百里，指百里奚，春秋時秦穆公的賢臣，曾輔佐秦穆公稱霸西戎。關於百里奚的出身事跡，各處說法不同。所謂「飯牛」事，不見於〈秦本紀〉。《孟子・萬章》云：「百里奚自鬻於秦養牲者五羊之皮，食（飼）牛以要秦穆公。」此外還見於《管子・小問》、《鹽鐵論》等。㊲仲尼畏匡二句　孔子由衛適陳，路經匡邑（在今河南長垣西南，當時屬衛），被當地人誤認作曾經侵暴過他們的魯國陽虎，從而加以包圍。後來弄清，才被釋放。後來孔子又想去楚國，陳、蔡兩國怕孔子去楚於己不利，於是發兵圍之，使之絕糧七日，從人皆不能起。後楚兵來迎，始免此難。事見〈孔子世家〉。畏，害怕。這裡指受驚。菜色，不吃糧食只吃野菜的飢餓面色。㊳猶然　尚且。㊴菑　通「災」。㊵況以中材句　中材，中等才智的人，亦謙辭委婉地包含了自己在內。涉，經歷；遭逢。亂世之末流，郭嵩燾《史記札記》曰：「秦為亂世，自秦以後皆亂世之末流也。史公值漢盛時而言此，誠亦有傷心者哉。」李慈銘《越縵堂讀書記》曰：「史公以救李陵遭腐刑，憤當世士夫拘墨淟涊（畏縮含容），無為言者，故思游俠之士能不顧身家，急人之難，其意甚痛而曲。」㊶鄙人　邊鄙、草野之人。指平民百姓。㊷何知仁義二句　意謂管什麼仁義不仁義，誰對我有好處，我就說誰是好人。張文虎《舒藝室隨筆》曰：「『已』，當作『己』。謂身受其人之利，即其人為仁義矣。」㊸伯夷　殷末人，因不滿周武王的伐紂，故隱於首陽山；又因以食周粟為恥，故遂餓死。事見〈伯夷列傳〉。㊹醜周　瞧不起周王朝。醜，瞧不起。㊺首陽山　首陽山有多處，都說是伯夷餓死的地方，如河南偃師西北有首陽山，山西永濟附近之雷首山也稱首陽山，甘肅隴西境內也有所謂首陽山。伯夷其人是否存在尚不可知，餓死之地當然更是後人影附。參見〈伯夷列傳〉。㊻文武　指周文王、周武王。㊼貶王　降低他們作為一個王者的聲譽。㊽跖蹻　盜跖、莊蹻，古代所傳說的兩個大「盜」。盜跖事見《莊子・盜跖》，莊蹻事見〈西南夷列傳〉。㊾暴戾　兇暴殘忍。戾，性情乖張；反常。㊿其徒誦義無窮　嘍囉們永遠說他們的首領好。(51)竊鉤者誅三句　三句見《莊子・胠篋》。張文虎曰：「侯之門仁義存，謂眾以仁義稱之，受其利故也。」方苞曰：「竊鉤者誅，喻俠客之捍文網也；竊國者侯，喻弘、湯誣上殘民，

以竊高位也；俟之門仁義存，譏世人不知弘、湯之醜而稱美之也。」(52)拘學　拘於一偏之見而頑固不化的學者。(53)抱咫尺之義　謹守著他所信奉的狹隘教條。(54)久孤於世　孤，違；背離。中井曰：「於時無偶也。」張文虎曰：「此謂拘守志節，獨行踽踽，不見知於世也。」按：季次、原憲就屬於這一類人。(55)卑論儕俗　降低自己的格，和世俗的人們站在一個行列。儕，同類；同輩。這裡用如動詞。按：從史公本意講，他對於季次、原憲雖然並不十分崇敬，但對他們也絕無惡感。這裡是在說反話，是在表現他對公孫弘、張湯之流的憎惡，和對於游俠悲慘遭遇的憤慨不平。瀧川曰：「史公固非惡『拘學之士』、尚『榮名』之徒者，蓋故反言之以聳動人聽也。班固不得其意，則曰『序游俠則退處士而進姦雄』，誤矣。」(56)設取予然諾　大意為講究待人接物有義氣，不苟取，不苟予，說話算話。設，講究；重視。〈仲尼弟子列傳〉說澹臺滅明「設取予去就，名施乎諸侯」，可與此語互相參證。(57)為死不顧世　為急人之難不怕犧牲自己，不顧世人的指點議論。(58)苟　這裡指隨隨便便，不講原則。(59)委命　託身；依靠。(60)賢豪閭者　瀧川引中井曰：「『閭』字疑衍。」王伯祥《史記選》曰：「閭者，傑出的人材。古時對異常特出的人叫做『閭氣所鍾』。」按：王說生澀勉強。(61)鄉曲之俠　與下文「布衣之俠」、「閭巷之俠」、「匹夫之俠」意思相同，都是指平民之間的俠義之士。鄉曲，猶言「鄉下」，有時兼含有貧窮荒僻之意；也有時與「鄉里」同義，漢代平民的編制為「五家為鄰，五鄰為里，四里為族，五族為黨，五黨為州，五州為鄉」，故通常「鄉曲」即泛指基層、下層。(62)比權量力　比較（儒者和俠者）在社會上的權威和影響力量。(63)效功於當世　為當時社會做出貢獻。(64)不同日而論　猶言「不可同日而語」。指游俠遠遠不及季次、原憲。賈誼〈過秦論〉云：「試使山東之國與陳涉度長絜大，比權量力，則不可同年而語矣。」此史公句法所本。按：類似季次、原憲的儒生在漢代有何「權」何「力」，又有何種「效功」，皆不知所云。蓋漢代尊儒氣氛中的一般俗見如此，故史公亦暫退一步，姑妄如此言之耳，下句折回，方是真意。劉辰翁《班馬異同評》曰：「叩其意，本不取季次、原憲等，蓋言其有何功業而志之不倦，卻借他說游俠之所為有過之者，而不見稱，特其語厚而意深也。」劉說甚是。(65)要　重要的是。轉折語詞，有「然而」、「如果」的意思。(66)功見言信　辦事見效果，說話能兌現。(67)曷可少哉　怎能輕視呢。曷，意思同「何」。少，輕視；鄙視。(68)古　司馬遷的所謂「古」指春秋以前。(69)靡得　不得；不能。(70)近世　「近世」下原有「延陵」二字，梁玉繩《史記志疑》曰：「延陵季子非俠，且不可言『近世』，與四公子相比。疑衍『延陵』二字。」崔適《史記探源》曰：「下文專承四豪為義，豈有一字涉於延陵者？其為衍文明矣。」今據刪。按：有關延陵季札的事情見〈吳太伯世家〉。(71)孟嘗　即孟嘗君田文，戰國後期齊人，以養士聞名。事跡見〈孟嘗君列傳〉。(72)春申　即春申君黃歇，戰國後期楚人，以養士聞名。事跡見〈春申君列傳〉。(73)平原　即平原君趙勝，戰國後期趙人，以養士聞名。事跡見〈平原君虞卿列傳〉。(74)信陵　即信陵君魏公子無忌，戰國後期魏人，以養士聞名。事跡見〈魏公子列傳〉。(75)王者親屬　孟嘗君為齊威王之孫，齊宣王之姪；平原君是趙武靈王之子，惠文王之弟；信陵君是魏昭王之子，安釐王之弟。只有春申君不是楚王的親屬，但因其對楚國有大功，深受考烈王信任，為楚國宰相。(76)藉　憑藉；依仗。(77)有土　有封地。(78)比如　上應增一「然」字讀，其氣方壯。(79)聲非加疾　意思是並沒有用更大的力氣，而聲音就傳得遠。疾，迅速；強勁。(80)其埶激也　這是由客觀形勢（風力）造成的。《荀子．勸學》云：「順風而呼，聲非加疾也，而聞者彰。」史公酌用其語。激，鼓蕩。(81)閭巷之俠　猶言平民之俠。漢代居民二十五家為一里，里之門曰「閭」。(82)砥名　打磨、提高自己的名節。砥，打磨；修煉。(83)施　延；傳播。(84)儒墨皆排擯不載　儒、墨兩家的典籍中都沒有記載過有關閭巷之俠的事跡。按：戰國時的學派甚多，其所以特別提出儒、墨兩家，是因為在當時這兩家是「顯學」，有代表性。同時儒家講「仁義」，墨家講「兼愛」，也都與俠客思想有相通之處。這兩家都排斥不載，其他更可想而知。擯，排斥；拋棄。(85)匹夫之俠　即平民之俠。匹夫，平民；庶人。(86)恨　遺憾。(87)扞　抵觸；違犯。(88)文罔　猶今之所謂「法網」。即法律、規章。(89)有足稱者　有值得稱道的地方。(90)朋黨　指為圖謀私利而互相勾結起來的官僚幫派。(91)宗彊　猶言「豪族」、「豪紳」。(92)比周　皆「依從」、「親密」之義。「周」原為褒詞，「比」為貶詞，如《論語．為政》有所謂「君子周而不比，小人比而不周」是也。後世二字常連用為貶義，即猶今之所謂「狼狽為奸」、「朋比為奸」。(93)設財役貧　倚仗自己的富有而奴役窮人。設，依靠；憑藉。(94)猥　曲。猶如今之所謂「錯誤地」、「不加區分地」。

【語　譯】韓非子說過：「儒生舞文弄墨敗亂國家法度，游俠逞用武功違犯國家禁令。」這兩種人韓非子都是批評的，但儒生們在今天往往被世人所稱讚。至於那些憑儒術取得宰相、卿大夫，輔佐君主，功名載於青史的，當然不用我們說了；即使像季次、原憲那樣的里巷書生，他們當時只是讀書守節，絕不與世俗同流合汙，也曾被許多人所嘲笑。所以他們一輩子住在柴門陋室，連想穿粗布衣、吃粗米飯都辦不到，可是他們雖然死去已經四百多年了，而他們的弟子卻至今仍然不停地懷念著他們。再看看游俠，他們的行為雖然不依循禮法，但是他們說話算數，辦事一定辦成，凡是答應人家的事情一定要兌現，他們不惜犧牲自己的生命去解救別人的危急。等到使瀕於死亡的人得到了新生，仗勢害人的人得到了懲罰，他們卻不誇耀自己的才能，不吹噓自己的功德，這也有值得稱讚的地方吧！

2 再說，緊急情況是人們隨時可能遇到的。太史公說：當初虞舜在淘井和修倉的時候被人暗算過，伊尹曾淪落當炊事員，傅說曾被埋沒在傅險，呂尚曾困居在棘津，管仲當過俘虜，百里奚給人放過牛，孔子曾在匡地遭到驚嚇，又在陳國和蔡國餓過肚子。這些都是儒生們所稱讚的有崇高仁義道德的人，他們尚且遭到這樣的災難，至於那些只有中等才幹而又生活在亂世中的人，他們所遇到的災難，又怎麼說得完呢？

3 平民百姓有句俗話說：「管它什麼仁義不仁義，誰對我有好處，我就說誰是好人。」因此儘管伯夷詆毀過周武王，而且又餓死在首陽山，但文王、武王的聲譽卻並不因此而降低；盜跖、莊蹻殘暴兇狠，可是他們的黨徒卻長久地傳頌著他們的功德。這樣看來，「偷鉤子的人被殺，偷國家的人封侯；哪裡有王侯之家，哪裡就有仁義」，這不是一句假話啊！

4 現在有些拘謹的學者，死守著一點小小的道義，孤單窮困地生活在世界上，還不如降低格調，隨波逐流地也去獵取功名富貴。而那些平民出身的游俠，他們謹慎對待取予，對別人說話算數，因而使千里之外的人都在稱讚他們的義氣。他們為急人之難而不怕犧牲，不怕世人如何議論，這也有他們的長處，不是什麼人隨隨便便都可以做到的。所以當人們走投無路時，就去求救於他們，這不就是人們所讚揚的英雄好漢嗎？假如拿這些平民之俠去和季次、原憲比較在社會上的權力、影響，以及對社會的貢獻，那是不可同日而語的。如果從辦事見效果，說話能兌現看，那游俠的行為，又怎麼可以輕視呢？

5 古代平民之俠的事跡，已經沒辦法知道了。近代的孟嘗君、春申君、平原君、信陵君等人，都因為是國君的親屬，憑藉他們封地的收入和卿相的地位，招攬天下的賢士，使自己揚名於諸侯，這不能說他們不是賢能的人；但這好比順著風向呼喊，聲音沒有加強，但風勢卻使聲音顯得很響，傳得很遠。至於平民之俠，他們是靠著修煉自己的品德，提高自己的名節，來揚名於天下，博得天下人的稱讚的，這才是不容易的呀！然而儒家和墨家的著作都排斥他們，不記載他們的事跡，使秦朝以前平民之俠的事跡都埋沒消失了，真叫人遺憾。據我所知，漢朝建立以來，有朱家、田仲、王公、劇孟、郭解等人，這些人雖然有時觸犯國家的法律，但是他們的道德信義和廉潔謙讓的人品，都有值得稱讚之處。他們的名聲不是憑空產生的，人們依附他們也不是無緣無故的。至於那些官僚幫派、強宗豪族，他們彼此勾結，依仗家財奴役窮人，兇殘暴虐地欺負孤弱，肆無忌憚地為所欲為，真正的游俠對他們也是鄙視的。我感歎世人竟看不出上述兩種人的區別，竟然錯誤地把朱家、郭解等同那些土豪惡霸們混在一起而加以嘲笑。

1 魯❶朱家者，與高祖同時❷。魯人皆以儒教❸，而朱家用俠聞❹。所藏活❺豪士以百數，其餘庸人❻不可勝言❼。然終不伐其能、歆其德❽，諸所嘗施，唯恐見之❾。振人不贍❿，先從貧賤始⓫。家無餘財，衣不完采⓬，食不重味⓭，乘不過軥牛⓮。專趨人之急，甚己之私⓯。既陰脫⓰季布將軍之阸⓱，及布尊貴，終身不見也。自關以東⓲，莫不延頸⓳願交焉。

2 楚⓴田仲以俠聞，喜劍，父事㉑朱家，自以為行弗及㉒。田仲已死，而雒陽㉓有劇孟㉔。周人㉕以商賈為資㉖，而劇孟以任俠㉗顯諸侯㉘。吳、楚反㉙時，條侯㉚為太尉，乘傳車㉛將至河南㉜，得劇孟，喜曰：「吳、楚舉大事㉝而不求孟㉞，吾知其無能為㉟已矣。天下騷動，宰相得之若得一敵國云㊱。」劇孟行大類朱家，而好博㊲，多少年之戲㊳。然劇孟母死，自遠方送喪蓋千乘㊴。及劇孟死，家無餘十金㊵之財。而符離㊶人王孟亦以俠稱江、淮之間㊷。

3 是時濟南㊸瞯㊹氏、陳㊺周庸亦以豪聞，景帝聞之，使使盡誅此屬㊻。其後代諸白㊼、梁韓無辟㊽、陽翟薛兄㊾、陝㊿韓孺，紛紛復出焉。

【章　旨】以上為第二段，寫漢初游俠朱家、劇孟等人的俠義事跡。

【注　釋】❶魯　漢諸侯國名，都城即今山東曲阜。❷與高祖同時　劉邦生於西元前二五六年，卒於西元前一九六年。西元前二〇六—前二〇二年為漢王，西元前二〇二—前一九五年為皇帝。❸皆以儒教　都以儒學教子傳家。❹用俠聞　以行俠尚義聞名天下。用，以。❺藏活　收留庇護使之脫險。❻庸人　普通人；平常人。❼不可勝言　猶言「不計其數」。❽然終不伐其能歆其德　不誇耀自己的本事，不自我欣賞對別人做過的好事。歆，喜；自我欣賞。德，恩惠。❾諸所嘗施二句　對於那些蒙受過自己好處的人，唯恐再見到他們，因為不願意讓別人感謝自己。❿振人不贍　救濟別人的困乏。振，同「賑」。救濟。不贍，不足。指衣食缺乏。⓫先從貧賤始　意即專門為人雪中送炭，不去做那種錦上添花的事情。《論語·雍也》有所謂「君子周急不繼富」，蓋即此也。⓬衣不完采　衣服上連一處完整的花紋都沒有。極言其破舊。⓭食不重味　吃飯時，桌上沒有第二個菜。⓮軥牛　郭嵩燾《史記札記》曰：「猶言『駕牛』。」即乘坐牛車。⓯趨人之急二句　把奔救別人的危急看得比自己的任何私事都重要。⓰陰脫　暗中幫其脫險。⓱季布將軍之阸　季布原是項羽的將領，項羽敗死後，季布逃匿於濮陽周氏家。劉邦懸賞捕捉，濮陽難以藏匿，於是周氏將季布髡鉗為奴隸模樣，轉送於朱家處。朱家通過汝陰侯夏侯嬰說動劉邦，季布乃獲赦免，後官至中郎將、河東太守。故事詳見〈季布欒布列傳〉。⓲關以東　函谷關以東。泛指秦以前的六國之地。函谷關在今河南靈寶東北。⓳延頸　伸長脖子。極言其渴望之狀。姚苧田曰：「稱朱家不容口，是竟不使一實筆，而朱家竟足千古；歎今之菜傭墓誌，亦刺刺細事，堆垛滿紙，閱之無一毫聳神，蓋古文之法不講久矣。」⓴楚　漢代諸侯國名，都城即今江蘇徐州。㉑父事　像對待父親一般對待他。㉒自以為行弗及　以為自己的為人行事趕不上朱家。㉓雒陽　古都邑名，在今河南洛陽東北。雒，同「洛」。㉔劇孟　姓劇名孟。㉕周人　指洛陽一帶的人。因春秋、戰國時期周國建都於洛陽，故後世遂稱洛陽人為「周人」。㉖以商賈為資　以經商為謀生之計。按：〈蘇秦列傳〉有所謂「周人之俗，治產業，力工商，逐什二以為務」，蓋早自春秋、戰國即已如此。㉗任俠　如淳曰：「相與信為任，同是非為俠。」師古《漢書·季布傳注》曰：「任，謂任使其氣力；俠之言『挾』也，以權力挾輔人也。」按：即講義氣，好打抱不平。㉘顯諸侯　名聲傳聞於各郡國。《漢書》無「諸侯」二字。㉙吳楚反　即「吳楚七國之亂」，事在漢景帝三年（西元前一五四年），詳見〈吳王濞列傳〉、〈袁盎鼂錯列傳〉、〈絳侯周勃世家〉、〈梁孝王世家〉等篇。㉚條侯　周亞夫，劉邦開國功臣周勃之子，封地在條（今河北景縣西北），故稱條侯。平定吳楚七國之亂的最高統帥，事跡詳見〈絳侯周勃世家〉。㉛傳車　驛車，驛站上為過往官員準備的臨時應用的車馬。㉜河南　漢郡名，郡治雒陽。㉝舉大事　指造反。〈陳涉世家〉有所謂「今亡亦死，舉大計亦死」云云，彼之「舉大計」即此處之「舉大事」也。㉞不求孟　不將劇孟網羅進去。㉟無能為　幹不成什麼事情。㊱宰相得之句　當宰相的如果能網羅到這樣一個人，簡直就如同獲得了一個與自己勢均力敵的國家。極言劇孟的身價、地位之重要。敵，相當。司馬光《通鑑考異》曰：「劇孟一游俠之士耳，亞夫得之，何足為輕重？蓋其徒欲為孟重名，妄撰此言，不足信也。」按：《漢書》於此處將「宰相」改為「大將軍」，他本將此句置於引號外，於是注釋者遂以此處之「宰相」指周亞夫。但尋思前後文意，終覺欠順，似不如放在引號內，作周亞夫的推崇話解較便當。㊲好博　好賭博。博，也稱「六博」，古人用以賭輸贏的一種棋戲。㊳多少年之戲　好喜少年人玩的那套玩意兒。㊴蓋千乘　差不多有上千輛車。蓋，約略、推測之詞。乘，古稱一車四馬為一乘。各地前來送喪者達千餘輛車，見劇孟交遊之廣。㊵十金　《集解》：「秦以一溢為一金，漢以一斤為一金。」按：漢以黃金一斤為「一金」，「一金」可抵銅錢一萬枚。姚苧田曰：「朱家傳虛矣，而劇孟傳更虛。朱家傳尚從正面著筆，而劇孟傳皆從四面八方著筆。始言宰相得之若得敵國，則其傾動公卿，隱然操朝廷之重何如？次言母死而送者千乘，則其風靡四海，儼然駕王公之上何如？終言死無餘財，則其振人之急，不遺餘力何如？蓋因孟之行事大類朱家，不容更復一語，故除卻死法，更尋活法也。古人文字金針，亦大可識矣。」㊶符離　漢縣名，縣治在今安徽宿州東北。㊷江淮之間　長江與淮水之間，大體相當於今安徽省與江蘇省之中部地區。㊸濟南　漢郡名，有時也是諸侯國名，郡治東平陵（今山東章丘西北）。㊹瞯　姓。㊺陳　漢縣名，有時也是諸侯國名，縣治即今河南淮陽，此時為淮陽國國都。㊻景帝聞之二句　〈酷吏列傳〉云：「濟南瞯氏宗人三百餘家，豪猾，二千石莫能制，於是景帝乃拜（郅）都為濟南太守。至則族滅瞯氏首惡，餘皆股栗。」㊼代諸白　代郡的幾個姓白的。代郡有時稱為代國，郡治代縣（今河北蔚縣東北）。㊽梁韓無辟　梁國的韓無辟。梁國的都城為睢陽（今河南商丘東南）。㊾陽翟薛兄　陽翟縣的薛兄。兄，同「況」。陽翟，漢縣名，縣治即今河南禹縣，當時亦為潁川郡的郡治所在地。㊿陝　《集解》引徐廣曰：「陝，疑當為『郟』字，潁川有郟縣。」《索隱》曰：「陝，當為『郟』。」按：郟縣在陽翟東南，屬潁川郡；至於「陝縣」，在今河南三門峽西，漢時屬弘農郡，作「陝」者誤也。

【語　譯】魯國的朱家，是漢高祖那個時候的人。魯國人都喜歡講儒術，而朱家卻是以任俠聞名。被他掩護救活的，光豪傑之士就有幾百人之多，其他一般的人就無法計算了。但他從不自我誇耀、自我欣賞。凡是被他救助過的人，他都盡量避免與他們再見面。他救濟人，總是先從最貧困的開始。他自己家裡沒有任何多餘的錢財，穿的衣服又破又舊，飯桌上從沒見過兩盤菜，出門坐的是牛車。但是他奔救別人的危急，超過了自己的一切。他曾在暗中幫助季布將軍解脫了困境，等到季布地位尊貴了，朱家到死也沒有再去看過他。因此函谷關以東的人們，沒有一個不企慕他，希望和他交朋友。

2 楚國的田仲也以任俠聞名，他喜歡擊劍，對待朱家像對待父親一樣，覺得自己的行為遠遠比不上朱家。田仲死後，洛陽又出了個劇孟。洛陽人本來都靠著經商為生，而劇孟卻以好打抱不平而揚名於各郡國。吳楚七國之亂時，條侯周亞夫做太尉，正乘著驛車到河南去，半路上遇到了劇孟，高興地說：「吳楚造反居然沒有想到把劇孟找去，我可以斷定他們成不了什麼大氣候了。當天下動亂時，宰相得到了劇孟，就會像得到了一個與自己勢均力敵的國家一樣喜悅。」劇孟的行為很像朱家，但喜好六博，大多是青年人玩的遊戲。劇孟的母親死時，從遠方來奔喪的馬車差不多有千餘輛。等到劇孟死時，家裡沒有十金的遺產。當時還有個符離人王孟，也以任俠聞名於江淮一帶。

3 當時，濟南的瞷氏、陳縣的周庸，也以豪俠聞名，漢景帝聽說後，就派人把他們全都殺掉了。後來代縣有幾個姓白的、梁地有韓無辟、陽翟有薛兄、陝縣有韓孺等，又紛紛出現了。

1 郭解，軹❶人也，字翁伯，善相人者許負❷外孫也。解父以任俠，孝文時誅死。解為人短小精悍❸，不飲酒。少時陰賊❹，慨不快意❺，身❻所殺甚眾。以軀借交❼報仇，藏命作姦❽，剽攻，休乃鑄錢掘冢❾，固不可勝數。適有天幸❿，窘急常得脫⓫，若遇赦⓬。

2 及解年長，更折節為儉[13]，以德報怨[14]，厚施而薄望[15]。然其自喜為俠益甚[16]。既已振[17]人之命，不矜其功。其陰賊著於心[18]，卒發於睚眦如故云[19]。而少年慕其行，亦輒為報仇，不使知也[20]。解姊子負解之勢[21]，與人飲，使之嚼[22]，非其任[23]，彊必灌之。人怒，拔刀刺殺解姊子，亡去[24]。解姊怒曰：「以翁伯之義[25]，人殺吾子，賊不得[26]。」弃其尸於道，弗葬，欲以辱解。解使人微知賊處[27]。賊窘[28]自歸[29]，具以實告解。解曰：「公殺之固當，吾兒不直[30]。」遂去[31]其賊，罪其姊子，乃收而葬之。諸公聞之，皆多解之義[32]，益附焉。

3 解出入，人皆避[33]之，有一人獨箕倨視之[34]。解遣人問其名姓，客欲殺之。解曰：「居邑屋[35]至不見敬[36]，是吾德不脩也，彼何罪！」乃陰屬[37]尉史[38]曰：「是人，吾所急也[39]，至踐更時脫之[40]。」每至踐更，數過，吏弗求[41]。怪之，問其故，乃解使脫之。箕踞者乃肉袒[42]謝罪。少年聞之，愈益慕解之行。

4 雒陽人有相仇者，邑中賢豪居間[43]者以十數，終不聽。客乃見郭解[44]。解夜見仇家，仇家曲聽解[45]。解乃謂仇家曰：「吾聞雒陽諸公在此間[46]，多不聽者[47]。今子幸而聽解[48]，解柰何乃從他縣奪人邑中賢大夫權乎[49]！」乃夜去，不使人知，曰：「且無用，待我去，令雒陽豪居其間，乃聽之[50]。」

5 解執恭敬[51]，不敢乘車入其縣廷[52]。之旁郡國[53]為人請求事[54]，事可出，出之[55]；不可者，各厭其意[56]，然後乃敢嘗酒食[57]。諸公以故嚴重[58]之，爭為用[59]。邑中少年及旁近縣賢豪，夜半過門常十餘車，請得解客舍養之[60]。

6 及徙豪富茂陵[61]也，解家貧，不中訾[62]。吏恐，不敢不徙[63]。衛將軍[64]為言[65]：「郭解家貧，不中徙[66]。」上曰：「布衣權至使將軍為言，此其家不貧。」解家遂徙[67]。諸公送者出千餘萬[68]。軹人楊季主子[69]為縣掾[70]，舉徙解[71]。解兄子斷楊掾頭，由此楊氏與郭氏為仇。

7 解入關[72]，關中賢豪知與不知，聞其聲，爭交驩解[73]。解為人短小，不飲酒，出未嘗有騎[74]。已又殺楊季主[75]。楊季主家上書，人又殺之闕下[76]。上聞，乃下吏捕解[77]。解亡[78]，置其母家室[79]夏陽[80]，身至臨晉[81]。臨晉籍少公[82]素不知[83]解，解冒[84]，因求出關。籍少公已出解[85]，解轉入太原[86]。所過輒告主人家[87]。吏逐[88]之，跡至籍少公[89]。少公自殺，口絕[90]。久之，乃得解。窮治所犯[91]，為解所殺皆在赦前。軹有儒生侍使者坐[92]，客譽郭解[93]，生曰：「郭解專以姦犯公法，何謂賢！」解客聞，殺此生，斷其舌。吏以此責解[94]，解實不知殺者。殺者亦竟絕[95]，莫知為誰。吏奏解無罪。御史大夫[96]公孫弘[97]議曰：「解布衣為任俠行權[98]，以睚眥殺人[99]，解雖弗知，此罪甚於解殺之[100]。當大逆無道[101]。」遂族郭解翁伯[102]。

8 自是之後，為俠者極眾，敖而無足數者[103]。然關中長安[104]樊仲子，槐里[105]趙王孫[106]，長陵[107]高公子[108]，西河[109]郭公仲，太原鹵公孺[110]，臨淮[111]兒長卿[112]，東陽[113]田君孺，雖為俠而逡逡[114]有退讓君子之風。至若北道姚氏[115]，西道諸杜[116]，南道仇景[117]，東道趙他、羽公子[118]，南陽[119]趙調之徒，此盜跖居民間者耳，曷[120]足道哉！此乃鄉者朱家之羞也[121]。

【章旨】以上為第三段，寫郭解行俠尚義，與其被漢武帝、公孫弘等強加罪名殺害的情形。

【注釋】❶軹　漢縣名，縣治在今河南濟源南。❷許負　西漢初期的善相人者，曾為文帝之母薄太后及條侯周亞夫等看相，事見〈外戚世家〉、〈絳侯周勃世家〉。❸短小精悍　個子不高而精明驃悍。❹陰賊　深沉狠毒。❺慨不快意　意謂「稍有不快」、「略一動氣」。慨，憤激不平。《漢書》作「慼慨不快意」。❻身　自己親手。❼以軀借交　將自己的身軀交給朋友使用。意即對朋友以死相幫。錢鍾書《管錐編》曰：「『借交報仇』，則馬遷自鑄偉詞。《水滸傳》第十五回：『阮小五和阮小七把手拍著脖項道：這腔熱血只要賣與識貨的。』『許身』、『賣血』似皆不如『借軀』之語為尤奇也。」❽藏命作姦　藏命，窩藏亡命徒。作姦，猶言「犯科」、「違法」。❾剽攻二句　原作「剽攻不休及鑄錢掘冢」。王念孫《雜志》：「《漢書》作『休乃鑄錢掘冢』。師古曰『不報仇剽攻，則鑄錢發冢也』。是『休』字下屬為句。『及』當作『乃』。『不』字後人所加。〈貨殖傳〉『起則相隨剽攻，休則掘冢』，又其一證。」剽攻，劫奪。鑄錢，指武帝實行鑄錢官營後仍私自鑄錢。❿適有天幸　總好像有老天爺保佑似的。適，正好。⓫窘急常得脫　每當他遇到危難時總是可以逃脫。⓬若遇赦　不然就是趕上國家大赦。若，或；不然就是。⓭折節為儉　改變性行，變成一個謹慎、守禮法的人。節，品性；風操。儉，斂也。即「檢束」、「謹慎」的意思。⓮以德報怨　對恨怨自己的人施之以恩德。⓯厚施而薄望　多為別人做好事，而不指望人家回報自己。⓰自喜為俠益甚　其行俠尚義之心，反而更加強烈了。⑰振　拯救。⑱陰賊著於心　狠毒的想法藏於內心。⑲卒發於睚眦如故云　說不定什麼時候在一件小事上發作出來，還跟過去一樣。卒，通「猝」。突然。睚眦，因為別人瞪了他一眼的怨恨。指很小的過節。⑳亦輒為報仇二句　也常為郭解報仇，而且不讓郭解知道他是誰。按：史公書此為後面之郭解被害做伏筆。㉑負解之勢　仗著其舅父郭解的勢力。負，恃；倚仗。㉒使之嚼　強迫人家「乾杯」。嚼，通「釂」。師古曰：「盡酒曰『釂』。」《說文》：「釂，飲酒盡也。」㉓非其任　不是人家所能勝任。㉔亡去　潛逃而去。㉕以翁伯之義　憑著你郭解的名望、人格。義，道義；名義。㉖賊不得　兇手居然拿不到。㉗微知賊處　暗中打聽到了兇手所藏的地方。師古曰：「微，伺問之也。」意即暗中偵察。㉘賊窘　兇手知道自己跑不了。㉙自歸　自己來到了郭解的門前。㉚吾兒不直　我們家的孩子沒有理。不直，不占理。㉛去　放走。㉜多解之義　稱道郭解的講義氣，能主持正義。㉝避　讓路，表示尊敬。㉞箕倨視之　伸腿坐在地上，直著兩眼看郭解。箕倨，直視，在古代都是傲慢無禮的樣子。㉟居邑屋　同住在一個街巷。邑屋，猶今所謂「街坊」。㊱不見敬　不被人家尊敬。㊲陰屬　暗中囑咐。屬，通「囑」。囑託。㊳尉史　縣尉手下的小吏，主管徵發徭役等事。㊴是人二句　這個人，是我所關心的。急，猶今之所謂「關心」、「關切」。㊵至踐更時脫之　等該他服役時，將他漏過去。踐更，謂取得人錢，代人往出徭役者。《漢書・昭帝紀》注引如淳曰：「更有三品，有卒更，有踐更，有過更。古者正卒無常人，皆當迭（輪流）為之。一月一更，是謂卒更也。貧者欲得雇更錢者，次直者出錢雇之，月二千，是謂踐更也。天下人皆值戍邊三日，一歲一更，諸不行者出錢三百入官，官以給戍者，是謂過更也。」脫，漏；免。㊶數過二句　好幾次該輪到這個人去服役了，但主管此事的小吏總是不找他。㊷肉袒　裸露上身。這是古人宣誓或請罪時做出的姿態，當年廉頗向藺相如道歉就是「肉袒負荊，因賓客至藺相如門謝罪」。㊸居間　師古曰：「居中間為道地和輯之。」按：意即從中調停。「居間」語又見〈魏其武安侯列傳〉。㊹客乃見郭解　有人來請郭解出面調停此事。㊺曲聽解　為尊重郭解而委屈心意地接受了調停。㊻間　即上文之所謂「居間」。㊼多不聽者　他們好多人的調停你們都沒有接受。㊽幸而聽解　感謝你們接受了我的調停。幸，謙辭，猶如今之所謂「使我感到榮幸」。㊾解柰何乃從他縣句　我怎麼能夠跑到別的縣裡，去做應由人家那個縣裡的頭面人物來做的事情呢。㊿且無用四句　意謂「你們暫時先別聽我的話，等我走後，讓洛陽的諸公們再來調停，那時你們再聽」。凌稚隆曰：「應前『不矜其功』。」「且無用，待我去」原作「且無用待我，待我去」。張文虎《札記》：「此『待我』字涉下而衍，《漢書》無。」據刪。(51)解執恭敬　言郭解的一舉一動都很恭謹虔敬。執，行。(52)不敢乘車入其縣廷　極言其恭謹之狀，尊重自己縣的父母官。縣廷，縣衙前的大院。按：「不敢乘車入其縣廷」上應有「出未嘗有騎」五字，誤出於後文，應移至此處。(53)之旁郡國　到四周其他的各郡、各諸侯國。之，往。(54)為人請求事　為人向當地的官府說情辦事。(55)事可出二句　能令其完全解脫者，就令其完全解脫。出，出脫；獲釋。(56)不可者二句　即使不能令其完全獲釋的，也盡量能讓每個人都感到滿意。厭，通「饜」。飽；滿足。(57)然後乃敢嘗酒食　非得把這些事情辦好後，自己才能安心吃飯。(58)嚴重　尊重；敬重。(59)爭為用　都爭著為郭解效力。(60)請得解客舍養之　意即願為郭解分其負擔，迎其所藏亡命者歸而養之。舍養，接到自己家去養著。(61)徙豪富茂陵　茂陵，漢武帝的墳墓，在今陝西興平城東。建元二年（西元前一三九年），武帝照舊例為自己預建陵墓，名曰「茂陵」；並在其地設縣，令遷各地富豪入居之。元朔二年（西元前一二七年），又遷郡國富豪於茂陵，郭解之遷即在此時。司馬光《通鑑考異》曰：「荀悅《漢紀》以郭解事著於建元二年，當是時衛青、公孫弘皆未貴。又，元朔二年，徙郡國豪傑于茂陵，此乃徙解之時也。」按：漢武帝所以要徙郡國富豪於茂陵，〈平津侯主父列傳〉記主父偃之上書云：「茂陵初立，天下豪桀并兼之家，亂眾之民，皆可徙茂陵，內實京師，外銷姦猾，此所謂不誅而害除。」(62)不中訾　家財夠不上規定搬遷的數目。訾，同「資」。按：當時規定家訾三百萬（銅錢）以上者遷茂陵。(63)吏恐二句　按：徙郭解蓋有朝廷之命，故吏人明知其「不中訾」，亦不敢違背上意。(64)衛將軍　即衛青，以伐匈奴之功被封為大將軍，事跡詳見〈衛將軍驃騎列傳〉。(65)為言　為郭解向武帝說情。(66)不中徙　不夠搬遷的標準。(67)遂徙　遂被強制搬遷。(68)出千餘萬　出贊助費千餘萬。漢代「一金」抵銅錢一萬，「千餘萬」銅錢即「千金」之資。(69)軹人楊季主子　郭解的同鄉楊季主的兒子。(70)為縣掾　在軹縣的縣令手下當一名曹吏。掾，各種曹吏的統稱，猶今縣政府的各科、局長。(71)舉徙解　是他首先提出要讓郭解搬遷。按：據此處文意，郭解之被迫搬遷，乃先由「楊季主子」自下提名，丞相公孫弘彙總後，始至武帝處也。(72)入關　指搬進了函谷關以西的茂陵邑。關，指函谷關，在今河南靈寶東北，是東方人進入關中地區的門戶。(73)爭交驩解　爭著和郭解交朋友。交驩，交友結歡。驩，通「歡」。(74)解為人短小三句　梁玉繩曰：「『為人短小，不飲酒』七字複出，疑衍。」瀧川引中井曰：「『解為人短小，不飲酒』，是複出，誤寫耳；『出未嘗有騎』句，當在前文『不敢乘』上。」(75)已又殺楊季主　不久又有人殺了楊季主。已，過後；後來。此句接上文「解兄子斷楊掾頭。由此楊氏與郭氏為仇」。(76)楊季主家上書二句　意謂楊季主家有人到長安未央宮北闕上書，又被人殺於北闕之下也。闕，宮殿門前的雙闕，如今故宮午門兩側的「五鳳樓」是也。《說文》徐鍇注：「為二台于門外，作樓觀于上，上圓下方，以其闕然為道，謂之闕；以其上可遠觀，謂之觀；以其懸法，謂之象魏。」(77)下吏捕解　下詔令於主管該事的官吏，令其緝捕郭解。(78)亡　潛逃。(79)家室　妻小。(80)夏陽　秦縣名，縣治在今陝西韓城西南。(81)身至臨晉　身，單身。臨晉，漢縣名，縣治在今陝西大荔東，其地有臨晉關，為關中入河東之重要渡口。(82)籍少公　姓籍，名少公。(83)不知　不認識。(84)冒　指不顧安危，前去相投，以自己之真情相告，請其酌量而行。有人解釋為假冒他人名字，此說大錯，與上下文完全不合。(85)出解　放郭解出臨晉關。(86)太原　漢郡名，郡治晉陽（今山西太原西南）。(87)所過輒告主人家　每投奔一個人家，定將自己的實際情況告知這家主人。(88)逐　追捕。(89)跡至籍少公　按其行跡追察到籍少公處。跡，追蹤。(90)口絕　口供斷絕，無法再向下查。(91)窮治所犯　盤根究柢地追查郭解所犯的一切罪狀。窮治，徹底追查。(92)侍使者坐　陪同來軹縣訪查郭解的朝廷使者閒坐。(93)客譽郭解　有人當著使者的面讚賞郭解。(94)吏以此責解　法吏以儒生被殺的事情指責郭解，要郭解對此負責。(95)殺者亦竟絕　殺人者也逃得無影無蹤。(96)御史大夫　主管監察彈劾的最高長官，秦、漢時與丞相、太尉合稱「三公」。(97)公孫弘　是個以讀《公羊春秋》出名，在漢武帝尊儒過程中平步青雲的人物，事跡詳見〈平津侯主父列傳〉。公孫弘於武帝元朔三年（西元前一二六年）至元朔五年（西元前一二四年）初為御史大夫。(98)任俠行權　意即打抱不平，作威作福。行權，行使他所不該行使的權力。(99)以睚眦殺人　因為一點很小的過節就動手殺人。(100)解雖弗知二句　史珥《四史剩說》曰：「平津之議，即從武帝『其家不貧』語推出，平津逆推上旨而殺之也。」瀧川引中井曰：「弗知之罪，甚於親殺，是老吏弄文處。」按：史公極寫時人之敬慕郭解；而忌恨之、必欲殺之者，乃前一儒生，後一公孫弘。於此見史公對漢世儒生之反感、氣憤。(101)當大逆無道　應判處為「大逆不道」。當，判；定罪。師古曰：「當，謂處斷其罪。」(102)遂族郭解翁伯　族，滅族；滿門抄斬。梁玉繩引王孝廉曰：「『翁伯』二字衍，是處何必復表其字耶？」凌稚隆引王韋曰：「『必字之者，惜之也。』」按：王氏說是。(103)敖而無足數者　都一個個狂傲不遜，好事沒得說。敖，同「傲」。傲慢。《漢書》此句無「敖」字。(104)長安　漢代國都，舊址在今西安市城北。(105)槐里　漢縣名，縣治在今陝西興平東南。(106)趙王孫　姓趙，名王孫。(107)長陵　漢縣名，劉邦的陵墓所在地，在今西安市北，咸陽市東北，陽陵的西側。(108)高公子　姓高，名公子。(109)西河　漢郡名，郡治平定（在今內蒙古準噶爾旗西南）。(110)鹵公孺　姓鹵，名公孺。《漢書》作「魯公孺」。(111)臨淮　漢郡名，郡治徐縣（在今江蘇泗洪南）。(112)兒長卿　姓兒，名長卿。(113)東陽　漢縣名，縣治在今安徽天長西北。(114)逡逡　謙虛退讓的樣子。(115)北道姚氏　北部地區姓姚的。(116)西道諸杜　西部地區的幾個姓杜的。(117)南道仇景　南部地區的仇景。(118)東道趙他羽公子　東部地區的趙他、羽公子。以上之所謂「北道」、「西道」、「南道」、「東道」，師古曰：「據京師而言，指其東、西、南、北方也。」趙他羽公子，《索隱》曰：「舊解以『趙他』、『羽公子』為二人；今按，此姓『趙』，名『他羽』，字『公子』。」楊樹達曰：「『趙他、羽公子』是兩人。羽姓出鄭公子羽，《漢書・曹參傳》有『羽嬰』。《漢書・何武傳》有『杜公子』，此傳亦有『長陵高公子』，〈儒林傳〉『大中大夫劉公子』，蓋皆以字為名，如薛漢字『公子』也。」(119)南陽　漢郡名，郡治宛縣（今河南南陽）。(120)曷　同「何」。(121)此乃鄉者朱家之羞也　這些人是前面講過的朱家所羞與之為伍的。鄉者，猶言「昔者」、「前者」。鄉，通「向」。

【語　譯】郭解是軹縣人，字翁伯，是著名相士許負的外孫。郭解的父親因為好打抱不平，在孝文帝時被處死。郭解為人矮小，精明驃悍，不喝酒。他少年時殘忍狠毒，稍不如意就動手殺人，被他殺掉的人很多。他不惜豁出命去為朋友報仇，又常窩藏亡命徒，犯法搶劫，以及私造錢幣、挖掘墳墓等，難以指說。但他總有老天保佑，每次碰到危難，總是能夠逃脫，不然就是遇上朝廷大赦。

2 到郭解年紀漸長時，一下子變成了一個謹慎守法的人。他用恩德回報別人的仇怨，他給別人的多而希望取得的少。而他行俠尚義的本性卻更加突出了。他救完了人家的命，從不誇耀自己的功勞。他把殘忍深藏在心底，說不定什麼時候會因一點小事而突然爆發起來。許多年輕人仰慕他的行為，也常常為他報仇，而又不讓郭解本人知道。郭解姐姐的兒子倚仗郭解的勢力，和人喝酒，人家喝不了，他非灌人家，逼得人急了，動手殺了郭解姐姐的兒子，而後逃走了。郭解的姐姐生氣地說：「憑你這麼大的名氣，有人殺了我的兒子，竟然抓不到兇手？」於是把她兒子的屍體扔在道上，不埋葬，想讓郭解難堪。郭解暗中派人探聽到了兇手的去向，兇手沒有辦法了，只好來向郭解自首，他將實情詳細告訴郭解。郭解說：「你殺得對，是我們的孩子沒有道理。」於是放走了兇手，而歸罪於自己姐姐的兒子，把他的屍體收斂埋葬了。大家聽說這件事後，都稱讚郭解的義氣，而歸附他的人就越來越多了。

3 郭解每次出門，人們都讓路給他以表示尊敬。唯有一個人傲慢地叉著腿坐在那裡看著郭解不讓路。郭解叫人去問那人的姓名，門下的人想要殺他。郭解說：「同住在一個縣城而不受人敬重，是我的德行沒有修好，他有什麼罪！」於是暗中告訴縣尉說：「那個人是我所關心的，等輪到該他出傜役時請免掉他。」因此那個人好幾次該去服傜役了，縣吏都不找他。他覺得很奇怪，去問是什麼緣故，這才知道是郭解說情免了他的傜役。於是這個人就光著臂膀來向郭解請罪。當地的青年們聽說這件事，對郭解的行為就更加仰慕了。

4 洛陽有兩個人彼此結了仇，當地的賢豪十幾個人都來給他們調解過，但始終沒能解決。於是有人就去請郭解來辦。郭解夜間去找這兩家仇人談，兩個仇家看著郭解的面子，勉強接受了調停。郭解對這兩個仇家說：「我聽說洛陽的許多賢豪都為你們調解過，你們都不肯聽；現在你們聽從我的調停和解了，我怎麼能侵奪人家城鎮賢豪的調停權力呢？」於是連夜離開了洛陽，不願意讓別人知道此事，還說：「你們暫時先別聽我的話，等我走後，當洛陽的賢豪們再來調解時，那時你們再照辦。」

5 郭解為人謙敬，從來不敢坐著車子進縣衙。到其他郡國為人辦事時事情可以解決的，就盡量解決好；不能解決的，也都設法讓人們得到一定程度的滿意，然後他才吃得下飯。大家因此更加尊重他，爭著為他效力。本城的少年以及其他鄰縣的賢豪，一夜之間往往就有十來起人趕著車子到郭解家去接一些被掩護的人回去供養。

6 等到漢武帝下令強迫各地的富翁往茂陵搬遷時，郭解家裡貧窮，財產的數目夠不上搬遷的標準。但是下面辦事的官吏害怕上面怪罪，不敢不讓他搬遷。大將軍衛青替郭解求情說：「郭解家裡貧苦，不夠搬遷條件。」皇帝說：「一個平民居然能使將軍替他說情，說明這個人家絕不窮。」於是郭解就被勒令搬遷了。上路的時候，有成千上萬的人來送他。軹縣人楊季主的兒子在縣裡為吏，是他提出讓郭解搬遷的。於是郭解哥哥的兒子就砍了這個縣吏的頭，從此楊家與郭家結了仇。

7 郭解搬遷入關後，關中的賢豪無論認識的還是不認識的，都憑著郭解的名聲爭先恐後地來和郭解交朋友。郭解為人矮小，不喝酒，出門也沒有隨從的車馬。後來又有人殺了楊季主，楊季主家裡的人要上書告郭解，又有人把上告郭解的人殺死在皇宮大門外。皇帝知道後，下令逮捕郭解，郭解逃跑了。他把他的母親家屬安置在了夏陽，自己逃到了臨晉。把守臨晉的籍少公平時不認識郭解，郭解前去來投，請求出關。籍少公放走他後，郭解輾轉到了太原。他每投奔一個人家，定將自己的實際情況告知這家主人。官府一路上追查郭解，待至追查到籍少公這裡，籍少公自殺了，線索從此斷絕。很久以後，官府才抓到了郭解。他們追根究柢調查郭解的罪行，發現郭解殺人的事都發生在大赦以前。這時軹縣有一個儒生，陪著前來訪查郭解罪行的使者閒坐，座中有人稱讚郭解，這個儒生說：「郭解專門作奸犯科，怎麼能說是好人！」郭解的門客聽說此事後，殺了這個儒生，而且割去了他的舌頭。法吏們向郭解追問此事，但郭解實在不知道殺人者是誰。而殺人者也從此銷聲匿跡，根本查不出是誰了。法官們只好上奏郭解無罪。這時御史大夫公孫弘說：「郭解作為一個平民百姓，居然敢充好漢使威權，因為一點小事殺人。這一次他雖然不知道，但其罪過比他自己殺人還要重，應該判他個大逆不道。」就這樣，郭解被滿門抄斬了。

8 從此以後，做游俠的人數還有不少，但都傲慢無禮，不值得一說。只有關中長安的樊仲子、槐里的趙王孫、長陵的高公子、西河的郭公仲、太原的鹵公孺、臨淮的兒長卿、東陽的田君孺，他們雖然是游俠，但謙遜退讓有君子的風度。至於北方姓姚的、西方那幾個姓杜的，以及南方的仇景、東方的趙他、羽公子，南陽的趙調等人，那完全像是隱藏在民間的盜跖，哪值得一說呢？這都是以往朱家所看不上眼的人。

太史公曰：吾視郭解❶，狀貌不及中人❷，言語不足採❸者。然天下無賢與不肖，知與不知，皆慕其聲，言俠者皆引以為名❹。諺曰：「人貌榮名，豈有既乎❺！」於戲❻，惜❼哉！

【章　旨】以上為第四段，是作者的論贊，表現了作者對郭解為人的無限敬慕，對其悲慘結局的無比憤慨。

【注　釋】❶吾視郭解　據此可知司馬遷是見過郭解的，此有助於考訂司馬遷之生年。❷中人　中等人；平常人。❸不足採　無可取。指沒有什麼可讓人傳頌的豪言壯語、至理名言。❹皆引以為名　都標榜郭解而借以提高自己的名聲。❺人貌榮名二句　《集解》引徐廣曰：「人以顏狀為貌者，則貌有衰落矣；唯用榮名為飾表，則稱譽無極也。既，盡也。」李笠《史記訂補》曰：「《方言》六：『既，定也。』此言郭解狀貌不取，而得榮名，故以人貌榮名無定為解。」其意蓋謂人的相貌好壞，與人的道德名聲高低，並沒有直接的聯繫。二說錄以備考。❻於戲　同「嗚呼」。感歎語。❼惜　可惜；惋惜。瀧川引中井曰：

「惜其不令(善)終也。」《史記評林》引趙恆曰:「為公孫弘議族解而發歎。」按:後說為長,感慨中深寓無限憤怒。

【語譯】太史公說:我見過郭解,他的體貌比不上一個中等人,說話也不引人注意。但是天下不論有出息的、沒出息的、認識郭解的、不認識郭解的,都仰慕他的名聲;當游俠的人也都標榜郭解以提高自己的身分。俗話說:「人要是能以聲譽作為自己的容貌,那就可以永世長存了。」可惜啊,竟落了個這樣的結局。

【研析】本篇是司馬遷表現自己的理想道德,對漢代統治者及其上流社會進行無情揭露、激烈批判的一篇戰鬥性很強的文字。它巧妙地運用對比襯托的手法,重點寫了一個「朝廷之儒」傾害「布衣之俠」的殘酷事實。漢代自文帝、景帝以來,不斷地打擊、殺害游俠。到武帝時,隨著專制主義的發展,更對游俠採取了徹底取締、徹底消滅的方針。生活在這種時代條件下的司馬遷,居然還敢逆著風向歌頌游俠,為他們樹碑立傳,這是一種多麼勇敢無畏的戰鬥精神。本篇作品的意義在於:

一、歌頌游俠急人之難、捨己為人,批判漢代上流社會的世態炎涼、卑鄙自私。文章開頭的序言中說:「今游俠,其行雖不軌於正義,然其言必信,其行必果,已諾必誠,不愛其軀,赴士之阸困,既已存亡死生矣,而不矜其能,羞伐其德,蓋亦有足多者焉。」又說:「布衣之徒,設取予然諾,千里誦義,為死不顧世,此亦有所長,非苟而已也。故士窮窘而得委命,此豈非人之所謂賢豪間者邪?」這裡清楚地說明了這些游俠最使司馬遷動心的是什麼,而這正是司馬遷要為他們立傳的主要宗旨。據此,司馬遷在朱家傳中著重寫了他「所藏活豪士以百數,其餘庸人不可勝言」,稱讚了他的「專趨人之急,甚己之私。既陰脫季布將軍之阸,及布尊貴,終身不見」。在郭解傳中稱道了他的「借交報仇」和「既已振人之命,不矜其功」。司馬遷之所以要歌頌這些,是因為現實的政治太黑暗、社會上不公平的事情太多了。遠的不說,稍近而尊顯一時的魏其侯,無端地被田蚡之流殺害了;忠勇蓋世的李廣,活活被衛青之流逼死了;李廣的兒子李敢已位至郎中令,居然在眾目睽睽之下被霍去病射死了。在這些事實面前誰又為他們主持過一點公道呢?所以司馬遷歌頌游俠是和批判漢代官場、漢代上流社會的無恥與不公互為表裡的。

二、歌頌游俠的破壞「法制」，有批判漢武帝的專制統治及其嚴刑峻法的意義。漢武帝是我國古代一位有作為的皇帝，對於他的歷史功績應充分肯定，但他實行的專制主義政策給當時社會造成的災難也是非常嚴重的。即以酷吏政治這一項而言，《漢書・刑法志》說：「孝武即位，外事四夷之功，內盛耳目之好，徵發煩數，百姓貧耗，窮民犯法，酷吏擊斷，姦軌不勝，於是招進張湯、趙禹之屬，條定法令，作見知故縱、監臨部主之法，緩深故之罪，急縱出之誅。其後姦猾巧法，轉相比況，禁罔寖密。」《漢書・宣帝紀》說：「後元二年，武帝疾，往來長楊、五柞宮，望氣者言長安獄中有天子氣，上遣使者分條中都官繫獄者，輕重皆殺之。」這和〈酷吏列傳〉中說的「郡吏大府舉之廷尉，一歲至千餘章。章大者連逮證案數百，小者數十人；遠者數千，近者數百里。會獄，吏因責如章告劾，不服，以笞掠定之」，以及「論報，至流血十餘里」是一致的。而且這些酷吏又專門看著漢武帝的臉色行事。司馬遷說游俠「雖時扞當世之文罔，然其私義廉絜退讓，有足稱者」，在當時也只有他們敢作敢為，能替那些善良、軟弱而受打擊、受迫害的人出一口氣了，難道這些人不應該歌頌嗎？

三、批判了公孫弘等舞文弄法殺害游俠的罪行，有揭露儒者的偽善，抨擊漢武帝獨尊儒術政策的意義。司馬遷對漢代儒生甚為不滿，是因為這些人大多是一些無原則、無廉恥、只知爭名圖利向上爬的傢伙。文章開頭說「以術取宰相卿大夫」，指的就是公孫弘之流。〈平津侯主父列傳〉中說公孫弘「習文法吏事，而又緣飾以儒術」，「嘗與公卿約議，至上前，皆倍其約以順上旨」，他「外寬內深。諸嘗與弘有卻者，雖詳與善，陰報其禍。殺主父偃，徙董仲舒於膠西」。就是這樣一個人成為了漢武帝的重臣，本篇詳細地寫了公孫弘與漢武帝連手殺害郭解的過程，充分展示了儒生是怎樣為漢武帝的統治服務的面目。

本文字裡行間流露著作者強烈的愛憎，整篇文章有著濃烈的抒情性。

卷一百二十五

佞幸列傳第六十五

【題解】所謂佞幸，是指帝王身邊的弄臣，具體到漢代，「佞幸」就是皇帝的男寵。這些人既無功勳，又無品德，本不值得立傳，但由於這些人生活在皇帝身邊，便於察顏觀色、逢迎拍馬，從而取得皇帝信任，甚至掌握大權，操縱政事，因此這裡邊也潛藏著許多危機，《韓非子・八姦》裡有所謂「在旁」一類，就是說的這種人。本文寫了籍孺、閎孺、鄧通、韓嫣、李延年等幾個受高祖、惠帝、文帝、武帝喜愛的男寵，從他們受寵幸，得意忘形，為所欲為，到最後失勢亡身的過程，從中也可以看到最高統治者的又一個荒淫腐朽的側面。

1 諺曰「力田不如逢年，善仕不如遇合」，固無虛言❶。非獨女以色媚，而士宦❷亦有之。

2 昔以色幸者多矣❸。至漢興，高祖至暴抗❹也，然籍孺❺以佞幸❻；孝惠❼時有閎孺❽。此兩人非有材能❾，徒以婉佞❿貴幸，與上臥起⓫，公卿⓬皆因關說⓭。故孝惠時郎侍中⓮皆冠鵕鸃⓯，貝帶⓰，傅⓱脂粉，化閎、籍之屬也⓲。兩人徙家安陵⓳。孝文時中⓴寵臣，士人則鄧通，宦者則趙同㉑、北宮伯子㉒。北宮伯子以愛人長者㉓，而趙同以星氣㉔幸，常為文帝參乘㉕；鄧通無伎能㉖。

3 鄧通，蜀郡南安㉗人也，以濯船㉘為黃頭郎㉙。孝文帝夢欲上天，不能，有一黃頭郎從後推之上天，顧見㉚其衣裻帶後穿㉛。覺㉜而之漸臺㉝，以夢中陰目求㉞推者郎。即見鄧通，其衣後穿，夢中所見也。召問其名姓，姓鄧氏㉟，名通。文帝說㊱焉，尊幸之日異。通亦愿謹㊲，不好外交，雖賜洗沐㊳，不欲出。於是文帝賞賜通巨萬㊴以十數，官至上大夫㊵。

4 文帝時時如鄧通家遊戲㊶。然鄧通無他能，不能有所薦士㊷，獨自謹其身以媚上而已。上使善相者相通，曰「當貧餓死」。文帝曰：「能富通者在我也，何謂貧乎㊸？」於是賜鄧通蜀嚴道㊹銅山，得自鑄錢㊺，「鄧氏錢」布天下㊻。其富如此。

5 文帝嘗病癰㊼，鄧通常為帝唶吮㊽之。文帝不樂㊾，從容㊿問通曰：「天下誰最愛我者乎？」通曰：「宜莫如太子。」太子入問病，文帝使唶癰。唶癰而色難之(51)。已而聞鄧通常為帝唶吮之，心慚(52)，由此怨通(53)矣。

6 及文帝崩，景帝立(54)，鄧通免，家居(55)。居無何，人有告鄧通盜出徼外鑄錢(56)。下吏驗問，頗有之，遂竟案(57)，盡沒入鄧通家(58)，尚負責數巨萬(59)。長公主(60)賜鄧通⑥①，吏輒隨沒入之⑥②，一簪不得著身⑥③。於是長公主乃令假衣食⑥④。竟不得名一錢⑥⑤，寄死人家⑥⑥。

7 孝景帝時，中無寵臣⑥⑦，然獨郎中令周文仁⑥⑧。仁寵最過庸，乃不甚篤⑥⑨。

【章旨】以上為第一段，寫高祖、文帝、景帝時代的佞幸，重點寫了鄧通。

【注釋】❶力田不如逢年三句　力田，努力從事田間勞動。逢年，指趕上風調雨順。善仕，會做官。指努力巴結逢迎。遇合，遇上賞識自己的帝王或上司。《集解》引徐廣曰：「遇，一作『偶』。」劉辰翁曰：「『偶合』是。」按：此三句有憤慨志士懷才不遇，而小人憑巧言令色飛黃騰達的成分；也有感慨「命運」，慨歎「人為」不如「命定」的成分。本篇與〈外戚世家〉相比而言，〈外戚世家〉更重要的偏於慨歎「人為」不如「命定」，而本篇則更偏於憤慨小人憑巧言令色而飛黃騰達。❷士宦　士人與宦者。也有的本子作「仕宦」，即官場中人。就本篇而言，似應取第一義，也就是指憑巧言令色獲得皇帝心愛的男寵，這些男寵在漢初有的是宦者，也有的是士人。梁玉繩曰：「〈封禪〉、〈河渠〉、〈平準〉及此傳前敘，獨無『太史公曰』四字，何也？」❸昔以色幸者多矣　如春秋時代受晉獻公寵愛的梁五、東關嬖五，受衛靈公寵愛的彌子瑕；戰國時代受楚襄王寵愛的鄢陵君與壽陵君等。❹暴抗　《索隱》曰：「暴猛伉直。」按：此與他文稱劉邦之所謂「恢宏大度」似欠統一。有人為此解釋說，劉邦也有「暴」的一面，如好罵人、好侮辱人等等，「恢宏大度」是與項羽相比而言。錄以備考。❺籍孺　《正義》曰：「籍、閎，皆名也。孺，幼小也。」王駿觀《史記舊注平議》曰：「籍、閎皆姓，孺其名也。晉有籍談，漢有籍福，周有閎夭。至若以孺為名者，尤不可勝數。」楊慎曰：「『閎孺』、『籍孺』皆稱『孺』，恐非名，疑佞幸者之稱。」按：「籍」、「閎」似二佞之姓，「孺」者以稱幼童。❻以佞幸　靠著巧言令色取媚於人。佞，巧於辭令。楊慎曰：「〈樊噲傳〉『高帝枕一宦者臥』，豈即籍孺？」按：楊慎所說劉邦枕宦者睡覺事，見〈樊酈滕灌列傳〉。❼孝惠　即漢惠帝，劉邦之子，呂后所生，西元前一九四—前一八八年在位。❽閎孺　姓閎的小孌童。❾材能　材質和能力。材，偏於先天素質；能，偏於後天訓練。❿婉佞　柔媚善說。⓫與上臥起　與皇上同臥同起，說明閎孺是惠帝的男寵。⓬公卿　三公九卿。⓭皆因關說　都通過閎孺向皇帝報告情況、獲得指示。《索隱》曰：「關，訓『通』也。謂公卿因之而通其詞說。」即通過得力的人向上、向裡進言。

〈梁孝王世家〉中有「竇太后心欲以孝王為後嗣，大臣及袁盎等有所關說於景帝」。又，〈酈生陸賈列傳〉曾記有平原君朱建為營救辟陽侯審食其，而求見閎孺，使其向惠帝代為求情事，可資參考。⑭郎侍中　都是級別不高的帝王身邊的侍衛官員，郎有中郎、郎中、侍郎等名目。⑮冠鵔鸃　頭戴以鵔鸃鳥的羽毛為飾的帽子。⑯貝帶　以貝為飾的腰帶。⑰傅　敷；塗抹。⑱化閎籍之屬也　都是受閎孺、籍孺這種男寵的影響。化，受其影響而成為風氣。⑲安陵　漢惠帝的陵墓。這裡指安陵所在的「陵邑」的區域內，在今陝西咸陽東北，劉邦「長陵」的西側，當時搬往這些皇帝陵墓附近住的多是有錢或有權勢的人家。按：漢代皇帝的慣例是，從其即位的第二年開始，即為自己預建陵墓，並為管理這個陵墓設立一個行政區域，叫做「陵邑」，規格相當於一個縣。在建造陵墓的同時，即從各地向該區域移民，如高祖的「長陵」、文帝的「霸陵」、景帝的「陽陵」、武帝的「茂陵」等就都和「安陵」一樣，既是皇帝陵墓的稱呼，同時也是一個相當於行政縣的「陵邑」的名稱，其長官的地位略高於縣令。⑳中　宮中；禁中。指帝王身邊。㉑趙同　即趙談，司馬遷為避父諱而改稱「同」。《漢書》逕作「談」。㉒北宮伯子　《漢書・佞幸傳》顏師古曰：「姓北宮，名伯子。」《正義》曰：「伯子，名，北宮之宦者也。」李笠曰：「《史》文明以『宦者』二字蒙下趙同、伯子二人，趙同不曰南北宮，何獨於伯子云『北宮』乎？《孟子》書有『北宮黝』、『北宮錡』，趙岐注並以『北宮』為姓，則顏監說是也。」㉓愛人長者　意即為人慈和忠厚。㉔星氣　指善於觀測天文氣象。㉕參乘　原指站在帝王身邊，為其充當警衛，這裡即指陪著皇帝坐車。趙同為文帝參乘事，見〈袁盎鼂錯列傳〉。㉖無伎能　沒有任何本事。㉗蜀郡南安　蜀郡所屬的南安縣。蜀郡的郡治即今四川成都，南安縣的縣治即今樂山市。錢大昕曰：「《地理志》，南安屬犍為郡，不屬蜀郡。」㉘濯船　即棹船。划船。《漢書》顏師古曰：「濯，讀曰『棹』。」棹，船槳。這裡用如動詞。㉙黃頭郎　頭戴黃帽子專管為文帝划船的郎官。《正義佚存訂補》曰：「濯船，持楫行船也。黃頭，著黃帽也，以土勝水也。」㉚顧見　回頭看見。㉛衣裻帶後穿　李笠曰：「謂其衣之背縫自帶以下穿破也。《漢書》作『衣尻帶後穿』，尻為脊骨盡處，與背縫適相當，故師古謂衣當尻上而居革帶之下處也。」裻，上衣的背縫。穿，洞；破了個窟窿。㉜覺　醒來。㉝之漸臺　去漸臺遊玩。《漢書》顏師古曰：「未央殿西南有蒼池，池中有漸臺。」㉞以夢中陰目求　按著夢中所見的樣子暗自舉目尋找。㉟姓鄧氏　「姓」與「氏」原是兩個概念，同一祖者為同姓，其範圍大；同祖之後，又因所住之地區、所居之官職、所從事之行業不同，又分成若干氏，其範圍小。但司馬遷在《史記》中不重視，常將「姓」、「氏」連用或混用，後人多有攻駁之者。㊱說通「悅」。㊲愿謹　老實謹慎。愿，老實。㊳賜洗沐　賜給洗澡、洗頭的時間。即今之「放假」。㊴巨萬　即今所謂「億」，單位是銅錢。㊵上大夫　王先謙《漢書補注》曰：「〈百官表〉有太中大夫、中大夫，無上大夫。據〈石奮傳〉：『奮為太中大夫，二千石，以上大夫祿歸於家。』是上大夫即太中大夫也。」按：〈張丞相列傳〉竟直稱鄧通為「太中大夫」。上大夫在卿之下，約當現在中央的司、局級。(41)文帝時時如鄧通家遊戲　〈張丞相列傳〉有「是時太中大夫鄧通方隆愛幸，賞賜累巨萬。文帝嘗燕飲通家」云云。(42)不能有所薦士　《史記評林》引楊維楨曰：「鄧通何者，而責以薦達賢才之事？蓋漢世士大夫率貴於薦士，所以司馬遷被刑之後，其故人任安責以古賢臣薦士之義。」(43)何謂貧乎　怎麼會讓他受窮呢。何謂，同「何為」。為何；怎麼會。(44)嚴道　漢縣名，縣治即今四川滎經。《正義》引《括地志》曰：「滎經縣北三里有銅山，即鄧通得賜銅山鑄錢者。」(45)得自鑄錢　漢代初期允許私人鑄錢，至武帝時始全部收歸國營。凌稚隆引董份曰：「文帝作一露臺惜百金，而賞賜鄧通不惜十巨萬，亦可異也。」張之象曰：「文帝嘗衣綈衣，所幸慎夫人令衣不得曳地，幃帳不得衣繡，以示敦樸，為天下先。雖寵幸鄧通，必不若是之甚。史氏之言，未可盡信也。」(46)鄧氏錢布天下　布，散布；流通。〈平準書〉曰：「鄧通，大夫也，以鑄錢財過王者，故吳、鄧氏錢布天下。」《正義》引《錢譜》云：「（鄧氏錢）文字稱兩，同漢四銖文。」(47)癰　毒瘡。(48)唶吮　用嘴吸（其膿）。唶，「咋」的異體字。(49)文帝不樂　因想起了其他事情，勾起了內心不樂，非謂不樂鄧通。(50)從容　故作漫不經心的樣子。(51)唶癰而色難之　按：《漢書》「唶癰」上有「太子」二字，此不宜省。色難，有不甚樂意的表情。(52)心慙　自愧不如鄧通對文帝盡心。(53)由此怨通　按：上文說「文帝不樂」，此處又說景帝「唶癰而色難之」，又說景帝「心慙，由此怨通」，寫兩個人物的心理極細、極曲折。(54)文帝崩二句　事在文帝後元七年（西元前一五七年）。(55)鄧通免二句　按：「一朝天子一朝臣」，立竿見影，作寵臣、寵妾者亦可悲也。(56)盜出徼外鑄錢　可以有兩種解釋，一是指鄧通偷著到邊界線外去鑄造貨幣；另一種則是如郭嵩燾所說：「鄧通所鑄錢，私竊行之徼外。」即拿到徼外去花。二說皆可。徼外，邊境線之外。徼，立木柵以為界。當時四川南部及雲南、貴州一帶尚未歸附漢王朝，所以國境線離鄧通的家鄉南安不遠。(57)竟案　徹底查辦。案，查辦。(58)盡沒入鄧通家　將鄧通家的財產全部沒收歸公。(59)尚負責數巨萬　還欠著公家的錢。負責，同「負債」。《漢書》顏師古曰：「積其前後所犯，合沒官者數多，除其現在財物以外，尚有負官數巨萬。」鍾惺曰：「唶癰，鄧通所以取寵於文帝；鑄錢，帝所以寵通也。然景帝之怒，藏於唶癰，而發於鑄錢，則二事即餓死之根。」(60)長公主　文帝之女，景帝之姐，武帝陳皇后之母。事跡見〈外戚世家〉。(61)賜鄧通　賜給鄧通錢財。視此知鄧通之人身尚未被拘禁。(62)吏輒隨沒入之　謂隨即沒入以抵債也。(63)一簪不得著身　意即讓其連一點值錢的東西也沒有，景帝之報復心理由此可見。簪，貴族常以金、銀或玉為之，用以綰髮。(64)假衣食　因給錢財則被沒收，於是改為送吃的穿的，以維持其生命。假，借。這裡即指給。長公主之所以如此關照鄧通，可以理解為代其父存問舊臣；也可以理解為其本人與鄧通素有情誼。凌稚隆引田汝成曰：

「通無他能，獨長公主賜之假之，有微詞矣。」㊻不得名一錢　沒有一文錢屬於鄧通名下。所謂「一文不名」即由此而來。㊼寄死人家　死在向別人家借的一間房子裡。寄，客居。即今之所謂「寄人籬下」。㊽中無寵臣　皇帝的身邊沒有男寵，這在西漢諸帝中略顯與他人不同。㊾然獨郎中令周文仁　意即只寵愛一位朝臣，此人是郎中令周仁。郎中令，當時的「九卿」之一，統領侍衛，守衛宮門，是最受皇帝信任的官吏。周文仁，《索隱》曰：「仁，字文。」瀧川曰：「『文』字衍，蓋旁注竄入。」按：對一個人「名」、「字」連稱之例，《史記》中也時有所見，如〈游俠列傳〉之所謂「遂族郭解翁伯」是也。有關周仁的事跡，見〈萬石張叔列傳〉。㊿仁寵最過庸二句　周仁算是最受景帝寵幸的，但與其他皇帝的對待男寵相比，也不是寵愛得多麼過分。庸，常；一般人。篤，深厚。陳仁錫曰：「既云『中無寵臣』，又云『然獨周文仁』；既云『仁寵最過庸』，又云『乃不甚篤』，見景帝愈於諸帝。」

【語　譯】俗話說：「努力耕田，不如碰上個豐年；努力做官，不如碰上賞識自己的長官。」這話可是一點也不假。不光女子可以靠著美色討好人，士人與宦者也有些就是靠著這一套。

2　古代靠著長得好而取得君王寵幸的人多了。到漢朝建立以後，漢高祖是個性情剛暴的人，但是有個姓籍的小子居然也能靠著善於花言巧語而得到了寵幸；到了孝惠皇帝的時候，又有一個姓閎的小子也是這樣。這兩個人都沒有什麼才能，就是靠著柔順會說而取得了皇帝的寵愛。他們和皇帝一道睡一道起，連朝裡的大臣們要辦什麼事情也都得通過他們轉達。孝惠帝時的郎官們之所以都戴著插有鵕鸃羽毛的帽子，繫著用貝殼裝飾的腰帶，臉上塗脂抹粉，這就是學閎、籍兩個小子的樣子。後來這兩個人的家也都因為受寵而遷到孝惠帝的陵墓安陵附近去住了。孝文帝時宮中的寵臣，文人出身的有鄧通，宦官身分的有趙同和北宮伯子。北宮伯子是因為仁慈厚道，趙同是因為善於觀測星氣被寵幸，經常陪著漢文帝一起坐車；而鄧通則沒有任何本領。

3　鄧通是蜀郡南安人，因為會划船做了黃頭郎。有一天漢文帝做夢想上天，上不去，這時有一個黃頭郎從後面推著他上去了。漢文帝回頭看，見他上衣背後的腰帶下有個窟窿。夢醒後去漸臺，他就按著夢中所見暗中尋找那個推他上天的黃頭郎。後來發現了鄧通，他的上衣背後果然有個窟窿，正和夢中所見的那個人一樣。於是就叫他過來問他的姓名，他說姓鄧，名通。文帝很高興，從此就對他越來越寵愛。鄧通也老實謹慎，不喜歡多與外面的人來往，即使文帝給他休假，他也不想出去。因此漢文帝賞賜給他的錢多達十幾億，官也做到了上大夫。

4 漢文帝經常到鄧通家裡去玩。但是鄧通沒有別的本事，也不能給朝廷推薦人才，就靠著自己謹小慎微地討好皇帝。漢文帝有一次讓相面的人給鄧通看相，相面的人說：「他日後定要因為貧窮而被餓死。」漢文帝說：「能讓鄧通富貴的就是我，他日後怎麼還會窮呢？」於是就把四川嚴道的銅山賜給了鄧通，讓他可以自己鑄錢，因此鄧通家鑄的錢曾一度流通到了全國各地。鄧通家的富裕竟達到了這個地步。

5 漢文帝曾長過一個毒瘡，鄧通經常用嘴給漢文帝吸膿。這倒勾起了漢文帝的心事，他故作隨便地問鄧通說：「當今天下誰最喜歡我呢？」鄧通說：「應該是沒有比太子更喜歡您的人了。」過了一會兒太子進來問候漢文帝的病情，文帝也讓他給自己吸膿。太子倒是也吸了，但是臉上帶著不情願的樣子。過後他聽說鄧通經常替文帝吸膿，於是自己心裡感到慚愧，但也從此開始忌恨鄧通。

6 等到文帝死，景帝一上臺，鄧通立即就被罷免了，讓他回到蜀郡老家去住。沒過多久，有人告發他私自到國境外鑄錢，於是漢景帝把他逮起來交由法吏審問，掌握了一些事實。接著徹底追查，把鄧通的家產全部沒收充公後，他還欠著國家好幾億。景帝的姐姐長公主送給了鄧通一些財物，但隨即又被官吏們沒收去了，以至於頭上連根簪子也不給留下。長公主無法，只好讓人借給了他一些衣服和食物，以維持生活。到這時鄧通真是徹頭徹尾地連一文小錢也不屬他所有了，最後死在了別人家的屋子裡。

7 漢景帝的時候，宮中沒有什麼寵臣，只有一個郎中令周仁。周仁的受寵雖然超過一般，但仍不甚厲害。

1 今天子中寵臣，士人則韓王孫嫣❶，宦者則李延年❷。嫣者，弓高侯❸孽孫❹也。今上❺為膠東王時❻，嫣與上學書❼相愛。及上為太子，愈益親嫣。嫣善騎射，善佞[8]。上即位[9]，欲事伐匈奴[10]，而嫣先習胡兵[11]，以故益尊貴，官至上大夫，賞賜擬於鄧通[12]。時嫣常與上臥起[13]。

2 江都王[14]入朝，有詔得從入獵上林[15]中。天子車駕蹕道[16]未行，而先使嫣乘副車，從數十百騎[17]，鶩馳[18]視獸。江都王望見，以為天子，辟從者[19]，伏謁[20]道傍。嫣驅[21]不見。既過，江都王怒，為皇太后[22]泣曰：「請得歸國入宿衛，比韓嫣[23]。」太后由此嗛[24]嫣。嫣侍上，出入永巷[25]不禁，以姦[26]聞皇太后。皇太后怒，使使賜嫣死。上為謝，終不能得，嫣遂死。而案道侯韓說[27]，其弟也，亦佞幸。

3 李延年，中山[28]人也。父母及身兄弟及女[29]，皆故倡也[30]。延年坐法腐[31]，給事狗中[32]。而平陽公主[33]言延年女弟善舞[34]，上見，心說之，及入永巷[35]，而召貴延年[36]。延年善歌，為變新聲[37]，而上方興天地祠[38]，欲造樂詩[39]歌弦之[40]。延年善承意[41]，弦次初詩[42]。其女弟亦幸，有子男[43]。延年佩二千石印，號協聲律[44]。與上臥起，甚貴幸，埒如韓嫣[45]也。久之[46]，寖與中人亂[47]，出入驕恣[48]。及其女弟李夫人卒[49]後，愛弛，則禽誅延年昆弟[50]也。

4 自是之後，內寵嬖臣[51]大底[52]外戚之家，然不足數[53]也。衛青、霍去病亦以外戚貴幸，然頗用材能自進[54]。

【章　旨】以上為第二段，寫武帝時的佞幸韓嫣、李延年等。

【注　釋】❶韓王孫嫣　名嫣，因其曾祖父韓信曾被封王，故稱嫣為「王孫」。韓嫣的曾祖父韓信是戰國韓國的後代，因幫著劉邦打天下有功，於漢二年（西元前二〇五年）被劉邦封為韓王。為使這個韓信與淮陰侯韓信相區別，歷史上通常稱之為「韓王信」。韓王信後來在北方叛亂，逃入匈奴，又兵敗被殺。文帝時，韓王信的兒子韓頹當帶著他的孫子韓嬰等返回了漢朝，為此韓頹當被封為弓高侯。事見〈韓信盧綰列傳〉。❷李延年　武帝寵妃李夫人之兄。❸弓高侯　韓頹當，封地為弓高縣。韓頹當在平定吳、楚七國之亂中立有戰功。事跡詳見〈吳王濞列傳〉。❹孽孫　非嫡子所生的兒子。❺今上　指武帝劉徹。❻為膠東王時　漢景帝的太子原是劉榮，栗姬所生。劉徹原來被封為膠東王，事在景帝四年（西元前一五三年）。膠東國的都城即墨在今山東平度東南。在膠東四年，於景帝七年（西元前一五〇年）栗太子被廢，劉徹被立為太子。其曲折過程詳見〈外戚世家〉。❼與上學書　陪著未來的武帝學習寫字。❽善佞　善於伶牙俐齒地迎合皇上，柔媚討好。❾上即位　事在景帝後元三年（西元前一四一年）。❿匈奴　戰國後期以來興起於今內蒙、外蒙一帶的少數民族，漢代建國以來成為北部地區的嚴重邊患，詳情見〈匈奴列傳〉。⓫先習胡兵　早就熟悉匈奴軍隊的情況，並且自己也會那一套騎射的本領。陳子龍曰：「嫣固世將，且其先久居胡中，故先習胡兵也。」⓬擬於鄧通　擬，類似；不相上下。陳仁錫曰：「敘韓嫣，則云『賞賜擬於鄧通』；敘延年，則云『埒如韓嫣』，血脈聯絡處。」王先謙《漢書補注》引《西京雜記》曰：「韓嫣好彈，常以金為丸。所失者日有十餘。長安為之語曰：『苦飢寒，逐金丸。』京師兒童每聞嫣出彈，輒隨之，望丸之所落，輒拾焉。」⓭與上臥起　與武帝同時睡覺、同時起牀。⓮江都王　劉非，景帝之子，武帝的同父異母兄，景帝前元四年至武帝元朔元年（西元前一二八年）為江都王，武帝建元四年（西元前一三七年）曾來京朝見。事跡見〈五宗世家〉。江都國的都城廣陵，在今江蘇揚州西北。⓯上林　即上林苑，當時的皇家獵場，舊址在今西安市西南，地域有數縣之廣。⓰蹕道　清道戒嚴。⓱從數十百騎　帶著差不多近百個騎兵。數十百，好幾十、近百。〈項羽本紀〉中多有這種用法。⓲騖馳　猶言奔馳。騖，馬跑。⓳辟從者　讓跟從的人都迴避起來。⓴伏謁　拜伏參見。㉑驅　此處指奔馳而過。㉒皇太后　即王太后，漢武帝的生母。事跡詳見〈外戚世家〉。㉓請得歸國入宿衛二句　請讓我辭去江都王，也像韓嫣一樣進宮給皇帝當個衛士。歸國，將自己的封國交還中央。入宿衛，入宮給皇帝充當衛士。比韓嫣，與韓嫣享受同樣的待遇。㉔嗛　《集解》引徐廣曰：「讀與『銜』同，《漢書》作『銜』字。」銜，含恨在心。㉕出入永巷　可以隨便到皇帝嬪妃所住的地方。永巷，宮廷裡的深巷。泛指嬪妃、宮女居住、出入的地方。

「永巷」在他處有作「宮中監獄」解者，與此處意思不同。㉖姦　指與嬪妃、宮女相淫亂。㉗案道侯韓說　說，通「悅」。韓說是韓嫣之弟，以伐東越之功被武帝封為案道侯（「案道」是封地名）。事見〈東越列傳〉。後來在巫蠱之案中被太子劉據所殺，事見《漢書・武五子傳》。王先謙《漢書補注》引錢大昕曰：「說、增父子已附〈韓王信傳〉，說以愛幸，故又牽連書於嫣傳。」㉘中山　漢代諸侯國名，國都即今河北定縣。武帝前期的中山王為劉勝，景帝之子，武帝的同父異母兄弟，於景帝三年（西元前一五四年）至武帝元鼎四年（西元前一一三年）在位，即河北滿城漢墓之出土「金縷玉衣」者也。㉙父母及身兄弟及女　意即全家三代。身，自身；本人。㉚皆故倡也　都當過樂師或歌舞伎。倡，指從事音樂、歌舞等演藝職業的人。㉛坐法腐　因犯罪被處宮刑。坐，因。㉜給事狗中　在皇家的養狗部門當差。給事，猶今所謂「服務」、「供職」。狗中，《集解》引徐廣曰：「主獵犬也。」瀧川曰：「《漢書》『狗』下有『監』字。」按：此「監」字不可少。據〈司馬相如列傳〉，司馬相如之所以能夠獲得武帝接見，就是憑著「狗監」楊得意的介紹。㉝平陽公主　武帝之胞姐，同為王太后所生。按：此處「平陽公主」原號「陽信公主」（封地在「陽信」），因嫁與「平陽侯」為妻，故人們也稱之為「平陽公主」。㉞言延年女弟善舞　此「延年女弟」即日後使漢武帝如醉如痴的「李夫人」。按：平陽公主第一次向武帝推薦了衛子夫，使衛子夫成為皇后；第二次又推薦了李夫人，使李夫人受寵異常，平陽公主可謂善於發現、善於培養、善於舉進此類人才矣。衛子夫事見〈外戚世家〉，李夫人事見〈外戚世家〉與〈封禪書〉。㉟入永巷　謂李夫人進入宮廷。㊱召貴延年　召進延年而貴之。㊲變新聲　即譜新曲，改編出一種嶄新風格的樂曲。㊳方興天地祠　正在各地建築祭祀天地的壇臺廟宇，詳情見〈封禪書〉。㊴造樂詩　編寫樂府新辭。㊵歌弦之　即製曲配樂演唱。㊶善承意　善於領會、迎合武帝的心思。㊷弦次初詩　即為新辭譜曲配樂。弦次，李笠曰：「當作『弦歌』。」初詩，新寫的歌辭。《漢書・禮樂志》云：「至武帝定郊祀之禮，祠太一於甘泉，祭后土於汾陰，乃立樂府，采詩夜誦，以李延年為協律都尉，多舉司馬相如等數十人造為詩賦，略論律呂，以合八音之調，作十九章之歌。」㊸其女弟亦幸二句　按：李夫人生昌邑王賀，劉賀於昭帝死後曾一度為帝，後被霍光所廢。崔適《史記探原》曰：「衛后色衰，而李夫人進，當在元鼎（西元前一一六—前一一一年）、元封（西元前一一〇—前一〇五年）之間。」㊹號協聲律　《漢書・佞幸傳》作「為協律都尉」。郭嵩燾曰：「漢制掌武事曰尉。〈百官表〉：『水衡都尉，掌上林苑。』張晏曰：『有卒徒，故曰尉。』協律者，以聲律授樂人，使調習之，亦卒徒之屬也，因以都尉名其官。〈百官表〉凡都尉官，皆比二千石。」㊺埒如韓嫣　受寵的程度與韓嫣相同。埒，相等；相比。㊻久之　漸漸地。㊼寖與中人亂　寖，漸；逐漸。中人，猶言「宮人」。指一般的妃嬪與宮女等。按：李延年已受腐刑，不可能與宮人亂。《集解》引徐廣曰：「一云：『坐弟季與中人亂。』」瀧川曰：「《漢書》

作「久之，延年弟季與中人亂」。徐一本可據，不然下文「誅昆弟」三字不可解。」㊽驕恣　傲慢，為所欲為。㊾李夫人卒　關於李夫人臨死的情景，《漢書・外戚傳》敘寫極其生動。㊿誅延年昆弟　將李延年與其兄弟一併處決。昆弟，兄弟。昆，兄。(51)嬖臣　受寵愛之臣，通常指帝王的男寵。(52)大底　同「大抵」。大概。(53)不足數　值不得一說。(54)頗用材能自進　意即衛、霍之所以不入〈佞幸列傳〉，是因為他們有才幹、有本事。徐孚遠曰：「太史公輕衛、霍，一至於此。」

【語　譯】當今天子宮中的寵臣，士大夫出身的有韓王信的曾孫韓嫣，宦官身分的有李延年。韓嫣，是弓高侯韓穨當庶出的孫子。在當今皇上還做膠東王的時候，韓嫣是皇上的伴讀，兩人感情很好。等到皇上後來做了太子，就跟韓嫣愈來愈親近了。韓嫣擅長騎馬射箭，又會花言巧語地討好人。待至太子做了皇帝，準備討伐匈奴了，韓嫣由於早就學過匈奴的戰術，所以特別受到皇帝的賞識，以至於官做到了上大夫，接受的賞賜可以和鄧通相比。當時韓嫣經常和皇帝同睡同起。

2　有一次江都王進京朝見皇帝，武帝讓他跟著一起到上林苑打獵。街上已經清道戒嚴了，皇帝的車駕還沒有動身，皇上讓韓嫣坐著副車，帶著近百個騎兵先跑去看看野獸的情況。江都王遠遠看見，誤以為是皇帝到了，就趕緊讓侍從們迴避，自己趴在路邊唱名拜見。韓嫣的車子一閃而過，沒有看見江都王。待至韓嫣過去以後，江都王發覺被騙了，於是氣憤地到王太后那裡哭訴，說：「我請求交出封地，也到朝廷裡來像韓嫣那樣做個侍衛。」王太后從此對韓嫣不滿。韓嫣服侍漢武帝，在深宮裡出出進進不受任何限制，漸漸地和嬪妃通姦的事情傳到王太后那裡去了。王太后很生氣，派人賜韓嫣死。漢武為他求情，王太后不答應，結果韓嫣就這樣被處死了。案道侯韓說，是韓嫣的弟弟，也是靠著阿諛奉承得到皇帝的寵愛。

3　李延年是中山國人，他的父母兄弟和他自己，以及他的女兒，都是唱歌的藝人。李延年因為犯法受了宮刑，而後就在宮裡養狗的部門當差。有一次平陽公主對漢武帝說起李延年的妹妹很會跳舞，漢武帝把她叫來一看，心裡很高興，等到李夫人進宮後，漢武帝把李延年也叫了來，開始抬舉他。李延年善於唱歌，他為漢武帝譜了一些新曲，當時漢武帝正在各地興建祭祀天地的廟宇，想要製作一些歌詞配曲演唱。而李延年正好善於迎合漢武帝的歡心，為新製的歌詞譜曲配樂。他的妹妹也很受寵，生了個男孩。李延年佩戴著二千石的官印，被稱為協聲律。他經常和皇上同住同起，受寵的程度和韓嫣差不多。時間長了，漸漸地又與一般的嬪妃、宮女淫亂，在個人的行為表現上也驕傲放縱起來。等到他的妹妹李夫人死後，漢武帝對他的寵愛也就越來越少了，後來把他和他的弟弟都殺了。

4 從此以後，在宮中和在朝廷上受寵的差不多都是外戚家的人，這些人都不值得一提。衛青和霍去病也是外戚，得到了皇帝的寵幸而顯貴，但是他們在一定程度上也是靠著自己的本領而獲得了提升。

太史公曰：甚哉愛憎之時❶！彌子瑕之行❷，足以觀後人佞幸❸矣。雖百世可知也。

【章　旨】以上為第三段，是作者的論贊，作者對佞幸的可鄙亦復可憐，表現了深深慨歎。

【注　釋】❶甚哉愛憎之時　意思是當這些人受寵的時候，就可以大富大貴，炙手可熱；而一旦失寵，也可以禍滅三族，這就全在帝王的愛憎之間了。時，時機；時宜。錢鍾書曰：「『時』者，劉禹錫〈秋扇詞〉所謂『當時初入君懷袖，豈念寒爐有死灰』。萬事莫不有『時』，男女愛憎特其一例，馬遷反復致意如此。」❷彌子瑕之行　據《韓非子・說難》云：當彌子瑕受衛靈公寵幸的時候，他曾偷用衛靈公的車駕，還把他咬過的桃給衛靈公吃，這些都不算回事；後來一旦失寵，衛靈公便舊帳重提，對之重重地加以罰治了。❸觀後人佞幸　意思是由此推斷後代佞幸的下場。吳見思曰：「前從漢興序起，忽於贊中補出一彌子瑕，應篇首『昔以色幸多矣』一句，奇妙。」

【語　譯】太史公說：當統治者喜愛或憎恨一個人的時候，態度是多麼截然相反啊！從春秋時衛國彌子瑕的前後不同遭遇上，就足以叫人看出做一個佞人是多麼難以自料、多麼可悲可憐了。再過一百輩子，也永遠是這樣。

【研　析】幾乎每個皇帝都喜歡男寵，都有幾個孌童，這是西漢皇帝特有現象，儘管西漢初期的這些男寵還沒有像西漢後期的董賢那樣威震全國、獨攬朝政，但這些人在寵愛他的主子的支持下，也曾氣焰兇盛，跋扈一時，如劉邦、惠帝時代的籍孺、閎孺，就是憑著「婉佞」，「與上臥起」，遂使得「公卿皆因關說」，也就是說，三公九卿處理政事往往都得通過他們才能辦成，這是什麼天日！武帝的男寵韓嫣，「官至上大夫，賞賜擬於鄧通」，乘著皇帝的副車馳騁街頭，嚇得武帝的兄長江都王都誤以為是皇帝出行，「辟從者，伏謁道傍」。孔子說：「唯女子與小人為難養也，近之則不遜，遠之則怨。」〈李將軍列傳〉就記載了韓嫣因受武帝寵幸而對武帝竟敢「不遜」，而被李廣之子李當戶趁機揍了一頓的情景。漢初幾位皇帝的好男色，不僅在當時造成惡果，更嚴重的是影響後代，到哀帝時的寵幸董賢，竟封之為大司馬，為當朝首輔，這時西漢王朝的氣數已經快要完蛋了。

講歷史的人都愛講「文景之治」，司馬遷也把漢文帝寫成自己理想的帝王，這當然反映了一部分事實。但司馬遷實事求是，也寫出了漢文帝的很多陰暗面，如〈張釋之馮唐列傳〉就涉及到了一些，比較好的是漢文帝能接受意見，故而值得稱頌。本文則詳細的寫了他好男色的另一個腐朽方面。漢文帝的男寵有鄧通、趙同、北宮伯子等多人。鄧通沒有任何技能，就是憑著文帝喜歡他而官至「上大夫」。有個相面的人說鄧通日後要餓死，漢文帝為了讓鄧通富溢超常，竟送給他一座銅山，讓他隨意採銅鑄錢，以至於鬧得「『鄧氏錢』布天下」，簡直和發動叛亂的吳王劉濞相同。漢文帝的這種行為即使放在一個「昏君」頭上，也不能算是一個小問題。

卷一百二十六

滑稽列傳第六十六

【題　解】司馬遷在本文中高度評價了淳于髡、優孟、優旃三個人的思想品格和他們在當時所起的社會作用。這些贅婿、倡優，在當時的地位極其低下，但是他們的操行見解，以及他們那種批逆鱗、論大事的智慧和勇氣，卻又往往為那些袞袞諸公所不及，這是使司馬遷極為讚賞，而又感慨極深的。《史記》中出現這麼一篇〈滑稽列傳〉，這本身就是對漢代上流社會的一種莫大的「滑稽」與諷刺。本文的後面有褚少孫補寫的幾個人物，前幾個無關緊要，最後的西門豹治鄴一節，不僅思想內容極好，文字水平也不低於司馬遷。只是放在《滑稽列傳》裡似乎不大合適。

孔子❶曰：「六藝❷於治一也❸。禮以節人❹，樂以發和❺，書以道事❻，詩以達意❼，易以神化❽，春秋以義❾。」太史公曰：天道恢恢，豈不大哉❿！談言微中⓫，亦可以解紛⓬。

【章　旨】以上為第一段，為篇前小序，提出了滑稽人物存在的意義。

【注　釋】❶孔子　儒家學派的創始人物，生於西元前五五一年，死於西元前四七九年。事跡詳見〈孔子世家〉。❷六藝儒家用以教授學生，並主張用以治理國家的六種教本，即《禮》、《樂》、《書》、《詩》、《易》、《春秋》。漢武帝尊儒後，被儒生奉為經典。❸於治一也　對於治理國家來說都是需要的，都有它殊途同歸的效果。❹禮以節人　禮，指《儀禮》，講究各種禮節、各行為規範的書，尤其以講「喪禮」最為瑣細。晏嬰與司馬談都說儒家「累世不能竟其學，當年不能究其禮」，在很大程度上即指此書的瑣細而言。節，節制。規範人的一言一行，一舉一動。❺樂以發和　樂，《樂經》，已佚。因為儒家講究以「禮」、「樂」治國，所以除「禮儀」外，對「音樂」也非常重視。發和，促進人類社會、人際關係上的融洽和睦。發，誘導；促進。❻書以道事　書，《尚書》，有關遠古傳說以及夏、商、周時代的歷史資料彙編。道事，講述往古的歷史事跡，以供人們效法、借鑒。❼詩以達意　詩，即《詩經》，中國最早的一部歌謠總集，共有作品三百零五篇，分〈風〉、〈雅〉、〈頌〉三部分。達意，傳達前代聖賢們的感情意旨。漢代經師們認為《詩經》中的作品都是「思無邪」，都是表現往世賢聖的重要旨意。❽易以神化　易，古代的一部用於算卦的書，被古代統治者與儒家分子形容得極其神祕，說它是溝通人類與天神關係的手段。神化，使統治者的治理方術神祕化，即「神道設教」的意思。按：〈太史公自序〉重出此文時作「《易》以道化」。「道化」即講述變化。❾春秋以義　春秋，以魯國君主為紀年綱領的春秋時代歷史大事綱要，相傳是孔子所作。以義，告訴人哪些事情該做，哪些事情不該做。義，宜也。關於這段文字的意思，可參看〈太史公自序〉，有更加詳細的說法與注釋。❿天道恢恢二句　意謂世上的道理是很多的，解決問題的辦法也千差萬別。恢恢，形容廣闊無邊。⓫談言微中　說話偶爾說到重點、關鍵。這裡指滑稽人物們的某幾句看似不起眼、不經心的說話。中，中的；中肯。⓬解紛　解開糾紛；解決問題。瀧川引岡白駒曰：「解紛亂即是治，豈獨止《六藝》耶？天道之所以大也。」曾國藩《求闕齋讀書錄》曰：「言不特《六藝》有益於治世，即滑稽之談言微中亦有裨於治道也。」姚苧田曰：「此序固甚有滑稽之風，然其意亦極明劃。將『天道恢恢』一句總攬《六藝》，將『亦可以』句頂著六個『以』字，見滑稽之雄固將掇《六藝》之菁英而無不可者也。」

【語　譯】孔子說：「《六經》對治理國家都是有用的。《禮》可以節制人的言行，《樂》可以促進人們之間的和睦，《書》可以記載政事供人借鑒，《詩》可以表達情意，《易》可以表現事物的神妙變化，《春秋》可以告訴人們哪些事情該做與不該做。」太史公說：天道寬闊無邊，多麼偉大啊！說話如果能說到重點、關鍵，就能解決問題。

1 淳于髡❶者，齊之贅壻❷也。長不滿七尺❸，滑稽❹多辯，數使諸侯，未嘗屈辱。齊威王❺之時，喜隱❻，好為淫樂長夜之飲，沈湎❼不治❽，委政卿大夫❾。百官荒亂，諸侯並侵❿，國且危亡，在於旦暮，左右莫敢諫。淳于髡說之以隱曰：「國中有大鳥，止王之庭⓫，三年不蜚⓬又不鳴。王知此鳥何也？」王曰：「此鳥不飛則已，一飛沖天；不鳴則已，一鳴驚人⓭。」於是乃朝諸縣令長⓮七十二人⓯，賞一人，誅一人⓰，奮兵而出。諸侯振⓱驚，皆還齊侵地。威行三十六年⓲，語在田完世家中⓳。

2 威王八年⓴，楚大發兵加齊㉑。齊王使淳于髡之趙㉒請救兵，齎金百斤㉓，車馬十駟㉔。淳于髡仰天大笑，冠纓索絕㉕。王曰：「先生少之乎？」髡曰：「何敢！」王曰：「笑豈有說乎？」髡曰：「今者臣從東方來，見道傍有禳田㉖者，操一豚蹄，酒一盂，祝曰：『甌窶滿篝㉗，汙邪㉘滿車，五穀蕃熟㉙，穰穰㉚滿家。』臣見其所持者狹而所欲者奢，故笑之。」於是齊威王乃益齎黃金千溢㉛，白璧十雙，車馬百駟。髡辭而行，至趙。趙王與之精兵十萬，革車㉜千乘。楚聞之，夜引兵而去。

3 威王大說，置酒後宮，召髡賜之酒。問曰：「先生能飲幾何而醉？」對曰：

「臣飲一斗㉝亦醉，一石亦醉。」威王曰：「先生飲一斗而醉，惡能㉞飲一石哉！其說可得聞乎？」髡曰：「賜酒大王之前，執法㉟在傍，御史㊱在後，髡恐懼俯伏而飲，不過一斗徑㊲醉矣。若親㊳有嚴客㊴，髡帣韝㊵鞠䠐㊶，侍酒㊷於前，時賜餘瀝㊸，奉觴㊹上壽，數起㊺，飲不過二斗徑醉矣。若朋友交遊，久不相見，卒然相覩㊻，歡然道故，私情相語，飲可㊼五六斗徑醉矣。若乃州閭之會㊽，男女雜坐，行酒稽留㊾，六博投壺㊿，相引為曹(51)，握手無罰，目眙不禁(52)，前有墮珥(53)，後有遺簪，髡竊樂此，飲可八斗而醉二參(54)。日暮酒闌(55)，合尊(56)促坐(57)，男女同席(58)，履舄交錯(59)，杯盤狼藉(60)，堂上燭滅，主人留髡而送客(61)，羅襦(62)襟解，微聞薌澤(63)，當此之時，髡心最歡，能飲一石。故曰酒極則亂，樂極則悲，萬事盡然，言不可極，極之而衰(64)。」以諷諫焉。齊王曰：「善。」乃罷長夜之飲，以髡為諸侯主客(65)。宗室(66)置酒，髡嘗在側(67)。

4 其後百餘年，楚有優孟(68)。

【章旨】以上為第二段，寫淳于髡以滑稽方式勸說齊威王改行向善，從而使齊國富強、稱霸的故事。

【注釋】❶淳于髡　姓淳于，名髡，戰國時齊國人。事跡參見〈孟子荀卿列傳〉。❷贅壻　招贅到女方家裡生活的女婿。《索隱》曰：「贅壻，女之夫也。比於子，如人疣贅，是餘剩之物也。」錢鍾書《管錐編》曰：「『贅』之為言『綴』也，雖附屬而仍見外之物也。」按：贅壻自先秦至漢代，不僅社會地位低，而且還受著公開的法律上的摧殘，等同罪犯。如《漢書・食貨志》注引應劭所謂「秦時以謫發之，名『謫戍』，先發吏有過及贅婿、賈人，後以嘗有市籍者發」云云是也。❸尺　周時之一尺約當二十三・一公分，七尺尚不到今之一・六二公尺。❹滑稽　《索隱》曰：「滑，亂也。稽，同也。言辯捷之人言非若是，說是若非，能亂異同也。」《正義》引師古曰：「滑稽，轉利（語言流利）之稱也。滑，亂也；稽，礙也，言其變化無留滯也。」《索隱》又引崔浩曰：「滑稽，流酒器也，轉注吐酒，終日不已。言出口成章，詞不窮竭，若滑稽之吐酒。」按：疑前二說近是，後世遂用為詼諧、幽默之意，然相比之下，「幽默」趨雅，而「滑稽」近俗。❺齊威王　名因齊，戰國時齊國最有作為的國君，西元前三五六—前三二〇年在位。齊國的都城臨淄，在今山東淄博之臨淄西北。❻喜隱　好聽隱語。隱，打啞謎。❼沈湎　沉溺於酒。湎，沉溺於酒。❽不治　不理政事。❾卿大夫　春秋初期以前，周天子的治政大臣稱「卿」，諸侯國的大臣通常稱「大夫」。春秋中期以後各大國諸侯的大臣已例皆為「卿」，「大夫」遂成了中級官員。❿諸侯竝侵　各國都來侵伐齊國。按：此不過講故事的需要而已，齊國自田和篡姜姓政權以來，一直為東方大國。齊威王即位初，雖不如魏國正處強大之巔峰，亦絕不至「諸侯並侵，國且危亡，在於旦暮」也。⓫庭　廳堂前面的院落。⓬蜚　通「飛」。⓭此鳥不飛則已四句　按：此故事亦見於〈楚世家〉，作伍舉諫楚莊王；而《呂氏春秋・重言》又作成公賈父諫楚莊王，蓋皆小說家言，姑妄聽之可也。⓮朝諸縣令長　讓其所屬的各個縣令、縣長皆來朝見。《漢書・百官公卿表》云：「縣令、長，皆秦官，掌治其縣。萬戶以上為令，減萬戶為長。」可供參考。⓯七十二人　此亦大體言之而已，戰國與秦漢時代，人稱齊國之大皆稱其有「七十餘城」，見〈樂毅列傳〉、〈田單列傳〉、〈淮陰侯列傳〉等。⓰賞一人二句　賞即墨大夫，因此人治縣有實效，由於不奉承齊王左右的人，反而蒙受惡名；誅阿大夫，此人治縣的成績極壞，但由於能賄賂齊王左右的人，故而名聲一向挺好。事見〈田敬仲完世家〉。〈田敬仲完世家〉所賞、所誅之「大夫」即縣令、縣長之職。⓱振　通「震」。⓲威行三十六年　齊威王在位共三十七年。⓳語在田完世家中　此即通常所說的「互見法」，有的地方也寫作「語在某某事」中。語，即關於這件事情的記載。梁玉繩曰：「〈世家〉無隱諫一節，疑是後人刪之。或謂此傳虛述，乃史公不精之咎，恐不然也。」按：今〈田敬仲完世家〉無淳于髡以鳥為喻諫齊威王事，但有「威王初即位以來，不治，委政卿大夫，九年之間，諸侯並伐，國人不治」云云，以及誅阿大夫、賞即墨大夫事，蓋小說之痕跡略同。⓴威王八年　相當於楚宣王二十一年，西元前三四九年。㉑楚大發兵加齊　楚，西周以來的諸侯國名，此時的楚國都城在郢，即今湖北江陵西北之紀南城。錢大昕《二十二史考異》曰：「按〈世家〉及〈表〉，是年無齊楚交兵事。此傳所言，多不足信。」梁玉繩曰：「威王在位三十六年，未嘗與楚相聞。若威王八年，並無他國來伐，安得有楚兵加齊，趙王救齊之事？《說苑》之〈復恩〉、〈尊賢〉二篇說此事，一云「楚魏會晉陽，將伐齊，齊王患之」，一云「諸侯舉兵伐齊，齊王恐」，後說近之。」㉒之趙　前往趙國。趙，戰國以來的諸侯國名，此時的趙國君主為趙肅侯，西元前三四九－前三二六年在位。趙國的都城邯鄲，即今河北邯鄲。㉓齎金百斤　齎，攜帶。百斤，當時的一斤約合今之半市斤略多一點。㉔十駟　猶言十輛。古代一車四馬謂之一駟。㉕冠纓索絕　言其由於張嘴大笑，把繫在下頦底下的帽帶都給迸斷了。冠纓，帽帶。索，盡。㉖禳田　祭祀以祈求農事無災害。禳，祭祀以驅除不祥。㉗甌窶滿篝　高坡貧瘠之地，尚求收得裝滿筐籠。甌窶，瀧川曰：「蓋方言。言高地也。」篝，筐籠之類。㉘汙邪　《集解》引司馬彪曰：「下地田也。」蓋謂低窪易澇之地。有人解釋為「肥沃的低田」，與上下文意不合。㉙蕃熟　繁茂成熟。㉚穰穰　眾多的樣子。㉛溢通「鎰」。一鎰為二十四兩。㉜革車　戰車。《孫子・作戰》：「凡用兵之法，馳車千駟，革車千乘。」宋葉大慶《考古質疑》：「古者車兼攻守，合而言之，皆曰革車；分而言之，曰輕車、重車。」㉝一斗　按：周時之一斗不到今一斗的五分之一。㉞惡能　如何能夠。惡，也可以寫作「烏」，如何。㉟執法　執法者。㊱御史　執掌糾察、彈劾的官員。㊲徑　直。這裡的意思如同「即」、「就」，順承連詞。㊳親　指父母。㊴嚴客　尊貴莊嚴的客人。㊵帣韝　《索隱》曰：「帣，音『卷』。謂收袖也。韝，音『溝』。臂扞也。」即挽起衣袖，戴上皮套袖。㊶鞠䐬　洪頤煊《讀書叢錄》曰：「䐬，《說文》：『謹身有所承也。』鞠䐬，謂曲身奉杯。」意即彎腰鞠躬給客人斟酒。㊷侍酒　侍候客人飲酒。㊸時賜餘瀝　時不時的也讓我喝點兒。餘瀝，剩酒，這裡是謙詞。瀝，水滴。㊹奉觴　捧杯；舉杯。觴，酒杯。㊺數起　屢次地站起來，走上前去。㊻卒然相覩　突然見面。卒，通「猝」。突然。㊼可　約略；差不多。㊽州閭之會　指鄉里之間不拘儀法的飲宴。州閭，義同「州里」、「閭里」、「鄉里」，古代最基層的編制單位。《論語・衛靈公》注云：「二千五百家為州，五家為鄰，五鄰為里。」《周禮》：「五家為比，五比為閭。」是「比」、「鄰」同義，「閭」、「里」同義也，通常用以泛指民間、鄉里之意。㊾行酒稽留　指長時間的飲宴。行酒，依次敬酒。稽留，逗留。稽，停。㊿六博投壺　古代的兩種遊戲。六博，亦稱博陸，約當於今之走棋。也可以用為賭博。《楚辭・招魂》洪興祖注引《博經》云：「局（棋盤）分為十二道，兩頭當中名為水。用棋十二枚，六白六黑。又用魚二枚，置入水中。其擲采（色子）以瓊為之。二人互擲采行棋，棋行到處即豎之，名為驍棋，即入水食魚，亦名牽魚。每牽一魚獲二籌，翻一魚獲二籌。」投壺，在一定距離外，把箭投入瓶狀的壺中，以比賽準度。(51)相引為曹　自相聚伙。曹，伙；輩。(52)握手無罰二句　指男女之間可以任意調情。眙，直視。(53)墮珥　掉下來的耳飾。珥，婦女耳上的飾物。(54)醉二參　有二、三分醉意。(55)酒闌　酒宴臨近結束，有些客人已經退席離去。闌，盡。(56)合尊　猶言「併桌」。把剩餘的酒、菜歸併在一張桌上。

尊，同「樽」。酒器。[57]促坐　剩下沒走的人都靠近地坐在一起。[58]同席　同坐在一張坐墊上。[59]履舄交錯　男人女人的鞋子錯雜地放在一起。履，鞋子。舄，木底鞋。古人上堂必須脫鞋，故男女「促坐」時便有所謂「履舄交錯」了。[60]狼藉　雜沓、零亂的樣子。《通俗編》引《蘇氏演義》曰：「狼藉草而臥，去則滅亂，故凡物之縱橫散亂者謂之狼藉。」[61]主人留髡而送客　意謂主人出去送客，只剩下淳于髡一人和婦女們在一起。[62]羅襦　薄紗製作的短上衣。襦，短衣。[63]薌澤　女人身上散出的香氣。薌，通「香」。[64]言不可極二句　這就是說，無論什麼事情都不能到極點，到極點就要向反面轉化了。〈日者列傳〉有所謂「日中必移，月滿必虧」即此之謂也。[65]諸侯主客　官名，即後世的「典客」、「大鴻臚」，職掌接待別國前來的賓客、使節等。[66]宗室　帝王的本族人。[67]髡嘗在側　監督帝王的親族，不令其沉湎過度。嘗，通「常」。[68]其後百餘年二句　劉知幾《史通》曰：「優孟，楚莊王時人，在淳于髡前二百餘年，此傳云『髡後百餘年』，何也？」優孟，優者名孟。

【語　譯】淳于髡是齊國的一個贅婿，身高不到七尺，滑稽幽默，很有口才，多次出使諸侯國，從沒有給國家丟過臉。齊威王在位的時候，喜歡聽隱語。他當時正夜以繼日地沉迷於酒色之中，把國家政事都交給卿大夫去管。結果百官們一個個胡作非為，諸侯各國都趁機來攻打，國家的危亡就在眼前了，可是齊王左右的人都不敢勸諫。這時淳于髡就用隱語對他說：「有一隻大鳥，棲息在大王的院子裡，已經三年了，不飛也不叫。大王您知道這隻鳥是怎麼回事嗎？」齊威王說：「這隻鳥不飛便罷，一飛沖天；不鳴便罷，一鳴驚人。」說完之後，立刻召集齊國境內各縣的縣令、縣長七十二人都來開會，會上獎勵了一個人，殺掉了一個人，接著又發兵出戰，嚇得各個國家都趕快把侵占去的土地還給了齊國。從此齊威王稱霸三十六年，詳情記在〈田敬仲完世家〉中。

2　齊威王八年，楚國大舉派軍攻打齊國。齊王派淳于髡去趙國請求援兵，讓他帶著黃金百斤、馬車十輛作禮物。淳于髡一看仰頭哈哈大笑，以至把帽帶都掙斷了。齊王說：「先生是嫌禮物少嗎？」淳于髡說：「怎敢嫌少。」齊王說：「那你為什麼笑呢？」淳于髡說：「剛才我從東面來時，看見路邊有個農民在那裡祭祀田地，他一手拿著一隻豬蹄，一手拿著一杯酒，祝禱說：『請保佑我高坡的收成滿筐籠，坑窪的收成用車裝；五穀豐登，糧食滿倉。』我看他拿出來的祭品不多，但想要的東西卻滿不少的哩！所以我笑他。」於是齊威王便給他增添為黃金千鎰、白璧十對、車馬百輛。淳于髡辭別威王，到了趙國。趙王給了淳于髡精兵十萬，戰車千輛。楚軍聽到這個消息，當夜就撤兵回去了。

3 齊威王很高興，在後宮擺了酒宴，請淳于髡喝酒。齊王問他：「先生能喝多少酒才醉？」淳于髡回答說：「我喝一斗也醉，喝一石也醉。」齊威王說：「先生喝一斗就醉了，怎麼能喝一石呢？其中的道理能說出來聽聽嗎？」淳于髡說：「讓我在大王面前喝酒，執法的官吏在旁邊盯著，負責糾察的御史在背後看著，我一個人戰戰兢兢地跪在地上喝，這樣不用一斗就醉了。如果家裡的長輩來了客人，讓我捲著袖子，打躬作揖地在筵前侍候客人飲酒，客人也不時地賞給我點酒吃，這樣用不到二斗我也就醉了。如果老朋友許久不見，突然相遇，高興地講講過去的事情，好好地說說心裡話，這樣大概就能喝到五六斗。如果是鄉里間聚會，男男女女坐在一起，又完全沒有時間限制，酒席上又有六博、投壺等各種遊戲，大家可以自己找對手，拉拉扯扯沒關係，眉目傳情也可以，以至於身前有女人掉下的耳環，背後有男人遺落的簪子，我喜歡這種場面，喝上八斗也頂多不過有二三分醉。如果再碰上天色已晚，酒席將散，大家把剩餘的酒菜合併在一張桌子上，男男女女擠坐在四周。鞋子混雜，杯盤散亂。再如果堂上的蠟燭已經燒完，主人又出去送客了，而單單留下我依然在座，這時女人的上衣已經解開，我能夠隱約地聞到她們肌膚的香氣，這個時候，我的心中最樂，能夠喝一石。所以說，酒喝多了就會出亂子，歡樂到極點就會轉為悲哀，一切都是如此。這就是說什麼事情都不能到了極點，到了極點就會垮臺。」淳于髡是想藉著說酒來勸諫齊威王。齊威王說：「講得好！」於是立刻改掉了徹夜縱酒的習慣，讓淳于髡負責接待各國來往的使節。而且下令，從此以後齊國不論哪家貴族擺宴，都要請淳于髡去在一旁加以節制監督。

4 在淳于髡以後一百多年，楚國出了個優孟。

1 優孟，故楚❶之樂人也。長八尺❷，多辯，常以談笑諷諫❸。楚莊王❹之時，有所愛馬，衣以文繡，置之華屋之下，席以露牀❺，啗以棗脯❻。馬病肥❼死，使羣臣喪之❽，欲以棺槨❾大夫禮葬之。左右爭❿之，以為不可。王下令曰：「有敢以馬諫者，罪至死。」優孟聞之，入殿門，仰天大哭。王驚而問其故。優孟曰：「馬者，王之所愛也，以楚國堂堂之大，何求不得？而以大夫禮葬之，薄，請以人君禮葬之⓫。」王曰：「何如？」對曰：「臣請以彫玉⓬為棺，文梓⓭為槨，楩、楓、豫章⓮為題湊⓯，發甲卒為穿壙⓰，老弱負土⓱，齊、趙陪位⓲於前，韓、魏翼衛其後⓳，廟食太牢⓴，奉以萬戶之邑㉑。諸侯聞之，皆知大王賤人而貴馬也。」王曰：「寡人之過一至此乎㉒！為之柰何㉓？」優孟曰：「請為大王六畜葬之㉔。以壠竈㉕為槨，銅歷㉖為棺，齎以薑棗㉗，薦以木蘭㉘，祭以糧稻㉙，衣以火光㉚，葬之於人腹腸。」於是王乃使以馬屬㉛太官㉜，無令天下久聞㉝也。

2 楚相孫叔敖㉞知其賢人也，善待之。病且㉟死，屬㊱其子曰：「我死，汝必貧困。若㊲往見優孟，言『我孫叔敖之子也。』」居數年，其子窮困負薪㊳，逢優孟，與言曰：「我，孫叔敖子也。父且死時，屬我貧困往見優孟。」優孟曰：「若無遠有所之㊴。」即為孫叔敖衣冠，抵掌談語㊵。歲餘，像孫叔敖，楚王左右不能別也㊶。莊王置酒，優孟前為壽㊷，莊王大驚，以為孫叔敖復生也，欲以為相㊸。

優孟曰：「請歸與婦計之，三日而為相44。」莊王許之。三日後，優孟復來。王曰：「婦言謂何？」孟曰：「婦言慎無為，楚相不足為也。如孫叔敖之為楚相，盡忠為廉以治楚，楚王得以霸。今死，其子無立錐之地，貧困負薪以自飲食45。必如孫叔敖，不如自殺46。」因歌曰：「山居耕田苦，難以得食。起而為吏，身貪鄙者餘財，不顧恥辱47。身死家室富48，又恐受賕49枉法，為姦50觸大罪，身死而家滅51。貪吏安可為也？念為廉吏，奉法守職，竟死不敢為非。廉吏安可為也52？楚相孫叔敖持廉至死，方今妻子窮困，負薪而食，不足為也。」於是莊王謝優孟，乃召孫叔敖子，封之寢丘53四百戶，以奉其祀54，後十世不絕。此知可以言時矣55。

3 其後二百餘年，秦有優旃56。

【章旨】以上為第三段，寫優孟以詼諧幽默勸導楚莊王糾正錯誤的故事。

【注釋】❶故楚　舊時的楚國，此漢朝人以稱春秋、戰國時之楚國。❷長八尺　約當今之一・八四公尺。❸以談笑諷諫　按：此即作者自己解釋「滑稽」的涵義。❹楚莊王　名侶，春秋中期的楚國君主，為有名的「春秋五霸」之一，西元前六一三－前五九一年在位。但此處的楚莊王，應該依照錢穆考證，理解為即楚頃襄王，西元前二九八－前二六三年在位。詳情見《先秦諸子繫年考辨》。❺席以露牀　席，用如動詞。墊著；墊在腳下。露牀，沒有帷帳的牀。❻啗以棗脯　啗，餵。棗脯，用棗做的蜜餞。❼病肥　得肥胖病。❽喪之　為之治喪、出殯。❾棺槨　古代貴族的棺木常有好多層，內層叫棺，外套的叫槨。❿爭　諫諍；勸阻。⓫請以人君禮葬之　人君，帝王；國王。錢鍾書《管錐編》曰：「此即名學之『歸謬法』，充類至盡以明其誤妄也。孟子『好辯』，每用此法，如〈滕文公〉章駁許行『必種粟而後食』，則問曰『必織布而後衣乎』、『許子冠乎』，自織之與」、「許子以釜甑爨，以鐵耕乎？自為之與？」「以大夫禮葬」進而至「以人君禮葬」，所謂「充」耳。」⑫彫玉　雕刻花紋的玉石。⑬文梓　紋理細膩的梓木。⑭楩楓豫章　都是貴重的木料名。⑮題湊　《集解》引蘇林曰：「以木累棺外，木頭皆內向，故曰題湊。」題，頭。累木為空穴，以保護棺槨。漢代貴族墓葬有所謂「黃腸題湊」，今已出土甚多。⑯穿壙　挖掘墳坑。⑰負土　背土以築墳丘。⑱陪位　陪同守靈。⑲韓魏翼衛其後　韓、魏，戰國時的諸侯國名。韓國的都城即今河南新鄭；魏國的都城大梁，即今河南開封。翼衛，拱衛；保衛。⑳廟食太牢　為之立廟，並使其享受太牢之禮的祭祀。太牢，牛羊豕各一頭，是最高的祭禮。㉑奉以萬戶之邑　以萬戶之邑的賦稅收入，供給它經常的祭祀、灑掃之用。漢代的「萬戶之邑」相當於一個大縣，漢代的皇帝死了，為之設立陵邑，其長官即縣令一級，並較縣令為高。㉒一至此乎　竟然達到了這種地步嗎。一，竟然。㉓為之柰何　對牠怎麼辦呢。㉔為大王六畜葬之　拿對待六畜的方式來為牠送葬。六畜，指馬、牛、羊、雞、犬、豕。㉕壠竈　即今之所謂灶堂、鍋臺。《正義》曰：「土壠為竈，居鬲外如椁。」㉖銅歷　銅鍋。歷，通「鬲」。古代的炊器。㉗齎以薑棗　即以棗薑作調料。《索隱》曰：「古者食肉用薑棗，《禮‧內則》云『實棗於其腹中，屑桂與薑，以洒諸其上而食之』是也。」瀧川曰：「齎，當作『齊』（劑）。調也。」㉘薦以木蘭　薦，襯墊。這裡即「加入」、「加進」的意思。木蘭，香料。㉙祭以糧稻　加之以黃糧、稻米，與之一道使用。㉚衣以火光　以熊熊烈火為之作華麗衣衫。㉛屬　交給。㉜太官　官名，為帝王掌炊膳之事。㉝無令天下久聞　意即趕緊處理完畢，不要讓這種事情再傳來傳去。錢鍾書曰：「優孟諫葬馬，猶《晏子春秋‧內篇諫下‧二三》晏子諫葬狗，特此為譎諫，彼為莊論；『葬之於人腹腸』與『趣庖治狗，以會朝屬』，至竟無異也。」㉞孫叔敖　楚莊王時的賢相，事跡見《左傳》宣公十一年、十二年及〈循吏列傳〉。㉟且　將。㊱屬　通「囑」。叮囑。㊲若　爾；你。㊳窮困負薪　窮得以至於必須自己背柴。薪，柴，以供燒火做飯。㊴若無遠有所之　你不要離家遠出。《索隱》曰：「謂優孟語孫叔敖之子曰：『汝無遠有所之，適他境，恐王（曰）後求汝不得者也。』」之，去；往。㊵為孫叔敖衣冠二句　即穿戴著孫叔敖的衣帽，模仿孫叔敖說話的手勢聲音。抵掌，擊掌；鼓掌。極度欣賞對方談話的忘情動作。《集解》曰：「《戰國策》曰：『蘇秦說趙王華屋之下，抵掌而言。』」張載曰：「『談說之容則也。』」㊶楚王左右不能別也　原作「楚王及左右不能別也」。按：據下文楚王見優孟，驚其孫叔敖復生，欲以為相，則是前此未見也，黃本謂「楚王左右不能別也」是也。今從黃本。㊷為壽　敬酒並祝頌其健康長壽。㊸以為孫叔敖復生也二句　劉知幾《史通》曰：「孫叔敖之歿，時日已久，豈有一見無疑，而遽欲加以寵榮，復其祿位者哉？」瀧川引中井曰：「楚王亦喜其貌肖耳，非為真敖而不疑也。」㊹三日而為相　三日後再回答是否受命為相。㊺自飲食　猶言「自己養活自己」。㊻必如孫叔敖二句　與其做一個像孫叔敖那樣的丞相，還不如死呢。㊼身貪鄙者餘財二句　做一個貪婪、卑鄙的官，家裡可以有餘財；但就得不顧羞恥。㊽身死家室富　自己豁出死去，能讓家裡富了就行。㊾受賕　接受賄賂。賕，賄賂。㊿為姦　做壞事；做觸犯法紀的事。51身死而家滅　不僅自己被殺，家族也得跟著被滅。52廉吏安可為也　上數句言貪吏不可為，此數句言廉吏不可為，兩節的句式應大體相似。此「廉吏安可為也」六字應與下文「不足為也」四字歸併。53寢丘　楚邑名，在今河南沉丘東南。54以奉其祀　以供給其祭祀之所需。姚苧田曰：「優孟，古之節俠士也，特隱於伶官以玩世耳。孫叔敖秉政之際，堂堂楚國，眾材濟濟，獨於一伶人冷眼覷定，以為托妻寄子之友。君子讀此文也，為之淋漓感慨，又為之盡然而傷心也。」按：《正義》引《呂氏春秋・異寶》云：「楚孫叔敖有功於國，疾將死，戒其子曰：『王數欲封我，我辭不受，我死必封汝。汝無受利地。荊楚間有寢丘者，其為地不利，而前有妬谷，後有戾丘，其名惡，可長有也。』其子從之。楚功臣封二世而收，唯寢丘不奪也。」與《史》文所表現之思想迥異，史公所言者，慨歎世態炎涼與統治者之忘恩負義也；《呂氏春秋》所言者，黃老「善守」之術也。梁玉繩引翟教授曰：「《列子・說符》、《呂子・異寶》、《淮南子・人間訓》皆言叔敖死後，封其子寢丘，而《韓子・喻老篇》謂：『莊王賞叔敖，叔敖請漢間沙石之地，九世而祀不絕。』則寢丘之封在敖未死時也。」55此知可以言時矣　意謂優孟的這種智慧，可以說是能夠抓住時機了。知，同「智」。時，及時；恰中時機。梁玉繩《史記志疑》曰：「優孟之事，決不可信，所謂『滑稽』也。《隸釋・延熹碑》述優孟事，與《史》不同；而所載〈優孟歌〉亦異，歌曰：『貪吏而可為而不可為，廉吏而可為而不可為。貪吏而不可為者，當時有汙名；而可為者，子孫以家成。廉吏而可為者，當時有清名；而不可為者，子孫困窮，披褐而賣薪。貪吏常苦富，廉吏常苦貧，獨不見楚相孫叔敖廉潔不受錢。』《梁溪漫志》謂：『憤世疾邪，哀怨過于慟哭，比《史記》所書遠甚。』」瀧川曰：「史公不知時而言，以遭慘刑，六字有感而發。」56優旃　優者名旃。

【語譯】優孟是舊時楚國的樂工，身高八尺，口才很好，經常藉著說笑的方式對楚王進行諷諫。楚莊王在世的時候，有一匹心愛的馬，他給牠披上華麗的彩緞，把牠養在金碧輝煌的房子裡，腳下襯著大牀，只是沒有帷帳而已，餵的是棗乾，結果這匹馬因為吃喝太好而肥死了。楚莊王叫大臣們為這匹馬辦理喪事，在棺槨的使用以及各種禮儀制度上，都要比照大夫的喪禮來辦。左右的大臣都紛紛勸阻，認為不能這樣做。楚王下令說：「在葬馬的問題上，誰敢再來勸阻，一律處死！」優孟聽說後，立即趕來了，一進殿門便放聲大哭。楚王奇怪地問他為什麼。優孟說：「這匹馬是大王最喜愛的了，憑著我們堂堂的這樣一個大國，要什麼沒有？

才只用一個大夫的禮儀來埋葬牠，太可憐了，我希望大王用埋葬國君的禮儀來埋葬牠。」楚王問：「那是怎樣一種葬法呢？」優孟回答說：「我建議用雕刻著花紋的白玉給牠做棺材，用有漂亮花紋的梓木給牠做外槨，再用楩、楓、豫章等高級木料給牠做題湊，調集大批的士兵給牠挖墳坑，叫老人小孩都來背土修陵，讓齊國、趙國的使節陪立在前，讓韓國、魏國的使節護衛在後，還要為牠建造廟堂，享用太牢的祭祀，再劃出萬戶的地區給牠作俸邑。讓各國都知道，大王是多麼輕賤百姓、多麼愛馬。」楚王說：「我的過失竟達到這樣嚴重的地步了！那現在怎麼辦呢？」優孟說：「我可以替大王用對待六畜的辦法來埋葬牠。用土灶給牠做外槨，用銅鍋給牠做內棺，用薑棗為佐料，再放進一點木蘭，用粳米給牠做祭品，用大火給牠當衣裳，最後把牠埋葬在人的肚子裡。」於是楚王立即派人把死馬交給掌管炊膳的太官，並叫大家以後不要再提這件事了。

2 楚國的宰相孫叔敖知道優孟為人正直，待他很好。後來孫叔敖病重快死時，對他的兒子說：「我死後，你一定會很貧困，到那時你就去找優孟，就說：『我是孫叔敖的兒子。』」沒過幾年，孫叔敖的兒子果然窮困極了。有一天他背著一捆柴草在路上碰到了優孟，他對優孟說：「我是孫叔敖的兒子，父親臨死前告訴我，讓我窮困時去找你。」優孟說：「你就在家裡，不要到遠處去。」優孟回去後就縫製了一套孫叔敖的衣帽穿戴起來，並努力模仿孫叔敖的言談手勢。一年以後，已經模仿得非常像，甚至連楚王左右的大臣們都不能分辨真假了。一天，楚莊王舉辦酒宴時，優孟上前敬酒，楚王一見大驚，以為是孫叔敖死而復生了，於是就想叫他做楚相。優孟說：「請允許我回家和妻子商量一下，三天後來告訴您我幹還是不幹。」楚王同意了。三天後，優孟去見楚王。楚王問他：「你妻子怎麼說？」優孟回答說：「我老婆叫我千萬別幹，她說楚國的宰相幹不得。像孫叔敖那樣的楚相，忠貞廉潔一心為國，並輔佐楚王成了一代霸主。結果死後，他的兒子竟連個立腳之地都沒有，窮得靠著自己打柴來糊口。我看要像孫叔敖那樣活一世，還不如自殺的好。」優孟說完接著唱道：「住在山上的人，耕田極苦，謀生不易。去做一個官吏，貪污受賄就能夠家財日多，但得不顧羞恥。如果豁出生命，要讓家裡富裕，又得擔心貪財收賄，違犯法紀而觸犯大罪，殺身滅家，貪吏怎可為呢？想做一個清官，守法盡職，一輩子不做一點壞事。可是清官又怎麼能當呢？楚相孫叔敖終身廉潔地當了一輩子宰相，現在他的妻兒們都窮得只有靠打柴覓食，當個清官也實在不值。」楚莊王一聽立刻感謝了優孟的提醒，馬上派人把孫叔敖的兒子找來，封給他寢丘之地四百戶，以供他祭祀先人之用，從此一直傳了十來代沒有斷絕。優孟的這種智慧，可以說是善於抓住時機了。

3 在優孟以後二百多年，秦國又出了個優旃。

1 優旃者，秦倡[1]，侏儒[2]也。善為笑言[3]，然合於大道[4]。秦始皇時[5]，置酒而天雨，陛楯者[6]皆沾寒[7]。優旃見而哀之，謂之曰：「汝欲休乎？」陛楯者皆曰：「幸甚。」優旃曰：「我即呼汝[8]，汝疾應曰『諾』。」居有頃，殿上上壽，呼萬歲。優旃臨檻[9]大呼曰：「陛楯郎！」郎曰：「諾！」優旃曰：「汝雖長何益？雨中立[10]。我雖短也，幸休居[11]。」於是始皇使陛楯者得半相代[12]。

2 始皇嘗議欲大苑囿[13]，東至函谷關[14]，西至雍[15]、陳倉[16]。優旃曰：「善。多縱禽獸於其中，寇從東方來，令麋鹿觸[17]之足矣。」始皇以故輟止[18]。

3 二世[19]立，又欲漆其城。優旃曰：「善。主上雖無言，臣固將請之。漆城雖於百姓愁費，然佳哉！漆城蕩蕩[20]，寇來不能上。即欲就之[21]，易為漆[22]耳，顧難為蔭室[23]。」於是二世笑之，以其故止。居無何[24]，二世殺死[25]，優旃歸漢，數年而卒。

【章旨】以上為第四段，寫優旃以幽默、滑稽勸諫秦始皇、秦二世，取得顯著效果的故事。

【注釋】❶秦倡　秦朝宮廷內的優伶。❷侏儒　發育畸形，身材特殊矮小的人。古代統治者常用以為俳優，以供笑樂。西方古代亦如此。❸善為笑言　按：史公於此處又以「笑言」釋其「滑稽」之類名。❹合於大道　合於「仁義禮智信」人際關係之道。❺秦始皇時　秦始皇於西元前二二一年統一六國稱皇帝，至西元前二一〇年病死於沙丘，共在皇帝位十二年。❻陛楯者　在殿陛下面持械侍立的武士。陛，天子宮殿的臺階。楯，同「盾」。這裡即指武器。❼沾寒　猶言「受凍」。❽我即呼汝　我如果喊你。即，若。❾臨檻　站在欄杆邊上，居高臨下。檻，殿階上面的欄杆。❿汝雖長何益二句　雨中立，原作「幸雨立」。王念孫《讀書雜志》曰：「《初學記》人部、《御覽》人事部、樂部引此，『益』下無『幸』字，『雨』下有『中』字。蓋今本『幸』字涉下文而衍，又脫『中』字。」據改。⓫幸休居　有幸得休止於殿堂之下。居，止；處。⓬半相代　分成兩部分，一半侍立，一半休息，而後相互輪換。⓭大苑囿　擴大獵場。苑囿，指上林苑，故址在今西安市之西部、南部，及周至、戶縣境內，周遭數百里。⓮函谷關　在今河南靈寶東北，是陝西東出的重要門戶。⓯雍　春秋時代的秦國都城，在今陝西鳳翔南。其地有祭祀上帝的壇臺，故秦漢時代的皇帝經常去雍城祭祀、遊覽。⓰陳倉　秦縣名，縣治在今陝西寶雞東。⓱觸頂撞。⓲始皇以故輟止　輟，中途停下。淩稚隆引徐中行曰：「齊宣王好鳥獸魚鱉，盼子曰：『王之所以處鳥獸魚鱉，無不得其所矣，彼必感王之德而知所以報王矣。今濟與洸門，河、濟、洸、泗同溢，民庶流離，無人以拯之，臣請舉豹；三晉合兵伐我，侵車東至阿，無人以治之，臣請舉虎；瀛、博之間海溢，水冒於城郭，無人以疏之，臣請舉鱉；四郊多壘，烽火不絕，狗偷鼠竊，乘時而興，無人以治之，臣請舉狐。』於是宣王下令放禽獸，開沼澤，與民共。此正與優旃麋鹿觸寇之說相似。」按：《新五代史・伶官傳》寫敬新磨事云：「莊宗好畋獵，獵于中牟，踐民田。中牟縣令當馬切諫，為民請。莊宗怒，叱縣令去，將殺之。伶人敬新磨知其不可，乃率諸伶走追縣令，擒至馬前責之曰：『汝為縣令，獨不知吾天子好獵邪？奈何縱民稼穡以供稅賦；何不饑汝縣民而空此地，以備吾天子之馳騁？汝罪當死！』因前請亟行刑，諸伶共唱和之。莊宗大笑，縣令乃得免去。」亦與優旃事相類。⓳二世　名胡亥，始皇的第十八子，與趙高、李斯勾結，篡改始皇遺詔，殺其兄扶蘇而即帝位，稱「二世皇帝」，西元前二〇九—前二〇七年在位。事跡詳見〈秦始皇本紀〉。⓴蕩蕩　高大、光華的樣子。㉑即欲就之　倘欲修好這座城。即，若。就，完成。㉒易為漆　容易弄到漆。㉓顧難為蔭室　顧，但，轉折連詞。蔭室，遮蔽太陽，晾乾漆器的棚屋。瀧川引岡白駒曰：「凡漆新髹物，露於外則液流，必入之蔭室而乾。」㉔居無何　沒過多久。㉕二世殺死二世元年（西元前二〇九年）七月，陳涉起義於大澤鄉；同年九月，劉邦、項羽等皆起兵反秦；二世三年（西元前二〇七年）十二月，項羽破秦兵於鉅鹿；同年八月（當時以十月為歲首），二世被趙高所殺。詳情見〈秦始皇本紀〉。

【語　譯】優旃是個侏儒，在秦國宮廷裡當俳優，他擅長談笑，而且話常說得合乎大道。有一次，秦始皇舉行宴會時，天下著大雨，在臺階上站崗的士兵們都凍得渾身發抖。優旃看他們很可憐，就問他們說：「你們想下去休息一會兒嗎？」士兵們都說：「如能那樣就太好了！」優旃說：「等一下我如果喊你們，你們就馬上答應。」過了一會兒，殿上的大臣們向秦始皇敬酒，高呼萬歲。這時優旃就在欄杆上向下面大聲喊道：「衛兵！」站崗的士兵們立即答應道：「有！」優旃說：「你們雖然長得高大又有什麼用？只能在雨中淋著。我雖然個頭矮小，但卻能在屋裡休息！」秦始皇一聽，馬上讓士兵們一半人站崗，一半人休息，互相輪換。

2 又一次，秦始皇正和大臣們商量，想把獵場擴大到東至函谷關，西至雍縣和陳倉。這時優旃順口接道：「這主意很好。多在裡面養些野獸，如果有敵人從東邊打來，我們讓麋鹿去頂他們就行了！」秦始皇聽後隨即停止了擴大獵場的計畫。

3 秦二世即位後，又別出心裁地想油漆咸陽的城牆。優旃說：「好極了！即使陛下不提，我也正想提這一點。油漆城牆雖然浪費一點老百姓的錢財，但這麼做確實好！城牆油光光，敵人來了爬不上。看來漆一遍倒是不難，但要搭一個晾乾它的棚子可就麻煩了。」秦二世一聽覺得好笑，油漆城牆的事情就因此作罷。沒有多久，秦二世被人所殺，優旃遂歸了漢朝，又過了幾年才死去。

太史公曰：淳于髡仰天大笑，齊威王橫行❶；優孟搖頭而歌，負薪者以封；優旃臨檻疾呼，陛楯得以半更❷。豈不亦偉哉❸？

【章　旨】以上為第五段，是作者的論贊，與開頭小序相呼應，稱道了淳于髡等以幽默滑稽所取得之「解紛」效果。

【注釋】❶橫行　謂無阻、無敵。意即稱霸於諸侯。❷半更　即上文之所謂「半相代」。分成兩半，輪流替換。更，替代。❸豈不亦偉哉　楊慎曰：「太史公贊滑稽語，亦近滑稽。韓文公銘樊宗師亦學樊宗師，實祖此也。」

【語譯】太史公說：由於淳于髡的仰天大笑，齊威王才得以稱霸；由於優孟的搖頭歌唱，背柴的人才得到了封邑；由於優旃在欄杆上頭的大聲一喊，站崗的士兵才得以輪流休息。他們三個難道不都是奇偉的人嗎？

1 褚先生❶曰：臣幸得以經術為郎❷，而好讀外家傳語❸。竊不遜讓❹，復作故事滑稽之語六章，編之於左❺。可以覽觀揚意❻，以示後世好事者讀之，以游心駭耳❼，以附益❽上方太史公之三章。

2 武帝❾時，有所幸倡❿郭舍人⓫者，發言陳辭雖不合大道，然令人主和說⓬。武帝少時，東武侯⓭母常養帝⓮，帝壯時，號之曰「大乳母」。率一月再朝⓯。朝奏⓰入，有詔使幸臣馬游卿⓱以帛五十匹賜乳母，又奉飲糒飧養乳母⓲。乳母上書曰：「某所有公田，願得假倩⓳之。」帝曰：「乳母欲得之乎？」以賜乳母。乳母所言，未嘗不聽。有詔得令乳母乘車行馳道⓴中。當此之時，公卿大臣皆敬重乳母。乳母家子孫、奴從者㉑橫暴長安中，當道㉒掣頓㉓人車馬，奪人衣服。聞於中㉔，不忍致之法㉕。有司㉖請徙乳母家室，處之於邊㉗。奏可㉘。乳母當入至前㉙面見，辭。乳母先見郭舍人，為下泣。舍人曰：「即入見，辭去㉚，疾步，數還顧㉛。」乳母如其言，謝去㉜，疾步，數還顧。郭舍人疾言㉝罵之曰：「咄，老女子！何不疾行！陛下已壯矣，寧尚㉞須汝乳而活邪？尚何還顧！」於是人主憐焉，悲之，乃下詔止無徙乳母，罰謫譖之者㉟。

【章旨】以上為褚少孫所補的第一段，寫郭舍人以滑稽手段幫襯大乳母的故事。

【注釋】❶褚先生　名少孫，西漢元帝、成帝時博士。曾受學於王式，《魯詩》中有褚氏之學。事跡見《漢書・儒林傳》。褚少孫是若干個《史記》補纂者當中的一個。今本《史記》中明確標有「褚先生曰」的共八段，見於〈三代世表〉、〈外戚世家〉、〈梁孝王世家〉、〈三王世家〉、〈田叔列傳〉、〈滑稽列傳〉、〈日者列傳〉、〈龜策列傳〉。另有〈張丞相列傳〉中的一段，不言誰補，司馬貞亦認為係褚少孫所為。❷以經術為郎　經術，有關儒家典籍的學問。郎，帝王的侍從人員，有中郎、郎中、侍郎等名目，官秩在三百石至六百石之間，上屬郎中令。漢武帝尊儒，規定太學裡的學生成績優異者可以直接為郎中，事見〈儒林列傳〉，褚少孫之「以經術為郎」或即此類。❸外家傳語　《索隱》曰：「東方朔亦多博觀『外家之語』，則『外家』非正經，即史傳雜說之書也。」顧炎武曰：「褚少孫以傳記雜說為『外家』」，蓋以《六經》為「內」也。」陳直《史記新證》曰：「漢人以諸子百家之語為『外家』。」按：後世柳宗元亦稱《史記》為「外家書」。❹遜讓　謙遜退讓。❺編之於左　猶言「編之於下」。古人寫字皆為豎行，自右向左排列。❻揚意　王伯祥《史記選》曰：「擴大見聞。揚，開張；發揚。意，意志；觀念。」❼游心駭耳　愉悅心目，聳動視聽。❽附益　補充增加。❾武帝　名徹，在位五十四年（西元前一四〇—前八七年），事跡詳見《漢書・武帝紀》，而《史記》之〈孝武本紀〉則後人節〈封禪書〉以充之也。❿所幸倡　受武帝寵幸的優伶，即男性歌舞伎。⓫郭舍人　姓郭，職務為「舍人」，名字不詳。戰國時期稱官僚貴族門下的親幸用人曰「舍人」，如藺相如曾為宦者令繆賢舍人，李斯曾為相國呂不韋舍人是也。後來成為官名，如太子舍人、中書舍人等。這裡是用以尊稱具有某種技藝的人，亦猶稱醫生曰「大夫」、稱藝人曰「待詔」也。⓬和說　平和喜悅。說，通「悅」。⓭東武侯　劉邦功臣郭蒙的封號。文帝五年（西元前一七五年）郭蒙死，其子郭他襲其父爵為東武侯。這裡所說的「大乳母」，即郭蒙之妻，郭他之母。有關郭蒙、郭他的事情，見〈高祖功臣侯者年表〉。⑭常養帝　曾經為武帝餵奶。常，通「嘗」。曾經。⑮率一月再朝　率，大致；一般。一月再朝，一個月兩次進宮朝見皇帝。⑯朝奏　給皇帝上的章表書疏。這裡即指請求接見的名帖之類。⑰馬游卿　事跡不詳，《史記》中僅此一見。⑱奉飲糒飧養乳母　意即給乳母端上喝的吃的。飲，喝的東西，指酒。糒，乾飯。按：許多注本將「飧」字解釋為「熟食」，將「飲糒飧」三字連讀，語氣似欠順。若依後文「大飧臣」之例，將此處「飧養」二字連讀為動詞，似語氣較好。或者將此處之「奉飲糒飧」讀作「奉飲備飧」，亦較三名詞連讀為順。⑲假倩　猶言「借用」，其實是繞著彎地討要。假，借。倩，請託。這裡也是「借」的意思。⑳馳道　《正義佚文》曰：「謂御道也。」天子車馬所走的大道。㉑奴從者　奴僕和從人。㉒當道　在大路上。意即光天化日之下。㉓掣頓　掠奪或扣押。掣，拉扯。這裡即搶奪。頓，攔截；扣留。㉔聞於中　消息傳到了皇帝那裡。中，指宮內。㉕不忍致之法　按：句首應增「上」字讀。㉖有司　主管該項事務的官員。㉗請徙乳母家室二句　請求將大乳母一家發配到邊疆居住，這是當時處置犯罪者的一種做法。㉘奏可　請示的事情得到了批准。可，皇帝做了「同意」、「許可」的批示。㉙入至前　入宮至武帝跟前。㉚即入見二句　當你入宮見到皇帝，告辭離去的時候。即，若；當。㉛疾步二句　快步向外走，並連連地回頭望。㉜謝去　告別武帝而出。㉝疾言　很快地說。有本釋「疾言」為「惡言」，恐非。㉞寧尚　難道還需要。㉟罰謫譖之者　《索隱》曰：「謂武帝罰謫譖乳母之人也。」罰謫，猶言「懲罰」。譖，說人壞話。按：大乳母之家可謂「狗仗人勢」，橫行無忌者，「有司請徙乳母家室，處之於邊」，可謂罪當於法。褚少孫有文才而識見卑俗，乃寫一郭舍人為犯罪者開脫，殊覺無謂；而又反謂建言懲治為「譖」，尚有是非乎！

【語　譯】褚先生說：我有幸靠著讀《六經》當了郎官，但我也好讀諸子百家的書。請原諒我不客氣，又寫了六篇滑稽故事排在下面，以求讓後世愛好者看了增長見聞、賞心悅目，並進而補充上面舊有的太史公所寫的三段滑稽文章。

2　武帝時，受寵幸的有位郭舍人，此公張嘴說話雖然不一定都合大道，但卻能讓皇帝聽了高興。武帝小時候曾讓東武侯郭他的母親餵過奶，武帝長大後稱呼郭他的母親叫「大乳母」。大乳母差不多一個月進宮拜見皇帝兩次，每當她將名帖送交門衛傳入時，武帝便讓幸臣馬游卿賞給她帛五十匹，還有一些喝的吃的。有一次大乳母上書說：「某處有塊公田，我想借了用用。」武帝說：「你不就是想要它嗎！」於是把那塊地送給了她。大乳母不論要什麼，武帝沒有說過不答應，還曾下令讓她坐著車子在專供皇帝通用的御道上馳騁。一時之間，滿朝文武沒人敢對她不敬重。大乳母家的子孫乃至奴僕在長安城橫行霸道，大白天攔路搶劫，奪人車馬，剝人衣服。事情傳到武帝耳中，武帝礙著面子不好繩之以法，但主管該項事務的官員請求勒令大乳母全家遷到邊疆居住，武帝同意了。大乳母進朝面見武帝要向武帝辭行。她先見了郭舍人，對著郭舍人流淚。郭舍人說：「等會兒你見過皇帝，告辭後，你要邊快步向外走，邊屢屢回頭。」大乳母就按著郭舍人的囑咐，向武帝告辭後，一面向外疾走，一面屢屢回頭。這時郭舍人很快地喝斥說：「喂，你這個老東西，為什麼還不快滾！皇上已經長大了，難道現在還要吃你的奶嗎？你還回頭看什麼！」說得讓武帝覺得她可憐，感到悲傷，於是下令免了她家的搬遷，還責罰了那位建議讓大乳母家搬遷的官員。

1 武帝時，齊[1]人有東方生[2]，名朔，以好古傳書[3]，愛經術，多所博觀外家之語。朔初入長安，至公車[4]上書，凡用三千奏牘[5]。公車令兩人共持舉其書[6]，僅然能勝之[7]。人主從上方[8]讀之，止，輒乙其處[9]，讀之二月乃盡[10]。詔拜以為郎，常在側侍中[11]。數召至前談語，人主未嘗不說也。時詔賜之食於前[12]，飯已，盡懷其餘肉持去，衣盡汙。數賜縑帛[13]，檐揭[14]而去。徒用所賜錢帛，取少婦於長安中好女[15]。率取婦一歲所者即弃去[16]，更取婦。所賜錢財盡索之於女子[17]。人主左右諸郎半呼之「狂人」。人主聞之，曰：「令朔在事[18]無為是行者，若等[19]安能及之哉！」朔任其子為郎[20]，又為侍謁者[21]，常持節[22]出使。朔行殿中，郎謂之曰：「人皆以先生為狂。」朔曰：「如朔等，所謂避世於朝廷間[23]者也，古之人乃避世於深山中[24]。」時坐席中[25]，酒酣，據地[26]歌曰：「陸沈於俗[27]，避世金馬門[28]。宮殿中可以避世全身，何必深山之中，蒿廬[29]之下！」金馬門者，宦者署[30]門也，門傍有銅馬，故謂之曰「金馬門」。

2 時會聚宮下博士諸先生與論議，共難之曰[31]：「蘇秦、張儀[32]一當[33]萬乘之主[34]，而都卿相之位[35]，澤及後世[36]。今子大夫[37]修先王之術，慕聖人之義，諷誦詩、書[38]、百家之言[39]不可勝數[40]。著於竹帛[41]，自以為海內無雙，即可謂博聞辯智矣[42]。然悉力盡忠以事聖帝，曠日持久，積數十年，官不過侍郎，位不過執戟[43]，意者尚有遺行邪[44]？其故何也？」東方生曰：「是固非子所能備也[45]。彼一時也，此一時也，豈可同哉！夫張儀、蘇秦之時，周室大壞[46]，諸侯不朝，力政[47]爭權，相禽以兵[48]，并為十二國[49]，未有雌雄。得士者彊[50]，失士者亡，故說聽行通[51]，身處尊位，澤及後世，子孫長榮。今非然也[52]。聖帝在上，德流天下，諸侯賓服[53]，威振四夷[54]，連四海之外以為席[55]，安於覆盂[56]。天下平均[57]，合為一家，動發舉事[58]，猶如運之掌中[59]。賢與不肖，何以異哉[60]？方今以天下之大，士民之眾，竭精馳說[61]，竝進輻湊[62]者，不可勝數。悉力慕義，困於衣食，或失門戶[63]。使張儀、蘇秦與僕竝生於今之世，曾不能得掌故[64]，安敢望常侍侍郎乎[65]？傳[66]曰：『天下無害菑，雖有聖人，無所施其才；上下和同，雖有賢者，無所立功[67]。』故曰時異則事異[68]。雖然[69]，安可以不務修身乎？詩曰：『鼓鍾于宮，聲聞于外[70]。』『鶴鳴九皐，聲聞于天[71]。』苟能修身，何患不榮！太公躬行仁義七十二年，逢文王[72]，得行其說[73]，封於齊[74]，七百歲而不絕[75]。此士之所以日夜孜孜[76]，修學行道，不敢止也。今世之處士[77]，時雖不用，崛然獨立[78]，塊然獨處[79]，上觀許由，下察接輿[80]，策同范蠡[81]，忠合子胥[82]，天下和平，與義相扶[83]，寡偶少徒[84]，固其常也。子何疑於余哉？」於是諸先生默然無以應也[85]。

3 建章宮[86]後閤[87]重櫟[88]中有物出焉，其狀似麋[89]。以聞，武帝往臨視之。問左右羣臣習事通經術者，莫能知。詔東方朔視之，朔曰：「臣知之，願賜美酒粱飯[90]大飧臣[91]，臣乃言。」詔曰：「可。」已，又曰[92]：「某所有公田魚池蒲葦數頃，陛下以賜臣，臣朔乃言。」詔曰：「可。」於是朔乃肯[93]言，曰：「所謂騶牙[94]者也。遠方當來歸義[95]，而騶牙先見[96]。其齒前後若一，齊等無牙[97]，故謂之騶牙[98]。」其後一歲所[99]，匈奴混邪王果將十萬眾來降漢[100]。乃復賜東方生錢財甚多。

4 至老，朔且死時，諫曰：「詩云：『營營101青蠅，止于蕃102。愷悌103君子，無信104讒言105。讒言罔極106，交亂四國107。』願陛下遠巧佞108，退讒言。」帝曰：「今顧東方朔多善言109！」怪之。居無幾何，朔果病死。傳曰：「鳥之將死，其鳴也哀；人之將死，其言也善110。」此之謂也。

【章　旨】以上為褚少孫所補的第二段，寫東方朔的滑稽故事。

【注　釋】❶齊　漢代諸侯國名，始受封者為劉邦之私生子劉肥，都城臨淄。武帝前期的齊王先後為齊懿王（西元前一五三—前一三二年在位）、齊厲王（西元前一三一—前一二七年在位），其後曾一度為郡。至西元前一一七年，武帝又封其子劉閎為齊王；至西元前一一〇年劉閎死，又改齊國為齊郡。❷東方生　姓東方的先生。漢代稱「先生」有時簡言曰「先」，也可以簡言曰「生」。如〈項羽本紀〉之「吾聞之周生曰」，〈袁盎鼂錯列傳〉之「學申商刑名於軹張恢先所」是也。東方朔是西漢著名的文學家，《漢書》設有專傳。據《漢書．東方朔傳》，東方朔為平原郡厭次縣（今山東惠民東北）人。❸好古傳書　愛好古代的史傳之類。❹公車　官署名，其長官曰公車司馬，也稱公車令，上屬衛尉。《漢書．百官公卿表》注引《漢官儀》曰：「公車司馬掌殿司馬門，夜徼宮中。天下上事（即上書）及闕下凡所徵召皆總領之，令秩六百石。」❺凡用三千奏牘　極言其上書的篇幅之長。陳直《史記新證》曰：「以木簡例之，每簡平均三十字，全奏約十萬字左右。」奏牘，給皇帝上書所用的木片。當時無紙，字都是寫在竹簡或木片上，這種寫字用的木片就稱為「牘」。❻公車令句　按：「令」字似應重出，此乃謂公車令派兩個人抬著這些木牘進呈皇帝。❼僅然能勝之　剛剛能抬起來。❽上方　也寫作「尚方」。這裡即指皇帝居處的地方。有人解此「上方」為「尚方署」，說武帝到尚方署讀東方朔的上書，似與情理不合。❾止二句　每讀完一段要停下來時，就在剛讀完的那句話下面畫一個鉤，作為記號。《通俗編》曰：「輒乙其處，謂止絕處乙而記之，如今人讀書，以朱識其所止作乚形，非『甲乙』之『乙』也。」❿讀之二月乃盡　陳子龍《史記測義》曰：「朔書雖多，不過如今數十卷，武帝以二月讀盡，可見人主愛重其書，非以多而難盡也。」⓫侍中　在宮廷內聽候支使。即指為郎。後來「侍中」也變成了官名。⓬時

詔賜之食於前　時，有一次。於前，於皇帝面前。⑬縑帛　精細的絲織品。⑭檐揭　挑著；扛著。檐，通「擔」。挑著。揭，舉。這裡即指抱著、扛著。⑮徒用所賜錢帛二句　他把皇帝所賜給的這些錢帛，全都用於娶長安城的漂亮女子作妻子。取，通「娶」。⑯率取婦句　意即差不多一年換一個妻子。率，大約。一歲所，一年左右。所，猶言「許」，約略之詞。⑰盡索之於女子　全都花在了女人身上。索，盡。⑱令朔在事　假如東方朔居官任職。⑲若等　爾等；你們這些人。⑳任其子為郎　保任其子為郎官。按：漢代有父兄為官而保任子弟為郎的制度，如司馬遷之為郎，馮唐子之為郎，李廣三子之為郎等皆是。㉑侍謁者　即「謁者」。官名，為皇帝掌傳達與收授文書等事，上屬郎中令。㉒持節　手持旌節。旌節是帝王的信物，使者持之以為信。㉓避世於朝廷間　和後世某些官僚所標榜的「中隱」、「隱居於市朝」同義，既為官食祿，又渾渾噩噩，不關心政事。但東方朔不是這種人，他還是一個很有正義感，有牢騷，並敢於發表意見的人。㉔古之人乃避世於深山中　南朝那些官居高位而又不肯捨己奉公的人，遂由此進一步推衍曰：「小隱隱於山林，大隱隱於朝市。」㉕時坐席中　有一次在宴會上。㉖據地　趴在地上。據，依也。㉗陸沉於俗　在世俗的社會上隨波逐流。《莊子・則陽》：「方且與世違，則心不屑與之俱，是陸沉者也。」郭璞注：「人中隱者，譬無水而沉也。」㉘避世金馬門　意即上文之「避世於朝廷間」。金馬門，西漢未央宮裡的一個官署名，《三輔黃圖》曰：漢武帝得大宛馬，乃鑄銅馬於宦者署之門，因稱此門曰「金馬門」。東方朔、主父偃、徐樂、嚴安等都曾在此處等候過武帝的召見。㉙蒿廬　猶言「草屋」。貧困隱者之所居。㉚宦者署　宮廷中管理宦官的辦公機構。原作「宦署」，王念孫《讀書雜志》：「宦下脫去『者』字。」據補。㉛時會聚宮下二句　時，有一次。博士，官名，以通曉典籍故事，在帝王身邊以備諮詢顧問的人，這種官職從戰國就有，秦漢時代也有。此外，漢武帝尊儒以來，太學裡的經學教官也稱博士，這是從漢代才有的。難，提出問題。按：以下對話取自東方朔的〈答客難〉。〈答客難〉中的客難主答，是東方朔自己首創的一種表達方式，並非實有其事。今褚少孫將其寫入傳記，與〈屈原賈生列傳〉將〈漁父〉一文中所假託的事情寫入傳記同樣荒唐。㉜蘇秦張儀　戰國時代的縱橫家。蘇秦一生效忠燕國，為燕國在齊國當間諜，並曾組織東方各國聯合抗秦。事跡詳見〈蘇秦列傳〉。張儀一生為秦國服務，功勳卓著。事跡詳見〈張儀列傳〉。㉝一當　一旦遇到。㉞萬乘之主　指戰國時代的七個大國國王。㉟都卿相之位　師古引如淳曰：「都，居也。」按：張儀曾先後任秦國、魏國、楚國之相；蘇秦曾先後任燕國、齊國、趙國之相。而〈張儀列傳〉、〈蘇秦列傳〉對此事誇說得遠比事實還要離奇得多。㊱澤及後世　其所作為使後人感恩受益。㊲子大夫　猶言「先生您」，尊稱東方朔。師古曰：「子者，人之嘉稱；大夫，舉官稱也。」㊳詩書　《詩經》、《尚書》。代指儒家的各種典籍。㊴百家之言　指儒家以外的其他諸家，如墨家、道家、法家、名家、陰陽家、兵家、農家等各家的學說。㊵不可勝數　多得無法計算。㊶著於竹帛　指寫出來的文章。竹帛，古代寫字所用的材料。㊷即可謂博聞辯智矣　即，意思同「則」。辯智，雄辯而多智。㊸官不過侍郎二句　意即官位不過是一個小小的執戟以守衛宮廷的郎官。侍郎，郎官的一種，與議郎、中郎、郎中等都上屬於郎中令，其職務是守衛宮廷與充當侍從。㊹意者尚有遺行邪　莫非是還有什麼缺點錯誤嗎。意者，莫非；難道。遺行，操行有缺失。王念孫曰：「遺者，失也，謂尚有過失之行。」㊺是固非子所能備也　這些的確是你所不能全面理解的。備，完整；具體。這裡指「備知」、「完全理解」。㊻周室大壞　周王朝的政權已經成為空殼，周天子已成為名副其實的傀儡。當時周國的領地只還有洛陽、鞏縣與其周圍的幾個縣，但就是這點地區也已經落入周天子手下的兩個大貴族之手，一個稱東周君，都於鞏縣；一個稱西周君，都於王城。㊼力政　以武力把持政權，行霸者之道。㊽相禽以兵　意即相互攻殺。禽，通「擒」。㊾并為十二國　戰國時的十二國，顏師古以為指秦、楚、齊、燕、韓、趙、魏、宋、衛、中山、魯、鄭。前七個即通常所說的「戰國七雄」，後五個已逐漸淪為七國的附庸。周壽昌曰：「鄭為韓所滅，在周烈王元年，去儀、秦時已遠，似不當有『鄭』也。」按：劉向編《戰國策》，其所分之十二國，無「魯」、「鄭」，有「東周」、「西周」。㊿得士者彊　當時各國招賢納士的情景是，齊有孟嘗君，趙有平原君，魏有信陵君，楚有春申君，秦有呂不韋，都以養士著稱；齊宣王築稷下學宮，燕昭王築黃金臺，更以招賢聞名。(51)說聽行通　學說被採納，事情辦成了。(52)今非然也　今天的政治形勢已經不是戰國時代的那種樣子了。(53)諸侯賓服　此指漢王朝國內的各個諸侯王都一律服從中央。(54)威振四夷　凡是侵擾與不賓服漢王朝的周邊少數民族小國，一律被討平，如匈奴、大宛、南越、東越、朝鮮、西南夷是也。(55)連四海之外以為席　極言其所轄的地域之廣與控制之嚴。席，座墊。(56)覆盂　扣放的缽盂。缽盂之類口大底小，扣放則不會倒翻。(57)天下平均　指中央王朝一視同仁地看待各地區、各民族；而各地區、各民族也同心同德的擁護中央王朝。(58)動發舉事　意即國家想有什麼行動，想辦什麼事情。(59)猶如運之掌中　極喻其靈活自如，毫不費力。(60)賢與不肖二句　因為國家無事，所以有才幹的人也就沒有表現的機會，顯不出他們與庸人的不同。不肖，不類其父。通常即指沒出息、不成材。(61)竭精馳說　用盡力氣地向朝廷顯示自己的才辯。(62)竝進輻湊　指全國各地的人才從四面八方歸向朝廷。輻湊，如輻條之歸集於轂。(63)悉力慕義三句　有的人一輩子勤奮學習、努力修養，到頭來缺衣少食，連個進身入仕的大門都沒有摸到。失門戶，師古曰：「言不得所由入也。一曰，謂被誅戮，喪其家室也。」(64)曾不能得掌故　他會連個「掌故」也撈不到。曾，還；根本。掌故，官名。《集解》引應劭曰：「百石吏，主故事（先朝及往古事例）。」《索隱》引《漢舊儀》曰：「太常博士弟子試射策中甲科，補郎；中乙科，補掌故也。」(65)安敢望常侍侍郎乎　怎麼敢指望能像我一樣當個每天侍候在皇帝身邊的郎官呢。按：「常侍侍郎」，《漢書・東方朔傳》作「常侍郎」，即經常在宮內侍奉皇帝的郎官，西漢時尚無「常侍」之名。〈儒林列傳〉記載西漢時太學裡的博士弟子經考試，「能通一埶以上，補文學掌故缺；其高弟可以為郎中者，太常籍奏。」「郎中」與「侍郎」、「議郎」、「中郎」等同類而微有別，皆統稱郎官，上屬郎中令。66傳　漢代用以泛稱《六經》以外的所有前代賢人的著作。這裡指《淮南子》，武帝時代的淮南王劉安組織門下賓客所編。67天下無害菑六句　害菑，災害。指來自自然的，也包括來自社會的。菑，同「災」。和同，思想統一，行動一致。按：此六句見《淮南子・本經》，其原文作：「世無災害，雖神無所施其德；上下和輯，雖賢無所立其功。」68時異則事異　時代變了，社會上發生的事情也就不同。語出《韓非子・五蠹》：「世異則事異，事異則備變。」69雖然　即使如此，但是……。70鼓鍾于宮二句　語出《小雅・白華》。師古曰：「言苟有於中，必形於外也。」71鶴鳴九皋二句　語出《小雅・鶴鳴》。師古曰：「言處卑而其聲徹高遠。」皋，沼澤。72太公躬行仁義二句　太公，指姜尚，周朝的開國元勳。〈齊太公世家〉曰：「呂尚蓋嘗窮困，年老矣，以漁釣奸周西伯。」《說苑》稱「呂望年七十釣於渭濱」，遇周文王。73得行其說　〈齊太公世家〉稱周文王遇呂尚後，「與語大說，曰：『自吾先君太公曰：當有聖人適周，周以興。』子真是邪？」又稱「周西伯昌之脫羑里歸，與呂尚陰謀修德以傾商政，其事多兵權與奇計，故後世之言兵及周之陰權皆宗太公為本謀」；又稱「天下三分，其二歸周者，太公之謀計居多」。74封於齊　呂尚佐助周武王滅商後，被封於齊國，都營丘（今臨淄城北）。75七百歲而不絕　按：自太公封齊，至田和篡齊，前後約六百四十餘年；若算至齊康公死，則約六百六十餘年。76孜孜　勤勉不怠的樣子。77處士　隱士。即指自己，因東方朔自稱是「避世於朝廷」、「避世金馬門」。78崛然獨立　以言其操行之孤高。崛然，山石聳立的樣子。79塊然獨處　以言其性情之淡泊恬靜。塊然，如土地之安臥。80上觀許由二句　言自己的操行可以和許由、接輿排列在一起。許由，堯時的隱士，據說堯曾想讓位於他，他逃避不受，且以為是玷汙了自己的耳朵，見〈伯夷列傳〉。接輿，春秋時楚國的隱士，曾唱著〈鳳兮歌〉嘲笑孔子的到處奔走以求行道，見《論語・微子》。81策同范蠡　具備范蠡那樣的治世謀略。范蠡，春秋末期越國的謀臣，曾佐助越王句踐滅吳稱霸。事跡詳見《國語・越語下》與〈越王句踐世家〉。82忠合子胥　有伍子胥那樣的耿耿忠心。伍子胥，春秋末期吳國的忠臣，曾佐助吳王闔閭破楚稱霸，後又忠心耿耿地勸吳王夫差滅越除患，而不要北上爭勝於中原，結果被吳王夫差所殺。事跡詳見〈伍子胥列傳〉。83與義相扶　指終身行義，以義修身。相扶，相互依傍。84寡偶少徒　意即缺少知音，無志同道合者。偶，侶；匹。徒，眾；同伙。85於是諸先生句　這是漢代辭賦與一些辭賦體文章通用的結尾形式，如〈上林賦〉說「子虛」、「烏有」被「無是公」折服的樣子是「二子愀然改容，超若自失，逡巡避席」云云；〈難蜀父老〉說「諸大夫」被司馬相如折服的樣子是「芒然喪其所懷來而失厥所以進」，「敞罔靡徙，因遷延而辭避」云云；〈日者列傳〉說「宋忠」「賈誼」被司馬季主搶白的樣子是「忽而自失，芒乎無色，悵然噤口不能言」，「行洋洋也，出門僅能自上車，伏軾低頭，卒不能出氣」。這種寫法起源於《莊子．盜跖》，其中寫「孔丘」被「盜跖」痛斥的狼狽之狀為「孔丘再拜趨走，出門上車，執轡三失，目芒然無見，色若死灰，據軾低頭，不能出氣」。瀧川曰：「東方朔〈答客難〉，蓋倣宋玉〈對楚王問〉，《漢書》本傳、《文選》載其全文。自朔作〈答客難〉，揚雄有〈解嘲〉、班固有〈答賓戲〉、韓愈有〈進學解〉。」(86)建章宮　漢代宮殿名，在當時長安城的西牆外，與城內的未央宮隔牆為鄰。通常都說建章宮建於武帝太初元年（西元前一〇四年），但〈衛將軍驃騎列傳〉說衛青在建元（西元前一四〇—前一三五年）中即「給事建章」，則建章宮恐非建於太初元年也。(87)後閤　後門。閤，小門。(88)重櫟　雙重欄杆。《索隱》曰：「欄楯之下，有重欄處也。」櫟，欄杆。(89)麋　鹿的一種。(90)粱飯　黃小米飯，古代以之為美食。(91)大飧臣　讓我大吃一頓。飧，此處用為動詞，使食。(92)已二句　吃完之後又說。已，過後。這裡指吃喝過後。(93)肯　按：「肯」字似涉上文而衍者，應削。(94)騶牙　獸名，也叫「騶虞」、「騶吾」。《詩經．騶虞》毛傳曰：「騶虞，義獸也，白虎黑文，不食生物，有至信之德則應之。」(95)歸義　歸順於有道義者。意即歸降。(96)先見　提前出現。見，通「現」。(97)齊等無牙　牙齒完全相同。即只有門牙，而無犬齒、臼齒。《本草綱目》曰：「兩旁曰牙，當中曰齒。」(98)故謂之騶牙　因為該獸的牙齒前後相同，又排列得像騶騎一樣齊整，所以就叫「騶牙」。騶，騎兵儀仗隊。(99)其後一歲所　差不多過了一年，即武帝元狩二年（西元前一二一年）秋天。(100)混邪王句　混邪王，匈奴西部的一個部落首領，曾被漢將霍去病打得大敗。於是「單于怒渾邪王、休屠王居西方為漢所殺虜數萬人，欲召誅之。渾邪王與休屠王恐，謀降漢，漢使驃騎將軍往迎之。渾邪王殺休屠王，并將其眾降漢，凡四萬餘人，號十萬。」過程詳見〈匈奴列傳〉、〈衛將軍驃騎列傳〉。(101)營營　《毛傳》曰：「往來貌。」(102)蕃　同「藩」。籬笆。(103)愷悌　和樂平易的樣子。(104)無信　不要相信。(105)讒言　乖巧而害人的話語。(106)罔極　沒有邊際；沒有窮盡。(107)交亂四國　挑起四方國家與華夏的戰亂。交亂，猶言「構患」。交，構；造成。按：以上「營營青蠅」六句見《詩經．小雅．青蠅》。朱熹《詩集傳》：「詩人以王好聽讒言，故以青蠅飛聲比之，而戒王以勿聽也。」(108)巧佞　以伶牙俐齒討好人而藉以售其奸者。佞，巧言而心術不正。(109)今顧東方朔多善言　意謂今天東方朔（病到這種程度）反而說起正經話來了。顧，反。徐孚遠《史記測義》曰：「武帝末年有巫蠱之禍，東方生所言，蓋指此也。」(110)鳥之將死四句　見《論語．泰伯》。

【語　譯】武帝時齊國有位姓東方的先生名朔，他以好讀古書，精通儒術聞名，也喜歡讀諸子百家的書。東方朔剛剛到長安的時候，到公車門給皇帝上書，其書長得多達三千多塊木片。公車令讓兩個人把它抬給武帝，才剛剛抬得動。武帝在宮裡讀他的上書，每到休息時就做上記號，一直用了兩個月才把它讀完。於是便任以為郎官，使其常在身邊侍候。武帝曾多次把東方朔叫到跟前談話，沒有一次不談得開心的。有一天，武帝賞東方朔吃飯，東方朔吃罷後，把剩下的肉也都打包帶走了，以至於把衣服上都弄了好多油。武帝還多次賜給他縑帛，他都不惜力氣地扛著挑著而去。東方朔用得來的錢財，在長安城裡尋找好看的女子，娶以為妻，差不多一年換一個，把錢財全部用在女子身上。武帝身邊的郎官一大半都管他叫「狂人」。武帝聽到後，說他們：「如果東方朔一心做官再沒有這點毛病，那你們誰還比得了他！」東方朔保任他的兒子為郎官，後來又當了謁者，經常持節出使。東方朔在殿中行走，有個郎官對他說：「人們都說先生你是個狂人。」東方朔說：「像我東方朔，這是一種置身於朝廷之上的隱士，不像古代的隱士非得隱到深山裡去。」有一次他在宴會上喝得起勁時，趴在地上唱道：「我在世俗之間沉淪，我避世在金馬門。宮殿之中自可以避禍全身，何必到荒山草野去充什麼高人。」所謂金馬門，是宮廷中管理宦官的辦公機構，因其門前有銅馬，故稱之「金馬門」。

2 當時會集在宮廷的各位博士先生們與東方朔一起爭論，大家一起質問他：「當年的蘇秦、張儀一碰到賞識的帝王，都能立刻取得卿相之位，而其作為也能讓後世感恩受益。現在先生您學了不少古帝王的治國之術，追慕古代聖人的一言一行，《詩》、《書》、諸子百家的著作也讀了不少。您自己還寫了許多文章，自以為天下第一，您可以說得上是學問淵博、才智超群了。可是您盡心盡職地侍候皇上幾十年，曠日持久，結果官職才不過是個侍郎，幹的是持戟值勤，您莫非在品德上還有缺陷嗎？不然怎麼會這樣子呢？」東方朔說：「這些本來就不是你們所能明白的。彼一時也，此一時也。時代環境不同，豈能相提並論？蘇秦、張儀生活的時代，周王朝氣數不振，諸侯們的眼裡誰也沒有周天子，他們都相互兼併，以武力相征服，後來形成了十二個國家，分不出上下。在那個時候誰能夠得到賢才誰就強盛，誰失掉賢才誰就滅亡，因此哪個人一旦得到某個帝王的信任，他就立刻身處高位，爵祿綿延，連子孫也跟著享福。可是今天的形勢不同了，英明的皇帝一統天下，不僅國內的諸侯個個服從，而且連四周的小國也都個個畏懼。現在的形勢是國內國外像一張大席子連在一起，其安穩的程度簡直像一個大盆子扣在地面上。現在全國各地一律平等，如同一個大家庭，辦什麼事情都得心應手，就像把一個小東西玩弄在手掌上。生活在這種時代，有本事與沒有本事的臣子，還怎麼能區分得出來呢？現在的天下這麼大，人口這麼多，那些苦磨硬練，削尖了腦袋向上鑽的人，多得沒法數。有不少人苦苦修行一輩子，缺衣少食，最後連個進身的門口也沒有找到。如果讓蘇秦、張儀和我並生在今天，他們會連個小掌故也當不上，怎麼敢奢想像我這樣當個侍郎呢？古書上講得好：『天下沒有災害，即使聖人也無法展其才；天下太平，即使賢能的人也無法立功。』這就是韓非子所說的時代不同，各個時期的事情也就不同。但儘管如此，作為一個有身分的人能不嚴格提高自己嗎？《詩經》上說：『在屋子裡擊鐘，聲音會傳到外面。』又說：『白鶴在大澤裡鳴叫，其聲音可以上徹高天。』只要我們能修煉好自己，何愁日後沒有光榮。姜太公修煉到七十二歲才遇到周文王，得以建功立業，封在齊國，傳國七百年而不絕。這就是許多人才日夜進修，孜孜不倦，不敢放鬆自己的原因。生活在今天的隱士，即使得不到任用，但他們仍然堅持自己的人格修養，甘處寂寞，他們學習古代許由、接輿的清高，他們有范蠡一樣的權謀，他們有伍子胥一樣的忠心，但在當前這種太平年代無從表現，他們只好謹守忠義，默默孤立，這是很自然的事情，你們對我何必懷疑呢？」一番話把諸位博士先生們說得啞口無言。

3 建章宮後門的雙重欄杆處冒出一隻動物，樣子像是鹿。有人報告武帝，武帝前往觀看，問身邊左右有知識的人這是什麼，全都回答不出來。武帝叫東方朔前來觀看，東方朔說：「我知道。但是我請求先給我來點吃的喝的，我吃飽之後才能講。」武帝說：「可以」。東方朔吃喝已罷，又說：「某處有一塊幾頃大的帶有魚池蒲葦的公田，請先把它賜給我，我才告訴您。」武帝又說：「可以」。於是東方朔說：「這就是通常所說的『騶牙』。凡是將有遠方之人前來歸順，這種『騶牙』就往往作為先兆提前出現。這種動物的牙齒前後是一樣的，不分臼齒犬齒，而又排列得極其整齊，所以稱之曰『騶牙』。」過了一年，果然有匈奴的渾邪王率領著十萬人投降了漢朝，於是武帝又賜給了東方朔許多錢財。

4 東方朔年老快死時，又對武帝勸諫說：「《詩經》上講：『嗡嗡亂叫的蒼蠅落在籬笆上，從容平易的帝王絕不聽信小人的蜚短流長。小人的謠言亂語肆無忌憚，它們將挑起周邊國家給華夏造成禍殃。』我的意思就是希望您遠離小人，不要聽他們的那些搬弄是非、挑撥離間。」武帝說：「東方朔今天居然也能說出這麼嚴肅的話來。」覺得很奇怪。沒過幾天東方朔就病死了。古書上講：「鳥到快死的時候，其鳴聲是悲哀的；人到快死的時候，其說話是精當的。」東方朔大概就是這個樣子吧。

1 武帝時，大將軍衛青❶者，衛后❷兄也，封為長平侯❸。從軍擊匈奴❹，至余吾水上而還❺，斬首捕虜，有功來歸，詔賜金千斤。將軍出宮門，齊人東郭先生❻以方士❼待詔公車❽，當道遮❾衛將軍車，拜謁曰：「願白事❿。」將軍止車，前⓫，東郭先生旁車⓬言曰：「王夫人⓭新得幸於上，家貧。今將軍得金千斤，誠以其半賜王夫人之親⓮，人主聞之必喜，此所謂奇策便⓯計也。」衛將軍謝之曰：「先生幸告之以便計，請奉教⓰。」於是衛將軍乃以五百金為王夫人之親壽⓱。王夫人以聞武帝。帝曰：「大將軍不知為此。」問之安所受計策⓲，對曰：「受之待詔者東郭先生。」詔召東郭先生，拜以為郡都尉⓳。

2 東郭先生久待詔公車，貧困飢寒，衣敝，履不完。行雪中，履有上無下，足盡踐地。道中人笑之，東郭先生應之曰：「誰能履行雪中⓴，令人視之，其上履也，其履下處乃似人足㉑者乎？」及其拜為二千石㉒，佩青緺㉓出宮門，行謝主人㉔。

故所以同官待詔者，等比㉕祖道㉖於都門外。榮華道路，立名當世，此所謂衣褐懷寶㉗者也。當其貧困時，人莫省視㉘；至其貴也，乃爭附之。諺曰：「相馬失之瘦㉙，相士失之貧㉚。」其此之謂邪？

3 王夫人病甚，人主至自往問之，曰：「子㉛當為王，欲安所置之㉜？」對曰：「願居洛陽㉝。」人主曰：「不可。洛陽有武庫㉞、敖倉㉟，當關口㊱，天下咽喉㊲。自先帝以來，傳不為置王㊳。然關東國莫大於齊㊴，可以為齊王。」王夫人以手擊頭㊵，呼「幸甚」。王夫人死，號曰「齊王太后㊶薨」。

【章旨】以上為褚少孫所補的第三段，寫東郭先生的滑稽故事。

【注釋】❶衛青　武帝時名將，曾多次出擊匈奴，官至大將軍，封長平侯。事跡見〈衛將軍驃騎列傳〉。❷衛后　名子夫，原為平陽公主家歌女，以更衣蒙寵入宮，元朔元年（西元前一二八年）被立為皇后。事跡見〈外戚世家〉。據〈衛將軍驃騎列傳〉，衛青是衛子夫的同母異父弟，今乃云衛青為「衛后兄」，殆誤。❸封為長平侯　事在武帝元朔二年。❹從軍擊匈奴　按：此句似應作「率軍擊匈奴」。❺至余吾水上而還　蓋即元狩四年（西元前一一九年）衛青之大破匈奴於漠北也。此役之勝使匈奴遠遁，從此「漠南無王庭」。余吾水，在今蒙古人民共和國境內，烏蘭巴托（當時的單于王庭）之西。❻東郭先生　姓東郭，其名不詳。❼方士　具有某種法術、技藝的人。其中有些專事煉丹服藥、祈求長生，以及侈言天地鬼神的人。❽待詔公車　在公車門等待皇帝的召見。❾遮　攔截。❿願白事　有事情希望向您稟告。白，稟告；說明。⓫將軍止車二句　將軍停下車子，使之（東郭先生）近前。⓬旁車　靠近車子。旁，通「傍」。挨近。⓭王夫人　武帝的寵妃。⓮親　指父母親。⓯便利。對自己有大利。⓰請奉教　意即我一定按著您的教導去做。奉，奉行。⓱壽　祝福長壽。這裡即指獻禮。⓲安所受計策　從哪裡學來的這個辦法。⓳郡都尉　也稱郡尉，協助郡守執掌該郡武事，官階為「比二千石」。⓴履行雪中　穿著鞋子在雪地上行走。㉑其履下處乃似人足　即雪地上留下的仍是光著腳的腳印。乃，通「仍」。㉒拜為二千石　即指為郡都尉。㉓青緺　即青綬。緺，紫青色的綬帶。綬是繫印的絲帶。《漢書‧百官公卿表》：「凡吏秩比二千石以上，皆銀印青綬。」㉔行謝主人　前往旅店向房東告辭。主人，旅店的店主。按：東郭先生的表現，恰似《漢書》所寫的朱買臣。㉕等比　依次。這裡即「結伙」、「一道兒」的意思。㉖祖道　祭道神，實即今之所謂「餞行」。㉗衣褐懷寶　《老子》第七十章云：「知我者希，則我者貴，是以聖人被褐懷玉。」通常用以比喻處境低微而實有才幹的人。褐，粗毛布的短上衣，貧者所服。㉘人莫省視　沒人瞧得起。省，看。㉙相馬失之瘦　相馬者往往因為馬瘦而忽略了牠的材質。失，過誤；看錯。㉚相士失之貧　看人往往因為他的貧困而忽略了他的才幹。㉛子　王夫人生的兒子，名閎。〈外戚世家〉云：「及衛后色衰，趙之王夫人幸，有子，為齊王。王夫人早卒。」按：此「王夫人」請求武帝封其子劉閎為王事，詳見〈三王世家〉之褚少孫所補遺事。㉜欲安所置之　你希望把他封在哪裡。㉝洛陽　東周時代的都城，秦時為三川郡的郡治所在地，漢代建國後為河南郡的郡治所在地，舊址在今河南洛陽東北。㉞武庫　國家的兵器倉庫，在當時的洛陽城內。㉟敖倉　國家的大糧倉，秦時建立，在當時洛陽城的東北方，滎陽城北的敖山上，北臨黃河。長年來黃河南岸被沖刷，其地現已落入黃河之中流。㊱當關口　向西對著函谷關。當時的函谷關在今河南靈寶東北，是東方各郡國西入長安的必經之地。㊲天下咽喉　謂洛陽處於長安與東方各郡國相互往來的交通要道之上。㊳傳不為置王　歷來不在這個地方封王建國。傳，相沿；歷來。按：秦朝滅亡後，項羽分封天下，曾封其部將申陽為河南王，都洛陽。漢二年（西元前二〇五年），劉邦東伐項羽，申陽以河南降漢，從此劉邦遂在河南置郡，再未封給別人。㊴關東國莫大於齊　齊國自戰國以來，一直號稱有七十餘城；劉邦稱帝後，將齊國封給他的大兒子劉肥，規定除齊國舊有的疆域外，「諸民凡齊言者皆予齊王」，因此齊國之大為任何別國所不及。自呂后掌權開始，齊國逐漸被侵削；吳楚七國之亂後，齊國益弱，至武帝元朔二年（西元前一二七年）劉肥的後代劉次昌（一作劉次景）自殺，無後國除，改為齊郡。今武帝又欲改齊郡為齊國，以封其子劉閎。㊵以手擊頭　因不能起身叩謝，故以此示意。㊶齊王太后　時齊王尚未封出，王夫人之葬禮即以齊王太后稱之，以見其受寵幸之甚。按：王夫人所生子劉閎之為齊王，在武帝元狩五年（西元前一一八年）四月，可參看〈三王世家〉與褚少孫在〈三王世家〉後所補之遺事。陳仁錫《史記考》曰：「東郭先生章末，有王夫人一節，與上文不相屬，豈後人剿入之歟？」

【語　譯】武帝時的大將軍衛青，是衛子夫皇后的哥哥，被封為長平侯。他率軍討伐匈奴，最遠曾經達到余吾水。這次出征，斬首與捕獲敵人很多，立功回來後，武帝賞賜他黃金千斤。衛青正要帶著這些賞賜出宮門，這時正以方士的身分在公車門聽宣的齊國人東郭先生走過來，迎著衛青的車子行禮說：「有事願對將軍講。」衛青停下車子，讓東郭先生過來，東郭先生靠近車子對衛青說：「皇宮裡的王夫人新受皇帝寵愛，但她家裡很窮。如今您得到了黃金千斤，如果能從中拿出一半送給王夫人的父母，皇上知道了一定高興，這可是一個絕妙而有利於自己的做法。」衛青聽了感謝地說：「你這個主意很好，我一定照辦。」於是衛青便將黃金五百斤作為禮物送給了王夫人的雙親。王夫人知道後把這件事告訴了武帝。武帝說：「大將軍自己是不會想出這個做法的。」於是問衛青是誰出的這個主意。衛青說：「是在公車門聽宣的東郭先生出的。」武帝一聽便將東郭先生叫來，任以為郡都尉。

2 東郭先生在公車門聽宣已經很久，生活非常困難，衣服鞋子都很破。冬天在雪地上行走，腳背上像是穿著鞋，腳趾都是踩在雪上。而道上的人們看了都笑他。東郭先生自我解嘲地說：「誰能走在雪上，從上看像是穿著鞋，而過後又能把腳趾印在雪地上呢？」如今他一下子做了二千石的高官，身上佩著青色的綬帶走出宮門，他去和他借宿的老房東告別；過去那些和他一道在公車門聽宣的人們都集合起來在京城門外給他設筵送別。道路兩旁的人看了都羨慕不已，東郭先生因此名振一時，這就是通常所說的「身穿破棉襖而懷裡揣著寶玉」的那種人了。當他窮困的時候沒人瞧得起，等他一旦顯貴起來，人們便立刻都跑去巴結他。俗話說：「相馬常因為其瘦而漏掉好馬，相人常因為其窮而漏掉有才幹的人。」說的大概就是如此吧？

3 王夫人後來病重時，武帝親自去看她。武帝問王夫人：「你生的兒子就要封王了，你希望把他封在哪裡？」王夫人說：「我希望把他封在洛陽。」武帝說：「不行。因為洛陽有國家的兵器庫、又挨近國家的大糧倉，其地對著函谷關，是天下各地與首都往來的交通咽喉。自高祖以來經歷幾代，從不把洛陽分封給諸侯。但是函谷關以東的諸侯國數齊國最大，我可以把你的兒子封為齊王。」王夫人用手敲著自己的頭，感謝地說「好極了」。因此王夫人死時，被尊稱為「齊王太后薨」。

昔者，齊王❶使淳于髡獻鵠於楚❷。出邑❸門，道飛其鵠。徒揭空籠❹，造詐成辭❺，往見楚王曰：「齊王使臣來獻鵠，過於水上，不忍鵠之渴，出而飲之❻，去我飛亡❼。吾欲刺腹絞頸而死，恐人之議吾王❽以鳥獸之故，令士自傷殺也。鵠，毛物，多相類者。吾欲買而代之，是不信❾而欺吾王也。欲赴佗國❿奔亡，痛吾兩主使不通⓫。故來服過⓬，叩頭受罪大王⓭。」楚王曰：「善，齊王有信士⓮若此哉！」厚賜之財，倍鵠在也⓯。

【章旨】以上為褚少孫所補的第四段，寫淳于髡的滑稽故事。

【注釋】❶齊王　依前文之例，此「齊王」應是齊威王，名因齊，西元前三五六—前三二〇年在位。❷獻鵠於楚　鵠，鴻鵠；天鵝。楚，與齊威王同時的楚王先是楚宣王（西元前三六九—前三四〇年在位），中是楚威王（西元前三三九—前三二九年在位），後是楚懷王（西元前三二八—前二九九年在位）。❸邑　築有城堡的居民城鎮，在戰國與秦漢時期通常指縣或鄉，這裡則是指齊國的都城臨淄。❹徒揭空籠　光舉著一個空籠子。徒，但；只。揭，舉；托著。❺造詐成辭　編造了一套動聽的謊話。❻出而飲之　放出來讓牠喝水。飲，使之喝水。❼亡　逃失。❽吾王　我們的大王您，恭稱對方。❾不信　不誠實。❿佗國　別國。佗，通「他」。⓫痛吾兩主使不通　傷心我們兩位大王間的這次通使半途而廢了。⓬服過　承認是自己的過失。⓭受罪大王　意即願意接受大王的懲罰。⓮信士　堅守信義的人。⓯倍鵠在也　比有鴻鵠所得的賞賜多一倍。按：與此類似之故事，古書多有。梁玉繩曰：「《說苑．奉使》稱魏文侯使舍人無擇獻鵠於齊；《韓詩外傳》十稱齊使獻鴻於楚；《初學記》二十、《御覽》九百十六並引《魯連子》云展無所為魯君遺齊襄君鴻，所載各異，皆不說髡，毋乃謬歟。」錢鍾書曰：「徐渭《路史》載雲南土官緬伯高貢天鵝過沔陽，浴之，鵝飛去，墜一翎，因拾取而上於朝，並作口號云：『將鵝貢唐朝，山高路遙遙。沔陽鵝失去，倒地哭號號。上覆唐天子，可饒緬伯高。禮輕人意重，千里送鵝毛。』不知徐氏何本。竊疑五季以來有『千里鴻毛』俗諺，徐氏逞狡獪，追造故實，以當出典。」

【語　譯】當初，齊王派淳于髡把一隻天鵝送給楚王，不料一出齊國的城門就把這隻天鵝給弄飛了。於是淳于髡便提著那只空籠子，編了一套說辭，去見楚王說：「齊王派我來給您獻天鵝，路過河瀉時，我見天鵝太渴了，便想放牠出來喝點水，結果天鵝飛跑了。當時我想自殺，但是我怕您會因此說我們齊王竟因為一隻天鵝，而逼得一位壯士尋死；天鵝是一隻鳥，樣子相似的很多。我原可以另買一隻給您送來，但我以為這樣做是欺騙行為；我當時原也可以奔亡至他國，但這樣就痛失了這次我們二位大王之間的通使機會。所以想來想去還是到楚國來向您說明情況，當面接受您的責罰。」楚王說：「好，齊國居然有如此守信用的人！」於是厚厚地賞賜淳于髡，淳于髡所得的賞賜比有送到那隻天鵝之所得還要多一倍。

武帝時，徵北海❶太守詣行在所❷。有文學卒史❸王先生者，自請與太守俱❹，「吾有益於君」，君❺許之。諸府掾❻功曹❼白云：「王先生嗜酒，多言少實，恐不可與俱。」太守曰：「先生意欲行，不可逆。」遂與俱。行至宮下，待詔宮府門❽。王先生徒❾懷錢沽酒，與衛卒僕射❿飲，日醉⓫，不視其太守⓬。太守入跪拜⓭，王先生謂戶郎⓮曰：「幸為我呼吾君⓯至門內遙語⓰。」戶郎為呼太守。太守來，望見王先生。王先生曰：「天子即問君⓱何以治北海，令無盜賊，君對曰何哉？」對曰：「選擇賢材，各任之以其能⓲，賞異等⓳，罰不肖⓴。」王先生曰：「對如是，是自譽自伐功㉑，不可也。願君對言『非臣之力，盡陛下神靈威武所變化也㉒』。」太守曰：「諾。」召入，至于殿下，有詔問之曰：「何以治北海，令盜賊不起？」叩頭對言：「非臣之力，盡陛下神靈威武之所變化也。」武帝大笑，曰：「於呼㉓！安得長者之語而稱之㉔！安所受之？」對曰：「受之文學卒史。」帝曰：「今安在？」對曰：「在宮府門外。」有詔召拜王先生為水衡丞㉕，以北海太守為水衡都尉㉖。傳曰：「美言可以市，尊行可以加人㉗。」「君子相送以言，小人相送以財㉘。」

【章旨】以上為褚少孫所補的第五段，寫王先生教長官諂媚人主。

【注釋】❶北海　漢郡名，郡治營陵（在今山東濰坊西南）。❷行在所　也稱「行在」。帝王出遊，中途停頓、住宿的地方。這裡即指京城。❸文學卒史　掌管文書的郡小吏。卒史，漢代小吏名，秩百石。❹與太守俱　與太守一道前往。俱，同行；隨行。❺君　主。漢代各部門的曹吏皆稱其本部門的長官曰「君」。如〈酷吏列傳〉中丞相長史朱買臣等稱丞相曰「君」，此郡小吏稱其郡守曰「君」皆是也。❻府掾　太守府中的吏員。掾，吏員的總稱。❼功曹　也稱功曹史。府掾中的官吏，主管人事考核。❽待詔宮府門　在宮府門等候皇帝的召見。宮府門，即前文所提過的「金馬門」或「公車門」，都是應詔前來，等候皇帝召見的處所。❾徒　只；只顧。❿衛卒僕射　守衛宮門的衛兵頭目。僕射，秦漢時的官名。因秦時重武，多用善射者為官，故曰「僕射」，各隨所掌之事以為號，如軍屯僕射、永巷僕射等是也。⓫日醉　每天喝得大醉。⓬不視其太守　不管他的太守在幹什麼。⓭太守入跪拜　謂太守已入宮，將拜見天子。⓮戶郎　看守宮門的郎官。《漢書．百官公卿表》云：「郎掌守門戶，出充車騎。」⓯吾君　我的主人；我的上級。⓰至門內遙語　到門洞附近，我要隔著門洞和他說幾句話。因為王小吏無資格進宮門，故只能隔著門洞與其主子打招呼。⓱即問君　要是問你。即，若；如果。⓲各任之以其能　按著他們各自不同的能力，分配他們以不同的工作。⓳賞異等　對其中表現優異的，予以獎勵。⓴罰不肖　對表現不好的，給予懲罰。不肖，不類其父。意即不成材、沒出息。㉑自伐功　自己誇耀自己的功勞。㉒非臣之力二句　按：此即教人向其上司諂媚，後世皆效此而成為口頭禪。㉓於呼　同「嗚呼」。在這裡表示讚歎。㉔安得長者之語而稱之　長者，厚道人；有修養的人。明知是諂媚討好，畢竟聽著舒服，故武帝亦激賞之，後又封之。相反對於汲黯的直言，理性上也說他是「社稷臣」，但恨起來簡直要找個藉口殺了他。官場上之吹吹捧捧，阿諛奉承，就是這樣滾雪球般逐漸滾成而又積重難返的。㉕水衡丞　水衡都尉的僚屬。㉖水衡都尉　武帝時置，掌上林苑，是一個主管經濟，為漢武帝理財的官，秩二千石。按：以上王先生教其太守歸己功於皇帝事，見《漢書・循吏傳》，乃宣帝徵龔遂入京時事也。今褚少孫乃削去龔遂之名，書其事於武帝時，誤也。㉗美言可以市二句　語見《老子》第六十二章。市，買，指收到效果、取得報酬。加人，高出別人，受人尊敬。按：《淮南子》引《老子》此語作「美言可以市尊，美行可以加人」，見其〈道應〉、〈人間〉，今注《老子》者多已隨《淮南子》校改。㉘君子相送以言二句　語見《晏子春秋・內篇雜上》、《荀子・大略篇》，文字略異。〈孔子世家〉亦引之，作「富貴者送人以財，仁人者以言」。

【語譯】武帝時，召北海太守進京述職。北海郡有位掌管文書的小吏王先生自己請求跟著北海太守一道進京，他說：「我跟您去，肯定會對您有好處。」太守同意了。太守的其他僚屬們紛紛反對說：「王某人好喝酒，好說大話，不該帶他同去。」太守說：「他非要去，我也不好硬是駁他。」於是帶著王先生一道進京了。進京後，在宮廷的前門等候召見。王先生整天拿錢買酒去找宮廷前的守門人，一道喝得大醉，而不管他的太守在幹什麼。到了北海太守該進宮見駕了，而且太守已經進入宮門，王先生追過來對守門的衛兵說：「請您幫我喊我們太守回來，我要和他說兩句話。」守門的衛兵把北海太守喚回，王先生對太守說：「假如皇上問您是怎麼治理北海的，能把北海治理得沒有盜賊，您怎麼回答？」太守說：「選拔賢能，量才任用，獎賞好人好事，懲罰壞人壞事。」王先生說：「您這樣回答，就等於自吹自擂，不能這麼說。您應該說『這不是我的本領，都是靠陛下您的神聖威靈的作用』。」太守說：「好的。」太守進入內殿，武帝問他說：「你是如何治理北海，使北海沒有盜賊的？」太守叩頭回答說：「這不是我的能力，都是陛下您的神聖威靈的作用。」武帝聽了大笑說：「啊哈！從哪裡學來這種厚道人的說法，是受了誰的指點？」太守回答說：「是我手下的一個文學卒史教給我的。」武帝說：「他現在在哪裡？」北海太守說：「就在宮門外。」於是武帝下令任王先生為水衡丞，任北海太守為水衡都尉。古書上說：「好聽的話可以換來尊貴，好的表現可以換來高官。」又說：「君子送人以妙語，小人光知道送人以錢。」

1 魏文侯❶時，西門豹❷為鄴令❸。豹往到鄴，會長老❹，問之民所疾苦❺。長老曰：「苦為河伯❻娶婦，以故貧。」豹問其故，對曰：「鄴三老❼、廷掾❽常歲❾賦斂百姓，收取其錢得數百萬，用其二三十萬為河伯娶婦，與祝巫❿共分其餘錢持歸。當其時，巫行視小家女好者，云是⓫當為河伯婦，即娉取⓬，洗沐之⓭，為治新繒⓮綺⓯縠⓰衣，閒居⓱齋戒⓲；為治齋宮河上⓳，張緹絳帷⓴，女居其中，為具牛酒飯食。行十餘日㉑，共粉飾之㉒，如嫁女床席㉓，令女居其上，浮之河中。始浮，行數十里，乃沒。其人家有好女㉔者，恐大巫祝為河伯取之，以故多持女遠逃亡。以故城中益空無人，又困貧㉕，所從來久遠矣㉖。民人俗語曰㉗『即㉘不為河伯娶婦，水來漂沒㉙，溺㉚其人民』云。」西門豹曰：「至為河伯娶婦時，願三老、巫祝、父老送女河上㉛，幸來告語之㉜，吾亦往送女。」皆曰：「諾。」

2 至其時，西門豹往會之河上。三老、官屬㉝、豪長者㉞、里父老㉟皆會，以人民往觀之者三二千人㊱。其巫，老女子也，已年七十。從弟子女十人所㊲，皆衣繒單衣，立大巫後。西門豹曰：「呼河伯婦來，視其好醜。」即將[38]女出帷中，來至前。豹視之，顧謂三老、巫祝、父老曰：「是女子不好[39]，煩大巫嫗[40]為入報河伯，得更求好女，後日送之。」即使吏卒共抱大巫嫗投之河中[41]。有頃[42]，曰：「巫嫗何久也[43]？弟子趣之[44]。」復以弟子一人投河中。有頃，曰：「弟子何久也？復使一人趣之。」復投一弟子河中。凡[45]投三弟子。西門豹曰：「巫嫗弟子是女子也[46]，不能白事[47]，煩三老為入白之。」復投三老河中。西門豹簪筆磬折[48]，嚮河立待良久[49]。長老、吏傍觀者皆驚恐。西門豹顧曰[50]：「巫嫗、三老不來還，柰之何[51]？」欲復使廷掾與豪長者一人入趣之。皆叩頭，叩頭且破，額血流地，色如死灰。西門豹曰：「諾，且留待之須臾[52]。」須臾，豹曰：「廷掾起矣。狀[53]河伯留客之久，若皆罷去歸矣[54]。」鄴吏民大驚恐，從是以後，不敢復言為河伯娶婦。

3 西門豹即發民鑿十二渠，引河水灌民田，田皆溉[55]。當其時，民治渠少煩苦[56]，不欲也[57]。豹曰：「民可以樂成，不可與慮始[58]。今父老子弟雖患苦我[59]，然百歲後，期令父老子孫思我言[60]。」至今皆得水利，民人以給足富[61]。十二渠經絕馳道[62]，到漢之立[63]，而長吏以為十二渠橋絕馳道，相比近，不可[64]。欲合渠水，且至馳道[65]合三渠為一橋[66]。鄴民人父老不肯聽長吏，以為西門君所為也，賢君之法式不可更也。長吏終聽置之[67]。故西門豹為鄴令，名聞天下，澤流後世，無絕已時[68]，幾可謂非賢大夫哉[69]！

4 傳曰：「子產治鄭，民不能欺[70]；子賤治單父，民不忍欺[71]；西門豹治鄴，民不敢欺。」三子之才能，誰最賢哉？辨治者當能別之[72]。

【章旨】以上為褚少孫所補的第六段，寫西門豹以「滑稽」手段嚴厲懲治邪惡的故事。

【注釋】❶魏文侯　名斯，戰國初期魏國的國君，西元前四四五—前三九六年在位。當時魏國的都城安邑，在今山西夏縣西北。❷西門豹　姓西門，名豹。❸鄴令　鄴縣的縣令。鄴，也叫鄴城，在今河北臨漳西南，當時屬魏。❹長老　年高有德的人。❺民所疾苦　百姓們所感到痛苦的事情是什麼。❻河伯　河神。按：此處之河指漳河，漳河流經當時的鄴縣，東北流，匯入黃河。按：《正義》有所謂「河伯，華陰潼鄉人，姓馮氏，名夷，浴於河中而溺死，遂為『河伯』也」云云，此乃有關黃河水神的傳說，鄴縣距黃河甚遠，其所受害之河乃漳河，故此處之「河伯」亦不必牽引黃河水神以為說。❼三老　官名，職掌教化，漢代於縣、鄉兩級皆設之，秦時唯鄉有。此處所云乃縣廷之三老，或戰國實有，或後人以漢制推言之。有人釋此為「鄉官」者，似與文意不合。❽廷掾　縣廷中的吏員，有如現在縣機關中的各科局長。❾常歲　猶言「每年」。年年如此。❿祝巫　以祭祀鬼神為職業者。《說文》曰：「祝，祭主贊詞者。巫，女能事無形以舞降神者也。」祝，即念誦祭神之語者。巫，即裝瘋賣傻跳大神者。⓫云是　說這一個。是，此。⓬娉取　意即留下「娉禮」，搶人而去。娉，也作「聘」，通常指男家給女家以財禮，表示定婚。取，通「娶」。⓭洗沐之　為之洗澡、洗頭。洗，洗浴；洗澡。沐，洗頭。⓮繒　絲織品的總稱。⓯綺　有紋彩的絲織物。⓰縠　輕而薄的絲織物。⓱閒居　與別人分開，單獨居住。⓲齋戒　古人為對某事表示虔敬而做出的一種表現，包括沐浴、獨居、不理政事、不用酒肉等等。⓳為治齋宮河上　在河邊搭起一間為該女「齋戒」所用的房子。⓴張緹絳帷　「齋宮」裡掛著橙色與紅色絲綢的帳子。緹，橙色絲綢。這裡即指橙色。絳，朱紅色。㉑行十餘日　過上十多天。王念孫《讀書雜志》：「此謂居齋宮中十餘日也。十餘日上不當有『行』字，蓋涉下文『浮行數十里』而誤衍耳。《太平御覽・方術部》引此無『行』字。」㉒共粉飾之　眾巫遂為之梳妝打扮。㉓如嫁女床席　按：此句不順，缺少謂語。此句似應作「為床席如嫁女者」。㉔好女　美麗的女孩兒。㉕又困貧　意謂這樣一來，就把人弄得更加貧困了。又，更加。㉖所從來久遠矣　意即這種惡劣的風俗從很久以前就已如此了。㉗俗語曰　相傳都這麼說。㉘即　假若。㉙漂沒　指漂沒房屋家產。㉚溺　淹死。㉛至為河伯娶婦時二句　到為河伯娶婦的那一天，希望操辦這件事情的三老、巫祝與百姓人等都到河邊給新婦送行。按：西門豹唯恐有些該嚴懲的傢伙到時不去，故將「三老、巫祝」挨個點出，令其必須到場，殺機已經伏下。㉜幸來告語之　希望到那天也來告訴我一聲。㉝官屬　縣裡除三老以外的其他官吏。㉞豪長者　猶後來之所謂「豪紳」，當地有勢力有頭臉的人物。㉟里父老　鄉里間有點名望的老人。「里」是古代居民的基層單位，據說五家為「鄰」（也有說八家、十家），五鄰為「里」，其上又有「鄉」、「黨」云云。㊱以人民往觀之者三二千人　以，其義同「與」，連詞。意即除上句所說的該項活動的操辦人員、縣廷的官吏、各階層的頭面人物外，還有前往觀看的百姓三二千人。㊲從弟子女十人所　意即跟著十來個女弟子。弟子女，即女弟子。十人所，猶言「十來個人」。所，許，約略詞。㊳將　扶持。㊴不好　不夠漂亮。㊵大巫嫗　這裡可稱之謂「老仙姑」。嫗，猶今所謂「老太太」、「老媽媽」。㊶即使吏卒共抱大巫嫗投之河中　董份曰：「娶女本神奇之事，故投巫亦以神奇用之。大巫嫗諸弟子及三老等以娶婦殺女者不可計，今悉按死，亦未足快，但不能震誡惡俗，故乘其時而投之，民乃驚恐，雖行譎而正者也。」㊷有頃　過了一會兒。㊸何久也　為何這麼長時間尚未回來。㊹弟子趣之　打發個徒弟去催一催。趣，意思同「促」。催促。㊺凡　總共。㊻巫嫗弟子是女子也　大巫嫗的徒弟都是女孩子。㊼不能白事　不會稟報事情。㊽簪筆磬折　《正義》曰：「簪筆，謂以毛裝簪頭，長五寸，插在冠前，謂之為筆。言插筆備禮也。磬折，謂曲體揖之，若石磬之形曲折也。」其大致意思是說，西門豹的帽子上插著一支像毛筆一樣的簪子，彎腰鞠躬，故意裝出一副十分「虔敬」的樣子。「簪筆」究竟是一種什麼禮節，史無明載，大約是祭祀所戴禮帽上的一種裝飾。㊾嚮河立待良久　面向河水，恭敬地站了好半天。按：「西門豹簪筆磬折，嚮河立待良久」，此即所謂「滑稽」處，褚少孫之所以將西門豹補入〈滑稽列傳〉，關鍵即在於此。西門豹此時的威嚴，較之大發雷霆者，更有十倍百倍之可怕。㊿顧曰　望著平時作孽多端的「廷掾」、「豪長」們說。顧，回頭看著。(51)巫嫗三老不來還二句　還想繼續演戲，與下文廷掾、豪長者之「皆叩頭，叩頭且破，額血流地，色如死灰」，構成強烈對比。(52)且留待之須臾　那我們就再等他們一會兒。(53)狀　看樣子。(54)若皆罷去歸矣　你們也都起來回家吧。若，你；你們。(55)引河水灌民田二句　凌稚隆引董份曰：「西門豹若徒沉巫嫗不洩水，魏方有河患，娶婦之說益行矣。鑿渠者不獨灌田，所以洩水去患、除害破惑也。此豹政本。」[56]少煩苦　有一些麻煩勞累。少，意思同「稍」。略微。[57]不欲也　不願幹。[58]民可以樂成二句　按：二語亦見《商君書・更法》，然西門豹在商鞅之前，或者此乃後人以商君語狀寫西門豹也。以，意思同「與」。言百姓們目光短淺，只能等事後和他們一塊兒享福，而不能一開頭就找他們商量。[59]患苦我　埋怨我給他們添麻煩，叫他們受苦。[60]然百歲後二句　等我死後一定要讓父老子弟們思念我，記著我今天說過的話。期，必；一定。[61]民人以給足富　百姓們由此吃穿不缺，並日漸富足。給，夠用；衣食不缺。[62]經絕馳道　經絕，猶言「橫穿」。絕，橫穿；橫過。馳道，天子車駕所走的大道。按：西門豹修渠在前，秦始皇修馳道在後，則是秦修馳道時仍保留十二渠之原樣而未改動也。[63]到漢之立　實指劉邦之滅項稱帝。劉邦建漢在西元前二〇六年，當時正在打仗，不可能顧及修渠。劉邦滅項稱帝在西元前二〇二年。[64]相比近二句　十二渠排得太緊，就給馳道橫過十二渠的建橋造成了較多的麻煩。比近，靠近；挨近。[65]且至馳道　指渠水快要流到馳道的時候。且，將。[66]合三渠為一橋　意即在馳道下將西門豹原來的十二渠，合併成四條渠，這樣建四道橋就行了。[67]終聽置之　最後還是接受了他們的意見，就那樣放著了。[68]無絕已時　永遠沒有盡頭。絕，斷。已，終了。[69]幾可謂非賢大夫哉　幾可，意思同「豈可」。怎麼能。《正義》引《括地志》云：「橫渠首接漳水，蓋西門豹、史起所鑿之渠也。〈溝洫志〉云：『魏文侯時，西門豹為鄴令，有令名。至文侯曾孫襄王，與群臣飲，祝曰：「令吾臣皆如西門豹之為人臣也。」史起進曰：「魏氏之行田也以百畝，鄴獨二百畝，是田惡也。漳水在其傍，西門不知用，是不智；知其不興，是不仁。仁智豹未之盡，何足法也！」於是史起為鄴令，遂引漳水溉鄴以富魏之河內。』」左思〈魏都賦〉云「西門溉其前，史起濯其後」也。」[70]子產治鄭二句　以言子產之為政明察也。子產，春秋後期鄭國的賢相，〈循吏列傳〉曾稱道他：「為相一年，豎子不戲狎，斑白不提挈，僮子不犁畔。二年，市不豫價。三年，門不夜關，道不拾遺。四年，田器不歸。五年，士無尺籍，喪期不令而治。」其他事跡參見《左傳》與〈鄭世家〉。[71]子賤治單父二句　以言子賤之用仁德感化人也。子賤，姓宓名不齊，字子賤，孔子的學生。〈仲尼弟子列傳〉云：「子賤為單父宰，反命於孔子，曰：『此國有賢不齊者五人，教不齊所以治者。』」《孔子家語》曰：「不齊所父事者三人，所兄事者五人，所友事者十一人。」單父，春秋魯邑名，即今山東單縣。[72]辨治者當能別之　辨治者，明白事理的人。《集解》曰：「魏文帝問群臣：『三不欺於君德孰優？』太尉鍾繇、司徒華歆、司空王朗對曰：『臣以為君任德，則臣感義而不忍欺；君任察，則臣畏覺而不能欺；君任刑，則臣畏罪而不敢欺。……三臣之不欺雖同，所以不欺異矣。則純以恩義崇不欺，與以威察成不欺，既不可同概而比量，又不得錯綜而易處。』」按：鍾繇等推崇宓子賤，而貶抑西門豹，此在漢、魏世為反常現象。陳直《史記新證》曰：「漢〈魯峻碑〉云『比蹤豹、產，化行如流』，〈劉寬碑〉云『踰豹、產』，皆以西門豹與子產並稱，而子賤不得並論。漢人在三人中，尤推重西門豹，〈張遷碑〉云『西門珮韋，晉陽帶弦，君之體素，能雙其勳』，曹操遺令葬於西門豹祠堂之側，降至北朝，此風猶然。」故褚少孫引此「三不欺」作結，意在推崇西門豹，然行文不夠明確。

【語　譯】 戰國魏文侯的時候，西門豹被任為鄴縣縣令。他來到鄴縣，召集縣裡有名望的老人，向他們詢問民間最感痛苦的事情。老人們說：「最痛苦的是替河伯娶親，為此百姓們都被弄得很窮。」西門豹問其原因，老人們說：「鄴縣掌教化的鄉官、縣府的群僚每年都要大量搜刮百姓的錢財幾百萬，他們把其中的二三十萬用於為河伯娶親，剩下的便與裝神弄鬼的祭師巫婆們私分了。每逢那個時候，巫婆祭師們便到處巡遊，見到窮人家有好看的女子，便說這個姑娘該給河神做媳婦。說罷便留下聘禮將人帶走了。他們給這個姑娘沐浴，讓她穿上絲綢的衣裳，讓她單獨居住，進行齋戒；他們在河邊搭建一所房子，裡面掛著各種顏色的帷帳，讓這個姑娘住在裡面，備辦上一些酒肉飯食，讓這位姑娘吃。十多天後，他們便給這個姑娘梳妝打扮，給她準備好像女子出嫁那樣的牀帳枕席，讓姑娘坐在裡面，他們把這牀帳漂浮在河中。開始時還漂浮著，漂出幾十里後便沉沒了。那些有漂亮女孩的人家，都生怕被大巫師們挑中，所以都帶著女孩逃向遠方。為此，縣城裡的居民越來越少，留下來的人們也越來越窮。這種風俗已經形成很久了，人們相傳說：『如果不替河神娶親，河神就要發大水，淹死這裡所有的人。』」西門豹說：「到給河神娶親的那天，請掌管教化的鄉官、巫婆祭師和父老鄉親們都去河邊給新娘送行，也希望你們來跟我說一聲，我也去給新娘送行。」大家都說：「好。」

2 到了給河神娶親的這一天，西門豹來到河邊與大家相會。這時，掌教化的三老、縣府的群僚、當地的豪紳，和各村的鄉親父老們都來了，還有看熱鬧的民眾共兩三千人。大巫師是個七十多歲的老婆子，她有女弟子十多個人，都穿著絲製的單衣，站在老巫師的身後。西門豹說：「請河神的新婦過來，讓我看看好看不好看。」人們便把那個姑娘扶出帳子，來到西門豹跟前。西門豹看了一眼，回頭對三老、巫祝及父老們說：「這個姑娘長得不太好看，麻煩老仙姑下河去向河神說一聲，就說現在這個不夠好，待我另找個更好的，改天送去。」說罷便讓士兵把老巫婆抬起來扔進河中。西門豹等了一會兒，說：「老仙姑為何這麼長時間還不回來？

去一個弟子給催一催。」說罷，又讓人把一名弟子架起來扔進河中。又過了一會兒，西門豹說：「這個弟子怎麼也老不回來？再去個人給催一催。」又把一名弟子扔進河中。總共扔進去三個弟子。西門豹說：「老巫師與弟子都是女流，說不清楚，麻煩三老去說一聲。」於是又將三老扔進河裡。西門豹端正了一下自己的禮帽，面向河水彎著腰恭恭敬敬地站了好久，這時鄉里的長老、縣府裡的群僚以及在旁邊觀看的人們，一個個全都嚇壞了。西門豹回頭看著他們說：「老巫與三老總不回來，這可怎麼辦呢？」他想再讓縣吏與豪紳各自出一個人下河去催促，這些人都嚇得趴在地上叩頭，頭皮全都磕破了，血流在地上，面如死灰。西門豹說：「好吧，那我們就再等一會兒。」又等了一段時間，西門豹說：「起來吧，看樣子是河神想留下他們多待一會兒，你們都各自回去吧。」鄴縣所有的官民個個都心驚膽戰，從此再沒有人敢提給河神娶媳婦的事情。

3 西門豹隨即調集民工開鑿了十二道溝渠，引漳河水灌溉農田，農田都得到了灌溉。開始讓民眾修渠時難免有些勞苦，大家都不願意幹。西門豹說：「對黎民百姓，只能等事成之後與他們共享成果，而不能事先與他們商量。現在這些父老鄉親儘管埋怨我，但在若干年後他們是會思念我的。」直到現在鄴縣仍在享受著西門豹治水的好處，人們的生活也從那時富裕起來。西門豹所修的這十二道溝渠，都穿過後來秦始皇時所修的馳道。等漢朝建國後，地方官嫌這十二道渠挨得太近，給修路架橋增加麻煩，不好辦。他們想把溝渠在建橋的地方適當歸併，合三渠共建一橋。鄴縣的父老們不同意，他們認為這是當年西門君所建造的，古代賢君留下的章程後人不能變。漢朝的地方官最後也同意了他們的意見，就按照西門豹的原樣保留下來了。所以說西門豹為鄴縣縣令，名揚天下，惠及子孫，永世不衰，這難道不是少有的大賢人嗎！

4 古書上說：「子產治理鄭國，百姓們誰也欺騙不了他；宓子賤治理單父縣，百姓們誰都不忍心欺騙他；西門豹治理鄴縣，百姓們誰也不敢欺騙他。」這三個人的才幹，誰最高呢？聰明人應該能夠有所辨別。

【研　析】〈滑稽列傳〉是一篇以下層人物為描寫對象的作品，寫了一個贅婿，兩個倡優。本文的意義有三點：

一、它表現了司馬遷重視下層人物，能從下層人物的身上發現好品質，並對他們進行了熱情的歌頌。這與他寫作〈游俠列傳〉、〈刺客列傳〉、〈日者列傳〉、〈扁鵲倉公列傳〉等專門為下層人物樹碑立傳，以及在〈孟嘗君列傳〉、〈平原君虞卿列傳〉、〈魏公子列傳〉等篇中雖以貴族的名字標題，而實際上仍主要是歌頌下層人物品德才幹的思想是一致的。

二、篇中所寫的幾個小人物，地位雖然很低，但他們都有好的品質，他們能夠為了國家與黎民百姓的利益，勇敢地仗義執言，靈活巧妙地批評殘暴荒淫的統治者，把他們那些荒謬絕倫的想法頂回去，從而給國家和百姓帶來好處。例如優孟勸阻了楚莊王給他的愛馬出殯；優旃勸阻了秦始皇想把關中變為獵場，勸阻了秦二世想漆城。這些事情都關係著大量人力物力的消耗，關係著成千上萬人的流血流汗，以及他們的生死存活。作為司馬遷的理想大臣，直言敢諫是最重要的品質之一，他之所以要為張釋之、馮唐、汲黯等人立傳，其動機即在於此。可惜這樣的人在漢武帝時代太少了，滿朝都唯唯諾諾，不是看著漢武帝的臉色行事，就是裝聾作啞，一個個保官保命，苟合取容，這是多麼可悲的政治局面啊！司馬遷滿懷感慨地歌頌贅婿倡優，其對現實的諷刺意味難道不應被人們重視嗎！

三、這篇作品寫的是滑稽故事，因此我們也就只能把它當作故事讀。比如，同一個「不飛則已，一飛沖天；不鳴則已，一鳴驚人」的故事，在《史記》中就出現了兩次，在這裡說是淳于髡講的；另一次是出現在〈楚世家〉中，又說是伍子胥的爺爺伍舉講的。對此，我們不必過於認真，只作一個滑稽故事看就行了。淳于髡是古代的一位智者，一位善良正直，同時又極其滑稽風趣的人物，就如同漢代的東方朔、明代的徐文長和新疆維族的阿凡提，人們不論編了什麼有趣的故事都往他們身上歸，從而使之成為人民群眾智慧的代表。而在這一系列滑稽人物中，淳于髡是第一個。同時，〈滑稽列傳〉這種記錄警語、羅列軼事的敘事方法，也給魏晉以後諸如《世說新語》一類的軼事小說開闢了道路，這在文學史上也具有開創性。

本文的後面有褚少孫補寫的一段很長的文字，褚少孫只看到了「滑稽」二字的表面，而不細參「滑稽」的具體內容，所補六事，無一件與司馬遷的本意相貼合。郭舍人為虐民之暴徒張目，王先生教其長官諂媚皇帝，而褚少孫為之讚不絕口，豈為人之不識好歹，一至於此耶？西門豹僅在懲治奸人時用了一種「以其人之道還治其人之身」的手段，可謂既驚心動魄，又妙趣橫生，頗具幽默感；褚少孫僅就此一端遂將西門豹寫入了〈滑稽列傳〉，似乎文不對題。至於寫西門豹的文章，自然是好的，單就文筆而言，不在《史記》文章之下。由此也更使人認識到，才能與見識的確不是同一回事。

卷一百二十七

日者列傳第六十七

【題解】就本文題目與〈太史公自序〉所說的寫作題旨看，本文應該是一篇類傳，不應該只寫一個人；又從後面還有〈龜策列傳〉以述卜者之事看，則本文應該是嚴格的記述「日者」，即以占測時日吉凶的迷信職業者，而不應該記述卜筮者，致使與〈龜策列傳〉相重複。王充《論衡》中有〈譏日〉、〈卜筮〉兩篇，即分別為揭露、批判「日者」與「卜筮」兩種行業的虛妄而寫，表明在漢代這兩個迷信職業的界線是清楚的，不能混為一談。司馬遷〈日者列傳〉的原文早在東漢時就失傳了，現存作品所寫的司馬季主的故事不知出於何人之手，也不知是從何時被人拿來標以「日者列傳」的題目塞入《史記》中。現存的〈日者列傳〉是寓言，是一篇辭賦體的警世、諷世之作，它以「賈誼」、「宋忠」為靶子，批判、嘲弄了聲勢烜赫的滿朝文武，極像明代劉基的〈賣柑者言〉。

1 自古受命而王❶，王者之興，何嘗不以卜筮❷決於天命哉！其於周尤甚❸，及秦可見❹。代王之入，任於卜者❺。太卜❻之起，由漢興而有❼。

2 司馬季主❽者，楚❾人也。卜❿於長安東市⓫。

【章　旨】以上為第一段，寫占卜行業的發展歷史與司馬季主登場，作為故事的開頭。

【注　釋】❶受命而王　稟承天命而為國家之帝王。古代以為凡為帝王者皆稟承天命而降世，這當然是統治者為神化自己所編造，但無錢無勢又無知識的受壓迫者也只好這樣聽、這樣說。❷卜筮　以龜甲占卜吉凶曰「卜」，以蓍草占卜吉凶曰「筮」。❸於周尤甚　周朝人最時興這一套。《索隱》曰：「《周禮》有太卜之官。」按：周朝人最愛玩這套把戲的事例，詳見《國語》與《左傳》，尤其是《左傳》，連篇累牘，不勝其繁，且執政者常因占卜以決定軍國大事，如晉之擊秦兵於崤是也。❹及秦可見　秦國人相信這些玩意兒的記載，偶爾見於〈秦本紀〉，但為數甚少。秦始皇迷信神仙，祈求長生不死，是其最蠢者。至於占卜的事情，亦僅偶爾為之，數量亦不甚多，見〈秦始皇本紀〉。❺代王之入二句　代王，指劉邦之子劉恆，高祖十一年（西元前一九六年）被封為代王，都中都（今山西平遙西南）。呂后八年（西元前一八〇年），周勃、陳平等消滅諸呂，派人請劉恆入京為帝。劉恆動身前，曾對此事進行了占卜，得「大橫之兆」（龜甲上裂出了一道橫紋）。占卜者告訴他此事大吉大利，進京就能做皇帝了。事情詳見〈孝文本紀〉。任，聽信。❻太卜　朝官名，上屬於「九卿」之一的太常，專門主管占卜之事。❼由漢興而有　《索隱》曰：「《周禮》有太卜之官。此云『由漢興』者，謂漢自文帝卜大橫之後，其卜官更興盛焉。」張照曰：「言漢興以來即有之矣。漢興即有太卜，不因文帝而更興盛也。」按：《漢書・百官公卿表》有所謂「武帝太初元年，初置太卜」，與諸說不同，不知為何不見徵引。❽司馬季主　姓司馬，名季主。其人最早即見於《史記》此文，同時之其他典籍亦不載。❾楚　漢初諸侯國名，國都彭城（即今江蘇徐州）。❿卜　謂其行卜，以為人占卜為業。⓫長安東市　長安城之東市場。據《三輔黃圖》，當時長安有九市，六市在南北大道之西，三市在南北大道之東。東市為規模之大者。

【語　譯】自古以來凡是上應天命稱王的人，當他們開始興起的時候，哪一個不是通過卜筮來占測天意的！這種手段在周朝用得最多，到秦朝時還經常可以看到。漢文帝從代國來長安入承皇位時，就是先聽取了卜者的意見。太卜官的設立，就是從漢朝開始的。

2 司馬季主是楚國人，在長安的東市開了個卜館。

1 宋忠❶為中大夫❷，賈誼❸為博士❹，同日俱出洗沐❺，相從❻論議，誦易❼先王聖人之道術⑧，究偏人情⑨，相視而歎⑩。賈誼曰：「吾聞古之聖人，不居朝廷⑪，必在卜醫⑫之中。今吾已見三公⑬九卿⑭朝士大夫，皆可知矣，試之⑮卜數⑯中以觀采⑰。」二人即同輿⑱而之市，游於卜肆⑲中。天新雨，道少人⑳，司馬季主閒坐，弟子三四人侍，方辯㉑天地之道㉒、日月之運、陰陽吉凶之本㉓。二大夫再拜謁㉔。司馬季主視其狀貌，如類有知者㉕，即禮之，使弟子延之坐。坐定，司馬季主復理前語㉖，分別㉗天地之終始㉘、日月星辰之紀㉙，差次㉚仁義之際㉛，列吉凶之符㉜，語數千言，莫不順理。

2 宋忠、賈誼瞿然㉝而悟，獵纓正襟㉞危坐㉟，曰：「吾望先生之狀，聽先生之辭，小子竊觀於世，未嘗見也㊱。今何居之卑㊲？何行之汙㊳？」

3 司馬季主捧腹大笑曰：「觀大夫類有道術㊴者，今何言之陋㊵也？何辭之野㊶也？今夫子所賢者何㊷也？所高者誰㊸也？今何以卑汙長者㊹？」

4 二君曰：「尊官厚祿，世之所高也，賢才處之。今所處非其地㊺，故謂之卑。言不信，行不驗㊻，取不當㊼，故謂之汙。夫卜筮者，世俗之所賤簡㊽也。世皆言曰：『夫卜者，多言誇嚴以得人情㊾，虛高人祿命以說人志㊿，擅言禍災以傷人心(51)，矯言鬼神以盡人財(52)，厚求拜謝以私於己(53)。』此吾之所恥，故謂之卑汙也。」

5 司馬季主曰：「公且安坐。公見夫被髮童子[54]乎？日月照之則行[55]，不照則止，問之日月疵瑕吉凶[56]，則不能理[57]。由是觀之，能知別賢與不肖者寡矣[58]。

6 「賢之行也[59]，直道以正諫[60]，三諫不聽則退[61]。其譽人[62]也，不望其報；惡人[63]也，不顧其怨，以便國家利眾為務。故官非其任不處[64]也，祿非其功不受[65]也。見人不正，雖貴不敬也；見人有污，雖尊不下[66]也。得不為喜，去不為恨[67]。非其罪也，雖累辱[68]而不愧也。

7 「今公所謂賢者，皆可為羞矣。卑疵[69]而前，孅趨[70]而言；相引以勢[71]，相導以利[72]；比周[73]賓正[74]，以求尊譽[75]，以受公奉[76]；事私利，枉[77]主法，獵[78]農民；以官為威，以法為機[79]，求利逆暴[80]，譬無異於操白刃劫人者也。初試官時，倍力為巧詐，飾虛功、執空文以誷[81]主上，用居上為右[82]；試官不讓賢[83]，陳功[84]見偽增實[85]，以無為有，以少為多，以求便勢尊位[86]；食飲驅馳，從姬歌兒[87]，不顧於親[88]；犯法害民，虛公家，此夫為盜不操矛弧[89]者也，攻而不用弦刃[90]者也，欺父母未有罪[91]，而弒君未伐[92]者也。何以為高賢才乎[93]？

8 「盜賊發不能禁，夷貊[94]不服不能攝[95]，姦邪起不能塞[96]，官秏亂[97]不能治，四時不和[98]不能調[99]，歲穀[100]不孰[101]不能適[102]。才賢不為[103]，是不忠也；才不賢而託官位[104]，利上奉[105]，妨賢者處[106]，是竊位也；有人者進[107]，有財者禮[108]，是偽也[109]。子獨不見鴟梟之與鳳皇翔[110]乎？蘭芷芎藭[111]弃於廣野，蒿蕭成林[112]，使君子退而不顯眾[113]，公等是也。

9 「述而不作[114]，君子義也[115]。今夫卜者，必法天地[116]，象四時[117]，順於仁義，分策定卦，旋式正棊[118]，然後言天地之利害，事之成敗。昔先王之定國家，必先龜策日月[119]，而後乃敢代[120]；正時日[121]，乃後入[122]；家產子[123]必先占吉凶，後乃有之[124]。自伏羲作八卦[125]，周文王演三百八十四爻[126]而天下治[127]。越王句踐[128]放文王八卦，以破敵國[129]、霸天下。由是言之，卜筮有何負[130]哉！

10 「且夫卜筮者，埽除設坐，正其冠帶，然後乃言事，此有禮也[131]。言[132]而鬼神或以饗[133]，忠臣以事其上[134]，孝子以養其親，慈父以畜其子[135]，此有德者也[136]。而以義[137]置數十百錢[138]，病者或以愈[139]，且死或以生[140]，患或以免[141]，事或以成[142]，嫁子[143]、娶婦或以養生[144]：此之為德[145]，豈直[146]數十百錢哉！此夫[147]老子所謂『上德不德，是以有德[148]』。今夫卜筮者，利大[149]而謝少[150]，老子之云，豈異於是乎？

11 「莊子曰：『君子內無飢寒之患[151]，外無劫奪之憂[152]，居上而敬[153]，居下不為害[154]，君子之道也[155]。』今夫卜筮者之為業[156]也，積之無委聚[157]，藏之不用府庫，徙(158)之不用輜車(159)，負裝之不重(160)，止而用之(161)無盡索(162)之時。持不盡索之物(163)，游於無窮之世(164)，雖莊氏之行(165)，未能增於是(166)也。子何故而云不可卜(167)哉？天不足西北，星辰西北移；地不足東南，以海為池(168)。日中必移，月滿必虧(169)。先王之道，乍存乍亡(170)。公責卜者言必信(171)，不亦惑乎！

12 「公見夫談士辯人(172)乎？慮事定計，必是人也(173)，然不能以一言(174)說人主意(175)，故言必稱先王，語必道上古；慮事定計，飾先王之成功(176)，語其敗害(177)，以恐喜人主之志(178)，以求其欲(179)。多言誇嚴，莫大於此矣。然欲彊國成功(180)，盡忠於上，非此不立(181)。今夫卜者，導惑教愚(182)也。夫愚惑之人，豈能以一言而知(183)之哉？言不厭多。

13 「故騏驥(184)不能與罷驢(185)為駟(186)，而鳳皇不與燕雀為羣，而賢者亦不與不肖者同列(187)。故君子處卑隱以辟眾(188)，自匿以辟倫(189)，微見德順(190)以除羣害(191)，以明天性(192)。助上養下(193)，多其功利(194)，不求尊譽(195)。公之等(196)喁喁(197)者也，何知長者之道乎？」

14 宋忠、賈誼忽而自失(198)，芒乎無色(199)，悵然(200)噤口不能言(201)。於是攝衣(202)而起，再拜而辭。行洋洋(203)也，出門僅能自上車，伏軾(204)低頭，卒不能出氣(205)。

【章　旨】以上為第二段，寫「賈誼」、「宋忠」因蔑視占卜行業而被司馬季主所教訓的情景。

【注　釋】❶宋忠　其人不詳，除此寓言外，不見於《史記》他篇。❷中大夫　皇帝身邊的侍從官名，掌議論，秩千石，上屬郎中令。❸賈誼　文帝時傑出的政論家與文學家，事跡詳見〈屈原賈生列傳〉與《漢書・賈誼傳》。❹博士　皇帝身邊的顧問官員，上屬太常。❺俱出洗沐　猶言洗沐之日一道外出遊玩。洗沐，即今所謂「公休」。《正義》曰：「漢官五日一假洗沐也。」❻相從　意即「相會」、「一道」。❼誦易　張文虎曰：「《御覽》引『誦易』作『講習』，疑今本誤。」按：「誦易」或者應作「誦肄」，即「誦習」也。有人解「誦易」為「誦讀《周易》」，似與上下文不甚相合。❽道術　指治國平天下之法術。❾究偏人情　透徹地研究了世態人情。❿相視而歎　彼此相互讚歎，以為當今才子更無超過你我之上者也，為下文二人被司馬季主狠狠所黜作勢。吳見思曰：「先從宋、賈寫起，寫宋、賈矯矯出塵，正反形季主也。」⓫不居朝廷　「不」上增「若」字讀。⓬卜醫　卜者、醫生，皆當時技藝之低下者。此用以泛指社會下層。⓭三公　指丞相、太尉、御史大夫。⓮九卿　指太常、郎中令、衛尉、太僕、廷尉、典客、宗正、少府、大司農，相當於今之中央各部部長。⓯之　往。⓰卜數　卜筮一類的行業。《索隱》曰：「卜數猶術數也。」「術數」在古代指天文、曆法、陰陽、五行、占卜等項，其中有科學，也有大量迷信成分。⓱觀采　觀望其風采。岡白駒曰：「采，風采也。言遺才隱賢或在卜醫之中者，欲觀其風采。」瀧川曰：「觀采，猶言物色。」⓲同輿　同車。⓳卜肆　卜筮者所開的店鋪。⓴天新雨二句　按：似此種景色描寫，前此之古書中少見。㉑方辯　正在分析、闡述。㉒天地之道　天地剖辟，以及二者關係的種種道理。㉓陰陽吉凶之本　陰陽二氣以及人世吉凶之產生由來。㉔拜謁　拜見。㉕如類有知者　「如」、「類」二字意重，當削其一。按：宋忠、賈誼自以為天下無比，但在司馬季主眼裡才只是個「類有知者」，一語抹倒整個漢代上流社會。㉖復理前語　又接著講剛才的話題。㉗分別　分析辨別。㉘天地之終始　天地當初怎樣形成，今後又將成為什麼結果。㉙日月星辰之紀　日月星辰運行的規律。紀，綱領；頭緒。㉚差次　分別；排列。這裡即宣講、演說。㉛仁義之際　意即仁義道德對治理國家社會的作用。㉜列吉凶之符　擺列人世吉凶的種種證驗。符，徵兆；證驗。按：漢代講究天人感應，故司馬季主在這裡也是把天地日月、三綱五常、和人世的吉凶禍福串為一片。㉝瞿然　恍然有所醒悟的樣子。㉞獵纓正襟　《索隱》曰：「獵，猶『攬』也。攬其冠纓而正其衣襟，謂變而自飾也。」㉟危坐　挺直身子坐好，一副嚴肅恭敬的樣子。㊱未嘗見也　從未見過像你這樣卓越的人物。㊲何居之卑　為什麼處境這樣卑賤。居，處。處境。㊳何行之汙　為什麼從事的行業如此骯髒呢。㊴道術　指哲學與政治兩個範疇而言，既懂得高遠宏深之道，又有具體的治國之才。㊵陋　鄙淺。㊶野　粗魯，沒修養。㊷所賢者何　你所認為的美好行業是什麼。㊸所高者誰　你所認為的崇高者是什麼人。㊹何以卑汙長者　為什麼把我的地位看得如此卑下，把我的行業看得如此骯髒。長者，有道德、有修養的人，這裡是司馬季主自指。㊺非其地　言不是做高官、享厚祿。㊻言不信二句　指卜筮者都是在編造謊話騙人，沒有任何靈驗。㊼取不當　用不正當手段騙取人家的錢財。㊽賤簡　地位卑微，手法淺陋。這裡用如動詞，意即瞧不起。㊾多言誇嚴以得人情　意即通過誇張、說謊以揣摩聽者的心理。誇嚴，王念孫曰：「猶言『誇誕』，謂多言誇誕以惑人。」㊿虛高人祿命以說人志　編謊話說人家將做高官、享長壽，以討人喜歡。說，通「悅」。51擅言禍災以傷人心　隨意編造說人家即將大禍臨頭以使人內心恐懼。52矯言鬼神以盡人財　編造謊言說鬼神給某人降災，以圖騙光人家的錢財。矯，曲；假造。53厚求拜謝以私於己　就盼著多得人家的謝禮而滿足自己的私欲。拜謝，這裡指謝禮，為感謝占卜者而花的錢財。54被髮童子　指幼年兒童。古代兒童披髮，至少年則梳成兩角，即《詩經》所謂「髡彼兩髦」者也；至二十歲則行束髮加冠之禮，從此為成人。被，通「披」。55日月照之則行　天亮了就起來活動，其他一概不問。56日月疵瑕吉凶　指日蝕、月蝕，以及其這些「天變」對人間社會的影響。57不能理　不能說清。58能知別句　知別，識別。不肖，不類，不類其父。古代用以稱「不成材」、「沒出息」。按：此數句的結論由何推出，邏輯欠明。大意謂人們的處世行事，也都像兒童的天亮即起，天黑則睡，隨波逐流，人云亦云，很少有人能看清世事，提出見解。59賢之行也　瀧川曰：「楓山本『賢』下有『者』字。」按：此「者」字不可少。60直道以正諫　自己堅持真理，依正道而行；對於君主之不奉道者，必據正以諫之。61三諫不聽則退　《禮記・曲禮下》：「三諫而不聽則逃之。」退，指辭官不幹。62譽人　稱讚某人。63惡人　批評某人；責備某人。惡，討厭。這裡指批評、責備。64官非其任不處　不是自己所能勝任的官職，就不要去當。《論語・季氏》有曰：「陳力就列，不能者止。」非其任，不是自己所能勝任的。65祿非其功不受　沒有立那分功，就不受那分賞。亦即通常所說的「無功不受祿」。66雖尊不下　即使他是高官，我也不向他低頭。67得不為喜二句　得到某個官職，並不特別為之喜悅；被免去某個官職，也不為之感到遺憾。恨，缺憾。〈循吏列傳〉說孫叔敖：「三得相而不喜，知其材自得之也；三去相而不悔，知非己之罪也。」即此之類。68累辱　瀧川曰：「『累』讀為『縲』。」縲辱，即下監獄、披繩索受辱。《論語・公冶長》孔子曰：「公冶長可妻也，雖在累紲之中，非其罪也。」69卑疵　卑躬曲膝的樣子。70孅趨　《索隱》曰：「猶足恭也。」即一副諂媚討好的樣子。71相引以勢　以權勢相互結援。即拉幫結派，朋比為奸。72相導以利　彼此為對方提供方便，以謀取私利。73比周　相互曲從，相互依附。即今所謂狼狽為奸。74賓正　排斥正直的人。賓，通「擯」。排擠。75尊譽　尊敬，誇獎。76公奉　公家的俸祿。奉，同「俸」。

❼枉　曲。不秉公而行。❽獵　像打獵一樣地掠取。❾機　機關。此以機關、陷阱等獵人捕獸之舉動以比喻官吏之蓄意害民。❿求利逆暴　為求得個人私利而不惜為逆行暴。⓫謟　通「諂」。哄騙。⓬用居上為右　以求得做大官、居上職。用，以。右，漢代以「右」為上。⓭試官不讓賢　在試官期間，即使見到比自己更能幹的人，也從沒有讓賢的想法。⓮陳功　當向上司擺列自己的「功勞」的時候。⓯見偽增實　明明是假的，也要千方百計說成是真的。⓰以求便勢尊位　以求獲得對自己有利的環境與更高的職位。⓱食飲驅馳二句　句子不順，缺少謂語，大意是講其為官的侈靡奢華。⓲不顧於親　不怕因自己的為非作歹而給家中的長輩帶來麻煩。⓳矛弧　長矛與弓弩。弧，弓。⓴弦刃　弓弩與戰刀。弦，弓弦。這裡即指弓弩。㉑未有罪　這裡指有罪而尚未受到懲處。㉒弒君未伐　有弒君之罪而未受到討伐。㉓何以為高賢才乎　怎麼能算是為世人所尊敬的賢才呢。凌稚隆引王維楨曰：「語雖涉漫罵，然曲盡宦情。」㉔夷貊　泛指境外的少數民族國家。夷，舊時用以稱東方與西南方的少數民族。貊，舊時用以稱東北地區的少數民族。㉕攝　同「懾」。震懾；威服。㉖塞　止；削平。㉗官秏亂　政權機構腐敗混亂。㉘四時不和　四季的節令失常，該熱不熱，該冷不冷。㉙不能調　不能調理，使之恢復秩序。舊時稱宰相的責任有所謂「燮理陰陽」，如果「四時不和」那就是宰相當得有問題，就要被罷官，或被治罪。㊿歲穀　農業收成。㉛不孰　不成熟，不能豐收。孰，同「熟」。㉜不能適　《索隱》曰：「適，音『釋』。猶『調』也。」即通過調理陰陽，以消除自然災害。按：把「四時不和」與「歲穀不孰」的責任算到宰相頭上，這是由當時統治者所鼓吹的「天人感應」而來，因此漢代一出現天變往往要有宰相被罷官，甚至被處死。㉝才賢不為　如果其人確實有才能，但就是不負責、不做事。㉞託官位　硬是待在那個位子上。託，寄；處。㉟利上奉　貪圖國家的俸祿。㊱妨賢者處　妨礙了真正有才能的人來充任這個職位。㊲有人者進　有人，指有後臺、有背景。進，升官。㊳禮　指受尊敬、受重用。㊴是偽也　所有「尊賢任能」的高調都是假的、騙人的。㊵鴟梟之與鳳皇翔　指小人與君子攙雜一起，善惡不分。鴟梟，貓頭鷹，舊時將其視為惡禽的代表。㊶蘭芷芎藭　都是香草名，這裡用以比喻德高有才的人。㊷蒿蕭成林　以比喻壞人當道，充斥整個官場。蒿蕭，都是臭草名。㊸不顯眾　不顯於眾人之前。㊹述而不作　只為前賢做闡發，而自己不做新的開創。㊺君子義也　這是君子們的做法。《論語・述而》孔子曰：「述而不作，信而好古，竊比於我老彭。」司馬遷在〈太史公自序〉中也有所謂「余所謂『述』故事，整齊其世傳，非所謂『作』也」之語。這裡是司馬季主借此語說明自己的為人占卜都是根據《周易》的經傳，並非自己亂說。㊻法天地　以天地為法則。㊼象四時　仿效春夏秋冬四時節令。㊽分策定卦二句　都是講占卜時的具體操作。策，也稱「筮」。占卜用的小竹棍，有的也用蓍草稈，其形狀與古人所玩的「棋」相似。《索隱》曰：「式，即『栻』也。栻之形，上圓法天，下方法地。

用之則轉天綱加地之辰，故云『旋式』。棊者，筮之狀。正棊，蓋謂卜以作卦也。」(119)龜策日月　以龜甲、竹片兒占卜，選擇良辰吉日。(120)代　指取代舊王朝，以統治國家。瀧川曰：「楓山本『代』作『伐』，義較長。」伐，指討伐暴君。(121)正時日　意即選擇吉日良辰。時，時辰。古代將一晝夜分成子、丑、寅、卯等十二個時辰。(122)乃後入　指勝利者進入被打敗者的京城與宮殿。按：他本有將下文「家」字上提，作「正時日，乃後入家」，今不取。(123)家產子　家裡生了小孩。(124)必先占吉凶二句　占卜的結果吉利，這才能決定要這個孩子；如不吉利，則必須像《詩經・生民》所寫把那個孩子扔掉。《索隱》曰：「謂若卜之不祥則或不收也。卜吉而後有，故云『有之』。」按：有些注釋者謂以上說法不近人情，其實這種情況古代中外皆有之，在中國有后稷、褒姒；歐洲有「奧狄浦斯」。(125)伏羲作八卦　伏羲，遠古傳說中的帝王，司馬貞將其稱為「三皇」之一。孔穎達引《易乾鑿度》云：「孔子曰：『上古之時，人民無別，群物未殊，未有衣食器用之利，伏犧乃仰觀象於天，俯觀法於地，中觀萬物之宜，於是始作八卦。』」(126)周文王句　〈周本紀〉說周文王被殷紂王囚於羑里的時候，「益《易》之八卦為六十四卦」，每卦再推衍為六爻，即三百八十四爻。也有人說是伏羲氏自己，或是神農，或是大禹，將八卦演為六十四卦，周文王只是將六十四卦衍為三百八十四爻。(127)而天下治　後代帝王遂將占卜作為治理國家的一種手段，在國家有大的政治活動、軍事活動前，都要進行占卜。〈周本紀〉中即有周公在處理政事前進行占卜的記載。(128)越王句踐　春秋末期的越國國君，西元前四九六－前四六五年在位。事跡詳見《左傳》與〈越王句踐世家〉。(129)放文王八卦二句　《左傳》、〈越語〉、〈越王句踐世家〉中皆無如此記載，相反〈吳語〉中倒有文種勸句踐：「天占既兆，人事又見，我蔑卜筮矣」之語。(130)何負　有什麼虧缺；有什麼短處。負，虧缺；短處。(131)此有禮也　按：依下文「此有德者也」，此句「禮」下似應增「者」字。(132)言　指占術人對求卜者講過道理後。(133)鬼神或以饗　該祭祀的鬼神得到了祭祀，也就是有些本來不敬鬼神的人經過占卜後改為祭鬼神了。(134)忠臣以事其上　有些本來對其君主不好的臣子經過占卜後對其君主盡忠了。(135)慈父以畜其子　有些原來不盡心養育孩子的父親，經過占卜後變得盡心養育孩子了。(136)此有德者也　指占術人能教育問卜者改惡向善而言。(137)以義　按照實際情況。義，宜也。(138)置數十百錢　指問卜者給占術人留下幾十個，乃至百數個銅錢。數十百，大幾十，乃至上百也。此語數出於〈項羽本紀〉。(139)病者或以愈　指心理治療產生效果。(140)且死或以生　指通過思想開導，想自殺的不自殺了。且，將。(141)患或以免　指通過勸誘，不再鋌而走險。(142)事或以成　指代為籌謀劃策，使辦事成功。(143)嫁子　即嫁女。子，古代兼舉男女。(144)養生　猶言「養育」。生養並撫育其成人。(145)為德　所做的好事。(146)豈直　豈只。直，只；僅僅。(147)此夫　此即；這就是。(148)上德不德二句　有大道德的人，看起來就好像沒有道德一樣，這才真正叫有道德哪。二語見《老子》第三十八章。(149)利大　對社會、對人類的貢獻大、好處大。(150)謝少　指占術人向社會、向人類索取的報酬少。謝，即前文之所謂「拜謝」。謝禮；卦金。(151)內無飢寒之患　指賣卜所得的些微錢財足以維持衣食所需。(152)外無劫奪之憂　因為沒有什麼剩餘之財，所以不用擔心有盜匪來搶。(153)居上而敬　居上位而能對下屬謙敬。司馬季主的「下屬」大概也就是幾個弟子。(154)居下不為害　居下位而能對上司不構成威脅。指自己與世無爭。(155)君子之道也　按：以上五句原文，不見於今本《莊子》，但其大旨與莊周所講的「清靜無為，順時保命」相合。(156)為業　作為一種行業、一種生財之道。(157)積之無委聚　有點積蓄，但不至成堆成垛。積，積蓄。委聚，堆積。(158)徙　搬遷。(159)輜車　拉東西的大車。(160)負裝之不重　指占卜所用的工具分量很輕，背著上路不沉重。(161)止而用之　要一停下來就立即可以開張營業。(162)無盡索　永遠也壞不了。索，盡。(163)不盡索之物　指占卜工具。(164)游於無窮之世　指賣卜者四海為家，可以到處遊蕩。(165)莊氏之行　莊子理想中的為人處世方式，即《莊子・逍遙遊》所謂「乘天地之正，而御六氣之辯，以遊無窮者」云云。(166)未能增於是　不可能比我這種生活更好。(167)不可卜　指不可操占卜之業，不可為占術之人。(168)天不足西北四句　《淮南子・天文》：「昔者共工與顓頊爭為帝，怒而觸不周之山，天柱折，地維絕，天傾西北，故日月星辰移焉；地不滿東南，故水潦塵埃歸焉。」(169)日中必移二句　古代俗語，《易經・豐卦》有所謂「日中則昃，月盈則蝕」。哲學家以此講事物的發展變化，物極必反；而本文這裡則是講萬物都有「缺點」，連天地日月都不例外。(170)乍存乍亡　時而實行，時而不能實行。(171)責卜者言必信　責，要求。言必信，所說的話一定能兌現。(172)談士辯人　如張良、酈生、陸賈等是也。(173)慮事定計二句　能幫著君主運籌帷幄的，必定是他們。(174)不能以一言　不可能只用一兩句話。(175)說人主意　討得君主的喜歡。說，通「悅」。(176)飾先王之成功　誇說某個古代帝王的勝利成功。飾，粉飾；誇說。(177)語其敗害　大講某個古代帝王的失敗垮臺。(178)以恐喜人主之志　以失敗帝王之所行以恫嚇之，以成功帝王之所行以鼓舞之。(179)以求其欲　以求達到自己的目的。(180)彊國成功　使國變強，使功得成。(181)非此不立　沒有這一套「多言誇嚴」就行不通、辦不成。(182)導惑教愚　開導失迷者，教訓愚頑者。(183)知　使之醒悟、明白。(184)騏驥　駿馬；千里馬。(185)罷驢　劣等的驢子。罷，通「疲」。(186)為駟　套在一輛車上。古稱四馬並駕曰「駟」。(187)賢者亦不與不肖者同列　意即我司馬季主沒法兒和你「宋忠」、「賈誼」之流相處在一起，我的思想、生活，你們根本無法理解。(188)處卑隱以辟眾　找個僻靜之處躲起來，離開你們這些世俗之輩。卑隱，低下隱蔽。辟，同「避」。躲開。(189)自匿以辟倫　匿，隱藏。倫，群；眾人。(190)微見德順　稍微地表露出一點道德才幹。(191)以除羣害　為平民大眾解除病害。(192)以明天性　以表明上天的本性是愛善樂施的，如雨露、陽光是也。(193)助上養下　他們的實際所為是幫助君主養育了黎民百姓。(194)多其功利　他們為社會所做的工作，所提供的效益，是很多的。(195)不求尊譽　但他們主觀上卻從未向社會要求尊重，計較名譽。(196)公之等　你們這些人。「之」字不順，似應削。瀧川曰：「《御覽》七百二十五，『公』下無『之』字。」(197)喁喁　眾魚排在水面，口皆向上的樣子。〈司馬相如列傳〉有所謂「延頸舉踵，喁喁然皆爭歸義，欲為臣妾」。而本篇則用以比喻眾人之隨聲附和，人云亦云。(198)忽而自失　忽，恍忽。自失，忘掉了自己之存在。(199)芒乎無色　茫茫然，兩眼看不見東西。與上文「忽而自失」，都是形容人失神喪氣的樣子。(200)悵然　失神的樣子。(201)噤口不能言　嘴像是被什麼東西封住似的說不出話來。(202)攝衣　整衣。(203)洋洋　茫然不知所往的樣子。(204)伏軾　雙手放在車前的橫木上。軾，車廂前面的橫木，可供乘車者憑伏休息。(205)卒不能出氣　按：漢代辭賦與辭賦體的文章通常都是這樣結尾，如〈上林賦〉說「子虛」、「烏有」被「無是公」折服的樣子是「二子愀然改容，超若自失，逡巡避席」云云；〈難蜀父老〉說「諸大夫」被司馬相如折服的樣子是「芒然喪其所懷來，而失厥所以進」，「敞罔靡徙，因遷延而辭避」云云。但這種寫法起源於《莊子・盜跖》，其中寫「孔丘」被「盜跖」搶白的狼狽之狀有所謂「孔丘再拜趨走，出門上車，執轡三失，目芒然無見，色若死灰，據軾低頭，不能出氣」云云，用詞都幾乎相同。

【語譯】 宋忠為中大夫，賈誼為博士，有一天，乘假日結伴出門，他們邊走邊談，當談到先王聖人所講的種種道理，並聯繫到現實社會的人情世故時，不由得一起感慨萬分。賈誼說：「我聽說古代的聖人，如果不在朝廷做官，就乾脆隱藏到卜者、醫師的行列中去。如今我已經全部觀察過了咱們朝中的三公、九卿、士大夫，他們究竟是幾斤幾兩我都知道了，現在我們再到占卜的行業中去觀察一下那裡的情況吧！」於是兩個人一同乘車來到了長安東市，跨進了一家卜館。這時天剛剛下過雨，街上行人不多，只見司馬季主在那裡閒坐著，身邊三四個徒弟侍候著，他們師徒正在談論著天地的形成、日月的運轉以及陰陽吉凶的本原。宋忠和賈誼過去與司馬季主見禮。司馬季主一看這兩人的容貌舉止，知道他們是很有知識的人，於是就回了禮，叫徒弟們請他們二人坐下。賓主坐定之後，司馬季主又接著講他先前的話題，分析天地的始終、日月星辰的運行，還宣講了仁義道德對治理國家的作用，又陳述了許多吉凶的徵兆，一口氣洋洋數千言，句句合情合理。

2　宋忠、賈誼聽了不由得肅然起敬，心有所動，他們趕緊整好衣帽，端莊地跪直了身子，對司馬季主說：「我們看了您的儀表，又聽了您剛才的一番話，像您這樣的人才，在當今這個社會上，我們從來沒有見到過。

可是您為什麼竟處在這麼卑微的地位，做這麼下賤的工作呢？」

3 司馬季主一聽哈哈大笑，說：「看你們的樣子像是個有學問的人，可是說出話來為什麼這麼淺陋，這麼粗野呢？你們所說的『賢者』究竟是指什麼職業？你們所說的『高貴』又究竟是指什麼樣的人呢？為什麼你們把我說得這麼卑汙下賤呢？」

4 宋忠、賈誼說：「高官厚祿，是人們所看重的，有才幹的人應該處在那種地位上，可是您並沒有處在那種地位，所以我們說您低微。如果一個人盡說些騙人的話，盡做些禁不住檢驗的事，而要一些不該要的錢，那就是卑汙。而以卜筮為業的人，就正是被世俗百姓所看不起的。人們都說：『以占卜為業的人，總是故弄玄虛、誇大其辭以騙取人們的相信，他們或者以多福多壽來討好人，或者以橫禍災難來嚇唬人，或者假託鬼神來詐取錢財，總之是希望得到人們厚重的謝禮以滿足自己的私欲。』這些都是我們所認為的可恥的手段，所以我們說您的行業卑微骯髒！」

5 司馬季主說：「你們先坐下來聽我說。你們見過那些披髮的孩子嗎？天亮的時候，他們就出來活動；天黑了，他們就回家睡覺，如果你要問他們日月蝕主什麼吉凶，他們就回答不出來。由此可見，真正能夠區別出賢者與不賢者的人真是太少了。

6 「大凡賢者的處事，應該是堅持正道勇於規諫人主，三次規諫不聽，就自己辭官引退。他們稱讚一個人時，並不希望得到人家的報答；批評一個人時，也不怕因此招來怨恨，只要是對國家對人民有利的事情他們就努力去做。所以凡是自己不能勝任的官就不去當，凡是自己不該得到的俸祿就不去享受。如果他行為不端，即使地位高貴也得不到敬重。如果他品德惡劣，即使官居顯位也不能使人屈服。得到官位時並不因此而喜悅，被免職時也不因此而傷心。只要不是自己的過錯，即使下獄受辱，也不感到有什麼慚愧。

7 「而你們所說的那些『賢者』，其實都是些可恥的人。他們為了向上爬而不惜卑躬屈膝，諂媚逢迎；他們以權勢相互結援，為私利而相互勾結；他們成群結黨，排斥好人，為的是騙取好名聲，獲得更多的俸祿。他們為了謀取私利而不惜破壞國家的法令，掠奪貧苦的農民；他們靠著他們的官職，和他們手中掌握的法權，逞威風，為非作歹，這簡直就像拿著刀子在光天化日下去劫道一樣。在他們剛被試用為吏的時候，就極力偽裝，靠著報虛功、說假話來騙取君主的信任，從而使自己的官位越來越高。在他們被試用的期間裡，即使發現了別的賢人也從來不想讓位，當陳述自己功勞的時候，便把假的說成真的，把沒有說成有，把少說成多，用這種手段來博取更高的地位和權勢。他們自己吃喝玩樂，聲色犬馬，而卻又能置他們的親族於不顧；他們犯王法，害良民，揮霍國家的資財，這些人簡直是搶劫不帶戈矛，殺人不用刀劍，而且他們還可以欺壓父母不算犯罪，弒君作亂不受討伐。這些人怎麼能說是品德高尚的『賢才』呢？

8 「國內的盜賊鬧起來了他們沒有辦法禁止，四方的蠻夷造反了他們沒有辦法駕馭，姦邪得勢了他們不能塞其源，吏治腐敗了他們不能治其本，四時不和不能調理，年成不好不會調劑。如果他們有才能而不幹，這是不忠；如果他們根本沒有才能，卻占著官位貪俸祿，妨礙賢人的進身，這就是竊位。有後臺的人就能得到提拔，送錢財的人就能受到優待，這不是最嚴重的弄虛作假嗎？你們難道沒有看見貓頭鷹已經在和鳳凰一起飛翔了嗎？現在是蘭芷和芎藭這樣的香草被拋棄在地上，而蒿、蕭這樣的雜草卻長得像森林一樣茂密。逼得君子們只好退隱，這都是你們幹的事啊。

9 「只闡發前聖的東西而不另出心裁，這是古代君子們治學的主張。今天我們這些卜者，每當占卜時上必取法於天地，下必取象於四時，再結合著仁義之道，來分析龜策定出卦象，旋轉栻盤調整筮棋，而後才能給人講解天地的利害和事情的成敗。古代的聖王們平定天下後，總要先用龜策占算出一個好日子，然後才敢進宮登基，取代舊王朝。選擇吉日良辰，而後進入京城與宮殿。家裡生了孩子也要先占明吉凶，而後決定是不是養育這個孩子。自從伏羲創立了八卦，周文王又將它演化成了三百八十四爻，從而獲得天下大治。後來越王句踐又仿效著周文王的八卦行事，終於打敗敵國成就了霸業。由此看來，卜筮有什麼不對的地方呢？

10 「而且我們這些卜筮行業的人，占卜之前一定要掃淨屋子，擺好座位，整好衣帽，而後才開始談論吉凶禍福，這是多麼有禮呢！經過我們的宣講，該祭祀的鬼神從此得到了祭享，大臣能夠更好地輔佐他們的君主了，兒子能夠更好地奉養他們的雙親了，父母能夠更好地疼愛他們的兒女了，這又是多麼有德呢！來問卜的人們按著常情扔給我們幾十、幾百文小錢，而他們得到的是：有些患病的人結果好了，有些快死的人結果活過來了，有些可能遇難的人結果幸免了，有些很難辦的事結果辦成了，嫁女兒、娶媳婦或者生兒育女都得到了順利進行，像這樣的功德，難道只值幾十、幾百文小錢嗎？這就是老子所說的那種『有最高道德的人看起來就像沒有道德一樣，這才是真正的有道德』。今天我們這些卜筮行業的人，他們給人們帶來的好處大，而所要求的報酬少，老子所說的話，難道和我們的這些表現有什麼不同嗎？

11 「莊子說過：『一個人如果能夠吃飽穿暖，又不會遭到別人的欺侮，做上級時能尊重自己的下屬，做下屬時能讓自己的上級不受威脅，這就是君子做人的標準了。』今天我們這些以占卜為業的人們，想攢點錢也攢不了多少，收藏點東西也用不著倉庫，搬家時用不著大車，就是背著扛著也沒有多重的分量，不論走到何方，一停下來就能開業，工具也不易用壞。我們就帶著這點不易用壞的東西，周遊在這個無窮無盡的世界上，即便是莊子本人的生活，也不見得能比我們好。你們憑什麼說占卜這個行業不能幹呢？因為天塌了西北，所以日月星辰都往西北跑；因為地陷了東南，所以東南都成了海洋。太陽到了正午就會向下移動，月亮圓了就要開始虧缺。先王之道也是時隱時現，時存時亡的，而你們卻要求我們的每一句話都能兌現，這不是很荒唐嗎？

12 「你們見過長言善辯的謀士嗎？給君主出主意做決定的就是他們。但是連他們都不可能用一兩句話就說服他們的君主，因此他們一說話就是先王如何，古代如何；他們審時定計的時候，總是說什麼先王當時就是這麼做的因而成功了，前人當時就是這麼做的因而失敗了，這樣就可以使人主戒懼地不去幹什麼，和高興地去幹什麼，從而實現謀士自己的願望。說大話故弄玄虛的，莫過於他們了。但是，為了使國家強盛，使事業成功，為了真正地盡忠於主子，就非這樣做不可。如今我們這些以占卜為業的，是在啟發教導那些糊塗愚蠢的人呀。糊塗愚蠢的人，難道能用一兩句話就讓他們明白嗎？所以說話就不能怕多。

13 「千里馬是不能和疲弱的驢子套在一輛車上的，鳳凰也不能和燕子、麻雀混為一群，而真正的賢才也不能和那些沒出息的人相提並列。因此君子們常常甘願躲在卑微的地方以避開世人，故意隱藏起來不願與一般人同列，但是他們有時也偶爾地表現出一種道德才幹，幫著世人興利除害，以說明天性是助善的。實際上他們是幫助國君養育人民。他們作出的貢獻很多，但卻沒有去追求什麼崇高的聲譽。你們都是些隨聲附和瞎起鬨的人，哪裡知道長者的所作所為呢？」

14 宋忠、賈誼聽罷，頓時失魂落魄，面無人色，嘴裡像被什麼東西封住似的說不出一句話來。於是他們趕緊整衣而起，拜辭而出，茫然不知所往，出門後勉強能爬上自己的車子，低頭伏在車前的橫木上半天連氣都沒有喘上來。

1 居三日❶，宋忠見賈誼於殿門外，乃相引屏語❷相謂自歎曰：「道高益安❸，勢高益危❹。居赫赫❺之勢，失身❻且❼有日矣。夫卜而有不審❽，不見奪糈❾；為人主計而不審，身無所處❿。此相去遠矣，猶天冠地屨⓫也。此老子之所謂『無名者，萬物之始⓬』也。天地曠曠⓭，物之熙熙⓮，或安或危，莫知居之⓯。我與若⓰，何足預彼⓱哉！彼久而愈安，雖曾氏⓲之義，未有以異也。」

2 久之，宋忠使匈奴，不至而還，抵罪⓳。而賈誼為梁懷王⓴傅㉑，王墮馬薨，誼不食，毒恨而死㉒。此務華絕根㉓者也。

【章　旨】以上為第三段，寫「宋忠」、「賈誼」對司馬季主的歎服與二人日後的悲慘下場。

【注　釋】❶居三日　過了三天。❷屏語　避人而語。屏，通「摒」。支開，這裡即指避開。按：這種寫「宋忠」、「賈誼」三天尚未緩過勁的情景，也是學習《莊子・盜跖》。〈盜跖〉寫「孔丘」被「盜跖」嚇得像喪家狗一般回到魯國後，在東門外碰到了「盜跖」的哥哥柳下季，「柳下季曰：『今者闕然數日不見，車馬有行色，得微往見跖耶？』孔子仰天而歎曰：『然。』柳下季曰：『跖得無逆汝意若前乎？』孔子曰：『然。丘所謂無病而自灸也。疾走料虎頭，編虎鬚，幾不免虎口哉！』」❸道高益安　道德修養越高的人生命就越安全。❹勢高益危　勢越大位越高，生命就越危險。❺赫赫　龐大、嚇人的樣子。赫，大火凶盛貌。❻失身　喪命。❼且　將。❽卜而有不審　卦萬一算得不靈驗。而，若。審，準確；精確。❾奪糈　把已付給占術者的錢財再要回去。糈，《集解》引〈離騷〉曰：「懷椒糈而要之。」王逸注：「糈，精米，所以享神。」瀧川引中井曰：「糈字起於米，而通於貨財。上文所謂數十百錢，亦是糈矣。」❿身無所處　猶言必死無疑。⓫天冠地屨　天之冠，地之鞋。極言其相差之遠。屨，鞋。⓬無名者二句　越是無可稱說的東西，越是萬物的根本。以言居官之勢位烜赫，不如卜者之沒沒無聞。按：此句見《老子》第一章：「無名，萬物之始；有名，萬物之母。」⓭曠曠　空闊、遼遠的樣子。⓮熙熙　眾多的樣子。⓯莫知居之　不知取哪一端為好。居，處；占。⓰若　你。⓱何足預彼　哪能與他（司馬季主）相比。預，與；相提並論。⓲曾氏　《集解》引徐廣曰：「曾，一作『莊』。」按：似應作「莊」。即莊周的為人處世準則。⓳宋忠使匈奴三句　不知是否確有其事，不見於其他記載。匈奴，戰國後期發展起來的北方少數民族名，大體活動在今內蒙自治區與蒙古國一帶，詳情見〈匈奴列傳〉。不至而還，沒有走到匈奴單于的駐地就自行回來了。抵罪，因犯罪而受懲處。⓴梁懷王　名揖，文帝之幼子。文帝二年（西元前一七八年）封梁王（國都睢陽，在今河南商丘西南），文帝十一年（西元前一六九年）騎馬摔死。㉑傅　太傅。諸侯王的輔導官，秩二千石。㉒誼不食二句　事在文帝十二年（西元前一六八年），卒年三十二歲，事見〈屈原賈生列傳〉。毒根，痛悔。毒，痛。恨，憾；愧悔。㉓務華絕根　為貪慕官場虛榮而送掉了性命。華，花。喻指官場虛榮。根，喻指人身、性命。《索隱》曰：「言宋忠、賈誼皆務華而喪其身，是絕其根本也。」

【語　譯】三天以後，宋忠在殿門外面碰到了賈誼，兩人到了一個僻靜的地方悄悄地相對歎息說：「道德越高就能越安全，權勢越高就會越危險，一個人如果有了炙手可熱的權勢，那他離著殺身的日子也就不遠了。給人占卜即使占卜得不對，也沒見誰被要回占卜費用；可是為人主出主意要是出錯了，那就沒有容身之地了。這兩者的差別可真是太大了，就如同是天之冠、地之鞋。這就是老子所說的『什麼都沒有，這就是萬物生長的開端』啊。天地是那麼的廣大，萬物是那樣的繁雜，有的安全，有的危險，叫人不知道究竟靠近哪兒好。我和你怎麼能夠同司馬季主相比呢？他從事的職業是時間越長越平安，莊子的境界和他沒有什麼兩樣啊！」

2 過了一段時間，宋忠被派出使匈奴，沒有完成任務半路上就回來了，結果被判了罪。而賈誼在為梁懷王做太傅時，懷王不慎從馬上掉下來摔死了，賈誼悔恨自己沒有盡到責任，痛苦得吃不下飯，最後也含恨而死。這兩個人都是因為醉心於功名而結果送掉了性命。

太史公曰❶：古者卜人所以不載者，多不見于篇❷。及至司馬季主，余志❸而著之。

【章旨】以上為第四段，是作者的論贊，表現了作者對司馬季主故事的重視。

【注釋】❶太史公曰　此四字是補寫者所加。❷所以不載者二句　按：此二句句子不順，且意思重複。❸志　記；記錄。

【語譯】太史公說：古代的卜者我所以沒有記載，是因為見不到有關他們的資料。近來有了司馬季主，於是我就把他寫到書裡來了。

1 褚先生❶曰：臣為郎時❷，游觀❸長安❹中，見卜筮之賢大夫，觀其起居行步，坐起自動❺，誓正其衣冠而當鄉人也❻，有君子之風。見性好解婦❼來卜，對之顏色嚴振❽，未嘗見齒而笑❾也。從古以來，賢者避世，有居止❿舞澤⓫者，有居民間閉口不言，有隱居卜筮間以全身者。

2 夫司馬季主者，楚賢大夫，游學長安，通易經⓬，術黃帝、老子⓭，博聞遠見。觀其對二大夫貴人之談言，稱引古明王聖人道，固非淺聞小數⑭之能及⑮。

3 卜筮立名聲千里者，各往往而在⑯。傳⑰曰：「富為上，貴次之；既貴，各各學一伎能立其身⑱。」黃直，丈夫⑲也；陳君夫，婦人也，以相馬立名天下。齊⑳張仲、曲成侯㉑以善擊刺學用劍，立名天下。留長孺㉒以相彘立名，滎陽㉓褚氏㉔以相牛立名。能以伎能立名者甚多，皆有高世絕人之風，何可勝言！故曰：「非其地㉕，樹之不生㉖；非其意㉗，教之不成㉘。」夫家之教子孫，當視其所以好㉙，好含苟生活之道，因而成之㉚。故曰：「制宅㉛命子㉜，足以觀士㉝；子有處所，可謂賢人㉞。」

4 臣為郎時，與太卜待詔㉟為郎者同署㊱，言曰：「孝武帝時，聚會㊲占家問之，『某日可取婦乎』？五行家㊳曰『可』，堪輿家㊴曰『不可』，建除家㊵曰『不吉』，叢辰家㊶曰『大凶』，曆家㊷曰『小凶』，天人家㊸曰『小吉』，太一家㊹曰『大吉』。辯訟㊺不決，以狀聞㊻。制曰㊼：『避諸死忌㊽，以五行為主㊾。』」人取於五行者也㊿。

【章旨】以上為第五段，是褚少孫補寫的有關占卜者的一些瑣碎議論。

【注釋】❶褚先生　名少孫，其生平事跡參見〈外戚世家〉、〈三王世家〉、〈滑稽列傳〉、張晏注《經典釋文・序錄》等。❷為郎時　褚少孫為郎在宣帝（西元前七三—前四九年在位）後期與元帝（西元前四八—前三三年在位）年間。郎，帝王的侍衛官員，有郎中、中郎、議郎等，官秩在三百石至六百石之間。❸游觀　即今所謂「遊覽」。❹長安　西漢的都城，舊址在今西安市之西北郊。❺坐起自動　詞語生澀。坐起，猶言「坐立」。自動，不知所云，或者即指「行動」。❻暫正其衣冠句　瀧川曰：「楓山本『暫』作『整』，為是。」「整正」意即「端正」。當，面對。岡白駒曰：「雖鄉人，必正衣冠以待之。」❼性好解婦　性情溫和、善解人意的婦女。❽嚴振　嚴肅莊重。振，整；莊重。❾見齒而笑　笑得露出牙齒，古人認為這是一種輕浮之態。見，通「現」。❿居止　居住。止，處。⓫舞澤　瀧川曰：「舞，讀為『蕪』。」「蕪澤」即荒蕪的草澤。⓬易經　原稱《易》，古代的卜筮書，漢代尊儒，乃奉之為儒家的經典之一。⓭術黃帝老子　講述黃帝、老子的學說。瀧川曰：「術，讀為『述』。」意即研究、講述。老子的學說見《道德經》，黃帝的思想可參看《黃帝四經》。「黃老」是道家學派的一個分支，流行於戰國後期與秦漢之際。⓮小數　小學問；小智略。⓯及　按：「及」字不順，自當作「以」，接下一句。⓰各往往而在　意即到處都有。⓱傳　漢代用以稱前代賢哲之書。⓲富為上四句　各各，李笠曰：「『各』字衍其一。」按：以上數語，不知出自何書。⓳丈夫　猶言「男人」，與下文「婦人」相對而言。⓴齊　漢初諸侯國名，國都臨淄，在今山東淄博之臨淄西北。㉑曲成侯　武帝時曾有過兩個「曲成侯」，一個是景帝子中山靖王劉勝之子劉萬歲，因其父為諸侯王，於武帝元朔五年（西元前一二四年）被推恩封為曲成侯，封地在今河北涿郡，元鼎五年（西元前一一二年）因犯罪國除，見〈建元已來王子侯者年表〉。另一個是劉邦的開國功臣蟲逢（也作「蟲達」）之孫蟲臯柔（也作「蟲皇柔」），建元二年（西元前一三九年）被封為曲城侯，封地在今山東萊州東北，元鼎三年（西元前一一四年）因犯罪失侯，國除。此褚少孫所謂「善擊刺」者不知指何人。又，曾經為侯而以「擊刺」見稱，亦必在失侯為庶民時事也。㉒留長孺　留縣人名長孺，史失其姓。留，漢縣名，縣治在今江蘇沛縣東南。㉓滎陽　漢縣名，縣治在今河南滎陽東北。㉔褚氏　姓褚，史失其名。㉕非其地　不適合該種作物生長的土地。㉖樹之不生　即使種了也長不活。㉗非其意　不是他用心想學的知識。㉘教之不成　老師再怎麼用心教，他也學不會。㉙當視其所以好　按：「以」字不順，似應削。㉚好含苟生活之道二句　瀧川曰：「南本、宋本、凌本『含』作『舍』。」按：好含，似應作「好合」。全句意為只要孩子的愛好也是一種謀生之道，那麼家長就應該順其自然而成就之。㉛制宅　猶言管家。制，通「治」。有釋「制宅」為「蓋房」者，似與上下文不甚合。㉜命子　教訓孩子。㉝足以觀士　足以看出一個人的思想氣質，與其為人處世之道。㉞子有處所二句　能讓兒子在社會上立住腳跟，有謀生之道，這樣的父親才算是賢人。㉟太卜待詔為占卜官而聽候皇帝呼喚的人。㊱同署　同在一個辦公單位。署，官署，猶今之辦公室、辦公單位。㊲聚會　召集。㊳五行家　以研究金、木、水、火、土五者之相生相剋為「學問」的迷信職業者。㊴堪輿家　探測方位、時日，為人相宅、相墓的迷信職業者。即風水先生。㊵建除家　以選擇時日，占測吉凶為事的迷信職業者，他們以建、除、滿、平、定、執、破、危、成、敗、開、閉為十二神，輪流值日，周而復始，視其碰在何日，以定吉凶。㊶叢辰家　也是以占測吉凶，選擇時日為事的迷信職業者，他們把子、丑、寅、卯等十二辰，與金、木、水、火、土相配，以組成各種善、惡之神，以定其所值之日的所宜所忌。㊷曆家　觀測日月星辰的運行，以推測人事吉凶的迷信職業者。㊸天人家　以研究天人感應為事的迷信職業者。㊹太一家　也稱太乙家，是利用一種特製的圓盤，以占測吉凶的迷信職業者。張文虎《札記》：「《考異》云：『當作「天一」』。〈漢志〉五行家有〈天一〉六卷。」㊺辯訟　辯論爭執。㊻以狀聞　把爭論的情況報告給了漢武帝。㊼制曰　皇帝裁決說。制，皇帝的命令。秦王政統一全國，改稱「皇帝」後，稱皇帝的命令曰「制」，也曰「詔」，見〈秦始皇本紀〉。㊽避諸死忌　凡是涉及生死的大忌都要避開，寧信其有。㊾以五行為主　產生不同的說法時，以五行家的說法為準。五行家自武帝至西漢末，一直是受最高統治者所寵用的迷信職業，連董仲舒這種著名學者也都熱衷於這一套，其情景可以想見。梁玉繩曰：「褚復綴四百餘字，更為蛇足。」㊿人取於五行者也　詞語不順，疑「人」下當有「主」字。「人主取於五行」正與武帝詔所云「避諸死忌，以五行為主」句相應。

【語　譯】褚先生說：我在為郎官的時候，有時在長安市上遛躂，見那從事卜筮行業的賢人們，我注意觀察他們的行為作派，見他們即使面對鄉下人也正襟危坐，一派君子的風度。遇有性情溫和、解人意的婦女前來占卜，占卜者也臉色莊重，從未笑得露出牙來。自古以來，賢士離開官場，有隱居於草澤的，有隱居在民間而閉口不言的，也有隱居在卜筮行業之間以求避禍的。

2　司馬季主，是楚地的賢大夫，遊學於長安，精通《周易》，講述黃帝、老子，可稱得上是遠見博識。看他與賈誼、宋忠的那些談話，把五帝三王以及聖人之道說得明白透徹，實在不是一般的淺顯小家之所能望其項背。

3　身在卜筮行業而能名揚千里的，各地區都有。古書上講：「富是第一的，貴是第二的，貴了之後要學個一技之長以立其身。」」黃直，是個男人；陳君夫，是個女人，都以善相馬聞名。齊國張仲與曲成侯，都以擅長擊劍而名揚天下。留縣的長孺以相豬著稱，滎陽的褚氏以相牛聞名。能以一技之長聞名的人很多，都有超出一般世人的風采，教人說也說不完。因此俗話說：「不是那種土壤，種東西它也不長；不是他所想學的，老師講得再好他也學不會。」家長要想教子成材，首先要看準孩子的愛好。只要他喜好的是一種謀生之道，就要順著趨勢幫著他使之成功。因此俗話說：「通過一個人的管家教子，就足能看出他的本領才幹。能讓自己家的孩子在社會上站住腳，這樣的家長就算是能人。」

4 我為郎官時，與一個以占卜聽候皇帝呼喚的郎官同屋辦公，他對我說：「武帝時，曾將各種占卜行業的人召集在一起，問他們『某某日能娶媳婦嗎』？這時五行家說『可以』，堪輿家說『不可以』，建除家說『不吉利』，叢辰家說『大凶』，曆家說『小凶』，天人家說『小吉』，太一家說『大吉』。辯論爭執相持不下。人們將結果報告武帝，武帝下旨說：『避開要命的禁忌，以五行家的說法為主。』」於是皇帝就這樣採納了五行家的說法。

【研　析】〈日者列傳〉是寓言，是一篇辭賦體的諷世、罵世的文章。它假借「司馬季主」嘲諷「賈誼、宋忠」為名，而對朝廷、對整個上流社會進行了辛辣的挖苦與嘲諷。至於司馬季主是否真有其人，那是無需追問的。本篇作品的思想意義有五：

其一，作品假借「司馬季主」之口批判了官場的腐朽與醜惡。說他們都是一群「卑疵而前，孅趨而言」的佞幸；是一群「相引以勢，相導以利」的勢利之徒；是一群「比周賓正，以求尊譽，以受公奉」的結黨營私之輩；是「枉主法，獵農民」的豪強；是「以官為威，以法為機，求利逆暴」的酷吏。他們「多言誇嚴」，「見偽增實」，簡直是「操白刃劫人」的強盜。「宋忠」其人不詳，而「賈誼」則是漢初群臣中的佼佼者。在司馬季主面前，「賈誼」尚且如此鄙陋，其他朝臣也就可想而知了。司馬季主對滿朝袞袞諸公的揭發、痛斥，是十分尖刻而又體察入微的，漢代如此，歷代官場也都是如此，不能說所有官僚都是這樣，但任何時代都有相當一批官僚的確是這個樣子的，甚至還可以說大多數是這種樣子。作者相反倒是把「卜筮者」的清高、直正、解惑、導俗、利國利民講了一大通。

其二，作品還道出了官場的險惡。「賈誼、宋忠」本來認為卜者是小人，是「居之卑，行之汙」的，經過司馬季主的痛斥後，他們自己認識到：「道高益安，勢高益危。居赫赫之勢，失身且有日矣。夫卜而有不審，不見奪糈；為人主計而不審，身無所處。此相去遠矣，猶天冠地屨也。」隨後又補敘了宋忠抵罪與賈誼憂死的結局，表現了作者對封建社會專制主義的冷靜、清醒的認識。

其三，抒發了下層士人對社會黑暗，賢愚不分，是非顛倒的憤怒情緒。本文的中心就是借司馬季主抒發其對專制制度下讒諛得志、君子退隱的不滿，他說：「子獨不見鴟梟之與鳳皇翔乎？蘭芷芎藭弃於廣野，蒿蕭成林，使君子退而不顯眾，公等是也。」又說「騏驥不能與罷驢為駟，而鳳皇不與燕雀為羣，而賢者亦不與不肖者同列」等等，與屈原的〈離騷〉、〈懷沙〉所表現的思想、所使用的語言相同。

其四，作為設問體的警世、罵世之作，文章是極其精彩的，它與東方朔的〈答客難〉、揚雄的〈解嘲〉路數相同，從形式上給唐代韓愈的〈進學解〉以巨大影響。從其憤世疾俗，抨擊當時政治而論，則此文乃上繼莊子的〈盜跖〉，而下開劉基的〈賣柑者言〉，在文學史上有其承先啟後的作用。

其五，本文對淡泊知足的道家思想與司馬季主所操的卜筮職業，都表現出一定的欣賞，對此我們應持分析態度。它們有其積極方面，可以借以對比官場的黑暗與腐朽官僚的無恥鑽營；另外我們也不排斥任何行業中都可能隱遁著「君子」，他們會用各種手段在為興利除弊、濟世救人做出種種力所能及的貢獻。但作為一種迷信職業，在今天畢竟是沒有什麼可以值得誇說的。

卷一百二十八

龜策列傳第六十八

【題解】司馬遷原作的〈龜策列傳〉在漢代即已亡佚，僅存其序論，今天看到的序論以外的東西，乃褚先生所補。司馬遷在序論中雖認為卜筮靈驗有效，不能輕視；但同時又將人道置於卜筮之上，重視人的作為。武帝時期有不少人因卜筮、巫蠱而驟然富貴或破族滅門，這是最高統治者一手製造的鬧劇、悲劇，司馬遷對此頗有微詞，表現了勇於批判時政的可貴精神。

1 太史公曰：自古聖王將建國受命❶，興動❷事業，何嘗不寶❸卜筮❹以助善！唐、虞❺以上，不可記已。自三代之興，各據禎祥❻：塗山之兆從而夏啟世❼，飛燕之卜順故殷興❽，百穀之筮吉故周王❾。王者決定諸疑，參以卜筮，斷以蓍❿龜，不易之道也。

2 蠻、夷、氐、羌⓫雖無君臣之序，亦有決疑之卜。或以金石，或以草⓬木，國不同俗。然皆可以戰伐攻擊，推兵⓭求勝。各信其神，以知來事。

3 略聞夏、殷欲卜者，乃取蓍龜，已則弃去之，以為龜藏則不靈，蓍久則不神。

至周室之卜官，常寶藏蓍龜；又其大小先後[14]，各有所尚，要[15]其歸[16]等[17]耳。或以為聖王遭事無不定，決疑無不見[18]，其設稽神[19]求問之道者，以為後世衰微，愚不師[20]智，人各自安，化分為百室[21]，道散而無垠[22]，故推歸之至微[23]，要絜[24]於精神[25]也。或以為昆蟲[26]之所長，聖人不能與爭。其處吉凶，別然否，多中[27]於人。

4 至高祖時，因[28]秦太卜[29]官。天下始定，兵革未息。及孝惠[30]享國日少[31]，呂后女主[32]，孝文[33]、孝景[34]因襲掌故[35]，未遑[36]講試[37]，雖父子疇官[38]，世世相傳，其精微深妙，多所遺失。

5 至今上[39]即位，博開[40]藝能之路，悉延[41]百端之學[42]，通一伎[43]之士咸得自效[44]，絕倫超奇[45]者為右[46]，無所阿私[47]，數年之間，太卜大集。會[48]上[49]欲擊匈奴，西攘[50]大宛[51]，南收百越[52]，卜筮至預見表象[53]，先圖其利。及猛將推鋒[54]執節[55]，獲勝於彼，而蓍龜時日亦有力於此。上尤加意，賞賜至或數千萬。如丘子明[56]之屬，富溢貴寵，傾於朝廷。至以卜筮射[57]蠱道[58]，巫蠱[59]時或頗中[60]。素有眦睚[61]不快，因公行誅，恣意所傷，以破族滅門者，不可勝數。百僚[62]蕩恐[63]，皆曰龜策能言。後事覺姦窮，亦誅三族[64]。

6 夫擿策(65)定數(66)，灼龜觀兆，變化無窮，是以擇賢而用占焉，可謂聖人重事者乎！周公卜三龜，而武王有瘳(67)。紂為暴虐，而元龜不占(68)。晉文將定襄王之位，卜得黃帝之兆，卒受彤弓之命(69)。獻公貪驪姬之色，卜而兆有口象，其禍竟流五世(70)。楚靈將背周室，卜而龜逆，終被乾谿之敗(71)。兆應信誠於內，而時人明察見之於外，可不謂兩合者哉？君子謂夫輕卜筮、無神明者悖(72)；背人道、信禎祥者，鬼神不得其正。故書建稽疑(73)，五謀而卜筮居其二(74)，五占從其多(75)，明有而不專之道也。

7 余至江南，觀其行事，問其長老(76)，云龜千歲乃游蓮(77)葉之上，蓍百莖共一根(78)。又其所生，獸無虎狼，草無毒螫(79)。江傍家人常畜龜飲食之，以為能導引致氣(80)，有益於助衰養老。豈不信哉？

【章　旨】以上為第一段，是本篇之序，寫卜筮的發展歷史，認為對卜筮不可輕視，但也不能一味迷信。可能是司馬遷的原文。

【注　釋】❶受命　指承受上天之命而為人間帝王。❷興動　舉辦。❸寶　重視。❹卜筮　古人預測吉凶，用火灼燒龜甲，根據裂紋判斷吉凶，叫「卜」；排列蓍草，根據所呈狀況以判斷吉凶，叫「筮」，合稱「卜筮」。❺唐虞　唐，指傳說中遠古部族陶唐氏，首領為堯。虞，指傳說中遠古部落有虞氏，首領為舜。❻禎祥　吉祥；吉兆。❼塗山之兆從而夏啟世　意謂禹娶塗山氏之女的卜兆吉利，故而夏啟承襲了王位。塗山，即塗山氏，傳說中遠古部族名。相傳禹娶塗山氏之女為妻。參見〈夏本紀〉。龜甲灼燒形成的裂紋稱「兆」。占卜者根據這種裂紋判斷吉凶。從，順吉；吉利。夏，即夏后氏，是中國歷史上第一個世襲王朝。啟，禹之子，為禹與塗山氏女所生，夏王朝的創立者。世，承繼。❽飛燕之卜順故殷興　意謂簡狄吞燕子卵的卜兆吉利，因此殷族立國興邦。相傳帝嚳次妃有娀氏之女簡狄，吞下燕子卵而孕育了契。契為商的始祖。參讀〈殷本紀〉。❾百穀之筮吉故周王　意謂棄喜好種植百穀，筮兆吉利，故而周室得以稱王天下。相傳棄年幼便好種麻菽，成人後善農耕，被堯舉為農師，成為周族始祖。參讀〈周本紀〉。❿著　草名，古人常用其莖占卜。⓫蠻夷氏羌　古代對四方少數民族的泛指。⓬草《集解》引徐廣曰：「一作『革』。」⓭推兵　進兵；進軍。⓮大小先後　郭嵩燾曰：「按《左氏傳》『著短龜長』，即『大小』之義。《禮記》『先卜後筮』，即『先後』之義。」⓯要　大要；概況。⓰歸　旨歸；目的。⓱等　等同；相同。⓲見　通「現」。出現。⓳稽神　叩拜神靈。稽，叩首。⓴師　效法；學習。㉑百室　猶言「百家」。㉒道散而無垠　意謂大道散漫無邊。㉓至微　極為精微奧妙。㉔絜　衡量；度量。㉕精神　指事物的精微所在。猶言「要質」、「實質」。㉖昆蟲　指龜。㉗中　符合。㉘因　因襲。㉙太卜　官名，為負責占卜的長官。商朝已有卜官，西周春秋時期周王室始有此官名，亦稱「卜正」，秦襲置此官，漢又承秦制，稱太卜令，隸屬奉常。㉚孝惠　指西漢皇帝劉盈，為漢高祖劉邦嫡長子，西元前一九四—前一八八年在位。詳見〈呂太后本紀〉。㉛享國日少　指在位時間短促。㉜呂后女主　指漢高祖劉邦的皇后呂雉，字娥姁，為孝惠帝生母，孝惠帝死後，她臨朝稱制，號令天下，西元前一八七—前一八〇年在位，為一代「女主」。詳見〈呂太后本紀〉。㉝孝文　指漢文帝劉恆，為漢高祖劉邦之子，西元前一七九—前一五七年在位。詳見〈孝文本紀〉。㉞孝景　指漢景帝劉啟，為漢文帝之子，西元前一五六—前一四一年在位。詳見〈孝景本紀〉。㉟掌故　泛指典章制度。㊱遑　閒暇；餘暇。㊲講試　研究試行。㊳疇官　又稱「疇人」。官名，掌天文曆算。㊴今上　當今皇上。指漢武帝劉徹，為漢景帝之子，西元前一四〇—前八七年在位。㊵博開　廣開。㊶悉延　全部引進。悉，盡；全。延，引進；迎接。㊷百端之學　猶言百家之學。武帝雖獨尊儒術，但並非絕對「罷黜百家」，而是兼採道、法、陰陽諸學，篤信鬼神，重視卜筮。㊸伎　通「技」。技能。㊹效　效力。㊺絕倫超奇　指才智超群的人才。絕倫，無與倫比；獨一無二。㊻為右　為上。漢時尚右，故以右為尊。㊼阿私　偏私；循私。㊽會　適逢；恰逢。㊾上　皇上，指漢武帝。㊿攘　侵奪；攻奪。(51)大宛　古西域國名，其地在今新疆西部境外的哈薩克境內，首都貴山城（今卡賽散）。(52)百越　又作「百粵」。散居於長江中下游以南廣大地區少數民族的總稱。(53)表象　猶言「現象」。(54)推鋒　直摧敵鋒。(55)執節　掌握節制。即指指揮進退。執，掌握；控制。(56)丘子明　漢武帝時卜者名。(57)射　猜度；猜測。(58)蠱道　指誘騙之術。(59)巫蠱　古時一種迷信，認為用巫術詛咒或用木偶人埋於地下，可以害人。(60)中　猜中。(61)眦睚　即「睚眦」。瞪眼睛。引申為細微的怨憤。(62)百僚　大小官僚。(63)蕩恐　惶恐不安。(64)誅三族　古時一種重刑，一人有罪而誅殺其三族。三族，有曰指父族、母族、妻族。(65)揲策　兩手分蓍草。《索隱》曰：「揲謂兩手執蓍分而扐之，故云揲策。」揲，執持。《集解》引徐廣曰：「一作『達』。」策，占卜用的蓍草。(66)定數　計算蓍草的陰陽數目以占吉凶。(67)周公卜三龜二句　周公，西周初年政治家，姓姬，名旦，周武王之弟，魯國之始封君，事跡詳見〈魯周公世家〉。瘳，病癒。據《尚書・周書・金縢》，周武王滅商後的第二年生了重病，周公築壇向太王、王季和文王祝告，祈求代替文王而死。祝告畢，「乃卜三龜，一習吉。啟籥見書，乃并是吉。……王翼日『乃瘳』。」(68)紂為暴虐二句　紂，即商紂王，殷商亡國之君。據〈夏商周年表〉，紂王於西元前一〇七五—前一〇四六年在位。事跡詳見〈殷本紀〉。元龜，大龜。不占，未得吉兆。據《尚書・商書・西伯戡黎》，紂王酒色無度，性情暴虐，賢臣祖伊警告殷商行將滅亡，說：「天子！天既訖我殷命。格人元龜，罔敢知吉。」(69)晉文將定襄王之位三句　晉文，即晉文公，名重耳，為晉獻公之子，春秋五霸之一，西元前六三六—前六二八年在位，事跡詳見〈晉世家〉。彤弓，朱紅色的弓。天子賜諸侯彤弓，即表明賦予其征伐之權。據《左傳》，僖公二十五年，狄人攻周，立太叔帶為王，周襄王奔鄭。次年，晉文公發兵勤王，送周襄王回周復位。出兵前命卜偃占卜，卜偃說：「吉，遇黃帝戰于阪泉之兆。」晉文王遂決定救周，果得成功。周襄王於西元前六三二年策命晉文公為侯伯，賜彤弓。(70)獻公貪驪姬之色三句　獻公，即晉獻公，名詭諸，晉武公之子。事跡詳見〈晉世家〉。口象，齒牙為禍之象。據《國語・晉語一》，晉獻公欲伐驪戎，史蘇占卜，說：「勝而不吉。」並解釋道：「遇兆，挾以銜骨，齒牙為猾，戎夏交捽。交捽，是交勝也，臣故云。且懼有口，攜民，國移心焉。」預測晉國將禍於口舌。晉獻公該役果勝，得驪戎君之女驪姬，十分寵幸，立為夫人。驪姬欲立其子奚齊為君，在獻公前讒害太子申生及諸公子，逼使申生自盡，諸公子流亡。晉獻公死後，晉國陷於動盪，歷經奚齊、悼子、夷吾、懷公、重耳五君，政局才趨於安定。(71)楚靈將背周室三句　楚靈，即楚靈王，名圍，為楚共王之子，楚康王之弟，西元前五四〇—前五二九年在位。其事跡詳見〈楚世家〉。龜逆，龜兆不吉利。乾谿，楚邑名，在今安徽亳縣東南。據《左傳》昭公十三年，楚靈王欲背叛周室，「卜曰：『余尚得天下！』不吉。投龜，詬天而呼曰：『是區區者而不余畀，余必自取之。』」又據〈楚世家〉，楚靈王在乾谿樂而忘返，國人苦役，公子弃疾、公子比、公子黑肱等趁機謀反，「入殺靈王太子祿，立子比為王，公子子晳為令尹，弃疾為司馬。」靈王見大勢已去，自殺於申亥家。(72)悖　迷惑；糊塗。(73)書建稽疑　據《尚書・周書・洪範》，周武王向箕子諮詢治國之道，箕子回答有九種辦法，其中第七種是「稽疑」，即考察疑惑。(74)五謀而卜筮居其二　意謂周王遇有重大疑難，有五種商量的途徑，其中龜卜、筮占就占了兩種。五謀，《尚書・周書・洪範》曰：「汝則有大疑，謀及乃心，謀及卿士，謀及庶人，謀及卜、筮。」(75)五占從其多　張大可說：「這是司馬遷改鑄的觀點。依照〈洪範〉所講「稽疑」，龜筮意見不一致時，才是五占從其多；若龜筮均反對，即使王、卿士、庶民都同意，做事也不吉，可見龜筮具有最高權威的決定力量。」(76)長老　年高德重者。(77)蓮　《集解》引徐廣曰：「蓮，一作『蘋』。『蘋』與『蓮』聲相近，或假借字也。」(78)蓍百莖共一根　《集解》引徐廣曰：「劉向云：『龜千歲而靈，蓍百年而一本生百莖。』」(79)毒螫　指蛇、蠍一類毒蟲。(80)導引致氣　指運用導引術來獲取元氣。導引，古代一種養生術，通過舒展筋骨、調整呼吸等辦法以祛病健體。

【語　譯】太史公說：自古以來的聖王，在將要建立國家、承受天命、創辦事業之時，何曾不重視利用卜筮來助成善事！唐堯虞舜以前的歷史已經不可能有記述了。從夏、商、周三代興起以來，就各自依據了卜兆：禹娶塗山氏之女的卜兆吉利，故而夏啟承襲了王位；簡狄吞燕子卵的卜兆吉利，因此殷族立國興邦；棄喜好種植百穀，筮兆吉利，故而周室得以稱王天下。君王在決定各種疑難問題時，用卜筮加以檢測，用蓍草、龜甲進行決斷，是不能改變的道理。

2 蠻、夷、氐、羌各族即使沒有君臣上下的等級秩序，可也有解決疑難的占卜。有的用金石，有的用草木，各國有其不同的風俗。然而都可以用占卜來決定是否作戰、如何攻擊，以進軍求勝。他們各自信奉自己的神明，來了解未來的事情。

3 我曾約略聽說夏、商時期人們打算占卜時，就取來蓍草、龜甲，占卜結束之後就丟棄它們，認為龜甲收藏起來就不靈驗，蓍草用久了就不神準。到了周王室的卜官，卻常常珍藏蓍草、龜甲；還有他們對蓍草、龜甲的大小先後，各有崇尚的辦法，總之其目的都是相同的。有人認為聖人遇到事情時，沒有決定不了的；決斷疑難問題時，沒有設想不到的辦法。他們之所以設置求神問卜的辦法，是認為後代衰敗式微，愚蠢卻不向智者學習。人們各自追求安樂，分化成百家，大道散漫無邊，所以把事情推演歸納到最為精微的地方，扼要地衡量事物的精微所在。有人認為是因為龜的長處，連聖人也不能和牠們相爭。牠們處理吉凶、辨別可否，大多符合人們的實情。

4 到漢高祖時期，因襲秦制，設立了太卜官。天下剛剛平定，戰爭還未平息。到孝惠帝，在位時間短促，呂后是女君主，孝文、孝景因襲舊制，來不及研究試行，即使父子均為掌天文曆算的疇官，代代相傳，可是其中的精深微妙之處，遺亡失散的還是很多。

5 到了當今皇上即位之後，廣開技藝才能的門路，引進全部的百家之學，精通一技之人都能發揮自己的特長，才智超群之士位居尊右，無所偏私。幾年之間，太卜聚集了大量人材。適逢皇上想要攻擊匈奴，向西攻奪大宛，南下收取百越，卜筮精確地預見了各種現象，提前考慮其中的好處。待到猛將直摧敵鋒、指揮進退，在那些戰爭中取勝時，用蓍草、龜甲占卜時日，也有助於這種勝利。皇上尤其重視，對於卜官的賞賜有時高達數千萬。像丘子明這類人，富貴至極，尊貴寵幸，高於朝廷大臣。至於用卜筮猜測誰用邪術巫蠱害人，有時也很準確。平時與卜官稍有磨擦不愉快，卜官就會利用官方名義加以殺害，任意傷害人，因此族破家滅的數不勝數。百官惶恐不安，都說龜甲、蓍草能說話。後來卜官害人的事情被發現，奸計敗露，他們被誅滅三族。

6 兩手分蓍草，根據蓍草的陰陽數目以占吉凶，灼燒龜甲來觀察徵兆，其結果變化無窮，因此選擇賢人來進行占卜，可說是聖人重要的事情啊！周公用三龜占卜，武王的病因此痊癒。殷紂行事殘暴酷虐，用大龜占卜卻未得吉兆。晉文公將恢復周襄王的王位，占卜得到黃帝戰於阪泉的吉兆，最後獲得了周天子賜予彤弓。晉獻公貪圖驪姬的美色，占卜預測晉國將禍於口舌，其禍害竟然流傳了五代。楚靈王將背叛周室，用龜占卜後得到不吉利的徵兆，最終遭受乾谿的失敗。徵兆確切真實反應在內部，而當時人從外部明察事理，這能不說是兩相吻合嗎？君子認為那些輕視卜筮、不相信神明的人是錯誤的；背棄人道、迷信祥瑞的人，鬼神在他們那裡得不到公正。所以《尚書》提出了考察疑惑的辦法，有五種商量的途徑，其中龜卜、筮占就占了兩種。五個人占卜，就聽從大多數人的意見，這表明雖有卜卻並不專斷的道理。

7 我到江南，觀察當地人的辦事方式，詢問那裡的長老，他們說龜活到一千歲才在蓮葉上遊戲，蓍草百條枝莖長在一條根上。又說在它們生長的地方，野獸中沒有虎狼，草叢中沒有毒蟲。長江邊上的居民常常畜養龜，喝龜血，吃龜肉，認為龜能夠舒筋活血，獲取元氣，對於幫助和養護衰老之人很有好處。這些話難道不是真實可信的嗎？

1 褚先生❶曰：臣以通經術❷，受業博士❸，治春秋，以高第❹為郎❺，幸得宿衛，出入宮殿中十有餘年。竊好太史公傳❻。太史公之傳曰：「三王❼不同龜❽，四夷❾各異卜，然各以決吉凶，略闚其要，故作龜策列傳。」臣往來長安中，求龜策列傳不能得❿，故之大卜⓫官，問掌故⓬、文學⓭、長老習事者，寫取龜策卜事，編于下方。

2 聞古五帝⓮、三王發動舉事，必先決蓍龜。傳⓯曰：「下有伏靈⓰，上有兔絲⓱；上有擣蓍⓲，下有神龜。」所謂伏靈者，在兔絲之下，狀似飛鳥之形。新雨已，天清靜無風，以夜捎⓳兔絲去之，即以篝⓴燭㉑此地燭之，火滅，即記其處，以新布四丈環置之，明即掘取之，入四尺至七尺，得矣，過七尺不可得。伏靈者，千歲松根㉒也，食之不死。聞蓍生滿百莖者，其下必有神龜守之，其上常有青雲覆之。傳曰：「天下和平，王道㉓得，而蓍莖長丈，其叢生滿百莖。」方今世取蓍者，不能中㉔古法度，不能得滿百莖、長丈者，取八十莖已㉕上，蓍長八尺，即難得也。人民好用卦者，取滿六十莖已上，長滿六尺者，即可用矣。記㉖曰：

「能得名龜者，財物歸之，家必大富至千萬。」一曰「北斗龜」，二曰「南辰龜」，三曰「五星龜」，四曰「八風龜」，五曰「二十八宿龜」，六曰「日月龜」，七曰「九州龜」，八曰「玉龜」：凡八名龜。龜圖各有文在腹下，文云云者，此某之龜也。略記其大指㉗，不寫其圖。取此龜不必滿尺二寸，民人得長七八寸，可寶矣。今夫珠玉寶器，雖有所深藏，必見㉘其光，必出其神明，其此之謂乎！故玉處於山而木潤，淵生珠而岸不枯者㉙，潤澤之所加也。明月之珠出於江海，藏於蚌中，蚗龍㉚伏之。王者得之，長有天下，四夷賓服。能得百莖蓍，并得其下龜以卜者，百言百當㉛，足以決吉凶。

3 神龜出於江水中，廬江郡㉜常歲時生龜長尺二寸者二十枚輸㉝太卜官，太卜官因以吉日剔取其腹下甲。龜千歲乃滿尺二寸。王者發軍行將㉞，必鑽龜廟堂㉟之上，以決吉凶。今高廟㊱中有龜室，藏內㊲以為神寶。

4 傳曰：「取前足臑㊳骨穿佩之，取龜置室西北隅懸之，以入深山大林中，不惑。」臣為郎時，見萬畢石朱方㊴，傳㊵曰：「有神龜在江南嘉林中。嘉林者，獸無虎狼，鳥無鴟梟㊶，草無毒螫，野火不及，斧斤㊷不至，是為嘉林。龜在其中，常巢於芳蓮之上。左脅㊸書文曰：『甲子㊹重光㊺，得我者匹夫為人君，有土正[46]，諸侯得我為帝王。』求之於白蛇蟠杅林[47]中者，齋戒以待，譺然[48]，狀如有人來告之，因以醮酒[49]佗髮[50]，求之三宿而得。」由是觀之，豈不偉哉？故龜可不敬與？

5 南方老人用龜支牀足，行[51]二十餘歲，老人死，移牀，龜尚生不死。龜能行氣[52]導引。問者曰：「龜至神若此，然太卜官得生龜，何為輒殺取其甲乎？」近世江上人有得名龜，畜置之，家因大富。與人議，欲遣去。人教殺之勿遣，遣之破人家。龜見夢曰：「送我水中，無殺吾也。」其家終殺之。殺之後，身死，家不利。人民與君王者異道。人民得名龜，其狀[53]類[54]不宜殺也。以往古故事言之，古明王聖主皆殺而用之。

6 宋元王[55]時得龜，亦殺而用之。謹連其事於左方[56]，令好事者觀擇其中焉。

7 宋元王二年，江使神龜使於河[57]，至於泉陽[58]，漁者豫且[59]舉網得而囚之，置之籠中。夜半，龜來見夢於宋元王[60]曰：「我為江使於河，而幕網當[61]吾路，泉陽豫且得我，我不能去。身在患中，莫可告語。王有德義，故來告訴。」元王惕然[62]而悟[63]，乃召博士衛平[64]而問之，曰：「今寡人夢見一丈夫[65]，延頸而長頭，衣玄繡之衣而乘輜車[66]，來見夢於寡人曰：『我為江使於河，而幕網當吾路，泉陽豫且得我，我不能去。身在患中，莫可告語。王有德義，故來告訴。』是何物也？」衛平乃援[67]式[68]而起，仰天而視月之光，觀斗所指[69]，定日處鄉[70]。規矩[71]為輔[72]，副[73]以權衡[74]。四維[75]已定，八卦[76]相望。視其吉凶，介蟲[77]先見。乃對元王曰：「今昔[78]壬子[79]，宿在牽牛[80]。河水大會，鬼神相謀。漢正南北[81]，江、河[82]固[83]期[84]，南風新至，江使先來。白雲壅[85]漢，萬物盡留。斗柄指日，使者[86]當囚。玄服而乘輜車，其名為龜。王急使人問而求之。」王曰：「善。」

8 於是王乃使人馳而往問泉陽令[87]曰：「漁者幾何家？名誰為豫且？豫且得龜，見夢於王，王故使我求之。」泉陽令乃使吏案[88]籍[89]視圖[90]，水上漁者五十五家，上流之廬[91]，名為豫且。泉陽令曰：「諾[92]。」乃與使者馳而問豫且曰：「今昔汝漁何得？」豫且曰：「夜半時舉網得龜[93]。」使者曰：「今龜安在？」曰：「在籠中。」使者曰：「王知子[94]得龜，故使我求之。」豫且曰：「諾。」即系龜而出之籠中，獻使者。

9 使者載行，出於泉陽之門。正晝[95]無見，風雨晦冥。雲蓋其上，五采[96]青黃；雷雨並起，風將[97]而行。入於端門[98]，見於東箱[99]。身如流水，潤澤有光。望見元王，延頸而前，三步而止，縮頸而卻，復其故處。元王見而怪之，問衛平曰：「龜見寡人，延頸而前，以何望也？縮頸而復，是何當也？」衛平對曰：「龜在患中，而終昔囚，王有德義，使人活之。今延頸而前，以當謝也；縮頸而卻，欲亟(100)去也。」元王曰：「善哉！神至如此乎，不可久留。趣(101)駕送龜，勿令失期(102)。」

10 衛平對曰：「龜者是天下之寶也，先得此龜者為天子，且十言十當，十戰十勝。生於深淵，長於黃土。知天之道，明於上古。游三千歲，不出其域。安平靜正，動不用力。壽蔽(103)天地，莫知其極(104)。與物變化，四時變色。居而自匿，伏而不食。春倉(105)夏黃，秋白冬黑。明於陰陽，審(106)於刑德。先知利害，察於禍福，以言而當，以戰而勝。王能寶之，諸侯盡服。王勿遣也，以安社稷(107)。」

11 元王曰：「龜甚神靈，降于上天，陷於深淵。在患難中，以我為賢，德厚而忠信，故來告寡人。寡人若不遣也，是漁者也。漁者利其肉，寡人貪其力(108)，下為不仁，上為無德。君臣無禮，何從有福？寡人不忍，柰何勿遣？」

12 衛平對曰：「不然。臣聞盛德不報(109)，重寄(110)不歸；天與(111)不受(112)，天奪之寶。今龜周流(113)天下，還復其所，上至蒼天，下薄(114)泥塗(115)。還(116)徧九州(117)，未嘗愧辱，無所稽留(118)。今至泉陽，漁者辱而囚之。王雖遣之，江、河必怒，務求報仇。自以為侵(119)，因(120)神與謀。淫雨(121)不霽(122)，水不可治。若為枯旱，風而揚埃，蝗蟲暴(123)

生，百姓失時[124]。王行仁義，其罰必來。此無佗[125]故，其祟[126]在龜。後雖悔之，豈有及哉？王勿遣也。」

13 元王慨然而歎曰：「夫逆[127]人之使，絕[128]人之謀，是不暴乎？取人之有，以自為寶，是不彊[129]乎？寡人聞之，暴得者必暴亡，彊取者必後無功。桀、紂[130]暴彊，身死國亡。今我聽子，是無仁義之名而有暴彊之道。江、河為湯、武[131]，我為桀、紂。未見其利，恐離[132]其咎[133]。寡人狐疑[134]，安事[135]此寶？趣駕送龜，勿令久留。」

14 衛平對曰：「不然，王其無患[136]。天地之間，累[137]石為山。高而不壞，地得為安。故云物或危而顧安[138]，或輕而不可遷[139]；人或忠信而不如誕謾[140]，或醜惡而宜大官，或美好佳麗而為眾人患。非神聖人，莫能盡言。春秋冬夏，或暑或寒。寒暑不和，賊氣[141]相奸[142]。同歲異節，其時使然。故令春生夏長，秋收冬藏。或為仁義，或為暴彊。暴彊有鄉[143]，仁義有時。萬物盡然，不可勝治[144]。大王聽臣，臣請悉[145]言之。天出五色，以辨白黑。地生五穀，以知善惡。人民莫知辨也，與禽獸相若[146]。谷居而穴處，不知田作。天下禍亂，陰陽相錯[147]。悤悤疾疾[148]，通[149]而不相擇。妖孽[150]數見[151]，傳為單薄[152]。聖人別[153]其生[154]，使無相獲[155]。禽獸有牝牡[156]，置之山原；鳥有雌雄，布之林澤；有介[157]之蟲，置之谿谷。故牧[158]人民，為之城郭，內經[159]閭術[160]，外為阡陌[161]。夫妻男女，賦[162]之田宅，列其室屋。為之圖籍，別其名族[163]。立官置吏，勸[164]以爵祿[165]。衣[166]以桑麻[167]，養以五穀。耕之耰[168]之，鉏之耨[169]之。口得所嗜，目得所美，身受其利。以是觀之，非彊不至[170]。故曰田者不彊[171]，囷倉[172]不盈；商賈不彊，不得其贏；婦女不彊，布帛不精；官御[173]不彊，其勢不成；大將不彊，卒不使令；侯王不彊，沒世[174]無名。故云彊者，事之始也，分[175]之理也，物之紀[176]也。所求於彊，無不有也。王以為不然，王獨不聞玉櫝[177]隻雉[178]，出於昆山[179]；明月之珠，出於四海；鐫石[180]拌蚌[181]，傳賣[182]於市。聖人得之，以為大寶。大寶所在，乃為天子。今王自以為暴，不如拌蚌於海也；自以為彊，不過鐫石於昆山也。取者無咎，寶者無患。今龜使來抵網[183]，而遭漁者得之，見夢自言，是國之寶也，王何憂焉？」

15 元王曰：「不然。寡人聞之，諫者福也，諛者賊[184]也。人主聽諛，是愚惑也。雖然，禍不妄至[185]，福不徒來[186]。天地合氣，以生百財。陰陽有分，不離四時。十有二月，日至為期[187]。聖人徹[188]焉，身乃無災。明王用之，人莫敢欺。故云福之至也，人自生之；禍之至也，人自成之。禍與福同，刑與德雙。聖人察之，以知吉凶。桀、紂之時，與天爭功，擁[189]遏[190]鬼神，使不得通。是固已無道矣，諛臣有眾。桀有諛臣，名曰趙梁。教為無道，勸以貪狼[191]。繫湯夏臺[192]，殺關龍逢[193]。左右恐死，偷諛於傍。國危於累卵，皆曰無傷。稱樂萬歲，或曰未央[194]。蔽其耳目，與之詐狂。湯卒伐桀，身死國亡。聽其諛臣，身獨受殃。春秋著之，至今不忘。紂有諛臣，名為左彊。誇而目巧[195]，教為象郎[196]。將至於天[197]，又有玉牀。犀玉之器[198]，象箸[199]而羹[200]。聖人剖其心[201]，壯士斬其胻[202]。箕子[203]恐死，被[204]髮佯[205]狂。殺周太子歷[206]，囚文王昌[207]。投之石室，將以昔[208]至明。陰兢[209]活之，與之俱亡[210]。入於周地，得太公望[211]。與卒聚兵，與紂相攻。文王病死，載尸[212]以行。太子發代將[213]，號為武王。戰於牧野[214]，破之華山[215]之陽[216]。紂不勝，敗而還走，圍之象郎。自殺宣室[217]，身死不葬。頭懸車軫[218]，四馬曳[219]行。寡人念其如此，腸如涫[220]湯[221]。是人皆富有天下而貴至天子，然而大[222]傲。欲無猒[223]時，舉事而喜高，貪很[224]而驕。不用忠信，聽其諛臣，而為天下笑。今寡人之邦，居諸侯之間，曾不如秋毫。舉事不當，又安亡逃！」

16 衛平對曰：「不然。河雖神賢，不如崑崙之山；江之源理[225]，不如四海，而人尚奪取其寶，諸侯爭之，兵革為起。小國見亡，大國危殆，殺人父兄，虜人妻子，殘國滅廟，以爭此寶。戰攻分爭，是暴彊也。故云取之以暴彊而治以文理[226]，無逆四時，必親賢士；與陰陽化，鬼神為使；通於天地，與之為友。諸侯賓服[227]，民眾殷喜[228]。邦家安寧，與世更始[229]。湯、武行之，乃取天子。春秋著之，以為經紀[230]。王不自稱湯、武，而自比桀、紂。桀、紂為暴彊也，固以為常。桀為瓦室[231]，紂為象郎。徵絲灼之[232]，務以費民[233]。賦斂無度，殺戮無方[234]。殺人六畜[235]，以韋為囊。囊盛其血，與人縣而射之，與天帝爭彊[236]。逆亂四時，先百鬼嘗[237]。諫者輒死，諛者在傍。聖人伏匿，百姓莫行。天數枯旱，國多妖祥[238]。螟[239]蟲歲生，五穀不成。民不安其處，鬼神不享[240]。飄風[241]日起，正晝晦冥。日月竝蝕，滅息無光。列星奔亂，皆絕紀綱[242]。以是觀之，安得久長？雖無湯、武，時固當亡。故湯伐桀，武王剋紂，其時使然。乃為天子，子孫續世；終身無咎，後世稱之，至今不已。是皆當時而行，見事而彊，乃能成其帝王。今龜，大寶也，為聖人使，傳之賢王[243]。不用手足，雷電將[244]之；風雨送之，流水行之。侯王有德，乃得當[245]之。今王有德而當此寶，恐不敢受；王若遣之，宋必有咎。後雖悔之，亦無及已。」

17 元王大悅而喜。於是元王向日而謝[246]，再拜而受。擇日齋戒，甲乙最良[247]。

乃刑[248]白雉，及與驪[249]羊；以血灌龜，於壇中央。以刀剝之，身全不傷。脯[250]酒禮[251]之，橫其腹腸。荊支卜之[252]，必制其創[253]。理達於理[254]，文[255]相錯迎[256]。使工[257]占之，所言盡當。邦福[258]重寶，聞于傍鄉[259]。殺牛取革，被鄭之桐[260]。草木畢分，化為甲兵[261]。戰勝攻取，莫如元王。元王之時，衛平相宋，宋國最彊，龜之力也。

18 故云神至能見夢於元王[262]，而不能自出漁者之籠。身能十言盡當，不能通使於河，還報於江。賢能令人戰勝攻取，不能自解於刀鋒，免剝刺之患。聖能先知亟見[263]，而不能令衛平無言。言事百全，至身而攣[264]；當時不利，又焉事賢！賢者有恆常[265]，士有適然[266]。是故明有所不見，聽有所不聞；人雖賢，不能左畫方，右畫圓；日月之明，而時蔽於浮雲。羿[267]名善射，不如雄渠、蠭門[268]；禹[269]名為辯智[270]，而不能勝鬼神。地柱折[271]，天故毋椽[272]，又柰何責人於全？孔子聞之曰：「神龜知吉凶，而骨直空枯[273]。日為德而君於天下，辱於三足之烏[274]。月為刑而相佐[275]，見食於蝦蟆[276]。蝟辱於鵲[277]，騰蛇之神而殆於即且[278]。竹外有節理，中直空虛；松柏為百木長，而守門閭[279]。日辰不全，故有孤虛[280]。黃金有疵，白玉有瑕。事有所疾，亦有所徐。物有所拘，亦有所據[281]。罔[282]有所數[283]，亦有所疏。人有所貴，亦有所不如。何可而適[284]乎？物安可全乎？天尚不全，故世為屋，不成三瓦而陳之，以應之天[285]。天下有階[286]，物不全乃生也[287]。」

【章旨】以上為第二段，是褚少孫補寫的第一部分，敘述了占卜何以用龜甲，以及有關神龜的一些故事。

【注釋】❶褚先生　即褚少孫，潁川（今河南禹縣）人，西漢後期的史學家，曾補作《史記》多篇。❷經術　儒學經學。❸博士　官名，始置於戰國，秦、漢兩代相沿，六經、諸子、詩賦、術數、方技等都設博士。西漢為太常屬官，教授博士弟子，並奉命出使，參與朝議。漢武帝建元五年（西元前一三六年）始專設五經博士。❹高第　高等。指考試成績優秀，名列前茅。❺郎　官名，帝王侍從官的通稱。始置於戰國，秦、漢相沿，有議郎、中郎、侍郎、郎中等名。❻太史公傳　《史記》原名，最初又稱《太史公書》。《正義》曰：「傳，即卜筮之書。」《考證》曰：「此〈龜策列傳〉史公自序之文。」王叔岷曰：「案史公自序『作』上無『故』字。凡記載皆可稱之為傳，不必專指卜筮之書。」❼三王　指夏、商、周三代之君夏禹、商湯及周文王。《孟子．告子下》：「五霸者，三王之罪人也。」趙岐注：「三王，夏禹、商湯、周文王是也。」關於三王，另有多種說法，此不贅述。❽不同龜　指各有不同的龜卜之法。❾四夷　古代對四方少數民族的統稱。❿臣往來長安中二句　余嘉錫據此以為今之〈龜策列傳〉非司馬遷所作，曰：「考褚少孫之應博士弟子選，在宣帝五鳳中，然已求〈龜策傳〉不能得，是楊惲所宣布之《太史公書》，固無此篇。今之〈龜策傳〉，必不出於太史公，可不待繁言而解也。」（〈太史公書亡篇考〉）長安，西漢都城，在今陝西西安西北。⓫大卜　即太卜。⓬掌故　官名，漢置，掌禮樂制度等的故實，上屬太常。⓭文學　官名，漢朝於州郡及王國置文學，或稱「文學掾」、「文學史」，為後世教官所由來，負責管理學校、教授生徒，參與郡國禮儀、教化之事。⓮五帝　指上古時期的五位帝王，即黃帝、顓頊、帝嚳、堯、舜。應劭曰：「《易傳》、《禮記》、《春秋》、《國語》、《太史公記》：黃帝、顓頊、帝嚳、帝堯、帝舜是五帝也。」（《風俗通義．皇霸》）關於五帝，另有多種說法，此不贅述。⓯傳　《索隱》曰：「此傳即太卜所得古占卜龜之說也。」⓰伏靈　即茯苓，寄生在松根上的塊狀菌，可入藥。⓱兔絲　即菟絲子，又名女蘿，一種蔓草，莖細長，常纏繞在別的植物上，子實可入藥。⓲擣著　叢生的蓍草。擣，通「稠」。《索隱》曰：「擣是古『稠』字也。」⓳揃　割；刈。⓴篝　通「篝」。竹籠。此處為「以籠罩火」的意思。《集解》引徐廣曰：「篝，籠也。」蓋然火而籠罩其上也。音溝。〈陳涉世家〉曰『夜篝火』也。」㉑燭　作動詞用，照。㉒松根　《考證》引王念孫曰：「伏靈，今茯苓，松脂所化，非松根也。根，當作『脂』。」㉓王道　一種以儒家仁義治天下的政治主張。㉔中　符合。㉕已　通「以」。㉖記　當同於上文的「傳」。㉗指　通「旨」。㉘見　通「現」。㉙淵生珠而岸不枯者　《集解》引徐廣曰：「一無『不』字。許氏說《淮南》以為滋潤鍾於明珠，致令岸枯也。」㉚蚗龍　即「蛟龍」。蚗，通「蛟」。㉛當　得當；應驗。㉜廬江郡　楚、漢之際分九江郡置，轄有今安徽長江以南大部分地區。西漢景帝後移轄江北地，治所在舒縣（今安徽廬江西南）。㉝輸　繳納。㉞發軍行將　調兵遣將。㉟廟堂　指帝王接受朝見、議論政事的殿堂。㊱高廟　指漢高祖之廟。㊲內　通「納」。收藏。㊳臑　指牲畜的前肢。㊴萬畢石朱方　《索隱》云：「《萬畢術》中有〈石朱方〉。」據此，萬畢為一方士，撰有《萬畢術》一書，〈石朱方〉乃書中的一篇。㊵傳　指〈石朱方〉。㊶鵋鶀　鳥名，俗稱貓頭鷹，古人視為兇惡不祥之鳥。㊷斤　斧子一類的工具。㊸脅　胸部的兩側。㊹甲子　指甲子年。㊺重光　指日有重光，即日暈現象，古人以為祥瑞。㊻土正　《集解》引徐廣曰：「正，長也。為有土之官長。」㊼白蛇蟠杅林　《索隱》云：「林名白蛇蟠杅林，龜藏其中。杅，音烏。謂白蛇嘗蟠杅此林中也。」蟠杅，盤曲而居。㊽擬然　恭敬而虔誠的樣子。《索隱》曰：「言求龜者齋戒以待，常擬然也。」㊾醮酒　用酒澆地以祭祀鬼神。㊿佗髮　披髮。《集解》引徐廣曰：「佗，一作『被』。」《索隱》曰：「謂被髮也。」(51)行　經過。(52)行氣　指呼吸吐納等養生方法的內修功夫。(53)狀　情形。(54)類　好像。(55)宋元王　即宋元公，宋平公之子，名佐，諡元，西元前五三一—前五一七年在位。(56)左方　即「下方」。舊時書寫由右向左，故稱。(57)河　即黃河。(58)泉陽　地名，其地不詳。(59)豫且　《莊子・外物》、《水經注》作「余且」。(60)龜來見夢於宋元王　郭嵩燾曰：「案龜神見夢於宋元君事，出《莊子・外物》篇。……周秦間喜為異說，因《莊子》之文而衍之，又托之元王以資疑議。褚少孫取以補〈龜策傳〉之缺，而於史公所述武帝時事，顧不一一搜討，其謬甚矣。」（《史記札記》）(61)當　擋住。(62)惕然　害怕的樣子。(63)悟　通「寤」。睡醒。(64)博士衛平　按：此處有誤。博士一職始置於戰國，衛平乃春秋時人，不可能任此職。(65)丈夫　成年男子。(66)輜車　古代有帷蓋的車子，可載物，也可作臥車。(67)援　拿起。(68)式　即「栻」。古代占卜時日的器具，後稱為星盤。(69)觀斗所指　意即觀察北斗星斗柄所指的方向。(70)定日處鄉　意謂確定太陽在天空中所處的位置。(71)規矩　指圓規和矩尺。(72)輔　輔助。(73)副　輔助。(74)權衡　指秤錘和秤桿。(75)四維　指東南、東北、西南、西北四隅。(76)八卦　八種具有象徵意義的符號，即乾（☰）、坤（☷）、震（☳）、巽（☴）、坎（☵）、離（☲）、艮（☶）、兌（☱），分別象徵天、地、雷、風、水、火、山、澤八種自然現象。相傳是伏羲所作，後被用以占卜。傳說周文王將八卦互相配合而成六十四卦，用以象徵各種自然現象和人事現象。(77)介蟲　指龜。(78)昔　通「夕」。(79)壬子　指壬子時，或指壬日子時。(80)宿在牽牛　意即太陽在牛宿的位置。牽牛，即牛宿，二十八宿之一。81漢正南北　瀧川引張文虎曰：「漢正南北者，夜半時箕斗在子，天漢正當南北也。」漢，指天河。82江河　指長江之神與黃河之神。83固　原本；原來。84期　約會。85壅　壅閉；堵塞。86使者　指江神的使者神龜。87令　縣令。漢制，人口萬戶以上的大縣，最高行政長官稱「長」；不足萬戶的小縣，最高行政長官稱「令」。88案　查看；查閱。89籍　指戶籍簿。90圖　指居民分布圖。91廬　簡陋的房屋。92諾　猶今言「行」、「好」。93得龜　《集解》曰：「《莊子》曰得白龜圓五尺。」94子　對人的尊稱，猶今言「您」。95正晝　大白天。96五采　原指青、黃、赤、白、黑五種顏色，此處意思為五彩斑斕。采，同「彩」。97將　送；吹送。98端門　指宮殿南面正門。99箱　通「廂」。廂房，此處指宮中的配殿。100亟　趕快；急促地。101趣　通「促」。趕快；急忙。102失期　誤期。103蔽　蓋；遮蓋。104極　極限；盡頭。105倉　通「蒼」。青色。106審　審察；明白。107社稷　原指土地神和穀神，後為國家的代稱。108貪其力　貪圖龜的神力。109盛德不報　意謂對方施予的恩德太大，無法報答，所以就不去報答。110重寄　貴重的寄存物。111與　給予；授給。112受　接受。113周流　周遊。114薄　迫切；靠近。115泥塗　泥地。116還　通「環」。環繞。117九州　傳說中的中國上古行政區別。關於九州所指，各家說法不一。《尚書・禹貢》作冀州、兗州、青州、徐州、揚州、荊州、豫州、梁州、雍州。118稽留　停留；滯留。119自以為侵　意謂神龜自己就會來進行侵襲。120因　依靠；憑藉。121淫雨　雨水過多。122霽　雨雪停止，雲霧散，天放晴。123暴　突然；迅猛。124失時　錯過農時。125佗　通「他」。別的；其他的。126祟　鬼怪害人。127逆　阻擋；攔阻。128絕　斷絕；毀壞。此處言為「破壞」。129彊　強橫；強暴。130桀紂　夏桀和商紂的並稱。相傳兩人均殘暴無道，故用以代指暴君。131湯武　商湯與周武王的並稱。132離　通「罹」。遭遇。133咎　災禍。134狐疑　疑惑不決；猶豫不定。因狐性多疑，故云。135事　事奉；侍奉。136無患　無，通「勿」。不要。患，憂慮。137累　堆疊；積累。138物或危而顧安　意謂在大千事物中有的看似危險而實則安全。顧，反而；卻。139遷　遷移；移動。140誕謾　荒誕。欺詐。《集解》引徐廣曰：「誕，一作『訑』，音土和反。」141賊氣　奸邪之氣。142奸　通「干」。干擾。143鄉　處所；地方。144勝治　完全研究清楚。勝，盡。治，研討；研究。145悉　全部；詳盡。146相若　相似。147錯　錯亂；顛倒。148悤悤疾疾　急急忙忙。149通　指男女交媾。150妖孽　《正義》引《說文》云：「衣服謌謠草木之怪謂之妖，禽獸蟲蝗之怪謂之孽。」151見　通「現」。152傳為單薄　意謂繁殖生育、傳宗接代的能力薄弱。153別　區別。154生　生物。155獲　掠取；攻奪。156牝牡　牝，鳥獸的雌性。牡，鳥獸的雄性。157介　甲殼。158牧　治理。159經　經劃；劃分。160閭術　均為古代的居民行政單位。瀧川引岡白駒曰：「百家為里，里十為術。」161阡陌　田間的小路。南北向的稱「阡」，東西向的稱「陌」。162賦　授予。163名族　姓氏家族。164勸　鼓勵；獎勵。165爵祿　爵，爵位；秩次。祿，俸祿。166衣　穿。167桑麻　指絲織品和麻織品。168耰　本指碎土整地的一種農具，此處指用耰翻土，掩蓋種子。《正義》曰：「耰，覆種也。《說文》云：『耰，摩田器。』」169耨　本指一種除草的農具，此處義為除草。《集解》引徐廣曰：「耨，除草也。」170非彊不至　針對宋元王「彊取者必後無功」而發，意謂不用強力，就達不到目的。171故曰田者不彊　此句以下十一句，詞句與《淮南子・脩務》相近。其曰：「是故田者不強，囷倉不盈；官御不厲，心意不精；將相不強，功烈不成；侯王懈惰，後世無名。」172囷倉　泛指穀倉。《正義》引《說文》曰：「圓者謂之『囷』，方者謂之『廩』。」173官御　指掌權的官僚。174沒世　終生。175分　名分。176紀　綱紀；法則。177玉櫝　玉匣子。178雉　《集解》引徐廣云：「一作『雙』。」179昆山　即崑崙山的簡稱。180鐫石　鑿開山石以取玉。鐫，鑿；掘。181拌蚌　剖開海蚌以取珠。拌，通「判」。分割；剖開。182傳賣　輾轉販賣。183抵網　觸網；落入網中。184賊　禍害。185妄至　隨意降臨。妄，妄自；隨意。186徒來　白白地來臨。徒，空；白白地。187日至為期　意謂日子滿了便為一個周期。188徹　明白。189擁　擁塞。190遏　阻遏；阻止。191貪狼　貪婪兇戾。192夏臺　古臺名，又作「鈞臺」、「均臺」，在今河南禹縣南，相傳桀曾繫湯於此。參見〈夏本紀〉。193關龍逢　夏桀時大臣，因向夏桀直諫而被殺。194央　盡。195誇而目巧　意謂左彊誇大其談，不按規矩而憑巧目築室。目巧，《集解》引鄭玄曰：「但用目巧善意作室，不由法度。」吳樹平、馮曉林曰：「古人建築宮室主要依靠規矩，反對僅憑巧目利手。如《管子・法法篇》云：『規矩者，方圓之正也。雖有巧目利手，不如拙規矩之正方圓也。』」（《全注全譯史記》）196象郎　即「象廊」。《集解》引許慎曰：「象牙郎。」《淮南子・本經》：「帝有桀、紂，為琁室、瑤臺、象廊、玉床。」高誘注「象廊」云：「用象牙飾廊殿。」197將至於天　指宮殿高大宏麗，直薄雲天。198犀玉之器　指用犀牛角和玉石雕刻的精美器物。199象箸　指用象牙製成的筷子。200羹　用肉或菜調和五味做成的帶湯的食物，此處用作動詞，意為「食羹」。201聖人剖其心　指比干被殷紂王剖心一事。詳見〈殷本紀〉。聖人，指殷紂王時的賢臣比干。202壯士斬其胻　《尚書・泰誓下》載周武王語曰：「今商王受，……斫朝涉之脛。」《孔傳》曰：「（紂王）冬月見朝涉水者，謂其脛耐寒，斫而視之。」胻，腳脛。203箕子　紂的叔叔，曾任太師，封於箕（今山西太谷東北）。事跡詳見〈殷本紀〉。204被　通「披」。披散。205佯　假裝。206殺周太子歷　按：被紂所殺的周太子載於典籍的只有文王太子伯邑考，此或誤。《索隱》曰：「『殺周太子歷』文在『囚文王昌』之上，則近是季歷。季歷不被紂誅，則其言近妄，無容周更別有太子名歷也。」梁玉繩曰：「《呂氏春秋・首時》謂季歷困而死，《竹書》及《晉書・束皙傳》俱謂文丁殺季歷，即以為真，是王季不得正其終矣。而此作紂殺太子歷，豈天下之惡皆歸歟？且季歷不應稱太子。若以太子為伯邑考，又不應名歷。《索隱》亦疑之。文王之出羑里，紂赦之也，而云陰兢亡入於周；武王載木主伐紂，示不敢專耳，而云文王攻紂，病死，載屍以行，武王代將破紂，其說與《淮南．齊俗》同妄。」余嘉錫曰：「所言紂殺太子歷、武王載屍伐紂等事，皆《孟子》所謂「好事者為之」。百家雜說，往往如此。謂褚先生不當採以補《史記》則可也，必屑屑然與之辯，亦為可已而不已也。」207因文王昌　指殷紂王囚周文王於羑里一事。詳見〈殷本紀〉。208昔　通「夕」。209陰兢　周大夫。《集解》引徐廣曰：「兢，一作『競』。」210亡　逃亡。211太公望　即呂尚，事跡詳見〈齊太公世家〉。212尸　指周文王的木主牌位。213代將　代替周文王統領軍隊。214牧野　地名，一作「坶野」，在今河南淇縣西南。215華山　非指今陝西華陰的華山，聯繫上文「戰於牧野」，則此山當在牧野附近。216陽　指山的南面。古人以山南為陽，山北為陰。217宣室　《集解》引徐廣曰：「天子之居名曰宣室。」段注：「蓋謂大室，如璧大謂之瑄。」「天子宣室」，蓋禮家相傳古語。218軫　指車廂底部後面的橫木。219曳　拉；牽引。220涫　滾沸。221湯　熱開水。222大　通「太」。223猒　通「饜」。滿足；飽足。224很　通「狠」。225源理　猶言「源流」。水的本源與支流。226文理　指政令教化，與「暴彊」相對。227賓服　歸服；服從。228殷喜　富足歡喜。殷，富裕。229更始　重新開始；除舊布新。230經紀　規範；準則。231瓦室　以瓦為屋頂的宮房。瓦在夏桀時屬奢侈物。《集解》曰：「《世本》曰：『昆吾作陶。』張華《博物記》亦云：『桀作瓦蓋。』是昆吾為桀作也。」232徵絲灼之　意謂殷紂王把從百姓那裡徵收到的蠶絲當作木柴燃燒。《索隱》曰：「按灼謂燔也。燒絲以當薪，務費人也。」233費民　耗費民財。234無方　無理。235六畜　指馬、牛、羊、雞、犬、豕。236以韋為囊四句　〈殷本紀〉曰：「帝武乙無道，為偶人，謂之天神。與之搏，令人為行。天神不勝，乃僇辱之。為革囊，盛血，卬而射之，命曰『射天』。武乙獵於河、渭之間，暴雷，武乙震死。」韋，熟皮。縣，通「懸」。懸掛。237先百鬼嘗　在祭祀祖先之前就嘗用各季時鮮。百鬼，指已故的祖先。殷人敬祖，先將四時鮮味奉祭祖先，然後才敢享用。238妖祥　妖異之兆。祥，預兆。239螟　一種害蟲，蛀食稻心。240享　指鬼神享用祭品。241飄風　大風；烈風。242紀綱　秩序；法度。243賢王　指宋元王。原作「賢士」，據上下文改。244將　送。245當　承當；承受。246向日而謝　《索隱》曰：「蓋欲神之以謝天也。天之質闇，日者天之光明，著見者莫過也。」247甲乙最良　甲、乙兩日最吉利。248刑　殺。249驪　純黑色。250脯　乾肉。251禮　以禮相待。252荊支卜之　用荊木枝灼燒龜甲來占卜。支，通「枝」。253制其創　指將龜殼灼出裂痕。254理達於理　瀧川引王念孫曰：「『理達於理』，文不成義。『理達』當為『程達』。『程』、『理』右半相似，又涉下『理』字而誤也。『程』與『呈』古字通。灼龜為兆，其理縱橫，呈達於外，故曰『程達於理』，文相錯迎」也。《太平御覽．方術部》引此正作『程達於理』。」255文　指龜甲經灼燒後呈現的紋理。256錯迎　交錯。257工　指卜官。258福　《集解》引徐廣曰：「福，音副。藏也。」259傍鄉　鄰邦。260殺牛取革二句　《集解》引徐廣曰：「牛革桐為鼓也。」被，蒙在……之上。鄭之桐，指鄭國出產的桐木。桐木質輕而堅韌，適於製作樂器、箱篋等。[261]甲兵　泛指武器。甲，甲冑。兵，兵器。[262]故云句　此句以下七句本於《莊子・外物》：「仲尼曰：『神龜能見夢於元君，而不能避余且之網；知能七十二鑽而無遺策，不能避刳腸之患。』」[263]亟見　敏銳地預見。亟，敏疾；迅速。[264]攣　拘繫。[265]恆常　張文虎曰：「『恆』、『常』當衍其一。蓋漢世諱『恆』為『常』，後人兩存之。」[266]士有適然　意謂士人有合乎情理的言行。[267]羿　傳說為夏朝有窮國之君，善射。[268]雄渠蠭門　《集解》曰：「《新序》曰：『楚雄渠子夜行，見伏石當道，以為虎而射之，應弦沒羽。』《淮南子》曰：『射者重以逢門子之巧。』劉歆《七略》有《蠭門射法》也。」雄渠，又稱雄渠子，傳說為春秋時楚國的善射者。蠭門，又作「逢蒙」。傳說中的善射者，曾學射於羿。[269]禹　傳說為夏朝開國之君。[270]辯智　口才敏捷，能說會道。[271]地柱折　支撐天的地柱斷了。按：在中國古代的神話傳說中，天是由地柱支撐起來的。《淮南子・天文》云：「昔者共工與顓頊爭為帝，怒而觸不周之山，天柱折，地維絕。天傾西北，故日月星辰移焉；地不滿東南，故水潦塵埃歸焉。」[272]天故毋椽　天本來就沒有支撐。故，通「固」。本來。毋，通「無」。椽，房檁上支撐屋頂的木條。[273]骨直空枯　《正義》曰：「凡龜其骨空中而枯也。直，語發聲也，今河東亦然。」朱駿聲曰：「直借為『殖』，〈龜策傳〉『而骨直中枯』，按脂膏敗也。《正義》『直，語發聲』，失之。」（《說文通訓定聲》）王叔岷曰：「案朱說可備一解，但謹可施之於此。下文『竹外有節理，中直空虛』，與此直字用法同，直決不能借為殖矣。如《正義》說，直為發聲之詞，則兩直字並與『乃』同義。『骨直中枯』猶言『中乃空虛』。惜《正義》未明釋之，後人亦未發其義耳。《莊子・山木》篇：『舜之將死，真泠禹曰。』《釋文》：『真，司馬本作「直」，云：「泠，曉也。」謂以直道曉語禹也。泠或為命，又作令。命，猶教也。』真乃直之誤，惟司馬彪未得直字之義，直猶乃也。泠借為令，令與命古亦通用，『直泠禹』者，『乃令禹』也。又《莊子・田子方》篇：『吾所學者真土梗耳。』《釋文》本真作直，真亦直之誤，直亦與乃同義。」[274]三足之烏　古代神話傳說中的神鳥。王充曰：「儒者曰日中有三足烏，月中有兔、蟾蜍。」（《論衡・說日》）[275]月為刑而相佐　意謂月亮主施刑罰以輔佐太陽。按：古人以為日為陽，主德；月為陰，主刑。[276]見食於蝦蟆　被蝦蟆吃掉。蝦蟆，蟾蜍。《淮南子・說林》：「月照天下，食於詹諸（即蟾蜍）。」[277]蝟辱於鵲　《集解》引郭璞曰：「蝟能制虎，見鵲仰地。」又引《淮南萬畢》曰：「鵲令蝟反腹者，蝟憎其意而心惡之也。」蝟，刺蝟。[278]騰蛇之神而殆於即且　意謂騰蛇神通廣大卻被蜈蚣所害。騰蛇，傳說中一種能乘霧而飛的蛇。《韓非子・難勢》篇云：「飛龍乘雲，騰蛇遊霧。」殆，危害。即且，一作「蝍蛆」。蜈蚣，一說蟋蟀。《集解》引郭璞曰：「蝍蛆，似蝗，大腹，食蛇腦也。」《正義》曰：「即吳公也，狀如蚰蜒而大，黑色。」[279]閭里　里巷的大門。[280]日辰不全二句　古人以干支記日，天干叫「日」，地支叫「辰」，十天干與十二地支依此組合成六十個單位，每一個單位代表一天。每十天為一旬，共六旬。甲子旬從甲子開始，至癸酉結束。十二地支中餘下戌、亥，移入下一旬，即甲戌旬，戌、亥稱為「孤」。辰、巳兩天在甲子旬中因缺少相對的日子，故稱為「虛」。其他各旬的孤、虛可依此類推。歲、月、日亦有孤、虛，皆同此規律。[281]物有所拘二句　意謂萬物各有所短，亦各有所長。拘，拘束；局限。據，依據。此處意指可依據的特長。[282]罔　通「網」。[283]數　密。[284]適　恰好；正好。一說「主」，主宰。[285]不成三瓦而陳之二句　意謂建屋要少放三塊瓦片，以與天之不完整相對應。《集解》引徐廣曰：「一云為屋成，欠三瓦而棟之也。」《索隱》曰：「劉氏云：『陳，猶居也。』注作『棟』，音都貢反。」《正義》曰：「言為屋不成，欠三瓦以應天，猶陳列而居之。」[286]階　等級；差等。[287]物不全乃生也　意謂萬物正因並非完整無缺才能生存下去。物不全，《正義》曰：「言萬物及日月天地皆不能全，喻龜之不全也。」

【語　譯】褚先生說：我因為通曉經術，跟隨博士學習，研究《春秋》，以優異成績成為郎官，有幸能在皇宮中值宿警衛，進出宮殿有十幾年。我私下喜歡《太史公傳》。太史公的《傳》說：「夏禹、商湯及周文王各有不同的龜卜之法，四方少數民族也各有其不同的卜筮之術，但卻都用各自的卜筮來判斷吉凶。我大致了解其中的要領，所以創作了〈龜策列傳〉。」我往來於長安城中，尋找〈龜策列傳〉卻沒有得到，所以到太卜官那裡，向那些熟悉要務的掌故、文學、長老們詢問請教，記下龜策占卜的事情，編錄在下面。

2 我聽說五帝、三王舉辦大事，必定預先用蓍草龜甲決斷。書上記載說：「下有伏靈，上有兔絲；上有擣蓍，下有神龜。」所說的伏靈，在兔絲的下面，形狀好像飛鳥的樣子。第一場雨停了以後，天氣清靜無風，利用夜晚將兔絲割除，就用燈籠照著此地的伏靈，火熄滅了之後，立即在這個地方作標記，用四丈長的新布環繞該地，天亮後就去挖取伏靈，入地四尺到七尺，就可以得到，超過七尺就沒有了。伏靈是千年古松的根，吃了可以長生不死。聽說長出百條枝莖的蓍草，它的下面必然有神龜守護著，它的上面有青雲遮蓋著。書上記載說：「天下太平，王道實現，蓍草的莖可長達一丈，一棵就會長滿百莖。」今日取得蓍草的人，辦事不能符合古代的方法，不能得到長滿百莖、長達一丈的蓍草，能獲取八十莖以上、長八尺的蓍草，就已經算難得了。喜好算卦的百姓，取得六十莖以上、長滿六尺的蓍草，就可以使用了。記說：「能得到名龜的人，財物歸於他，家裡必定會十分富裕，錢財多至千萬。」第一種名龜叫「北斗龜」，第二種名龜叫「南辰龜」，第三種名龜叫「五星龜」，第四種名龜叫「八風龜」，第五種名龜叫「二十八宿龜」，第六種名龜叫「日月龜」，第七種名龜叫「九州龜」，第八種名龜叫「玉龜」：一共有以上八種名龜。龜圖上各有紋路顯示於龜腹之下，紋路的內容是，這是某某龜。我大致記述了它們的要旨，不摹寫它們的圖形。想抓這種龜不必等到龜長到一尺二寸，百姓得到身長七、八寸的龜，就可當作寶物。如今那些珠玉寶器，即使有被深藏的，也必然會顯露它們的光芒、顯示它們的神靈，說的大概就是這個意思吧。所以美玉處於山中，山上的樹木就會光潤；深淵中生有珠子，水岸就不會枯裂，那是珠玉滋潤作用的結果。明亮如月的珠子出自於江海，藏身於蛤蚌之中，蚗龍伏在它的上面。如果君王得到它，就會長久擁有天下，四方的少數民族會稱臣歸附。如果能得到長滿百莖的蓍草以及蓍草下面的龜來進行占卜的話，就會百言百中，足以決斷吉凶。

3　神龜出自於長江之中，廬江郡每年按時把二十隻長一尺二寸的活龜繳納給太卜官，太卜官就在吉日剔取其腹下的甲。龜活千年就會長滿一尺二寸。君王調兵遣將，必定在廟堂之上鑽鑿龜甲，來決斷吉凶。如今高祖廟裡有一間龜室，收藏著龜甲，當做是神聖的寶物。

4　古代占卜書說：「取龜的前足腳骨，將它穿起來佩帶在身上；取龜來，把它懸掛在房屋的西北角。如此進入深山老林之中，就不會迷失方向。」我在擔任郎官時，見到《萬畢．石朱方》，書中寫道：「在江南的嘉林中有神龜。所謂嘉林，其中沒有虎狼這樣的猛獸，沒有鴟梟這樣的惡鳥，草叢中沒有毒蟲，野火燒不到，斧頭砍不著，這就是嘉林。龜生活在嘉林中，經常在芳蓮上築巢。龜胸的左側寫有文字道：『在甲子年出現日暈現象的那一天，能得到我的，普通百姓可以變成統治者，當上有封地的官長。諸侯得到我可以成為帝王。』在白蛇蟠杅林中尋求龜的人，先行齋戒然後靜靜等待，態度恭恭敬敬，他的樣子就好像有人來告訴他有關龜的消息似的，還用酒澆地，披散著頭髮，乞求了三天三夜才得到龜。」由此看來，難道不偉大嗎？所以說，可以對龜不敬重嗎？

5　有位南方老人用龜墊牀腳，經過二十多年，老人去世，移開牀，龜還活著沒死。龜能用行氣導引的方法來養生。有人問道：「龜如此神奇，但是太卜官得到活龜以後，為什麼總是將其殺掉，獲取其甲呢？」前些年長江邊上有人得到一隻名龜，畜養安置起來，家裡的生活因此變得十分富裕。主人與人議論，打算送走龜。有人教他殺掉龜不要放生，放生便會家破人亡。龜托夢給他說：「把我送回水中，不要殺我。」那家人最終還是把龜殺死了。殺了龜以後，主人死去，家道也不順遂起來。百姓和君王對待龜的方式是不同的。百姓得到名龜，看來不宜將其殺死。根據古代故事來看，古代聖明的君主都是殺死龜並加以利用。

6 宋元王時得到一隻龜，也殺掉牠並加以利用。我謹把這件事記錄在下方，讓喜好此事的人從中觀摩、選擇。

7 宋元王二年，長江之神派神龜出使黃河。游到泉陽時，漁夫豫且撒網得到神龜，並將牠囚禁起來，安放在籠子裡。半夜時，龜托夢對宋元王說：「我為長江之神出使到黃河，但是魚網擋住了我的路，泉陽人豫且捉到我，我不能脫身離開。身處危難之中，沒有人可以求告。大王您有德義，所以特來告知。」元王被這個夢驚醒，於是他就召見博士衛平，問他說：「今天我夢見一位男人，伸著脖子、長長的頭，穿著黑色繡衣，乘坐著輜車，來托夢對我說：『我為長江之神出使到黃河，但是魚網擋住了我的路，泉陽人豫且捉到我，我不能脫身離開。身處危難之中，沒有人可以求告。大王您有德義，所以特來告知。』這是什麼人物呢？」衛平就拿出星盤站起來，仰望天空，察看月光，觀看北斗星指的方向，確定太陽在天空中所處的位置。以圓規和矩尺為輔助工具，並加上秤錘和秤桿。東南、東北、西南、西北四隅已經確定，乾、坤、震、巽、坎、離、艮、兌八卦各就其位。察看其中的吉凶，龜首先顯現。於是對元王說：「今晚壬子時，太陽位於牽牛星宿。黃河河水大量聚集，鬼神之間相互謀劃。天河正當南北走向，長江之神與黃河之神原本有約會，南風剛至，長江之神的使者先到。白雲壅塞天河，萬物全部滯留。北斗星的長柄指向太陽，江神的使者當被囚禁。這位使者穿著黑色衣服，乘坐著輜車，牠的名字叫龜，大王趕快派人查問並尋求牠。」元王說：「好。」

8 於是元王就派人疾馳前往問泉陽令說：「漁民共有多少家？誰的名字叫豫且？豫且捕得一隻龜，龜托夢給君王，所以君王派我來尋找牠。」泉陽令就派官吏查閱戶籍簿和居民分布圖，得知水上的漁民共有五十五家，在上游有間簡陋的房屋，戶主的名字就是豫且。泉陽令說：「行。」就與使者疾馳前往，向豫且問道：「今晚你捕魚得到了什麼？」豫且說：「我在半夜撒網捉到了一隻龜。」使者問：「現在龜在哪裡？」答道：「在籠子裡。」使者又問：「君王知道你捕得一隻龜，所以派我來尋求牠。」豫且說：「是。」於是把龜綁起來，把牠從籠子中捉出來，獻給使者。

9 使者帶著龜行走，出了泉陽的城門。當時是大白天，卻什麼都看不見，風雨大作，天昏地暗。雲彩覆蓋在龜的身上，呈現出五彩斑斕之色。雷雨交加，風吹送著他們行進。進入端門，到了宮中的東殿。龜身就像流水，潤澤有光彩。牠望見元王，伸長脖子向前爬行，爬了三步卻停下來，縮著脖子後退，重新回到原地。元王見到龜的這種舉動，感到奇怪，問衛平：「龜看見我，伸長脖子向前爬行，牠期望什麼？縮著脖子退回原處，這表示的又是什麼涵義？」衛平回答道：「龜在患難中，整晚被囚禁，君王有德義，派人使牠活了下來。如今牠伸長脖子向前爬行，以此來表示對您的感謝，縮著脖子退回原處，是想儘快離去。」元王說：「妙啊！龜的神奇竟然到了如此境地，不可讓牠久留。趕快駕車送龜走，不要讓牠耽誤約期。」

10 衛平回答說：「龜是天下的寶物，先得到這隻龜的就能成為天子，而且還十言十中，十戰十勝。龜在深淵中出生，在黃土中成長。了解上天的規律，明白上古的歷史。游歷三千年，不離開牠生活的領域。牠安詳平和，守靜中正，行動不用力氣。壽命比天地久長，沒有人知道牠的極限。牠和萬物一起變化，隨著四時的交替而改變顏色。牠平時自我隱蔽，趴著不吃東西。春天呈青色，夏天呈黃色，秋天呈白色，冬天呈黑色。明白陰陽，了解刑德，預知利害，明察禍福，用牠言事必然準確，用牠卜戰必然取勝。君王若能把牠當作寶物，諸侯全都會來歸附。您不要送走牠，應該用牠來安定國家。」

11 元王答道：「這隻龜非常神奇靈異，從天而降，陷在深淵。牠在患難之中，認為我是個賢人，仁德忠厚且忠誠信實，所以托夢來求告我。如果我不送走牠，這就好像那位漁民。漁民用牠的肉獲利，我貪圖牠的神力，身處下位的是不仁，身處高位的是無德。君與臣的行為都不合禮儀，那麼從哪裡獲得福氣呢？我不忍心做這種事，怎麼能不送走牠呢？」

12 衛平答道：「不是這樣。我聽說恩德太大就不去報答，寄存物太貴重就不用歸還；不接受上天贈予的，上天就會奪走他的寶物。如今這隻龜周遊天下，返回牠的住所，上至青天，下近泥地。環遊九州，未曾遭受屈辱，沒有在任何地方滯留。現在到了泉陽，被漁民羞辱並囚禁了牠。君王即使送走牠，長江和黃河之神也必定會惱怒，務必謀求報仇。神龜自己就會來進行侵襲，與鬼神共同謀劃來對付你。到時雨會下個不停無法放晴，水患無法治理。或者是遭遇旱災，颳風揚塵，蝗蟲快速繁衍，百姓錯過農時。君王即使施行仁義，那樣的處罰也必然會來臨。這沒有其他的緣故，那禍源就是龜。以後您即使為這件事而後悔，哪裡還來得及呢？君王不要送走這隻龜。」

13 元王感慨地歎道：「阻擋別人的使者，破壞別人的計謀，這不是殘暴嗎？奪取別人的東西，當成自己的寶物，這不是強橫嗎？我聽說，以殘暴手段得到的東西必然會被別人以殘暴的手段奪走，強橫掠取來的東西日後必然缺乏功效。夏桀、商紂殘暴強橫，最後身死國滅。現在我聽從你的話，這就會使我失去仁義的美名，但卻具有殘暴強橫的行為。長江之神和黃河之神成了商湯、周武王那樣的聖主，我卻成了夏桀、商紂那樣的暴君。未曾見到神龜的好處，恐怕遭受牠帶來的禍殃。我疑惑不決，怎能侍奉這個寶物？趕快駕車送走這隻龜，不要讓牠在此久留。」

14 衛平回答道：「不是這樣。大王還是不要憂慮。天地之間，積石成山。山高卻不倒塌，大地得以安然無恙。所以說大千事物中有的看似危險而實則安全，有的看似輕微而實則無法移動；有的人忠實誠信卻不如那些荒誕欺詐的，有的人醜惡卻適宜做大官，有的人相貌美麗卻成為眾人的禍害。若不是神聖之人，沒有人能完全說清其中的道理。春、秋、冬、夏四季，氣候有的炎熱，有的寒冷，冷熱不和，邪氣就會侵入。一年有不同的季節，是時令導致了這種現象。所以讓春生夏長，秋收冬藏。有人仁義，有人強暴。強暴有一定發生的場合，仁義有一定施行的時候。萬物皆為如此，不能完全研究清楚。大王您如果聽取我的意見，就請允許我詳盡地說說這件事。上天呈現五彩顏色，是用來區別白黑。大地長出五穀，是用來了解善惡。人民不懂得分辨，與禽獸相似，居住在山谷與洞穴之中，不知道種田耕作。天下禍亂，陰陽顛倒。人們匆匆忙忙，男女交媾卻不加選擇。妖孽多次出現，傳宗接代的能力薄弱。聖人區別各種生物，使它們無法相互攻擊。禽獸有牝牡之分，被安置到山區原野；鳥有雌雄之分，被分布到叢林水澤；有甲殼的蟲子，被安置在河流溪谷。所以聖人管理百姓，為他們建築城郭，在城內劃分行政單位，在城外修築道路。夫妻男女，給予他們田地住宅，安排他們房屋的位置。為他們繪圖造冊，區別他們的姓氏家族。設置官吏，用爵位、俸祿鼓勵他們，讓他們穿著絲織品和麻織品，食用五穀。耕田翻土，鋤地除草。嘴裡能吃到美味，眼睛能看到美色，身體能享受那些好處。由此看來，不用強力，就達不到目的。所以說農民不強，穀倉不豐盈；商人不強，不能得到贏利；婦女不強，織不出精美的布帛；掌權的官僚不強，就無法有威權勢；大將不強，士卒不服從命令；王侯不強，終生無名。所以說強是事物的開始，是名分的根據，是萬物的綱紀。以強為所追求的目標，沒有什麼實現不了的。大王卻認為不是這樣。大王難道就沒有聽說過玉匣雉鳥，出自昆山；明月之珠，出自四海；鑿開山石以取玉，剖開海蚌以取珠，拿到市場上販賣。聖人得到它們，認為是珍貴的寶物，珍貴寶物在誰那裡，誰就是天子。如今大王自己認為將龜留下是強暴，其實比不上在海中從大蚌身上剖取明珠；認為將神龜留下是強橫，其實也不如從昆山鑿石取玉。獲取寶物的人沒有罪過，擁有寶物的人沒有禍患。現在神龜使者前來落入網中，被漁民得到，還托夢大王，自述遭遇，這是國家的寶物，大王憂慮什麼呢？」

元王說：「不是這樣。我聽說，有勇於進諫的人是君王的福氣，阿諛的人則是君王的禍害。國君聽從阿諛之言，是愚蠢糊塗的。儘管這樣，災禍不隨便降臨，福氣也不會平白無故地來到。天地聚合元氣，就產生出一切財物。陰與陽有分別，離不開四個季節。一年有十二個月，日子滿了便為一個周期。聖人明白這些道理，自身才沒有災禍。明君運用這些道理，沒有人敢欺騙他。所以說福氣的到來，是人們自己創造的；災禍的到來，是人們自己造成的。禍與福同在，刑與德相連。聖人洞察這些，就了解吉凶。桀、紂之時，他們與上天爭功，阻遏鬼神，使之不得交通。這本來已經殘暴無道了，更何況還有眾多的阿諛之臣。夏桀有一位阿諛之臣，名字叫趙梁。教唆夏桀殘暴酷虐，鼓勵他貪婪兇戾。將商湯囚禁在夏臺，殺害了關龍逢。他的近臣擔心獲罪，也在其身旁苟且偷生、阿諛奉承。國家已經危如累卵，人們卻都說沒有妨害。聲稱歡樂將繼續萬年，有人還說國運無盡，永不衰頹。蒙蔽他的耳目，與他一起狡詐狂妄。商湯終於討伐夏桀，落得身死國亡的下場。他聽信其阿諛之臣的教唆，獨自遭受禍殃。《春秋》記載了這件事，使人至今不忘。商紂有一位阿諛之臣，名字叫左彊。他夸夸其談，不按規矩而憑巧目築室，唆使商紂興建象廊。造出的宮殿高大宏麗，直薄雲天，還製作了玉牀。教唆商紂使用犀牛角和玉石雕刻的精美器物，拿著象牙製成的筷子吃羹。聖人比干被挖掉心臟，壯士被砍掉小腿。箕子害怕被殺死，披頭散髮，假裝瘋狂。商紂殺死周太子歷，囚禁周文王姬昌。將他關進石室，準備從夜晚囚禁至天明。陰兢救活了文王，與他一起逃亡。進入周人的地域，得到太公望姜尚。文王發動士卒，聚集兵眾，與商紂交戰。文王病死，周人載著他的牌位前行。太子姬發代替周文王統領軍隊，廟號是武王。與紂王在牧野作戰，在華山的南面打敗紂軍。紂王不能取勝，兵敗逃回，被包圍在象廊，自殺於宣室，身死卻不得埋葬。頭被懸掛在車子的橫木上，被四匹馬拉著行進。我一旦想到桀、紂如此下場，腸子就像開水一樣翻騰。夏桀、商紂這些人雖然都是擁有天下財富，位居天子尊位，但是卻都太傲慢了。欲望永無滿足之時，辦事好高騖遠，貪婪、狠毒而驕縱。不任用忠信之人，卻聽從那些阿諛奉承的大臣，因此被天下人恥笑。現在我的國家處在各諸侯國之間，地位無足輕重，連秋毫都不如。辦事若不得當，哪能逃脫亡國的厄運！」

16 衛平回答說：「不是這樣。黃河雖然神靈賢明，卻不如崑崙山；長江的源流，不如四海，但人們卻仍奪取黃河、長江的寶物，各諸侯國為它們爭鬥，戰爭因此爆發。小國被滅亡，大國形勢危險，殺死別人的父兄，擄掠別人的妻子兒女，破人國土，毀人宗廟，來爭奪這些寶物。攻戰爭奪，這就是殘暴強橫。所以說，用殘暴強橫的手段奪取，但用政令教化來治理，不要違反四時，必須親近賢士；隨陰陽的變化而變化，鬼神成為使者；與天地交往，和它們成為朋友。諸侯歸順稱臣，百姓富足歡喜。國家安定，與時代一起除舊布新。商湯、周武施行上述辦法，於是取得了天子的尊位。《春秋》記載了這些事情，把它們當成行事的準則。君王不以湯、武自稱，卻將自己比成桀、紂。桀、紂施行殘暴強橫之事，本來就以此為常事。夏桀建造了瓦室，商紂修建了象廊。徵收蠶絲當作木柴燃燒，致力於耗費民財。徵收賦稅，沒有限度，殺人不講道理。屠殺百姓的六畜，用熟皮做成袋子。在皮袋裡盛滿牲畜的血，懸掛起來，與別人一起向它射擊，想和天帝一較高下。違背、擾亂四時的秩序，在祭祀祖先之前就嘗用各季時鮮。勸諫的人總是被殺死，阿諛奉承的人卻留在身旁。聖人隱藏起來，百姓不敢任意行走。氣候屢屢乾旱，國內多有妖異之兆。螟災年年發生，五穀沒有收成。百姓不能安居，鬼神不享用祭品。大風天天颳，白日天昏地暗。日月都被遮蔽，黯淡無光。群星胡亂運行，都破壞了秩序。由此看來，桀、紂的統治怎能長久！即使沒有湯、武，時候到了也會滅亡。所以商湯攻伐夏桀，武王戰勝殷紂，是那時的形勢導致了這種結果。商湯、武王於是成為天子，後世子孫相繼為王；終身沒有過錯，後代稱讚他們，直到現在沒有停止。這些人都是適應形勢而行動，遇見事情能盡力而為，才能成為帝王。現在這隻龜是珍貴的寶物，為聖人出使，輾轉送到您的手中。神龜行動不用手腳，有雷電相助，風雨相送，流水相載。侯王有德行，才能承受牠。現在君王有德行，得到了這個寶物，卻因害怕而不敢接受：君王如果送走牠，宋國必定有災禍。以後即使為此後悔，也來不及了。」

17 宋元王非常高興。因此元王面向太陽而拜謝上天，拜謝兩次之後才接受了神龜。選擇吉日進行齋戒，甲、乙兩日最吉利。就殺了白雉以及黑羊；在祭壇的中央用牠們的血澆灌了神龜。用刀剝開神龜，龜身未受絲毫傷害，又拿出酒肉祭祀，剖開牠的肚腸。用荊木枝灼燒龜甲來占卜，必然會把龜殼灼出裂痕。龜身呈現紋理，交錯縱橫。讓卜官占卜，預言全都正確。國家藏有重寶，名聲傳到鄰邦。殺牛剝取皮革，蒙在鄭國出產的桐木上。草木都分別做成兵器。不論作戰獲勝或是攻城掠地，無人能與元王相比。在元王時期，衛平擔任宋國的宰相，宋國最為強盛，這應歸功於神龜的力量。

18 所以說龜有極其神奇的能力，可以托夢給元王，但卻不能讓自己逃出漁夫的牢籠。自身能夠十言皆中，卻不能到黃河之神那兒傳遞信息，返還答覆長江之神。牠的賢明能讓人戰爭得勝、攻城掠地，卻不能使牠自己從刀鋒下解脫出來，免除被割剝刺殺的災禍。牠的聖明能讓牠敏銳地預見未來，卻不能讓衛平不說話。預言別人的事情能做到百言百中，涉及到自身時卻存在侷限。遇到的時機不利，又怎能侍奉賢者！賢人有經常不變的原則操守，士人有合乎情理的言行。所以說視力再好也有看不見的地方，聽力再好也會有聽不見的聲音；即使是個賢人，也不能同時左手畫方，右手畫圓；日月雖然明亮，但有時也會被浮雲遮蔽。后羿以善射而聞名，但其技藝卻不如雄渠、蠭門；大禹以善辯機智而聞名，卻不能勝過鬼神。支撐天的地柱斷了，天原本就沒有支撐，又怎能對人求全責備呢？孔子聽說神龜的事情以後，說：「神龜了解吉凶，但骨頭裡面卻是空虛的。太陽遍施仁德以統治天下，但卻被三足烏侮辱。月亮實施刑罰以輔佐太陽，但卻被蝦蟆食用。刺蝟被喜鵲侮辱，騰蛇神通廣大卻被蝍蛆所害。竹子的外表有骨節紋理，腹中卻是空虛的；松柏是百木之長，卻用來守護里巷的大門。天干地支不完全，所以會出現孤虛。黃金有疵，白玉有瑕。事情的進展有時急速，有時緩慢。萬物各有所短，也各有所長。網有細密之處，也有稀疏之處。人各有可貴的優點，也會有不如別人的地方。怎麼樣才是最恰當呢？事物怎能完美無缺呢？上天尚且不完美，所以世人在建築房屋的時候，要少放三塊瓦片，以與天之不完整相對應。天下事物有差別，而萬物正因不是完整無缺才能生存下去。」

1 褚先生曰：漁者舉網而得神龜，龜自見夢宋元王，元王召博士衛平，告以夢龜狀。平運式，定日月❶，分衡度❷，視吉凶，占龜與物色同，平諫王留神龜以為國重寶，美矣。古者筮必稱龜者，以其令名❸，所從來久矣。余述而為傳。

2 三月　二月　正月❹　十二月　十一月　中關內高外下❺　四月　首仰❻　足開❼　肣開❽　首俛大❾　五月　橫吉　首俛大❿　六月　七月　八月　九月　十月

3 卜禁⓫曰：子⓬、亥⓭、戌⓮不可以卜及殺龜。日中如食，已卜⓯。暮昏⓰龜之徼⑰也，不可以卜。庚、辛⑱可以殺，及以鑽之。常以月旦⑲祓⑳龜，先以清水澡㉑之，以卵祓之㉒，乃持龜而遂之㉓，若嘗以為祖㉔。人若已卜不中，皆祓之以卵，東向立，灼以荊若剛木㉕，土卵指之者三㉖，持龜以卵周環之，祝曰：「今日吉，謹以粱、卵、焍、黃㉗祓去玉靈㉘之不祥。」玉靈必信以誠，知萬事之情，辯兆皆可占。不信不誠，則燒玉靈，揚其灰，以徵㉙後龜。其卜必北向，龜甲必尺二寸。

4 卜先以造㉚灼鑽，鑽中已，又灼龜首，各三；又復灼所鑽中曰正身，灼首㉛曰正足㉜，各三。即以造三周龜，祝曰：「假之㉝玉靈夫子㉞。夫子玉靈，荊灼而㉟心，令而先知。而上行於天，下行於淵，諸靈數筴㊱，莫如汝信。今日良日，行㊲一良貞㊳。某欲卜某，即㊴得㊵而喜，不得而悔。即得，發鄉我身長大㊶，首足收㊷人皆上偶㊸；不得，發鄉我身挫折㊹，中外不相應，首足滅去。」

5 靈龜㊺卜祝曰：「假之靈龜，五㊻筮五靈，不如神龜之靈，知人死，知人生。某身良貞，某欲求某物。即得也，頭見㊼足發，內外相應；即不得也，頭仰足肣，內外自垂。可得占。」

6 卜占㊽病者祝曰：「今某病困。死，首上開㊾，內外交駭㊿，身節折(51)；不死，首仰足肣。」卜病者祟[52]曰：「今病有祟無呈[53]，無祟有呈。兆有中祟有內，外祟有外[54]。」

7 卜繫者出不出[55]。不出，橫吉安[56]；若[57]出，足開首仰有外。

8 卜求財物，其所當得。得，首仰足開，內外相應；即不得，呈兆[58]首仰足肣。

9 卜有賣若買臣妾[59]馬牛。得之，首仰足開，內外相應；不得，首仰足肣，呈兆若橫吉安。

10 卜擊盜聚若干人，在某所，今某將卒若干人，往擊之。當勝，首仰足開身正，內自橋[60]，外下；不勝，足肣首仰，身首[61]內下外高。

11 卜求當行[62]不行。行，首足開；不行，足肣首仰，若橫吉安，安不行。

12 卜往擊盜，當見不見。見，首仰足肣有外；不見，足開首仰。

13 卜往候[63]盜，見不見。見，首仰足肣，肣勝[64]有外；不見，足開首仰。

14 卜聞盜來不來。來，外高內下，足肣首仰；不來，足開首仰，若橫吉安，期之自次[65]。

15 卜遷徙去官[66]不去。去，足開有肣[67]外首仰；不去，自去[68]，即足肣，呈兆若橫吉安。

16 卜居官尚吉不。吉，呈兆身正，若橫吉安；不吉，身節折，首仰足開。

17 卜居室家吉不吉。吉，呈兆身正，若橫吉安；不吉，身節折，首仰足開。

18 卜歲中[69]禾稼孰[70]不孰。孰，首仰足開，內外自橋外自垂；不孰，足肣首仰有外。

19 卜歲中民疫不疫。疫，首仰足肣，身節有彊[71]外；不疫，身正首仰足開。

20 卜歲中有兵無兵。無兵，呈兆若橫吉安；有兵，首仰足開，身作外彊情[72]。

21 卜見貴人吉不吉。吉，足開首仰，身正，內自橋；不吉，首仰，身節折，足肣有外，若無漁[73]。

22 卜請謁於人得不得。得，首仰足開，內自橋；不得，首仰足肣有外。

23 卜追亡人當得不得。得，首仰足肣，內外相應；不得，首仰足開，若橫吉安。

24 卜漁獵得不得。得，首仰足開，內外相應；不得，足肣首仰，若橫吉安。

25 卜行遇盜不遇。遇，首仰足開，身節折，外高內下；不遇，呈兆。

26 卜天雨不雨。雨，首仰有外，外高內下；不雨，首仰足開，若橫吉安。

27 卜天雨霽不霽。霽，呈兆足開首仰；不霽，橫吉[74]。

28 命[75]曰橫吉安。以占病，病甚者一日不死；不甚者卜日瘳[76]，不死。繫者重罪不出，輕罪環出[77]；過一日不出，久毋傷也[78]。求財物、買臣妾馬牛，一日環得；過一日不得，不得。行者不行。來者環至；過食時不至，不來。擊盜不行，行不遇；聞盜不來。徙官不徙。居官、家室皆吉。歲稼不孰。民疾疫無疾。歲中無兵。見人行，不行不喜。請謁人，不行不得。追亡人、漁獵不得。行不遇盜。雨不雨。霽不霽。

29 命曰呈兆。病者不死。繫者出。行者行。來者來。市買得。追亡人得，過一日不得。問行者不到。

30 命曰柱徹。卜病不死。繫者出。行者行。來者來。而市買不得。憂者毋憂。追亡人不得。

31 命曰首仰足肣有內無外。占病，病甚不死。繫者解[79]。求財物、買臣妾馬牛不得。行者聞言不行。來者不來。聞盜不來。聞言不至。徙官聞言不徙。居官有憂。居家多災。歲稼中孰。民疾疫多病。歲中有兵，聞言不開[80]。見貴人吉。請謁不行，行不得善言。追亡人不得。漁獵不得。行不遇盜。雨不雨甚。霽不霽。故其莫[81]字皆為首備。問之曰，備者仰也，故定以為仰。此私記也。

32 命曰首仰足肣有內無外[82]。占病，病甚不死。繫者不出。求財、買臣妾不得。

行者不行。來者不來。擊盜不見。聞盜來，內自驚，不來。徙官不徙。居官、家室吉。歲稼不孰。民疾疫有病甚。歲中無兵。見貴人吉。請謁、追亡人不得。亡財物，財物不出得。漁獵不得。行不遇盜。雨不雨。霽不霽。凶。

33 命曰呈兆首仰足肣。以占病，不死。繫者未出。求財物、買臣妾馬牛不得。行不行。來不來。擊盜不相見。聞盜來不來。徙官不徙。居官久多憂。居家室不吉。歲稼不孰。民病疫。歲中毋兵。見貴人不吉。請謁不得。漁獵得少。行不遇盜。雨不雨。霽不霽。不吉。

34 命曰呈兆首仰足開。以占病，病篤[83]死。繫囚出。求財物、買臣妾馬牛不得。行者行。來者來。擊盜不見盜。聞盜來不來。徙官徙。居官不久。居家室不吉。歲稼不孰。民疾疫有而少。歲中毋兵。見貴人不見吉。請謁、追亡人、漁獵不得。行遇盜。雨不雨。霽[84]。小吉。

35 命曰首仰足肣。以占病，不死。繫者久，毋傷也。求財物、買臣妾馬牛不得。行者不行。擊盜不行。來者來。聞盜來。徙官聞言不徙。居家室不吉。歲稼不孰。民疾疫少。歲中毋兵。見貴人得見。請謁、追亡人、漁獵不得。行遇盜。雨不雨。霽不霽。吉。

36 命曰首仰足開有內。以占病者，死。繫者出。求財物、買臣妾馬牛不得。行者行。來者來。擊盜行不見盜。聞盜來不來。徙官徙。居官不久。居家室不吉。歲孰。民疾疫有而少。歲中毋兵。見貴人不吉。請謁、追亡人、漁獵不得。行不遇盜。雨霽。霽小吉，不霽吉。

37 命曰橫吉內外自橋。以占病，卜日[85]毋瘳，死。繫者毋罪出。求財物、買臣妾馬牛得。行者行。來者來。擊盜合[86]交[87]等。聞盜來來。徙官徙。居家室吉。歲孰。民疫無疾[88]。歲中無兵。見貴人、請謁、追亡人、漁獵得。行遇盜。雨霽，雨霽大吉[89]。

38 命曰橫吉內外自吉[90]。以占病，病者死。繫不出。求財物、買臣妾馬牛、追亡人、漁獵不得。行者不來。擊盜不相見。聞盜不來。徙官徙。居官有憂。居家室、見貴人、請謁不吉。歲稼不孰。民疾疫。歲中無兵。行不遇盜。雨不雨。霽不霽。不吉。

39 命曰漁人。以占病者，病者甚，不死。繫者出。求財物、買臣妾馬牛、擊盜、請謁、追亡人、漁獵得。行者行來[91]。聞盜來不來。徙官不徙。居家室吉。歲稼不孰。民疾疫。歲中毋兵。見貴人吉。行不遇盜。雨不雨。霽不霽。吉。

40　命曰首仰足肣內高外下。以占病，病者甚，不死。繫者不出。求財物、買臣妾馬牛、追亡人、漁獵得。行不行。來者來。擊盜勝。徙官不徙。居官有憂，無傷也。居家室多憂病。歲大孰。民疾疫。歲中有兵不至。見貴人、請謁不吉。行遇盜。雨不雨。霽不霽。吉。

41　命曰橫吉上有仰下有柱。病久不死。繫者不出。求財物、買臣妾馬牛、追亡人、漁獵不得。行不行。來不來。擊盜不行，行不見。聞盜來不來。徙官不徙。居家室、見貴人吉。歲大孰。民疾疫。歲中毋兵。行不遇盜。雨不雨。霽不霽。大吉。

42　命曰橫吉榆仰。以占病，不死。繫者不出。求財物、買臣妾馬牛至不得[92]。行不行。來不來。擊盜不行，行不見。聞盜來不來。徙官不徙。居官、家室、見貴人吉。歲孰。歲中有疾疫，毋兵。請謁、追亡人不得。漁獵至不得。行不得[93]。行不遇盜。雨霽不霽。小吉。

43　命曰橫吉下有柱。以占病，病甚不環有瘳無死。繫者出。求財物、買臣妾馬牛、請謁、追亡人、漁獵不得。行來不來[94]。擊盜不合。聞盜來來。徙官、居官吉，不久。居家室不吉。歲不孰。民毋疾疫。歲中毋兵。見貴人吉。行不遇盜。

雨不雨。霽。小吉。

44 命曰載所[95]。以占病，環有瘳無死。繫者出。求財物、買臣妾馬牛、請謁、追亡人、漁獵得。行者行。來者來。擊盜相見不相合。聞盜來來。徙官徙。居家室憂。見貴人吉。歲孰。民毋疾疫。歲中毋兵。行不遇盜。雨不雨。霽霽。吉。

45 命曰根格。以占病者，不死。繫久毋傷。求財物、買臣妾馬牛、請謁、追亡人、漁獵不得。行不行。來不來。擊盜盜行不合。聞盜不來。徙官不徙。居家室吉。歲稼中。民疾疫無死。見貴人不得見。行不遇盜。雨不雨。大吉。

46 命曰首仰足肣外高內下。卜有憂，無傷也。行者不來。病久死。求財物不得。見貴人者吉。

47 命曰外高內下。卜病不死，有祟。而市買不得。居官、家室不吉。行者不行。來者不來。繫者久毋傷。吉。

48 命曰頭見足發有內外相應[96]。以占病者，起。繫者出。行者行。來者來。求財物得。吉。

49 命曰呈兆首仰足開。以占病，病甚死。繫者出，有憂。求財物、買臣妾馬牛、請謁、追亡人、漁獵不得。行不行[97]。來不來。擊盜不合。聞盜來來。徙官、居官、家室不吉。歲惡。民疾疫無死。歲中毋兵。見貴人不吉。行不遇盜。雨不雨。霽。不吉。

50 命曰呈兆首仰足開外高內下。以占病，不死，有外祟。繫者出，有憂。求財物、買臣妾馬牛，相見不會。行行。來聞言不來。擊盜勝。聞盜來不來。徙官、居官、家室、見貴人不吉。歲中民疾疫，有兵。請謁、追亡人、漁獵不得。聞盜遇盜。雨不雨。霽。凶。

51 命曰首仰足肣身折內外相應。以占病，病甚不死。繫者久不出。求財物、買臣妾馬牛、漁獵不得。行不行。來不來。擊盜有用勝。聞盜來來。徙官不徙。居官、家室不吉。歲不孰。民疾疫。歲中有兵不至。見貴人喜。請謁、追亡人不得。遇盜凶。

52 命曰內格外垂。行者不行。來者不來。病者死。繫者不出。求財物不得。見人不見。大吉。

53 命曰橫吉內外相應自橋榆仰上柱足肣[98]。以占病，病甚不死。繫久，不抵罪。求財物、買臣妾馬牛、請謁、追亡人、漁獵不得。行不行。來不來。居官、家室、見貴人吉。徙官不徙。歲不大孰。民疾疫有兵。有兵不會。行遇盜。聞言不見。

雨不雨。霽霽。大吉。

54 命曰頭仰足肣內外自垂。卜憂病者甚，不死。居官不得居。行者行。來者不
來。求財物不得。求人不得。吉。

55 命曰橫吉下有柱。卜來者來。卜日即不至，未來。卜病者過一日毋瘳，死。
行者不行。求財物不得。繫者出。

56 命曰橫吉內外自舉。以占病者，久不死。繫者久不出。求財物得而少。行者
不行。來者不來。見貴人見。吉。

57 命曰內高外下疾輕足發。求財物不得。行者行。病者有瘳。繫者不出。來者
來。見貴人不見。吉。

58 命曰外格。求財物不得。行者不行。來者不來。繫者不出。不吉。病者死。
求財物不得。見貴人見。吉。

59 命曰內自舉外來正足發。行者行[99]。來者來。求財物得。病者久不死。繫者
不出。見貴人見。吉。

60 此橫吉[100]上柱外內[101]自舉足肣。以卜有求得。病不死。繫者毋傷，未出。行
不行。來不來。見人不見。百事盡吉。

61 此橫吉上柱外內自舉柱足以作[102]。以卜有求得。病死環起。繫留毋傷，環出。行不行。來不來。見人不見。百事吉。可以舉兵。

62 此挺詐有外。以卜有求不得。病不死，數起。繫禍罪。聞言毋傷。行不行。來不來。

63 此挺詐有內。以卜有求不得。病不死，數起。繫留禍罪無傷出。行不行。來者不來。見人不見。

64 此挺內外自舉。以卜有求得。病不死。繫毋罪。行行。來來。田、賈市、漁獵盡喜。

65 此狐狢。以卜有求不得。病死，難起。繫留毋罪難出。可居宅。可娶婦、嫁女。行不行。來不來。見人不見。有憂不憂。

66 此狐徹。以卜有求不得。病者死。繫留有抵罪。行不行。來不來。見人不見。言語定。百事盡不吉。

67 此首俯足肣身節折。以卜有求不得。病者死。繫留有罪。望行者不來。行行。來不來。見人不見。

68 此挺內外自垂。以卜有求不晦[103]。病不死，難起。繫留毋罪，難出。行不行。

來不來。見人不見。不吉。

69 此橫吉榆仰首俯。以卜有求難得。病難起，不死。繫難出，毋傷也。可居家室，以娶婦、嫁女。

70 此橫吉上柱載正身節折內外自舉。以卜病者，卜日不死，其一日乃死。

71 此橫吉上柱足肣內自舉外自垂。以卜病者，卜日不死，其一日乃死。

72 為人病，首俯足詐有外無內。病者占龜未已，急死。卜輕失大，一日不死。

73 首仰足肣。以卜有求不得。以繫有罪。人言語恐之毋傷。行不行。見人不見。

74 大論曰[104]：外者人[105]也，內者自我也；外者女也，內者男也。首俛者憂。大者身也，小者枝也。大法[106]，病者，足肣者生，足開者死。行者，足開至，足肣者不至。行者[107]，足肣不行，足開行。有求，足開得，足肣者不得。繫者，足肣不出，開出。其卜病也，足開而死者，內高而外下也。

【章旨】以上為第三段，是褚先生補寫的第二部分，記述了占卜的禁忌、方法，以及六十七條命兆之辭。

【注釋】❶定日月　推定日月的位置。❷分衡度　區分、辨析龜甲裂紋的曲直寬窄。❸令名　美名。令，美；好；善。❹三月二月正月　《正義》曰：「言正月、二月、三月右轉周環終十二月者，日月之龜腹下十二黑點為十二月，若二十八宿龜也。」

日月之龜的腹下有十二個黑點，象徵十二個月份。占卜時以黑點附近的兆紋斷定吉凶。❺中關內高外下　指兆的中關呈內高外低之狀。《正義》曰：「此等下至『首俛大』者，皆卜兆之狀也。」❻首仰　指兆的首端呈仰起之狀。《正義》曰：「謂兆首仰起。」❼足開　指兆的足端呈開放之狀。❽肣開　張文虎曰：「當作『足肣』。」足肣，指兆的足端呈收斂之狀。肣，收斂。❾首俛大　指兆的首端呈下俯而較大之狀。❿首俛大　據張文虎云此處「首俛大」三字應刪。⓫卜禁　占卜的禁忌。⓬子　指子時，相當於夜間十一點至凌晨一點。⓭亥　指亥時，相當於夜間九點至十一點。⓮戌　指戌時，相當於晚上七點至九點。⓯日中如食二句　意謂白天若遇見日蝕就應停止占卜。食，指日蝕。已，停止。⓰暮昏　黃昏。⓱徼　《索隱》曰：「謂徼繞不明也。」⓲庚辛　指庚日、辛日。⓳月旦　猶「月朔」。每月初一。⓴祓　古人為除災求福而舉行的一種祭祀活動。㉑澡　洗。㉒以卵祓之　《正義》曰：「以雞卵摩而祝之。」㉓遂之　此處疑有脫誤。遂，決斷。㉔若嘗以為祖　《索隱》云：「祖，法也。言以為常法。」則「嘗」當作「常」。祖，《集解》引徐廣曰：「一作『視』。」㉕灼以荊若剛木　《索隱》曰：「古之灼龜，取生荊枝及生堅木燒之，斬斷以灼龜。」若，或者。㉖土卵指之者三　《正義》曰：「言卜不中，以土為卵，三度指之，三周繞之，用厭不祥也。」㉗粱卵焍黃　《索隱》曰：「粱，米也。卵，雞子也。焍，灼龜木也，音『次第』之『第』。言燒荊枝更遞而灼，故有焍名。一音梯，言灼之以漸，如有階梯也。黃者，以黃絹裹粱、卵以祓龜也。必以黃者，中之色，主土而信，故用雞也。」《正義》曰：「焍，音題。焍，焦也。言以粱米、雞卵祓去龜之不祥，令灼之不焦不黃。若色焦及黃，卜之不中也。」㉘玉靈　對龜的敬稱。㉙徵　通「懲」。懲戒。《太平御覽》卷七二五引作「懲」。㉚造　《索隱》曰：「謂燒荊之處。」㉛灼首　張文虎曰：「『灼首』下疑脫『曰正首，灼足』五字。」㉜足　《集解》引徐廣曰：「一作『止』。」㉝假之　張文虎曰：「『假之，疑『假爾』誤。下文『假之』同。」㉞玉靈夫子　《索隱》曰：「尊神龜而為之作號。」夫子，猶言「先生」。㉟而　通「爾」。你；您。㊱箣　應作「莿」，即指蓍草。㊲行　《集解》引徐廣曰：「一作『身』。」㊳良貞　良卜；良好的占卜。㊴即　假若；如果。㊵得　指卜得吉兆。㊶發鄉我身長大　發，顯現；顯露。鄉，通「向」。身，兆身。㊷首足收　張文虎曰：「『首』當作『手』。下『首足滅去』同。」㊸上偶　對稱地向上舒展。㊹挫折　曲折；彎曲。㊺靈龜　張文虎曰：「『靈龜』二字疑衍。」㊻五　泛指眾多。㊼見　通「現」。㊽占　張文虎曰：「『占』字疑衍。」㊾首上開　張文虎曰：「中統游本『上』作『止』，疑『足』之壞文，而上脫『仰』字。」㊿駭　有兩說：瀧川引岡白駒曰：「『駭』當作『駁』，交駁不同也。」王叔岷曰：「『駭』字亦作『駴』，與『戒』、『革』古並通用。內外交駭，猶言『內外相革』，即『內外不同』之意。『駭』不當作『駁』。」51身節折　兆身的關節曲折。52祟　鬼神作怪害人。53無呈　郭嵩燾曰：「按《玉篇》：

「呈，赤也；見也。」《周禮》太卜作龜之八命，「八曰瘳」。鄭注：「瘳，謂疾瘳不也。」其占皆有常、有祟，則其兆不見，故曰「無呈」。」54兆有中祟有內二句　意謂若家中有妖怪為害，兆象就呈現在內；若家外有妖怪為害，兆象就呈現在外。55卜繫者出不出　意謂卜問被囚禁的犯人能否出獄。繫者，指被拘囚的犯人。56橫吉安　兆象名。57若　或者。58呈兆　兆象名。59臣妾　泛指男女奴婢。60橋　高起貌。61首　《集解》引徐廣曰：「一作『簡』。」62行　出行。63候　偵察；窺伺。64朌勝　張文虎曰：「『朌』字疑衍，而『勝』又『朌』之訛衍。」65期之自次　意謂強盜會在預期的日子之後到來。66去官　丟掉官職。67朌　張文虎曰：「疑衍。」68自去　張文虎曰：「二字疑衍。」69歲中　今歲；今年。70孰　通「熟」。71有彊　張文虎曰：「疑倒。」72身作外彊情　張文虎曰：「疑有誤脫。」73無漁　郭嵩燾曰：「按外起而中陷，若虛無物然，故曰『無漁』。漁者舉網而得魚，凡侵取所有者謂之漁也。下文『命曰漁人』，亦此義。」（《史記札記》）瀧川曰：「二字有訛脫。」74橫吉　即橫吉安，兆象名。75命　命名；取名。76瘳　病癒。77環出　旋即出獄。環，通「旋」。旋即。78久毋傷也　意謂長久被囚禁在獄中也沒有什麼傷害。毋，通「無」。79解　解脫。80開　張文虎曰：「疑當作『來』」。81莫　郭嵩燾曰：「按『莫』同『幕』。《釋名》：『幕，終也，謂絡綴成文。』《漢書．西域傳》『錢幕』，韋昭曰：『幕，錢背也。』龜兆之折文，視其背，故亦謂之『幕』。」82命曰句　吳樹平、馮曉林推斷：「此兆名與上完全相同。據上文，得此兆『繫者解』、『歲稼中孰』、『歲中有兵』。而在這一兆中，……卜得的結果顯然不同。由此可以推定，此兆名肯定有訛誤。」83病篤　病重。84霽　張文虎曰：「『霽』下疑有脫文。」85卜日　瀧川曰：「『卜日』二字，『者』字壞文。」86合　會合；遭遇。87交　交鋒。88民疫無疾　張文虎曰：「『疫』字衍，或在『無』下。」89雨霽二句　張文虎曰：「疑當作『雨雨，霽霽』。」90自吉　張文虎曰：「『吉』字疑誤。」91行者行來　郭嵩燾曰：「案『行者行』下，衍一『來』字。」瀧川曰：「『來』下疑奪『者來』二字。」92至不得　郭嵩燾曰：「案『至不得』，疑衍一『至』字，下『漁獵至不得』亦同。」93行不得　郭嵩燾曰：「案此『行不得』三字，義無所繫，疑是衍文。」94行來不來　郭嵩燾曰：「案此當云：『行，不行；來，不來。』疑『行』下脫『不行』二字。」95命曰載所　郭嵩燾曰：「案此等皆因圻兆而為之名，如今《六壬》、《奇門》之各主課名，由秦、漢間術士為言。《周禮》太卜：『其經兆之體皆百有二十，其頌皆千有二百。』必無此等巧立名目也。」96有內外相應　郭嵩燾曰：「案『頭見足發』下，疑衍一『有』字。」97行不行　此上原有一「行」字。張文虎曰：「第一『行』字疑衍。」據刪。98上柱足朌　「上柱」下原有「上柱足」三字。張文虎曰：「三字疑衍。」據刪。99行者行　前「行」字原缺，據上下文補。100此橫吉　郭嵩燾曰：「案褚少孫補此傳，略記其大旨，不寫其圖，褚少孫所見龜策補事，必皆有圖者，云『此』者，即據圖而為之說也。上云「卜」，就事言之；云「命曰」二十七，就卜者所命之詞言之，為龜策正文。云「此」者十一，就圖言之，蓋卜事之餘義，推衍而為之圖也。」101內　「內」字原重作「內內」。張文虎曰：「疑衍一『內』字。」據刪。102作　張文虎曰：「疑『詐』字之訛。」103晦　張文虎曰：「疑誤。」104大論曰　《索隱》曰：「褚先生所取太卜雜占卦體及命兆之辭，義蕪，辭重沓，殆無足採，凡此六十七條別是也。」大論，總論；總結。105人　指他人。106大法　大致方法。107行者　張文虎曰：「『行』字疑當作『來』。」

【語譯】褚先生說：漁夫舉網而捕得神龜，神龜自己托夢給宋元王，元王召見博士衛平，將夢見神龜的情形告訴他。衛平運用占卜的器具，推定日月的位置，分辨量度，以觀察吉凶，占卜得知神龜與元王所夢之龜的顏色相同，衛平勸諫平王留下神龜，把牠作為國家的重寶，將是美好的事情。古人占卜之所以必定稱道龜，是因為牠有美名，這種風氣由來已久。我把它記述下來，寫成這篇傳記。

2　三月　二月　正月　十二月　十一月　中關內高外下　四月首仰　足開　肣開　首俯大　五月　橫吉　首俯大　六月　七月　八月　九月　十月

3　占卜有如下禁忌：一天之中的子時、亥時、戌時，不可以占卜與殺龜。白天如有日食，需停止占卜。黃昏時分，龜混沌不明，不可以占卜。庚日、辛日可以殺龜，也可以在龜甲上鑽鑿。通常在每月的初一去除龜的不祥，先用清水給牠洗澡，再用雞蛋摩擦龜以消災祈福，然後才持龜占卜，並作出決斷，上述步驟當作為常法。人們占卜後，如果不應驗，都要用雞蛋在龜上摩擦給龜求福，面向東方站立，以荊條或硬木燒灼龜甲。如果占卜不應驗，就用土做成雞蛋的形狀，向龜指三次，圍著牠繞三圈，以此消除不祥，祝禱說：「今日大吉，謹用粱米、雞蛋、荊枝、黃絹以去除神龜的不祥。」神龜就能誠心誠意，了解萬事的情形，兆紋能被辨別，這樣的龜都可用以占卜。如果神龜不是真心誠意，就燒掉牠，揚棄牠的骨灰，以此懲戒日後用來占卜的神龜。占卜時要面向北方，龜甲的長度必須有一尺二寸。

4　占卜之時，首先要在燃燒荊木的地方灼燒並鑽鑿龜甲，在龜甲的中間鑽鑿之後，又灼燒龜的頭部，鑽鑿、灼燒各做三次；接著再灼燒「正身」、「正首」與「正足」，龜甲中間部位被鑽鑿的地方叫「正身」，被燒灼的龜的頭部與足部分別叫做「正首」與「正足」。這三個部位的灼燒各進行三次。持龜在燒灼之處環行一圈。祈禱說：「我們借用神龜先生您的神力了。神龜先生，我們用荊木燒灼您的心，使您能先知先覺。您上行於蒼天，下行於深淵，各種神靈的占卜之策，沒有哪一個比您靈驗。今天是一個好日子，我們要做一次良好的占卜。某人想卜問某事，如果卜得吉兆就高興，卜不到吉兆就懊悔。如果卜得吉兆，就向我們顯示又長又大的兆身，首足都對稱地向上舒展。如果得不到吉兆，就顯示出曲折的兆身，裡外無法對稱，首足消失。」

5 用神龜占卜時，祝禱道：「借用神龜先生您的神力。各種各樣的卜筮再靈驗，也不如神龜您靈驗，能預知人的生，預知人的死。某人親自做一次良好的占卜，某人想求得某件物品。如果能夠得到，就顯露兆頭與兆足，兆象內外對稱；如果不能得到，就兆頭仰起，兆足收斂，兆象內外自然垂下。如此，就可得到占卜的結果。」

6 為病人占卜時，祝禱道：「現有某人被疾病困擾。如果會病死，請將兆首向上伸展，兆紋內外交錯，兆身的關節曲折；如果不會病死，請將兆首仰起，兆足收斂。」為病人占卜，了解有無鬼神作祟，祝禱說：「現在病人家中如果有妖怪作祟，兆象就不要顯示，如果沒有妖怪作祟，就顯示出來。若家中有妖怪為害，兆象就呈現在內，若家外有妖怪為害，兆象就呈現在外。」

7 為被困禁的人占卜，了解能否出獄。不能出獄，兆象為橫吉安；若能出獄，兆足分開，兆首仰起，兆象有外。

8 為財物能否得到占卜。如果能夠得到，兆首仰起，兆足分開，兆象內外相應；如果不能得到，兆象就顯示出首仰足斂的形狀。

9 為買賣臣妾馬牛是否順利占卜。如果買賣順利，請顯示首仰足開的形狀，兆象內外相應；如果買賣不順利，請顯示首仰足斂的形狀，顯現的兆象如同橫吉安的形狀。

10 為追擊盜賊的結果占卜，盜賊聚集了若干人，在某處，現在某人率領將士若干人，前往攻擊他們。如果能夠取勝，兆象為首仰足開身正，兆紋內自然高起，外低下；不能取勝，兆象為足斂首仰，龜首內下外高。

11 為應不應該出行占卜。如果能夠出行，兆象為首足開；不能出行，兆象為足斂首仰，如同橫吉安的兆象，安則不宜出行。

12 為出發攻擊盜賊時能否遇見盜賊占卜，如果能遇見，兆象為首仰足斂有外；如果不能遇見，兆象為足開首仰。

13 為前往偵察盜賊時能否見到盜賊占卜，如果能見到，兆象為首仰足斂，兆象為首仰足斂有外；如果不能見到，兆象為足開首仰。

14 聽說有強盜要來，為強盜究竟來了沒有占卜。如果來了，兆象為外高內下，足斂首仰；如果沒來，兆象為足開首仰，如同橫吉安的形狀，強盜會在預期的日子之後到來。

15 為調動職務是否會丟官而占卜。如果丟了官，兆象為足開有外首仰；如果沒有丟官，兆象為足斂，呈現出的兆象如同橫吉安的形狀。

16 為當官是否吉利占卜。如果吉利，呈現的兆象為身正，如同橫吉安的形狀；如果不吉利，兆象為兆身曲折，首仰足開。

17 卜問居家吉利不吉利。如果吉利，呈現的兆象為身正，如同橫吉安的形狀；如果不吉利，兆象為兆身曲折，首仰足開。

18 為今年莊稼能否豐收占卜。如果豐收，兆象為首仰足開，內自高起，外自下垂；如果不能豐收，兆象為足斂首仰有外。

19 為今年民間是否會有瘟疫發生而占卜。如果有瘟疫，兆象為首仰足斂，身節有強外；如果沒有瘟疫，兆象為身正首仰足開。

20 為今年有無戰爭占卜。如果沒有戰爭，呈現出的兆象如同橫吉安的形狀；如果有戰爭，兆象為首仰足開，身作外強情。

21 為拜見貴人是否吉利占卜。如果吉利，兆象為足開首仰，身正，內自高；不吉利，兆象為首仰，身節折，足斂有外，如同內部空虛無物的樣子。

22 為求見他人是否有所收穫而占卜。如果有收穫，兆象為首仰足開，內自高；如果沒有收穫，兆象為首仰足斂有外。

23 卜問追捕逃亡的人能否成功。如果成功，兆象首仰足斂，內外相應；如果不成功，兆象為首仰足開，如同橫吉安的形狀。

24 卜問捕漁打獵能否有所收穫。如果有收穫，兆象為首仰足開，內外相應；如果沒有收穫，兆象為足斂首仰，如同橫吉安的形狀。

25 為出行是否會遇見強盜而占卜。如果遇見強盜，兆象為首仰足開，身節折，外高內下；如果不會遇見強盜，兆象為呈兆。

26 為天是否下雨而占卜。如果下雨，兆象為首仰有外，外高內下；如果不下雨，兆象為首仰足開，如同橫吉安的形狀。

27 為下雨是否轉晴占卜。如果轉晴，呈現的兆象為足開首仰；如果不晴，兆象為橫吉。

28 兆象命名為「橫吉安」。卜得此兆的，病重的人一天之內不會死去；病得不重的人在占卜當天就可痊癒，不會死去。被囚禁的人，犯的是重罪不能出獄，犯的是輕罪立即獲釋；如果過了一天還不能出獄，即使長久被囚禁也沒有什麼傷害。求取財物或者買臣妾馬牛的，一天之內就可很快獲得；如果過了一天還不能得到，就會一無所獲。想出行的人不宜出行。要來的人很快會來到；如果過了吃飯的時間還不來，就不會來了。追擊盜賊的人不宜出行，即使出行也不會與強盜相遇；聽說盜賊要來，但不會來。卜問調任官職的不會調任。居官、在家都很吉利。今年的莊稼不會豐收。民間不會發生瘟疫。今年沒有戰事。求見他人的可以出行，不能成行就不會有喜事。拜見他人的，不去就無所得。如果追捕逃亡或去捕魚打獵，都會一無所獲。出行不會遇見強盜。天會下雨嗎？不會。天會轉晴嗎？不會。

29 兆象命名為「呈兆」。卜得此兆的，生病的人不會死去。被囚禁的人可以出獄。想出行的人可以出行。要來的人會前來。到市場上買東西的人可以買到。追捕逃亡的人可以如願，如果過了一天就不會追到。卜問出行的人能否到達目的地，不會。

30 兆象命名為「柱徹」。卜得此兆的，病人不會死去。被囚禁的人可以出獄。想出行的人可以出行。要來的人會來到。到市場上買東西會買不到。憂愁的人不再憂愁。追捕逃亡者不會成功。

31 兆象命名為「首仰足肣有內無外」。卜得此兆的，病情嚴重卻不會死去。被囚禁的人能夠出獄。求取財物或者買臣妾馬牛，不會有收穫。想出行的人聽說某種傳言了，就不會出行。有人要來卻不會來到。聽說有盜賊，但盜賊不會來。聽說有人要來卻沒有來。聽說調任官職卻沒有調任。當官有憂愁。居家多災殃。今年的莊稼有中等收成。百姓有瘟疫，多病。年內有戰爭，此地雖聽說有戰爭，卻沒有發生。求見貴人大吉。拜見他人的，不宜出行，如果前往則聽不到好話。追捕逃亡的人則不會追到。捕魚打獵會一無所獲。出行不會遇見盜賊。天會下雨嗎？雨下得不會太大。天會轉晴嗎？不會。所以兆紋的形狀都像「首備」的字形。詢問卜官，說「備」是仰的意思，所以把它定為仰字。這些內容是我私下記錄的。

32 兆象命名為「首仰足肣有內無外」。卜得此兆的，病情嚴重卻不會死去。被囚禁的人不能出獄。求取財物或者買臣妾馬牛，不會有收穫。想出行的人不宜出行。要來的卻沒有來。追擊盜賊卻沒有遇見。聽說盜賊要來，自己的內心驚恐不安，然而盜賊卻沒有來。想調遷官職的，未能調遷。居官或在家均大吉。今年的莊稼不會豐收。民間有疾疫，病情嚴重。年內沒有戰爭。求見貴人大吉。拜見他人或追捕逃亡的人，將不會如願。丟失了財物，財物沒有被盜賊轉移得太遠，可以物歸原主。捕魚、打獵卻一無所獲。出行不會遇見強盜。天會下雨嗎？不會。天會放晴嗎？不會。凶。

33 兆象命名為「呈兆首仰足肣」。卜得此兆的，病人不會死亡。被囚禁的人未能出獄。求取財物或者買臣妾馬牛的，不會有收穫。想出行的人不宜出行。要來的卻沒有來。追擊盜賊的卻沒有遇見。聽說盜賊要來卻沒有來。想調遷官職的，未能調遷。居官時間長久，會有很多憂愁。在家閒居不吉利。今年的莊稼沒有豐收。民間有疫情。年內沒有戰爭。求見貴人不吉。拜見他人不會有收穫。捕魚、打獵則所得很少。出行者不會遇見強盜。天會下雨嗎？不會。天會轉晴嗎？不會。不吉。

34 兆象命名為「呈兆首仰足開」。卜得此兆的，病人病重，會死亡。被囚禁的人會出獄。求取財物或者買臣妾馬牛，均一無所獲。想出行的人可以出行，要來的人會來。追擊盜賊卻不見盜賊。聽說盜賊來襲，卻沒有來。想調遷官職的能夠調遷。居官時間不會長久。閒居在家不吉利。今年的莊稼不會豐收。民間雖有疫情但不多。年內沒有戰爭。求見貴人卻沒有見到，吉利。拜見他人、追捕逃亡者或捕魚打獵的，均一無所獲。出行的會遇見強盜。天會下雨嗎？不會。天會轉晴。小吉。

35 兆象命名為「首仰足肣」。卜得此兆的，病人不會死。被囚禁的人雖然被關押了很長時間，卻沒有受到傷害。求取財物或者買臣妾馬牛的，均一無所獲。要出行的人不宜出行。追擊盜賊的不宜出行。要來的人會來。聽說盜賊要來，盜賊就會來。聽說官職會被調遷，卻沒有調遷。閒居在家不吉利。今年的莊稼不會豐收。民間少有疫情。年內沒有戰爭。求見貴人就能夠見到。拜見他人、追捕逃亡者或捕魚打獵的，均一無所獲。出行的人會遇見強盜。天會下雨嗎？不會。天會放晴嗎？不會。吉利。

36 兆象命名為「首仰足開有內」。卜得此兆的，病人會死。被囚禁的人會出獄。求取財物或者買臣妾馬牛，均一無所獲。想出行的人可以出行，要來的人會來。追擊盜賊的卻沒有遇見盜賊。聽說盜賊來襲，卻沒有來。想調遷官職的能夠如願。居官時間不會長久。閒居在家不吉利。今年的莊稼會豐收。民間雖有疫情卻很少。年內沒有戰爭。求見貴人不吉利。拜見他人、追捕逃亡者或捕魚打獵的，均一無所獲。出行的人不會遇見強盜。天會下雨嗎？天會轉晴嗎？天若放晴則為小吉，天若不晴則為吉利。

37 兆象命名為「橫吉內外自橋」。卜得此兆的，病人占卜當天就會不治而亡。被囚禁的人無罪釋放。求取財物或者買臣妾馬牛的，都能有收穫。要出行的可以出行。要來的人會來。追擊盜賊的，會與之交鋒，雙方勢均力敵，不分勝負。聽說盜賊要來就會來。聽說官職會被調遷，卻沒有調遷。閒居在家吉利。今年的莊稼會豐收。百姓沒有疾疫。年內沒有戰爭。拜見他人、追捕逃亡者或捕魚打獵，均有收穫。出行會遇見強盜。天會下雨嗎？天會放晴嗎？下雨與天晴均為大吉。

38 兆象命名為「橫吉內外自吉」。卜得此兆的，病人會死。被囚禁的人不會出獄。卜求財物或者買臣妾馬牛或追捕逃亡者或捕魚打獵的，均一無所獲。出行的人不宜出行。追擊盜賊卻沒有相見。聽說盜賊要來，卻沒有來。想調遷官職的，能被調遷。當官的人有憂愁。閒居在家、求見貴人、拜見他人，均不吉利。今年的莊稼不會豐收。民間有疫情。年內沒有戰爭。出行的人不會遇見強盜。天會下雨嗎？不會。天會轉晴嗎？不會。不吉。

39 兆象命名為「漁人」。卜得此兆的，病人病得很重，卻不會死。被囚禁的人可以獲釋。求取財物、買臣妾馬牛、擊殺盜賊、謁見他人、追捕逃亡者、捕魚打獵，均有收穫。想出行的人可以出行。聽說盜賊要來卻沒有來。想調遷官職的卻沒有調遷。閒居在家吉利。今年的莊稼不會豐收。民間有疫情。年內沒有戰爭。求見貴人吉利。出行的不會遇見強盜。天會下雨嗎？不會。天會放晴嗎？不會。吉利。

40 兆象命名為「首仰足肣內高外下」。卜得此兆的，病人病得很重，卻不會死。被囚禁的人不會出獄。求取財物、買臣妾馬牛、追捕逃亡者、捕魚打獵，均有收穫。想出行的人不宜出行。要來的人會來。擊殺盜賊會獲勝。想調遷官職的卻沒有調遷。當官的人有憂愁，卻不會受傷害。閒居在家的人多有憂愁疾病。今年的莊稼會豐收。民間有疫情。年內有戰爭卻不會殃及當地。求見貴人、謁見他人，不吉。出行會遇見強盜。天會下雨嗎？不會。天會放晴嗎？不會。吉利。

41 兆象命名為「橫吉上有仰下有柱」。卜得此兆的，病人病得很久，卻不會死。被囚禁的人不會出獄。求取財物、買臣妾馬牛、追捕逃亡者，捕魚、打獵，均一無所獲。想出行的人不宜出行。要來的人不會來。攻擊盜賊的不宜出行，即使出行也不會遇見盜賊。聽說盜賊要來卻沒有來。想調遷官職的卻沒有調遷。閒居在家、求見貴人，吉利。今年的莊稼會獲得大豐收。民間有疫情。年內沒有戰爭。出行不會遇見強盜。天會下雨嗎？不會。天會放晴嗎？不會。大吉。

42 兆象命名為「橫吉榆仰」。卜得此兆的，病人不會死。被囚禁的人不會出獄。求取財物、買臣妾馬牛的，均一無所獲。想出行的人不宜出行。要來的人不會來。擊殺盜賊的人不宜出行，出行也不會遇見盜賊。聽說盜賊要來卻沒有來。想調遷官職的卻沒有調遷。當官、閒居在家、求見貴人，吉利。今年的莊稼會豐收。年內民間有疫情。沒有戰爭。拜見他人或追捕逃亡者，均一無所獲。捕魚、打獵沒有收穫。出行的人不會遇見強盜。天會下雨嗎？天會轉晴嗎？不會轉晴。小吉。

43 兆象命名為「橫吉下有柱」。卜得此兆的，病人病得很重，不會很快痊癒，但卻不會死去。被囚禁的人可以出獄。求取財物、買臣妾馬牛、拜見他人、追捕逃亡者、捕魚打獵，均一無所獲。想出行的人不宜出行，要來的人不會來。追擊盜賊卻沒有與之交戰。聽說盜賊要來，盜賊就會來。調遷官位或當官任職，均為吉利，但不會長久。閒居在家不吉利。今年的莊稼不會豐收。民間沒有疫情。年內沒有戰爭。求見貴人，吉利。出行的人不會遇見強盜。天會下雨嗎？不會。天會放晴。小吉。

44 兆象命名為「載所」。卜得此兆的，病人可以很快痊癒，不會死。被囚禁的人可以出獄。求取財物、買臣妾馬牛的、拜見他人、追捕逃亡的、捕魚打獵，均有收穫。想出行的人可以出行。要來的人可以來。追擊盜賊，與之相見卻沒有交戰。聽說盜賊要來，盜賊就會來。想調遷官職的能夠調遷。閒居在家的會有憂患。求見貴人吉利。年內莊稼會豐收。民間沒有疫情。年內沒有戰爭。出行不會遇見強盜。天會下雨嗎？不會。天會轉晴嗎？會。吉利。

45 兆象命名為「根格」。卜得此兆的，病人不會死。被囚禁的人雖然在獄中待了很長時間，卻沒有受到傷害。求取財物、買臣妾馬牛、拜見他人、追捕逃亡的、捕魚打獵，均一無所獲。想出行的人不宜出行。要來的人沒有來。追擊盜賊，盜賊離去，不會與之交戰。聽說盜賊要來卻沒有來。想調遷官職的卻沒有調遷。閒居在家吉利。今年的莊稼會有中等收成。民間有疫情，卻不會死。求見貴人卻沒有見到。出行不會遇見強盜。天會下雨嗎？不會。大吉利。

46 兆象命名為「首仰足肣外高內下」。卜得此兆的會有憂患，卻不會有傷害。出行的人不會來到。病得很久的人會死亡。求取財物卻得不到。求見貴人吉利。

47 兆象命名為「外高內下」。卜得此兆的，病人不會死，有妖怪作祟。在市場上會買不到東西。當官、閒居在家不吉利。想出行的人不宜出行。要來的人沒有來到。被囚禁的人關押了很長時間，卻沒有受到傷害。吉利。

48 兆象命名為「頭見足發有內外相應」。卜得此兆的，病人會痊癒。被囚禁的人會出獄。想出行的人可以出行。要來的人會來。求取財物能夠得到。吉利。

49 兆象命名為「呈兆首仰足開」。卜得此兆的，病人會病重而死。被囚禁的人可以出獄，但卻有憂患。求取財物、買臣妾馬牛、拜見他人、追捕逃亡的人、捕魚打獵，均一無所獲。想出行的人不宜出行。要來的人沒有來。追擊盜賊卻沒有與之交戰。聽說盜賊要來，盜賊就來了。調任官職的、當官的、閒居在家的，不吉利。今年的收成很不好。民間有疫情，但範圍很小。年內沒有戰爭。求見貴人不吉利。出行不會遇見強盜。天會下雨嗎？不會。天會放晴。不吉。

50 兆象命名為「呈兆首仰足開外高內下」。卜得此兆的，病人不會死，有鬼神作祟。被囚禁的人可以出獄，但卻有憂患。求取財物、買臣妾馬牛，有機會卻不會成功。想出行的可以出行。聽說有人要來卻沒有來。追擊盜賊取得勝利。聽說盜賊要來卻沒有來。調任官職、當官的、閒居在家的、求見貴人的，不吉利。今年的莊稼會有中等收成。民間有疫情，也會有戰禍。拜見他人的、追捕逃亡的、捕魚打獵的，均一無所獲。聽說有盜賊就會遇見強盜。天會下雨嗎？不會。天會放晴。凶。

51 兆象命名為「首仰足肣身折內外相應」。卜得此兆的，病人病情嚴重，卻不會死亡。被囚禁的人會關押很久，不能出獄。求取財物、買臣妾馬牛，捕魚打獵，均一無所獲。想出行的人不宜出行。要來的人沒有來。攻擊強盜會取得勝利。聽說盜賊要來，盜賊就會來。想調遷官職的不會被調遷。當官的、閒居在家的，均不吉利。今年的莊稼不會豐收。民間有疫情。莊稼有中等收成。有戰爭卻不會殃及本地。求見貴人大喜。拜見他人、追捕逃亡者，均一無所獲。會遇見強盜，凶。

52 兆象命名為「內格外垂」。想出行的人不宜出行。要來的人沒有來。病人會死。被囚禁的人不會出獄。求取財物，不會得到。求見他人，不會見到。大吉。

53 兆象命名為「橫吉內外相應自橋榆仰上柱足肣」。卜得此兆的，病人病情嚴重，卻不會死亡。被囚禁得很久，但不會抵罪。求取財物、買臣妾馬牛，拜見他人、追捕逃亡的人、捕魚打獵，均一無所獲。想出行的人不宜出行。要來的人沒有來。當官的、閒居在家的、求見貴人的，吉利。想調遷官職的不會被調遷。今年的收成不會很好。民間有疫情，也有兵禍。但此地不會發生戰爭。出行會遇見強盜。聽說有傳言，卻沒有發生作用。天會下雨嗎？不會。天會轉晴嗎？會。大吉。

54 兆象命名為「頭仰足肣內外自垂」。卜得此兆的，病人由憂慮而生病，雖然病情嚴重，卻不會死亡。當官的人會當不成官。要出行的人可以出行。要來的人沒有來。求取財物沒有得到。求人辦事不會成功。吉利。

55 兆象命名為「橫吉下有柱」。卜得此兆的，要來的人會來。若占卜當天沒有來到，就會不來了。為病人占卜，如果病人過了一天還沒有好轉，就會死亡。想出行的人不宜出行。求取財物不會得到。被囚禁的人會出獄。

56 兆象命名為「橫吉內外自舉」。卜得此兆的，病人生病很久也不會死去。被囚禁的人關押了很長時間也不會出獄。求取財物能夠得到一些，但所得會很少。想出行的人不宜出行。要來的人沒有來。求見貴人能夠見到。吉利。

57 兆象命名為「內高外下疾輕足發」。求取財物卻得不到。要出行的人可以出行。病人可以痊癒。被囚禁的人不會出獄。要來的人會來。求見貴人卻見不到。吉利。

58 兆象命名為「外格」。求取財物卻得不到。想出行的人不宜出行。要來的人沒有來。被囚禁的人不會出獄。不吉利。病人會死。求取財物卻得不到。求見貴人可以見到。吉利。

59 兆象命名為「內自舉外來正足發」。以此兆象占卜，要要出行的人可以出行。要來的人會來。求取財物可以得到。病人病了很久卻不會死。被囚禁的人不會出獄。求見貴人可以見到。吉利。

60 這個兆象是「橫吉上柱外內自舉足肣」。卜得此兆的，想求取的就能得到。病人不會死去。被囚禁的人不會受到傷害，但出不了獄。要出行的人不宜出行。要來的人不會來。想見的人見不到。百事都會吉利。

61 這個兆象是「橫吉上柱外內自舉柱足以作」。卜得此兆的，想要的就能得到。病重快死的人會很快痊癒。被囚禁的人不會受到傷害，很快就能出獄。要出行的人不宜出行。要來的人不會來。想見的人見不到。百事都會吉利。可以發兵。

62 這個兆象是「挺詐有外」。卜得此兆的，想求取的卻得不到。病人不會死去，多次有所好轉。被囚禁的人因禍致罪。聽說了不好的傳言卻沒有受到傷害。要出行的人不宜出行。要來的人不會來。

63 這個兆象是「挺詐有內」。卜得此兆的，想求取的卻得不到。病人不會死去，多次有所好轉。被囚禁的人有禍，將要抵罪，卻不會受到傷害，可以出獄。要出行的人不宜出行。要來的人不會來。要見的人卻見不到。

64 這個兆象是「挺詐內外自舉」。卜得此兆的，想求取的就能得到。病人不會死去。被囚禁的人不會判罪。要出行的人可以出行。要來的人會來。耕田、買賣、捕魚打獵，都有喜事。

65 這個兆象是「狐狢」。卜得此兆，想求取的卻得不到。病人會病死，很難有好轉。被囚禁的人會留在獄中，不會判罪，很難出獄。可以在家裡居住。可以娶媳婦，嫁女兒。要出行的人不宜出行。要來的人不會來。要見的人見不到。有憂愁的事，但卻不值得憂愁。

66 這個兆象是「狐徹」。卜得此兆，想求取的卻得不到。病人會病死。被囚禁的人會留在獄中，要抵罪。要出行的人不宜出行。要來的人不會來。要見的人見不到。討論的事情將確定下來。百事都不吉利。

67 這個兆象是「首俯足肣身節折」。卜得此兆，想求取的卻得不到。病人會病死。被囚禁的人會留在獄中，會判罪。希望出行的人來到卻沒有來。要出行的人可以出行。要來的人不會來。想見的人卻見不到。

68 這個兆象是「挺內外自垂」。卜得此兆，所求的事情不會曖昧不明。病人不會死，但很難痊癒。被囚禁的人會留在獄中，不會判罪，但很難出獄。要出行的人不宜出行。要來的人不會來。想見的人卻見不到。不吉。

69 這個兆象是「橫吉榆仰首俯」。卜得此兆，要求取的很難得到。病人很難痊癒，卻不會死。被囚禁的人很難出獄，卻不會受到傷害。可以住在家裡，可以娶媳婦嫁女兒。

70 這個兆象是「橫吉上柱載正身節折內外自舉」。卜得此兆，病人在占卜的當天不會死亡，但過了一天就會死亡。

71 這個兆象是「橫吉上柱足肣內自舉外自垂」。卜得此兆，病人在占卜的當天不會死亡，但過了一天就會死亡。

72 人的病，這個兆象是「首俯足詐有外無內」。卜得此兆，用龜甲占卜還未結束的時候，病人就會急速死亡。卜問的雖是小事，但有大的損失。一天之內不會死亡。

73 這個兆象是「首仰足肣」。卜得此兆，想求取的卻得不到。被囚禁的人會被判罪。別人的言論使他驚恐，但他卻不會受到傷害。想出行的人不宜出行。要見的人見不到。

74 總論如下：兆書中的「外」是指外人，「內」是指自我；有時，「外」指女人，「內」指男人。「首俯」有憂患之意。「大」指兆身，「小」指兆紋的細枝。辨別兆紋的一般方法是，如果為病情占卜，兆象呈現「足斂」形狀的能活，兆象呈現「足開」形狀的會死。如果為出行者占卜，兆象呈現「足開」形狀的，能到達目的地，兆象呈現「足肣」形狀的，則不能到達目的地。如果為能否出行占卜，兆象呈現「足斂」形狀的不宜出行，兆象呈現「足開」形狀的可以出行。如果為所求結果占卜，兆象呈現「足開」形狀的，有收穫。兆象呈現「足斂」形狀的，沒有收穫。如果為被囚禁的人占卜，兆象呈現「足斂」形狀的，不會出獄。兆象呈現「足開」形狀的，能夠出獄。如果為病人占卜，兆象呈現「足開」形狀的病人就會死，究其緣由，是因為同時還出現了「內高而外下」的兆象。

【研析】 這是《史記》中被稱為「有目無書」中的一篇，其正文在漢代即已亡佚，其篇前之序，人們認為仍應是司馬遷之作。其序文大體包含以下幾點意思：

一、它記述了有史以來卜筮活動的發展歷史，以及這些卜筮活動在不同地區、不同民族所採用的不同手段和方式。司馬遷認為堯、舜以前是不是有卜筮活動，沒有記載，但從夏朝開始，以後便歷代都有了。至於占卜的方式手段，「或以金石，或以草木，國不同俗。」對於這些用過的東西，不同的歷史時期，其態度也不同，「夏殷欲卜者，乃取蓍龜，已則弃去之，以為龜藏則不靈，蓍久則不神。至周室之卜官，常寶藏蓍龜。」

二、它考查分析了卜筮活動所產生的背景及社會原因。司馬遷認為，古人為了生活或為了戰爭的勝利，希望自己能有一種預知未來的能力，因而「參以卜筮，斷以蓍龜」，這是可以理解的。他還認為，真正的「聖王」，自己有的是聰明才幹，辦什麼事情都有自己的主意，這就用不著占卜；只有到了「後世衰微」，人心邪惡，當權者又「愚不師智」的時候，類似卜筮的這種東西才讓人迷信到如醉如痴的地步。人為萬物之靈，為什麼不相信自己的頭腦而去求助於那些無知無識的龜殼蓍草呢？有人說：「昆蟲之所長，聖人不能與爭。其處吉凶，別然否，多中於人。」這話有沒有道理，司馬遷沒有表態。

三、基於科學水平所限和種種實際的需要，司馬遷無法否定，也根本用不著否定卜筮的作用。歷史往事證明，即使是非常英明偉大的人物，也往往有意使用卜筮作為組織群眾、鼓舞人心的手段。如《左傳》所寫秦晉崤之戰前晉文公柩內牛鳴，卜偃進行占卜，以及本文所說的「周公卜三龜，而武王有瘳。……晉文將定襄王之位，卜得黃帝之兆，卒受彤弓之命」，都是英明賢聖的決策者「聽信」與採用卜筮的結果。相反，當一些人喪心病狂地準備進行荒謬殘暴的活動，而又不聽聰明善良的占卜者利用卜筮的「徵兆」進行勸阻時，這種人就肯定不會有好下場了。因此司馬遷說：「君子謂夫輕卜筮，無神明者，悖。」這就是說，在某種情況下，對卜筮應當相信；但他又指出，如果自己的行為本來就荒謬，就「背人道」，這就「鬼神不得其正」，即不會有好結果。總之，司馬遷對卜筮的態度是：可以使用，但要「有而不專」，更主要的還是要在「人事」上多下功夫。

四、它記述了漢武帝時代的卜筮活動。主要在兩方面：其一是當時的卜筮者在漢武帝討伐四夷的戰爭中為漢朝軍隊占卜。司馬遷說他們「猛將推鋒執節，獲勝於彼，而蓍龜時日亦有力於此」。於是衛青、霍去病等七十多人因「軍功」被封侯，而占卜者也「賞賜至或數千萬。如丘子明之屬，富溢貴寵，傾於朝廷」。對四夷戰爭的「勝利」哪裡是靠什麼占卜？是靠人海戰術！這從〈大宛列傳〉、〈衛將軍驃騎列傳〉等篇中可以看出。其二是在「巫蠱之禍」中卜筮者們推波助瀾起了非常惡劣的作用。司馬遷說：「至以卜筮射蠱道，巫蠱時或頗中。素有眦睚不快，因公行誅，恣意所傷，以破族滅門者，不可勝數。」最嚴重的還逼得皇后自殺、太子造反，以至於太子發兵與丞相大戰於長安城中，死者數萬。雖然其中挑起事變的陰謀家如江充之流，「事覺姦窮，亦誅三族」。但在這場慘痛的事變中，卜筮者們無疑都充當了罪惡的幫兇。

作品隱微地包含著一種可貴的、反對迷信色彩，一種強烈的批判情緒。

卷一百二十九

貨殖列傳第六十九

【題解】作品記載了春秋戰國到漢興以來的著名商人的活動，讚揚了他們的卓越才能，分析並論證了商業活動發生、發展的必然性，明確地肯定了商業活動在發展經濟、在強國利民上的重大意義，從而和商鞅、韓非以來，直至漢代政府所大力推行的「重本抑末」的政策與理論大相逕庭，表明了作者農、工、商、虞四者並重，各不可缺的看法，這是異常卓越的，也是非常科學的。春秋戰國以來，儒家反對「言利」，道家宣揚「寡欲」，都不重視，甚至反對發展經濟，這種主張是不利於社會發展的。司馬遷引證事實駁斥了儒、道兩家有關經濟問題的錯誤觀點，明確地承認並有力地論證了經濟法則的作用，論證了人類追求財富的合理性。此外，作品中還有許多關於商業競爭的經驗之談，講法則、講規律都非常精闢。〈貨殖列傳〉與〈平準書〉是我國古代第一批進入歷史科學領域的經濟名著，錢鍾書曾因為司馬遷寫了這種「民生日用」，而稱其為「新史學」的「手闢鴻濛」者，這絕不是溢美之言。

1 老子❶曰：「至治之極❷，鄰國相望，雞狗之聲相聞，民各甘其食，美其服，安其俗，樂其業❸，至老死不相往來❹。」必用此為務❺，輓近世塗民耳目，則幾無行矣❻。

2 太史公曰[7]：夫神農以前[8]，吾不知已。至若詩、書所述虞、夏以來[9]，耳目欲極聲色[10]之好，口欲窮芻豢之味[11]，身安逸樂[12]，而心誇矜埶能之榮[13]。使俗之漸民久矣[14]，雖戶說以眇論[15]，終不能化[16]。故善者因之[17]，其次利道之[18]，其次教誨之[19]，其次整齊之[20]，最下者與之爭[21]。

3 夫山西[22]饒材、竹、穀、纑、旄[23]、玉石；山東[24]多魚、鹽、漆、絲、聲色[25]；江南[26]出枏、梓[27]、薑、桂、金、錫、連[28]、丹沙、犀[29]、瑇瑁[30]、珠璣[31]、齒革；龍門[32]、碣石[33]北多馬、牛、羊、旃裘[34]、筋角[35]；銅、鐵則千里往往山出棊置[36]：此其大較[37]也。皆中國[38]人民所喜好，謠俗[39]被服[40]飲食奉生送死[41]之具也。故待農而食之[42]，虞而出之[43]，工而成之[44]，商而通之[45]。此寧有政教發徵期會哉[46]？人各任[47]其能，竭其力，以得所欲。故物賤之徵貴，貴之徵賤[48]，各勸其業[49]，樂其事[50]，若水之趨下，日夜無休時[51]，不召而自來，不求而民出之。豈非道之所符[52]，而自然之驗[53]邪？

4 周書[54]曰：「農不出則乏其食[55]，工不出則乏其事[56]，商不出則三寶絕，虞不出則財匱少[57]。」財匱少而山澤不辟矣[58]。此四者，民所衣食之原也[59]。原大則饒[60]，原小則鮮[61]。上則富國，下則富家。貧富之道，莫之奪予[62]，而巧者有餘，拙者不足[63]。故太公望封於營丘[64]，地潟鹵[65]，人民寡[66]，於是太公勸其女功[67]，極技巧[68]，通魚鹽[69]，則人物歸之[70]，繈至而輻湊[71]。故齊冠帶衣履天下[72]，海岱之間[73]斂袂而往朝[74]焉。其後齊中衰[75]，管子修之[76]，設輕重九府[77]，則桓公以霸[78]，九合諸侯[79]，一匡天下[80]；而管氏亦有三歸[81]，位在陪臣[82]，富於列國之君[83]。是以齊富彊至於威、宣[84]也。

故曰：「倉廩實而知禮節，衣食足而知榮辱[85]。」禮生於有而廢於無[86]。故君子富，好行其德[87]；小人富，以適其力[88]。淵深而魚生之，山深而獸往之，人富而仁義附焉[89]。富者得埶益彰[90]，失埶則客無所之[91]，以而不樂，夷、狄益甚[92]。諺曰[93]：「千金之子，不死於市[94]。」此非空言也。故曰：「天下熙熙，皆為利來；天下壤壤，皆為利往[95]。」夫千乘之王[96]，萬家之侯[97]，百室之君[98]，尚猶患貧，而況匹夫[99]編戶之民[100]乎！

【章　旨】以上為第一段，從理論上分析闡述了商業發展、商人出現，以及人們追求財物的現象，都是事勢、事理之必然，以破儒、道、法諸家，以及秦漢統治者對此類問題的荒謬看法。

【注　釋】❶老子　道家學派最早、最具權威性的著作，也稱《道德經》，相傳為老聃所作，全書共八十一章。❷至治之極　最理想、最太平的政治局面。❸甘其食四句　意即以現有的生活條件、生活環境為美，不再有其他嚮往、其他企求，所以能知足常樂。甘其食，以其現有飲食為美。❹至老死不相往來　瀧川曰：「言至治之世，不知有貨殖。」陳鼓應曰：「這單純樸質的社區，實為古代農村生活理想化的描繪。中國古代農業社會是由無數自治自尚的村落所形成，各個村落間由於交通的不便，經濟上乃求自足自給，所以這烏托邦亦當為當時封建經濟生活分散性的反映。」按：以上引文見《老子》第八十章，今本《老子》無開頭之「至治之極」四字，而「樂其業」下有「鄰國相望」四字。凌稚隆引楊慎曰：「將伸己說，而先引《老子》破之，以為必不然，此健吏舞文手也。」❺必用此為務　如果一定把他所說的這些話當做追求的目標。❻輓近世塗民耳目二句　按：文字生澀。《索隱》曰：「『輓』音『晚』。」則「晚近世」即指後代。塗，堵塞。幾，幾乎。無行，無法行通。全句意謂後代的統治者們要想治理國家就只能把百姓們的眼睛、耳朵都堵起來，叫他們聽不到誘人的聲音，看不到誘人的顏色，否則是怎麼也行不通的。又，瀧川引胡鳴玉曰：「『輓』與『挽』通。『輓近世』，用此輓近世之俗也。」意即後世統治者要想挽救後世的「衰頹」之風，就只有把人們的耳朵、眼睛都堵塞起來，否則是怎麼也行不通的。又引梁啟超曰：「《老子》所言，上古之俗也。上古道路未通，所至閉塞，一林之障，一川之隔，則其勢不能相通。於是溝然畫為一國，山人乏漁，澤人乏木，農有餘粟，女有餘布，操作之人甚勞，而所獲樂利甚寡，遇有旱乾水溢，更復無自振救。以上古不得已之陋俗，而指為『至治之極』，史公作傳，開宗即明此義。」❼太史公曰　以下所引大段文字是作者的論贊，《史記》諸篇的論贊大多數置於傳文之最後，篇幅不長；而此篇則文字頗長，且置於篇首，變體也。❽神農以前　指沒有歷史記載的荒古時代。神農，傳說中的古代帝王名，因教人稼穡，故稱「神農氏」，被後人稱為「三皇」之一。司馬遷認為神農氏的統治時代在黃帝之前，故〈五帝本紀〉中有所謂「軒轅之時，神農氏世衰，諸侯相侵伐，暴虐百姓，而神農氏弗能征」之語。至於有人說「神農氏」即「炎帝」，其說與史公之意不合，參見〈五帝本紀〉。❾詩書所述虞夏以來　即已有歷史記載的虞舜、夏禹、商、周以來。詩書，《詩經》《尚書》。虞夏，虞舜、夏禹。按：《尚書》記載虞舜、夏禹事跡的篇章有〈堯典〉、〈大禹謨〉等；《詩經》記載商朝事跡的篇章有〈商頌〉，記載周朝事跡的篇章有〈周頌〉、〈大雅〉、〈小雅〉以及十五〈國風〉詩。❿極聲色　極，盡。這裡指聽盡、看盡。聲色，音樂與女色。⓫窮芻豢之味　窮，盡。意即吃盡、吃遍。芻豢，朱熹《孟子集注》：「草食曰芻，牛羊是也；穀食曰豢，犬豕是也。」⓬身安逸樂　身體以逸樂為安。安，這裡意即「享受」。⓭心誇矜埶能之榮　內心追求權位勢力發號施令的榮耀。誇矜，誇耀。埶能，勢力才能。埶，同「勢」。⓮使俗之漸民久矣　百姓們受這種風氣的薰染已經很久啦。俗，風氣；風俗。漸，浸染；薰染。按：有本將「使」字斷於上句，與「榮」字連讀，但「榮使」一詞甚生。瀧川本將「使」字與「俗」字連讀，謂：「上使此等流俗漸染人民也。」且云：「或云『使俗』當作『流俗』，字之訛也。」⓯戶說

以眇論　將美妙的理論對百姓們挨戶宣講。眇論，微妙的理論。指老子學說。眇，通「妙」。⑯化　改。指隨其言論而改變自己舊有的思想行為。⑰善者因之　善於治理國家的人是順其自然而變化。因，順。〈管晏列傳〉有所謂「下令如流水之原，令順民心」，「俗之所欲，因而予之；俗之所否，因而去之」，蓋即此意也。⑱利道之　藉著有利形勢而加以引導。道，同「導」。⑲教誨之　本來不願意，經過說理、規勸，使之奉行。⑳整齊之　百姓本不贊成，而統治者用規章、法律強制其奉行。㉑最下者與之爭　指國家官辦各種企業，與實行平準、均輸諸政而言。按：當時反對武帝實行鹽鐵官營、平準、均輸的人稱武帝這種做法為「與民爭利」，見《鹽鐵論》。司馬遷也持這種看法，故有此說，詳情參看〈平準書〉。張大可說：「『因之』是放任商品經濟的發展，『與之爭』是國家粗暴地干預經濟，全面地抑制商品經濟，是兩個極端。」㉒山西　指崤山（在今河南靈寶東北）或華山（在今陝西華陰南）以西，與「關中」的涵義略同，約當今之陝西，兼及隴、蜀也。㉓饒材竹穀纑旄　饒，富有；豐產。材，木材。穀，《索隱》曰：「木名，皮可為紙。」纑，《索隱》曰：「山中紵，可以為布。」旄，指旄牛，古代用其尾作為旌節上面的裝飾。㉔山東　指崤山或華山以東，即今河南省之中部北部、山東省西部、河北省南部，與安徽、江蘇之北部一帶地區。㉕聲色　指歌兒舞女。陳子龍曰：「聲色，指美女，亦列於貨物矣。」㉖江南　指今之湖南、江西、以及安徽、江蘇之南部等地區。㉗枏梓　兩種貴重的木材名。枏，同「楠」。㉘連　《集解》引徐廣曰：「鉛之未煉者。」㉙犀　犀牛角。瀧川曰：「楓本『犀』下有『象』字，與《通志》合。」㉚瑇瑁　龜屬動物，甲殼可以為飾物。㉛璣　珍珠之小者。㉜龍門　山名，在今陝西韓城東北之黃河兩岸。㉝碣石　山名，在今河北昌黎北。㉞旃裘　毛製大衣。旃，同「氈」。獸毛製成的片狀物。㉟筋角　筋，動物的筋，可以熬膠製弓。角，可以用做飾物。㊱銅鐵句　意謂出產銅、鐵的礦山，千里之間星羅棋布。棊置，《索隱》曰：「言如置棋子，往往有之。」《正義》引《管子》曰：「凡天下名山五千二百七十，出銅之山四百六十七，出鐵之山三千六百有九。山上有赭，其下有鐵；山上有鉛，其下有銀。」㊲大較　大略；大概形勢。㊳中國　意即中原地區。㊴謠俗　猶言「風俗」、「風尚」。下文云「其謠俗猶有趙之風也」，《漢書・李尋傳》「參人民謠俗」，字義皆同。㊵被服　猶言「穿戴」。被，通「披」。㊶奉生送死　供養生者，禮葬死者。㊷待農而食之　意即農民給人們生產吃的東西。㊸虞而出之　虞人把山林湖海中的物產開發出來。虞，原指管理山林藪澤的官吏，這裡即指經營、開發山林藪澤的人。㊹工而成之　工匠把原材料製成各種器物。㊺商而通之　商人讓各地區、各行業生產的物品流通起來，以達到互通有無。㊻此寧有政教發徵期會哉　這難道是有什麼命令把它們徵調安排得這麼好嗎。政教，政令；法規。發徵，徵調。期會，刻期而會；按時送達。瀧川引梁啟超曰：「西人言富國學者以『農』『礦』『工』『商』分為四門，四者相需，缺一不可，與《史記》之言若合符節。」(47)任　憑；憑藉。(48)物賤之徵貴二句　意謂一種產品的價格如果太賤了，那就意味著將要變貴；一種產品的價格太貴了，那就意味著將要變賤。之，義同「則」。徵，徵兆。這裡用為動詞。凌稚隆曰：「此二句即下文『貴上極則反賤』二句。」(49)各勸其業　努力從事於自己的職業。勸，勉；努力從事。(50)樂其事　以從事自己的行業、職業為樂。(51)若水之趨下二句　《商君書・君臣》：「民之於利也，若水於下也，四旁無擇也。」《漢書・食貨志》載鼂錯上書云：「民者，在上所以牧之，趨利如水走下，四方無擇也。」蓋當時習用此說。(52)道之所符　符合於「大道」的事情。道，猶今之所謂自然法則。(53)自然之驗　合乎自然規律的證明。按：老子僵化地宣揚「老死不相往來」，史公則認為「農」「虞」「工」「商」的分工合作才真是符合「自然」、「大道」，對老子的攻駁很有力。(54)周書　指《逸周書》，共七十一篇，記周朝上起文王、武王，下至靈王、景王時事，大約成書於戰國時期。(55)農不出則乏其食　農民不進行種植，社會上就要缺少糧食。(56)乏其事　缺少使用的器物。(57)商不出則三寶絕二句　按：此處次序不清，前面已首言「農」、次言「工」，這裡則應接著先言「虞」，而後再說「商」。「三寶」即指農所出之「食」，工所成之「事」，虞所出之「財」（材料、貨物）。這三者都要靠商賈來使之流通交換，四種人缺一不可，故下文接云「此四者，民所衣食之原也」。今將「商」插敘在「虞」之前，而曰「商不出則三寶絕」，遂使人不知「三寶」為何物。瀧川引中井曰：「蓋以『食』『事』『財』為『三寶』也，則『三寶』句當在末。」(58)財匱少而山澤不辟矣　李笠曰：「『而』同『則』。」辟，開闢；開發。按：此句單講「虞」的作用，隔斷上四句與下文的聯繫，其故何哉？郭嵩燾曰：「農、工、商、虞四者並重，而於虞通山澤之利尤鄭重言之。」(59)此四者二句　原，通「源」。郭嵩燾曰：「《周禮》曰：『虞衡作山澤之材。』天地自然之利，一出於虞人。史公之言與《周禮》之『以九職任萬民』者相適應。自漢興始為『重農抑末』之說以困辱商人，今無復有能知此義者矣。」張大可曰：「司馬遷不僅突破了『重農抑商』的傳統觀念，而且強調了四業並重，缺一不可，對傳統的『抑商』政策作了徹底的否定。」(60)原大則饒　源頭開闢得大，人民的衣食就豐饒。(61)鮮少，指物資匱乏。(62)莫之奪予　猶言「沒有誰能夠改變它」。奪予，讓它那樣，或不讓它那樣。奪，改變。(63)巧者有餘二句　語出《管子・形勢篇》。意即運作好的就能發財、致富，運作不好的就要賠本、受窮。(64)故太公望封於營丘　故，想當初。太公望，姜太公呂望，周武王的開國元勳，因功被封於齊，為齊國的首封之君，事跡見〈齊太公世家〉。營丘，古邑名，後改稱臨淄，齊國的國都，即今山東淄博的臨淄區。(65)地潟鹵　地多鹽鹼。潟，鹽鹼地。(66)人民寡　人口稀少。(67)勸其女功　鼓勵婦女開展紡織、刺繡一類的活動。(68)極技巧　充分發揮她們的技藝，使齊國的紡織、刺繡等手工技藝達到了無與倫比的程度。(69)通魚鹽　將齊國出產的魚鹽，銷售到當時的其他各個國家。(70)人物歸之　使當時其他各個國家的人民紛紛投奔齊國。物，亦指人。71緜至而輻湊　言四方來歸者之多。緜至，像錢串子穿連的銅錢那樣一個挨一個地投向齊國來。緜，即所謂「錢串子」，用以穿起銅錢。《漢書・兒寬傳》：「大家牛車，小家擔負，輸租緜屬不絕。」師古注：「緜，索也，言輸者接連不絕於道，若繩索之相屬也。」輻湊，如輻條之歸湊於轂。按：有人解「緜」為「襁」，背小孩的布帶，「緜至」即背著小孩投奔齊國。意思雖通，但與「輻湊」不相對稱。72冠帶衣履天下　言天下各國的冠帶衣履，皆齊國所造。冠帶、衣履，在這裡皆用為動詞。73海岱之間　指北海（渤海）、東海與泰山之間的各小國諸侯。74斂袂而往朝　斂袂，整斂衣袖，以表示恭敬。按：此所述皆西周時事，具體情況不詳。75其後齊中衰　當在西周後期。76管子修之　管子，即管仲，齊桓公時代的傑出政治家，事跡詳見〈管晏列傳〉。修，治。77設輕重九府　意即實行許多新的經濟政策。輕重九府，主管金融貨幣的官府。《正義》引《管子》云：「輕重，調錢也。夫治民有輕重之法，周有大府、玉府、內府、外府、泉府、天府、職內、職金、職幣，皆掌財幣之官，故云九府也。」78桓公以霸　桓公，名小白，釐公之子，襄公之弟，西元前六八五—前六四三年在位。以霸，因管仲實行新的經濟舉措而稱霸。79九合諸侯　多次地召集諸侯會盟，以維持當時的穩定局面。九，泛指多數。據《左傳》記載，齊桓公前後曾召集諸侯會盟十一次。80一匡天下　匡，正；端正；穩定。至於「一匡天下」之具體所指，師古《漢書・郊祀志》注曰：「謂定襄王為天子之位也。」按：時周襄王之弟叔帶勾結戎狄與襄王爭位，被襄王打敗，逃到齊國。齊桓公派管仲到周國進行調解，於是使其兄弟暫時相安。齊桓公此舉實際是保護了叛亂分子叔帶，無所謂「定襄王為天子」之事，故前人多不取此說。師古又引或說：「謂陽穀之會，令諸侯『無障谷，無貯粟，無以妾為妻』，天下皆從，故云『一匡』者也。」按：師古所引「陽穀之會」事見《公羊傳》僖公三年（西元前六五七年），蓋謂齊桓公為各國諸侯定出規矩，使許多「歪風邪氣」得到糾正。81三歸　眾說不一，《論語集解》引包咸曰：「三歸，娶三姓女，婦人謂嫁曰歸。」即有三房家室。《說苑・善說》：「管仲築三歸之臺以自傷於民。」此則為臺名。《晏子春秋・內篇》：「（晏子）身老，賞之以三歸，澤及子孫。」此則為地名。郭嵩燾曰：「所謂『三歸』者，市租之常例歸之公者也。桓公既霸，遂以賞管仲。」此則指稅收。82陪臣　指諸侯國的大夫，以其對周天子自稱「陪臣」，故云。83列國之君　各諸侯國的國君。84富彊至於威宣　謂齊國的富強自桓公開始，一直富強到齊威王、齊宣王。威，齊威王，名因齊，戰國時期的齊國國君，西元前三五六—前三二〇年在位。宣，齊宣王，名辟彊，威王之子，西元前三一九—前三〇一年在位。按：齊桓公至齊威王、齊宣王雖然都是齊國，但其間已經過改朝換代。齊桓公小白姓姜，齊威王因齊則姓田。有關齊桓公的事跡見〈齊太公世家〉，有關齊威王的事跡見〈田敬仲完世家〉。85倉廩實而知禮節二句　見《管子・牧民》。倉廩，屋外者曰倉；屋內者曰廩，也有謂藏米者曰廩。這裡即泛指倉庫。實，充滿。86禮生於有而廢於無　蓋即俗所謂「在富易為容，居貧難自好」也，此中有史公之無限感慨。87君子富二句　思想崇高的人發財後往往愛做好事，如〈越王句踐世家〉所說范蠡之發財後「盡散其財，以分與知友鄉黨」云云是也。88適其力　謂放縱自己，安然過享樂生活。或者還可謂肆意逞強，橫行於社會。適，放縱；逞欲。89人富而仁義附焉　誰有錢誰就有好名聲，他的道德就能「高尚」。前面的「淵深而魚生之，山深而獸往之」二句，即為此句「人富而仁義附焉」作比喻，以加強說服力。《莊子・胠篋》中有所謂「竊鉤者誅，竊國者侯，侯之門而仁義存焉」，即史公此語之所本，亦憤慨語也。90富者得埶益彰　人的錢越多，勢力也就隨著越來越大，名望也就越來越高。91失埶則客無所之　誰的勢力一旦失去，他便立刻門庭冷落，再也沒有朋友。如〈孟嘗君列傳〉、〈廉頗藺相如列傳〉、〈汲鄭列傳〉等所寫之情況是也。之，往。92以而不樂二句　按：八字不知所云，瀧川引中井曰：「『以而不樂』句似有脫誤。」93諺曰　即今之所謂「俗話說」。諺，諺語；俗話。94千金之子二句　何焯曰：「不死市者，知榮辱，恥犯法也。」按：何說只言其一，尚有其二。富兒犯法，家有金錢打點，亦可不使「死於市」，〈越王句踐世家〉所記之范蠡救子即是，漢代更公開設有花錢贖罪之法。95天下熙熙四句　當時諺語如此。熙熙、壤壤，皆言往來人多的樣子。陳直曰：「《鹽鐵論・毀學篇》云：『大夫曰：司馬子長有言，天下攘攘，皆為利往。趙女不擇醜好，鄭姬不擇遠近，商人不醜恥辱，戎士不愛死力，士不在親，事君不避其難，皆為利祿也。』此段完全節括《史記・貨殖傳》原文，(桑)弘羊當為引用《史記》最早之一人。」按：史公此數語之意義非凡，其一揭出了追求物質利益是一切人的本性，是推動社會發展的原動力；其二是痛斥了上流社會的假清高，是對「君子喻於義，小人喻於利」這種汙蔑下層人的有力回駁。96千乘之王　指戰國時代的各國國君與漢代建國初期的各諸侯王。千乘，千輛兵車。乘，一車四馬。97萬家之侯　即通常所說的「萬戶侯」，大體是享有一個縣的采邑。98百室之君　享有百家之邑的小封君，如越王句踐欲封吳王夫差於「甬東，君百家」是也。99匹夫　指平民，因其除孤身一人外，別無任何僕役婢妾等侍應者。100編戶之民　編入政府戶籍的黎民，即平民、里巷之民。

【語譯】《老子》裡說：「秩序最好的國家，百姓彼此相鄰，雞鳴狗叫都可以互相聽得見，人們都對自己的衣食感到滿意，也對自己的風俗習慣以及自己所從事的工作感到很滿意，但卻一輩子不相往來。」誰要是用這種目標來麻醉和愚弄人民，並企圖用這個來挽救國家的衰敗，那是不可能有好效果的。

2　太史公說：神農氏以前的狀況，我沒法說，至於像《詩》、《書》所講說的虞舜、夏禹以來，人們都是耳朵想聽最好的聲音，眼睛想看最好的顏色，嘴想嘗到最好的滋味，身體追求最好的享受，精神上追求最大的權勢和最高的榮耀。人們受這種風氣的浸染由來已久，即使你挨門逐戶地去勸說也改變不了。對待這種問題最好的辦法是順其自然，其次是引導他，再次是教育他，再次是規範他，最壞的辦法是去同他們競爭。

3 山西地區盛產木材、竹子、穀樹、旄牛、玉石；山東地區盛產魚、鹽、漆、絲、以及歌兒舞女；江南地區盛產楠木、梓材、薑、桂、金、錫、鉛、丹砂、犀角、瑇瑁、珍珠、以及象牙、皮革等；龍門、碣石以北盛產馬、牛、羊、氈袍、筋、角；生產銅、鐵的礦山，在千里之間星羅棋布。以上是就其大概而言。這些東西都是我國人民所喜愛，都是大家日常生活所用的養生送死的東西。這些東西都要等待農民去種植它，需要虞人去開發它，需要工匠去加工它，需要商人們去流通它。這些活動難道非要有誰來給他們下命令作規定嗎？人們都是憑著自己的本領，使盡自己的力氣，來獲取自己想要的東西。一種東西的價格太賤了就要逐漸變貴，太貴了就要逐漸變賤，人們都努力從事於自己的職業，都喜歡做自己想做的事情，就如同水晝夜不停地往低處流，不用誰號召，人們就自己來；不用誰要求，人們就自己做。這不正是符合了規律，體現了自然的法則嗎？

4 《周書》上講：「農夫不幹活人們就沒有吃的，工匠不幹活人們就沒有用的，商人不幹活東西就無法流通，虞人不幹活社會上的物資就要短少。」物資短少則許多事情就無法進行了。從事這四種行業的人，都是人們生活必需品的創造者。這些行業開展得好社會就富裕，開展得不好社會就貧困。這些活動都是上可以富國，下可以富家的。人間的貧富，並不是誰想怎麼就怎麼的，而是聰明善於經營的就富，笨拙不善於經營的就窮。當年姜太公被封在營丘，那裡土地貧瘠，居民又少，因此姜太公就鼓勵婦女們紡織刺繡，充分發揮他們的技藝，發展捕魚製鹽，使各國的人，從四方紛紛前來投奔。齊國製造的鞋帽衣帶遠銷於天下各國，北海、東海、泰山之間的許多小國都恭敬地去朝拜它。後來齊國一度衰落了，待至管仲修明國政，發展各種金融事業，輔佐齊桓公成了春秋時的霸主。齊國在當時曾多次召集諸侯會盟，又一度平定了周國的內亂；而管仲個人也獲得了極大的經濟利益，以至於他雖然只是個大夫，但實際上比其他諸侯國的國君還要闊氣。齊國也正是由於這種原因所以才一直強大到戰國時代的齊威王、齊宣王。

5 所以說：「國庫裡的物資充足，人們才懂得講求禮節；吃飽穿暖後，人們才會知道什麼叫恥辱。」禮節須人富了才能講究。所以君子富了就會做好事，小人富了就會放縱逞欲。水越深的地方魚越多，山越深的地方獸越多，人要富了就會有仁義之名。富有的人有了勢力，名聲就會越來越大；失去了權勢的人，門前來客也就不多了。中原地區如此，夷狄更是這個樣子。俗話說：「家有千金的人，絕不會被處死在街頭上。」這話是有根據的。所以說：「天下人紛紛擾擾，一切活動都是為了利。」具有千輛戰車的國王，具有萬戶領地的諸侯，具有百家領地的封君，還都害怕受窮，更何況是一般的平民百姓呢！

1 昔者越王句踐❶困於會稽之上，乃用范蠡❷、計然❸。計然曰：「知鬭則修備，時用則知物❹，二者形則萬貨之情可得而觀已❺。故歲在金，穰❻；水，毀❼；木，饑❽；火，旱❾。旱則資舟，水則資車❿，物之理也。六歲穰，六歲旱，十二歲一大饑⓫。夫糶⓬，二十病農，九十病末⓭。末病則財不出⓮，農病則草不辟⓯矣。上不過八十，下不減三十⓰，則農、末俱利⓱。平糶齊物⓲，關市不乏⓳，治國之道也。積著⓴之理，務完物㉑，無息幣㉒。以物相貿易，腐敗而食之貨勿留㉓，無敢居貴㉔。論其有餘不足，則知貴賤㉕。貴上極則反賤㉖，賤下極則反貴。貴出如糞土㉗，賤取如珠玉㉘。財幣欲其行如流水㉙。」修㉚之十年，國富。厚賂㉛戰士，士赴矢石如渴得飲㉜，遂報彊吳㉝，觀兵中國㉞，稱號「五霸㉟」。

2 范蠡既雪會稽之恥[36]，乃喟然[37]而歎曰：「計然之策七[38]，越用其五而得意[39]。既已施於國，吾欲用之家[40]。」乃乘扁舟[41]浮於江湖[42]，變名易姓，適齊為鴟夷子皮[43]，之陶為朱公[44]。朱公以為陶天下之中，諸侯四通[45]，貨物所交易也。乃治產[46]積居[47]，與時逐[48]而不責於人[49]。故善治生[50]者，能擇人而任時[51]。十九年之中三致千金[52]，再分散與貧交、疏昆弟[53]，此所謂「富好行其德」者也[54]。後年衰老而聽[55]子孫，子孫脩業而息之[56]，遂至巨萬[57]。故言富者皆稱陶朱公[58]。

3 子贛[59]既學於仲尼，退而仕於衛[60]，廢著鬻財[61]於曹[62]、魯[63]之間。七十子[64]之徒，賜最為饒益[65]。原憲[66]不厭糟糠[67]，匿於窮巷[68]。子貢結駟連騎[69]，束帛之幣[70]以聘享諸侯[71]，所至[72]，國君無不分庭與之抗禮[73]。夫使孔子名布揚於天下者，子貢先後之[74]也。此所謂「得埶而益彰」者乎[75]？

4 白圭，周[76]人也。當魏文侯[77]時，李克[78]務盡地力[79]，而白圭樂觀時變[80]，故人棄我取，人取我與[81]。夫歲孰取穀，予之絲、漆[82]；繭出取帛絮，予之食[83]。太陰在卯[84]，穰[85]，明歲衰惡[86]；至午[87]，旱，明歲美；至酉[88]，穰，明歲衰惡；至子[89]，大旱，明歲美，有水；至卯，積著率歲倍[90]。欲長錢，取下穀[91]；長石斗，取上種[92]。能薄飲食，忍嗜欲，節衣服，與用事僮僕[93]同苦樂，趨時若猛獸摯鳥之發[94]。故曰：「吾治生產[95]，猶伊尹、呂尚[96]之謀，孫、吳[97]用兵，商鞅[98]行法是也。是故其智不足與權變[99]，勇不足以決斷[100]，仁不能以取予[101]，彊不能有所守[102]，雖欲學吾術，終不告之矣[103]。」蓋天下言治生祖白圭[104]。白圭其有所試矣[105]，能試有所長[106]，非苟而已也[107]。

猗頓用盬鹽起[108]，而邯鄲[109]郭縱以鐵冶成業[110]，與王者埒富[111]。烏氏倮[112]畜牧，及眾，斥賣[113]，求奇繒物[114]，間獻遺戎王[115]。戎王什倍其償[116]，與之畜，畜至用谷量馬牛[117]。秦始皇帝[118]令倮比封君[119]，以時與列臣朝請[120]。而巴寡婦清[121]，其先得丹穴[122]，而擅其利數世[123]，家亦不訾[124]。清，寡婦也，能守其業，用財自衛，不見侵犯[125]。秦皇帝[126]以為貞婦而客之[127]，為築女懷清臺[128]。夫倮，鄙人牧長[129]；清，窮鄉寡婦，禮抗萬乘[130]，名顯天下，豈非以富邪[131]？

【章　旨】以上為第二段，記載了先秦的著名商人的言論與活動。

【注　釋】❶越王句踐　春秋末期的越國國君，西元前四九六—前四六五年在位。早年曾被吳王夫差打敗，困於會稽山（在今浙江紹興東南），後來發憤圖強，經過二十多年的準備，終於滅掉了吳國。事情詳見〈越王句踐世家〉、〈伍子胥列傳〉。❷范蠡　句踐的謀臣，也是我國古代有名的大商人，事跡參見〈越王句踐世家〉。❸計然　《集解》引徐廣曰：「范蠡之師也，名研，故諺曰『研、桑心算』。」又引《范子》曰：「葵丘濮上人，姓辛氏，字文子。其先，晉國亡公子也。嘗南游於越，范蠡師事之。」《吳越春秋》稱之曰「計倪」。今人何茲全曾以為「計然」即「文種」。❹知鬭則修備二句　按：二句略生澀，大意調懂戰鬥的人平時就要做好準備；要想到時候用起來順手，平常就應該了解這些東西的性能。❺二者形句　具體明白以上兩個道理，就能對各種商品的行情規律都看清楚了。❻歲在金二句　歲星運行到西方，這一年就農業豐收。歲，歲星，即今所謂木星。金，指西方。古人常以五行的「木」、「火」、「金」、「水」來和東、南、西、北相配，故稱西方曰「金」。穰，農業豐收。❼水二句　歲星運行到北方，這一年的農業就將歉收。水，「歲在水」的省文，下同。毀，歉收。瀧川引岡白駒曰：「雖不至饑，比穰之三分之一耳。」❽木二句　歲星運行到東方，這一年就要發生饑荒。❾火二句　歲星運行到南方，這一年就將大旱。❿旱則資舟二句　資，儲存；預備。《正義》引《國語》：「大夫種曰：『賈人夏則資皮，冬則資絺，旱則資舟，水則資車，以待之也。』」郭嵩燾曰：「有旱則有水，有水則有旱，循環自然之理，先為之資以備之。計然之術，大抵因時觀變，先事預防，承其乏而居以為奇。」⓫六歲穰三句　按：有豐有穰，穿插交互，是自然法則；但說得過於絕對，則缺乏理性矣。此等語與〈天官書〉中的「木星與土合，為內亂，饑；……金在南曰牝牡，年穀熟」等許多說法頗似。⓬糶　出賣糧食。⓭二十病農二句　《索隱》曰：「言米賤則農夫病也，若米斗值九十，則商賈病，故云病『末』。」病，用如動詞。傷害。末，末業，指商業。這裡指商人。所謂「二十」「九十」是指所花銅錢的數目，單位是「文」。⓮末病則財不出　意謂商人無利可圖，便不再花錢從事商業活動。⓯草不辟　荒地無人開墾。意即無人從事農業活動。辟，開闢；開墾。⓰上不過八十二句　最貴不超過八十文，最賤不低於三十文。⓱俱利　都有利潤可圖。⓲平糶齊物　指政府通過一定的辦法以保持物價的平衡。「平糶」與「齊物」的意思大體相同，都是指平衡物價。⓳關市不乏　意即保障市場貿易的健康發展。關市，稽查行人的關卡與進行貿易的市場，這裡主要即指市場。按：「關市」一詞多次出現於〈匈奴列傳〉，意思即指「貿易」或「交易市場」。⓴積著　貯藏貨物。著，同「貯」。㉑務完物　絕對要貯藏上好的貨物。完物，《正義佚文》曰：「完牢之物。」㉒無息幣　瀧川曰：「《索隱》、《正義》本『幣』作『弊』，義長。」息，儲留。按：「無息弊」即不要貯藏劣質的商品，與上句「務完物」相對成文。現代讀《史記》者有人將其解釋為「不要在手裡積壓著錢，要使資金周轉起來」，這當然也是賺錢營利的重要原則，但史公這裡乃是講「積著之理」，是講買進商品，故仍以「無息弊」者為長。㉓腐敗而食之貨勿留　意謂凡是已經變質的東西則應斷然拋棄。食，李笠曰：「蝕也。」㉔無敢居貴　意謂物價已經上漲，自己的貨物就要立即賣出，不能盼著越貴越好，把著手裡的東西不賣。㉕論其有餘不足二句　根據市場上某種商品的過剩或是緊缺，就可以預知其未來行情的漲落。㉖貴上極則反賤　某種商品的價錢貴到了極限，就將很快變賤。㉗貴出如糞土　物價已高，自己的貨物就要立刻拋出，如同糞土一樣地不吝惜。㉘賤取如珠玉　某種商品的價錢一旦下落，那就要將其大量購入，如同珠玉一般地看重。㉙財幣欲其行如流水意即不要讓資金壓在手裡存著，要讓它充分地周轉起來。㉚修　治。意即用這種理論治理國家。㉛賂　以金錢收買。這裡指賞賜。㉜士赴矢石如渴得飲　極言勇士衝鋒不畏一切之狀。赴矢石，即今所謂「冒著槍林彈雨」。矢，箭。石，敵方打來的石塊。㉝報彊吳　指滅掉吳國，舊仇得報，事在句踐二十四年（西元前四七三年），詳見〈越王句踐世家〉。㉞觀兵中國　向中原地區的國家炫耀武力。〈越王句踐世家〉云：「句踐已平吳，乃以兵北渡淮，與齊、晉諸侯會於徐州，致貢於周。周元王使人賜句踐胙，命為伯。……當是時，越兵橫行於江、淮東，諸侯畢賀，號稱霸王。」㉟五霸　指齊桓公、晉文公、楚莊王、吳王闔閭、越王句踐。按：前文曾云工、農、商、虞之發展好者「上則富國，下則富家」，此計然所為即所謂「富國」者也。㊱既雪會稽之恥　指協助句踐滅掉吳國。㊲喟然　心有所感的樣子。㊳計然之策七　梁玉繩曰：「《吳越春秋》、《越絕》皆作『九術』，『七』字與《漢傳》『十』字同誤。」按：有人說「計然」是范蠡的老師，他的「七策」是什麼，史無明載。也有人認為計然就是文種。〈越王句踐世家〉句踐謂文種曰：「子教寡人伐吳七術，寡人用其三而敗吳。」此即其證也，然亦未詳列「七術」之目。〈越王句踐世家〉之《正義》引《越絕書》云：「九術，一曰尊天事鬼；二曰重財幣以遺其君；三曰貴糴粟藁，以空其邦；四曰遺之好美，以熒其志；五曰遺之巧匠，使起宮室高臺，以盡其財，以疲其力；六曰貴其諛臣，使之易伐；七曰彊其諫臣，使之自殺；八曰邦家富而備器利；九曰堅甲利兵，以承其弊。」按：《越絕書》乃後起者，所言之口徑亦與此不甚相合，僅可參考。㊴得意　猶言「得志」。指滅吳復仇稱霸。㊵用之家　用之於自己家庭的發財致富。㊶扁舟　小舟。扁，小。《集解》引《漢書音義》曰：「特舟也。」按：「特舟」即孤舟。㊷浮於江湖　《國語·越語下》謂越國滅吳後，范蠡「遂乘輕舟以浮於五湖，莫知其所終極」。㊸適齊為鴟夷子皮　到了齊國就叫「鴟夷子皮」。鴟夷，皮口袋。師古曰：「言若盛酒之鴟夷，多所容受，而可卷懷，與時張弛也。鴟夷，皮之所為，故曰『子皮』。」按：史公此說可疑，蓋齊國當時之權貴田常門下有喚「鴟夷子皮」者，范蠡安得與之同稱？㊹之陶為朱公　到了陶邑，又自稱為朱姓某人。陶，古邑名，在今山東定陶西北，當時屬宋。蒙文通曰：「〈越世家〉所說『范蠡浮海出齊，變姓名，自謂鴟夷子皮』，又言『閒行以去，止于陶，……自謂陶朱公』，全皆妄誕，小說家言也。」㊺諸侯四通　謂地處於各諸侯國間的交通要衝。㊻治產　發展產業。意即經商。王先謙引劉攽曰：「治產，治凡可以生息者。」㊼積居　猶言「囤積」。貯存貨物以待價高而售。㊽與時逐　與時機相周旋。指掌握物價規律，看準時機地買入賣出。逐，競爭。㊾不責於人　不是有目的地賺某人、坑某人。責，求；討。㊿治生　意同「治產」，即經商。(51)擇人而任時　瀧川曰：「『擇人而任時』，即『與時逐而不責於人』也。『擇』當作『釋』。」按：瀧川說是。《孫子·勢篇》：「善戰者求之於勢，不責於人，故能擇（釋）人而任勢。」《韓非子·難勢》：「擇（釋）賢而專任勢，足以為治乎？」與此處之思想、文字皆同。「擇」皆應作「釋」。有的注本稱「擇人」為「選擇好的得力人手」，絕非。(52)三致千金　三次將財產擴大到千金之多。按：秦時稱黃金一鎰（二十兩或二十四兩）曰「一金」，而「一金」大約折合一萬個銅錢。(53)再分散與貧交疏昆弟　兩度將財產分配、贈送與眾人。貧交，窮朋友。疏昆弟，疏遠的同族兄弟，親近者更不待言。(54)此所謂富好行其德者也　與前文「君子富，好行其德」句相應。(55)聽　任；任憑。(56)脩業而息之　脩業，繼承父、祖輩的事業。息，生；增殖。即擴大資產。(57)巨萬　萬萬，即今之所謂「億」。按：此處之單位應指銅錢，萬萬銅錢約當黃金萬鎰。(58)言富者皆稱陶朱公　誰要說起富翁，必以陶朱公為首選。(59)子贛　即子貢，姓端木，名賜，孔子的弟子，以長於辭令聞名。因好經商，曾受過孔子的輕度非議。《論語・先進》有所謂「賜不受命而貨殖焉，億則屢中。」。贛，通「貢」。(60)退而仕於衛　謂子貢學習結束離開孔子後遂在衛國任職。衛，西周初年建立的諸侯國名，首封之君為武王之弟康叔姬封，都於朝歌（今河南淇縣）。有關衛國的事情見〈衛康叔世家〉。(61)廢著鬻財　即囤積居奇，以時獲利之意。廢著，猶言「廢居」，亦即所謂「屯積」。廢，停。著，通「貯」。鬻財，即指做買賣。鬻，賣。或曰：「廢」此處同「發」，「廢著」即賣出、買進。(62)曹　西周初年建立的諸侯國名，始封之君為武王之弟振鐸，國都於陶丘（今山東定陶西北）。(63)魯　西周初年建立的諸侯國名，始封之君為周公之子伯禽，國都即今山東曲阜。(64)七十子　概稱孔子的學生。〈仲尼弟子列傳〉有所謂「受業身通者七十有七人」之語，此言其成數。(65)饒益　富裕；富足。(66)原憲　孔子的弟子，以修潔隱退、不慕榮利著稱，事跡見〈仲尼弟子列傳〉。(67)不厭糟糠　連糟糠都得不到滿足。厭，同「饜」。足；充分供應。(68)匿於窮巷　〈仲尼弟子列傳〉說子貢往見原憲時，是「排藜藿入窮閻」，則原憲所居之貧困可知。(69)結駟連騎　極言子貢所乘車駕之排場。結駟，意即乘坐著四馬高車。連騎，謂車駕前後跟從許多騎侍。(70)束帛之幣　古代貴族互相聘問時所用的禮物。《周禮・春官》賈疏云：「束者十端，每端丈八尺。皆兩端合卷，總為五匹，故云束帛也。」幣，古代用以稱禮品，凡玉、馬、皮、珪、璧、帛等皆稱為幣。(71)聘享諸侯　意即憑著自己的身分周遊各國，拜會各國的君主。聘享，諸侯之間平等的派員通好曰「聘」；諸侯向天子或小國向大國的進獻曰「享」。這裡即泛指友好的拜會。(72)所至　所到之處；不論走到哪裡。(73)分庭與之抗禮　相互間行對等的禮數。師古曰：「為賓主之禮。」按：古代凡身分相等的客人來訪，主人要迎至中庭，並在中庭賓主行對等之禮。《莊子・漁父》成玄英疏：「抗，對也。分處庭中，相對設禮。」(74)先後之　意即為之活動、打點。(75)此所謂得埶而益彰者乎　梁玉繩曰：「列子貢於〈貨殖〉，非也。」崔述曰：「古者金粟皆謂之貨，殖猶生也。所謂貨殖云者，不過留心於家人生產，酌盈濟虛，使不至困乏耳，非羅賤販貴若商賈所為也。樊遲請學稼圃，孔子以『小人』斥之；若子貢學道而躬行商賈之事，孔子不知當如何斥之！且謂孔子之道之顯，子貢先後之可也；謂子貢以富故能顯之，豈聖人之道亦必藉有財而後能行於世乎？此乃司馬氏憤激之言，後人不察，遂以子貢為若商賈者然，謬矣。」按：諸儒皆以子貢經商為恥，而史公則極力推揚之，並誇張其辭曰孔子之所以能名揚天下都是靠著子貢的力量，此中固有史公之「憤激」，然其經濟思想之卓越，固非一般儒生所能望其項背也。76周　指周天子的王畿所在。武王滅商後，開始建都於鎬京（今陝西西安西南），至平王時，因避犬戎之逼，遂東遷於洛邑，在今河南洛陽東北。至戰國初，周國的疆域已經很小，只還有其都城周圍的幾個縣。77魏文侯　名斯，戰國初期的魏國國君，西元前四四五—前三九六年在位。時魏國剛與韓、趙分晉建國，國都安邑，在今山西夏縣西北。78李克　應作「李悝」，戰國早期的經濟名臣。《漢書・藝文志》有「《李悝》三十二篇」，屬法家。《漢書・食貨志》亦有「李悝為魏文侯作盡地力之教」之語。魏文侯時亦有李克，其人不講經濟。79務盡地力　即努力發展農業，充分發揮土地的潛能。梁啟超曰：「『盡地力』者，農、礦、工之事也。」可參考。80樂觀時變　善於觀察、捕捉市場的時機變化，即上文之所謂「與時逐」。樂，猶言「善」。按：觀史公此文，似白圭即魏文侯時人，且似與李克同僚者，但事實多有爭議。張文虎曰：「商鞅入秦在秦孝公初，當梁惠王十年後，去魏文侯遠矣。《呂氏春秋》有惠施與白圭、匡章問答，則與孟子同時。」姚鼐《惜抱軒筆記》曰：「『當魏文侯時』五字專屬李克說，言舊有此務地力之道而已；而其後白圭乃別用一術，非謂圭亦文侯時人也，故圭言：『吾治生產若孫、吳用兵、商鞅行法。』若文侯時人，亦安取稱述後進如吳起、商鞅者乎？」按：史公原文模糊，姚氏的提示很重要。或者史公即以白圭為文侯時人，至其自己矜誇經商訣竅時遂乘興言之，忘乎所以，未加細擇，須知此乃史公之「代言」也。81人棄我取二句　別人拋出時，我就大量購進；別人欠缺時，我就大量拋出。82歲孰取穀二句　農業豐收時就購進糧食，並趁機向農民甩賣絲、漆等手工業品。83繭出取帛絮二句　等到蠶繭豐收時，就又趁賤購入絲織品，而將糧食賣給蠶民。84太陰在卯　即今所說的「兔年」。太陰，這裡指歲星（木星）。歲星十二年繞行一周天，回到原來位置，於是我國古代天文學就把這十二年一周的歲星軌道分成了十二段，分別用子、丑、寅、卯等十二地支表示出來。85穰　豐收。86明歲衰惡　兔年的第二年就要年景很壞。87至午　謂太陰在午。即「馬年」。88至酉　即雞年。89至子　即鼠年。按：此段所謂「太陰在卯，穰；明歲衰惡」云云，與前文「六歲穰，六歲旱，十二歲一大饑」云云相同，均過於機械，跡近唯心。90至卯二句　在卯年買進貨物，貯藏一段時間再賣，往往獲利翻一番。率，大抵；一般都是。郭嵩燾曰：「上文云『太陰在卯，穰』，歲穰則百貨流通，而所居積常贏也。是以至卯而居積，視餘歲以倍論。」91欲長錢二句　意謂下穀價廉，可以大量購入，至貴時賣出，可獲大利。92長石斗二句　意謂若想用作種子以提高產量，則應不計價昂而取上等穀物。長石斗，意即提高產量。93用事僮僕　給自己出力辦事的家丁奴僕。94趨

時若猛獸摯鳥之發　趨時，指捕捉商機。摯鳥，猛禽。《國語・越語下》范蠡曰：「臣聞從時者，猶救火、追亡人也，蹶而趨之，唯恐弗及。」與此意同。「從時」即所謂「趨時」。[95]治生產　即經商謀利，與前文「治生」意同。李笠以為此處衍「產」字。[96]伊尹呂尚　伊尹，名摯，商朝的開國功臣，事跡見〈殷本紀〉。呂尚，即本文開頭所說的「太公望」，周朝的開國功臣，事跡見〈周本紀〉、〈齊太公世家〉。[97]孫吳　孫武、吳起，皆我國古代著名軍事家。孫武曾佐吳王闔閭破楚入郢，吳起在魯、在魏均有傑出戰功，事跡見〈孫子吳起列傳〉。[98]商鞅　我國古代著名的改革家，曾佐秦孝公實行變法，使秦國富強。商鞅鐵面無私，執法不避權貴，曾因太子犯法而劓公子虔，黥公孫賈，事跡詳見〈商君列傳〉。錢鍾書曰：「〈白圭數語〉兼操術之嚴密與用心之嚴峻言之。前者無差忒，言計學者所謂『鐵律』也；後者無寬假，治貨殖者所謂『錢財事務中著不得情誼』也。」[99]不足與權變　與下文「不足以決斷」句式相同。與，同「以」。權變，隨機應變。[100]決斷　當機立斷。[101]仁不能以取予　謂不能果斷地決定取還是予。錢鍾書曰：「『仁』而曰『以取予』者，以取故予，將欲取之，則姑與之；《後漢書・桓譚傳》所謂『天下皆知取之為取，而莫知予之為取』是也。非慈愛施與之意。」[102]彊不能有所守　意即該堅持的時候堅持不住。[103]終不告之矣　梁啟超曰：「西人富國之學列為專門，舉國通人才士相與講肄之；中國邃古以來言學派者，未有及此者也。觀計然、白圭所言云，知吾中國先秦以前實有此學，白圭之言其鄭重之也如是，知其中精義妙道必極多，苟承其學而推衍之未必遜於西人，而惜乎其中絕也。」[104]言治生祖白圭　做買賣的人都把白圭當做祖師爺。[105]白圭其有所試矣　意謂白圭所講的這一套，都是經過實踐檢驗的。試，試行。[106]能試有所長　經過檢驗而確實有其長處。[107]非苟而已也　可不是隨便說說的。[108]猗頓用盬鹽起　猗頓因經營池鹽而發家致富。盬鹽，時人用以稱今山西省西南部所出的一種池鹽。或亦用作鹽池名，在今山西臨猗南。按：《集解》引《孔叢子》曰：「猗頓，魯之窮士也，耕則常飢，桑則常寒，聞朱公富，往而問術焉。朱公告之曰：『子欲速富，當畜五牸。』於是乃適西河，大畜牛羊于猗氏之南，十年之間，其息不可計，貲擬王公，馳名天下。以興富於猗氏，故曰猗頓。」與史公所云不同。[109]邯鄲　古都邑名，即今河北邯鄲，戰國時期為趙國的國都。[110]以鐵冶成業　以煉鐵與製造鐵工具發家致富。[111]與王者埒富　謂其家財之富有可與王者相匹敵。埒，相等。[112]烏氏倮　烏氏人，其名曰倮，史失其姓。烏氏，秦縣名，縣治在今甘肅平涼西北。[113]及眾二句　待至其牲畜繁殖得多了，就將其賣出。斥，棄逐。這裡即指賣。[114]求奇繒物　意謂將其出賣牲畜的錢買進各種奇異的絲織品。繒，絲織品的總稱。[115]間獻遺戎王　偷偷由秦國運出，去獻給西北地區的少數民族君長。間，潛；私下。獻遺，進獻。遺，送給。戎王，秦國西北境外的少數民族君長，當時大約居住在義渠，今甘肅寧縣西北。[116]什倍其償　十倍地給予其報償。[117]用谷量馬牛　無需具體點數，極言其慷慨豪俠之狀，有如今之

「大款」用尺寸量鈔票也。[118]秦始皇帝　名政，西元前二四六年繼其父為秦王；西元前二二一年統一六國，號稱皇帝；西元前二一〇年卒於沙丘宮。事跡詳見〈秦始皇本紀〉。[119]比封君　與有封地的君長地位相同。按：戰國時期，一國的君長曰「王」，國內有封地的功臣、貴族則稱「君」，如「商君」、「平原君」等是。[120]以時與列臣朝請　以時，按照規定的時節。列臣，猶言「列侯」，即上述之「封君」。朝請，指進見皇帝。春曰朝，秋曰請。[121]巴寡婦清　巴郡的寡婦名清，史失其姓。巴，秦郡名，郡治江州（今重慶市北）。「巴」字下原有「蜀」字。王念孫《雜志・史記第六》曰：「蜀字亦因下文『巴蜀』而衍。」《漢書》無「蜀」字。今據刪。[122]其先得丹穴　先，謂先輩、祖輩。丹穴，丹砂礦。[123]擅其利數世　擅，專；享有。數世，幾代；幾輩人。[124]家亦不訾　家產也多得無法計算。訾，計算。[125]不見侵犯　不受他人欺侮。[126]秦皇帝　仍指秦始皇。[127]客之　待之如賓客，不像對待其他臣民。[128]為築女懷清臺　《正義》引《括地志》曰：「寡婦清臺山俗名貞女山，在涪州永安縣東北七十里也。」在今四川長壽南。中井曰：「懷，疑女之姓氏。」又云：「雖稱『始皇帝』，而是事蓋在未併吞之時，故軍興有資於其力也，非徒嘉其富厚。」[129]鄙人牧長　邊疆地區的地方官吏。這裡指少數民族的地方頭領。鄙，邊邑。牧長，州牧；縣令。這裡指地方頭領。[130]禮抗萬乘　和皇帝分庭抗禮。抗，敵；對等。[131]豈非以富邪　茅坤曰：「太史公只因無錢贖罪，遂下蠶室，故此多感戚之言。」

【語譯】想當年越王句踐被圍困在會稽山上，他就採用了范蠡、計然的謀略。計然說：「懂得戰鬥的人總是平時就做好準備；要想到時候用起來順手，平時就得了解這些東西的性能。明白這兩種道理，那就對各種事物的規律都能看清了。歲星運行到西方的時候，這年就要豐收；歲星運行到北方的時候，這年就沒有收成；歲星運行到東方的時候，這年就會饑荒；歲星運行到南方的時候，這年就會大旱。乾旱的年頭要事先準備船，鬧大水的年頭應該及早準備車，世上的道理就是如此。六年豐收，接著就會有六年乾旱，十二年準備鬧一回大饑荒。說到糧食的價錢，如果降到二十那就要傷農，如果漲到九十那就對商人不利。商人如果不利那他們就不買了，同樣如果總是傷農那農夫也就不幹活了。所以糧價最貴不能高過八十文，最賤不能低於三十文，這樣對農人、商人都有利。調整物價維持物價的穩定，使市場上的貨物充足，保障市場貿易的發展，這是治國有方的表現。商人儲存貨物，一定要買好的，不要儲存劣質的貨物。要及時地買入賣出，壞了的東西一定不能再留，不要總希望漲價而按著東西不出手。弄清了市場上多什麼缺什麼，就知道什麼東西要貴什麼東西要賤了。一種東西的價格貴到了頂點就要變賤，一種東西的價格賤到了極點也就會變貴。當價格變貴時，手裡的東西要像糞土一樣地急著拋出，當物價變賤的時候對別人的東西要像珍寶一樣地及時買入。要使貨幣像流水一樣地流通起來。」就這樣越王實行了十年，國家就富裕起來了，他用重賞獎勵士兵，使士兵們衝鋒陷陣像渴極了找水喝一樣地勇敢自覺，於是滅掉了吳國，並出兵向中原國家示威，最終成了「五霸」中的一霸。

2 范蠡幫著句踐洗刷了會稽受困的恥辱後，深有感慨地歎息說：「計然當年提出七條建議，越王只用了五條就成了霸主。他已經把它用在了治國上，我今後將要把它用在治家上。」於是他便乘著小船改名換姓到江湖上漫遊了。他到了齊國改名為鴟夷子皮，他到了宋國的陶邑就說自己姓朱。他認為陶邑地處天下之中，四通八達，是個從事貿易的好地方。於是他便在這裡採買儲存貨物，看準時機買賣，不是那種有目的的坑人賺錢。所以一個善於做買賣的人，要把握的關鍵不是人，而是時機。他在十九年中先後三次把家產積累到了千金之多，而有兩次把財產分給那些窮困的朋友和親戚，這大概就是人們常說的那種「富人容易做好事」吧！後來范蠡老了，就放手讓他的孩子們做，他的孩子們繼承著他的事業擴大貿易活動，發展得家產上了億，所以人們一提到富豪就總是要提「陶朱公」。

3 子貢跟著孔子學成以後，回來在衛國做官，他屯積貨物，在曹國、魯國之間做買賣。孔子的七十多個著名學生中，數子貢最富有。原憲窮得連糟糠都吃不飽，住在一條偏僻的小胡同裡，而子貢出門則是高車大馬前呼後擁，準備了聘問的禮物結交各國的諸侯，他每到一處，那些諸侯沒有不把他奉為上賓。孔子為什麼能夠名揚天下呢？這完全是子貢給他活動的結果。這大概就是人們所說的那種「勢力越大而名聲越響」吧！

4 白圭是周國人。魏文侯時代，李克提倡發展農業充分利用土地條件，而白圭則是善於觀測時機，人家不要的東西他大量購入，人家搶著買的東西他大量拋售。豐收的年頭他買進穀物，賣出絲、漆；而蠶絲上市的季節他就大量收購蠶絲，而拋售糧食。歲星運行到卯年，五穀豐登，第二年必定有災荒；歲星運行到午年，天氣乾旱，第二年一定豐收；歲星運行到酉年，年景豐收，第二年一定有災荒；歲星運行到子年，天下大旱，第二年一定風調雨順，雨水多；歲星運行到卯年，如果屯積貨物一段時間再賣出，利潤必能翻一番。要是想賺錢，屯積穀物他就屯積下等的；要是想提高產量，他買種子就要買上等的。他能粗茶淡飯，控制嗜好欲望，節省衣物的花費，與自己家的奴僕同甘苦。當他發現賺錢的時機一到，他就會像猛虎蒼鷹一樣地立即撲上去。他說：「我做買賣，就像伊尹、姜太公一樣地有計畫，就如孫武、吳起一樣的善於決斷，還能像商鞅執法一樣地說到做到。因此有些人其智慧不能隨機應變，其勇敢不能當機立斷，其仁愛不能合適地決定取捨，其剛強不能堅持原則，這種人即使想跟著我學習，我也不會教給他。」天下人凡是做買賣的都以白圭為祖師爺。白圭的說法是經過實踐檢驗的，不但經得起檢驗，且有其長處，絕不是隨便說說而已。

5 猗頓是靠著池鹽發家的，邯鄲的郭縱是靠著煉鐵發家的，他們的財富都多得可以和君王相比。烏氏倮以畜牧為業，當牲畜繁殖得多了，他就把牠們賣出，而採購進一批美麗的絲綢，偷偷地運出境外去送給戎王，戎王給他十倍的價錢，以牲畜支付，所得的牛馬乃至以山谷相量。秦始皇讓烏氏倮享受諸侯的待遇，讓他能定時地與其他大臣們一道進京拜見皇帝。巴郡有個寡婦清，她的先人發現了一個丹穴，從那時起她們家一連幾輩子享受這分利益，財產多得無法計算。她只是一個寡婦，能守著自己的家業，用錢財來保衛自己，不受外力侵犯。秦始皇認為她是一位貞潔女子而對她以客禮相待，為她建築了一座「女懷清臺」。烏氏倮是邊境地區的一個牧民頭領，寡婦清是一個窮鄉的寡婦，居然都能讓天子對他們以客禮相待，名聞天下，這難道不就是因為他們有錢嗎？

1 漢興，海內為一，開關梁❶，弛山澤之禁❷，是以富商大賈周流天下，交易之物莫不通，得其所欲，而徙豪傑諸侯彊族於京師❸。

2 關中自汧、雍❹以東至河、華❺，膏壤沃野千里，自虞、夏之貢❻以為上田，而公劉[7]適邠[8]，大王[9]、王季[10]在岐[11]，文王作豐[12]，武王治鎬[13]，故其民猶有先王之遺風，好稼穡，殖五穀，地重[14]，重為邪[15]。及秦文、德、繆居雍[16]，隙隴、蜀[17]之貨物而多賈。獻公[18]徙櫟邑[19]，櫟邑北卻戎、翟[20]，東通三晉[21]，亦多大賈。孝、昭治咸陽[22]，因以漢都，長安諸陵[23]四方輻湊，並至而會，地小人眾，故其民益玩巧而事末[24]也。南則巴、蜀，巴、蜀亦沃野[25]，地饒卮[26]、薑、丹沙、石、銅、鐵、竹、木之器。南御[27]滇[28]僰[29]，僰僮[30]。西近邛、筰[31]，筰馬、旄牛。然四塞[32]，棧道[33]千里，無所不通，唯褒斜[34]綰轂[35]其口，以所多易所鮮[36]。天水[37]、隴西[38]、北地[39]、上郡[40]與關中同俗，然西有羌中[41]之利，北有戎、翟之畜，畜牧為天下饒。然地亦窮險，唯京師要其道[42]。故關中之地，於天下三分之一，而人眾不過什三；然量其富，什居其六。

3 昔唐人[43]都河東[44]，殷人都河內[45]，周人都河南[46]。夫三河[47]在天下之中，若鼎足，王者所更[48]居也，建國各數百千歲[49]。土地小狹，民人眾，都國諸侯所聚會[50]，故其俗纖儉[51]習事。楊[52]、平陽[53]西賈秦、翟[54]，北賈種[55]、代[56]。種、代，石北[57]也，地邊胡[58]，數被寇。人民矜懻忮，好氣[59]，任俠為姦[60]，不事農商。然迫近北夷，師旅亟往[61]，中國委輸[62]時有奇羨[63]。其民羯羠不均[64]，自全晉之時[65]

固已患其僄悍[66]，而武靈王[67]益厲[68]之，其謠俗[69]猶有趙之風也。故楊、平陽陳掾[70]其間，得所欲。溫、軹[71]西賈上黨[72]，北賈趙[73]、中山[74]。中山地薄人眾，猶有沙丘紂淫地餘民[75]，民俗懁急[76]，仰機利[77]而食。丈夫相聚游戲，悲歌忼慨[78]，起則相隨椎剽[79]，休則掘冢[80]，作巧姦冶[81]，多美物[82]，為倡優[83]。女子則鼓鳴瑟，跕屣[84]，游媚貴富，入後宮，徧諸侯[85]。

4 然邯鄲亦漳、河[86]之間一都會也，北通燕[87]、涿[88]，南有鄭[89]、衛[90]。鄭、衛俗與趙相類，然近梁[91]、魯[92]，微重[93]而矜節[94]。濮上之邑徙野王[95]，野王好氣任俠，衛之風也[96]。

5 夫燕亦勃、碣[97]之間一都會也，南通齊、趙[98]，東北邊胡。上谷[99]至遼東[100]，地踔遠[101]，人民希[102]，數被寇，大與趙、代俗相類，而民雕捍[103]少慮，有魚鹽棗栗之饒。北鄰烏桓[104]、夫餘[105]，東綰穢貉[106]、朝鮮[107]、真番[108]之利。

6 洛陽東賈齊、魯，南賈梁、楚[109]。故泰山之陽[110]則魯，其陰則齊。

7 齊帶山海[111]，膏壤千里，宜桑麻，人民多文綵布帛魚鹽[112]。臨菑[113]亦海岱[114]之間一都會也。其俗寬緩闊達而足智，好議論[115]，地重，難動搖[116]，怯於眾鬬[117]，勇於持刺，故多劫人者[118]，大國之風也。其中具五民[119]。

8 而鄒[120]、魯濱洙、泗[121]，猶有周公遺風，俗好儒，備於禮，故其民齪齪[122]。頗
有桑麻之業，無林澤之饒。地小人眾，儉嗇，畏罪[123]遠邪[124]。及其衰，好賈趨利，
甚於周人[125]。

9 夫自鴻溝[126]以東，芒、碭[127]以北，屬巨野[128]，此梁、宋[129]也。陶[130]、睢陽[131]亦一
都會也。昔堯作於成陽[132]，舜漁於雷澤[133]，湯止于亳[134]。其俗猶有先王遺風，重厚
多君子，好稼穡，雖無山川之饒，能惡衣食[135]，致其蓄藏[136]。

10 越、楚[137]則有三俗[138]。夫自淮北沛[139]、陳[140]、汝南[141]、南郡[142]，此西楚也。其俗
剽輕[143]，易發怒，地薄，寡於積聚。江陵故郢都[144]，西通巫[145]、巴[146]，東有雲夢[147]
之饒。陳在楚、夏之交[148]，通魚鹽之貨，其民多賈。徐、僮、取慮[149]，則清刻[150]，
矜己諾[151]。

11 彭城[152]以東，東海[153]、吳[154]、廣陵[155]，此東楚也。其俗類徐、僮。朐、繒[156]以
北，俗則齊；浙江南則越[157]。夫吳[158]自闔廬[159]、春申[160]、王濞[161]三人招致天下之喜
游子弟[162]，東有海鹽之饒，章山[163]之銅，三江[164]、五湖[165]之利，亦江東[166]一都會也。

12 衡山[167]、九江[168]，江南豫章、長沙[169]，是南楚也，其俗大類西楚。郢之後徙壽
春[170]，亦一都會也。而合肥[171]受南北潮[172]，皮革、鮑[173]、木輸會[174]也。與閩中[175]、干

越[176]雜俗[177]，故南楚好辭，巧說少信[178]。江南[179]卑溼，丈夫早夭，多竹木。豫章出黃金，長沙出連、錫，然堇堇[180]，物之所有，取之不足以更[181]費。九疑[182]、蒼梧[183]以南至儋耳[184]者，與江南大同俗[185]，而楊越多[186]焉。番禺[187]亦其一都會也，珠璣、犀、瑇瑁、果、布之湊[188]。

13 潁川[189]、南陽[190]，夏人之居[191]也。夏人政尚忠朴[192]，猶有先王之遺風。潁川敦愿[193]。秦末世，遷不軌之民於南陽。南陽西通武關[194]、鄖關[195]，東南受漢、江、淮[196]。宛亦一都會也，俗雜好事[197]，業多賈[198]。其任俠，交通潁川[199]，故至今謂之「夏人」。

14 夫天下物所鮮所多，人民謠俗[200]：山東食海鹽，山西食鹽鹵[201]，領南[202]、沙北[203]固往往出鹽，大體如此矣。

15 總之，楚、越之地，地廣人希[204]，飯稻羹魚[205]，或火耕而水耨[206]，果隋[207]嬴蛤[208]，不待賈而足。地埶饒食[209]，無飢饉[210]之患，以故呰窳偷生[211]，無積聚而多貧。是故江、淮以南，無凍餓之人，亦無千金[212]之家。沂[213]、泗水以北，宜五穀[214]、桑麻、六畜[215]，地小人眾，數被水旱之害，民好畜藏，故秦、夏、梁、魯好農而重民[216]。三河、宛、陳亦然，加以商賈。齊、趙設智巧，仰機利。燕、代田畜[217]而事蠶。

【章　旨】以上為第三段，記載了全國各地的地形、物產，以及各自不同的風俗人情。

【注　釋】❶開關梁　指取消了國內各地區之間互相來往的限制。關，關塞。梁，渡口；橋梁。❷弛山澤之禁　指准許人們開發山林湖海的資源。❸徙豪傑句　豪傑，指各地的豪紳，如灌夫、朱家、郭解之類。諸侯彊族，指散布於各諸侯國內的世家大族。把各地這種有財有勢有影響力的人遷到京師，一方面有利於首都地區的繁榮，另一方面也便於對這些人監督看管，以免其在各地滋事搗亂，〈游俠列傳〉中郭解之被徙茂陵即其例也。❹汧雍　皆秦縣名。汧縣縣治在今陝西隴縣南，因有汧水而得名。雍縣縣治在今陝西鳳翔南。❺河華　黃河、華山。都在今陝西東部。❻虞夏之貢　虞、夏時代所規定的各地對中央的貢納。今《尚書》中有〈禹貢〉篇，即記此事。❼公劉　周族的祖先，相傳是后稷的曾孫，其上代曾失其官守，「自竄於戎狄之間」。至公劉，「能復修后稷之業，民以富實，乃相土之宜，而立國於邠之谷焉。」❽邠　古邑名，在今陝西彬縣東北。❾大王　即古公亶父，文王的祖父，後尊之曰「太王」。❿王季　名季歷，文王的父親，後尊之曰「王季」。⓫岐　山名，在今陝西岐山縣北。當時的周國都城在岐山東南。⓬豐　舊都名，在今陝西西安西南。⓭鎬　舊都名，在今陝西西安西南，豐都的東北。⓮地重　土地被人們所看重。⓯重為邪　《索隱》曰：「重者，難也，畏罪不敢為姦邪。」重，難；不輕易。⓰秦文德繆居雍　文，秦文公，襄公之子，西元前七六五－前七一六年在位。德，秦德公，文公之曾孫，西元前六七七－前六七六年在位。原作「孝」。梁玉繩《志疑》三五曰：「《史詮》謂『孝』當作『德』，《通志》無『孝』。」今據改。繆，秦繆公，名任好，德公之子、成公之弟，西元前六五九－前六二一年在位。雍，古都名，在今陝西寶雞東南。⓱隙隴蜀　隙，孔道。這裡用如動詞，即「通」。隴，隴坂以西，指今甘肅一帶。蜀，指今成都一帶。⓲獻公　名師隰，戰國時的秦國國君，西元前三八四－前三六二年在位。「獻」下原有「孝」字。梁玉繩曰：「『孝』字衍。」今據刪。⓳櫟邑　亦稱櫟陽，即今西安市臨潼區之櫟陽鎮，秦獻公二年（西元前三八三年）將都城由雍縣東遷於此。⓴卻戎翟　卻，意思同「隙」，這裡也指溝通、流通。翟，通「狄」。西北地區的少數民族，有赤翟、白翟二支。㉑三晉　指戰國時代的韓、趙、魏三國，因其皆由晉國分出也。其地域相當於今之山西與河南北部、河北南部一帶地區。㉒孝昭治咸陽　孝，秦孝公，名渠梁，獻公之子，西元前三六一－前三三八年在位。原作「武」。梁玉繩曰：「『武』當作『孝』。」〈秦本紀〉、〈秦始皇本紀〉皆言孝公築咸陽而都之。今據改。昭，秦昭王，名則，孝公之孫，武王之弟，西元前三〇六－前二五一年在位。咸陽，在今陝西咸陽東北。秦國乃於孝公十二年（西元前三五〇年）由櫟陽遷都咸陽。㉓因以漢都二句　按：八字略生澀，大意謂秦既已都於咸陽，而漢又接著都於長安，漢代皇帝的陵墓也都在長安周圍，這就使得關中更成了「四方輻湊並至而會」的地方。㉔益玩巧而事末　玩巧，玩弄機巧。事末，從事工商活動。郭嵩燾曰：「關中風俗，至秦而變。」㉕巴蜀亦沃野　按：這裡主要指蜀郡，巴郡恐難說是「沃野」。㉖卮　梔子，可做黃顏料。㉗御　迎；接連。㉘滇　戰國以來的小國名，武帝時歸漢，設其地為益州郡，郡治滇池（在今雲南晉寧東北）。㉙僰　僰道，漢縣名，在今四川宜賓西南。當時為犍為郡的郡治所在地。㉚僰僮　僰族人被掠賣為奴者。這裡是指有僰僮被掠到巴蜀來賣。㉛邛筰　邛，邛都，當時為越嶲郡的郡治所在地，在今四川西昌東。筰，筰都，又作「筰都」。曾為沉黎郡的郡治所在地，在今四川漢源東北。㉜四塞　四面都有屏障要塞。㉝棧道　山澗、山崖的架空通道。㉞褒斜　古道路名，因其取道於褒、斜二水的河谷，故稱褒斜道，是古代巴蜀經南鄭通往關中的重要通道之一。㉟綰轂　《索隱》曰：「言褒斜道狹，綰其道口，有若車轂之湊，故云綰轂也。」綰，收束；控制。㊱以所多易所鮮　以其所餘，換其所缺。鮮，稀少。㊲天水　漢郡名，郡治平襄（在今甘肅通渭西北）。㊳隴西　漢郡名，郡治狄道（今甘肅臨洮）。㊴北地　漢郡名，郡治馬嶺（今陝西慶陽西北）。㊵上郡　漢郡名，郡治膚施（今陝西橫山東）。㊶羌中　指今青海省與甘肅中部以西地區。羌，古代用以稱居住在今青海、甘肅一帶的少數民族。㊷要其道　《正義》曰：「言要束其路也。」謂長安扼制著他們東出、南來的通道。㊸唐人　指堯。㊹河東　古地區名，指今山西省西南部，因其地處黃河以東，故云。堯都平陽（今山西臨汾西南），地屬河東。㊺河內　古地區名，指今河南省黃河以北地區，商朝曾經先後都於邢（今河南溫縣東北）、殷（今河南安陽西）、朝歌（今河南淇縣），其地皆屬河內。㊻河南　古地區名，指今河南省西部之黃河以南地區。東周都洛邑，地屬河南。㊼三河　即上述之河東、河內、河南。㊽更　輪流；交替。㊾數百千歲　數百歲，近於千歲。《史記》中有所謂「數十百人」，構詞與此類似。按：夏朝四百餘年，商朝六百餘年，周朝八百餘年。㊿都國諸侯所聚會　意謂這一帶是歷朝天子建都和許多諸侯建國的地方。都，用如動詞，建都。按：西周至春秋在這一帶建立的諸侯國有晉、衛、鄭、虞、虢、滑等；戰國時於這一帶建國的有韓、趙、魏。51纖儉　吝嗇儉樸。52楊　漢縣名，縣治在今山西洪洞東南。53平陽　漢縣名，縣治在今山西臨汾西南。「平陽」下原有「陳」字。《索隱》曰：「『陳』蓋衍字。」今據刪。54秦翟　《正義》曰：「秦，關內也；翟，隰、石等州部落稽也。延、綏、銀三州皆白翟所居。」按：隰、石二州在今山西省西北部；延、綏、銀三州在今陝西省北部與寧夏銀川一帶。55種　古邑名。《正義》曰：「在恆州石邑縣北，蓋蔚州（今河北蔚縣東北）也。」56代　漢縣名，縣治在今河北蔚縣東北，當時亦為代郡的郡治所在地。57石北　石邑縣之北。石邑，漢縣名，縣治在今河北石家莊西南，當時屬常山郡。58邊胡　靠近胡人地區。胡，當時指匈奴族。59矜懻忮二句　以懻忮相高。懻忮，《正義佚文》曰：「強直而很也。」很，性情執拗。好氣，愛使性子。(60)任俠為姦　講義氣而不顧犯法。姦，干；犯法。(61)亟往　屢次到那裡去。亟，屢。(62)中國委輸　內地運來供應前方的物資。(63)奇羨　剩餘。奇，餘數。羨，剩餘。陳子龍曰：「用兵之地，資財所聚，民得以貿易獲利。」(64)羯羠不均　《索隱》引徐廣曰：「（羯、羠）皆健羊也，其方人性若羊，健捍而不均。」按：即今「桀驁不馴」之意。均，端正；平和。(65)全晉之時　晉國的全盛時期，指春秋中期和中後期的晉國。當時種、代屬晉。(66)慓悍　勇猛兇悍。(67)武靈王　名雍，西元前三二五—前二九九年在位，是趙國最有作為的國君，曾胡服騎射，改革制度，對發展趙國起了重要作用。(68)厲　磨練；鼓勵；發揚。(69)謠俗　風俗。(70)陳掾　猶言「因緣」、「憑藉」。謂利用其形勢進行謀利。(71)溫軹　溫，漢縣名，縣治在今河南溫縣西南。軹，漢縣名，縣治在今河南濟源東南。溫、軹二縣漢代皆屬河內郡。(72)上黨　漢郡名，郡治長子（今山西長子西南）。(73)趙　戰國時諸侯國名，都邯鄲（今河北邯鄲）。(74)中山　戰國前期鮮虞族在今河北省中南部建立的小國名，前期都於顧（今定縣），被魏文侯所滅；後又復國，都於靈壽，被趙惠文王所滅。(75)猶有沙丘紂淫地餘民　按：文字略不順，其意蓋謂這裡有殷紂王所築的沙丘臺，這裡還留著殷紂王荒縱享樂的餘風。沙丘臺在今河北廣宗西北大平臺，據說紂王曾在這裡畜養著許多禽獸。(76)懁急　性情急躁。懁，急。(77)仰機利　靠著投機以謀利。(78)忼慨　同「慷慨」。(79)椎剽　擊人以剽劫其物。椎，同「槌」。擊也。剽，劫取。(80)掘冢　盜墓。(81)作巧姦冶　《正義佚文》曰：「謂作巧偽之物，姦蕩婬冶也。」(82)美物　《集解》引徐廣曰：「『美』一作『弄』。」梁玉繩以為應作「弄」。弄物，即男寵、男伎。(83)倡優　古時稱以音樂、舞蹈、雜技、滑稽等藝術為職業的人。(84)跕屣　猶如今所謂「趿拉著鞋子」。跕，行曳履。即「趿拉」。屣，鞋之無後跟者。(85)徧諸侯　指各諸侯國的宮廷都有來自中山地區的女人。(86)漳河　漳水、黃河。漳水也叫洺水，流經當時的邯鄲北，東北入黃河。(87)燕　西周以來的諸侯國名，亦漢初之諸侯國名，都於薊縣（今北京市）。(88)涿　漢郡名，郡治即今河北涿縣。(89)鄭　春秋時期的諸侯國名，國都即今河南新鄭。戰國時期的韓國亦都於新鄭。(90)衛　西周時期的衛國都於今河南淇縣，春秋中期以後遷於今河南濮陽西南。(91)梁　此指今河南開封一帶地區，其地戰國時期屬魏（梁）。漢代亦有梁國，都睢陽（今河南商丘南）。(92)魯　指今山東曲阜一帶，西周至春秋時期為周公後代的封國，漢代亦封其子弟於魯國。(93)重　穩重；持重。(94)矜節　以節義相高。梁玉繩以為應作「務節」，以氣節為務。意思相近。〈項羽本紀〉寫項羽失敗後，曲阜為項羽盡節，即其類也。(95)濮上之邑徙野王　事在秦王政六年（西元前二四一年）。時秦兵伐魏，拔魏二十城，又拔朝歌，設東郡。遷魏之附庸衛元君及其支屬於野王（今河南沁陽）。濮上之邑，指濮陽（今河南濮陽西南），原為衛元君所居之地，後為秦國東郡郡治所在地。(96)衛之風也　按：荊軻即衛人，事見〈刺客列傳〉。(97)勃碣　渤海、碣石。碣石，山名，在今河北昌黎西北。(98)南通齊趙　通，通連，這裡即「靠近」的意思。齊，春秋、戰國有齊國，漢初亦有齊國，國都皆在臨淄（今山東淄博之臨淄北）。99上谷　燕國、秦朝、漢朝皆有上谷郡，郡治在今河北懷來東南。100遼東　亦燕國、秦朝、漢朝之郡名，郡治襄平（今遼寧遼陽）。101踔遠　猶言「遼遠」。踔，通「逴」。遠也。102希　通「稀」。稀少。103雕捍　《索隱》曰：「言如雕性之捷捍也。」陳直曰：「今江淮人謂處事接物圓轉者曰『刁』，蓋即『雕』字簡寫。」按：今稱「挑剔」、「難打點」曰「刁」。捍，通「悍」。104烏桓　當時活動於今內蒙通遼、林西一帶的少數民族名。105夫餘　當時居住在今吉林長春一帶的少數民族名。106東綰穢貉　綰，約束；控制。穢貉，當時建立在今朝鮮東北部的小國名。107朝鮮　當時建立在今朝鮮西北部的小國名，國都在今平壤南，武帝時被漢所滅，設樂浪郡。108真番　武帝時期曾在今朝鮮境內設立的郡名，轄境約當今黃海北道的大部分和黃海、京畿南道的北部地區。109楚　春秋時楚國都郢（今湖北荊州之江陵西北），戰國後期遷陳（今河南淮陽），最後又東遷至今安徽壽春。漢初之楚國都於今江蘇徐州。110泰山之陽　泰山的南面。泰山，五嶽中的東嶽，在今山東泰安北。陽，凡山之南曰「陽」，山之北曰「陰」。111帶山海　被山海所環抱，其圍如帶。蓋指其南有泰山，北側有北海（今渤海），南側有黃海也。112人民多文綵布帛魚鹽　指手工業、海洋捕撈業發達。按：前文有云「太公勸其女功，極技巧，通魚鹽……故齊冠帶衣履天下」云云，即謂此也。113臨菑　春秋、戰國時的齊國國都，即今山東淄博之臨淄區。114海岱　大海與泰山。岱，岱宗，泰山的又一稱呼。115好議論　按：戰國時齊國曾招納天下學士於臨菑，所謂「稷下先生」是也，各派自唱己說，事見〈孟子荀卿列傳〉。116地重二句　重視土地，不輕於離開鄉土。117怯於眾鬭　怯於擺開陣式的交戰。按：〈孫子吳起列傳〉中龐涓有云「我固知齊軍怯」也，知戰國以來人們對齊國人的確有這種看法。118故多劫人者　〈刺客列傳〉有曹沫劫齊桓公事，可資參照。119五民　指士、農、工、商、賈。一說，指五方之人。《集解》引如淳曰：「游子樂其俗不復歸，故有五方之民。」120鄒　漢縣名，在今山東鄒縣東南，其地是孟子的故鄉。121洙泗　二水名。洙水在曲阜東流入泗水，泗水流經曲阜北、鄒縣南，東南入淮水。122齪齪　拘謹，注意小節的樣子。123畏罪　害怕犯罪。124遠邪　自覺避開邪惡。125周人　洛陽一帶的人，以善於經商聞名。〈蘇秦列傳〉有所謂「周人之俗，治產業，力工商，逐什二以為務」，即此之謂也。126鴻溝　古運河名，西起今河南滎陽北，引黃河水，東至開封，南經淮陽至沉丘，入潁水。127芒碭　漢代二縣名。芒縣縣治在今河南永城西北，碭縣縣治在今河南夏邑東南。128屬巨野　屬，連接；靠近。巨野，古代藪澤名，在今山東巨野北，梁山、鄆城南。129梁宋　指今河南省商丘一帶地區。宋，西周以來的諸侯國名，國都在今河南商丘西南，戰國時被齊國所滅。漢代之梁國，都於睢陽，即當初宋國之都。130陶　定陶，在今山東定陶西北。漢代為濟陰郡郡治所在地。131睢陽　漢代為梁國都城，在今河南商丘西南。132堯作於成陽　作，製造。指製造陶器，與下文「舜漁於雷澤」相對。《集解》引如淳謂：「作，起也。」似非。成陽，漢縣名，縣治在今山東菏澤東北，離定陶不遠。「於」原作「游」。張文虎曰：「『作游』不辭，『游』疑『於』字之訛。」今據改。(133)雷澤　古代藪澤名，在今山東菏澤北，成陽即在其側。(134)亳　古邑名，在今山東曹縣東南。也有人說指「南亳」，在今河南商丘東南。按：以上二說皆與史公原文相合，其他尚有多說，然與史公原文不合，故不錄。(135)能惡衣食　意指能省吃儉用。(136)蓄藏　積累；積蓄。(137)越楚　《正義》曰：「越滅吳，則有江淮以北；楚滅越，兼有吳越之地，故言『越、楚』也。」大約相當於長江中下游，以及今河南省南部與安徽、江蘇之淮河以北地區。(138)三俗　三種風俗。(139)沛　漢郡名，郡治相縣（今安徽睢溪西北）。(140)陳　漢縣名，縣治即今河南淮陽，當時為淮陽國的都城。(141)汝南　漢郡名，郡治上蔡（今河南上蔡西南）。(142)南郡　漢郡名，郡治江陵（今湖北荊州之江陵西北）。(143)剽輕　勇猛而輕舉好動。(144)江陵故郢都　江陵為春秋以至戰國前期的楚國都城，其名曰「郢」。楚頃襄王時被秦將白起攻占，楚國東遷於陳。(145)巫　巫山，在今重慶市巫山縣東。(146)巴　漢郡名，郡治江州（今重慶市北）。(147)雲夢　古代藪澤名，大體相當於今湖北武漢以西、沙市以東的長江兩岸。(148)陳在楚夏之交　《正義》曰：「夏都陽城。言陳南則楚，西及北則夏，故云『楚夏之交』。」按：《正義》所說「陽城」，在今河南登封東南，陳縣之西北方。又，「夏」指中原地區，春秋時代之陳國，即處於楚和中原諸國之間也。(149)徐僮取慮　皆漢縣名，當時屬泗水郡。徐縣縣治在今江蘇泗洪南，僮縣縣治在今江蘇泗洪西北，取慮縣治在今安徽靈璧東北。(150)清刻　廉潔苛刻。(151)矜己諾　意即「重然諾」。說了話算數。(152)彭城　即今江蘇徐州。(153)東海　漢郡名，郡治郯縣（今山東郯城西北）。(154)吳　漢縣名，縣治即今江蘇蘇州。(155)廣陵　在今江蘇揚州西北，西漢時為廣陵國的都城。(156)朐繒　皆漢縣名，當時屬東海郡。朐縣縣治在今連雲港市西南，繒縣縣治在今山東棗莊東北。(157)浙江南則越　錢塘江以南是越人的風俗。浙江，即今之所謂錢塘江。(158)吳　指今蘇州市與其周圍地區。(159)闔廬　一作「闔閭」，春秋末期的吳國國君，西元前五一四—前四九六年在位，是有名的「五霸」之一。國都即今蘇州市。事跡見〈吳太伯世家〉。(160)春申　春申君黃歇，戰國末期的楚國貴族，曾為楚考烈王相二十餘年，號春申君，其封地在今江蘇蘇州一帶。事跡見〈春申君列傳〉。(161)王濞　吳王劉濞，高祖劉邦之姪，高祖十二年（西元前一九五年）被封為吳王，都廣陵（今揚州市西北）。景帝三年（西元前一五四年），因起兵叛亂，被誅。事跡見〈吳王濞列傳〉。(162)喜游子弟　好交遊的遊說、游俠之士。(163)章山　章，應作「鄣」。秦縣名，縣治在今浙江安吉西北。漢時改稱故鄣，先曾屬吳國，後屬丹陽郡。章山即故鄣境內之山。(164)三江　據《漢書・地理志》，此乃指長江、吳淞江和蕪湖宜興間的一條由長江至太湖的引水河。當時稱此三水曰北江、南江、中江。《吳越春秋》則以浙江、浦江、剡江（今曹娥江）為三江。其他不錄。(165)五湖　泛指太湖一帶的湖泊。一說，五湖即指太湖。其他不錄。[166]江東　指今長江以南的江蘇南部地區，因蕪湖至南京的一段長江流向大體為由南而北，故中原地區的人習稱今南京、蘇州、上海一帶為「江東」。[167]衡山　漢初諸侯國名，都於邾（今湖北黃岡西北）。[168]九江　漢郡名，郡治壽春（今安徽壽縣）。[169]江南豫章長沙　《正義》曰：「此言大江之南豫章、長沙二郡，南楚之地耳。」按：此說是。衡山、九江皆在江北，「豫章、長沙」上面加「江南」二字，為表明其方位在長江之南。《集解》有所謂「江南者，丹陽也」云云，甚誤。豫章，漢郡名，郡治南昌（今江西南昌）。長沙，漢代諸侯國名，都臨湘（今湖南長沙）。[170]郢之後徙壽春　戰國後期，楚國為避秦國攻擊，於頃襄王時由江陵遷都於陳，考烈王時又由陳遷都壽春。地名都稱作「郢」，但實際已變了三個地方。[171]合肥　漢縣名，縣治即今安徽合肥。[172]受南北潮　《正義》曰：「言江淮之潮，南北俱至廬州（即合肥）也。」按：此處實指南面長江流域的貨物，北面淮河流域的貨物，都可以由水路運到合肥。[173]鮑　乾魚。有人以為此「鮑」字應作「鞄」，製革工匠。[174]輸會　運輸的薈萃之地。[175]閩中　秦郡名，郡治東冶（今福建福州），漢初為閩越小國。武帝後，屬會稽郡。[176]干越　猶言「吳越」。《莊子・刻意》：「夫有干越之劍者。」司馬彪曰：「干，吳也。吳越出善劍也。」《荀子・勸學》：「干越夷貉之子。」楊倞注：「干越，猶言吳越。」約當今之江蘇南部、浙江北部一帶地區。[177]雜俗　風俗相互交雜。[178]南楚好辭二句　蓋如宋玉、景差、唐勒輩之好辭令，並善作辭賦。[179]江南　蓋泛指江南諸郡所共同者，非謂「江南」為單獨一郡也。[180]堇堇　王駿圖曰：「猶『僅僅』。」不多的樣子。[181]更　王駿圖曰：「即訓『償』也。」[182]九疑　山名，在今湖南道縣東南，藍山西南。[183]蒼梧　漢郡名，郡治廣信（今廣西梧州）。[184]儋耳　武帝時期曾設立過的郡名，郡治儋耳（今海南儋縣西北）。[185]大同俗　大體風俗一致。大，大體；大致。[186]楊越多　謂越族的風俗在此居多。楊越，即指越。楊，應作「揚」。古代的越地屬於〈禹貢〉的揚州，故稱越為「揚越」。略當今之廣東、廣西一帶地區。[187]番禺　即今廣州市，當時為南海郡的郡治所在地。[188]湊集。這裡是「集散之地」的意思。[189]潁川　漢郡名，郡治陽翟（今河南禹縣）。[190]南陽　漢郡名，郡治宛縣（今河南南陽）。[191]夏人之居　《正義》曰：「潁川、南陽，皆夏地也。」按：據說夏禹都於陽城，陽城即在今禹縣西北。[192]夏人政尚忠朴　按：蓋與殷人之事鬼、周人之尚文相對而言。〈高祖本紀〉云：「夏之政忠，忠之敝，小人以野，故殷人承之以敬；敬之敝，小人以鬼，故周人承之以文；文之敝，小人以僿，故救僿莫若以忠。」可與此參證。[193]敦愿　老實厚道。[194]武關　在今陝西商南東南，是河南南部通往關中地區的重要孔道。[195]鄖關　在今湖北鄖縣東北，地處漢水上游，是南陽一帶通往漢中地區的重要孔道。[196]東南受漢江淮　意即東南方連通著漢水、長江、淮河。[197]俗雜好事　風俗混雜，好生事。[198]業多賈　多以商賈為業。[199]交通潁川　謂與潁川郡的游俠相互串連勾結。[200]夫天下物所鮮所多二句　劉辰翁曰：「『夫天下物所鮮所多，人民謠俗』，猶具題目，其說見下。」按：二句生澀，似有脫誤。201鹽鹵　謂池鹽，如今山西運城之池鹽是矣。202領南　指五嶺以南地區，約當今之廣東、廣西及越南北部一帶。領，應作「嶺」。203沙北　《正義》曰：「謂池漢之北也。」按：「沙北」即「沙州之北」，秦時的「沙州」在今甘肅四寧。《正義》之所謂「池漢」是西漢水與池水（也稱「馬池水」）的合稱，西漢水發源於天水市南之蟠冢山，南流入嘉陵江；池水發源於天水市南之神馬山，南流入西漢水。池水與西漢水皆在沙州之北，其地出鹽，至今「鹽關」之稱尚存。204希　通「稀」。稀少。205羹魚　以魚做湯。206火耕而水耨　謂先以火焚毀雜樹野草，既可去穢又當施肥；而後下種、澆水，再有草生則隨時芟除之。耨，除草。207果隋　梁玉繩曰：「『隋』即『墮』也，與『蓏』同。《易·說卦》『果蓏』，《釋文》言京本作『隋』，可證。」王引之、張文虎說同。果蓏，木本植物的果實叫果，草本植物的果實叫蓏。這裡即泛指果實。208贏蛤　泛指甲殼類的小動物。贏，通「螺」。蛤，蛤蜊。209饒食　可吃的東西多。210飢饉　災荒。《論語·先進》注：「穀不熟曰飢，蔬不熟曰饉。」211呰窳偷生　好說懶惰，得過且過。呰窳，王駿圖曰：「呰，口毀也；窳，惰也。」意即好說懶做。212千金　千鎰黃金。一鎰相當於二十兩，或曰二十四兩。213沂　沂水。發源於今山東沂源，南經臨沂入江蘇，匯入古泗水。214五穀　稻、菽、麥、黍、稷。215六畜　馬、牛、羊、雞、犬、豕。216好農而重民　愛好農業，尊重農民。217田畜　耕田、畜牧。

【語譯】漢朝建國以後，天下一統，國內取消了各地之間往來的限制，允許人們可以自由地去開發山林湖海，於是富商大賈們積極活動起來，使得各地的貨物得以充分流通，而他們自己也大大地賺了錢，正好這時候國家下令把各地的豪紳富戶和一些世家大族們遷到京城長安附近去。

2 關中地區西起汧縣、雍縣，東到黃河、華山，這其間沃野千里，從虞舜、夏禹以來一直按照上等土地向中央進貢，後來周朝的祖先公劉遷到了邠縣，接著太王、王季又遷到了岐山，到周文王時建都於豐，周武王時又遷到了鎬，周朝的子民一直保持著他們祖先的傳統，他們愛農業，種植五穀，鄉土觀念較強，不輕易為非作歹。待至秦文公、秦德公、秦繆公時代，他們建都於雍，雍縣是隴地和蜀郡之間的貨物集散之地，商人很多。待至秦獻公遷都到了櫟邑，櫟邑北通戎翟，東連三晉，也有很多大商人。秦孝公、秦昭王建都咸陽，後來漢朝又建都在這一帶，因而遂使長安和周圍的一些皇帝陵墓所在縣成了天下交通的樞紐。這一帶地少人多，使得這裡的百姓們越來越會玩手段地去從事商業活動。關中以南是巴、蜀，巴、蜀也有廣闊的肥沃土地，當地盛產巵、薑、丹砂、石、銅、鐵以及竹、木製造的器具。巴、蜀南接滇國僰道，有僰族的人口被劫掠來賣。巴、蜀又西接邛都、笮都，因而有人往來販賣笮馬旄牛。巴、蜀四面有山，但因為山中有棧道，所以也四通八達，而褒斜道是巴、蜀通往北方的咽喉，巴、蜀人民常常通過這條道路把自己多餘的東西賣出去，把自己所需要的東西買進來。天水、隴西、北地、上郡這一帶，和關中地區風俗相同。但是向西可以和羌族做買賣，向北可以買到戎翟的牲畜，因此這裡的牲畜比全國其他地區都多；只是土地比較貧瘠，而長安正扼制著其通往東方和南方的道路。總括以上關中地區，這裡的地盤占全國的三分之一，而人口還不到十分之三，但這裡所集中的財富，卻占了全國的十分之六。

3 當初唐堯曾建都於河東地區，商朝人建都於河內地區，周朝人建都於河南地區。這河東、河內、河南三個地區，如同三足鼎立於天下之中，是歷代帝王交替建都的地方，每個朝代都存在了幾百年到上千年。這裡土地狹小，人口眾多，是歷朝天子建都與許多諸侯建國的地方，所以這裡的民風儉樸，善於經營。這個地區可以通過楊縣、平陽縣向西方的關中以及翟人做買賣，向北可以和種邑、代縣做買賣。種邑、代縣都在石邑縣以北，與匈奴人相鄰，經常受到匈奴人的侵擾，因此這裡的人民崇尚剛直好強，任性使氣，講究俠義而不顧法令，不願從事農業商業活動。但由於這一帶靠近北方外族，軍隊常進駐這裡，從內地運來的物資經常會有些剩餘。這裡的人們桀驁不馴，早在春秋時代的晉國時別國就怕他們的驃悍，到戰國時代的趙武靈王就越發變本加厲了，直到今天那裡還有著當年趙國的風氣。因此楊縣和平陽縣的人正是憑藉著這種形勢進行謀利，常常很容易得手。溫縣、軹縣西通上黨，北通趙國、中山。中山一帶人多地貧瘠，想當年殷紂王建沙丘臺在這裡吃喝玩樂，至今風氣猶存，這裡的人們生性急躁，講究投機謀利。男人們好呼朋喚友，遊手好閒，慷慨悲歌，有的去殺人越貨，有的去挖墳，或製作一些以假亂真的工藝品。這裡的許多美男子好當優伶，而女人們則喜歡彈琴鼓瑟，穿著舞鞋去取悅於貴族富豪之門，這裡的美女遍布於各個國家各個王侯的後宮。

4 邯鄲是漳水、黃河間的一個重要都市，它北通燕都、涿郡，南接鄭、衛兩國。鄭、衛兩國的風俗和趙國類似。但由於它靠近梁、魯兩國，所以這裡的人們比較穩重，講究氣節。秦兵伐魏，其附庸衛元君被遷到了野王，而野王一帶的人們也講氣節重俠義，就是衛國風氣浸染的結果。

5 燕都是渤海、碣石之間的一個重要城市，它南通齊國、趙國，東北與匈奴接壤。它西起上谷，東至遼東，土地遼闊，人口稀少，這裡經常受到匈奴人的侵擾，大致與趙國、代國風俗相同。這裡的人們生性驃悍，辦事少考慮，好處是這裡盛產魚、鹽、棗、栗。這裡北接烏桓、夫餘等少數民族，東部可以在和穢貉、朝鮮、真番做買賣中獲得利益。

6 洛陽向東可與齊、魯兩國做買賣，向南可和梁、楚兩國做買賣。泰山的南面是魯國，泰山的北面是齊國。

7 齊國被山海所環抱，中間沃野千里，適合種植桑麻，絲綢布帛魚鹽之類對於這裡的人們都不缺。臨淄是大海和泰山之間的一個重要都市。這裡的人們生性寬厚豁達有智慧，好談論，鄉土觀念深，不輕易出外活動，在疆場上作戰不很勇敢，但卻勇於擊刺，所以劫道的不少，這一切都是從春秋戰國延續下來的風氣。臨淄城裡居住著士、農、工、商、賈等各行各業的人。

8 鄒國、魯國靠著洙水、泗水，至今仍有周公的餘風，這裡的人們生性好儒，禮數周備，行為拘謹。這裡出產桑、麻較多，缺乏山林水澤的利益，地少人多。人們早先儉樸吝嗇，害怕犯罪，守正避邪；後來不行了，也變得好做買賣好賺錢，比洛陽人還厲害。

9 從鴻溝以東，芒縣、碭縣以北，一直到巨野澤，這裡是梁國、宋國的地區。陶縣、睢陽也是這一帶地區裡的重要都市。想當年堯曾在這裡的成陽建過都，舜曾在這裡的雷澤捕過魚，湯也曾在這裡的亳縣居住過。這一帶至今還保留著古代先王的餘風，這裡的人們樸實厚道，喜歡農業，雖然沒有多少山川裡的富饒出產，但他們能通過節衣縮食，積累家財。

10 越國、楚國的風俗可以分成三個地區講：淮水以北的沛郡、陳郡、汝南郡和南郡，這一帶屬西楚。這裡的風俗是勇猛好動，容易發脾氣，土地貧瘠，家無積蓄。江陵是當年楚國的郢都，它西通巫山、巴郡，東有雲夢澤的富饒。陳郡處在楚國和當年北方華夏國家的交界，這裡是魚鹽的集散地，這裡的人們從事商業活動的多。徐縣、僮縣、取慮縣一帶的人們廉潔認真，說話算話。

11 彭城以東地區，一直到東海郡、吳郡、廣陵郡，這一帶叫做東楚。這裡的風俗和徐縣、僮縣差不多。朐縣、繒縣以北的民俗接近齊國，浙江以南的接近越國。吳縣自當年吳國的闔閭、楚國的春申君以及後來吳王劉濞三個人廣招各地的遊士，加上東邊可以獲得海鹽的利益，境內的章山有銅的出產，擁有三江、五湖的資源，是江東地區的一個重要都市。

12 衡山郡、九江郡，以及長江以南的豫章、長沙二郡，這一帶叫南楚，這裡的風俗大致和西楚相似。楚國的國都後來遷到了壽春，壽春是這一帶的重要都市。合肥地處南北水路貨物交流的中心，是皮革、乾魚、木材的集散地。南楚和閩中、干越的風俗交雜，所以這裡的人們好吹誇，花言巧語靠不住。長江以南地區低下潮溼，男人往往死得早，竹子木材的出產比較豐富。豫章郡出產黃金，長沙郡出產連、錫，但數量都不多，甚至還抵不上開採的花費。九疑山、蒼梧郡以南直到儋耳，這一帶地區的風俗和江南地區大致相同，越族的風俗在此居多。番禺是這一帶地區裡的重要都市，是珍珠、犀角、瑇瑁、水果、布匹的集散地。

13 潁川郡、南陽郡一帶，是當年夏朝人居住的地方。夏朝人崇尚忠厚樸實，這一帶一直還保留著夏朝的餘風。潁川人生性厚道。秦朝末年，曾把一批犯罪分子遷到了南陽。南陽西通武關、鄖關，東南連通漢水、長江、淮水。宛城是這一帶地區的重要都市，這裡的人們好活動，好經商。有些性愛俠義的則往往和潁川人互相結伙。這一帶的人至今還被稱作「夏人」。

14 各地的物產狀況哪裡少什麼多什麼，以及各地人民的生活習慣，例如山東地區吃海鹽，山西地區吃池鹽，嶺南和沙州之北也都各自出產鹽，大體情況即如以上所說。

15 總的看來，楚、越地區地廣人少，這裡吃的是稻和魚，習慣火耕水耨，水果蚌類多的是，不用錢買就能自足。因為這裡吃的東西多，人們不用擔心挨餓，所以養成了人們苟且懶惰，家裡沒有什麼積蓄而顯得較窮。所以說長江、淮水以南雖沒有挨餓受凍的人，也沒有積累千金的富貴之家。沂水、泗水以北，適合於農業畜牧業，那裡地小人多，常鬧水旱，因而養成了人們愛積攢的習慣。所以秦地、夏地、梁國、魯國一帶的統治者們也都愛好農業而重視黎民。三河地區和宛城、陳郡也大致如此，不過這裡多了商賈。齊地、趙地的人們則用智取巧，投機逐利。而燕地、代地則主要以耕田放牧和養蠶織布為業。

1 由此觀之，賢人深謀於廊廟❶，論議朝廷❷；守信死節，隱居巖穴之士設為名高者安歸乎❸？歸於富厚❹也。是以廉吏久，久更富❺，廉賈歸富❻。富者，人之情性，所不學而俱欲者也。故壯士在軍，攻城先登，陷陣卻敵，斬將搴旗❼，前蒙矢石❽，不避湯火之難者，為重賞使也❾。其在閭巷少年❿，攻剽⓫椎埋⓬，劫人作姦，掘冢鑄幣⓭，任俠并兼⓮，借交報仇⓯，篡逐⓰幽隱⓱，不避法禁，走死地如鶩者⓲，其實皆為財用耳。今夫趙女鄭姬⓳，設形容⓴，揳㉑鳴琴，揄㉒長袂，躡利屣㉓，目挑心招，出不遠千里，不擇老少者，奔富厚也。游閑公子㉔，飾冠劍，連車騎，亦為富貴容㉕也。弋射漁獵㉖，犯晨夜㉗，冒霜雪，馳阬谷㉘，不避猛獸之害，為得味也。博戲㉙馳逐㉚，鬬雞走狗，作色㉛相矜㉜，必爭勝者，重失負㉝也。醫方㉞諸食技術㉟之人，焦神㊱極能㊲，為重糈㊳也。吏士舞文弄法，刻章偽書，不避刀鋸之誅者，沒㊴於賂遺㊵也。農工商賈畜長㊶，固求富益貨㊷也。此有知盡能索㊸耳，終不餘力而讓財矣。

2 諺曰：「百里不販樵，千里不販糴[44]。」居之一歲，種之以穀；十歲，樹之以木[45]；百歲，來之以德[46]。德者，人物之謂也[47]。今有無秩祿[48]之奉，爵邑[49]之入，而樂[50]與之比者，命曰「素封[51]」。封者[52]食租稅，歲率戶二百[53]，千戶之君則二十萬，朝覲[54]聘享[55]出其中。庶民農工商賈，率亦歲萬息二千[56]，百萬之家則二十萬，而更傜[57]租賦出其中。衣食之欲，恣所好美[58]矣。故曰陸地牧馬二百蹄[59]，牛蹄角千[60]，千足羊[61]，澤中千足彘[62]，水居千石魚陂[63]，山居千章之材[64]。安邑[65]千樹棗；燕、秦千樹栗；蜀、漢[66]、江陵千樹橘；淮北[67]、常山[68]已南，河、濟之間[69]千樹萩[70]；陳、夏[71]千畝漆；齊、魯千畝桑麻；渭川[72]千畝竹；及名國[73]萬家之城帶郭[74]千畝畝鍾之田[75]，若[76]千畝卮[77]茜[78]，千畦薑、韭：此其人皆與千戶侯等。然是富給[79]之資也，不窺市井[80]，不行異邑，坐而待收，身有處士之義而取給焉[81]。若至家貧親老，妻子軟弱，歲時無以祭祀進醵[82]，飲食被服不足以自通，如此不慚恥，則無所比[83]矣。是以無財作力[84]，少有[85]鬬智，既饒爭時[86]，此其大經也。今治生[87]不待危身取給[88]，則賢人勉焉[89]。是故本富[90]為上，末富[91]次之，姦富[92]最下。無巖處奇士[93]之行，而長貧賤，好語仁義，亦足羞也[94]。

3 凡編戶之民，富相什則卑下之[95]，伯則畏憚之[96]，千則役，萬則僕，物之理也[97]。夫用[98]貧求富，農不如工，工不如商，刺繡文[99]不如倚市門[100]，此言末業，貧者之資[101]也。通邑大都，酤[102]一歲千釀[103]，醯醬千瓨[104]，漿千甔[105]，屠牛羊彘千皮，販穀糶[106]千鍾，薪稾[107]千車，船長千丈[108]，木千章，竹竿萬个[109]，其軺車百乘[110]，牛車千兩[111]，木器髹[112]者千枚，銅器千鈞[113]，素木鐵器若[114]卮茜千石[115]，馬蹄躈千[116]，牛千足[117]，羊彘千雙[118]，僮手指千[119]，筋角[120]丹沙[121]千斤，其帛絮[122]細布千鈞，文采[123]千匹，榻布[124]皮革千石，漆千斗，糱麴[125]鹽豉[126]千荅[127]，鮐[128]鮆[129]千斤，鯫千石，鮑千鈞[130]，棗栗千石者三之[131]，狐鼦裘[132]千皮，羔羊裘千石，旃席[133]千具[134]，佗果菜千鍾[135]，子貸金錢千貫[136]，節駔會[137]，貪賈三之，廉賈五之[138]，此亦比千乘之家[139]，其大率[140]也。佗雜業不中什二[141]，則非吾財[142]也。

【章　旨】以上為第四段，分析論述了財貨對人類活動、對社會等級形成的決定作用，肯定了追求財富乃人性之必然。

【注　釋】❶廊廟　朝堂與太廟。廊，大殿兩側之廊。這裡即指議事的廳堂。❷論議朝廷　「朝廷」上應增「於」字讀。❸安歸乎　猶言「圖的是什麼呢」。❹富厚　猶言富貴。厚，指財產雄厚。❺廉吏久二句　吏廉則不致以貪墨壞事而能久處其位，久處其位則雖廉亦能變富。❻廉賈歸富　意謂不貪婪的商人反而賺錢獲利更多。錢鍾書曰：「為賈者廉其索價，則得利雖薄而可速售，貨速售則周轉靈，故雖廉而歸宿在富。」（《管錐編》）按：此與上句「廉吏久，久更富」意同。❼搴旗　拔取敵方的軍旗。搴，拔取。❽蒙矢石　蒙，冒；頂著。矢，箭。石，石塊。❾為重賞使也　陳直曰：「《鹽鐵論．毀學篇》云：『大夫曰：司馬子長有言，天下穰穰皆為利往。趙女不擇醜好，鄭姬不擇遠近，商人不醜恥辱，戎士不愛死力，士不在親，事君不避其難，皆為利祿也。」此段完全節括《史記・貨殖列傳》原文，加以扼要，如本文即變為「戎士不愛死力」一句。鹽鐵之議在昭帝始元六年，「大夫曰」為桑弘羊之語，弘羊當為引用《史記》最早之一人。」❿閭巷少年　平民家的子弟。⓫攻剽　攻擊行人，奪取財物。⓬椎埋　擊殺而掩埋之。⓭鑄幣　私自鑄錢。⓮任俠并兼　靠武力幫人兼併他人的財產或部眾。⓯借交報仇　為給朋友報仇而不顧個人安危，如同把自己的身體借給朋友去使用。⓰篡逐　指劫奪財物。⓱幽隱　指無人之地。⓲走死地如騖者　極言其冒險輕生之狀。騖，馬跑。⓳趙女鄭姬　指娼妓。⓴設形容　指梳妝打扮。㉑揳　撫；彈奏。㉒揄引；拂動。㉓躡利屣　躡，拖；趿拉。這裡即指穿。利屣，舞鞋。㉔游閑公子　無所事事的貴家子弟。㉕為富貴容　為擴大自家的富貴而修飾招搖。㉖弋射漁獵　泛指一切打獵。弋射，指射鳥類。漁，指捕捉水中動物。獵，指捕捉陸上的動物。㉗犯晨夜　指早起，天未亮就出發。㉘馳阬谷　不顧高低地上下奔馳。㉙博戲　以六博為工具進行賭博。㉚馳逐　以賽車賽馬賽狗之類賭輸贏。㉛作色　面紅耳赤。㉜相矜　自己誇耀，一定要壓倒對方。㉝重失負　怕輸。重，看重；擔心。失負，二字同義，這裡即「輸」的意思。㉞醫方　醫生與方士。㉟食技術　猶言「以某項技術為業」。㊱焦神　勞神到極點。㊲極能　把才能用到極點。㊳重糈　厚重的財禮。糈，原指祭神用的精米，後用以指報謝巫祝及占卜相面等方伎之士的財禮。㊴沒　沉溺，因受誘惑而不顧一切。㊵賂遺　即今所謂賄賂。遺，給。㊶畜長　畜貨長利。㊷益貨　使財貨越來越多。㊸知盡能索　竭盡一切智能而後已。知，同「智」。索，盡；竭。㊹百里不販樵二句　言其利不償費。樵，薪柴。糴，買入糧食。這裡即指糧食。㊺居之一歲四句　按：《管子・修權》云：「一年之計，莫如種穀；十年之計，莫如種樹；終身之計，莫如樹人。」蓋當時俗語如此。㊻來之以德　指做好事，以道德吸引人來歸。來，通「徠」。招納。㊼德者二句　所謂「德」，就是指有人有錢。按：〈游俠列傳〉云：「何知仁義，已饗其利者為有德。」蓋有錢就不愁沒人來歸，有人來歸就不愁沒人歌功頌德。㊽秩祿　官階俸祿。秩，等級。指官階。祿，官俸。㊾爵邑　封君的爵位與封地。爵，爵位，如公、侯、伯、子、男等。邑，封地，也稱「食邑」、「采邑」。㊿樂　享受富貴的快樂程度。51素封　《正義》曰：「言不仕之人自有園田收養之給，其利比於封君，故曰『素封』也。」《索隱》曰：「素，空也。」52封者　受封的各等封君。53歲率戶二百　每戶人家每年交納的租稅大抵為二百文銅錢。率，大概。54朝覲　春曰朝，秋曰覲，這裡指諸侯朝見天子的花費。55聘享　諸侯國之間的禮節性訪問稱作「聘」，招待來訪者的宴會曰「享」，這裡指各國諸侯相互往來所需的花費。56歲萬息二千　意謂有一萬錢的資本，每年就能得二千錢的利息。「千」下原有「戶」字。梁玉繩曰：「『戶』字衍，《漢傳》無。」今據刪。57更傜　指勞役費。漢代規定，凡是到達一定年齡的男人，每年都要出一定時間的勞役。凡不願去者可以交錢，由官府雇人前去。(58)恣所好美 指盡情享受美好的東西。恣，隨意。(59)馬二百蹄 指五十匹馬。由一馬四蹄算出。(60)牛蹄角千 指一百頭牛。每頭牛八瓣蹄子，兩隻角。(61)千足羊 指二百五十隻羊。(62)千足彘 指二百五十頭豬。(63)千石魚陂 每年可捕撈千石魚的池塘。石，百二十斤。陂，堤堰。陳直曰：「漢代鯉魚長尺至三尺者，枚值五十。」按：漢代一尺約當今之八寸多。(64)千章之材 千根木材。中井曰：「材木一根謂之章。」王駿圖曰：「服虔曰：『章，方也。』縱橫方一丈者曰『方』。」(65)安邑 漢縣名，縣治在今山西夏縣西北，漢代為河東郡的郡治所在地。(66)漢 指漢中郡，郡治西城（今陝西安康西北）。(67)淮北 淮河以北，今江蘇、安徽北部與河南之東南部。(68)常山 漢郡名，郡治元氏（今河北元氏西北）。(69)河濟之間 約當今之河南東北部與山東西北部一帶地區。當時的黃河經今河南滑縣、濮陽，東北流，至今河北滄州東之黃驊入海。濟水的流向大體與今黃河在河南、山東境內的流向略同。(70)萩 梁玉繩引師古曰：「即『楸』字，二字多譌。」楸，喬木名。(71)陳夏 陳，今河南淮陽。夏，即前文所說的潁川郡與南陽郡。(72)渭川 即今陝西中部的渭水流域地區。(73)名國 猶言「名都」，有名的都城，如邯鄲、臨淄等。(74)帶郭 指城市郊區。帶，圍繞。郭，外城。(75)畝鍾之田 畝產一鍾的良田。鍾，六斛（石）四斗。(76)若 或者。(77)巵 同「梔」。灌木名，結子可做黃染料。(78)茜 草名，可做紅染料。(79)富給 富裕；富厚。(80)不窺市井 意謂不必親自到市場辛苦賣力。(81)身有處士之義而取給焉 意謂身有「隱士」之名，而生活又很富裕。(82)歲時無以祭祀進醵 意謂過年過節連祭祀祖先、合家聚餐的費用都沒有。進醵，指聚食。一說，進，同「賮」。資助出行者的盤費。按：此與「歲時」二字不合，故不取。(83)無所比 沒有任何人願與他相提並論。比，並列。(84)無財作力 沒有錢的人只能給人家當苦力。(85)少有爭時 稍稍有一些。(86)既饒，指錢多。爭時，預測行情買進賣出。按：此亦《韓非子．五蠹》「長袖善舞，多財善賈」之意。(87)治生 增長產業。意即從事商業活動。(88)不待危身取給 不用冒什麼危險就富裕起來了。(89)賢人勉焉 賢哲之人也很願意幹這一行，如范蠡、子貢是也。勉，努力。(90)本富 靠經營農業而發家。(91)末富 靠經營工商業而發家。(92)姦富 靠不正當手段而發家。瀧川引岡白駒曰：「本富，農種而富，坐而待收者是也；末富，以賈富者；姦富，姦巧鬬智而富者是也。」賀信民曰：「司馬遷所言『本業』，從技術含量上看，已不拘限於『務盡地力』的原始指標，從目的性上看，也大大突破了自給自足的古樸要求，如太史公所崇的白圭就是靠經營農業而巨富的典型。」（《司馬遷與史記論集．貨殖列傳之道德價值》）(93)巖處奇士 隱居於深山的高士。(94)亦足羞也 瀧川引中井曰：「苟有巖處奇士之行，則雖長貧賤無所羞，而太史公固不說之也。文義自周匝。後人輒生貶議者，不曉文義之故耳。」按：班固父子指斥司馬遷「述貨殖則崇勢利而羞貧賤」，故中井氏為史公申說。(95)富相什則

卑下之　經濟條件相差十倍，人就低人家一等。96伯則畏憚之　伯，通「百」。相差百倍。畏憚，懼怕。97物之理也　按：史公發現財富的占有數量不同，決定著人的社會地位，差得越多越可憐，以致成為人家的僕役。社會等級、人與人的關係，全由這種經濟力量決定。史公之見解殊妙。98用　由。99刺繡文　代指工者之事。100倚市門　指商賈之事。101末業二句　商業是改變貧窮狀況的最好途徑。資，憑藉；依託。102酤　一宿即成的酒。這裡泛指釀造物，包括酒、醋、醬等。瀧川引中井曰：「『酤』字為一條之冒，下文所稱皆買賣之貨。」103一歲千釀　文字不順。《正義》曰：「釀千瓮。」師古曰：「千瓮以釀酒。」按：「千釀」似應作「千瓮」，以與下文「千瓨」「千甔」同例。104醯醬千瓨　醯醬即指醋。醯，醋。瓨，陶製瓶類，可受十升。105漿千甔　漿，淡酒。甔，陶製容器，可受十斗。「漿」原作「槳」，王念孫以為應從《漢書》作「漿」。今據改。106糴賣糧食。107薪稾　柴禾。108船長千丈　謂一年當中賣出的船的總長度。109萬个　萬棵。个，棵。《釋名》云：「竹曰个，木曰枚。」中井曰：「船車竹木畜僮布帛，皆賣買之貨，非蓄藏。」110其軺車百乘　中井曰：「『其』字疑衍。」軺車，輕便的馬車。百乘，百輛。111兩　同「輛」。陳直曰：「兩漢軺車一乘值萬，牛車每兩值二千。見《居延漢簡釋文》。」112髤　以漆漆物。113鈞　三十斤。114素木鐵器若　按：「素木鐵器」下似有脫文，否則「素木鐵器」與「巵茜」一概相量，似不倫。若，或。115石　一百二十斤。116馬蹄躈千　指二百匹馬。躈，同「竅」。肛門。117牛千足　二百五十頭牛。118羊彘千雙　羊、豬各兩千隻。119僮手指千　指奴僕百人。陳直曰：「西漢初奴婢價值，小奴二人值三萬，大婢一人二萬，亦為約略之價。」120筋角　筋可熬膠，角可為飾。121丹沙　可作染料。122帛絮　帛是絲織物，絮是絲綿。123文采　繡有文采的織物。124榻布　師古曰：「粗厚之布也，其價賤，故與皮革同重耳。」125蘖麴　酵母。126鹽豉　鹹豆豉，調料。127荅　應作「苔」，同「台」，即「瓵」。瓦器，可受一斗六升。128鮐　海魚名。129鮆　刀魚。130鯫千石二句　鯫，小雜魚。鮑，鹹乾魚。按：王念孫以為此六字當併作「鯫鮑千鈞」，可參考。131千石者三之　千石的三倍，即三千石。132狐鼦裘　狐裘與貂裘。鼦，同「貂」。133旃席　毛毯。134千具　千張。135佗果菜千鍾　張文虎曰：「『佗』字疑衍，《漢書》無。」梁玉繩曰：「『鍾』乃『種』之譌。《漢書》：『果采千種。』」瀧川曰：「此段就都邑中約計一歲所需之數，即市肆中一歲所出之數，乃本業之資也。」136子貸金錢千貫　指每年可獲千貫利息的債主。子貸金，放債所得的利息。137節駔會　截取佣金的大市儈。節，截取。駔會，大市儈。師古曰：「儈者，合會二家交易者也。駔者，其首率也。」138貪賈三之二句　舊注皆謂此指商賈取利之數。三之，或曰取其什三，或曰取其三分之一。按：此段所舉皆各種商賈之獲利實數，謂凡獲利如此者，可比「千乘之家」，而無比較「貪賈」、「廉賈」取利比率之必要；且上文「節駔會」一語，亦缺少獲利詳情，故竊以為此二語乃指「駔會」對商賈截取佣錢的比率。139千乘之

家 瀧川引中井曰：「即上文『千戶之君』矣，故曰『此亦』。或云：『千乘，千戶之訛。』」(140)大率 大抵；大概。(141)不中什二 不能獲取十分之二的利潤。(142)非吾財 意即這不是我們所該經營的項目。

【語譯】由此看來，達官貴人們在廟堂上運籌決策，在朝廷上討論國家大政，而死守節義的隱士們則隱居深山追求高名，他們的根本目的在哪裡呢？歸根結底還都是為了富貴為了錢。為官清廉就可以長久地做下去，做的時間長了，得的實際利益就會更多，越是不貪心的商人也就賺錢越多。愛錢是人們的本性，不用學就會。士兵們衝鋒陷陣，斬將拔旗，冒著槍林箭雨前進，不怕犧牲，不就是為了重賞嗎？那些流氓子弟，劫道殺人，為非作歹，挖墳墓造假錢，拉幫結派，互為生死，明搶暗奪，硬往法網裡鑽，往死路上跑，說到底不都是為了錢嗎？趙地鄭地的美女們，梳妝打扮，鼓瑟彈琴，拂動長袖，穿著舞鞋，不遠千里地去勾引人，年老年少不挑揀，不也是為了錢嗎？一些大家子弟，衣帽披掛鮮明，高車大馬前呼後擁地到處奔走，不也是為了追求富貴嗎？那些捕魚打獵的，起五更睡半夜，冒著風雨嚴寒，不顧地形危險，不怕野獸咬傷，不就是想得到他們想吃的東西嗎？賭博賽馬，鬥雞走狗，面紅耳赤地急著想贏，不就是怕輸錢嗎？醫生以及各種手藝人，他們花心思鑽研技術，是為了得到更多的酬金呀！刀筆吏們舞文弄法，刻假圖章，偽造筆跡，不怕殺頭死罪，是為了得到賄賂呀！農人、工人、商人們生產儲存貨物，是為讓財產越來越多呀！這些人都是在竭盡一切心思地做，誰也不會留著餘力不用而把錢財讓給別人。

2 俗話說：「沒有到百里之外去賣柴的，沒有到千里之外去賣糧的。」如果在某地住一年，那就種糧食；如果準備住十年，那就可以種樹木；如果想住一輩子，那就得講人緣，就得以道德來吸引人了。所謂道德實際是指你手下有人有錢。有些人雖然沒有官階俸祿，也沒有爵位封地，但他們實際的享受可以和有爵位俸祿的人相比，這就是通常所說的「素封」。有爵位的人們靠著吃領地上的租稅，每年一戶大約出二百錢。這樣，一個享有千戶的封君才只能得二十萬，而他們進京上朝、相互往來的一切花費還都在這裡頭。平民百姓中的農人、工人、商人，有本錢一萬的，大體也可以得到二千文的利息，那麼一個本錢百萬的家庭一年也可以收入二十萬了，當然這裡頭也要拿出一些去交勞役和租稅的費用，但他們吃穿方面的各種欲望，都可以得到滿足。所以說凡能在陸地上放牧五十匹馬，一百頭牛，二百五十隻羊，或是在草澤養二百五十口豬，在水塘裡養十二萬斤魚，在山上種一千棵樹。安邑地區的一千棵棗樹；燕、秦地區的一千棵栗樹；蜀、漢、江陵地區的一千棵橘樹；淮北、常山以南，黃河、濟水之間的一千棵楸樹；陳郡、潁川一帶的一千畝漆樹；齊、魯地區的一千畝桑麻；渭水流域的一千畝竹子；以及有萬戶居民的大城市郊區的一千畝畝產千鍾糧食的土地，或是種植一千畝梔子茜草，外帶一千畦生薑韭菜。那麼這些人的收入都會和一個千戶侯相等。這是一種獲得富足的來源，這些人用不著到市場上去奔波，也用不著去異鄉異地，他們就是坐在那裡等候收成，既有隱士之名，家裡又很富裕。如果有的人把自家搞得很窮，雙親年老無法奉養，老婆孩子生活困難，過年過節連個祭祀聚餐的錢都沒有，平時連吃穿用度都混不上，如果這樣還不自知慚愧，那可真是不堪一提了。沒錢的人就得幹苦力，錢不多的人就得動心眼兒，錢多的人就可以看時機看行情，這是基本規律。做買賣不會有什麼危險，而生活就富裕了，所以有本事的人都樂意做。以農業致富為上等，以商業致富次之，以姦猾致富最卑鄙。倘自身沒有大隱士的操行，卻長期處於貧困之中，還張口閉口地侈談「仁義」，這種人也夠可恥的。

3 作為一個平民百姓，如果別人的財富是他的十倍，那麼他見了人家就會低一等；如果人家的財富是他的百倍，那他就要怕人家；如果人家的財富是他的千倍萬倍，那他就成了人家的奴僕了，這是自然的道理。如果想要由窮變富，當農民不如當工人，當工人不如當商人，在作坊裡繡花遠不如去市場上賣貨。所以說經商是窮人最好的職業。在一個四通八達的都市裡，賣一千缸酒，一千缸醋，一千缸淡酒，屠宰牛羊豬一千隻，或者販賣糧穀一千鍾，柴草一千車，船隻一千丈，木材一千棵，竹竿一萬根，小車一百輛，牛車一千輛，木製漆器一千件，銅製器具三萬斤，木頭、鐵器或梔子茜草一千石，馬二百匹，牛二百五十頭，羊、豬各兩千隻，奴隸一百個，筋角丹砂一千斤，絲綢細布三萬斤，帶花紋的綢子一千匹，粗布皮革十二萬斤，漆一千斗，酵母鹽豉一千罐，海魚一千斤，小雜魚十二萬斤，乾魚三萬斤，棗、栗三十六萬斤，狐皮、貂皮一千張，羊羔皮襖十二萬斤，毛毯一千張，其他果菜一千種，或放貸所得的利息一千貫，或在市場上當經紀人時抽取三分之一或五分之一的佣金，這些收入也都和一個千輛兵車的大世家差不多，這是大概情形。除此之外的其他行業，凡是得不到十分之二的利潤的，就都不能做了。

1 請略道當世千里之中，賢人所以富者，令後世得以觀擇焉。

2 蜀卓氏❶之先，趙人也，用鐵冶富❷。秦破趙，遷❸卓氏。卓氏見虜略❹，獨夫妻推輦❺，行詣遷處❻。諸遷虜❼少有❽餘財，爭與吏，求近處❾。處葭萌❿。唯卓氏曰：「此地狹薄。吾聞汶山⓫之下沃野，下有蹲鴟⓬，至死不飢⓭。民工於市⓮，易賈⓯。」乃求遠遷。致之臨邛⓰，大喜。即鐵山鼓鑄⓱，運籌策⓲，傾⓳滇、蜀⓴之民，富至僮千人㉑。田池射獵之樂，擬於人君㉒。

3 程鄭，山東㉓遷虜也，亦冶鑄，賈椎髻之民㉔，富埒㉕卓氏，俱居臨邛。

4 宛孔氏㉖之先，梁人也，用鐵冶為業。秦伐魏，遷孔氏南陽。大鼓鑄，規陂池㉗，連車騎，游諸侯，因通商賈之利㉘，有游閑公子之賜與名㉙。然其贏得過當㉚，愈於纖嗇㉛。家致富數千金，故南陽行賈盡法孔氏之雍容㉜。

5 魯人俗儉嗇，而曹邴氏㉝尤甚，以鐵冶起，富至巨萬㉞。然家自父兄子孫約㉟，俛有拾，仰有取㊱，貰貸㊲行賈徧郡國。鄒、魯以其故多去文學㊳而趨利㊴者，以曹邴氏也。

6 齊俗賤[40]奴虜，而刀閒獨愛貴之[41]。桀黠[42]奴，人之所患[43]也，唯刀閒收取，使之逐[44]漁鹽商賈之利。或連車騎[45]，交守相[46]，然愈益任之[47]。終得其力，起富數千萬[48]。故曰「寧爵毋刀[49]」，言其能使豪奴自饒而盡其力[50]。

7 周人既纖[51]，而師史[52]尤甚，轉轂以百數[53]，賈郡國[54]，無所不至。洛陽街居[55]在齊、秦、楚、趙之中，貧人學事富家[56]，相矜以久賈[57]，數過邑不入門[58]。設任此等[59]，故師史能致七千萬。

8 宣曲[60]任氏之先，為督道倉[61]吏。秦之敗也，豪傑皆爭取金玉，而任氏獨窖倉粟[62]。楚、漢相距滎陽[63]也，民不得耕種，米石至萬[64]，而豪傑金玉盡歸任氏，任氏以此起富。富人爭奢侈，而任氏折節[65]為儉，力田畜[66]。田畜人爭取賤賈[67]，任氏獨取貴善[68]。富者數世。然任公[69]家約[70]，非田畜所出弗衣食[71]，公事[72]不畢則身不得飲酒食肉。以此為閭里[73]率[74]，故富而主上[75]重[76]之。

9 塞之斥[77]也，唯橋姚[78]已致[79]馬千匹，牛倍之，羊萬頭，粟以萬鍾計。

10 吳、楚七國兵起[80]時，長安中列侯封君[81]行從軍旅[82]，齎貸子錢[83]，子錢家[84]以為侯邑國[85]在關東[86]，關東成敗未決，莫肯與[87]。唯無鹽氏[88]出捐千金貸[89]，其息什之[90]。三月，吳、楚平[91]，一歲之中，則無鹽氏之息什倍，用此富埒關中[92]。

11 關中富商大賈，大抵盡諸田，田嗇、田蘭[93]。韋家[94]栗氏，安陵、杜杜氏[95]，亦巨萬。

12 此其章章[96]尤異者也。皆非有爵邑奉祿弄法犯姦而富，盡椎埋[97]去就，與時俯仰，獲其贏利，以末致財，用本守之[98]，以武一切，用文持之[99]，變化有概[100]，故足術也[101]。若至力農畜，工虞商賈，為權利以成富[102]，大者傾郡[103]，中者傾縣，下者傾鄉里者，不可勝數[104]。

13 夫纖嗇筋力[105]，治生之正道也，而富者必用奇[106]勝。田農，拙業[107]，而秦揚[108]以蓋一州[109]；掘冢，姦事也，而田叔[110]以起；博戲[111]，惡業也，而桓發用富[112]；行賈[113]，丈夫賤行[114]也，而雍樂成[115]以饒；販脂，辱處[116]也，而雍伯[117]千金[118]；賣漿[119]，小業也，而張氏千萬；洒削[120]，薄技也，而郅氏鼎食[121]；胃脯[122]，簡微[123]耳，濁氏連騎；馬醫[124]，淺方，張里擊鍾[125]：此皆誠壹[126]之所致。

14 由是觀之，富無經業[127]，則[128]貨無常主，能者輻湊[129]，不肖[130]者瓦解。千金之家比一都之君，巨萬者乃與王者同樂。豈所謂「素封」者邪？非也[131]？

【章　旨】以上為第五段，記載了漢興以來的著名商人的活動情況。

【注　釋】❶卓氏　即卓文君的家族，詳見〈司馬相如列傳〉。❷用鐵冶富　用，因；靠著。陳直曰：「《華陽國志・蜀郡臨邛縣》云：『漢文時以鐵銅賜鄧通，假（借於）民卓王孫，歲取千匹，故卓王孫貨累巨萬，鄧通錢亦遍天下。』可證卓王孫之富因鄧通也，余因考西漢初期鹽鐵為包商制。」（《史記新證》）❸遷　流放；強制搬遷。按：秦漢時期打擊、壓制工商業者，故可肆意摧殘。❹見虜略　被秦人所掠虜。略，通「掠」。❺輦　手拉之車。❻行詣遷處　步行前往被發配的地方。詣，達。❼諸遷虜　一道被遷的其他被虜略者。❽少有　略有。少，稍。❾求近處　請求安置得近一些。處，安置。❿葭萌　漢縣名，縣治在今四川劍閣東北。⓫汶山　即岷山，在今四川松潘北。漢代亦設過汶山郡，郡治汶江（今茂汶羌族自治縣）。⓬蹲鴟　芋類，其狀如鴟之蹲踞，故云。⓭至死不飢　謂貧者可用以充糧，而不致餓死。⓮工於市　擅長做買賣。⓯易賈　便於發展工商業。⓰臨邛　漢縣名，縣治即今四川邛崍。⓱鼓鑄　鼓風吹火以煉鐵鑄器。⓲運籌策　意即施展謀略。⓳傾　吸引；使之倒向自己。⓴滇蜀　此指雲南北部、四川南部一帶地區。當時滇池附近有古滇國，故人們習稱雲南為滇。㉑僮千人　僮，奴僕。按：〈司馬相如列傳〉云「家僮八百人」。㉒擬於人君　和一個有領地的封君差不多。擬，相比；相當。㉓山東　崤山以東，不知確係何國。㉔賈椎髻之民　與附近的少數民族做生意。椎髻，盤髮於頂，其狀如椎。指當時少數民族的髮式。㉕埒　比；相等。㉖孔氏　其名不詳。㉗規陂池　修治堤堰池塘。規，審視；測量。陂，堤堰。㉘游諸侯二句　言其於周遊中做買賣。㉙有游閑公子之賜與名　言其為人行事如同富貴公子，出手大方，賞賜不吝。賜與，以財物贈人。名，名聲。㉚贏得過當　所得他人之實惠遠遠超過自己遊樂賞賜之開銷。㉛愈於纖嗇　比那些吝嗇鬼們的實際收入要多得多。纖嗇，小氣；吝嗇。按：孔氏可謂深諳老子「欲取先與」之術者。㉜雍容　文雅、從容的樣子。㉝曹邴氏　按：《漢書》無「曹」字。意即邴姓某人。㉞巨萬　也稱「大萬」，即今所謂「億」。㉟約　約定；規定。㊱俛有拾二句　言其不從事無益活動，動則必有所得。俛，同「俯」。彎腰。仰，抬頭。蘇軾〈答梁先〉詩云：「學如富賈在博收，仰取俯拾無遺籌。」即取意於此。㊲貰貸　這裡即指放債。貰，借貸。㊳去文學　拋棄讀書。文學，漢時指學術、經術。㊴趨利　追求賺錢。㊵賤　卑視；慢待。㊶愛貴之　喜愛而寵待之。㊷桀黠　勇猛狡猾。㊸患　怵頭。㊹逐　追求。㊺連車騎　極言其豪華、排場。㊻交守相　與郡守和諸侯國之相一類的地方高級官員相來往。郡守與諸侯國之相皆為二千石，是地方上的最高行政長官。㊼然愈益任之　謂刀閒的家奴已能交通守相，而刀閒仍能信任之，蓋深得用人之術也。㊽起富數千萬　由平民起家，致富至數千萬錢也。㊾寧爵毋刀　解法不一，《索隱》曰：「奴自相謂曰：『寧免（奴）去求官爵邪？』曰：『無刀。』無刀，相止之辭也。言不去，止為刀氏作奴也。」中井曰：「宜言『毋寧爵，毋寧刀』，今各置一字耳。是相比擬而言，若無輕重，然重刀之意自見。」按：依中井說，則「寧爵毋刀」之意為「或者任高爵，或者為刀奴」。或曰：「願任高爵乎？願為刀奴乎？」錢鍾書曰：「言奴寧捨去官爵之主，毋捨去刀閒。足言之，即『寧不事爵，毋不事刀』也。」吳汝綸曰：「寧遇有爵之人，不遇刀氏之奴。」蓋謂刀氏之奴比官府還要難惹。按：史公原文無批評刀氏桀奴之意，吳氏之說似欠妥。(50)使豪奴自饒而盡其力　意即能使豪奴盡其力從而得以使自己富了起來。「自」指刀閒，非指桀黠奴。(51)纖　《集解》引《漢書音義》曰：「儉嗇也。」(52)師史　姓師，名史。

(53)轉轂以百數　意即家有幾百輛車從事商業活動。(54)賈郡國　到各郡、各諸侯國去做買賣。(55)街居　猶言「如同十字街口一樣地處在……」。街，《說文》：「四通道。」(56)學事富家　到富商之家當學徒。(57)相矜以久賈　相比看誰能在外面周遊的時間長。(58)數過邑不入門　多次路過洛陽而不進家門。(59)設任此等　就是靠著這些「學事富家」的貧苦人。設任，設職分任。

(60)宣曲　地名，具體方位不詳，大致在長安的昆明池故址之西。司馬相如〈上林賦〉中有「西馳宣曲」之語；《正義》引張揖云：「宣曲，宮名，在昆池西也。」(61)督道倉　王先謙引劉奉世曰：「督道者，倉所在地名耳。」督道，具體方位不詳。《集解》引韋昭曰：「秦時邊縣名。」(62)窖倉粟　將倉庫之粟挖地窖以貯藏之。(63)楚漢相距滎陽　事在高祖二年至四年（西元前二〇五—前二〇三年）。滎陽，秦縣名，縣治在今河南滎陽東北。(64)米石至萬　米一石價值萬錢。石，一百二十斤，約合今之三十一公斤。(65)折節　降低身分、派頭。(66)力田畜　努力發展農業、畜牧。(67)田畜人爭取賤賈　田畜人，其他從事耕田、畜牧的人。爭取賤賈，指買糧種、畜種等，爭著買賤的。賈，同「價」。李笠謂此句「田畜」二字衍文，應削。按：似應依李氏言削二字。(68)獨取貴善　貴善，價錢貴而品種好。前文講白圭經商有所謂「長石斗，取上種」，即謂此也。(69)任公　師古曰：「任氏之父也。」陳直曰：「即任氏，師古說恐失之。」(70)家約　給全家規定。(71)非田畜所出弗衣食　謂一切皆取給於自己，不另購買。極言其儉。(72)公事　指給官府交納租稅等事。(73)閭里　猶言「鄉里」。(74)率　表率。(75)主上　指漢朝皇帝。(76)重尊重。(77)塞之斥　指武帝對四夷用兵。斥，開也。開拓疆域，使邊塞向外推展。(78)橋姚　姓橋，名姚。(79)已致　已，通「以」。謂橋姚在武帝之對外用兵中得以發展其馬、牛、羊及農業，而得如此之富也。按：與下文敘「無鹽氏」相比，此敘橋姚似有脫文，蓋未言其致富之術。或者亦如卜式之捐馬助軍然也。卜式捐馬匹財物助軍事見〈平準書〉。(80)吳楚七國兵起　事在景帝三年（西元前一五四年）。時吳王劉濞、楚王劉戊等七國以請誅鼂錯為名，發動叛亂，景帝派周亞夫出兵討平之。事見〈吳王濞列傳〉、〈絳侯周勃世家〉。(81)長安中列侯封君　指封地在外，而人留住長安的列侯封君。因當時列侯多娶公主，公主不欲離京，故列侯亦多留京師。列侯，有封地的侯爵，如「留侯」、「絳侯」是也。封君，此指列侯以外的有土封君，如關內侯與其他名號侯等。82行從軍旅　指隨軍東出平叛。83齎貸子錢　謂借錢以供攜帶之需。齎，指行人所帶的物品錢財。子錢，放貸以取利息之錢。84子錢家　放債主。85侯邑國　這些在京列侯的封邑、封國。86關東　函谷關以東，正是吳楚等舉行叛亂以及中央派兵往討之地。87莫肯與　不願借錢給這些列侯封君。88無鹽氏　姓無鹽，史失其名。89出捐千金貸　拿出千金分別借與這些人。90其息什之　十倍的利息。即借一還十。91三月二句　吳、楚舉兵叛亂在景帝三年正月，至三月，吳楚之主力失敗，吳王劉濞被殺。92富埒關中　埒，相等；相比。岡白駒曰：「關中之富，己一人敵之。」按：此說恐太誇，似應理解為可與關中之最豪富者相比。《漢書》無「埒」字。93田嗇田蘭　語略不順，大體謂諸田之中以田嗇、田蘭最有名。94韋家　漢邑名，其地不詳。95安陵杜杜氏　《集解》引徐廣曰：「安陵及杜，二縣名，各有杜姓也。」安陵縣治在今陝西咸陽東北，杜縣縣治在今西安市東南。96章章　顯著、突出的樣子。97椎埋　顧炎武曰：「當是『推移』之誤。」梁玉繩曰：「『椎埋』乃『推理』譌文，言推測物理也。」按：梁說是。「推理去就，與時俯仰」，即前文說白圭之「樂觀時變」，〈越王句踐世家〉說范蠡之「候時轉物」是也。98以末致財二句　把經營工商賺的錢，改投到農業方面來。按：由此看來，司馬遷也仍是很看重農業。99以武一切二句　意即用冒險、投機等詭詐手段取得一時成果，而用奉公守法、符合常規的一套以維持長久。一切，臨時的權宜之計。按：此處講經營工商業的權謀、手段很有辯證法，耐人尋味。100變化有概　要有變化，但不失原則、法度。概，原則；法度。101故足術也　所以值得講說。瀧川曰：「『術』、『述』通。」102為權利以成富　指靠著權勢因利乘便而獲富者。103傾郡　其富可傾動一郡。傾，動。為之傾動、傾斜。104不可勝數　按：此類雖多，皆史公所謂「不足術也」矣，與前「故足術也」對文。105纖嗇筋力　謂一方面要儉省，一方面要能吃苦出力。106奇　即指「推理去就，與時俯仰」的經營謀略。107拙業　笨拙的職業。108秦揚　姓秦名揚，事跡不詳。109以蓋一州　謂其富為全州之冠。110田叔　其人不詳。漢初趙國有「田叔」，與此無關。111博戲　以六博進行賭博。112用富　因以富足。用，因。「用」下原有「之」字。王念孫曰：「『用』亦『以』也，與上下三『以』字互文。後人於『用』字下加『之』字，則失其句法矣。」今據刪。又，〈貨殖列傳〉而入「掘冢」、「博戲」，殊為不倫。《漢書》刪之，是也。113行賈　沿街叫賣的小商人。114賤行　卑賤的行業。115雍樂成　姓雍，名樂成，事跡不詳。116辱處　令人羞恥的處境。117雍伯　姓雍名伯，事跡不詳。118千金　千鎰黃金。秦時稱黃金一鎰曰「一金」。一鎰等於二十兩，或曰二十四兩。119賣漿　賣水。瀧川曰：「楓、三本『漿』作『醬』，與《漢書》合。」120洒削　搶磨刀剪。《索隱》曰：「削刀者名洒削，謂磨刀以水洒之。」陳直曰：「『削工』謂治刀劍者；本文之『洒削』蓋以磨刀剪為業者。」121鼎

食 列鼎而食，古代貴族的排場，以言其富。(122)胃脯 以胃做成的滷乾。(123)簡微 簡單微小。(124)馬醫 按：醫馬是一種技藝，今列入「貨殖」，亦似不倫。(125)擊鍾 古代貴族吃飯時，要擊鐘奏樂，此亦言其富埒王侯。鍾，同「鐘」。(126)誠壹 心志專一。(127)富無經業 意即任何行業都可以使人發財。經，常；一定。(128)則 其義同「而」。(129)輻湊 極言其來歸者之多。(130)不肖 不類其父。通常即用為「無能」、「沒出息」。(131)豈所謂素封者邪二句 猶言「這不就是那種『沒有封號的王侯』嗎？難道不是嗎？」素封，沒有封號。素，空。

【語　譯】下面我大概講一講當代我們國家的發了財的能人，讓後世得以知道。

2 蜀郡卓氏的祖先，本是趙國人，因煉鐵發了財。秦滅趙後，下令讓卓氏家族搬遷。卓氏夾在一群被裹挾的人群裡，夫妻兩個推著車子向指定的地方進發。當時凡是身邊有點錢的人，都爭著賄賂押解人員，請求把他們安置在較近的葭萌關一帶。只有卓氏說：「這個地方狹小又貧瘠。我聽說南方的汶山之下是沃野，長著許多芋類，可以充飢不致餓死。而且那裡的居民擅長做買賣，我們可以到那裡去進行貿易活動。」於是他們請求遠走。押解人員把他放在了臨邛，卓氏很高興，他們就在那裡的鐵山下進行冶煉，他們動腦筋巧運籌，很快地就成了滇蜀一帶的首戶，家有奴婢千人。他們修池堆山馳騁田獵，其風光排場簡直和封君一樣。

3 程鄭，是從山東地區強制搬遷來的，也善於煉鐵，和當地的少數民族做買賣，其富有的程度和卓氏差不多，也住在臨邛。

4 南陽的孔氏，其先輩是大梁人，以煉鐵為業。秦滅魏後，把孔氏家族遷到了南陽。孔氏到南陽後大規模地發展了煉鐵，賺了錢就修築坡塘堤壩，他坐著車子，前呼後擁地在各國諸侯間往來，從事經商賺錢，他行事有富貴公子出手大方、賞賜不吝的美名。但是他所獲得的經濟利益，也遠比那種吝嗇的商人多，以至於家財多達幾千金。而南陽一帶的買賣人在進行商業活動的時候都學習孔氏的華貴大度。

5 魯國的民風向來儉樸吝嗇，而曹縣的邴氏尤其厲害，他也是以煉鐵起家，家財多得上億。但他的父子兄弟們歷來守著一條規定，用他們自己的話說，就是：「只要彎腰就得拾點什麼，只要抬頭就得抓取點什麼。」他家的放債經商遍魯國。鄒、魯一帶許多人不再念書都去做買賣的原因，就是由於出了邴氏家族。

6 齊國的風俗歷來是不把奴僕當人看，而刁閒獨獨愛護抬舉他們。對於狡猾的奴僕，一般主人都是很頭疼的，唯有刁閒專愛收留這樣的人，他讓他們去做買賣販賣魚鹽。他們有的甚至乘著高車大馬，去結交太守國相，越是如此刁閒越信任他們。結果他靠著這些人的力量發家致富，財產多達幾千萬。所以當地有人說：「寧可不做官，也要去為刁家當奴僕。」說的就是讓奴僕們得利而心甘情願地為他效勞。

7 洛陽人吝嗇，而師史尤其厲害，他家有上百輛的車子，在各地周遊經商，足跡無所不至。洛陽地處齊、秦、楚、趙的中心，窮人學著富人的樣子，爭相比著出去做買賣，看誰可以長期不回家。就靠著這個，師史賺得的家財多達七千萬。

8 宣曲任氏的先人，曾當過看管督道倉的小吏。秦朝被推翻時，許多人都去官府搶奪金玉珠寶，而任氏獨獨把糧食儲藏了起來。待至項羽與劉邦在滎陽對峙，由於沒人種田，米價上漲到一萬錢只能買一百二十斤時，於是被人們搶去的金玉珠寶就都歸到任氏家裡來了，從此任氏大富。一般富人總是愛揮霍奢侈的，而任氏卻始終不擺闊氣，堅持節省，努力種田放牧。種田放牧的人們一般總愛搶著買便宜貨，而任氏卻始終不怕多花錢而買好的。就這樣任氏家族一直富貴了好幾代。他們家有條規定：「凡不是自家耕田放牧出產的東西，一律不用；事情只要沒有辦完，就絕不許喝酒吃肉。」他們就是這樣來為鄉里作表率的，所以他們自己富了還能得到皇上的尊重。

9 當漢朝對四夷用兵的時候，橋姚趁機經商，使家產發展到有馬一千匹，牛兩千頭，羊一萬隻，糧食上萬鍾。

10 吳楚七國造反時，住在長安的列侯封君們都得去當兵了，他們向人借錢，而放債的卻不願借給他們，因為他們的封地在東方，而東方的勝敗局勢還不明朗。這時唯有無鹽氏拿出了千金借給他們使用，收十倍的利息。結果只用了三個月叛亂就被平定了。於是一年之內無鹽氏的家產就翻了十番，可與關中最富的豪族相比了。

11 關中地區的大富商，大抵都是田氏家族的，有田嗇、田蘭。此外韋家地區的栗氏，安陵、杜縣的杜氏，家產也都上億。

12 以上所說都是最著名最有本事的，他們都不是靠著爵位俸祿，也不是靠著為非作歹而發財，他們都是靠著觀望時機，順水推舟，賺取利潤，經商發財後，又能轉化到農業上來。他們恰如是以武力奪得天下而以德守成治國一樣，他們變化有方，值得稱道。至於那些一般的靠著農業放牧，或是靠著開發山林湖海，或是靠著做官掌權而發財的，大的獨霸全郡，中者獨霸全縣，小者稱霸鄉里的，那種人簡直就數不過來了。

13 靠著省吃儉用不惜力氣，這是發家的正道，但要想發財就還得出奇制勝。種田是笨拙的職業，而秦揚卻靠著種田成了一州的首富；挖墳是犯法的，但田叔卻由此發了家；賭博是壞行當，而桓發卻因此發了起來；穿街走巷地叫賣看起來是低賤的，而雍樂成卻因此致富；挑著擔子賣油是被人們看不起的，而雍伯卻由此家致千金；賣水夠卑小了吧，而張家賺了一千萬；搶剪子磨刀算是小伎倆了吧，而郅家由此列鼎而食；作滷乾可算低微的，而濁家由此騎侍成群；當獸醫是小方術，而張里家吃飯擊鐘，貴比王侯。這些人都是靠著專心致志地努力而成功。

14 由此看來，什麼行業都有可能發財，而財貨也並不總是屬於誰家，有本事的就能賺過來，沒出息的就會賠出去。一個千金之家的排場可以和一個都城的封君相比，一個財產上億的家族，其享樂程度就和君王一樣了。這不就是人們所講的「素封」嗎？難道不是嗎？

【研　析】《史記》中專門講經濟問題的作品有兩篇，一篇是〈平準書〉，一篇是〈貨殖列傳〉。前者主要從國家的角度，總結了歷代經濟政策的變遷，其中最主要的篇幅是總結了武帝時期經濟政策的得失；後者則是從社會發展的角度總結了歷代工商業的發展狀況，並為許多卓越的工商業者立了傳。兩者都是研究漢代及漢代以前經濟問題的重要歷史文獻，而〈貨殖列傳〉尤為精彩卓越。

作品肯定了追求物質利益、追求財富占有是人的本性，任何人都有這種要求。其潛在的意義是肯定了這種行為是社會發展的動力，並有同情被壓迫人民，揭露統治階級唱高調、假清高的意義。文中說：「《詩》《書》所述虞夏以來，耳目欲極聲色之好，口欲窮芻豢之味，身安逸樂，而心誇矜埶能之榮。使俗之漸民久矣，雖戶說以眇論，終不能化。」又說：「天下熙熙，皆為利來；天下壤壤，皆為利往。」「富者，人之情性，所不學而俱欲者也。」這就等於把歷代儒生所高唱的「君子安貧」、「君子固窮」、「君子喻於義，小人喻於利」等自欺欺人之談拋到一邊。

作品指出物質財富的占有，決定著人的社會地位，社會上的階級、階層就是這樣形成的。這與歷代統治階級所鼓吹的「人生有命，富貴在天」格格不入，具有明顯的反天命的意義。文中說：「凡編戶之民，富相什則卑下之，伯則畏憚之，千則役，萬則僕，物之理也。」這樣透徹精闢的話，在司馬遷之前還沒有聽到誰說過。孟子說：「勞心者治人，勞力者治於人。」這只涉及到部分現象，而司馬遷則是從財富占有的角度提出了問題：「無財作力，少有鬬智，既饒爭時。」「千金之子，不死於市。」有了錢就有一切。在這種不以人的意志為轉移的自然規律面前，那些「龍生龍，鳳生鳳」以及什麼「人生有命，富貴在天」的血統論、天命論等的，就顯得蒼白無力了。

作品指出經濟發展是一個國家強弱盛衰的基礎。文中說：「『農不出則乏其食，工不出則乏其事，商不出則三寶絕，虞不出則財匱少。』財匱少而山澤不辟矣。此四者，民所衣食之原也。原大則饒，原小則鮮。上則富國，下則富家。」他舉例說：「太公望封於營丘，地潟鹵，人民寡，於是太公勸其女功，極技巧，通魚鹽，則人物歸之，繈至而輻湊。故齊冠帶衣履天下，海岱之間斂袂而往朝焉。其後齊中衰，管子修之，設輕重九府，則桓公以霸，九合諸侯，一匡天下；而管氏亦有三歸，位在陪臣，富於列國之君。是以齊富彊至於威、宣也。」這與突出地強調「仁義」，說什麼只要國君實行「仁政」，天下的百姓就將「襁負其子而至矣」，這個國家就將「無敵於天下」那種夸夸其談，形成鮮明對照。

作品指出物質財富的占有決定著人的精神面貌，掌握經濟權的人可以操縱社會輿論，從而揭穿了統治階級所標榜的封建道德的虛偽性。文中引證《管子・牧民》說：「倉廩實而知禮節，衣食足而知榮辱。」這個觀點似乎有點機械，但從根本上講是符合存在決定意識的反映論的。又說：「君子富，好行其德；小人富，以適其力。淵深而魚生之，山深而獸往之，人富而仁義附焉。」這裡深刻地指出了「道德」對經濟的依賴。

司馬遷主張工、農、商、虞四者並重，反對秦朝以來統治者所一貫強調的「重本抑末」。司馬遷認為這四個行業都是自然形成的，都有其不可辯駁的存在、發展的合理性。司馬遷在作品中高度讚揚了私人工商業者們的卓越才能，表彰了他們對社會發展所作出的傑出貢獻。這與漢武帝為打擊、消滅私人工商業而採取算緡、告緡政策，恰成鮮明對照。司馬遷希望讓私人工商業者自由發展、自由競爭，批判漢武帝推行的官工官商制度。司馬遷還總結了商業活動的若干規律，諸如薄利多銷、促進資金周轉等等，至今讀起來還讓人覺得十分卓越。

卷一百三十

太史公自序第七十

【題　解】太史公，漢時對太常屬下太史令一職的通稱。這裡是司馬遷自謂。作品敘述了司馬遷自己的生平家世、寫作《史記》的時代條件、個人動機以及受刑後忍辱著書的毅力，介紹了《史記》其書的規模體例，以及其中各篇的基本內容，這是研究司馬遷的生平思想以及《史記》其書的重要資料。班固的《漢書・司馬遷傳》即是將此文與〈報任安書〉二者併合而成。

1 昔在顓頊❶，命南正重❷以司天❸，北正黎❹以司地❺。唐、虞❻之際，紹❼重、黎之後，使復典之❽，至于夏、商❾，故重、黎氏世序天地❿。其在周，程伯休甫其後也⓫。當周宣王⓬時，失其守而為司馬氏⓭。司馬氏世典周史⓮。惠、襄⓯之間，司馬氏去周適晉⓰。晉中軍隨會奔秦⓱，而司馬氏入少梁⓲。

2 自司馬氏去周適晉，分散，或在衛⓳，或在趙⓴，或在秦。其在衛者，相中山㉑。在趙者，以傳劍論顯㉒，蒯聵㉓其後也。在秦者名錯，與張儀爭論㉔，於是惠王使錯將伐蜀㉕，遂拔，因而守之。錯孫靳，事武安君白起㉖。而少梁更名曰夏陽㉗。靳與武安君阬趙長平軍㉘，還而與之俱賜死杜郵㉙，葬於華池㉚。靳孫昌，昌為秦主鐵官㉛，當始皇之時㉜。蒯聵玄孫卬㉝為武信君㉞將而徇朝歌㉟。諸侯之相王㊱，王卬於殷㊲。漢之伐楚，卬歸漢㊳，以其地為河內郡㊴。昌生無澤，無澤為漢市長㊵。無澤生喜，喜為五大夫㊶。卒，皆葬高門㊷。喜生談，談為太史公㊸。

【章旨】以上為第一段，司馬遷追考了自己的家世。

【注釋】❶顓頊　古代傳說中的帝王，司馬遷所認為「五帝」之一，黃帝之孫，「顓頊」是其帝號。事跡詳見〈五帝本紀〉。❷南正重　「南正」是官名，「重」是人名。❸司天　主管觀測天文星象。❹北正黎　「北正」是官名，「黎」是人名。梁玉繩曰：「此本〈楚語〉，然今本《國語》及經疏中所引皆作『火正』，《漢書・遷傳》同。」王駿圖曰：「本文文義『南』『北』『天』『地』皆係對待，自以『北』字為正。」❺司地　主管地面上的人事。郭嵩燾曰：「司天屬神者主日，司地屬民者主火。南正向明以測日，火正順時以改火，各據所用言之。」❻唐虞　即唐堯、虞舜，古代帝王名，都是司馬遷所認為的「五帝」之一。事跡詳見〈五帝本紀〉。❼紹　繼承；繼續。❽使復典之　謂使「重」的後代仍主「天」，「黎」的後代仍主「地」。❾夏商　夏王朝約當西元前二十一—前十七世紀，商王朝約當西元前十七—前十一世紀。❿世序天地　世代相傳地主管「天」「地」之事。⓫程伯休甫其後也　「程」為國名，「伯」為爵名，「休甫」是人名。《索隱》曰：「『重』司天而『黎』司地，二氏二正，所出各別，今總稱伯休甫是『重』『黎』之後者，凡言『地』即舉『天』，稱『黎』則兼『重』，自是相對之文，其實二官亦通職，然休甫則『黎』之後也，亦是太史公欲以史為己任，言先代天官，所以兼稱『重』耳。」按：一人為兩族之後，語終欠通，《索隱》為之彌縫，亦甚勉強。據〈楚世家〉，「重黎」是一個人的名字，史公敘事兩篇相互矛盾。⓬周宣王　西周的倒數第二個帝王，名靜，西元前八二七—前七八二年在位。⓭失其守而為司馬氏　中止了主管「天」「地」的事務，而改為主管軍事。司馬，主管軍事的官名。《詩經・常武》有云：「王謂尹氏，命程伯休甫，左右陣行，戒我師旅。」《毛傳》曰：「尹氏，掌命卿氏，程伯休甫始命為大司馬。」按：《國語・楚語》云：「少皞之衰也，九黎亂德。顓頊受之，乃命南正重司天以屬神，命火正黎司地以屬民，以至於夏商，故重、黎氏世序天地，而別其分主者也。其在周，程伯休甫其後也。當宣王時，失其官守而為司馬氏。」此史公家譜所據。⑭司馬氏世典周史　瀧川曰：「『世典周史』，未知何據。」中井曰：「嘗有為『司馬』者，因氏焉，其後世不必司馬。」⑮惠襄　周惠王，名閬，西元前六七六－前六五二年在位；周襄王，名鄭，西元前六五一－前六一九年在位。事跡皆見〈周本紀〉。⑯司馬氏去周適晉　《集解》引張晏曰：「周惠王、襄王有子穨、叔帶之難，故司馬氏奔晉。」按：子穨是惠王之叔，於惠王二年召燕、衛之師伐周，惠王奔溫，其亂到四年始平。叔帶是惠王少子，襄王之弟，於襄王十六年引翟兵伐周，襄王出奔鄭，其亂於次年被晉文公協助削平。⑰晉中軍隨會奔秦　中軍，「中軍元帥」的簡稱，為國家的最高軍事長官。隨會，也叫「士會」，晉國的大臣。據《左傳》，文公六年，晉襄公死，太子年少，晉國人欲立長君，派隨會赴秦往迎公子雍。後因太子之母日夜抱太子號哭於朝，使得晉人反悔，於次年立太子為君，而起兵迎擊秦國送公子雍回晉的軍隊，秦軍敗，於是隨會等只好逃到了秦國。梁玉繩曰：「隨會奔秦時未為中軍將，《史》文以後官冠其名。」⑱少梁　古梁國的都城，在今陝西韓城南，後被秦滅，改稱少梁。後又改稱夏陽。⑲衛　西周初期建立的諸侯國名，開始都於朝歌（今河南淇縣），後來遷都濮陽，戰國時淪為魏國附庸。⑳趙　戰國初期瓜分晉國建立的諸侯國名，國都邯鄲（今河北邯鄲）。㉑相中山　為中山國的相，指司馬喜。《戰國策・中山策》有所謂「司馬喜三相中山」，但具體事跡不詳。中山是戰國前期鮮虞人建立的諸侯國名，都於顧（今河北定縣）。㉒以傳劍論顯　《索隱》曰：「按何法盛《晉書》及《司馬氏系本》，（此以傳劍論顯者）名凱。」劍論，關於劍術的理論。與「兵書」對文，〈孫子吳起列傳〉有所謂「非信仁廉勇不能傳劍論兵書也」。㉓蒯聵　《正義》引如淳曰：「〈刺客傳〉之蒯聵也。」王先謙引沈欽韓曰：「《淮南・主術訓》：『握術劍鋒，以離北宮，司馬蒯聵不使應敵。』非〈刺客傳〉中人。」按：〈刺客列傳〉中無「蒯聵」其人，張文虎曰：「〈刺客傳〉：『荊軻嘗游過榆次，與蓋聶論劍。』疑『蓋聶』即『蒯聵』之誤。榆次本趙地，蓋傳寫錯亂。如淳魏時人，或尚見《史記》舊文。」㉔與張儀爭論　謂爭論秦國是否應該興兵伐蜀。當時張儀主張先伐韓，司馬錯堅主應該先伐蜀。秦王最後採納了司馬錯的意見。張儀，秦惠文王時的名臣，一生堅主「連橫」，為秦國的發展、開拓起了重要作用。事跡詳見〈張儀列傳〉。㉕惠王使錯將伐蜀　事在秦惠王後九年（西元前三一六年）。惠王，也稱「惠文王」，孝公之子，名駟，西元前三三七－前三一一年在位。秦國的國君從惠文王時開始稱號為「王」。蜀，四川省境內的古國名，國都即今成都市，於惠文王九年被秦將司馬錯所滅，從此進入華夏版圖。按：以上司馬錯與張儀爭論並為秦率兵滅蜀事，詳見《戰國策・秦策一》與〈張儀列傳〉。馬非百曰：「秦人自惠王後九年定巴蜀後，逾四年而取楚漢中之地，蓋皆經營巴蜀以制服楚國之明效也。司馬錯云：『得蜀則得楚，楚亡而天下并矣。』錯之功亦大矣哉！」㉖武安君白起　白起是昭王時代的秦國名將，曾破楚、趙，為秦國的向東方擴展立有卓越功勳，被封為武安君。事跡詳見〈白起王翦列傳〉。㉗而少梁更名曰夏陽　王先謙引沈欽韓曰：「此語殊乖次第。」㉘阬趙長平軍　事在秦昭王四十七年（西元前二六〇年），時白起率兵攻韓上黨郡，上黨郡守將率部降趙。白起攻趙軍於長平（今山西高平西北），破殺趙括，趙軍四十萬人降秦，盡被白起活埋。㉙賜死杜郵　白起坑趙卒後，請求乘勢進攻邯鄲，秦相范雎從中作梗，白起遂請病離軍。二年後，秦昭王又令白起攻邯鄲，白起不肯應命，范雎又從中挑動，於是白起先被秦昭王發配，後又賜死於杜郵（當時的咸陽市西南，今咸陽市東北）。以上白起坑趙長平軍及被秦王殺害事，見〈廉頗藺相如列傳〉、〈白起王翦列傳〉。㉚華池　村落名，在今陝西韓城西南，今其地尚有司馬靳墓。㉛為秦主鐵官　按：主鐵即管理這一重要方面的冶煉與鑄造，對日後司馬遷「工、農、商、虞」四者並重思想的形成，似有重要關係。㉜當始皇之時　秦始皇在位的時間為西元前二四六—前二一〇年。㉝蒯聵玄孫卬　《索隱》引《司馬氏系本》云：「蒯聵生昭豫，昭豫生憲，憲生卬也。」㉞武信君　即陳涉的部將武臣，被陳涉派出經營趙地，到邯鄲後，武臣遂自立為趙王，後被叛將李良所殺。事見〈陳涉世家〉。㉟徇朝歌　謂帶兵自邯鄲南下，開拓今河南省北部地區。徇，巡行掠地。朝歌，舊時商朝以及後來衛國的都城，即今河南淇縣。郭嵩燾曰：「秦二世二年以後事而云『當始皇時』者，史公本不為二世立本紀，蓋統於始皇也。」按：郭說勉強，應為史公敘事稍粗處。㊱諸侯之相王　即指滅秦後的項羽分封其部將與諸路義軍頭領為王，事在漢元年（西元前二〇六年）一月。㊲王卬於殷　司馬卬曾引趙兵平定了今河南的黃河以北地區（秦時稱河內郡），又跟隨項羽一道入關，因而被項羽封為殷王，都朝歌。㊳漢之伐楚二句　事在漢二年（西元前二〇五年）春。〈高祖本紀〉云：「三月，下河內，虜殷王，置河內郡。」與此所謂「卬歸漢」者異，蓋史公為其族人諱也。茅坤曰：「太史公既自以系出司馬錯之後，則蒯聵以後當略；復插入司馬卬，以其顯，不欲遺也。」㊴河內郡　漢郡名，郡治懷縣（今河南武陟西南）。㊵漢市長　漢朝都城長安的主管市場的官員。王先謙曰：「〈百官表〉：長安四市，有四長。」按：「市長」的官雖不大，但管理商業，此與日後司馬遷重視商業活動、重視商人才幹的思想的形成應有重要關係。㊶五大夫　爵位名，原秦制，漢因之，為二十級中自下而上的第九級。二十級的詳情見〈商君列傳〉注。㊷高門　村落名，在今韓城市西南，緊鄰著上述的華池村，在今芝川鎮司馬遷祠墓的西北方。㊸太史公　漢時太常屬下有太史令，秩六百石，所謂「太史公」者，蓋當時人對太史令其職的習慣稱呼。李慈銘曰：「太史公自是當時官府通稱，非官名，亦非尊加，如後世之稱『太史氏』，非有此官名也。流俗相沿，如晉之中令稱『令君』，唐之御史稱『端公』，不必以其尊官也。」按：李氏說法甚確，舊說有謂「太史公位在丞相上」，也有說「太史公」是司馬遷對其父的尊稱，也有說「太史公」

是楊惲對司馬遷的尊稱，皆不合事實。

【語譯】當初在顓頊為帝的時候，曾任命重為南正，掌管天文；任命黎為北正，掌管地理。到了堯、舜的時代，又任命重、黎的後代繼續掌管這兩方面的事務，一直延續到夏朝、商朝，所以重、黎這兩個家族世世代代都是主管天文地理的。到了周朝，程伯休甫就是他們的後代。到周宣王的時候，程伯休甫的後人才不管天文地理而去主管軍事了，於是他們也就姓了司馬。後來司馬氏便世世代代在周朝掌管歷史。到周惠王、周襄王的時候，司馬氏離開周國去了晉國。晉國的中軍元帥隨會逃到秦國，司馬氏也在這時逃到秦國的少梁。

2 自從司馬氏離開周國逃向晉國之後，這個家族就分散了，有的去了衛國，有的去了趙國，也有的去了秦國。去衛國的那一支，後來曾有人做了中山國的宰相。去趙國的那一支，後來以傳授劍術聞名，蒯聵就是他們的後代。去秦國的那一支後來有個司馬錯，曾在伐蜀問題上與張儀爭論，秦惠王支持司馬錯的看法，就派他領兵伐蜀。攻下蜀地後，就被留下來鎮守那裡。司馬錯的孫子司馬靳，在武安君白起手下當部將。這時侯少梁已經被改名叫夏陽。司馬靳和白起在長平活埋了趙國軍隊四十萬人，後來和白起一同在杜郵被賜死，被葬在了夏陽西南的華池村。司馬靳的孫子司馬昌，當過秦朝的鐵官，是在秦始皇執政的時期。後來到諸侯們起兵反秦時，蒯聵的玄孫司馬卬曾為武信君武臣領兵，到過朝歌。後來項羽分封諸侯的時候，司馬卬被封為殷王。待至劉邦東下伐楚的時候，司馬卬又歸順了劉邦，他的地盤被設為河內郡。當鐵官的司馬昌有個兒子叫司馬無澤，無澤當過漢朝長安集市上的市長。司馬無澤的兒子是司馬喜，曾官至五大夫。司馬昌、司馬無澤和司馬喜死後，三代都葬在了華池西面的高門村。司馬喜的兒子叫司馬談，他在武帝時代做太史令。

1 太史公學天官❶於唐都❷，受易❸於楊何❹，習道論❺於黃子❻。太史公仕於建元、元封之間❼，愍❽學者之不達其意❾而師悖❿，乃論六家之要指⓫曰：

2 易大傳[12]：「天下一致而百慮，同歸而殊塗[13]。」夫陰陽、儒、墨、名、法、道德，此務為治[14]者也，直所從言之異路[15]，有省不省[16]耳。嘗竊觀陰陽之術[17]，大祥而眾忌諱[18]，使人拘而多所畏[19]；然其序[20]四時之大順[21]，不可失也。儒者[22]博而寡要，勞而少功[23]，是以其事難盡從；然其序君臣父子之禮，列夫婦長幼之別[24]，不可易[25]也。墨者[26]儉而難遵[27]，是以其事不可偏循[28]；然其彊本[29]節用，不可廢也。法家[30]嚴而少恩[31]；然其正君臣上下之分[32]，不可改矣。名家[33]使人儉而善失真[34]；然其正名實[35]，不可不察也。道家[36]使人精神專一[37]，動合無形[38]，贍足萬物[39]。其為術也，因陰陽之大順[40]，采儒墨之善[41]，撮名法之要[42]，與時遷移，應物變化[43]，立俗施事，無所不宜[44]。指約而易操[45]，事少而功多。儒者則不然，以為人主天下之儀表[46]也，主倡而臣和，主先而臣隨[47]。如此，則主勞而臣逸。至於大道之要[48]，去健羨[49]，絀聰明[50]，釋此而任術[51]。夫神[52]大用則竭，形[53]大勞則敝。形神騷動，欲與天地長久，非所聞也[54]。

3 夫陰陽，四時、八位[55]、十二度[56]、二十四節[57]各有教令[58]，順之者昌，逆之者不死則亡，未必然也，故曰「使人拘而多畏」。夫春生夏長，秋收冬藏，此天道之大經[59]也，弗順則無以為天下綱紀，故曰「四時之大順，不可失也」[60]。

4 夫儒者以六蓺[61]為法。六蓺經傳[62]以千萬數，累世[63]不能通其學，當年[64]不能究其禮，故曰「博而寡要，勞而少功」。若夫列君臣、父子之禮，序夫婦、長幼之別，雖百家弗能易也[65]。

5 墨者亦尚堯、舜道[66]，言其德行曰：「堂高三尺[67]，土階三等[68]，茅茨不翦[69]，采椽不刮[70]。食土簋[71]，啜土刑[72]，糲粱[73]之食，藜藿[74]之羹。夏日葛衣，冬日鹿裘[75]。」其送死[76]，桐棺三寸[77]，舉音不盡其哀[78]。教喪禮，必以此為萬民之率[79]。使天下法若此，則尊卑無別[80]也。夫世異時移，事業不必同[81]，故曰「儉而難遵」。要曰「彊本節用」[82]，則人給家足[83]之道也。此墨子之所長，雖百家弗能廢也。

6 法家不別親疏，不殊貴賤，一斷於法，則親親尊尊[84]之恩絕矣。可以行一時之計，而不可長用也，故曰「嚴而少恩」。若尊主卑臣，明分職[85]不得相踰越，雖百家弗能改也。

7 名家苛察繳繞[86]，使人不得反其意[87]，專決於名而失人情，故曰「使人儉而善失真」。若夫控名責實[88]，參伍[89]不失，此不可不察也。

8 道家無為，又曰無不為[90]，其實易行，其辭難知[91]。其術以虛無為本[92]，以因循為用[93]。無成埶，無常形[94]，故能究萬物之情[95]。不為物先，不為物後，故能為萬物主[96]。有法無法，因時為業；有度無度，因物與合[97]，故曰「聖人不朽，時變是守[98]。虛者，道之常也，因者，君之綱也[99]」。羣臣並至，使各自明[100]也。其實中其聲[101]者謂之端[102]，實不中其聲者謂之窾[103]。窾言不聽，姦乃不生，賢不肖自分，白黑乃形。在所欲用耳[104]，何事不成？乃合大道，混混冥冥[105]。光燿天下[106]，復反無名[107]。凡人所生者神也，所託者形也。神大用則竭，形大勞則敝，形神離則死。死者不可復生，離者不可復反，故聖人重之[108]。由是觀之，神者生之本也，形者生之具[109]也。不先定其神[110]，而曰「我有以治天下[111]」，何由哉[112]？

【章　旨】以上為第二段，介紹了司馬談的生平、學術，以及他對各家學說的認識與評價。

【注　釋】❶天官　天文之學。❷唐都　漢代的天文學家，〈天官書〉有所謂「星則唐都也」，武帝時曾參加制訂《太初曆》。❸受易　學習《周易》。❹楊何　字叔元，武帝時以《易》被徵，官至太中大夫，事見〈儒林列傳〉。❺道論　道家學說。❻黃子　史失其名，曾與轅固辯論湯、武「受命」的問題，事見〈儒林列傳〉。❼建元元封之間　建元、元封都是武帝的年號名，自建元元年（西元前一四〇年）至元封六年（西元前一〇五年），其間共三十六年。❽愍　同「憫」。可憐；憂慮。❾不達其意　不通曉各派學說的宗旨。❿師悖　意謂學習了一些錯誤的東西。師古曰：「悖，惑也。各習師書，惑於所見也。」李笠曰：「師悖者，謂以悖為師也。」或曰，「師悖」即指背離了本學派的師承淵源。⓫要指　同「要旨」。主要思想。⓬易大傳　即《易繫辭》，解釋《周易》的重要著作之一，相傳為孔子所作，今人多不相信。所謂「傳」，即指解「經」的著作，如《左傳》、《公羊傳》、《毛傳》等是也。⓭天下一致而百慮二句　語見《易．繫辭下》，原文作「天下同歸而殊途，一致而百慮」。⓮務為治　為了用於治理國家，也就是魯迅所說的給統治者開「藥方」。⓯直所從言之異路　只不過就是各家看問題的角度，以及解決問題的途徑有些不同而已。直，只。⓰省不省　有人讀「省」為「ㄒㄧㄥˇ」，即「理解」、「明白」，意思是儘管各家各派的終極目的完全相同，但由於各自的說法不一，因而就出現了有的好理解，有的不好理解的差異。也有人讀「省」為「ㄕㄥˇ」，意即「簡明」，楊樹達曰：「省不省，即『善不善』。」⑰陰陽之術　陰陽家的學問，先秦時期的陰陽家人物以鄒衍為代表。陳子龍曰：「太史公職在天官，故以陰陽序儒、墨之上。」⑱大祥而眾忌諱　過多地宣講「祥瑞」「災異」，給人規定的禁忌太多。祥，祥瑞，陰陽家所說的好的徵兆，如「景星」、「慶雲」、「鳳凰」、「靈芝」一類的東西出現是也。也可以釋「祥」為「詳」，「大詳」即「過於繁瑣」。⑲使人拘而多所畏　按：褚少孫補〈日者列傳〉有云：「孝武帝時，聚會占家問之：『某日可取婦乎？』五行家曰『可』，堪輿家曰『不可』，建除家曰『不吉』，叢辰家曰『大凶』，曆家曰『小凶』，天人家曰『小吉』，太一家曰『大吉』。辯訟不決。」於此可見一斑。⑳序　排列；講究。㉑四時之大順　春、夏、秋、冬的變化規律以及其有關農事之所宜。㉒儒者　先秦時期的儒家人物以孔子、孟子、荀子為代表。㉓博而寡要二句　儒家講究一套不切實際的繁文縟節，《儀禮》是其其中代表，《論語》中也有所涉及，故自孔子時就受人詬病，如〈孔子世家〉載晏嬰勸齊景公勿用孔子時，就有「孔子盛容飾，繁登降之禮、趨詳之節，累世不能殫其學，當年不能究其禮」之語。㉔序君臣父子之禮二句　按：儒家講究「君君，臣臣，父父，子子」，講究「君為臣綱，父為子綱，夫為妻綱」（即所謂「三綱」），講究「父義、母慈、兄友、弟恭、子孝」（即所謂「五常」）等等，故云。㉕不可易　永遠不能改變。易，更改。㉖墨者　先秦時期的墨家人物以墨翟為代表。㉗儉而難遵　墨家講究節儉，《墨子》中有〈節用〉、〈節葬〉等篇，皆為統治者難以接受。㉘不可徧循　不能一一照辦。㉙彊本　指發展人口，增加勞動力。因為墨家視人口為生財之本，當然這裡也就包括了發展生產的內容。㉚法家　先秦時期的法家人物以商鞅、慎到、申不害、韓非為代表。㉛嚴而少恩　因為法家講究執法不徇私情，法律面前不分貴賤，故被儒家責為「嚴而少恩」。〈孫子吳起列傳〉、〈商君列傳〉、〈袁盎鼂錯列傳〉中司馬遷評述法家人物都使用過類似語言。㉜正君臣上下之分　法家比儒家更為嚴厲地講究尊君卑臣，強調嚴格的等級制，而且不講教化，專講繩之以法。故《漢書・藝文志》有所謂「無教化，去仁愛，專任刑法而欲以致治，至於殘害至親，傷恩薄厚」。㉝名家　先秦時期的名家人物以鄧析、尹文、公孫龍為代表。㉞使人儉而善失真　由於名家過於講究循名責實，強調名分與實際的相稱，結果就使人們被虛名、迂禮所束縛，從而違背人的真實情感。儉，通「檢」。拘也。拘於名分、禮數，而不敢說該說的話、做該做的事。㉟正名實　即循「名」責「實」，要求「名」「實」相副。㊱道家　先秦時期的道家人物以老子、莊子為代表。㊲精神專一　即《老子》《莊子》之所謂「清靜無為」，所謂「養生」，所謂「守中」「抱一」是也。㊳動合無形　指人的一切活動都要符合客觀規律、客觀法則，如〈管晏列傳〉之所謂「俗之所欲，因而予之；俗之所否，因而去之」，以及「因禍而為福，轉敗而為功」云云是也。無形，即指客觀規律、客觀法則。㊴贍足萬物　指有道者自己清靜無為，卻能使萬事萬物都獲得滿足，如〈呂太后本紀〉之所謂「惠帝垂拱，高后女主稱制，政不出房戶，天下晏然，刑罰罕用，罪人是稀，民務稼穡，衣食滋殖」是也。贍，養；供給。㊵因陰陽之大順　吸取陰陽家所講的「四時之大順」。㊶采儒墨之善　採納儒、墨兩家的長處。㊷撮名法之要　攝取名、法兩家的精華。撮，攝取。㊸與時遷移二句　意即隨著時代之變而變，隨著客觀事物之變而變。㊹立俗施事二句　如前文所謂「俗之所欲，因而予之；俗之所否，因而去之」，故無所不宜也。㊺指約而易操　道理簡單，容易掌握。㊻儀表　榜樣；樣板。㊼主倡而臣和二句　儒家一貫主張為君長者應該起表率作用，如《論語》中有所謂「其身正，不令而行；其身不正，雖令不從」、「政也者，正也。子帥以正，孰敢不正」等等是也。㊽大道之要　道家學說的基本原則。㊾去健羨　意思是讓人去掉剛強、貪欲，而以柔弱、知足自守。如《老子》有所謂「聖人去甚、去奢、去泰」，〈老子韓非列傳〉老子謂孔子有所謂「良賈深藏若虛，君子盛德，容貌若愚。去子之驕氣與多欲，態色與淫志，是皆無益於子之身」云云皆是也。㊿絀聰明　不要讓自己的眼睛、耳朵太好使。絀，同「黜」。《索隱》引如淳曰：「不尚賢，絕聖棄智也。」按：《莊子》之〈馬蹄〉、〈胠篋〉諸篇即發此旨。(51)釋此而任術　拋棄這些人為的努力，而順應客觀形勢。任術，猶言「乘化」。隨外界形勢之變而變。(52)神　精神；精力。(53)形身體；肉體。(54)形神騷動三句　《老子》云：「治人事天莫若嗇，長生久視之道。」又曰：「天地所以能長且久者，以其不自生。」《莊子》之〈養生主〉亦發此旨。(55)八位　八卦位也，即指「八方」。(56)十二度　即十二次，天文術語，指黃道上以若干星官為標誌的十二個區域，如「降婁」、「大梁」、「實沉」等是也。(57)二十四節　即「立春」、「雨水」、「驚蟄」、「春分」等二十四節氣是也。(58)各有教令　指帶有迷信成分的各種條規禁忌。(59)大經　大綱領；大法則。(60)故曰二句　李光縉引李廷機曰：「再敘六家，每家用一『故曰』字以終上文之意，不然則重疊矣。」按：〈論六家要旨〉這種前面分別列出要點，後面再逐段闡釋一遍的寫法，與《韓非子》之〈內儲說〉、〈外儲說〉的格式略同。(61)六蓺　指《詩》、《書》、《禮》、《樂》、《易》、《春秋》儒家的六種教科書。(62)六蓺經傳　《六經》的正文以及解釋《六經》的各種著作。(63)累世　連續幾輩子。(64)當年　瀧川曰：「猶言『當生』、『當身』。」即今所謂「一輩子」。《晏子春秋》載晏嬰沮齊景公封孔子之語云：「兼壽不能殫其教，當年不能究其禮。」《墨子．非儒篇》云：「累壽不能盡其學，當年不能行其禮。」此司馬談所本。(65)雖百家弗能易也　意即這是各家各派誰都不能改變的。(66)尚堯舜道　推崇傳說中的堯、舜的道德。(67)堂高三尺　正廳的地基只有三尺高。堂，原指正廳，此指正廳的地基。有人注為堯舜的廳堂房高三尺，古之「三尺」相當於今之二尺多，二尺高的「房子」只能是狗窩，人能進得去嗎？不合情理。(68)土階三等　土臺階只有三級，差不多正是二三尺的高度。(69)茅茨不翦　以茅草苫屋頂，任其長長短短，而不加修剪。茨，以茅草苫屋。(70)采椽不刮　《正義》曰：「采取為椽，不刮削也。」王駿圖曰：「采，櫟木，一名柞。然字書謂小木為采，於義較長。言以小木為椽，且又不刮削也。」(71)食土簋二句　食土簋，以陶碗盛飯吃。啜土刑，以陶杯盛水喝。刑，同「型」。師古曰：「簋，所以盛飯也；刑，所以盛羹也。土，謂燒土為之，即瓦器也。」(72)糲粱　王念孫曰：「『粱』當作『粢』。『粢』與『糲』皆食之粗者。〈李斯傳〉：『堯之有天下也，粢糲之食，藜藿之羹。』《韓子・五蠹》篇：『堯之王天下也，糲粢之食，藜藿之羹。』皆其證也。」(73)藜藿　泛指野菜。藜，也叫萊，一年生草本植物，其葉嫩時可食。藿，豆葉。(74)葛衣　葛布做的衣衫，貧者夏日所服。(75)鹿裘　鹿皮做的袍子，貧者冬日所服。按：以上文字原見於《韓非子・五蠹》，〈李斯列傳〉也有相似文字。(76)送死　為死者送葬。意即裝斂死者。(77)桐棺三寸　《正義》曰：「以桐木為棺，厚三寸也。」古三寸相當今之二寸多，極言其簡陋。(78)舉音不盡其哀　還沒等人們充分地表達完自己的哀悼，主持人就止住了人們的哭聲。(79)為萬民之率　為天下人做樣板。(80)尊卑無別　按司馬談的看法，「卑」者可以如此，而「尊」者則應注重一些排場。(81)世異時移二句　《韓非子・五蠹》：「時移則事異，事異則備變。」此用其意。(82)要曰彊本節用　重要的是它所提出的那種「彊本節用」的原則。(83)人給家足　師古曰：「『給』亦足也，人人家家皆得足也。」(84)親親尊尊　對親者親，對尊者尊。《索隱》曰：「按《禮》，親親，父為首；尊尊，君為首。」(85)明分職　區劃清楚各個人的名分、職責。(86)苛察繳繞　意指糾纏瑣碎，不識大體。《集解》：「服虔曰：『繳，謂煩也。』如淳曰：『繳繞，猶纏繞，不通大體也。』」(87)不得反其意　不能回歸各自的真實情性。(88)控名責實　即「循名責實」，按其名而求其實。控，按照。(89)參伍　《集解》引晉灼曰：「參錯交互，明知事情。」參，錯雜。伍，排列。錯雜排列，即參照比較，以定是非優劣之意。《韓非子・揚權》：「參伍比物，事之形也。」其〈八經〉又云：「行參以謀多，揆伍以責失」，皆對照、比較之意。(90)道家無為二句　《老子》曰：「道常無為，而無不為。」又曰：「為學日益，為道日損。損之又損，以至於無為。無為而無不為。」《正義》曰：「無為者，守清靜也；無不為者，生育萬物也。」(91)其辭難知　講的道理像是不好理解。(92)以虛無為本　講「虛」、講「無」、講「清靜無為」，是道家學說的根本。(93)以因循為用　在行動上就是講究順應客觀形勢。因循，猶言「順應」。(94)無成埶二句　沒有一成不變的勢態，沒有固定不變的形狀。(95)故能究萬物之情　因其順應萬物，故能究萬物之情也。(96)不為物先三句　意謂由於能夠不失時機地貼近萬物、順應萬物，所以也就能絕好地把握萬物。(97)有法無法四句　郭嵩燾曰：「言道家之術，亦自有法度，而不任法以為法，揆度以為度，一因物之自然，順而序之，是以終歸於無也。」(98)聖人不朽二句　王念孫以為「朽」字應作「巧」，《漢書》作「巧」。師古曰：「無機巧之心，但順時也。」《索隱》稱「聖人不朽，時變是守」語出《鬼谷子》，而今本《鬼谷子》無此文。(99)虛者四句　即上文所謂「以虛無為本，以因循為用」。(100)使各自明　使其在各自的職任中表現其能力才幹，而君主得以辨識之。明，顯示；表現。(101)其實中其聲　實際表現和其說話相一致。(102)端　正。(103)窾　《集解》引徐廣曰：「音『款』，空也。」《漢書》作「款」，師古引服虔曰：「款，空也。」王先謙曰：「言為心聲，有實者為正言，無實者為空言。」(104)在所欲用耳　意謂群臣的忠奸、優劣都已充分表現，就等君主去選擇任用了。(105)混混冥冥　指元氣浩博充滿的樣子。(106)光燿天下　指君主清靜無為，而又獲得了無比的成功。(107)復反無名　重新回歸到「無知」「無識」「清靜無為」。(108)聖人重之　意謂聖人都注意養生。(109)形者生之具　肉體是生命的基礎。具，基礎；物質因素。(110)定其神　指休養精神，減少思慮，保持寧靜淡泊等等。按：《漢書》「神」下有「形」字。(111)有以治天下　意謂有治理天下的資本。(112)何由哉　靠什麼呢。師古曰：「凡此皆言道家之教為長也。」王鳴盛曰：「〈太史公自序〉述其父談論六家要指，其意以五家各有所長，亦各有所短，而獨推崇老氏道德，謂其能兼有五家之長而去其所短。又特舉道家之指約易操，事少功多，與儒之博而寡要，勞而少功兩兩相校，以明孔不如老，此談之學也。而遷意則尊儒，父子異尚，觀下文稱引董仲舒之言，隱隱以己上承孔子，其意可見。《漢書．司馬遷傳》贊謂遷謂「論大道先黃老而後《六經》」，此誤以談之言即遷之意。」凌稚隆引許應元曰：「太史談論六家要旨，班氏詮序九流，雖不盡合於道，然所刺譏六家得失，雖百世其可得乎？」錢鍾書曰：「司馬談此篇之前於一世學問能概觀而綜論者，荀況〈非十二子〉篇與莊子〈天下〉篇而已。荀門戶見深，伐異而不存同，捨仲尼、子弓外，無不斥為「欺惑愚眾」，雖子思、孟軻亦勿免於「非」「罪」之訶焉。莊周推關尹、老聃者，而豁達大度，能見異量之美，故未嘗非鄒魯之士，稱墨子曰「才士」，許彭蒙、田駢慎到曰『概乎皆嘗有聞』。推一本以貫萬珠，明異流之出同源，高矚遍包，司馬談殆聞其風而悅者矣。是以談主道家而不嗜甘忌辛、好丹擯素，蓋有偏重而無偏廢，莊周而為廣大教化主，談其升堂入室矣。」何良俊曰：「其述六家之事，指陳得失，有若按斷，歷百世而不能易。又其文字貫串，累累如貫珠，燦然奪目，文章之奇偉孰有能過此者耶？」

【語　譯】司馬談曾向唐都學過天文學，向楊何學過《易》理，向黃子學過道家的學說。他從建元年間開始做太史令，一直做到元封年間。他有感於當時的許多學者都沒能弄清自家學派的基本思想，而學來了一套荒謬的東西，於是就論述了六家的要旨說：

2　《易繫辭》說：「大家都希望天下太平，但如何實現太平，人們各自的想法就不一樣了。大家都是向著一個共同的目標，而各人所走的道路卻互不相同。」陰陽家、儒家、墨家、名家、法家、道德家，它們都是為當權者開藥方的，只不過各自的說法不同，有的好一些有的差一些就是了。我曾經考察過陰陽家的學說，它過分地講究祥瑞災異，禁忌太多，把人都束縛了起來，使人什麼事都不敢做；但是它所排出的春夏秋冬的順序以及在每個季節應該做什麼，這是不可忽視的。儒家講得太多，使人得不到要領，費力多而成效少，因此讓人無法完全照辦；但是它所講究的那種君臣父子之間的禮節，夫婦長幼之間的規矩，那是不能改變的。墨家過分地強調節儉，使人難以照辦，因此他們的主張不能全部接受；但是他們所強調的發展生產，節省開支，那是不可廢止的。法家辦事嚴厲，刻薄少恩；但他們劃清君臣上下的等級名分，這是不能改動的。名家過於束縛人，容易引導人弄虛作假；但是它提倡名實相副，我們也是不能不講的。道家主張清靜，能使人的精神專一，它希望人的一切活動都符合客觀規律，以自己的不變來應外界的萬變。它的學說是吸取了陰陽家所講的四時變化的規律，採納了儒、墨兩家學說的優點，攝取了名家、法家的精華，它隨著時間和客觀事物的變化而變化，它順著風俗人情採取措施，因此不論做什麼都恰如人意。它的道理簡明使人容易掌握，按照這種學說辦事就能費力少而收效大。儒家就不同了，他們認為國君是天下的表率，國君倡導什麼，下面就能跟著做什麼，只要國君首先帶頭，下面也就能夠跟上。這樣一來，做國君的就很累，而下面做臣子的倒清閒了。道家就不這樣，它那學說的基本點就是去掉剛強、貪欲，眼不要太明，耳不要太聰，放棄這一切的人為，而順應外界的規律。一個人，精神用得過度就會枯竭，身體搞得太累就要生病。如果整天把自己搞得精疲力盡，同時還又想什麼長生不死，沒聽說過能有這種事。

3　陰陽家給一年四季、八方位置、十二星次、二十四節氣都規定了各種禁忌，說什麼遵守這些禁忌就會萬事亨通，犯了這些禁忌就會倒霉死亡，其實未必如此，所以說它「把人都束縛了起來，讓人什麼事也不敢做」。至於春天萌芽，夏天生長，秋天收穫，冬天貯藏，這是自然界的常規，如果不遵循，一切都會失序混亂了，所以說它「一年四季的順序和每個季節應該做什麼，這是不可忽視的」。

4　儒家把《六經》作為經典。但《六經》的原文和注解的著作，加起來有幾千萬字，幾輩子也弄不通它的學問，學到老也學不好那些繁瑣的禮節，所以說它「講得太多，使人得不到要領，費力多而成效少」。至於它所規定的那些君臣父子之間的禮節、夫婦長幼之間的規矩，那是無論哪一家都不能改變的。

5 墨家也是推崇堯、舜的道德，他們說堯、舜的生活情景是：「正廳的地基只有三尺高，土築的臺階只有三級，茅房頂的茅草都不修剪，屋頂上的椽子都不刮削。盛飯用陶碗，喝水用陶杯，粗米飯，野菜湯。夏天葛布衣，冬天鹿皮袍。」裝斂死者的桐木棺材只有三寸厚，送殯的人們也是哭上幾聲就完了。教給百姓們的喪禮如果都是這個樣子，讓天下人都永遠按著這個樣子辦，那尊卑貴賤就沒有區別了。世道、時間變化了，就不能要求人們永遠按著老法子，所以說他們是「過分強調節儉，使人難以照辦」。但是他們所講的發展生產，減少開支，的確是讓每人每家都富裕起來的最好途徑。這是墨家的長處，是哪一家也否定不了的。

6 法家不管親緣遠近，不管地位高低，法律面前人人平等，這樣一來，那種愛親人、尊長輩的美德就消失了。它只能取一時的功效，而不可能維持長治久安，所以說它「辦事嚴厲，刻薄少恩」。但是它那種抬高君權，抑制臣下，劃分等級、職責不准互相超越的做法，這也是任何一家都無法改變的。

7 名家過於糾纏細節，使人不能回歸自己的本性，只取決於形式上的名分，而扭曲了人的真情，所以說它「過於束縛人性，容易引導人弄虛作假」。至於名家主張名實相副，要進行對照比較，這也是不能不重視的。

8 道家主張的是「無為」，也叫做「無不為」。做起來是很容易的，說起來有點不好理解。它學說的基本點是講究清靜、虛無，具體做法就是順應客觀形勢。因為它自己沒有一成不變的勢態和形狀，所以它就能夠適應一切外界事物。做任何事情因為它既不過分，也不落後，所以它就能成為萬物的主宰。至於法度，可以說要，也可以說不要，這要隨著時間和對象的變化而變化。所以說「聖人是永存的，因為他能把握形勢的變化。虛無是大道的根本，順應是君主治國的大綱」。把群臣召集起來，讓他們各自表現自己。凡是行動和言論一致的就是「實事求是」，凡是行動和言論不一致的就是「諱眾取寵」，當國君的如能不聽諱眾取寵的話，那些奸偽的人就將無法立足，那時是好是壞、是白是黑也就一目瞭然了。那時你再擇賢而用，還有什麼事情辦不成呢？這樣你就與大道相合了，就成了渾渾沌沌浩博無涯的一片了，雖然也能夠普照天下，但最後還是要回到清虛無為的境界。一個人所以能活著，就是因為有精神，而精神的依託就是人的身體。一個人的精神用得過分就會枯竭，一個人的身體過分勞累就會垮掉，精神和身體一旦分離，人就會死亡。人一死就不能再活，精神一離開身體就不可能再回來，所以聖人特別注意養生。由此看來，精神是生命的根本，肉體是生命的軀殼。一個人如果不能先保養好自己的精神，卻說什麼「我要統治全天下」，那靠的是什麼呢？

1 太史公既掌天官，不治民。有子曰遷❶。

2 遷生龍門❷，耕牧河山之陽❸。年十歲則誦古文❹。二十而南游江、淮，上會稽❺，探禹穴❻；闚九疑❼，浮於沅、湘❽；北涉汶、泗❾，講業❿齊、魯之都⓫，觀孔子之遺風，鄉射⓬鄒嶧⓭；戹困鄱、薛、彭城⓮，過梁、楚以歸⓯。於是遷仕為郎中⓰，奉使西征巴、蜀以南⓱，南略邛、笮、昆明⓲，還報命⓳。

3 是歲⓴，天子始建漢家之封㉑，而太史公留滯周南㉒，不得與從事㉓，故發憤且卒㉔。而子遷適使反㉕，見父於河、洛之間㉖。太史公執遷手而泣曰：「余先周室之太史也。自上世嘗顯功名於虞、夏，典天官事。後世中衰，絕於予乎㉗？汝復為太史，則續吾祖矣。今天子接千歲之統㉘，封泰山，而余不得從行，是命也夫，命也夫！余死，汝必為太史；為太史，無忘吾所欲論著㉙矣。且夫孝，始於事親，中於事君，終於立身。揚名於後世，以顯父母，此孝之大者㉚。夫天下稱誦周公㉛，言其能論歌文、武之德㉜，宣周、邵之風㉝，達太王、王季之思慮㉞，爰及公劉㉟，以尊后稷㊱也。幽、厲之後㊲，王道缺，禮樂衰㊳，孔子脩舊起廢㊴，論詩、書㊵，作春秋㊶，則學者至今則之㊷。自獲麟㊸以來，四百有餘歲㊹，而諸侯相兼，史記放絕㊺。今漢興，海內一統，明主賢君、忠臣死義之士，余為太史而弗論載，廢天下之史文，余甚懼焉，汝其念哉！」遷俯首流涕曰：「小子不敏，請悉論先人所次舊聞，弗敢闕㊻。」

4 卒三歲㊼，而遷為太史令㊽，紬史記石室金匱之書㊾。五年而當太初元年㊿，十一月甲子朔旦冬至(51)，天曆始改(52)，建於明堂(53)，諸神受紀(54)。

【章旨】以上為第三段，寫自己少年時代的生活經歷，和接受父親遺囑時的懇切情景。

【注釋】❶有子曰遷　王鳴盛曰：「張守節云『司馬遷字子長』，案遷之自序及《漢書》本傳不見，唯見《法言・寡見篇》、《後漢・張衡傳》、《晉書・干寶傳》、《文選》載其〈報任安書〉亦著『司馬子長』，魏收《魏書》附收〈上書啟〉亦稱之。」❷龍門　山名，在今陝西韓城東北，相傳即禹治水所鑿之龍門。❸河山之陽　《正義》曰：「河之北，山之南也。」這裡即指龍門山之南。按：黃河自北流來，經韓城市東而南流，總流向是由北而南，但在龍門山以南有個自東北向西南的斜度，司馬遷的故鄉「夏陽（今韓城）」即在黃河的西北岸，故可以稱為「河之陽」。❹誦古文　指誦讀先秦流傳下來的用大篆文字書寫的古書，如《左傳》、《國語》等，以區分秦朝以來社會上流行的用小篆書寫的冊籍。❺會稽　山名，在今浙江紹興南。《索隱》引《吳錄》云：「本名苗山，一名覆釜，禹會諸侯計功，改曰『會稽』。」❻禹穴　會稽山上的一個洞穴名，相傳禹曾進去過，故稱「禹穴」。《集解》引張晏曰：「禹巡狩至會稽而崩，因葬焉。上有孔穴，民間云禹入此穴。」按：禹會諸侯於會稽以及「禹穴」云云，梁玉繩以為皆不可信。楊慎曰：「蜀之石泉，禹生之地，謂之禹穴。其石杳深，人迹不到，《蜀志》刻有『禹穴』二字，乃李白所書。」按：大禹是否到過會稽，自屬可疑；但史公所探之「禹穴」是在會稽，則應不假。楊氏忽出西蜀之說，似與文意不合。❼九疑　山名，在今湖南道縣東南，其山有九峰，皆相似，故稱「九疑」。相傳舜巡狩至此而死，遂葬焉，今山上尚有舜墓，疑後人所附會。《索隱》引張晏曰：「九疑舜葬，故窺之。尋上探禹穴，蓋以先聖所葬處有古冊文，故探窺之，亦搜採遠矣。」❽浮於沅湘　意即乘船到達過沅水、湘水。沅水自湖南西部流來，東入洞庭湖；湘水自湖南南部流來，北入洞庭湖。❾北涉汶泗　向北到達過汶水、泗水。古汶水在今山東境內，流經今萊蕪北、泰安南，至梁山縣南入濟水。古泗水流經今山東泗水、曲阜，南入江蘇，匯入淮水。❿講業　講習儒家的學業。⓫齊魯之都　齊都臨淄，在今山東淄博之臨淄區東北；魯都即今山東曲阜。⓬鄉射　儒家所講究的古禮之一，據說是州（鄉）官於春秋兩季在鄉學裡召集鄉民按照一定儀式舉行飲酒與射箭，是謂「鄉射」。⓭鄒嶧　鄒縣的嶧山。漢時的鄒縣縣治在今山東鄒縣東南；嶧山在今鄒縣的城東南，當時鄒縣的城北。按：曲阜是孔子的故鄉，鄒縣是孟子的故鄉，司馬遷在這裡講習儒業，參加這裡儒生舉行的活動，充分表現了司馬遷對這兩位儒學大師的崇敬。〈孔子世家〉云：「《詩》有之：『高山仰止，景行行止。』雖不能至，然心鄉往之。余讀孔氏書，想見其為人。適魯，觀仲尼廟堂車服禮器，諸生以時習禮其家，余祗迴留之不能去云。」可資參考。⓮戹困鄱薛彭城　司馬遷在此有何「戹困」，史無明文。鄱，同「蕃」。《漢書》作「蕃」，即今山東滕縣，春秋時邾國的都城。薛，漢縣名，在今滕縣南。彭城，即今江蘇徐州。⓯過梁楚以歸　按：前已言及「彭城」，彭城即楚國，此又云「過梁楚」，「梁」下似不宜再出「楚」字。梁，漢代的諸侯國，國都睢陽（今河南商丘南）。郭嵩燾曰：「復云『過梁楚以歸』，則又涉沛城、汝南，循楚境而西也。」按：近來有人以為「楚」或指陳涉為「張楚王」時的都城陳縣，即今之河南淮陽，此說有理，蓋淮陽在秦時為「楚郡」之首府，陳涉起兵後又為陳王之都城也。蘇轍曰：「太史公行天下，周覽名山大川，與燕、趙間豪俊游，故其文疏宕，自有奇氣。」⓰仕為郎中　因父親為官而得保任為郎中。〈報任安書〉云：「主上幸以先人之故，使得奏薄技，出入周衛之中。」蓋即指此。郎中，皇帝的侍從人員，上屬郎中令。⓱奉使西征巴蜀以南　事在武帝元鼎六年（西元前一一一年）。是年武帝平定西南夷，在今雲南、貴州以及四川南部新設了武都、牂柯、越嶲、沉黎、文山五個郡，故派司馬遷前往考查，具體情節不詳。巴、蜀，漢郡名。巴郡的郡治江州（今重慶市西北），蜀郡的郡治即今成都市。⓲略邛笮昆明　略，行視；視察。邛，邛都，在今四川西昌東，當時為越嶲郡的郡治所在地。笮，笮都，在今四川漢源東北，當時為沉黎郡的郡治所在地，後來併入蜀郡。昆明，古地區名，在今雲南昆明西，當時屬於歸漢的滇王，後來設為益州郡，郡治在今晉寧縣東北。⓳還報命　回來向皇帝報告視察結果。⓴是歲　即武帝元封元年（西元前一一〇年）。㉑始建漢家之封　開始進行漢朝的首次封禪活動。到泰山峰頂增土祭天稱作「封」，在泰山下面的某小山拓土祭地稱作「禪」。㉒太史公留滯周南　司馬談因病不能隨駕東行，而留在了洛陽一帶。周南，《集解》引徐廣曰：「古之周南，今之洛陽。」按：西周成王時，周公與召公分陝（今河南陝縣）而治，陝以西者稱「召南」，陝以東者稱「周南」。洛陽在陝縣以東，故以「周南」稱之。㉓不得與從事　不能親自參加去泰山的封禪活動。按：司馬談任太史令，封禪活動是他所在部門的應管之事；據〈封禪書〉，司馬談還親自參加過有關封禪禮儀的制訂，故而深以不能參與此次活動為憾。㉔故發憤且卒　梁玉繩曰：「此及下述談語，不免失言。封禪之誣，君子嗤之，即〈封禪書〉亦深譏焉，而乃以其父不與為恨乎？《咫聞錄》曰：『太史談且死，以不及與封禪為恨；相如且死，遺〈封禪書〉以勸，當時不獨世主有侈心，士大夫皆有以啟之。』」瀧川引中井積德曰：「按〈封禪書〉：『武帝初與諸儒議封事，命草其儀；及且封，盡罷諸儒不用。』談之滯周南，以罷不用之故也，非疾。」按：中井說不可從，武帝「罷」諸儒所草之儀，並未「罷」司馬談之官守，司馬談如無特殊疾病，自應照常前往侍應。㉕適使反　剛好出使歸來。㉖河洛之間　這裡即指洛陽。洛陽處於洛水之北，黃河之南。㉗絕於予乎　意思實謂「難道能讓它斷絕在我這裡嗎」。㉘接千歲之統　據〈封禪書〉，西周初年周成王曾登封泰山，後來秦始皇也封過泰山，但漢朝人囿於對秦朝的偏見，不把秦朝看作一個王朝，說漢朝上繼周朝。自周成王（西元前十一世紀）到武帝元封元年，相隔九百多年，此云「千歲」是約舉成數。㉙吾所欲論著　即指寫《史記》。㉚且夫孝始於事親七句　見《孝經》，原文作：「身體髮膚，受之父母，不敢毀傷，孝之始也。立身行道，揚名於後世，以顯父母，孝之終也。夫孝，始於事親，中於事君，終於立身。」㉛周公　名旦，文王之子，武王之弟，先輔佐武王滅商，建立了周朝；又輔佐年幼的成王將國家治理成盛世，是儒家心目中的聖人。事跡見〈周本紀〉、〈魯周公世家〉。㉜論歌文武之德　指寫文章、作詩歌以宣傳、歌頌文王、武王的功業、道德。舊說今《詩經》中的〈文王〉、〈大明〉、〈文王有聲〉以及《尚書》中的〈牧誓〉等歌頌文王、武王功業的作品皆為周公所作。㉝宣周邵之風　謂周公能使自己與召公的風教普行於天下。邵，同「召」。即指召公，名奭，周公之弟。成王年幼時，召公與周公共同輔佐成王，即前所謂「分陝」者是也。事跡見〈周本紀〉、〈燕召公世家〉。㉞達太王王季之思慮　指寫詩以闡發太王與王季的思想。太王，即古公亶父，周文王的祖父，後被追尊為「太王」，《詩經》中的〈緜〉即為歌頌太王而作。王季，名季歷，太王之子，文王之父，後被尊為「王季」，《詩經》中的〈皇矣〉即為歌頌王季而作。㉟爰及公劉　再向上推到公劉。公劉是周族的遠輩祖先，由於發展農業，使周族從此興盛，《詩經》中有〈公劉〉篇即歌頌其功業者。㊱以尊后稷　以推尊到周族的始祖后稷。「后稷」名「棄」，周族的始祖，以發展農業之功被舜封為「后稷」，《詩經》中有〈生民〉，即演說后稷之事。以上太王、王季、公劉、后稷諸人，皆見於〈周本紀〉。㊲幽厲之後　即指東周以來。周幽王、周厲王，都是西周的昏君。周厲王名胡，西元前八七七—前八四一年在位，因殘虐無道被國人驅逐，逃死於外。周幽王名宮涅，西周的末代君主，西元前七八一—前七七一年在位，因荒淫無道被犬戎所殺。㊳王道缺二句　即禮崩樂壞，西周前期的「王道」秩序不復存在，如諸侯力政，禮樂征伐不再由天子出等等。㊴脩舊起廢　將破舊的禮樂重新修好，將廢棄的秩序重新組建。㊵論詩書　《詩》《書》原是學官裡的兩種傳統教材，孔子重新予以解釋、闡發。㊶作春秋　司馬遷採用孟子以及漢代《公羊》學家的說法，認為《春秋》是孔子所作，而且把《春秋》的思想說得極其玄妙；但孔子自己沒有說過此事，相反孔子一直聲稱自己是「述而不作」的。今人多不取這種說法。㊷則之　奉以為樣板、準則。則，遵行。司馬遷寫《史記》在很多地方也是以孔子為準則。㊸獲麟　指魯哀公十四年（西元前四八一年）西狩獲麟事，孔子對此傷心慨歎，其《春秋》的寫作也就從此擱筆了。㊹四百有餘歲　梁玉繩曰：「獲麟至元封元年，凡三百七十二年。」㊺史記放絕　指各國寫的歷史書，丟失散亂。史記，泛指歷史書。按：戰國時代的「史記放絕」，主要是由於秦朝的焚燒。〈六國年表序〉云：「秦既得意，燒天下《詩》《書》，諸侯史記尤甚，為其有所刺譏也。」㊻請悉論先人所次舊聞二句　論，演繹；闡發。次，編排；排列。按：據此可知司馬談當時已經編寫了部分書稿，或者至少已經編排了許多資料，故司馬遷如此說。陳仁錫曰：「敘到父子死別丁嚀之際，鬱結煩悶，不堪再讀。」吳見思曰：「句句轉折，字字凄咽，斷斷續續，一絲兩氣，寫臨終語靄然淒然。」㊼卒三歲　元封三年（西元前一〇八年）。㊽遷為太史令　《索隱》引《博物志》曰：「太史令，茂陵顯武里大夫司馬遷，年二十八，三年六月乙卯除，六百石。」按：據此可知司馬遷在長安的住宅是在「茂陵顯武里」，同時又可推知司馬遷是生於西元前一三五年，即武帝建元六年。此即司馬遷生於西元前一三五年說的主要依據。㊾紬史記石室金匱之書　按：句子不順，意即大量閱讀石室金匱之史記。瀧川引李慈銘曰：「紬，即『籀』字，亦作『抽』。《說文》：『籀，讀書也。』《方言》：『抽，讀也。』故亦曰『紬繹』，言讀而尋繹之也。」㊿五年而當太初元年　意謂司馬遷任太史令後的第五年是太初元年（西元前一〇四年）。《正義》曰：「遷年四十二。」按：從元封三年到太初元年中間相隔四年，若元封元年司馬遷果真是「二十八」，則太初元年司馬遷應是「三十二」，而不應是「四十二」；反過來，若司馬遷在太初元年果真是「四十二」，則元封元年應該是「三十八」，而不應該是「二十八」。前後必有一誤。若司馬遷在太初元年為「四十二」，則是生於景帝中五年（西元前一四五年）。這就是司馬遷生於西元前一四五年說的主要依據。據日本「南化本」《史記》前文《索隱》所引為「三十八」，這對持「西元前一四五年說」者很有力，但僅此孤證，尚不足以服人。(51)十一月甲子朔旦冬至　十一月初一是甲子日，這天的早晨交冬至節。(52)天曆始改　從這天開始使用新曆法，即所謂《太初曆》。(53)建於明堂　謂在明堂舉行使用新曆法的典禮。建，立。這裡即指頒行。明堂，儒家傳說的一種古代建築，諸說不一，〈考工記〉鄭玄注以為是「明政教之堂」，蔡邕〈明堂月令章句〉以為是「天子太廟，所以祭祀」。按：據〈封禪書〉，泰山東北麓有一座舊明堂，漢武帝曾對之重新修建，此所謂「建於明堂」者或即泰山東麓之「明堂」乎？54 諸神受紀 《索隱》引虞喜《志林》云：「改曆於明堂，班之於諸侯。諸侯，群神之主，故曰『諸神受紀』。」受紀，即接受新曆法。按：「太初元年」以下數句並未說司馬遷本人於此年有何活動，郭嵩燾曰：「史公用此以紀《史記》之成，而上擬《春秋》，而於太初元年改曆正歲揭而著之篇，以明其著書之始，說來如許鄭重。」

【語譯】司馬談當太史令的時候也執掌天文，但不管民事。他的兒子叫司馬遷。

2 司馬遷出生在龍門山，曾在龍門山南耕田和放牧。十歲時開始學習古文。二十歲南下遊歷，先後曾到過江淮一帶，還上過會稽山，探訪過禹穴；又到過九疑山，瞻仰過舜的墳墓，而後乘船到過沅水和湘水；接著又北上到了汶水、泗水，在齊、魯的舊都臨淄、曲阜遊過學，領略了孔子的遺風，還到鄒縣的嶧山參加過那裡的鄉射活動；後來路經鄱縣、薛縣、彭城時，遇到了一些麻煩，最後經過梁國、楚國回到了家鄉。不久就做了郎中，奉命出使去了巴、蜀以南，到過邛都、笮都，以及昆明一帶，然後才回京向皇帝報告視察結果。

3 就在這一年，漢武帝第一次東巡，去泰山舉行祭祀天地的封禪大典，而司馬談因為有病，走到洛陽時只好留下來，不能跟著去參加了，因此他遺憾生氣得要死。這時他的兒子司馬遷正好從雲南出使回來，父子倆在洛陽見了面。司馬談拉著司馬遷的手流著眼淚說：「我們的祖先曾經是周朝的太史。再早的先人在虞舜、夏禹的時代就曾有過顯赫的功名，主管過天文。後來半道上衰落了，難道在我這裡就讓它斷了嗎？如果今後你能夠再當上太史令，那就繼承了我們祖先的事業了。當今皇帝上接千年來已經斷絕的大典，到泰山去祭天，可我卻偏偏不能跟著去，這不是命嗎，這不是命嗎！我死後，估計你一定會做太史令；你要是做了太史令，千萬不要忘記我想寫的那部著作。孝道的最淺層次是侍奉父母，中間層次是侍奉國君，最高層次是建立功名，使自己名揚後世，連父母也跟著光榮，這才是最大的孝道。自古以來人們讚揚周公，就因為他能夠歌頌文王、武王的功德，使自己和召公的風教普行於天下，他發揮了太王、王季的思想，並向上一直追溯到公劉，推尊到他們的始祖后稷。自從幽王、厲王以來，王道不昌，禮崩樂壞，多虧後來出了個孔子，他整理了舊時的文獻，振興了已被時人廢棄的禮樂，他講述了《詩》、《書》，撰寫了《春秋》，直到今天，學者們還把它視為行為的準則。從魯哀公獲麟，孔子的寫作擱筆以來，到今天又有四百多年了，由於各國的兼併戰亂，當時的歷史書都已散失斷絕。當今漢朝建立，國家統一，明主賢君、忠臣義士的事跡很多，我們身為史官，如果不能把它們都寫下來，以至於造成歷史文獻的荒廢，那就很可怕了，你一定要好好注意這件事。」司馬遷低著頭，流著眼淚說：「我雖然不聰明，但我一定要把您已經收集整理的資料，寫成著作，絕不能讓它有半點缺失。」

4 司馬談去世三年後，司馬遷果然做了太史令，於是他就開始閱讀國家圖書館裡所收藏的那些圖書檔案。又過了五年，也就是太初元年，這一年的十一月初一甲子日凌晨冬至，國家頒布了新曆法，在明堂裡舉行了典禮，各地的諸侯們都一體遵照實行。

1 太史公❶曰：「先人有言❷：『自周公卒五百歲而有孔子，孔子卒後至於今五百歲❸，有能❹紹明世❺，正易傳❻，繼春秋❼，本詩、書、禮、樂之際❽？』意在斯乎❾！意在斯乎！小子何敢讓❿焉？」

2 上大夫⓫壺遂⓬曰：「昔孔子何為而作春秋哉？」太史公曰：「余聞董生⓭曰：『周道衰廢，孔子為魯司寇⓮，諸侯害之⓯，大夫壅之⓰。孔子知言之不用，道之不行也，是非二百四十二年之中⓱，以為天下儀表⓲，貶天子，退諸侯，討大夫⓳，以達王事⓴而已矣。』子曰：『我欲載之空言㉑，不如見之於行事㉒之深切著明㉓也。』夫春秋，上明三王之道㉔，下辨人事之紀㉕，別嫌疑㉖，明是非，定猶豫，善善惡惡，賢賢賤不肖，存亡國㉗，繼絕世㉘，補敝起廢，王道之大者也。易著天地陰陽四時五行，故長於變㉙；禮經紀人倫，故長於行㉚；書記先王之事，故長於政㉛；詩記山川谿谷、禽獸草木、牝牡㉜雌雄，故長於風㉝；樂樂所以立，故長於和㉞；春秋辯是非，故長於治人㉟。是故禮以節人㊱，樂以發和㊲，書以道事㊳，詩以達意㊴，易以道化㊵，春秋以道義㊶。撥亂世反之正，莫近於春秋㊷。春秋文成數萬，其指數千㊸，萬物之散聚㊹皆在春秋。春秋之中，弒君三十六，亡國五十二㊺，諸侯奔走不得保其社稷者不可勝數。察其所以，皆失其本㊻已。故易曰：『失之豪釐，差以千里㊼。』故曰：『臣弒君，子弒父，非一旦一夕之故也，其漸久矣㊽。』故有國者不可以不知春秋，前有讒而弗見㊾，後有賊㊿而不知。為人臣者不可以不知春秋，守經事而不知其宜(51)，遭變事而不知其權(52)。為人君父而不通於春秋之義者，必蒙首惡(53)之名；為人臣子而不通於春秋之義者，必陷篡弒之誅、死罪之名(54)。其實皆以為善，為之不知其義(55)，被之空言而不敢辭(56)。夫不通禮義之旨，至於君不君，臣不臣，父不父，子不子。夫君不君，則犯(57)；臣不臣，則誅(58)；父不父，則無道；子不子，則不孝。此四行者，天下之大過也。以天下之大過予之，則受而弗敢辭。故春秋者，禮義之大宗也(59)。夫禮禁未然之前(60)，法施已然之後(61)；法之所為用者易見，而禮之所為禁者難知(62)。」

3 壺遂曰：「孔子之時，上無明君，下不得任用，故作春秋，垂空文以斷禮義(63)，當一王之法(64)。今夫子上遇明天子，下得守職，萬事既具(65)，咸各序其宜(66)。夫子所論，欲以何明(67)？」

4 太史公曰：「唯唯，否否，不然(68)。余聞之先人曰：『伏羲至純厚，作易八卦(69)。堯、舜之盛，尚書載之(70)，禮樂作焉(71)。湯、武之隆，詩人歌之(72)。春秋采善貶惡，推三代之德(73)，褒周室(74)，非獨刺譏而已也。』漢興以來，至明天子(75)，獲符瑞(76)，封禪(77)，改正朔(78)，易服色(79)，受命於穆清(80)，澤流罔極(81)，海外殊俗(82)，重譯款塞(83)，請來獻見者，不可勝道。臣下百官力誦聖德，猶不能宣盡其意。且士賢能而不用，有國者之恥；主上明聖而德不布聞，有司(84)之過也。且余嘗掌其官(85)，廢明聖盛德(86)不載，滅功臣、世家、賢大夫之業不述，墮先人所言(87)，罪莫大焉。余所謂述故事(88)，整齊其世傳(89)，非所謂作也，而君比之於春秋，謬矣(90)。」

5 於是論次其文(91)。七年(92)而太史公遭李陵之禍(93)，幽於縲紲(94)。乃喟然(95)而歎曰：「是余之罪也夫？是余之罪也夫？身毀不用矣。」退而深惟(96)曰：「夫詩、書隱約者，欲遂其志之思也(97)。昔西伯拘羑里，演周易(98)；孔子戹陳、蔡，作春秋[99]；屈原放逐，著離騷[100]；左丘失明，厥有國語[101]；孫子臏腳，而論兵法[102]；不韋遷蜀，世傳呂覽[103]；韓非囚秦，說難、孤憤[104]；詩三百篇，大抵賢聖發憤之所為作也[105]。此人[106]皆意有所鬱結[107]，不得通其道也，故述往事[108]，思來者[109]。」於是卒述陶唐以來[110]，至于麟止[111]，自黃帝始[112]。

【章　旨】以上為第四段，寫自己當初之所以要著《史記》的原因，以及受刑後自己之所以能忍辱續著的動力來源。

【注　釋】❶太史公　此「太史公」乃司馬遷自指。王鳴盛曰：「自『太史公曰先人有言』以下，既述父談之言，又與上大夫壺遂相往復，又自述遭李陵之禍、作《史記》事，凡四稱『太史公』，皆自謂。」❷先人有言　即前文司馬談臨死前的遺言。❸自周公卒五百歲二句　《索隱》曰：「孟子稱堯舜至湯五百餘歲，湯至文王五百餘歲，文王至孔子五百餘歲。」《正義佚文》：「不言『文王』而言『周公』者，孔子是述作設教之聖，故方於己。」梁玉繩曰：「周公至孔子，其年歲不能的知，恐不止五百歲；若孔子卒至漢太初之元，三百七十五年，何概言五百哉？蓋此語略取於《孟子》，非事實也。」王鳴盛曰：「此言雖夸，而其尊慕孔子，則可以解『先黃老後《六經》』之疑矣。」崔適曰：「云『五百歲』者，此以祖述之意相比，所謂斷章取義，不必以實數求也。由今觀之，有孔子，而堯、舜藉以祖述，文、武藉以憲章；有太史公，而孔子列於世家，〈儒林〉表其經業，是孔子後不可無太史公，猶周公後不可無孔子也。」❹有能　意即「孰能」。❺紹明世　繼承並發揚古代盛世的事業。紹，接續；繼承。❻正易傳　孔子作過《易傳》，因歷年久遠，傳寫訛誤，故需訂正而用之。❼繼春秋　司馬遷認為《春秋》是孔子所作，今欲效孔子的《春秋》以寫《史記》，故曰「繼」。❽本詩書禮樂之際　語略不順，意即遵循儒家幾部主要經典的精神，以進行自己的著述。〈伯夷列傳〉有所謂「學者載籍極博，猶考信於六藝」，即此意也。❾意在斯乎　大概就在我吧。❿讓　推辭；拒絕。⓫上大夫　《索隱》曰：「遂為詹事，秩二千石，故為上大夫也。」錢大昕曰：「〈十二諸侯年表〉稱『上大夫董仲舒』，〈封禪書〉敘新垣平云『於是貴平上大夫』，〈萬石君傳〉『以上大夫祿歸老于家』，〈佞幸傳〉『鄧通官至上大夫』、

『韓嫣官至上大夫』，似漢時本有上大夫之官。」⑫壺遂　武帝時的天文學家，曾與司馬遷一道參加過制訂「太初曆」，其事跡又見於〈韓長孺列傳〉。⑬董生　董仲舒，武帝時代的著名經學家，以講《公羊春秋》著名，是武帝尊儒的最先倡導者，事跡詳見〈儒林列傳〉與《漢書・董仲舒傳》。王先謙引周壽昌曰：「生，先生也。遷自居後學，故稱『先生』。」⑭司寇　官名，主管緝捕盜賊，維護治安。⑮諸侯害之　別的國家都很忌恨他，怕他把魯國治理得強盛起來，對別的國家不利。害，忌恨。⑯大夫壅之　魯國大夫都壓抑他，阻撓他，不願讓他的名聲、地位超過自己。壅，抑制；障蔽。⑰是非二百四十二年之中　指以《春秋》這部書來褒貶、評定整個春秋時代的各國大事。《春秋》的記事上起魯隱公元年（西元前七二二年），下止於魯哀公十四年（西元前四八一年），前後共二百四十二年。是非，用如動詞，意即「褒貶」。⑱以為天下儀表　給天下樹立了一個如何治理天下的具有正反兩方面意義的樣板。⑲貶天子三句　瀧川曰：「《漢書》無『天子退』三字。」李笠曰：「三字衍，孔子作《春秋》，所以扶君抑臣，明上下之分，故曰『達王事』也，『貶天子』，非其義矣。」按：「貶天子」，或者這是司馬遷個人對《春秋》的一種理解；或者是一種借題發揮，他寫《史記》顯然有一種「貶天子」之意，這是他為了打鬼而借用鍾馗，瀧川、李笠等將其作為「衍文」看待，恐非史公本意。⑳達王事　表達儒家的「王道」理想，即「君君，臣臣，父父，子子」各守其位的禮樂社會。王事，王者的事業。㉑載之空言　指用抽象的理論文章發表評述。㉒見之於行事　即寫成一部有人物活動、有事件過程的歷史書。㉓深切著明　深刻、切實，而又清楚、明白。著，明顯；鮮明。王先謙曰：「謂空言義理以教人，不如附見諸侯、大夫僭逆之行事，垂誡尤切。」中井曰：「孔子言別立言說道理，不如就時事褒貶之道理著明也。」按：以上董仲舒語，見《春秋繁露・俞序篇》，其文為：「仲尼之作《春秋》也，引史記，理往事，正是非，序王公，史記十二公之間，皆衰世之事，故門人惑。孔子曰：『吾因其行事，而加乎王心焉。以為見之空言，不如行事博深切明。』」㉔三王之道　即前文所說的「王事」。三王，指夏禹、商湯、周文王與周武王。㉕人事之紀　人與人之間的倫理綱常。紀，綱領。㉖別嫌疑　將模糊不清的界限劃分清楚。㉗存亡國　使行將滅亡的國家存在下去，如楚莊王之不滅陳國是也。㉘繼絕世　使已經斷絕的帝王世系再繼續下去，如周初陳（舜後）、杞（禹後）諸國之建立是也。㉙易著天地陰陽四時五行二句　意謂《周易》的最大長處是能夠將天地間許多隱微不明的道理明確地表現出來。師古曰：「以變化之道為長也。」中井曰：「《易》不陳『五行』，今云然者，豈出於緯書之謬邪？」五行，指金、木、水、火、土。㉚禮經紀人倫二句　意謂《禮》的功用是整頓人與人之間的倫常關係，故而其最大長處是在於實踐。㉛書記先王之事二句　《尚書》中記載了堯、舜、夏、商、周歷代先王的事跡，最適合於後世之治國者參考。㉜牝牡　意同「雌雄」。㉝故長於風　此主要指《詩經》中的〈國風〉而言。〈國風〉

是來自各地區的歌謠，幾乎每篇都使用了許多草、木、蟲、魚等作為其「賦」、「比」、「興」的手段，而詩人的寫作目的，則是為了用於諷諫。風，同「諷」。㉞樂樂所以立二句　《樂》是讓人快樂的，故而其長處是能使人的心態平和。或可解釋為《樂》能使人以其現有條件為樂，不忮不求，樂在其中。㉟春秋辯是非二句　《春秋》是幫助人明辨是非的，故其歷史經驗可供治人者借鑒。辯，同「辨」。馮班曰：「『《易》著天地陰陽五行四時』以下，方是子長言《六經》，與史談父子意不同。」瀧川曰：「《春秋繁露·玉杯篇》：『《詩》道志，故長於質；《禮》制節，故長於文；《樂》詠德，故長於風；《書》著功，故長於事；《易》本天地，故長於數；《春秋》正是非，故長於治人。』愚按與《史》文相似，而意頗異。」㊱節人　節制人，使人行動有禮。㊲發和　抒發人的平和之氣。㊳道事　敘述三王舊事。師古曰：「道，言也。」㊴達意　表達詩人的情志。㊵道化　表現天地萬物發展變化的狀態。㊶道義　告訴人該做什麼，不該做什麼。義，宜也。㊷撥亂世反之正二句　意謂《春秋》是最能改造亂世，使其走上秩序的精神武器。㊸春秋文成數萬二句　《索隱》引張晏曰：「《春秋》萬八千字，此云『文成數萬』，字誤也。」王觀國《學林》曰：「今世所傳《春秋》，萬六千五百餘字，張晏云『萬八千』，非。」梁玉繩曰：「《通考》載眉山李氏〈春秋古經後序〉謂『張晏曰《春秋》才萬八千字，今細數之更闕一千四百二十八字』，馬端臨辨之曰：『《春秋古經》雖《漢書·藝文志》有之，然夫子所修之《春秋》其本文世所不見。漢以來所編古經，俱自三傳中取出，不特乖異未可盡信，而三子以其意增損者有之，俱非《春秋》本文，指以為夫子所修之《春秋》可乎？』所論甚確，然則經字之的數，無從知之矣。」瀧川引中井曰：「數萬者，謂多也，此原矢口之語，初不用算計，故有不合也。」㊹萬物之散聚　萬物，猶言「萬事」。散聚，猶言「成敗」、「盛衰」。郭嵩燾曰：「『物』，猶『事』也。『萬物之散聚』，謂會盟侵伐，散見諸國，合而聚之，其事皆可觀，而其義皆可尋，下云『弒君』『亡國』舉其重者。」㊺弒君三十六二句　梁玉繩曰：「《左氏春秋經》書『弒』者二十五，通《傳》數當有三十七。所言『亡國』亦兼《經》《傳》數之，實止四十一，無五十二。」瀧川曰：「《春秋繁露·滅國篇上》『弒君三十六，亡國五十二』，〈滅國篇下〉『弒君三十六，亡國五十二』，蓋史公依董生。」㊻失其本　謂統治者沒有抓住治國的根本，沒有以「三王之道」，以「君君、臣臣、父父、子子」的綱常倫理教育人，並以身作則地身體力行之。㊼失之豪釐二句　師古曰：「今之《易經》及〈彖〉〈象〉〈繫辭〉並無此語，所稱《易緯》者則有之。」按：此語見《易·乾鑿度》與《易·通卦驗》。㊽其漸久矣　這是逐漸發展而來的，其開頭已經很久了。按：以上四句見《周易·坤卦·文言》。㊾前有讒而弗見　按：句首應增「不者」二字讀。讒，指讒臣。專門說人壞話，慫恿君主做壞事的人。㊿賊　指賊臣。陰險、殘忍的奸臣。(51)守經事而不知其宜　按：句首應增「不者」二字讀。守經事，在正常的情況下處理一般事務。經，常；

正常。52遭變事而不知其權　遇到緊急情況而不知採取變通做法。權，變通。53首惡　帶頭作惡。54必陷簒弒之誅死罪之名　按：二句詞語不順，《漢書》將之合併為一句作「必陷簒逆誅死之罪」。55其實皆以為善二句　《正義》曰：「其心實善，為之不知其義理，則陷於罪咎。」按：二句詞語不順，《漢書》將其改作「其實皆以善為之，而不知其義」。56被之空言而不敢辭　受到輿論譴責而不敢為自己辯駁。師古引蘇林曰：「趙盾不知討賊，而不敢辭弒君之罪。」被，加。空言，不實的罪名。按：趙穿弒晉靈公，而晉史書「趙盾弒其君夷皋」時，趙盾不敢辭其罪，事見《左傳》宣公二年及〈趙世家〉。57君不君二句　做國君的如果不像國君，就要受到臣下侵犯。師古曰：「為臣下所干犯也。」58臣不臣二句　做臣子的如果不像臣子，就要被君主所誅。59春秋者二句　《春秋》是講述禮義的根本大典。宗，根本。60禮禁未然之前　謂禮能教導人，使人避免犯罪。61法施已然之後　法律是懲治已經構成犯罪事實的人。62禮之所為禁者難知　意謂禮對防止人犯罪的效用，不易被人所重視。按：以上四句見賈誼〈陳政事疏〉。瀧川曰：「《大戴禮・禮察篇》同，蓋古有此語，而史公用之也。」63垂空文以斷禮義　意即通過寫《春秋》將其以禮義治世的思想宣示於世人。按：前文既云「我欲載之空言，不如見之於行事之深切著明也」以明《春秋》不同於「空言」，現又以「空文」稱《春秋》，前後跡近抵牾。64當一王之法　《公羊春秋》家認為孔子雖然不是「王」，但是他的《春秋》事實上是給世人制訂了一部如何治國平天下的大法，所以他們稱孔子為「素王」。〈儒林列傳〉云：「(仲尼)因史記作《春秋》，以當王法，以辭微而指博。」瀧川曰：「史公既奉公羊說，故壺遂亦依公羊說問之。」65萬事既具　謂普天下今已萬事皆備。66咸各序其宜　意謂各行各業全得到了遂心如意的發展。67夫子所論二句　你今天寫《太史公書》，究竟想要做什麼。夫子，猶言「先生」，此稱司馬遷。68唯唯三句　言其欲「唯」不敢，欲「否」又不甘心的進退失據的樣子。司馬遷本來是以孔子自居，正說得洋洋得意，壺遂忽然從當時政治出發，迎頭一擊，觸及了時代禁忌，這是司馬遷不敢正面回答的，於是立即陷入狼狽狀態。後面的回答便完全改為頌聖，完全是一套口不應心的違心話了。錢鍾書說：「蓋不欲逕『否』其說，姑以『唯』先之，聊減峻拒之語氣。」按：蓋猶今之所謂「您這個說法很對，但我不是這個意思」。69伏羲至純厚二句　意謂伏羲為帝時，那是最淳厚的時代了，於是伏羲氏就畫了代表當時文明的八卦。八卦，指乾、坎、艮、震、巽、離、坤、兌。70堯舜之盛二句　今《尚書》中有〈堯典〉、〈舜典〉，記載了堯、舜時代的政績與其禪讓的盛事。71禮樂作焉　據〈五帝本紀〉，舜時曾任命伯夷制禮，任命夔作樂。72湯武之隆二句　今《詩經》中有歌頌商湯開國的作品〈長發〉、〈殷武〉，有歌頌武王功業的作品〈武〉、〈酌〉、〈桓〉等篇。73推三代之德　歌頌夏、商、周三王的德業。74褒周室　即通常所說的「尊王」。此外孔子寫《春秋》還有所謂「為王者諱」，也表現了其對周天子的維護。75明天子　對當朝皇帝的敬稱，此指漢武帝。(76)獲符瑞　出現了許多上天所降的吉祥徵兆，如元光元年的「長星」現，元狩元年的獲「白麟」，元鼎元年的獲「寶鼎」等皆是。符瑞，漢代儒生為鼓吹天人感應而附會出來的一套東西，「符瑞」指好的徵兆，表示上天將降福祥；「災異」指壞的徵兆，表示上天將降災難。(77)封禪　指自元封元年開始的多次去泰山祭天和到泰山下的某小山去祭地。(78)改正朔　正朔，正月初一。古代王者建國，常有「改正朔」之事，如夏朝以孟春建寅之月為正，以平旦為朔；商朝以季冬建丑之月為正，以雞鳴為朔；周朝以仲冬建子之月為正，以夜半為朔；秦朝以孟冬十月為正，漢初因之，至武帝太初元年改曆，又回復使用夏曆，亦即今之陰曆。(79)易服色　指帝王的車馬、禮服等要改用新的顏色。《禮記·大傳》注：「服色，車馬也。」疏：「『服色，車馬也』者，謂夏尚黑，殷尚白，周尚赤。車之與馬，各用從所尚之正色也。」按：秦時尚黑，漢時開始尚赤，後又改為尚黃。(80)受命於穆清　意即受命於天。王先謙引劉攽曰：「穆清，天也。」(81)澤流罔極　漢朝皇帝的恩澤一直傳播到沒有盡頭的遠方。罔極，無邊；沒有止境。(82)殊俗　不同風俗的國家。(83)重譯款塞　意謂經過幾重的翻譯，來到中國。款塞，《集解》引應劭曰：「款，叩也，皆叩塞門來服從也。」(84)有司　主管該項事務的官員。(85)嘗掌其官　曾任過太史令。按：據此語可知司馬遷此文乃作於後來為中書令時。李笠以為「『嘗』即『掌』字之誤衍」者非。(86)明聖盛德　聖明天子的隆盛德業。(87)墮先人所言　毀廢了父親對自己的殷切囑託。墮，同「隳」。毀損。(88)述故事　闡述以往的歷史事件。述，指闡發前人已有的東西，與下文之所謂「作」對舉。「作」指自己的「創作」「創立」而言。孔子在《論語·述而》中謙稱自己是「述而不作」，而後人則稱孔子是「作」，而謙稱自己是「述」。(89)整齊其世傳　把古代帝王、諸侯以及英雄豪傑們的家世、事跡加以排列，使之系統化。(90)君比之於春秋二句　按：史公前面以繼承孔子寫《春秋》自任，今又責人不應比之寫《春秋》，前後抵牾，見其矛盾違心之情。凌稚隆引趙恆曰：「此段有包周身之防，而隱晦以避患之意。」徐孚遠曰：「史公為此言，懼有『謗書』之禍也。」凌稚隆引鄧以讚曰：「亦是〈對問〉〈答客難〉體，『上大夫壺遂』是假說，『董生』亦是假借，此文章妙矩。」所謂「〈對問〉〈答客難〉體」，具見宋玉之〈對楚王問〉、東方朔之〈答客難〉以及揚雄之〈解嘲〉、韓愈之〈進學解〉等，諒此時壺遂等必已不在人世，故可如〈日者列傳〉之牽引「賈誼」為其作戲也。(91)論次其文　即寫作《史記》。論次，闡述編排。(92)七年　指天漢三年（西元前九八年）。司馬遷自太初元年（西元前一〇四年）開始寫《史記》，至天漢三年共七年。《漢書》於此作「十年」，誤。(93)太史公遭李陵之禍　指天漢二年（西元前九九年）李陵征匈奴兵敗被俘，司馬遷因議論李陵事下獄，而於天漢三年受宮刑事，詳見〈報任安書〉。王先謙引朱一新曰：「陵降在天漢二年冬，豈史公受刑以三年春歟？」(94)幽於縲紲　指身處牢獄。縲紲，捆綁犯人的繩索。劉知幾曰：「自敘『遭李陵之禍，幽於縲紲』者，自似同陵陷沒，遂置於刑，令讀者難得而詳，賴班固載其與任安書，其事始明矣。」(95)嗢然　傷心的樣子。(96)深惟　深思。(97)詩書隱約者二句　意謂《詩經》、《尚書》之所以有些地方寫得含蓄隱晦，那是出於一種表達思想的需要。欲遂其志之思，意即要表達真實的思想。瀧川引岡白駒曰：「欲遂其志之思而不能顯言，故隱約焉。」按：《詩經》中確有「隱微」，《春秋》也被人說成有「隱微」，而《尚書》則除了文字難讀外，不知作者有何故意「隱微」之處。瀧川又引中井曰：「《詩》、《書》，通舉諸書之意，下文所列皆是。唯《尚書》於『隱約』無所當，是以意逆之可也。」(98)西伯拘羑里二句　西伯，即周文王。司馬遷說是周文王被殷紂王囚於羑里（今河南湯陰北）的時候，將《周易》的八卦推衍成了六十四卦。事見〈周本紀〉。後人對此說多有懷疑。(99)孔子戹陳蔡二句　按：孔子一生中曾有戹於陳、蔡（今河南淮陽與上蔡之間）及作《春秋》二事，但史公一定要將二事聯繫起來，並說成因果關係，此其行文之需要。(100)屈原放逐二句　事見〈屈原賈生列傳〉。(101)左丘失明二句　《國語》的作者，舊說曾認為是左丘明，但史公乃曰「左丘失明，厥有《國語》」，不知何據。(102)孫子臏腳二句　孫臏被龐涓斷足後，逃到齊國，後率齊師破殺龐涓於馬陵道，並有兵法傳世。事見〈孫子吳起列傳〉。(103)不韋遷蜀二句　呂不韋在任秦國丞相時，曾召集賓客為之著述了一部《呂氏春秋》，後因事被秦王政流放巴蜀，死於途中。事見〈呂不韋列傳〉。(104)韓非囚秦二句　韓非是戰國末年韓國公子，其著作〈說難〉、〈孤憤〉傳到秦國後，大受秦王政讚賞。秦王政喜愛韓非的才華，將其召到秦國，後被李斯等所害。事見〈老子韓非列傳〉。今史公為了抒情需要，故意將呂不韋、韓非的事情從時間上做了顛倒。(105)詩三百篇二句　《詩經》是一部古代歌謠集，內容相當豐富，但說其作者大抵都是「聖賢」，說其內容大抵都是「發憤」之作，顯然不合事實。瀧川引崔述曰：「自文王、孔子以下凡七事，文王羑里之誣，余固已辨之矣；孔子之作《春秋》，亦不在於陳、蔡；〈離騷〉、兵法、《呂覽》、〈說難〉之作，皆與本傳之說互異；然則此言亦未可信也。」凌稚隆引董份曰：「《呂氏春秋》蓋不韋當國時作也，而云『遷蜀』；韓非〈說難〉蓋未入秦時所著也，而云『囚秦』，古之文人取其意不泥其辭，往往如此。」按：〈報任安書〉中的一段文字，與此大體相同，皆史公憤激抒情之作，師其意可也。又，類似此文之顛倒時序以突出文章氣勢者，賈誼之〈過秦論〉亦然。(106)此人　這些人。指上述所列者。(107)鬱結　鬱悶糾結。(108)述往事　闡述歷史舊事。(109)思來者　寄希望於未來，希望日後能有人理解自己的思想情志。(110)卒述陶唐以來　陶唐，指堯。《索隱》曰：「《史記》以黃帝為首，而云『述陶唐』者，案〈五帝本紀贊〉云：『五帝尚矣，然《尚書》載堯以來，百家言黃帝，其文不雅馴。』故述黃帝為本紀之首，而以《尚書》雅正，故稱『起於陶唐』。」(111)至于麟止　《集解》引張晏曰：「武帝獲麟，遷以為述事之端，上紀黃帝，下至麟止，猶《春秋》止於獲麟也。」按：武帝獲麟在元狩元年，崔適以為《史記》「其創稿始於太初元年，告成於天漢三年，而其述事實止於元狩元年冬十月耳」，並以為今本《史記》中元狩元年以後之記事，皆後人所竄入。《索隱》引服虔曰：「武帝至雍獲白麟，而鑄金作麟足形，故云『麟止』，遷作《史記》止於此，猶《春秋》終於獲麟然也。」按：武帝作麟趾錢在太始二年（西元前九五年）。梁玉繩曰：「史公作《史》，終於太初，而成於天漢，其歿在征和間。一部《史記》，惟〈自序傳〉後定，其曰『至太初而訖』者，《史》作始于太初元年，即以太初終也。曰『論次其文，七年遭禍』者，明未遭禍以前已為《史記》，至是乃成也。若所稱『麟止』者，取《春秋》『絕筆獲麟』之意也。武帝因獲白麟改號『元狩』，下及太初四年凡廿二歲；再及太始二年，凡廿八歲。後三歲而為征和之元，太始二年更黃金為麟趾褭蹏，蓋追紀前瑞焉，而史公借以終其史，假設之辭耳。」柯維騏曰：「魯郊呈祥，至漢武再見，故述陶唐以至于麟止，遷之自任亦重矣。」[112] 自黃帝始　崔適曰：「當是旁記誤入正文，〈小序〉云『維昔黃帝』，即謂自黃帝始矣，此何待言？」

【語譯】司馬遷說：「我父親曾說過：『周公死後五百年，出了孔子，孔子死後到現在又有五百年了，有誰能繼承並發揚古代聖人的事業，能正確地理解《易傳》，能接續孔子的《春秋》，依據《詩》、《書》、《禮》、《樂》的本質意義，來寫一部新的著作呢？』大概就在我吧！就在我吧！我怎麼能推辭呢？」

2　上大夫壺遂說：「過去孔子為什麼要寫《春秋》呢？」司馬遷說：「我聽董先生講：『當時周朝的國勢衰微，孔子擔任魯國的司寇，結果遭到了其他各個國家的反對，因為他們害怕魯國強了對他們不利，而魯國國內的大夫們也千方百計地壓制他。孔子知道自己的話沒人聽，自己的主張無法實行，於是就褒貶評定那二百四十二年中的各國大事，用它來作為衡量天下一切事物的法則。他批評那些無道的天子，貶斥那些不守禮法的諸侯，聲討那些犯上作亂的大夫，以此來表現自己的一種王道理想。』孔子說：『我本來也想發表一套抽象的理論，但抽象的理論不如具體的歷史事實更讓人一目瞭然。』《春秋》這部書，上能闡明夏、商、周三代開國的王道，下能分辨人與人之間的倫理綱常，能讓人消除懷疑，明辨是非，下定決心，它教給人們要讚美善良，貶斥醜惡，頌揚好人，譴責惡人，它要把那些行將滅亡的國家再振興起來，把那些行將斷絕的世系再繼續下去，它要修補殘缺，振興衰廢，這些都是王道理想中的重大問題。《易》是專門記載天地陰陽、四時五行的，它的特點是講變化；《禮》是用來調整人與人之間的關係的，它的特點是教人怎樣做；《書》是記載古代聖王事跡的，它的特點是教人怎樣治理國家；《詩》記載了山川溪谷、禽獸草木、公母雌雄等等，它的特點是用於諷諫；《樂》是記人心情愉快的，所以它能夠讓人們關係和美；《春秋》是辨明是非的，所以它能教會如何管理人。因此，《禮》是節制人的，《樂》是讓人快樂的，《書》是指導政事的，《詩》是表達思想的，《易》是講變化的，《春秋》則是告訴人怎麼做才算合適。要想撥亂反正，沒有比學習《春秋》更重要的了。《春秋》的字數有好幾萬，道理有幾千條，萬事萬物的成敗興衰都包容在它裡面。《春秋》上記載了弒君事件三十六起，被滅的國家五十二個，至於一些諸侯被趕得東奔西跑，無法保全自己國家的事情，就更多得沒法說了。考察一下它們的原因，都是由於失掉了禮義這個根本。所以《易》書上說：『失之毫釐，差以千里。』其中又說：『臣弒君，子弒父，不是一朝一夕的緣故，其原因是由來已久的。』因此做國君的不能不讀《春秋》，否則前面有小人他就會看不見，背後有奸臣他也會不知道；做大臣的也不能不讀《春秋》，否則處理一般事務時就會不知道怎麼做才合適，遭到突然變故時也不知採取應變措施。做國君、做父親的如果不懂《春秋》，就會蒙受一個帶頭做壞事的惡名；做大臣、做兒子的如果不懂《春秋》，就會犯上作亂，陷於犯死罪而被誅殺的惡名。也許他們當時還是想做好事，但由於他們不知道怎樣做才符合道義，以至於被人口誅筆伐時，自己還不知道該怎麼辯解。凡是不懂行禮作義的主要原則，就會弄到君不像君，臣不像臣，父不像父，子不像子的地步。君不像君，就會受到侵犯；臣不像臣，就會遭到殺戮；父不像父，就沒有德行；子不像子，就不會孝順。這四種行為，都是天下的大罪過。把這樣的大罪過加在他的頭上，他只有接受而不敢辯解。所以《春秋》這部書，是講禮義的一部大著作。禮義是事先防止做壞事的，刑法是事後懲治做壞事的；刑法的作用人們容易看得見，而禮義的作用卻不容易被人了解。」

3 壺遂說：「孔子那個時候，上面沒有英明的君主，下面的賢人得不到任用，所以孔子才寫作《春秋》，以它來論斷禮義的得失，想讓它成為一代聖王的法典。您生活在今天，上面有聖明的天子，您自己又有官做，整個國家都萬事俱備，各得其所。您寫《太史公書》，是想要做什麼呢？」

4 司馬遷說：「啊啊，不不，不是這個意思。我聽我的父親說過：『伏羲那個時代是最純樸不過了，但他還是作了《易經》當中的八卦。堯、舜的那種美德，《尚書》裡頭都有記載，還有許多音樂歌舞表演他們。商湯、文武的偉大功業，受到了詩人們的熱烈歌頌。孔子的《春秋》褒獎善良，貶斥邪惡，推崇三代的美好道德，尤其表揚了周朝，可並不只是諷刺呀。』漢朝建國以來，特別是到了今天英明的天子在位，國家獲得了許多吉祥的徵兆，又舉行了封禪大典，又頒行了新曆法，改換了車馬服飾的顏色，皇上受命於上天，他的恩澤廣布無際，以至於使數不清的海外不同風俗的民族，都經過幾重翻譯前來進貢朝拜。朝中的百官們儘管已經努力地在那裡歌功頌德，但還遠遠表達不出自己的意思。一個人有本事而不被任用，那是國君的恥辱；如果天子聖明，而他的德業宣傳不出去，那就是主管官員的問題了。我曾經當過史官，如果廢棄了聖明天子的這些功業而不記載，泯沒了這些功臣、世家、賢大夫們的事跡而不論述，辜負了我父親當年對我的希望，那將是一種多麼嚴重的罪過啊！另外，我這裡所說的只是記述歷史往事，整理他們的源流始末，並不是像孔子那樣的創作，您把我的書和《春秋》相比，這是不對的。」

於是司馬遷就開始編排史料，進行評論，寫成文章。寫到第七年，司馬遷因李陵事件遭罪，被下在了牢獄裡。於是他傷心地說：「這是我的罪過嗎？這是我的罪過嗎？我的身體已經遭到了毀傷，恐怕再也做不成什麼事情了。」可是轉而一想，又說：「《詩》、《書》之所以寫得含蓄，就是為了表達作者的思想。當初周文王被囚禁在羑里時，趁機推衍了《周易》；孔子被困在陳國、蔡國時，寫了《春秋》；屈原由於被流放，寫了〈離騷〉；左丘氏由於失明，寫了《國語》；孫臏斷了雙腳，而有兵法傳世；呂不韋流放巴蜀，寫了《呂覽》；韓非在秦國下了獄，寫了〈說難〉、〈孤憤〉；《詩經》三百篇，大部分也都是聖賢們發憤寫出來的。這些人都是因為有抱負，而又得不到施展，所以才通過寫書來敘述往事，寄希望於後來的知音。」於是就敘述了上起唐堯，下至漢武帝獲麟為止的漫長歷史，而第一篇則是從黃帝開始的。

維❶昔黃帝，法天則地❷。四聖❸遵序❹，各成法度。唐堯遜位❺，虞舜不台❻。

厥美帝功[7]，萬世載[8]之。作五帝本紀第一。
2 維禹之功，九州攸同[9]，光唐、虞際[10]，德流苗裔[11]；夏桀[12]淫驕，乃放鳴條[13]。
作夏本紀第二。
3 維契[14]作商[15]，爰及成湯[16]；太甲[17]居桐[18]，德盛阿衡[19]；武丁[20]得說[21]，乃稱
高宗[22]；帝辛[23]湛湎[24]，諸侯不享[25]。作殷本紀第三。
4 維弃[26]作稷[27]，德盛西伯[28]；武王[29]牧野[30]，實撫天下[31]；幽、厲[32]昏亂，既喪
酆、鎬[33]；陵遲[34]至赧[35]，洛邑不祀[36]。作周本紀第四。
5 維秦之先，伯翳[37]佐禹；穆公[38]思義[39]，悼豪之旅[40]；以人為殉[41]，詩歌黃
鳥[42]；昭襄業帝[43]，作秦本紀第五。
6 始皇[44]既立，并兼六國[45]。銷鋒鑄鐻[46]，維偃干革[47]；尊號稱帝[48]，矜武任力[49]；
二世[50]受運[51]，子嬰[52]降虜[53]。作始皇本紀第六。
7 秦失其道，豪桀[54]竝擾[55]；項梁業之[56]，子羽[57]接之；殺慶救趙[58]，諸侯立
之[59]；誅嬰背懷[60]，天下非之。作項羽本紀第七。
8 子羽暴虐，漢行功德[61]；憤發蜀、漢[62]，還定三秦[63]；誅籍業帝[64]，天下惟寧[65]。
改制易俗[66]，作高祖本紀第八。

9 惠之早霣[67]，諸呂[68]不台[69]；崇彊祿、產[70]，諸侯謀之[71]；殺隱幽友[72]，大臣洞疑[73]，遂及宗禍[74]。作呂太后本紀第九。

10 漢既初興，繼嗣不明[75]，迎王踐祚[76]，天下歸心；蠲除肉刑[77]，開通關梁[78]，廣恩博施，厥稱太宗[79]。作孝文本紀第十。

11 諸侯驕恣，吳首為亂[80]，京師行誅，七國伏辜[81]。天下翕然[82]，大安殷富。作孝景本紀第十一。

12 漢興五世[83]，隆在建元[84]。外攘夷狄[85]，內脩法度[86]，封禪[87]，改正朔[88]，易服色[89]。作今上本紀第十二。

13 維三代[90]尚[91]矣，年紀不可考，蓋取之譜牒[92]舊聞，本于茲[93]，於是略推。作三代世表[94]第一。

14 幽、厲之後[95]，周室衰微，諸侯專政[96]，春秋有所不紀[97]；而譜牒經略[98]，五霸更盛衰[99]。欲睹周世相先後[100]之意，作十二諸侯年表[101]第二。

15 春秋之後，陪臣秉政[102]，彊國相王[103]；以至于秦，卒并諸夏[104]，滅封地[105]，擅其號[106]。作六國年表[107]第三。

16 秦既暴虐，楚人發難[108]，項氏遂亂[109]，漢乃扶義征伐[110]；八年之間，天下三嬗[111]，事繁變眾，故詳著秦楚之際月表[112]第四。

17 漢興已來，至于太初百年[113]，諸侯廢立分削[114]，譜紀不明，有司靡踵[115]，彊弱
之原云以世[116]。作漢興已來諸侯年表[117]第五。

18 維高祖元功[118]，輔臣股肱[119]，剖符而爵[120]，澤流苗裔[121]，忘其昭穆[122]，或殺身
隕國[123]。作高祖功臣侯者年表[124]第六。

19 惠、景之間[125]，維申功臣、宗屬爵邑[126]。作惠景間侯者年表[127]第七。

20 北討彊胡[128]，南誅勁越[129]，征伐夷蠻[130]，武功爰列[131]。作建元以來侯者年表[132]
第八。

21 諸侯[133]既彊，七國為從[134]，子弟眾多，無爵封邑[135]，推恩行義[136]，其埶銷弱[137]，
德歸京師[138]。作王子侯者年表第九。

22 國有賢相、良將，民之師表也。維見漢興以來將相名臣年表[139]，賢者記其治[140]，
不賢者彰其事。作漢興以來將相名臣年表第十。

23 維三代之禮，所損益各殊務[141]，然要以近情性，通王道[142]，故禮因人質為之
節文[143]，略協古今之變[144]。作禮書第一。

24 樂者，所以移風易俗也。自雅、頌聲[145]興，則已好鄭、衛之音[146]，鄭、衛之

音所從來久矣(147)。人情之所感，遠俗則懷(148)。比樂書以述來古(149)，作樂書第二。

25 非兵不彊，非德不昌，黃帝、湯、武以興(150)，桀、紂、二世以崩(151)，可不慎歟？司馬法(152)所從來尚矣，太公(153)、孫、吳(154)、王子(155)能紹而明之(156)，切近世，極人變(157)。作律書(158)第三。

26 律居陰而治陽，曆居陽而治陰，律曆更相治，間不容翲忽(159)。五家之文(160)怫異(161)，維太初之元論(162)。作曆書第四。

27 星氣之書(163)，多雜禨祥(164)，不經(165)；推其文，考其應，不殊(166)。比集論其行事(167)，驗于軌度以次(168)。作天官(169)書第五。

28 受命而王，封禪之符罕用(170)，用則萬靈罔不禋祀(171)。追本諸神名山大川禮(172)。作封禪書第六。

29 維禹浚川(173)，九州攸寧(174)；爰及宣防，決瀆通溝(175)。作河渠書第七。

30 維幣之行(176)，以通農商；其極(177)則玩巧(178)，并兼茲殖(179)，爭於機利(180)，去本趨末(181)。作平準書(182)以觀事變(183)，第八。

31 太伯避歷，江蠻是適(184)；文、武攸興，古公王跡(185)。闔廬弒僚(186)，賓服荊楚(187)；夫差克齊(188)，子胥鴟夷(189)。信嚭親越，吳國既滅(190)。嘉伯之讓(191)，作吳世家第一。

32 申、呂[192]肖[193]矣，尚父側微[194]，卒歸西伯[195]，文、武是師[196]；功冠羣公，繆權于幽[197]；番番[198]黃髮，爰饗營丘[199]。不背柯盟[200]，桓公以昌。九合諸侯[201]，霸功顯彰；田、闞爭寵[202]，姜姓解亡[203]。嘉父之謀[204]，作齊太公世家第二。

33 依之違之，周公綏之[205]。憤發文德[206]，天下和之。輔翼[207]成王，諸侯宗周[208]。隱、桓之際，是獨何哉[209]？三桓[210]爭彊，魯乃不昌。嘉旦金縢[211]，作周公世家第三。

34 武王克紂，天下未協[212]而崩。成王既幼，管、蔡[213]疑之，淮夷[214]叛之。於是召公[215]率德[216]，安集王室，以寧東土。燕噲之禪[217]，乃成禍亂。嘉甘棠[218]之詩，作燕世家第四。

35 管、蔡相武庚[219]，將寧舊商[220]；及旦攝政，二叔不饗[221]；殺鮮放度[222]，周公為盟[223]；大任十子，周以宗彊[224]。嘉仲悔過[225]，作管蔡世家第五。

36 王後不絕，舜、禹是說[226]。維德休明[227]，苗裔蒙烈[228]。百世享祀[229]，爰周陳、杞[230]，楚實滅之[231]。齊田既起，舜何人哉[232]！作陳杞世家第六。

37 收殷餘民，叔封始邑[233]，申以商亂，酒、材是告[234]，及朔之生，衛頃不寧[235]；南子惡蒯聵，子父易名[236]。周德卑微[237]，戰國既彊，衛以小弱，角獨後亡[238]。嘉彼康誥[239]，作衛世家第七。

38 嗟箕子[240]乎！嗟箕子乎！正言不用，乃反為奴。武庚既死，周封微子[241]。襄公傷於泓，君子孰稱[242]。景公謙德，熒惑退行[243]。剔成暴虐，宋乃滅亡[244]。嘉微子問太師[245]，作宋世家第八。

39 武王既崩，叔虞邑唐[246]。君子譏名，卒滅武公[247]。驪姬之愛，亂者五世[248]；重耳不得意，乃能成霸[249]。六卿專權，晉國以秏[250]。嘉文公錫珪鬯[251]，作晉世家第九。

40 重黎業之[252]，吳回[253]接之；殷之季世，粥子牒之[254]。周用熊繹[255]，熊渠[256]是續。莊王[257]之賢，乃復國陳[258]。既赦鄭伯[259]，班師華元[260]。懷王客死，蘭咎屈原[261]；好諛信讒，楚并於秦[262]。嘉莊王之義，作楚世家第十。

41 少康之子[263]，實賓南海[264]，文身斷髮，黿鱓與處[265]。既守封、禺[266]，奉禹之祀[267]。句踐困彼[268]，乃用種、蠡[269]。嘉句踐夷蠻能脩其德[270]，滅彊吳以尊周室[271]，作越王句踐世家第十一。

42 桓公之東，太史是庸[272]。及侵周禾[273]，王人是議[274]。祭仲[275]要盟[276]，鄭久不昌。子產[277]之仁，紹世[278]稱賢。三晉侵伐[279]，鄭納於韓[280]。嘉厲公納惠王[281]，作鄭世家第十二。

43 維驥騄耳，乃章造父[282]。趙夙事獻[283]，衰續厥緒[284]。佐文尊王[285]，卒為晉輔[286]。

襄子困辱，乃禽智伯[287]。主父生縛，餓死探爵[288]。王遷[289]辟[290]淫，良將[291]是斥。嘉鞅討周亂[292]，作趙世家第十三。

44 畢萬爵魏，卜人知之[293]。及絳戮干，戎、翟和之[294]。文侯慕義，子夏師之[295]。嘉惠王[296]自矜，齊、秦攻之[297]。既疑信陵，諸侯罷之[298]。卒亡大梁，王假廝之[299]。嘉武佐晉文申霸道[300]，作魏世家第十四。

45 韓厥陰德，趙武攸興[301]。紹絕立廢[302]，晉人宗[303]之。昭侯顯列，申子庸之[304]。疑非不信，秦人襲之[305]。嘉厥輔晉匡周天子之賦[306]，作韓世家第十五。

46 完子避難，適齊為援[307]，陰施五世，齊人歌之[308]。成子[309]得政，田和[310]為侯。王建動心，乃遷于共[311]。嘉威、宣能撥濁世而獨宗周[312]，作田敬仲完世家[313]第十六。

47 周室既衰，諸侯恣行[314]。仲尼悼禮廢樂崩，追[315]脩經術，以達王道[316]，匡亂世反之於正。見其文辭[317]，為天下制儀法[318]，垂六藝之統紀於後世[319]。作孔子世家[320]第十七。

48 桀、紂失其道而湯、武作[321]，周失其道而春秋作。秦失其政，而陳涉發迹，諸侯作難，風起雲蒸，卒亡秦族。天下之端，自涉發難，作陳涉世家[322]第十八。

49 成皋之臺，薄氏始基[323]；詘意適代[324]，厥崇諸竇[325]；栗姬偩貴，王氏乃遂[326]；

陳后[327]、太驕，卒尊子夫[328]。嘉夫德若斯[329]，作外戚世家[330]第十九。

50 漢既譎謀，禽信於陳[331]；越、荊[332]剽輕[333]，乃封弟交[334]為楚王，爰都彭城，以彊淮、泗[335]，為漢宗藩[336]。戊溺於邪，禮復紹之[337]。嘉游輔祖[338]，作楚元王世家第二十。

51 維祖師旅，劉賈是與[339]；為布所襲，喪其荊、吳[340]。營陵激呂，乃王琅邪[341]；怵午信齊，往而不歸[342]，遂西入關[343]，遭立孝文，獲復王燕[344]。天下未集[345]，賈、澤以族，為漢藩輔[346]。作荊燕世家第二十一。

52 天下已平，親屬既寡，悼惠先壯，實鎮東土[347]。哀王[348]擅興[349]，發怒諸呂[350]，駟鈞暴戾，京師弗許[351]。厲之內淫，禍成主父[352]。嘉肥股肱[353]，作齊悼惠王世家第二十二。

53 楚人圍我滎陽[354]，相守[355]三年；蕭何填撫山西[356]，推計踵兵[357]，給糧食不絕，使百姓愛漢，不樂為楚。作蕭相國世家第二十三。

54 與信定魏，破趙拔齊[358]，遂弱楚人。續何相國，不變不革[359]，黎庶攸寧。嘉參不伐功矜能[360]，作曹相國世家第二十四。

55 運籌帷幄[361]之中，制勝於無形[362]，子房[363]計謀其事，無知名，無勇功[364]，圖難於易，為大於細[365]。作留侯世家第二十五。

56 六奇既用，諸侯賓從於漢[366]；呂氏之事，平為本謀[367]，終安宗廟，定社稷。
作陳丞相世家第二十六。

57 諸呂為從[368]，謀弱京師[369]，而勃反經合於權[370]；吳、楚之兵[371]，亞夫[372]駐於昌
邑，以尼齊、趙[373]，而出委以梁[374]。作絳侯世家第二十七。

58 七國叛逆，蕃屏京師[375]，唯梁為扞[376]；偩愛矜功，幾獲于禍[377]。嘉其能距吳、
楚，作梁孝王[378]世家第二十八。

59 五宗[379]既王[380]，親屬洽和[381]。諸侯大小為藩，爰得其宜，僭擬[382]之事稍衰貶[383]
矣。作五宗世家第二十九。

60 三子之王[384]，文辭可觀[385]。作三王世家第三十。

61 末世爭利，維彼奔義；讓國餓死[386]，天下稱之。作伯夷列傳第一。

62 晏子[387]儉矣，夷吾[388]則奢；齊桓以霸，景公以治。作管晏列傳第二。

63 李耳無為自化，清淨自正[389]；韓非揣事情，循埶理[390]。作老子韓非列傳第三。

64 自古王者而有司馬法，穰苴[391]能申明[392]之。作司馬穰苴列傳第四。

65 非信廉仁勇不能傳兵論劍[393]，與道同符[394]。內可以治身，外可以應變，君子

比德[395]焉。作孫子吳起列傳第五。

66 維建遇讒，爰及子奢[396]。尚既匡父，伍員奔吳[397]。作伍子胥[398]列傳第六。

67 孔氏[399]述文[400]，弟子興業[401]。咸為師傅，崇仁厲義[402]。作仲尼弟子列傳第七。

68 鞅去衛適秦[403]，能明其術[404]，彊霸孝公[405]，後世遵其法[406]。作商君[407]列傳第八。

69 天下[408]患衡秦[409]毋饜[410]，而蘇子[411]能存諸侯，約從[412]以抑貪彊[413]。作蘇秦列傳第九。

70 六國既從親[414]，而張儀[415]能明其說[416]，復散解諸侯。作張儀列傳第十。

71 秦所以東攘雄諸侯[417]，樗里[418]、甘茂[419]之策。作樗里甘茂列傳第十一。

72 苞河、山[420]，圍大梁，使諸侯斂手[421]而事秦者，魏冉[422]之功。作穰侯列傳第十二。

73 南拔鄢、郢[423]，北摧長平[424]，遂圍邯鄲[425]，武安為率[426]；破荊滅趙，王翦之計[427]。作白起王翦列傳第十三。

74 獵儒墨之遺文[428]，明禮義之統紀[429]，絕惠王利端[430]，列往世興衰[431]。作孟子荀卿列傳第十四。

75 好客喜士，士歸于薛[432]，為齊扞楚、魏[433]。作孟嘗君列傳第十五。

76 爭馮亭以權[434]，如楚以救邯鄲之圍[435]，使其君復稱於諸侯。作平原君虞卿[436]列傳第十六。

77 能以富貴下貧賤，賢能詘於不肖[437]，唯信陵君為能行之。作魏公子列傳第十七。

78 以身徇君[438]，遂脫彊秦[439]，使馳說之士南鄉走楚[440]者，黃歇之義。作春申君[441]列傳第十八。

79 能忍訽於魏齊，而信威於彊秦[442]。推賢讓位[443]，二子有之。作范睢蔡澤列傳第十九。

80 率行其謀，連五國兵[444]，為弱燕報彊齊之讎[445]，雪其先君[446]之恥。作樂毅列傳第二十。

81 能信意彊秦[447]，而屈體廉子[448]，用徇其君[449]，俱重[450]於諸侯。作廉頗藺相如列傳第二十一。

82 湣王既失臨淄而奔莒[451]，唯田單用即墨破走騎劫[452]，遂存齊社稷。作田單列傳第二十二。

83 能設詭說解患於圍城[453]，輕爵祿，樂肆志[454]。作魯仲連鄒陽[455]列傳第二十三。

84 作辭以諷諫，連類以爭義[456]，離騷[457]有之。作屈原[458]賈生[459]列傳第二十四。

85 結子楚親[460]，使諸侯之士斐然爭入事秦[461]。作呂不韋列傳第二十五。

86 曹子[462]匕首，魯獲其田，齊明其信[463]；豫讓[464]義不為二心。作刺客列傳[465]第二十六。

87 能明其畫[466]，因時推秦[467]，遂得意於海內[468]，斯為謀首[469]。作李斯列傳第二十七。

88 為秦開地益眾，北靡匈奴[470]，據河為塞[471]，因山為固[472]，建榆中[473]。作蒙恬列傳第二十八。

89 填趙塞常山以廣河內[474]，弱楚權[475]，明漢王[476]之信於天下。作張耳陳餘[477]列傳第二十九。

90 收西河、上黨之兵，從至彭城[478]；越之侵掠梁地以苦項羽[479]。作魏豹彭越列傳第三十。

91 以淮南叛楚歸漢[480]，漢用得大司馬殷[481]，卒破子羽于垓下。作黥布列傳第三十一。

92 楚人迫我京、索[482]，而信拔魏、趙，定燕、齊[483]，使漢三分天下有其二，以滅項籍。作淮陰侯列傳第三十二。

93 楚、漢相距鞏、洛[484]，而韓信為填潁川[485]，盧綰絕籍糧餉[486]。作韓信盧綰列傳[487]第三十三。

94 諸侯畔項王，唯齊連子羽城陽[488]，漢得以間，遂入彭城[489]。作田儋列傳[490]第三十四。

95 攻城野戰，獲功歸報，噲、商[491]有力焉；非獨鞭策，又與之脫難[492]。作樊酈列傳[493]第三十五。

96 漢既初定，文理[494]未明，蒼為主計[495]，整齊度量[496]，序律曆[497]。作張丞相列傳[498]第三十六。

97 結言[499]通使，約懷[500]諸侯；諸侯咸親，歸漢為藩輔。作酈生[501]陸賈[502]列傳第三十七。

98 欲詳知秦、楚之事，維周緤常從高祖，平定諸侯[503]。作傅靳蒯成列傳[504]第三十八。

99 徙彊族[505]，都關中[506]，和約匈奴[507]；明朝廷禮，次宗廟儀法[508]。作劉敬叔孫通列傳第三十九。

100 能摧剛作柔，卒為列臣[509]；欒公不劫於埶而倍死[510]。作季布欒布列傳第四十。

101 敢犯顏色[511]，以達主義[512]；不顧其身，為國家樹長畫[513]。作袁盎朝錯列傳第四十一。

102 守法不失大理[514]；言古賢人，增主之明[515]。作張釋之馮唐列傳第四十二。

103 敦厚慈孝，訥於言，敏於行[516]，務在鞠躬[517]，君子長者。作萬石張叔[518]列傳第四十三。

104 守節切直，義足以言廉，行足以厲賢[519]，任重權不可以非理撓[520]。作田叔列傳第四十四。

105 扁鵲[521]言醫，為方者[522]宗，守數[523]精明；後世循序[524]，弗能易[525]也，而倉公[526]可謂近之[527]矣。作扁鵲倉公列傳第四十五。

106 維仲之省，厥濞王吳[528]，遭漢初定，以填[529]撫江、淮之間。作吳王濞列傳第四十六。

107 吳、楚為亂，宗屬唯嬰賢而喜士[530]，士鄉之。率師抗山東[531]滎陽。作魏其武安列傳第四十七。

108 智足以應近世之變[532]，寬足用得人[533]。作韓長孺[534]列傳第四十八。

109 勇於當敵[535]，仁愛士卒。號令不煩[536]，師徒鄉之[537]。作李將軍[538]列傳第四十九。

110 自三代以來，匈奴常為中國患害[539]。欲知彊弱之時，設備征討[540]。作匈奴列傳第五十。

111 直曲塞，廣河南[541]；破祁連，通西國[542]，靡北胡[543]。作衛將軍驃騎[544]列傳第五十一。

112 大臣宗室以侈靡相高[545]，唯弘用節衣食[546]為百吏先。作平津侯列傳[547]第五十二。

113 漢既平中國，而佗能集楊越以保南藩[548]，納貢職[549]。作南越列傳第五十三。

114 吳之叛逆，甌人斬濞[550]，葆守封、禺為臣[551]。作東越列傳第五十四。

115 燕丹散亂遼間，滿收其亡民[552]，厥聚海東[553]，以集真藩[554]，葆塞為外臣[555]。作朝鮮列傳第五十五。

116 唐蒙[556]使略通[557]夜郎[558]，而邛、筰[559]之君請為內臣受吏[560]。作西南夷[561]列傳第五十六。

117 子虛之事[562]，大人賦說[563]，靡麗多誇，然其指風諫，歸於無為[564]。作司馬相如[565]列傳第五十七。

118 黥布叛逆，子長國之[566]，以填江、淮之南，安剽楚庶民[567]。作淮南衡山[568]列傳第五十八。

119 奉法循理[569]之吏，不伐功矜能，百姓無稱，亦無過行[570]。作循吏[571]列傳第五十九。

120 正衣冠立於朝廷，而羣臣莫敢言浮說[572]，長孺矜焉[573]；好薦人，稱長者，壯有溉[574]。作汲鄭列傳第六十。

121 自孔子卒，京師莫崇庠序[575]，唯建元、元狩[576]之間，文辭粲如[577]也。作儒林列傳[578]第六十一。

122 民倍本多巧[579]，姦軌弄法[580]，善人不能化[581]，唯一切嚴削[582]為能齊之。作酷吏列傳[583]第六十二。

123 漢既通使大夏[584]，而西極遠蠻引領內鄉[585]，欲觀中國。作大宛[586]列傳第六十三。

124 救人於戹[587]，振人不贍[588]，仁者有乎；不既信[589]，不倍言[590]，義者有取焉。作游俠列傳[591]第六十四。

125 夫事人君能說主耳目[592]，和主顏色[593]，而獲親近，非獨色愛[594]，能亦各有所長[595]。作佞幸[596]列傳第六十五。

126 不流世俗[597]，不爭執利，上下無所凝滯[598]，人莫之害，以道之用[599]。作滑稽列傳[600]第六十六。

127 齊、楚、秦、趙為日者[601]，各有俗所用[602]。欲循觀[603]其大旨。作日者列傳[604]第六十七。

128 三王不同龜，四夷各異卜[605]，然各以決吉凶[606]。略闚其要[607]。作龜策[608]列傳第六十八。

129 布衣匹夫之人，不害於政，不妨百姓，取與以時[609]而息財富[610]，智者有采焉[611]。作貨殖列傳[612]第六十九。

130 維我漢繼五帝末流[613]，接三代絕業[614]。周道廢，秦撥去古文[615]，焚滅詩、書[616]，故明堂石室[617]金匱玉版[618]圖籍散亂。於是漢興，蕭何次律令[619]，韓信申軍法[620]，張蒼為章程[621]，叔孫通定禮儀[622]，則文學彬彬稍進[623]，詩、書往往間出[624]矣。自曹參薦蓋公言黃、老[625]，而賈生、晁錯明申、商[626]，公孫弘以儒顯[627]，百年之間[628]，天下遺文古事靡不畢集太史公[629]。太史公仍父子相續纂其職[630]。曰：「於戲[631]！余維先人嘗掌斯事，顯於唐、虞，至于周，復典之，故司馬氏世主天官[632]。至於余乎[633]，欽念哉[634]！欽念哉！」罔羅天下放失舊聞[635]，王迹所興[636]，原始察終[637]，見盛觀衰[638]，論考之行事[639]，略推三代[640]，錄秦、漢[641]，上記軒轅[642]，下至于茲[643]，著十二本紀，既科條之矣[644]。並時異世，年差不明，作十表[645]。禮樂損益[646]，律曆改易[647]，兵權[648]山川[649]鬼神[650]，天人之際[651]，承敝通變[652]，作八書。二十八宿環北辰，三十輻共一轂[653]，運行無窮，輔拂[654]股肱之臣配焉，忠信行道，以奉主上，作三十世家[655]。扶義俶儻[656]，不令己失時[657]，立功名於天下，作七十列傳[658]。凡百三十篇[659]，五十二萬六千五百字[660]，為太史公書[661]。序略[662]，以拾遺補藝[663]，成一家之言，厥協六經異傳，整齊百家雜語[664]，藏之名山，副在京師[665]，俟後世聖人君子[666]，第七十[667]。

131 太史公曰：余述歷黃帝以來，至太初而訖，百三十篇[668]。

【章旨】以上為第五段，是《史記》一百三十篇的小序，司馬遷一一地交代了各篇作品的作意。

【注釋】❶維 發語詞。也有人以為同「惟」，解為思念，亦可。❷法天則地 以天地為法則。即一切制度、章程通通法照著天地自然而定。❸四聖 指其後的顓頊、帝嚳與堯、舜。❹遵序 遵照黃帝的秩序。❺遜位 退位，指將政權禪讓與舜。❻虞舜不台 堯讓位於舜，舜深感不安，唯恐不堪負荷重任。不台，不樂。台，同「怡」。❼厥美帝功 指舜發揚光大了堯的事業。厥，其；他。美，用如動詞，意即發揚光大。❽載 同「戴」。擁戴。❾九州攸同 即九州大同。九州指冀、兗、青、徐、揚、荊、豫、梁、雍。攸，語氣詞。同，制度相同。即統一。❿光唐虞際 在唐堯、虞舜的時代建造了光輝的業績。指治水與建立各種制度。⓫德流苗裔 指能使其子啟得繼帝位，亦指其後代能保持四百年的基業而言。⓬夏桀 夏朝的末代帝王，因荒淫殘暴而導致夏朝滅亡。⓭鳴條 夏邑名，有說在今山西運城安邑鎮北，有人說在今河南封丘東，也有說在開封市東南陳留附近者。⓮契 舜臣，商朝的始祖。⓯作商 使商朝興起。作，振作；使之興起。⓰爰及成湯 意即由契發展到成湯，商朝始統治天下。爰，於是。⑰太甲　商朝的第四代帝王，成湯的嫡長孫。⑱居桐　因暴虐被宰相伊尹放居於桐，反省思過。桐，商邑名，其方位諸說不一，有說在今河南虞城東北，當時之虞邑東南者，近是。⑲德盛阿衡　指伊尹放太甲於桐，自己攝行商政，待太甲悔過後，又將政權還歸太甲事。阿衡，伊尹所任的官號，即後世之宰相。⑳武丁　商湯後的第二十二代帝王。㉑說　傅說，武丁時的賢臣，武丁從苦役犯中發現了他，任以為相，國家大治。㉒乃稱高宗　意即傅說輔佐武丁成為一代有作為的君主。高宗，武丁的廟號，因其能使商朝復興，故稱「高宗」。㉓帝辛　即殷紂，商朝的末代帝王，被周武王所滅。㉔湛湎　指沉迷於酒色之中。湛，此處同「沉」。㉕諸侯不享　諸侯不再擁戴商朝。不享，不朝拜；不擁戴。㉖弃　舜臣，周朝的祖先。㉗作稷　創始農業，並任主管農事的官。㉘德盛西伯　至周文王時，其道德隆盛到了頂點。西伯，西部地區的諸侯之長。周文王曾被殷紂封為「西伯」，主征討一方。㉙武王　文王之子，名發。㉚牧野　地名，在商朝國都朝歌（今河南淇縣）的西南部，是周武王大破商朝軍隊的戰場。㉛實撫天下　於是統治了全國。實，發語詞。撫，安撫；統治。㉜幽厲　周幽王、周厲王。周厲王名胡，是西周後期的殘暴君主，被奴隸暴動所驅逐，奔死於外；周幽王名宮涅，是西周的末代君主，被犬戎攻殺。㉝酆鎬　西周時代的都城名。酆在今陝西西安西南，文王所都；鎬在今西安市正西，武王所都。㉞陵遲　逐漸衰落。㉟赧　周赧王，東周的末代君主。㊱洛邑不祀　意即東周絕亡。洛邑，東周的都城，在今河南洛陽東北。不祀，先王的宗廟不再享受祭祀，即王朝滅亡。㊲伯翳　也寫作「柏翳」「伯益」，也叫「大費」，舜時的大臣，曾佐助大禹治水，又為舜掌管畜牧業，是秦王朝的祖先。㊳穆公　名任好，春秋時代秦國最有作為的君主，被稱為「五霸」之一。㊴思義　思念怎樣做才算合適。這裡實際是「後悔」的意思。義，宜也。㊵悼豪之旅　哀悼在崤山陣亡的秦國將士。梁玉繩曰：「『豪』乃『崤』之譌。」崤，山名，在今河南靈寶東南。秦穆公曾利令智昏地派兵襲鄭，結果在崤山遭到晉軍伏擊，全軍覆沒。㊶以人為殉　指秦穆公死時，以生人殉葬，而且在這些殉葬者中竟然還有姓「子車」的三個勇士。㊷黃鳥　《詩經．秦風》中的篇名，內容即寫子車氏三個勇士為秦穆公殉葬的事情，表現了作者對三個勇士的悲悼與同情。㊸昭襄業帝　昭襄王為秦國日後統一稱帝的大業奠定了基礎。昭襄，即通常所稱的秦昭王，名則。郭嵩燾曰：「『昭襄業帝』一句，語未盡，疑下有脫文。」崔適曰：「『禹』『旅』為韻，無與『鳥』字為韻者，下文唯云『昭襄業帝』，語不可解，脫誤明矣。」㊹始皇　名政。㊺六國　指戰國時期的齊、楚、燕、韓、趙、魏六大國。㊻銷鋒鑄鐻　銷毀兵器，鑄為鐘鐻。《索隱》曰：「鐻，鐘也。」據記載，當時銷毀兵器後，鑄成了「鐘鐻」及「金人十二」。㊼維偃干革　為的是日後不再有戰爭。偃，放倒；收起。㊽尊號稱帝　意指兼古代的「皇」「帝」二字而並用之。㊾矜武任力　一味仗恃武力，不講德治。㊿二世　名胡亥。(51)受運　接受命運。意即繼位為帝。52子嬰　秦朝的末代皇帝，在位四十六日，投降劉邦。53降虜　向人投降，做了俘虜。54豪桀　指陳涉、項梁、劉邦等各路義軍首領。55竝擾　猶言「並起」。起而紛爭。56項梁業之　項梁，項羽之叔，曾是繼陳涉之後的最強大的反秦軍事領袖，後被章邯所破殺。業，創業；打基礎。57子羽　即項羽，名籍，字羽，也稱子羽。58殺慶救趙　指項羽隨宋義北上救趙，途中殺宋義奪其兵權事。慶，有本作「卿」，即指宋義，當時宋義為該軍統領，號稱「卿子冠軍」。59諸侯立之　項羽奪得兵權後，率軍大破秦兵於鉅鹿，諸侯懾服，尊之為「諸侯上將軍」，於是遂成了各路反秦義軍的實際領袖。60誅嬰背懷　指鴻門宴後，項羽殺死三世子嬰，焚燒咸陽；又違背懷王盟約，自主分封，並將懷王遷往江南，將懷王殺死事。董份曰：「數語斷項氏興亡之原已盡。」61漢行功德　此「漢」字指漢王劉邦。62憤發蜀漢　指劉邦被封為漢王後，在其國都南鄭（今陝西漢中）收合士眾，委任韓信，又突然從南鄭崛起殺回。蜀、漢，二郡名，劉邦被項羽封為漢王，領有蜀郡與漢中郡。63三秦　約當今之陝西中部、北部和與之鄰近的甘肅東部地區，即戰國時代的秦國本土。諸侯滅秦後，項羽為封鎖劉邦，使其不得由漢中北出，而封其寵信的三個降將分王於秦國故地，章邯為雍王，都廢丘（今陝西興平東南）；司馬欣為塞王，都櫟陽（今陝西臨潼北）；董翳為翟王，都高奴（今陝西延安北）。64誅籍業帝　破殺項羽，成就帝業。65天下惟寧　天下遂得以安寧。惟，句中語氣詞。66改制易俗　劉邦稱帝後，其所襲用的基本上都是秦朝的制度，即俗所謂「漢行秦制」是也，劉邦所變動的只有初入咸陽時的「約法三章」。67惠之早霣　劉邦之子惠帝劉盈，因不滿其母呂后的殘忍，在位七年即抑鬱而死。霣，同「殞」。68諸呂　指劉邦死後被呂后封侯、封王的呂產、呂祿諸人。69不台　不悅。台，同「怡」。《集解》引徐廣曰：「怡，懌也。不為百姓所悅。」按：實則是不為劉氏宗室與劉邦的元老功臣「所悅」。70崇彊祿產　指呂后將其姪呂祿、呂產封王後，又任呂產為相國，將南軍；呂祿為大將，將北軍。71諸侯謀之　王念孫曰：「『諸侯謀之』本作『諸侯之謀』。之，是也，言呂后崇彊祿、產而謀劉氏，故下文即云『殺隱幽友』也。『謀』字古讀若『媒』，正與『台』『疑』為韻。且呂后稱制之時，諸侯未敢『謀之』也。」72殺隱幽友　殺害了劉邦的兒子趙王如意（謚曰「隱」），囚禁了劉邦的另一個接續為趙王的兒子劉友。73洞疑　恐懼疑慮。董份曰：「『洞』字恐是『恫』字，蓋傳寫之誤耳。」74宗禍　滅族之禍。75繼嗣不明　指惠帝是否有親生兒子，人皆懷疑。76迎王踐祚　指將當時為代王的劉恆從代國迎來即位為帝。踐祚，登基。77蠲除肉刑　將殘毀肢體的宮刑、刖刑、劓刑等改為用棍子打。蠲，免。78開通關梁　指解除國內各地區之間相互往來的限制。關梁，關隘渡口。梁，橋梁。79厥稱太宗　廟號被稱為「太宗」。按當時禮法，只有道德、功業可為後世楷模的帝王才能稱「太宗」。80吳首為亂　吳王劉濞帶頭興兵作亂。劉濞，劉邦之姪，被劉邦封為吳王，國都廣陵（今江蘇揚州）。81七國伏辜　指舉行叛亂的吳、楚、趙、膠東、膠西、濟南、菑川七國被朝廷的軍隊打敗、消滅。(82)翕然　服貼的樣子。(83)漢興五世　漢興以來的第五代皇帝，即漢武帝。按：漢興以來實際已有高祖、惠帝、呂后、文帝、景帝五代，至武帝應該是第六代，但史公認為惠帝在位時實權出於呂后，故只計呂后而不計惠帝。後人解此有計惠帝而不計呂后者，與史公原意不合。(84)隆在建元　從建元開始，國家進入了隆盛時期。建元，武帝的第一個年號（西元前一四〇—前一三五年）。(85)外攘夷狄　指伐匈奴、伐南越、伐大宛、朝鮮等事。攘，擊。(86)內脩法度　指新建立各種禮、法以及平準、均輸等經濟制度而言。(87)封禪　到泰山山頂祭天和到泰山山下某地祭地。(88)改正朔　指改用新曆法。劉邦建國後仍一直使用秦曆，以十月為歲首；至武帝太初元年（西元前一〇四年），始改用太初曆，以正月為歲首。(89)易服色　依五行說，而改用與本朝之「德」相應的車服冠冕顏色。如秦朝被認為是水德，故其服色尚黑；而漢朝被認為是土德，故其服色尚黃。徐孚遠曰：「觀此知紀中不作誹謗語。」(90)三代　指夏、商、周三朝。(91)尚年代久遠。(92)譜牒　指戰國時流行的世襲、年譜一類的書，如《帝王世紀》《竹書紀年》《帝系姓》等。(93)本于茲　根據這些東西。(94)三代世表　按：此表名曰「三代」，其實是上起「五帝」，中經夏朝、商朝，而周朝則只譜列至西周的厲王垮臺，周召共和為止。在譜列西周諸帝的同時，還譜列了魯、齊、晉、秦、楚、宋、衛、陳、蔡、曹、燕十一國世家。中國古代史，在此以前都是沒有具體年代可紀的。梁玉繩以為此篇應標名為「帝王世表」。(95)幽厲之後　實際上是指幽王之後，也就是從平王開始的東周時期。因為厲王被逐後，有周、召共和，其後又有「宣王中興」，那些時候還沒有「諸侯專政」的事情。(96)諸侯專政　指齊桓公、晉文公等諸侯霸主執掌號令天下之權。(97)春秋有所不紀　相傳為孔子所作的那部《春秋》過於簡略，許多事件沒有記載。(98)譜牒經略　譜牒之類的書光有一個綱領，記述更為簡單。經，統緒；綱領。(99)五霸更盛衰　而各個霸主又是相互倚伏，此落彼起的。更，交互。(100)周世相先後　周朝諸事件的孰先孰後。(101)十二諸侯年表　按：名為「十二諸侯」，其實還有一個作為天下共主的「周」，和一個春秋末期始興起的「吳」。中國古代能說清年代的歷史，即從「共和」元年開始；而中國歷史的編年，又以此表為最早。(102)陪臣秉政　各諸侯國的大夫分別掌管了各國的政權，如韓、趙、魏三家分晉，田氏篡奪齊國政權等。陪臣，指各諸侯國的大夫。各國諸侯對周天子稱「臣」，各諸侯國的大夫對周天子稱「陪臣」。(103)彊國相王　春秋以前，只有周天子稱「王」，各諸侯國的國君只能稱「公」、稱「侯」，楚國之稱「王」，則是由於它地處南荒，不服王化。進入戰國後，周天子更加成為傀儡，各大國遂逐漸皆改號稱王，而行動最早的則是齊、魏兩國的在徐州互尊為王。(104)以至于秦二句　意謂待至秦國強大後，遂將華夏諸國盡行吞併。諸夏，華夏諸國，指韓、趙、魏、齊、楚、燕等。(105)滅封地　指將各諸侯國的領地全部吞併，不再實行分封。(106)擅其號　指秦王自稱「皇帝」，此外不再封「王」、封「侯」。(107)六國年表　按：

名為「六國」，其實還有吞併「六國」的「秦」，和作為天下共主的「周」，實際是譜列了八國的史事。(108)楚人發難　指陳勝等帶頭起兵反秦。(109)項氏遂亂　項羽又接續著實行暴政，如坑秦卒、燒咸陽、殺義帝等事。(110)漢乃扶義征伐　只有漢王劉邦才是奉行仁義的征伐。扶，仗；奉行。(111)天下三嬗　指國家政權三次變換，第一次改由陳勝發號施令，第二次改由項羽，第三次歸於劉邦。嬗，變化。(112)秦楚之際月表　事實為由秦至楚，由楚至漢，不曰「秦漢」而曰「秦楚」，見史公對項氏之重視。(113)至于太初百年　由西元前二〇六年劉邦建漢，至武帝太初元年（西元前一〇四年），共歷一百零二年。(114)分削　分，指一國分為數國。削，指領地減少。(115)譜紀不明二句　意謂舊有的譜牒對此敘述不清，使後來主管這方面事務的官員無法接著往下記錄。踵，繼續。(116)彊弱之原云以世　句子不順，定有脫訛。郭嵩燾將上文「譜紀不明，有司靡踵」與此七字連讀，以為「此謂以其世之修短，而可以推知其強弱之原，大抵強者先亡，而弱者猶可苟幸以圖存也」。池田英雄引岡龍洲曰：「言有司無繼明於強弱之原云已也。強弱者，言漢興封功臣親族為諸侯，以蕃輔京師，而漢郡與諸侯國犬牙相交，秉其厄塞地利，強本幹、弱枝葉之術也。」亦生澀難通，僅錄以備考。(117)漢興已來諸侯年表　梁玉繩以為應作〈漢諸侯王年表〉，「興已來」三字衍。按：《史記》正文作〈漢興以來諸侯王年表〉，梁氏似無需多事。(118)元功　猶言「元勳」。元老功臣。(119)輔臣股肱　像大腿、胳膊一樣的輔佐之臣。股，大腿。肱，胳膊。(120)剖符而爵　帝王與大臣剖符為信，封以王爵。(121)澤流苗裔　意即使其後代連綿不斷地接續下去。(122)忘其昭穆　指受封諸侯國的家族混亂，既指其承繼關係不明，亦兼言其政治無序。昭穆，指宗廟裡受祭祖先靈位的擺列次序。太祖居中，以下二、四、六世居左，稱「昭」；三、五、七世居右，稱「穆」。(123)隕國　封國被滅。(124)高祖功臣侯者年表　按：前面〈漢興以來諸侯王年表〉所載，其中有些也是劉邦的開國功臣，與此表不同的是，前表所載都是封「王」者，有些是因功大封王，有些是因其為劉邦的親屬而封王；此表所載則皆為以功封侯的劉邦的開國功臣。(125)惠景之間　包括惠帝、呂后、文帝、景帝四朝。(126)維申功臣宗屬爵邑　按：詞語不順。大意謂過去有些該封而未封者；和一些先人有功其家屬、後代也應該受到封賞者，遂封給他們以爵土。(127)惠景間侯者年表　按：此表所列，有些是因功受封，有些是因親緣關係受封，還有的是因其他各種理由受封，故梁玉繩以為此表應依前例加「功臣」二字者，似非。(128)彊胡　指匈奴。(129)勁越　指南越。(130)夷蠻　指東越、西南夷，以及朝鮮、大宛等。(131)武功爰列　因而使許多人建立了武功。爰，於是。(132)建元以來侯者年表　此表所列都是武帝時期在對四夷用兵過程中立功封侯的人。(133)諸侯　按：此所謂「諸侯」，都是指劉姓子弟為王者。(134)七國為從　指景帝時的吳、楚、趙等七國聯兵反抗朝廷。從，同「縱」。聯合。(135)子弟眾多二句　按過去的章程，只有嫡長子才能繼其父位稱王，其他兄弟則通通沒分兒。李笠以為「封邑」應作「邑封」，以與上文「從」字為韻。(136)推恩行

義　指武帝聽取主父偃建議，實行「推恩法」，讓各諸侯王可以分割土地，封其他兒子為侯。[137]其埶銷弱　謂各諸侯國遂無形中被化整為零。[138]德歸京師　那些本來不該受封的人今乃得以封侯，遂都感謝皇帝的恩德。[139]維見漢興以來句　將漢興以來將相名臣的事跡，見之於年表。維，發語詞。見，用如動詞，即譜列。[140]記其治　記下他們的功效。[141]所損益各殊務　語略不順，大意謂為了解決不同的問題而總要做適當的增減。[142]要以近情性二句　重要的是在切於人情、合乎大道。[143]因人質為之節文　依照人們的實際情況而加以裝點修飾。[144]略協古今之變　大體依據著古往今來的禮的發展變化。[145]雅頌聲　指《詩經》中的〈雅〉〈頌〉兩部分音樂，通常被稱作雅樂的代表。[146]鄭衛之音　指《詩經・國風》中「鄭」「衛」兩地的音樂，通常被稱為俗樂的代表。[147]鄭衛之音所從來久矣　孔子認為「鄭、衛之音」是一種格調不高的音樂，主張要對之加以節制，但這種音樂卻歷來招人喜歡。[148]人情之所感二句　《集解》引徐廣曰：「樂者，所以感和人情，人情既感，則遠方殊俗莫不懷柔向化也。」遠俗，鄙遠殊俗之人。[149]比樂書以述來古　《索隱》曰：「言比《樂書》以述自古以來樂之興衰也。」《正義》曰：「比，次也。」即編排、整理。王念孫曰：「來古，即往古也。」[150]黃帝湯武以興　《索隱》曰：「黃帝有阪泉之師（以敗炎帝），湯、武有鳴條、牧野之戰而克桀、紂。」[151]桀紂二世以崩　謂三昏君皆以好用武力亡國。[152]司馬法　古兵書名，《漢書・藝文志》載有《司馬法》一百五十篇，約為戰國時人之所造，史公誤以為傳世已久。[153]太公　指姜尚，周武王的開國元勳。[154]孫吳　孫武、吳起。孫武為春秋末期軍事家，仕於吳；吳起為戰國初期軍事家，曾仕於魯、魏、楚，皆有兵法傳世。[155]王子　《集解》引徐廣曰：「王子成甫。」其人不詳。[156]能紹而明之　能繼承古《司馬法》的精神，而且能進一步地發揚它。[157]切近世二句　意謂能根據近代社會的具體情況，充分發揮一個軍事家的謀略、變化。[158]律書　《索隱》曰：「此『律書』之贊而云『非兵不強』者，則此『律書』即『兵書』也。」按：史公〈律書〉（即「兵書」）之原文已散失，後人從〈曆書〉中摘出音律部分移入〈律書〉篇內，故今之〈律書〉正文遂與此處史公所云不合。[159]律居陰而治陽四句　四句原見於《大戴禮記・曾子天圓篇》，個別用字不同，而意思一樣。律，音律。曆，曆法。不容翲忽，容不得一絲一毫的錯誤。翲忽，中井曰：「猶言『毫釐』也。」古人講「曆法」總愛和「音律」聯繫起來，以為二者不可分割，說得非常玄虛，直到明、清仍然如此。方苞曰：「神化之幽潛為陰，形象之顯見為陽，律存天地微妙之神，而能感神人，格鳥獸，知吉凶勝負，故曰『居陰而治陽』；曆用象數之顯，以推步日月星辰之行、四時五氣之變，故曰『居陽而治陰』。律失之忽微則氣不應，曆失之忽微則度必忒，故曰『間不容翲忽』。」[160]五家之文　《正義》曰：「謂黃帝、顓頊、夏、殷、周之曆。」[161]佛異　乖異。佛，同「悖」。郭嵩燾曰：「謂五家之文參差抵牾，不相通也。」[162]維太初之元論　按：句子不順。太初，武帝的年號名（西元前一〇四－

前一〇一年)，也用以稱從此年所施行的新曆法。《正義》曰：「維太初之元論曆律為是，故〈曆書〉自太初之元論之也。」(163)星氣之書　占測星、氣變化的書。(164)多雜機祥　多雜有侈談人世禍福的成分。機祥，義同「吉凶」。機，祥。(165)不經　荒誕；不正經。(166)推其文三句　按照它的說法，考察它的效應，又往往的確相合。不殊，沒有兩樣。有人解釋為「沒有什麼特殊的」，似與本文不合。(167)比集論其行事　編排解釋這些與天文有關的人事活動。(168)驗于軌度以次　取驗於日月星辰運行的軌道與度數，將其記錄下來。(169)天官　即指「天文」。古人認為天空星宿的排列，就如人世朝廷的分官設職一樣，故稱「天官」。(170)封禪之符罕用　舉行過封禪大典的帝王為數甚少。(171)萬靈罔不禋祀　一切神鬼精靈全部獲得祭祀。禋，祭。(172)追本諸神名山大川禮　考察、遵照歷代祭祀天地鬼神名山大川的禮節。(173)浚川　疏導百川。(174)九州攸寧　全國獲得安寧。攸，語氣詞。(175)爰及宣防二句　迨至武帝堵塞瓠子決口的時代，遂又開掘了許多運輸、灌溉的溝渠。宣防，宮名，武帝堵塞住了黃河在瓠子（今河南濮陽西南）的決口後，遂在那裡修建了一座「宣防宮」。至其命名之原，瀧川引岡白駒曰：「或宣通之，或堤防之。」(176)維幣之行　幣，貨幣。行，流通。(177)其極　其弊端；其弊病的頂點。(178)玩巧　投機取巧。(179)并兼茲殖　為了賺錢而相互兼併。茲殖，使錢財越滾越多。茲，同「滋」。(180)爭於機利　爭相耍心眼、玩手段。(181)去本趨末　拋棄農業，以就工商。中國歷來稱農業為「本」，稱工商業為「末」。(182)平準書　平準、均輸原是武帝時所推行的兩項商業制度，「平準」即由國家出面平衡各地物價；「均輸」即由國家調動物資，使各地互通有無，以平抑物價。因這兩項是當時國家有關工商業政策的重大舉措，故史公以之作為該經濟專章的篇名。(183)觀事變　此指觀察經濟方面的發展變化規律。(184)太伯避歷二句　吳太伯為讓位於季歷，離開周國，遠遠地避到了長江以南的蠻荒地區。太伯，周文王的大伯父。季歷，太伯的三弟，周文王的父親。早在文王的祖父古公亶父在世時，就喜歡姬昌這個小孫子，想將來把國家的政權傳給他。太伯看清了父親的心思，就想自己及早躲開，讓父親傳位於三弟季歷，以便日後更順利地傳給姬昌，於是太伯便和二弟虞仲一起避到了江南，另創立了吳國。(185)文武攸興二句　文王、武王日後之所以能滅商建立周王朝，是早在古公亶父時，就已經顯示了稱王的跡象。古公，名亶父，武王滅商即位後，追尊古公為「太王」。(186)闔廬弒僚　闔廬，也作「闔閭」，即公子光，吳王諸樊之子，因其父傳位於弟，故未得為王。僚，王僚，吳王餘昧之子，繼其父位為吳王。公子光不服，使刺客殺王僚奪得王位，是為「闔廬」。(187)賓服荊楚　使楚國臣服於吳。吳王闔廬在位時，曾破楚入郢，使楚國元氣大傷。(188)夫差克齊　夫差是闔廬之子，繼其父位為吳王。夫差即位不久即大破越國，但未聽伍子胥的忠言，沒有將越國滅掉，而統兵北上伐齊，結果勞民傷財，虛耗國力，埋下了亡國之機。(189)子胥鴟夷　伍子胥是吳國的元老，先幫闔廬奪得王位，打敗強楚；又幫夫差繼位，打敗越國，最後因堅持反對夫差伐齊，被夫差賜劍自殺。鴟夷，皮口袋。伍子胥死後，屍體被裝入皮口袋投入江中。(190)信嚭親越二句　伯嚭是吳國的奸臣，被越王句踐收買，他鼓動夫差親越伐齊，吳國被齊國削弱後，越國起兵襲吳，遂將吳國滅掉。(191)嘉伯之讓　史公因稱讚吳太伯之讓國，將其列為「世家」之首，與其稱讚堯、舜，將〈五帝本紀〉列為「本紀」之首；稱讚伯夷，將其列為「列傳」之首，意旨有其相同處。梁玉繩曰：「諸世家各摘一事以著作史之由，雖是舉重言之，然豈因嘉一事而作乎？」凌稚隆引董份曰：「諸世家各摘一事，見太史公好奇。」(192)申呂　舜時的諸侯國名，為姜太公祖先的受封之地，都在今河南南陽附近。呂是太公祖先的氏，後來「姓」「氏」混淆，故太公姓「姜」，亦有人謂之姓「呂」。(193)肖　《集解》《正義》皆謂音「痟」，即家國衰微。梁玉繩引顧炎武曰：「『肖』乃『削』字脫其旁耳，與《孟子》『魯之削』同。」瀧川曰：「楓、三本『肖』作『省』。」「省」也是「衰微」的意思。(194)尚父側微　因其前代已經衰落，故而姜尚的出身就很微賤了。尚父，即姜尚，因其年高功大，故武王尊稱之曰「尚父」。側微，低微；微賤。(195)卒歸西伯　姜尚一生不遇，到晚年始歸於文王。(196)文武是師　文王、武王兩代都尊敬姜尚，事以為師。(197)繆權于幽　《索隱》曰：「繆，謂綢繆也。謂太公為權謀於幽昧不明著，謂太公之陰謀也。」按：意即籌謀劃策於暗中，以傾商朝。(198)番番　老人頭髮黃白的樣子。(199)爰饗營丘　享有營丘一帶的封地。姜尚協助武王滅商後，被封於齊國，建都營丘（即後來所稱的臨淄）。(200)不背柯盟　齊桓公與魯莊公會盟於柯邑（今山東陽穀東北），魯國勇士曹沫持匕首劫齊桓公，迫使齊國退回所侵魯國的土地。齊桓公被迫答應了，又想反悔，後在管仲的勸導下兌現了諾言，從而贏得了諸侯們的擁護，詳見〈刺客列傳〉。鍾惺曰：「推重管子，有眼。」(201)九合諸侯　多次以霸主的身分，召集諸侯會盟。(202)田闞爭寵　闞止有寵於齊簡公，田常疑不自安，遂起兵攻滅闞氏，並進而弒簡公，另立平公，從此姜氏政權遂落入田常手中。(203)姜姓解亡　姜姓之齊自平公起成為田氏傀儡，至田常曾孫田和，正式列為諸侯，姜姓之齊乃徹底滅亡。解亡，瓦解滅亡。(204)嘉父之謀　讚揚姜尚佐周滅商的謀略。(205)依之違之二句　指武王死後，成王年幼，周公執政，這時有的諸侯聽從周公，有的諸侯違抗作亂，而周公有辦法把他們都平定下來。綏，安定。(206)憤發文德　即大力推行禮樂教化。憤發，意即努力推行。文德，指以禮樂為教化、統治手段。(207)輔翼　輔佐。(208)宗周　承認周王朝是自己的宗主。即歸服、擁戴周天子。(209)隱桓之際二句　迨傳國至隱公、桓公時期，怎麼會鬧成那種樣子啊。隱公，名息姑，惠公的庶長子，惠公去世時，嫡子桓公（名允）年幼，隱公遂權且即位。隱公原想等桓公長大後還國於他，桓公不明隱公心跡，乃發動政變，將隱公殺死。(210)三桓　由桓公的次子、三子、四子所形成的孟孫氏、叔孫氏、季孫氏三大家族，此三族從莊公時代起，世代執掌魯權，魯君遂逐漸成了三家的傀儡。(211)嘉旦金縢　意即讚美周公對武王的耿耿忠心。金縢，《尚書》中的篇目名，其中記載了武王患病時周公向祖宗、上帝祈禱，請求讓自己代替武王死。(212)未協　尚未安定。(213)管蔡　管叔鮮、蔡叔度，都是武王之弟。當成王年幼，周公代成王攝政時，管蔡二叔懷疑周公篡位，乃勾結殷朝的後代起兵作亂，後被周公削平。(214)淮夷　當時生活在今淮河下游一帶的少數民族，也稱「徐夷」「九夷」，西周初期曾隨同管、蔡一起反周。(215)召公　名奭，武王之弟，燕國的始封之君。(216)率德　帶頭遵循德義。召公原與周公一道在朝輔佐成王，管、蔡叛亂後，召公開頭也懷疑周公，後經周公說明後，召公遂解除疑慮，帶頭維護王朝中央，與周公共同平定叛亂。(217)燕噲之禪　燕王噲是戰國中期的燕國國君，因受其相子之的哄騙，讓其位與子之，造成國家大亂，幾致亡國。後經過燕昭王的努力，才使國家重又穩定下來。「燕噲」原作「燕易」。據〈燕世家〉改。(218)甘棠　《詩經》中的篇名，內容是說召公輔佐成王時，有一次巡行西方，曾在一棵棠樹下斷案，後人為紀念此事，遂永遠保護這棵棠樹。(219)管蔡相武庚　武王滅商後，復封紂子武庚於商都朝歌，以管理商之舊族。因擔心武庚作亂，而派管叔鮮、蔡叔度為武庚之「傅相」，以監督之。(220)將寧舊商　為的是安定商朝的舊部。(221)不饗　意即不服、不遵從。饗，同「享」。朝見。(222)殺鮮放度　周公平定管蔡與武庚之亂後，殺了管叔鮮，流放了蔡叔度。(223)周公為盟　舊本於此皆無注，所謂「為盟」，疑指周公平亂後，分商遺民以封康叔與微子事，《尚書》中有〈康誥〉以記此事。(224)大任十子二句　武王有十個同胞兄弟，所以周朝王室得以鞏固。大任，應作「太姒」，文王之妃，武王之母，其所生子十人為：伯夷考、武王發、管叔鮮、周公旦、蔡叔度、曹叔振鐸、成叔武、霍叔處、康叔封、冉叔載。王駿圖曰：「大任，文王之母，季歷妃也。文王之妃曰『大姒』，生伯夷考等十子者也。今曰『大任十子』，恐是『大姒』之訛。」(225)嘉仲悔過　蔡叔因叛亂而被流放後，能夠悔過，於是周公又把他的兒子蔡仲封於蔡國，成為諸侯。(226)王後不絕二句　有聖德的帝王是不會斷絕祭祀的，舜禹的在天之靈應該為其後代受封而高興。說，同「悅」。(227)休明　美好聖明。休，美。(228)蒙烈　蒙受恩澤，繼承事業。烈，業；功業。這裡即指恩澤。(229)享祀　享受祭祀。(230)爰周陳杞　到周朝又封建了陳、杞兩個國家。武王滅商後，封舜的後代嬀滿於陳（今河南淮陽），封禹的後代東樓公於杞（即河南杞縣）。(231)楚實滅之　春秋末期，舜之後代的陳國雖然被楚所滅，可是陳國後代的田氏卻又在齊國發達起來了。按：篡齊國姜氏政權而代之的田常、田和家族，即陳厲公的後代。(232)舜何人哉　舜是多麼偉大的人啊。(233)收殷餘民二句　平定管蔡、武庚之亂後，為了管理商朝的遺民，所以派康叔姬封在商都朝歌建立了衛國。(234)申以商亂二句　為了讓年輕的弟弟從商朝的滅亡中吸取教訓，周公除寫了〈康誥〉外，還寫了〈酒誥〉、〈梓材〉，皆見於《尚書》。(235)及朔之生二句　梁玉繩曰：「言衛之傾危，由於惠公朔也。」按：惠公名朔，是春秋前期的衛國國君，當年乃因挑動其父宣公殺太子伋後，得為太子。惠公即位後，國人不服，由此變亂叢生，衛國不寧。《索隱》乃以「衛頃」為「衛頃公」，非，衛國無「頃公」。(236)南子惡蒯聵

二句　南子是春秋末期衛靈公的夫人，因與靈公太子蒯聵產生矛盾，致使蒯聵出逃。靈公死後，因蒯聵不在國內，蒯聵之子輒遂即位為君，是為出公。其父不平，十二年後，乃借用外國勢力將其兒子逐出，自己為君，是為莊公。三年後，衛國又亂，莊公被逐，其子出公又回國即位。易名，意謂父子、君臣的名分顛倒錯位。[237]周德卑微　指戰國時期周天子勢力微弱，成為傀儡。[238]衛以小弱二句　一個不起眼的小衛國，居然比其他大國還晚滅亡。按：進人戰國後，衛國越來越弱，後來成為魏國附庸，只領有一個濮陽城。秦滅魏後，將衛元君遷到野王縣（今河南沁陽）。秦滅六國後，到秦二世時，才將衛的最後一個小「君主」（名角）廢為庶人。[239]嘉彼康誥　詞未達意，梁玉繩曰：「〈誥〉乃書冊，何嘉之有？」按：其意蓋謂康叔能謹遵周公於〈康誥〉中的教誨之意，於是衛國以興，故史公嘉之也。[240]箕子　紂王的親屬，見紂王昏暴，勸阻不聽；又不忍離之而去，遂佯狂為奴。[241]武庚既死二句　武庚與管蔡的叛亂被周公削平後，周公將商朝遺民一分為二，一半仍居朝歌，封其弟康叔治之，即所謂「衛」；另一半封紂王的庶兄微子開治之，即所謂「宋」，宋的都城商丘（今河南商丘南）。[242]襄公傷於泓二句　宋襄公在泓之役中雖然兵敗受傷，但卻得到了君子的盛讚。宋襄公，名茲甫，春秋中期的宋國國君。在與楚成王的泓之戰中講究仁義，楚兵渡河時他不打，楚兵未列陣時他不打，結果自己被楚兵打敗，傷股。孰稱，盛稱；盛讚。〈宋微子世家〉之《集解》引《公羊傳》曰：「君子大其『不鼓不成列』，臨大事而不忘大禮，以為雖文王之戰亦不過此也。」[243]景公謙德二句　春秋末期，宋景公在位時，熒惑（即火星）將運行到心宿的位置，古人認為這是一種對國君不利的徵兆。有人提出通過祈禱移災於相，或移災於民，或移災於年景，宋景公都不同意，寧願自身承之。結果感動上天，熒惑偏了三度，從心宿旁邊擦過去了。[244]剔成暴虐二句　梁玉繩曰：「『暴虐滅亡』者『王偃』，非『剔成君』也，疑『剔成』乃『王偃』之譌。」按：梁說是，剔成是戰國後期宋國的倒數第二代國君，在位四十一年，無重大過錯。剔成之弟名偃，逐其君而自立，在位期間殘暴不仁，諸侯皆稱之為「桀宋」，後乃被齊、魏、楚三國所滅。[245]微子問太師　微子名啟，漢人避景帝諱，稱之曰「開」，紂王的庶兄。微子見紂王昏暴不可勸，乃向太師、少師求教，太師、少師勸其去，於是微子遂離開了商都。[246]叔虞邑唐　叔虞在唐邑建國。叔虞，武王之子，成王之弟，名虞，成王時，被封於唐邑（今山西翼城西），為晉國的始祖。[247]君子譏名二句　西周後期，晉穆侯生長子，取名曰「仇」；生少子，取名「成師」，有人以為這種起名對長子不吉利。後來長子即位，是為文侯；成師被封於曲沃，人稱曲沃桓叔。至春秋前期，曲沃桓叔的後代曲沃武公遂將文侯的後代消滅，篡奪了晉國。[248]驪姬之愛二句　武公之子獻公，因晚年寵愛驪姬，殺太子申生，導致晉國亂了五世。五世，指奚齊、卓子、惠公、子圉、文公；至文公立，晉國始定。[249]重耳不得意二句　重耳是獻公之子，申生之弟。驪姬唆使獻公殺申生後，重耳逃亡在外，前後歷十九年，國內篡亂不休。至惠公死後，子圉即位，重耳遂倚仗秦國勢力殺回晉國，奪得政權，此即日後成為「霸主」的晉文公。不得意，指文公即位前所受的種種曲折磨難。按：「重耳不得意，乃能成霸」，與「文王拘而演《周易》，仲尼厄而作《春秋》」，以及謂范雎、蔡澤「二子不困戹，惡能激乎」詞氣相同，蓋史公有感而發。(250)六卿專權二句　六卿，指春秋後期晉國國內的六大家族，即范氏、中行氏、智氏、韓氏、趙氏、魏氏。此六家自文公時代起逐漸強大，掌握晉國大權；至春秋後期，晉國國君形同傀儡。六家又相互火拚，最後剩下韓、趙、魏三家，遂將晉國瓜分，各自獨立建國。秏，衰竭。(251)文公錫珪鬯　指文公敗楚，會諸侯於踐土，周天子賜文公大輅、彤弓、秬鬯、珪瓚，命文公為霸主事。珪，指玉璧。鬯，祭神用的香酒。(252)重黎業之　意謂重黎開始為楚國創業、打基礎。重黎相傳是顓頊的後代，帝嚳時為火正，主管祭祀火星，帝嚳命之曰「祝融」。(253)吳回　重黎之弟，重黎辦事不成被殺後，吳回接替重黎為火正。(254)鬻子牒之　至鬻熊起，楚國的世系乃可譜列。鬻子，即鬻熊，商朝末期人，事周文王。瀧川曰：「從此世次可牒。」(255)熊繹　鬻熊的曾孫，周成王時被封於楚蠻，授以子男之爵。(256)熊渠　生當周夷王、周厲王時，曾一度自己稱王。(257)莊王　名侶，春秋中期的楚國國君，曾大破晉師於泌，成為「五霸」之一。(258)乃復國陳　楚莊王曾乘陳靈公被殺之際，出兵將陳國滅掉，後聽人勸諫，又將陳國恢復。國陳，使陳重新為國。(259)既赦鄭伯　鄭襄公依附晉國，楚莊王伐鄭，鄭襄公屈己遜言以對，楚莊王乃接受其求和，此泌之戰的前奏。(260)班師華元　意謂由於華元的活動而楚國班師。楚因自己的使者被殺而派子反率兵圍宋，相持五個月，雙方都已矢盡糧絕。宋將華元出見子反，彼此相告以誠，莊王稱讚他們的信義，遂令楚軍班師。(261)懷王客死二句　戰國後期，秦昭王邀楚懷王入秦會談，屈原勸懷王不要上當，懷王的兒子子蘭慫恿其父前去，結果楚懷王被秦昭王扣留，死於秦國。對此，子蘭不但不自責，反而更變本加厲地迫害屈原。(262)好諛信讒二句　此指楚國末期的楚幽王信用李園殺害春申君，遂致楚被秦滅。(263)少康之子　名曰無餘，越王句踐的祖先。少康，夏朝的帝王，其父帝相，荒淫亡國，少康發憤圖強重建夏朝，史稱「中興」之主。〈越王句踐世家〉《正義》引《吳越春秋》曰：「少康恐禹迹宗廟祭祀之絕，乃封其庶子於越，號曰無餘。」(264)實賓南海　張文虎曰：「『賓』當讀為『擯』。」瀧川引岡白駒中之曰：「封遠僻地，如棄之，故曰『賓』。」按：少康之子無罪，何故「棄之」？張說似非。賓，似當讀為「濱」，鄰近。賓南海，封在鄰近南方的海濱，為天子的藩輔。(265)黿鱓與處　與水族動物共處。黿，大龜。鱓，同「鱔」。鱔魚。又「鱓」字也同「鼉」，大龜類動物。(266)封禺　二山名，在今浙江德清境內，二山相距不遠。(267)奉禹之祀　相傳禹死後葬於今紹興市南之會稽山，故夏朝封其親屬於此，以主持對禹的祭祀。(268)句踐困彼　指句踐被吳王夫差打敗後，困居於會稽山。(269)種蠡　文種、范蠡，句踐復國滅吳的元勳。(270)能脩其德　按：句踐無「德」可言，史公對句踐之所敬佩者，實在於其忍辱發憤，終得復仇的一生作為。(271)滅彊吳以尊周室　句踐滅吳後，曾會諸侯於徐州，致貢於周，周元王賜句踐祭肉，策命其為「伯」。(272)桓公之東二句　鄭桓公是周宣王之少弟，原封於今陝西華縣（當時稱「鄭」）。周幽王時，政治昏暗，西方的形勢緊張，於是鄭桓公便聽從太史伯的建議，及早將鄭國由陝西華縣東遷到了今河南省的新鄭縣。後來周幽王被犬戎所滅，周平王無法在西方立足，只好改都洛陽，這其間就深得鄭國的援助。庸，用；採用。(273)侵周禾　平王東遷後，信任鄭國，多年來一直讓鄭國諸侯參理周政。至桓王時，乃改信他人，疏遠鄭國，鄭莊公不平，搶收周國之麥，兩國關係緊張，直至引發繻葛之戰。(274)王人是議　周國人開始非議鄭國。王人，周天子治下的人。(275)祭仲　鄭莊公的寵臣。莊公死後，長子昭公繼位。宋國誘騙逮捕祭仲，迫使祭仲驅逐昭公，改立宋女所生的鄭莊公的少子突，是為厲公，從此厲公、昭公、子亹、子嬰等此出彼入，鄭國局勢長期動盪不安。(276)要盟　被迫接受的盟約。指逐昭公、立厲公事。(277)子產　春秋後期的鄭國賢臣，曾歷事簡公、定公、聲公，被孔子稱為「仁人」。(278)紹世　一連幾代。紹，繼；連續。(279)三晉侵伐　這裡主要指戰國初期韓國對晉國的侵伐。三晉，指韓、趙、魏三國，也可單指其中的某一國，這裡指韓國。(280)鄭納於韓　意即鄭國最後被韓國所滅。(281)厲公納惠王　鄭厲公在位時，周國發生政變，惠王被其弟王子穨逐出，求救於鄭。鄭厲公出兵襲殺王子穨，遂使惠王得以復位。(282)維驥騄耳二句　意謂趙國的遠祖造父，就是靠著馴馬趕車而得以聞名。驥、騄耳，都是良馬名。章，顯；聞名。造父，周穆王的車夫，曾為周穆王趕車周遊天下。(283)趙夙事獻　趙夙是趙衰之父，晉獻公的大臣。(284)衰續厥緒　趙衰繼承了其父的傳統。(285)佐文尊王　趙衰先跟隨重耳一起流亡，後佐助其回國即位，又佐助其打敗楚國，成為霸主，率領諸侯擁戴周天子。(286)晉輔　晉國的輔弼大臣。(287)襄子困辱二句　襄子名毋恤，戰國初期的趙國君主，「襄子」是謚。襄子在位時，智伯的勢力最大，智伯聯合韓、魏兩國共同圍趙，形勢非常緊急。後來趙襄子策動韓、魏兩國倒戈，三國遂共滅智伯而瓜分其地。(288)主父生縛二句　主父即趙武靈王，曾胡服騎射，大有作為。晚年讓位與其少子，自稱「主父」。後其長子作亂失敗，逃歸主父，趙兵追討叛者，主父遂連同被圍困餓死。生縛，與事實不符，這裡即指被困。探爵，探雀巢取其卵以充飢。爵，同「雀」。(289)王遷　趙國的末代國君，聽信郭開的讒言，襲殺良將李牧，趙遂被秦所滅。(290)辟　邪惡。(291)良將　即指李牧。(292)鞅討周亂　趙鞅即趙簡子，春秋末期晉國的「六卿」之一，執掌晉政。時周國內亂，趙鞅率晉軍立王子丐，是為敬王，王子朝逐敬王，後經幾出幾入，晉國終於穩定了敬王在周的統治。(293)畢萬爵魏二句　畢萬是晉獻公的大臣，以軍功被封於魏。於是卜偃就根據這個名「萬」的人被封於「魏」，斷定了這個家族的後代必然昌大。(294)及絳戮干二句　魏絳是春秋後期晉悼公的大臣，他在訓練部隊時，悼公的弟弟羊干乘車擾亂軍陣，被魏絳誅其車夫，以示嚴懲。後來魏絳又為晉國和好戎翟，穩固了晉國西部、北部的邊陲。(295)文

侯慕義二句　魏文侯是戰國初期的魏國國君，在他即位的五十年間，魏國是當時最強的國家，文侯好禮義，喜儒術，曾受學於子夏，並尊禮段干木、田子方等。296 惠王　文侯之孫，在他在位的幾十年間，多次被齊、秦所敗，敗於齊者有桂陵之戰、馬陵之戰；敗於秦者前有公子卬，後有龍賈等，魏國從此國勢大落。297 既疑信陵二句　信陵君無忌，魏安釐王之弟。信陵君於戰國晚期曾聯合東方諸國破秦兵於函谷關，由於安釐王聽信讒言，免信陵君之職，於是聯盟瓦解。298 大梁　魏國的都城，在今河南開封。299 王假廝之　王假，魏國的末代國君。王假三年，秦兵掘河水灌大梁，魏國遂滅。廝之，瀧川引岡白駒曰：「秦虜魏王假為廝養卒。」廝，奴僕。300 武佐晉文申霸道　武，指魏犨，諡「武」，隨文公出亡，又佐文公即位並成就霸業。301 韓厥陰德二句　韓厥是春秋中期晉國大夫，晉國權臣屠岸賈誅趙朔並滅其門，韓厥暗助程嬰等救出了趙氏孤兒趙武，從而使趙武日後得以東山再起，重振趙氏家族。302 紹絕立廢　使絕廢的家族得以延續重立。303 宗　尊崇。304 昭侯顯列二句　昭侯是戰國中期的韓國國君，他任用申不害實行變法，使韓國較為強盛。顯列，揚名於同列諸侯。庸，用；得以任用。305 疑非不信二句　韓非是戰國末期的韓國公子，在韓不受信任，後入秦從事反間，被秦國所殺。秦復出兵，遂滅韓。306 輔晉匡周天子之賦　遍檢諸篇，不知此云何事，諸家皆於此無注。匡，扶正。307 完子避難二句　陳完是陳厲公的兒子，陳厲公被其姪陳林殺害，奪權即位，是為莊公，陳國自此數世不安。陳完懼禍及己，逃往齊國，改姓田氏，受到了齊國的優待。完子，對田完的敬稱。308 陰施五世二句　齊景公時，田完的五世孫田乞已在齊國掌權，他以大斗放糧、小斗收債的辦法，暗中收買人心，得到了齊國百姓的歌頌。陰施，暗中施德。309 成子　田常的諡號。田常是春秋末期齊國大夫，他弒簡公、立平公，開始獨攬齊國政權。310 田和　戰國初期的田氏家族首領，自田和起，田氏正式列為諸侯，姜氏之齊宣告結束。311 王建動心二句　王建是田氏齊國的末代國君，聽從親秦派的慫恿，長期親秦，不修戰備；其他五國滅亡後，齊國遂被秦國不戰而滅，王建本人也被遷移到了共邑（今河南輝縣）。動心，指被投降派說動。312 威宣能撥濁世句　齊威王、齊宣王父子是戰國中期齊國強盛時期的兩代國君，當時的周天子已完全成為徒有其名的傀儡，而這兩代大國之君卻都對周天子表示過相當的尊崇，說見〈魯仲連鄒陽列傳〉。撥濁世，意猶「出汙泥」，獨出於濁世之上。313 作田敬仲完世家　梁玉繩引《懶真子》曰：「不謂之『齊』，不與其篡也。」314 恣行　任意而行。315 追　瀧川曰：「楓本『追』作『退』。」316 以達王道　以宣傳、鼓吹王者之道。317 見其文辭　即著書立說，將自己的治世理想通過文章表現出來。318 為天下制儀法　為天下人樹立一種樣板。漢人尊儒，就說孔子的著作是為漢立制。319 垂六藝之統紀於後世　使《詩》、《書》、《禮》、《樂》、《易》、《春秋》六種著作成為經典一直流傳下來。統紀，傳統綱領。320 作孔子世家　梁玉繩曰：「史公敘孔子於『世家』，以表尊崇之義，蓋謂有土者以國世其家，孔子以德世其家。」按：前人對此多有異說，詳見〈孔子世家〉。[321]作　興起。[322]作陳涉世家　岡白駒曰：「三代已來，無以匹夫起兵者，自陳涉創之。太史公比之湯、武、《春秋》，雖非倫乎，著所始則一也。」按：史公將陳涉反秦比作湯、武之伐桀、紂、孔子之寫《春秋》，將陳涉列入「聖人」之行列，其評價之高前無古人，後世對此多有異說，詳見〈陳涉世家〉。[323]成皋之臺二句　薄氏，即文帝之母薄太后，早年為劉邦姬妾，不受寵幸。一日，劉邦坐河南宮之成皋臺，二姬於說笑中談起薄姬，劉邦遂召幸之，生文帝。始基，給日後發達奠定了基礎。[324]詘意適代　文帝的皇后竇氏，原是呂后的宮女。呂后將幾名宮女分給諸王，竇氏請求去趙國，管事人誤將其派往了代國。竇氏開始很委屈，不料在代國受到文帝寵幸，後來竟跟著入朝當了皇后。詘，同「屈」。委屈。[325]厥崇諸竇　意謂竇皇后的幾個兄弟也因其姐而得以發跡封侯。[326]栗姬偩貴二句　栗姬是景帝之妃，其子劉榮被立為太子，栗姬善嫉，被其他姬妾所怨恨。景帝姐大長公主欲將其女嫁與太子，栗姬不從，景帝姐遂聯合景帝他姬王夫人進行陰謀活動，於是栗姬與太子一齊被廢，而王夫人（即武帝之母）遂被立為皇后。偩，同「負」。仗恃。遂，遂心；得意。[327]陳后　陳皇后，名阿嬌，景帝姐大長公主之女，其母協同王夫人傾倒栗姬後，武帝得立為太子；至武帝即位，遂立阿嬌為皇后。[328]子夫　衛子夫，原為平陽公主家歌女，後被武帝寵幸，時值陳皇后無子，武帝遂改立衛子夫為皇后。[329]嘉夫德若斯　可喜漢代的皇后們有如此的道德。夫，語氣詞。梁玉繩引范棫曰：「漢五帝后妃，未聞有可嘉之德，且泛言『嘉德』，不知所嘉何人，此語欠明。」[330]作外戚世家　梁玉繩引范棫曰：「后妃止宜在『列傳』，若謂代有封爵，不妨儕之『世家』，亦應書『后妃世家』，不當標題『外戚』。范史本王隱作『皇后紀』，尤非。」[331]漢既譎謀二句　指劉邦用陰謀詭詐的手段，在陳郡（今河南淮陽）襲捕了開國功臣楚王韓信。譎，詭詐。[332]越荊　猶言楚越，泛指今江蘇北部、中部一帶地區。這一帶原屬項羽，後屬韓信，南近越人。荊，楚之別稱。[333]剽輕　彪悍而好戰。[334]弟交　劉邦之弟劉交。劉邦襲捕韓信後，以為楚民剽悍好戰，須加意控制，於是封其弟劉交為楚王，都於彭城（今江蘇徐州）。瀧川引中井曰：「『為楚王』句疑脫一字也，上下皆四言，此不得獨作三言。」[335]以彊淮泗　以加強淮河、泗水一帶的守衛。[336]為漢宗藩　作為漢朝中央的藩籬、屏障。[337]戊溺於邪二句　劉交的孫子劉戊，景帝時因伙同吳王劉濞等舉行叛亂，兵敗自殺，於是朝廷改封劉交小兒子劉禮為楚王，以繼續劉交的香煙。紹，繼續。[338]嘉游輔祖　讚賞劉交能輔佐其兄漢高祖。游，劉交的字。[339]維祖師旅二句　意謂從劉邦起兵的第一天起，劉賈就參與了。瀧川曰：「『維祖師旅』，高祖興兵也。」[340]為布所襲二句　劉邦襲捕韓信後，分其舊地為二，西部地區以封劉交，仍稱為楚；東部地區以封劉賈，國號曰荊，都於吳（今蘇州市）。不久，黥布造反於淮南（今安徽壽縣），東擊劉賈，劉賈兵敗被殺。[341]營陵激呂二句　劉澤是劉邦的同族，劉邦稱帝後，劉澤以軍功被封營陵侯。劉邦死後，呂后掌權，劉澤派人往勸呂后封諸呂為王，而自己遂亦趁機被呂后封為琅邪王，國都即今山東諸城。激呂，即勸說呂后大封諸呂。(342)怵午信齊二句　呂后死後，齊王劉襄起兵討諸呂，派將軍祝午往請劉澤，說要擁戴劉澤為盟主。劉澤信以為真，結果被齊王劉襄所扣留。怵，騙；被騙。(343)遂西入關　劉澤被劉襄扣留後，假說自己入朝可以說服諸臣立劉襄為帝，劉襄又為劉澤所哄，遂令其西入長安。(344)獲復王燕　劉澤入朝後，時諸呂已被誅滅，劉澤參與了周勃等的擁立文帝之舉，被文帝改封為燕王，國都即今北京市。(345)未集　未歸附。(346)賈澤以族二句　劉賈、劉澤以劉邦同族的身分被封為王，為朝廷做屏蔽。(347)悼惠先壯二句　齊悼惠王劉肥，是劉邦早年的私生子，在劉邦的兒子中年齡最大，劉邦稱帝後，劉肥被封為齊王。東土，即指齊國。(348)哀王齊哀王劉襄，劉肥之子，呂后死後，率先起兵討諸呂，首義之功甚大。(349)擅興　擅自起兵。(350)發怒諸呂　因怒諸呂之掌權而起兵討之。(351)駟鈞暴戾二句　諸臣討滅諸呂後，謀議立誰為帝，有人建議立劉襄，劉澤、周勃等都害怕劉襄英武，希望立一個便於他們控制的人，遂託言劉襄的舅舅駟鈞為人「暴戾」，而予以否定。(352)厲之內淫二句　武帝時，齊厲王與其姐通姦，又得罪了武帝之姐修成君與武帝的寵臣主父偃，武帝派主父偃赴齊查辦，主父偃公報私仇，小題大作，致使齊厲王自殺國絕。(353)嘉肥股肱　讚許當初劉肥屏蔽朝廷，為朝廷起了藩衛的作用。(354)楚人圍我滎陽　指楚漢戰爭中劉邦與項羽在滎陽（今河南滎陽東北）一帶對峙，劉邦多次被困。(355)相守　對峙。(356)蕭何填撫山西　蕭何為劉邦鎮守關中後方。山西，華山以西，當時用以指關中（今陝西中部）地區。填，同「鎮」。(357)推計踵兵　按戶籍抽調兵員，補充前線。計，戶籍。踵，繼續；補充。(358)與信定魏二句　在楚漢戰爭中，曹參是韓信的部將，曾先後跟隨韓信破魏（今山西南部）、破趙（今河北南部）、取齊（今山東地區）。有井範平引鍾惺曰：「二語傳中所未及，此語哀漢功臣之不終也，微甚。」(359)續何相國二句　蕭何死後，曹參接續蕭何為相國，一切遵照蕭何的章程辦事。(360)不伐功矜能　不誇耀自己的功勳，不張揚自己的才幹。《老子》云：「不自伐，故有功；不自矜，故長。」這裡變化其文。(361)運籌帷幄　指在軍帳裡籌謀劃策。運籌，運用籌碼進行計算，代指定計。(362)制勝於無形　神不知鬼不覺地就獲得了勝利。極言用計之巧妙。《孫子．虛實篇》：「形兵之極，至於無形，人皆知我勝之形，而莫知我所以制勝之形。」(363)子房　即張良，字子房，劉邦的謀臣，以功封留侯。(364)無知名二句　看起來像是沒幹過出名的大事，沒立過勇敢的功勳。《孫子．形篇》：「善戰者之勝也，無智名，無勇功。」(365)圖難於易二句　即今所謂解決問題於萌芽狀態，以防止大問題的形成。《老子》：「圖難於其易，為大於其細。」(366)六奇既用二句　此極言陳平的籌謀劃策，對劉邦統一天下的作用之大。六奇，〈陳丞相世家〉說陳平為劉邦「凡六出奇計」。諸侯，此指劉邦的功臣諸將。賓從，臣服。(367)呂氏之事二句　意謂周勃等大臣之所以能誅滅諸呂，陳平為本謀。按：此語恐非史公本意，據〈陳丞相世家〉，陳平在呂后當權之際，完全是一個投機分子；當劉襄起兵後，又趁機轉為誅諸呂一方。[368]諸呂為從　意即呂產、呂祿等相互勾結。從，同「縱」。聯合。[369]謀弱京師　意即陰謀危害劉氏政權。[370]勃反經合於權　周勃乃採取違反常道的做法。即發動政變，誅滅諸呂。經，常規；常道。權，變通；臨事制宜。[371]吳楚之兵　指景帝時吳、楚、趙、膠東、膠西、濟南、菑川七國所發動的叛亂。[372]亞夫　周勃之子，景帝時的名將，以破吳楚叛軍之功，位至丞相。[373]駐於昌邑二句　周亞夫率軍東出後，不與吳、楚正面會戰，而北駐昌邑（今山東金鄉西北），以阻擋齊地四國的西進與趙國的南下。按：此云亞夫之駐昌邑為阻齊趙，然〈絳侯周勃世家〉乃謂亞夫此舉是為了消耗梁國，以收一石二鳥之利。又，此所謂「齊趙」之齊，不能指「齊國」，乃指齊地的膠東、膠西、濟南、菑川，因為「齊國」當時並未謀反。[374]出委以梁　詞語不順，意即「以梁委吳、楚」。[375]蕃屏京師　謂阻止叛軍西下，為京城做了屏障。[376]唯梁為扞　在諸侯中只有梁國是朝廷的捍衛者。扞，同「捍」。[377]偩愛矜功二句　梁孝王是漢景帝的胞弟，又特別受其母竇太后的寵愛，再加上破吳楚七國有功，故而特別驕縱越分，甚至差點兒送掉性命。[378]梁孝王　名武，「孝」字是諡，梁國的都城為睢陽（今河南商丘南）。[379]五宗　分別指景帝五個后妃所生的兒子，除武帝見於「本紀」外，此處所載共十三人。[380]既王　全都被封為王。[381]洽和　諧調和睦。[382]僭擬　越分。[383]衰貶　減少。[384]三子之王　指武帝三個兒子的被封為王，即劉閎，被封為齊王；劉旦，被封為燕王；劉胥，被封為廣陵王。[385]文辭可觀　指群臣給皇帝的上表，和皇帝給群臣所下的詔令，都寫得很有文采。[386]讓國餓死　叔齊不欲承父命為君，讓國與其兄；伯夷亦不欲違父命而任此職，於是兄弟二人離開孤竹。二人又不滿武王之滅紂，故不食周粟，隱於首陽山而餓死。按：史公列伯夷於「列傳」之首，與「本紀」首堯、舜，「世家」首吳太伯用意相同，皆歌頌「讓」以批判後世之「爭」。[387]晏子　名嬰，春秋末期齊國的大臣，以儉樸聞名，輔佐景公使齊國大治。[388]夷吾　即管仲，字仲，名夷吾。春秋前期齊國的大臣，性好奢侈，但卻能輔佐桓公成為霸主。[389]李耳無為自化二句　李耳，即老子，道家學派的祖師，著有《道德經》。其學說講「清靜無為」，以為人無為而萬物自化，人清靜則萬物自正。[390]韓非揣事情二句　韓非，戰國末期韓國人，法家學派的集大成者，著有《韓非子》。其學說中有一條曰「時移則事異，事異則備變」，即根據事物的發展變化而採取相應措施。事情，事物發展之情。埶理，形勢變化之理。按：此篇名為「老子韓非」，實則還載有莊周、申不害等人。[391]穰苴　司馬遷認為是春秋末期齊景公的將領，因曾為大司馬，故稱「司馬穰苴」，姓田。[392]申明　發展闡述。即今所謂「創造性地運用」。[393]非信廉仁勇不能傳兵論劍　傳兵，傳授兵法。論劍，論說劍術。王念孫引顧子明曰：「此本應作『非信仁廉勇不能傳劍論兵書』，『信仁』為一類，『廉勇』為一類，『劍論』與『兵書』對文，言非『信仁』『廉勇』之人不能傳此二術也。」[394]與道同符　意謂只有「信仁廉勇」的人才能把「兵書劍論」運用得合乎客觀規律，百戰百勝。395君子比德　君子可以根據一個軍事家對「兵書劍論」的運用水平，以測定其人格道德之高低。396維建遇讒二句　楚國奸臣費無極讒害楚平王的太子建，太子建的太傅伍奢為太子辯冤，痛斥費無極，於是伍奢亦被費無極所讒害下獄。子奢，對伍奢的敬稱。397尚既匡父二句　楚平王派使者喚伍尚、伍員兄弟，伍尚隨使者入朝，與父俱死；伍員不肯就範，逃往吳國。匡，救助，這裡實即往從。398伍子胥　名員，字子胥。399孔氏　指孔丘。400述文　闡發前代文獻如《詩》、《書》、《禮》、《易》的思想意旨。孔子自稱「述而不作」。401興業　發展儒學事業。402咸為師傅二句　意謂孔門諸子個個崇尚仁義，皆可為人師表。按：孔門諸子有為諸侯之師者，亦有從政、經商者，不可單純理解為都當老師。咸，皆。403去衛適秦　商鞅是戰國中期衛國諸侯的後代，開始仕於魏國，不受重用，於是離魏去秦，佐秦孝公實行變法，使秦國富強起來。衛，春秋時代的諸侯國名，戰國時已淪為魏國國內的一個小封君。404明其術　發揮、運用其法家學術。405彊霸孝公　秦孝公任用商鞅實行變法後，國力強盛，周天子任其為諸侯霸主。406後世遵其法　孝公死後，商鞅被害，但新法已成為事實，遂一直為秦國後代所遵行。407商君　商鞅本名「衛鞅」、「公孫鞅」，因變法之功被孝公封於商（今陝西商縣東南），故稱「商君」、「商鞅」。408天下　指齊、楚、燕、韓、趙、魏等東方諸國。409衡秦　與秦國結盟聯合。戰國中期，東方諸國間南北聯合稱為「合縱」；東方某國與秦國東西聯合，稱為「連橫」，也寫作「連衡」。410毋饜　指秦對東方諸國的蠶食沒有盡頭。饜，飽；滿足。411蘇子　指蘇秦，為挽救東方的危亡而倡導「合縱」，共抗強秦，曾一身佩六國相印。412約從　結約合縱。從，同「縱」。413以抑貪彊　即依靠合縱以抑制強秦。按：關於蘇秦的事跡，史公所載多誤，詳見〈蘇秦列傳〉注。414從親　合縱結交。415張儀　原周國人，終生為秦國效力，為使秦國對東方諸國各個擊破而鼓吹連橫，對秦國發展有重大貢獻。416明其說　能推行其連橫之說。417東攘雄諸侯　指秦國向東方擴張，稱雄於諸侯。418樗里　名疾，秦惠王之弟，因其里多樗樹，名「樗里」，人稱之曰「樗里子」，惠王、武王以及昭王初年的重要謀臣，號曰「智囊」。419甘茂　原楚人，仕於秦惠王、武王、昭王朝，對秦之發展有重要貢獻。420苞河山　指將今陝西、山西、河南三省交界的黃河、華山附近的大片地區，包而取之。苞，同「包」。包而取之。421歛手　縮手；拱手。422魏冉　秦昭王之舅，曾四度為秦相，對秦國的向東拓地有大功。423鄢郢　楚國的都邑名。鄢在今湖北宜城東南；郢在今湖北荊州江陵西北，當時為楚國都城。424長平　韓邑名，在今山西高平西北，秦將白起曾於此大破趙兵四十餘萬。425遂圍邯鄲　秦兵破趙於長平後，接著又進兵包圍了趙國的首都邯鄲。426武安為率　意謂秦兵之拔楚、鄢郢與破趙於長平，都是武安君白起為統帥。武安，即「武安君」，白起的封號。梁玉繩曰：「武安因不肯攻邯鄲，遂有杜郵之賜，何云『武安為率』乎？」按：「北摧長平，遂圍邯鄲」可以理解為武安君破趙長平之兵，為秦國的包圍邯鄲創造了條件，不一定非說圍邯鄲也是白起為統帥。[427]破荊滅趙二句　王翦是戰國末期的秦國將軍，曾率兵為秦消滅了趙國與楚國，對秦的統一有大功。[428]獵儒墨之遺文　廣泛地閱讀、研究以儒、墨兩家為代表的諸家著作。儒、墨兩家的學問在戰國時代被稱為「顯學」，故這裡以「儒墨」代指當時的諸家學說。此句指孟軻而言，孟軻一生以闡揚儒學、攻駁其他「異端邪說」為己任。[429]明禮義之統紀　研究闡發「禮」的學說體系。此句指荀況而言，荀況著有〈禮論〉，講究「禮」是荀況學說的重要部分。「義」字是連帶而言。李笠曰：「『獵儒墨遺文，明禮義統紀』二句，總孟、荀而言；下『絕利端』始專指孟子，『列興衰』始專指荀子。孟、荀與墨子宗旨雖相反，學理則相因也。宋儒力辟佛，而其理學受佛影響特深，安知孟、荀不胎息墨學而益登峰造極乎？近人胡適著〈諸子不出於王官論〉，云：『孟子非墨家功利之說，而其言正無一而非功利之事；荀子非墨，而其論正名實大受墨者之影響。』此言足證孟、荀與墨之關係。」可供參考。[430]絕惠王利端　梁惠王向孟軻請教「何以利吾國」，孟軻告訴他應該行「仁義」，不要總是想著「利」，否則國家就要混亂失序。語見《孟子・梁惠王》。[431]列往世興衰　總結自古以來國家興衰的歷史教訓。此又指荀況，《荀子》中有〈王制〉、〈議兵〉、〈強國〉等篇，都是總結歷史教訓的。梁玉繩曰：「上二句指荀卿，即傳所謂『荀子推儒墨道德之行事興壞，著數萬言』者；下二句指孟子。」列以備考。[432]薛　齊邑名，在今山東滕縣東南，戰國中期為孟嘗君田文的封邑。[433]為齊扞楚魏　薛邑處於齊國的西南部，楚、魏攻齊必須經過薛邑，故稱薛對齊有一種屏障的作用。扞，抵禦；屏蔽。按：〈孟嘗君列傳〉中有孟嘗君為魏相，伙同魏、秦等國隨燕以伐齊國事，則「為齊扞楚魏」者又安在哉？似口不應心。[434]爭馮亭以權　馮亭是韓國將領，為韓國駐守上黨，秦兵斷絕上黨與韓國的聯繫後，迫令馮亭投降。馮亭不願降秦，而東折請降於趙。趙國諸臣有害怕強秦，主張勿受其降者，而平原君趙勝則貪圖便宜勸趙王接受其降，於是引發秦兵伐趙。爭，指與他人持不同意見。權，違背常規。[435]如楚以救邯鄲之圍　趙軍失敗於長平，秦兵包圍邯鄲後，平原君赴楚求救，靠著毛遂的作用，請來救兵，使邯鄲得救。[436]虞卿　趙國的謀臣，在邯鄲被圍的前後，曾幾次給趙王獻良策，無奈趙王不用。[437]賢能詘於不肖　詘，同「屈」。猶今所謂「放下架子」。不肖，不類其先人，即今所謂「不才」、「沒出息」。陳仁錫曰：「未見信陵『詘於不肖』處，極狀之耳。」[438]以身徇君　指春申君黃歇隨楚國太子居秦時，能不顧危難設法助太子潛逃回國。徇，此處同「殉」。為助成某事而不惜犧牲自己。[439]遂脫彊秦　黃歇先助太子回楚後，自己也機智地說服秦王，得以返回。[440]馳說之士南鄉走楚　講說「縱」「橫」的口辯之士都紛紛來到楚國，意即楚國的地位提高，被許多國家視為應該爭取的對象。鄉，同「向」。[441]春申君　黃歇的封號。[442]能忍詢於魏齊二句　范雎早先在魏國做事，曾隨人出使齊國，回來後，有人向宰相魏齊誣說范雎向齊國出賣情報，魏齊一怒幾乎將范雎打死，又將其扔在廁所，任人便溺。後來范逃到秦國，當了秦國宰相，遂藉著秦國的勢力逼魏齊自殺了。信威，伸威；施展權威。信，同「伸」。443推賢讓位　范雎任秦相十二年，因用將不善，發生危機，這時燕人蔡澤入秦，勸說范雎；范雎遂知難而退，將相位讓給了蔡澤。蔡澤幹了幾個月，見有人說他壞話，於是也辭職不幹了。444率行其謀二句　謂樂毅能順心地施行其謀略，聯合五國，以燕將而兼統五國之兵。率，順；順心。五國，指趙、韓、魏、秦、燕。445為弱燕報彊齊之讎　謂樂毅統兵伐齊，大破齊軍於濟西，並長驅占領齊國，為燕昭王報了當年齊國乘燕國內亂差點把燕國滅掉的深仇大恨。446先君　指燕王噲。燕王噲在位時，因讓位於其相子之，導致國家大亂，齊宣王乘機伐燕，殺死燕王噲，大掠燕國，幾乎將燕國滅掉。447信意彊秦　指藺相如在「完璧歸趙」與「澠池會」這兩件對付強秦的事件上，都能充分地按照自己的意志行事，絕無軟弱妥協。信，同「伸」。448屈體廉子　意謂藺相如在對待同僚廉頗的尋釁上，就表現得很謙退了。屈體，降低身分。廉子，廉頗，戰國後期的趙國名將。449用徇其君　意即為了國家的利益而不計個人恩怨。用，以。450俱重　都受到稱讚。既稱讚藺相如的顧全大局，也稱讚廉頗的知過必改。451湣王既失臨淄而奔莒　齊湣王是戰國後期的齊國國君，齊軍被樂毅的軍隊打敗，臨淄被燕軍占領後，齊湣王逃到了莒縣，被人所殺。452田單用即墨破走騎劫　在齊國領土絕大部分已被燕人占領的情況下，田單被推為即墨縣（今山東平度東南）的守將，田單巧妙地用火牛陣大破燕軍，並殺死了取代樂毅為燕軍統帥的燕將騎劫，從而收復失地，再造齊國。453設詭說解患於圍城　指魯仲連在邯鄲被圍的情況下，以機智譎詐的辭令痛斥投降派，從而鼓舞了士氣，促進了東方統一戰線的形成，解除了趙國的危機。454輕爵祿二句　魯仲連在為趙國解除危機後，平原君向魯仲連獻厚禮，魯仲連不受，並說人生最可貴的就是為人解決了困難而不受饋贈，人要按著自己的心意生活，要活得瀟灑。455鄒陽　西漢初期一個有縱橫色彩的人，寄居在梁孝王門下，因遭讒毀被梁孝王下獄。鄒陽在獄中寫了〈上梁王書〉以陳述冤情，因而獲釋。鄒陽與魯仲連時代懸隔，事亦殊類，史公特愛其獄中上書之文辭，故採為附傳。456連類以爭義　通過反覆比喻以突出宗旨。連類，打比喻。爭義，表明意旨。457離騷　楚辭篇名，屈原的代表作。458屈原　名平，字原，戰國後期的楚國貴族，我國古代偉大的抒情詩人，辭賦類的開山作家。459賈生　名誼，西漢初期的傑出政論家，因其身世與屈原略似，且寫過〈弔屈原賦〉，故史公以之附屈原傳後。460結子楚親　子楚即秦昭王的孫子公孫異人，在趙國做人質，大商人呂不韋視以為「奇貨」，於是與子楚拉緊關係，並入秦為之關說，終致子楚得以回秦即位，即莊襄王，而呂不韋亦得為秦相，在秦吞併六國的過程中立有大功。461使諸侯之士斐然爭入事秦　斐然，原指文采美麗，這裡用以形容眾多的樣子。按：史公在〈呂不韋列傳〉中隻字未言其對秦國發展有何積極貢獻，在這裡總算是說了一句。462曹子　即曹沫，也稱「曹劌」，春秋前期魯國將領，趁魯莊公與齊桓公會盟於柯邑之機，他持匕首劫齊桓公，迫使齊桓公退回了在此以前所侵占的魯國的土地。(463)齊明其信　齊桓公對曹沫之行為很惱火，但考慮到一個大國應講信義，遂兌現了自己的諾言。(464)豫讓　戰國初期知伯家的門客，知伯被趙襄子殺死後，豫讓立志為其家主報仇。有人勸他先假意投降，以換得趙襄子信任，而後伺機下手。豫讓不願意，他以為那叫懷「二心」以事其主，結果「光明磊落」地行刺不成自殺身死。(465)刺客列傳　本傳所寫為曹沫、專諸、豫讓、聶政、荊軻，凡五人。(466)明其畫　申明、實施自己的謀略、計畫。(467)因時推秦　不失時機地幫著秦國擴張、建設。(468)得意於海內　使秦始皇得以吞併天下，即位稱帝；自己也身居宰相，位極人臣。(469)斯為謀首　李斯是秦國的謀臣之首，主要計謀都是李斯出的。(470)北靡匈奴　向北打敗匈奴。匈奴，戰國以來活動在今內蒙以及蒙古國一帶的游牧民族。(471)據河為塞　沿著今內蒙河套一帶的黃河修築長城。(472)因山為固　順著北方的山形建立防守要塞。(473)榆中　地區名，約當今之陝西與內蒙鄰近的神木、東勝等一帶地區，這些地方過去被匈奴人所占有。(474)填趙塞常山以廣河內　張耳跟著韓信打敗趙地的陳餘與趙王歇後，遂被劉邦封為趙王，令其鎮撫趙地，駐守常山，並相機向南開拓今河南省黃河以北的河內地區。填，同「鎮」。常山，山名，在今河北曲陽西北；也是郡名，郡治東垣（今石家莊東北）。河內，郡名，郡治野王。(475)弱楚權　削弱項羽一方的勢力。(476)漢王　即劉邦。劉邦、項羽等滅掉秦朝後，項羽封劉邦為漢王，領有巴蜀、漢中一帶地區。(477)張耳陳餘　二人原是朋友，鉅鹿之戰中因誤會變成仇人，張耳後來投靠了劉邦，陳餘則一直堅守趙地。楚漢戰爭開始後，劉邦派張耳隨韓信伐趙，陳餘遂被韓信等所殺。(478)收西河上黨之兵二句　此指魏豹。魏豹是六國時魏國的後代，起義反秦後，被項羽封為魏王，都安邑（今山西夏縣西北）。楚漢戰爭開始時，曾率眾投降劉邦，跟隨劉邦攻入了項羽的國都彭城。後來劉邦被項羽回軍打敗，魏豹遂又反叛，後被韓信活捉。西河，此指今山西、陝西交界處的黃河，屬於魏豹所管。上黨，今山西省晉東南地區，當時也受魏豹轄制。(479)侵掠梁地以苦項羽　此指彭越。彭越因未隨項羽入關，未被項羽封王，因而也是最早起兵反項羽的一支力量。劉邦與項羽相持於滎陽，彭越遂經常在梁地（今河南開封一帶）展開游擊戰，切斷項羽前、後方的聯繫，使項羽吃盡苦頭。(480)以淮南叛楚歸漢　此指黥布。黥布原為項羽的猛將，被項羽封為淮南王，國都六縣（今安徽六安東北）。後與項羽產生矛盾，動搖之間，被劉邦引誘歸漢。(481)用得大司馬殷　楚漢戰爭後期，劉邦又通過黥布勸說項羽的大司馬周殷叛楚歸漢，並率部參加了圍殲項羽的垓下之戰，使項羽徹底覆亡。劉邦稱帝後，仍封黥布為淮南王。劉邦殺韓信、彭越後，黥布疑懼起兵，被劉邦破殺。(482)楚人迫我京索　楚漢戰爭初期，劉邦潰敗於彭城後，雙方主力遂相持於京、索一線，並一直在這一帶相持了三年。京，秦縣名，在今河南滎陽東南。索，古邑名，即今滎陽縣。(483)信拔魏趙二句　當劉邦與項羽相持於京、索之際，韓信引兵渡黃河先破魏國，擒魏豹；又破趙，殺陳餘、趙歇；又用李左車計策，藉兵威脅服燕王韓廣降漢；又東出破齊，擒殺田廣、龍且，至此項羽遂處於腹背受敵；最後韓信又指揮諸路漢軍大破項羽於垓下，在楚漢戰爭中劉邦之所以能獲勝，韓信的作用是關鍵性的。484相距鞏洛　與上文「迫我京索」大致相同。鞏，鞏縣（今河南鞏縣東南）。洛，洛陽（今洛陽市東北），在「京、索」之西，相距不遠，都是當時楚漢雙方的拉鋸地區。485韓信為填潁川　此「韓信」也稱作「韓王信」，與前文講的「淮陰侯韓信」不是同一個人，此人是六國時的韓國的後代，較早地投靠了劉邦，楚漢戰爭初期劉邦封之為韓王，為劉邦控制著韓國的舊地潁川（今河南禹縣）一帶。填，同「鎮」。鎮守。劉邦稱帝後，將韓王信改封於今山西北部，後與劉邦矛盾加深，韓王信逃入匈奴。486盧綰絕籍糧餉　盧綰是劉邦的同鄉，隨劉邦起事反秦，楚漢戰爭中盧綰曾與劉賈率軍進入楚地，會同彭越襲擊項羽後方，絕其糧道。劉邦稱帝後，封盧綰為燕王。劉邦誅殺功臣，盧綰逃入匈奴。487韓信盧綰列傳　此傳標名「韓信盧綰」，其實還寫了陳豨。陳豨於韓王信逃入匈奴後，被劉邦任為代相，將代、趙邊兵，後被劉邦猜疑，遂起兵反漢，被劉邦討平。488齊連子羽城陽　諸侯起兵反秦時，齊地的義軍首領是六國時齊王的後代田儋，田儋被秦將章邯破殺後，其弟田榮繼承其事。田榮因與項羽產生矛盾，未隨項羽入關，未受項羽之封，因此在項羽分封事畢首先舉兵反項。項羽移兵伐齊，破殺田榮後，田榮之弟田橫又從城陽（今山東鄄城東南）起兵反項，遂將項羽牽制於齊地。連，牽制。489漢得以間二句　當田橫將項羽牽制於齊地的時候，劉邦遂趁機率軍攻入了項羽首都彭城。間，空隙；機會。490田儋列傳　標名「田儋」，其實寫了田儋、田榮、田橫兄弟三人。有井範平引鍾惺曰：「觀此，儋亦功臣也，看得有關目。」491噲商　樊噲、酈商，都是劉邦的骨幹將領，他們不僅在反秦、滅項中有大功，且在漢初平定黥布、韓王信、陳豨等的叛亂中有大功。492非獨鞭策二句　此指夏侯嬰。夏侯嬰曾為滕縣縣令，故又稱「滕公」「滕嬰」，也是劉邦的心腹將領，一生為劉邦趕車，故有「鞭策」云云；劉邦與項羽作戰，多次面臨絕境，亦靠夏侯嬰幫其脫離險境。夏侯嬰還救助惠帝與魯元公主得以脫險。有人以為「與之脫難」係指樊噲救劉邦於鴻門，其事固切，但與上下文似不合。493樊酈列傳　此篇寫了樊噲、酈商、夏侯嬰、灌嬰四人，梁玉繩以為篇題應作〈樊酈滕灌列傳〉。494文理　指國家的各種章程制度。495蒼為主計　張蒼是劉邦的開國將領，劉邦稱帝後，張蒼在朝廷主管簿記，即管理財政收支方面的事務，文帝時為丞相。496整齊度量　即統一度量衡的標準。497序律曆　制訂新的律則與曆法。律，指「六律」、「六呂」十二個定音管。498張丞相列傳　此傳共寫了張蒼、周昌、任敖、申徒嘉四人，還提到了其他幾個為相者，可以說是「漢興以來的丞相傳」。499結言　以辭令與人相約結。500約懷　與之結約，令其信任。懷，思念；感戴。501酈生　名食其，劉邦部下的謀臣與說客，楚漢戰爭中曾說服齊王田廣降漢，後因韓信違約襲齊，被田廣所殺。502陸賈　劉邦部下的謀臣與說客，兩次出使南越，說服南越王趙佗去掉帝號，歸附漢朝。按：此篇標為〈酈生陸賈列傳〉，其實還寫了平原君朱建，惟其人之事跡鄙陋，不足與酈、陸相侔。(503)欲詳知秦楚之事三句　秦楚之事，指劉邦破秦、破楚的過程。按：數語文詞不順，似有脫訛；且即所謂「周緤」云者，亦事跡甚少，無足深道，此數語與傳文大不相稱。(504)傅靳蒯成列傳　傅寬、靳歙、周緤，都是劉邦的開國將領，傅寬功封陽陵侯，靳歙功封信武侯，周緤功封蒯成侯。(505)徙彊族　將散居各地的世家豪族強制遷往京城附近，一便於朝廷控制，又免其興風作亂於地方州縣。(506)都關中　劉邦稱帝初期建都於洛陽，後才遷往長安。(507)和約匈奴　為避免與匈奴的衝突，而與之實行和親政策。以上三事都是劉敬首先向劉邦建議的。劉敬，本名「婁敬」，因向劉邦建議得到劉邦喜歡，於是賜之改姓「劉」。(508)明朝廷禮二句　意謂是叔孫通為劉邦制訂了一套朝廷上使用的禮節，和一套祭祀宗廟的規矩。叔孫通是西漢初期的儒生，以善於迎合聞名，是司馬遷著意諷刺的人物。(509)能摧剛作柔二句　此指季布。季布原是項羽的將領，項羽死後，季布隱姓埋名，混跡於奴隸，後被赦免，又成了漢代將軍。(510)不劫於埶而倍死　欒布原是彭越的部下，為彭越出使於外。彭越被劉邦殺害梟首後，欒布不忘舊主，乃哭祭彭越，並稟報其出使事於彭越的頭下。不劫於埶，即不畏權勢。倍，同「背」。違背。(511)敢犯顏色　即不怕皇帝動怒。(512)以達主義　詞語生澀，有人解釋為「讓君主行為合於道義」，可供參考。或可解釋作「將自己合乎正義的思想表達給皇帝」。此指袁盎。袁盎曾諫止文帝與宦者趙談同車，又力諍使慎夫人與皇后異座，即此類也。(513)不顧其身二句　此指鼂錯。鼂錯為鞏固中央集權而力主削藩，明知此舉惹眾怒，仍不計安危，直以身殉。(514)守法不失大理　意即身為大理之職，能執法公平，此指張釋之。張釋之為廷尉，處理文帝交下的幾個案件都能公平執法，不阿皇帝之意。大理，古官名，漢代叫做「廷尉」，國家的最高司法官。(515)言古賢人二句　此指馮唐。馮唐趁向文帝講述前代名將廉頗、李牧之機，為漢將魏尚辨明冤情，使之獲得任用。(516)訥於言二句　二語出自《論語・里仁》，原文作「君子欲訥於言，而敏於行」，意即不善於說話，而長於身體力行。訥，說話笨拙。(517)務在鞠躬　意即處處小心，謹守禮節。《論語・鄉黨》：「入公門，鞠躬如也。」以上數句皆指萬石君父子五人。萬石君名石奮，長期在劉邦朝為官，以馴良守禮著稱，四個兒子亦皆如此。至文帝、景帝時期，父子五人皆官至二千石，故人稱石奮曰「萬石君」。(518)張叔　即張歐，武帝時曾為御史大夫，無他政績，惟以「長者」著稱。又，此篇標題「萬石張叔」，而實際還寫了衛綰、直不疑、周文。本篇前後諸人，史公雖稱之為「謹良」，其實皆跡近佞幸。(519)厲賢　使賢者由此受到激勵。(520)不可以非理撓　不能用非法手段使之屈服。以上數語皆指田叔。田叔是趙王張敖（張耳之子，劉邦之女婿）的侍從，劉邦待張敖無禮，張敖的大臣不平，陰謀欲殺劉邦，張敖反對。其後事洩，張敖被牽連下獄，田叔力為其主辨誣，終使張敖獲釋。文帝時，田叔為趙國舊臣孟舒辨冤，辭義慷慨；景帝時為魯國相，能巧妙地感動魯王悔過向善。(521)扁鵲　相傳為黃帝時的名醫，此指戰國初期的名醫秦越人。秦越人醫術高明，致使遭嫉被殺，也是《史記》中的悲劇人物。522方者　研習方藥的人。即醫生。523數數術；技術。這裡即指醫道。524循序　遵循、繼承前輩的事業。序，通「緒」。開端。「循」原作「修」。據王念孫《讀書雜志．史記第六》說改。525易　更改；改變。526倉公　西漢文帝時的名醫，姓淳于，名意。527可謂近之　就本文言，似謂淳于意的醫術能接近扁鵲。然此四字亦見於〈扁鵲倉公列傳〉的「太史公曰」，在那裡史公乃謂淳于意的悲慘身世很接近扁鵲。528維仲之省二句　劉仲是劉邦的二哥，被劉邦封為代王（國都即今山西朔縣）。匈奴攻代，劉仲不能守，逃歸洛陽，被劉邦貶為郃陽侯。省，貶抑。劉仲的兒子劉濞，隨劉邦平黥布之反有功，被劉邦封為吳王，國都廣陵。景帝時，劉濞聯合楚、趙等七國作亂，被周亞夫大軍削平。529填　同「鎮」。530宗屬唯嬰賢而喜士　竇嬰是景帝母竇太后的姪子，以養士聞名。吳楚七國叛亂後，景帝派竇嬰統兵駐守滎陽，以策應東南與吳楚、東方與齊地四國、北方與趙國幾方面的軍事行動。宗屬，宗室與外戚。531抗山東　抗擊東方作亂的七國。532智足以應近世之變　指韓安國能巧妙地調停漢景帝與其胞弟梁孝王之間的尖銳矛盾，後來在田蚡與竇嬰的矛盾中又能巧於應付而言。此句有褒有貶，傳文稱其「智足以當世取合」，更明顯的是貶意。533寬足用得人　指韓安國為人「忠厚」，曾為國家推薦了一些人才。534韓長孺　即韓安國，字長孺。景帝時仕於梁，武帝時因投靠田蚡官至御史大夫。535當敵　抗敵。當，對付。536號令不煩　指李廣治軍不搞繁文縟節。537師徒鄉之　即受到士兵的愛戴。鄉，同「向」。538李將軍　即李廣，稱「將軍」表示崇敬。539常為中國患害　司馬遷認為早在堯、舜時代的山戎、玁狁，以至周朝的戎、翟，都是匈奴的祖先，故稱「常為中國患害」。中國，指中原地區。540欲知彊弱之時二句　此指總結匈奴民族的發展變化規律，為統治者的對匈戰爭提供參考。541直曲塞二句　意即直通今內蒙河套一帶的邊塞，拓展了黃河以南的大片地區。直，直通；直取。曲塞，黃河一線的邊塞。這一帶於秦末戰亂期間被匈奴所占，衛青等伐匈奴後，遂重歸漢有。542破祁連二句　霍去病曾率軍出隴西（今甘肅臨洮），打到祁連山以西千有餘里，大破匈奴，使西域諸國擺脫了匈奴的控制，與漢朝相往來。543靡北胡　使匈奴人風靡北逃。544衛將軍驃騎　衛將軍，即衛青，武帝時名將，官至大將軍。驃騎，即霍去病，衛青的外甥，武帝時名將，官至驃騎將軍。545以侈靡相高　即爭相奢侈，比誰更闊氣、更豪華。546節衣食　公孫弘是武帝時的儒生，以精通《公羊春秋》而位居宰相，封平津侯。他生活儉樸，食無兼味，蓋一條布被。按：公孫弘為人諂佞，是司馬遷最討厭的漢代公卿之一，此處但推獎其節儉，似非褒意。547平津侯列傳　梁玉繩曰：「《索隱》本作「平津侯主父列傳」，〈遷傳〉亦作「平津主父」，但缺「侯」字耳，則此脫「主父」二字。」按：此傳除寫公孫弘、主父偃外，還附寫了徐樂、嚴安二人。《史記志疑》引有人曰：「〈匈奴傳〉後，即次以衛、霍、公孫弘，而全錄主父偃〈諫伐匈奴書〉，史公有深意焉。」548佗能集楊越以保南藩　趙佗是真定（今河北石家莊東北）人，乘秦末中原戰亂之機，以南海郡（郡治即今廣州市）尉收服嶺南諸郡，自立為南越王。劉邦建國後，派陸賈出使南越，說服趙佗取消了帝號，並向劉邦稱臣。呂后時，趙佗與相鄰漢郡發生矛盾，重又稱帝。文帝時，陸賈二次出使，重又說服趙佗取消了帝號。集楊越，即和輯南方的百越之地。楊越，《集解》引張晏曰：「楊州之南越也。」保南藩，以諸侯國的身分成為漢王朝南方的屏障。[549]納貢職　即給漢王朝進貢。職，也是「貢」的意思。[550]吳之叛逆二句　吳王劉濞發動叛亂時，曾號令與其相鄰的東甌（國都即今浙江溫州）人與之同行。劉濞失敗後，逃入東甌營壘。東甌首領接受漢王朝的指令，殺死劉濞，將其首級交給了漢軍，從而免除了其從逆之罪。[551]葆守封禺為臣　《索隱》曰：「言東甌被越攻破之後，保封、禺之山。」意指武帝時，閩越人攻東甌，東甌人依「封、禺」（今浙江德清境內二山）為漢守土。葆，同「保」。後害怕屢受其攻，遂舉部北遷於江淮一帶的廬江郡（今安徽廬江西南）。按：此事不見於〈東越列傳〉，不知《索隱》有何根據。《正義佚文》曰：「按〈年表〉、〈東越傳〉云『東越徙處廬江郡而守禺』，未詳也。」[552]燕丹散亂遼間二句　朝鮮王衛滿，原是秦漢之際的燕地人。秦滅燕國後，一些不樂歸秦的燕國人逃入遼東；西漢初期，燕地又因連續戰亂，許多亡命者又相繼逃到遼東，於是衛滿遂糾集、帶領這些人進入朝鮮境內，自立稱王，國都王儉（即今平壤市）。燕丹，戰國時燕國末代國君燕王喜的太子，名丹。燕滅前，太子丹曾派荊軻入秦行刺，失敗後，太子丹逃到遼東，被殺，燕國也被秦所滅。[553]聚海東　即指在朝鮮建國。[554]集真藩　安撫真藩等朝鮮境內其他小國。[555]葆塞為外臣　指呂后、文帝、景帝期間，衛滿與兒子為朝鮮王時，都能向漢稱臣，與漢和平共處。葆塞，保守自己的國界。[556]唐蒙　武帝時人，是最先建議武帝經營西南夷者，後受命以中郎將的身分出使西南夷諸小國，從此設郡、修路、派兵等種種活動遂相繼開始。[557]略通　擴張打通。略，拓展地盤。[558]夜郎　西南地區的小國名，在今貴州之西部。[559]邛笮　古代西南地區小國名。邛，也稱「邛都」，在今四川省之西昌、攀枝花一帶。笮，也稱「笮都」，在今四川漢源一帶。[560]受吏　接受漢王朝派去的官吏。[561]西南夷　當時中原地區稱今雲南與四川西部的少數民族為「西夷」，稱今貴州一帶的少數民族為「南夷」。[562]子虛之事　指司馬相如的名作〈子虛賦〉與〈上林賦〉。「子虛」是作品中的虛擬人物，代表楚國立場；另一個虛擬人物「烏有」代表齊國立場，二人各自誇耀自己君王打獵場面的盛大，最後由代表皇帝立場的「無是公」誇耀皇帝打獵與其他生活方面的盛大以壓倒「子虛」「烏有」而結束。[563]大人賦說　指司馬相如的作品〈大人賦〉，內容為描寫想像中的神仙生活。[564]其指風諫二句　司馬遷認為司馬相如寫這些作品的目的是為了用以勸止皇帝，希望他不要進行這些勞民傷財的狩獵，不要做那些徒勞無益的求仙的事情。風諫，不正面說，而通過一種隱約的勸說，希望他能夠明白、改正。無為，不要再做。[565]司馬相如　字長卿，成都人，漢代最傑出的辭家，也是漢武帝經營西南夷的建言者之一。有人曰：「司馬相如開西南夷者，故次〈西南夷傳〉後。」566黥布叛逆二句　子長，劉邦的兒子劉長，在淮南王黥布被劉邦討滅後，被封為淮南王，都壽春（今安徽壽縣）。567安剽楚庶民　鎮撫那些勇猛好鬥的楚地百姓。568淮南衡山　漢初的兩個諸侯國名。劉長被劉邦封為淮南王，至文帝時因謀反被發配四川，死於途中。後來文帝又封劉長的兒子劉安為淮南王、劉賜為衡山王（都邾，今湖北黃岡西北）。至武帝時又都因謀反被誅滅。569奉法循理　指遵照章程，按常規辦事，不想譁眾取寵，不求邀功生事，這是司馬遷的一種政治理想。570百姓無稱二句　很富有黃老色彩。571循吏　「奉法循理」之吏，與「酷吏」自然不同，與吳起、商鞅、鼂錯等勇於變革之吏亦不同。572浮說　不切實際的大話。573長孺矜焉　意謂汲黯就是如此的以端莊嚴肅聞名。汲黯，字長孺，武帝時為主爵都尉，為人正直，好黃老，與武帝「大有作為」的政治路線屢有抵觸，與當時的執政諸臣也多所不合，但卻為司馬遷所激賞。574壯有溉　意謂鄭當時的為人有氣節。壯，應作「莊」，鄭當時字「莊」，與上文的「長孺矜焉」皆以名字對舉。溉，同「概」。氣節。575莫崇庠序　不重視教育事業，不興辦學校。庠序，古代鄉學之名稱，《孟子》趙岐注：「殷曰庠，周曰序。」這裡用以指京城的太學。576建元元狩　漢武帝的年號。建元為西元前一四〇—前一三五年，元狩為西元前一二二—前一一七年。577文辭粲如　指漢武帝尊儒後，大力興辦太學，廣招博士弟子，使各級政府、各個部門都配上儒生以主文牘，於是整個官場上行、下達的文書變得溫文爾雅了。粲如，猶言「粲然」。辭采美麗的樣子。578儒林列傳　本篇記載了儒家各種「經典」的師承淵源，和漢代一些重要儒生的生平履歷。579倍本多巧　指背離樸厚的本性而變得詭詐奸猾。本，本性。有人解作「農桑之業」，似非。580姦軌弄法　為非作歹，鑽法律的漏洞。軌，同「宄」。《說文》：「外為盜，內為宄。」581善人不能化　謂教育勸說不能使之回惡向善。582一切嚴削　謂採取斷然措施，繩之以法。一切，猶今所謂「斷然」。嚴削，嚴厲制裁。583酷吏列傳　本傳載漢代「酷吏」十人，其中九個為武帝時人。584大夏　當時的西域國名，約當今之阿富汗北部一帶。漢代張騫首次奉武帝命歷盡曲折，到達此處，從此大夏、大宛、康居、大月氏等國遂開始與漢代相互往來。585引領內鄉　意即傾慕、嚮往漢朝。引領，伸長脖子，急切仰望的樣子。586大宛　西域國名，約當今之吉爾吉斯斯坦，烏茲別克斯坦一帶。按：此篇名為〈大宛列傳〉，實則記載了西域諸國和李廣利伐大宛的詳細過程。587戹　困境；險境。588振人不贍　救濟人於其衣食困頓之中。振，同「賑」。救濟。不贍，衣食不足。589不既信　不失信；說話算話。王念孫曰：「《方言》、《廣雅》並云：『既，失也。』」590不倍言　不違背自己的諾言。倍，通「背」。591游俠列傳　此傳記載了漢代游俠朱家、劇孟、郭解等人，是司馬遷一篇深有感慨的抒情文字。592說主耳目　靠著媚態、巧言以取悅皇帝。說，同「悅」。593和主顏色　意即能哄得皇帝開心。594色愛　靠容顏姣好獲得寵幸。595能亦各有所長　按：本文所寫鄧通、韓嫣、李延年三人，除李延年精通音樂外，其他二人並無其他技能。[596]佞幸　原意是指以花言巧語獲得寵幸，而此篇所寫實際都是皇帝的男寵。[597]不流世俗　為人處事不隨波逐流。意即有人格與自己的看法。[598]上下無所凝滯　意即與上上下下不產生任何矛盾、摩擦。[599]人莫之害二句　意謂靠著一種與世推移的工夫，使任何人無法加害於己。郭嵩燾曰：「以，因也。」[600]滑稽列傳　此篇所寫雖只是帝王身邊的一些侏儒、俳優，但他們有思想、有正義感，他們運用自己的特殊職能做出了許多出人意料的好事。[601]日者　占測時日以定吉凶的人。[602]各有俗所用　詞語不順，大意謂不同地區各有其不同的風俗，也各有其不同的觀測方式。[603]循觀　遍觀；通覽。[604]作日者列傳　就史公上述諸語知，本傳應是一篇觀測時日之人的類傳，而現有內容卻只敘述了司馬季主的一個占卜者的故事，且形式有如辭賦，定非史公原作。[605]三王不同龜二句　意即不同時代、不同地區用作占卜工具的材料各不相同。三王，指夏、商、周三代。[606]各以決吉凶　都可以用來占斷吉凶。[607]略闚其要　大致地探求一下其基本點。[608]龜策　用作卜筮材料的龜甲與竹製籌碼。[609]取與以時　指不失時機地買進賣出。取與，買賣。[610]息財富　使財富增殖。息，生；繁衍。[611]智者有采焉　有些著名的「智者」也從事了這種行當，如管仲、子貢就是。[612]貨殖列傳　就題目看，本文應該專門記載商人，但實際上古人是把商人與手工業者都看作「末業」，所以本文就成了一篇古代工、商業者的類傳。[613]繼五帝末流　意謂繼續在五帝及其子孫的序列之後，據史公譜列，夏、商、周都是黃帝的後代，故此所謂「末流」即謂周朝之末。[614]接三代絕業　西漢初期的官方輿論是不把「秦」看作一個朝代，而說漢朝上繼周朝，史公不贊成這種觀點，故將始皇列入「本紀」，並在〈六國年表〉中批駁這種看法為「耳食」。但他在這裡又用了世俗的說法。「絕業」原作「統業」。王念孫《讀書雜志・史記第六》曰：「『統業』當從《漢書》作『絕業』，字之誤也。『絕業』與『末流』相對為文。」今據改。[615]撥去古文　指燒毀了先秦用大篆書寫的古書，同時也指廢止大篆、改行小篆的「書同文」之舉。[616]焚滅詩書　即始皇三十四年（西元前二一三年）所實行的焚滅民間典籍。[617]明堂石室　指古代國家的藏書之處。明堂，帝王舉行重要典禮的場所。[618]金匱玉版　藏在金櫃裡的重要文件。玉版，《集解》引如淳曰：「刻玉版以為文字。」[619]蕭何次律令　《漢書・刑法志》：「高祖初入關，約法三章曰：『殺人者死，傷人及盜抵罪。』蠲除煩苛，兆民大說。其後四夷未附，兵革未息，三章之法不足以禦姦，於是相國蕭何捃摭秦法，取其宜於時者，作律九章。」次，編訂。[620]韓信申軍法　《漢書・藝文志》兵家權謀類載有《韓信》三篇。並云：「漢興，張良、韓信序次兵法，凡百八十二家，刪取要用，定著三十五家。」申，闡述。[621]張蒼為章程　即前文所謂「漢既初定，文理未明，蒼為主計，整齊度量，序律曆」與本傳所謂「吹律調樂，入之音聲，及以比定律令。若百工，天下作程品」是也。按：此「章程」即指曆法、音律及度量衡等方面的制度而言。[622]叔孫通定禮儀　叔孫通為劉邦制訂朝儀，為惠帝訂立若干宗廟禮儀事，見〈劉敬叔孫通列傳〉。[623]文學彬彬稍進　指整個社會越來越有秩序，越來越有規矩禮節。文學，指人們的知書守禮。[624]間出　指過去被藏起不敢外傳的古書，如今相繼出世。間，意即「相繼」。[625]曹參薦蓋公言黃老　曹參是劉邦的開國元勳，為齊國丞相時，即尊黃老學派的學者蓋公為師；後入朝繼蕭何為相國，遂更在全國範圍內推行黃老的「無為而治」。[626]賈生鼂錯明申商　梁玉繩曰：「史公言賈生『明申、商』，與鼂並稱，似未當。」按：鼂錯「學申、商刑名於軹張恢先所」，《漢書・藝文志》法家類載有〈鼂錯〉三十一篇，屬於法家自然無疑。至賈誼之學，葉適以為「本用縱橫之學，而並緣以仁義，固未能得其統也」；錢鍾書以為「誼雖倡『仁義』、『禮儀』，初無意為儒之『醇乎醇』者」；瀧川則以「誼居河南守吳公門下，吳公與李斯同邑，嘗學事焉」而《漢書・藝文志》又列之於儒家類，於是遂謂賈誼為「通諸子百家者」。[627]公孫弘以儒顯　公孫弘是武帝時齊地儒生，以通《公羊春秋》而位至丞相，封平津侯。[628]百年之間　自劉邦建國（西元前二〇六年）至司馬遷為太史令（西元前一〇八年），歷時九十八年。[629]靡不畢集太史公　瀧川曰：「楓、三本無『公』字，《漢書》無『太史公』三字。」按：無「公」字略長，蓋謂天下遺文古事皆集太史府也。[630]仍父子相續纂其職　意即父子兩代相繼為太史令。仍，同「乃」。纂，修；任。[631]於戲　同「嗚呼」。歎詞。[632]世主天官　《索隱》曰：「知天文星曆之事為天官，且遷實『黎』之後，而『黎』氏後亦總稱『重黎』。以『重』本司天，故太史公世掌天官。蓋天官統太史之職。」按：〈報任安書〉云：「僕之先，非有剖符丹書之功，文史星曆，近乎卜祝之間。」可為參證。[633]至於余乎　意即「難道能讓它斷絕在我這裡嗎」。因語急而省。[634]欽念哉　猶今所謂「好好地記著啊」。欽，敬；鄭重。按：以上為司馬遷撮述其父臨終前之囑託語。[635]罔羅天下放失舊聞　意即將散失於民間各地的遺聞舊事皆搜集起來。罔羅，同「網羅」。意即廣泛搜集。[636]王迹所興　語氣欠完整，意即要考察歷代的聖王們是怎樣發達起來的。[637]原始察終　追索一個王朝是如何開國，又是如何滅亡的。[638]見盛觀衰　由其當前的強盛中預見其未來的衰敗。[639]論考之行事　意謂一切結論都是通過對歷史過程的實際考察而得出來。〈報任安書〉云：「僕竊不遜，近自託於無能之辭，網羅天下放失舊聞，略考其行事，綜其終始，稽其成敗興壞之紀，凡百三十篇。亦欲以究天人之際，通古今之變，成一家之言。」可與此相參照。[640]略推三代　夏、商、周三代及其以上的歷史，荒遠無可細考，只能粗略地推斷其大概。[641]錄秦漢　意謂對秦漢以來的現代史要詳細記錄。[642]上記軒轅　最早從軒轅氏黃帝寫起。[643]下至于茲　下限截至於武帝太初年間。[644]著十二本紀二句　意謂《史記》的開頭部分是十二篇「本紀」，這是《史記》整部書的大綱。科條，王先謙曰：「科分條列，大綱已舉也。」[645]竝時異世三句　意謂有些事件發生在同一時間，有些則發生在不同時代，光讀文字，不易弄清先後，所以用十篇表格將其譜列出來。[646]禮樂損益　意謂隨著朝代更替，各自的禮樂制度也必然會有所修改、變更。〈禮書〉、〈樂書〉即為此而作。647律曆改易　不同朝代，所使用的律度與曆法各不相同。〈曆書〉即為此而作。648兵權　指〈律書〉，講歷代之軍事。649山川　指〈河渠書〉，講水利、水害之事。梁玉繩曰：「《史》有〈河渠〉而無〈地理〉，〈河渠〉一書豈足以概『山川』哉？」650鬼神　指〈封禪書〉，講祭祀天地鬼神之事。651天人之際　指〈天官書〉，講天文。漢人相信天人感應，故稱研究天文的學問為研討「天人之際」。652承敝通變　指〈平準書〉。按：以「承敝通變」四字概「平準」，似欠準確。經濟領域固有「承敝通變」，其他領域哪個沒有「承敝通變」？653二十八宿環北辰二句　師古曰：「言眾星共繞北辰，諸輻咸歸車轂，若文武之臣尊輔天子也。」瀧川曰：「『二十八』『三十』概言，不必拘。」二十八宿，我國古代天文學分周天的恆星為二十八宿，即角、亢、氐、房、心、尾、箕、斗、牛、女、虛、危、室、壁、奎、婁、胃、昴、畢、觜、參、井、鬼、柳、星、張、翼、軫。北辰，即北極星。轂，車輪中心用以插軸的部位。654輔拂　即扶佐。拂，同「弼」。655世家　有封土、爵祿可以世代相傳的家族，如春秋、戰國時的諸侯與漢代受封的諸王與列侯。656扶義俶儻　仗義而行，卓犖瀟灑。扶，遵循。俶儻，同「倜儻」。657失時　錯過時機；錯過機遇。658七十列傳　梁玉繩曰：「史公〈自序〉在七十列傳中，《索隱》本作『太史公自序傳』是也。」659凡百三十篇　共一百三十篇。凡，總共。660五十二萬六千五百字　梁玉繩曰：「余三番計之，字數都不能合，因今本《史記》歷經後人增刪，非史公之舊。增者猶可辨其偽，刪者無從得其真，如〈朱建傳〉述平原君諫淮南王反事，云『語在黥布語中』，而布傳無之；〈滑稽傳〉敘淳于髡以隱說齊威王事，云『語在〈田完世家〉中』，而世家無之，皆裁割未盡者。」661太史公書　《索隱》曰：「桓譚云：『遷所著書成，以示東方朔，朔皆署曰「太史公」。』則謂『太史公』，是朔稱也。亦恐其說未盡，蓋遷自尊其父著述，稱之曰『公』。或云遷外孫楊惲所稱，事或當爾也。」錢大昕曰：「子長述先人之業，作書繼《春秋》之後，成一家言，故曰『太史公書』。以官名之者，承父志也；不稱『春秋』者，謙也。班史〈藝文志〉：《太史公》百三十篇，馮商所續《太史公》七篇，俱入《春秋》家。而班叔皮亦稱為『太史公書』，蓋子長未嘗名其書曰『史記』也。『史記』之名，疑出魏晉之後，非子長著書之意也。」662序略　二字上下不連，疑有脫誤。其大意或謂「編排古往今來之史實大略」，以與下文「以拾遺補蓺，成一家之言」相連貫。張大可以為「指〈太史公自序〉對全書內容作了概括」，似與上下文不合。663拾遺補蓺　搜求遺聞，以補《六藝》之缺。補蓺，《索隱》曰：「《漢書》作『補闕』，此云『蓺』，謂補《六蓺》之闕也。」664厥協六經異傳二句　厥協六經異傳，協調、折衷儒家諸典籍的各種不同講法。王先謙曰：「協，合也，言稽合同異，折衷取裁。」《正義》曰：「異傳，謂如丘明《春秋外傳》、《國語》，子夏《易傳》，毛公《詩傳》，《韓詩外傳》，伏生《尚書大傳》之流也。」按：此二句皆指《史記》材料的來源，謂於「《六經》異傳」「百家雜語」皆有取裁也。(665)藏之名山二句　謂正本藏之名山，副本留於京師。師古曰：「藏於山者，備亡失也，其副貳本乃留京師也。」《索隱》曰：「《穆天子傳》云：『天子北征至于群玉之山，阿平無險，四徹中繩，先王所謂策府。』郭璞云：『古帝王藏策之府。』則此謂『藏之名山』是也。」(666)俟後世聖人君子　語氣欠完整。意即讓後代有見識的人們能於此有所取裁。王念孫曰：「『俟後世聖人君子』本作『俟後聖君子』，哀十四年《公羊傳》曰：『制《春秋》以俟後聖，以君子之為，亦有樂乎此也。』史公之語，即本乎此。」李光縉引王世貞曰：「余讀〈太史公自序〉欲藏其書於名山大川，夫名山大川即不朽，何至深閉而長遏之使等於土石？吾思通於鬼神而俗不曉，聲等於金石而價莫售，吾不能及吾身以自致其知於世，而欲涼涼焉求千百歲已藏之山而發之，希覬於必不可測之人而使之知，此事極迂，而其致極慘激可念也。」(667)第七十　意謂此〈太史公自序〉是《史記》列傳的第七十篇。瀧川曰：「自『維我漢繼五帝末流』以下，《史》第七十〈自序〉序。」按：就其固有格局看，此段文字應為〈太史公自序〉的小序；然就其內容看，有些話顯然超出了〈太史公自序〉的範圍。陳仁錫曰：「太史公百三十篇小序，蓋源本於《尚書》百篇序、《逸周書》七十篇序也。」(668)余述歷黃帝以來三句　述歷，瀧川引中井曰：「當作『歷述』。」至太初而訖，意謂《史記》記事的下限結束於武帝太初年間（西元前一〇四－前一〇一年）。方苞曰：「序既終，而復出此十六字，蓋舉其凡計，綴於篇終，猶〈衛霍列傳〉特標『左方兩大將軍及諸裨將名』。」瀧川引中井曰：「末段似歇後而意複，無所發明，無所結束，豈下脫數句耶？不然是一段全屬衍文，何妙之有？《漢書》亦無此一段。」

【語譯】 從前我們的始祖黃帝，依照天地的法則行事。後起的四聖謹依傳統，各自建立了法度程序。唐堯讓位給虞舜，虞舜謹慎戒懼。發揚光大堯的功業，堯舜的事跡萬古不滅。作〈五帝本紀〉第一。

2 禹有疏導江河之功，使天下安居樂業，光輝閃耀於唐虞時代，德澤被及四百年的後裔；夏桀淫逸驕奢，所以被流放鳴條，作〈夏本紀〉第二。

3 契為商朝始祖，到了成湯建立商朝；太甲被放逐桐宮，更顯出伊尹的美德隆盛；武丁尋得傳說，故能成為「高宗」；殷紂沉湎酒色，天下諸侯分崩離心。作〈殷本紀〉第三。

4 弃始發展農業，文王盛德無比；武王牧野一戰，周朝統一天下；幽王、厲王昏亂，西周因此崩潰；赧王積貧積弱，東周遂告滅亡。作〈周本紀〉第四。

5 秦的祖先伯翳，輔佐大禹有功；穆公深深悔恨，痛悼崤山之敗；臨死以人殉葬，〈黃鳥〉予以諷刺；昭王奠定一統之基，作〈秦本紀〉第五。

6 始皇繼位為王，逐步併吞六國。所以銷毀兵器，為求永偃兵戈；尊號稱為皇帝，一味崇尚武力；二世篡亂為帝，子嬰遂成降虜。作〈始皇本紀〉第六。

7 秦朝喪失正道，英雄揭竿並起；項梁開始創業，項羽為之後繼；奪兵救趙鉅鹿，諸侯擁為盟主；子嬰懷王被殺，項羽遂遭孤立。作〈項羽本紀〉第七。

8 項羽殘忍暴虐，漢行仁政愛民；蜀、漢憤發創業，回師平定三秦；誅羽完成帝業，天下開始太平。風俗制度一新，作〈高祖本紀〉第八。

9 惠帝過早病逝，諸呂不受歡迎；呂祿、呂產權大，劉氏諸侯堪憂；呂后殺害如意、又囚禁帝子劉友，大臣人人自危，呂氏遂被誅夷。作〈呂太后本紀〉第九。

10 呂滅劉氏復興，惠帝子嗣不明，迎來代王為帝，從此天下歸心；宣告廢止肉刑，四海道路暢通，廣布恩澤教化，不愧人稱「太宗」。作〈孝文本紀〉第十。

11 諸侯驕橫恣肆，吳王實為禍首，朝廷征討誅殺，七國皆伏其罪。天下和平安定，人民安居樂業。作〈孝景本紀〉第十一。

12 漢已建國五世，建元實為鼎盛。外攘夷狄擴土，內修法律制度，實行封禪大典，改變曆法服色。作〈今上本紀〉第十二。

13 三代邈遠，年月難求，依照譜牒舊說，略排大致順序。作〈三代世表〉第一。

14 幽王、厲王之後，周室日益衰微，諸侯各自為政，《春秋》有所不記；譜牒只有大綱，五霸前後更替。為了看清周朝的大致情形，作〈十二諸侯年表〉第二。

15 春秋之後，大夫專政，強國彼此稱王；迨至秦朝，吞併華夏，統一各國封土，尊號始稱皇帝。作〈六國年表〉第三。

16 秦朝推行暴政，陳涉首先發難，項羽倒行逆施，漢王仗義征討；八年之間，政權三易，事件紛紜眾多，故詳作〈秦楚之際月表〉第四。

17 漢朝建國開始，至於太初百年，國內諸侯眾多，廢立起伏紛繁，譜牒記述不清，後世難以再續，為使看清強弱興衰變化。作〈漢興已來諸侯年表〉第五。

18 漢朝的開國元勳，都是心腹股肱大臣，朝廷與大臣剖符定爵，都希望永傳子孫。不想後世混亂失序，甚至殺身奪爵。作〈高祖功臣侯者年表〉第六。

19 惠帝、景帝之間，對元勳、宗室的功勞又進行了追封。作〈惠景間侯者年表〉第七。

20 北討匈奴，南征強越，並對蠻夷進行征伐，因而使許多人建功立業。作〈建元以來侯者年表〉第八。

21 諸侯過強，七國造反。諸侯庶子，無土無權。實行推恩分封，使強國削弱，諸侯庶子都感謝皇帝恩德。作〈王子侯者年表〉第九。

22 賢相、良將，國人表率。將漢興以來將、相、名臣的事跡見之於年表，賢者記其功德，劣者載其惡跡。作〈漢興以來將相名臣年表〉第十。

23 三代之禮各異，增減互不相同，關鍵是既要貼近人的性情，又要合乎王道，因此「禮」是根據生活實際予以規範，以適應社會變遷。作〈禮書〉第一。

24 音樂的制訂與推行，是用來移風易俗的。早在〈雅〉、〈頌〉出現的時代，人們就喜愛鄭、衛之音，可見鄭、衛之音的影響有多麼久遠。音樂能使人感動，使遠方殊俗之人懷德向善。所以我要編〈樂書〉記載音樂的興衰變化，作〈樂書〉第二。

25 沒有兵國家不能強大，沒有德國家不能昌盛，黃帝、商湯、周武王都是靠著兵興盛起來的，夏桀、殷紂、秦二世又都是迷信兵而滅亡的，對於用兵怎能不謹慎呢？《司馬法》的由來已經很久了，姜太公、孫武、吳起、王子成甫都能夠繼承、發揮《司馬法》的精神，而且能切合當前社會，符合人情變化。作〈律書〉第三。

26 音律在陰而治陽，曆法在陽而治陰，律曆互相配合，不容一絲一毫的錯誤。五家曆法各不相同，惟有《太初曆》最為妥善。作〈曆書〉第四。

27 占星望氣之書，夾雜吉凶禍福，不合常道；按照它的說法，考察它的效應，又往往的確相合。於是我收集編排有關的人事活動，取驗於日月星辰運行的軌道與度數，將其記錄下來。作〈天官書〉第五。

28 稟受上天之命而為帝王的人很多，但舉行過封禪典禮的卻為數甚少，如果進行封禪，那一切神鬼精靈就能全部受到祭祀。考察、遵照歷代祭祀天地鬼神名山大川的禮節。作〈封禪書〉第六。

29 大禹疏浚江河，使得九州安寧；迨至武帝堵塞瓠子決口，建造宣防宮的時代，又開鑿了許多運輸、灌溉的溝渠。因此我作〈河渠書〉第七。

30 錢幣的流通，是為了便於農業商業的發展；其弊端是投機取巧，相互兼併，以至於耍心眼、玩手段，棄農經商。為此，我作〈平準書〉第八以研究其形勢的發展變化。

31 太伯讓國季歷，逃到蠻夷之地；文王、武王得以興起，繼承了古公亶父的事業。闔廬弒王僚而自立，打敗強楚使之臣服；夫差打敗齊國，子胥裝入皮袋屍沉江底。聽信伯嚭親近句踐，吳國被越所滅。為讚美太伯的讓國，作〈吳世家〉第一。

32 申、呂二國衰落，尚父出身寒微，老來遇到西伯，遂成文、武之師；幫著暗中謀劃，滅商功居第一；年高德劭的尚父，封齊建都營丘。桓公不悔柯盟，強大成為霸主。屢召集諸侯盟會，霸主功業少有；田常、闞止火拚，姜氏社稷解體。為讚揚尚父佐周的謀略，作〈齊太公世家〉第二。

33 周初政局不穩，周公使之安定。力行禮樂治國，天下安樂太平。輔佐年幼成王，諸侯歸依朝廷。傳至隱、桓之際，怎麼會鬧成那個樣子啊？三桓分掌魯政，魯國公室崩頹。為讚美周公旦的〈金縢〉故事，作〈周公世家〉第三。

34 武王滅殷建國，天下未定而崩。成王年幼，管、蔡懷疑周公，勾結淮夷叛亂，危及周室朝廷。召公深明大義，協助周公治國，使東方獲得安寧。燕噲荒唐愚昧，終致國敗身死。為欣賞〈甘棠〉對召公的讚美，作〈燕世家〉第四。

35 管、蔡監視武庚，為管殷商遺民；周公臨時攝政，管、蔡反叛朝廷；周公誅管流蔡，重新分封結盟；太姒生有十子，弟兄拱衛協助，周王室得以安寧。為讚美蔡仲的悔過自新，作〈管蔡世家〉第五。

36 聖王的後代不絕滅，舜、禹的在天之靈會因為後繼有人而高興。他們的聖德美好，使子孫蒙受恩澤。至百代以後仍享受著祭祀，他們的子孫被周朝封在陳、杞二國，幾百年後才被楚國所滅。陳國雖然被楚所滅，但他的子孫又在齊國勃興，你說舜該有多麼偉大啊！為此我作〈陳杞世家〉第六。

37 周公東征後收殷遺民，封康叔建立衛國，更作〈酒誥〉、〈梓材〉，訓誡康叔要牢記殷亡的教訓，惠公害兄篡政，衛國遂衰落不寧；南子嫉恨蒯聵，出公、莊公遂亂了父子名分。周朝成了傀儡，戰國七雄強盛，不料區區小衛，還能亡在最後。為讚美〈康誥〉的諄諄告誡，作〈衛世家〉第七。

38 箕子啊！箕子啊！箕子的正言不被殷紂所用，為了避禍而裝瘋為奴。待至武庚叛亂被滅，周封微子於宋。襄公在泓之戰中受傷，深受君子稱頌。景公自當罪責，火星為之退行。剔成暴虐無道，宋國遂告滅亡。為讚美微子向太師的求教，作〈宋世家〉第八。

39 武王去世以後，叔虞在唐邑建國。智者早就覺得晉君的名字不當，果然後來被曲沃武公所滅。驪姬被獻公所寵，造成五代不寧；重耳起初不得志，後來成為霸主。迨至六卿專權，晉國遂被三家瓜分。為讚美文公在踐土的受周賞賜，作〈晉世家〉第九。

40 重黎創業，吳回又繼續發揮；傳到殷商末世，從鬻熊開始有家譜紀錄。周封熊繹於荊蠻，至熊渠又有新的發展。莊王是一位賢霸主，重建陳國。赦免鄭伯，為華元撤兵而還。懷王被騙死在秦國，子蘭反而更加仇恨屈原；由於楚王的喜歡奉承愛聽讒言，終於被秦國所吞併。為讚美莊王的仁義之舉，作〈楚世家〉第十。

41 少康的後代，被封在南方海濱，他們紋身斷髮，與黿鱓共處相安。他們世世守著封、禺二山，對大禹的祭祀由他們主管。句踐被困於會稽，重用文種與范蠡。為讚美句踐作為一個夷蠻而能修德，能消滅強吳而尊崇周室，於是作〈越王句踐世家〉第十一。

42 鄭桓公所以能及早經營東方，是聽了太史的好主意。莊公侵奪周天子的莊稼，遭到周國人的非議。祭仲被迫接受盟約，鄭國數世不安。子產仁義治國，後世屢稱其賢。戰國時韓國興起，鄭被韓國所殲。為讚美鄭厲公能助惠王歸位，作〈鄭世家〉第十二。

43 因為能訓練好馬，造父得以聞名。趙夙侍奉獻公，趙衰侍奉晉文公。文公尊王定霸，趙氏成為股肱大臣。襄子被智伯所辱，憤而滅了智伯。武靈王被圍於沙丘宮，以致被活活餓死。趙王遷邪惡荒淫，良將李牧遂被殺害。為讚美趙鞅討平周亂，作〈趙世家〉第十三。

44 畢萬受封於魏，卜人知道魏氏日後必興。魏絳處罰羊干，執法公正，還使晉國與西北的戎、狄修好講和。魏文侯行仁慕義，尊儒者子夏為師。魏惠王因驕矜自恃，接連被齊、秦所敗。信陵君被魏王所疑，眾諸侯不再援助魏國。最終大梁被滅，魏王假被俘為奴。為讚美魏武子能輔佐晉文公成就霸業，作〈魏世家〉第十四。

45 由於有韓厥的暗中協助，趙武才能重又興起。他繼承起趙氏家族的事業，晉人全都尊崇他。韓昭侯重用申不害，揚名於當時的各國。後來的韓王懷疑韓非不用，遂被秦國所滅。為讚美韓厥能幫著晉國扶助周室，作〈韓世家〉第十五。

46 田完避難，由陳逃齊，他的五代世孫田乞暗中施恩百姓，受到齊人的傾心歌頌。從田常開始專齊之政，到田和時被列為諸侯。末代的齊王建被投降派說動降秦，最後被遷管在共縣。為讚美齊威王、齊宣王到那種時代還能尊崇周室，故作〈田敬仲完世家〉第十六。

47 周室衰落，諸侯橫行。孔子傷悼禮崩樂壞，遂研究古代典籍，宣傳聖帝明王之道，希望改變當今的亂世，恢復古代的淳正。他把他的思想寫成書，目的是為天下提出一套制度法則，他把《六經》定為教材，遂一直流傳不休。故作〈孔子世家〉第十七。

48 夏桀、殷紂的無道引發了商湯、周武王的革命，周王朝後來的無道引起了孔子的作《春秋》。秦朝的無道，引發了陳涉的起義，由於陳涉的首先舉義，才使各地諸侯紛紛繼起，滅掉了秦朝。天下的起義是從陳涉發難開始的，所以我要作〈陳涉世家〉第十八。

49 由於劉邦在成皋臺上的偶然召見，這才為薄氏後來的興旺奠定了基礎；由於能委屈自己勉強去了代國，竇皇后這才一門顯貴；由於栗姬的負氣放縱，這才使王夫人的陰謀得逞；由於陳皇后的太過驕橫，衛子夫終於受到寵幸。為讚美漢代的皇后有如此的賢德，作〈外戚世家〉第十九。

50 高祖採用詭計，在陳郡襲捕了楚王韓信；因為楚、越一帶的民風驃悍，所以封其弟劉交為楚王，國都彭城，這是為了加強對淮泗一帶的監管，以拱衛漢室的安全。至劉戊叛亂身死，朝廷提拔劉禮繼承劉交的王位。我欣賞劉交能輔助高祖定天下，作〈楚元王世家〉第二十。

51 從高祖開始起兵，劉賈便參與其中；後被黥布所襲，劉賈兵敗身死，喪失了荊、吳的封地。劉澤向呂后討好，被封為琅邪王；齊王起兵討呂劫持劉澤，劉澤逃到長安，參與擁立孝文帝，被改封為燕王。在漢初天下尚未安定的時候，因為劉賈、劉澤都是高祖的同族，於是遂被封王，作了漢朝的藩輔。故此為他們作〈荊燕世家〉第二十一。

52 天下已經平定，高祖的親屬不多，只有劉肥年長，故而首封為齊王。後來齊哀王之發兵西向，乃是由於諸呂的專政張狂，只因其舅駟鈞殘暴兇狠，未被擁立為帝。厲王與其姐亂倫，被主父偃檢舉治罪。為讚美劉肥作為漢朝藩輔，作〈齊悼惠王世家〉第二十二。

53 項羽圍困滎陽，楚漢三年對峙；蕭何鎮守關中，不斷為高祖運輸糧餉，補充兵員，並使關中的百姓們痛恨項羽，一心為漢。作〈蕭相國世家〉第二十三。

54 曹參隨韓信平魏、滅趙、滅齊，項羽的大勢從此遂去。後來繼續蕭何任相國，他能謹遵蕭何，亦步亦趨，百姓們深感便利。我欣賞曹參的不居功自傲，作〈曹相國世家〉第二十四。

55 運籌帷幄之中，戰勝敵人於無形，這是張良的拿手好戲，看起來就像是沒有什麼名，也沒有什麼功，把一切問題都事先解決在萌芽狀態，這是張良的貢獻。為此我作〈留侯世家〉第二十五。

56 六大奇計使用，天下一統太平；誅滅諸呂之事，陳平原為主謀，終於使劉氏的宗廟、社稷獲得穩定。為他作〈陳丞相世家〉第二十六。

57 諸呂結成聯盟，陰謀削弱朝廷，周勃臨事制宜，大事一舉而定；吳、楚作亂東南，亞夫屯兵昌邑，以阻擋齊、趙兩軍的會合，而暫時棄梁不救以消耗吳、楚。為此作〈絳侯世家〉第二十七。

58 當吳楚七國發動叛亂時，只有梁國忠心耿耿的護衛京師；事後梁王恃寵居功，差點遭禍被滅。我欣賞梁孝王的抗擊吳、楚，為他作〈梁孝王世家〉第二十八。

59 五個后妃的兒子都已封王，關係和睦融洽，各不相傷。大大小小的諸侯們都為朝廷做藩輔，各安其所，從此越分的事情也就不多了。為此作〈五宗世家〉第二十九。

60 皇帝冊封三子為王以及諸臣上書的文辭，全都華麗無比。為此作〈三王世家〉第三十。

61 末世人人爭利，唯有伯夷守義；讓位而又餓死，天下稱道不止。作〈伯夷列傳〉第一。

62 晏子節儉，管仲奢侈；管仲輔佐桓公成為霸主，晏嬰佐景公而天下大治。作〈管晏列傳〉第二。

63 老子認為統治者如果無為，天下就會自然太平，統治者如果淡泊無欲，百姓們就會自行端正；韓非主張根據事物發展、客觀形勢的具體情況採取整治措施。作〈老子韓非列傳〉第三。

64 遠古的帝王就有《司馬法》，穰苴能把它發揮光大。作〈司馬穰苴列傳〉第四。

65 沒有信廉仁勇的品質，就不能講兵法、論劍術，這也是和人世間的基本規律完全一致的。把這種用兵作戰的道理用於對己可以修身，用於對外可以勝敵，君子可以藉此評定一個人的道德高低。作〈孫子吳起列傳〉第五。

66 太子建被讒害，牽連到伍奢被囚。伍尚回國救父，子胥仗劍奔吳。作〈伍子胥列傳〉第六。

67 孔子講學著書，弟子受教傳道。個個都可以為人師表，崇尚仁義。作〈仲尼弟子列傳〉第七。

68 商鞅離衛入秦，能以法術佐君，孝公遂成霸主，秦國永世遵循其法度。作〈商君列傳〉第八。

69 東方懼怕強秦貪得無厭，蘇秦能為圖存，合縱六國為一，以抑制強秦。作〈蘇秦列傳〉第九。

70 六國合縱為一，張儀將其分離，連橫政策奏效，合縱分崩離析。作〈張儀列傳〉第十。

71 秦國所以能打敗東方諸國，是靠著樗里疾與甘茂的智謀。作〈樗里甘茂列傳〉第十一。

72 包取華山黃河一帶的領土，進而圍困魏都大梁，使東方諸侯臣服秦國，都是穰侯魏冉的功勞。作〈穰侯列傳〉第十二。

73 南拔楚國鄢、郢，北破趙軍長平，進而包圍邯鄲，都是秦將白起的本領；最後滅楚滅趙，都靠王翦謀略。作〈白起王翦列傳〉第十三。

74 廣泛閱讀儒墨諸家的著作，研究闡發禮義學說，杜絕梁惠王的貪求利益，總結自古以來的政事興廢。作〈孟子荀卿列傳〉第十四。

75 孟嘗喜好賓客，賓客群集薛城，為齊抵禦楚、魏。作〈孟嘗君列傳〉第十五。

76 堅持接受馮亭，招致敗軍圍城，請來楚國救兵，趙又轉危為寧。作〈平原君虞卿列傳〉第十六。

77 富貴能屈於貧賤，有才能屈於不肖，只有信陵君能夠做到。作〈魏公子列傳〉第十七。

78 為主不顧自身，解脫太子離秦，招納群賢入楚，都靠黃歇其人。作〈春申君列傳〉第十八。

79 在魏國能忍受恥辱，到秦國而權盛一時。見賢才能讓位，范、蔡都能不失時機。作〈范睢蔡澤列傳〉第十九。

80 順利的實行謀略，聯合起五國之兵，以弱燕打敗強齊，為燕君報仇雪恨。作〈樂毅列傳〉第二十。

81 對強秦臨危不懼，對同僚一再忍讓，為國家不顧一己，二人都受到各國諸侯的讚揚。作〈廉頗藺相如列傳〉第二十一。

82 齊湣王失國奔莒，田將軍即墨破敵，大反攻重建了齊國社稷。作〈田單列傳〉第二十二。

83 靠正義與雄辯解圍邯鄲，輕爵祿愛自由蓋世英賢。作〈魯仲連鄒陽列傳〉第二十三。

84 騁辭藻寄託諷諫，以反覆比喻來表達意旨，這即是〈離騷〉的典型特點。作〈屈原賈生列傳〉第二十四。

85 與子楚結好相親，廣招得諸侯客紛紛事秦。作〈呂不韋列傳〉第二十五。

86 曹沬劫齊桓於盟會，魯國丟失的土地一舉收回，齊桓公講信義亦未反悔；豫讓為智伯行刺趙襄子，絕不作二心人但求無愧。作〈刺客列傳〉第二十六。

87 用謀略不失時機，佐秦王消滅東方群敵，大一統稱皇帝意足心滿，論功勞無疑是李斯第一。作〈李斯列傳〉第二十七。

88 為秦朝開疆闢土，北逐匈奴，沿黃河築長城，順山形建堡壘，在榆中設郡縣。作〈蒙恬列傳〉第二十八。

89 鎮撫趙國，駐守常山，進而擴展到河內，削弱了項羽的勢力，向天下宣揚了漢王的信義。作〈張耳陳餘列傳〉第二十九。

90 魏豹率西河、上黨之兵，隨高祖東進攻下彭城；彭越於梁地游擊，騷擾項羽後方。作〈魏豹彭越列傳〉第三十。

91 以淮南之地背楚歸漢，又策動大司馬周殷叛變，最後會兵垓下，大破項羽。作〈黥布列傳〉第三十一。

92 當項羽正攻擊京、索，韓信從北側滅魏、趙，進而平定了燕、齊，使漢王的勢力控制整個天下的三分之二，又一舉消滅了項籍。作〈淮陰侯列傳〉第三十二。

93 當楚、漢兩軍對峙於鞏、洛之時，韓王信占據潁川之地，盧綰則切斷了項籍後方的糧道。作〈韓信盧綰列傳〉第三十三。

94 眾諸侯反叛項羽，齊王田榮把項羽牽制在齊地，漢王才能得到機會，一舉攻進彭城。作〈田儋列傳〉第三十四。

95 攻城野戰屢立大功，這是樊噲、酈商的才能；夏侯嬰不僅為漢王趕車，還屢屢幫漢王逃出險境。作〈樊酈列傳〉第三十五。

96 漢朝剛剛建立，制度都還不齊，張蒼時為主計，不僅統一了度量衡，還修訂了曆法音律。作〈張丞相列傳〉第三十六。

97 奉命出使，聯絡勸說諸侯；眾諸侯與漢親善，歸順漢朝成為屏藩。作〈酈生陸賈列傳〉第三十七。

98 要明白楚、漢相爭的詳情，是周緤常貼身侍奉高祖，將諸侯討平。作〈傅靳蒯成列傳〉第三十八。

99 婁敬建議搬遷那些各地的豪門大姓，又勸高祖建都關中，與匈奴和親結好，換得了漢初的邊境安寧；叔孫通為朝廷制訂了禮儀，也制訂了祭祀宗廟的章程。作〈劉敬叔孫通列傳〉第三十九。

100 季布忍辱苟生，後來成為將軍；欒布不屈服於強權，寧死不背舊主。作〈季布欒布列傳〉第四十。

101 袁盎能不怕皇帝動怒，定要使皇帝的言行合乎道義；鼂錯能不顧自身安危，為國家訂出長治久安的計策。作〈袁盎朝錯列傳〉第四十一。

102 堅持依法判案，不昧法官的良心；講述古代的用人之道，使皇帝更加英明。作〈張釋之馮唐列傳〉第四十二。

103 忠厚仁慈孝順，言語遲鈍而行動殷勤，一切唯唯諾諾，有這樣的一些君子長者。作〈萬石張叔列傳〉第四十三。

104 有氣節能堅持真理，清正廉潔而又仁義，行為高尚可鼓舞別人，握重權能秉公而行，絕不為非理所屈。作〈田叔列傳〉第四十四。

105 扁鵲行醫治病，為醫家的開山祖宗，他的醫術精湛高明；後世繼承其優良傳統，不能改變，後來的倉公可說與他相近。作〈扁鵲倉公列傳〉第四十五。

106 劉仲被貶王爵，劉濞封為吳王，在漢朝初建的時候，穩定了江、淮一帶。作〈吳王濞列傳〉第四十六。

107 吳、楚叛亂的時候，皇親國戚中只有竇嬰賢能養士，頗得士人的歸心與稱頌。他率兵駐守滎陽，與朝廷派出的各路軍馬遙相呼應。作〈魏其武安列傳〉第四十七。

108 智慧足以應付近世變化，寬宏大度足以得人好感。作〈韓長孺列傳〉第四十八。

109 勇猛足以勝敵，仁義愛護士兵。號令簡易不煩，士卒衷心稱頌。作〈李將軍列傳〉第四十九。

110 從三代以至今天，匈奴常為中原地區的邊患。為了弄清匈奴發展變化的歷史，以及漢王朝是如何解決匈奴問題的。作〈匈奴列傳〉第五十。

111 衛將軍直通河套，開拓了河南地區；霍去病大破匈奴於祁連山，從此漢與西域相通，北方之敵遂一蹶不振。作〈衛將軍驃騎列傳〉第五十一。

112 皇親大臣競相奢侈靡麗，只有丞相公孫弘卻以衣食節儉作百官的表率。作〈平津侯列傳〉第五十二。

113 漢朝統一中原地區，趙佗能安撫越族成為漢朝南方的屏藩，向漢朝進貢不斷。作〈南越列傳〉第五十三。

114 吳王叛亂之際，東甌斬了劉濞，又據守封山、禺山，向漢朝稱臣。作〈東越列傳〉第五十四。

115 燕丹之後遼東戰亂不堪，衛滿率逃人建國朝鮮，安撫了朝鮮諸部，稱臣於漢。作〈朝鮮列傳〉第五十五。

116 唐蒙出使打通夜郎，邛、筰之君願作內臣，請朝廷為之派遣官吏。作〈西南夷列傳〉第五十六。

117 〈子虛賦〉、〈大人賦〉一類作品，詞藻華麗誇張，但目的還是在諷諫皇帝，勸他們不要再遊獵求仙，傷己勞民。作〈司馬相如列傳〉第五十七。

118 黥布叛亂身死，劉長被封淮南，鎮守江、淮以南一帶，安撫剽悍的楚地之民。作〈淮南衡山列傳〉第五十八。

119 遵循法度為官，不誇耀自己的功勞和能力，儘管沒有什麼可稱頌，但也絕對沒有錯誤言行。作〈循吏列傳〉第五十九。

120 端正衣冠站在朝堂，群臣都不敢浮誇濫言，汲黯就是這樣以正直嚴肅聞名；鄭當時以薦賢舉能被人稱為「長者」，是一個有氣節的好官。作〈汲鄭列傳〉第六十。

121 從孔子去世以來，統治者長期不重視學校教育，只有到建元、元狩之間，一切上行下達的文件，才變得如此文采燦然。作〈儒林列傳〉第六十一。

122 當人們都背離淳樸、奸詐狡猾，層層官吏都徇私枉法，這時候單用勸說是不中用的，只有用嚴刑峻法加以整治。作〈酷吏列傳〉第六十二。

123 張騫通大夏以後，西方諸國都嚮往中國，想到中國看看。作〈大宛列傳〉第六十三。

124 救人於危難之中，幫人於窮困之際，這是仁者的表現；說話算話，絕不食言，俠義者總是這麼辦。作〈游俠列傳〉第六十四。

125 侍候帝王能讓他賞心悅目，高高興興，自己也獲得富貴尊榮，這不光靠姿容秀美，還得有一套擅長的本領。作〈佞幸列傳〉第六十五。

126 不隨波逐流，也從不與人爭權奪利，與上下周旋得體毫無阻礙，由於自身謹依大道，誰也不能加害於己。作〈滑稽列傳〉第六十六。

127 齊、楚、秦、趙各地的觀測時日者，各有自己的風俗與觀測方式。為了遍覽他們的主要原則。作〈日者列傳〉第六十七。

128 三代占卜的用龜各異，四方占卜的方式也相互不同，但都能判斷吉凶。為了探尋其大致情景。作〈龜策列傳〉第六十八。

129 一個平民既不觸犯法律，也不妨害百姓，憑預測行情買進賣出就能發財致富，過去有名的智者也曾從事過這種活動。作〈貨殖列傳〉第六十九。

130 我們漢朝的基業，是上承五帝，中接三王的。自從周朝衰敗以來，秦朝又廢棄了先秦的文字，焚毀了《詩》、《書》古代典籍，因而國家圖書館裡保存的典籍全部散佚殆盡了。漢朝建國以後，蕭何整理了法律條文，韓信撰寫了兵法，張蒼擬訂了律曆方面的章程，叔孫通制訂了禮儀，從此文化方面才有了一些發展，流散在民間的《詩》、《書》也漸漸地又出來了。接著，曹參推崇蓋公，提倡黃老，賈誼、鼂錯又發揮了申不害、商鞅的學說，而公孫弘更是由於奉行儒學受到了朝廷的寵用，這時漢朝已經建國一百多年了，國家的各種文書檔案，全都彙集到了太史令這裡。而司馬遷父子兩代先後在這裡任事供職。早在司馬談臨死前就曾對著兒子感慨地說：「啊！我們的祖先在唐堯虞舜時代就當過史官，很有名氣。後來在周朝又當過史官。我們司馬氏家族世世代代都為國家主管文史星曆方面的事情，這個職務能到我們這裡就打住了嗎，你可要記著呀！可要記著呀！」於是司馬遷就竭力收集一切散失的歷史文獻，考察每一個王者的事業是怎樣發展起來的，研究每個歷史事件的發生原因及其發展結果，從一個時代的興盛中找出它已經潛伏的衰敗的跡象，考察每一個重要人物的行為事跡，本書對於夏、商、周三代以及三代以上的記載比較簡略，對於秦、漢之際的記載比較詳細，從上古的黃帝寫起，一直寫到目前為止，書中有十二篇本紀，是各個歷史時期的國家大事的綱領。由於諸事紛紜，單從本紀、世家、列傳中不易看清各個事件的時間先後，所以書中又譜列了十篇表。為了論述歷代禮、樂、律、曆的發展變化，和各種兵機謀略、山川形勢、鬼神祭祀，以及探討天和人的關係、社會上各種事物的發展演變，所以又寫了八篇書。像二十八宿環繞北斗，像三十根輻條共同向著一個車軸，永遠運轉不休，輔佐天子的大臣們就是這樣，忠心耿耿、守信不移地護衛著朝廷，所以又寫了三十篇世家。信義昭昭，卓犖出群，能抓住時機地建功揚名於天下，所以又寫了七十篇列傳。全書共一百三十篇，五十二萬六千五百字，取名為《太史公書》。寫這部書的目的，一方面是為了搜集遺文以補充《六藝》的不足，同時也要讓它成為自己的一家之言，寫作時融會了有關《六經》的各種不同的解釋，兼採了諸子中各家的不同學說，我準備把正本藏在名山，讓副本留在京師，以供後代有見識的人們來參考、評斷，因此作了這列傳的第七十篇〈太史公自序〉。

131 太史公說：我記述的歷史過程是，上起軒轅黃帝，下至當今皇帝的太初年間，共一百三十篇。

【研　析】〈太史公自序〉是司馬遷自述其家世生平與其《史記》創作緣由、內容大綱、寫作宗旨的文章，與〈報任安書〉一起，是研究司馬遷生平、思想，與其《史記》文章的第一手資料。其內容有以下幾方面：

其一，作品敘述了作者自己始自顓頊以來的遙遠家世，其中有些屬於傳說，而春秋以來的部分，如司馬遷的祖輩有過軍事家、經濟人才以及學者等等，這些都有助於探討司馬遷的家學淵源、司馬遷進步的思想觀點、以及司馬遷知識結構的形成。

其二，作品收入了司馬談的〈論六家要旨〉，於此我們不僅可以了解司馬談的思想、學術，認識司馬遷所受的某些道家影響，而且有助於我們認識漢代初期學術上各家各派互相吸收融會的發展趨勢。

其三，作品描寫了司馬遷接受其父臨終遺教的情形，老司馬談語言懇切，悲慨沉摯，這是司馬遷日後發憤著書的動力來源之一；而且我們還可以透過他們這種父子關係，看到這是一種時代要求、歷史使命的體現。

其四，作品曲折但又明確的表達出了司馬遷寫作《史記》的目的，和司馬遷對自己《史記》的高度評價。司馬遷分明是以孔子第二自居，是以自己的《史記》上比《春秋》的。司馬遷說孔子寫《春秋》是為了「貶天子，退諸侯，討大夫，以達王事而已矣」，這與其說是詮釋《春秋》，不如說這是他自己寫作《史記》的宣言。

其五，作品表達了司馬遷的人生觀、生死觀，與其因李陵事受禍，以及忍辱著書的過程，其大意與〈報任安書〉相同，因〈報任安書〉敘述得更詳細，故兩者應參照閱讀。

其六，作品介紹了《史記》的總體面貌與其一百三十篇各篇的寫作宗旨，對讀者閱讀《史記》有指導作用。

李景星認為這篇作品「文辭高古莊重，精理微旨更奧衍宏深，是史遷一生出格大文字。」（《四史評議》）

附錄

報任安書

【題解】任安，字少卿，滎陽人。武帝征和年間，為北軍使者護軍。征和二年（西元前九一年），奸人江充以「誣蠱」陷害皇后衛子夫與太子劉據，劉據憤而誅江充。時武帝在甘泉宮，以為劉據「謀反」，派丞相劉屈氂率兵討伐，劉據起兵與劉屈氂戰於長安城中，雙方死者數萬。任安這時任「北軍使者護軍」，也就是皇帝派駐北軍的特派員，權力甚大。他已經接受了劉據的招呼，但又按兵不動，左右觀望。後太子兵敗自殺，任安遂以「持兩端」被武帝下獄腰斬，事見《史記・田叔列傳》。任安在獄中曾給司馬遷寫信，指責司馬遷的「不能順於接物」，大概就是指司馬遷的曾為李陵辯護並招致受宮刑而言；同時還勸司馬遷給國家「推賢進士」。任安這種對司馬遷為人處世的嚴重不理解，與不切實際的強人所難，使司馬遷非常痛苦，於是他寫了這封回答任安，其實更是回答一切不理解司馬遷的整個西漢上流社會的宣言書。我們認為此書即作於征和二年十一月，任安被殺之前。這篇文章最早見於《漢書・司馬遷傳》，我們這篇文字則是依據胡刻《昭明文選》，兩者的字句略有出入。

太史公❶牛馬走❷司馬遷再拜言，少卿足下：曩者辱賜書，教以順於接物，推賢進士為務❸。意氣勤勤懇懇，若望❹僕不相師，而用流俗人之言，僕非敢如此也。僕雖罷駑❺，亦嘗側聞長者之遺風矣。顧自以為身殘處穢❻，動而見尤❼，欲益反損，是以獨鬱悒而誰與語。諺曰：「誰為為之！孰令聽之❽！」蓋鍾子期死，伯牙終身不復鼓琴❾。何則？士為知己者用，女為悅己者容。若僕大質❿已虧缺矣，雖才懷隨、和⓫，行若由、夷⓬，終不可以為榮，適足以見笑而自點⓭耳。書辭宜答，會東從上來⓮，又迫賤事，相見日淺⓯，卒卒⓰無須臾之間⓱得竭志意。今少卿抱不測之罪，涉旬月，迫季冬⓲，僕又薄從上雍⓳，恐卒然不可為諱⓴，是僕終已不得舒憤懣以曉左右㉑，則長逝者魂魄私恨無窮。請略陳固陋。闕然久不報㉒，幸勿為過！

【章旨】以上為第一段，撮述了任安來信的要點，說明了自己此時此刻急於寫這封回信的原因。

【注釋】❶太史公 司馬遷自稱自己的官職。❷牛馬走 對人客氣的自稱，猶言「您的僕人」。類似說法又見於《淮南子・道應》，其文有所謂「越王句踐為吳王先馬走，果擒之于干遂」。李善《昭明文選注》曰：「太史公，遷父談也。走，猶僕也。言己為太史公掌牛馬之僕，自謙之辭也。」按：此處無端闌入司馬談，殊覺無謂，今不取。錢鍾書《管錐編》曰：「『牛馬走』，應作『先馬走』，猶言『馬前走卒』。『太史公』為馬遷官銜；『先馬走』為馬遷謙稱。」可供參考。❸教以順於接物二句 順於接物，意即結交朋友要謹慎。順，謹慎。物，人。包世臣《評注昭明文選》曰：「『推賢進士』，非少卿來書中語，史公諱少卿求援，故以四字約來書之意。」可以參考。❹望 怨恨。❺罷駑 拙劣；低下。罷，同「疲」。駑，劣馬。❻身殘處穢 指受宮刑而言。❼動而見尤 不論對什麼事，只要自己一動，就要受到指責。尤，怪罪。❽誰為為之二句 意即「還能幹什麼呢？還能說什麼呢？」誰為，為誰。孰令，讓誰。❾鍾子期死二句　鍾子期和伯牙都是春秋時楚國人，伯牙善彈琴，而鍾子期能知音，二人遂為知交。後鍾子期死，伯牙遂碎琴不復更彈。事見《呂氏春秋・本味》。❿大質　指身體。⓫才懷隨和　有珠玉一般的才華。隨，謂隨侯之珠。和，謂和氏之璧。⓬由夷　許由、伯夷，歷來被視為廉潔的典型，事見〈伯夷列傳〉。⓭點　玷汙；汙辱。⓮東從上來　即「從上東來」，指跟隨武帝由甘泉宮向東南回到長安來。武帝此次行幸甘泉宮在征和二年夏，見《漢書・武帝紀》。有人將此句解釋為「跟從武帝由東方回到長安來」，而征和二年又找不出武帝有東巡事，於是就將此事向前推到了太始四年。而太始四年並無任安下獄事，於是便找出〈田叔列傳〉後所附褚先生所記之武帝語云，「任安有當死之罪甚眾，吾嘗活之」，而推測為任安此年曾下獄。說見王國維《太史公行年考》，北大《兩漢文學史參考資料》亦引用。按：此說之主觀性太大，今不取。請參看後文「薄從上雍」注。⓯相見日淺　言可能見面的機會本來不多。⓰卒卒　猶言「匆匆」。卒，同「猝」。⓱間　空隙。按：以上四句之次序略不順，似應作「會東從上來，相見日淺，又迫賤事，卒卒無須臾之間」始曉暢。⓲涉旬月二句　意謂再過上十天半個月，就到季冬臘月了。漢代例以臘月處決犯人，故史公有此擔憂。⓳薄從上雍　迫於要跟從武帝到雍州去。薄，同「迫」。逼近。雍，漢縣名，在今陝西鳳翔南，其地有五畤，漢代皇帝常到那裡去祭祀上帝。據《漢書・武帝紀》：「(征和)三年春正月，行幸雍。」則司馬遷此書作於征和二年十一月，原本不錯，無須另生太始四年之推想。⓴不可為諱　指任安被殺。㉑左右　謙稱對方，猶言「執事」、「閣下」之類。㉒闕然久不報　好久沒有寫回信。闕，同「缺」。間隔；空隙。

【語　譯】您的僕人太史令司馬遷恭敬的向您行禮稟告說，少卿足下：前些日子承蒙您給我寫信，教導我要謹慎地待人接物，讓我把「推賢進士」當成自己的主要任務。您的言辭非常懇切，您好像是在責備我不照您的意思去做，而專門聽那些世俗小人的話，我是從來沒有這樣的。我雖然笨拙沒有出息，但我也還是接受過一些才高德重的人的教導的。問題在於我現在已經受了宮刑，處在這麼個卑汙的地位，不動還好，一動就有麻煩，儘管是想做好事，而結果反而是更壞事，因此我就只好一個人默默地忍受痛苦而不與任何人說話了。俗話說：「做事總得為個誰，說話也總得有個人聽吧！」所以鍾子期一死，伯牙就一輩子不再彈琴了。為什麼呢？這就是通常所說的，士為知己者效力，女為喜愛自己的人梳妝。像我這種身體已經殘缺的人，即使我有隨侯珠、和氏璧一樣的才華，即使我有許由、伯夷那樣的品行，那對我也不會有什麼光榮，反而更會招來人們的恥笑，給自己帶來汙辱。您的來信我早就應該回答，由於我剛剛跟著皇上從甘泉宮回到京城，回來後又忙於處理一些雜事，日子本來就不多，加上我整天忙忙碌碌，所以實在找不出一點時間，來向您表達我的意思。現在您身遭大禍，而再過十天半個月，就臨近臘月底了，而我很快又得準備跟著皇上到雍州去，我實在擔心您那裡會突然發生什麼事情，到那時，我就永遠不能再向您抒發我心中的憤懣了，而您也會因為沒有得到我的回信而遺恨不盡。所以我現在趕緊抽空寫這封信向您說說我的思想。時間隔得較久了，請您多加原諒。

僕聞之：修身者，智之符也❶；愛施者，仁之端也；取與❷者，義❸之表也；恥辱❹者，勇之決也；立名者，行之極也。士有此五者，然後可以託於世，而列於君子之林矣。故禍莫憯於欲利❺，悲莫痛於傷心，行莫醜於辱先，詬莫大於宮刑。刑餘之人，無所比數，非一世也，所從來遠矣。昔衛靈公與雍渠同載，孔子適陳❻；商鞅因景監見，趙良寒心❼；同子參乘，袁絲變色❽，自古而恥之。夫以中才之人，事有關於宦豎，莫不傷氣，而況於慷慨之士乎！如今朝廷雖乏人，奈何令刀鋸之餘❾，薦天下之豪俊哉！

僕賴先人緒業❿，得待罪輦轂下⓫，二十餘年⓬矣。所以自惟：上之，不能納忠效信，有奇策才力之譽，自結明主；次之，又不能拾遺補闕，招賢進能，顯巖穴之士；外之，不能備行伍，攻城野戰，有斬將搴旗之功；下之，不能積日累勞，取尊官厚祿，以為宗族交游光寵。四者無一遂，苟合取容，無所短長之效，可見如此矣。鄉者，僕亦常⑬廁下大夫之列⑭，陪外庭⑮末議，不以此時引綱維⑯，盡思慮，今已虧形為掃除之隸，在闒茸⑰之中，乃欲仰首伸眉，論列是非，不亦輕朝廷、羞當代之士邪？嗟乎！嗟乎！如僕尚何言哉，尚何言哉！

【章　旨】以上為第二段，回答任安所以不能聽其相勸不能「推賢進士」的滿腹苦衷。

【注　釋】❶智之符也　是有智的表現。符，證驗；表現。按：此與下文「仁之端也」、「義之表也」、「勇之決也」、「行之極也」四句的句式相同，「符」、「端」、「表」、「決」、「極」，五字的涵義亦大致相同。❷取與　接受人家的賜予。《論語》：「時然後言，人不厭其言；樂然後笑，人不厭其笑；義然後取，人不厭其取。」❸義　宜也。❹恥辱　以受辱為恥，亦與「修身」、「立名」等句式相同。《論語》：「知恥近乎勇。」❺禍莫憯於欲利　最慘痛的事情莫過於想為人做好事而不被人理解。憯，同「慘」。❻衛靈公與雍渠同載二句　雍渠是衛靈公寵愛的宦官，衛靈公外出時，讓雍渠與之同車，而讓孔子坐在後面的車上，孔子以為恥，離衛而去。見《史記・孔子世家》。陳，春秋時諸侯國名，都於宛丘（今河南淮陽）。據〈孔子世家〉，孔子離衛後，未曾去陳，乃去了曹國。❼商鞅因景監見二句　景監是秦孝公的宦官，商鞅入秦後，是通過景監的引見，才得以見到秦孝公的。後來趙良勸說商鞅中流引退時，曾認為被景監引見是一件不光彩的事。見《史記・商君列傳》。❽同子參乘二句　同子是指漢文帝時的宦官趙談，司馬遷為避父諱，故稱之曰「同子」。漢文帝外出時，曾讓趙談陪乘，袁絲見到後，以為不成體統，勸漢文帝令其下車。見〈袁盎鼂錯列傳〉。袁絲，即袁盎。❾刀鋸之餘　指受過宮刑的自己。❿賴先人緒業　指繼父任為太史令而言。漢代官僚有保任其子、弟為吏的制度，司馬遷先以父任為郎，後為太史令，故此曰「賴」。緒業，餘業；遺業。⓫待罪輦轂下　謙稱侍候在皇帝周圍。輦轂，指皇帝的車駕。⓬二十餘年　司馬遷於元封元年（三十六歲）以前為郎中，至征和二年（五十五歲），前後二十餘年。⓭常　同「嘗」。⓮廁下大夫之列　指為太史令。太史令官秩六百石，位同下大夫。廁，參與其間。⓯外庭　也稱外朝，漢時稱大司馬、侍中等的議事之地為「中朝」，稱丞相等的議事之地為「外朝」。⓰引綱維指根據國家的典章法紀以論列是非。⓱闒茸　指微賤之地。章炳麟《新方言・釋言》：「闒為小戶，茸為小草，故并舉以狀微賤也。」

【語　譯】我常聽說：能夠修養自身，是智的標誌；能夠博愛多施，是仁的開始；能掌握什麼該接受、什麼不該接受，是義的表現；能對受辱感到可恥，是產生勇氣的內因；能夠揚名於後世，是人生一世的最高理想。一個人非得具備了這五條，然後才能立足於社會，才能進入君子的行列。所以一個人最慘痛的事情莫過於想為人做好事而不被理解，最悲哀的事情莫過於一個人的心靈受到損害，最嚴重的事情莫過使自己祖先受到侮辱，而最可恥的事情就莫過於使自己遭受宮刑了。一個人一旦受過宮刑，就再也沒有誰願意靠近他，這不是從哪一個朝代開始，而是自古以來就如此的。當初衛靈公就因為和宦官雍渠同坐了一輛車子，所以孔子就離開衛國去了陳國；商鞅見秦孝公就因為是通過宦官景監的引見，所以就使得趙良為之心寒；漢文帝就因為讓宦官趙談上了他的車，所以就使得袁盎變了臉色，這不都說明自古以來人們就以接觸宦官為恥嗎？一個中等水平的人，只要和宦官有了干係，還都自己覺得喪氣，更何況那些慷慨激昂的有志之士呢？當今的朝廷上即使缺少人才，可無論如何也不至於讓一個受了宮刑的人去推薦什麼英雄豪傑吧！

我是靠著父親的關係，得以在皇上的手下服務，從開始到現在已經二十多年了。我自己常常想：往高處說，我沒有能夠用自己的忠信和才幹討得皇上的歡心；往下說，我也沒能給皇帝拾遺補漏，推賢薦士表彰過在野的人才；往外說，我也沒能身先士卒，攻城野戰，立過什麼斬將拔旗的功勞；最後，我也沒能靠著熬年頭熬資歷取得個高官厚祿，給家族以及朋友們帶來什麼光榮。四條裡頭沒有一條能夠獲得成功，只不過在這裡混日子，這不已經充分說明我是不可能幹成任何事情的嗎？過去，我還曾經被列在下大夫的行列裡，有時也參加過由丞相召集的一些會議，在那個時候都沒能根據著國家的典章法紀發表過自己的什麼看法，到今天受了宮刑，已經變成一個出入小門灑掃殿階的奴隸時，您還要求我去揚眉吐氣地議論是非，您這不是小看了朝廷，認為朝廷裡太沒人了嗎？唉！像我今天這樣，還能說什麼呢？還能說什麼呢？

且事本末未易明也：僕少負不羈之行❶，長無鄉曲之譽。主上幸以先人之故，使得奏薄伎❷，出入周衛之中。僕以為戴盆何以望天❸，故絕賓客之知，亡❹室家之業，日夜思竭其不肖之才力，務一心營職，以求親媚於主上。而事乃有大謬不然者！

夫僕與李陵，俱居門下❺，素非能相善也。趨舍異路，未嘗銜盃酒、接殷勤之餘歡；然僕觀其為人，自守奇士❻。事親孝，與士信，臨財廉，取與義，分別有讓❼，恭儉下人，常思奮不顧身，以徇國家之急。其素所蓄積也，僕以為有國士之風。夫人臣出萬死不顧一生之計，赴公家之難，斯以奇矣。今舉事一不當，而全軀保妻子之臣，隨而媒孽❽其短，僕誠私心痛之！且李陵提步卒不滿五千，深踐戎馬之地，足歷王庭❾，垂餌虎口，橫挑彊胡，仰億萬之師，與單于連戰十有餘日，所殺過半當❿。虜救死扶傷不給，氈裘之君長⓫咸震怖，乃悉徵其左、右賢王⓬，舉引弓之人⓭，一國共攻而圍之。轉鬬千里，矢盡道窮，救兵不至，士卒死傷如積，然陵一呼勞軍⓮，士無不起，躬自流涕，沫血飲泣⓯，更張空拳⓰，冒白刃，北嚮爭死敵者。陵未沒時，使有來報⓱，漢公卿王侯，皆奉觴上壽。後數日，陵敗書聞，主上為之食不甘味，聽朝不怡，大臣憂懼，不知所出。僕竊不自料其卑賤，見主上慘愴怛悼，誠欲效其款款之愚，以為李陵素與士大夫絕甘分少⑱，能得人之死力，雖古之名將不能過也。身雖陷敗，彼觀其意⑲，且欲得其當⑳而報於漢；事已無可奈何，其所摧敗，功亦足以暴於天下矣㉑。僕懷欲陳之而未有路，適會召問，即以此指㉒推言陵之功，欲以廣主上之意，塞睚眦之辭㉓。未能盡明，明主不曉，以為僕沮貳師㉔，而為李陵游說，遂下於理㉕。拳拳㉖之忠，終不能自列，因為誣上，卒從吏議㉗。家貧，貨賂不足以自贖㉘，交游莫救，左右親近，不為一言。身非木石，獨與法吏為伍，深幽囹圄㉙之中，誰可告愬者！此真少卿所親見，僕行事豈不然乎？李陵既生降，頹其家聲；而僕又佴㉚之蠶室㉛，重為天下觀笑。悲夫！悲夫！事未易一二㉜為俗人言也。

【章旨】以上為第三段，備言自己因李陵事受宮刑的始末，傾訴了自己滿腹的委屈之情，對漢武帝與其朝臣們表現了極大的憤慨。

【注釋】❶少負不羈之行　從小就沒有出眾的行為表現。師古曰：「不羈，言其材質高遠，不可羈繫也。負者，亦言無此事也。」按：顏說是，此正與下句「長無鄉曲之譽」對稱，極言自己之「不肖」。有人將此解釋為「少年時自恃有不可羈繫的性行」。與整段文章不合，今不取。❷奏薄伎　奏，進；效。薄伎，小技藝。即文史星象等諸才能。❸戴盆何以望天　極喻其全心全力，謹慎奉職之狀。❹亡　拋棄；不顧。❺門下　宮門內，時李陵為侍中、建章（宮）監，司馬遷為太史令，俱供職於宮門內，故云。❻自守奇士　以奇士的操節自守。❼分別有讓　指待人接物有分別，有禮讓。分別，指長幼尊卑。❽媒蘖猶今之所謂「添油加醋」，使一點壞事由小變大，由少變多。蘖，酵母。❾王庭　指匈奴單于的大本營。❿所殺過半當　言陵軍殺敵之數目，已超過自己人數的一半。按：《漢書．司馬遷傳》作「所殺過當」。過當，即殺敵之數較之自己犧牲之數為多。疑《漢書》為是。⓫旃裘之君長　指匈奴的統治者。⓬左右賢王　地位僅次於大單于的匈奴統治者，左賢王管轄匈奴東部地區，右賢王管轄匈奴西部地區。左、右賢王通常由單于的兒子或兄弟充當。⓭舉引弓之人　凡能拉開弓的人，全部徵調。舉，盡。⓮勞軍　鼓勵、慰勉戰士。⓯沬血飲泣　滿臉是血，眼裡含著淚。沬，古「頮」字，以水灑面。⓰張空拳　張，奮也。拳，《漢書》作「弮」。弓弦。空拳，即空弓。與上文「矢盡道窮」句相應。按：就按赤手空拳講亦可。⓱使有來報　《漢書．李陵傳》云：「(陵)至浚稽山止營，舉圖所過山川地形，使麾下騎陳步樂還以聞。步樂召見，道陵將率得士死力，上甚悅。」⓲絕甘分少　好的東西，自己不要；稀罕的東西，分給別人。《孝經援神契》云：「母之于子也，鞠養殷勤，推燥就濕，絕甘分少。」⓳彼觀其意　猶言「觀彼之意」。⓴得其當　得一分與其罪過相當的功效。師古曰：「欲于匈奴立功，而歸以當其破敗之罪。」與此大意相同。亦有曰：「當，指相當的時機。」今不取。㉑其所摧敗二句　有人斷句為「其所摧敗功，亦足以暴於天下矣。」亦通。林希元《古文析義》曰：「陵深入覆軍，乃少年浮氣，不量彼己，亦趙括之流耳，而子長乃極口稱譽，所以掩己救陵之失。」㉒此指　這個想法。指，同「旨」。㉓塞睚眦之辭　堵塞那些平時與李陵有睚眥之怨，而此時欲乘機「媒蘖」、構陷李陵者的言詞。睚眦，怒目而視。㉔沮貳師　沮，以言語毀人。貳師，指貳師將軍李廣利，武帝寵姬李夫人之弟，時為伐匈奴的統帥，率騎三萬與匈奴右賢王戰於祁連天山，武帝派李陵率偏師與之策應。結果李陵遇敵，全軍覆沒。李廣利的事跡見《史記．大宛列傳》、《漢書．張騫李廣利傳》。㉕理　法；法官。㉖拳拳　忠誠勤懇的樣子。㉗因為誣上二句　眾吏認為我的話是誣謗皇上，皇上最後也依從了眾吏的擬議。因，以。㉘自贖　漢時，犯罪者可以出錢以減免刑罰。㉙囹圄　監牢。㉚佴　推置；打入。㉛蠶室　剛受宮刑者所居處的溫室。㉜一二　猶今所謂「一一地」。

【語　譯】再說有些事情的原委也是很難向人說明白的：我從小就沒有什麼出眾的表現，長大後在鄉里也沒有得到過什麼讚譽。只不過是靠著父親的關係，才讓我憑著一點小小的文史才技，去到皇上的周圍服務了。我當時可把這種待遇看成了一種莫大的恩寵，我謹小慎微地就像頭上頂著個盆子一樣，我斷絕了一切朋友的來往，拋開了家庭的一切私事，日日夜夜地想竭盡一切力量，全心全意地做好工作，以求博得皇上的歡心。誰料想事情的發展竟是如此的出人意外。

我和李陵一同在皇宮裡服務，平常也沒有什麼太好的關係。彼此志趣不同，連個在一起喝杯酒的情分都沒有；可是我從旁邊觀察他的為人，卻認為他是一個不平凡的人。他對老人孝順，對朋友講信用，對錢財很廉潔，在給人東西和接受人家的東西上很掌握分寸，他對待不同輩分的人都很禮讓，恭恭敬敬完全沒有任何架子，他時刻準備著奮不顧身地去解救國家的危急。從他這些一貫的修養、素質看，我覺得像他這種風度的人在一個國家裡是少有的。作為一個臣子，能夠不顧個人安危地去奔赴國家的急難，這已經很難得了！可是當他有一件事情沒有做好時，那些只知道保官保命保自己老婆孩子的人們，就一哄而起添油加醋地誇大他的罪名，我很為此感到痛心！再說李陵出征時所帶領的只有五千步兵，他就憑著這點人長驅直入，一直打到匈奴單于的大本營，如同一個釣魚的已經釣到老虎的血盆大嘴裡去了，他與強大的敵人英勇挑戰，抗擊著敵人的幾十萬大兵，與匈奴單于一連戰鬥了十幾天，殺死殺傷的敵人遠比我們的損失多得多。打得敵人連救死扶傷都來不及，嚇得匈奴的首領們一個個膽戰心驚，在沒有辦法的情況下，他們又調來了左右賢王的軍隊，並下令把全國凡是能拉開弓的人全部調來圍攻李陵。而李陵與敵人一邊戰鬥一邊退卻，直到箭盡糧絕，無路可走的時候，我方的救兵還不見蹤影，這時我們的士兵死的死，傷的傷，剩下的已經不多了，然而在這樣的情況下，李陵鼓勵地大呼一聲，士兵們又都一個個掙扎著站起來，他們含著眼淚，滿臉淌著血，還是赤手空拳地向著敵人的槍林箭雨撲去。當李陵沒有失敗前，派使者給朝廷送來捷報時，朝廷裡的公卿王侯們都一個個地舉著酒杯向皇上祝賀。過了幾天，當李陵失敗的消息傳來時，皇上為此吃不下飯，心情非常苦惱，而那些大臣們也都提心吊膽，一個個再也不知道說什麼好。這時候我沒有再考慮自己的地位卑賤，我只覺得皇上太痛苦，太傷心了，於是我就想向皇上說說我自己的看法。我覺得李陵平素和人們在一起時，遇到好處總是讓給別人，因此能夠得到人們的全力擁護，這一點，即使是古代的名將也難得超過他。現在他雖然一時失敗，被敵人俘虜，但據我看來，他是想尋找機會再立一分與其失敗相當的功勞來報效朝廷；退一步說，即使他今後什麼也沒有成就，那他以前殺死殺傷敵人的戰功，也就足以揚名於天下了。我懷著這些想法正沒有機會說，剛好這時皇上點名問我，於是我就把我對李陵這些的看法對皇上說了。我當時是想以此來給皇上寬心，同時也想堵上那些說人壞話的傢伙們的嘴。可是我的意思沒有能夠讓皇上聽明白，皇上誤以為我是在誹謗貳師將軍李廣利，而為李陵開脫罪責，於是一怒之下就把我送交了法庭。從此我的一片忠心，再也無法表白，被酷吏們給我定了個誣衊皇上的罪名，而皇上後來也就聽信同意了。我當時家裡窮困，拿不出足夠的錢來贖罪，過去的朋友們沒有一個人出來加以營救，而皇上左右的那些親信大臣們也沒有一個人幫我說過一句話。人不是木頭、石頭，可都是有思想有感情的呀！就這樣讓我一個人去和那些酷吏們打交道，把我送進大牢裡去了。我的滿腹委屈還能向誰去說呢？這些不都是您當時親眼看見的嗎？我這事情的前前後後，不就是這個樣子嗎？李陵由於投降敵人，敗壞了他家的名聲；而我又被處以宮刑，受到天下人的恥笑。可悲啊！可悲啊！有些事情是很難對世人一一說清楚的。

僕之先，非有剖符丹書❶之功，文史、星曆❷，近乎卜祝之間，固主上所戲弄，倡優所畜❸，流俗之所輕也。假令僕伏法受誅，若九牛亡一毛，與螻蟻何以異！而世俗又不與❹能死節者，特以為智窮罪極，不能自免，卒就死耳。何也？素所自樹立使然也。人固有一死，死或重於太山，或輕於鴻毛，用之所趣異也。太上❺不辱先，其次不辱身，其次不辱理色❻，其次不辱辭令，其次屈體受辱❼，其次易服受辱❽，其次關木索❾、被箠楚受辱，其次剔毛髮❿、嬰金鐵受辱，其次毀肌膚、斷支體受辱，最下腐刑，極矣⓫。傳⓬曰：「刑不上大夫。」此言士節不可不勉勵也。猛虎在深山，百獸震恐，及在檻穽⓭之中，搖尾而求食，積威約之漸[14]也。故士有畫地為牢，勢不可入；削木為吏，議不可對[15]，定計於鮮[16]也。今交手足，受木索，暴肌膚，受榜箠，幽於圜牆[17]之中，當此之時，見獄吏則頭槍地[18]，視徒隸則正惕息[19]。何者？積威約之勢也。及以至是，言不辱者，所謂彊顏耳，曷足貴乎！且西伯，伯也，拘於羑里[20]；李斯，相也，具於五刑[21]；淮陰[22]，王也，受械於陳；彭越[23]、張敖[24]，南面稱孤，繫獄抵罪；絳侯[25]誅諸呂，權傾五伯，囚於請室[26]；魏其[27]，大將也，衣赭衣，關三木[28]；季布為朱家鉗奴[29]；灌夫受辱於居室[30]。此人皆身至王侯將相，聲聞鄰國，及罪至罔[31]加，不能引決自裁，在塵埃之中[32]，古今一體，安在其不辱也？由此言之，勇怯，勢也；彊弱，形也[33]，審矣，何足怪乎！夫人不能早裁繩墨[34]之外，以稍陵遲[35]，至於鞭箠之間，乃欲引節[36]，斯不亦遠乎！古人所以重[37]施刑於大夫者，殆為此也。

夫人情莫不貪生惡死，念父母，顧妻子；至激於義理者不然，乃有所不得已也。今僕不幸，早失父母，無兄弟之親，獨身孤立，少卿視僕於妻子何如哉？且勇者不必死節，怯夫慕義，何處不勉焉[38]！僕雖怯懦，欲苟活，亦頗識去就之分矣，何至自沉溺累紲之辱哉？且夫臧獲[39]婢妾，由能引決[40]，況僕之不得已乎？所以隱忍苟活，幽於糞土之中而不辭者，恨私心有所不盡，鄙陋[41]沒世而文采不表於後世也。

古者富貴而名磨滅，不可勝記，唯倜儻42非常之人稱焉。蓋文王拘而演周易43；仲尼厄而作春秋；屈原放逐，乃賦離騷；左丘失明44，厥有國語；孫子臏腳，兵法修列45；不韋遷蜀，世傳呂覽46；韓非囚秦，說難、孤憤47；詩三百篇，大底賢聖發憤之所為作也。此人皆意有所鬱結，不得通其道，故述往事，思來者48。乃如左丘無目，孫子斷足，終不可用，退而論書策，以舒其憤，思垂空文以自見49。

僕竊不遜，近自託於無能之辭，網羅天下放失舊聞，略考其行事，綜其終始，稽50其成敗興壞之紀51，上計軒轅，下至于茲，為十表，本紀十二，書八章，世家三十，列傳七十，凡百三十篇。亦欲以究天地之際52，通古今之變，成一家之言。草創未就，會遭此禍，惜其不成，是以就極刑而無慍色。僕誠已著此書，藏之名山，傳之其人53，通邑大都54，則僕償前辱之責55，雖萬被戮，豈有悔哉！然此可為知者道，難為俗人言也。

【章旨】以上為第四段，傾訴了自己受刑後之所以能忍受如此的奇恥大辱，其原因就是為了要完成自己的偉大著作。

【注釋】❶剖符丹書　朝廷發給有功之家的證券。符，以竹、木或金屬為之，一分為二，朝廷與受封者各執一半，以為憑證。❷文史星曆　太史令的職責。星曆，天文曆法。❸倡優所畜　被當成樂師、優伶一樣地畜養著。❹不與　不認為是。與，讚許；肯定。❺太上　最高；最重要的。❻不辱理色　即今之所謂「不傷面子」。理色，面色。❼屈體受辱　指點頭哈腰地道歉認錯之類。屈體，彎腰。《文選》李善注云：「屈體，謂被縲繫。」今人注本多從之，疑非，說見下。❽易服受辱　古時犯人皆衣赭衣，故云。赭，土黃色。❾關木索　即披枷帶鎖。關，穿；披帶。索，繩。❿剔毛髮　指受髡刑。⓫最下腐刑二句　按：以上十句語意重複，邏輯不順。既曰「太上」、「其次」、「其次」一氣蟬聯，則其屈辱程度應由輕而重依次排列。今前四句四個「不辱」，乃由重至輕；後六句六個「受辱」，又由輕而重，似欠統一。⓬傳　漢時用以稱賢人的著作，此指《禮記》。下句引文見〈曲禮上〉。⓭檻穽　畜養野獸的圈欄和深池。⓮積威約之漸　意即威約逐次加之，積久而至於此。漸，積久而成。⓯議不可對　議，通「義」。其用法與「義不帝秦」、「義無反顧」之句式同。「義不可對」與上句「勢不可入」對文。今本散文選多有注「議」為「議論」、「議罪」者，皆非。漢代「義」、「議」二字常混用。〈留侯世家〉：「四人者，義不為漢臣。」《考證》曰：「楓、三本，『義』作『議』。」〈酷吏列傳〉：「勝屠公當抵罪，義不受刑，自殺。」《漢書》「義」作「議」。〈魯仲連鄒陽列傳〉：「曹子議不還踵。」「議」亦同「義」。又：路溫舒〈尚德緩刑疏〉：「俗語曰：『畫地為獄議不入，刻木為吏期不對』。」與此略同，師古曰：「期，猶必也。」「議」與「期」對文。⓰定計於鮮　意即早拿主意。鮮，此處其意同「先」。但舊注皆釋「鮮」為明，於文意頗繞。⓱圜牆　師古曰：「獄也。《周禮》謂之『圜土』。」⓲槍地　觸地。槍，亦作「搶」。義同。⓳正惕息　正，正容。畏懼貌。惕，懼。息，喘氣；心跳。按：「正」字，《漢書》作「心」，疑是。⓴西伯三句　西伯，即周文王。羑里，地名，在今河南湯陰北。文王被殷紂拘羑里事，見〈周本紀〉。㉑具於五刑　指被割鼻、斬左右趾、笞殺、梟首、磔骨肉於市。李斯具五刑事見〈李斯列傳〉。㉒淮陰　指淮陰侯韓信，劉邦的開國功臣。韓信先為齊王，又為楚王，最後被劉邦猜忌，襲捕之於陳（今河南淮陽），強加罪名殺害事，見〈淮陰侯列傳〉。㉓彭越　劉邦的開國功臣，先為梁王，後被呂后捕殺。㉔張敖　劉邦的女婿，先為趙王，因其臣下貫高等欲殺劉邦而被捕下獄，事見〈張耳陳餘列傳〉。㉕絳侯　指周勃，劉邦的開國功臣，被封為絳侯。㉖請室　《漢書・賈誼傳》注：「請罪之室。」京城裡的高級拘留所。周勃被誣告囚於請室事，見〈絳侯周勃世家〉。㉗魏其　指竇嬰，竇嬰是景帝之母竇太后的姪子，在平定吳楚七國之亂中有功被封為魏其侯。㉘三木　師古曰：「在頸及手足。」即後世之所謂枷、梏、桎。竇嬰被下獄關三木事，見〈魏其武安侯列傳〉。㉙季布為朱家鉗奴　季布原為項羽的將領，項羽敗死後，季布為逃避劉邦的緝捕，曾隱姓名在大俠朱家處為奴，事見〈季布欒布列傳〉。鉗，《漢書・高紀》注：「以鐵束頸也」。㉚灌夫受辱於居室　灌夫是景帝、武帝時的將領，因得罪武帝之舅田蚡被下獄，後被殺，事見〈魏其武安侯列傳〉。居室，亦稱保宮，是拘留貴族罪犯的處所。㉛罔　同「網」。法網；法律。㉜在塵埃之中　指下了監牢。塵埃，猶言汙穢。與後文之所謂「糞土」同。㉝勇怯四句　以上原見《孫子・兵勢》。㉞繩墨　原是木工用以取直的工具，這裡指刑罰。㉟以稍陵遲　意謂等到已經越來越不行了。以，同「已」。陵遲，猶今之所謂「落魄」。㊱引節　為保持氣節而自殺。按：當時指責司馬遷不能自殺的人一定很多。《鹽鐵論・周秦》有云：「今無行之人貪利以陷其身，蒙戮辱而捐禮義，恆于苟生，何者？一日下蠶室，瘡未瘳宿衛人主，得由受俸祿，食太官享賜，身以尊榮，妻子獲其饒，故或載卿相之列，就刀鋸而不見憫。」就是指司馬遷而言；任安來書似乎又涉及此事，故史公慷慨淋漓反覆言之如此。㊲重不輕易。㊳勇者不必死節三句　真正的勇士不一定就為「名節」問題而死；怯懦的人為得一個好名聲而輕易喪生的也不在少數。〈季布欒布列傳〉云：「季布以勇顯於楚，身履軍搴旗者數矣，可謂壯士；然至被刑戮，為人奴而不死，何其下也？彼必自負其材，故受辱而不羞，欲有所用其未足也，故終為漢名將。賢者誠重其死，夫婢妾賤人感慨而自殺者，非能勇也，其計畫無復之耳。」正可與此相發明。㊴臧獲　泛指奴僕。與「婢妾」義同。㊵由能引決　由，同「猶」。引決，自殺。㊶鄙陋瞧不起；以之為恥辱。㊷倜儻　卓異；灑脫。㊸文王拘而演周易　據說文王拘於羑里時，將伏羲氏所畫的八卦推演為六十四卦，成為今天所說的《周易》。演，推衍；發展。㊹左丘失明　相傳《國語》和《左傳》的作者是姓左丘，名明。今史公乃云「左丘失明」，不知何據。㊺孫子臏腳二句　孫子，即孫臏，戰國時期的軍事家，孫臏被龐涓刖足，最後於馬陵道破殺龐涓，並著兵法事，見〈孫子吳起列傳〉。㊻不韋遷蜀二句　呂不韋為秦國宰相時，招集門下賓客著《呂氏春秋》事，見〈呂不韋列傳〉。今史公乃云「不韋遷蜀，世傳《呂覽》」，與事實不合。呂覽，即指《呂氏春秋》。因為《呂氏春秋》中有八覽、六論、十二紀，故以此簡稱。㊼韓非囚秦二句　韓非是韓國的諸公子，作有〈說難〉、〈孤憤〉等。秦王讀到這些文章後，非常欣賞，乃召韓非入秦。韓非入秦後，被李斯等誣陷下獄，後被殺，事見〈老子韓非列傳〉。今史公乃云「韓非囚秦，〈說難〉、〈孤憤〉」，與事實不合。㊽思來者　師古曰：「令將來之人見己志也。」㊾思垂空文以自見　空文，指文章著作而言，與「行事」對稱。㊿稽　考查。(51)紀　統緒；綱要。(52)究天地之際　探求天地自然與人類社會的關係。(53)傳之其人　師古曰：「其人，謂能行其書者。」李善于光華《評注昭明文選》曰：「遷終自比于左丘、孫子，故復言之。」按：以上六句與前重複，削之似亦無礙。

(54)通邑大都　按：此四字上下無所屬，似應增「於」字與上句連讀。(55)責　同「債」。

【語　譯】我的祖先，並沒有立過受到朝廷恩寵的功勳，而我又只不過是做一些檔案資料和天文曆法方面的工作而已，地位和一個巫祝差不多，本來也就如同一個供皇上玩弄使喚的優伶，是社會上誰也瞧不起的。假如我當時接受判處引頸受戮，那就如同九牛身上掉了一根毛，和死一隻螻蛄螞蟻沒有什麼區別。社會上的人們誰也不會認為我這就是保全了操節，而只會認為我是罪有應得，是毫無辦法地只有被殺。為什麼呢？這是人家根據我平時所處的地位和我一貫的表現這麼看的。人總是要死的，有人的死，其價值比泰山還重，有人的死，則比鴻毛還輕，這就看他的死是為了什麼了！一個人最重要的是不要使自己的先人跟著受辱，其次是不要使自己的身體傷殘受辱，再其次是連丟面子的侮辱也不受，再其次是連言論受批駁的侮辱也不受，而後就是打躬作揖地賠禮道歉受辱了，再往下就是穿上罪犯的衣服受辱了，再往下就是披枷帶鎖、挨棍子的受辱了，再往下就是被剃掉頭髮、脖子打上鐵箍的受辱了，再往下就是臉上被刺字、腿腳被砍斷的受辱了，最嚴重的是受宮刑，這是人生最大的恥辱。《禮記》上說：「對於大夫不要直接用刑。」這麼做的目的是鼓勵士大夫們要保持自己的氣節！一隻猛虎當牠在深山裡的時候，百獸全都怕牠；可是等牠一旦被放到籠子裡的時候，牠也就只能搖頭擺尾地向人乞討吃喝了，這是長期的威壓管制造成的。你在地上畫個圈把它比作牢房，士大夫們誰也不肯走進去；你削個木頭人把它比作法官，士大夫們誰也不會和它說話，因為人們早就拿定主意不去這種地方，不見這種人了。可是等到一旦被捆綁，被上枷，被剝掉衣服，挨了棍子，已經被投進了監獄，到那個時候，就只能是看見法官就嚇得叩頭，看見獄卒就膽戰心驚了。為什麼呢？這也是被長期整治的結果啊！人到了這個地步，如果還說什麼堅守操節不受汙辱，那就只能是恬著臉皮說大話了，有什麼可值得稱讚呢？西伯姬昌是一位諸侯，曾被關在羑里；李斯是秦朝的丞相，也曾受過五刑；韓信身為楚王，也曾在陳縣遭到逮捕；彭越、張敖都是一國之君，後來也都蹲過監獄；絳侯周勃平定了諸呂之亂，權勢比五霸還大，但後來也坐過班房；竇嬰曾做過大將，但後來也穿過罪衣，戴過枷鎖；季布也在朱家那裡當過套著鐵箍的奴隸，灌夫也在拘留所裡受過侮辱。這些人都曾位至王侯將相，名聲遠傳他國，可是一旦臨到犯罪被辦時，也都沒有立即自殺，也都被關到那個不乾淨的地方去了。看來古今都是一樣，哪裡有那種所謂「堅持操節，不受侮辱」的人呢？由此可見，一個人的勇敢或怯懦，剛強或軟弱，都是由客觀形勢決定的，這是明明白白的道理，有什麼可奇怪的呢？一個人沒能在被逮捕前及時自殺，等到已經下獄，已經挨棍子了才想起來要保持什麼「操節」，這豈不太遲了嗎？古代之所以不輕易給士大夫們直接施刑，大概就是這個原因吧！

從人之常情來說，沒有誰不是貪生怕死，不是想著父母、掛戀著妻子兒女的。至於那些被一種道義，被一種理想所激發的人們就不同了，他們就可以為了一種更崇高的目的，而不得已地拋開身邊的這一切。我很不幸，我的父母早就死了，我也沒有什麼兄弟，就是自己光桿一個，您再看看我對妻子兒女的態度，我是那種分不開扯不斷的人嗎？問題在於，一個真正的勇士不一定就要為著「名節」去拼死；相反一個怯懦的人，為著一個好名聲也不見得就不能豁出命去。說到我自己，我儘管再怯懦、再貪生，可我到底還是明白什麼時候該死，什麼時候該活的道理的呀！我怎麼能夠甘心情願地去坐牢受辱呢？一個奴隸，一個丫頭，還有的能夠賭氣自殺，何況我還是一個能為崇高目的而不得已地拋開身邊一切的人呢？我之所以忍氣吞聲地甘居牢獄而不辭，就是因為我的志願還沒有實現，我絕不能在我還沒有文章流傳於後世的時候就自己早早地死去。否則，那將是我最大的遺恨，是我所瞧不起的。

活著的時候榮華富貴，等到一死，什麼也沒有留下，自古以來這種人可是多極了，只有那些卓犖超群的人才能被後人所稱讚。周文王在他被拘禁的時候，發展了《周易》；孔子在他困頓倒霉的時候寫了《春秋》；屈原在流放中寫了〈離騷〉；左丘失明後寫了《國語》；孫子被斷去雙腿後寫了一部兵書；呂不韋被流放到蜀地後寫了一部《呂覽》；韓非被秦國囚禁後寫了〈說難〉、〈孤憤〉；《詩經》三百篇，大多數都是聖人賢人抒發自己滿腔憤怒的篇章。這些人都是心裡有說不出的苦悶，沒法實現自己的理想，所以他們才通過記述往事，寄希望於後人對他們的理解。所以當左丘失明和孫臏斷腿後，他們知道自己不可能再做別的事了，於是就退在家裡著書立說，希望通過這些著作來抒發他們的憤懣之情，並通過這些文章把自己的思想人格留傳於後世。

我也不太客氣，也想把自己的思想人格表現於這類文章之中。於是我就廣泛地搜羅那些已經散佚的文獻資料，考察這些歷史事實，研究這些歷史事件的全部過程，從而尋找出歷代王朝成敗興衰的規律，這部書上從軒轅寫起，下限截止於今天，其中含有十篇〈表〉、十二篇〈本紀〉、八篇〈書〉、三十篇〈世家〉、七十篇〈列傳〉，總計一百三十篇。我的目的是想借此來探討天道和人類社會的關係，研究古往今來的歷史變化，並使它成為表達自己思想觀點的一家學說。結果初稿還未完成，就碰上了這場大禍，為了不讓這項工作半途而廢，所以我寧肯受宮刑也在所不惜。什麼時候我能最後徹底地完成了這部書，把它的正本藏在名山之中，把副本傳給志同道合的人，讓它在通邑大都裡廣泛地流傳出去，讓我償還了過去忍受侮辱所欠下的債，到那時即便再被殺一萬次，我也絕沒有什麼可後悔的。但這些話只能向有見識的人講，是很難向一般人說清楚的。

且負下❶未易居，下流多謗議，僕以口語遇遭此禍，重為鄉里所戮笑，以污辱先人，亦何面目復上父母之丘墓乎？雖累百世，垢彌甚耳！是以腸一日而九迴，居則忽忽若有所亡，出則不知其所往。每念斯恥，汗未嘗不發背霑衣也。身直為閨閤之臣❷，寧得自引深藏巖穴❸邪？故且從俗浮沉，與時俯仰❹，以通其狂惑❺。今少卿乃教以推賢進士，無乃與僕私心刺謬❻乎？今雖欲自彫琢，曼辭❼以自飾，無益於俗，不信，秖足取辱耳。要之死日，然後是非乃定。書不能悉意，略陳固陋。謹再拜❽。

【章　旨】以上為第五段，重提自己目前的處境，重提不能「推賢進士」，與開頭響應，以結束全文。

【注　釋】❶負下　所憑依的地勢低下。「負下未易居」與下句「下流多謗議」意同。《論語・子張》云：「君子惡居下流，天下之惡皆歸焉。」❷閨閤之臣　宮廷內的臣僕，指時為中書令而言。閨、閤都是指宮庭內的小門。❸自引深藏巖穴　《漢書》作「自引深藏于巖穴」，較此為順。❹與時俯仰　時利於俯則俯，時利於仰則仰，與上句「從俗浮沉」意同。❺通其狂惑　謙言自己隨波逐流地人云亦云，此是憤慨語。❻刺謬　乖背；不合。❼曼辭　把話說得很好聽。曼，美。在這裡用如動詞。有人將這句與上句合為一句，讀為「雖欲自彫琢曼辭以自飾」，亦可。❽謹再拜　孫月峰曰：「此亦亂章，急管促弦以寫其哀激，不如此，前面姿態太濃，平緩語豈收得住？」

【語　譯】一個人處在卑汙的地位上，日子是很難過的，誰站在下風頭，那些最骯髒的東西就往誰的頭上颳。我因為說話招來了這場災難，引起了鄉親們的譏笑，以至於使自己的祖先也跟著蒙受了恥辱，我現在連個去給父母掃墓的臉面都沒有了！這種恥辱即使再過上一百年，也不會減輕，相反會越傳越遠，越說越嚴重！因此我每天都在痛斷肝腸地想著這件事。有時在家裡坐著，一想起來就恍恍惚惚地不知自己是在哪裡了，有時在路上走著一想起來兩條腿就不知道走到哪裡去了。而每次一想起這種恥辱，就不由得一身冷汗，連衣服都沾在背上。但自己現在正當著中書令這麼個宮廷裡的小侍役，又怎麼可能離開人世躲到山林裡去呢？所以我現在只能隨波逐流，只能隨著大眾的口吻人云亦云。可是您卻要求我「推賢進士」，這不正和我眼前的處境和我內心的想法完全相背嗎？我現在即使想說好話，想美化自己，那也絕對沒有用，不可能讓世人相信，相反只會給自己招來更大的羞辱！只有等我死了以後，誰是誰非才會有個定論。信沒法寫得再詳細了，只能這樣大略地說說我的思想觀點。最後再向您謹致親切的問候！

【研　析】〈報任安書〉借著給任安回信，回答他責備自己不能「順於接物，推賢進士為務」的機會，傾訴了自己因李陵事件而受刑的全過程，敘述了自己忍辱著書的目的、決心、毅力、及其極端痛苦悲憤的心情，字裡行間流露著對漢武帝、對酷吏政治，以及對當時整個官僚社會的無比憤怒與憎惡。

文章的前半部敘述了自己八年前因李陵問題而受宮刑的全部過程，表現了作者對漢武帝酷吏政治的痛恨與對當時整個冷酷的上流社會的厭惡與絕望。總的情緒人們可以理解，也很同情。但作者所講的有關李陵的話，則未必實事求是。作者對李氏家族向來有好感，我們從〈李將軍列傳〉裡可以讀出。作者對李陵這次事故抱同情也是可以的，甚至是應該的，因為在雙方不成比例的較量中打敗仗本身就不是將軍的責任。但信中對李陵作戰的誇耀顯然是太過分、太不著邊際了。試想，一支五千人的小部隊行走在遠離後方上千里的沙漠上，能與匈奴的騎兵大部隊周旋嗎？而信中竟說什麼「仰億萬之師，與單于連戰十有餘日，所殺過半當。虜救死扶傷不給，旃裘之君長咸震怖，乃悉徵其左、右賢王，舉引弓之人，一國共攻而圍之」，這話能讓人相信嗎？再說李陵的人品是不是真像司馬遷所說那樣好，也值得懷疑。就拿《漢書・蘇武傳》寫的情況來說，蘇武被扣留在匈奴，誓死不投降，匈奴單于派已經投降多年的李陵前往勸說。李陵勸蘇武的那段說辭可真夠厲害的，又是引證蘇武的家事，又是自己現身說法，又是說理，又是哀求。如果不是蘇武堅定，早就被他說動了。等至蘇武堅持了十八年，勝利回國時，李陵又轉而羨慕蘇武，並說「今足下發，揚名于匈奴，功顯于漢室，雖古竹帛所載，丹青所畫，何以過子卿？陵雖駑怯，令漢且貰陵罪，全其老母，使得奮大辱之積志，庶幾乎曹柯之盟，此陵夙夕之所不忘也」云云。應該說，班固〈蘇武傳〉的這種寫法對於表彰蘇武、對於譴責漢王朝的苛薄殘酷都是非常成功的，但這裡的李陵固然也有令人同情之處，總的來說是個沒有操守，是個浮躁游移的人。司馬遷對他的稱揚太過分。當然，這也是司馬遷寫文章的一種需要。

至於「沮貳師」與「誣上」，這是由來已久的問題，試看〈衛將軍驃騎列傳〉、〈李將軍列傳〉，尤其是〈大宛列傳〉和〈平準書〉可以知曉。由此可觸及當時的政治、軍事、用人等各個方面的問題。因此，我們在理解司馬遷受宮刑的原因時，應該想到更廣闊的背景，不宜只拘於李陵問題一事。

〈報任安書〉充滿了作者受宮刑後的無限痛苦與悲涼，但讓人讀後卻不是感到消極，而是感到有一股氣勢，有一股充滿自信的，無堅不摧、不達目的決不休止的力量。這股力量的來源，我們除了應該看到父輩遺囑、古人榜樣、個人發憤等主觀因素外，還應看到當時的時代氣氛、時代要求、時代鼓舞等這種形成作者人生觀的客觀形勢的作用。

〈報任安書〉的藝術是很高的，感情深厚，對人有巨大的鼓舞力量。明代孫月峰說：「直寫胸臆，發揮又發揮，惟恐傾吐不盡，讀之使人慷慨激烈，唏噓欲絕，真是大有力量文字。」又曰：「粗粗鹵鹵，任意寫去，而矯健磊落，筆力真如走蛟龍，挾風雨，且峭句險字，往往不乏，讀之但見其奇肆，而不得其構造鍛煉處。古聖賢規矩準繩文字，至此一大變，卓為百代偉作。」孫執升說：「史遷一腔抑鬱，發之《史記》；作《史記》一腔抑鬱，發之此書。識得此書，便識得一部《史記》。蓋一生心事，盡泄于此也。縱橫排宕，真是絕代大文章。」

司馬遷年表

漢景帝中元五年（西元前一四五年）　司馬遷生

〈太史公自序〉：「五年而當太初元年。」《正義》曰：「遷年四十二。」由太初元年（西元前一〇四年）上推四十二，知司馬遷生於此年。

王國維曰：「案，〈自序〉《索隱》引《博物志》：『太史令茂陵顯武里大夫司馬（此下奪「遷」字），年二十八，三年六月乙卯除六百石也。』（今本《博物志》無此文，當在逸篇中。又，茂先此條當本先漢記錄，非魏晉人語，說見後。）案，三年者，武帝之元封三年。苟元封三年史公年二十八，則當生于建元六年。然張守節《正義》，于〈自序〉『為太史令五年而當太初元年』下云：『案遷年四十二歲』，與《索隱》所引《博物志》差十歲。《正義》所云，亦當本《博物志》。疑今本《索隱》所引《博物志》『年二十八』，張守節所見本作『年三十八』。『三』訛為『二』，乃事之常；『三』訛為『四』，則于理為遠。以此觀之，則史公生年當為孝景中五年，而非孝武建元六年矣。」

〈太史公自序〉又曰：「遷生龍門，耕牧河山之陽。」

王國維曰：「案〈自序〉『遷生龍門』，龍門在夏陽北。《正義》引《括地志》云『龍門山在同州韓城縣北五十里』，而華池則在韓城縣西南十七里，相去七十里，似當司馬談時，公家已徙而向東北；然公自云『生龍門』者，以龍門之名見于〈夏書〉，較少梁、夏陽為古，故樂用之，未必專指龍門山下。又云『耕牧河山之陽』，則所謂『龍門』，固指山南河曲數十里間矣。」

中元六年（西元前一四四年）　二歲

是年梁孝王死。李廣為上郡太守。匈奴入雁門，至武泉，入上郡，取苑馬。詳見〈梁孝王世家〉、〈李將軍列傳〉、〈匈奴列傳〉。

後元元年（西元前一四三年） 三歲

是年條侯周亞夫下獄死。詳見〈絳侯周勃世家〉。

後元二年（西元前一四二年） 四歲

是年匈奴入雁門，太守馮敬戰死。見〈匈奴列傳〉。

後元三年（西元前一四一年） 五歲

是年漢景帝死，漢武帝即位，時十六歲。「所鎮撫多有田蚡賓客計策。」田蚡為武安侯，田勝為周陽侯。枚乘死。詳見〈魏其武安侯列傳〉。

漢武帝建元元年（西元前一四〇年） 六歲

是年竇嬰為丞相，田蚡為太尉，趙綰為御史大夫，王臧為郎中令，相與鼓吹尊儒，所舉賢良凡治申、韓、蘇、張之說者皆罷之。詳見〈魏其武安侯列傳〉。

建元二年（西元前一三九年） 七歲

是年御史大夫趙綰因奏請毋稟事竇太后，竇太后大怒，罷竇嬰、田蚡，趙綰、王臧下獄自殺。以許昌為丞相，以莊青翟為御史大夫。漢武帝的第一次「尊儒」失敗。詳見〈魏其武安侯列傳〉。

建元三年（西元前一三八年） 八歲

是年閩越圍東甌，中大夫嚴助持節發會稽兵救之。武帝招選文學才智之士，先得嚴助，後又得朱買臣、司馬相如、東方朔、終軍等，並置左右。司馬相如上書諫獵。諸事參見〈東越列傳〉、〈平津侯主父列傳〉、〈司馬相如列傳〉等。

建元四年（西元前一三七年） 九歲

建元五年（西元前一三六年） 十歲

有人認為，這一年司馬遷始生，其證據是〈太史公自序〉云：「(談)卒三歲而遷為太史令。」《索隱》引《博物志》云：「太史令茂陵顯武里大夫司馬遷，年二十八。」談卒之三歲為武帝元封三年（西元前一〇八年），若此年史公年二十八，則史公生於武帝建元六年。王國維氏不贊成此說，前文已引。

〈太史公自序〉曰：「年十歲則誦古文。」

王國維曰：「《索隱》引劉伯莊說，謂即《左傳》、《國語》、《世本》等書是也。考司馬談仕于建元、元封間，是時當已入官。公或隨父在京師，故得誦古文矣。自是以前，必已就閭里書師受小學書，故十歲而能誦古文。」

按：王氏以為此時史公已隨父在京，事未必然。史公自云其少年時曾「耕牧河山之陽」，倘其十歲已入京師，則其在河山之陽只有九歲以前。古人之九歲，生日大者為八歲，生日小者為七歲，一個七八歲的小兒能莊嚴鄭重地說是曾從事過「耕牧」嗎？將其過早的確定為入居京城，自然對其知識結構的形成有好處；但過早的斬斷其與本鄉勞動人民的聯繫，則對其進步思想的發展沒有好處。竊以為史公在遊歷江淮之二十歲以前，以或在故鄉、時在京城的兩地往返較為合理。

建元六年（西元前一三五年）　十一歲

是年竇太后死，罷許昌、莊青翟，以田蚡為丞相。重新發動「尊儒」，黜黃老形名百家之言，延文學儒者以百數。詳見〈魏其武安侯列傳〉、〈儒林列傳〉。

元光元年（西元前一三四年）　十二歲

是年漢武帝詔問賢良，董仲舒對策。李廣以驍騎將軍屯雲中，程不識以車騎將軍屯雁門。見《漢書．董仲舒傳》、〈李將軍列傳〉。

元光二年（西元前一三三年）　十三歲

是年用大行王恢議，御史大夫韓安國、衛尉李廣、太僕公孫賀等率軍三十萬，伏於馬邑，欲襲匈奴，匈奴覺，漢軍無功，王恢坐首謀不進，下獄死。詳見〈匈奴列傳〉、〈韓長孺列傳〉。

王國維曰：「案《漢舊儀》（《太平御覽》卷二三五引）：『司馬遷父談世為太史，遷年十三，使乘傳行天下，求古諸侯之史記。』（《西京雜記》卷六文略同。）考〈自序〉云『二十而南游江、淮』，則衛宏說非也。」

元光三年（西元前一三二年）　十四歲

元光四年（西元前一三一年）　十五歲

是年竇嬰被殺，灌夫被族滅。田蚡死。詳見〈魏其武安侯列傳〉。

元光五年（西元前一三〇年）　十六歲

是年唐蒙發巴蜀民通西南夷，巴蜀民驚怨，司馬相如受命往諭之。張湯為太中大夫，與趙禹共定諸律令。詔徵文學，公孫弘對策第一，拜博士。陳皇后被廢。詳見〈西南夷列傳〉、〈司馬相如列傳〉、〈酷吏列傳〉。

元光六年（西元前一二九年）　十七歲

是年匈奴入上谷，車騎將軍衛青等出擊匈奴。李廣失軍被生得，逃回，贖為庶人。初算商車。詳見〈李將軍列傳〉、〈平準書〉。

元朔元年（西元前一二八年）　十八歲

是年衛子夫立為皇后。匈奴入遼西，殺太守；入漁陽、雁門，敗都尉，殺略三千餘人。衛青、李息出擊匈奴。東夷穢君率二十八萬口降，設蒼海郡。主父偃、徐樂、嚴安上書，皆拜為郎中，主父偃尤親幸，一年中四遷。詳見〈外戚世家〉、〈匈奴列傳〉、〈衛將軍驃騎列傳〉、〈平津侯主父列傳〉。

元朔二年（西元前一二七年）　十九歲

是年匈奴入上谷、漁陽，衛青、李息出擊匈奴，收河南地，置朔方、五原郡。募民徙朔方，又徙郡國豪傑及訾三百萬以上於茂陵，郭解不中訾亦被徙。旋被族滅。用主父偃議，行推恩法，令諸侯王分封子弟。詳見〈匈奴列傳〉、〈衛將軍驃騎列傳〉、〈平津侯主父列傳〉、〈游俠列傳〉。

元朔三年（西元前一二六年）　二十歲　遊歷各地

是年公孫弘為御史大夫，以《春秋》至國家三公，天下學士靡然向風。張湯為廷尉，決大獄欲傅古義，令博士弟子治《尚書》、《春秋》者補廷尉史。暫罷通西南夷，城朔方。詳見〈儒林列傳〉、〈平津侯主父列傳〉、〈酷吏列傳〉。

〈太史公自序〉云：「二十而南游江、淮，上會稽，探禹穴，闚九疑，浮沅、湘，北涉汶、泗，講業齊、魯之都，觀孔子之遺風，鄉射鄒、嶧；戹困鄱、薛、彭城，過梁、楚以歸。」司馬遷歷時八、九年的漫遊長江中下游以及齊、魯、梁、楚等地區從本年開始。

王國維曰：「考〈自序〉所紀，亦不盡以游之先後為次。其次當先浮沅、湘，窺九疑，然後上會稽。自是北涉汶、泗，過楚及梁而歸。否則，既東復西，又折而之東北，殆無是理。史公此行，據衛宏說，以為奉使乘傳行天下，求古諸侯之史記也。然公此時尚未服官，下文云：『於是遷仕為郎中』，明此時尚未仕，則此行殆為宦學，而非奉使矣。又案，史公游蹤見于《史記》者，〈五帝本紀〉曰：『余嘗西至空桐，北過涿鹿，東漸於海，南浮江淮矣。』〈封禪書〉曰：『余從巡祭天地諸神名山川而封禪焉。』〈河渠書〉曰：『余南登廬山，觀禹疏九江，遂至于會稽大湟，上姑蘇，望五湖；東闚洛汭、大邳，迎河，行淮、泗、濟、漯、洛渠；西瞻蜀之岷山及離碓；北自龍門，至于朔方。』〈齊太公世家〉曰：『吾適齊，自泰山屬之琅邪，北被于海，膏壤二千里。』〈魏世家〉曰：『吾適故大梁之墟。』〈孔子世家〉曰：『適魯，觀仲尼廟堂車服禮器，諸生以時習禮其家，余祗迴留之不能去云。』〈伯夷列傳〉曰：『余登箕山，其上蓋有許由冢云。』〈孟嘗君列傳〉曰：『吾嘗過薛，其俗閭里率多暴桀子弟，與鄒、魯殊。』〈魏公子列傳〉曰：『吾過大梁之墟，求問其所謂夷門。夷門者，城之東門也。』〈春申君列傳〉曰：『吾適楚，觀春申君故城宮室，盛矣哉！』〈屈原賈生列傳〉曰：『適長沙，觀屈原所自沉淵。』〈蒙恬列傳〉曰：『吾適北邊，自直道歸，行觀蒙恬所為秦築長城亭障，塹山堙谷，通直道，固輕百姓力矣。』〈淮陰侯列傳〉曰：『吾如淮陰，淮陰人為余言，韓信雖為布衣時，其志與眾異。其母死，貧無以葬，然乃行營高敞地，令其旁可置萬家。余視其母冢，良然。』〈樊酈滕灌列傳〉曰：『吾適豐沛，問其遺老，觀故蕭、曹、樊噲、滕公之家。』及〈自序〉曰：『奉使西征巴、蜀以南，南略邛、笮、昆明。』是史公足迹，殆遍宇內。所未至者，朝鮮、河西，嶺南諸初郡耳。」

元朔四年（西元前一二五年）　二十一歲　遊歷各地

是年匈奴入代郡、定襄、上郡，殺略數千人。

元朔五年（西元前一二四年）　二十二歲　遊歷各地

是年衛青將六將軍十餘萬人出朔方、高闕，伐匈奴，獲首虜萬五千級。公孫弘為丞相，學者益廣。董仲舒為膠西相。詳見〈衛將軍驃騎列傳〉、〈平津侯主父列傳〉、〈儒林列傳〉。

元朔六年（西元前一二三年）　二十三歲　遊歷各地

是年衛青又將六將軍十餘萬人出定襄擊匈奴，絕漠，大克之。前將軍趙信兵敗降匈奴，蘇建失軍逃回，贖為庶人。置武功爵以寵戰士。詳見〈衛將軍驃騎列傳〉。

元狩元年（西元前一二二年）　二十四歲　遊歷各地

是年漢武帝行幸雍，祠五畤，獲白麟，故改年號為「元狩」。見《漢書·武帝紀》。淮南王劉安，衡山王劉賜先後以謀反被誅，牽連被誅者數萬人。見〈淮南衡山列傳〉。

元狩二年（西元前一二一年）　二十五歲　遊歷各地

是年丞相公孫弘死，張湯為御史大夫。驃騎將軍霍去病出隴西擊匈奴，至皋蘭山。又出北地二千餘里，過居延，斬首虜三萬餘級。李廣、張騫出右北平擊匈奴，李廣盡亡其軍四千人，獨身逃回，贖為庶人。匈奴昆邪王殺休屠王並將其眾，合四萬餘人來降，置五屬國以處之，以其地為武威、酒泉郡。詳見〈衛將軍驃騎列傳〉、〈平津侯主父列傳〉、〈酷吏列傳〉。

元狩三年（西元前一二〇年）　二十六歲　遊歷各地

是年匈奴入右北平、定襄。發謫吏修昆明池。

元狩四年（西元前一一九年）　二十七歲　遊歷各地

是年造白金、皮幣，初算緡錢。衛青出定襄擊匈奴，至漠北，圍單于，斬首萬九千級，抵闐顏山。

李廣失期自殺。霍去病出代郡擊匈奴，獲首虜七萬級，封狼居胥山而還。李少翁以鬼神方術受殊寵，封為文成將軍，旋以誣罔事覺誅之。（按：文成被殺事，〈封禪書〉記年用語含混，今從《通鑑》。）詳見〈平準書〉、〈衛將軍驃騎列傳〉、〈封禪書〉。

元狩五年（西元前一一八年）　二十八歲　遊歷各地

是年丞相李蔡有罪被殺。罷半兩錢，行五銖錢。司馬相如死。參見〈平準書〉、〈李將軍列傳〉、〈司馬相如列傳〉。

〈封禪書〉曰：「文成死明年，天子病鼎湖甚，巫醫無所不致，不愈。游水發根言上郡有巫，病而鬼神下之，上召置祠之甘泉。及病，使人問神君。神君告曰：『天子無憂病，病少愈，強與我會甘泉。』於是病愈，遂起，幸甘泉，病良已，大赦，置壽宮神君」。又，「太史公曰：『余從巡祭天地諸神山川而封禪焉，入壽宮侍祠神語，究觀方士祠官之意，於是退而論次自古以來用事於鬼神者，具見其表裡。』」

按：此「入壽宮侍祠神語」者是司馬談。

元狩六年（西元前一一七年）　二十九歲

是年封皇子劉閎、劉旦、劉胥三人為王。令博士褚大、徐偃等分行天下，存問民間風俗疾苦。霍去病死。詳見〈三王世家〉、〈衛將軍驃騎列傳〉。

元鼎元年（西元前一一六年）　三十歲　為郎中

是年得「寶鼎」於汾水上，故改年號曰「元鼎」。

〈太史公自序〉：「於是遷仕為郎中。」

王國維曰：「〈自序〉云：『於是遷仕為郎中。』其年無考，大抵在元朔、元鼎間。其何自為郎，亦不可考。」

元鼎二年（西元前一一五年）　三十一歲　為郎中

是年御史大夫張湯自殺，丞相莊青翟下獄死。修柏梁臺。桑弘羊為大農中丞，始置均輸。張騫自西域回，拜為大行。詳見〈酷吏列傳〉、〈平準書〉、〈大宛列傳〉。

元鼎三年（西元前一一四年）　三十二歲　為郎中

是年東徙函谷關於新安，行告緡法，見〈平準書〉。

元鼎四年（西元前一一三年）　三十三歲　為郎中

是年欒大以鬼神方術被封為樂通侯、五利將軍，妻以公主。得鼎於后土祠旁，馬生於渥洼水中，樂人乃作〈寶鼎〉、〈天馬〉之歌。詳見〈封禪書〉。

〈封禪書〉：「明年冬，天子郊雍，議曰：『今上帝朕親郊，而后土無祀，則禮不答也。』有司與太史公、祠官寬舒議：『天地牲角繭栗，今陛下親祠后土，后土宜於澤中圜丘為五壇，壇一黃犢太牢具，已祠盡瘞，而從祠衣上黃。』於是天子遂東，始立后土祠汾陰脽丘，如寬舒等議。」按：此與寬舒議禮之「太史公」，亦司馬談。

元鼎五年（西元前一一二年）　三十四歲　為郎中

《漢書・武帝紀》：「五年冬十月，行幸雍，祠五畤，遂踰隴，登空同，西臨祖厲河而還。」

是年南越王相呂嘉殺漢使者及其王，漢遣路博德、楊僕等五路出兵共討之。詳見〈南越列傳〉。

〈五帝本紀〉：「太史公曰：『余嘗西至空桐。』」按：此所謂「余」者，應是司馬遷。

王國維曰：「〈封禪書〉：公卿言：『皇帝始郊見太一雲陽，有司奉宣玉嘉牲薦饗。是夜有美光，及晝，黃氣上屬天。』太史公、祠官寬舒等曰：『神靈之休，祐福兆祥，宜因此地光域立太畤壇以明應。令太祝領，秋及臘間祠，三歲一郊見。』案，《漢書・武帝紀》：『是歲十一月，立泰畤于甘泉，天子親郊見。』則太史談等議泰畤典禮，當在是月。」

元鼎六年（西元前一一一年）　三十五歲　為郎中

《漢書・武帝紀》：「定西南夷，以為武都、牂柯、越巂、沈黎、文山郡。」

是年定南越地，以為南海、蒼梧、鬱林、合浦、交阯、九真、日南、珠崖、儋耳九郡。東越反，遣韓說、王溫舒、楊僕三路討之。公孫賀出九原，趙破奴出令居擊匈奴。分武威、酒泉地設張掖、敦煌二郡。詳見〈西南夷列傳〉、〈南越列傳〉、〈東越列傳〉、〈匈奴列傳〉。

元封元年（西元前一一〇年）　三十六歲　為郎中

是年漢武帝東祭嵩山，又東行至泰山封禪。北至碣石，經遼西、九原，帶兵巡北邊，使郭吉往告匈奴單于。復南折至甘泉，周行萬八千里。是年定東越，遷其民於江淮間，空其地。詳見〈封禪書〉、〈匈奴列傳〉、〈東越列傳〉。

〈太史公自序〉曰：「奉使西征巴、蜀以南，南略邛、筰、昆明，還報命。是歲天子始建漢家之封，而太史公（談）留滯周南，不得與從事，故發憤且卒。而子遷使反，見父於河洛之間。」以下有大段文字，敘述其父囑託司馬遷寫作《史記》事。不久，司馬談死。

王國維曰：「考《漢書．武帝紀》：元鼎六年，定西南夷，以為武都、牂柯、越巂、沈黎、文山郡。史公奉使西南，當在置郡之後。其明年（元封；元午）春正月，行幸緱氏，登嵩高，遂東巡海上。夏四月癸卯還，登封泰山，復東巡海上，自碣石至遼西，歷北邊九原，歸于甘泉。蓋史公自西南還報命，當在春間。時帝已東行，故自長安赴行在。其父談當亦扈駕至緱氏、嵩高間，或因病不得從，故留滯周南。適史公使反，遂遇父于河洛之間也。史公見父後，復從封泰山，故〈封禪書〉曰：『余從巡祭天地諸神名山川而封禪焉。』後復從帝海上，自碣石至遼西，故〈齊太公世家〉曰：『吾適齊，自泰山屬之琅邪，北被于海。』又歷北邊九原，歸于甘泉。故〈蒙恬傳〉曰：『吾適北邊，自直道歸。』直道者，自九原抵雲陽（即甘泉）之道，〈秦始皇本紀〉所謂『除道，道九原抵雲陽，塹山湮谷，直通之』者也。父談之卒，當在是秋，或在史公扈駕之日矣。」

元封二年（西元前一〇九年）　三十七歲　為郎中

是年作甘泉通天臺、長安飛廉館。遣楊僕、荀彘擊朝鮮。遣郭昌、衛廣擊西南夷之未平者，以為益州郡。詳見〈封禪書〉、〈朝鮮列傳〉、〈西南夷列傳〉。《漢書．武帝紀》曰：「春，幸緱氏，遂至東萊。

夏四月，還祠泰山。至瓠子，臨決河，命從臣將軍以下皆負薪塞河隄，作〈瓠子〉之歌。」

〈河渠書〉曰：「余從負薪塞宣房，悲〈瓠子〉之詩。」

王國維曰：「史公既從塞宣房，則亦從至緱氏、東萊、泰山矣。」

元封三年（西元前一〇八年）　三十八歲　為太史令

是年定朝鮮，以其地為樂浪、臨屯、玄菟、真番四郡。楊僕以失亡多免為庶人，荀彘坐爭功棄市。詳見〈朝鮮列傳〉。

〈太史公自序〉曰：「(談)卒三歲而遷為太史令，紬史記石室金匱之書。」《索隱》引《博物志》曰：「太史令茂陵顯武里大夫司馬遷，年二十八（當作「三十八」，說見上）。三年六月乙卯除，六百石。」

王國維曰：「考史公本夏陽人，而云『茂陵顯武里』者，父談以事武帝，故遷茂陵也。大夫者，漢爵第五級也。漢人履歷，輒具縣里及爵。〈扁鵲倉公列傳〉有『安陵阪里公乘項處』；敦煌所出新莽時木簡有『敦德亭間田東武里士伍王參』是也。或并記其年，敦煌漢簡有『新望興盛里公乘□殺之，年四十八』；又有『□□中陽里大夫呂年，年廿八』。此云『茂陵顯武里大夫司馬遷，年三十八』，與彼二簡正同。乙卯者，以顓頊曆及殷曆推之，均為六月二日。由此數證，知《博物志》此條，乃本於漢時簿書，為最可信之史料矣。」

元封四年（西元前一〇七年）　三十九歲　為太史令

是年漢武帝通回中道，遂北出蕭關，歷獨鹿，鳴澤，自代而回。路充國送匈奴使者喪至匈奴中被執。見〈匈奴列傳〉與《漢書・武帝紀》。

王國維曰：「〈五帝本紀〉：『余北過涿鹿。』考《漢書・武帝紀》：是年『冬十月，行幸雍，祠五畤，通回中道，遂北出蕭關，歷獨鹿、鳴澤，自代而還。』服虔曰：『獨鹿，山名，在涿郡遒縣北界。』今案《漢書・地理志》，涿鹿縣在上谷，不在涿郡。然〈五帝本紀〉《集解》引服虔云『涿鹿在涿郡』。是服虔固以『獨鹿』、『涿鹿』為一地。史公北過涿鹿，蓋是年扈蹕時所經。」

元封五年（西元前一〇六年） 四十歲 為太史令

是年漢武帝南巡荊湘，東至琅邪，增封泰山。大將軍衛青死。始置十三刺史部。下〈求賢詔〉，令郡國察茂材異等，可為將相及使絕國者。詳見〈封禪書〉、〈衛將軍驃騎列傳〉與《漢書・武帝紀》。

元封六年（西元前一〇五年） 四十一歲 為太史令

是年漢武帝幸回中，作首山宮。益州昆明反，遣郭昌往擊之。見〈西南夷列傳〉與《漢書・武帝紀》。

太初元年（西元前一〇四年） 四十二歲 為太史令

是年始用〈太初曆〉，以正月為歲首。色上黃，數用五，定官名，協音律。因杅將軍公孫敖築塞外受降域。貳師將軍李廣利西征大宛。董仲舒死。詳見〈曆書〉、〈匈奴列傳〉、〈大宛列傳〉、〈儒林列傳〉。

〈太史公自序〉曰：「五年而當太初元年，十一月甲子朔旦冬至，天曆始改，建於明堂，諸神受紀。」《集解》引李奇曰：「遷為太史後五年，適當於武帝太初元年，此時述《史記》。」《正義》曰：「按，遷年四十二。」《漢書・律曆志》曰：「武帝元封七年，漢興百二歲矣，太中大夫公孫卿、壺遂，太史公司馬遷等言曆紀壞廢，宜改正朔。上詔兒寬與博士賜等共議，其以七年為元年。卿、遂、遷與侍御尊、大典星射姓等議造漢曆。」

王國維曰：「太初改曆之議發于公，而始終總其事者亦公也。故〈韓長孺列傳〉言『余與壺遂定律曆』；《漢志》言『乃詔遷用鄧平所造八十一分律曆』。蓋公為太史令，星曆乃其專職；公孫卿、壺遂雖與此事，不過虛領而已。孔子言『行夏之時』，五百年後卒行于公之手，後雖曆術屢變，除魏明帝、偽周武氏外，無敢復用亥、子、丑三正者，此亦公之一大事業也。」「又案〈自序〉：『五年而當太初元年，十一月甲子朔旦冬至，天曆始改，建於明堂，諸神受紀。』太史公曰：『先人有言：自周公卒五百歲而有孔子。孔子卒後至于今五百歲，有能紹明世，正《易傳》，繼《春秋》，本《詩》、《書》、《禮》、《樂》之際？』，意在斯乎！意在斯乎！小子何敢讓焉』云云，『于是論次其文』。是史公作《史記》，雖受父談遺命，然其經始則在是年，蓋造曆事畢，述作之功乃始也。」

太初二年（西元前一〇三年）　四十三歲　為太史令

是年丞相石慶死。籍吏民馬，補車騎馬。趙破奴伐匈奴沒胡中。御史大夫兒寬死。見〈平準書〉、〈匈奴列傳〉、〈儒林列傳〉。

太初三年（西元前一〇二年）　四十四歲　為太史令

是年漢武帝東巡海上，封泰山。光祿勳徐自為築五原塞外列城，西北至盧朐；路博德築居延。匈奴入定襄、雲中，行壞徐自為所修諸亭障。又入張掖、酒泉，殺都尉。見〈封禪書〉、〈匈奴列傳〉。

太初四年（西元前一〇一年）　四十五歲　為太史令

是年李廣利破大宛，獲汗血馬而歸，作〈西極天馬之歌〉。詳見〈大宛列傳〉。

〈太史公自序〉曰：「余歷述黃帝以來，至太初而訖。」〈漢興以來諸侯王年表〉曰：「臣遷謹記高祖以來至太初諸侯。」說明《史記》記事的下限，基本上是終止於太初年間。

天漢元年（西元前一〇〇年）　四十六歲　為太史令

是年漢武帝幸甘泉，郊泰畤；幸河東，祠后土。匈奴歸漢使者，漢遣中郎將蘇武使匈奴，被執。

天漢二年（西元前九九年）　四十七歲　為太史令

是年貳師將軍李廣利出酒泉，與匈奴右賢王戰於天山，斬首虜萬餘級。泰山、琅邪徐教等起義，依山攻城，道路不通。遣直指使者暴勝之等衣繡衣杖斧分部逐捕，刺史郡守以下皆伏誅。《漢書・武帝紀》：「騎都尉李陵將步兵五千人出居延北，與單于戰，斬首虜萬餘級。陵兵敗，降匈奴。」

〈報任安書〉曰：「後數日，陵敗書聞，主上為之食不甘味，聽朝不怡，大臣憂懼，不知所出。僕竊不自料其卑賤，見主上慘凄怛悼，誠欲效其款款之愚。僕懷欲陳之，而未有路，適會召問，即以此指推言陵功，欲以廣主上之意，塞睚眦之辭。未能盡明，明主不深曉，以為僕沮貳師，而為李陵游說，遂下於理；拳拳之忠，終不能自列，因為誣上，卒從吏議。家貧，財賂不足以自贖，交游莫救，左右親近不為一言。」

天漢三年（西元前九八年）　四十八歲　為太史令

是年御史大夫王卿有罪，自殺。初榷酒酤。漢武帝封泰山，祀明堂，祠常山。匈奴入雁門，太守坐畏懦棄市。見〈封禪書〉、〈匈奴列傳〉。

〈太史公自序〉：「於是論次其文，七年而太史公遭李陵之禍，幽於縲紲。乃喟然而嘆曰：『是余之罪也夫！是余之罪也夫！身毀不用矣。』」《集解》引徐廣曰：「天漢三年。」《正義》曰：「從太初元年至天漢三年，乃七年也。」

王國維曰：「據〈李將軍〉、〈匈奴列傳〉及《漢書・武帝紀》、〈李陵傳〉，陵降匈奴在天漢二年。蓋史公以二年下吏，至三年尚在縲紲，其受腐刑亦當在三年，而不在二年也。」

天漢四年（西元前九七年）　四十九歲　為中書令

是年朝諸侯王於甘泉宮。李廣利將騎兵六萬，步兵七萬出朔方；公孫敖將騎兵萬人，步兵三萬出雁門；韓說將步兵三萬出五原，擊匈奴。不利，皆引還。令死罪人贖錢五十萬減死一等。誤聞李陵教單于練兵以備漢，族誅陵家。詳見《漢書》之〈李廣利傳〉、〈李陵傳〉、〈匈奴傳〉。

太始元年（西元前九六年）　五十歲　為中書令

是年公孫敖有罪腰斬。徙郡國吏民豪傑於茂陵、雲陵。

《漢書・司馬遷傳》：「遷既刑之後，為中書令，尊寵任職。」

《鹽鐵論・周秦》：「今無行之人，一旦下蠶室，創未愈，宿衛人主，出入宮殿，得由受奉祿，食太官享賜，身以尊榮，妻子獲其饒。」

王國維曰：「當時下蠶室者，刑竟即任以事。史公父子素以文學登用，奉使扈從，光寵有加。一旦以言獲罪，帝未嘗不惜其才，中書令一官設於武帝，或竟自公始任此官，未可知也。」又曰：「按《漢書・百官公卿表》，少府屬有中書謁者、黃門、鉤盾、尚方、御史、永巷、內者、宦者八官令丞。中書令，即中書謁者令之略也。《漢舊儀》（《大唐六典》卷九引）『中書令領贊尚書出入奏事，秩千石。』《漢書・

佞幸傳》：「蕭望之建白以為，尚書百官之本，國家樞機，宜以通明公正處之。武帝游宴後庭，始用宦者，非古制也，宜罷中書宦官。元帝不聽。」〈成帝紀〉：「建始四年春，罷中書宦官，置尚書員五人。」《續漢書・百官志》：「尚書令一人，承秦所置；武帝用宦者更為中書謁者令，成帝用士人復故。」據此，似武帝改尚書為中書，復改士人用宦者，成帝復故。然《漢書・張安世傳》：「安世，武帝末為尚書令。」〈霍光傳〉：「尚書令讀奏。」〈諸葛豐傳〉有「尚書令堯」，〈京房傳〉「中書令石顯顓權，顯友人五鹿充宗為尚書令」：事皆在武帝之後，成帝建始之前，是武帝雖置中書，不廢尚書。特于尚書外增一中書令，使之出受尚書事，人奏之于帝耳。故〈蓋寬饒傳〉與〈佞幸傳〉亦謂之中尚書，蓋謂中官之干尚書事者，以別于尚書令以下士人也。《漢舊儀》（《北堂書鈔》卷五七引）「尚書令并掌詔奏，既置中書，掌詔誥答表，皆機密之事。」蓋武帝親攬大政，丞相自公孫弘以後，如李蔡、莊青翟、趙周、石慶、公孫賀等，皆以中材備員，而政事一歸尚書。霍光以後，凡秉政者，無不領尚書事。尚書為國政樞機，中書令又為尚書之樞機。本傳所謂「尊寵任職」者，由是故也。」

太始二年（西元前九五年）　五十一歲　為中書令

是年作麟趾、裹蹏錢。御史大夫杜周死。白渠成，溉田四千五百餘頃，民獲其饒。見〈平準書〉、〈酷吏列傳〉、〈河渠書〉。

太始三年（西元前九四年）　五十二歲　為中書令

是年漢武帝幸甘泉宮，享外國客。幸東海、琅邪，禮日成山，登之罘，浮大海。寵用江充。見〈封禪書〉與《漢書・江充傳》。

太始四年（西元前九三年）　五十三歲　為中書令

是年漢武帝幸泰山，禮石閭，祠神人於交門宮。還幸建章宮。又西至安定、北地。東方朔死。詳見〈封禪書〉、與《漢書・東方朔傳》。

王國維認為司馬遷的〈報任安書〉作於此年。

王國維曰：「案，公報益州刺史任安書，在是歲十一月。《漢書・武帝紀》：『是歲春三月行幸泰山，夏四月幸不其，五月還幸建章宮』；書所云『會從上東來』者也。又冬十二月，『行幸雍，祠五時』；書所云『今少卿抱不測之罪，涉旬月，迫季冬。僕又薄從上雍』者也。是報安書作於是冬十一月無疑。或以任安下獄坐受衛太子節當在征和二年，然是年無東巡事。又行幸雍，在次年正月，均與報書不合。〈田叔列傳〉後載褚先生所述武帝語曰，『任安有當死之罪甚眾，吾嘗活之』。是安於征和二年前，曾坐他事。公報安書，自在太始末，審矣。」

按：王氏此論可備一說，但力盡穿鑿，似仍不若征和二年之自然現成。說見下。

征和元年（西元前九二年）　五十四歲　為中書令

是年漢武帝幸建章宮。大搜上林，閉長安城門索奸人，巫蠱始起。詳見《漢書》之〈江充傳〉、〈武五子傳〉、〈公孫賀傳〉諸篇。

征和二年（西元前九一年）　五十五歲　為中書令

是年丞相公孫賀下獄死。諸邑公主、陽石公主皆坐巫蠱死。漢武帝夏幸甘泉，至京師亂，乃回至長安城西建章宮。馬通、景建、商丘成以與太子戰封侯，諸太子賓客嘗出入宮門者皆坐誅。壺關三老令狐茂上書勸慰，武帝不赦。太子被追圍於湖縣（今河南靈寶西），自殺。

《漢書・武帝紀》：「按道侯韓說、使者江充等掘蠱太子宮。壬午，太子與皇后謀斬充，以節發兵，與丞相劉屈氂大戰長安，死者數萬人。庚寅，太子亡，皇后自殺。初置城門屯兵，更節加黃旄。御史大夫暴勝之、司直田仁坐失縱，勝之自殺，仁要斬。」褚少孫補〈田叔列傳〉：「是時任安為北軍使者護軍，太子立車北軍南門外，召任安，與節令發兵。安拜受節，入，閉門不出。武帝曰：『是老吏也，見兵事起，欲坐觀成敗，見勝者欲合從之，有兩心。安有當死之罪甚眾，吾常活之，今懷詐，有不忠之心。』下安吏，誅死。」〈報任安書〉：「曩者辱賜書，教以順於接物，推賢進士為務，意氣勤勤懇懇，若望僕不相師，而用流俗人之言，僕非敢如是也。書辭宜答，會東從上來（指由甘泉回京），又迫賤事，相見日淺，卒卒無須臾之間，得竭指意。今少卿抱不測之罪，涉旬月，迫季冬，僕又薄從上雍，恐卒然不可為諱，是僕終已不得抒憤懣以曉左右，則長逝者魂魄私恨無窮，請略陳固陋。」「東從上來」解釋為跟著皇帝由東方回到長安來，故而找到了太始四年；其實「東從上來」也可以解釋為跟著皇帝由西方向東回到長安城，即從西北的甘泉宮先回到長安城西的建章宮，再進而回到未央宮。這正是事變發生後武帝回京的路線。此事在十一月，至明年一月武帝又要西行去雍縣，即〈報任安書〉之所謂「薄從上雍」。更重要的是任安這年恰是十一月被捕下獄，十二月被處死的。這些問題只有留給讀者自己思考、選擇。

征和三年（西元前九〇年）　五十六歲，死

是年李廣利將七萬人出五原伐匈奴，兵敗，降匈奴。丞相劉屈氂下獄腰斬，妻子梟首。高寢郎田千秋訟太子冤，拜大鴻臚。族滅江充家，盡誅攻圍太子加兵刃於太子者。作「思子宮」及「歸來望思之臺」於湖縣。

〈太史公自序〉《集解》引《漢書舊儀注》曰：「司馬遷作〈景帝本紀〉，極言其短，及武帝過，武帝怒而削去之。後坐舉李陵，陵降匈奴，故下遷蠶室。有怨言，下獄死。」郭沫若〈關於司馬遷的死〉中說：「『下獄死』事，必世有流傳，故衛宏、葛洪均筆之于書，諒不能無中生有，以歪曲史實。」又說：「司馬遷死得不明不白，其實在《漢書．司馬遷傳》也露了一些痕迹，班固敘述司馬遷生平只到轉錄了〈報任安書〉而止，〈報任安書〉是充滿了怨言的。」按：〈五宗世家〉載及泗水王商及其子安世之死，此征和元年事也。而真定王平死於征和四年。則史中未載。魯共王子光死於征和四年，《史記》亦未載。說明司馬遷死於征和四年之前。又，《漢書．宣帝紀》有「內謁者令郭穰」，〈劉屈氂傳〉有「內者令郭穰」，王國維以為此「內謁者令」即「中謁者令」，亦即「中書謁者令」，或簡稱「中書令」。據〈劉屈氂傳〉，郭穰在「征和二年」之「明年」，亦即征和三年（西元前九〇年）已任「內謁者令」，則司馬遷此時已經不在其位，越發可以推測司馬遷是死於征和三年。

附：「太史公」釋名與其祿秩

王國維曰：「公官為太史令，〈自序〉具有明文。然全書中自稱及稱其父談，皆曰「太史公」。其稱父為公者，顏師古及司馬貞均謂遷自尊其父，稱之曰公。其自稱公者，桓譚《新論》謂：太史公造書成，示東方朔。朔為平定，因署其下。『太史公者』，皆東方朔所加之也。（見〈孝武本紀〉〈自序〉《索隱》引。）韋昭則以為外孫楊惲所稱。（見〈孝武本紀〉《集解》。）張守節《正義》則以為，遷所自稱。案，東方朔卒年雖無可考，要當在《史記》成書之前。且朔與公友也，藉令有「平定」之事，不得稱之為「公」。又秦漢間人著書，雖有以「公」名者，如《漢書・藝文志》：易家有「蔡公」二篇，陰陽家有「南公」三十一篇，名家有「黃公」四篇、「毛公」九篇。然此或後人所加，未必其所自稱。則桓譚、張守節二說，均有所不可通。惟公書傳自楊惲，公于惲為外王父，父談又其外曾祖父也，稱之為「公」，于理為宜。韋昭一說，最為近之矣。

「自易『令』為『公』，遂滋異說。《漢儀注》謂：『太史公，武帝置，位在丞相上。天下計書先上太史公，副上丞相，序事如古春秋。遷死後，宣帝以其官為令，行太史公文書而已。』（〈太史公自序〉《集解》，《漢書》本傳注，如淳說，皆引此文。《西京雜記》卷六，語略同，亦吳均用《漢儀注》文也。）又云：『太史公秩二千石，卒史皆秩二百石。』（〈自序〉《正義》引《漢舊儀》。案，《漢舊儀》與《漢儀注》本一書，皆《漢舊儀注》之略稱，衛宏所撰也。）臣瓚駁之曰：『〈百官表〉無太史公，茂陵中書司馬談以太史丞為太史令。』（《集解》引）晉灼駁之曰：『〈百官表〉無太史公在丞相上，且衛宏所說多不實，未可以為正。』（《漢書》本傳注引）虞喜志林又為調停之說曰：『古者主天官者皆上公，自周至漢其職轉卑，然朝會坐位猶居公上，尊天之道。其官屬猶以舊名，尊而稱公也。』（〈自序〉《索隱》引）國維案：漢官皆承秦制，以丞相、太尉、御史大夫為三公，以奉常、郎中令等為九卿，中間名有更易，員有增省，而其制不變。終先漢之世，惟末置『三師』在丞相上，他無所聞。且太史令一官，本屬奉常，與太樂、太祝、太宰、太卜、太醫、五令丞聯事，無獨升置丞相上之理。且漢之三公，官名上均無『公』字，何獨于『太史』稱『太史公』？史公〈報任安書〉云：『僕之先人，非有剖符丹書之功，文史星曆近乎卜祝之間，固主上所戲弄，倡優畜之，流俗之所輕也。』宋祁援此語以破衛宏，其論篤矣。且漢太史令之職，掌天時星曆（《續漢志》），不掌紀事，則衛宏『序事如古春秋』之說，亦屬不根。既不序事，自無『受天下計書』之理。晉灼謂『衛宏所說多不實』，其說是也。竊謂司馬談以「太史丞」為「太史令」，見茂陵中書；公為太史令，見於〈自序〉。較之衛宏所記，自可依據。

「至太史令之秩，《漢書・百官公卿表》無文，或以為千石。〈報任安書〉：『鄉者僕嘗廁下大夫之列。』臣瓚曰：『漢太史令秩千石，故比下大夫，或以為八百石。』《漢書・律曆志》：『太史令張壽王上書言曆，有司劾壽王：吏八百石，古之大夫，服儒衣，誦不祥之辭，作妖言，欲亂制度，不道。』據此，則太史令秩八百石，或以為六百石，則《漢舊儀》（《北堂書鈔》卷三五引）、《續漢書・百官志》皆同。又據《索隱》所引《博物志》，則史公時秩亦六百石。案，史公自稱『僕嘗廁下大夫之列』，而〈自序〉又稱『壺遂為上大夫』（太初元年事）。據《漢書・律曆志》，壺遂此時為大中大夫，而大中大夫秩千石。千石為上大夫，則八百石為中大夫，六百石為下大夫矣。漢時官秩，以古制差之，則丞相、太尉、御史大夫當古『三公』；中二千石、二千石、比二千石，當古上中下『三卿』；千石、八百石、六百石，當上中下『三大夫』；四百石以下至二百石，當上中下『士』。《續漢志》引《漢舊注》（即《漢舊儀注》），三公東西曹掾比四百石，餘掾比三百石，屬比二百石，故曰公府掾比古元士三命者也。元士四百石，則下大夫六百石審矣。又《漢書・百官表》：凡吏秩比二千石以上皆銀印青綬，比六百石以上皆銅印墨綬，比二百石以上皆銅印黃綬。是亦隱以比二千石以上，當古之卿；比六百石以上，當古大夫；比二百石以上，當古之士；則下大夫之為秩六百石，蓋昭昭矣。臣瓚千石之說，別無他據。元鳳中，太史令張壽王之秩八百石，或以他事增秩。據史公所自述，自以六百石之說為最長矣。」（〈太史公行年考〉）

歷代中外人士論司馬遷與《史記》

一、總論司馬遷其人與《史記》其書

班固曰：「司馬遷據《左氏》、《國語》，采《世本》、《戰國策》，述《楚漢春秋》，接其後事，訖於天漢，其言秦、漢詳矣。至於采經摭傳，分散數家之事，甚多疏略，或有抵梧。亦其涉獵者廣博，貫穿經傳，馳騁古今上下數千載間，斯以勤矣。又其是非頗繆於聖人，論大道，則先黃老而後六經；序游俠，則退處士而進姦雄；述貨殖，則崇勢利而羞賤貧，此其所蔽也。然自劉向、揚雄博極群書，皆稱遷有良史之材，服其善序事理，辨而不華，質而不俚，其文直，其事核，不虛美，不隱惡，故謂之『實錄』。」（《漢書・司馬遷傳》）

鄭樵曰：「司馬氏世司典籍，工於制作，故能上稽仲尼之意，會《詩》、《書》、《左傳》、《國語》、《世本》、《戰國策》、《楚漢春秋》之言，通黃帝、堯、舜至於秦漢之世，勒成一書，分為五體：本紀紀年，世家傳代，表以正歷，書以類事，傳以著人。使百代而下，史官不能易其法，學者不能捨其書。六經之後，惟有此作。」（《通志・總敘》）

強幼安曰：「六經已後，便有司馬遷；三百五篇之後，便有杜子美。六經不可學，亦不須學，故作文當學司馬遷，作詩當學杜子美。二書亦須常讀，所謂『何可一日無此君』也。」（《歷代詩話・唐子西文錄》）

姚苧田曰：「《史記》一書，學者斷不可不讀，而亦至不易讀者也。蓋其文汪洋瑋麗，無奇不備，匯先秦以上百家六藝之菁英，羅漢興以來創制顯庸之大略，莫不選言就班，青黃纂組，如游禁御，如歷鈞天，如夢前生，如泛重溟，以故譾材諛學無有能閱之終數卷者。」（《史記菁華錄・跋》）

梁啟超曰：「遷著書最大目的乃在發表司馬氏一家之言，與荀況著《荀子》，董生著《春秋繁露》性質正同，不過其一家之言乃借史的形式以發表耳，故僅以近代史的觀念讀《史記》，非能知《史記》者也」。（《要

籍解題及其讀法》）

梁啟超曰：「其於孔子之學，獨得力於《春秋》，西南學派（老、莊）、北東學派（管仲齊派）、北西學派（申、商、韓）之精華，皆能咀嚼而融化之，雖謂史公為上古學術思想之集大成可也。」（〈論中國學術思想變遷之大勢〉）

李大釗曰：「古者文史相通，一言歷史，即聯想到班、馬的文章，這是因為文史的發源，都源於古代的神話與傳說的原故。這些神話與傳說的記載即是古代的文學，亦是古代的歷史，故文史不分，相沿下來。纂著歷史的人，必為長於文學的人。」（《史學要論》）

魯迅曰：「（司馬遷）發憤著書，意旨自激，恨為弄臣，寄心楮墨，感身世之戮辱，傳畸人於千秋，雖背《春秋》之義，固不失為史家之絕唱，無韻之〈離騷〉矣。惟不拘史法，不囿於字句，發於情，肆於心而為文，故能如茅坤所言：『讀游俠即欲輕生，讀屈原、賈誼傳即欲流涕，讀莊周、魯仲連傳即欲遺世，讀李廣傳即欲立鬥，讀石建傳即欲俯躬，讀信陵、平原君傳即欲養士也。』」（《漢文學史綱要》）

李長之曰：「常有人說中國沒有史詩，這彷彿是中國文學史上一件大憾事似的，但我認為這件大憾事已經由一個人給彌補起來了，這就是兩千年前的司馬遷。」「《史記》在是一部歷史書之外，又是一部文藝創作，從來的史書沒有像它這樣具有作者個人的色彩的。」「所以這不但是一部包括古今上下的史書，而且是司馬遷自己的一部絕好傳記。」「在歷史科學方法上，……最難得的是，司馬遷的歷史實在已由廣度而更走入深度。正像德國史學家考爾夫(Korff)那般人所謂，歷史的意義不在探求外延，而在更深求內包。司馬遷的歷史已經能夠探求到人類的心靈，所以他的歷史乃不唯超過了政治史，而且超過了文化史，乃是一種精神史、心靈史了。」

又曰：「漢武帝在許多點上，似乎是司馬遷的敵人，抑且是司馬遷所瞧不起，而玩弄於狡猾的筆墨之上的人；然而在另一方面，他們有許多相似處，而且太相似了！」「武帝是亞力山大，司馬遷就是亞里斯多德。」

又曰：「司馬遷一生最大的特點是好奇。因為好奇，所以他的文字疏疏落落，句子極其參差，風格極其豐富而變化，正像怪特的山川一樣，無一處不是奇境；又像詭幻的天氣一樣，無一時一刻不是兼有和風麗日、狂風驟飆、雷電和虹！」

又曰：「司馬遷的受刑，在他個人當然是一個太大的不幸，然而因此他的文章裡仿佛由之而加上濃烈的苦酒，那味道卻特別叫人容易沉醉了！又像音樂中由之而加上破折、急驟、悠揚的調子，那節奏便特別酣暢淋漓，而沁人心脾了！」（《司馬遷的人格與風格》）

葉聖陶曰：「以《史記》為歷史而讀它，固非中學生所能勝任；但以《史記》為文學而讀它，對於中學生卻未嘗不相宜。《史記》的多數篇章，敘人敘事都是『文學』的，值得恆久的玩味。二十四史中的各史，不一定全是文學，但《史記》無疑的是文學的名著。中學生讀《史記》，目的並不在也能寫出像《史記》一般的古文，而在藉此訓練欣賞文學的能力和寫作記敘文的技術。換句話說，藉此養成眼力和手法，以便運用到閱讀和寫作方面去，得到切實的受用。」（《葉聖陶集》第十四卷）

吳晗曰：「司馬遷的《史記》，是舊時代的第一流的歷史著作，也是第一流的文學著作。他的描寫是生動活潑的，比如〈項羽本紀〉中鴻門宴這一段記載就非常生動，達到了科學性和藝術性的完美的統一。它既是歷史著作，也是藝術作品。」（《吳晗史學論著選集》第三卷）

常乃德曰：「中國歷史家中懂得史學意義的恐怕只有司馬遷一人，他的《史記》是『欲以究天人之際，通古今之變』的一家言，所以他的《史記》並不是單純的事實記錄，而是和儒、道、墨、法諸家著作同等的系統哲學，不過他不用抽象的玄想，而用實際的事實材料，來建築他的一家之學，比周秦諸子更進步，可惜後來的歷史家無人能夠懂得他的意思。」「（孔子）編《春秋》，是著述，不是記錄；是創造，不是鈔襲；是要發揮微言大義，不是單為魯國做起居注，所以是哲學，而不僅是歷史，太史公的《史記》，正是仿《春秋》此物此志而作。」（《歷史哲學論叢》）

徐文珊曰：「史記是民族歷史、中國文化、中華民族性之總結晶。它吸收了古籍的內容，融彙了古籍的長處，表現了古籍的精神，所以讀一部《史記》，可以得到許多古籍的優點和精神。」「太史公至性過人，毅力堅強，他能忍人所不能忍，為人所不敢為。以一生血淚，一腔熱誠，全身解數灌注於一史。其人非常人，史非常史。」「司馬遷奇人，《史記》奇書；以奇人撰奇書，遂成為中華民族歷史上的奇跡。」「司馬遷是中華民族開山的史學大家，《史記》是中華民族第一部體大思精、完整周備的通史。中華民族以有此一人一史而大放光輝，引以自豪；是民族之本，民族之福，也是民族的無上光榮。」（《史記評介》）

二、論《史記》之史學成就

司馬貞曰：「太史公，古之良史也。慨《春秋》之絕筆，傷舊典之闕文，遂乃錯綜古今，囊括記錄，父作子述，其勤至矣。然其敘勸褒貶，頗稱折衷，後之作者，咸取則焉。夫以首創者難為功，因循者易為力。自左氏之後，未有體制。而司馬公補立紀、傳規模，別為書、表題目。其間禮、樂、刑、政，君舉必書；福善禍淫，用垂炯誡。事廣而文局，詞質而理暢，斯亦盡美矣。而未盡善者，具如後論，雖意出當時，而義非經遠，蓋先史之未備，成後學之深疑。借如本紀，敘五帝而闕三皇；世家載列國而有外戚；邾、許，春秋次國，略而不書；張、吳，敵國藩王，抑而不載，并編錄有闕，竊所未安。又列傳所著，有管、晏及老子、韓非，管、晏乃齊之賢卿，即如其例，則吳之延陵，鄭之子產，晉之叔向，衛之史魚，盛德不闕，何為蓋闕？伯陽清虛為教，韓子峻刻制法，靜躁不同，德刑斯舛，今宜柱史共漆園同傳，公子與商君并列，可不善歟？其中遠近乖張，詞義踳駁，或篇章倒錯，或贊論粗疏，蓋由遭逢非罪，有所未暇，故十篇有錄無書是也。然其網絡古今，敘述懲勸，異左氏之微婉，有南史之典實，所以揚雄、班固等咸稱其良史之才，蓋信乎其然也。」（《補史記・序》）

劉知幾曰：「觀子長之敘事也，自周以往，言所不該，其文闊略，無復體統。自秦漢以下，條貫有倫，則煥炳可觀，有足稱者。」（《史通・敘事》）

又曰：「觀太史公之創表也，於帝王則敘其子孫，於公侯則紀其年月，列行縈紆以相屬，編字戢孴而相排，雖燕、越萬里，而於徑寸之內，犬牙可接；雖昭、穆九代，而於方尺之中，雁行有敘，使讀者閱文便睹，

舉目可詳，此其所以為快也。」（《史通・雜說》）

顧炎武曰：「秦楚之際，兵所出入之涂，曲折變化，唯太史公序之如指掌，以山川郡國不易明，故曰東、曰西、曰南、曰北，一言之下，而形勢了然。以關塞江河為一方界限，故于項羽則曰『梁乃以八千人渡江而西』，曰『羽乃悉引兵渡河』，曰『羽將諸侯兵三十餘萬，行略地至河南』，曰『羽渡淮』，曰『羽遂引東，欲渡烏江』；于高帝則曰『出成皋、玉門，北渡河』，曰『引兵渡河，復取成皋』，蓋自古史書兵事地形之詳未有過此者。太史公胸中固有一天下大勢，非後代書生之所能幾也。」

又曰：「古人作史，有不待論斷而於序事之中即見其指者，惟太史公能之。〈平準書〉末載卜式語，〈王翦傳〉末載客語，〈荊軻傳〉末載魯句踐語，〈鼂錯傳〉末載鄧公與景帝語，〈武安侯田蚡傳〉末載武帝語，皆史家於序事中寓論斷法也。後人知此法者鮮矣，惟班孟堅間一有之：如〈霍光傳〉載任宣與霍禹語，見光多作威福；〈黃霸傳〉載張敞奏，見祥瑞多不以實，通傳皆褒，獨此寓貶，可謂得太史公之法者矣。」（《日知錄》卷二六）

章學誠曰：「夫史遷絕學，《春秋》之後一人而已。其範圍千古，牢籠百家者，惟創例發凡，卓見絕識，有以追古作者之原，自具《春秋》家學耳。」（《文史通義・申鄭》）

方東樹曰：「自太史遷創史法，易《春秋》編為〈本紀〉、〈世家〉、〈列傳〉，皆綜一人之本末始終而備著其行迹，異其等分而不異其事義，遂為後世史法相沿不可易之體。及宋以來，又有私家年譜之作。年譜者，補國史家乘所不備而益加詳焉，吾以為此仍沿遷史年月之法而易其形者也。」（《儀衛軒文集》）

趙翼曰：「古者左史記言，右史記事，言為《尚書》，事為《春秋》。其後沿為編年、記事二種，記事者以一篇記一事，而不能統貫一代之全；編年者又不能即一人而各見其本末。司馬遷參酌古今，發凡起例，創為全史。本紀以序帝王，世家以記侯國，十表以繫時事，八書以詳制度，列傳以志人物。然後一代君臣政事賢否得失，總匯於一編之中。自此例一定，歷代作史者遂不能出其範圍，信史家之極則也。」（《二十二史劄記》卷一）

蔣彤曰：「古人稱史才，才者裁也。序事有裁制之為難，其要唯在辨輕重而已。一人亦有數十事或數百事，一一羅列，何以成文？宋子京《新唐書》自矜為事增文減，而不知其病乃適在此。事欲增而文欲減，不得不以刪節為要法，遂使載十事無一事得具首尾。宋元以下，大都坐此。班、馬則不然。傳一人必擇其人尤異之事而敘之，使曲折并到，上下四旁畢湊，如項羽巨鹿之戰、垓下之戰，韓信井陘之戰，霍光廢昌邑，陳湯斬郅支，李陵降匈奴，摹寫逼真，須毫欲動。惟其脫略多少細處，乃得全力注此文，勢為萬仞峰巒，必數十里平衍以盡其勢。此法惟三史深得其妙。今人敘事如砌壁相似，無起伏頓注之態，由無裁制而然。」（《丹棱文鈔．論志傳義例書》）

梁啟超曰：「舊史官紀事實而無目的，孔子作《春秋》，時或為目的而犧牲事實，其懷抱深遠之目的，而又忠勤於事實者，惟遷為兼之。遷書取材於《國語》、《世本》、《戰國策》、《楚漢春秋》等，以十二〈本紀〉、十〈表〉、八〈書〉、三十〈世家〉、七十〈列傳〉組織而成。其〈本紀〉以事繫年，取則於《春秋》；其八〈書〉詳紀政制，蛻形於《尚書》；其十〈表〉稽牒作譜，印範於《春秋》；其〈世家〉、〈列傳〉既宗雅記，亦采瑣語，則《國語》之遺規也。諸體雖非皆遷所自創，而遷實集其大成，兼綜諸體而調和之，使互相補而各盡其用，此足徵遷組織力之強而文章技術之妙也。班固述劉向、揚雄之言，謂『遷有良史之材，善序事理』；鄭樵謂『自春秋後，惟《史記》擅制作之規模』，諒矣。其最異於前史者一事，曰以人物為本位。故其書廁諸世界著作之林，其價值乃頗類布爾達克之《英雄傳》。其年代略相先後，其文章之佳妙同，其影響所被之廣且遠亦略同也。後人或能譏彈遷書，然遷書固已皋牢百代，二千年來所謂『正史』者，莫能越其範圍，豈後人創作力不逮古耶？抑遷自有其不朽者存也？」（《中國歷史研究法》）

又曰：「《史記》創造之要點，以余所見者如下：一、以人物為中心。歷史由環境構成耶？由人物構成耶？此為史界累世聚訟之問題。以吾儕所見，雖兩方勢力俱不可蔑，而人類心力發展之功能，固當畸重。中國史家，最注意於此，而實自太史公發之。其書百三十篇，除十〈表〉八〈書〉外，餘皆個人傳記，在外國史及過去古籍中無此體裁。以無數個人傳記之集合體成一史，結果成為人的史而非社會的史，是其短處。然對於能發動社會事變之主要人物，各留一較詳確之面影以傳於後，此其所以長也。長短得失且勿論，要之太史公一創作也。二、歷史之整個的觀念。從前的史，或屬於一件事的關係文書，如《尚書》；或屬於各地方的記載，如《國語》、《戰國策》；或屬於一時代的記載，如《春秋》及《左傳》。《史記》則舉其時所及知之人類全體自有文化以來數千年之總活動治為一爐，自此始認識歷史為整個渾一的，為永久相續的。非至秦、漢統一後，且文化發展至相當程度，則此觀念不能發生。而太史公實應運而生。《史記》實為中國通史之創始者。自班固以下，此意荒矣，故鄭漁仲（樵）、章實齋（學誠）力言《漢書》以後『斷代史』之不當。雖責備或太過，然史公之遠識與偉力，則無論何人不能否定也。三、組織之複雜及其聯絡。《史記》以十二〈本紀〉、十〈表〉、八〈書〉、三十〈世家〉、七十〈列傳〉組織而成。其〈本紀〉及〈世家〉之一部分為編年體，用以定時間的關係；其〈列傳〉則人的記載，貫徹其以人物為歷史主體之精神；其書則自然界現象與社會制度之記述，與『人的史』相調劑；內中意匠特出，尤在十〈表〉。據桓譚《新論》謂其『旁行斜上，并效《周譜》』，或以前嘗有此體制亦未可知；然各表之分合間架，總出諸史公之慘淡經營。表法既立，可以文省事多，而事之脈絡亦具。《史記》以此四部分組成全書，互相調和，互保聯絡，遂成一部博大謹嚴之著作。後世作斷代史者，雖或於表、志門目間有增減，而大體組織不能越其範圍。可見史公創作力之雄偉，能籠罩千古也。四、敘列之扼要而美妙。後世諸史之列傳，多借史文傳人；《史記》之〈列傳〉，惟借人以明史。故與社會無大關係之人，濫竽者少。換一方面看，立傳之人，並不限於政治方面，凡與社會各部分有關係之事業，皆有傳為之代表。以行文而論，每敘一人，能將其面目活現；又極複雜之事項，例如〈貨殖列傳〉、〈匈奴列傳〉、〈西南夷列傳〉等所敘，皆能剖析條理，縝密而清晰，其才力固自敻絕。」（《要籍解題及其讀法・史記》）

梁啟超又曰：「司馬遷作《史記》，史學因之轉變方向。《史記》這書的記載並不十分真確，南宋以後，有許多人加以攻擊；但是無論如何，不能不承認是一種創作。他的價值全在體裁的更新，捨編年而作紀傳書表；至於事蹟的擇別，年代的安排，他是沒有功夫顧到的。自司馬遷以後，一直到現在快出版的《清史》，都用《史記》這種體裁，通稱『正史』。自《隋志》一直到最近的各種藝文志和藏書目，史部頭一種就是『正史』，

『正史』頭一部就是《史記》。」「《史記》八〈書〉所範圍的東西已很複雜，後來各史的書法發展得很厲害，如《漢書》的〈藝文志〉，《隋書》的〈經籍志〉，《魏書》的〈釋道志〉，多麼寶貴。」「所以司馬遷創作這種體裁，實在是史學的功臣。就是現在做《清史》，若依他的體裁，也未嘗不可做好，不過須有史學專家，不能單靠文人。自從他這個大師打開一條大路後，風起雲湧，續《史記》者有十八人；其書雖不傳，但可見這派學風在西漢已很發達了。」（《中國歷史研究法補編》）

傅斯年曰：「司馬遷對中國古代史學有三大貢獻：第一，『整齊諸國紀年』，此乃史學方面的『絕大創作』。第二，寫作八〈書〉，將文化史納入史書之中，『斯睹史學之全，人文之大體矣』。在歐洲直到十九世紀才有了這樣的史學家。以上兩個方面，『皆使吾人感覺子長創作力之大，及其對於史學觀念之真（重年代學，括文化史），希臘羅馬史學家斷然不到如此境界』。第三，『疑疑亦信』，對於古代史事，不雅馴者不取，說法不同又難作抉擇者則異說並存，這種求實求真的精神值得後人學習。」（《傅斯年全集・論太史公書之卓越》）

鄭振鐸曰：「中國古代的史書都是未成形的原始的作品，《太史公書》才是第一部正式的史書，且竟是這樣驚人的偉作。司馬遷於史著上的雄心大略，真是不亞於劉徹之在政治上。」「自此書出，所謂中國『正史』的體裁得以立，作史者受其影響者至二千年。」（《插圖本中國文學史》）

翦伯贊曰：「在漢以前，中國早有紀錄歷史的文獻，如《尚書》、《春秋》、《國語》、《戰國策》、《世本》、《楚漢春秋》等，惟此等史籍無論記言記事，皆簡略散漫，斷爛成書，一直到漢初，中國尚沒有一部有系統的史書，因而歷史學也還沒有成為一種獨立的學問。中國的歷史學之成為一種獨立的學問，是從西漢時起，這種學問之開山祖師，是大史學家司馬遷。」（《中國史綱》）

黃文山曰：「司馬遷生當商業發達的漢代，要『通古今之變，成一家之言』，其成績如何，姑置勿論，但其貢獻，蓋可與西洋史學之父的希羅多得媲美而毫無愧色。」（《唯生論的歷史觀》）

常兆玉曰：「司馬遷以敏銳的眼光，正義的觀察，深刻的語言，縱橫古今，褒貶百代，使《史記》成為一部富有靈魂的批判的歷史，在我國封建社會歷史著作中獨放異彩。」（《中國傳統文化要略》）

方壯猷曰：「由《世本》演變而為《太史公書》之〈禮〉、〈樂〉、〈律〉、〈曆〉、〈天官〉、〈封禪〉、〈河渠〉、〈平準〉八〈書〉，及班固《漢書》之〈律曆〉、〈禮樂〉、〈刑法〉、〈食貨〉、〈郊祀〉、〈天文〉、〈五行〉、〈地理〉、〈溝洫〉、〈藝文〉十〈志〉，皆制度文物史之濫觴也。」（《中國史學概要》）

金毓黻曰：「《史記》為通史之開山，而《漢書》為斷代之初祖是已。范、陳而後諸『正史』，以斷代為主者，皆仰汲班氏之流；杜佑之修《通典》，司馬光之修《通鑑》，鄭樵之修《通志》，穿貫古今為一書，又聞司馬氏之風而興起者也。」（《中國史學史》）

何炳松曰：「自司馬遷創紀傳體之歷史而後，不僅吾國之所謂『正史』永奉此體為正宗，即吾國其他各種史裁如方志、傳紀、史表等，亦莫不脫胎於《史記》。司馬遷得以千古不朽，誠非無因。此後，班固仿紀傳體而作《漢書》，荀悅仿《春秋》、《左傳》而作《漢紀》，雖對於司馬遷與孔子所創之紀傳、編年兩體略有變通，為世人所稱道；然就大體而論，究因襲之處多而創作之處少。其他作者類皆陳陳相因別無新見，唯編年與紀傳之兩體，則已日臻成熟之境矣。」（《中國史學演化之陳迹》）

顧頡剛曰：「竊謂《史記》一書，『厥協六經異傳，整齊百家雜語』，實為吾國史事第一次有系統之整理，司馬遷既自道之矣。後世史家或仰茲高蔭，或化厥成規，支流縱極夥頤，導源則靡不於此。是書固亦有其甚多之漏誤在，然其誤後人可得而正，其漏後人可得而補；獨其創定義例，兼包巨細，會合天人，貫穿古今，奠史字萬祀之基，煒然有其永存之輝光，自古迄今，未有能與之抗顏而行者也。」（《史記》校點本序）

白壽彝曰：「通觀司馬遷《史記》一書，在中國史學史上的貢獻是巨大的。他提出的『稽其成敗興壞之理』和『究天人之際，通古今之變，成一家之言』，不只是自己的工作要求，而且是提出了當時歷史工作的中心問題。並且他作出了空前的成就，為封建社會的歷史學者指出了途徑，提供了學習的榜樣。」（《司馬遷與班固》）

白壽彝曰：「我國漢代司馬遷在其《史記》中寫了〈匈奴列傳〉、〈大宛列傳〉等篇章，記下了寶貴的民族學材料。從《史記》開始的《二十四史》裡，蘊藏了大量的民族學材料。」（《史學概論》）

倉修良曰：「《史記》不單寫了漢族的歷史，也寫了少數民族的歷史……還替朝鮮、大宛等鄰近中國的國家立了專傳，並對中亞許多國家的歷史也作了記載。這些記載對於研究世界史，特別是這些國家的古代歷史，具有很高的史料價值。以後許多史家對司馬遷這一創造大都予以繼承，從而成為我國歷史史家編纂史書的優良傳統之一。」（《中國古代史學史簡編》）

郭預衡曰：「在司馬遷的《史記》以後，在二十四史當中，能像司馬遷這樣『不虛美』、『不隱善』的就不多見了。班固在奉命修史之前，曾因『私改國史』之嫌進過監獄；蔡邕被刑之前曾經請求黥首刖足而續成漢史，也未得允許。由此可知，在司馬遷以後雖然仍是漢代，作史的自由已經不多了。漢代以後，『實錄』就更難得。南北朝時，官私之史雖然不少，但也不得犯諱。劉知幾所謂『世途之多艱』，『實錄之難遇』（《史通・直筆》）；又說『史之不直，代有其書』（《史通・由筆》），不僅概括了唐以前，也可以說概括了唐以後。二十四史當中，幾乎沒有一部可同《史記》的『實錄』相比的。」（《中國散文史》）

可永雪曰：「司馬遷的『成一家之言』，乃是追求獨立的發言權，爭取獨立自主的觀察和評判一切人和事的權利。司馬遷承繼了春秋戰國時代百家爭鳴的思想餘緒，他所生活的漢武帝時期，百家爭鳴的時代雖已過去，但那個時代思想解放、學術自由、人格獨立的意識已經深深灌注進他的血脈，而且深植不移了。他旗幟鮮明地要『成一家之言』，他所要爭的，就是他的思想觀點，他的是非褒貶，既可以不同於至聖先賢如孔夫子，又可以不同於當時最高統治者旨意和官方輿論。作為一個成熟的歷史家，司馬遷對於中國歷史上史家所享有的連帝王也難以擁有的對歷史和歷史人物作蓋棺論定（最終裁判）的權利非常珍重，也非常自覺。他撰史，就是要發揮由《春秋》傳統所形成的那種明王道、辨人事、別嫌疑、正是非、定猶豫、善善惡惡、賢賢賤不肖的威力，執行社會批判的職責。」（《史記文學成就論說》）

吉川幸次郎曰：「希羅多德是西方歷史之父，漢代司馬遷在公元前一世紀寫的《史記》，則是我們東方的歷史之父。」（《中國詩史・對常識的反抗》章培恆等譯）

長野確曰：「修史者，知記歷代事實及文物制度，而不知模寫其人之氣象好尚、文章言語之各殊，固不足以為史矣。故修史之難，在不失其時世之本色，使千載之下讀者如身在其時，親見其事也。司馬子長作《史記》，自黃帝迄漢武，上下三千餘年，論著才五十餘萬言，而三代之時，自是三代之時；春秋戰國之時，自是春秋戰國之時；下至秦漢之際，又自是別樣。時人之氣象好尚，各時不同。使讀者想見其時代人品，是所以為良史也。」（《史記會注考證》引）

浦安迪曰：「我們翻開某一篇敘事文學時，常常會感覺到至少有兩種不同的聲音同時存在，一種是事件本身的聲音，另一種是講述者的聲音，也叫『敘述人的口吻』。敘述人的『口吻』有時要比事件本身更為重要……史書裡也不無類似的現象，讀者也能在讀史的時候感覺到『敘述人的口吻』的分量。看《史記》中的〈列傳〉，我們會覺得許多地方隱隱約約有司馬遷的聲音，這種聯繫到他自身的悲劇而發出的憤怒的聲音，反映了司馬遷獨特的口吻，從字裡行間透露出他對歷史事件的獨特而深刻評價。後代的中國正史明顯地繼承了這一傳統，並使之成為一種體例。」

又曰：「一翻開中國的正史，讀者立刻會發現，中國敘事裡的敘述者往往不是某一個作者，而是史臣的集體創作，這種情形在世界敘事文學史上是絕無僅有的一個例子。只有司馬遷、班固、范曄和陳壽（或許還有歐陽脩）是例外。偉大的敘事文學一定要有敘述人個性的介入，集體創作永遠稍遜一籌。也許，這就是為什麼前四史特別受人推重的原因，尤其是《史記》，我們讀到項羽兵困垓下、韓信受胯下之辱、荊軻刺秦王等等名篇時，總是無法不與司馬遷本人的遭遇聯繫在一起。」（《中國敘事學》）

魯惟一曰：「司馬遷和班固在他們所寫的正史的每卷卷末，加進了他們自己的議論和評價，這為中國以後的歷史編纂學樹立了一個先例。」（《劍橋中國秦漢史》）

三、《史記》《漢書》之比較

晁公武曰：「班固嘗譏遷『論人道則先黃老而後六經，序游俠則退處士而進姦雄，述貨殖則崇勢利而羞賤貧』；後世愛遷者以此論為不然，謂遷特感當世之所失，憤其身之所遭，寓之於書，有所激而為此言耳，非其心所謂誠然也。當武帝之世，表章儒術而罷黜百家，宜乎大治；而窮奢極侈，海內凋弊，反不如文、景尚黃老時人主恭儉，天下饒給，此其論大道所以『先黃老而後六經』也。武帝用法刻深，群臣一言忤旨，輒下吏誅。而當刑者得以貨自贖，遷之遭李陵之禍，家貧無財賄自贖，交游莫救，卒陷腐刑，其『序游俠退處士而進姦雄』者，蓋遷嘆時無朱家之倫，不能脫己於禍，故曰『士窮窘得委命，此豈非人所謂賢豪者耶！』其『述貨殖崇勢利而羞貧賤』者，蓋遷自傷特以貧故不能自免於刑戮，故曰『千金之子，不死於市，非空言也』。固不察其心而驟譏之，過矣。」（《郡齋讀書志》卷二上）

梁玉繩曰：「班固本父彪之言，譏史公『是非謬於聖人』，晁公武《郡齋讀書志》曾辨之，《補筆談》亦云『班固所譏甚不慊』。夫史公考信必於六藝，造次必衷仲尼，是以孔子儕之〈世家〉，老子置之〈列傳〉；尊孔曰『至聖』，評老子曰『隱君子』；六家指要之論歸重黃老，乃司馬談所作，非子長之言；不然，胡以次李耳在管、晏下，而窮其敝於申、韓乎？固非『先黃老而後六經』矣。〈游俠傳〉首云『以武犯禁』，又云『行不軌於正義』，而稱季次、原憲為『獨行君子』，蓋見漢初公卿以武力致貴，儒術未重，舉世任俠干禁，嘆時政之缺失，使若輩無所取材也，豈『退處士而進姦雄』者哉？〈貨殖〉與〈平準〉相表裡，敘海內土俗物產，孟堅《地理志》所本；且掘冢、博戲、賣漿、胃脯并列其中，鄙薄之甚。三代貧富不甚相遠，自井田廢而稼穡輕，貧富懸絕，漢不能挽移，故以諷焉。其感慨處乃有激言之，識者讀其書因悲其遇，安得斥為『崇勢利而羞賤貧』耶？」（《史記志疑》卷三六）

錢大昕曰：「太史公修《史記》以繼《春秋》，成一家言，其述作依乎經，其議論兼乎子。班氏父子因其例而損益之，遂為史家之宗。後人因踵事之密而議草創之疏，此固不足以為史公病。或又以『謗書』短之，不知史公著述意在尊漢，近黜暴秦，遠承三代，於諸表微見其旨。秦雖併天下，無德以延其祚，不過與楚、項等，表不稱『秦漢之際』，而稱『秦楚之際』，不以漢承秦也。史家以『不虛美，不隱惡』為良，美惡不掩，各從其實，何名為謗？且使遷誠謗，則光武賢主，賈、鄭名儒，何不聞議廢其書？故知王允偏心，元非通論；但去聖浸遠，百家雜出，博采兼收，未免雜而不醇。又一人之身，更涉仕宦，整齊畫一，力有未暇，此又不

必曲為之諱也。」（《潛研堂文集》卷二四）

錢謙益曰：「六經降而為二史，班、馬其史中之經乎？宋人《班馬異同》之書，尋扯字句，此兒童學究之見耳。讀班、馬之書，辨論其同異，當知其大段落、大關鍵，來龍何處，結局何處，手中有手，眼中有眼，一字一句，龍脈歷然。又當知太史公所以上下五千年縱橫獨絕者在何處，班孟堅所以整齊《史記》之文而瞠乎其後不可幾及者又在何處。《尚書》、《左氏》、《國策》，太史公之粉本，舍此而求之，見太史公之面目焉，此真《史記》也。天漢以前之《史》，孟堅之粉本也，後此而求之，見孟堅之面目焉，此真《漢書》也。由二史而求之，千古之史法在焉，千古之文法在焉，宋人何足以語此哉！」（《牧齋有學集》卷三八）

蔣中和曰：「理有是非，論有異同。是焉，或同或異皆可也；非焉，或同或異皆不可也。奈何論班、馬者徒論異同哉？雖然異同中亦未嘗無是非焉。請姑約而論之。《史記》傳〈世家〉，存古意也。蓋世家與封建相表裡者也，有封建則有〈世家〉，後世既無封建矣，又安有〈世家〉哉？所以《漢書》刪〈世家〉而併為〈列傳〉，王介甫亦不欲列孔子於〈世家〉，通時變也，不得謂馬是而班非。《史記》非漢史，故自漢以前凡唐虞三代之事，靡不備載；《漢書》繫之漢，非《史記》比矣，乃著古今人物之表，是役也，安得謂馬是而班亦是乎？張湯、杜周傳〈酷吏〉，班改為〈列傳〉，可謂馬是班非矣。至馬遷傳〈刺客〉而入豫讓，傳〈滑稽〉而入西門豹，序〈貨殖〉而以子貢與白圭、寡婦清同傳，得毋蹈擬人失倫之非乎？馬遷紀西楚，班改為列傳，固不得謂馬非而班是。至謂遷能束三千年事于五十萬言之中，固不能裁八十萬言於二百四十年之內，以為班馬之優劣。愚以為班、馬之優劣更繫於識而非徒繫於文。如馬遷傳〈游俠〉，蓋有鑒於王道微而霸業興，魯俗衰而秦風熾，排難解紛，權歸草野，所以寄慨也，而班誤為『進姦雄』；馬遷傳〈貨殖〉，蓋有鑒於井田廢而兼併橫，贖刑濫而欽恤隱，福善禍淫，權歸阿堵，所以示諷也，而班誤以為『羞貧賤』。其暗於識如此，又曷足以窺龍門之奧而論異同哉？即論文之優劣，亦不繫於煩簡也。如春申君之於考烈，文信侯之於莊襄，始之奸謀則同，春申君失朱英而被戮，文信侯進嫪毐而伏誅，終之禍敗亦同。馬遷不分載於本傳，特於〈春申君傳〉尾結之曰『是歲秦始皇立九年，嫪毐亦為亂於秦，覺，夷三族，而呂不韋廢』，以示禍福相倚，即幸免於前者，終不能幸脫於後。勸懲之法寓於穿插之中，司馬遷格外傳神。類如此則班掾能之乎？此鄭夾漈所以有龍蛇之喻也。其優劣是非不必不在異同，而亦不必盡在異同，俱從可推矣。」（《眉三子半農齋集》卷二）

沈德潛曰：「司馬遷《史記》，班固《漢書》，併推良史，舊矣。宋倪思為《班馬異同》一書，劉辰翁加以論斷，而有明許相卿作《史漢方駕》，大意皆揚馬抑班，無異旨也。愚平心以求之，有馬之勝於班者，有班與馬各成其是者，有班之勝於馬者。如〈漢高帝本紀〉，班氏將《史記．項羽本紀》中鴻門一段移入，以見精采，而《史記．高帝本紀》原文，不須移入，亦自精采如故，此班之不及馬也。〈高帝本紀〉中記垓下之戰，《史記》『淮陰侯將三十萬自當之，孔將軍居左，費將軍居右，皇帝在後，絳侯、柴將軍居皇帝後。項羽之卒十萬，淮陰侯先合，不利，卻；孔將軍、費將軍縱，楚兵不利，淮陰侯復乘之，大敗垓下。』諸語中陣法戰法皆有生氣，而《漢書》刪之，此班之不及馬也。《漢書．項羽傳》，全錄《史記》原文，而於起兵及鴻門、垓下數段，節省減色，此班之不及馬也。《史記》屈、賈結傳，意在遷謫，故於賈誼只錄〈弔屈賦〉、〈鵩鳥賦〉之文；而《漢書》全錄其政事一疏，誼之經術意在易風移俗以進於古者，全見於此，此班、馬之各成其是也。高帝以下諸〈本紀〉，《史記》不錄詔語，即間及一二語，而不錄全文，《漢書》乃備載之，以志一代敦本懋實之治，此班之勝於馬也。賈山〈至言〉與賈誼之疏、董仲舒之策，可以鼎足，又能諫文帝除鑄錢之令，而《史記》不為立傳，《漢書》補之，此班之勝於馬也。《史記》於李陵戰功敘之極略，而《漢書》所載，『自千弩俱發，應弦而倒』，下至『擊鼓起士，鼓不鳴』止，使千載下毛髮俱動，不獨表陵之勇，亦以鳴太史公救陵得禍之冤，此班之勝於馬也。」（《歸愚文續》卷三）

章學誠曰：「史氏繼《春秋》而有作，莫如馬、班。馬則近於圓而神，班則近於方以智也。《尚書》一變而為左氏之《春秋》，《尚書》無成法，而左氏有定例，以緯經也。左氏一變而為史遷之紀傳，左氏依年月，而遷書分類例，以搜逸也。遷書一變而為班氏之斷代，遷書通變化，而班氏守繩墨，以示包括也。就形貌而言，遷書遠異左氏，而班史近同遷書。蓋左氏體直，自為編年之祖；而馬班曲備，皆為紀傳之祖也。推精微而言，則遷書之去左氏也近，而班史之去遷書也遠。蓋遷書體圓用神，多得《尚書》之遺；班氏體方用智、

多得《官禮》之意也。」（《文史通義・書教下》）

劉熙載曰：「《史記》敘事，文外無窮，雖一溪一壑，皆與長江、大河相若。」「子長精思逸韻，俱勝孟堅。或問：『逸韻非孟堅所及，固也；精思復何以異？』曰：子長能從無尺寸處起尺寸，孟堅遇尺寸難施處，則差數睹矣。」（《藝概・文概》）

浦起龍曰：「從來稱良史者莫如馬，其次莫如班。顧其間異同得失，論者紛紛，竊以為二書固亦未可強同者。《史記》本為歷代之史，《漢書》則為一代之史，體制不同。遷才高識超，不拘拘於繩墨；固言必矩度，有阡陌可尋，其格力不同。遷多憤時嫉俗，感慨寄託之辭，而固則但取中正無疵而已，其意致不同。即如遷作〈本紀〉、〈世家〉、〈列傳〉，或進或退，或合或分，各出心裁，初無一定語，故項羽可〈本紀〉，陳涉可〈世家〉，屈、賈，老、莊、申、韓可以合傳。如此之類，非固所能學，而亦非固所宜學也。何也？固所修者《漢書》，則所奉者一王之制，所編者宜有一定之程，不得任為參差。故《史記》無〈惠帝紀〉，而《漢書》有之，項羽、陳涉皆為列傳，彼其體固宜爾也，亦何必強同哉！然固之書，實有未及遷者，遷敘事多以詳入妙，班務從裁省，嘗有增損一二句、一二字，而頓失神理者；其〈表〉、〈書〉之類，輕變《史記》之例，亦多可議；至若〈古今人物〉一表，牽率支綴，強分九品，並闌入莊、列寓言無實之人，尤為識者所笑也。總之，固欲以整齊勝遷之詼譎，不知固之所言，皆遷之所知；而遷之所言，恐多固所未知者焉。」（《釀蜜集》卷二）

邱逢年曰：「馬、班二史互有得失，有馬得而班失者，亦有馬、班同得者，且有馬失而班得者。如馬之〈律書〉簡而要，班之〈律志〉詳而不得其要，朱子嘗言之；馬之〈封禪〉，班改曰〈郊祀〉；馬之〈平準〉，班改曰〈食貨〉；馬不列〈五行〉而班鑿言之；韓信之『反』，馬作單傳，陽依成案而陰白其冤，班與黥、彭、陳、盧、吳合傳而以為真反；公孫弘、卜式、趙禹、張湯、桑弘羊、張騫、衛青、霍去病之流，皆子長所深譏，班於〈公孫弘贊〉極推武帝得人之盛，竟與董仲舒、汲黯、蘇武等一切褒之；馬遷《史記》歸功於父而不敢私，班固《漢書》則掠父之美而終不言；其行文於〈東方朔傳〉詳董偃，於〈翟義傳〉載王莽大誥，比之《史記・孟荀傳》之詳鄒子等，〈淮陰傳〉之備載蒯通語，差毫釐而謬千里，此皆馬得而班失也。班固全書脈絡與前篇所論《史記》大體亦略似，而十二紀贊言簡義賅，神味四溢，與《史記》同工，他如蘇武、買臣等傳寫生之妙，二李、二蘇、霍金、丙龔等合傳之妙，商山四皓、鄭子真、嚴君平等附見之妙，其變化亦源於史遷，此皆馬、班同得之處也。至若馬以呂后統惠帝，班則分為二紀焉；馬闕〈地理〉，而班於此志為特精；〈游俠〉、〈貨殖〉子長好奇發憤之所為也，班則主於觀世變而懲桀驁；馬之激詭，文則工而理或有未純，班則不激詭而出之以正大，凡此豈非馬失而班得乎？故夫甲班乙馬，與夫甲馬乙班之已甚，皆非平心之論也。然則二史無所為優劣乎？又非也。分而觀之各有得失之互見，合而觀之量其得失之多少，吾知其得之多者必在馬，失之多者必在班。吾非惡夫甲馬而乙班，特惡夫乙之已甚耳。信乎聖賢之喻為不易也。」（《史記闡要・班馬優劣》）

郭預衡曰：「班固的《漢書》和司馬遷的《史記》之間主要的思想分歧，最集中的表現在〈貨殖〉、〈游俠〉兩傳，至於《史記》的〈項羽本紀〉和〈陳涉世家〉到《漢書》裡改為列傳，倒不見得是由於思想觀點的不同，而主要是班氏斷代為書，其體例不得不變。」「《漢書》的思想傾向不同於《史記》，是由於其中反映了大漢王朝的正統思想；但是《漢書》的思想傾向又有和《史記》相同的方面。」「《漢書》與《史記》之所以又有相同之點，並非由於班固違背了大漢王朝的正統思想，而是因為大漢王朝的正統思想在前後是有差異的。例如同是歌頌漢德，後漢人的看法便與前漢不同。後漢人對於前漢的帝王並不一例崇敬，他們最崇敬的是後漢的光武、明、章，認為後漢之德超過前漢。例如班固對於武帝的功過得失，其看法就和司馬遷接近。所謂『班馬異同』之『同』，首先就表現在班固非常同情司馬遷的遭遇。《漢書》為司馬遷立傳，完全採用了〈太史公自序〉和〈報任安書〉，這篇傳記等於替司馬遷申訴。」「對司馬遷的遭遇表示同情，也就是對武帝有所不滿，這是可以從《漢書》的〈李陵傳〉得到證明的。」「這是一篇筆墨淋漓、文情並茂的文章，在《漢書》裡很少這樣的筆墨。班固行文頗似司馬遷者，以此篇為最。正如前人所說，這篇傳記即使司馬遷為之，也不過如此。班固於此傳中不但詳寫李陵的戰績，而且也詳述了司馬遷為李陵申辯的言辭，這說明班固在這裡和司馬遷的觀點完全一致。」「班固與司馬遷觀點一致的文章還有《漢書》的〈武帝紀〉與〈郊祀志〉。漢武帝一生最重要的事業是用兵匈奴，而《漢書・武帝紀・贊》居然不講武功，這是值得注意的。」「一篇〈郊祀志〉，可以說是〈封禪書〉的重複、補充和發展，這同司馬遷的觀點完全一致。」「由於班固和司馬遷的觀點有一致之處，所以《漢書》裡面也就存在著一部分和《史記》一致的文風。這兩部書的史傳之文雖然代表著兩個歷史階段，其變化雖然很大，但其中也不是沒有一脈相承的地方。」（《中國散文史》）

四、論《史記》之文學成就

蘇轍曰：「太史公行天下，周覽四海名山大川，與燕趙間豪俊交游，故其文疏蕩，頗有奇氣。豈嘗執筆學為如此之文哉！其氣充乎其中，而溢乎其貌，動乎其言，而見乎其文，而不自知也。」（〈上樞密韓太尉書〉）

洪邁曰：「《太史公書》不待稱說，若云褒贊其高古簡妙處，殆是摹寫星日之光輝，多見其不自量也。然予每展讀至〈魏世家〉、蘇秦、平原君、魯仲連傳，未嘗不驚呼擊節，不自知其所以然。魏公子無忌與王論韓事，曰『韓必德魏、愛魏、重魏、畏魏，韓必不敢反魏』，十餘語之間，五用『魏』字。蘇秦說趙肅侯曰：『擇交而得，則民安；擇交而不得，則民終身不安；齊、秦為兩敵，而民不得安；倚齊攻秦，而民不得安；倚秦攻齊，而民不得安。』平原君使楚，客毛遂願行，君曰：『先生處勝之門下幾年於此矣？』曰：『三年於此矣。』君曰：『先生處勝之門下三年於此矣，左右未有所稱誦，勝未有所聞，是先生無所有也。先生不能，先生留。』遂力請行，面折楚王，再言：『吾君在前，叱者何也？』至左手持盤血，而右手招十九人於堂下，其英姿雄風，千載而下尚可想見，使人畏而仰之。卒定從而歸。至於趙，平原君曰：『勝不敢復相士。勝相士多者千人，寡者百數，今乃於毛先生而失之！毛先生一至楚，而使趙重於九鼎、大呂，毛先生以三寸之舌，強於百萬之師。勝不敢復相士。』秦圍趙，魯仲連見平原君曰：『事將奈何？』君曰：『勝也何敢言事！魏客新垣衍令趙帝秦。今其人在是，勝也何敢言事！』仲連曰：『吾始以君為天下賢公子也，吾今然後知君非天下之賢公子也。客安在？』平原君往見衍，曰：『東國有魯仲連先生者，勝請為紹介，交之於將軍。』衍曰：『吾聞魯仲連先生，齊國之高士也；衍，人臣也，使事有職，吾不願見魯仲連先生。』及見衍，衍曰：

『吾視居此圍城之中者，皆有求於平原君者也；今吾觀先生之玉貌，非有求於平原君者也。』又曰：『始以先生為庸人，吾乃今日知先生為天下之士也。』是三者重沓熟復，如駿馬下駐千丈坡，其文勢正爾。風行於上而水波，真天下之至文也。」（《容齋五筆》卷五）

馬存曰：「子長平生喜游，方少年自負之時，足迹不肯一日休，非直為景物役也，將以盡天下大觀以助吾氣，然後吐而為書，觀之則平生所嘗游者皆在焉。南浮長淮，泝大江，見狂瀾驚波，陰風怒號，逆走而橫擊，故其文奔放而浩漫；望雲夢、洞庭之陂，彭蠡之渚，含混太虛，呼吸萬壑而不見介量，故其文停蓄而淵深；見九疑之芊綿，巫山之嵯峨，陽臺朝雲，蒼梧暮烟，態度無定，靡蔓綽約，春妝如濃，秋飾如薄，故其文妍媚而蔚紆；泛沅渡湘，弔大夫之魂，悼妃子之恨，竹上猶有斑斑，而不知魚腹之骨尚無恙者乎，故其文感憤而傷激；北過大梁之墟，觀楚漢之戰場，想見項羽之喑噁，高帝之謾罵，龍跳虎躍，千兵萬馬，大弓長戟，俱游而齊呼，故其文雄勇猛健，使人心悸而膽栗；世家龍門，念神禹之大功，西使巴蜀，跨劍閣之鳥道，上有摩雲之崖，不見斧鑿之痕，故其文斬絕峻拔，而不可攀躋；講業齊魯之都，睹夫子之遺風，鄉射鄒嶧，彷徨乎汶陽洙泗之上，故其文典重溫雅，有似乎正人君子之容貌。凡天地之間，萬物之變，可驚可愕，可以娛心，使人憂，使人悲者，子長盡取而為文章，是以變化出沒，如萬象供四時而無窮，今於其書而觀之，豈不信矣！」（刻《史記鈔》引）

茅坤曰：「太史公所為《史記》一百三十篇，其所論大道，而折衷於六藝之至，固不能盡如聖人之旨；而要言之，指次古今，出〈風〉入〈騷〉，譬之韓、白提兵而戰於河山之間，當其壁壘、部曲、旌旗、鉦鼓、左提右挈，中權後勁，起伏翱翔，倏忽變化，若一夫舞於曲旃之上，而無不如意者，西京以來，千年絕調也。即如班椽《漢書》，嚴密過之，而所當疏宕遒逸，令人讀之，杳然神游於雲幢羽衣之間，所可望而不可挹者。予竊疑班掾猶不能登其堂而洞其竅也，而況其下者乎？」（刻《史記鈔》引）

又曰：「其入漢以後，太史公最不滿當時情事者，漢開邊衅及酷吏殘民，故次匈奴、大宛並郅都以下，文特精悍；太史公自以救李陵犯主上，並無故人賓客出救，又貧不能贖，卒下蠶室，故於劇孟、魯朱家之任俠、於猗頓、卓氏輩之貨殖，俱極摹畫；諸將中所最憐者，李廣之死，與衛、霍以內寵益封，故文多感欷；淮陰、黥布之特將，樊、灌以下之偏裨，詳畫以差。他如張耳、陳餘，則感其兩人以刎頸之交相賊殺；竇嬰、田蚡、灌夫，則感其三人以賓客之結相傾危；酈食其、陸賈、朱建之客游，劉敬、叔孫通之獻納，季布、欒布之節俠，袁盎、鼂錯之刑名，張釋之、馮唐、韓長孺之正議，石奮、衛綰、直不疑之謹厚，淮南、衡山之悖亂，汲黯、鄭當時之伉聲，此皆太史公所溉於心者，言人人殊，各得其解。譬如善寫生者，春華秋卉，並中神理矣。」「屈、宋以來，渾渾噩噩，如長江大川，探之不窮，攬之不竭，蘊藉百家，包括萬代者，司馬子長文也。」（《史記鈔・讀史記法》）

王世貞曰：「太史公之文有數端焉，帝王紀以己釋《尚書》者也，又多引圖緯子家言，其文衍而虛；春秋諸世家，以己損益諸史者也，其文暢而雜；儀、秦、鞅、雎諸傳，以己損益《戰國策》者也，其文雄而肆；劉、項紀，信、越諸傳，志所聞也，其文宏而壯；〈河渠〉、〈平準〉諸書，志所見也，其文核而詳，婉而多風；〈刺客〉、〈游俠〉、〈貨殖〉諸傳，發所寄也，其文精嚴而工篤，磊落而多感慨。」（《弇州山人四部稿》卷一四六）

天都外臣曰：「夫《史記》上國武庫，甲仗森然，安可枚舉；而其所最稱犀利者，則無如鉅鹿破秦，鴻門張楚，高祖還沛，長卿如邛，范、蔡之傾，儀、秦之辯，張、陳之隙，田、竇之爭，衛、霍之勛，朱、郭之俠，與夫四豪之交，三傑之算，十吏之酷，諸呂、七國之亂亡，貨殖、滑稽之瑣屑，真千秋絕調矣！傳中警策，往往似之。」（〈水滸傳序〉）

金聖嘆曰：「夫修史者，國家之事也；下筆者，文人之事也。國家之事，止於敘事而止，文非其所務也；若文人之事，固當不止敘事而已，必且心以為經，手以為緯，躊躇變化，務撰成絕世奇文焉。司馬遷之書，其選也。馬遷之書，是馬遷之文也。馬遷書中所敘之事，則馬遷之文之料也。是故，馬遷之為文也，吾見其有事之鉅者而隱括焉，又見其有事之細者而張皇焉，或見其有事之闕者而附會焉，又見其有事之全者而軼去焉，無非為文計，不為事計也。但使吾之文得成絕世奇文，斯吾之文傳而事傳矣。如必欲但傳其事，又令纖

悉不失，是吾之文先已拳曲不通，已不得為絕世奇文，將吾之文既已不傳，而事又烏乎傳耶？」（《水滸》第二十八回總評）

姚苧田曰：「今夫龍門之文得於善游，夫人而能言之矣。則當其浮長淮，溯大江，極覽夫驚沙逆瀾，長風怒號，崩擊而橫飛者，吾於其書而掇取之；望雲夢之泱漭，睹九嶷之芊綿，蒼梧之野，巫山之陽，朝雲夕烟，靡曼綽約，吾於其書而掇取之；臨廣武之墟，歷鴻門之坂，訪漕龍之巷陌，思霸主之雄圖，鷹揚豹變，慷慨悲懷，吾於其文而掇取之；奉使巴岷，吊蠶叢、魚鳧之疆，捫石棧天梯之險，縈紆晦窅，巉峭幽深，吾於其文而掇取之；適魯登夫子之堂，撫琴書，親杖履，雍容爾雅，穆如清風，吾於其文而掇取之。若夫後勝未來，前奇已過，於其中間，歷荒堤而經破驛，頑山鈍水，非其興會之所屬，斯逸而勿登焉。讀其文而可以知其游之道如彼，則文之道誠不得不如此也。」（《史記菁華錄》）

袁枚曰：「史遷敘事，有明知其不確而貪於所聞新異，以助己之文章，則通篇以幻忽之語序之，使人得其意於言外，讀史者不可無識也。即如屠岸賈一事，三傳所無，史遷不忍割愛，故〈趙世家〉入手即序鳥身人面之中衍，隨即序周穆王見西王母，以下將妖夢鬼神之事重疊言之，皆他世家所無也，若曰屠岸賈之有無亦若是云爾。〈張良傳〉曰『黃石公』，曰『滄海君』，曰『赤松子』，皆莫須有之人，以見『四皓』之傳聞亦如是云爾。」（《隨園隨筆》）

劉大櫆曰：「文貴奇：有奇在字句者，有奇在意者，有奇在筆者，有奇在丘壑者，有奇在氣者，有奇在神者。奇氣最難識，大約忽起忽落，其來無端，其去無跡。讀古人文，於起滅轉接之間，覺有不可測識處，便是奇氣，史公〈伯夷傳〉可謂神奇。文貴高：昔人謂子長文字峻，震川謂『此言難曉，要當於極真、極樸、極淡處求之』。文貴大：古文之大者莫如《史記》。震川論《史》謂為『大手筆』，曰『起頭來得勇猛』；又曰『連山斷嶺，峰巒參差』；又曰『如畫長江萬里圖』；又曰『如大塘上打縴，千船萬船不相妨碍』，此氣脈洪大，丘壑遠大之謂也。文貴遠：遠必含蓄，或句上有句，或句下有句，或句中有句，或句外有句。說出者少，不說出者多。昔人謂子長文字，微情妙旨，寄之筆墨蹊徑之外；又謂如郭熙畫天外數峰，略有筆墨而無筆墨之迹。故子長文並非孟堅所知，意到處言不到，言盡處意不盡，史公後惟韓、歐得其一二。文貴疏：孟堅文密，子長文疏。凡文力大則疏，氣疏則縱，密則拘；神疏則逸，密則勞；疏則生，密則死。子長拿捏大意，行文不妨脫略。文貴變：上古實字多，虛字少，典、謨、訓、誥，何等簡略，然文法自是未備。孔子時虛字詳備，左氏情韵並美，至先秦更加疏縱。漢人斂之，稍歸勁質，惟子長集其大成。馬遷句法，似贅拙而實古厚可愛。文章品藻，最貴曰雄曰逸。歐公逸而未雄，退之雄處多逸處少，子長雄過退之，而逸處更多，所以為至。」（《論文偶記》）

劉熙載曰：「太史公文，精神氣血，無所不具。」「太史公文，疏與密皆詣其極。」「太史公寓主意於客位，允稱微妙。」「太史公文，悲世之意多，憤世之意少，是以立身常在高處。」「文如雲龍霧豹，出沒隱見，變化無方，此《莊》、〈騷〉、太史（公）所同。」「學〈離騷〉得其情者為太史公，得其辭者為司馬長卿。」（《藝概・文概》）

林紓曰：「大家之文，於文之去路不惟能發異光，而且長留餘味，其最擅長者無若《史記》。《史記》於收束之筆不名一格，如本文飽敘妄誕之事，及到結束必有悔悟之言，偏復掉轉，還他到底妄誕，卻用一冷雋之筆閑閑點醒，如〈封禪書〉之收筆是也。有痛敘奸讒誤國，令讀者憤懣填胸，達到收局，人人必欲觀其伏誅，此似行文之定例，乃不敘進讒者之應伏其罪，偏敘聽讒者之悔用其言；不敘用讒者之以間成功，偏敘誅讒者以『不忠』垂誡，如〈吳太伯世家〉之收筆是也。有敘開國之勛臣，定霸之鉅子，功高不賞，幸免弓狗之禍，卻把其退隱之軼事盡情一述，竟似以國史為其家傳，雖描摹瑣屑，愈見其人能全身而遠禍，寓其微旨，如〈越王句踐世家〉之收筆是也。有同等之隱事，同惡之陰謀，同時之敗露，是天然陪客，文中且不說明，直到結穴之處，大書特書彼人之罪狀，與本文兩不關涉，然句中用一『亦』字，見得同意之人亦同抵於族，不加議論，其義見焉，如〈春申君列傳〉之收筆是也。有三傳聯為一氣，事一而人三，則每傳不能不劃清界限；顧三人終局，必待第三傳之末始能分曉，在每傳中又宜有收筆，此應如何分界者？乃史公各於本傳之末，各用似了非了之筆，讀之雅有餘味，則〈魏其武安侯列傳〉之收筆是也。三傳中惟武安得保首領以沒，不就刑誅，故收束處用淮南王饋金事，上曰『使武安侯在者，族矣』！餘味盎然，而〈平津侯傳〉末亦用此意。獨〈荊軻列傳〉終寫荊軻之勇、行刺之難、秦王之驚駭、廷臣之慌亂，五光十色，使讀者太息，以為一刺一擲，秦王之死其間不能容髮，只能歸諸天意；而史公冷眼直看出荊軻劍術之疏，又不便將荊軻之勇抹殺，故於傳末用魯句踐一言，閑閑回顧篇首，說到荊軻若能虛心竟學，則亦不致失此好機會矣。似斷非斷，卻用敘事作結穴。此等收筆，直入神化。」（《春覺齋論文》）

李笠曰：「史臣敘事，有缺於本傳而詳於他傳者，是曰『互見』，史公則以屬辭比事而互見焉。以避諱與嫉惡，不敢明言其非，不忍隱蔽其事，而互見焉。〈游俠傳〉不詳朱家之事，而述於〈季布傳〉；〈高祖紀〉不言過魯祀孔子，而著於〈孔子世家〉，此皆引物連類而舉遺漏者也。〈封禪書〉盛推鬼神之異，而〈大宛傳〉云『張騫通大夏，惡睹本紀所謂昆侖者乎』；又云『所有怪物，余不敢言之也』；〈高祖紀〉謂高祖『豁達大度』，而〈佞幸傳〉云『漢興，高祖至暴抗也』，此皆恐犯忌諱，以雜見錯出而見正論也。」（《史記訂補》）

高步瀛曰：「史公之文，每篇各有主旨，如〈吳太伯世家〉以『讓爭』二字為主，〈魯周公世家〉以『相臣執政』為主，〈陳丞相世家〉以『陰謀』為主，〈魏其武安傳〉以『權勢相傾』為主。其尤奇者，〈大宛傳〉以『通使興兵』為主，而前半敘通使，以張騫為線索；後半興兵，以宛馬為線索。最為謀篇之奇者，又如〈伯夷傳〉之言『學者載籍極博』，颯然而來；〈平準書〉之言『烹弘羊，天乃雨』，戛然而止，更出人意計之外。篇法之奇，至此極矣。誠以史公識卓古今，筆侔造化，吾輩畢生研求，猶不能盡；必不得已，聊舉四品以明之：一曰詼詭。漢高之得天下也，歸之於天；優倡之匹人主也，委之於命；蕭何刀筆吏耳，其為相國也，贊以『閎天散宜』；留侯智謀士耳，其附呂后也，疑於『婦人好女』，皆以頌代諷，寓莊於諧，意在彼而言在此，使人猝然觀之，不能測其意之所在，此文章最高之境，所謂詼詭者此類是也。二曰雄恣。項王之戰鉅鹿也，諸侯軍從壁上觀，而楚軍以一當十，即由觀者眼中看出，故倍覺精靈；夫差之殺子胥也，越句踐乃得逞其志，反而越軍之入吳，先從子胥口中敘出，故益形冤憤；魏公子之親載侯嬴入市也，寫坐客，寫市人，寫從騎，反襯公子愛賢之誠；孫臏之欲殺龐涓復仇也，寫減灶，寫伏弩，寫斫木，愈顯孫子誘敵之智。此等處皆使人蕩駭心目，舌撟不下，所謂雄恣者，此類是也。三曰閑遠。漢高帝益蕭何封二千戶，以帝繇咸陽時『何送我獨贏奉錢二也』；秦始皇賜夏無且黃金二百溢，以『無且愛我，乃以葯囊提荊軻也』；李將軍之射虎也，則云『中石沒鏃』；司馬穰苴之行軍也，則云『立表決漏』；樗里子葬于渭南，則曰『百歲後當有天子之宮夾我墓』；竇皇后持弟而泣，則有『侍御左右伏地泣，助皇后悲哀』。皆能於百忙之中，特著頰上添毫之筆，遂更覺生氣遠出。史公此等處，直與左氏爭雄，後世惟韓昌黎間有之，斷非他人所能及，所謂閑遠者，此類是也。四曰沉鬱。夷、齊采薇，特著西山之歌；齊王建遷共，怨及松柏之客；吳起去西河而垂淚；虞卿以窮愁而著書；任俠人所委命，獨難容於文網之吏；貨殖重在因道，更難望於掊克之朝。史公此等處，大率反復頓挫，令人迴腸盪氣，不能以已，所謂沉鬱者，此類是也。此外或綴詞古奧，或托體高華，或淡宕以取神，或磊落以使氣，更續數之亦不能盡，見仁見智，各視其人用力淺深而已。」（《史記舉要》）

茅盾曰：「在漢朝，司馬遷是繼承並發展了先秦散文方面（《左傳》、《國語》、《國策》及諸子）的現實主義傳統的。《史記》是史傳，同時又是藝術性極高的散文。它的文學語言縱橫決蕩，舒卷自如，而描寫人物的本領則比《左傳》、《戰國策》等更進一步。漢朝人也把《史記》看作文學作品，班固稱『文章則司馬遷、相如』，把一個散文大家和一個辭賦大家並舉，算是有眼力的。」（《茅盾評論文集．夜讀偶記》）

錢鍾書曰：「錢謙益《牧齋初學集》卷八三〈書史記項羽、高祖本紀後〉兩首推馬之史筆勝班遠甚，如寫鴻門之事，馬備載沛公、張良、項羽、樊噲等對答之『家人絮語』、『娓娓情語』、『諈諉相屬語』、『惶駭偶語』之類，班胥略去，遂爾『不逮』。其論文筆之繪聲傳神，是也；苟衡量史筆之足徵可信，則尚未探本。此類語皆如見象骨而想生象。古史記言，太半出於想當然（參觀《左傳》卷論杜預〈序〉）。馬善設身處地，代作喉舌而已，即劉知幾恐亦不敢遽謂當時有左、右史珥筆備錄，供馬依據。然則班書刪削，或識記言之為增飾，不妨略馬所詳；謂之謹嚴，亦無傷耳。馬能曲傳口角，而記事破綻為董氏所糾，正如小說戲曲有對話栩栩欲活而情節布局未始盛水不漏。李漁《笠翁偶集》卷一〈密針線〉條嘗評元人院本作曲甚工而關目殊疏，即其類也。」（《錢鍾書論學文選》卷三）

又曰：「馬遷行文，深得累迭之妙，如本篇（指〈項羽本紀〉）末寫項羽『自度不能脫』，一則曰『此天之亡我，非戰之罪也』；再則曰『令諸君知天亡我，非戰之罪也』；三則曰『天之亡我，我何渡為！』！心已死而意猶未平，認輸而不服氣，故言之不足，再三言之也。又如〈袁盎鼂錯列傳〉記錯父曰：『劉氏安矣，鼂氏危矣！吾去公歸矣！』斷為三句，疊三『矣』字，紙上如聞太息，頓挫而兼急迅錯落之致。《漢書》卻作『劉氏安矣而鼂氏危，吾去公歸矣』！削去銜接之詞，索然有底情味？」（《管錐編》第一冊）

劉再復曰：「我國漫長的文學史，如果包括現代文學史，那麼可以說，曾經出現過三個表現人的創作高峰：一是《史記》，二是《紅樓夢》，三是以魯迅為旗幟的包括郭沫若、茅盾、巴金、老舍、曹禺等的現代作家群。」「《史記》的文學性在很大程度上正是得益於塑造人物性格的成功。可惜《史記》注重表現人的性格的成就，沒有化為中國古代文學的傳統。《史記》之後，有很長的一段時間（一千多年），中國文學一直以詩詞為正宗，沒有塑造人物性格的偉大作品產生。」（《性格組合論》）

李少雍曰：「在西方史學史上，普魯塔克被尊為傳記體史乘的奠基者，他是一個自覺的傳記作家；而司馬遷則以史官世家自豪，以『論載史文』為己任。他因為要『究天人之際，通古今之變』，於是革舊開新，發凡起例，變編年為紀傳，在開創我國『正史』體例的同時，不自覺的為後世留下了輝煌巨麗的傳記文學作品。」「司馬遷是我國傳記文學的創始人，普魯塔克雖不能說也是古希臘羅馬傳記文學的奠基者，但他畢竟還是西方最早有完整傳記作品傳世的傳記文學作家。司馬遷不僅在時代上比他早兩個世紀，而且在成就上也不稍遜於這位古羅馬傳記文學的最傑出的代表。司馬遷的《史記》在世界傳記文學史上應當有其非常重要的地位，它可以特立於世界古代傳記巨著之林而毫無愧色。」（《司馬遷傳記文學論稿》）

日人齋藤正謙曰：「入崑侖之山，滿目莫非金玉，然有千金之珍，有連城之寶，不能無差等。一部《史記》固為群玉圃，然〈本紀〉則高祖、項羽，〈世家〉則陳涉、蕭、曹、留侯，〈列傳〉則伯夷、屈原、范蔡、廉藺、張陳、淮陰、李廣、刺客、貨殖諸篇，殊為絕佳，是連城之寶也。」

又曰：「子長同敘智者，子房有子房風姿，陳平有陳平風姿；同敘勇者，廉頗有廉頗面目，樊噲有樊噲面目；同敘刺客，豫讓之與專諸，聶政之與荊軻，才出一語，乃覺口氣各不同。〈高祖本紀〉見寬仁之氣動於紙上，〈項羽本紀〉覺喑噁叱咤來薄人。讀一部《史記》，如直接當時人，親睹其事，親聞其語，使人乍喜乍愕，乍懼乍泣，不能自止，是子長敘事入神處。」（《史記會注考證》引）

五、《史記》對後世文學的影響

鄭振鐸曰：「在後來文學史上，《史記》之影響也極大，古文家往往喜擬仿他的敘寫的方法。實際上，《史記》的敘寫雖簡樸而卻能活躍動人，能以很少的文句活躍躍的寫出其人物的性格，且筆端常帶有感情。」（《插圖本中國文學史》）

曾毅曰：「《史記》之文字，生動而疏宕有奇氣，蓋遷多愛之人也，故其文熱血橫迸；多恨之人也，故其議論悲憤鬱遏。若以儒教之家法繩之，誠不免揚雄所謂『不與聖人同是非』之嫌；而以歷史之眼光觀之，變易編年，創為紀傳，冠冕群倫，師法百代，實有如劉子元所稱才、學、識三長，而邀鄭漁仲之欣賞。即以文學之價值論之，自來文人學士孰不仰為空前之傑作、絕後之至文者乎？」（《中國文學史．司馬相如與司馬遷》）

郭沫若曰：「司馬遷這位史學大家實在是值得我們誇耀。他的一部《史記》，不啻是我們中國的一部古代的史詩，或者就說它是一部歷史小說集也可以。那裡面有好些文章，如〈項羽本紀〉、〈刺客列傳〉、〈貨殖列傳〉、〈廉頗藺相如列傳〉、〈信陵君列傳〉等等，到現今都還是實有生命的。」（《郭沫若古典文學論文集》）

李長之曰：「司馬遷是被後來的古文家所認為宗師的，其中幾乎有著『文統』的意味。因為第一次的古文運動領袖是韓愈，他推崇司馬遷；第二次的古文運動領袖是歐陽修，他推崇韓愈；後來的桐城派的先驅歸有光以司馬遷為研究目標，後來者則追踪韓、歐，而曾國藩一派又探索於《史記》。這樣一來，前前後後，司馬遷便成了古文運動的一個中心人物。」「司馬遷的散文乃是純正的散文，乃是唐宋以來所奉為模範的散文，也就是古文家所推為正統的散文。」「他的文字我們可以稱為奇而韻，奇就是來自秦文的矯健，而變為疏蕩；韻就是由於經過《楚辭》的洗禮，使疏蕩處不走入偏枯躁急，同時卻又已經有著下一代的風格的萌芽。」

又曰：「以司馬遷的史詩之筆，他可以寫小說。事實上他的許多好的傳記也等於好的小說。自來在對司馬遷以古文大師視之之外，也就在一種把《史記》當作小說的看法。不過這種看法並不早，大概始於明，大盛於清，又為近人所強調。這種看法原不錯，司馬遷原可以稱為一個偉大的小說家。」「照我的看法，中國小說史可以分為五個時代，一是小說之名未確立，大家認為小說是瑣碎雜說的時代，這時代包括先秦到漢。二是志怪時代，那就是漢魏六朝。三是傳奇時代，從隋唐到宋。四是演義時代，從宋到明清。五是受歐洲小說影響時代，那就是現代。其他四個時代都有一個演化的共同點，那就是大都由神怪而到人情。例如第二個時代中是以《神異記》、《十洲記》那樣的書開始，而最高峰卻是《世說新語》。第三個時代是以〈白猿傳〉、〈古鏡記〉那樣的神怪開始，而最高峰卻是〈鶯鶯傳〉那樣的人情小說。第四個時代亦然，最高峰便是《紅樓夢》一樣寫實的人情小說。而在第一時代中，假如以《莊子》那樣的神怪寓言作為開端，而司馬遷的《史記》便恰又代表一個最高峰，乃是中國小說史上第一期中的寫實的人情小說了。」

又曰：「倘若就以後的影響說，不但《東周列國志》、《西漢演義》採取了《史記》的材料；就是司馬相如、卓文君的故事，便也很像給後來的戀愛小說作了先驅；而朱家、郭解的故事也直然是《水滸傳》一類小說前身；《聊齋誌異》中的『異史氏曰』，那更是仿效《史記》中的『太史公曰』了。過去的小說家在意識上或不意識上受司馬遷之賜，恐怕是不可計量的。」

又曰：「因為司馬遷的《史記》富有那麼些傳奇的材料之故，也成了後來戲曲家的寶庫，試看《元曲選》中的鄭廷玉《楚昭王》、高文秀《誶范叔》、李壽卿《伍員吹簫》、尚仲賢《氣英布》、紀君祥《趙氏孤兒》、無名氏《賺蒯通》、《凍蘇秦》、《馬陵道》；《元槧古今雜劇三十種》中又有：鄭光祖《周公攝政》、金仁杰《蕭何追韓信》、狄君厚《晉文公火燒介子推》；《脈望館鈔本元曲》中另有：李文蔚《圯上進履》、楊梓《豫讓吞炭》、鄭光祖《伊尹耕莘》、丹丘先生《卓文君私奔相如》、高文秀《澠池會》。這是現存一百三十二種元劇中之十六種採自《史記》故事的劇本。還有逸套見於《雍熙樂府》中者二種：趙明道《范蠡歸湖》、王仲文《漢張良辭朝歸山》。而京劇中之《渭水河》、《武昭關》、《八義圖》（或稱《搜孤救孤》）、《文昭關》、《戰樊城》、

《浣沙記》、《長亭會》、《澠池會》（或稱《完璧歸趙》）、《未央宮》、《五雷神》（或稱《孫龐鬥智》）、《喜封侯》（或稱《蒯徹裝瘋》）、《黃金台》、《宇宙鋒》、《博浪椎》、《盜宗卷》（或稱《興漢圖》）、《監酒令》）、《文君當爐》、《霸王別姬》，也統統是由《史記》中的故事而變為劇本的。正如唐人的傳奇之作為元明劇作家的材料來源一樣，也正如中世紀的傳說之為莎士比亞所取資一樣，司馬遷的《史記》是成了宋、明、清劇作家的探寶之地了。」

又曰：「我們說司馬遷不惟影響了後來的小說，他本人就也是一個小說家；這話同樣可以說他和戲劇的關係。在某種意義上說，他也是一個出色的劇作家，這是就他之善於寫緊張的局面（如楚漢大戰、荊軻刺秦王、灌夫鬧酒等），以及善於寫對話而可見的。因此，司馬遷不唯在傳統的文藝上有他的地位，就是以現代的文藝類屬去衡量時，也同樣有他在文學史不可動搖的比重。」（《司馬遷之人格與風格》）

唐順之、王慎中稱《水滸傳》曰：「委曲詳盡，血脈貫通，《史記》之下便是此書。」（李開先《詞謔》）

金聖嘆曰：「《水滸傳》方法都從《史記》出來，卻有許多勝似《史記》處。若《史記》妙處，《水滸》已是件件有。」「其實《史記》是以文運事，《水滸》是因文生事。以文運事，是先有事生成如此如此，卻要算計出一篇文字來，雖是史公高才，也畢竟是吃苦事；因文生事則不然，只是順著筆情去，削高補低都由我。」（《讀第五才子書法》）

毛宗崗曰：「《三國》敘事之佳，直與《史記》仿佛。」（《讀三國志法》）「凡敘事之難，不難在聚處，而難在散處。如當陽長坂一篇，玄德與眾將及二夫人並阿斗，東三西四，七斷八續，詳則不能加詳，略則不可偏略，庸筆至此，幾於束手。今作者將糜芳中箭在玄德眼中敘出；簡雍著槍、糜竺被縛在趙雲眼中敘出，甘夫人下落則借軍士口中詳之，糜夫人及阿斗下落則借百姓口中詳之，歷落參差，一筆不忙，一筆不漏。又有旁筆寫秋風、寫秋夜、寫曠野哭聲，將數千兵及數萬百姓無不點綴描畫。予嘗讀《史記》，至項羽垓下一戰，寫項羽、寫虞姬、寫楚歌、寫九里山、寫八千子弟、寫韓信調兵、寫眾將十面埋伏、寫烏江自刎，以為文章紀事之妙莫有奇於此者；及見《三國》當陽長坂之文，不覺嘆龍門之復生也。」（《三國演義》第四十一回總

評）

張竹坡評《金瓶梅》曰：「《金瓶》到底有一種憤懣氣象，然則《金瓶梅》斷斷是龍門再世。」（《「金瓶梅」讀法》）

無名氏評《儒林外史》第二回曰：「非深於《史記》筆法者，未易辦此。」評第三十三回曰：「人不親歷此等境界，不知此中之苦，亦不知此中之趣。想作者學太史公讀書，遍歷天下名山大川，然後具此心襟，能寫出此種境況也。作者以龍門妙筆，旁見側出以寫之。」

范叔詠《紅樓夢》曰：「說部可憐誰堪伍，莊騷太史同千古。」（《題直侯所評「紅樓夢」傳奇》）

劉鶚曰：「〈離騷〉為屈大夫之哭泣，《莊子》為蒙叟之哭泣，《史記》為太史公之哭泣。其感情愈深者，其哭泣愈痛，此鴻都百煉生所以有《老殘遊記》之作也。」（《老殘遊記・自序》）

李澄中稱《女仙外史》曰：「余觀《外史》，以如許之人、如許之事，條分縷析，合成一局，若梭之穿絲，有經有緯；輿之輻湊，有枘有鑿，此能蛻化於《史記》之外，而陶熔於《史記》之內者。」

吳日法曰：「小說家之神品大都得力於讀《史記》者為多。」（《小說家言》）

邱煒萲曰：「千古小說祖庭，應歸司馬。」（《客云廬小說話》）

陳珏曰：「美國有位思路活躍的漢學家浦安迪副教授，他隔岸觀火，從太平洋彼岸對中國文學中的『史詩缺類』問題提出了一系列頗可供大家咀嚼玩味的觀點。」「中國的《三國演義》、《西遊記》、《水滸傳》、《紅樓夢》等長篇名著的源頭又在何方呢？一般認為是從宋元話本、民間的市井文學演變而來。如此說來，中國古典長篇小說『資歷』甚淺，最多只不過上及宋元。這話對嗎？浦氏不同意此說，他仔細研讀了『四大奇書』之後，深感其中蘊有極其寵大的史詩氣魄，僅僅從市井的俗文學中決不可能流出如此洶涌澎湃的藝術巨濤。他根據自己的直感提出一個大膽的假設：在中國上古文學裡，是否有可能存在一個『潛在的史詩源』？浦氏又進一步從這個角度出發作了大量考證，然後得出自己獨特的論點，中國有『史詩』。不過這部『史詩』不是『詩』，而是長期被人們只當作歷史讀的《史記》。正如植根於西方人靈魂深處的『普羅米修斯精神』、『阿波羅精神』、『繆斯精神』等等無不源出於古希臘的神話與史詩，中國古典長篇小說中的典型人物的內心世界也處處與《史記》中凸現的『荊軻精神』、『伍子胥精神』、『孟嘗君精神』等遙相暗合。浦安迪做了大量索隱鉤玄的考據，相當具體地『證明』了明清小說的主要『境界』是如何從《史記》中汲取原料素材的。」（《中國有沒有「伊利亞特」式的史詩》）

主要參考書目

裴　駰《史記集解》
司馬貞《史記索隱》
張守節《史記正義》
劉辰翁、倪思《班馬異同評》
楊　慎《史記題評》
鍾　惺《史懷》
茅　坤《史記鈔》
陳仁錫《史記評林》
牛運震《史記評注》
歸有光、方苞《評點史記》
徐孚遠、陳子龍《史記測義》
凌稚隆《史記評林》
李光縉《增訂史記評林》
吳見思《史記論文》
姚苧田《史記菁華錄》
張　照《殿版史記》
梁玉繩《史記志疑》
梁玉繩等《「史記」「漢書」諸表訂補十種》
洪亮吉《四史發伏》
史　珥《四史剿說》
郭嵩燾《史記札記》
張文虎《校刊史記集解索隱正義札記》
崔　適《史記探源》
李　笠《史記訂補》
劉咸炘《太史公書知意》
齊樹楷《史記意》
王駿圖、王駿觀《史記舊注平議》
李景星《四史評議》
高步瀛《史記舉要》《文章源流》
王伯祥《史記選》
有井範平《史記評林補標》
瀧川資言《史記會注考證》
水澤利忠《史記會注考證校補》《史記正義研究》（內含《史記正義佚存訂補》）
池田英雄《史記補注》
施之勉《史記會注考證訂補》
魯實先《「史記會注考證」駁議》
王叔岷《史記斠證》
徐文珊《史記評介》
朱東潤《史記考索》
李長之《司馬遷的人格與風格》
季鎮淮《司馬遷》
徐朔方《史漢論稿》
陳　直《史記新證》《漢書新證》
張大可《史記新注》《史記研究》
韓兆琦《史記箋證》
天津古籍版《全注全譯史記》
楊燕起《史記全譯》《歷代名家評史記》
張家英《史記十二本紀疑詁》
趙生群《太史公書研究》《史記文

獻學叢稿》
陳桐生《史記名篇述論稿》
伊藤德男《由「史記」十表看司
馬遷的歷史觀》
顏師古《漢書注》
凌稚隆《漢書評林》
沈欽韓《漢書疏證》
王先謙《漢書補注》
楊樹達《漢書窺管》
吳　恂《漢書注商》
司馬光《資治通鑑》
胡三省《資治通鑑注》
王夫之《讀通鑑論》
袁　黃《歷史綱鑒補》
李　贄《藏書》
王　充《論衡》
劉知幾《史通》
黃　震《黃氏日鈔》

洪　邁《容齋隨筆》
葉　適《習學記言》
王若虛《滹南遺老集・史記辨惑》
王應麟《困學紀聞》
王世貞《讀史隨筆》
顧炎武《日知錄》
王念孫《讀書雜志》
王引之《經義述聞》
王鳴盛《十七史商榷》
錢大昕《二十二史考異》《讀史拾
遺》
趙　翼《二十二史箚記》
李慈銘《越縵堂讀書記》
何　焯《義門讀書記》
朱　翌《猗覺寮雜記》
俞正燮《癸巳存稿》
王國維《觀堂集林》《王國維文集》
顧頡剛等《古史辨》
顧頡剛《史林雜志》
錢鍾書《管錐編》

孔穎達等《十三經注疏》
孫希旦《禮記集解》
陳　皓《禮記集說》
郝懿行《禮記箋》
方　愨《禮記集解》
胡　渭《禹貢錐指》
王世舜《尚書譯注》
高士奇《左傳紀事本末》
顧棟高《春秋大事表》
楊伯峻《春秋左傳注》《論語譯注》
俞　樾《群經平議》
崔　述《洙泗考信錄》
童書業《春秋左傳研究》
竹添光鴻《左傳會箋》
上海古籍出版社《國語》
鮑　彪《戰國策注》
吳師道《戰國策注》
馬王堆漢墓帛書整理小組編《戰
國縱橫家書》
諸祖耿《戰國策集注匯考》
繆文遠《國策新校注》《戰國策考

辨》《戰國史繫年輯證》
牛鴻恩《戰國策選注》
朱　熹《四書集注》《楚辭集注》
中華書局《十一家注孫子》
鈕國平《孫子釋義》
陳鼓應《老子注釋及評介》
高　亨《商君書注釋》
陳其猷《韓非子集釋》
郭沫若《十批判書》
蔣伯潛《諸子通考》
魯　迅《漢文學史綱要》《魯迅全集》
錢　穆《先秦諸子繫年考辨》《史記地名考》《國史大綱》《現代中國學術論衡》
洪興祖《楚辭補注》
茅泮林《楚漢春秋輯本》
楊守敬、熊會貞《水經注疏》
周魁一等《二十五史河渠志注釋》
王育民《中國歷史地理概論》

白壽彝《中國通史》《史記新論》
范文瀾《中國通史簡編》《文心雕龍注》
周谷城《中國通史》
郭預衡《中國散文史》
楊　寬《西周史》《戰國史》
徐中舒《先秦史論稿》
王玉哲《中華遠古史》
馬非百《秦集史》
江應梁《中國民族史》
蒙文通《古族甄微》
林　干《匈奴史》《中國古代北方各族簡史》
沈長雲等《趙國史稿》
王閣森、唐致卿《齊國史》
黃德馨《楚國史話》
李學勤《東周與秦代文明》
張榮芳《南越國史》
楊　琮《閩越國文化》
平勢隆郎《中國古代紀年研究》

張之恆、周裕興《夏商周考古》
楊國勇《山西上古史新探》
李發林《戰國秦漢考古》
宋治民《戰國秦漢考古》
喬吉祥《中國歷史文物知識》
曲英杰《先秦都城復原研究》
安金槐《中國考古》
楊育彬《河南考古》
河南考古所《河南考古五十年》
山西考古所《山西考古四十年》
文物出版社《新中國考古五十年》
國家文物局《中國文物地圖集》之《河南分冊》、《陝西分冊》
蘇天鈞《北京考古集成》
徐衛民《秦國都城研究》
袁　珂《中國古代神話》《山海經注釋》
陳　晉《毛澤東讀書筆記》
張貽久《毛澤東讀史》
費振剛《毛澤東圈注史傳詩文集

成》
臺灣三軍大學《中國古代軍事史》
武國卿、慕中岳《中國戰爭史》
軍事社科院主編《中國軍事通史》之黃朴民《春秋軍事史》、吳如嵩《戰國軍事史》、陳梧桐等《西漢軍事史》
高　銳《中國軍事史略》
韋　葦《司馬遷經濟思想研究》
陳尊嬀《中國天文史》
丘瓊蓀《歷代樂志律志校釋》
《天文學史文集》第四期
《自然科學史研究》第六卷
《自然科學史研究》一九九四年第一期
《自然雜誌》第五卷一九八一第九期、一九八二第五期
《自然雜誌》第四卷第九期
《科技史文集》第一輯一九七八
《科技史文集》第三期

倉修良《史記辭典》
譚其驤《中國歷史地圖集》
郭沫若《中國史稿地圖集》
陝西省司馬遷研究會編《司馬遷與「史記」論集》
方詩銘、方小芬《中國史歷日和中西歷日對照表》
吳承洛《中國度量衡史》
王力《古代漢語》所附之古代度量衡

◎新譯戰國策

溫洪隆／注譯　陳滿銘／校閱

《戰國策》是一部記載戰國時期以策士言行為主的史書。戰國之際各國之間攻伐會盟頻仍，合縱連橫之術盛行，統治者藉重策士為其出謀劃策，而策士也適應這種需要，搖唇鼓舌，賣力效勞。書中記載了策士大量的智謀，也運用大量的寓言故事來說理，在語言藝術上甚具特色，不僅可以當作史書看，也可以當作智慧書、文學書來讀。本書「導讀」析論詳盡，校勘謹嚴，注譯精當，是今人研讀《戰國策》的最佳讀本。

◎新譯周禮讀本

賀友齡／注譯

《周禮》為十三經之一，記述周代的官制，描繪出古代儒家的理想政治制度與百官職守，與《儀禮》、《禮記》合稱「三禮」。本書以嘉慶二十年江西南昌府學雕本《十三經注疏．重刊宋本周禮注疏附校勘記》為底本，參校多種善本，誤字逕改，考證詳實。每官前冠以「題解」，說明題意及全篇大旨，注釋詳盡明確，語譯通順流暢。每官之後並附「研析」一篇，分析六官主要職責，幫助讀者閱讀理解，是研讀《周禮》的最佳讀本。

◎新譯春秋穀梁傳

周何／注譯

《穀梁傳》與《左傳》、《公羊傳》同為解說《春秋》的三傳之一。其以弘揚儒家的仁義禮法為宗旨，強調禮樂教化，力主仁德之治，論理平正，不僅在唐代列為九經之一，亦於宋代列為十三經之一，足可見《穀梁傳》在儒家經典中的地位，以及對中國古代思想文化的重要影響。《春秋》三傳中，《穀梁傳》最能闡發《春秋》的微言大義。周何教授窮三十餘載之力，為本書作注和語譯，引證資料豐富詳盡，疏解鉅細靡遺，語譯周延完整，是今人研讀《穀梁傳》的最佳輔助。